제 9 판

보험·해상법

〔상법강의 Ⅳ〕

이기수·최병규·김인현 공저

박영사

Insurance and Maritime Law

9th Edition

by

Prof. Dr. iur. Ki-Su Lee, Korea University
Prof. Dr. iur. Byeong-Gyu Choi, KonKuk University
Prof. Dr. iur. In-Hyeon Kim, Korea University

2015

Parkyoung Publishing & Company
Seoul, Korea

제 9 판 머리말

전판을 발행한 지 6년 반이 지났다. 그동안 보험·해상을 둘러싼 대내외적 환경이 많이 변하였으며 이러한 변화는 지금도 계속되고 있다. 보험은 국민들이 안심하고 생활할 수 있도록 보장하여 주는 기능을 수행함으로써 국가의 사회보장의 사각지대를 보완하는 등 그 역할이 크다. 또한 해상무역거래의 법률관계를 규율하는 해상법은 수출진흥 등 국부의 창출 및 국가경쟁력제고에도 기하여고 있다. 1991년 이래로 개정이 없었던 상법의 보험편이 2014년 3월 11일 개정되었다. 동 개정은 보험약관 설명의무를 명시하고 보험계약자의 취소권 행사기간과 보험금 청구권 소멸시효를 연장하며, 보험대리상 등의 권한에 관한 규정 등을 신설하는 것으로서 상당히 비중 있는 개정이다.

이번 개정에서 보험법분야에서 수정·작업한 내용은 다음과 같다.
첫째, 2014년 3월 11일 개정된 상법 보험편의 내용을 상세히 반영하였다.
둘째, 2013년 12월 개정된 생명보험 표준약관의 내용을 반영하였다.
셋째, 2014년 6월 개정된 자동차보험 표준약관의 내용을 반영하였다.
넷째, 2007년의 독일 보험계약법 개정, 2008년 일본의 독립 보험법의 내용을 반영하였다.
다섯째, 생명보험 전매제도 등 최근 논의되는 내용을 반영하였다.
여섯째, 그 동안에 선고된 보험법 분야의 판례를 반영하였다.
일곱째, 그 동안 개고된 참고문헌의 변화를 반영하였다.
여덟째, 그 밖에 논리적 오류나 오·탈자를 교정하였다.

한편 해상법 분야에서 수정·작업한 내용은 다음과 같다
첫째, 2008년 개정판 이후 2014년도까지의 중요한 대법원 해상판례를 추가하였다.
둘째, 정기용선의 법적 성질을 임대차와 유사한 것으로 보았다.

셋째, 책임보험자도 책임제한권자라는 대법원의 판례, 운송인 및 선박소유자의 책임제한배제사유에 대한 대법원의 입장을 추가하였다.

넷째, 운송계약의 당사자로서 송하인이 FOB조건과 CIF조건일 경우에 각각 매수인과 매도인이 되고, 이에 따라서 운임지급자도 달라짐을 설명하였다.

다섯째, 2014년 4월 세월호 사고 이후 해상여객운송인의 책임이 부각되어 이에 대하여 언급하였다.

여섯째, 선박우선특권은 선체용선자가 발생시킨 채권에 대하여도 유효함을 설명하였다.

일곱째, 우리 나라의 가압류 제도와 달리 영미에서는 해사채권을 가지는 채권자만이 선박가압류가 가능하고, 반드시 채무자의 소유가 아닌 선박에 대한 가압류도 가능함을 설명하였다.

이번 제 9 판은 제자인 건국대학교의 최병규 교수와 고려대학교의 김인현 교수의 꾸준한 노력에 의하여 만들어졌다. 변화하는 주변 금융·무역 상황에서 경제생활의 실상이 법에 반영되어야 하며 보험·해상법 교과서에서도 이러한 변화가 신속하게 반영이 되도록 앞으로도 꾸준한 업데이트작업이 필요하며 그를 위해 노력할 것이다. 이 책이 독자들의 사랑을 받기를 바란다. 항상 본인의 교과서 작업에 심혈을 기울여 주시는 박영사의 안종만 회장님, 그리고 이 판의 교정을 보아 주신 우석진 편집위원님께 고마운 인사를 올린다.

2015년 2월

靑 甫　李 基 秀

초판 머리말

이 책은 저자가 계획한 상법학분야의 4가지 저서 중 마지막 작품으로서 대학과 대학원에서 보험법과 해상법을 공부하는 법학도와 법실무가를 위하여 만들어졌다. 대학교에서 상법학강의는 상법 I (상법총칙·상행위), 상법 II (회사법), 상법 III (어음법·수표법) 그리고 상법 IV (보험·해상법)로 나누어서 4강좌이다. 본서의 집필은 저자가 그간 고려대학교에서 강의하고 독일의 Tübingen 대학교와 Mainz 대학교에 머물면서 연구해 온 동안 줄곧 준비하였었다. 이의 마무리를 위하여 92년 여름방학을 맞이하여 독일로 건너갔었으나 뜻하지 않게 학교에서 보직을 맡게 되어 곧 귀국하게 됨으로써 이 작업이 지연되었다. 92년 2학기와 93년 1학기에 보험·해상법분야의 판례를 정리하고 새로 발표된 논문들을 모아 작업을 진전시켜 나온 것이 이 책이다. 저자로서는 예정하였던 일정보다 더 늦어졌고, 생각하였던 모든 문제점들을 다루지 못하여 미진한 부분이 한두 군데가 아니나, 이의 완성은 다음으로 미루고 예정하였던 작업에 마무리를 짓는다는 의미에서 일단 이 모습으로 출간하기로 하였다. 이로써 저자가 계획한 상법학 전분야의 매 강좌마다 1권의 교과서가 준비되어 있는 4권의 교과서시대를 열고자 한다.

이 책도 앞서 발간된 상법[총칙·상행위], 회사법, 어음법·수표법의 3권의 교과서와 마찬가지로 법률과 조약, 약관, 학설, 판례를 종합적으로 검토·체계화하여 단일한 보험법질서와 해상법질서를 창출하려고 하였다. 이를 위하여 고려한 점은 다음과 같다.

첫째, 우리 나라에서 시행되고 있는 보험법과 해상법은 독일의 보험계약법과 상법을 토대로 한 일본법을 모법으로 하여 만들어졌고, 1991년 개정법은 해당 국제조약을 받아들여 국내법화한 것이다. 따라서 이 책의 해석에 있어서는 독법계와 국제조약의 입법론과 해석론을 참조하였다.

둘째, 법의 해석과 관련하여 꼭 살펴보아야 할 것이 그 동안 학자들이 이룩해 놓은 법발전에 영향을 미치는 학설이다. 그러나 이 책에서는 통설적 견해이거나 다수설로서 반대의견이 갖는 의미가 크게 참고되지 않는 학설은 따로 소개하지 않았다. 이러한 견지에서 어떤 문제점의 해결이 학설상 첨예하게 대립되어 있고, 또 그것이 현행법의 해석에 있어서 아직도 의미가 있는 한에서만 본문 속에서 다루었다. 우리 나라의 학문연구가 아직도 미진한 부분은 우리법의 모태가 된 독일법과 프랑스법 및 영국법 그리고 국제조약 관련 연구성과를 비교법학적인 관점에서 소개하였다.

셋째, 법실무에서 문제되었던 우리 나라의 판례를 해당되는 곳에 삽입하였다. 개념법학적 방법론의 흠인 추상적 이론의 전개를 지양하고 응용과학으로서의 살아 있는 법학이 되기 위하여는 풍부한 판례가 법이론과 맞아 떨어져 피부에 와 닿는 현실감이 있어야 한다. 이렇게 함으로써 학생과 실무가들이 쉽게 보험법과 해상법을 이해할 수 있기 때문이다. 또한 성문법역인 대륙법계에서도 그 동안 판례가 많이 쌓여서 판례에 의한 법의 개폐가 이루어져 법관법이 있게 되었고 영미법계에서는 성문법을 만들게 되어 상호보완의 시대로 접어든 것도 그 한 이유이다.

넷째, 주의 처리는 저자의 다른 교과서와 같이 참조가 필요하다고 생각되는 것만을 본문 속에 넣었다.

다섯째, 서술체계는 보험법을 먼저 설명하고 해상법을 뒤로 하면서 각각 5장으로 엮었다. 보험에 대한 기본이해가 중요하다고 생각되어 제 1 장 총론과 제 2 장 보험계약에서 많은 부분을 자세히 설명하고자 노력하였다. 손해보험총론과 각론을 제 3 장과 제 4 장에서 그리고 인보험을 제 5 장에서 설명하였다. 해상법도 총론을 제 1 장으로 하고 제 2 장에서 해상운송업의 조직을 물적 조직과 인적 조직으로 나누어 고찰하고서 선박소유자의 책임제한은 따로 떼어서 살펴보았다. 해상물건·여객운송계약을 제 3 장에서 다루고서 공동해손, 선박충돌, 해난구조를 제 4 장 해상위험과 대책에서 다루고 선박담보제도를 제 5 장으로 하여 선박우선특권, 선박저당권 그리고 선박에 대한 강제집행을 포함시켰다.

이 책이 완성되기까지에는 많은 분들의 도움이 있었다. 우선 학문분야에서는 저자의 학부와 대학원 및 박사과정에서 지도교수였던 차낙훈 선생님, 정희철 선생님, 고 이윤영 선생님, Zöllner 선생님 및 직접 상법분야의 강의를 맡아 주셨던 서돈각 교수님, 손주찬 교수님, 송상현 교수님은 저자가 상법학도로서 성장함에 크게 도움을 주셨기에 감사드린다. 그리고 이 책의 국내법

해설에는 저자에게 상법을 가르쳐 주신 선생님들의 연구업적과 이 분야의 교재를 출판하시어 보험·해상법학의 발전에 공헌하신 안동섭 교수님, 최기원 교수님, 양승규 교수님, 이균성 교수님 그리고 채이식 교수의 교과서와 논문을 주로 참조하였다. 또한 저자가 보험법분야를 연구하는 데에는 Frankfurt 대학교의 Wolf 교수와 Weyers 교수, Tübingen 대학교에서 보험법을 강의하고 있는 Hofmann 객원교수와 Bonn 대학교의 von Marschall 교수의 도움이 컸으며, 해상법의 연구에는 Hamburg 대학교 해상법·해법 연구소장인 Herber 교수로부터 많은 협조를 받았다. 자료를 제공해 주고 학문적 대화에 깊은 애정으로 대해 준 이분들께 고마움의 인사를 드린다.

　원고와 판례정리, 교정 그리고 색인작성 등의 힘든 작업은 고려대학교의 상법팀인 한림대학교의 유진희 교수, 창원대학교의 강대섭 교수, 여러 대학교에 출강하고 있는 정상근 법학박사 및 법학박사학위논문을 준비하고 있는 최병규, 박영우, 안효질, 최한준, 이동승 법학석사와 석사과정에 있는 사법연수원생인 김진환 법학사의 도움을 받았다. 이들의 헌신적인 노력이 없이는 이 책이 이렇게 빨리 완간될 수가 없었기에 이들에게도 고마운 마음을 전하며, 앞으로 학자로서나 실무가로서 대성하길 바란다.

　이 책을 만듦에는 그 동안에 나의 책을 도맡았던 박영사팀의 안종만 사장님, 이명재 상무님, 송일근 차장님과 유영준 씨께서 수고하여 주셨기에 깊이 감사드린다.

　이 책이 보험법과 해상법을 공부하는 법학도와 법실무가들에게 조금이나마 도움이 될 수 있기를 바라며 잘못된 곳에 대하여는 아낌없는 학문적인 비판을 바란다.

1993. 7. 11.
고려대학교 법과대학 연구실에서

橫 川 李 基 秀

〔참 고 문 헌〕

姜渭斗·林載鎬	商法講義(下)	2004
金敎昌	船荷證券에 관한 最新判例研究	1990
金星泰	商法總則·商行爲法講論	1998
金星泰	保險法講論	2001
金英鎬	保險法·海商法	2004
金容泰	全訂 商法(下)	1985
金仁顯	船員의 法的 責任과 保護	2001
金仁顯	海商法研究	2002
金仁顯	海商法(제4판)	2011
金正皓	商法講義(下)(제2판)	2005
金孝信	保險法의 法理	2005
朴世敏	自動車保險法의 理論과 實務	2007
朴世敏	保險法(제2판)	2013
朴容燮	海商保險法	1999
朴元善	새商法(下)	1962
朴憲穆	商法講義(下)	2005
裵炳泰	註釋 海商法	1977
徐燉珏	第三全訂 商法講義(下)	1985
徐憲濟	컨테이너複合運送人의 責任法理	1986
徐憲濟	商法講義(下)	2004
孫珠瓚	第11訂增補版 商法(下)	2006
孫普華	商法講義(제4판)	2013
宋相現·金 炫	海商法原論(제3판)	2005
梁東錫	保險·海商法 講義	2001
梁承圭	增補版 判例教材 保險法·海商法	1985
梁承圭	保險法(第五版)	2004
梁承圭·朴吉俊	改訂 商法要論	1984
梁承圭·張德祚	保險法의 爭點	2000

兪周善	保險法	2013
이균성	해상법 대계	2011
李均成	海商法判例研究	1989
李均成	保險·海商法要論	2003
李基秀	企業法(第三版)	2010
李基秀教授華甲紀念	知識社會와 企業法	2005
李範燦·崔埈璿	商法概論(第 2 版)	1992
李榮郁	新海商法	1975
李院錫	海商法·保險法	1987
李宙興	海商運送法	1992
張德祚	保險法(제 2 판)	2015
鄭敬永	商法學講義(개정판)	2009
鄭東潤	商法(下)(第四版)	2011
鄭茂東	商法講義(下)	1981
鄭鎭世	保險法(判例演習)	2002
鄭燦亨	商法講義(下)(第十六版)	2014
鄭熙喆·鄭燦亨	商法原論(下)	1995
車洛勳	商法(下)	1969
蔡利植	商法 Ⅳ	2001
蔡利植	商法講義(下)(개정판)	2003
崔基元	保險法	1998
崔基元	海商法(제 3 판)	2002
崔基元	商法學新論(下)(제15판)	2008
崔完鎭	商法學講義	2005
최종현	해상법상론	2014
崔埈璿	保險法·海商法(제2판)	2007
裁判資料(第52, 53輯)	海上·保險法에 관한 諸問題(上)(下)	1991
法務資料(第57輯)	保險·海商法의 改正論點	1984
法務資料(第58輯)	保險·海商關係資料集 — 外國法과 國際條約	1985
法務資料(第126輯)	保險·海商法의 改正方向	1990

鈴木竹雄   商行爲法・海商法・保險法   1966

田中誠二   保險法   1978

田中誠二   海商法詳論(增補版)   1985

大森忠夫   保險法   1960

西島梅治   保險法(新版)   1991

石田　滿   保險契約法の諸問題   1972

倉澤康一郎   保險契約の法理   1975

小室金之助・黒木松男   保險法・海商法   1990

田邊康平   現代保險法   1985

小町谷操三   海商法講義   1968

藤擇　修   共同海損   1962

村田治美   海商法テキスト   1984

Bauer   Die Kraftfahrtversicherung, 4. Aufl.   1997

Bruck/Möller   Versicherungsvertragsgesetz(Kommentar), 8. Aufl. ff.   1961

Deutsch   Das neue Versicherungsvertragsrecht, 6. Aufl.   2008

Dreher   Die Versicherung als Rechtsprodukt   1991

Eichler   Versicherungsrecht, 2. Aufl.   1976

Gärtner   Privatversicherungsrecht, 2. Aufl.   1980

v. Gierke   Versicherungsrecht   1947

Hansen   Beweislast und Beweiswürdigung im Versicherungsrecht   1990

Harbauer   Rechtsschutzversicherung(ARB-Kommentar), 6. Aufl.   1997

Hax   Grundlagen des Versicherungswesens   1964

Hofmann   Privatversicherungsrecht, 4. Aufl.   1998

Hübner   Allgemeine Versicherungsbedingungen und AGB-Gesetz   1984

Keinert   Vorvertragliche Anzeigepflicht(§§16ff. VersVG)   1983

Koch   Versicherungswirtschaft, 3. Aufl.   1991

Koenig   Schweizerisches Privatversicherungsrecht, 3. Aufl.   1969

Kraus   Versicherungsaufsichtsrecht   1971

Manes   Versicherungswesen, Bd. 1, Leipzig/Berlin   1930

Meyer-Kahlen   Angleichung des Versicherungsvertragsrechts im

Gemeinsamen Markt	1980
Niederleithinger　　Das neue VVG	2007
Peters　　Handbuch der Krankenversicherung	1954
Plagemann/Plagemann　　Gesetzliche Unfallversicherung	1981
Prölss, Versicherungsaufsichtsgesetz, 11. Aufl.	1997
Prölss/Martin　　Versicherungsvertragsgesetz(Kommentar), 28. Aufl.	2010
Richter　　Privatversicherungsrecht	1980
Römer/Langheid, Versicherungsvertragsgesetz, 2. Aufl.	2002
Schmidt　　Die Obliegenheiten	1953
Schiminkowski　　Versicherungsvertragsrecht, 2. Aufl.	2001
Schwintowski　　Der private Versicherungsvertrag zwischen Recht und Markt	1987
Stiefel/Hofmann　　Kraftfahrtversicherung(AKB-Kommentar), 16. Aufl.	1995
Tigges　　Geschichte und Entwicklung der Versicherungsaufsicht, 2. Aufl.	1995
Werber/Winter　　Grundzüge des Versicherungsvertragsrechts	1936
Weyers/Wandt　　Versicherungsvertragsreccht, 3. Aufl.	2003
Wittkämper/Wulff-Nienhüser/Kammer　　Versicherung und Kriminalität	1990
Wrabetz Fälle und Entscheidungen zum Versicherungsrecht, 2. Aufl.	1988
Adel Salah El Din　　Aviation Insurance Practice, Law and Reinsurance	1971
Birds　　Modern Insurance Law, 8. ed.	2010
Colinvaux　　The Law of Insurance, 5. ed.	1984
Dover/Brown　　A Handbook to Maritime Insurance, 8th ed.	1982
Eaglestone/Cannar　　Insurance Law Report	1982
Ivamy　　Casebook on Insurance Law, 3rd ed.	1977
Keeton　　Insurance Law-Basic Text	1971
Keeton　　Programmed Problems in Insurance Law	1972

Macmillan   Modern Life Insurance, Rev. ed.   1959

MacGillivray/Parkington   Insurance Law, 7th ed.   1981

Patterson   Essentials of Insurance Law, 2nd ed.   1957

York/Whelan   Cases, Materials and Problems on General

                       Practice Insurance Law   1982

Herber   Das neue Haftungsrecht der Schiffahrt   1989

Prüßmann/Rabe   Seehandelsrecht, 3. Aufl.   1992

Wüstendörfer   Neuzeitliches Seehandelsrecht, 2. Aufl.   1950

Reform des Seehandelsrechts(Berichte der drei Arbeitskreise

  an den Bundesminister der Justiz)   1985

Bes   Chartering and Shipping Terms, 10th ed.   1966

Branch   Elements of Shipping, 5th ed.   1981

Grime   Shipping Law   1978

Hill   Maritime Law   1981

Ivamy   Carriage of Goods by Sea, 12th ed.   1985

차   례

제1편 보험법

제1장 총 론

제 2 장　보험계약

제3장 손해보험 총론

제 2 편　해　상　법

제 1 장　총　　론

제 4 장   해상위험과 대책

제 5 장 선박담보제도

제 1 편
보 험 법

제1장 總 論

제1절 保險制度

殷鐘星, 保險과 共濟의 法的 規制에 관한 考察, 新世紀 會社法의 展開(雨田李炳泰敎授華甲記念論文集), 1996.

제1관 保險制度의 意義

사유재산제도와 자기책임원칙을 기초로 하는 자본주의 경제사회에서 각 경제주체는 자기의 책임으로 경제생활을 유지·운영·발전시키는 것이 원칙이다. 그러나 각 경제주체는 예측할 수 없는 우연한 사고, 예컨대 천재지변·실업·부상·사망 등의 발생으로 말미암아 끊임없이 경제생활의 위협을 받고 있다. 이러한 우발적인 사고에 대해서는 여러 가지 방책이 강구될 수 있다.

첫째로 사고를 사전에 방지하기 위하여 사고의 원인을 구명하여 그 원인을 제거하는 방법을 들 수 있다. 그러나 이는 고도로 발달한 현대의 과학기술로도 사고의 원인을 구명·제거할 수 없는 경우에는 사고의 발생을 사전에 방지할 수 없다는 점에 그 한계가 있다. 둘째로 화재가 발생한 경우의 消火活動과 같이 발생한 사고의 결과를 가능한 한 최소화하려는 방법을 들 수 있으나, 이 때에도 앞에서 본 바와 같은 한계가 있을 수 있다. 셋째로 저축·公的 救濟와 같이 사고로 인해 발생한 결과에 대해서 경제적 측면에서 일정한 조치를 강구하는 방법을 들 수 있다. 그러나 저축도 발생의 유무·시기 등을 예측할 수 없는 사고에 대처하는 방법으로서는 경우에 따라 불충분하고 비경제적이다. 또한 公的 救濟도 구제를 받을 수 있는 요건과 범위가 한정되어 있기 때문에 원상회복을 위해서는 충분하지 못하다.

이러한 이유에서 경제생활을 영위하는 가운데 발생할 수 있는 각종 위험에 대비하기 위해서 동일한 위험에 처해 있는 자들이 법적 위험공동체를 구성하고 일정규모의 기금을 마련하여 실제로 사고를 당한 자에게 원상회복에 필요한 금액을 지급함으로서 경제생활의 안정을 도모하기 위한 제도로서 보험제도가 필요하게 되었다.

제 2 관   保險類似制度

경제생활의 불안정을 극복하기 위해 행해진다는 점에서 보험제도와 비슷하지만, 몇 가지 점에서 보험제도에 필요한 요소를 갖추지 못한 제도를 보험유사제도라고 한다. 이러한 보험유사제도에는 도박·복권·저축·자가보험·상호부금·보증·공제 등이 있다. 보험유사제도는 그 목적이나 수단 등에 있어서 보험제도와 공통된 점과 상이한 점을 갖고 있다. 따라서 보험유사제도와 보험제도를 비교함으로써 보험제도의 본질과 특색을 명백히 할 수 있다.

Ⅰ. 賭博 · 福券

도박·복권은 계약구조의 면에서는 보험과 공통된 점이 있으나 목적과 기능의 면에서는 서로 다르다. 즉 도박·복권은 우연한 사실의 발생에 의하여 당사자간의 급부와 반대급부가 결정되는 계약이라는 점에서 보험과 마찬가지로 射倖契約性을 가지며, 복권의 경우는 다수인이 이를 구입하여 형성된 자금과 당첨자에 대한 급여가 균형을 이룬다는 점에서 보험과 같은 성질이 있다. 그러나 보험은 우연한 사고의 발생으로 인한 경제적 수요의 충족을 통해 경제생활의 안정을 확보하기 위한 제도인 데 비하여, 도박과 복권은 우연한 사고의 발생으로 인한 적극적인 경제적 이익을 목적으로 한다는 점에서 다르다.

Ⅱ. 貯   蓄

저축과 보험은 경제생활의 안정을 확보한다는 목적에서 서로 공통된 점이 있으나, 그 목적을 달성하기 위한 기술적인 면에서는 양자가 다르다. 즉 저축은 각 경제주체가 필요한 財源을 개별적으로 비축하는 데 비하여, 보험은 다수의 경제주체의 결합인 법적 위험공동체(rechtliche Gefahrengemeinschaft)를 통해 공동으로 비축한다. 그 결과 저축의 경우에 비축된 재산은 저축자가 자유로이 처분을 할 수 있지만 보험의 경우는 보험사고가 발생하지 않는 한 비축재산은 그대로 존속하며, 저축성생명보험의 경우가 아닌 한 보험기간의 경과에 의하여 보험계약자는 법적 위험공동체로부터 이탈되어 더 이상 비축재산에 의한 경제적 보호를 받지 못한다. 그러나 사고발생의 유무나 시기를 예측할 수 없는 경우에 필요·충분한 저축을 하기란 불가능하다. 더욱이 사고발생의 유무 및 시기를 어느 정도 예측할 수 있다 하더라도 사고발생에 의한 경제적 수요의 정도가 너무 큰 경우에는 그 수요를 충족시킬 만한 저축을 하기가 곤란하기 때문에 저축만으로는 우연한 사고로 발생한 경제적 수요를 충족시킬 수 없다.

Ⅲ. 自家保險

어떤 경제주체가 자신이 소유한 물건이나 시설에 대해서 일정 기간 발생이 예상되는 손해에 대비하여 그 물건 및 시설로부터 발생하는 수익의 일부를 적립하여 그 기간 내에 생긴 손해로 인한 수요를 충족시키는 제도를 자가보험이라고 한다.

자가보험은 우연한 사고의 발생에 의한 경제생활의 불안정에 대비하기 위한 목적을 갖고 있고, 일정금액의 적립은 大數의 法則을 이용하여 행해진다는 점에서 보험과 유사하다. 그러나 보험은 다수의 경제주체의 결합을 전제로 한 공동비축제도인 데 비하여, 자가보험은 하나의 경제주체에 의한 단독비축제도로서 일종의 저축이라 할 수 있다. 따라서 자가보험은 보험이 아니므로 자가 '보험'이라는 용어는 정확하지 못하다.

Ⅳ. 相互賦金

상호부금이란 다수인이 일정금액(掛金)을 정기적으로 갹출하고, 이렇게 조성된 금액을 추첨 또는 입찰에 의해서 특정한 구성원에게 지급하는 일종의 상호금융제도이다. 상호부금은 다수인의 결합, 구성원에 의한 掛金의 적립, 추첨 또는 입찰이라는 우연한 사실의 발생에 의한 금전급부라는 점에서는 보험과 유사하다. 그러나 상호부금에 있어서는 구성원이 적립하는 掛金의 액이 개연율에 기초하여 산정되지 않고, 구성원에 대한 금전급부가 구성원의 경제생활의 불안정을 원인으로 행하여지지 않기 때문에 금전의 필요성과 금전급부 사이에는 필연적인 상관관계가 없다.

또한 급부와 반대급부의 균등의 원칙은 보험에 있어서는 구성원 전체에 대해서만 성립될 수 있는 데 비하여, 상호부금에 있어서는 각 구성원에 대해서도 이 원칙이 성립된다는 점에서 보험제도와는 다르다. 결국 상호부금은 일찍 금전의 급부를 받는 구성원에게는 금전의 차입이고, 늦게 금전의 급부를 받는 구성원에게는 금전의 환급이 되므로 이는 특수한 조건이 붙은 저축으로서 보험에서와 같은 위험의 분산이라는 요소는 없다.

V. 保   證

보증이란 채무자가 그 채무를 이행하지 않는 경우에 제3자가 채권자에 대하여 그 채무와 동일한 내용의 별개의 채무를 부담하는 담보제도이다. 보증은 채무자의 채무불이행에 의한 채권자의 손해에 대처하는 제도라는 점에서 보험과 유사하다. 그러나 보증은 무상으로도 행해질 뿐만 아니라, 다수인의 결합을 본질적 요소로 하고 있지 않다는 점에서 보험과 다르다. 이 점에서 다수의 가입자를 모아서 유상으로 보증을 인수하는 보증보험과도 다르다.

⟨대판 1982. 9. 28, 82 다카 412⟩

「보증보험은 보험가입자가 피보험자에 대하여 부담하는 채무의 이행을 보증하는 보험으로서 보험가입자가 그 채무를 이행하지 않을 때 보험업자가 보험가입자에 갈음하여 그 채무를 변제하는 것이다.」

VI. 共   濟

공제란 다수의 경제주체가 단체로서 결합하여 보험료에 상당하는 금전을 납입하고 가입자에게 화재나 사망과 같은 소정의 사고가 발생한 경우에 미리 정해진 일정한 금액을 지급하는 것이다. 즉 동일한 직업 또는 사업에 종사하는 자가 상호구제를 위하여 공제조합·협동조합 등의 조합을 설립하고, 조합원의 사망·부상·화재·자동차사고 등의 경우에 일정한 금액을 지급하는 것을 말한다. 오늘날 각종의 협동조합법에 의하여 영위되는 共濟事業이 여기에 속하며(농업협동조합법 제58조 제1항 제6호, 제58의 2조, 제125조 제1항 제5호; 수산업협동조합법 제65조 제1항 제6호·제4항, 제105조 제1항 제5호; 축산업협동조합법 제53조 제1항 제13호, 제102조 제12호; 陸運振興法 제8조 등), 이러한 공제에 대해서는 한편으로는 공제사업에 대한 감독규제의 측면에서 공제사업이 보험업법에 의한 규제를 받아야 하는가의 여부, 다른 한편으로는 계약법의 측면에서 공제계약의 법적 성질과 공제에 대한 보험법의 적용 여부가 문제된다.

공제는 종류도 다양하고 그 성격도 차이가 많아서 이것을 실질적으로 보험으로 볼 수 있는가가 문제되며, 이것이 이른바 유사보험문제로서 논의되고 있다. 보험과 그렇지 않은 공제를 구별하는 기준으로서, 공제의 목적이 경제생활의 불안정을 제거·경감하기 위한 것으로서 사고가 발생한 경우에 지급되는 금액이 그 경제적 수요를 충족할 수 있는가, 아니면 단순히 일정한 금액을 지급하는 데 불과한가, 그리고 가입자들이 납입하는 금액이 급부·반대급부 균등의 원칙에 따라서 공정하게 정해져 있는가, 또 공제사업이 大數의 法則에 따라서 합리적으로 운영될 정도로 가입자의 범위가 광범위한가 하는 문제 등을 고려하여야 한다.

특히 보험업법은 불특정의 일반인에게 공개된 보험사업의 운영에 따른 폐해의 방지를 주목적으로 한다는 점에서 보험업법상의 보험사업에 해당하는가의 여부를 판단할 때에는 위의 기준이 중요한 표지가 된다.

개정 전 상법 제664조에서는 상호보험에만 상법 보험편의 규정을 준용하도록 규정하고 있었다. 그런데 유사보험인 공제관계 등에도 이를 준용할 필요성이 있었다. 이에 2014년 3월 상법 개정 시에 상호보험 이외에 대표적인 유사보험인 공제관계 등에도 그 성질에 반하지 않는 한 상법 보험편 규정을 준용하도록 하였다. 즉 개정 전 상법 제664조는 보험편 규정은 성질이 상반되지 아니하는 한도에서 상호보험에 준용하도록 규정하고 있었지만, 2014년 3월 개정 상법에서는 상호보험 이외에 대표적 유사보험인 공제관계 등에도 당사자의 권리·의무 등의 규율과 관련하여 상법 보험편을 준용할 수 있도록 규정한 것이다. 이를 통하여 공제의 계약상의 법률관계를 보다 더 명확히 하였다고 평가할 수 있다. 그렇지만 공제는 매우 다양한 형태로 나타나고 있고 감독관청도 각각 달라 감독과 관련하여 문제점이 존재한다. 공제에 대하여도 보험업법의 적용을 통하여 감독의 일원화까지 되면 이상적이기는 하지만, 이는 현실적으로는 매우 어려운 실정이다.

〈대판 1990. 6. 26, 89 도 2537〉
「피고인이 운영한 상조사업은 실질적인 면에서 고찰할 때 동질적인 경제상의 위험에 놓인 다수의 회원이 사망이라는 우연한 사고가 발생한 경우의 재산상의 수요를 충족시키기 위하여 가입회비·상조비라는 명목으로 일정한 금액을 출연하고 사고가 발생할 때 상조부의금의 명목으로 일정한 금액을 지급한다는 면에서 그 사업명칭이나 출연 또는 지급금의 명칭에 불구하고 보험사업이라 하여야 할 것이고, 피고인이 허가 없이 이 사건상 조사업을 영위한 것은 보험업법위반행위에 해당한다.」(동지: 대판 1989. 1.31, 897 도 2172)

〈대판 1993. 12. 24, 93 도 2540〉

「자동차운송사업조합이 영위한 상조회사업이 우연한 사고발생으로 조합원들에게 생긴 손해의 배상을 위하여 조합원들이 공동으로 비축한 자금으로 대수의 법칙을 응용한 확률계산방법에 의하여 급부와 반대급부의 균형을 유지하는 것이라면 이는 보험업법 제 5 조 제 1 항 소정의 보험사업으로서의 실질을 갖추고 있고, 그 사업이 비영리적이라거나 구성원이 한정되어 있다는 사유만으로 보험사업에 해당하지 않는다고 볼 것은 아니다.」

〈대판 2013. 4. 26, 2011 도 13558〉

「甲, 乙 주식회사의 임직원인 피고인들이 지급보증서를 발급해 주고 그 대가로 채무자들로부터 일정 금액의 수수료를 받는 방법으로 금융위원회의 허가 없이 보험업을 영위하였다고 하여 구 보험업법(2010. 7. 23. 법률 제10394호로 개정되기 전의 것, 이하 같다) 위반으로 기소된 사안에서, 피고인들의 행위는 채무자가 지급보증의 대상이 되는 채무를 불이행하는 경우에 보증금액 범위 내에서 채권자에게 그 손해에 대하여 금전을 지급할 것을 약속하고 그에 대한 대가를 수수하는 것으로서 구 보험업법 제2조 제1호 및 제3호에서 '보증보험업'에 관하여 규정하고 있는 '매매·고용·도급 그 밖의 계약에 의한 채무 또는 법령에 의한 의무의 이행에 관하여 발생할 채권자 그 밖의 권리자의 손해를 보상할 것을 채무자 그 밖의 의무자에게 약속하고, 채무자 그 밖의 의무자로부터 그 보수를 수수하는 것'에 해당하고, 甲, 乙 회사는 '대부업 등의 등록 및 금융이용자 보호에 관한 법률'에 따라 등록을 마친 대부업체에 불과할 뿐 관련 법령에 따라 금융위원회의 인가 또는 허가 등을 받아 지급보증 업무를 할 수 있는 금융기관이 아닌데도 금융위원회의 허가 없이 지급보증서 발급 및 그 대가수수를 통하여 보증보험업을 경영한 것은 구 보험업법 제4조 제1항을 위반한 것인데도, 이와 달리 피고인들의 지급보증서 발급 및 대가수수 행위가 금융기관의 지급보증과 유사하고 보험이라는 명칭이 사용되지 않았다는 사정만을 중시하여 피고인들에게 무죄를 인정한 원심판결에 구 보험업법 제4조 제1항에 관한 법리오해의 위법이 있다.」

제 3 관 保險의 種類

I. 一般的 分類

보험회사가 보험으로서 제공하는 것은 여러 가지 기준에 따라 구분할 수 있으나 보험에 대한 이해의 편의를 위하여 다음과 같이 나누어 볼 수 있다.

1. 公保險·私保險

이는 보험의 강제성 유무에 따른 구분이다. 사보험에도 공권력에 의한 감독이 있으나, 그것은 보험의 도박화를 방지하기 위한 것이지 이로 인하여 사보험의 본질이 바뀌는 것은 아니다.

(1) 公 保 險   공보험은 국가 기타의 공공단체가 사회정책 및 산업정책의 실현수단으로서 운영하는 보험으로서, 이는 다시 사회보험과 경제정책보험으로 나뉜다. 전자는 사회정책적인 입장에서 실시하고 있는 보험으로서 외국의 예에서 볼 수 있는 후생연금보험 등이 여기에 속한다. 우리 나라에서는 고용보험·산업재해보상보험·선원보험·군인보험·국민건강보험 등이 이에 속한다. 경제정책보험은 산업의 보호·육성을 목적으로 실시하는 보험으로서 수출보험이 이에 속한다. 이 공보험은 국가와 보험급여를 받고자 하는 자 혹은 사업주 등의 사회연대적 사상을 기반으로 하여 국가 기타의 공공단체가 스스로 보험자가 되어 직접 보험을 인수하는 경우, 또는 보험의 이익을 받는 자로서 결성되는 특수한 공법인 또는 사법인인 보험조합으로 하여금 원보험을 시키고 국가가 이것의 재보험을 인수하는 방법으로 하는 수도 있다. 공보험은 보험관계가 법률에 의하여 설정되고(강제보험) 그 급여도 법정되어 있는 점이 사기업으로서 하는 사보험과 다르다. 이와 관련하여 보험사업의 주체에 따라 국가 또는 공공단체가 경영하는 공영보험과 개인 또는 사법인이 경영하는 사영보험이 있는데, 이 경우 공영보험은 정부 기타의 공공단체가 경영하는 보험이라는 점에서는 공보험적 성질을 가지고 있으나 강제보험이 아니며, 또 사회연대적 정신을 기반으로 하지 않는 점이 다르다. 즉 국영이기는 하지만 보험관계의 본질은 사법상의 계약이고, 다만 영리보험으로서는 충분히 보호를 받지 못하는 일반대중을 위하여 정책적 배려를 한 것이다.

〈대판 2008. 11. 13, 2006 다 28119〉

「예금자보호법(2000. 10. 23. 법률 제6274호로 개정되기 전의 것)에서 제 1 종 보험사고의 경우에 제 2 종 보험사고의 경우와는 달리 보험금 지급을 위하여 예금보험공사에 설치된 운영위원회 (이하 ‘위원회’라 한다)의 보험금지급결정이 있어야 한다고 규정한 것은, 채권 등의 지급정지 후에도 경영정상화의 가능성이 있음을 고려하여 자체정상화, 타 금융기관과의 합병, 타 금융기관으로의 계약이전 등 해당 금융기관의 정리방안을 예금보험공사가 결정하도록 하여 사회적 비용의 최소화를 도모한 이후에 최종적으로 보험금 지급여부를 결정하도록 함으로써 예금자등의 보호와 함께 금융제도의 안정성을 유지하려는 취지라고 봄이 상당하다. 따라서 제 1 종 보험사고의 경우에는 위원회가 보험금의 지급을 결정할 수도 있고 그 지급을 하지 아니하는 결정을 할 수도 있으나 지급결정이 있는 경우에 한하여 예금자등이 보험금의 지급을 청구할 수 있다고 하여야 할 것이고, 제 2 종 보험사고의 경우에는 위원회가 보험금의 지급여부에 대한 선택을 할 여지가 없고 보험사고가 발생한 것 자체로 예금자등의 청구에 의하여 당연히 보험금을 지급할 의무를 지게 되는 것이라고 보아야 한다.」

(2) 私 保 險   사보험은 관계자가 순전한 사경제적 견지에서 운영하는 보험으로서 영리보험과 상호보험이 이에 속한다. 이 보험관계는 순전한 사법상의 법률관계이며, 정부 기타의 공공단체로부터의 재정적 보조를 받지 않으며 가입이 강제되지 않는다.

　　A. **營利保險**   영리보험은 보험의 인수를 영업으로 하는 보험자가 가입자로부터 받는 보험료의 총액 및 이를 운용하여 얻는 수익과 사고가 발생한 경우에 가입자에게 지급하는 보험금의 총액 및 경영비와의 차액을 얻을 것을 목적으로 하는 보험으로서 순수한 개별적 채권관계이다. 이 보험에 있어서 다수의 가입자 상호간에는 아무런 법률관계도 없고 실질적인 법적 위험공동체관계는 동일한 보험자를 매개로 하여 간접적으로만 형성된다. 그러므로 보험가입자는 보험자와 대립하는 당사자에 불과하다. 상법상의 보험은 모두 영리보험에 속한다.

　　B. **相互保險**   상호보험은 보험의 이익을 얻고자 하는 다수인이 모여 공동체를 구성하고 자금을 갹출하여 공동체의 구성원 중에서 보험사고를 당한 자에게 보험금을 지급하는 보험이다. 이 때 보험가입자는 동시에 보험자인 공동체의 구성원이 되어 사단법인의 사원과 같은 관계를 형성한다. 그리하여 보험사업의 운영은 보험가입자 전원의 책임과 계산으로 하며, 수지의 차액

은 결국 사원인 보험가입자에게 귀속하며, 보험가입자는 사원의 지위에서 공
동체의 업무에 참여한다. 우리 나라에서는 이 제도가 전혀 이용되지 않고 있
으나, 외국의 경우 인보험분야에서는 상호보험회사의 비중이 높다.

    이와 같이 상호보험은 그 법적 구성에 있어서 영리보험과 다르지만, 다
수의 보험가입자를 대상으로 위험을 분산하여야 한다는 보험원리에 있어서는
실질적으로 차이를 찾을 수 없다. 상법도 이러한 취지에서 영리보험에 관한
규정을 상호보험에 준용하도록 하고 있다(제664조). 또한 오늘날에는 영리보험에
서도 보험가입자의 보호를 위하여 그 이익의 일부를 가입자에게 분배하기도
하고, 상호보험에서도 사원 이외의 자로부터 보험료를 징수하고 보험가입을
인정하기도 하여 양자는 많이 접근하고 있다.

2. 人保險 · 物保險

    이것은 보험사고발생의 객체에 따른 분류이다.

    (1) 人 保 險   인보험은 사람의 생명 또는 신체에 대하여 생긴 사고
를 보험사고로 하는 보험이다. 즉 보험사고발생의 객체가 사람인 보험이다.
여기에 속하는 보험은 사고의 종류에 따라 생명보험 · 질병보험 · 상해보험 등
이 있으며, 상법에서는 생명보험과 상해보험을 인보험으로 규정하고 있다.

    (2) 物 保 險   물보험이라 함은 보험사고로 인한 피보험자의 물건
기타 재산상 손해를 보상하기로 하는 보험이다. 이 가운데 피보험자의 특정한
물건에 생긴 직접적인 손해를 보상하는 것이 물건보험이고, 피보험자가 보험
사고로 부담하게 되는 비용이나 채무 등 간접손해를 보상하기로 하는 것이
재산보험이다. 화재보험 · 운송보험 · 해상보험 등은 전자에 속하고, 책임보험은
후자에 속한다. 또 어떤 특정한 물건에 대하여 보험사고로 생긴 피보험자 자
신의 경제적 손해를 보상하기로 하는 보험을 적극보험, 피보험자에게 보험사
고로 생긴 일정한 소극재산, 즉 손해배상책임으로 생긴 손해(債務)나 비
용 등을 보상하기로 하는 보험을 소극보험이라고 한다.

3. 損害保險 · 定額保險

    이는 보험금지급방법에 따른 구별이다. 손해보험이라는 것은 보험사고발
생시에 보험자가 지급할 액이 미리 정해져 있지 않고 보험사고의 발생에 의
하여 생긴 실제의 손해액에 따라 결정되는 보험으로 不定額保險이라고도 한
다. 손해보험의 경우에는 보험계약에서 보험자가 책임지기로 약정한 보험금액

이 보험사고발생시 실제로 지급하는 보험금보다 고액인 경우도 있기 때문에 양자가 반드시 일치하는 것은 아니다. 이에 대하여 定額保險은 보험사고발생에 의한 實損害의 유무, 그 액의 다소를 묻지 않고 당초에 계약에서 정한 일정한 금액을 보험금으로 지급하는 보험으로서 생명보험이 이에 속한다. 이 때에는 보험금액과 보험금이 동일한 것이 원칙이며, 보험금지급방법에 따라 일시금보험과 연금보험으로 나뉜다.

4. 原保險 · 再保險

이는 보험인수의 순서에 따른 구분이다. 원보험은 보험자가 보험가입자로부터 직접 위험을 인수하는 보험이고, 재보험은 어떤 보험자가 보험가입자로부터 인수한 위험 자체를 다시 보험에 드는 보험을 말한다. 즉 재보험은 보험자가 보험사고가 발생한 경우 보험가입자에게 부담하는 보험금지급책임의 일부 또는 전부에 대하여 제2의 보험자에게 보험을 인수시키는 것이다($\frac{제661}{조}$). 원보험은 元受保險이라고도 하며, 원보험이 손해보험이든 인보험이든 재보험은 항상 책임보험의 일종으로서 손해보험이다.

5. 海上保險 · 陸上保險 · 航空保險

이는 보험사고의 발생장소에 따른 구분이다.

(1) 海上保險   해상보험은 선박 또는 적하 등에 대하여 해상사업에 관한 사고로 생긴 손해를 보상하기로 하는 보험이다. 연혁적으로 해상보험은 근대보험의 효시로서 14세기부터 발전하여 그 법리가 다른 보험에도 영향을 미쳤으며, 국제무역이 성행하는 오늘날에도 가장 중요한 보험분야를 이루고 있다. 해상보험은 원래 선박과 적하에 대한 해상위험에 관한 보험이나, 오늘날 창고간약관 또는 운송약관 등에 의하여 화물이 수하인에게 인도될 때까지 해상사업에 부수한 육상위험도 담보한다.

(2) 陸上保險   육상보험은 육상에서 일어나는 사고에 대비하기 위한 보험으로서 화재보험 · 운송보험 · 자동차보험 등 각종의 보험이 이에 속한다. 해상보험과 육상보험은 위험의 성질 기타 다른 점에서 차이가 많기 때문에 이를 통일적으로 규율한다는 것은 곤란하다.

(3) 航空保險   항공보험은 항공기 및 항공에 관한 사고로 인한 손해를 보상하기로 하는 보험으로서 오늘날 항공산업의 발달과 더불어 날로 그 중요성이 증대되고 있다. 이에는 機體保險, 항공화물운송보험, 여객 · 승무원상해보험, 항공배상책임보험 등이 속한다. 항공보험에 관해서는 그 발달이 새로

운 것이기 때문에 상법은 아직 아무런 규정을 두고 있지 않으나, 그 위험의 특수성에 비추어 해상보험에 준하는 것으로 이해하여야 하고, 앞으로 이에 관한 입법이 요구된다.

6. 個別保險 · 集合保險 · 團體保險

개개의 물건 또는 사람을 보험의 목적으로 하는 것을 개별보험이라 하고, 복수의 물건 또는 사람을 하나의 집단으로 보험의 목적으로 하는 것을 집합보험이라고 한다. 집합보험 중 어떤 특정한 집합된 물건을 보험의 목적으로 하는 것을 특정보험($\frac{제686}{조}$)이라 하고, 창고업자가 특정한 창고에 입·출고되는 임치물 전부에 대하여 일괄하여 화재보험을 체결하는 경우와 같이 기존의 보험의 목적이 수시로 교체될 것이 예상되는 특별한 집합보험을 총괄보험이라고 한다($\frac{제687}{조}$). 또한 어떤 직장에 다니는 사람들이 하나의 단체로 보험에 드는 경우와 같이 사람의 단체에 관한 보험을 단체보험이라고 한다.

7. 企業保險 · 家計保險

이는 보험의 경제적 목적이 무엇이냐에 따른 구분이다. 기업보험은 기업자가 기업경영에 따른 위험에 대비하여 이용하는 보험으로서 해상보험, 운송보험, 기업용건물 · 기계 등의 화재보험 및 재보험 등이 이에 속한다. 이에 대하여 가계보험은 개인이 가계의 안정을 위하여 이용하는 보험으로서 생명보험, 주택 · 가구의 화재보험 등이 이에 속한다.

기업보험에 있어서는 보험자와 보험계약자가 서로 대등한 경제적 교섭능력을 갖고 있으므로 가계보험에서와 같이 법이 후견적 입장에서 특히 보험계약자 등의 이익을 보호할 필요가 없다($\frac{제663조}{단서\ 참조}$).

8. 任意保險 · 强制保險

임의보험은 보험계약체결의 여부가 당사자의 자유의사에 맡겨져 있는 보험으로서 영리사보험은 대부분이 이에 속한다. 강제보험은 법률상 보험가입이 강제되고, 보험자도 특별한 사유가 없는 한 보험계약의 체결을 거절할 수 없다. 공보험은 모두 여기에 속하고, 사보험 중에도 사회정책적 고려에서 그 가입이 강제되는 경우가 있다. 自動車損害賠償責任保險($\frac{자동차손해배상보장}{법\ 제5조,\ 제21조}$) · 가스事故賠償責任保險($\frac{고압가스안전}{관리법\ 제25조}$) · 身體損害賠償特約附火災保險($\frac{화재로인한재해보상과보}{험가입에관한법률\ 제5조}$) 등이 이에 속한다.

〈대판 2011. 5. 26, 2007 다 83991〉

「채무불이행으로 인한 재산상 손해는 채무불이행으로 인하여 발생한 재산상 불이익, 즉 그 채무불이행이 없었더라면 존재하였을 재산상태와 그 채무불이행이 있는 현재의 재산상태의 차이를 말하는 것이다(부두운영사가 부두공단으로부터 컨테이너 부두 및 기능시설을 전차하면서 전차목적물에 관하여 '재산가액 상당액 이상의 손해보험계약'을 체결할 의무를 부담하고서도 보상한도가 제한된 일부보험을 가입하였는데, 태풍 매미로 인하여 전차목적물인 크레인이 파손된 경우, 보험가입의무에 따라 손해보험에 가입하였을 경우 지급받을 수 있었던 보험금 상당액(크레인의 파손 당시의 시가 상당액)과 실제 수령한 일부보험금의 차액을 보험가입의무 위반(채무불이행)으로 인한 상당인과관계 있는 손해로 판단한 사례).」

Ⅱ. 商法上의 分類

현행 상법은 보험을 크게 손해보험($\substack{제4편\\제2장}$)과 인보험($\substack{제4편\\제3장}$)으로 나누고, 그 외에 상호보험($\substack{제664\\조}$)과 재보험($\substack{제661\\조}$)에 관한 규정을 두고 있다. 손해보험으로서는 화재보험 · 운송보험 · 해상보험 및 책임보험 이외에 1991년의 상법개정에 의하여 자동차보험이 새로 추가되었다. 그렇다고 하여 손해보험의 종류가 위에 열거된 종류에 한정되는 것은 아니며, 이들이 서로 배타적인 것도 아니다. 따라서 해상운송중에 발생한 화재의 위험은 해상보험의 대상일 수도 있고 화재보험의 대상이 될 수도 있다. 인보험으로서는 생명보험과 상해보험을 규정하고 있다.

손해보험은 피보험자의 재산상 손해를 보상하는 보험이므로($\substack{제665\\조}$) 대부분이 앞서의 분류상 물보험에 속한다. 인보험은 생명 또는 신체에 관하여 보험사고가 생길 경우에 보험계약에서 정한 보험금액 기타 급여를 할 책임을 부담하는 보험으로서($\substack{제727\\조}$), 약정된 일정보험금액을 지급하는 경우라면 定額保險이 될 것이고, 기타 급여로서 실제로 발생한 손해를 보상하는 경우라면 損害保險이 될 것이다. 즉 인보험 중 생명보험은 약정한 보험금액을 지급하는 것이므로($\substack{제730\\조}$) 定額保險이고, 상해보험은 보험금액 기타의 급여를 목적으로 하기 때문에 定額保險일 수도 있고 손해보험일 수도 있다.

제 2 절   保險法의 槪念

姜渭斗·徐憲濟, 保險法 改正試案의 問題點, 부산대 법학연구 39(1989. 12)/高平錫, 보험의 본질과 원리, 企業環境法의 變化와 商事法(孫珠瓚敎授古稀紀念論文集), 1993/高平錫, 보험법의 본질, 商事法의 基本問題(李範燦敎授華甲紀念論文集), 1993/金星泰, 개정보험계약법의 총론적 음미, 인권과 정의 191(1992. 7)/孫珠瓚, 보험계약법의 문제점에 관한 입법론적 검토, 保險學의 現代的 課題(宋基澈博士華甲紀念論文集), 1985/李均成, 보험법의 개정과 문제점, 商事法硏究 10(상사법의 과제와 전망), 1992/李基秀, 美國의 保險開放壓力과 우리의 對應方案, 經營法律硏究 1(1986. 4)/李基秀, 保險의 意義와 保險契約의 本質, 月刊考試 149(1986. 6)/李基秀, 保險法改正案에 대한 意見, 法律新聞 1804(1988. 12. 8)/李鴻旭, 改正商法(보험편)의 문제점에 관한 약간의 고찰, 商事法의 基本問題(李範燦敎授華甲紀念論文集), 1993/崔秉珪, EU(유럽연합) 보험법의 최근동향, 생협 194(1995. 3).

제 1 관   保險法의 意義

넓은 의미의 보험법이란 보험관계를 규율하는 법규 전체를 말하고, 이는 보험공법과 보험사법으로 나뉜다. 보험공법은 보험사업의 규제·감독 등 공법적 성질의 법규로서 보험사업감독법·사회보험법 등을 말하고, 우리 나라에서는 보험업법·산업재해보상보험법·선원보험법 및 국민건강보험법 등이 이에 속한다. 보험사법은 주로 보험자와 보험계약자 사이의 법률관계, 즉 계약의 성립·효력 및 권리의무의 내용을 다루는 사법적 성질의 법규로서 보험계약법이 위주가 된다. 이를 좁은 의미의 보험법이라고도 한다. 보험계약법은 실질적 의미에서는 사보험, 특히 영리보험에서 보험자와 보험계약자 사이의 법률관계를 규율하는 법이고, 형식적 의미에서는 상법 제 4 편 보험편의 규정을 말한다.

제 2 관   保險契約法의 特性

보험의 인수도 기본적 상행위의 일종으로 상행위법의 영역에 속한다. 그

러나 보험제도가 동일한 위험에 놓여 있는 다수의 경제주체가 과학적 기초를
근거로 법적 위험공동체를 구성하고, 공동비축금을 마련하여 우연한 사고에
대비하는 기술적 제도라는 성격으로 인하여 보험계약법은 상행위법의 다른
부문에 비하여 다음과 같은 특성을 나타낸다.

Ⅰ. 技 術 性

보험제도는 법적 위험공동체를 형성하여 大數의 法則에 따라 보험료를
징수하고 보험사고가 발생한 때에 보험금을 지급함으로써 위험을 분산시키는
기술적 제도이다. 보험료와 보험금의 관계, 보험료의 운용 및 보험금의 지급
은 기술적 요소를 토대로 하고 있으며, 보험계약은 일반적인 당사자의 의사나
형평의 관념으로는 이해하기 힘든 기술적 원리에 의하여 지배된다. 고지의무
및 통지의무에 관한 규정을 그 예로 들 수 있다.

Ⅱ. 團 體 性

보험자와 보험계약자 사이의 관계는 순수한 개인법적인 채권계약에 지나
지 않고, 보험계약자 상호간에는 법적으로는 아무런 관계도 없다. 그러나 경
제적 측면에서 보면 위험을 예방하고자 하는 다수인이 보험자를 통하여 하나
의 법적 위험공동체를 구성함으로써 경제생활의 위험을 분산시키고 있다.

상호보험에서는 사단관계를 통한 보험의 실현이라는 점에서 보험의 단체
성이 뚜렷이 나타나고 있으나, 영리보험에서는 그 단체성이 경제적으로 위험
의 분산이라는 보험의 기술적 요청에서 인정될 뿐이다. 즉 영리보험은 법률적
으로는 개별적인 채권계약의 형식을 취하므로 단체성이 전면에 나타나지 않
고 잠재되어 있다. 이러한 점에서 볼 때 보험계약법을 해석·적용함에 있어 단
체성이라는 경제적 사실을 충분히 고려하여야 한다.

상법상 보험계약자의 고지의무($^{제651}_{조}$) 및 위험변경증가의 통지($^{제652조,}_{제653조}$)에 관
한 규정은 법적 위험공동체와 관련한 보험계약자의 협조의무로 볼 수 있다.
또한 보험자는 어떤 특정한 보험계약자에 대해서만 보험료의 할인 기타 특별
한 이익을 제공하는 행위는 할 수 없는데($^{보험업법 제}_{98조 제2호}$), 이는 각 보험계약자를 평
를 평등하게 대우하여야 한다는 원칙으로서 단체성의 하나의 표현이라고 볼 수
있다.

〈대판 1966. 10. 21, 66 다 1458〉

「보험계약관계는 동일한 위험 밑에 있는 다수인이 단체를 구성하여 그 중의 한 사람에게 위험이 발생한 경우에 그 손실을 그 구성원이 공동하여 충족시킨다는 이른바 위험단체적 성질을 가지는 것이고, 따라서 보험계약관계는 위험충족의 관계에 있어서는 서로 관련성을 가진다는 전제에서 그 법률적 성격을 관찰하여야 할 것이다.」

III. 倫理性·善意性

보험계약은 보험자가 이미 보험료를 수령하였음에도 불구하고 그의 급부의무는 우연한 사고가 발생한 경우에만 인정되므로 射倖契約이라 할 수 있다. 우연한 사고의 발생을 전제로 하는 결과 보험계약이 투기 또는 도박의 목적으로 악용될 소지도 있다. 따라서 보험계약법은 보험계약 당사자의 윤리성·선의성에 바탕을 둔 후견적 규정을 두고 있다. 고지의무위반으로 인한 계약해지의 요건으로 보험계약자의 주관적 요소를 고려하고($\substack{제651\\조}$), 고의로 인한 보험사고의 경우에 보험자의 면책을 인정하였으며($\substack{제659\\조}$), 사기로 인한 초과보험의 무효를 인정한 것($\substack{제669조\\제4항}$) 등은 그 예로 볼 수 있다.

〈대판 2005. 7. 28, 2005 다 23858〉

「보험계약자가 다수의 보험계약을 통하여 보험금을 부정취득할 목적으로 보험계약을 체결한 경우, 이러한 목적으로 체결된 보험계약에 의하여 보험금을 지급하게 하는 것은 보험계약을 악용하여 부정한 이득을 얻고자 하는 사행심을 조장함으로써 사회적 상당성을 일탈하게 될 뿐만 아니라, 또한 합리적인 위험의 분산이라는 보험제도의 목적을 해치고 위험발생의 우발성을 파괴하며 다수의 선량한 보험가입자들의 희생을 초래하여 보험제도의 근간을 해치게 되므로, 위와 같은 보험계약은 민법 제103조 소정의 선량한 풍속 기타 사회질서에 반하여 무효라고 할 것이다.」

〈대판 2009. 5. 28, 2008 도 4665〉

「기망행위를 수단으로 한 권리행사의 경우 그 권리행사에 속하는 행위와 그 수단에 속하는 기망행위를 전체적으로 관찰하여 그와 같은 기망행위가 사회통념상 권리행사의 수단으로서 용인할 수 없는 정도라면 그 권리행사에 속하는 행위는 사기죄를 구성하는데, 보험금을 지급받을 수 있는 사유가 있다 하더라도 이를 기화로 실제 지급받을 수 있는 보험금보다 다액의 보험금을 편취할 의사로 장기간의 입원 등을 통하여 과다한 보험금을 지급받는 경우에는 지급받은 보험금 전체에 대하여 사기죄가 성립한다.」

〈대판 2009. 5. 28, 2009 다 12115〉

「보험계약자가 다수의 보험계약을 통하여 보험금을 부정취득할 목적으로 보험계
약을 체결한 경우, 이러한 목적으로 체결된 보험계약에 의하여 보험금을 지급하게
하는 것은 보험계약을 악용하여 부정한 이득을 얻고자 하는 사행심을 조장함으로
써 사회적 상당성을 일탈하게 될 뿐만 아니라, 또한 합리적인 위험의 분산이라는
보험제도의 목적을 해치고 위험발생의 우발성을 파괴하며 다수의 선량한 보험가
입자들의 희생을 초래하여 보험제도의 근간을 해치게 되므로, 이와 같은 보험계약
은 민법 제103조 소정의 선량한 풍속 기타 사회질서에 반하여 무효라고 할 것이
다(대판 2000. 2. 11, 99 다 49064, 대판 2005. 7. 28, 2005 다 23858 등 참조). 한편, 보험계약자가 그 보험금을 부정취득할 목적으
로 다수의 보험계약을 체결하였는지에 관하여는 이를 직접적으로 인정할 증거가
없더라도, 보험계약자의 직업 및 재산상태, 다수의 보험계약의 체결 경위, 보험계
약의 규모, 보험계약 체결 후의 정황 등 제반 사정에 기하여 그와 같은 목적을 추
인할 수 있다(대판 2005. 7. 28, 2005 다 23858 참조).」

〈대판 2014. 4. 30, 2013 다 69170〉

「甲이 乙 주식회사 등 다수의 보험회사와 10건의 보험계약을 체결한 후 입원치료
등을 이유로 乙 회사 등으로부터 보험금을 지급받았는데, 乙 회사가 보험계약이
선량한 풍속 기타 사회질서에 반하여 무효라는 이유로 부당이득반환을 구한 사안
에서, 甲이 보험계약 체결 직후 병원에 입원한 사실이 없음에도 입원한 것처럼 보
험금을 허위로 청구하여 乙 회사 등으로부터 보험금을 지급받은 행위로 사기죄로
기소되어 유죄판결을 선고받는 등 甲의 재산상태, 다수의 보험계약의 체결 경위,
보험계약의 규모와 성질, 보험계약 체결 후의 정황 등 제반 사정에 비추어 甲이
보험계약을 체결한 것은 순수하게 생명ㆍ신체 등에 대한 우연한 위험에 대비하기
위한 것이라고 보기 어렵고, 오히려 보험사고를 빙자하여 보험금을 부정하게 취득
할 목적으로 보험계약을 체결한 것으로 볼 여지가 충분한데도, 이와 달리 본 원심
판결에 법리오해 등의 위법이 있다.」

Ⅳ. 社會性ㆍ公共性

보험계약은 법적으로는 보험자와 보험계약자 사이의 개별적인 합의에 의
하여 이루어지나, 경제적으로는 불특정다수의 보험가입자가 갹출한 보험료를
기초로 그들의 경제적 위험의 분산을 목적으로 한다는 점에서 여타 금융제도

에서와 같은 사회성을 띠고 있다. 또한 보험자는 일반적으로 대기업이고, 보험계약자는 경제적으로 약하고 보험에 관한 전문지식이 박약한 경우가 대부분이다. 보험관계 자체도 기술적으로 복잡할 뿐만 아니라 보험계약의 체결은 대부분 보통보험약관에 의하여 행해지고 있어 보험계약자를 특히 보호할 필요가 있다. 따라서 보험법은 다른 상행위와 마찬가지로 대립하는 계약당사자의 개인적인 이해관계의 조정뿐만 아니라 공공복리적인 측면도 고려하여야 한다. 그리하여 각국은 보험계약을 당사자의 계약자유에만 맡기지 않고 공익적 견지에서 국가의 감독권을 행사하고 있다. 우리 나라에서도 보험사업은 일정한 요건을 갖추고 금융위원회의 허가를 얻은 자만이 영위할 수 있고 $\binom{보험업법 제}{4조, 제5조}$, 보통보험약관의 제정과 변경에는 행정적인 감독을 하고 있으며 $\binom{보험업법 제5조 제}{3항 제3호, 제127조}$, 특약으로 보험계약자 등의 이익을 침해하지 못하도록 하고 있다$\binom{제663}{조}$.

V. 相對的 強行法規性

보험자는 경제력을 바탕으로 거대한 인적 및 물적 조직을 갖추고 보험에 관한 전문지식을 갖고 있다. 그러나 일반적으로 보험에 대하여 잘 모르는 보험계약자는 보험계약의 내용이나 조건에 대하여 보험자와 구체적인 협의를 하지 않고, 보험자가 일방적으로 작성한 보통보험약관에 의하여 계약을 체결하거나 이를 포기할 수밖에 없으며, 설사 보험계약을 체결한다 해도 계약의 내용을 제대로 이해할 수 있는 경험이나 전문지식이 부족한 경우가 허다하다. 따라서 상법은 보험편의 규정을 당사자의 특약에 의하여 보험계약자 등에게 불리하게 변경하지 못하도록 함으로써 보험계약자 등을 위한 법적 배려를 하고 있다$\binom{제663조}{본문}$. 이는 일반적으로 보험에 관한 전문지식이 부족한 보험계약자 등을 보호하기 위한 것이므로 화재보험·생명보험 등 가계보험의 경우에는 타당하나, 보험자와 보험계약자 모두가 상인으로서 대등한 관계에서 체결하는 보험계약의 경우에는 특별히 보험계약자 등을 보호할 필요가 없고, 당사자의 사적 자치에 맡겨도 무방하다. 따라서 재보험이나 해상보험 기타 이와 유사한 보험의 경우에는 보험계약법의 강행규정성이 배제된다$\binom{제663조}{단서}$. 여기서 기타 이와 유사한 보험에는 항공보험이나 기업을 대상으로 하는 보증보험 등 특수한 보험(기업보험)이 해당한다.

제3관 保險事業과 獨占規制

보험사업을 영위하는 보험사업자는 대부분 영리를 목적으로 하는 주식회사이지만 목적하는 사업이 국민들의 복지와 노후를 책임지는 안전보장역할을 수행한다는 점에서 공공성을 갖는다. 보험사업자 대 보험계약자의 관계는 기업보험을 제외하고는 기본적으로 강자 대 약자의 관계로 인식할 수 있다. 강자가 그 힘을 미끼로 불공정 거래행위 등을 할 때에는 경제법의 규제의 대상으로 삼을 필요가 있다. 이 때 독점규제법을 위시한 경제법은 사업자의 우월적 지위를 남용하는 것을 방지함으로써 시장에서의 효율성을 확보하는 것을 정책적인 목적으로 한다. 양자를 조화시키는 일은 매우 어려운 일이지만 각 법의 목적을 고려하여 이해관계를 조정함으로써 풀어나가야 한다. 금융감독당국과 공정거래위원회의 상충문제는 양 기관이 각각 소관법령의 목적을 상호 존중하면서도 중복조사, 제재에 따른 보험회사의 부담을 최소화하도록 서로 노력하여 풀어나가야 한다. 또한 보험업계에서도 담합 등을 근절하여 경쟁을 도모하도록 노력하여야 한다. 보험사업에서도 시장원리가 원활하게 작동하기 위해서는 사적 자치와 경쟁이 제대로 기능하여야 한다. 이를 위해서는 독점규제법이 효과적으로 적용되어야만 한다. 보험감독관청이 보험계약자 보호를 위하여 규제를 행하고 있지만 그러한 보험업법에 의한 규제만으로 충분하다고 할 수는 없다. 소비자의 이익이란 원칙적으로 자유롭고 공정한 경쟁을 통하여 실현되는 속성이 있다. 독점규제법 제58조에서 보험사업분야를 적용제외로 하고 있지 않으므로 보험사업분야에도 독점규제법을 적용하는 것이 타당하다. 다만 보험상품은 여러 가지 특수성이 있으며 이점은 고려하여야 한다. 불공정 거래행위 가운데 거래상 지위남용을 적용하는 과정에서 '거래'의 개념이 문제될 경우에도 단지 불법행위에는 '거래'가 존재하지 않는다고 획일적, 피상적으로 판단할 것이 아니라 당사자의 힘의 균형관계 등을 실질적으로 고려하여 판단하는 것이 필요하다. 그리고 독점규제법상 보험사업에의 적용을 위하여 어느 개념이 문제될 때 특정 법규정의 규제의 목적과 취지를 고려하여 탄력적으로 해석하는 것이 요구된다. 한편 보험상품개발·판매 과정에서의 경쟁과 관련하여서는 창작적 보험상품에 대하여는 어느 정도 독점을 허용하여 인센티브를 부여하여야 한다. 경쟁정책과 보험사업의 합리적 운용 및 독자적 상품

의 보호의 문제를 균형시키는 문제가 보험업계와 공정거래 당국의 최대의 과
제이며 딜레마라고 할 수 있다. 결국 이는 독점규제법과 보험업법 양법영역의
목적에 의하여 합리적으로 조정하여야 한다.

〈대판 2011. 5. 26, 2008 두 20376〉
「甲 손해보험회사가 다른 손해보험회사들과 순율, 부가율, 할인·할증률의 개별적
조정을 통하여 실제 적용보험료를 일정한 범위 내에서 유지하기로 합의하고 이를
실행한 행위는 구 독점규제 및 공정거래에 관한 법률 제19조 제 1 항 제 1 호의
'부당한 공동행위'에 해당하고, 같은 법 제58조의 '법령에 따른 정당한 행위'에 해
당하지 않는다.」

제 3 절   保險契約法의 法源

姜熙甲, 保險法 개정안 중 보험약관의 성립에 관한 일고, 명지대 사회과학논총 4
(1989. 12)/金英鎬, 保險約款의 開始, 商事法硏究 5(1987)/朴恩會, 보험약관상의 면책
위험에 관한 일고찰, 保險學의 現代的 課題(宋基澈博士華甲紀念論文集), 1985/徐正恒,
보통보험약관의 구속력, 商事判例硏究 1(1986)/梁承圭, 보험감독에 관한 소고, 商法論
叢(鄭熙喆先生停年紀念論文集), 1985/梁承圭, 보험약관과 약관규제법상의 문제, 現代
商事法의 諸問題(李允榮先生停年紀念論文集), 1988/梁承圭, 내용설명이 다른 보통보
험약관의 효력, 보험학회지 34(1989. 10)/殷錘星, 보험약관규제와 소비자보호에 관한
연구, 전주대 박사학위논문, 1992/李基秀, 普通保險約款 ── 西獨의 AGBG와 關聯하
여 ──, 月刊考試 128(1984. 9)/李基秀, 商法保險編 通則 改正案에 대한 批判, 考試界
392(1989. 10)/李基秀, 普通保險約款의 效力 ── 判例評釋 ──, 司法行政 346(1989.
10)/李鴻旭, 보통보험약관의 개정과 그 개시, 商事判例硏究 1(1986)/張敬煥, 保險約款
과 保險規制法, 企業과 法(度岩金敎昌辯護士華甲紀念論文集), 1997/정호열, 최고절차
를 생략한 실효약관의 유효성, 상사법연구 제15권 제 2 호(1996)/蔡利植, 保險契約에
있어서의 免責約款의 有效性, 判例硏究(서울지방변호사회) 6(1993. 1)/崔秉珪, 보험약
관의 교부·설명의무, 보험조사월보 227(1997. 1)/崔秉珪, 약관규제법에 대한 비교검토와
개선방안, 공정경쟁 30, 한국공정경쟁협회, 1998/崔秉珪, 독일 약관규제법(AGB-Gesetz)
폐지와 변화, 상사법연구 제21권 제 1 호, 2002/洪復基, 보통보험약관의 효력, 商事判例
硏究 3(1989).

제 1 관 序　言

　　보험계약법도 다른 法域에서와 마찬가지로 제정법·관습법 등 여러 형태로 존재하고 있다. 보험의 인수는 기본적 상행위이고($^{제46조}_{제17호}$) 보험회사도 상인이므로 원칙적으로 상법의 적용을 받는다. 보험행위를 상법 제 2 편의 상행위에 관한 규정에 포함시켜 규율할 수도 있으나, 일반 상행위에 대한 보험의 특수성으로 인하여 별도로 규율하고 있는 것이다. 따라서 보험에 관하여 상법에 규정이 없으면 상관습법에 의하고, 상관습법이 없으면 민법에 의한다($^{제1}_{조}$). 그러나 보험약관의 발달로 인하여 그 내용이 강행법규나 선량한 풍속 기타 사회질서에 반하지 않는 한 약관이 먼저 적용되기 때문에 다른 상행위에서만큼 상관습법이 발달할 여지는 많지 않다.

제 2 관 制 定 法

　　보험계약법의 가장 중요한 法源은 상법 제 4 편 보험에 관한 규정이라 할 수 있고, 그 외에 상행위에 관한 일반규정의 적용을 받는다. 상법의 규정이 적용되는 것은 보험계약을 상행위로 하는 때에 한하는 것이나($^{제46조}_{제17호}$), 상호보험에 대해서도 그 성질이 허용하는 한 영리보험에 관한 상법의 규정이 준용된다($^{제664}_{조}$).

　　상법 이외에 보험계약법의 法源으로서 보험업법을 들 수 있는데, 이는 원칙적으로 보험사업의 사회성·공공성으로 말미암아 보험사업에 대한 규제를 목적으로 하는 것으로 보험감독에 관한 기본법이다. 보험업법 중 보험감독에 관한 규정은 보험계약법의 法源이라 할 수 없으나, 일부 규정은 보험제도의 특수한 성격에 따라 보험계약의 체결에 대한 통제규정 또는 보험계약자 등의 보호규정들을 포함하고 있어 보험계약에 영향을 미치고 있기 때문에 보험계약법의 法源이 된다. 보험업법 중 보험계약에 관련된 규정으로는 보험사업의 주체인 주식회사와 상호회사에 관한 규정($^{보험업법 제18조 이}_{하, 제34조 이하}$), 보험계약의 이전($^{보험업법 제}_{140조 이하}$) 및 보험의 모집에 관한 규정($^{보험업법 제}_{83조 이하}$) 등을 들 수 있다. 이 보험업법에 대하여는 1997과 1998년 종래 보험감독원이 수행하던 감독기능을 예금보험공사와 금융감독원으로 이원화하는 개정을 하였으며, 그 이후에도 개정된 바 있다.

그 가운데 중요한 개정이 2010년 7월 23일의 개정이다($_{제10394호.}^{법률}$). 동 개정
에서는 우선 보험소비자에 대한 보호를 강화하고, 보험상품의 불완전 판매를
예방하기 위하여 보험상품을 판매할 때 보험계약에 관한 주요 사항에 대하여
설명의무를 부과하고 자본시장법처럼 적합성원칙을 도입하였다. 또한 보험회
사 또는 보험의 모집에 종사하는 자가 보험상품에 관하여 광고를 하는 경우
에 준수하여야 하는 사항과 위반시 처벌 기준을 규정하였다. 다른 한편 보험
계약자 등을 대상으로 보험약관의 이해도를 평가하고 그 결과를 공시할 수
있도록 근거를 마련하였다. 또한 개정 전에 규정이 미비되어 있던 보험상품·
생명보험상품·손해보험상품·제3보험상품·보험사기행위에 대한 정의 규정
을 각각 신설하여 법 해석의 명확성을 높였다. 개정의 주요내용은 다음과 같
다. ① 보험상품에 대한 정의를 하고, 보험상품을 생명보험상품, 손해보험상
품, 제3보험상품으로 각각 구분하여 정의하는 규정을 신설하였다($_{제1호 신설}^{법 제2조}$).
② 보험상품을 판매할 때 보험계약에 관한 주요 사항에 대하여 설명의무를
부과하고, 소비자가 그 설명을 이해하였음을 서명 등을 통하여 확인하도록 하
였다($_{신설}^{법 제95조의2}$). 이에 위반시 보험사의 경우 수입보험료의 20% 이하의 과징금
을 부과하고, 설계사·대리점의 경우에는 2,000만원 이하의 과태료를 부과할
수 있도록 하였다. ③ 보험계약자의 소득·재산상황, 보험가입의 목적 등을
파악하여 보험소비자의 필요에 적합한 보험상품을 권유하도록 하였다. 이 원
칙은 투자성 보험상품인 변액보험에 대해 적용한다($_{제42조의3 제2항}^{보험업법 시행령}$). ④ 보험회사
또는 보험의 모집에 종사하는 자가 보험상품에 관하여 광고를 하는 경우에
준수하여야 하는 사항과 위반시 처벌 기준을 규정하였다($_{신설}^{법 제95조의4}$). ⑤ 실손의
료보험과 같은 대통령령이 정하는 계약에 대해 보험계약체결 전에 보험회사
등이 중복가입 여부를 확인하도록 의무화하였다($_{신설}^{법 제95조의5}$). ⑥ 보험안내자료에
보험금지급제한 조건에 대한 사항을 기재하도록 의무화하였다. ⑦ 보험계약자
가 전화, 우편, 컴퓨터 통신 등 통신수단을 이용하여 청약내용을 확인하고 철
회 및 계약해지를 할 수 있도록 하였다. 다만 보험계약자가 통신수단을 이용
해서 계약을 해지하는 것은 보험가입시 미리 동의한 경우에 한정된다
($_{제2항}^{법 제96조의}$). ⑧ 보험모집시 다른 모집종사자의 명의를 이용한 모집, 자필서명을
받지 아니한 모집, 정당한 이유없이 장애인의 보험가입을 거부하는 행위를 금
지하였다. ⑨ 대출을 조건으로 차주의 의사에 반하여 보험가입을 강요하는 행

위, 부당하게 담보를 요구하거나 연대보증을 요구하는 행위를 금지하였다. ⑩ 고의적인 보험금 지급 지연·불지급 등 기초서류 준수의무 위반에 대해서는 업무정지 명령 등 행정처분을 내릴 수 있도록 하였다. ⑪ 보험회사가 취급 보험상품에 대한 기초서류를 작성하도록 하면서 일정한 상품은 자율상품으로 하여 확인절차 대신 보험회사의 내부통제 절차만 거치면 자율적으로 개발·판매할 수 있도록 하였다. 즉 법 개정 전에는 제출상품(90%), 신고상품(10%)으로서 선임계리사의 조사, 보험개발원의 절차 및 금융감독원의 절차 모두 3단계의 절차를 거쳐야 하였었다. 그런데 개정이후에는 자율상품(75~85%)의 경우 회사 내부 검증절차만 거치고 자율적으로 판매가 가능하게끔 되었으며, 나머지 신고상품(15~25%)만 종전의 절차를 거치도록 하여 대부분의 상품을 사전통제 없이 자율적으로 개발하여 판매할 수 있도록 하였다(법 제127조 및 제128조, 제127조의2, 제128조의2 및 제128조의3 신설). ⑫ 보험계약자 등을 대상으로 보험약관의 이해도를 평가하고 그 결과를 공시할 수 있도록 근거를 마련하였다(법 제128조의4 신설). ⑬ 보험회사 사외이사의 결격요건을 강화하는 등, 사외이사 관련 규정을 개선하며, 감사위원회 관련 규정을 이에 맞추어 정비하였다(법 제15조). ⑭ 보험설계사, 개인 보험대리점, 중개사의 보수교육을 의무화하였다. 그리고 법인대리점의 임원자격기준을 신설하고, 판매책임강화를 위해 불완전판매율 등의 공시를 의무화하였다.

그리고 2014년 1월 14일의 보험업법의 개정(법률 제12262호)(시행 2014. 7. 15.)도 중요하다. 이 개정의 이유로는, 보험 관계 업무 종사자가 보험사기행위에 연루되는 경우 해당 보험 관계 업무 종사자의 등록을 취소할 수 있도록 하고, 청약철회에 관한 보험회사의 의무를 명확히 하며, 보험요율 산출기관이 보험계약자의 교통법규 위반 또는 운전면허 효력에 관한 정보를 제공받아 보험회사에 제공할 수 있는 근거를 마련하려는 것을 들 수 있다. 이 개정의 주요내용은 다음과 같다: ① 보험사기행위에 연루된 보험 관계 업무 종사자에 대한 등록취소에 대하여 규정하였다(제86조제2항, 제88조제2항, 제90조제2항, 제102조의3). 우선 보험설계사 등 보험 관계 업무 종사자가 보험계약자, 피보험자 등으로 하여금 보험사고를 유발·가장하게 하거나 보험사고의 시기, 내용 등을 조작하여 보험금을 수령하도록 하는 행위를 금지하였다. 또한 보험 관계 업무 종사자가 보험계약자 등으로서 보험사기행위를 하거나 보험계약자 등으로 하여금 보험사기행위를 하게 하는 경우 6개월 이내의 업무정지 또는 그 등록을 취소할 수 있도록 하였다. ② 보험계약의 청약 철회 관련 보험회사의 준수사항을 규정하였다(제102조의4, 102조의5). 즉

보험회사는 청약자가 보험증권을 받은 날로부터 15일 이내에 청약을 철회하
는 경우 이를 거부할 수 없도록 하고, 청약 철회를 접수한 날로부터 3일 이
내에 납입 받은 보험료를 반환하도록 하였다. 다만 청약일로부터 30일이 초과된
경우에는 이를 거부할 수 있도록 하였다. ③ 보험회사의 보험금 지급시 경찰청
의 음주운전 여부 및 운전면허의 효력정보 이용 근거를 마련하였다(제176조제10항, 제177조).
즉 보험회사가 보험요율 산출기관을 경유하여 경찰청으로부터 음주운전 여부
및 운전면허의 효력에 대한 정보를 제공받아 보험금 지급업무에 활용할 수
있는 근거를 마련하고 이와 관련하여 동 정보를 취급하는 자의 개인정보보호
의무를 규정하였다.

이 밖에 사회정책 또는 산업정책적 목적을 위한 특수한 보험에 관한 것
으로 자동차손해배상보장법(1999. 2. 5, 전문개정법률 제5793호) · 원자력손해배상법(1986. 5. 12, 법 제3849호) · 수출보
험법(1994. 8. 3, 법 제4776호) · 국민건강보험법(2001. 5. 24, 법 제6474호) · 선원보험법(1975. 12. 31, 법 제2886호) · 산업재해보
상보험법(1994. 12. 22, 법 제4776호) · 군인보험법(1991. 12. 27, 법 제4460호) 등이 있다.

〈대판 2010. 1. 14, 2008 두 14739〉
「불공정거래행위에 관한 독점규제 및 공정거래에 관한 법률상의 관련 규정과 입
법 취지 등에 의하면 불공정거래행위에서의 '거래'란 통상의 매매와 같은 개별적
인 계약 자체를 가리키는 것이 아니라 그보다 넓은 의미로서 사업활동을 위한 수
단 일반 또는 거래질서를 뜻하는 것으로 보아야 하는 점, 비록 피해차주의 보험회
사에 대한 직접청구권이 피보험자의 불법행위에 의하여 발생한다고 하더라도 보
험회사 및 피보험자는 바로 그러한 경우를 위하여 보험계약을 체결하는 것이고,
피해차주는 자동차손해보험의 특성상 보험계약 성립 당시에 미리 확정될 수 없을
따름이지 그 출현이 이미 예정되어 있는 것이며, 그에 따라 보험회사가 피해차주
에게 대물손해를 배상하여야 할 의무도 위 보험계약에 근거하고 있는 것인 점, 불
법행위로 인한 손해배상채무가 이행되는 과정에서도 채무자에 의한 불공정거래행
위가 얼마든지 발생할 여지가 있는 점 등에 비추어 볼 때, 보험회사와 피해차주
사이에는 피보험자를 매개로 한 '거래관계'가 존재한다고 봄이 상당하다.」

제3관 保險約款

I. 序 論
경제의 성장과 더불어 대량생산 · 대량거래가 이루어지는 사회에서는 필

연적으로 그 많은 거래를 합리적으로 처리하기 위하여 계약의 내용을 정형화하는 보통거래약관이 나타나게 되었다. 보통거래약관은 대량적·집단적으로 행해지는 거래의 내용을 획일적으로 정하여 거래관계를 신속하게 처리하고자 사업자가 미리 그 계약내용을 정형적으로 정한 계약조건이다. 이러한 보통거래약관은 개별적인 계약행위에 의하여 주어진 것이 아니라 사업자가 거래상대방에게 일방적으로 제시하여 그에 따르도록 요구하고 있는 점에서 흔히 소비자에게 불리하게 작용하기도 한다. 이에 따라 소비자의 보호를 위하여 보통거래약관을 규제하는 방법이 문제되고 있다.

보험약관은 보험계약체결시에 사용되는 약관을 말한다. 보험약관은 대표적인 보통거래약관으로서 보험산업의 성장과 더불어 그에 대한 논의가 이루어져 왔다. 후술하는 바와 같이 보험약관은 보통보험약관·특별보통보험약관·특별보험약관 등으로 나누어 볼 수 있으나 실제적으로는 보통보험약관이 가장 중요하므로, 여기에서는 주로 보통보험약관에 관해서 살펴보기로 한다.

Ⅱ. 保險約款의 槪念

1. 意　　義

약관의규제에관한법률(약관규제법) 제 2 조 제 1 항은 "약관이라 함은 그 명칭이나 형태 또는 범위를 불문하고 계약의 일방당사자가 다수의 상대방과 계약을 체결하기 위하여 일정한 형식에 의하여 미리 마련한 계약의 내용이 되는 것을 말한다"고 규정하고 있다. 보통보험약관은 바로 이러한 약관의 일종으로서, 보험자가 같은 위험을 대상으로 하는 수많은 보험계약을 맺기 위하여 미리 작성한 보험계약의 내용을 이루는 정형적인 계약조항이다.

보통보험약관은 보험계약의 일반적·보편적·표준적인 계약조항이므로 특수한 보험에서는 이 약관만으로는 부족하여 다시 상세한 약정을 할 때가 있다. 이 때에 이용되는 약관을 특별보통보험약관 또는 부가약관이라 한다. 이 부가약관은 그것이 정형적인 한 그 명칭의 여부를 묻지 않고 실질상의 보통보험약관의 일부를 이루는 것이다. 이에 대하여 개개의 보험계약체결시에 당사자가 보통보험약관의 특정조항을 변경하거나 이를 보충·배제하는 데에 특별보험약관(특별약관이라고도 함)이 사용된다. 이러한 특별보험약관은 해상보험 등 기업보험에서 보험단체의 이익을 해치지 않는 범위 안에서 예외적으로 허용되는 것으로, 보험계약 당사자들의 합의에 의하여 그 계약내용을 정하는 계약조항인 보통보험약관과는 구별된다.

2. 保險約款의 必要性

보험은 인간의 경제생활을 위협하는 각종의 위험에 대비하기 위하여 같은 위험에 놓여 있는 많은 사람들이 위험공동체를 구성하고 大數의 法則에 의하여 서로 위험을 전가시키고 분산시키려는 제도라고 할 수 있다. 따라서 보험계약은 그 성질상 다수의 보험계약자를 상대로 동일한 내용으로 체결되어야 하는데, 이를 합리적으로 처리하기 위하여 나타난 것이 보통보험약관이라고 할 수 있다. 다시 말하면 보통보험약관은 보험계약이 성질상 다수의 가입자를 상대로 하여 대량적으로 처리되어야 할 필요에서 그 내용을 定型化하여야 한다는 기술적인 요청에 따른 합리화의 일환으로 생겨난 것이다. 즉 보험제도는 동질적인 위험을 예견하는 다수가입자의 단체인 법적 위험공동체를 전제로 하여 기술적으로 가입자에 관한 위험을 종합평균하여 위험을 분산하는 것이므로, 이것이 가능하기 위해서는 보험계약의 내용이 각 가입자에 대해서 동일하여야 한다.

이러한 기술적인 이유 이외에 법적인 이유로서 모든 보험계약자의 동등취급이라는 일반원칙을 설정한다면 필연적으로 통일된 계약을 사용해야 할 것이라는 결론에 도달한다. 그리고 보험제도는 그 사회성·공공성에서 볼 때에 사회적 또는 경제적으로 약자의 위치에 있는 많은 가입자의 이익을 보호하기 위한 국가의 후견적 역할이 필요하며, 이를 실현하기 위해서는 계약의 내용에 관한 일반적·표준적 약관을 작성하게 하고 행정기관을 통하여 이것을 감독하는 것이 가장 편리할 것이므로, 이와 같은 면에서도 보험약관이 존재해야 할 의의가 있다.

Ⅲ. 保險約款의 法的 性質

1. 序   言

보험계약의 당사자가 계약을 체결할 때 보통보험약관의 내용을 알고 그에 합의한 경우에는 당연히 그것은 계약의 내용으로서 당사자를 구속하게 된다. 그러나 실무에서는 보험자는 약관을 작성하는 자이므로 그 내용에 따라서 계약을 체결할 의사가 있는 것으로 보아야 하지만, 보험계약자는 보험의 목적, 보험사고의 종류, 보험기간, 보험료 및 보험금액 등에 관한 합의만을 하고

그 약관의 구체적인 내용을 알려고 하지 않는 것이 일반적이다. 그리하여 보
험계약자가 보험계약을 맺으면서 구체적인 약관의 존재를 알지 못하였거나
또는 그 약관에 따라 보험계약을 맺는다는 의사표시를 하지 않은 경우에도
그 보험약관의 구속력을 인정할 수 있는가의 문제와, 인정할 수 있다면 그 근
거가 무엇인가에 관한 의문이 제기된다. 보험(약관)의 구속력의 근거가 법(규
범)인가, 당사자의 합의(계약)인가, 아니면 하나의 제도에 불과한 것인가가 바
로 보험약관의 법적 성질에 관한 문제이다.

보험약관의 법적 성질에 관하여는 학설의 다툼이 있으며, 크게 규범설과
의사설로 나뉘어 있다.

2. 規 範 說

규범설은 보통보험약관 그 자체가 경제의 자생법으로서 독자적인 法源이
되므로 당사자의 의사에 관계 없이 당연히 계약내용을 규율하는 규범으로서
구속력을 갖게 된다고 한다. 이는 전통적인 법률행위이론을 벗어나 객관주의
내지는 단체주의적인 입장에서 약관의 구속력을 보다 강하게 인정하려는 것
으로 다시 자치법설·상관습법설 등으로 나뉘어진다.

자치법설은 "사회 있는 곳에 법이 있다"(Ubi societas ibi ius)라는 法諺을
원용하여 약관을 그 거래권 안의 자치법으로 본다. 이에 따르면 보험계약자가
보험계약을 맺음으로써 보험거래권에 가입하게 되고, 그 거래권의 자치법규인
보통보험약관에 당연히 구속받게 된다.

상관습법설은 약관 그 자체를 상관습법으로 인정하는 것이 아니라 특정
한 거래에 관하여 "약관에 의한다"는 것을 내용으로 하는 상관습법 내지 상
관습이 성립하고 있다고 보는 입장이다. 구체적인 약관을 상관습법 또는 상관
습의 내용으로 보는 것이 아니기 때문에 白地商慣習法說 또는 白地商慣習說
이라고 한다. 즉 일반적으로 거래가 약관에 의하여 체결되고 있는 분야에서는
당해 거래분야에 있어서 계약은 "약관에 의한다"는 관습법 또는 사실
인 관습이 존재하기 때문에 개개의 계약이 약관에 의하여 지배된다고 본다
(정희철, 357쪽;
(양승규, 70쪽).

3. 意思說(契約說)

보통보험약관은 보험자가 일방적으로 작성한 계약의 모형에 불과하므로
이것이 당연히 구속력을 갖는다고 할 수는 없고, 당사자들이 이를 계약의 내
용으로 하고자 하는 합의를 한 때에만 구속력을 갖게 된다는 것이다. 즉 약관

은 당사자간의 합의에 의하여 계약의 내용으로 편입되었을 때에 비로소 구속력을 갖게 된다고 한다(최기원, 56쪽; 채이식, 469쪽).

4. 學說檢討

규범설은 보험약관을 규범으로 보기 때문에 실질상 당사자의 의사와는 무관하게 보험약관이 당사자 사이의 권리의무를 규율하는 현상을 적절히 설명하는 장점이 있는 반면에, 보통보험약관이 규범으로 발전한 근거가 불분명한 문제점이 있다. 자치법설에 대하여는 사업자가 보통보험약관과 같은 자치법을 제정할 권한이 법에 의하여 수권되어 있다고는 볼 수 없다는 비판이 있다. 그뿐만 아니라 보통보험약관은 사회학적으로 특정한 거래권을 지배하는 법규라고 볼 수 있지만, 법률적으로는 보통보험약관 그 자체가 당연히 *法源*이라고는 할 수 없다. 왜냐하면 약관은 사업자의 경제력에 의하여 사실상 이용될 뿐이고 일반적 적용을 주장할 수 있는 법적 기초를 보유하는 것은 아니기 때문이다. 회사나 기타 단체의 정관이 자치법규로서 *法源性*이 인정되는 것은 정관의 작성권한이 법률의 규정에 의하여 부여되고 있기 때문이지만, 보험사업자에 대하여는 보통보험약관의 작성권한이 법률에 의하여 주어졌다고 할 수 없으므로 보통보험약관의 법규로서의 효력은 인정할 수 없다. 보통보험약관의 작성이 행정관청에 의하여 인가되고, 또한 변경·명령 등의 감독을 받는 경우도 같다.

상관습법설에 대하여는 강자에 의한 일방적인 약자지배를 정당화시켜 주는 상관습의 존재를 인정할 수 없고, 경제의 발전에 따라 리스·팩터링계약을 비롯하여 새로운 종류의 계약형태가 등장하게 되는데, 관습이나 관습법의 성립에는 일정한 시간적 경과가 필요하다는 이유로 새로운 계약형태에서 이용하는 약관에 대하여 상관습 내지 상관습법이 존재한다고는 할 수 없다는 문제점이 지적된다.

이렇게 볼 때에 보통보험약관이 당사자를 구속하는 근거는 당사자의 의사에서 찾는 것이 타당할 것이다. 즉 당사자는 약관의 내용을 상세히 정확하게 알지 못하더라도 약관에 따른다는 명시 또는 묵시의 합의를 할 수 있고, 이 합의에 기하여 약관이 구속력을 갖게 된다. 또 대부분의 보험청약서에는 보통보험약관에 따른다는 의사표시가 있으므로, 이에 의하여 보험계약자는 보험약관의 내용에 묵시적으로 동의하였다고 볼 수 있다. 그러나 이 때 묵시적 동의는 의사설에 의할 경우 신중하게 인정하여야 한다. 계약상대방이 약관의 내용을 인식하지 못하였는 데도 묵시적 합의를 인정한다면 규범설과 다를 것이 없기 때문이다. 계약자가 약관에 의할 의사가 없었다면 그 약관은 당사자를 구속할 수 없는 것이 계약설에 충실한 해석이다. 따라서 계약설에 의할 경우 계약상대방이 약관에 대하여 인식할 것이 전제가 되고, 그만큼 사업자의 약관에 대한 교부·설명의무가 중요하게 된다. 만일 사업자의 계약상대방이 약관을 인식하지 못하였다면 이는 계약의 내용으로 될 수 없고, 나머지 부분만으로 계약이 구성되거나 경우에 따라서는 그 밖의 일반적으로 통용되는 내용으로 계약이 채워지는 수가 있다.

그리고 약관규제법 제 3 조의 내용을 보면 "사업자는 계약체결에 있어서 고객에게 약관의 내용을 계약의 종류에 따라 일반적으로 예상되는 방법으로 명시하고, 고객이 요구할 때에는 당해 약관의 사본을 고객에게 교부하여 이를 알 수 있도록 하여야" 하며(동법 제3조 제2항 본문), "사업자는 약관에 정하여져 있는 중요한 내용을 고객이 이해할 수 있도록 설명하여야 한다"(동법 제3조 제3항 본문)고 규정한다. 그리고 사업자가 이에 위반하여 계약을 체결한 때에는 당해 약관을 "계약의 내용으로 주장할 수 없다"(동법 제3조 제4항)고 규정한다.

이상의 내용으로 보아 약관규제법이 자치법설이나 기타 규범설을 취하지 않은 것은 명백하다. 또한 약관이 존재한다고 하여 그에 관련된 계약은 약관에 의해 체결된다는 관습이 있음을 전제로 한 것도 아니다. 약관규제법의 위 조항은 고객이 약관의 존재와 내용을 알고 계약을 체결하는 것을 약관에 구속력이 생기기 위한 전제로 한다는 뜻이 명백하므로 동법은 계약설에 바탕을 둔 것이라 할 수 있다. 판례도 계약설의 입장을 취하고 있다.

〈대판 1985. 11. 26, 84 다카 2543〉
「보통보험약관이 계약당사자에 대하여 구속력을 갖는 것은 그 자체가 법규범 또는 법규범적 성질을 가진 약관이기 때문이 아니라 보험계약당사자 사이에서 계약내용에 포함시키기로 합의하였기 때문이라고 볼 것이다.」

〈대판 1986. 10. 14, 84 다카 122〉
「보통보험약관을 포함한 이른바 일반거래약관이 계약의 내용으로 되어 계약당사자에게 구속력을 갖게 되는 근거는 그 자체가 법규범 또는 법규범적 성질을 갖기 때문은 아니며, 계약당사자가 이를 계약의 내용으로 하기로 하는 명시적 또는 묵시적 합의를 하였기 때문이라고 볼 것이다.」

〈대판 1989. 3. 28, 88 다카 4645〉

「자동차종합보험보통계약은 일반거래약관의 일종으로서 계약당사자가 이를 계약의 내용으로 하기로 하는 명시적 또는 묵시적 합의가 있는 경우에만 적용되는 것인데, 보험회사를 대리한 보험대리점 내지 보험외판원이 보험계약자에게 보통보험약관과 다른 내용으로 보험계약을 설명하고, 이에 따라 계약이 체결되었으므로 그 때 설명된 내용이 보험계약의 내용이 되고, 그와 배치되는 보통약관의 적용은 배제된다.」

〈대판 1989. 11. 14, 88 다카 29177〉

「보통보험약관이 계약당사자에 의하여 구속력을 가지는 것은 그 자체가 법규범 또는 법규범적 성질을 가진 약관이기 때문이 아니라 보험계약 당사자 사이에서 계약내용에 포함시키기로 합의하였기 때문이라고 볼 것인바, 일반적으로 보험계약자가 보통보험약관을 계약내용에 포함시킨 보험계약서를 스스로 작성한 이상 그 약관의 내용이 일반적으로 예상되는 방법으로 명시되어 있지 않다든가, 또는 중요한 내용이어서 특히 보험업자의 설명을 요하는 것이 아닌 한 보험계약자가 위 약관내용을 자세히 살펴보지 아니하거나 보험업자의 설명을 듣지 아니하여 알지 못한다는 이유로 약관의 구속력에서 벗어날 수 없다.」

〈대판 1990. 4. 24, 89 다카 24070〉

「보통보험약관이 계약당사자에 대하여 구속력을 가지는 것은 그 자체가 법규범 또는 법규범적 성질을 가진 약관이기 때문이 아니라 보험계약 당사자 사이에서 계약내용에 포함시키기로 합의하였기 때문이라고 볼 것인바, 일반적으로 당사자 사이에서 보통보험약관을 계약내용에 포함시킨 보험계약서가 작성된 경우에는 계약자가 그 보험약관의 내용을 알지 못하는 경우에도 그 약관의 구속력을 배제할 수 없는 것이 원칙이나, 다만 당사자 사이에서 명시적으로 약관에 관하여 달리 약정한 경우, 또는 약관의 내용이 일반적으로 예상되는 방법으로 명시되어 있지 않다든가 또는 중요한 내용이어서 특히 보험업자의 설명을 요하는 경우에는 위 약관의 구속력은 배제된다.」

〈대판 1991. 9. 10, 91 다 20432〉

「보통보험약관이 계약당사자에 대하여 구속력을 갖는 것은 그 자체가 법규범 또는 법규범적 성질을 가진 약관이기 때문이 아니라 보험계약 당사자 사이에서 계약내용에 포함시키기로 합의하였기 때문이라고 볼 것이며, 일반적으로 당사자 사이에서 보통보험약관을 계약내용에 포함시킨 보험계약서가 작성된 경우에는 계약자가 그 보험약관의 내용을 알지 못하는 경우에도 그 약관의 구속력을 배제할 수 없는 것이 원칙이나, 당사자 사이에서 명시적으로 약관의 내용과 달리 약정한 경우에는 위 약관의 구속력은 배제된다.」

〈대판 1996. 10. 11, 96 다 19307〉
「당사자 사이에서 보험약관을 기초로 하여 보험계약이 체결된 때에는 특별한 사정이 없는 한 그 보험약관은 계약내용에 포함시키기로 합의된 것으로서 계약당사자에 대하여 구속력을 가진다.」

〈서울민사지판 1991. 9. 12, 90 가합 72905〉
「보험계약 당사자 사이에서 명시적으로 약관에 관하여 달리 약정한 경우, 약관의 내용이 일반적으로 예상되는 방법으로 명시되어 있지 않은 경우, 또는 중요한 내용이어서 특히 보험자의 설명을 요함에도 보험자가 이를 제대로 설명해 주지 않은 경우 등에는 그 약관의 구속력은 배제된다 할 것인바, 생명보험계약의 약관상 피보험자가 계약일로부터 3개월이 지난 날의 다음날인 책임개시일 이후에 암으로 진단받고 사망하면 주계약보험금 외에 암사망특약보험금을 지급하기로 되어 있는 경우, 위 책임개시일에 관한 약관내용은 위 암사망특약부분의 효력발생시기 및 무효사유에 관하여 특히 중요한 내용을 이루는 것이므로 보험자가 보험계약자에게 그 약관내용을 설명해 주었거나 보험계약자가 이를 알고 있지 않았다면 보험자는 위 책임개시일에 관한 약관을 주장하여 보험금의 지급을 거절할 수 없다.」

〈대판 2011. 3. 24, 2010 다 96454〉
「이 사건 보험은 그 명칭이 '무배당직장인플러스보장 부부3배형'으로서 주피보험자의 호적상 또는 주민등록상 배우자만이 종피보험자로 가입할 수 있고 주피보험자와 그 배우자가 각자 개인형으로 가입할 경우보다 보험료가 할인되는 점, 종피보험자가 보험기간 중 주피보험자의 배우자에 해당되지 아니하게 된 때에는 종피보험자의 자격을 상실한다는 이 사건 약관조항이 종피보험자의 자격취득에 관한 규정과 같은 조항에 규정되어 있는 점, 당초 이 사건 보험계약을 체결할 때와 달리 주피보험자와 종피보험자의 부부관계가 이혼으로 해소되었는데도 이혼한 일방이 여전히 종전 배우자인 주피보험자의 종피보험자 지위를 유지하도록 하는 것은 도덕적 위험을 야기할 수도 있을 것인 점 등을 종합하여 보면, 이 사건 약관조항은 거래상 일반적이고 공통적인 것이어서 보험자의 별도의 설명 없이도 보험계약자나 피보험자가 충분히 예상할 수 있었던 사항이라고 할 것이므로 그러한 사항에 대해서까지 보험자인 피고에게 명시·설명의무가 있다고는 할 수 없다(원고는 피고와 사이에 주피보험자 원고, 종피보험자 원고의 처, 보험수익자 원고로 정하여 이 사건 보험계약을 체결하였고, 그 후 이혼한 처가 암진단을 받게 되자 이 사건 보험금을 청구하였으나, 종피보험자가 보험사고 발생 전에 주피보험자인 원고와 이혼함으로써 이 사건 약관조항에 의해 종피보험자로서의 자격을 상실하였으므로 보험금지급사유에 해당하지 아니하며, 이 사건 약관조항은 거래상 일반적이고 공통된 것이어서 설명의무의 대상이 되는 내용이라고 할 수 없다고 한 원심판결을 수긍한 사례).」

〈대판 2011. 7. 28, 2011 다 23743, 23750〉

「손해보험회사인 甲 주식회사와 폐기물 처리업자인 乙 주식회사가 체결한 공장화재보험계약의 화재보험보통약관에서 보험계약자 등의 통지의무 대상으로 '위험이 뚜렷이 증가할 경우'를 규정하고 있는데, 乙 회사가 甲 회사에 대한 통지 없이 다량의 폐마그네슘을 반입하여 보관하던 중 화재가 발생한 사안에서, 甲 회사가 보험계약을 체결하면서 폐마그네슘과 같은 위험품을 취급할 경우 이를 통지해야 한다는 내용을 설명하지 않았더라도, 그에 대하여 보험자에게 별도의 설명의무가 인정되지 않는다.」

〈대판 2013. 6. 28, 2012 다 107051〉

「특정 질병 등을 치료하기 위한 외과적 수술 등의 과정에서 의료과실이 개입되어 발생한 손해를 보상하지 않는다는 것은 일반인이 쉽게 예상하기 어려우므로, 약관에 정하여진 사항이 보험계약 체결 당시 금융감독원이 정한 표준약관에 포함되어 시행되고 있었다거나 국내 각 보험회사가 위 표준약관을 인용하여 작성한 보험약관에 포함되어 널리 보험계약이 체결되었다는 사정만으로는 그 사항이 '거래상 일반적이고 공통된 것이어서 보험계약자가 별도의 설명 없이 충분히 예상할 수 있었던 사항'에 해당하여 보험자에게 명시·설명의무가 면제된다고 볼 수 없다.」

〈대판 2014. 7. 24, 2013 다 217108〉

「'보험계약을 체결한 후 피보험자가 그 직업 또는 직무를 변경하게 된 때에는 보험계약자 또는 피보험자는 지체 없이 이를 피고에게 알려야 하고, 그 알릴 의무를 불이행할 경우 피고는 그 사실을 안 때부터 1개월 이내에 보험금이 감액 지급됨을 통보하고 감액된 보험료를 지급한다'는 내용의 이 사건 보험약관 제25조(이하 '이 사건 약관조항'이라 한다)는 보험료율의 체계 및 보험청약서상 기재사항의 변동사항에 관한 것으로서 보험자가 명시·설명하여야 하는 보험계약의 중요한 내용에 해당되는 것으로 보인다. 그리고 이 사건 약관조항은 상법 제652조 제 1 항

및 제653조가 규정한 '사고발생의 위험이 현저하게 변경 또는 증가된' 경우에 해
당하는 사유들을 개별적으로 규정하고 있는 것이므로 상법 제652조 제 1 항이나
제653조의 규정을 단순히 되풀이하거나 부연한 정도의 조항이라고 할 수 없다.」

　　이러한 판례의 입장을 분석해 보면 판례는 기본적으로 의사설 내지 계약
설의 입장에 서 있음을 알 수 있다. 그리고 그 결과 약관에 대한 계약상대방
의 인지가능성 부여를 위하여 약관에 대한 설명이 중요한 의미를 가진다. 그
러나 그렇다고 하여 모든 약관을 다 설명하여야 계약의 내용으로 된다고 보
기는 어렵다는 입장에서 중요한 내용만을 설명하여 주면 족하다고 판례는 보
고 있다. 따라서 이러한 점에서 어느 것이 해당 보험약관에서 중요한 내용인
지 여부의 결정에 판례의 주안점이 있다. 이는 일률적으로 결정할 수 없고
해당보험종목에서 보장하려는 내용 등을 고려하여 상대적으로 결정하여야 할
사항이다.

Ⅳ. 保險約款의 內容

　　보험약관은 보험계약에 관한 내용을 규정하는데, 보험자는 원칙적으로
보험약관의 내용을 임의로 정할 수 있다. 그러나 보험업감독규정 제2-3조의
3은 보험약관에 다음의 사항을 기재할 것을 요구하고 있다: ① 보험회사의
보험금 지급사유, ② 보험계약의 무효의 원인, ③ 보험회사의 면책사유, ④ 보
험회사의 의무의 범위 및 그 의무이행의 시기, ⑤ 보험계약자 또는 피보험자
가 그 의무를 이행하지 아니한 경우에 받는 손실, ⑥ 보험계약의 전부 또는
일부의 해제원인과 해제한 경우의 당사자의 권리의무, ⑦ 보험계약자·피보험
자 또는 보험금액을 취득할 자가 이익 또는 잉여금의 배당을 받을 권리가 있
는 경우에는 그 범위.

　　보통보험약관의 기재내용을 상법 제 4 편의 보험계약법과의 관계에서 보
면 ① 보험계약의 무효원인($^{제644}_{조}$), 보험자가 보상할 손실($^{제684}_{조}$) 등과 같이 상
법의 규정을 그대로 원용하는 援用條項, ② 보험계약자 등의 고지의무($^{제651}_{조}$),
중복보험에서의 각 보험자의 부담부분($^{제672}_{조}$) 등과 같이 상법의 규정을 변경한
변경조항, ③ 보험기간의 始期·終期에 관한 조항, 보험사고가 발생한 경우의
절차에 관한 조항 등과 같이 상법의 규정을 보충한 보충조항 등으로 나누어
볼 수 있다.

또한 상법은 보험증권이 하나의 증거증권으로서의 성질을 갖고 있다는 점을 고려하여 보통보험약관에 일정한 기간 내에 한하여 그 증권내용의 正否에 관한 이의를 할 수 있다는 이른바 이의약관을 둘 수 있음을 규정하고 있다(제641조).

일반적으로 보통보험약관은 일반대중을 보험계약의 상대방으로 하여 작성하는 것이니만큼 되도록이면 전문용어는 피하고 어느 정도 설명적 규정을 두는 것이 바람직하다.

〈대판 1990. 5. 25, 89 다카 8290〉
「약관의 용어풀이난도 본문과 결합하여 전체로서 약관의 내용을 구성하는 것이나, 용어풀이는 본문에서 사용된 용어 중 그 의미가 불명확한 것을 명확하게 한다든지 그 풀이에 혼란이 없도록 하는 데 그쳐야 할 것이고, 본문의 의미를 임의로 제한하거나 본문과 모순되는 내용을 규정할 수는 없는 것인바, 용어풀이에서 '식물인간 등의 경우에는 자동차종합보험 대인배상보험지급기준에 의하여 산출한 금액을 법률상의 손해배상액으로 본다'는 규정은 결국 식물인간의 경우 법률상의 손해배상액을 제한하겠다는 취지이므로 법률상의 모든 손해배상액을 보상하기로 하는 본문의 규정에 반하거나 모순되어 효력이 없다고 할 것이다.」

V. 保險約款의 解釋

1. 約款解釋의 特殊性

보통보험약관을 어떠한 해석원리에 따라 해석할 것인가의 문제는 보통보험약관의 법적 성질을 어떻게 파악하느냐의 문제와 직접 관련되어 있다. 가령 보통보험약관을 법규범 내지 하나의 제도로서 이해한다면 그 해석에는 법규해석의 원칙이 적용되어야 할 것이요, 만일 보통보험약관의 구속력의 근거를 당사자의 합의에 있다고 본다면 그 해석에 있어서는 당연히 계약의 해석원칙이 적용된다.

보통보험약관의 구속력의 근거를 당사자의 합의에 있다고 하는 경우에는 그 약관의 해석은 당사자의 구체적 의견, 진의의 탐구, 당사자의 약관이해 등 개별적 사정을 고려하여야 할 것이다. 그러나 "약관이라 함은 … 계약의 일방 당사자가 다수의 상대방과 계약을 체결하기 위하여 일정한 형식에 의하여 미리 마련한 계약의 내용이 되는 것"을 말하기 때문에(약관규제법 제2조 제1항) 반드시 계약해

석의 원칙대로 해석할 것은 아니다. 보통보험약관이 계약의 일방당사자가 다
수의 상대방과 계약을 체결하기 위하여 미리 마련한 계약의 내용이 되는 것
이고, 또 계약의 당사자가 계약의 내용에 관하여 아무런 교섭 없이 계약을
체결하는 것인 이상 오히려 약관에 대한 특수한 해석원칙을 인정하는 것이
타당하다. 더욱이 약관은 어떠한 법률행위의 특성을 가지는 것이 아니라, 개
별계약의 범위 내에서 비로소 법적인 의미를 획득하기 때문이다. 독일에서는
개별계약의 범위 내에서 미리 마련한 계약약정과 개별적인 계약약정을 구별
하는 立論 위에서 학설과 판례는 약관해석의 원칙으로서 개별약정우선의 원
칙, 객관해석의 원칙, 불명확성의 원칙 및 축소해석의 원칙 등을 발전시켰으
며, 이 가운데 개별약정우선의 원칙과 불명확성의 원칙은 독일민법전(BGB)
제305b조와 제305c조에 각각 명문으로 규정되어 있다.

　　우리 나라 약관규제법에서도 보통거래약관의 해석원칙으로서 개별약정
우선의 원칙(동법제4조), 객관해석의 원칙(동법 제5조 제1항), 불명확성의 원칙(동법 제5조 제2항)을 규
정하고 있다.

〈대판 2000. 10. 10, 99 다 35379〉
「약관의 규제에 관한 법률 제12조 제3호는 의사표시에 관하여 정하고 있는 약관
의 내용 중 고객의 이익에 중대한 영향을 미치는 사업자의 의사표시가 상당한 이
유 없이 고객에게 도달된 것으로 보는 조항은 무효로 한다고 규정하고 있는데, 보
험계약자 또는 피보험자가 개인용 자동차보험 보통약관에 따라 주소변경을 통보
하지 않는 한 보험증권에 기재된 보험계약자 또는 기명피보험자의 주소를 보험회
사의 의사표시를 수령할 지정장소로 한다고 규정하고 있는 개인용자동차보험 특
별약관의 보험료 분할납입 특별약관 제3조 제3항 후단을 문언 그대로 보아 보
험회사가 보험계약자 또는 피보험자의 변경된 주소 등 소재를 알았거나 혹은 보
통일반인의 주의만 하였더라면 그 변경된 주소 등 소재를 알 수 있었음에도 불구
하고 이를 게을리 한 과실이 있어 알지 못한 경우에도 보험계약자 또는 피보험자
가 주소변경을 통보하지 않는 한 보험증권에 기재된 종전 주소를 보험회사의 의
사표시를 수령할 지정장소로 하여 보험계약의 해지나 보험료의 납입 최고를 할
수 있다고 해석하게 되는 경우에는 위 특별약관조항은 고객의 이익에 중대한 영
향을 미치는 사업자의 의사표시가 상당한 이유없이 고객에게 도달된 것으로 보는
조항에 해당하는 것으로서 약관의 규제에 관한 법률의 규정에 따라 무효라 할 것
이고, 따라서 위 특별약관조항은 위와같은 무효의 경우를 제외하고 보험회사가 과

실 없이 보험계약자 또는 피보험자의 변경된 주소 등 소재를 알지 못하는 경우에
한하여 적용되는 것이라고 해석하여야 한다.」

〈대판 2008. 11. 13, 2007 다 19624〉
「보험계약의 주요한 부분인 보험사고나 보험금액의 확정절차는 보험증권이나 약
관에 기재된 내용에 의해 결정되는 것이 보통이지만, 보험증권이나 약관의 내용이
명확하지 않은 경우에는 이에 더하여 당사자가 보험계약을 체결하게 된 경위와
과정, 동일한 종류의 보험계약에 관한 보험회사의 실무처리 관행 등 여러 사정을
참작하여 결정하여야 하고, 특히 법령상의 의무이행을 피보험이익으로 하는 인·
허가보증보험에서는 보험가입을 강제한 법령의 내용이나 입법취지도 참작하여야
한다.」

2. 個別約定優先의 原則

개별약정우선의 원칙이란 보통보험약관에 의한 거래에 있어서 일정한
사항에 관하여 당사자가 약관의 내용과 다른 합의를 할 때에는 합의사항인
개별약정이 약관에 우선한다는 원칙을 말한다($^{약관규제법}_{제4조}$). 즉 이는 일반적 합의
와 개별적 합의 사이의 관계에 관하여 일반적인 해석원칙을 입법화한 것이라
고 할 수 있다. 개별약정이 있는 경우에 이와 상충되는 약관도 계약에 편입
되나, 다만 계약의 해석에 있어서 개별약정과 상충되는 약관조항의 적용이 배
제되는 것이라고 할 것이다. 그 결과 이후 개별약정이 무효가 되거나 약관의
조항과 동일하게 변경된 경우에는 편입된 약관이 적용된다고 본다.

〈서울고판 1992. 9. 29, 91 나 56990〉
「보험약관의 면책규정과는 별도로 건축공사도중에 인근건물에 피해가 발생함으로
인하여 피보험자가 입게 되는 손해에 대하여도 그 원인을 불문하고 보험회사가
보상해 주기로 하는 내용의 개별약정을 함으로써 보험약관상 면책규정의 구속력
이 배제되고 위 개별약정이 우선하여 적용된다.」

〈대판 2005. 6. 25, 2003 다 60592〉
「원고와 A간에 약관과 달리 위와 같은 내용의 개별약정이 체결되었음은 앞에서
살펴본 바와 같다. 원고회사 보상 상담직원은 위 보험계약이 오토바이운전중의 사
고에 관하여도 당연히 보상해 주도록 되어 있는데도 A에게 오토바이사고는 원래
보상이 안 되나 이번 한번만 보상해 줄 테니 대신 앞으로는 오토바이 사고를 당
하여도 보험금을 청구하지 않겠다고 약속하라고 하였고, 이에 A는 이 말을 그대

로 믿고 서약서와 확인서를 작석 제출한 사실, 이러한 사정을 알게 된 피고는 이 사건 소송 계속 중인 2003. 9. 19. 경 위 약정을 취소한 사실이 각 인정되는 바, 그렇다면 위 약정은 원고의 기망이나 A의 착오에 의하여 체결된 것으로서 적법하게 취소되었다.」

3. 客觀解釋의 原則

보통보험약관은 집단적이고 반복적인 거래를 정형적으로 처리하기 위하여 작성한 것이므로 약관은 계약마다 상대방의 지위나 개성에 따라 다르게 해석되어서는 안 된다. 즉 약관은 그 자체가 법규범은 아니라고 할지라도 객관적인 기준에 따라 해석하여야 하며, 거래마다 특수한 사정이나 계약당사자들의 개별적인 이해관계나 의사 등이 고려되어서는 안 된다. 이는 일정한 보험분야의 모든 보험계약은 원칙적으로 동일해야 한다는 동등취급원칙의 결과이다. 그리하여 우리 나라 약관규제법 제 5 조 제 1 항에서는 약관의 해석에 관하여 "약관은 신의성실의 원칙에 따라 공정하게 해석되어야 하며, 고객에 따라 다르게 해석되어서는 아니 된다"라고 규정하고 있다.

〈대판 2009. 1. 30, 2008 다 68944〉
「보통거래약관 및 보험제도의 특성에 비추어 볼 때 약관의 해석은 일반 법률행위와는 달리 개개 계약 당사자가 기도한 목적이나 의사를 기준으로 하지 않고 평균적 고객의 이해가능성을 기준으로 하되 보험단체 전체의 이해관계를 고려하여 객관적 획일적으로 해석하여야 할 것이므로, 자동차종합보험의 가족운전자 한정운전 특별약관 소정의 기명피보험자의 모에 기명피보험자의 법률상의 모가 아닌, 기명피보험자의 부(父)의 사실상의 배우자는 포함되지 아니한다고 해석함이 상당하다.」

4. 不明確性의 原則

"약관의 뜻이 명백하지 아니한 경우에는 고객에게 유리하게 해석되어야 한다"(약관규제법 제 5 조 제 2 항). 이것을 불명확성의 원칙이라 한다. 로마법의 "의심은 表意者의 불이익으로 해석하여야 한다"(in dubio contra stipulatorem)는 원칙에 연원을 가지는 이 원칙은 약관의 작성자가 미리 의심이 가고 모호한 문구를 약관에 삽입하여 상대방을 불리한 지위에 두게 할 가능성이 없지 아니하므로, 해석에 의하여 양자의 공평·조화를 찾자는 데 그 뜻이 있다. 이 원칙은 계약해석에 있어서는 적용되지 아니한다. 왜냐하면 양 당사자는 계약내용의 정형화에는 똑같이 책임을 지고, 계약조항의 명확성에 대하여도 똑같은 책임을 져야 하기 때문이다. 그러나 보통보험약관은 계약의 일방당사자가 다수의 상대방과 계약을 체결하기 위하여 미리 마련하여 계약의 내용이 되는 것이므로 약관의 작성자만이 그 조항의 명확성에 대하여 책임을 져야 하며, 그 조항에 불명확한 것이 있으면 그의 부담으로 돌려야 한다는 것이다.

　　그리고 약관규제법 제5조 제2항의 "약관의 뜻이 명백하지 아니한 경우"란 단순히 약관의 내용에 관하여 분쟁이 있는 경우를 말하는 것이 아니라 보편적이고 평균적 수준의 이용자의 이해력에 비추어 약관의 해석이 불명확한 경우를 말한다.

〈대판 2009. 2. 26, 2008 다 86454〉

「보통거래약관의 내용은 개개 계약체결자의 의사나 구체적인 사정을 고려함이 없이 평균적 고객의 이해가능성을 기준으로 하여 객관적·획일적으로 해석하여야 하고, 고객보호의 측면에서 약관 내용이 명백하지 못하거나 의심스러운 때에는 고객에게 유리하게, 약관작성자에게 불리하게 제한해석하여야 한다(대판 1996. 6. 25. 선고 96다12009; 대판 2005.10.28, 2005 다 35226 등 참조). 그런데 이 사건 면책약관은 '피보험자가 정규승차용구조장치가 아닌 장소에 탑승 중 생긴 손해'를 보험회사가 보상하지 않는 사항(면책사항)의 하나로 규정하고 있고, 여기서 탑승은 '탈것에 올라타서 이동을 위한 주행중인 상태'로 제한하여 해석함이 상당하고, 이와 달리 화물자동차를 정차한 후 그 목적에 따라 고유한 장치인 화물적재함에서 화물을 적재하는 것을 정규승차용구조장치가 아닌 장소에 탑승한 것으로 볼 수는 없다. 이와 같은 취지의 원심판단은 정당하고, 거기에 상고이유에서 지적하는 바와 같이 법리오해 등의 위법이 없다.」

〈대판 2010. 7. 22, 2010 다 28208, 28215〉

「甲 보험회사의 보험계약 약관에서 말하는 암 수술급여금의 지급대상인 '수술'에 폐색전술이 해당하는지 여부가 문제된 사안에서, 乙이 받은 폐색전술은 보험계약 약관 제5조의 '수술'에 해당한다고 봄이 상당하고, 이러한 해석론이 약관 해석에 있어서의 작성자 불이익의 원칙에도 부합하는 것이다.」

〈대판 2010. 12. 9, 2009 다 60305〉

「암보험계약의 약관에서 암과 상피내암 여부에 따라 암치료자금과 수술자금을 달리 지급하는데, 제3차 한국표준질병사인분류의 기본분류상 악성 신생물로 분류되는 질병을 '암'으로, 상피내의 신생물로 분류되는 질병을 '상피내암'으로 규정한 사

안에서, 국내 의료계의 다수가 피보험자의 질병인 '구불결장의 점막고유층에 국한
된 관상선종'을 상피내 암종으로 분류할 수 있다는 견해를 취하고 있지만, 위 약
관에서 보험사고 내지 보험금 지급액의 범위를 정하는 기준으로 규정한 한국표준
질병사인분류의 분류기준과 그 용어에 충실하게 피보험자의 질병과 같은 점막내
암종을 상피내암이 아니라 암으로 보는 해석이 가능하고 그 객관성과 합리성도
인정되므로, 위 약관이 규정하는 '상피내암'은 객관적으로 다의적으로 해석되어 약
관 조항의 뜻이 명백하지 아니한 경우에 해당하므로, 약관의 규제에 관한 법률 제
5 조 제 2 항이 규정하는 작성자 불이익의 원칙을 적용하여 위 약관이 규정하는 상
피내암은 점막내 암종을 제외한 상피내 암종만이 해당한다고 제한 해석해야 한
다.」

5. 縮小解釋의 原則

이는 실정법상의 임의규정을 일방적으로 변경하는, 예컨대 법률상의 책
임을 배제하는 약관의 조항은 축소하여 해석하여야 한다는 원칙이다. 약관의
해석에 있어서 작성자인 사업자의 의도는 문언에서 알 수 있는 때에만 고려
되며, 이 때 조항의 문언은 작성자의 의도를 결정하는 최대한의 한계로 보아
야 한다. 특히 면책조항의 경우 이를 일반적 면책조항으로 보아서는 안 되고
문언에서 명백히 열거한 사유 외에 확장해서 해석하여서는 안 된다. 이 확장
해석금지의 원칙은 축소해석의 원칙의 다른 한 면일 뿐이다.

6. 信義誠實의 原則

신의성실의 원칙은 원래 계약해석의 원칙으로서 전개된 것이다. 독일민
법 제157조에 "계약은 거래관습을 고려하여 신의와 성실이 요구하는 대로 이
를 해석하여야 한다"고 규정하고 있고, 우리 민법도 이 원칙을 법률상 당연
한 것으로 받아들이고 있다(민법 제2조 제1항). 그리고 약관규제법 제 5 조 제 1 항에서
"약관은 신의성실의 원칙에 따라 … 해석되어야 하며 …"라고 하여 신의성실
의 원칙을 약관해석의 원칙으로 정하고 있다.

신의성실의 구체적 내용을 명백히 하기 위한 특수한 법해석의 원칙으로
서 독일법의 외관이론에 의한 외관해석의 원칙 내지 영미법의 금반언의 원칙,
평등대우의 원칙 및 사정변경의 원칙 등 여러 원칙을 들 수 있다.

〈대판 2007. 2. 22, 2006 다 72093〉

「'보험계약자 또는 피보험자가 손해의 통지 또는 보험금청구에 관한 서류에 고의

로 사실과 다른 것을 기재하였거나 그 서류 또는 증거를 위조하거나 변조한 경우 피보험자는 손해에 대한 보험금청구권을 잃게 된다'고 규정되어 있는 보험계약의 약관 조항의 취지는 피보험자 등이 서류를 위조하거나 증거를 조작하는 등 신의 성실의 원칙에 반하는 사기적인 방법으로 과다한 보험금을 청구하는 경우에는 그 에 대한 제재로서 보험금청구권을 상실하도록 하려는 데 있는 것으로 보아야 할 것인데, 독립한 여러 물건을 보험목적물로 하여 체결된 화재보험계약에서 피보험 자가 그 중 일부의 보험목적물에 관하여 실제 손해보다 과다하게 허위의 청구를 한 경우에 허위의 청구를 한 당해 보험목적물에 관하여 위 약관조항에 따라 보험 금청구권을 상실하게 되는 것은 당연하다 할 것이나, 만일 위 약관조항을 피보험 자가 허위의 청구를 하지 않은 다른 보험목적물에 관한 보험금청구권까지 한꺼번 에 상실하게 된다는 취지로 해석한다면 이는 허위 청구에 대한 제재로서의 상당 한 정도를 초과하는 것으로 고객에게 부당하게 불리한 결과를 초래하여 신의성실 의 원칙에 반하는 해석이 된다고 하지 않을 수 없으므로, 위 약관에 의해 피보험 자가 상실하게 되는 보험금청구권은 피보험자가 허위의 청구를 한 당해 보험목적 물의 손해에 대한 보험금청구권을 의미한다고 해석함이 상당하다.」

〈대판 2010. 11. 25, 2010 다 45777〉
「보험약관은 신의성실의 원칙에 따라 당해 약관의 목적과 취지를 고려하여 공정 하고 합리적으로 해석하되, 개개의 계약당사자가 기도한 목적이나 의사를 참작함 이 없이 평균적 고객의 이해가능성을 기준으로 보험단체 전체의 이해관계를 고려 하여 객관적·획일적으로 해석하여야 한다.」

Ⅵ. 保險約款의 變更

보험자는 금리의 인하 또는 위험률의 증대 등 특수한 사정이 있을 때에 는 보험약관의 내용을 변경할 필요가 생길 수 있다. 한편 보험사업자는 금융위 원회의 인가를 얻어 공동행위를 하기 위한 상호협정을 할 수 있다(보험업법 제125조 제 1 항). 또한 금융위원회는 보험사업자에 대하여 그 업무 및 재산상황 기타 사정의 변경에 의하여 필요하다고 인정하는 때에는 청문을 거쳐 보험약관의 변경을 명할 수 있다(보험업법 제131조 제 2 항).

계약이 체결된 후에 그 약관이 변경되어도 그 변경내용이 상대방에게 불 리한 경우는 물론 유리한 경우라도 특별한 합의가 없는 한 새로운 약관은 이 미 체결된 보험계약에 아무런 영향을 미치지 않는다. 다시 말해서 보험계약의 당사자는 기존의 보험계약에 대하여 새로운 약관을 적용할 것을 합의하여 기존계약에 대하여도 변경약관의 효력을 미치게 할 수 있으나, 그러한 합의가 없는 한 기존의 보험계약에 대하여는 아무런 영향을 미치지 않는 것이 원칙이다. 그러나 금융위원회는 약관의 변경을 명하는 경우에 보험계약자·피보험자 또는 보험금액을 취득할 자의 이익을 보호하기 위하여 특히 필요하다고 인정하는 때에는 이미 체결된 보험계약에 대하여도 장래에 향하여 그 변경의 효력을 미치게 할 수 있다(보험업법 제131조 제3항). 따라서 금융위원회가 보험약관의 변경시에 기존의 보험계약에 대하여도 새로운 약관을 적용하도록 명령한 경우에는 그 약관의 변경은 소급하여 효력을 미치게 된다. 이것은 보험계약자 등의 이익을 보호하기 위한 정부의 후견적 감독의 한 표현이라고 할 수 있다. 이렇게 변경된 약관은 보험자가 금융위원회의 명령에 따라 약관을 소급적용하겠다는 의사표시를 한 때부터 기존계약에 대하여 효력이 생긴다고 해석된다.

〈대판 1986. 10. 14, 84 다카 122〉

「동일한 보험계약 당사자가 일정한 기간마다 주기적으로 동종계약을 반복 체결하는 계속적 거래관계에 있어서 종전 계약의 내용이 된 보험약관을 도중에 가입자에게 불리하게 변경하였다면 보험자로서는 새로운 보험계약체결시 그와 같은 약관변경 사실 및 내용을 가입자인 상대방에게 고지하여야 할 신의칙상의 의무가 있다고 봄이 상당하고, 이러한 고지 없이 체결된 보험계약은 과거와 마찬가지로 종전 약관에 따라 체결된 것으로 봄이 타당하다.」

〈서울고판 1983. 10. 19, 83 나 734〉

「보험계약을 갱신하기 수일 전에 종전 보험약관의 중요 부분이 변경된 경우, 변경 약관이 시행되었다는 사실만으로 그것이 당연히 계약당사자를 구속한다고 할 수 없고, 보험계약갱신시에 보험회사는 변경된 보험약관에 의한 보험가입을 청약하고 피보험자가 이를 승낙한 경우만 변경된 보험약관을 내용으로 하는 보험약관이 성립된다.」

Ⅶ. 保險約款에 대한 規制

1. 規制의 必要性

보통보험약관은 보험자가 일방적으로 작성하는 것이고, 또 보험계약자는 보험계약상의 기술적·법률적 지식을 갖지 아니하고, 다만 보험사고의 종류,

보험기간, 보험료 및 보험금액 등만을 알고 구체적인 내용에 대하여는 고려함이 없이 계약을 체결하는 것이 일반적이다. 그리고 보험자는 경제적으로 우월한 지위를 이용하여 자기의 이익을 꾀하기 위하여 보험약관에 부당한 내용을 삽입하고, 보험계약자는 여러 가지 불리한 조건에 따르지 않으면 안 될 경우가 있게 된다. 이에 따라 보험약관의 내용을 잘 이해하지 못하는 소비자를 보호하고, 건전한 보험계약관계를 유지하도록 하기 위하여는 보험약관에 대한 규제가 요구된다고 할 것이다.

　보험사업은 우리의 경제생활을 위협하는 각종의 위험에 대비하여 우연한 사고의 발생에 따르는 위험을 분산하여 경제생활의 안정을 꾀하고자 하는 것이므로 공공의 이익과 밀접한 연관을 가진다. 따라서 보험사업에 대하여는 그 사업의 개시에서부터 종결을 지을 때까지 강력한 정부의 통제를 받게 된다. 이러한 점에서 보험약관에 대한 규제는 입법에 의한 규제뿐 아니라 행정에 의한 규제가 필요하고, 또한 보험약관에 대한 분쟁이 소송화된 경우에는 사법적 통제를 받게 된다. 이를 나누어 살펴보기로 한다.

2. 立法的 規制

　현대의 거래형태의 변화는 약관을 새로운 법현상으로 파악하여 그 독자적인 성격을 구명하고, 그에 맞는 새로운 법적 규제를 입법의 형태로 행할 것을 요구하고 있다. 약관에 대한 입법적 규제는 사전적인 것이므로 예방적 효과를 갖게 된다. 따라서 입법에 의한 규제는 약관분쟁의 사전방지의 역할과 더불어 구체적 쟁송에서 판단의 법적 기준이 될 수 있다는 점에서 가장 효과적인 규제수단이라고 할 수 있다. 약관에 대한 국가적 규제로서 행정적 규제가 증가해 가는 경향이 있지만, 행정적 규제에는 그의 적정성·실효성 등에 스스로의 한계가 있으며, 법률의 규정이 필요하다는 점에서 입법적 규제를 그의 전제로 하고 있다. 또 사법적 규제도 사후적인 규제에 불과하여 약관의 문제를 법정에 들고 나갔을 때에만 규제가 가능하다는 점 등의 한계를 갖고 있다.

　약관에 대한 입법적 규제로는 우선 거래의 특수성을 고려하여 개별적으로 기존의 법률에 강행법규나 편면적 강행규정을 두는 방법이 있는데, 보험약관에 대해서 상법은 제663조에서 "상법 제 4 편 보험편의 규정은 당사자간의 특약으로 보험계약자 또는 피보험자나 보험수익자의 불이익으로 변경하지 못한다"라고 규정하여 이른바 보험계약자 등의 불이익변경금지의 원칙을 선언

하고 있다. 이에 따라 보험자가 보통보험약관에서 상법의 규정보다 보험계약
자에게 불이익한 내용을 정한 때에는 그 약관조항은 효력이 없다. 전에는 보
험편 중의 통칙규정만을 당사자의 특약으로 보험계약자 등의 불이익으로 변
경하지 못한다고 규정하고 있었으나, 개정상법은 보험계약자 등의 보호를 위
하여 그 범위를 확대하여 재보험 및 해상보험 등을 제외한 상법 보험편의 모
든 규정에 그 효력이 미치도록 하였다.

　　또한 약관규제법에 의하여 모든 약관을 포괄적으로 규제하는 방법이 있
다. 보험약관에 대하여도 약관규제법이 적용되는데(양승규, 66쪽은 보통보험약관은 보험제도
의 성질상 약관규제법의 적용을 배제하는
것이 합리적이고, 또 실제상 법), 약관규제법 제 6 조 내지 제14조에는 약관조항이 무효
의 적용의 여지는 적다고 한다.
인 경우를 들고 있다. 즉 동법 제 6 조는 신의성실의 원칙에 반하여 공정을 잃
은 조항은 무효이고, ① 고객에 대하여 부당하게 불리한 조항, ② 고객이 계
약의 거래형태 등 여러 사정에 비추어 예상하기 어려운 조항, ③ 계약의 목적
을 달성할 수 없을 정도로 계약에 따르는 본질적 권리를 제한하는 조항은 공
정성을 잃은 것으로 추정하여 이를 무효로 하는 일반조항을 설정하고, 제 7 조
에서 제14조에 개별적인 무효사유를 들고 있다. 그리고 동법 제15조는 국제
적으로 통용되는 약관 기타 특별한 사정이 있는 약관으로서 대통령령이 정하
는 경우에는 제 7 조 내지 제14조의 규정의 적용을 조항별·업종별로 제
한할 수 있음을 규정하고 있다. 이에 따라 국제적으로 통용되는 보험에 관한
약관에 대해서는 제 7 조 내지 제14조의 적용이 제한된다(동법시행령 제
3조 제 2호).

3. 行政的 規制

　　행정적 규제란 행정관청이 약관의 작성단계에서 약관을 인·허가하거나
기타 행정적 조치에 의한 규제를 말한다. 이러한 행정적 규제는 일반적으로
법적인 근거에 의하여 이루어지고 있으나 법적 근거 없이 행정관청이 약관에
대하여 지도와 감독을 하는 경우도 있다.

　　보험업법은 보험사업의 건전한 발전을 도모하고 일반소비자인 보험계약자
의 이익을 보호하기 위하여 보험사업자에 대한 정부의 감독권을 인정하고 있
다. 보험사업자는 금융위원회에 대하여 보험사업의 허가를 받고자 할 때에는
그 신청서에 기초서류의 하나로서 보험약관을 첨부하여야 하고(보험업법 제
5조 제 3호), 이
를 변경하고자 할 때에는 금융위원회에 신고 또는 제출하여야 한다(보험업법
제127조).

　　보험자가 금융위원회의 허가를 받지 않거나 신고·제출하지 않고 사용한
보통보험약관에 의하여 보험계약을 체결한 경우, 私法上의 효력이 인정되느

냐에 대해서 다툼이 있으나 그 효력을 인정하는 것이 타당할 것이다. 왜냐하
면 보험업법의 규정은 보험사업자에 대한 감독규정에 불과하며, 그것 자
체가 약관의 私法上의 효력발생요건이 되는 것은 아니기 때문이다. 물론 허
가나 신고 없이 약관을 사용한 보험자가 보험업법상의 제재를 받는 것은 당연
하고(보험업법 제209조
제1항 제13조), 또 보험자가 금융위원회에의 신고·제출 없이 자신의 일방
적인 이익을 꾀하거나 공익에 어긋나는 약관을 사용한 때에는 그 효력은 부
인된다.

약관규제법은 제17조에서 같은 법 제 6 조 내지 제14조의 규정에 위반한
불공정약관조항의 사용을 금지하고, 그에 위반하여 거래를 한 사업자에 대하
여 그에 관한 시정명령 또는 시정권고를 할 수 있는 권한을 공정거래위원회
에 주고 있다(동법 제17
의 2조). 약관규제법이 개정되기 이전에는 경제기획원장관이 문
제 있는 약관에 대하여 시정권고만 할 수 있었기 때문에 약관통제의 실효를
거둘 수 없다는 비판에 의거하여 1992년 법개정(1992. 12. 8,
법 제4515호)을 통하여 시정조치
의 강도를 높인 것이다. 그리고 공정거래위원회는 행정관청의 인가를 받은 약
관이 제 6 조 내지 제14조의 규정에 위반한 사실이 있다고 인정될 때에는 그
행정관청에 그 사실을 통보하고, 그 시정에 필요한 조치를 요청할 수 있도록
하고 있다(동법
제18조). 그 밖에 약관조항과 관련하여 법률상의 이익이 있는 자, 소
비자기본법에 의하여 등록된 소비자단체, 한국소비자원 및 사업자단체는 약관
규제법 위반 여부에 관한 심사를 공정거래위원회에 청구할 수 있다(동법
제19조).

행정적 규제는 약관에 대한 사전적 규제로서 상당한 효과를 기대할 수
있는 방법이긴 하지만 행정관청의 심사능력에는 한계가 있고, 사업자와 소비
자 사이의 이해관계를 행정관청이 합리적으로 조정한다는 것이 용이하지 않
으며, 인가 없는 약관에 의한 거래도 私法上 유효하다는 점과 또한 행정관청
의 인가를 받은 약관이라도 법원의 판결에 의하여 그 효력이 부인되기도 하
는 등 인가는 형식적인 것에 불과한 점 등에서 볼 때, 행정적 규제만으로는
약관내용의 공정성을 확보하는 데에 한계가 있다고 할 것이다.

〈日最高判 1970. 12. 24, 民集 24. 13. 2187〉
「선박해상보험에 있어서 보험업자가 주무관청의 인가를 얻지 않고 보통보험약관을
변경하여 그 약관에 따라 보험계약을 체결하였더라도 그 변경된 조항이 강행법규
나 공서양속에 위반하거나 특별히 불합리한 경우가 아니면 변경 후의 약관은 보
험계약의 내용으로서 당사자를 구속하는 효력이 있다.」

4. 司法的 規制

  법원은 법률의 해석과 적용을 담당하는 司法機關으로서 모든 분쟁에 대한 종국적인 해결을 담당한다. 그러므로 보통보험약관의 해석·적용에 있어서 당사자의 분쟁이 있을 때에는 최종적으로 司法的 規制를 받게 된다. 이는 약관의 내용에 대한 분쟁이 소송화된 경우에만 규제의 대상이 되므로, 입법적·행정적 규제와는 달리 사후적 규제방법이고 소극적 성질의 규제방법이라고 할 수 있다. 법원은 보험계약의 성질과 관련하여 그 보험약관의 규정이 합리성·타당성이 있는가를 판단하여 유권적인 해석을 내리게 되는데, 이러한 사법적 규제에 의하여 보험계약자의 이익을 종국적으로 꾀할 수 있게 된다. 그러나 법원의 내용통제에는 일정한 한계가 있음을 부정할 수 없다. 즉 법원의 내용심사의 효력은 소송당사자에게만 미치고 무효로 선언된 조항이 널리 알려지지 않으므로, 법원에 의하여 무효로 선언된 조항이 그 후에도 그대로 적용될 가능성이 있다.

  〈대판 1990. 12. 11, 90 다카 26553〉

  「부당하게 불리한 조항, 예상하기 어려운 조항, 본질적 권리를 제한하는 조항 및 기타 신의성실의 원칙에 반하여 공정성을 잃은 보험약관조항은 무효가 된다.」

  〈대판 1991. 12. 24, 90 다카 23899〉

  「자동차종합보험약관 제10조 제 1 항 제 6 호의 무면허운전면책조항이 보험계약자나 피보험자의 지배 또는 관리가능성이 없는 무면허운전의 경우에까지 적용된다고 보는 경우에는 그 조항은 신의성실의 원칙에 반하여 공정을 잃은 조항으로서 약관규제법의 규정에 비추어 무효라고 볼 수밖에 없으므로 그 무면허면책조항은 무면허운전의 주체가 누구이든 묻지 않으나, 다만 무면허운전이 보험계약자나 피보험자 등의 명시적 또는 묵시적 승인 하에 이루어진 경우에 한하여 면책을 정한 규정이라고 해석하여야 한다.」(동지 : 대판 1994. 5. 10, 93 다 20313; 대판 1994. 1. 25, 93 다 37991;) 대판 1993. 12. 21, 91 다 36420; 대판 1993. 11. 23, 93 다 41549

  〈대판 1994. 5. 10, 93 다 30082〉

  「약관의규제에관한법률 제 6 조·제 8 조의 각 규정에 비추어 보면, 고객에 대하여 부당하게 과중한 손해배상의무를 부담시키는 약관조항은 고객에게 부당하게 불리하여 공정을 잃은 것으로 추정되고 신의성실의 원칙에 반하는 것으로서 무효이다.」

제 4 절   保險法의 沿革과 各國의 保險法

金善政, 영미보험법상의 Warranty法理의 동향, 동국논집 11(1992. 12)/孫珠瓚, 西獨保
險契約法의 法源과 保險契約의 內容, 保險法學과 保險學(徐燉珏博士華甲紀念論文集),
1980/李基秀, 유럽共同體의 保險契約法의 統一化計劃(飜譯) ── 實際的인 比較法의
한 例──, 保險學會誌 27(1986. 3)/丁炳碩, 美國의 損害保險契約에 있어 擔保權者에
관한 약관규정의 검토, 전남대 법률행정논문집 2(1992. 12).

제 1 관   保險法의 沿革

　　보험법의 시초는 고대의 바빌로니아 · 이집트 · 그리스 등 인류역사상 상
당히 오래 된 일이다. 처음에는 가족 또는 친족을 중심으로 한 공동체의 상
호구제의 제도로 출발하였으나, 이후 중세의 길드(Guild)가 보수를 받고 타인
을 가입시킴으로써 공동체관념과 영리관념을 기초로 하는 영리보험의 터전을
마련하였다.

　　그러나 근대적인 영리보험이 본격적으로 시작된 것은 중세 지중해연안의
여러 도시에서 이용하였던 冒險貸借制度에서 찾을 수 있다. 冒險貸借란 자본
가가 항해업자에게 항해 또는 무역에 필요한 자금을 제공하고 만일 항해업자
가 항해의 목적을 달성하고 무사히 도착한 경우에는 고리의 이자와 함께 元
金을 반환받지만, 불행히 선박이 난파되거나 상품을 투기하게 된 경우에는
元利金을 받지 못하고 모든 손해를 부담하는 것이었다. 그러나 이 제도가 지
나치게 高利化하는 폐단을 우려하여 그레고리 9세가 1227년에 이자금지령을
내리자 冒險賃借는 貸借와 분리된 危險負擔契約으로 발전하였고, 이후 15세
기 전반부터 자금의 제공이 사건 후로 바뀌고 무조건의 보험료납입이 인정
되면서 영리보험제도가 확립되었다. 보험에 관한 입법으로 가장 오래된 것은
1435년의 바르셀로나의 海上保險條例(Seeversicherungsordnung von Barcelona)
이고, 해상보험에 관한 포괄적인 입법으로서 최초의 것은 1681년 프랑스 루
이 14세의 海事條例(Ordonnance de la Marine)로서 이것은 유럽 각국의 입법에
큰 영향을 미쳤다. 독일에서는 1731년 함부르크 保險 · 海損條例(Hamburger

Assekuranz- und Haverey-Ordnung)에 의하여 최초의 보험법이 성립되었다.

생상보험 다음으로 발생한 것은 화재보험이다. 독일에서는 15세기에 화재길드, 17세기에 화재금고·화재보험국 등의 제도가 생겼다. 영국에서는 16세기에 건물화재로 인한 손해감소를 목적으로 하는 단체가 생겨났으나 이는 자선적인 성격을 지니고 있었고, 1684년에 友好團體(friendly society)의 화재부가 생긴 것이 최초의 화재보험이었다.

생명보험은 "자유로운 신체는 평가될 수 없다"거나 "사람의 생명은 장사의 대상이 될 수 없다"는 등의 사상 때문에 다른 보험보다 늦게 발생하였다. 1706년에 영국에서 설립된 親善團體(amiable society)가 최초의 것으로, 이후 유럽 각국에 보급되어 19세기에는 미국에서도 생명보험제도가 실시되기에 이르렀다.

17세기 후반부터 18세기 중엽에는 보험사업의 운영형태도 개인영업에서 當座組合으로, 다시 주식회사형태로 발전하면서 대규모 경영방식과 과학적 기초에 입각한 근대적 보험제도가 확립되었다. 또한 보험에서의 위험분산이라는 요청에 의하여 재보험이 나타나게 되었고, 보험영업도 차츰 국제성을 띠게 되었다. 보험이 발달함에 따라 19세기 이후에는 각국은 보험에 관한 법규를 제정하였다. 경제생활이 복잡하여짐에 따라 보험의 종류도 분화·발달하여 보험이 경제생활의 필수적인 존재로 자리잡기에 이르렀다. 보험의 발달과 더불어 사회적·경제적인 문제가 대두되었고, 각국은 보험영업에 대한 규제의 목적으로 보험사업의 주체, 그 운영방법에 관한 감독법규를 제정하게 되었다.

제 2 관 各國의 保險法

I. 프 랑 스

프랑스에서는 1681년의 海事條例의 규정 가운데 대부분이 1807년의 상법전 제2편 "해상" 제9장의 해상보험에 관한 규정에 편입됨으로써 해상보험에 관한 최초의 포괄적인 법전을 갖추게 되었다. 그 외에 민법 제1964조에 射倖契約의 일종으로서 보험계약에 관한 규정을 두고 있다. 1905년에는 보험감독법이 제정되었고, 1930년에는 육상보험에 관한 보험계약법(La loi sur le contract d'assurance)이 제정되었다. 이후 1976년에는 해상보험뿐만 아니라 육상보험 및 보험감독법규 등 보험에 관한 기존의 모든 법령을 집대성한 保險

法典(Le code des assurances)이 제정되었다.

Ⅱ. 獨   逸

　　해상보험에 관하여는 1897년 독일상법전 제 4 편 "*海商*" 제10장 "해상위험에 대한 보험"에서 상세한 규정을 하고 있고, 육상보험에 관하여는 1908년에 보험계약법(Versicherungsvertragsgesetz)이 제정되었다. 1901년에는 私保險業監督法이 제정되었다. 1908년 5월 30일 제정된 독일 보험계약법이 근 100년 만인 2007년 7월 5일 대대적으로 개정되어 2008년 1월 1일부터 시행되고 있다. 2000년 개정준비위원회를 구성한 후 7년만에 개정이 되었다. 개정의 주요 내용은 다음과 같다: ① 보험자의 상담·조언의무, 설명의무 및 정보의무에 관한 것, ② 증권모델의 청약모델로의 변경, ③ 중과실비례보상제도의 도입(all or nothing 원칙의 포기), ④ 보험료불가분의 원칙의 포기, ⑤ 권리보호보험(Rechtsschutzversicherung), 직업능력상실보험 및 의무보험 등의 개별보험종목별로의 법정 최저보호수준의 설정, ⑥ 계약의 존속기간에 대한 새로운 규정, ⑦ 보험자의 정보 부실 내지 불완전 제공이나 보험계약자의 고지의무위반에 대한 이의기간, 해제기간, 해지기간에 대한 새로운 규정, ⑧ 생명보험에서 배당상품의 경우 잉여금배당을 계약중간에도 정기적으로 실시하도록 한 규정 신설.

Ⅲ. 日   本

　　일본은 2008년 6월 6일 종래에 상법에 규정되어 있던 보험계약법의 내용을 「보험법」이라는 단행법으로 분리 독립시켰다. 이는 전 5장, 96개 조문으로 구성되어 있다. 구체적으로 제 1 장 총칙, 제 2 장 손해보험, 제 3 장 생명보험, 제 4 장 상해질병정액보험, 제 5 장 잡칙으로 되어 있다. 이 개정의 주요내용은 다음과 같다: ① 공제계약에 대한 적용범위의 확대, ② 상해질병보험(상해질병손해보험, 상해질병정액보험)에 관한 규정의 신설, ③ 계약체결시 고지에 관한 규정의 정비, 보험급부의 이행시기에 대한 규정 신설, 상대적 강행규정의 도입 등 보험계약자 등의 보호의 강화, ④ 초과보험, 중복보험 등의 손해보험에 대한 규율의 유연화, ⑤ 책임보험에서 피해자의 우선권의 확보, ⑥ 보험금수취인의 변경에 대한 규정의 정비, ⑦ 중대사유에 의한 해제규정 신설로 모럴 리스크 방지 강화(김형기, 일본 보험법의 제정경위 및 주요 개정내용, 한국보험법학회 2008년도 동계학술발표회 자료집, 2008. 12. 19., 20쪽 참조).

Ⅳ. 스 위 스

스위스에서는 1908년에 보험계약법(Bundesgesetz über den Versicherungs-vertrag)이 제정되었다. 1885년에는 私保險業監督法이 제정되었으며, 이는 1978년에 새로운 보험감독법으로 대체되었다.

Ⅴ. 英國 · 美國

영국에서는 1870년에 생명보험회사법이 제정된 이후 1906년에 海上保險法(Marine Insurance Act), 1909년에 보험회사법이 제정되었으나, 보험에 관한 법률관계는 주로 약관 · 관습법 · 판례법에 의하여 지배된다. 미국에서는 보험계약에 관한 연방법은 없고, 各州가 보험계약 및 보험감독에 관한 법규를 갖고 있다.

제 3 관 韓國의 保險法

Ⅰ. 依用商法時代

우리 나라의 보험제도는 일본을 통하여 유럽의 제도가 들어온 것으로, 최초의 보험회사는 1921년의 朝鮮生命保險株式會社이고, 이듬해에 朝鮮火災海上保險株式會社가 설립되었다. 당시의 보험계약은 依用商法의 적용을 받아 동법 제 3 편 제10장에 손해보험 일반에 관한 통칙과 화재보험 · 운송보험 · 생명보험에 관한 규정이 있었고, 海上保險에 관하여는 따로 제 4 편 제 6 장에서 규정하고 있었다.

Ⅱ. 1962년 制定商法時代

우리 나라 최초의 보험계약법은 1962년의 상법 제 4 편 보험에 관한 규정(1962. 1. 20, 법 제1000호)이라 할 수 있다. 여기서는 제 1 장에 손해보험과 인보험에 관한 통칙규정을 두고, 제 2 장 손해보험에는 통칙 · 화재보험 · 운송보험 · 해상보험 · 책임보험을, 제 3 장 인보험에는 통칙 · 생명보험 · 상해보험을 각각 규정하였다. 이것은 依用商法에서는 '상행위' 가운데 있는 것을 제정상법에서는 이를 분리하여 독립한 편으로 하고, 依用商法의 '海商'編에 있던 해상보험에 관한 규정

을 손해보험의 일부분으로 옮겼다. 이 밖에도 '保險'編에서는 많은 신설규정
이 들어옴으로써 보완되었는데, 책임보험에 관한 절이 신설된 것이 이에 속한
다. 새로 규정된 조문이나 依用商法의 규정과 달라진 것들은 대개 외국의 입
법례나 약관을 성문화한 것이다. 依用商法과 비교하여 현저하게 달라진 것을
몇 가지만 추려 보면 다음과 같다.

1. 相對的 强行規定의 설치

依用商法에서의 보험에 관한 규정은 원칙적으로 임의규정이었기 때문에
약관이나 당사자간의 특약으로써 상법상의 규정과 다른 약정을 할 수 있었다.
그 결과는 대체로 보험계약자에게 불리하게 되었던 것이 보험거래의 실정이
다. 왜냐하면 보험자는 전문적인 지식과 풍부한 경험을 가지고 있는 데 반하
여, 보험계약자는 그렇지 않기 때문이다. 이리하여 제정상법에서는 보험계약
에 관한 통칙상의 규정은 모두 계약당사자간의 특약으로써도 보험계약자 또
는 피보험자나 보험수익자의 불이익으로 변경하지 못하게 하여 相對的 强行
規定性을 밝혀 두었다($^{제663}_{조}$).

2. 重複保險에서의 比例主義

동일한 목적과 동일한 보험사고에 관하여 수개의 보험계약이 동시에(同時
重複保險) 또는 순차로(異時重複保險) 체결된 경우에 依用商法은 이 두 가지
경우를 구별하여 同時重複保險의 경우에는 비례주의를 취하고 異時重複保險
의 경우에는 우선주의에 따랐다($^{依用商法\ 제632}_{조,\ 제633조}$). 하지만 제정상법에서는 이를 구
별하지 않고 실제의 약관을 따라서 비례주의를 취하였다($^{제672}_{조}$).

3. 超過保險

보험금액이 보험계약의 목적의 가액을 초과한 초과보험에 관하여 依用商
法에서는 그 초과한 부분을 무효로 하였으나($^{依用商法}_{제631조}$), 제정상법에서는 가급적
계약당사자의 의사를 중시하기 위하여 법률상 당연히 무효로 하지 않고, 이
때에는 보험자 또는 보험계약자는 보험료와 보험금액의 감액을 청구할 수 있
게 하였다($^{제669조}_{제1항}$).

Ⅲ. 1991년 改正商法

그 후 1991년 상법 중 보험 및 해상에 관한 규정을 개정하면서($^{1991.\ 12.\ 31.}_{법\ 제4470호}$)
제2장 제6절에 자동차보험을 추가하였다. 이는 보험산업의 대중화에 따라
보험가입자를 보호하고, 보험거래현실에 부적합한 규정을 정비하여 보험업을

합리적으로 육성하기 위한 것이다. 그 밖에 개정 또는 신설된 내용 중 중요한 것들은 다음과 같다.

1. 保險産業의 大衆化에 부응한 保險加入者의 보호

보험가입자의 付保에 대한 합리적인 기대를 보호하기 위하여 보험자가 보험계약의 청약과 함께 보험료상당액의 전부 또는 일부의 지급을 받는 경우에는 30일 내에 諾否의 通知를 발송하도록 하고, 승낙 이전에 보험사고가 발생한 경우에도 청약을 거절할 사유가 없는 한 보험금을 지급하도록 하고($\frac{제638}{의 2조}$), 보험계약자에게 보험약관을 알 수 있는 기회를 제공하기 위하여 보험자에게 보험약관의 교부·명시의무를 부여하였으며($\frac{제638}{의 3조}$), 보험가입자를 보호하기 위하여 불이익변경금지원칙의 적용범위를 재보험 및 해상보험을 제외한 보험편 전체규정에 확대하여 당사자간의 특약으로 보험가입자 등에게 불이익으로 변경할 수 없도록 하였다($\frac{제663}{조}$).

2. 保險의 善意性保障

수개의 책임보험가입자의 부당이익을 방지하기 위하여 보험금액의 총액이 제3자에 대한 손해배상액을 초과하는 때에는 각 보험자는 보험금액의 비율에 따른 보상책임만 부담하도록 하였으며($\frac{제725}{의 2조}$), 보험계약성립 후의 분쟁과 도덕적 위험을 방지하기 위하여 타인의 생명보험에 있어서는 보험계약체결시에 타인의 서면에 의한 동의를 얻도록 하였다($\frac{제731}{조}$).

3. 保險去來現實에 부적합한 規定整備

보험이용자의 편의를 도모하기 위하여 계약체결시 보험계약상의 이익을 받을 자를 확정할 수 없는 경우가 많으므로 불특정타인을 위한 보험을 인정하였으며($\frac{제639}{조}$), 보험거래실무와 일치시키기 위하여 보험자는 보험계약이 성립하면 지체없이 보험계약자에게 보험증권을 교부하도록 하였다($\frac{제640}{조}$).

Ⅳ. 2014년 改正商法

2014년 3월 11일 상법 보험편이 개정되었다($\frac{법률}{제12397호}$). 이 개정법은 2015년 3월 12일 시행된다. 개정이유와 개정내용을 살펴보면 아래와 같다.

1. 改正理由

상법 보험편 개정의 이유로는 선량한 보험계약자를 두텁게 보호하기 위하여 보험자의 보험계약자에 대한 보험약관 설명의무를 명시하고 보험계약자

의 취소권 행사기간과 보험금 청구권 소멸시효를 연장하며, 보험대리상 등의
권한에 관한 규정 등을 신설하는 것을 우선 들 수 있다. 그리고 보증보험·
질병보험 등 신종 보험계약에 관한 규정을 신설하여 보험산업의 성장과 변화
를 법령에 반영하는 데에도 그 개정의 이유가 있다. 더 나아가 일부 정신장
애인에 대한 생명보험 가입 허용, 보험사고에 책임이 있는 보험계약자나 피보
험자의 가족에 대한 보험대위 금지 규정 등을 신설함으로써 장애인과 유족의
보호를 도모하는 등 개정 전의 제도의 운영상 나타난 일부 미비점을 개선·
보완하려는 데에 개정이유가 있다.

2. 主要內容

(1) 보험자의 보험약관 설명의무의 명시 및 보험약관 교부·설명의무 위반에 대한 보험계약자의 취소권 행사기간 연장(제638조의 3)

A. 개정전에는 보험자가 보험계약자에게 보험약관의 중요한 내용을 알려
주어야 한다고만 규정하고 있어 보험자의 보험약관 설명의무 유무에 대하여
논란이 있고, 보험자가 보험약관의 교부·명시의무를 위반한 경우 보험계약자
에게 보험계약이 성립한 날부터 1개월 이내에 취소권을 행사하도록 하고 있
으나 그 기간이 짧아 취소권 행사가 어려운 면이 있었다.

B. 보험자가 보험계약자에게 보험약관의 중요한 내용을 설명하도록 하는
보험자의 설명의무를 법령에 명시하고, 보험계약자가 보험계약이 성립한 날부
터 3개월 이내에 취소할 수 있도록 그 기간을 연장하여 보험계약자가 취소권
을 행사하기 용이하도록 하였다.

(2) 보험대리상 등의 권한에 관한 규정 신설(제646조의 2 신설)

A. 개정 전에는 보험대리상 등 보험자의 보조자의 권한에 관한 규정이
없어, 보험계약자가 이들에게 행사한 청약 등의 의사표시나 이들에게 교부한
보험료와 관련하여 보험자와 보험계약자 간 분쟁의 원인이 되고 있었다.

B. 보험대리상에게 보험료 수령권, 보험증권 교부권, 청약·해지 등 의사
표시의 통지권·수령권을 부여하고, 특정한 보험자를 위하여 계속적으로 보험
계약의 체결을 중개하는 자에게 보험료 수령권(보험자가 작성한 영수증을 교부
하는 경우만 해당)과 보험증권 교부권을 인정하여 보험자 보조자의 권한을 명
확히 하는 한편, 보험자와 보험대리상 간의 권한에 관한 내부적 제한을 선의
의 보험계약자에게는 대항할 수 없도록 함으로써 보험계약자를 보호하도록

하였다.

(3) 인과관계 없는 고지의무위반과 장래 계약 해지

A. 개정 전 법은 보험계약자 등이 고지의무를 이행하지 아니한 상태에서 보험사고가 발생한 후에 보험자가 계약을 해지함으로써 면책되도록 규정하면서도, 고지의무위반 등과 보험사고간 인과관계가 인정되지 않는 경우에는 단순히 면책되지 아니하는 것으로만 하고 있어 이 경우 보험자가 계약해지를 할 수 있는지 여부에 관하여 해석상 논란이 되고 있었다.

B. 고지의무위반 등과 보험사고간 인과관계가 인정되지 않더라도 보험자가 보험금은 개정 전과 같이 지급하되 계약은 해지할 수 있도록 명문으로 규정하였다. 이는 대법원 판례($^{대판 2010. 7. 22.}_{2010 다 25353}$)와 학자들의 주장을 반영한 것이다.

(4) 소멸시효 기간의 연장(제662조)

A. 개정 전에는 소멸시효 기간은 보험금 청구권과 보험료 또는 적립금 반환청구권은 2년, 보험료 청구권은 1년으로 되어 있으나, 이는 비교적 단기여서 보험자 및 보험계약자의 권리 행사에 어려움이 있었다.

B. 소멸시효 기간을 보험금 청구권과 보험료 또는 적립금 반환청구권은 3년으로, 보험료 청구권은 2년으로 각각 1년씩 연장하였다.

C. 소멸시효 기간을 연장함으로써 보험자 및 보험계약자의 불이익을 줄일 수 있을 것으로 기대되고 있다.

(5) 공제 등에의 준용(제664조 개정)

A. 개정 전 법($^{제664}_{조}$)은 상호보험에만 상법 보험편의 규정을 준용하도록 규정하고 있으나 유사보험인 공제관계 등에도 이를 준용할 필요성이 있었다.

B. 상호보험 외 대표적 유사보험인 공제관계 등에도 그 성질에 반하지 않는 한 상법 보험편 규정을 준용하도록 하였다. 즉 개정 전 상법 제664조는 보험편 규정은 성질이 상반되지 아니하는 한도에서 상호보험에 준용하도록 규정하고 있으나, 개정 후에는 상호보험 이외에 대표적 유사보험인 공제관계 등에도 상법 보험편을 준용할 수 있도록 규정한 것이다.

C. 공제관계 등의 법률관계를 명확히 할 수 있을 것으로 기대되고 있다.

(6) 가족에 대한 보험자의 보험대위 금지 규정의 신설(제682조)

A. 개정 전에는 보험자가 대위권을 행사할 수 있는 제 3 자의 범위가 제한되어 있지 아니하여, 보험사고 발생에 책임이 있는 보험계약자 또는 피보험

자의 가족에 대하여도 대위권 행사가 가능하므로, 결과적으로 보험계약자 또는 피보험자가 보험계약에 따른 보호를 받지 못하는 경우가 발생하고 있다.

B. 손해를 야기한 제3자가 보험계약자 또는 피보험자와 생계를 같이 하는 가족인 경우에는 그 가족의 고의로 인한 사고인 경우를 제외하고 보험자가 대위권을 행사할 수 없도록 개선하였다.

C. 생계를 같이 하는 가족에 대한 대위권 행사를 금지함으로써 보험수익자를 두텁게 보호할 수 있을 것으로 기대되고 있다.

(7) 책임보험 피보험자의 배상청구사실 통지의무 위반 효과의 구체화 (제722조)

A. 개정 전에는 책임보험의 피보험자가 피해자로부터 배상의 청구를 받은 때에는 지체 없이 보험자에게 그 통지를 발송하도록 되어 있을 뿐 통지를 하지 아니한 경우의 효과에 관하여는 규정되어 있지 않아 해석상 논란이 있었다.

B. 책임보험의 피보험자가 그 통지를 게을리 하여 증가된 손해에 대하여는 보험자가 책임을 지지 아니하되, 책임보험의 피보험자가 이미 이 법에 따른 보험사고발생 통지를 한 때에는 그 통지를 하지 아니하여도 되도록 하였다.

C. 통지의무 위반 시 보험자의 책임 범위를 명확히 함으로써 피보험자의 이익과 보험자의 이익 간에 균형을 이루는 범위에서 해석상의 논란을 해결할 수 있게 될 것으로 기대되고 있다.

(8) 보증보험 규정의 신설(제726조의 5부터 제726조의 7까지 신설)

A. 개정 전에는 보증보험에 관한 규정이 없고, 보증보험이 갖는 보증 및 보험의 양면성으로 인하여 보증보험의 성질에 관한 견해가 대립하는 등 보증보험의 법률관계가 불명확하였다.

B. 보증보험에 관한 절을 신설하여 보증보험자의 책임, 보험편 규정 중 보증보험의 성질상 적용이 부적절한 규정의 적용 배제 및 「민법」상 보증 규정의 준용 등에 관한 규정을 두었다.

C. 보증보험에 관한 일련의 규정을 이 법에 직접 둠으로써 보증보험에 관한 권리의무관계의 명확성을 제고하는 데 도움이 될 것으로 기대되고 있다.

(9) 연금보험 관련 규정 정비 및 생명보험의 보험사고 구체화(727조 및 제 730조, 개정전 제735조 및 제735조의 2 삭제)

A. 생명보험은 사망, 생존, 생존과 사망을 보험사고로 할 수 있는 것임에도 불구하고 개정 전에는 생사혼합보험 및 생존보험의 근거 조항으로 양로보험 및 연금보험 규정을 별도로 두고 있었다.

B. 보험금의 분할지급은 인보험(人保險)의 공통적인 특질이므로 인보험 통칙에 보험금 분할지급의 근거 조항을 신설하고, 생명보험은 사망, 생존, 사망과 생존을 보험사고로 할 수 있도록 명백히 규정하고, 개정 전의 양로보험 및 연금보험 조항은 삭제하였다.

(10) 심신박약자에 대한 생명보험 가입 허용(제732조 단서 신설)

A. 개정 전에는 15세 미만자, 심신상실자 또는 심신박약자의 사망을 보험사고로 하는 보험계약을 무효로 하고 있어 정신장애인은 장애의 정도에 관계없이 생명보험계약 체결이 불가능한 문제점이 있었다.

B. 심신박약자 본인이 직접 보험계약을 체결할 때 또는 단체보험의 피보험자가 될 때에 의사능력이 있다고 인정되면 생명보험계약의 피보험자가 될 수 있도록 하였다.

C. 경제활동을 통하여 가족을 부양하거나 생계를 보조하는 심신박약자가 생명보험계약에 가입할 수 있게 됨으로써 그 유족의 생활 안정에 이바지할 것으로 기대되고 있다. 이는 장애인단체 등의 적극적인 요구를 일부 받아들인 결과이다. 하지만 민법에서 한정치산제도, 금치산제도를 없애고 성년후견제도로 변경한 점과 부합되지 않는다는 문제점은 존재한다.

(11) 생명보험에 있어서의 보험자의 면책사유 구체화(제732조의 2)

A. 개정 전에는 생명보험에서 둘 이상의 보험수익자 중 일부가 고의로 피보험자를 사망하게 한 경우 다른 보험수익자에 대한 보험자의 책임문제에 관하여는 규정되어 있지 아니하였다.

B. 둘 이상의 보험수익자 중 일부가 피보험자를 사망하게 한 경우 보험자는 다른 보험수익자에 대하여 책임을 지도록 하였다.

(12) 단체보험의 요건 명확화(제735조의 3 제3항 신설)

A. 단체보험은 타인의 생명보험계약임에도 불구하고 개정 전에는 그 타인의 서면 동의를 받도록 하는 규정의 적용이 배제되어 있어, 단체가 자신을

보험수익자로 지정하는 경우에 피보험자인 구성원의 동의가 필요한지에 관하여 해석상 논란이 있었다.

B. 단체보험에서 보험계약자가 피보험자(그 상속인을 포함한다)가 아닌 자를 보험수익자로 지정하는 경우에는 단체의 규약에 명시적으로 정하지 아니하는 한 피보험자 본인의 서면에 의한 동의를 받도록 하였다.

C. 단체보험에서 단체의 구성원인 피보험자의 서면 동의를 받도록 함으로써 유족의 이익과 더불어 단체구성원의 이익을 보호할 수 있을 것으로 기대되고 있다.

(13) 질병보험 규정 신설(제739의 2 및 제739조의 3 신설)

A. 개정 전의 법에서는 질병보험에 관한 규정을 두고 있지 아니하고 단지 해석과 약관에 의해서 규율되고 있어 그 법적 규율에 구체성이 부족한 측면이 있었다.

B. 질병보험자의 책임과 준용규정 등 질병보험에 관한 법률관계를 상법에서 직접 규정하였다.

C. 질병보험에 대하여 명시적으로 법에서 규정을 둠으로써 질병보험에 관한 법률관계의 명확성을 높이는 동시에 최근 증가하고 있는 관련 법적 분쟁을 해결하는 데 도움이 될 것으로 기대되고 있다.

(14) 보험금액을 보험금으로 변경함

보험금액은 보험사고시 보험자가 지급하기로 보험계약에서 정한 금액이다. 이에 비하여 보험금은 보험사고가 발생하였을 때 보험자가 현실적으로 지급하는 금전이다. 2014년 3월 개정시 일부 조항에서 '보험금액'을 '보험금'으로 개정하였다.

제 2 장 保險契約

제 1 절 保險契約의 槪念

金正皓, 保險契約法上의 責務論, 法學論集(고려대학교 법학연구소) 31, 1995/盧一錫, 보험계약상 위험의 변경·증가에 관한 상법규정에 대한 개정시론, 영남대 논문집 13(1986. 12)/徐光珉, 위험책임의 요건과 인정방법에 관한 일고찰, 現代商事法의 諸問題(李允榮先生停年紀念論文集), 1988/沈相武, 保險契約의 有償契約性, 商事判例研究 1(1986)/沈相武, 保險契約上의 危險槪念 —— 손해보험을 중심으로, 商事法의 基本問題(李範燦教授華甲紀念論文集), 1993/梁承圭, 보험계약의 기본구조, 서울대 법학 54·55(1983. 9)/崔秉珪, 保險契約의 法的 構造, 생협 200(1995. 9)/崔秉珪, 保險契約의 特殊性과 그 變化, 보험조사월보 214(1995. 12)/崔秉珪, 금융환경변화와 보험계약, 기업과 법(김교창변호사화갑기념논문집), 1997/崔秉珪, 우리 나라 의료보험제도의 문제점과 개선방안, 보험학회지 51(1998. 3).

제 1 관 保險契約의 意義

I. 序 說

　　보험제도로서 해상보험과 화재보험밖에 존재하지 않았던 시대에는 보험을 사고에 의해서 구체적으로 발생한 손해를 전보하는 제도라고 볼 수 있었다. 그러나 손해가 발생한 경우 구체적인 손해의 유무나 손해액에 관계 없이 당초에 약정한 일정액을 지급하는 생명보험이 출현하게 되면서 위와 같은 생각은 더 이상 유지될 수 없게 되었다. 따라서 생명보험까지 포함하여 일반적으로 보험계약의 본질을 파악함으로써 보험계약의 개념을 정립하려는 논의가 있는데, 이것이 바로 보험본질론이다. 보험본질론은 한편으로는 손해보험과 생명보험을 포함하여야 하고, 다른 한편으로는 보험을 도박 등 다른 보험유사제도와 구별할 수 있게 하여야 한다는 점에서 매우 중요하면서도 어려운 문제이다.

　　현행법은 보험의 개념을 상법 제638조에서 입법화하고 있는데, 이 규정

은 손해보험과 定額保險에 공통되는 개념을 정하다 보니 양 종류의 보험에
딱 들어맞는 개념으로는 불명확하다는 비판이 일고 있다.

　이렇듯 각종의 보험계약에 공통적인 개념을 정립한다는 것은 쉬운 일이
아니다. 그리하여 레에만(K. Lehmann)은 "모든 종류의 보험에 적합한 보험계
약의 개념설정은 색채가 없는 평범한 것이 되므로 보험계약의 법적 한정은
매우 어려운 일이다"라고 하여 보험계약의 특징만을 언급할 뿐 그 개념을 정
立하고 있지 않다. 뮐러-에르쯔바흐(Müller-Erzbach)도 "보험의 정의를 내리는
것은 수확이 없는 것으로 손해보험과 정액보험을 포괄하게 되면 그만큼 색채
가 없고 내용이 없는 것이 되므로 보험계약의 본질적인 특징을 보임으로써
족하다"라고 하여 보험계약의 본질에 대한 규명을 포기하고 있다. 물론 오늘
날에 와서는 손해보험과 定額保險의 양자의 성질을 함께 가지는 각종의 신
종보험이 속출하여(예: 상해보험) 일률적인 개념정립이 더욱 어려워지고 있기는 하지
만, 보험계약의 뜻을 정립하는 것은 보험과 관계 있는 규정이 적용 내지 유
추적용되는 범위를 결정하기 위해서도 필요하고, 무엇보다도 보험제도 자체의
사회적 기능의 중요성 및 보험계약 자체의 이해를 위해서도 중요하다. 따라서
아래에서는 보험계약의 의의에 대한 여러 학설의 논쟁을 비교·검토한 연후
에 이에 기초해서 보험계약의 성질에 대한 정립을 시도하기로 한다.

Ⅱ. 學說檢討

1. 損害補償契約說

　이 학설은 "대가를 받고 우연한 사고로 인하여 상대방에게 손해가 발생
하면 이를 보상할 것을 인수하는 계약"을 보험계약이라고 본다. 이 학설은 보
험가입자가 보험계약을 체결하는 목적을 중심으로 보험계약의 본질을 파악하
고자 하는 견해이다. 그러나 이 견해는 재산적 손실과 그 보상을 목적으로
하는 초기의 보험형태인 海上保險과 화재보험을 설명하는 데에는 적절할지
모르나, 손실의 발생 혹은 그 다과와 상관 없이 일정금액을 지급하는 定額保
險이 출현한 현재로서는 모든 보험계약에 타당한 본질론이라고 할 수 없게
되었다.

2. 經濟的 需要充足說

　경제적 수요충족설은 이탈리아의 고비(Gobbi)와 독일의 마네스(Manes)가

주장하는 학설로서 보험계약은 보험자가 상대방으로부터 보험료를 받아 우연한 사고의 발생으로 인하여 상대방 또는 제3자에게 생긴 경제적 수요를 충족시킬 것을 인수하는 계약이라고 한다. 그러나 생명보험의 경우에는 보험사고만 발생하면 경제적 수요와 관계 없이 일정액의 보험금을 지급받게 되므로 충분한 설명이 될 수 없다는 비판이 있다. 이러한 비판에 대해서 앞서 본 損害補償契約說로는 定額保險을 설명할 수 없다는 문제점을 이 설에서는 경제적 수요라는 경제적 관점에서 해결하고 있다고 한다. 즉 보험에 있어서는 경제적 수요의 충족이 중요한 요소라는 것이다. 그리하여 손해보험의 경우에는 구체적인 수요로서 손해의 보상, 그리고 定額保險의 경우에는 추상적인 수요로서 일정한 금액을 지급하는 것이라고 한다. 즉 이 설은 법률적인 개념정의를 위해서 수요라는 경제적 개념을 도입하였다고 할 수 있다. 그러나 일반적으로 수요충족이라는 것은 다만 계약체결의 동기일 뿐이고, 그것은 법률적으로 중요한 의미를 갖지 않는다는 비판이 있다.

3. 技術的 基礎說

이 학설은 모든 보험에 공통되는 점은 기술적 기초를 근거로 한 단체성에 있다는 점에 착안하여 보험계약은 보험사업의 주체가 사고발생의 개연율을 기술적으로 계산하여 大數의 法則을 이용하여 많은 보험가입자로부터 보험료를 받고, 보험사고발생시에 상대방에게 일정한 금액을 지급하기로 약정하는 계약이라고 한다(채이식, 438쪽; 양승규, 79쪽도 이와 유사한 취지). 동질적인 보험관계의 계획적 결합은 보험사업자가 매개해서 이루어진다. 즉 보험계약자들은 상호 법적으로 결합된 것이 아니다. 한편에서는 기업이 위험을 부담하고, 다른 한편에서는 보험계약자들이 보험료를 갹출한다는 것이다. 그 때문에 이 설은 기업설이라고도 하는데, 이는 이탈리아의 비반테(Vivante)에 의하여 주장되어 많은 공감을 얻은 바 있다. 그러나 보험계약의 의의는 보험당사자들 사이의 보험관계의 특수성에서 찾아야 한다는 점에서 이 설은 보험사업의 설명으로는 의의가 있으나, 보험계약의 개념에 대한 설명으로는 적당하지 않다는 비판이 있다. 다시 말하면 전체적인 관점에서 볼 때 개별적 보험계약에는 실제로 이러한 기술적 성격이 전혀 드러나지 않으므로 기술적 기초설은 보험제도의 특성을 기술한 것에 지나지 않다는 것이다.

4. 選擇說(二元說)

이 학설은 손해보험과 定額保險은 그 성질이 판이하게 다르므로, 이 두

가지를 포괄하는 통일적 의의를 찾는 것을 포기하고 각자 별도로 2원적 의의를 찾고자 한다. 그리하여 손해보험은 보험사고가 발생할 경우 피보험자에게 발생한 손실을 보상하는 계약이고, 定額保險은 보험사고가 발생할 경우 보험수익자에게 미리 약정한 일정금액을 지급하기로 하는 계약이라고 한다. 이러한 점에서 본다면 이 학설도 보험가입자의 입장에서 앞서의 기술적 기초설을 제외한 두 학설과 마찬가지로 목적론적으로 보험계약의 의의를 찾고자 하는 견해이다. 이 학설에 대하여는 결국 보험계약을 통일적·종합적으로 파악하려는 시도를 포기한 것에 지나지 않는다는 비판이 가해진다.

5. 金額給與說

이 학설은 보험자가 대가를 받고 계약에서 정한 우발적 사고가 발생한 때에 약정한 취지에 따라 일정한 금액을 지급할 것을 약속하는 계약이 보험계약이라고 한다. 이 학설은 보험계약의 개념을 보험계약 자체의 내용과 특성에서 찾으려고 하지만, 그 내용 자체가 너무 추상적이고 무의미하여 보험계약을 다른 유사한 계약과 구별하기가 어렵다. 또한 오늘날 보험자가 손해를 보상함에 있어, 가령 유리보험과 같이 現物로 지급하는 경우에는 단순한 금액급여설로는 설명할 수 없게 된다. 그리하여 폰 기이르케(v. Gierke)는 "보험관계는 독자적으로 판단하여야 할 법률관계로서 그것에 의하여 보험자는 상대방에게 보험보호를 담보하는 것이고," 보험보호의 담보는 "보험자가 유상적이고 계획적인 기초 위에서 피보험자에 대하여 우연한 사고가 생기는 경우에 재산급여의 의무를 지는 것이다"라고 하여 금액급여라는 말 대신에 재산급여라는 말을 쓰고 있으며, 이 재산급여는 일반적으로 손해보상 또는 일정한 금액이나 연금을 내용으로 하는 것이라고 설명하고 있다(최기원, 77쪽; 양승규, 80쪽 참조).

6. 結 論

위에서 살펴본 각 학설은 각각 일면의 타당성을 가지고 있지만, 또한 각기 문제점을 가지고 있다. 그만큼 모든 종류의 보험에 공통된 정의를 내리는 것은 매우 어려운 일이다. 그러나 보험에는 몇 가지 공통된 요소가 있으므로 이를 중심으로 개념정의를 시도하는 것은 무익한 일이 아니다. 그 한 예로 보험에 포섭이 된다면 그 특유의 원(예를 들어 최고신의 <uberrima fides>의 원칙)리가 적용되어야 하는데 그 포섭여부를 결정하는데 보험의 정의가 도움이 되기 때문이다. 학자들이 보험개념의 요소로 드는 것을 보면 영국의 Birds교수는 구속력 있는 계약, 보험사고의 발생여부나 시기의 불확실성, 피보험이익, 보험사고가 당사자의 통제

밖에 있을 것, 불확실한 사고발생시의 금전지급을, 독일의 Hofmann교수는 위험, 동종의 위험, 계획을 세울 수 있는 토대, 법적위험공동체, 법적청구권을 든다. 이를 토대로 보험일반의 정의를 내려보면 다음과 같다: 보험은 "동질적인 경제상의 위험에 놓여 있는 다수인이, 당사자가 약정한 우연한 사고가 발생한 경우의 재산상의 수요를 충족시키기 위하여, 미리 일정한 근거에 의해 산출된 보험료를 출연하여 위험공동체를 조성하고 현실적으로 재해를 입은 사람에게 일정한 금액이나 정기금을 지급함으로써 경제생활의 불안을 제거 또는 감경시키려는 사회적 고안물"이다. 이는 안전을 추구하는 인간심리의 표출이며 인간의 합리적 이성이 만들어낸 무형상품이다.

한편 기본적으로 기술적 기초설에 근거하면서 위의 각 학설들의 내용을 포괄하고 각 학설의 문제점을 비교적 무난하게 해결한 것이 독일연방행정법원의 판결($^{BVerwGE}_{75,\,155}$)에 입각한 호프만(Hofmann)의 견해이다. 즉 호프만은 보험의 의의를 다음과 같이 밝히고 있다.

"불확정한 사고의 발생에 대해 有償으로 일정한 급부를 약속하는 것으로 사고발생시 동종의 위험에 놓여 있는 다수의 사람들에게 인수된 위험이 분배되고, 大數의 法則에 기한 계산이 이 위험인수의 기초가 되는 것이 보험계약이다."

이 견해에 의하면 보험계약의 개념은 ① 사고의 우연성·불확정성, ② 위험의 동종성, ③ 大數의 法則에 기한 계산, ④ 법적 위험공동체 및 ⑤ 법적 청구권 등의 표지로써 설명할 수 있다.

아래에서는 항을 바꾸어 위의 판결에 기초하여 보험계약을 특징지우는 이러한 표지들을 하나하나 살펴보고자 한다.

Ⅲ. 保險契約의 槪念定立에 重要한 標識

1. 事故의 偶然性·不確定性

보험은 우연한 사고의 발생에 대처하는 제도이다. 그러므로 보험의 대상이 되는 보험사고는 우연하고 불확실한 것이어야 한다. 사고의 발생 여부와 발생시기의 불확실성이 보험자의 위험부담의무의 발생요건이며 보험계약의 구성요건이라고 할 수 있다. 그러므로 사고의 발생을 예견할 수 있거나 정기적이고 규칙적으로 발생하는 사고는 보험의 대상이 될 수 없다. 그러나 어느 정도로 빈번하게 발생할 것인지, 어느 정도의 손해가 발생할 것인지에 대한

불확실성만 있어도 보험의 대상이 된다. 불확실성은 단순히 주관적으로 존재
하는 때에도 인정된다. 그리하여 소위 遡及保險도 인정된다. 즉 과거의 시점
에서 개시하는 보험계약의 체결도 계약당사자 중 어느 일방도 보험사고가 그
동안에 발생하였는지, 또는 발생하지 않을 것인지를 알지 못하는 한 보험계
약의 체결이 가능하다($\frac{제643}{조}$).

〈대판 2014. 10. 27, 2014 다 212926〉

「구 공인중개사의 업무 및 부동산 거래신고에 관한 법률($\frac{2013.3.23.\ 법률\ 제11690}{호로\ 개정되기\ 전의\ 것}$)은
부동산중개업을 건전하게 지도·육성하고 공정하고 투명한 부동산거래질서를 확
립함으로써 국민경제에 이바지함을 목적으로 제정된 법으로서($\frac{제1}{조}$), 중개업자가
중개행위를 하면서 고의 또는 과실로 인하여 거래당사자에게 발생하게 한 재산상
의 손해에 대한 배상책임을 보장하기 위하여 보증보험이나 국토해양부장관의 승
인을 얻은 공제규정에 기초하여 공인중개사협회가 하는 공제사업에 의한 공제에
가입하거나 공탁을 하여야 한다고 규정하고($\frac{제30조\ 제3항,}{제42조}$) 있다. 이와 같이 위 공제
는 비록 보험업법에 의한 보험사업은 아닐지라도 성질이 상호보험과 유사하고 중
개업자가 그의 불법행위 또는 채무불이행으로 인하여 거래당사자에게 부담하게
되는 손해배상책임을 보증하는 보증보험적 성격을 가진 제도로서, 중개업자와 한
국공인중개사협회 사이에 체결된 공제계약은 기본적으로 보험계약으로서의 본질
을 가지고 있으므로, 적어도 공제계약이 유효하게 성립하기 위하여는 공제계약 당
시에 공제사고의 발생 여부가 확정되어 있지 않아야 한다.」

2. 危險의 同種性

보험에 있어서는 다수의 동종위험의 결합이 가능하여야 한다. 즉 보험의
요건으로서 위험의 동종성이 필요하다. 동종위험의 결합만이 付保된 위험의
발생빈도와 동일한 기간 내에 보험금의 지급을 위하여 필요한 보험료수입의
정도, 그리고 매 사고마다 어느 정도의 비용이 소모될 것인가에 대한 통계적
인 경험을 근거로 한 개연율의 계산을 가능하게 한다. 이와 같은 위험의 동
종성이 필요하기 때문에 보험의 종류가 다양하게 분화·발전되는 것이라고
할 수 있다. 물론 예컨대 家計保險과 같이 여러 종류의 위험($\frac{도난·화재·}{상해 등}$)이 결합
된 보험의 경우에는 중요한 표지가 될 수 없다고 할 수도 있으나, 이 경우도
이들 위험들이 가계에서 일반적으로 발생가능한 위험이라는 점에서 그 동종
성을 인정할 수 있을 것이다.

3. 大數의 法則에 기한 計算

이는 기술적 기초설의 특징을 가장 잘 나타내는 표지이다. 이 표지는 다른 계약에서는 나타나지 않는 것이므로 자세히 알아볼 필요가 있다.

다수의 동종의 개별위험과 관련한 보험자의 특수기능은 보험자가 보험계약자들이 지급한 보험료를 모아서 개개 보험사고발생으로 인한 손해의 전보에 필요한 자본액을 확보하는 데 있다. 大數의 法則에 기초한 계산은 어떠한 조건 아래 보험자가 개별계약을 체결하며, 이러한 개개 위험을 법적 위험공동체에 포함시킬 것인가를 생각하는 데 가장 중요한 기초이다.

많은 사람들은 일정한 동종의 위험에 대하여 자기 자신을 위하여서나 또는 자기의 부양가족을 위하여 경제적인 배려를 하고 싶어 한다. 여기에서 개개인은 이미 통계상의 위험발생비율에 따른 위험부담액, 즉 보험료를 내고서 자기의 개인적인 위험을 축소하기를 원하며, 동시에 계속적인 보험료지급의무를 확정짓고자 한다. 반면에 보험자는 이들과 개별계약을 체결함으로써 본질적인 표지에서 공통되는 개별위험을 계획성 있는 토대에서 종합하고자 한다. 따라서 보험이란 수많은 동종의 위험에 놓여 있는 사람들 사이에서는 항상 아주 작은 비율의 위험이 일정기간 안에 발생되며, 이러한 통계상의 위험발생비율이 오랜 기간에서 보면 上·下의 변동이 별로 없다는 경험에서 고안된 것임을 알 수 있다. 이와 같이 보험을 제도적으로 가능하게 하는 통계법칙을 '大數의 法則'(Gesetz der großen Zahl)이라 한다. 보험보호는 상인의 영업원리에 따라서 계산되고, 전혀 추상적인 성질을 갖지 않는 보험료의 납입에 의해서만 가능하다. 물론 이러한 손실보상의 계산에는 관리비 및 영업이익 등이 포함된다.

하지만 이러한 통계법칙, 즉 大數의 法則은 오직 보험에 든 개개의 위험의 수가 충분히 큰 경우에만 그 기능을 발휘한다. 예컨대 원자력시설과 같이 그렇게 많지 않은 수의 방사선사고와 같은 위험의 보험의 경우에는 수년 동안 전혀 아무런 사고도 발생하지 않다가 한번 사고가 나기만 하면, 보험자가 그 이후 수년 동안은 보험사고가 발생하지 않아야 감당할 수 있는 손실이 생겨날 수도 있다. 그럼에도 보험기술은 아주 작은 수의 개개 위험에 대한 보험도 재보험이나 공동보험의 수단을 통하여 가능하게 하고 있다. 이 경우에는 보험자 자신이 다시 다른 보험자(재보험자)에게 재보험을 들고서 보험계약자에게서 수령한 보험료의 일부를 지급하여 大數의 法則에서 벗어난 보상액으

로 인해 손실보상이 너무 많아진 경우, 원보험자는 재보험자의 보호를 받을
수 있다. 또한 재보험자는 전세계에 걸쳐서 다수의 이러한 보험계약을 체결함
으로써 위험분산을 가능하게 할 만큼의 수의 위험을 인수할 수 있다. 공동보
험을 통해서도 중요한 소수의 개개 위험을 인수할 수 있는데, 이 때에는 다
수의 보험자가 공동으로 그 비율에 따라 책임을 진다. 이에 의하여 모든 공동
보험자는 보험료에 대하여 그 일부만을 지급받을 수 있으나, 보험사고가 발
생된 때에도 자기의 비율에 따라서만 보험금지급의 책임이 있다(물론 보험자들간에 위험을 인수하는 비율이 약정되지 않은 경우에는 공동보험자들은 연대책임을 진다.)(상법 제57조 참조). 만일 공동보험자가 세계적으로 활동한다면, 이
는 외국에서도 그러한 공동보험을 인수하여 통계의 법칙, 즉 大數의 法則이
적용될 수 있는 많은 수의 위험을 인수할 수도 있다.

4. 法的 危險共同體

보험에는 위험의 동종성이 요구될 뿐만 아니라 위험의 다수성도 필요한
데, 이는 법적 위험공동체(rechtliche Gefahrengemeinschaft)가 전제가 되기 때문
이다. 법적 위험공동체는 보험보호의 유상성의 기초가 된다. 왜냐하면 보험사
고가 발생한 경우에 지급되는 보험금의 財源은 법적 위험공동체의 구성원들
이 지급한 보험료에 의하여 조달되기 때문이다. 한편 보험에 있어서는 위험의
인수와 보험료지급 사이에 등가관계가 필요한 것이기 때문에 법적 위험공동
체로서의 보험의 본질에서 볼 때 보험자는 보험계약자 등에 대해 평등취급의
원칙을 견지해야 한다. 그러므로 보험자는 특정한 보험계약자에 대하여 또는
특정한 보험계약자집단에 대하여 특별한 이익을 부여해서는 안 된다. 따라서
일부의 보험계약자들에게만 저렴한 보험료를 납입토록 하는 것은 평등취급의
원칙에 위배되어 허용되지 않는다.

5. 法的 請求權

보험계약자는 약정한 보험사고의 발생에 의해 보험금지급의 법적 청구권
을 갖는다. 이는 상법 제638조의 보험의 의의에서 당연히 나오는 귀결이다.

제 2 관   保險契約의 法的 性質

I. 序   言

보험계약의 당사자인 보험자와 보험계약자는 급부의무를 부담하므로 보
험계약은 채권계약이다. 그러나 보험자대위(제681조,제682조), 질권·저당권 등이 설정

된 보험의 목적의 멸실 등에 있어 보험금청구권에 대한 物上代位權(민법, 제342조, 제370조) 등이 인정된다는 점에서 순수한 채권계약과는 다른 특수한 채권계약이라고 할 수 있다. 아래에서는 보험계약이 갖는 그 밖의 법적 성질에 대해 살펴보기로 한다.

Ⅱ. 不要式의 諾成契約性

　　보험계약은 당사자 쌍방의 의사의 합치에 의하여 성립하고 아무런 형식을 요하지 않는 불요식의 諾成契約이다. 이러한 성질은 상법 제638조의 규정에서 보아도 명백하다. 상법 제640조의 보험증권은 보험계약서가 아니고 계약이 성립한 후에 보험자가 교부하여야 하는 것으로서, 보험증권은 보험계약의 성립과는 무관하며 단지 계약관계를 증명하는 증거증권에 불과하다. 또한 보험계약의 성립은 보험료의 수수와도 상관없다. 즉 상법 제656조에서 "보험자의 책임은 최초의 보험료의 지급을 받은 때로부터 개시한다"라고 규정하고 있는 것은 보험자의 책임이 개시되는 始期를 정한 것에 불과하고 보험계약의 성립과는 관계 없다. 실무에서 보험계약의 청약은 보험자가 작성한 청약서에 소정의 사항을 기재한 후 기명날인하고 적어도 제 1 회 보험료의 지급과 함께 하는 것이 관례이지만, 청약서의 작성이나 보험료의 지급은 계약성립의 요건이 아니다. 즉 보험계약은 보험료의 지급과 상관없이 당사자인 보험계약자의 청약과 보험자의 승낙에 의하여 성립하는 諾成契約이다.

　　한편 보험계약은 그 성립을 위하여 특수한 방식을 요하지 않는 不要式의 계약이다. 보험계약의 청약은 일정한 사항이 기재된 청약서에 따라서 행하는 것이 보통이나, 그렇다고 보험계약이 요식계약인 것은 아니다. 또한 보험자는 보험계약을 체결할 때에 보험계약자에게 보험약관을 교부하고(제638의 3조 제 1 항), 보험계약이 성립한 때에는 보험자는 지체없이 보험증권을 작성하여 보험계약자에게 교부하여야 하지만(제640조 제 1 항), 보험계약은 보험증권의 교부를 계약의 성립요건으로 하는 요식계약이라고 할 수 없다. 앞서 본 바와 같이 보험증권은 증거증권에 불과하기 때문이다.

Ⅲ. 雙務 · 有償契約性

　　보험계약은 보험사고가 발생한 경우에 보험금의 지급과 보험료의 납입이

라는 대가적 의미를 갖는 교환적 급부를 할 것을 약속하는 쌍무계약이다. 그
런데 쌍무계약은 그 자체로서 유상계약이다. 즉 보험계약은 당사자의 일방(보
험자)이 보험금의 지급을 약속하고 상대방(보험계약자)이 그에 대하여 보험료
를 지급할 것을 약정하는 유상계약이다. 이는 보험의 기술적 기초에 의한 당
연한 결과이기도 하다. 보험계약의 유상계약성을 살펴보는 실익은 민법의 賣
買에 관한 규정이 준용되는가의 여부에 있다.

  한편 보험자는 보험계약자에게 보험사고의 발생에 의하여 야기된 재산손
해를 보상하여야 하나, 사정에 따라서 보험사고가 전혀 생기지 않을 때에는
보험자의 급부는 일정조건 하에서만 가능하므로 보험계약의 쌍무계약성을 부
인하게 되는 것은 아닌가 하는 의문이 제기될 수 있다. 하지만 보험자는 보
험사고가 발생하기 전에 이미 급부의무를 부담하고 있는데, 이것이 곧 위험부
담이다.

  보험자의 급부행위는 보험계약자에게 "안심하고 잠잘 수 있다"는 非法的
인 심리적 효과만을 나타내는 것이 아니고, 더 나아가서 보험사고가 발생하면
수요가 충족된다는 경제적으로 평가할 수 있는 기대권을 형성한다. 이 기대권
의 성취는 보험자가 보험계약자에게 계약체결시에 약속한 급부 바로 그것이
다. 이에 의하여 보험계약자는 달리 안전조치를 취할 필요가 없다. 보험사고
가 발생하면 보험계약자에게 이미 이전에 형성된 기대가 실현된 것이고, 따
라서 잠재적인 단계에 머물렀던 위험부담급부가 실제적인 단계로 이전될 뿐
이다.

Ⅳ. 營業的 商行爲性

  영업으로 하는 보험의 인수는 상행위이다($_{제17호}^{제46조}$). 그러므로 영리보험에
있어서 보험계약은 상행위성이 인정되며, 이를 영업으로 하는 때에 그 주체
인 보험자는 상인이 된다($_{조}^{제4}$). 그러므로 보험계약에도 상행위에 관한 규정이
적용된다. 상호보험계약은 영리보험자가 하는 것이 아니므로 상행위는 아니
지만, 그 성질에 반하지 않는 한 영리보험계약에 관한 상법의 규정이 준용된
다($_{조}^{제664}$). 영리보험의 주체는 언제나 상인이지만 보험계약자 중에는 비상인도
있을 수 있다. 그러나 보험계약자가 비상인인 경우에도 보험자는 상인이므로
원칙적으로 당사자 모두에게 상법이 적용된다($_{조}^{제3}$). 보험계약자가 상인인 경우
에 영업을 위하여 보험계약을 체결하는 행위는 보조적 상행위(부속적 상행위)

에 속하게 된다.

V. 射倖契約性

보험계약에 있어서 보험자의 급여의무는 미리 보험자가 보험료를 수령하였음에도 불구하고 우연한 사고가 생긴 때에만 발생하므로 보험계약은 射倖契約이라고 할 수 있다. 우리 나라에서는 사행계약의 유형에 관하여 특별한 규정을 두고 있지 않으나, 보험계약의 유상성이나 선의계약성도 射倖契約性을 전제로 하여 인정되는 것이라고 할 수 있다. 참고로 프랑스민법 제1964조나 오스트리아민법 제1267조는 射倖契約에 대한 정의규정을 두고서 보험계약을 사행계약의 하나로 보고 있다.

〈대판 2011. 2. 24, 2010 도 17512〉

「피고인이 남편의 폭행으로 목을 다쳤을 뿐인데도 교통사고로 상해를 입었다는 취지로 보험금을 청구하여 다수의 보험회사들로부터 보험금을 교부받아 편취하였다는 내용으로 기소된 사안에서, 피고인이 위와 같이 상해를 입고 수술을 받았으나 후유장해가 남은 것은 사실이고 이는 일반재해에 해당되므로, 피고인의 교통재해를 이유로 한 보험금청구가 보험회사에 대한 기망에 해당할 수 있으려면 각 보험약관상 교통재해만이 보험사고로 규정되어 있을 뿐 일반재해는 보험사고로 규정되어 있지 않거나 교통재해의 보험금이 일반재해의 보험금보다 다액으로 규정되어 있는 경우에 해당한다는 점이 전제되어야 할 것임에도, 피고인이 가입한 각 보험의 보험사고가 무엇인지 및 각 보험회사들이 보험금을 지급한 것이 피고인의 기망으로 인한 것인지 등에 대하여 상세히 심리·판단하지 아니한 채 피고인의 보험금청구가 기망행위에 해당한다거나 인과관계가 있다고 쉽사리 단정하여 사기죄를 인정한 원심판결에 법리오해 또는 심리미진의 위법이 있다.」

VI. 善意契約性

보험계약은 선의계약 또는 최대선의계약이다. 쉽게 말해서 보험계약의 당사자인 보험자와 보험계약자는 서로 대립되는 투쟁적인 관계가 아니라는 의미이다. 이것은 보험계약의 도박화를 방지할 목적에서 비롯된 것으로서 영국의 해상보험법 제17조에서는 "해상보험계약은 최대선의에 입각한 계약이며, 어느 당사자가 최대선의를 어길 경우 계약은 타방당사자에 의하여 취소

될 수 있다"고 하여 선의계약성을 명정하고 있다. 이에 대하여 계약일반에
있어서도 신의성실의 원칙이 요청되는 것이므로 선의란 보험계약에만 요구되
는 원칙은 아니라는 견해도 있다(정희철, 367쪽; 손주찬, 490쪽). 하지만 보험계약의 射倖契約的
성질을 고려할 때 보험관계에 있어서는 양 계약당사자의 선의뿐만 아니라 법
적 위험공동체에 대한 선의가 요청되고, 보험계약에 있어서는 고지의무제도
(제651조)가 있어서 보험계약자·피보험자 등이 자기에게 불이익이 되는 사실도
開示하여야 된다는 점에서 선의는 특별한 의의가 있고, 또한 도덕적 위험의
발생가능성이 높은 보험계약에 있어서는 신의성실의 원칙에 기한 선의계약
성이 특별히 요청된다고 할 것이다(최기원, 82쪽; 채이식, 444쪽; 양승규, 87쪽).

Ⅶ. 共同體性

　　각각의 보험계약은 보험자와 보험계약자의 권리의무에 의하여 규율되는
개별적 성질의 계약이지만, 많은 보험계약자와 보험계약을 체결하는 보험자의
입장에서 총체적·종합적으로 보험관계를 고찰하면 보험계약자들은 동종의
위험을 공유하면서 법적 위험공동체를 구성하고, 구성원으로서 각자 일정한
금원을 출연하여 기금을 조성하고, 보험자는 구성원 모두를 위하여 이 기금을
관리·보관하고 있다가 위험이 현실화되었을 때에 구체적으로 보험금을 지급
하게 되는 것이다. 보험계약자는 이 법적 위험공동체의 구성원으로서 협조의
무가 요구되고 신의성실의 원칙이 강조되며, 이러한 원칙들은 보험계약을 해
석하는 데 있어 중요한 지도원리가 된다.

　　〈대판 1966. 10. 21, 66 다 1458〉
　　「보험계약관계는 동일한 위험 밑에 있는 다수인이 단체를 구성하여 그 중의 한
　　사람에게 위험이 발생한 경우에 그 손실을 그 구성원이 공동하여 충족시킨다는
　　이른바 위험단체적 성질을 가지는 것이고, 따라서 보험계약관계는 위험충족의 관
　　계에 있어서는 서로 관련성을 가진다는 점에서 그 법률적 성격을 관찰하여야 할
　　것이다.」

　　그런데 보험의 공동체성과 관련하여 오늘날 보험사업을 대부분 대규모의
주식회사가 운영하고 있는 점에서 보험에 대한 새로운 이론도 등장하고 있음
도 주목하여야 한다. 가령 독일의 Müller교수는 보험회사도 하나의 기업가로
이해하면서 보험회사가 법적 위험공동체의 관리자라고 전통적으로 이해하는

것으로부터 벗어나야 한다고 한다. Müller교수는 보험을 정보이론의 기초 하
에 정립하려고 시도하였다. 그의 견해에 의하면 보험은 위험을 감소시키는 것
을 목적으로 사업을 하는 것으로 보험회사가 정보를 제공하고 그 대가로서
보험료를 받는 것으로 파악한다. 따라서 그의 보험모델에 의하면 보험의 특수
성과 결부된 국가의 감독을 멀리하고 기업가로서의 사업수행에 주안을 둔다
(Müller교수의 주장에 대하여 자세한 것은 Müller in: Rolf/Spahn/Wagner, Sozialvertrag und Sicherung, Frankfurt am
Main · New York, 1988, S. 129, 138 ff.; Müller, Versicherungspraxis(VP), 1991, S. 197, 200 ff.; Eisen/Müller/Zweifel,
Unternehmerische Versicherungswirt-
schaft, Wiesbaden, 1990, S. 25 ff. 참조).

VIII. 繼續契約性

보험계약자는 보험자와의 사이에 장기적 계약관계에 있게 된다. 따라서
단기간 내에 급부의 교환으로 즉시 계약관계가 종료되는 보통의 거래와 달리
양 당사자의 협조의무 · 신의성실의무가 특히 강조된다. 위험변경시 또는 사
고발생시에 보험계약자의 보험자에 대한 통지의무(제652조;제657조)도 이러한 정신의 표
현이다. 그러나 보험계약이 계속계약성을 가지고 있다고는 하지만, 보통보험약
관상의 보험료미지급의 효과로 인하여 계약관계가 일찍 종결될 수도 있다.

IX. 附合契約性

보험계약은 다수인을 상대로 하여 대량으로 체결되고, 보험의 기술적 ·
공동체적 성격으로 인하여 그 정형성이 요구되기 때문에 부합계약에 속한다
고 할 수 있다. 즉 보험계약은 당사자의 일방(보험자=보험회사)이 그 내용(보험약관)을
미리 정하고, 상대방(보험계약자=보험가입자)이 이를 포괄적으로 승인함으로써 성립하는 부
합계약성을 가진다. 그러므로 보험계약자는 보험자가 작성한 약관을 전체로서
승인하든가, 아니면 거절할 수 있을 뿐이다. 그 결과 보험계약자가 부당한 내용
의 약관을 승인하지 않으면 안 되는 경우가 발생할 우려가 있다. 그리하여
상법은 이른바 불이익변경금지의 원칙(제663조)과 보험약관의 교부 · 명시의무
(제638의3조)에 관하여 규정하고 있으며, 보험감독을 위하여 약관의 제정 · 변경에
대해 영업개시시에는 금융위원회의 허가를, 그 밖의 경우는 금융위원회에의
신고 · 제출을 하도록 하였다(보험업법 제5조 제3항 제3호, 제7조 제1항 제1호).

제 2 절 保險契約의 要素

權奇範, 獨逸에 있어서 保險代理店으로 인하여 保險者가 지는 責任, 商事法의 現代的 課題(孫珠瓚博士華甲記念論文集), 1984/金善政, 영미보험법상 Insurance Broker에 관한 연구, 경영법률 7(1997)/金聖鉉, 소급보험에 관한 법적 연구, 전남대 박사학위논문, 1991/김재걸, 타인을 위한 생명보험계약에 있어서의 보험수익자에 대한 법률적인 고찰, 상사법연구 제16권 제 2 호(1997)/沈相武, 보험계약상 보험사고의 지위 및 기능, 經濟 法·商事法論集(孫珠瓚敎授停年記念論文集), 1989/沈相武, 보험사고와 보험계약, 동의 법정 5(1989. 2)/柳基洪, 최근의 몇 가지 判例에서 본 被保險者保護의 현상과 문제점, 보험학회지 34(1989. 10)/李基秀, 보험금 ; 判例研究 商事, 判例月報 212(1988. 5)/李基秀, 保險契約의 成立과 보험期間의 種類, 月刊考試 138(1985. 7)/李基秀, 保險金 ── 서울民地法 제14부 87 가합 5132 ──, 判例研究 5(고려대 법학연구소), 1991/張敬煥, 獨逸保險契約法上의 損害鑑定人, 保險學會誌 43(1994. 3)/정규, 保險募集人의 法的 地位에 관한 연구, 한양대 박사학위논문, 1997/정진옥, 보험수익자의 법적 지위에 관한 연구, 부산대 박사학위논문, 1996/정찬형, 보험모집인의 법적 지위, 현대상사법논집(김인제박사정년기념논문집), 1997/鄭浩烈, 약관과 다른 보험모집인의 설명과 보험자의 책임, 判例月報 236(1990. 5)/朱榮殷, 보험모집인의 법적 지위, 연세법학연구 2(1992. 8)/崔鎔春, 保險仲介業制度에 관한 소고, 企業環境法의 變化와 商事法(孫珠瓚敎授古稀記念論文集), 1993/崔秉珪, 保險料支給을 둘러싼 法的 問題點, 現代商事法論集(芝石金麟濟博士定年紀念論文集), 1997/崔秉珪, 적정한 보험기간에 대한 검토, 생협 231(1998. 4.).

보험계약은 보험계약의 관계자, 보험의 목적, 보험사고, 보험기간, 보험료, 보험금액 등 여러 가지 요소를 필요로 하는데, 이것은 보험계약의 종류에 따라 약간 다를 수 있다.

여기서는 보험계약에 공통적인 요소에 관하여 설명하고, 그 밖의 것은 손해보험과 인보험에 관하여 따로 살피기로 한다.

제 1 관 保險契約의 關係者

보험계약의 관계자로서 가장 중요한 자들은 보험계약의 직접당사자인 보험자와 보험계약자이다. 보험계약에서는 다른 채권계약과는 달리 피보험자 또는 보험수익자라는 이해관계인이 존재하는데, 이들도 보험계약의 관계자로서 특수한 법적 지위를 갖는다. 그 밖에 보험계약에 직접·간접으로 관계하는 보험자의 보조자도 보험계약의 관계자로서 별도의 고찰을 필요로 한다.

Ⅰ. 保 險 者

1. 保險者 一般

보험자(insurer; Versicherer)는 보험계약의 당사자로서 보험계약자와 보험계약을 체결하고, 보험사고가 발생한 경우에 보험금을 지급할 의무를 지는 자이다. 보험사업은 사회성·공공성을 갖기 때문에 보험업법은 보험자의 자격을 제한하고 있다. 즉 보험자는 인보험사업이든 손해보험사업이든 300억 원 이상의 자본금 또는 기금을 갖는(다만, 보험사업 중 일부만을 영위하는 경우에는 50억 원 이상의 범위에서 자본금 또는 기금액이 차등화되었다) 주식회사 또는 상호회사로서 금융위원회로부터 보험사업의 허가를 받은 자이어야 한다(보험업법 제4조, 제6조 제1항). 또 외국보험사업자도 일정한 자본금 또는 기금을 가지고 금융위원회의 허가를 받아 우리 나라에서 보험사업을 영위할 수 있다(보험업법 제4조, 제6조 제2항). 허가를 받지 아니하고 보험사업을 영위한 자는 5년 이하의 징역 또는 3,000만 원 이하의 벌금에 처하고(보험업법 제200조), 허가 없는 자와 보험계약을 체결한 자도 500만 원 이하의 과태료의 제재를 받는다(보험업법 제3조, 제209조 제3항 제1호). 그러나 허가 없는 자와의 보험계약이 반드시 무효가 되는 것은 아니다.

數人의 보험자가 동일한 보험의 목적에 대하여 보험계약을 체결하는 경우가 있다. 이에는 수인의 보험자가 공동으로 하나의 보험을 인수하는 공동보험과 보험자 사이의 연결 없이 보험계약자가 수인의 보험자와 보험계약을 체결하는 중복보험이 있다.

공동보험은 공연한 공동보험과 숨은 공동보험으로 나눌 수 있다. 공연한 공동보험은 수인의 보험자가 계약당사자로서 공동으로 보험을 인수하며, 보통은 인수비율을 정하지만 다른 약정이 없으면 공동보험자들이 연대하여 책임을 진다(상법 제57조, 제46조 제17호). 숨은 공동보험에서는 보험계약자는 하나의 보험자와 보험계약을 체결하므로 형식적으로 단일보험으로 되고, 수인의 보험자가 내부적으로 인수비율을 정하고 있더라도 보험계약자에 대해서는 계약당사자인 보험자만이 책임을 진다.

중복보험은 보험금액의 총액이 보험가액을 초과하지 않는 병존보험과 협의의 중복보험으로 나눌 수 있다. 병존보험의 경우 각 보험자는 그가 인수한 부분에 대해서만 책임을 부담하며, 협의의 중복보험에 있어서는 보험자는

각자의 보험금액의 한도에서 각자의 보험금액의 비율에 따라 연대책임을 진
다(_{상법 제672}
_{조 제 1 항}).

2. 通信販賣專門保險會社

최근에는 인터넷을 이용한 온라인 전용보험회사가 성장하고 있다. 이와
관련하여 현행법상 통신판매전문보험회사는 총보험계약건수 및 수입보험료의
100분의 90 이상을 전화·우편·컴퓨터통신 등 통신수단을 이용하여 모집하
는 보험회사를 말한다(_{보험업법 시행령}
_{제13조 제 1 항}). 전화·우편·컴퓨터통신 등 통신수단을 이
용하여 모집하는 보험회사는 보험업법 제 9 조 제 1 항의 규정에 의한 자본금
또는 기금의 3 분의 2 에 상당하는 금액 이상을 자본금 또는 기금으로 납입함
으로써 보험업을 개시할 수 있다(_{보험업법 제}
_{9조 제 2 항}). 그리고 통신판매전문보험회사
가 보험업법 시행령 제13조 제 1 항의 규정에 의한 모집비율을 위반한 경우에
는 동 비율을 충족할 때까지 동 제 1 항의 규정에 의한 통신수단 외의 방법으
로 모집할 수 없다(_{보험업법 시행령}
_{제13조 제 2 항}).

보험업법 시행령 제13조 제 1 항의 규정에 의한 통신판매전문보험회사의
통신수단을 이용한 모집비율은 보험업법 제118조의 규정에 의해 금융감독원
장에게 제출하는 직전사업연도 사업보고서상의 보험계약건수 및 수입보험료
를 기준으로 산정한다. 다만, 통신판매전문보험회사로 보험업의 허가를 받고
자 하는 자의 경우에는 보험업감독규정 별지 제 3 호의 신청서에 첨부되는 사
업계획서상의 보험계약건수 및 수입보험료를 기준으로 산정한다(_{보험업감독규정}
_{제2-10조 제 1 항}).
그리고 이러한 모집비율 산정시 수입보험료는 생명보험·장기손해보험 상품의
경우 모집된 보험계약의 월납기준 초회보험료를 합산하여 산출하고, 그 밖의
손해보험상품은 원수보험료를 합산하여 산출한다(_{보험업감독규정}
_{제2-10조 제 2 항}). 통신판매전문
보험회사는 안정적인 통신시스템운영을 위해 보험업감독규정 별표 2 에서 정
한 보험사업의 영위를 위한 전산설비의 세부요건 외에 다음의 시스템을 갖추
어야 한다(_{보험업감독규정}
_{제2-10조 제 3 항}) : ① 전화판매를 위한 녹취시스템, ② 재난대비 백업시
스템, ③ 이중화시스템(_{데이타베이스서버·웹서버·}
_{내부네트워크·인터넷회선 등}), ④ 고객의 신상정보에 관련된 내
용(_{주민등록번호·신용카드}
_{번호·예금자계좌번호 등})을 암호화할 수 있는 보안관리시스템.

한편 통신판매전문보험회사는 보험업감독규정 제2-10조 제 3 항에서 정한
통신시스템을 운영하는 전담부서 및 전문인력을 운영하여야 한다(_{보험업감독규정}
_{제2-10조 제 4 항}).

Ⅱ. 保險契約者

보험계약자(insured; Versicherungsnehmer)는 보험계약의 당사자로서 보험자의 상대방이 되어 자기명의로 보험계약을 체결하고 보험료의 지급의무를 지는 자이다. 보험계약자의 자격에는 제한이 없다. 따라서 권리능력이 있는 자는 누구나 보험자와 보험계약을 체결할 수 있으며, 대리인을 통해서 계약을 체결할 수도 있다. 대리인에 의하여 보험계약을 체결한 경우에는 대리인이 안 사유는 그 본인이 안 것과 동일한 것으로 한다($\frac{제646}{조}$).

Ⅲ. 被保險者

피보험자(insured; Versicherter)는 손해보험과 인보험에서 그 뜻이 다르다. 즉 손해보험에서는 피보험이익의 주체로서 보험사고가 발생한 경우에 손해보상을 받을 권리를 갖는 자를 말하고, 인보험에서는 자신의 생명 또는 신체에 관하여 보험이 붙여진 자를 가리킨다. 손해보험에 있어서는 피보험자와 관련하여 특별한 제한이 없지만, 인보험에 있어서는 피보험자를 보호하기 위한 제한이 있다. 즉 타인의 사망을 보험사고로 하는 타인의 생명보험에서는 보험계약체결시에 피보험자의 서면에 의한 동의를 얻어야 하고($\frac{제731}{조}$), 15세 미만자·심신상실자 또는 심신박약자를 피보험자로 하는 생명보험계약은 무효로 한다($\frac{제732}{조}$).

〈대판 1996. 11. 22, 96 다 37084〉
「(1) 타인의 사망을 보험사고로 하는 보험계약에는 보험계약체결시에 그 타인의 서면에 의한 동의를 얻어야 한다는 상법 제731조 제 1 항의 규정은 강행법규로서 이에 위반하여 체결된 보험계약은 무효이다.
  (2) 상법 제731조 제 1 항의 입법취지에는 도박보험의 위험성과 피보험자살해의 위험성 외에도 피해자의 동의를 얻지 아니하고 타인의 사망을 이른바 사행계약상의 조건으로 삼는 데서 오는 공서양속의 침해의 위험성을 배제하기 위한 것도 들어 있다고 해석되므로, 상법 제731조 제 1 항을 위반하여 피보험자의 서면동의 없이 타인의 사망을 보험사고로 하는 보험계약을 체결한 자 스스로가 무효를 주장함이 신의성실의 원칙 또는 금반언의 원칙에 위배되는 권리행사라는 이유로 이를 배척한다면, 그와 같은 입법취지를 완전히 몰각시키는 결과가 초래되므로 특단의 사정이 없는 한 그러한 주장이 신의성실 또는 금반언의 원칙에 반한다고 볼 수는

없다.

(3) 상법 제731조 제1항의 규정에 의하면 타인의 사망을 보험사고로 하는 보험계약에 있어서 피보험자가 서면으로 동의의 의사표시를 하여야 하는 시점은 보험계약체결시까지이다.」

Ⅳ. 保險受益者

보험수익자(beneficiary; Bezugsberechtigte)는 인보험계약에서 보험금을 받기로 예정된 자를 말한다. 따라서 보험수익자는 보험사고가 발생한 경우에 보험자에 대하여 보험금의 지급을 청구할 수 있다. 손해보험의 경우에는 일반적으로 피보험자가 동시에 보험금을 받을 자가 되기 때문에 별도의 보험수익자란 개념을 사용하지 않는다.

Ⅴ. 保險者의 補助者

보험자는 다른 영업과 마찬가지로 많은 보조자를 필요로 한다. 특히 보험계약자의 모집을 위해서는 보험대리점·보험중개사·보험설계사 등을 이용해야 하고, 생명보험에 있어서는 保險醫의 도움을 받지 않을 수 없다.

종래 보험대리상 등 보험자의 보조자의 권한에 관한 규정이 없어, 보험계약자가 이들에게 행사한 청약 등의 의사표시나 이들에게 교부한 보험료와 관련하여 보험자와 보험계약자 간 분쟁의 원인이 되고 있었다. 이에 2014년 3월 개정 상법에서 보험대리상에게 보험료 수령권, 보험증권 교부권을 규정하였다. 그리고 보험계약자로부터 청약, 고지, 통지, 해지, 취소 등 보험계약에 관한 의사표시를 수령할 수 있는 권한과 보험계약자에게 보험계약의 체결, 변경, 해지 등 보험계약에 관한 의사표시를 할 수 있는 권한을 규정하였다(제646조의2 제1항).

1. 保險代理店

보험대리점(insurance agent; Versicherungsagent)은 보험자를 위하여 보험계약의 체결을 대리(또는 중개)함을 영업으로 하는 자로서 대통령령이 정하는 바에 따라 금융위원회에 등록된 자이다(보험업법 제2조 제9호, 제87조 제1항). 보험대리점은 상법상 독립된 상인인 대리상이다(제87조). 보험대리점은 특정한 보험자를 위하여 영업을 하는 상인이므로 반드시 특정한 보험회사에 소속되어야 하고(보험업법 시행령 제26조), 소속된 회사 이외의 보험회사를 위하여 대리나 중개를 하지 못한다. 이 점에서 특정되

지 않은 보험자를 위하여 보험계약을 중개하는 보험중개사와 구별되며, 보험
회사를 대리하여 보험계약을 체결할 권한이 없는 보험설계사와 다르다.

　　손해보험에 있어서는 보통 계약기간이 단기이기 때문에 신속하게 계약을
체결하여야 되므로 보험대리점은 대부분 체약대리상이지만, 인보험에 있어서는
계약기간이 장기인 경우가 많고 계약의 체결 여부에 대한 결정권을 보험자가
가져야 할 것이므로 보험대리점은 일반적으로 중개대리상이라고 할 수 있다.

　　체약대리상은 보험자의 명의로 계약을 체결하고, 그 계약을 변경·해제·
해지하고, 통지·고지를 수령하고, 보험료의 지급을 받을 권한이 있다. 또한
체약대리상의 知·不知가 보험자의 知·不知와 동일시된다(민법 제116조 제1
항; 상법 제646조). 또한
표현대리에 관한 규정(민법 제125조)도 적용된다.

　　〈대판 1987. 12. 8, 87 다카 1793·1794〉
「보험자의 대리인이 보험회사를 대리하여 보험계약자와 사이에 보험계약을 체결
하고 그 보험료수령권에 기하여 보험계약자로부터 1회분 보험료를 받으면서 2·3
회분 보험료에 해당하는 약속어음을 함께 교부받았다면, 위 대리인이 그 약속어음
을 횡령하였다고 하더라도 그 변제수령의 효과는 보험자에 미친다고 할 것이다.」

　　〈서울고판 1990. 4. 11, 89 나 32847〉
「甲보험회사의 영업소소장으로 근무하는 자가 특정회사에 소속되지 아니하고 독
립하여 보험가입자를 모집한 다음 이들을 여러 보험회사에 소개시켜 주고 그에
대한 수수료를 받아 오던 소외 乙과 친분관계에 있어 위 乙이 甲회사 동대문영업
소 영업과장이라는 직함과 명함을 사용하여 보험가입자를 모집하고, 그 과정에서
甲회사의 직인이 찍힌 보험청약서 등의 용지를 임의로 가져가 사용하도록 묵인하
였고, 위 乙이 원고와의 사이에 甲회사명의로 체결한 주택상공종합보험계약 및 자
동차종합보험계약을 그대로 승인하였다면, 甲회사는 제3자에 대하여 위 乙에게
보험계약체결에 관한 대리권을 수여함을 표시하였다 할 것이므로 표현대리의 법
리에 따라 원고에게 보험자로서의 책임을 부담한다.」

　　그러나 중개대리상은 계약의 체결을 위한 대리권이 없어서 고지수령권이
나 보험료수령권을 갖지 못하고, 그의 知·不知도 당연히 보험자의 知·不知와
동일시되지 않기 때문에 중개대리상을 체약대리상으로 알고 계약을 체결한
보험계약자의 이익이 손상되는 경우가 많다. 따라서 중개대리상에도 대리적
성격을 부여하여 그의 知·不知를 보험자의 知·不知와 동일시하는 입법이 필요
하다고 본다(독일보험계약법 제70조 참조. 동지 : 정희
철, 373쪽; 양승규, 95쪽; 최기원, 92쪽).

2. 保險仲介士

보험중개사(insurance broker; Versicherungsmakler)는 독립적으로 보험계약의 체결을 중개하는 자로서 금융감독원장이 실시하는 시험에 합격한 후 대통령령이 정하는 바에 따라 금융위원회에 등록한 자를 말한다(보험업법 제2조 제10호, 제89조 제1항). 보험중개사는 상법상 仲介人으로서(제93조) 보험계약의 체결을 중개하는 점에서 보험중개대리상과 같으나, 특정한 보험자를 위해서가 아니라 불특정다수인을 상대로 중개한다는 점에서 차이가 있다. 우리 나라에서도 보험중개사제도의 시행을 계기로 중개사들의 활동이 활성화되어야 하나 아직은 회사별로 상품이 차별화되어 있지 않아 이들의 활동실적이 저조하다. 영국에서는 보험중개사에 의한 보험계약의 중개가 일반적이다.

일반적으로 중개인은 쌍방중개인이라고 추정하지만, 보험중개사는 원칙적으로 보험계약자를 위한 일방중개인이라고 추정한다. 보험계약자를 위한 일방중개인이라고 추정되는 보험중개사는 보험계약자를 대리하여 보험계약을 체결하고 보험료를 수령할 권한이 있으며, 이 보험중개사의 知·不知는 보험계약자의 知·不知와 동일시된다고 본다(제646조. 동지: 채이식, 447쪽).

3. 保險設計士

보험외판원 또는 보험권유인이라고도 부르는 보험설계사(insurance sales-man; Versicherungsgehilfe)는 보험자를 위하여 보험계약의 체결을 중개하는 자(법인이 아닌 사단이나 재단을 포함한다)로서 금융위원회가 정하는 바에 따라 금융감독원에 등록된 자를 말한다(보험업법 제2조 제8호, 제84조)(이들을 생활설계사라고 부르기도 한다). 보험설계사는 보험자의 사용인으로서 특정한 보험회사에 소속되어 있다는 점에서 보험중개사와 다르고, 보험회사를 대리하여 보험계약을 체결할 권한이 없다는 점에서 보험대리점과 다르다(대판 1979. 10. 30, 79 다 1234). 종래 보험설계사는 1사전속이었다. 그러다가 2008년 8월 말부터 생손보교차판매가 허용되었다.

보험설계사는 보험계약의 체결을 권유하고 중개하는 사실행위만을 하는 자이므로 보험자를 대리할 권한이나 고지를 수령할 권한이 없는 것이 보통이다. 따라서 보험설계사의 知·不知는 보험자의 知·不知와 동일시되지 않는다. 그러나 학설과 판례는 보험설계사에게도 제1회 보험료의 수령권한은 있다고 본다(채이식, 448쪽; 최기원, 95쪽; 이범찬·최준선, 480쪽)(대판 1989. 11. 28, 88 다카 33367). 이와 같이 보는 이유는 실무상 계약체결권이나 고지수령권이 없는 보험설계사에게 그러한 권한이 있는 것으로 오인함으로써 보험계약을 체결하여 부당하게 이익을 침해당한 보험계약자를 보호할 필요가 있기 때문이다. 입법론으로는 보험설계사의 체약대리권이나 고지수령권을 인정하는 규정을 두는 것이 바람직하겠지만, 현재로서는 보험회사의 사용자책임($\binom{\text{보험업법 제}}{\text{102조 제 1 항}}$)이나 표현대리의 법리에 의하여 해결하는 수밖에 없다.

　　그런데 2014년 상법 개정시 특정한 보험자를 위하여 계속적으로 보험계약의 체결을 중개하는 자에게 보험료 수령권(보험자가 작성한 영수증을 교부하는 경우만 해당)과 보험증권 교부권을 인정하여 보험설계사의 권한을 부분적으로 규정하였다($\binom{\text{제646조의2}}{\text{제3항}}$).

〈대판 1996. 4. 26, 95 다 54679〉
「보험설계사는 타인의 보험계약의 중개를 함에 있어 보험회사에 대하여 그 위촉계약의 취지에 따라 성실하게 중개행위를 할 의무가 있는 데도 보험설계사가 자신의 외삼촌과 보험회사 간의 보험계약을 중개함에 있어 가입자의 폐결핵감염사실을 알고 있음에도 이를 보험회사에 고지하지 아니하여 보험회사가 그 보험을 인수함으로써 결과적으로 손해를 입게 된 경우, 그 모집인은 채무불이행으로 인하여 보험회사가 입은 손해에 대하여 60%의 손해배상책임이 있다.」

〈서울민지판 1989. 7. 7, 88 가합 49476〉
「보험회사 영업소장이 보험모집사원이 아닌 자에게 동 영업소의 '영업과장' 명함을 만들어 주고 동 회사 전용의 보험청약서 등을 교부한 후 동인이 모집한 보험을 성립하도록 하여 주기도 했다면, 그 밖의 보험계약체결에 관하여도 대리권을 줬다고 봐야 하므로 표현대리의 법리에 따라 보험회사가 보험자로서 책임져야 한다.」

〈대판 2006. 6. 30, 2006 다 19672 · 19689〉
「보험모집인은 특정보험자를 위하여 보험계약의 체결을 중개하는 자일 뿐 보험자를 대리하여 보험계약을 체결할 권한이 없고 보험계약자 또는 피보험자가 보험자에 대하여 하는 고지나 통지를 수령할 권한도 없으므로, 보험모집인이 통지의무의 대상인 '보험사고발생의 위험이 현저하게 변경 또는 증가된 사실'을 알았다고 하더라도 이로써 곧 보험자가 위와 같은 사실을 알았다고 볼 수 없다(보험목적건물에서 영위하고 있는 업종이 변경된 사실을 보험모집인이 알았다고 하더라도 그것만으로는 보험자인 원고가 이러한 사실을 알았다거나 보험계약자인 피고가 보험자인 원고에게 이러한 업종변경사실을 통지한 것으로 볼 수 없다고 한 사례).」

〈대판 2006. 11. 23, 2004 다 45356〉
「보험사업자의 보험모집인이 보험모집을 함에 있어서 보험계약자에게 손해를 가한 경우에 그 보험모집인의 소속 보험사업자의 배상책임을 규정하고 있는 구 보험업법$\binom{2003.\ 5.\ 29.\ 법률\ 제6891}{호로\ 개정되기\ 전의\ 것}$ 제158조는 사용자의 배상책임에 관한 일반규정인 민법 제756조에 우선하여 적용되는 것이므로, 구 보험업법 제158조 제1항에 정한 '모집을 함에 있어서'라는 규정의 뜻은, 보험모집인의 모집행위 그 자체는 아니더라도 그 행위를 외형적으로 관찰할 때 객관적으로 보아 보험모집인의 본래 모집행위와 밀접한 관련이 있거나 유사하여 마치 그 모집행위 범위 내에 속하는 것과 같이 보이는 행위도 포함하는 것으로 새겨야 한다(피고 보험회사의 보험모집인이 그 처인 원고로부터 보험에 가입해 달라는 부탁과 함께 보험료를 수령한 후 이를 횡령한 사안에서, 보험모집인의 위 금원수령행위는 외형상 보험모집과 상당한 관련성이 있는 것으로서 마치 그 모집행위 범위 내에 속하는 것과 같이 보이는 행위라고 봄이 상당하다고 하여 피고에게 구 보험업법 제158조 제1항에 따른 손해배상책임이 있다고 한 사례).」

4. 保險醫(診査醫)

인보험에서 보험자는 보험계약을 체결하기 전에 전문가로 하여금 피보험자의 신체나 건강상태를 검사하도록 하는 것이 보통이다. 이와 같이 인보험에서 보험자의 의뢰를 받아 피보험자의 신체나 건강상태를 검사하는 자를 保險醫(medical examiner; Untersuchungsarzt)라고 한다. 保險醫는 보험자와 고용이나 위임관계에 있기는 하지만, 영업상의 업무에 종사하는 자가 아니기 때문에 상업사용인은 아니다. 따라서 保險醫는 보험영업에 관한 대리권은 갖지 않지만 보험자에게 위험판단의 기초가 되는 피보험자의 건강과 신체상태에 관한 자료를 제공한다는 점에서 보험자를 대리하여 피보험자가 고지하는 사항을 수령할 권한이 있고, 반대로 고지의무에 관한 한 保險醫의 고의·중과실은 보험자의 고의·중과실과 동일시된다(통설).

5. 保險募集關聯 保險市場開放

1992년 6월 30일 재무부가 발표한 "보험시장개방현안에 대한 자유화방안"에 따르면 보험모집보조자에 대한 시장개방 내지 자유화의 내용을 담고 있다. 종래 우리 나라에서는 대리점제도에 관하여 보험업법상 제한이 있었던 것은 아니나 1993년 4월 이전까지는 '1회사 전속대리점' 체제를 유지하여 왔었다. 그런데 위의 자유화방안에 따라 우리 나라에서는 손해보험 복수대리점 및 생명보험 복수대리점이 각각 1993년 4월 및 1994년 4월에 허용되었다. 또 1996년 4월부터 손해보험 독립대리점제도가 도입되었으며, 생명보험 독립대리점은 1997년 4월부터 시행되고 있다. 더 나아가 1997년 4월부터는 손해보험분야의 보험중개인제도도 도입되었으며, 1998년 4월부터 생명보험 보험중개인제도가 도입되었고, 중개인시장이 대외적으로 개방되었다. 그 이후 보험중개인은 보험중개사로 법률상 명칭이 변경되었다.

이와 같은 보험모집관계자에 대한 규제완화조치로 인하여 이들의 행위에 대한 소비자보호조치의 마련이라는 과제를 남기게 되었다. 특히 모집보조자의 행위에 대한 보험회사의 책임관계를 명확히 하고 중개사의 행위 등에 대하여는 별도의 책임이행확보조치를, 가령 전문직업인책임보험 등을 통하여 마련하는 것이 필요하다. 그런데 우리 법에서는 이러한 전문직업인책임보험방식을 채택하지 않고 영업보증금예탁방식을 취한다. 즉 보험중개사가 되기 위하여는 개인은 1억 원 이상, 법인은 3억 원 이상의 보증금을 예탁하여야 한다(보험업법 제89조 제 3 항; 동 시행령 제37조 제 1 항). 다만, 보험중개사배상책임보험에 가입한 때에는 영업보증금감액의 혜택을 받을 수 있다(보험업법 시행령 제37조 제 3 항).

제 2 관   保險의 目的

보험의 목적(versicherte Sache)은 보험사고발생의 객체로서 손해보험에 있어서는 피보험자의 재화 등이 되고, 인보험에 있어서는 피보험자의 생명 또는 신체가 된다. 보험의 목적은 보험자가 보상해야 할 범위와 한계를 정하는 역할을 한다. 즉 보험자는 보험계약에서 구체적으로 정한 보험의 목적에 발생한 보험사고에 대해서만 책임을 진다. 따라서 보험계약의 당사자는 보험계약을 체결할 때 보험의 목적을 분명하게 정해야 한다(보험의 목적을 보험계약의 필수적 요소로 보지 않는 견해 : 채이식, 491쪽).

물건을 대상으로 하는 보험에서는 단일한 물건이든 집합된 물건이든, 특정한 물건이든 포괄적 물건이든 보험의 목적이 되는 데는 아무런 지장이 없다. 사람을 대상으로 하는 보험에서도 자연인인 한 특정인이든 단체의 구성원이든 보험의 목적이 될 수 있지만, 사망보험의 경우에는 15세 미만자·심신상실자 또는 심신박약자는 보험의 목적, 즉 피보험자가 되지 못한다(제732조). 책임보험상의 보험의 목적에 관해서는 다툼이 있다.

다만 심신박약자가 계약체결시 또는 상법 제735조의3에 따른 단체보험의 피보험자가 될 때에 의사능력이 있는 경우에는 피보험자가 될 수 있다(제732조 단서).

제 3 관 保險事故

보험사고(accident; Versicherungsfall)는 보험자의 책임을 발생시키는 조건이 되는 사건으로서 위험(risk covered; versicherte Gefahr)이라고도 한다. "위험이 없으면 보험도 없다"(ohne Gefahr, keine Versicherung)는 말과 같이 보험사고는 보험계약의 필수적 요소이다.

보험계약의 당사자는 보험계약에서 자유로이 보험사고를 정할 수 있지만 그것은 우연한 것, 즉 장차 발생할 수도 있고 발생하지 않을 수도 있어야 한다. 따라서 보험계약 당시에 보험사고가 이미 발생하였거나 또는 발생할 수 없는 것인 때에는 그 계약이 무효로 되어($^{제644조}_{본문}$) 보험자는 보험계약자에게 보험료를 청구하지 못하고, 설사 보험사고가 발생했다 하더라도 피보험자나 보험수익자는 보험자에게 보험금을 청구하지 못한다. 그러나 이러한 보험사고가 객관적으로 확정되었다고 하더라도 보험계약의 당사자 쌍방과 피보험자가 이를 알지 못한 때에는 유효한 보험계약이 성립될 수 있다($^{제644조}_{단서}$). 비록 객관적으로는 확정된 사실이라고 하더라도 보험계약의 관계자가 이를 알지 못하는 경우에는 보험이 악용될 여지가 없고, 소급보험($^{제643}_{조}$)을 인정할 실익이 있다는 점에서 그 근거를 찾을 수 있다. 또한 보험사고는 보험계약에서 정한 보험의 목적에 생긴 것이어야 하며, 그 사고의 범위를 특정해야 한다. 이는 보험자의 책임범위를 명확하게 하기 위한 것이며, 이 범위를 벗어나면 보험사고가 발생한 것으로 인정되지 않는다.

〈대판 1994. 4. 29, 93 다 55180〉
「자동차운전중 졸음이 오자 방조제 도로변 잔디밭에 차를 세워 두고 시동을 끈 후 잠을 자던 중 위 차가 미끄러져 호수로 들어가는 바람에 차 내에서 익사한 사고는 교통사고만의 담보특약부상해보험계약 약관상의 보험사고인 피보험자가 '운행' 중의 자동차에 탑승하고 있을 때의 사고라고 볼 수 없다.」

제 4 관 保險期間

I. 序 言
보험기간은 크게 형식상의 보험기간과 실질상의 보험기간 및 기술상의 보험기간으로 나뉘는바, 형식상의 보험기간이란 당사자의 계약상의 구속이 발생하여 종료하기까지의 기간을 의미하며, 실질상의 보험기간이란 보험자가 보험금지급의무를 부담하는 기간을 의미하며, 기술상의 보험기간이란 보험계약자가 보험료를 지급하여야 할 기간을 의미한다. 형식상의 보험기간은 契約始期 혹은 계약기간, 실질상의 보험기간은 責任始期 혹은 책임기간, 기술상의 보험기간은 保險料始期 혹은 보험료기간이라고도 한다.

Ⅱ. 暫定的인 補償(假保護契約)

소급보험($^{제643}_{조}$)을 제외하고는 보험자의 위험부담의무는 보험계약이 성립된 후에 개시되며, 따라서 실질상의 보험의 始期는 보험의 형식상의 始期보다 앞설 수는 없고, 원칙적으로 보험계약자에 의한 최초의 보험료의 지급을 보험자가 받은 뒤에야 비로소 보험자의 책임이 개시한다($^{제656조; 독일보험계약}_{법 제37조 제2항 참조}$)($^{대판}_{1971.}$ $^{9.30,}_{나 488}$ ^{71}). 하지만 보험자가 즉시 위험을 인수하여야 할 필요성이 있는 경우가 있다. 즉 이 때에는 보험계약자는 보험계약을 청약하는 즉시 제1회 보험료를 납입하기 이전이더라도 보험자가 자신의 위험을 인수하기를 기대한다. 반면 일반적으로 보험자로서는 보험계약자의 청약에 대한 승낙 혹은 거절을 되도록 신중히 결정하기 위해 청약에 대해 검토할 시간적 여유를 갖고자 한다. 즉 보험자는 최종적으로 결정을 내리기 위하여 승낙기간을 충분히 활용하여 보험대리상을 통하여 보험자 자신에게 제출된 청약을 거절할 것인지($^{불리한 위}_{험인 경우}$), 혹은 청약대로 계약을 체결할 것인지 심사숙고하고 싶어 한다. 그러나 비록 청약에 대해 보험자가 승낙($^{형식상의}_{보험개시}$)한다고 하더라도 보험계약자에 의해 최초의 보험료가 지급되기 전에는 아직도 보험기간은 실질적으로 개시되지 않는다. 이러한 상황에서 양 당사자가 받아들일 수 있는 해결책은 "잠정적인 보상"(vorläufige Deckung)($^{혹은 "잠정적인 보상승인"(vorläufige}_{Deckungszusage)이라고도 한다}$)이다. 이 때에는 당사자가 일정조건 아래에서 본래의 보험계약을 체결할 의무를 부담하는 예약(Vorvertrag)이 있는 것이 아니라 보험위험에 관하여 하나의 독자적인 단기간의 보험계약이 있다고 보는데, 이를 가보호계약이라고 한다.

가보호계약은 形式的 始期와 더불어 종료하는 것이 아니라, 주계약에 의한 實質的 始期와 더불어 종료한다. 만일 가보호계약을 위한 보험료를 주계약의 제일보험료와 같이 내도록 조치하였다고 하여서 제일보험료의 일부분을 형성하는 것은 아니며, 또한 그 조치에 의하여 "가보호계약"과 "주계약"의 법적 독자성에 어떤 변화가 초래되는 것도 아니다. 이를 "분리론"(Trennungs-theorie)이라 한다.

　　가보호계약은 생명보험이나 건강보험에서도 이론적으로는 가능하지만 실제로는 적용되지 않는다.

Ⅲ. 遡及保險

　　보험자의 위험부담은 보통 보험계약의 체결 후에야 비로소 혹은 보험계약의 체결과 동시에 개시된다. 즉 형식상의 보험개시는 원칙적으로 실질상의 보험개시보다 늦을 수 없다. 이러한 경우를 보통 장래보험이라고 한다. 하지만 계약당사자는 보험자의 위험부담을 계약체결 전의 일정시점에서 개시된다고 계약에서 정할 수도 있는데, 이러한 경우를 소급보험이라고 한다(제643조; 독일 보험계약법 제2조 참조). 불확실한 경우에는 물론 여기에서도 기술상의 보험개시를 이전의 어느 시점으로 옮기는 것으로 이해하여야만 할 것이다.

　　진정한 소급보험은 물론이고, 장래보험과 동시에 소급보험을 내용으로 하는 계약도 가능하다. 청약서의 제출과 동시에, 즉 보험자가 승낙의 의사표시를 하기 전에 위험부담의 개시가 있으면 이것도 소급보험의 일종이다. 물론 이 때에 잠정적 보상이나 확장된 지급약관이 없어야 한다.

　　소급보험이 유효하기 위하여는 상법 제644조에 의거하여 과거에의 보험사고의 발생과 불발생에 의하여 이득을 보게 되는 계약당사자는 실제의 경과에 관해 이미 인식하고 있어서는 안 된다. 따라서 만일 보험계약자가 보험의 목적을 자기의 계속적인 통제 아래에 두고 있을 때에는 화재위험에 대한 소급보험이란 불가능하다. 왜냐하면 이러한 경우 보험계약자로서는 이미 발생된 보험사고를 알 수 있으므로 상법 제644조에 의해 그 보험계약은 무효가 되고, 따라서 보험계약자는 보험금을 청구하지 못하기 때문이다. 보험사고의 발생에 대해 인식했을 경우 소급보험이 무효가 되는 것과 관련하여 그 인적 범위에 대해서 살펴보면 보험계약자가 다수인인 때에는 그 중 1인이 아는 것만으로 충분하며, 제 3 자를 위한 보험에서는 제 3 자의 인식도 문제되며, 생명보험에서는 피보험자의 인식도 문제된다.

　　〈대판 2004. 8. 20, 2002 다 20899〉

　　「보험계약의 당사자 쌍방 및 피보험자가 모두 선의이어서 '상법 제644조 단서에 의하여 보험계약이 유효'라 할지라도 그 보험계약에서 정한 책임개시시기 이후 발생한 보험사고에 대하여 보험자에게 보험금지급의무가 인정될 수 있을 뿐이고, 보험계약에서 정한 책임개시시기 이전에 보험사고가 발생한 경우, 이는 그 보험자가 인수하지 아니한 위험에 해당하므로 보험금지급의무가 인정될 여지는 없다.」

〈대판 2010. 4. 15, 2009 다 81623〉
「상법 제644조의 규정에 의하면, 보험계약 당시에 보험사고가 발생할 수 없는 것인 때에는 보험계약의 당사자 쌍방과 피보험자가 이를 알지 못한 경우가 아닌 한 그 보험계약은 무효로 되는바, 보증보험계약은 기본적으로 보험계약으로서의 본질을 갖고 있으므로, 적어도 계약이 유효하게 성립하기 위해서는 계약 당시에 보험사고의 발생 여부가 확정되어 있지 않아야 한다는 우연성과 선의성의 요건을 갖추어야 한다(甲과 乙이 통모하여 실제 임대차계약을 체결하거나 임대차보증금을 수수함이 없이 은행으로부터 대출을 받기 위하여 허위로 甲을 임대인, 乙을 임차인으로 하는 임대차계약서를 작성한 후, 甲이 보증보험회사와 그 임대차계약을 주계약으로 삼아 임대인이 임대차보증금반환의무를 불이행하는 보험사고가 발생할 경우 보증보험회사가 보험금수령권자로 지정된 은행에 직접 보험금을 지급하기로 하는 내용의 보증보험계약을 체결하고, 은행은 乙로부터 그 보증보험계약에 따른 이행보증보험증권을 담보로 제공받고 乙에게 대출을 한 사안에서, 위 보증보험계약은 성립할 당시 주계약인 임대차계약이 통정허위표시로서 아무런 효력이 없어 보험사고가 발생할 수 없는 경우에 해당하므로 상법 제644조에 따라 무효라고 본 원심은 정당하다.」

〈대판 2010. 12. 9, 2010 다 6683〉
「상법 제644조는 보험계약 당시 보험사고가 이미 발생한 때에 그 계약을 무효로 한다고 규정하고 있으므로, 설사 시간의 경과에 따라 보험사고의 발생이 필연적으로 예견된다고 하더라도 보험계약 체결 당시 이미 보험사고가 발생하지 않은 이상 상법 제644조를 적용하여 보험계약을 무효로 할 것은 아니다(보험계약 체결 당시 피보험자가 이미 근긴장성 근이양증(이하 '근이양증'이라고 함)의 증세를 보였고, 근이양증이 발병한 이상 보험사고인 제 1 급 장해의 발생을 피할 수 없으며, 근이양증으로 인하여 건강상태가 일반적인 자연속도 이상으로 급격히 악화되어 사망에 이를 개연성이 매우 높다는 이유로 보험계약이 무효라고 판단한 원심을 파기한 사례).」

Ⅳ. 日字의 遡及

장래보험에서는 원칙으로 형식상의 보험개시가 실질상의 보험개시보다 앞서는 데 반하여, 소급보험에서는 실질상의 보험개시가 형식상의 보험개시보다 일정시점 앞으로 소급되어 있는 것인데, 여기에서 다루고자 하는 '단순한 일자의 소급'(einfache Rückdatierung)은 보험계약자가 지나간 일정시점부터 보험료를 지급하기는 하지만, 보험자는 이 기간에는 아무런 책임을 부담하지 않고 오직 장래에만 책임을 지는 제도이다. 일자의 소급에서는 기술상의 보험개시가 실질상·형식상의 보험개시보다 항상 앞선다.

이와 같이 겉으로 보기에 무의미한 보험계약자의 보험료지급은 보험계약자가 보험료를 지급함으로써 보험료인상에서 이득을 본다든지, 혹은 보험능력의 문제에서 이득을 보는 등의 이유로 인정되고 있다.

생명보험이나 의료보험에서 보험계약자의 연령이 낮기 때문에 호조건의 보험료율을 적용한다든지, 혹은 의료보험에서 대기기간을 축소하는 경우 등이 이에 해당한다.

V. 責任의 開始와 終了

책임의 개시와 종료는 당사자가 정하는 바에 따른다. 특별한 약정이 없을 경우 일자로 보험기간이 정하여진 경우에는 시일의 0시부터 개시하여 종일의 24시에 종료한다고 보아야 한다. 독일에서는 보험기간이 일별, 주별, 월별 또는 수개월의 시기를 정한 경우에 보험은 계약이 체결된 날의 시작되는 시점에 시작되도록 되어 있다. 그리고 보험계약은 계약기간의 마지막 날이 만료되는 시점에 종료한다(독일보험계약법 제10조 참조). 이 원칙은 다른 특칙이 있는 경우를 제외하고는 주계약뿐만 아니라 잠정적인 보상에도 적용된다. 일반적으로 책임은 계약체결일에 개시하여야 한다는 데서 출발하고 있는 것으로서 형식상의 保險始期와 실질상의 保險始期를 동일하게 보고 있다.

대부분의 경우는 보험기간은 월력에 맞추어서 정해지는 것이 아니고, 위험발생가능기간 동안에만(예컨대 외국에 머무는 기간 동안의 여행자, 하물보험, 항해보험에서의 사실기간 등등) 혹은 생존하고 있는 동안(생명보험 및 건강보험 등) 등으로 정해진다.

VI. 契約期間과 保險料支給期間

책임의 개시와 종료에 관한 문제와 뚜렷이 구별하여야 할 개념으로는 계약관계의 기간과 종료(형식상의 보험기간) 및 보험료지급의무의 기간(기술상의 보험기간)이다. 각 기간의 개시의 상이성에 관하여는 이미 언급하였기에 여기에서는 시기와 종기에 대해서 살펴보고자 한다.

　　책임종료와 계약종료는 동시에 끝난다. 보험계약자의 보험료지급의무도 보통 계약종료와 함께 끝나지만, 보험계약자가 보험료를 일정기간 더 지급해야만 하는 예외도 있다(보험료불가분의 원칙 : Grundsatz der Unteilbarkeit der Prämie)$^{(\text{Bruck / Möller, §40 Anm. 4, S. 514; Prölss /}}_{\text{Martin, §40, S. 233ff.; Hofmann, S. 57}})$. 보험료불가분의 원칙에 의하면 보험료기간이 1 년인 경우, 그 도중에 보험계약이 효력을 잃더라도 보험자는 1 년이란 보험료기간에 대한 보험료를 전부 취득한다. 스위스와 같이 명문의 규정이 없는 우리 나라에서 이 원칙이 인정되는가에 관해서는 다툼이 있는데(인정하는 견해 : 정희철, 378쪽; 최기원, 111쪽. 부정하는 견해 : 양승규, 105쪽; 채이식, 485쪽; 손주찬, 508쪽), 보험계약이 해지된 경우에 이미 경과한 기간에 대하여 단기요율표에 의한 보험료를 뺀 나머지 또는 일할로 계산한 보험료를 보험계약자에게 반환하는 거래실정에 비추어 볼 때(화재보험약관 제 9 조 참조) 보험료불가분의 원칙이 인정된다고 보기는 어려울 것이다. 독일에서도 2007년 7월 5일 보험계약법 개정을 통해 보험료불가분의 원칙을 포기하였다(개정 독일보험계약 법 제39조 참조).

　　보험계약은 일정한 계약기간으로 체결될 수도 있고(기간보험 : Zeitversicherung), 불특정기간으로 체결될 수도 있다(계속보험 : dauernde Versicherung). 기간보험에는 소위 '연장약관'(Verlängerungsklausel)이 있는 것이 보통이며, 이에 따르면 "만일 보험기간의 종료 전에 해지하지 않는다면 계약관계는 자동적으로 계속된다"는 것이다. 이 기간은 보통 1년이다(이기수, "보험계약의 성립과 보험기간의 종류," 월간고시, 1985년 7월호, 103쪽 아래).

〈대판 1991. 12. 10, 90 다 10315〉

「보험회사 대리점이 평소 거래가 있는 자로부터 그 구입한 차량에 관한 자동차보험계약의 청약을 받으면서 그를 위하여 그 보험료를 대납하기로 전화상으로 약정하였고, 그 다음 날 실제 보험료를 지급받으면서는 그 전날 이미 보험료를 납입받는 것으로 하여 보험약관에 따라 보험기간이 그 전날 24 : 00시에 이미 시작된 것으로 기재된 보험료영수증을 교부한 경우, 위 약정일에 보험계약이 체결되어 보험회사가 보험료를 영수한 것으로 보아야 할 것이다.」

〈대판 2008. 1. 31, 2005 다 57806〉

「보험료불가분의 원칙에 관한 우리 상법의 태도를 고려하여 볼 때, 상법 제652조 제 2 항에 따라 보험자가 피보험자 등으로부터 사고발생의 위험이 변경 또는 증가하였다는 통지를 받고 이를 이유로 보험계약을 해지하는 경우, 보험약관에서 미경과기간에 대한 보험료를 반환하도록 정하고 있다면 그 보험약관은 유효하다. 이는

보험기간 중에 보험사고가 발생하여도 보험계약이 종료하지 않고 원래 약정된 보
험금액에서 위 보험사고에 관하여 지급한 보험금액을 감액한 잔액을 나머지 보험
기간에 대한 보험금액으로 하여 보험계약이 존속하는 경우에도 마찬가지이다.」

〈대판 2008. 1. 31, 2005 다 57806〉

「금융기관종합보험의 약관에 '피보험자가 다른 사업체와 합병함으로 인하여 보험자
가 위험에 대한 담보를 계속하기를 거부하여 보험계약이 종료된 경우에는, 연간보
험료를 비율에 따라 계산하여 미경과기간의 보험료를 반환한다'고 규정되어 있을
뿐이라고 하더라도, 보험료는 원칙적으로 보험자가 위험인수에 대한 대가로서 보험
계약자로부터 지급받는 것으로서, 위와 같은 형태의 보험에서 보험계약의 해지 전
에 보험사고가 발생함으로써 보험금이 일부 지급되고, 원래 약정된 보험금액에서
이미 발생한 보험사고에 관하여 지급한 보험금액을 감액한 잔액을 나머지 보험기
간에 대한 보험금액으로 하여 보험계약을 존속시키는 경우에는, 위와 같이 이미 발
생한 보험사고로 인하여 보험자가 담보하는 위험의 크기가 감소하게 되었다고 할
것이므로, 그 후 보험계약이 해지됨으로써 미경과기간에 대한 보험료를 반환하여야
한다고 하더라도, 보험자는 이미 보험금을 지급한 부분에 대하여는 미경과기간의
보험료를 반환할 의무가 없고, 실제로 보험자가 위험의 인수를 면하게 된 부분에
상응하는 보험료를 기준으로 하여 미경과기간의 보험료를 산정할 의무가 있다.」

제 5 관 保 險 料

보험료(premium; Prämie)는 보험자가 보험금지급책임을 지는 대가로서 보
험계약자가 지급하는 금액이다. 즉 위험부담이라는 보험자의 급부에 대한 보
험계약자의 반대급부이다.

보험료는 당사자 사이의 합의에 의하여 결정되지만, 실제로는 대부분 보
험자가 여러 종류의 위험공동체에 대하여 미리 결정한 요율표에 따른다(보험
료의 상세한 산출방법은 양승규, 101쪽 참조). 보험자는 보험사업의 허가를 받을 때 보험료산출방법서를 금
융위원회에 제출하여야 한다(보험업법 제5조 제3항 제4호).

보험계약에는 일시에 보험료를 지급하는 보험계약과 일정한 간격을 두고
보험료채무가 만기가 되는 보험계약이 있다. 전자의 전형적인 예가 여행보험
인데, 여기서는 보험자의 급부에 대한 대가 전액이 일시에 先給된다. 그 밖의
보험은 대부분 후자에 속한다. 여기에 속하는 보험계약에서는 제 1 회 보험료

(first premium; Erstprämie)와 그 이후의 보험료(계속보험료 : further premium; Folgeprämie)에 대하여 각각 다른 법률효과가 부여된다($\frac{제650}{조}$).

제 6 관 保險金額 · 保險金

보험사고가 발생한 경우에 보험자가 지급하기로 약정한 금액을 보험금액 (sum insured; Versicherungssumme)이라고 하고, 보험사고가 발생했을 때 현실 적으로 지급되는 금전을 보험금이라고 한다.

보험금액과 보험금은 일치하기도 하지만 일치하지 않을 수도 있다. 定額 保險인 인보험에서는 보험금액이 보험금과 일치한다. 그러나 손해보험은 보 험사고로 인한 실제손해액을 보상하는 것이므로, 여기에서는 보험금액과 보험 금이 일치하지 않는다. 즉 손해보험에서 보험금액이란 보험자가 지급해야 할 최고한도액을 의미한다.

보험금의 지급은 금전으로 하는 것이 원칙이지만, 現物 기타의 급여($\frac{예 : 치}{료행위}$) 로 할 수도 있다. 또 一時給으로 할 수도 있고, 分割給($\frac{예}{연금}$)으로 할 수도 있다.

제 3 절 保險契約의 締結

金善政, 보험계약법상 고지의무에 관한 연구, 동국대 박사학위논문, 1992/金善政, 보 험계약상 고지의무에 관한 최근판례와 연구동향, 상사법연구 제14권 제 2 호(1995)/金 龍均, 보험사고의 발생과 고지의무위반과의 인과관계, 司法行政 391(1993. 7)/金元圭, 보험계약상 고지의무에 있어서 '중요한 사항'의 의미, 상법연구 제16권 제 1 호(1997)/ 孫珠瓚, 보험약관의 명시의무위반과 벌칙, 司法行政 391(1993. 7)/沈相武, 告知義務의 性質에 관한 硏究, 연세법학연구 2(1992. 8)/梁承圭, 保險契約의 成立과 約款의 交付 · 明示義務, 司法行政 377(1992. 5)/李均成, 告知義務의 違反과 因果關係, 保險調査月報 193(1994. 3)/李基秀, 保險契約의 成立, 法律新聞 1885(1989. 10. 30)/李俊燮, 고지의무 위반으로 인한 보험계약해지와 보험금청구권 —— 대법원 1992. 10. 23, 92 다 28259 판결에 대한 비판 ——, 경영법률 6(1996)/張敬煥, 보험약관의 교부 · 설명의무, 상사 법논총(下)(강위두박사화갑기념논문집), 1996/鄭浩烈, 告知義務違反의 效果, 法曹 33, 11(1984. 11)/崔基元, 保險契約者의 告知義務에 관한 고찰, 서울대 법학 87 · 88(1991. 12)/ 韓基貞, 보험계약자의 고지의무와 보험자의 탐지의무, 상사법연구 제16권 제 1 호(1997).

보험계약은 불요식의 낙성계약이므로 청약과 승낙에 의한 당사자 사이의 의사의 합치가 있으면 성립한다. 이러한 점에서 보험계약도 보통의 채권계약과 다르지 않지만, 다수를 대상으로 대량적으로 체결된다는 점에서 보험자의 보험약관의 교부·명시의무, 보험계약자와 피보험자의 고지의무와 같은 특수한 의무가 문제된다.

제1관 保險契約의 成立

I. 保險契約의 請約과 承諾

보험계약은 낙성계약이므로 원칙적으로 보험계약자의 청약에 대하여 보험자가 승낙함으로써 성립한다.

〈대판 1976. 6. 22, 75 다 605〉

「보험계약은 청약과 승낙의 의사표시가 합치되어야 비로소 성립되며, 이른바 진사의는 생명보험에 있어서의 위험측정자료를 보험자에게 제공하는 보험자의 보조자로서 보험계약의 체결권이 있다고 볼 수 없어 진사의가 결정을 내린 시점을 보험계약의 성립시로 볼 수는 없고, 따라서 보험계약자가 제1회 보험료에 해당하는 금액을 지급하고 피보험자의 진사가 있었다는 사실만으로 유효한 보험계약이 성립되었다고 할 수 없다.」

〈대판 1992. 10. 27, 92 다 32852〉

「보험계약은 당사자 사이의 의사합치에 의하여 성립되는 낙성계약이고, 보험계약을 체결할 때 작성교부되는 보험증권은 하나의 증거증권에 불과한 것이어서 보험계약의 내용은 반드시 위의 증거증권만에 의하여 결정되는 것이 아니라 보험계약 체결에 있어서의 당사자의 의사와 계약체결의 전후 경위 등을 종합하여 그 내용을 인정할 수도 있다.」

이 때 청약과 승낙에 대해서는 민법과 상법의 일반원칙이 적용되지만, 청약과 승낙에 특별한 방식이 요구되지는 않는다. 따라서 서면에 의한 계약체결뿐만 아니라 구두에 의한 계약체결도 가능하다. 그러나 실제로는 보험계약을 청약하려는 자가 보험설계사 등의 권유에 의하여 보험계약청약서에 일정한 사항을 기재하여 청약을 하고, 보험자는 그 청약서와 기타 필요한 사항을 검토하여 승낙 여부를 서면으로 통지하거나 승낙통지에 갈음하여 보험증권을 교부하는 것이 일반적이다.

Ⅱ. 保險者의 諾否通知義務와 承諾擬制

청약과 승낙에 관한 일반원칙에 의하면 상시 거래관계에 있는 상인 사이의 청약($_{제53}^{조}$)이 아닌 한 청약을 받은 자는 그 청약에 대하여 승낙 여부를 통지할 의무가 없고, 상당한 기간 안에 승낙의 통지가 없으면 그 청약은 효력을 잃고, 따라서 계약은 성립되지 않는다($_{상법 \ 제52조}^{민법 \ 제529조;}$). 그러나 실제로 보험거래에서 보험계약자는 승낙권한이 없는 보험설계사 등에게 청약하는 것으로 보험계약이 성립되었다고 믿고, 더구나 청약과 동시에 보험료상당액을 납부한 때에는 보험보호를 받을 수 있는 것으로 믿는 것이 실정이다. 이러한 실정을 감안하여 상법은 보험자가 승낙을 게을리함으로써 보험계약자가 불이익을 당하지 않도록 하기 위한 특별규정을 두고 있다. 즉 보험자가 보험계약자로부터 보험계약의 청약과 함께 보험료상당액의 전부 또는 일부의 지급을 받은 때에는 다른 약정이 없으면 30일 내에 그 상대방에 대하여 낙부의 통지를 발송하여야 하고, 이를 게을리한 때에는 승낙한 것으로 본다. 다만, 인보험계약의 피보험자가 신체검사를 받아야 하는 경우에는 그 기간은 신체검사를 받은 날로부터 기산한다($_{제 1 항 \cdot 제 2 항}^{제638조의 \ 2}$).

Ⅲ. 承諾前 保險事故에 대한 保險者의 責任

보험자가 승낙의 의사표시를 하기 전에 보험사고가 발생한 경우에 계약의 일반원칙에 의하면 아직 보험계약이 성립되지 않았기 때문에 보험자는 책임을 지지 않아야 할 것이다. 그러나 상법은 이 경우에 대해서도 보험계약자를 보호하기 위하여 특별규정을 두고 있다. 즉 보험자가 보험계약자로부터 보험계약의 청약과 함께 보험료상당액의 전부 또는 일부를 받은 경우에 그 청약을 승낙하기 전에 보험사고가 생긴 때에는 그 청약을 거절할 사유가 없는 한 보험자는 책임을 진다. 다만, 인보험계약의 피보험자가 신체검사를 받아야 하는 경우에 그 검사를 받지 아니한 때에는 보험자가 책임을 지지 않는다 ($_{제 3 항}^{제638조의 \ 2}$).

〈대전지판 1993. 4. 16, 92 가합 1029〉

「(1) 보험자가 승낙하기 전의 보험사고라도 피보험자가 제 1 회 보험료를 납입한 경우라면 보험자에게 생명보험금지급의무가 발생한다.

(2) 보험자가 승낙의 의사표시를 하기도 전에 피보험자가 사망하여 보험금청구권이 발생한 경우에 보험자에게 다시 보험계약에 관한 승낙의 의사표시를 하거나 보험료납입최고 또는 실효예고통지를 하여야 할 의무는 없다.」

〈대판 2008. 11. 27, 2008 다 40847〉

「상법 제638조의2 제 3 항에 의하면 보험자가 보험계약자로부터 보험계약의 청약과 함께 보험료 상당액의 전부 또는 일부를 받은 경우(인보험계약의 피보험자가 신체검사를 받아야 하는 경우에는 그 검사도 받은 때)에 그 청약을 승낙하기 전에 보험계약에서 정한 보험사고가 생긴 때에는 그 청약을 거절할 사유가 없는 한 보험자는 보험계약상의 책임을 진다고 할 것인데, 여기에서 청약을 거절할 사유란 보험계약의 청약이 이루어진 바로 그 종류의 보험에 관하여 해당 보험회사가 마련하고 있는 객관적인 보험인수기준에 의하면 인수할 수 없는 위험상태 또는 사정이 있는 것으로서 통상 피보험자가 보험약관에서 정한 적격 피보험체가 아닌 경우를 말하고, 이러한 청약을 거절할 사유의 존재에 대한 증명책임은 보험자에게 있다. 그리고 이른바 승낙전 보험사고에 대하여 보험계약의 청약을 거절할 사유가 없어서 보험자의 보험계약상의 책임이 인정되면, 그 사고발생사실을 보험자에게 고지하지 아니하였다는 사정은 청약을 거절할 사유가 될 수 없고, 보험계약 당시 보험사고가 이미 발생하였다는 이유로 상법 제644조에 의하여 보험계약이 무효로 된다고 볼 수도 없다.」

제 2 관 保險約款의 交付·說明義務

I. 意   義

보험계약은 보험자와 보험계약자의 의사의 합치에 의하여 개별적으로 성립되지만, 대량성·반복성을 갖는 보험제도의 성질상 보험자는 보통보험약관에 의하여 계약을 체결한다. 그런데 보험계약자들은 보험계약을 체결함에 있어서 보험자가 일방적으로 작성한 청약서에 의하여 청약을 함으로써 계약의 내용이 될 보험약관을 제대로 알지 못하여 예상하지 못한 불이익을 받는 경우가 많다. 이에 따라 현행상법은 구 상법과는 달리 보험자에게 보험약관의 교부·설명의무(제638조의 3)를 부과함으로써 보험계약자의 이익을 도모하고 있다.

Ⅱ. 義務의 內容

보험자는 보험계약을 체결할 때 보험계약자에게 보험약관을 교부하고, 그 약관의 중요한 내용을 설명하여야 한다(제638조의 3). 여기서 보험약관의 중요한 내용으로는 보험료와 그 지급방법, 보험금액, 보험기간, 보험사고의 내용과 보험자의 면책사유, 보험계약의 해지사유 등을 들 수 있다.

보험약관의 교부·설명의무를 부담하는 자는 보험자이다. 체약대리권을 갖는 보험대리점도 이러한 의무를 부담한다는 데 대해서는 의문이 없지만, 체약대리권이 없는 보험대리점이나 보험중개사·보험설계사 등도 약관의 교부·설명의무를 부담하는지에 관해서는 의문이 있을 수 있다. 이들은 체약대리권을 갖고 있지 않기는 하지만, 보험계약자는 이들을 통하여 보험계약을 체결한다는 점에서 이들 보조자도 약관의 교부·설명의무를 부담한다고 보아야 할 것이다(동지 : 양승, 111쪽).

〈대판 2010. 3. 25, 2009 다 84141〉
「자동차종합보험의 부부운전자한정운전 특별약관은 보험자의 면책과 관련되는 중요한 내용에 해당하는 사항으로서 일반적으로 보험자의 구체적이고 상세한 명시·설명의무의 대상이 되는 약관이라고 할 것이나, 법률상 혼인을 한 부부가 별거하고 있는 상태에서 그 다른 한쪽이 제 3 자와 혼인의 의사로 실질적인 부부생활을 하는 경우를 상정하여 '사실혼 관계에 있는 배우자'에 해당하는지 여부까지 명시·설명의무의 대상이 된다고 볼 수는 없다.」

〈대판 2014. 10. 27, 2012 다 22242〉
「보험회사 또는 보험모집종사자가 고객에게 보험계약의 중요사항에 관하여 어느 정도의 설명을 하여야 하는지는 보험상품의 특성 및 위험도 수준, 고객의 보험가입경험 및 이해능력 등을 종합하여 판단하여야 하지만, 구 보험업법 제97조 제 1 항, 제95조 제 1 항, 구 보험업법 시행령(2011. 1. 24. 대통령령 제22637 호로 개정되기 전의 것) 제42조 등에서 규정하는 보험회사와 보험모집종사자의 의무 내용이 유력한 판단 기준이 된다. 그리고 보험계약의 중요사항은 반드시 보험약관에 규정된 것에 한정된다고 할 수 없으므로, 보험약관만으로 보험계약의 중요사항을 설명하기 어려운 경우에는 보험회사 또는 보험모집종사자는 상품설명서 등 적절한 추가자료를 활용하는 등의 방법으로 개별 보험상품의 특성과 위험성에 관한 보험계약의 중요사항을 고객이 이해할 수 있도록 설명하여야 한다.」

Ⅲ. 義務違反의 效果

보험자가 보험계약을 체결할 때 보험약관의 교부·설명의무를 위반한 때에는 보험계약자는 보험계약이 성립한 날부터 3월 내에 그 계약을 취소할 수 있다($\frac{제638조의}{제2항}$ 3). 보험계약자가 그 보험계약을 취소한 때에는 처음부터 그 계약은 무효로 되고($\frac{민법 제}{141조}$), 따라서 보험자는 보험계약자에게서 받은 보험료를 반환하여야 한다($\frac{제648조}{참조}$).

여기서 약관규제법과의 관계가 문제된다. 약관규제법 제 3 조 제 4 항은 사업자가 약관의 명시·설명의무를 위반하여 계약을 체결한 때에는 그 약관을 계약의 내용으로 주장할 수 없다고 규정하고 있기 때문이다. 그러나 보험계약의 경우에는 보험자가 약관의 교부·설명의무를 위반하였다 하더라도 보험계약자가 계약이 성립한 날로부터 3월 내에 그 계약을 취소하지 않는 한 그 약관의 효력은 인정된다고 보는 견해가 있다($\frac{양승규}{111쪽}$). 그 이유로는 보험제도의 단체성에 비추어 볼 때 보험계약이 체결된 이상 보험약관의 구속력을 인정하는 것이 타당하고, 그렇게 하는 것이 보험계약자에게도 이익이 되기 때문이라고 한다($\frac{양승규, 111}{이하}$). 그리고 이 때에는 약관의 효력을 부정해야 한다는 견해도 있고($\frac{채이식,}{470쪽}$), 상법 제638조의 3 제 2 항이 보험계약자에게 유리한 것이 아니라 보험자에게만 유리한 결과를 초래하므로 보험계약의 성립에 재고의 여지가 있다는 견해도 있다($\frac{최기원, 121}{쪽 이하}$). 그런데 입법론적으로 볼 때 상법 제638조의 3 제 2 항의 규정은 문제점이 있으며, 약관규제법 제 3 조의 내용을 보험계약에도 그대로 적용하는 것이 더 합당하였을 것이다. 현행법의 해석으로 보험계약자가 3월의 기간 내에 취소하지 않은 경우, 그 계약 자체의 효력은 인정된다고 보아야 한다. 이것이 오히려 보험계약자에게도 유리하다. 그러나 정해진 기간 내에 취소하지 않아 계약이 유효하다고 할 때, 어떠한 내용으로 계약이 체결되었다고 보아야 하는지는 다른 문제이다. 이 때에는 상법규정의 해석과 관련하여도 경우를 나누어 보아야 한다. 첫째, 약관에 대해 설명을 전혀 않해 준 경우에는 소송에서 쟁점이 된 문제의 약관의 경우, 그 설명이 안 된 약관내용은 약관규제법 제 3 조에 의하여 계약의 내용으로 주장할 수 없다. 설명을 해 주지 않아 편입되지 않은 문제의 약관내용 대신에 임의법규의 내용이 있는 경우 이에 의한 내용, 그 밖에는 일반적으로 통용되는 관습 내지 일반

인의 관념(Verkehrssite)에 따른 내용이 채워져야 한다. 둘째, 보험자가 보험계
약을 체결할 때에 보험계약자에게 그 약관의 내용을 잘못 설명하여 준 경우,
그 약관의 내용이 변경되느냐는 문제도 제기되는바, 약관의 내용과 다
른 설명을 해 준 경우에는 다르게 설명해 준 내용이 계약의 내용으로 된다
(동지 : 대판 1989.
3. 28, 88 다 8645).

　보험계약이 우연한 사고의 발생에 대비하여 위험공동체를 전제로 하는
특수한 계약이라는 점에서 그 계약조항을 개별적으로 흥정하여 정할 수 있는
것은 아니므로 그 약관내용의 변경을 허용할 수 없다는 주장도 있으나($^{양승규}_{112쪽}$),
이 경우는 앞서의 경우와는 달리 적극적으로 보험계약자가 잘못된 설명을 믿
고 계약을 체결한 것이므로 보험계약자를 보호하기 위하여 설명된 내용대로
보험계약이 체결된다고 본다($^{동지 : 채이}_{식, 470쪽}$). 판례도 같은 입장이다.

　결국 상법 제638조의 3 제 2 항은 보험계약의 특수성을 부당히 강조한 잘
못된 규정내용으로서 장래 고쳐져야 할 것으로 본다. 이에 대해서는 동 규정
을 삭제하는 것이 하나의 해결방법이 되며 존치시킬 경우에도 특히 보험계약
자의 취소권에 대한 보험자의 명시적인 주지의무가 선행되어야 한다.

〈대판 1989. 3. 28, 88 다 8645〉
「보험회사를 대리한 보험대리점 내지 보험판매원이 보험계약자에게 그 보통보험
약관과 다른 내용으로 보험약관을 설명하고, 이에 따라 계약이 체결되었을 때에는
그 설명된 내용이 보험계약의 내용이 되고, 그와 배치되는 보통보험약관의 적용은
배제된다.」

〈대판 1996. 4. 12, 96 다 4893〉
「(1) 보험자 및 보험계약의 체결 또는 모집에 종사하는 자는 보험계약의 체결에
있어서 보험계약자 또는 피보험자에게 보험약관에 기재되어 있는 보험상품의 내
용, 보험료율의 체계 및 보험청약서상 기재사항의 변동사항 등 보험계약의 중요한
내용에 대하여 구체적이고 상세한 명시·설명의무를 지고 있으므로, 보험자가 이
러한 보험약관의 명시·설명의무에 위반하여 보험계약을 체결한 때에는 그 약관
의 내용을 보험계약의 내용으로 주장할 수 없고, 보험계약자나 그 대리인이 그 약
관에 규정된 고지의무를 위반하였다 하더라도 이를 이유로 보험계약을 해지할 수
없다($^{동지 : 대판 1996. 3. 8, 95 다 53546;}_{대판 1992. 3. 10, 91 다 31883}$).
　(2) 상법 제638조의 3 제 2 항에 의하여 보험자가 약관의 교부 및 설명의무를 위
반한 때에 보험계약자가 보험계약성립일로부터 1 월 내에 행사할 수 있는 취소권

은 보험계약자에게 주어진 권리일 뿐 의무가 아님이 그 법문상 명백하므로, 보험
계약자가 보험계약을 취소하지 않았다고 하더라도 보험자의 설명의무위반의 법률
효과가 소멸되어 이로써 보험계약자가 보험자의 설명의무위반의 법률효과를 주장
할 수 없다거나 보험자의 설명의무위반의 하자가 치유되는 것은 아니다.」

〈대판 1997. 8. 29, 97 다 16343〉
「이 사건 보험계약을 체결함에 있어 원고의 부산진지점산하 북부산영업소가 피고
에게 그 중요한 내용의 하나인 특별약관의 취지를 구체적이고 상세한 명시·설명
의무를 다하지 아니하였으므로 이를 주장할 수 없다고 배척하고, 다음 위 소외회사
가 피고로부터 보험계약의 체결에 관한 일체의 권한을 수여받았기 때문에 원고가
위 회사의 보험계약체결 업무담당자인 위 임○○에게 위 특약(26세 이상 운전 한
정특약)의 내용을 충분히 설명한 이상 원고의 약관설명의무는 이행된 것이라는 주
장에 대하여, 위 임○○은 원고의 위 북부산영업소장의 지시에 따라 피고 등 건설
기계소유자들에게 보험료수액이나 보험약관 등을 알려 주고, 이에 따라 피고 등 건
설기계소유자들에게서 보험료를 받아 원고의 위 북부산영업소에 송금하는 역할을
하여 왔을 뿐이고, 피고 등 건설기계소유자들로부터 보험계약의 내용과 같은 효과
의사까지 결정하는 대리권을 수여받은 대리인의 자격으로 보험계약을 체결한 것이
아니라는 이유로 위 주장을 배척하였는바, 기록과 앞서 본 법리에 비추어 보면 원
심의 이러한 사실인정과 판단은 옳다고 여겨지고 거기에 상고이유의 주장과 같은
채증법칙위배로 인한 사실오인이나 심리미진, 법리오해의 위법이 있다고 할 수
없다.」

〈대판 2005. 12. 9, 2004 다 26164·26171〉
「보험약관의 중요한 내용에 해당하는 사항이라 하더라도 거래상 일반적으로 공통
된 것이어서 보험계약자가 별도의 설명 없이도 충분히 예상할 수 있었던 사항이
거나 보험계약자나 그 대리인이 그 내용을 충분히 알 수 있는 경우에는 그 약관
이 바로 계약내용이 되어 당사자에 대하여 구속력을 가지므로 보험자로서는 보험
계약자 또는 그 대리인에게 약관의 내용을 따로 설명할 필요가 없다.
    보험자의 책임은 당사자간에 다른 약정이 없으면 최초의 보험료의 지급을 받은
때로부터 개시한다고 규정하고 있는 상법의 일반조항과 다른 내용으로 책임개시시
기를 정한 경우, 보험자가 구체적이고 상세한 명시·설명의무를 지는 보험계약의
중요한 내용이라 할 것이고, 그 약관의 내용이 거래상 일반적이고 공통된 것이어서
보험계약자가 별도의 설명 없이도 충분히 예상할 수 있었던 내용이라 할 수 없다.」

〈대판 2004. 4. 27, 2003 다 7302〉

「무보험자동차에 의한 상해보상특약의 보험자는 피보험자의 실제 손해액을 기준으로 위험을 인수한 것이 아니라 보통약관에서 정한 보험금지급기준에 따라 산정된 금액만을 제한적으로 인수하였을 뿐이어서($\frac{대판\ 2001.\ 12.\ 27,\ 2001}{다\ 55284\ 참조}$) 그 특약에 따른 보험료도 대인배상 Ⅱ에 비하여 현저히 저액으로 책정되어 있고, 이 사건 보험금산정기준이 급부의 변경, 계약의 해제사유, 피고의 면책, 원고측의 책임가중, 보험사고의 내용 등에 해당한다고 보기 어려울 뿐만 아니라 보험자에게 허용된 재량을 일탈하여 사회통념상 용인할 수 있는 한도를 넘어섰다고 보기도 어려우며, 만약 원고 ○○○이 이 사건 보험계약체결 당시 그 구체적인 산정기준이나 방법에 관한 명시·설명을 받아서 알았다고 하더라도 이 사건 특약을 체결하지 않았을 것으로는 보이지 않고, 나아가 이러한 산정기준이 모든 자동차보험회사에서 일률적으로 적용되는 것이어서 거래상 일반인들이 보험자의 설명 없이도 충분히 예상할 수 있었던 사항이라고도 볼 수 있는 점 등에 비추어 보면, 위의 무보험자동차에 의한 상해보상특약에 있어서 그 보험금액의 산정기준이나 방법은 약관의 중요한 내용이 아니어서 명시·설명의무의 대상이 아니라고 보는 것이 옳다.」

〈대판 2000. 7. 4, 98 다 62909〉

「화재보험에 있어서는 피보험건물의 구조와 용도뿐만 아니라 그 변경을 가져오는 증·개축에 따라 보험의 인수여부와 보험료율이 달리 정하여지는 것이므로 화재보험계약의 체결 후에 건물의 구조와 용도에 상당한 변경을 가져오는 보험계약을 체결하지 않았거나 적어도 그 보험료로는 보험을 인수하지 않았을 것으로 인정되는 사실에 해당하여 상법 제652조 제1항 및 화재보험보통약관에서 규정한 통지의무의 대상이 된다고 할 것이고, 따라서 보험계약자나 피보험자가 이를 해태할 경우 보험자는 위 규정들에 의하여 보험계약을 해지할 수 있다.」

〈대판 1998. 11. 27, 98 다 32564〉

「피보험자동차의 구조변경 등 중요한 사항에 변동이 있는 경우 보험계약자의 통지의무를 규정한 보험약관조항은 상법 제652조에서 이미 정하여 놓은 통지의무를 자동차보험에서 구체적으로 부연한 정도의 규정에 해당하여 보험자에게 별도의 설명의무가 인정되지 않는다. 보험계약자가 피보험자동차의 구조변경에 관한 통지의무를 해태하였음을 이유로 보험자가 위와 같은 보험약관상의 통지의무 조항을 설명하였는지 여부와 상관 없이 보험계약을 해지하는 것이 가능하다.」

〈대판 2003. 5. 30, 2003 다 15556〉

「보험약관 제30조에 정하여진 보험금청구권의 상실사유는 보험계약에 있어서 신의성실의 원칙에 반하는 사기적 보험금청구행위를 허용할 수 없다는 취지에서 규정된 것으로서 보험계약당사자의 윤리성이나 선의성을 요구하는 보험계약의 특성 및 보험의 투기와 도박화를 막고 피보험자에게 실제의 피해 이상의 부당한 이득을 취하지 못하도록 하기 위하여 고의로 인한 보험사고의 경우에는 보험자의 면책을 인정하고($\frac{상법 제}{659조}$), 사기초과보험의 경우 그 계약 자체를 무효로 규정하고 있는 점($\frac{상법 제669}{조 제4항}$) 등에 비추어 볼 때, 이는 거래상 일반인들이 보험자의 설명 없이도 당연히 예상할 수 있는 사항에 해당하여 설명의무의 대상이 아니다.」

〈대판 2005. 10. 7, 2005 다 28808〉

「만약 어떤 보험계약의 당사자 사이에서 이러한 명시·설명의무가 제대로 이행되었더라도 그러한 사정이 그 보험계약의 체결 여부에 영향을 미치지 아니하였다고 볼 만한 특별한 사정이 인정된다면, 비록 보험사고의 내용이나 범위를 정한 보험약관이라고 하더라도 이러한 명시·설명의무의 대상이 되는 보험계약의 중요한 내용으로 볼 수 없을 것이다($\frac{대판 1994. 10. 25, 93}{다 39942 등 참조}$).

보험모집인이 복합화물운송주선업자인 보험계약자에게 보험상품을 추천함에 있어서 복합화물운송주선업자들이 통상 체결하는 보험상품인 섹션 I과 별도의 부보위험을 담보하는 특약인 섹션 II도 있다는 취지만으로 간단히 설명하였는데, 보험계약자가 위 설명을 듣고 서울시가 요구하는 복합화물운송주선업의 등록에 맞추기 위한 최소한의 요건인 섹션 I에만 가입하겠다고 한 경우에 섹션 II의 보험료는 섹션 I의 그것에 비하여 4배 정도의 고액으로서 피보험자의 신용도 등에 따라 보험료의 액수가 각각 다르고, 복합화물운송주선업자들이 실제로 섹션 II에도 가입하는 경우가 아주 드물며, 고액의 추가보험료를 군이 지출하면서까지 섹션 II에 가입하여야 할 정도로 특약에서 정한 별도의 보험사고가 실제로 빈발하지도 아니하는 사실 등이 인정되는바, 이 사건 보험계약의 체결경위나 그 실태, 보험료의 결정방법이나 액수의 차이, 계약당사자가 이러한 보험계약을 통하여 달성하려고 하였던 주된 목적 등에 비추어 볼 때, 보험계약자에게 이 사건 섹션 II에서 별도로 정한 부보위험의 내용이나 섹션 I의 보상한계 등에 관하여 구체적이고도 상세하게 명시·설명하였다고 하더라도 거액의 보험료를 추가로 지출하면서까지 섹션 II에 군이 가입하였을 것으로는 보이지 아니하는 사정 등을 들어 섹션 I의 보상한계 또는 섹션 II의 구체적인 담보내용은 이 사건 보험계약의 중요한 내용이 아니었다고 볼 여지가 충분하여 명시·설명의무의 대상이 아니다.」

〈대판 2005. 8. 25, 2004 다 18903〉

「원심은, 그 채용 증거들에 의하여 판시와 같은 사실을 인정한 다음, 이 사건 보험계약 일반조건 제3조(이하 '이 사건 약관조항'이라 한다)는 이 사건 보험계약에 따른 보험금지급의 선행조건으로서 피보험자가 손해를 발견한 후 어떠한 경우라도 30일 이내에 그 사실을 보험자에게 서면으로 통지하여야 한다고 규정함으로써 피보험자가 이러한 통지를 해태할 경우 보험금을 지급받을 수 없는 불이익을 입게 되므로 이 사건 약관조항은 설명의무의 대상이 되는 중요한 내용에 해당하고, 1999. 4. 1. 최초 보험계약 체결 당시 중요한 내용의 약관에 대한 설명이 없었다면 기간연장만을 위한 갱신계약이라고 하더라도 그 약관에 대한 설명의무가 면제되는 것은 아니나, 최초 보험약관의 내용과 이 사건 보험약관의 내용이 같을 뿐만 아니라 원고는 이 사건 보험계약 체결 직전 보험약관의 내용을 검토하였고, 특히 이 사건 약관조항의 내용에 관하여는 피고에게 별도로 서면질의를 하여 피고로부터 답변을 듣기까지 한 점 등에 비추어, 원고는 이 사건 보험계약 체결 당시 이 사건 약관조항의 내용을 충분히 잘 알고 있었다는 점이 추인된다는 이유로, 보험자인 피고가 이 사건 약관조항의 내용을 따로 설명할 필요는 없었다고 판단하였는바, 위 법리에 비추어 기록을 살펴보면, 이러한 원심의 사실인정과 판단은 옳고, 거기에 채증법칙을 위배하여 사실을 오인하거나 약관의 설명의무에 관한 법리를 오해한 위법이 있다고 할 수 없다.」

〈대판 2006. 1. 26, 2005 다 60017, 6024〉

「상법 제659조 제1항은 보험사고가 피보험자의 고의 또는 중대한 과실로 인하여 생긴 때에는 보험자는 보험금을 지급할 책임이 없다고 규정하고 있을 뿐인데, 위 면책조항은 피고의 폭행 또는 구타로 예견하지 않았던 중한 결과가 발생한 때에 피고에게 고의 또는 중대한 과실이 없더라도, 중한 결과에 대하여 상당인과관계와 과실이 있음을 전제로 그 중한 결과 전반에 대하여 면책된다는 것이어서, 상법이 이미 정하여 놓은 것을 되풀이하거나 부연한 정도에 불과하다고 할 수도 없으므로, 위 면책조항은 상법 제659조 제1항의 내용을 초과하는 범위에서 원고의 명시·설명의무의 대상이 된다고 할 것이다.」

〈대판 2007. 4. 27, 2006 다 87453〉

「보험자에게 보험계약자 등에 대한 약관의 중요내용에 관한 구체적이고 개별적인 명시·설명의무가 부과되는 이유는 보험계약자가 알지 못하는 가운데 약관의 중요한 사항이 계약내용으로 됨으로써 보험계약자가 예측하지 못한 불이익을 입는 것을 방지하고자 함에 그 목적이 있는바, 1991. 12. 31. 법률 제4470호로 개정되어 1993. 1. 1.부터 시행된 상법 제726조의 4는 '피보험자가 보험기간 중에 자동차를 양도한 때에는 양수인은 보험자의 승낙을 얻은 경우에 한하여 보험계약으로 인하여 생긴 권리와 의무를 승계한다($\frac{제1}{항}$). 보험자가 양수인으로부터 양수사실을 통지받은 때에는 지체 없이 낙부를 통지하여야 하고 통지 받은 날부터 10일내에 낙부의 통지가 없을 때에는 승낙한 것으로 본다($\frac{제2}{항}$)'라고 규정하고 있고, 이 사건 약관은 위 상법규정을 풀어서 규정한 것에 지나지 아니하는 것으로서 거래상 일반인들이 보험자의 개별적인 설명 없이도 충분히 예상할 수 있었던 사항이라고 볼 수 있는 점, 자동차보험계약에 있어서 '주운전자'는 보험료율의 체계 등을 좌우하는 중요한 내용이라는 점, 피보험자동차의 양도는 해당 자동차보험계약에 운전자를 한정하는 특별약관이 붙어 있는지 여부와 관계없이 그 보험료의 산정기준에 직접적인 영향을 미치는 점 등에 비추어 보면, 이 사건 약관은 보험자인 원고가 보험계약자에게 개별적으로 명시·설명해야 하는 사항에 해당하지 아니하는 것으로 보아야 할 것이다.」

〈대판 2010. 3. 25, 2009 다 91316, 91323〉

「보험계약자이자 피보험자인 망인이 이 사건 약관조항의 내용을 충분히 잘 알고 있었다고 단정하기 어렵고, 이 사건 보험계약 체결 당시 망인에 대하여 이륜자동차 운전을 제외한 직업 또는 직무에 해당하는 상해급수가 적용되었기에 그 후 망인이 이륜자동차를 직접 사용하게 된 경우에는 사고발생의 위험이 현저하게 변경 또는 증가된 경우에 해당하여 원고에게 지체 없이 통지하여야 한다는 점은 원고가 보험계약 체결 당시 이를 명시하여 설명하지 않는다면 망인으로서는 이를 예상하기 어려웠을 것으로 보이므로, 이 사건 약관조항의 내용이 단순히 법령에 의하여 정하여진 것을 되풀이하거나 부연하는 정도에 불과하다고 볼 수도 없고, 따라서 이 사건 약관조항에 대한 원고의 명시·설명의무가 면제된다고 볼 수 없다. 이와 달리 판단한 원심판결에는 보험약관의 설명의무 등에 관한 법리를 오해하여 판결결과에 영향을 미친 위법이 있다.」

이와같이 판례는 기본적으로 보험약관의 법적 성질에 대해 의사설에 입각하여 보험약관의 중요한 내용을 설명하여 주지 않은 경우에는 그를 계약의 내용으로 할 수 없다는 입장이다. 판례는 약관 설명의무위반이 있었고 보험계약자가 3월내에 취소하지 않은 경우 상법 제638조의 3의 해석과 관련하여 상법과 약관규제법의 중첩적용을 인정한다. 또한 약관과 달리 설명한 경우에는 그 설명하여준 내용이 계약의 내용이 된다고 보고 있다. 원래 약관의 명시·설명의무는 약관의 중요한 내용을 고객에게 설명하여 고객이 알지도 못하는 사항이 계약의 내용이 되어 계약자에게 불리하게 됨을 방지하는 데 목적이 있다. 따라서 고객이 알고 있었거나 충분히 예상할 수 있는 사항이라면 고객이 피해를 입을 염려가 없으므로 이러한 의무가 면제된다고 할 수 있다(고객이 알 고 있었는 지에 대한 증명책임 은 보험자가 진다). 판례는 약관의 내용이 이미 법령에 의하여 정하여진 것을 되풀이하는 것에 불과한 경우에는 약관 작성자인 사업자에게 명시·설명의무가 있다고 할 수 없다는 입장이다.

그렇다면 법령에 정하여진 사항을 되풀이한다고 하여 사업자에게 약관에 대한 명시·설명의무가 없다고 할 경우 법에 자세한 규정을 두면 둘수록 약관설명의무가 줄어들고 그 한도에서는 보험계약자에게 불리한 결과가 초래되는 문제점이 있는 것이 아닌가 하는 의문이 있으며 이점에 대한 검토를 요한다. 그러나 법률에 규정이 있다고 하여 그를 반복하는 약관내용을 모두 설명을 하지 않아도 되는 것으로 일반화하여서는 아니된다. 규정내용에 대한 일반인의 인지도 내지 주지성 및 입법취지 등을 고려하여 선별하고 차별화하여 파악하는 것이 바람직하다.

제 3 관 告知義務(계약 전 알릴 의무)

Ⅰ. 告知義務(계약 전 알릴 의무)의 概念

1. 意   義

보험계약을 체결할 때 보험계약자 또는 피보험자는 보험자에 대하여 중요한 사항을 고지하고 부실한 고지를 하지 아니할 의무를 지는데(제651 조), 이것을 고지의무(disclosure and representation; Anzeigepflicht)라고 한다. 이를 또한 계약 전 알릴 의무라고 한다. 이것은 보험계약을 체결할 때 보험계약자 등에게 보험자가 보험사고발생의 가능성을 측정함에 있어서 도움이 되는 중요한 사항에 관하여 진실을 알릴 것을 요구하는 보험계약상의 특수한 의무이다. 고지의무는 보험계약자 등이 보험계약의 성립 전에 지는 의무라는 점에서 보험계약의 성립 후에 지는 각종의 통지의무와는 다르다.

2. 法的 性質

고지의무는 보험자가 그 이행을 강제하거나 불이행을 이유로 손해배상을

청구할 수 있는 것이 아니라, 이 의무를 위반한 경우에 보험자에게 계약해지
권이 인정될 뿐이다. 따라서 고지의무의 법적 성질은 책무(Obliegenheit)이다.
통설은 이를 간접의무 또는 자기의무라는 용어로 표현만 달리하고 있을 뿐이
나 그 뜻함은 같다.

채무자의 의무는 급부의무(Leistungspflicht)·부수적 주의의무(Neben-
pflicht)·보호의무(Schutzpflicht)(보호의무는 급부의무에 대하여 부수적 관계에 서 있는 것이 아니라 병존
적 관계에 있다. 즉 부수적 주의의무가 급부이익의 보호를 위한 채무자의
의무로서 급부의무에 부수하는 의무라고 한다면, 보호의무는 급부의무와 나란히 채권당
사자 상호간의 이른바 현상이익 내지 완전성이익을 보호하기 위하여 요청되는 의무이다)·책무로 나눌 수 있
는데, 책무가 이상에서 설명한 채무(schuldrechtliche Pflicht)와 다른 점은 채권
자에게 이에 대한 이행청구권, 訴求·집행가능성 및 책무위반으로 인한 손해
배상청구권 등이 주어지지는 않으나 책무부담자가 책무를 준수하지 않은 경우
에는 법률상의 불이익(예컨대 유리한 법
적 지위의 상실)을 받게 된다는 데에 있다(김형배, 채권총론, 박영
사, 1992, [7] Ⅲ 참조).

3. 根 據

고지의무제도의 근거에 관해서는 위험측정설과 선의계약설이 대립하고
있다.

① 위험측정설(또는 기
술설)은 보험계약에서는 보험금과 보험료의 균형적인 산
출을 위하여 위험률을 측정할 필요가 있는데, 위험의 기초사실을 관리·지배
하고 있는 보험계약자나 피보험자는 이를 보험자에게 고지하여 위험의 측정
에 협조할 의무가 있다고 한다(최기원, 147~148
쪽; 채이식, 458쪽). ② 선의계약설(또는 射倖
契約說)은 보험계
약은 고도의 신의성실이 요구되는 선의계약 내지 사행계약이므로 보험계약자
나 피보험자는 자기에게 불리한 사실일지라도 보험자에게 고지할 의무가 있
다고 한다.

고지의무제도가 보험자의 위험측정에 기여한다는 점에 대해서는 의문의
여지가 없고, 따라서 위험측정설은 고지의무제도의 근거를 적절하게 설명하
고 있다고 생각한다. 그러나 위험측정설이 선의계약설을 배제하지는 못한다
고 본다. 소위 도덕적 위험을 방지할 수 있다는 점에서 보험계약의 선의성
내지 사행성을 고지의무제도의 근거로 보는 입장도 받아들여야 할 것이다
(동지: 정희철, 382~384)
(쪽; 양승규, 114~115쪽).

Ⅱ. 告知義務(계약 전 알릴 의무)의 內容

1. 當 事 者

고지의무를 부담하는 자는 보험계약자와 피보험자이다. 인보험의 보험수

익자에게는 고지의무가 없다. 상법 제651조는 손해보험과 인보험을 구별하지 않고 피보험자라고 하고 있으므로 손해보험에서의 피보험자도 포함되는가에 관하여 의문이 있을 수도 있으나, 손해보험에서의 피보험자는 피보험이익의 귀속자로서 이해관계를 가지므로 고지의무를 부담하는 것으로 보아야 할 것이다(정희철, 384쪽; 최기원, 148쪽; 양승규, 115쪽; 채이식, 459쪽).

보험계약자가 수인이 있는 경우에는 각 보험계약자가 고지의무를 부담하고, 보험계약이 대리인에 의하여 체결되는 경우에는 그 대리인도 고지의무를 부담한다(상법 제646조; 민법 제116조).

고지의 상대방은 보험자 또는 보험자를 위하여 고지수령권을 갖는 대리인이다. 이와 관련하여 체약대리상인 보험대리점은 고지수령권이 있지만, 중개대리상인 보험대리점은 고지수령권이 없다고 본다. 보험설계사는 보험계약의 체결을 중개하는 사실행위만을 하는 사람이라는 점에서 고지수령권을 인정할 수 없지만(판례 : 대판 1979. 10. 30, 79 다 1234는 보험가입청약서에 病歷을 기재하지 아니하고, 보험회사의 외무사원, 즉 보험모집인에게 이를 말한 것만으로는 그 病歷을 보험회사에 고지하였다고 볼 수 없다고 한다. 통설 : 정희철, 385쪽; 최기원, 149쪽; 양승규, 116쪽; 채이식, 459쪽. 반대설 : 서돈각, 356쪽), 보험계약의 청약자는 보험설계사의 권유에 따라 보험계약을 청약하고 그 보험설계사에게 청약서를 전달하는 거래의 실정에 비추어 볼 때 입법론적으로는 보험계약자를 보호하기 위하여 보험설계사의 고지수령권을 인정하는 것이 바람직할 것이다(동지 : 양승규, 116쪽). 한편 인보험에서 피보험자의 신체 또는 건강상태를 검사하는 保險醫는 계약체결권은 없지만 고지수령권은 가지고 있다.

2. 告知의 時期와 方法

고지는 보험계약의 성립시까지 하여야 한다. 따라서 고지의 유무는 계약의 청약시가 아니라 계약성립시를 기준으로 하여 판단하고, 계약이 성립되기 전에는 계약의 청약시에 한 고지를 변경·철회 또는 추가할 수 있고, 청약 후 계약성립시까지 발생 또는 변경된 사항이 있으면 이를 고지해야 한다. 고지의 방법에는 특별한 제한이 없으므로 서면으로뿐만 아니라 구두로도 고지할 수 있다. 그러나 실제로는 질문표에 의하여 하는 것이 일반적이다. 그리고 고지는 반드시 고지의무자 스스로 해야 하는 것이 아니라 대리인이나 이행보조자로 하여금 하게 할 수도 있다.

3. 告知事項

고지할 사항은 '중요한 사항'(material facts; anzeigepflichtige Gefahrumstände)이다. 여기서 중요한 사항이라는 것은 보험자가 위험의 인수 여부 및 보험료액을 판단하는 데 영향을 미칠 수 있는 사실로서, 보험자가 그 사실을 알았다면 계약을 체결하지 않거나 적어도 같은 조건으로 계약을 체결하지 않을 것이라고 객관적으로 생각되는 사실이다($^{판례 : 서울고판 1974.}_{7. 11, 74 나 194}$)(통설).

〈대판 1987. 6. 9, 86 다카 216〉

「공사도급계약에 대한 이행보증보험계약을 체결하는 경우에 공사금액과 공사기간 등은 일반적으로 그 이행보증의 대상이 되는 도급공사의 내용을 특정하고 보험사고의 발생 여부를 판정하는 기준으로서 고지의무의 대상이 되는 중요 사항에 해당한다.」

〈대판 2011. 11. 10, 2009 다 80309〉

「보험계약에서 기명피보험자의 자격을 피보험차량의 소유자로 제한하지 아니하였고, 아울러 기명피보험자 이외에 기명피보험자와 같이 살거나 살림을 같이 하는 친족으로서 피보험자동차를 사용 또는 관리 중인 사람 및 기명피보험자의 승낙을 얻어 피보험자동차를 사용하거나 관리 중인 사람 등도 피보험자에 포함시킴으로써 피보험자를 폭넓게 규정하고 있는 점 등에 비추어 보면, 이 사건 보험계약에서 보험료율의 산정은 피보험차량의 소유 여부에 따라 달라지는 것이 아니라 기명피보험자의 연령·성향·운전 및 사고경력 등에 따라 달라진다고 볼 수 있으므로, 기명피보험자인 김○○이 피보험차량인 이 사건 차량을 실제 소유하고 있는지 여부는 상법 제651조에서 정한 '중요한 사항'에 해당한다고 볼 수 없다.」

그러나 이러한 통설적 견해에 대해서는 보험자의 입장에서만 중요한 사항인지 아닌지를 판단하는 모순이 있고, 중요한 사항의 범위가 무한정 확대되고 만다는 비판이 있다($^{채이식·}_{460쪽}$). 구체적으로 여기서 말하는 중요한 사실에 무엇이 포함되는지는 보험의 종류에 따라 다르다. 예를 들어 생명보험에서는 피보험자의 현재의 건강상태, 과거의 병력, 나이, 직업 및 생활환경 등이 여기에 속할 것이다.

보험계약자나 피보험자는 전문가가 아니어서 무엇이 고지사항에 해당하는지 모르는 것이 보통이기 때문에 실제 보험거래에서는 고지의무의 대상이 되는 중요한 사항을 기재한 질문표(questionaire; Fragebogen)를 이용하고 있다. 이와 같이 보험자가 서면으로 질문한 사항은 중요한 사항으로 추정된다($^{제651}_{조의 2}$). 따라서 보험계약자가 질문표기재사항에 대하여 허위의 내용을 기재한 때에는 그것이 중요 사항이 아님을 입증하지 않는 한 고지의무위반이 된다. 판례에 의해서 인정된 것을 현행상법이 채택한 것이다.

〈대판 1969. 2. 18, 68 다 2082〉
「보험회사의 질문표에 기재된 질문사항은 다른 특별한 사정이 없는 한 그 보험계
약에 있어서의 중요한 사항에 해당한다고 추정할 것이므로, 그 질문표에 사실과
다른 기재를 하였다면 이는 고지의무위반이 된다.」

〈대판 1996. 12. 23, 96 다 27971〉
「보험계약자나 피보험자가 보험계약 당시에 보험자에게 고지할 의무를 지는 상법
제651조에서 정한 '중요한 사항'이란 보험자가 보험사고의 발생과 그로 인한 책임
부담의 개연율을 측정하여 보험계약의 체결 여부 또는 보험료나 특별한 면책조항
의 부가와 같은 보험계약의 내용을 결정하기 위한 표준이 되는 사항으로서, 객관
적으로 보험자가 그 사실을 안다면 그 계약을 체결하지 않든가 또는 적어도 동일
한 조건으로는 계약을 체결하지 않으리라고 생각되는 사항을 말하고, 어떠한 사실
이 이에 해당하는가는 보험의 종류에 따라 달라질 수밖에 없는 사실인정의 문제
로서 보험의 기술에 비추어 객관적으로 관찰하여 판단되어야 하고, 최종적으로는
보험의 기술에 정통한 전문가의 감정에 의하여 결정될 수밖에 없다.」

〈대판 1997. 3. 14, 96 다 53314〉
「일반적으로 보험계약을 체결함에 있어 보험계약자가 보험자로부터 보험청약서를
제시받았다 하여 그 청약서에 기재된 각 항목에 관하여 서면으로 질문받은 것으
로 볼 수는 없다 할 것이나, 보험계약자가 보험자와 사이에 직전에 기간이 만료된
보험계약을 체결함에 있어 보험자에게 차량의 주운전자가 변경되는 경우 주운전
자변경신청을 할 것을 서면으로 확약한 바 있으므로, 같은 내용의 보험계약을 체
결함에 있어 그와 관련하여 보험자로부터 주운전자란이 기재된 보험청약서를 제
시받았다면 이는 보험자로부터 서면으로 주운전자에 관한 질문을 받은 것으로 볼
수 있다.」

〈대판 2010. 10. 28, 2009 다 59688, 59695〉
「상해보험계약에 있어서 보험청약서에 기재된 "최근 5년 이내에 의사로부터 진찰,
검사를 받고 그 결과 입원, 수술, 정밀검사(심전도, 방사선, 건강진단 등)를 받았거
나 계속하여 7일 이상의 치료 또는 30일 이상의 투약을 받은 적이 있습니까?"라
는 질문은 '동일한 병증'에 관하여 7일 이상의 계속 치료 등을 받은 일이 있는지
여부를 묻는 것이라는 취지로 해석되지만, '동일한 병증'인지 여부는 그 병증의 원

인, 경과, 구체적 발현증상, 치료방법, 그에 대한 의학 등에서의 질병분류 등의 제반 사정을 종합적으로 고려하여 평균적인 보험계약자의 이해가능성을 기준으로 객관적·획일적으로 정하여져야 하므로, 그 증상이 신체의 여러 부위에 나타남으로써 그에 대한 치료가 그 각 발현부위에 대하여 행하여졌다는 것만으로 이를 '동일한 병증'이 아니라고 단정할 수는 없다.」

Ⅲ. 告知義務(계약 전 알릴 의무)의 違反

1. 告知義務違反의 要件

중요한 사항에 관하여 불고지 또는 불실고지(객관적 요건)가 고지의무자의 고의 또는 중대한 과실(주관적 요건)에 의한 때에는 고지의무위반이 된다.

(1) 主觀的 要件   고지의무위반에 관하여 보험계약자나 피보험자의 고의 또는 중대한 과실이 있어야 한다. 여기서 '고의'란 중요한 사항을 알면서 고지하지 않는 것과 허위인 줄 알면서 고지하는 것을 말하며, 해의를 필요로 하지 않는다. '중대한 과실'이 무엇을 의미하는가에 관해서는 두 가지 견해가 대립하고 있다. 하나는 중대한 과실은 고지·불고지에 관하여 있는 경우뿐만 아니라 중요한 사실을 알지 못한 데 대하여 있는 경우도 포함한다는 견해(최기원, 160쪽; 채/이식, 461~462쪽)이고, 다른 하나는 고지사항 자체를 알지 못한 것이 중대한 과실로 인한 경우에는 여기서 말하는 중대한 과실에 포함되지 않는다는 견해(정희철, 386~387쪽;/양승규, 118~119쪽)이다. 후자의 입장에서는 고지의무는 피보험자가 알고 있는 사실을 고지하도록 하는 것이므로 고지의무자에게 적극적 탐지의무를 지울 수 없다고 한다. 그런데 조금만 주의하였더라면 알 수 있었는데 그 정도의 주의도 기울이지 않아 중요한 사항을 알지 못한 사람까지 보호할 필요는 없다. 즉 고의와 거의 동일시되는 중대한 과실로 중요한 사항을 인식하지 못한 사람을 보호하지 않는 것이 상법 제651조의 취지라고 본다면 전자의 견해가 더 타당하다고 본다.

〈대판 1996. 12. 23, 96 다 27971〉
「보험계약에 있어 고지의무위반이 성립하기 위하여는 고지의무자에게 고의 또는 중대한 과실이 있어야 하고, 여기서 말하는 중대한 과실이란 고지하여야 할 사실은 알고 있었지만 현저한 부주의로 인하여 그 사실의 중요성의 판단을 잘못하거나 그 사실이 고지하여야 할 중요한 사실이라는 것을 알지 못하는 것을 말한다.」

〈서울고판 1980. 2. 22, 79 나 2937〉

「피보험자가 보험가입 전 그 근무직장의 정기건강진단에서 '순환계질환 의심 및 간질환 의심'의 검사소견을 받은 사실이 있다고 하더라도 보험계약의 청약서상 그와 같은 직장 정기건강진단 결과 이상소견 여부를 명시적으로 질문한 바 없고, 피보험자가 그와 같은 소견을 받은 후 스스로 병원에 내원하여 정밀검사를 거쳐 확진을 받았다거나 그로 인하여 치료를 받았다고 인정할 아무런 증거가 없는 이 사건에 있어서 사회통념상 피보험자가 보험가입 당시 그와 같은 건강진단상 이상소견을 보험회사에 알려야 할 중요한 사항으로 인식하고 있었다고 기대할 수는 없는 일이므로 동 사실을 보험회사에 알리지 아니하였다고 하더라도 동인에게 고의 또는 중대한 과실이 있었다고 보기 어렵다.」

〈대판 2011. 4. 14, 2009 다 103349, 103356〉

「피보험자 甲이 乙 보험회사와 보험계약을 체결하면서 갑상선 결절 등의 사실을 고지하지 않은 사안에서, 건강검진결과 통보 내용에 비추어 甲으로서는 어떠한 질병을 확정적으로 진단받은 것으로 인식하였다고 보기 어려운 점, 위 검진 이후 2년여 동안 별다른 건강상의 장애나 이상 증상이 없었으며 갑상선 결절과 관련된 추가적인 검사나 치료도 받지 않았던 점 등에 비추어, 피보험자 甲이 고의 또는 중대한 과실로 인하여 중요한 사실을 고지하지 아니한 것으로 단정하기 어렵다.」

(2) 客觀的 要件　　보험계약자 등에 의한 중요 사항의 불고지 또는 부실고지가 있어야 한다. 불고지라 함은 중요한 사항을 알고 있으면서 알리지 아니한 것, 즉 묵비(concealment; Nichtanzeige)를 말하고, 부실고지란 사실과 다르게 말하는 것, 즉 허위진술(misrepresentation; Falschanzeige)을 말한다.

여기서 중요 사항이란 위에서 본 바와 같이 보험자가 위험의 인수 여부 및 보험료액을 판단하는 데 영향을 미칠 수 있는 사실로서 보험자가 그 사실을 알았다면 계약을 체결하지 않거나 적어도 같은 조건으로 계약을 체결하지 않을 것이라고 객관적으로 생각되는 사실을 말한다. 이러한 중요 사항에는 유전병이라든지 건물 내의 지하실에 다량의 유류의 저장 등과 같은 직접 피보험자의 신체 또는 보험의 목적에 존재하는 절대적 위험사항, 건물인근에 이전에는 공터이었으나 주유소가 들어섰다든지 직업 등 피보험자 또는 보험의 목적의 환경에 존재하는 관계적 위험사항 그리고 질환으로 입원하였다는 사실과 같이 위험사실을 추단케 하는 사항이 있다. 한편 우리 대법원은 보험계약청약서의 양식을 사용하여 질문하고 있는 경우에 그 청약서에 기재되지 않은 사

항에 관하여는 원칙적으로 고지의무위반의 여지가 없고 보험계약청약서양식
을 사용하여 질문하고 있는 경우에 보험계약자가 중요 사항을 청약서여백에
자진하여 기재하지 않았다 하여 보험계약자에게 중대한 과실이 있다고 할 수
없다고 한다. 따라서 보험회사의 입장에서는 중요 사항을 추출하여 미리 질문
하는 것이 필요하다.

〈대판 1996. 12. 23, 96 다 27971〉
「보험자가 고지의무의 대상이 되는 사항에 관하여 보험계약청약서의 양식을 사용
하여 질문하고 있는 경우에 그 청약서에 기재되지 않은 사항에 관하여는 원칙적
으로 고지의무위반의 여지가 없고, 보험계약청약서양식을 사용하여 질문하고 있는
경우에는 보험계약자인 ○○렌트카가 그 청약서의 여백에다가 피보험차량이 지입
차량으로서 지입차주에 의하여 유상운송에 제공되고 있다는 사실까지 특별히 부
기하지 않았다고 하여 보험계약자에게 중대한 과실이 있다고 볼 수는 없다.」

〈대판 1999. 11. 26, 99 다 37474〉
「암 치료 종료 후 5년이 지나 검사를 실시한 결과 의사로부터 암 재발의 가능성
을 고지받고 확진을 위한 재검사 요구를 받은 상태에서 5년 내 암을 앓거나 치료
받은 적이 없다고 신고하면서 생명공제계약을 체결한 경우, 암치료 종료 후 정기
적인 검진을 위하여 병원에 다니던 동안 피공제자의 상태는 비록 통상적인 의미
에서 암 질병을 앓고 있는 것은 아니라고 할지라도 공제약관상 기재된 암 질환에
준하는 것이거나, 또는 이러한 피공제자의 병력 내지 자각증세, 의사의 암 재발
가능성 고지사실 등은 공제계약 청약서상의 질문사항에 포함되어 있지 않다고 하
더라도 피공제자의 생명위험 측정상 중요한 사실로서 고지할 중요 사항에 포함되
므로 고지의무위반에 해당된다.」

〈대판 2012. 11. 29, 2010 다 38663, 38670〉
「보험계약에 있어 고지의무 위반이 성립하기 위하여는 고지의무자에게 고의 또는
중대한 과실이 있어야 하고, 여기서 말하는 중대한 과실이란 고지하여야 할 사실
은 알고 있었지만 현저한 부주의로 인하여 그 사실의 중요성의 판단을 잘못하거
나 그 사실이 고지하여야 할 중요한 사실이라는 것을 알지 못하는 것을 말한다
(화재보험의 목적인 냉동창고건물이 형식적 사용승인에도 불구하고 냉동설비공사
등 주요 공사가 완료되지 아니하여 잔여공사를 계속하여야 할 상황이었고, 이러한
공사로 인하여 완성된 냉동창고건물에 비하여 증가된 화재의 위험에 노출되어 있
었다면, 그 위험의 정도나 중요성에 비추어 보험계약자가 이 사건 보험계약을 체

결할 때 이러한 사정을 고지하여야 함을 충분히 알고 있었거나 적어도 현저한 부주의로 인하여 이를 알지 못하였다고 봄이 상당하다고 본 사례).」

(3) 立證責任 고지의무위반의 사실이 있는 때에는 그것을 이유로 계약을 해지하고자 하는 보험자가 그 사실이 보험계약자 등의 고의 또는 중대한 과실로 생긴 것임을 입증하여야 한다.

2. 告知義務違反의 效果

(1) 保險契約의 解止 보험계약자나 피보험자가 고지의무를 위반했을 때에는 보험자는 보험계약을 해지할 수 있다($^{제651조}_{본문}$). 해지권은 보험자의 일방적 의사표시에 의하여 효력을 발생하는 형성권으로서 해지의 의사표시는 보험계약자에게 하여야 하고, 보험계약자가 사망한 때에는 보험계약자의 상속인에게 하여야 한다.

〈대판 1989. 2. 14, 87 다카 2973〉

「생명보험계약에 있어서 고지의무위반을 이유로 한 해지의 경우에 계약의 상대방 당사자인 보험계약자나 그의 상속인(또는 그들의 대리인)에 대하여 해지의 의사표시를 하여야 하고, 타인을 위한 보험에 있어서도 보험수익자에게 해지의 의사표시를 한 것은 특별한 사정(보험약관상의 별도의 기재)이 없는 한 그 효력이 없다.」

해지의 효력은 장래에 대하여 발생하므로 보험자는 이미 수령한 보험료를 반환할 필요가 없고, 해지시까지 이미 발생한 보험료를 청구할 수 있다. 그러나 생명보험의 경우에는 보험수익자를 위하여 적립한 금액을 보험계약자에게 지급하여야 한다($^{제736조}_{제1항}$).

보험사고가 발생한 후에 계약을 해지한 때에는 보험자는 보험금액을 지급할 책임이 없고, 이미 지급한 보험금액은 그 반환을 청구할 수 있다($^{제655조}_{본문}$). 이와 관련하여 보험금의 지급에 관하여는 소급효과를 인정하고 있으므로 고지의무위반을 이유로 보험자가 계약의 효력을 부인하는 것은 해지가 아니라 해제라고 하는 것이 논리적이라는 견해가 있다($^{손주찬}_{524쪽}$).

(2) 因果關係의 문제

A. 意 義 고지의무에 위반한 사실이 보험사고의 발생에 영향을 미치지 아니하였음이 증명된 때에는 보험자는 보험금액을 지급할 책임을 면하지 못한다($^{제655조}_{단서}$). 고지의무위반과 보험사고 사이에 인과관계가 없다는 것은 보험계약자측에서 입증하여야 한다($^{대판 1992. 10. 23, 92 다 28259;}_{대판 1994. 2. 25, 92 다 52082}$)($^{생명보험표준약관 제22조 제}_{5항은 보험자가 이를 입증할}$

것으로^하). 인과관계와 관련하여 대법원(^{대판 1992. 10. 23,}_{92 다 28259 등})은 인과관계의 존재를 조금

이라도 규지할 수 있는 여지가 있으면 상법 제655조 단서의 규정은 적용되어

서는 안 될 것이라고 하고 있다. 그런데 이 경우에도 상당인과관계가 인정되

어야만 인과관계가 있다고 하여야 할 것이다.

〈대판 1992. 10. 23, 92 다 28259〉

「고지의무위반사실이 보험사고의 발생에 영향을 미치지 아니하였다는 점, 즉 보험

사고의 발생이 보험계약자가 불고지하였거나 불실고지 한 사실에 의한 것이 아니

라는 것이 증명된 때에는 상법 제655조 단서의 규정에 의하여 보험자는 위 불실

고지를 이유로 보험계약을 해지할 수 없을 것이나, 위와 같은 고지의무위반사실과

보험사고발생과의 인과관계가 부존재하다는 점에 관한 입증책임은 보험계약자측

에 있다 할 것이므로(^{대판 1969. 2. 18}_{68 다 2082 참조}), 만일 그 인과관계의 존재를 조금이라도 규지할

수 있는 여지가 있으면 위 단서는 적용되어서는 안 될 것이다. 따라서 보험자인

X회사가 피보험자인 위 S의 직업에 관한 고지의무위반을 이유로 보험계약을 해

지함에 대하여, K가 그 보험수익자로서 위 법규정의 정한 바에 따라 X회사에게

보험금 지급책임을 묻기 위하여는 이 사건 보험사고인 위 S의 사망사실이 그 발

생원인에 있어, 위 S가 보험자에게 제대로 고지하지 아니한 직업의 수행 … 과는

전혀 무관하게 이루어진 것이라는 점을 적극적으로 입증하지 아니하면 안 된다.」

〈대판 1994. 2. 25, 93 다 52082〉

「고지의무 위반사실과 보험사고 발생과의 인과관계의 부존재의 점에 관한 입증책

임은 보험계약자에게 있다 할 것이므로(^{대판 1992. 10. 23, 92 다 28259; 대판}_{1993. 4. 13, 92 다 52085, 52092 각 참조}), 만일 그 인

과관계의 존재를 조금이라도 엿볼 수 있는 여지가 있으면 위 단서는 적용되어서

는 안 된다.」

이와 같이 우리 대법원 판례는 고지의무 위반시 인과관계를 조금이라도

엿볼 수 있으면 인과관계가 있는 것으로 보고 있다. 그런데 현행법의 해석으

로 인과관계의 존부에 대하여 판례처럼 인과관계를 조금이라도 엿볼 수 있으

면 인과관계가 있다고 보는 것은 문제가 있다고 본다. 법을 개정하기 전에는

인과관계를 부정하여야 할 것은 합리적으로 부정하여야 하는 것이지 조금이

라도 인과관계가 있다고 하여 무조건 인과관계를 인정하는 것은 온당치 못하

며, 상당인과관계 존재여부에 의하여 인과관계의 존재여부를 객관적, 합리적

으로 판단하여야 할 것이다.

인과관계를 따지는 것은 보험자가 보험사고와 아무런 상관이 없는 다른 사실을 들어 고지의무위반을 이유로 보험금액의 지급을 거절하는 것을 방지하기 위한 것이지만, 불량위험을 배제한다는 고지의무제도의 취지에 비추어 볼 때 입법론으로는 재고의 여지가 있다고 할 것이다(동지 : 정희철, 388쪽; 양승규, 122~123쪽; 채이식, 464쪽. 이견 : 최기원, 169쪽).

B. 因果關係 없을 시 계약해지가부

(ⅰ) 槪   觀   고지의무위반을 검토할 때에는 항상 계약의 효력지속의 문제와 당해 보험사고에 대해 보험금을 지급하여야 하는지 여부의 문제는 분리하여 생각하여야 한다. 그런데 상법 제655조 단서의 해석과 관련하여 견해가 대립되고 있다. 즉 불고지사실과 보험사고 간에 인과관계 없음이 입증된 경우 보험자는 계약을 해지할 수 없는가(이에 의하면 계약을 해지하여도 해지의 효력은 인정되지 않는다), 아니면 해지는 할 수 있되 그 발생사고에 대해 책임을 면할 수 없다고 해석해야 하는가에 대하여서이다. 우리 나라의 학자들 가운데 일부는 상법 제655조 단서의 "그러하지 아니하다"를 "계약을 해지할 수 없다"라고 해석하고 있다. 대법원판례(대판 1992. 10. 23., 92 다 28259)도 그 부수적 논거에서 고지의무위반과 보험사고발생 간에 인과관계가 없으면 계약 자체를 해지할 수 없는 것으로 보고 있었다. 그러나 그 이후의 대법원 판례(대판 2010. 7. 22., 2010 다 25353)는 계약해지를 허용하지 않는다면, 보험사고가 발생하기 전에는 상법 제651조에 따라 고지의무위반을 이유로 계약을 해지할 수 있는 반면, 보험사고가 발생한 후에는 사후적으로 인과관계가 없음을 이유로 보험금액을 지급한 후에도 보험계약을 해지할 수 없고 인과관계가 인정되지 않는 한 계속하여 보험금액을 지급하여야 하는 불합리한 결과가 발생한다는 점 등을 이유로 보험자는 고지의무를 위반한 사실과 보험사고의 발생 사이의 인과관계를 불문하고 상법 제651조에 의하여 고지의무위반을 이유로 계약을 해지할 수 있다는 입장을 취한다. 다만 이 경우에도 보험금액청구권에 관해서는 보험사고 발생 후에 고지의무위반을 이유로 보험계약을 해지한 때에는 고지의무에 위반한 사실과 보험사고 발생 사이의 인과관계에 따라 보험금액 지급책임이 달라진다고 할 것이고, 그 범위 내에서 계약해지의 효력은 제한될 수 있다는 입장(대판 2010. 7. 22., 2010 다 25353)을 취하고 있다. 그런데 상법 제651조에서는 "해지할 수 있다"라고 하여 소급효가 없는 해지로 하고 있기에 보험금은 지급하여야 되는 것이나, 제655조 본문에서 그에 대한 특칙으로 보험금을 지급하지 않아도 된다고 하였고, 다시 제655조 단서에서 인과관계를 문제삼고 있다. 2014년 3월 상법 개정에서는 상법 제655조 단서를 "다만, 고지의무(告知

義務)를 위반한 사실 또는 위험이 현저하게 변경되거나 증가된 사실이 보험사
고 발생에 영향을 미치지 아니하였음이 증명된 경우에는 보험금을 지급할 책
임이 있다."고 개정하여 인과관계는 없지만 고지의무를 위반한 경우에는 계약
을 해지할 수 있도록 되었다. 이는 앞의 대법원 판례(대판 2010.7.22, 2010 다 25353)를 확인하여
준 것으로서 타당한 개정이다. 독일의 경우 보험계약법(VVG) 제21조 제2항에
서 "보험사고가 발생한 후 제19조 제2항에 따라 계약을 해제하게 되는 경우
고지의무의 위반이 보험사고의 발생 또는 확정이나 보험자의 급부이행의 확
정이나 범위에 인과관계가 있는 한 보험자는 급부의무가 없다."고 규정하고
있어서 고지의무위반이 사고발생과 인과관계가 있어 급부의무가 없는 경우
계약의 해지가능여부가 논란이 되지 않는다. 그리고 독일의 경우에는 위험증
가(독일 보험계약법 제26조 제 1 항), 계약상의 책무위반(독일 보험계약법 제28조 제 2 항), 손해방지의무위반(독일 보험계약법 제82조 제 3 항)
및 보험사고초래(독일 보험계약법 제81조 제 2 항)의 경우에 종래 인정되던 all or nothing 원칙을
포기하였다. 즉 이러한 4가지 경우에 보험계약자에게 중과실이 있으면 보험자
는 자신의 급부로부터 완전히 면책되는 것이 아니라 보험급부가 보험계약자
측의 과실에 상응하는 정도로 감축되도록 운용하고 있다(중과실 비례보상제도
의 도입). 우리의 경우도 장기적으로는 보험계약자 측의 중과실의 경우에는 비
례보상제도를 도입하는 것이 바람직하다.

⟨대판 2010. 7. 22, 2010 다 25353⟩
「상법 제651조는 고지의무위반으로 인한 계약해지에 관한 일반적 규정으로 이에
의하면 고지의무에 위반한 사실과 보험사고 발생 사이에 인과관계를 요하지 않는
점, 상법 제655조는 고지의무위반 등으로 계약을 해지한 때에 보험금액청구에 관
한 규정이므로, 그 본문뿐만 아니라 단서도 보험금액청구권의 존부에 관한 규정으
로 해석함이 상당한 점, 보험계약자 또는 피보험자가 보험계약 당시에 고의 또는
중대한 과실로 중요한 사항을 불고지·부실고지하면 이로써 고지의무위반의 요건
은 충족되는 반면, 고지의무에 위반한 사실과 보험사고 발생 사이의 인과관계는
'보험사고 발생 시'에 비로소 결정되는 것이므로, 보험자는 고지의무에 위반한 사
실과 보험사고 발생 사이의 인과관계가 인정되지 않아 상법 제655조 단서에 의하
여 보험금액 지급책임을 지게 되더라도 그것과 별개로 상법 제651조에 의하여 고
지의무위반을 이유로 계약을 해지할 수 있다고 해석함이 상당한 점, 고지의무에
위반한 사실과 보험사고 발생 사이의 인과관계가 인정되지 않는다고 하여 상법
제651조에 의한 계약해지를 허용하지 않는다면, 보험사고가 발생하기 전에는 상법

제651조에 따라 고지의무위반을 이유로 계약을 해지할 수 있는 반면, 보험사고가 발생한 후에는 사후적으로 인과관계가 없음을 이유로 보험금액을 지급한 후에도 보험계약을 해지할 수 없고 인과관계가 인정되지 않는 한 계속하여 보험금액을 지급하여야 하는 불합리한 결과가 발생하는 점, 고지의무에 위반한 보험계약은 고지의무에 위반한 사실과 보험사고 발생 사이의 인과관계를 불문하고 보험자가 해지할 수 있다고 해석하는 것이 보험계약의 선의성 및 단체성에서 부합하는 점 등을 종합하여 보면, 보험자는 고지의무를 위반한 사실과 보험사고의 발생 사이의 인과관계를 불문하고 상법 제651조에 의하여 고지의무위반을 이유로 계약을 해지할 수 있다고 할 것이다. 그러나 보험금액청구권에 관해서는 보험사고 발생 후에 고지의무위반을 이유로 보험계약을 해지한 때에는 고지의무에 위반한 사실과 보험사고 발생 사이의 인과관계에 따라 보험금액 지급책임이 달라진다고 할 것이고, 그 범위 내에서 계약해지의 효력이 제한될 수 있다고 할 것이다(고혈압 진단 및 투약사실의 고지의무를 위반한 피보험자에게 백혈병 발생의 보험사고가 발생하자 보험자가 백혈병으로 인한 보험금을 지급한 후, 위 고지의무 위반을 이유로 보험계약을 해지한 것이 적법하다고 본 사례).」

(ii) 紛爭調停委員會의 심결례

㈎ 고혈압 치료사실불고지와 보험금지급책임범위   해지권행사 전, 가령 의료경험칙상으로 보아 치명적 상태에 이른 것으로 판단되는 간암·위암·폐암·후두암·뇌종양 등과 같은 약성신생물로 인해 피보험자에게 해지 후 해당 보험에서 담보하고 있는 보험금지급사유가 확실하게 발생될 것이라고 인정되는 경우라면 회사가 문리적으로 현재화된 보험금지급사유에 대해서만 담보한다고 하는 것은 사회통념상으로나 상법 및 약관규정의 취지의 보험사고발생의 범위를 지나치게 형식적·문리적·축소제한적으로 해석하는 것이라 할 것이어서, 오히려 현재화되지 않은 약관상의 암보험사고도 이미 발생한 것에 준하여 해석함이 탄력적 약관의 해석 및 적용취지라고 판단된다(사고 93조정-2. 건 강생활보험(2종) 분쟁(1993. 1. 26), 보험감독원, 생명보험분쟁 조정례집(1990. 12~1994. 11), 1994, 135쪽).

㈏ 백내장 치료사실불고지와 우측 제 5 수지 골절을 치료한 경우

① 고지의무위반사실과 보험금지급사유와 인과관계가 존재하지 않고 보험사고의 발생으로 보험계약관계가 소멸하지 않는 경우, 보험회사가 이미 발생한 보험사고에 대한 책임을 부담하되 존속하는 고지의무위반사실에 대해 해지 못할 이유는 없는 것으로서, 고지의무위반사실과 인과관계가 없는 보험

금지급사유발생의 경우에는 소급효 있는 해지권을 회사에게 부여하지 않음으로 회사가 보험금지급책임을 면할 수 없도록 제한하자는 데에 그 취지가 있다고 해석된다. ② 고지의무위반사실이 보험금지급사유에 영향을 미치지 않은 경우, 보험회사의 보험금지급 책임만 소급적으로 소멸되지 않을 뿐이고, 보험사고의 발생으로 보험계약이 소멸하든지 여부에 관계 없이 회사가 고지의무위반사실을 이유로 보험계약을 해지할 수 있다고 해석함이 타당하다(사건 93조정-31, 21세기 장수연금보험분쟁, 보험감독원, 생명보험분쟁조정례집(1990. 12~1994. 11), 1994, 139쪽 아래).

　　⒟ 위염진료사실 불고지와 해지권행사의 타당성 여부　　　피보험자의 과거병력은 통상인들도 항용 한두 번 정도 겪게 되는 감기 또는 소화불량에 상당하는 기관지염과 위염 정도의 질병으로 2년여 기간중 총 14일의 진료를 받은 것에 불과한 사실을 위험의 합리적 선택이라는 기준으로서 제시한 청약서상 질문표상의 중요한 사항으로 간주하여 고지대상범위에 포함시킨다는 것은 고지의무의 본래 성격상 확대적용이라 할 것이므로, 피보험자가 불고지하였다 하더라도 고의 또는 중대한 사실을 인정하기 어렵다고 판단되므로 해지권행사의 남용적 측면이 엿보인다 할 것이다(사건 94조정-5, 새가정복지보험분쟁, 보험감독원, 생명보험분쟁조정례집(1990. 12~1994. 11), 1994, 144쪽 아래).

　　(ⅲ) 小　　　結　　　불고지사실과 보험사고 간에 인과관계의 부존재가 입증된 경우 보험자는 계약을 해지할 수 없는가, 아니면 해지는 할 수 있되 그 발생사고에 대해 책임을 면할 수 없다고 해석해야 하는가 하는 문제에 대해 약관과 상법 제655조에 대한 올바른 해석이 달리 되어 있었다. 과거 약관은 위의 경우 계약을 해지할 수 없다고 해석될 수 있게 규정되어 있었다. 그러나 이는 타당하지 않다. 1995년 2월 1일 이후의 약관에서는 상법의 규정에 대한 타당한 해석과 일치되어 있다. 인과관계가 없으면 계약을 해지하지도 못한다고 문리적으로만 해석할 경우 야기될 수 있는 모순, 즉 계약시 사실대로 고지하여 보험계약체결에 이르지 못한 다른 선의의 해당자와의 형평에도 맞지 않게 된다는 불합리점을 감안하면, 개정전 상법 제655조의 해석으로도 계약해지가 가능하다는 견해로 해석하는 것이 타당하다. 그리고 2014년 3월 상법 개정 시에 상법 제655조 단서를 개정하여 종래의 "그러하지 아니하다"를 "보험금을 지급할 책임이 있다"고 하여 이 문제를 해소하였다.

　　인과관계에 대한 상법과 분쟁조정례가 그렇다 하더라도 실제 업무처리에 있어 계약해지처리를 할 경우 보다 신중할 필요성이 있다. 이와 관련하여 분쟁조정위원회에서 청약서의 규정에도 불구하고 불고지사실 자체가 중요한 고지대상이 되지 않는다고 판정한 사례도 많고(위옐·기관) 더욱이 보험부실판매의 과정에서의 약관설명부족, 청약서임의기재 등에 대한 보험자책임을 인정한 판례와 분쟁조정례가 많다.

〈대판 1994. 2. 25, 93 다 52082〉
「보험계약을 체결함에 있어 고지의무 위반사실이 보험사고의 발생에 영향을 미치지 아니하였다는 점, 즉 보험사고의 발생이 보험계약자가 불고지하였거나 불실고지 한 사실에 의한 것이 아니라는 것이 증명된 때에는 상법 제655조 단서의 규정에 의하여 보험자는 위 불실고지를 이유로 보험계약을 해지할 수 없는 것이지만 … 」

〈대판 2001. 1. 5, 2000 다 40353〉
「보험사고의 발생이 보험계약자가 불고지하였거나 불실고지한 사실에 의한 것이 아니라는 것이 증명된 때에는 그 불고지나 불실고지를 이유로 보험계약을 해지할 수 없다는 것은 상고이유에서 지적하는 바와 같으나(대판 1994. 2. 25, 93 다 52082 참조), 망인의 지병인 고혈압으로 인하여 지주막하출혈이 발생하였고, 그것이 직접적인 원인이 되어 망인이 사망하게 되었다고 함은 앞서 본 바와 같으므로, 원심판결에 인과관계에 관하여 판단을 잘못한 위법이 있다고도 할 수 없다.」

〈서울중앙지판 2004. 10. 28, 2004 나 21069〉
「상법 제651조는 고지의무 위반으로 인한 해지권발생을 보험사고발생과는 무관하게 인정하고 있다고 할 것이고, 상법 제655조는 보험사고발생 후에 보험계약을 해지할 경우 해지의 효력과 관련하여 보험금지급의무의 존부만을 규정하고 있다고 볼 것이므로 인과관계가 존재하지 아니하는 경우에도 해지권은 발생하고 다만 보험금 지급의무만을 부담한다고 해석함이 타당하다.

만일 위와 같이 해석하지 아니하고 인과관계가 존재하지 아니하는 경우를 해지권의 제한사유로 보아 해지권 자체가 발생하지 아니한다고 본다면, 이 사건 보험계약과 같이 보험사고발생으로 보험금을 지급한 후에도 보험계약관계가 존속하는 보험인 경우에 후에 고지의무 위반사실과 인과관계가 인정되는 보험사고가 발생하여도 고지의무 위반사실을 안 날로부터 1월, 계약체결일로부터 3년이라는 상법 제651조의 제척기간의 도과로 인하여 해지권을 행할 수 없게 되어 인과관계가 존재함에도 불구하고 보험금을 지급하여야 하는 불합리한 결과를 가져올 뿐만 아니라, 고지의무제도가 보험자로 하여금 위험에 대한 정확한 평가를 내리고 불량위험을 배제하기 위한 것이라는 점에서 보험사고발생의 원인을 사후적으로 문제 삼는 것은 제도의 성격과도 맞지 않고, 보험계약체결 전 고지의무가 이행된 경우에는 계약이 체결되지 아니하거나 적어도 동일한 조건으로 계약이 체결되지는 않았을 것이고, 보험사고발생 전 고지의무 위반사실을 안 경우에는 계약 해제가 가능하다는 점에 비추어 형평의 이념에도 반한다고 할 것이다.」

C. 因果關係不存在時 保險者責任範圍   고지의무위반은 있으나 인과관계가 없어 보험금을 지급하여야 하는 경우, 암보험과 같이 보험사고가 장기간 계속되는 경우 그 진단·수술·치료·사망 등을 하나의 단일한 사고로 보아야 하는지 및 그러한 사고에 대한 비용을 보험자가 어느 범위에서 인수하여야 하는지가 문제된다.

    (i) 契約解止의 범위제한 여부   우리 나라 보험계약법(상법)상 고지의무위반의 경우 인과관계를 따지는 것은 문제가 있는 조항이다. 장기적으로는 인과관계제도를 없애고 당사자의 사기성 여부에 따라 처리하도록 법을 개정하여야 한다. 그리고 실무상 고지의무위반 여부는 일단 보험사고가 발생한 후 역추적과정에서 판명되므로 해지 전 이미 발생한 보험사고에 대하여 인과관계가 없어 보험금을 지급하여야 할 경우, 그 보험금지급을 무색하게 하는 정도로 형식논리적으로 해지권을 인정하는 것이 가능한지가 문제된다. 그런데 현행법의 해석상으로 인과관계를 요구하고 있는 취지에 비추어 보아 package 보험상품의 경우, 인과관계가 없어 보험계약을 해지할 수 있다고 하더라도 그 해지로 인해 미치는 효과가 보험금을 지급하여야 하는 부분까지 미치는 경우에는 해지가능범위가 그 한도에서 제한된다고 보지 않을 수 없다. 특히 한 보험종목으로 다양한 보험사고를 보상하도록 상품구성이 되어 있는 경우, 해지권행사의 범위는 해당 상품의 분리가능성원리에 의하여 판단하여야 한다. 상품결합이 강하지 않고 개별상품으로 나뉘어질 수 있는 경우에는 일부의 보상사고상품에 대하여 고지의무위반이 있어도 분리가능한 그 밖의 부분에 대하여는 해지권을 행사할 수 없다고 보아야 한다. 이는 당사자의 상품구성과 구성상품 및 그 상품이 보상하는 보험사고의 결합정도 및 개별취급가능성에 의하여 판단하여야 한다.

    (ii) 기존 암보험약관의 效力問題   생명보험회사의 암보험상품약관상 "다만, 피보험자의 암진단확정 후 암진단확정과 인과관계가 없는 고지의무를 위반함으로 계약이 해지된 경우에는 암진단확정일로부터 180일 이내에 피보험자가 그 암을 직접적인 원인으로 사망 또는 제1급의 장해상태가 되었을

때 한하여 그 때까지 발생한 암으로 인한 해당 보험금을 지급하여 드리며, 이 경우 계약해지시 이미 지급한 금액은 공제합니다" 부분의 유·무효가 과거 논란이 된 바 있다.

이 조항은 상법 제651조·제655조·제663조 및 약관의규제에관한법률 제 9조·제 6조 등에 위반하여 무효로 보아야 한다. 약관의 무효 여부를 판단할 때 기준이 되는 것은 법률의 규정·취지인바, 우리 법에서 인과관계를 요구하여 보험계약자보호를 위한 안전장치를 두고 있는 이상 그러한 안전장치의 취지를 무색하게 할 정도로 "암진단확정일로부터 180일 이내에 피보험자가 그 암을 직접적인 원인으로 사망 또는 제 1 급의 장해상태가 되었을 때 한하여" 보험금을 지급한다는 약관조항은 보험계약에 따르는 본질적인 권리를 제한하는 것으로서 무효로 볼 수밖에 없다.

(iii) 判例와 學說

(가) 암보험사고의 單一性   암진단과 입원·통원 치료, 수술, 암사망은 단일한 보험사고로 보는 것이 타당하다. 즉 암관련 치료 내지 수술 그리고 사망까지도 암진단확정이라는 보험사고가 연장되는 전체적으로 단일사고로 봄이 이 보험종목의 특수성과 일반인의 기대에 비추어 상당하다.

(나) 法院의 판례   "보험사고와 인과관계 없는 고지의무위반으로 보험계약이 해지된 경우, 암진단확정일로부터 180일 이내에 피보험자가 사망한 때에 한하여 그 때까지 발생한 암으로 인한 해당 보험금을 지급한다"는 내용의 약관규정이 문제되었다. 이에 대해 법원은 위 보험약관의 규정은 상법 제655조 단서에서 정한 보험자의 보험금지급채무를 제한하여 보험수익자에게 불이익하게 변경하는 것으로서 상법 제663조에 의하여 무효인 것이라 할 것이라 판단하였다(서울고판 2000. 12. 19, 2000 나 35223).

(다) 國內學說 및 外國의 예

① 국내의 학설   이 문제에 대한 국내의 의견표명은 많지 않다. 우선 상법 제655조 단서는 고지의무위반사실과 인과관계 없는 보험사고에 대하여 보험자로 하여금 보험금지급책임이 있는 것으로 규정하고 있고, 암사고의 특성상 암치료 및 암으로 인한 사망까지를 단일한 사고로 보는 것이 의료경험칙이며, 암진단·암입원·암사망 등의 구분은 보험사고가 아니라 보험사고 발생에 따른 보험금의 지급방법이라고 보는 것이 사회통념이나 당사자의 의사에 맞는 해석이라는 점을 근거로 보험자의 담보기간제한을 두는 것은 무효

라는 견해가 있다(정찬형, 상법 제651조와 제655조의 해석과 관련한 법률자문에). 그 밖에 이 사안에
대한 회신(흥국생명보험 심 6214-484호에 의한 의뢰), 2000. 1). 그 밖에 이 사안에
대하여 고지의무제도를 희석하고 보험기금운영에 무리를 준다는 이유로 암진
단확정 이후로부터 1년 동안 그 때까지 암으로 인한 해당 보험금을 지급하여
야 한다는 견해가 있다(장경환, 고지의무위반사실과 인과관계 없는 보험사고의 연장과). 그리고 180
(보험자의 책임범위, 생명보험 제251호(1999년 12월), 16, 26쪽). 그리고 180
일 담보기간제한삭제 및 담보기간제한유지의 경우를 각각 비판하면서 향후
약관개정시 보험업계에 미칠 파장과 합리적인 보험요율산정을 위한 준비작
업 등이 선행되어야 한다는 입장도 있다(이명수, 암담보기간제한의 적정성).
(여부, 생명보험 2001년 3월호, 64쪽)

　　② 독일의 예　　　　독일에서는 인과관계에 대하여 독일보험계약법
(VVG) 제21조에서 규정하고 있다. 즉 독일보험계약법 제21조 제 2 항에는 보
험사고가 발생한 이후에 보험자가 계약을 해제한 경우에도 고지의무를 위반
한 사정이 보험사고발생 및 보험자의 급부범위에 영향이 있을 때에는 보험자
는 급부의무가 없다고 되어 있다. 그리고 이 조항은 편면적 강행규정으로
구성되어 있다($^{VVG}_{\S\,32}$). 그리고 이 조항의 해석과 관련하여 의료보험처럼 해제 이
후에도 사고의 효과가 계속되는 경우, 법문언에 따른 직접적 해석상 보험자의
보상책임을 인정하는 것이 독일연방대법원의 태도이다(BGH VersR 1971, S. 810=). 그
(BGH, NJW 1971, S. 1892). 그
러나 그에 반대하는 유력한 견해가 있다(Prölss / Martin, Versicherungsvertrags-). 즉 그러
(gesetz, 24. Aufl., München, 1988, S. 181). 즉 그러
한 경우에는 계약해지(Zurücktreten) 시점 이후에 대해서는 보험자의 보상책임을
인정하지 않아야 한다고 하고, 그 때에는 독일보험계약법 제21조를 목적론적으
로 제한해석하여야 한다는 것이다. 그리고 그렇게 해석하는 것이 편면적 강행
성을 규정한 동법 제32조에도 반하지 않는 것으로 본다(Prölss/Martin, Versicherungs-
vertragsgesetz, 24. Aufl.,
München,
1988, S. 181).

　　(iv) 整　理　　　　보험약관의 효력을 판단할 때에 기준이 되는 것은 당
해 보험종목이 보상하려는 목적에 비추어 해당 약관이 보험계약자측을 신의성
실의 원칙에 반하여 불리하게 하는지 여부이다(약관규제). 이 때 법률의 (편면적)
(법 제 6 조). 이 때 법률의 (편면적)
강행규정에 반하는 내용은 무효가 된다. 그리고 그 밖의 경우에는 해당 약관이
당해 보험으로 보상을 기대하는 계약자측의 입장에서 보아 불공정하고, 자의적이
며, 의외의 것으로 판단될 때에는 효력을 갖기 어렵다(Horn, in Wolf/Horn/Lindacher,
AGB-Gesetz, 4. Aufl., 1999, S. 1757).

　　인과관계 없는 보험사고로 인하여 보험금을 지급하여야 하고, 해지권의
행사가 그 한도에서는 제한된다고 하여도 보험자가 무제한적으로 책임을 진
다고 할 수는 없다. 고지의무제도의 보험계약자측의 위험측정협조 취지 및 보
험계약의 선의계약성 및 보험의 단체성원리에 비추어 일정한 합리적인 범위

까지만 보험자가 책임을 진다고 규정하는 약관은 그 효력이 인정된다고 보아야 한다. 이 경우 일률적인 기준을 제시할 수는 없고 앞으로 법을 개정하여 문제를 해결하든지, 그것이 현실적으로 어려울 경우 수정된 (표준) 약관을 통하여 구체화시켜야 할 문제이다.

최종적인 판단을 할 경우에 우선 고려하여야 할 점은 해당 보험(가령 암보험)에서 보장하고자 하는 취지를 고려하여 목적이 좌절되지 않도록 하는 내용을 담고 있어야 한다는 것이다. 그러나 다른 한 측면에서 보험제도의 단체성 및 고지의무제도의 인정취지도 고려하여야 한다. 즉 보험계약은 다수의 계약의 목적으로서 체결된 것인데, 다수의 보험계약은 객관적으로 하나의 단체를 결성하고 있다. 그 결과 인과관계가 없어 보험금을 지급하여야 하는 경우, 암보험과 같이 치료에 장기간을 요하는 경우 그 치료관련비용 및 사망보험금을 무제한으로 보상 내지 지급하여야 한다면, 이는 보험단체의 불이익으로 작용하므로 허용할 수 없고 일정한 제한을 가하여야 한다. 그 제한과 관련하여서는 절대적인 기준은 없지만, 양자의 이익형량에 의하여 합리적으로 결론을 도출해 내야 한다.

암은 의학적으로 여러 가지 특성이 있다. 암은 최초 발견시점이 1·2·3·4기의 다양한 시점에 이루어지고 있다. 만일 조기발견하였을 경우 치료 후 생존할 확률이 높지만, 늦게 발견할 경우일수록 생존할 확률이 낮다. 암은 수술 후에도 재발가능성이 있으며, 무엇보다도 전이가능성이 있어 치료에 장시간을 요하며, 방사선요법 등 치료요법과정에서 환자가 고통에 시달리게 된다. 그리고 암의 종류는 다양하여 일률적으로 생존가능성·치료가능성을 판단하기도 어렵다. 그런데 대한암학회 등에서 암에 대한 다양한 임상학적 통계자료연구를 하고 있어(가령 자궁내막암의 발견시점을 보면 1기 발견 65.8%, 2기 발견 17.2%, 3기 발견 13%, 4기 발견 4%로 대부분 조기에 진단되는 경향을 보이고 있다. 환자의 5년 생존률은 1기 98.5%, 2기 63%, 3기 45%, 4기 25%이었다. 폐암의 경우 수술 후 생존기간은 평균 66개월이었으며, 수술 후 3개월 생존률은 64.9%이었다. 그리고 백혈병의 경우 치료 후 장기생존률은 3년 생존률 15%, 5년 생존률 9.1%, 재발률 82.6%이었다. http://www.cancer.or.kr) 이를 활용하고(한편 한국인의 10대암의 5년 상대생존률(일반인의 생존율과 비교한 환자군 생존율)은 갑상선암 95.9%, 유방암 85.0%, 자궁경부암 80.4%, 방광암 74.1%, 대장암 60.6%, 위암 49.7%, 쓸개암 20.4%, 간암 14.7%, 폐암 13.7%, 췌장암 8.2%이었다[국가암정보센터, 2007]) 의학전문가의 자문을 구하여 표준약관을 개정하여야 할 것이다.

이러한 암보험의 특성을 고려하여 판단한다면, 각 암종류별로 의학적 통계를 활용하여 최초발견 이후 어느 정도 암보험의 효용을 달성할 정도의 기간까지(가령 2~3년) 치료·수술·사망에 대하여 보험금을 지급하도록 하여야 할 것이다. 그렇게 하여도 상법 제663조에 위반된 것이 아니냐 하는 물음에 대해

서는 고지의무위반과 관련한 소비자보호사상구현을 위한 현행법규정을 보험
제도의 단체성, 고지의무제도의 취지를 고려하고 암보험의 특성도 고려하여
합리적으로 제한 해석·판단하여야 할 것이고, 그렇지 않고 무제한의 보험금
지급을 하면 전체적인 암보험료의 급등으로 인한 암상품의 판매감소로 이어
질 것이고, 소비자의 인식에도 악영향을 끼칠 것이라는 점을 고려하면 상법
제663조의 해석상 부득이하다고 보여진다.

(3) 解止權의 制限   보험자가 계약 당시에 그 중요한 사실을 알았거
나 또는 중대한 과실로 알지 못한 때에는 해지권이 인정되지 않는다($^{제651조}_{단서}$).
여기서 보험자에는 보험자 자신뿐만 아니라 체약대리상인 보험대리점·保險
醫 등 고지수령권이 있는 자도 포함된다. 이와 같이 보험자에게 고의 또는
중대한 과실이 있는 경우에 해지권을 인정하지 않는 것은 보험계약자 등을
희생하면서까지 고의 또는 중대한 과실이 있는 보험자를 보호할 필요가 없기
때문이다. 이 경우에 보험자의 고의 또는 중대한 과실에 대한 입증책임은 보
험계약자가 부담한다.

〈대판 2001. 1. 5, 2000 다 40353〉
「보험계약 당시에 보험계약자 또는 피보험자가 고의 또는 중대한 과실로 인하여
중요한 사항을 고지하지 아니하거나 부실의 고지를 하였다고 하더라도 보험자가
계약 당시에 그 사실을 알았거나 중대한 과실로 인하여 알지 못한 때에는 그 고
지의무 위반을 들어 계약을 해지할 수 없다고 할 것인바, 여기에서 말하는 보험자
의 악의나 중대한 과실에는 보험자의 그것뿐만 아니라 이른바 보험자의 保險醫를
비롯하여 널리 보험자를 위하여 고지를 수령할 수 있는 지위에 있는 자의 악의나
중과실도 당연히 포함된다고 할 것이나, 보험자에게 소속된 의사가 보험계약자 등
을 검진하였다고 하더라도 그 검진이 위험측정자료를 보험자에게 제공하는 보험
자의 보조자로서의 자격으로 행해진 것이 아니라면 그 의사가 보험자에게 소속된
의사라는 사유만으로 그 의사가 검진 과정에서 알게 된 보험계약자 등의 질병을
보험자도 알고 있으리라고 보거나 그것을 알지 못한 것이 보험자의 중대한 과실
에 의한 것이라고 할 수는 없다고 할 것이며, 이와 같이 해석하는 것이 환자에 대
한 비밀의 누설이나 기록의 공개를 원칙적으로 금지하고 있는 의료법의 취지에도
부합한다.」

〈대판 2011. 12. 8, 2009 다 20451〉
「망인이 2006. 4. 15. 경주시 마 ○○○○호 오토바이를 피보험차량으로 하여 피고

의 자동차보험에 가입하여 이 사건 보험 가입 당시까지 위 오토바이에 관한 자동차보험을 유지하고 있었다면, 망인이 위 자동차보험에 가입한 내역은 특별한 사정이 없는 한 피고의 전산망에 입력되어 있었다고 보아야 할 것이다. 따라서 보험자인 피고로서는 이 사건 보험의 인수 여부를 결정하고 망인의 고지의무 위반으로 인한 자신의 불이익을 방지하기 위하여 망인의 인적사항을 이용하여 피고의 전산망에서 망인의 자사(自社) 보험가입현황을 조회함으로써 망인의 위 자동차보험 가입내역을 쉽게 확인할 수 있었을 것이고, 그 결과 망인의 오토바이 소유 및 탑승 여부에 관한 고지의무 위반사실도 쉽게 알 수 있었을 것이다. 그렇다면 피고는 이 사건 보험계약 체결 당시 망인이 오토바이 소유 및 탑승 여부에 관하여 전산망의 조회를 통하여 불실고지 사실을 알았거나, 만일 조회를 하지 아니하여 몰랐다면 이는 중대한 과실에 해당한다고 할 것이므로, 피고는 위와 같은 망인의 고지의무 위반을 이유로 이 사건 보험계약을 해지할 수 없다고 할 것이다.」

〈대판 2013. 6. 13, 2011 다 54631, 4648〉

「피보험자와 보험계약자가 다른 경우에 피보험자 본인이 아니면 정확하게 알 수 없는 개인적 신상이나 신체상태 등에 관한 사항은, 보험계약자도 이미 그 사실을 알고 있었다거나 피보험자와의 관계 등으로 보아 당연히 알았을 것이라고 보이는 등의 특별한 사정이 없는 한, 보험계약자가 피보험자에게 적극적으로 확인하여 고지하는 등의 조치를 취하지 아니하였다는 것만으로 바로 중대한 과실이 있다고 할 것은 아니다. 더구나 보험계약서의 형식이 보험계약자와 피보험자가 각각 별도로 보험자에게 중요사항을 고지하도록 되어 있고, 나아가 피보험자 본인의 신상에 관한 질문에 대하여 '예'와 '아니오' 중에서 택일하는 방식으로 고지하도록 되어 있다면, 그 경우 보험계약자가 '아니오'로 표기하여 답변하였더라도 이는 그러한 사실의 부존재를 확인하는 것이 아니라 사실 여부를 알지 못한다는 의미로 답하였을 가능성도 배제할 수 없으므로, 그러한 표기사실만으로 쉽게 고의 또는 중대한 과실로 고지의무를 위반한 경우에 해당한다고 단정할 것은 아니다.」

보험자는 고지의무위반사실을 안 날로부터 1월 또는 계약을 체결한 날로부터 3년 내에 한하여 보험계약을 해지할 수 있다(제651조 본문). 이 기간은 법률관계를 신속하게 확정하기 위하여 설정된 제척기간으로, 이 기간이 경과한 다음에는 계약의 효력을 다투지 못한다(생명보험표준약관 제22조 제1항 제2호에서는 위의 3년의 기간과 관련하여 "보장개시일로부터 보험금지급사유가 발생하지 아니하고 2년이 지났을 때"는 보험자는 해지할 수도 없도록 하고 있다. 그 밖의 대부분의 약관에도 같게 되어 있다. 한편 생명보험표준약관 제24조에 의하면 보험계약자 또는 피보험자가 대리진단, 약물복용을 수단으로 진단절차를 통과하거나 진단서 위·변조 또는 청약일 이전에 암 또는 에이즈의 진단 확정을 받은 후 이를 숨기고 가입하는 등의 뚜렷한 사기의사에 의하여 계약이 성립되었음을 보험자가 증명하는 경우에는 보장개시일부터 5년 이내 혹은 사기사실을 안 날부터 1개월 이내에 계약을 취소할 수 있).
도록 되어 있다).

〈대판 1986. 11. 25, 85 다카 2578〉
「보험계약자가 중요사항에 관한 고지의무를 위반하고 체결한 보험계약이라도 해
지권행사기간도과 후의 해지통지는 그 효력이 없다.」

〈대판 1996. 10. 11, 94 다 60332〉
「영국 해상보험법상의 담보특약위반이 있는 경우 보험자는 보험증권에 명시적 규
정이 있는 경우를 제외하고는 자동적으로 그 위반일에 소급하여 그 보험계약상의
일체의 책임을 면하고, 보험자가 담보특약위반을 이유로 보험계약을 해지하여야만
비로소 그 보험계약상의 책임을 면하게 되는 것은 아니므로, 보험자가 담보특약위
반을 안 직후 보험계약을 해지하지 않았다고 하여 이로써 그 담보특약위반에 대
한 권리를 포기하였다고 볼 수는 없으며, 또한 담보특약위반사실은 보험자를 면책
시키는 효과만 있고 보험계약을 소급적으로 무효화시키는 효력이 없을 뿐만 아니
라 계약을 종료시키는 효력도 없으므로, 보험료가 담보특약위반 이전에 가득된 경
우(즉 보험료수령권이 담보특약위반 이전에 이미 발생한 경우)에는 보험자가 담보
특약위반사실을 알면서 그 보험료를 수령하였다고 하여 담보특약위반에 대한 권
리를 포기한 것으로 볼 수도 없고, 보험증권이 보험기간을 1년으로 하는 연간보
험으로 되어 있고 연간보험료를 분할납부하도록 되어 있는 경우에는 전체보험료
는 보험기간이 개시되자마자 가득되는 것이다.」

〈대판 2000. 11. 24, 99 다 42643〉
「피보험자의 직업이나 직종에 따라 보험금가입한도나 보상비율에 차등이 있는 생
명보험계약에서 그 피보험자의 직업이나 직종에 관한 사항에 대하여 고지의무위
반이 있어 실제의 직업이나 직종에 따른 보험금가입한도나 보상비율을 초과하여
보험계약이 체결된 경우에 보험회사가 보험금지급사유의 발생 여부와 관계 없이
보험금을 피보험자의 실제 직업이나 직종에 따른 보험금가입한도나 보상비율 이
내로 감축하는 것은 실질적으로 당사자가 의도하였던 보험금가입한도나 보상비율
중에서 실제 직업이나 직종에 따른 보험금가입한도나 보상비율을 초과하는 부분
에 관한 보험계약을 자동해지하는 것이라고 할 것이므로 그 해지에 관하여는 상
법 제651조에서 규정하고 있는 해지기간, 고지의무위반사실에 대한 보험자의 고의
나 중과실 여부, 상법 제655조에서 규정하고 있는 고지의무위반사실과 보험사고발
생 사이의 인과관계 등에 관한 규정이 여전히 적용되어야 하고, 만일 이러한 규정
이 적용될 여지가 없이 자동적으로 원래 실제 직업이나 직종에 따라 가능하였던

가입한도나 보상비율범위 이내로 지급하여야 할 보험금을 감축하는 취지의 약정
이 있다면, 이는 당사자의 특약에 의하여 보험계약자나 피보험자, 보험수익자에게
불리하게 위 상법의 규정을 변경한 것으로서 상법 제663조에 의하여 허용되지 않
는다고 할 것이며, 이러한 결론은 비록 보험회사가 보험계약자측의 직업 또는 직
종에 대한 고지의무위반이 있는 경우에 이로 인한 계약해지권을 포기하고 있다고
하여도 달리 볼 것은 아니다.」

3. 告知義務違反과 民法上 錯誤·詐欺와의 關係

고지의무위반이 민법상 착오 또는 사기의 요건을 갖추고 있는 경우에 보
험자는 보험계약을 해지할 수 있는 외에 민법의 일반원칙에 따라 보험계약을
취소할 수 있는가라는 문제가 제기된다. 이에 관해서는 여러 가지 견해가 대
립하고 있다.

(1) 民法·商法 同時適用說　　상법의 고지의무에 관한 규정과 민법의 착
오·사기에 관한 규정은 그 근거·요건·효과를 달리하므로, 상법의 고지의
무에 관한 규정과 민법의 착오·사기에 관한 규정이 동시에 적용된다고 한다
($\binom{채이식, 464\sim}{466쪽}$).

(2) 民法適用排除說(또는 商法適用說)　　고지의무제도는 보험계약의
선의성과 단체성·기술성에 근거하여 상법에서 특별히 인정되는 것으로서, 상
법은 고지의무에 위반한 경우에 보험계약을 그 체결 당시에 소급하여 무효로
하지 않고 장래에 향하여 효력이 있는 해지로 하였으므로, 민법의 착오·사기
에 관한 규정은 그 적용이 배제되고 상법의 고지의무에 관한 규정만이 적용
된다고 한다($\binom{서돈각, 361쪽;}{정희철, 389쪽}$).

(3) 錯誤·詐欺 區別說(또는 折衷說)　　보험자에게 착오가 있는 경우
에는 보험계약자에게 해의가 없으므로 보험자와 보험계약자의 이익을 모두
고려하여 民法의 규정이 적용되지 않지만, 보험계약자에게 사기가 있는
경우에는 그의 이익을 보호할 필요가 없으므로 민법의 규정이 적용되어 보험
자는 취소권을 행사할 수 있다는 것이다($\binom{최기원, 178\sim180쪽;}{양승규, 124\sim126쪽}$).

고지의무위반과 민법의 착오·사기가 경합하는 경우에 착오·사기에 관
한 민법의 규정을 적용하지 않는 것이 고지의무위반에 대하여 특별한 효과를
인정하고 있는 법의 취지에 합당할 것이다. 그러나 다른 한편 보험계약은 선
의계약으로서의 성질을 갖고 있다는 점에 비추어 볼 때, 보험계약자에게 사기
가 있는 경우까지 민법의 적용을 배제하여 보험자에게 취소권을 인정하지 않

는 것은 지나치게 논리에 집착하는 것이라고 생각된다. 따라서 착오·사기 구
별설에 찬성한다.

〈대판 1991. 12. 27, 91 다 1165〉
「보험계약자가 불실의 사실을 고지하지 않고 실제로 체결된 매매계약의 내용을
그대로 보험자에게 고지하였더라면, 보험자로서는 보증보험계약체결을 거절하거나
또는 보험계약자로 하여금 보험금액에 상응하는 물적 담보를 제공하게 하는 등
보다 엄격한 조건 하에 보험계약을 체결하였을 것이라는 사실을 인정한 다음, 보
험자는 보험계약자인 회사의 대표이사가 보험청약을 함에 있어 보다 용이하고 유
리한 조건으로 보험계약을 체결하기 위하여 허위의 사실을 고지함으로써 이에 속
아 넘어가 보증보험계약을 체결하게 된 것인 때에는 보험계약자의 고지의무위반
이 사기에 해당하는 경우로서 보험자는 상법의 규정에 의하여 계약을 해지할 수
있음은 물론 민법의 일반원칙에 따라 그 보험계약을 취소할 수 있는 것이다.」

〈서울고판 1990. 6. 8, 89 나 40930〉
「보험계약체결에 있어 보험자의 착오가 그의 중대한 과실로 인한 것이면, 보험계
약체결의 의사표시를 취소할 수 없다.」

4. 約款의 交付·說明 義務違反時 告知義務違反으로 인한 制裁可否

보험자가 약관에 대한 교부·설명을 제대로 하지 않은 상황에서 보험계
약자측도 고지의무를 위반한 경우, 특수한 문제가 발생한다. 즉 보험자가 고
지의무에 관한 내용을 포함하는 약관의 중요사항에 관한 교부·설명의무를
위반한 경우, 보험계약자의 고지의무위반을 이유로 보험계약을 해지하고 제재
를 가할 수 있는지 여부가 문제된다.

그러한 경우에 대법원판례는 계약을 해지하고, 고지의무위반의 제재를
가할 수 없다는 입장을 취하고 있다(대판 1992. 3. 10, 91 다 31883; 대판 1996. 4. 12, 96 다 4893; 대판 1997. 9. 26, 97 다 4494). 대법원판결
에 의하면 "보험자 및 보험계약의 체결 또는 모집에 종사하는 자는 보험계약
의 체결에 있어서 보험계약자 또는 피보험자에게 보험약관에 기재되어 있는
보험상품의 내용, 보험료율의 체계 및 보험청약서상 기재사항의 변동사항 등
보험계약의 중요한 내용에 대하여 구체적이고 상세한 명시·설명의무를 지고
있다고 할 것이어서 보험자가 이러한 보험약관의 명시·설명의무에 위반하여
보험계약을 체결한 때에는 그 약관의 내용을 보험계약의 내용으로 주장할 수
없다 할 것이므로, 보험계약자나 그 대리인이 그 약관에 규정된 고지의무를

위반하였다 하더라도 이를 이유로 보험계약을 해지할 수는 없다"고 하면서,
"원고는 이 사건 보험계약체결 후 피고에게 보험약관을 우송하면서 주운전자
를 허위로 기재하면 보험금을 지급받지 못하는 경우가 있으므로 기존의 계약
내용 중 잘못된 부분이 있으면 이를 즉시 수정신고하여야 한다는 취지의 안
내문을 동봉하여 우송한 사실을 인정할 수 있으나, 이러한 사정만 가지고서
바로 피고가 주운전자제도와 관련된 보험약관의 구체적인 내용을 알고 있었
다거나, 원고가 피고에게 주운전자제도를 부실신고한 경우에 입게 되는 계약
해지의 불이익에 대하여 구체적이고도 상세한 설명을 하였음을 추인하기에는
부족하다"고 하여(^{대판 1997. 9. 26,}_{97 다 4494}) 보험자가 약관의 교부·설명의무에 위반한 경
우, 보험계약자측에서 고지의무를 위반하였더라도 고지의무위반의 제재를 가
할 수 없다는 입장에 서 있다. 그런데 고지의무제도는 보험자의 설명여부에
관계없이 적용된다고 하여야 한다. 따라서 우리 판례가 고지의무를 포함하는
약관에 대한 명시설명의무를 위반하면 고지의무위반으로 인한 계약해지 등의
제재를 할 수 없다는 입장은 문제점이 있다. 그러한 판례는 보험소비자를 보
호하려는 법원의 의지를 엿볼 수 있는 판결이기는 하다. 그런데 보험자가 중
요사항을 명시적으로 질문하는 등 이른바 고지촉구의무를 다한 경우에는 고
지의무제도를 설명하지 않았다 하더라도 고지의무위반의 제재는 가능다고 하
여야 한다. 법률상의 규정을 약관에서 단순히 반복하고 있는 경우에는 약관설
명의무의 대상이 아니라는 대법원의 판례(^{가령 대판 1999. 9. 7,}_{98 다 19240})에 비추어 보면 종래
의 대법원 판례는 문제점이 있다. 그런데 이 문제와 관련하여 독일의 경우에
는 우리의 판례가 취하는 태도와 유사하게 입법적으로 개정을 하였다. 즉
2007년 개정 독일 보험계약법(VVG)에 의하면 보험자가 계약체결 전에 고지
의무위반의 효과에 대하여 텍스트형식으로 "별도로" 알려주지 않으면 고지의
무위반으로 인한 계약해제를 할 수 없도록 되었다(^{동법 제19조}_{제5항}). 이 안내는 보험
계약자가 보험자의 텍스트형식 질문에 답하기 전 최소한 1회는 이루어져야한
다. 이 안내는 보험계약자가 고지의무를 이행하기에 적합한 적시에 이루어져
야 한다. 보험자가 이 안내를 하지 않으면 그는 보험계약자의 의무위반 주장
을 할 수 없다. 이 규정은 고객에게 고지의무 위반시 입게 되는 불이익을 제
시하면서 잘못되거나 완전하지 않은 고지를 하는 것으로부터 경고하는 의미
에서 예방적인 기능을 수행한다. 그런데 별도의 인쇄를 요구하는 것은 합리적
이지 않다는 비판이 제기되고 있다. 보험자가 정확히 어떠한 내용을 안내하여

야 하는지에 대하여는 의견대립이 있다. 단순히 보험계약법 제19조 내지 21
조의 간접의무위반 효과를 안내한다는 식으로 추상적으로 지시하는 것으로는
부족하다고 보고 있다. 왜냐하면 법조문만 알려주어서는 보험계약자가 어떠한
법적 효과를 보게 될 것인지 불명확하기 때문이다. 그리고 악의의 기망으로
인한 취소에 대해서는 알려줄 필요가 없다. 그러한 경우 한편으로는 보험계약
자가 보호의 필요성이 없고, 악의의 기망의 경우에는 보험자가 그에 대하여
알려주지 않았어도 급부면책을 주장할 수 있어야 하기 때문이다. 알려주는 것
이 해제, 해지, 계약조정, 사고시 면책 등 법적효과에 한정될 수 있다. 이 때
소급적인 계약조정 및 그로 인한, 경우에 따라서는 이루어지는 보험자의 면책
을 알려주어야 한다. 입법자는 알려주는 것이 반드시 청약서질문과 연결되어
야 한다고는 보지 아니한다. 그럼에도 법적효과의 주지는 적시에 이루어져서
보험계약자가 그에 따라 고지의무를 이행할 수 있게 하여야 한다. 보험계약자
가 질의하는 경우에는 보험자는 법적효과주지를 하여야 하고 또 보험계약자
가 적정고지의 충분한 시간을 허용하여야 한다(Schimikowski, in: Rüffer/Halbach/Schimikowski,
Versicherungsvertragsgesetz, Baden-Baden,
2009, S. 200). 이러한 독일에서의 변화는 보험소비자 보호에 있어서 전향적인 것으
로서 주목을 요한다.

제 4 관 電子保險去來

인터넷통신기술의 발달로 최근에는 보험분야에서도 이러한 통신수단을
이용한 계약모집 · 체결이 늘어나고 있다. 그러나 그와 관련하여 대두되는 문
제점도 있다. 자필서명 · 약관설명 · 고지의무 등과 관련하여 특히 문제가 된다.
이에 대한 보험업법과 관련 법령 및 감독규정의 내용은 다음과 같다.

1. 通信手段을 이용한 保險募集

전화 · 우편 · 컴퓨터통신 등 통신수단을 이용하여 모집하는 자는 보험설
계사 · 보험대리점 등 보험업법 제83조의 규정에 의하여 모집을 할 수 있는
자이어야 하며, 다른 사람의 평온한 생활을 침해하는 방법으로 모집하여서
는 아니 된다(보험업법 제96조 제1항). 이러한 규정에 의한 통신수단을 이용한 모집은 다음
의 자를 대상으로 하여야 한다 : ① 통신수단을 이용한 모집에 대하여 동의
를 한 자, ② 통신수단을 이용하여 모집하는 자가 소속되거나 통신수단을
이용하여 모집하는 자에게 모집을 위탁한 보험회사와 보험계약을 체결한 실

적이 있는 보험계약자 또는 피보험자, ③ 통신수단을 이용하여 모집하는 보
험중개사가 보험계약을 중개한 실적이 있는 보험계약자 또는 피보험자, ④
위탁보험회사·보험설계사·보험대리점 또는 보험중개사가 적법한 절차에
따라 개인정보를 제공받거나 개인정보의 활용에 관하여 동의를 받은 경우의
당해 개인(보험업법 시행령
제43조 제 1 항).

　　통신판매에 관한 업무를 영위하는 자는 개인정보의 수집·활용·제공에
있어 관계법령을 준수하여야 하며, 개인정보가 유출되어 고객에게 피해를 주
지 않도록 통신판매종사자에 대한 교육 및 보안에 만전을 기하여야 한다
(보험업감독규정
제4-36조 제 2 항). 한편 보험업법 제96조 제 1 항의 규정에 의한 통신수단 중 전화를
이용하여 모집하는 자는 보험계약의 청약이 있는 경우 보험계약자의 동의를
얻어 청약내용, 보험료의 납입, 보험기간, 고지의무, 약관의 주요 내용 등 보험
계약체결을 위하여 필요한 사항을 질문 또는 설명하고, 그에 대한 보험계약자
의 답변 및 확인내용을 음성녹음하는 등 증거자료를 확보·유지하여야 하
며, 우편이나 모사전송 등을 통하여 지체없이 보험계약자로부터 청약서에 자
필서명을 받아야 한다(보험업법 시행령
제43조 제 2 항). 그리고 보험업법 시행령 제43조 제 2 항
의 규정에 불구하고 청약자의 신원을 확인할 수 있는 증빙자료가 있는 등 금
융위원회가 정하는 경우, 즉 보험업법 시행령 제43조 제 3 항에서 "금융
위원회가 정하는 경우"라 함은 다음의 사항이 충족되는 경우를 말한다
(보험업감독규
정 제4-37조): ① 생명보험계약의 경우 보험계약자·피보험자 및 보험수익자가
동일하거나 보험계약자·피보험자가 동일하고, 보험수익자가 보험계약자의 법
정상속인인 보험계약이어야 하며, 손해보험계약의 경우에는 보험계약자와 피
보험자가 동일한 계약일 것, ② 본인확인내용·보험청약내용·보험료납입·보
험기간·고지의무·보험약관의 주요 내용 등 보험계약체결을 위하여 필요한 사
항을 질문 또는 설명하고, 그에 대한 보험계약자의 답변·확인내용을 음성녹
음하는 등 그 증거자료를 확보·유지하는 시스템을 갖출 것, ③ 제 2 호의 규
정에 의한 음성녹음내용을 문서화한 확인서를 보험계약자에게 송부하고, 보험
계약자 및 피보험자가 음성녹음내용에 대해 확인을 요청한 경우 이를 확인
할 수 있을 것에는 동 제 2 항의 규정에 의한 자필서명을 받지 아니할 수 있
다(보험업법 시행령
제43조 제 3 항).

2. 사이버몰 保險募集과 遵守事項

　　사이버몰을 이용하여 보험을 모집하는 자는 다음과 같은 사항을 준수하

여야 한다(보험업법 시행령 제43조 제4항) : ① 모집을 위하여 설치하는 사이버몰은 모집을 위탁한 보험회사의 심사를 거쳐 관리번호를 부여받은 후 사용하여야 한다. ② 사이버몰에는 보험약관의 주요 내용을 표시하여야 하며, 보험계약자의 청약내용에 대하여는 전자서명법 제2조 제3호의 공인전자서명을 받은 경우 외에는 보험계약자로부터 자필서명을 받아야 한다. ③ 보험약관 또는 보험증권을 전자문서로 교부하는 경우 보험계약자가 당해 문서를 수령하였는지 여부를 확인하여야 하며, 보험계약자가 서면에 의한 교부를 요청하는 경우에는 이에 응하여야 한다.

그리고 보험모집을 위한 사이버몰에는 다음의 사항을 이용자가 쉽게 알 수 있도록 표시하여야 한다(보험업감독규정 제4-38조 제1항) : ① 사이버몰을 설치한 자의 성명 또는 상호나 명칭, 전화번호, 주소, 위탁보험회사의 상호나 명칭 및 보험업법 시행령 제43조 제4항 제1호의 규정에 의한 관리번호, ② 자필(전자)서명, 고지의무위반시 불이익 등 보험계약청약시 유의사항, ③ 청약철회, 보험료미납시 계약해지, 보험료납입 유예 및 계약부활, 통지의무 등 계약변동에 관한 사항, ④ 예금자보호제도·보험상담 및 분쟁조정 등 보험계약자보호에 관한 사항, ⑤ 해약환급금이 적은 이유 등 보험료환급에 관한 사항, ⑥ 보장내용, 가입자격의 범위 및 보상하지 아니하는 손해의 내용 등 보험상품의 중요 사항, ⑦ 그 밖에 보험계약자 등이 반드시 알아야 할 사항.

한편 컴퓨터 등 전자적 수단으로 보험계약의 체결 및 대출 등을 하고자 하는 보험회사는 그 거래의 안정성과 보험서비스이용자의 보호를 위하여 보험회사와 보험서비스이용자 간의 권리와 의무를 정한 약관을 마련하여 사용하여야 한다(보험업감독규정 제4-38조 제2항).

3. 評　價

인터넷에 의한 보험판매실적은 국내에서는 물론이고 선진국에서도 아직은 저조한 편이다. 그러나 21세기 금융시장에서는 보험회사간 및 다른 금융기관과의 치열한 가격경쟁이 이루어지고 있다. 따라서 그 돌파구를 위해 인터넷에 의한 보험판매가 활성화될 전망이다. 보험시장은 크게 이분화되어 고급시장과 대중시장으로 나뉘어질 것이다. 고급시장에서는 양질의 자문과 서비스 제공이 필요한 부유층이나 기업고객을 대상으로 전문화된 대리점이나 브로커들이 높은 수수료를 부과하더라도 시장에서 경쟁력을 유지할 수 있다. 그러나 정형화된 상품으로 중·하위층 소득자를 겨냥하는 대중시장에서는 비용절감으

로 가격경쟁의 우위를 점하는 것이 상대적으로 중요하다. 그리하여 인터넷·
전화 등을 이용한 직접판매의 비중이 상승할 것이다.

　　그런데 인터넷에 의한 보험가입시에는 보험계약법의 특수한 현상인 고지
의무문제, 자필서명의 문제를 전자거래기술과 결합하여 매끄럽게 운용되도록
하여야 한다. 인터넷을 통하여 보험회사의 질문표에 고지하였으면 고지의무를
이행한 것으로 보아야 한다. 대법원은 질문표에서 질문하지 않은 사항을 별도
의 질문표 여백에 기재하여 고지하지 않았다 하여 중과실에 의한 고지의 무
위반으로 볼 수 없다고 보고 있다(대판 1996. 12. 23,96 다 27971). 이에 비추어 보면 질문표에서
묻고 있는 것 이외의 사항은 특히 인터넷에 의한 보험계약청약시에는 그 특
성상 고려하지 않아도 될 것이다. 자필서명의 문제는 전자서명 혹은 음성녹음
에 의한 대체방법을 활용하여 해결하여야 할 것이다.

　　보험업에서 전자거래가 성공하기 위해서는 보수적인 보험회사 최고경영
진의 의지와 지원, 효과적인 전자거래전략 수립, 기업간의 공조체제구축, 기술
요원확보와 훈련, 정부와 기업합동의 정보통신기술 인프라의 구축 등이 원활
히 이루어져야 하며, 국제적 정합성에 합당한 범위 내에서 우리 실정에 맞는
관련법규를 완비하고, 세부적인 감독정책도 명확히 수립하여 보험업에서의 전
자거래가 활성화되도록 하여야 한다.

제 5 관　國際的 保險契約締結

　　우리 나라에서는 1993년 1월 수출적하보험, 1995년 4월 수입적하보험 및
항공보험의 Cross-Border 거래가 허용되면서 국제적 보험거래에 대하여 관심
과 논의가 활발해지게 되었다. 더욱이 1997년 1월부터 생명보험의 전종목, 손
해보험 중 장기상해보험·해외여행보험·선박보험의 Cross-Border 거래가 추
가적으로 허용되었고, 단계적으로 그 허용폭을 넓혀 갈 계획으로 되어 있다.

　　일반적으로 Cross-Border 거래라 함은 서비스의 국경간 거래로서 공급자
와 소비자가 각각 다른 국가에 소재하면서 서비스를 공급하는 것이다. 이를
보험분야에서 살펴보면 외국보험사업자가 자국의 보험상품을 (국내감독당국의
허가나 인가 없이) 소비자거주국인 국내에 회사를 설립하지 않고도 우편·텔렉
스·팩스·Cable 등의 수단을 통하여 판매하는 거래형태를 말한다.

　　Cross-Border 보험거래를 위한 현행법상의 제도를 살펴보면 보험업법 제

3조(보험계약의 체결)에서 "누구든지 보험회사가 아닌 자와 보험계약을 체결하
거나 이를 중개 또는 대리하지 못한다. 다만, 대통령령이 정하는 경우에는 그
러하지 아니하다"고 규정하고, 보험업법 시행령 제 7 조(보험계약의 체결)에서
"법 제 3 조의 규정에 의하여 보험사업자가 아닌 자와 보험계약을 체결하거나
이를 중개 또는 대리할 수 있는 경우는 다음 각 호의 1에 해당하는 경우로
한다"고 하면서 외국보험사업자와 생명보험계약·수출적하보험계약·수입적하
보험계약·항공보험계약·여행보험계약·선박보험계약·장기상해보험계약 또
는 재보험계약을 체결하는 경우 등을 열거하고 있다.

　　1997년 1월 이후 보험료기준으로 우리 나라 보험시장의 80% 이상이 개
방되었다. Cross-Border 보험거래범위 내에서만 보면 보험거래의 국경은 없
어졌다고 해도 무리가 없다. 그러나 이로 인하여 보험계약의 체결, 보험료송
금, 보험금송금행위 이외에 보험문화의 교류, 의식관행의 교류 등도 수반될
것이다. 따라서 이에 대한 대비책을 마련하는 데 있어 서둘러야 한다. 특히
보험관련 국제사법의 문제를 심도 있게 논의하여 보완책을 세워야 한다.

제 4 절   保險契約의 效力

김백영, 피보험자의 보험금청구권의 행사요건 및 보험자의 보상범위, 商事判例研究
3(1989)/金星泰, 보험계약법상의 고의·중과실 면책원칙(商法 제659조의 1항)의 적용
범위에 대한 검토, 保險學의 現代的 課題(宋基澈博士華甲紀念論文集), 1985/김철영,
통지의무의 위반과 보험자의 중대한 과실, 損害保險 301(1993. 11)/金弘燁, 保險金支
給請求權의 消滅時效起算點〈判例〉, 人權과 正義 207(1993. 11)/盧一錫, 보험계약에 있
어서 위험의 변경·증가, 商事法研究 5(1987)/孫珠瓚, 보험료지급에 따른 몇 가지 문
제, 商法論集(鄭熙喆先生華甲紀念論文集), 1979/宋相現, 보험금지급의무와 불법행위
손해배상의무와의 관계, 商法論叢(鄭熙喆先生停年紀念論文集), 1985/沈相武, 危險의
變更·增加에 관한 研究, 企業環境法의 變化와 商事法(孫珠瓚教授古稀紀念論文集),
1993/沈相武, 商法 제652조·제653조의 理解論的 考察, 東義法政 10(1994. 2)/安慶峰·
河洪俊, 保險契約者 등의 故意·重過失에 의한 保險者免責, 企業과 法(度岩金教昌辯
護士華甲紀念論文集), 1997/梁承圭, 보험약관 교부·명시의무와 고지의무위반의 효과,
현대상사법논집(김인제박사정년기념논문집), 1997/尹寶玉, 피보험자의 서면동의 없이
체결된 보험계약의 효력, 기업과 법(김교창변호사화갑기념논문집), 1997/李景民, 先日

字手票에 의한 保險料支給과 保險者責任, 仁川法曹 1(1993. 1)/李基秀, 西獨保險契約
法 제67조에 의한 私保險者의 求償權, 保險學會誌 25(宋基澈博士華甲紀念論文集), 韓
國保險學會, 1985/李豪哲, 선일자수표에 의한 보험료지급의 효력발생시기, 부산대 대
학원논문집 1(1991. 2)/張敬煥, 보험료지급에 있어서의 2가지 법적 문제, 商事法研究
5(1987)/張敬煥, 保險料納入을 위해 交付된 어음不渡의 效果, 보험조사월보 182(1993.
4)/鄭東潤, 선일자수표에 의한 보험료지급과 승낙 전 사고에 대한 보험자의 책임, 判
例研究(서울지방변호사회) 5(1992. 1)/鄭浩烈, 보험료의 불지급과 그 효과, 상사법논총
(강위두박사화갑기념논문집), 1996/蔡利植, 보험계약상 면책사유에 관한 소고, 企業環
境法의 變化와 商事法(孫珠瓚教授古稀紀念論文集), 1993/崔秉珪, 保險契約에서의 失
效約款, 보험학회지 48(1996. 10)/崔秉珪, 보험료지급을 둘러싼 법적 문제점, 현대상사
법논집(김인제교수정년기념논문집), 1997/崔埈璿, 保險法上 危險의 變更·增加通知義
務에 관한 一考, 企業과 法(度岩金教昌辯護士華甲紀念論文集), 1997/韓昌熙, 分納保
險料의 지급지체와 유예기간 없는 失效條項의 효력, 인권과 정의 203(1993. 7).

　　보험계약이 성립하면 그 계약의 효력으로서 보험계약의 직접당사자인 보
험자와 보험계약자 그리고 보험관계자인 피보험자와 보험수익자에게 일정한
법률상의 권리와 의무가 생긴다. 그 중에서 가장 중요한 것은 이른바 기본적
의무라고 할 수 있는 보험자의 보험금지급의무와 보험계약자의 보험료지급의
무이다. 그 밖에도 부수적 의무로서 보험자는 보험증권교부의무와 보험료반환
의무, 보험계약자 등은 각종 통지의무와 위험변경·증가의 금지의무 등을 부
담한다. 아래에서는 보험계약의 효력을 보험자의 의무와 보험계약자 등의 의
무로 나누어 살펴보기로 한다.

제 1 관　保險者의 義務

Ⅰ. 保險證券交付義務

1. 保險證券의 交付

　　보험자는 보험계약이 성립한 때에는 지체없이 보험증권을 작성하여 보험
계약자에게 교부하여야 한다(제640조 제1항 본문). 구 상법에서는 보험계약자가 그 교부를
청구한 때에 한해 보험자가 보험증권을 작성·교부할 의무가 있었으나, 현행
상법은 보험계약이 성립하면 당연히 보험자는 보험계약자에게 보험증권을 작
성·교부하도록 하고 있다. 그러나 보험계약자가 보험료의 전부 또는 최초의
보험료를 지급하지 않은 때에는 보험증권을 교부할 의무가 없으며(동조 동항 단서), 기

존의 보험계약을 연장하거나 변경한 경우에는 그 사실을 그 보험증권에 기재함으로써 보험증권의 교부에 갈음할 수 있다(_{제2항}^{동조}). 보험증권이 멸실 또는 현저하게 훼손되어 보험계약자가 자기의 비용부담으로 재교부를 청구한 때에는 보험자는 재교부할 의무가 있다(^{제642}_조). 보험증권교부의 청구권자는 보험계약의 당사자인 보험계약자에 한한다.

2. 保險證券

(1) 意 義   보험증권(insurance policy; Versicherungsschein)은 보험계약의 성립과 그 내용을 증명하기 위하여 계약의 내용을 기재하고, 보험자가 기명날인 또는 서명하여 보험계약자에게 교부하는 증권이다.

〈대판 1973. 2. 28, 72 다 1858〉

「원고가 피보험자로 된 보험증권을 회수한 바 없이 또 원고부지중에 피고가 위 보험증권과 사실상 대체되는 피보험자를 타인으로 하는 보험증권을 발행하였다면, 원고의 권리가 후자에 의하여 담보되지 않은 이상 원고의 권리는 훼손되었다 할 것이다.」

보험증권과 구별해야 할 것으로 커버 노트(cover note)라는 것이 있다. 커버 노트란 손해보험의 실무에서 공통된 양식으로 인쇄되어 보통 보험회사를 위하여 대리점이 계약의 조건 또는 보험증권의 표시를 하여 청약자에게 교부하고 계약성립 후 보험증권과 대체되는 것으로서, 피보험자가 보험료의 지급 등의 조건을 이행한 때에는 그 커버 노트에 기재된 바대로 계약의 이행에 대한 권리를 가지는 등의 효력이 인정된다. 이 커버 노트에는 중개인에 의하여 발행되어 부보되었음을 증명하는 것도 있으나(Broker's cover note) 보험자를 구속하지는 않는다. 그러나 우리 나라에서는 화재보험계약자에게 교부하는 보험료영수증을 실무상 커버 노트라고 부르고 있으므로 보험증권과는 그 성질 및 효력을 달리한다. 다만, 보험증권이 발행되기까지는 그 기재에 따라 보험계약의 성립·보험료지급 등에 관한 증거로서 효력이 인정될 수 있다. 일본에서는 이 커버 노트를 假證券이라고 하며, 보험증권이 발행되기까지는 보험증권을 대신하는 기능을 갖는 것으로 이해되고 있다(_{월간고시, 1980년 5월, 71쪽 참조}^{손주찬, 보험증권의 법적 성질,}).

(2) 法的 性質

A. **要式證券性**   보험증권은 요식증권으로서 다음과 같은 사항을 기재하고, 보험자가 기명날인 또는 서명하여야 한다. ① 보험의 목적, ② 보험사

고의 성질, ③ 보험금액, ④ 보험료와 그 지급방법, ⑤ 보험기간을 정한 때에는 그 始期와 終期, ⑥ 무효와 실권의 사유, ⑦ 보험계약자의 주소와 성명 또는 상호, ⑧ 보험계약의 연월일, ⑨ 보험증권의 작성지와 그 작성연월일 등이다($^{제666}_{조}$). 이상의 기본적 기재사항 이외에도 상법은 화재보험($^{제685}_{조}$)·운송보험($^{제690}_{조}$)·해상보험($^{제695}_{조}$)·자동차보험($^{제726}_{의 3조}$)·인보험($^{제728조.}_{제738조}$) 등에 따라서 각각 별도의 記載事項을 法定하고 있다. 그러나 보험증권의 요식증권성은 어음·수표의 경우와 같이 엄격하지 않으므로 법정기재사항을 갖추지 못한 경우에도 보험계약의 중요한 내용이 모두 포함되어 있는 한 보험증권의 효력에는 영향이 없고, 법정기재사항 이외의 사항도 추가로 기재할 수 있다.

　　B. 證據證券性　　　　보험증권은 보험계약의 성립을 증명하기 위하여 보험자가 발행하는 증거증권이다. 따라서 보험계약자가 이의 없이 보험증권을 수령하는 때에는 그 기재가 계약의 성립 및 내용에 대하여 사실상의 추정력을 갖게 될 뿐이고, 그 자체가 계약서는 아니다. 그러므로 보험계약의 성립 및 내용에 관한 입증은 보험증권 이외의 자료로도 가능하며, 보험증권에 기재되지 않은 사실을 증명함으로써 그 증권에 기재된 사실을 다툴 수 있다. 이는 보험계약의 낙성계약성에서 당연히 인정된다.

　　〈대판 1996. 7. 30, 95 다 1019〉

　　「보증보험은 당사자 사이의 의사합치에 의하여 성립되는 낙성계약으로서 별도의 서면을 요하지 아니하므로 보험계약을 체결할 때 작성교부되는 보험증권이나 보험계약의 내용을 변경하는 경우에 작성교부되는 배서증권은 하나의 증거증권에 불과한 것이어서 보험계약의 성립 여부라든가, 보험계약의 당사자, 보험계약의 내용 따위는 위의 증거증권만이 아니라 계약체결의 전후경위, 보험료의 부담자 등에 관한 약정, 위 증권을 교부받는 당사자 등을 종합하여 인정할 수 있다.」($^{동지:}_{1988.}$ $^{2.9, 87 다}_{카 2933}$)

　　물론 보험증권에 이의약관이 기재된 때에는 이의기간의 경과로 보험증권에 기재된 사항이 보험계약의 내용으로 확정된다($^{이의약관에 대}_{해서는 후술}$).

　　C. 免責證券性　　　　보험증권은 보험자가 보험금 등의 급여를 함에 있어서 제시자의 자격의 유무를 조사할 권리는 있으나 의무는 없는 면책증권이다($^{동지: 양승}_{규, 130쪽}$). 따라서 보험자는 보험증권을 제시한 사람에 대하여 악의 또는 중대한 과실 없이 보험금 등을 지급한 때에는 그가 비록 권리자가 아니더라도 그 책임을 면한다. 이에 대해서 모든 보험증권을 무조건 면책증권으로 볼 수

는 없고, 유가증권성이 인정되지 않는 보험증권이 지시식·무기명식으로 발행된 경우나 유가증권으로 인정되는 경우에 한해서만 면책증권으로 보는 견해가 있다(채이식, 479쪽).

　D. 相換證券性　　실무상 보험자는 보험증권과 상환으로 보험금 등을 지급할 의무가 있다. 따라서 보험증권은 일반적으로 상환증권으로서의 성질을 가지고 있다. 그러나 이 때의 상환증권성은 보험증권과 상환하지 않으면 보험금을 지급할 수 없음을 의미할 정도는 아니고, 다른 방법에 의하여 그 권리를 증명하면 보험금을 청구할 수 있다고 본다(동지: 양승규, 130쪽; 최기원, 187쪽). 반면 보험증권 이외의 방법을 통해서 보험금청구권자임을 입증하면 충분하므로 보험증권의 상환증권성을 특별히 인정할 필요가 없다는 견해도 있다(손주찬, 535쪽; 채이식, 479쪽).

　E. 有價證券性　　법은 보험증권을 기명식에 한하지 않고 지시식 또는 무기명식으로 발행하는 것을 금지하지 않고 있고, 실제로도 운송보험·해상적하보험 등에서 지시식 또는 무기명식 보험증권이 이용되고 있다. 가령 손해보험증권의 경우 법정기재사항에 보험계약자의 성명은 포함되지만 피보험자의 성명은 포함되지 않으므로(제666조), 타인을 위한 보험의 경우는 무기명증권으로 발행될 수도 있고, 인보험증권의 경우에도 보험수익자의 성명을 기재하도록 하여(제728조) 기명식이 원칙이긴 하지만, 보험계약자는 지정권을 계약성립 후에도 행사할 수 있으므로 계약성립 당시에는 보험수익자가 특정되지 않을 수 있으므로 무기명식이 허용된다.

　반면 보험증권을 지시식으로 발행할 수 있는가와 관련해서는 특히 보험의 목적이 운송물인 경우 유통증권과 함께 유통될 필요가 있으므로, 이 때에는 지시식으로 발행되는 것이 일반이다. 그러나 인보험증권의 경우 보험수익자를 변경하는 데에는 보험자에 대한 통지가 필요하고(제734조, 제739조), 또는 타인의 사망보험의 경우에는 타인의 동의도 필요하므로(제732조 제2항) 인보험계약에서는 지시식으로 보험증권을 발행할 수 없다(손주찬, 530쪽 아래). 이와 같이 보험증권이 지시식 또는 무기명식으로 발행되는 경우 그것의 유가증권성이 문제되는데, 이에 관해서는 학설이 대립하고 있다.

　(i) 否定說　　보험계약은 인적 신뢰를 전제로 성립하므로 그 성질상 보험금청구권만을 분리하여 유통시키기에 적합하지 않고, 특히 손해보험에 있어서는 보험계약상의 권리·의무가 보험증권의 점유이전만으로는 이전되지 않고 보험의 목적의 양도에 수반하여 이전된다는 점(제679조 참조)에서 보험증권의 유

가증권성을 부인한다. 현재 우리 나라에서는 부정설을 주장하는 학자는 없다.

(ii) 肯 定 說   보험금청구권은 금전채권으로서 권리의 성질상 양도에 적합하고, 보험금청구권을 양도할 때 권리의 이전·행사를 간편하게 하기 위해서는 지시식 또는 무기명식으로 발행된 보험증권의 유가증권성에 대해서는 인정할 필요가 있다고 한다(채이식, 478쪽).

(iii) 一部肯定說(折衷說)   보험금청구권은 그 성질상 다수당사자 사이에서 전전유통될 성질의 권리가 아니므로 이와 관련된 보험증권은 원칙적으로 유가증권이 아니지만, 예외적으로는 선하증권·화물상환증·창고증권과 같은 유통증권과 함께 유통되는 보험증권은 오늘날 일반적인 거래의 실정에 비추어 볼 때 유가증권성이 인정된다고 한다(다수설)(정희철, 391~392쪽; 최기원, 186쪽; 양승규, 132쪽). 그 성질상 보험금청구권만을 분리하여 전전유통시킬 수 없는 보험(예: 생명보험·화재보험 등의 일반손해보험)에 있어서는 보험증권의 유가증권성을 인정할 실익이 없을 뿐만 아니라, 이것을 인정하면 오히려 도덕적 위험과 관련된 폐단이 많을 것이다. 그러나 보험의 목적인 물건에 대한 권리가 유통증권에 화체되어 유통하는 보험(예: 운송보험·해상적하보험)에 있어서는 보험증권의 유가증권성을 인정하여 배서·교부에 의한 보험금청구권의 이전을 가능하게 하는 것이 타당할 것이다.

유가증권성이 인정되는 보험증권이 배서 또는 교부에 의하여 양도된 경우에는 당연히 권리이전적 효력·자격수여적 효력 및 면책적 효력이 인정된다. 그러나 보험증권은 무인증권이 아니므로 보험자는 보험계약상의 항변으로 보험증권의 소지인에게 대항할 수 있다.

(3) 保險證券에 관한 異議申請   보험증권의 기재내용에 관하여 이의가 있는 경우를 위하여 이의약관(Widerspruchsklausel)이 인정된다. 이의약관이란 보험계약의 당사자가 보험증권의 교부가 있은 날로부터 1월을 내리지 않는 기간 안에 한하여 그 증권내용의 正否에 관한 이의를 할 수 있음을 약정한 경우(제641조), 이것을 정한 약관을 말한다. 보험계약당사자가 이의약관을 정할 수 있도록 한 것은 실제의 보험계약의 내용과 보험증권상의 기재내용이 다른 경우 제기될 분쟁의 소지를 확정적으로 해소하기 위한 것이다. 이의약관에서 정한 이의기간이 지나면 보험증권의 기재내용은 확정적 효력을 갖는다. 따라서 이의약관의 정함은 명시적이어야 한다.

상법 제641조는 보험증권에 대한 이의약관을 1월을 내리지 않는 한도에서 유효하도록 규정하고 있다. 그런데 이 때 계약자보호를 위한 구체적인 내용이 규정되어 있지 않다. 2007년 개정 독일보험계약법 제5조에서는 보험증권에 대한 이의에 대하여 규정한다. 동 제1항은 "보험증권의 내용이 보험계약자의 청약이나 합의한 바와 다른 경우에는 제2항의 전제조건을 충족하고 보험계약자가 보험증권의 도달 후 1개월 내에 텍스트형식으로 이의를 제기하지 않은 경우 이를 승인한 것으로 본다"고 규정하고 있다. 또한 동 제2항에서는 "보험증권의 도달 후 한 달 안에 텍스트형식으로 이의를 제기하지 아니하면 차이가 나는 것을 승인한 것으로 본다는 것을 보험증권의 송달시점에 보험자는 보험계약자에게 알려야 한다. 당해 차이점과 여기에 관련된 법률효과를 보험증권에 명시적으로 보험계약자에게 알려야 한다"고 규정하고 있다. 이와 같이 독일 보험계약법은 청약내용과 보험증권의 내용이 다르거나 그 청약 내용이 보험계약내용에 실제로 들어지지 않았다는 것을 통해 발생할 수 있는 보험 보호와 관련한 흠결 등으로부터 보험계약자를 보호하는 내용을 규정하고 있다. 이의약관의 경우 보험증권내용대로 무조건 유효한 것이 아니라 청약과 차이가 있는 경우에도 이의를 제기하지 않는 경우에도 양자의 차이점과 그와 관련된 법률효과를 명시적으로 보험계약자에게 인식시킬 경우에 한하여 증권내용대로 된다는 제한을 가하여 보험계약자를 보호하기 위한 장치를 마련하고 있다. 이러한 점에 비추어 보면 상법 제641조는 보완을 요한다. 청약내용과 증권상의 실제 계약내용의 차이점과 그와 관련된 법률효과를 명시적으로 보험계약자에게 인식시킨 경우에 한하여 보험증권의 기재내용은 확정적 효력을 갖는 것으로 수정하여야 한다.

Ⅱ. 保險金支給義務

1. 意　　義

보험자는 보험기간 안에 보험사고가 생긴 때에는 피보험자 또는 보험수익자에게 보험금을 지급하여야 한다(제638조). 보험자의 보험금지급의무는 보험계약에서 보험자가 부담하는 가장 중요한 의무로서 보험계약자의 보험료지급에 대한 반대급부이다.

〈대판 1974. 12. 10, 73 다 1591〉

「보험계약자의 보험료지급이 없는 이상 보험자는 보험사고가 발생하여도 보험금 지급의무가 발생할 수 없다.」

여기서 보험금이란 손해보험과 인보험에서 그 의미가 약간 다르다. 원칙
적으로 손해보험에서는 보험금액의 한도 내에서 보험사고로 말미암아 피보험
자가 입은 재산상의 손해에 대한 보상액을 말하고, 인보험에서는 보험계약에
서 약정한 보험금액을 말한다.

〈대판 1994. 1. 14, 93 다 25004〉
「보험회사와 피보험자 사이에 체결된 보험계약의 보험약관에 의하면 보험회사는 피
해자와 피보험자 사이에 판결에 의하여 확정된 손해액은 그것이 피보험자에게 법률
상 책임이 없는 부당한 손해라는 등의 특단의 사정이 없는 한 원본이든 지연손해
금이든 모두 피해자에게 지급할 의무가 있다.」

2. 保險金支給責任의 發生要件

보험자의 보험금지급책임은 보험사고의 발생을 조건으로 하고, 그 보험
사고는 보험기간 안에 생긴 것이어야 한다. 즉 보험계약에서 정한 보험사고가
보험기간 안에 생겨야 보험자의 보험금지급책임이 생긴다. 다만, 보험사고의
발생이 보험기간 안에 생긴 이상 보험기간 후에 손해가 발생하였더라도 보험
자는 그에 대한 보험금지급책임을 진다.

보험자의 책임은 다른 약정이 없는 한 보험계약자로부터 최초의 보험료
를 지급받는 때로부터 개시된다($^{제656}_{조}$). 따라서 보험계약이 성립되어 있다고 하
더라도 보험계약자가 최초의 보험료를 지급하기 전에 생긴 사고에 대하여는
보험자는 보험금지급책임을 지지 않는다.

보험자가 보험계약자로부터 보험계약의 청약과 함께 보험료상당액의 전
부 또는 일부를 받은 경우에 그 청약을 승낙하기 전에 보험계약에서 정한 보
험사고가 생긴 때에도, 예컨대 고지의무위반과 같은 청약을 거절할 만한 사
유가 없는 한 보험자는 보험계약상의 책임을 지므로($^{제638조의 2}_{제3항 본문}$) 보험금을 지급
하여야 한다. 다만, 보험계약자가 보험료를 지급하였더라도 피보험자가 신체검
사를 받아야 하는 인보험계약의 경우, 피보험자가 신체검사를 받지 아니한
때에는 보험자는 책임을 지지 않는다($^{동조항}_{단서}$).

3. 保險者의 免責事由

보험기간 안에 보험사고가 발생한 경우에는 보험계약자가 최초의 보험료
를 지급한 이상 보험자에게 보험금지급책임이 생기는 것이 원칙이다. 그러나
일정한 사유가 있는 경우 보험자는 면책된다. 보험자의 면책사유는 보험사고

의 원인과 관련하여 보험자가 면책되는 책임면제사유($^{고의에 의한}_{보험사고}$)(exceptions)와 보험계약에서 보험사고의 범위를 제한하여 제외되는 사유인 담보위험제외사유(exclusions)로 나눌 수 있다($^{양승규, 136}_{쪽 참조}$). 또한 면책사유는 그 규정형식에 따라서 법정면책사유와 약정면책사유로 구분되는데, 대체로 법정면책사유는 책임면제사유에 속하고, 약정면책사유는 당사자의 합의(약관)에 의해 정해지므로 담보위험제외사유인 경우가 많다.

(1) 保險契約者 등의 故意 · 重過失에 의한 保險事故

A. 意　　義　　보험사고가 보험계약자 또는 피보험자나 보험수익자의 고의 또는 중대한 과실로 인하여 생긴 때에는 보험자는 보험금을 지급할 책임이 없다($^{제659}_{조}$). 다만, 사망을 보험사고로 한 보험계약에서는 사고가 보험계약자 또는 피보험자나 보험수익자의 중대한 과실로 인한 경우에는 보험자는 보험금지급책임을 면하지 못한다($^{제732조}_{의 2}$).

보험계약자 등의 고의 · 중과실에 의한 보험사고는 우연성을 결하고 있어서 보험사고로서 인정될 수 없고, 도덕적 위험에 해당하는 인위적 사고는 정책적으로 보호의 여지가 없다는 점에서 상법은 이러한 보험사고에 대해서 보험자의 면책을 규정하고 있다.

여기서 고의라 함은 보험사고가 발생하리라는 것을 인식하면서 감히 그 행위를 하는 것을 말하고($^{예 : 피보험자의 자}_{해행위 · 방화 등}$),

〈대판 1997. 1. 24, 95 다 12613〉

「보증보험은 피보험자와 어떠한 법률관계를 가진 보험계약자의 채무불이행으로 인하여 피보험자가 입게 될 손해의 전보를 보험자가 인수하는 것을 내용으로 하는 손해보험이므로, 보증보험의 성질상 보험계약자의 고의 또는 중과실로 인한 보험사고의 경우 보험자의 면책을 규정한 상법 제659조 제 1 항은 특별한 사정이 없는 한 보증보험에는 적용되지 않는다.」

〈서울고판 1988. 12. 6, 88 나 25712〉

「피보험자가 순간적으로 구타당한 데 대한 앙갚음을 할 생각으로 자동차를 급히 전진시켜 우측 범퍼와 후사경으로 피해자의 다리 부위를 충격하여 넘어지게 함으로써 피해자가 그 충격으로 인한 두개골 골절상으로 사망한 경우에는 이는 미필적 고의로 생긴 사고로서 보험약관에 정하여진 고의에 포함된다고 할 것이고, 원인행위에 대한 고의가 있었던 이상 사망이라는 결과가 초래된 경우에도 고의로 일으킨 사고라고 해석하여 보험자는 그로 인한 보험금지급의무를 면한다고 할 것이다.」

〈대판 2007. 10. 26, 2006 다 39898〉

「자동차보험약관 제14조는 "보험계약자 또는 피보험자(이하 '보험계약자 등'이라 한다)의 고의로 인한 손해"를 보험자가 보상하지 아니하는 사항으로 규정하고 있는바, 이러한 면책약관은 이를 엄격히 제한적으로 해석함이 원칙이라고 할 것인 점, 상해와 사망 또는 사망에 준하는 중상해(이하 이를 '사망 등'이라고 한다) 사이에는 그 피해의 중대성에 있어 질적인 차이가 있고 손해배상책임의 범위에도 커다란 차이가 있는 점에 비추어 보험계약자 등이 통상 예상할 수 있는 범위를 넘어서 사망 등과 같은 중대한 결과가 생긴 경우에까지 보험계약자 등이 스스로 초래한 보험사고로 취급되어 면책약관이 적용되리라고는 생각하지 않는 것이 보험계약자 등의 일반적인 인식일 것이라는 점, 보험계약자 등이 적극적으로 사망 등의 결과를 의욕하거나 의도한 것이 아닌 이상, 그에 대한 면책약관이 적용되지 아니하는 것으로 보더라도 인위적인 사고를 조장할 위험성이 크다고는 할 수 없고 오히려 보험의 사회보장적 기능에 부합하는 것이라는 점 등을 종합적으로 고려하면, 자동차 운행으로 인한 사고의 경위와 전후사정 등에 비추어 보험계약자 등이 피해자가 상해를 입으리라는 점에 대해서는 이를 인식·용인하고 있었다고 볼 수 있지만 피해자가 이를 넘어서서 사망 등의 중대한 결과에 이르리라는 점까지는 인식·용인하였다고 볼 수 없는 경우에는, 그 사망 등으로 인한 손해는 보험계약자 등의 고의로 인한 손해에 해당하지 아니하고 따라서 위 면책약관이 적용되지 아니하는 것으로 봄이 상당하다(음주단속을 피하기 위하여 단속 경찰관을 승용차에 매달고 도주하다가 힘에 부친 경찰관이 도로에 떨어지면서 그곳 지하철 공사구간에 설치된 철제 H빔에 머리를 부딪쳐 뇌손상을 입고 식물인간 상태에 이르게 된 사안에서, 피해자가 입은 손해는 위 면책약관에서 정한 "고의로 인한 손해"에 해당하지 않는다고 보아 원심을 파기한 사례).」

〈대판 2004. 8. 20, 2003 다 26075〉

「보험약관에서 '피보험자 등의 고의에 의한 사고'를 면책사유로 규정하고 있는 경우 여기에서의 '고의'라 함은 자신의 행위에 의하여 일정한 결과가 발생하리라는 것을 알면서 이를 행하는 심리상태를 말하는 것으로서 그와 같은 내심의 의사는 이를 인정할 직접적인 증거가 없는 경우에는 사물의 성질상 고의와 상당한 관련성이 있는 간접사실을 증명하는 방법에 의하여 입증할 수밖에 없고, 무엇이 상당한 관련성이 있는 간접사실에 해당할 것인가는 사실관계의 연결상태를 논리와 경험칙에 의하여 합리적으로 판단하여야 할 것임은 물론이지만, 보험사고의 발생에 기여한 복수의 원인이 존재하는 경우, 그 중 하나가 피보험자 등의 고의행위임을 주장하여 보험자가 면책되기 위하여는 그 행위가 단순히 공동원인의 하나이었다는 점을 입증하는 것으로는 부족하고 피보험자 등의 고의행위가 보험사고발생의 유일하거나 결정적 원인이었음을 입증하여야 할 것이다.

이 사건에 관하여 보건대, 원심이 인정하는 것처럼 이 사건 사고로 인한 상해가 중하여 망인에게 1,600cc 가량의 피를 수혈하였다 할지라도 생존을 보장할 수 없었고, 따라서 수혈거부가 사망의 유일하거나 결정적인 원인이었다고 단정할 수 없다면, 원고의 수혈거부행위가 사망의 중요한 원인 중 하나이었다는 점만으로는 피고들이 그 보험금의 지급책임을 면한다고 할 수는 없다.」

〈대판 2010. 3. 25, 2009 다 38438,38445〉
「종신보험의 재해사망특약에서 한국표준질병·사인분류상 S00~Y84에 해당하는 우발적인 외래의 사고를 보장대상이 되는 재해로 규정한 다음 그 중 고의적 자해 (X60~X84)를 보험금을 지급하지 아니하는 재해로 규정한 사안에서, 피보험자가 의도적인 자해에 의한 중독 또는 손상으로 인하여 사망함으로써 피보험자의 사인이 위 고의적 자해로 분류되더라도 피보험자에게 사망에 대한 고의가 없었던 경우에는 보험사고가 전체적으로 보아 고의로 평가되는 행위로 인한 사고가 아니므로 그 경우에 관한 한 면책약관은 무효이다.」

〈대판 2010. 11. 11, 2010 다 62628〉
「보험계약자 또는 피보험자가 피해자의 상해에 대하여는 이를 인식·용인하였으나, 피해자의 사망 등 중대한 결과에 대하여는 이를 인식·용인하였다고 볼 수 없는 경우, 그 사망 등으로 인한 손해가 자동차보험의 면책약관에서 정한 '보험계약자 또는 피보험자의 고의에 의한 손해'에 해당하지 아니한다(사람이 승용차 보닛 위에 엎드려 매달리자 그를 차량에서 떨어지게 할 생각으로 승용차를 지그재그로 운전하다가 급히 좌회전하여 위 사람을 승용차에서 떨어뜨려 사망에 이르게 한 사안에서, 피해자의 사망으로 인한 손해가 가해차량 운전자의 '고의에 의한 손해'라고 할 수 없어 자동차보험의 면책약관이 적용되지 않는다.」

중대한 과실이란 현저하게 주의를 다하지 아니한 것을 말한다(예: 음주운전·무단횡단 등). 보험계약자 또는 피보험자나 보험수익자의 고의 또는 중대한 과실로 보험사고가 생겼다는 것은 보험자가 입증하여야 한다.

〈대판 2003. 10. 23, 2002 다 26320〉
「여기에서 중대한 과실이라고 함은 통상인에게 요구되는 정도의 상당한 주의를 하지 않더라도 약간의 주의를 한다면 손쉽게 위법·위험한 결과를 예견할 수 있는데도 불구하고 만연히 이를 간과함과 같은 거의 고의에 가까운 현저한 주의를 결여한 상태를 의미한다고 할 것인바, 위에서 본 바와 같은 이 사건 사고의 발생 시점, 사고장소, 사고의 경위에 더하여 제 1 심 피고가 수렵면허를 소지하고 있었 던 점 등에 비추어 볼 때, 제 1 심 피고가 약간의 주의를 하였다면 이 사건 사고의 발생을 손쉽게 예견할 수 있었다고 보기 어려우며, 나아가 달리 이를 인정할 만한 자료도 발견되지 않는 이 사건에 있어서, 이 사건 사고가 제 1 심 피고의 중대한 과실로 인하여 생긴 것이라고 단정할 수는 없다 할 것이다.」

　　B. **特約의 效力**　　　　보험계약의 당사자간에 위와 같은 보험자의 면책사 유에 반하는 특약이 가능한가에 대하여는 일률적으로 판단할 수 없고, 신의성 실의 원칙이나 공익에 비추어 결정해야 한다. 이러한 기준에 비추어 볼 때 피보험자나 보험수익자의 고의에 의하여 사고가 발생한 경우에도 보험자가 보험금을 지급한다는 내용의 특약은 무효이다. 이에 대해서는 다른 사정이나 원인 때문에 비록 고의이지만 보험사고를 일으킬 수밖에 없는 경우도 생각할 수 있으며, 따라서 고의로 인한 사고를 보험사고로 한 보험계약을 모두 무효 로 할 수는 없다는 견해도 있다(채이식, 501쪽). 그러나 중대한 과실이 있는 경우에도 보험자가 보험금의 지급책임을 진다는 특약이 반드시 무효라고 할 수는 없을 것이다. 특히 책임보험에서 그러한 경우가 인정될 소지가 있다.

　　C. **代表者責任理論**　　　　보험사고가 보험계약자나 보험수익자와 법률상 또는 경제상 특별한 관계에 있는 자(예: 금, 가족, 사용인 등)의 고의 또는 중대한 과실로 발 생한 때에도 보험자가 면책된다는 소위 대표자책임이론(Repräsentanten- haftungstheorie)이 독일에서 주장되고 있는데, 우리 나라에서도 이에 따르는 견해가 있다(최기원, 196쪽). 그러나 대표자책임을 인정할 만한 법적 근거가 없는 우리 나라에서는 보험사고가 보험계약자나 보험수익자의 법정대리인 또는 지배인 과 같이 특수한 지위에 있는 자의 고의·중과실로 생긴 경우를 제외하고는 보험자의 면책을 인정할 수 없을 것이다(정희철, 395쪽; 양승규, 141쪽; 채이식, 501쪽). 보험약관에 이에 관한 조항이 없는 경우에는 특별한 사정이 없는 한 대표자책임은 인정될 수 없다는 견해(손주찬, 540쪽)도 같은 취지의 견해로 볼 수 있을 것이다.

　　D. **契約解止의 效力**　　　　생명보험표준약관 제23조 제 1 항 등에서와 같 이 보험사고를 고의로 야기한 경우에는 보험금을 지급하지 않을 뿐만 아니라 보험계약을 해지할 수 있다고 규정하는 약관들이 있다. 이 약관의 규정이 상 법 제659조 제 1 항에 반하여 보험계약자에게 불리하게 변경한 것인지 여부가

문제된다(상법 제663조의 편면적 강행규정에). 상법 제659조에서는 고의·중과실의 경우 보험자의 면책을 규정하고 있다. 그리고 상법 제732의 2조에서는 사람의 사망을 대상으로 하는 보험의 경우에는 중과실의 경우에도 보험금을 지급하도록 하고 있다. 1회 소멸성보험이 아닌 경우 고의나 사기적으로 보험사고를 야기한 경우에는 고지의무위반 등에 해당하여 법에 의하여 해지권이 인정되는 경우가 아니라 하더라도 그 계약을 해지할 수 있다고 보는 것이 옳다(동지 : 장경환, 보험사기와 관련한 보험계약법상의 몇 가지 문제(2) —생명보험과 상해보험을 중심으로—, 생명보험 제328호(2006년 6월), 8쪽). 타계약과 관련하여 보험사고가 있는 경우와는 달리 이 경우에는 이미 당해 계약과 관련하여 계약자측에게 보험제도의 취지에 반하는 의도가 명백히 드러난 것이므로, 앞으로 계약을 유지하게 하는 것은 보험제도의 선의계약성에 반하기 때문이다. 그리고 상법 제663조도 선의의 보험계약자를 보호하는 취지로 해석하여야지 고의로 보험사고를 야기하는 경우 등까지 보험계약자측을 보호해야 하는 것은 아닌 것으로 목적론적으로 파악하여야 할 것이다.

　(2) 戰爭 기타 變亂에 의한 保險事故　　　보험사고가 전쟁 기타의 변란으로 인하여 생긴 경우에는 당사자 사이에 다른 약정이 없는 한 보험자는 보험금을 지급할 책임이 없다($\frac{제660}{조}$). 여기서 전쟁이란 선전포고의 유무를 불문하고, 변란이란 내란·폭동 등과 같이 전쟁에 준하는 비상사태를 말한다.

〈대판 1991. 11. 26, 91 다 18682〉
「전쟁·혁명·내란·사변·폭동·소요 기타 이들과 유사한 사태 등 보험자의 면책사유 가운데 '소요'는 폭동에는 이르지 아니하나 한 지방에서의 공공의 평화 내지 평온을 해할 정도로 다수의 군중이 집합하여 폭행·협박 또는 손괴 등 폭력을 행사하는 상태를 말하는 것으로 보아야 할 것이다.」

　이러한 전쟁 기타의 변란은 위험산정의 기초가 된 통상의 사고가 아니고, 또 통상의 보험료로서는 그 위험을 인수할 수 없기 때문이다. 그러나 보험자는 특약에 의하여 전쟁위험을 인수할 수 있다(전쟁보험).

　(3) 保險目的의 性質 등에 의한 損害　　　모든 보험계약에 인정되는 일반면책사유는 아니지만, 손해보험의 경우 약정한 보험사고에 의해서가 아니라 보험의 목적의 성질, 하자 또는 자연소모로 인한 손해에 대해서 보험자는 이를 보상할 책임이 없다($\frac{제678}{조}$).

　(4) 免責約款에 정한 保險事故　　　보험자는 일반적으로 보통보험약관에

서 법정면책사유 이외에 기타의 면책사유를 정해 놓고 있는데, 이것을 면책약
관이라고 한다. 면책약관은 상법 제663조에 저촉되지 않는 한, 즉 상법 제 4
편의 규정을 보험계약자 또는 피보험자나 보험수익자의 불이익으로 변경하지
않는 한 유효하다.

〈대판 1980. 11. 25, 80 다 1109〉
「상해보험약관에 '외과적 수술 기타의 의료처치의 경우에는 보험금지급의 책임을
지지 아니한다'는 특약은 상해보험의 성질상 당연한 경우를 규정한 것이므로, 보
험당사자의 불이익으로 상법의 규정을 변경한 것이 아니어서 상법 제663조에 위
배되지 않는다.」

〈대판 1989. 11. 14, 88 다카 29177〉
「피해자가 배상책임 있는 피보험자의 고용인으로서 근로기준법에 의한 재해보상
을 받을 수 있는 사람인 경우를 대인배상에 관한 보험회사의 면책사유의 하나로
들고 있는 자동차종합보험보통약관의 규정은 노사관계에서 발생한 업무상 재해로
인한 손해에 대하여는 산업재해보상보험에 의하여 전보받도록 하고, 제 3 자에 대
한 배상책임을 전보하는 것을 목적으로 한 자동차보험의 대인배상범위에서는 이
를 제외한 취지라고 보는 것이 타당하며, 위와 같은 면책조항은 상법 제663조에
저촉되는 무효라고 볼 수 없다.」

4. 保險金의 支給

　　보험계약에서 정한 보험사고가 생긴 때에 보험자에게 보험금을 청구할
수 있는 자는 피보험자 또는 보험수익자이다.

　　보험자는 다른 약정이 없는 한 보험사고발생의 통지를 받은 후 지체없이
지급할 보험금액을 정하고, 그 정해진 날로부터 10일 안에 피보험자 또는 보
험수익자에게 보험금을 지급하여야 한다($\frac{제658}{조}$). 보험금의 지급은 현금으로 하
는 것이 원칙이지만, 다른 약정이 있을 때에는 현물 기타의 급여($\frac{예:치료}{행위}$)로써
할 수 있다($\frac{제638조}{참조}$).

　　보험자의 보험금지급채무의 이행장소는 채권자인 피보험자 또는 보험수
익자의 주소 또는 영업소이지만($\frac{민법 제467}{조 제 2 항}$), 실무상으로는 보험자의 영업소에서
보험금을 지급하고 있는 것이 일반이다.

〈대판 2009. 12. 10, 2009 다 56603, 56610〉
「"계약자 또는 피보험자가 손해통지 또는 보험금청구에 관한 서류에 고의로 사실

과 다른 것을 기재하였거나 그 서류 또는 증거를 위조 또는 변조한 경우에는 피
보험자는 손해에 대한 보험금청구권을 잃게 된다"고 규정하고 있는 화재보험 약
관조항의 취지는 보험자가 보험계약상의 보상책임 유무의 판정, 보상액의 확정 등
을 위하여 보험사고의 원인, 상황, 손해의 정도 등을 알 필요가 있으나 이에 관한
자료들은 계약자 또는 피보험자의 지배·관리영역 안에 있는 것이 대부분이므로
피보험자로 하여금 이에 관한 정확한 정보를 제공하도록 할 필요성이 크고, 이와
같은 요청에 따라 피보험자가 이에 반하여 서류를 위조하거나 증거를 조작하는
등으로 신의성실의 원칙에 반하는 사기적인 방법으로 과다한 보험금을 청구하는
경우에는 그에 대한 제재로서 보험금청구권을 상실하도록 하려는 데 있다. 다만,
위와 같은 약관조항을 문자 그대로 엄격하게 해석하여 조금이라도 약관에 위배하
기만 하면 보험자가 면책되는 것으로 보는 것은 본래 피해자 다중을 보호하고자
하는 보험의 사회적 효용과 경제적 기능에 배치될 뿐만 아니라 고객에 대하여 부
당하게 불리한 조항이 된다는 점에서 이를 합리적으로 제한하여 해석할 필요가
있으므로, 위 약관조항에 의한 보험금청구권의 상실 여부는 그 취지를 감안하여
보험금청구권자의 청구와 관련한 부당행위의 정도 등과 보험의 사회적 효용 내지
경제적 기능을 종합적으로 비교·교량하여 결정하여야 한다. 한편, 독립한 여러
물건을 보험목적물로 하여 체결된 화재보험계약에서 위 약관에 의해 피보험자가
상실하게 되는 보험금청구권은 피보험자가 '허위의 청구를 한 당해 보험목적물'의
손해에 대한 보험금청구권만을 의미한다고 해석함이 상당하다.」

5. 消滅時效

보험자의 보험금지급의무는 3년이 경과하면 소멸시효가 완성한다($^{제662}_{조}$).
그런데 보험금청구권의 소멸시효에 대하여 정하고 있는 상법 제662조의 해석
을 둘러싸고 논란이 되고 있다. 이러한 학설대립은 법률의 표현이 명확하지
못한 데 기인한다.

(1) 學 說

A. 保險事故發生時說   보험사고발생시설은 보험금청구권의 소멸시효
는 보험사고가 발생한 때로부터 진행한다고 한다. 이러한 입장은 보험금청구
권은 보험사고가 발생하기 전에는 추상적인 권리에 지나지 아니할 뿐 보험사
고의 발생으로 인하여 구체적인 권리(구체적 보험금청구권)가 발생하고, 그 때
부터 권리를 행사할 수 있게 된다는 점에 토대를 두고 있다. 즉 보험금청구권
의 소멸시효는 보험회사의 보험금지급의 이행기의 도래가 아니라, 보험사고에

의한 보험금청구권의 실체적인 발생시부터 진행한다고 주장하는 입장이다.

　　B. 保險金支給猶豫期間經過時說　　　　상법 제658조는 보험자는 보험금 액의 지급에 관하여 약정기간이 있는 경우에는 그 기간 내에, 약정기간이 없 는 경우에는 보험사고발생사실의 통지를 받은 후 지체없이 지급할 보험금액 을 정하고, 그 정하여진 날부터 10일 이내에 피보험자 또는 보험수익자에게 보험금액을 지급하여야 한다는 취지로 규정하고 있다. 이러한 규정에 대하여 소멸시효진행과의 관련에서 어느 정도의 실체적인 효력이 인정되는가가 문제 된다. 이와 연관지워서 보험금청구권의 소멸시효는 소정의 지급유예기간이 경 과한 때부터 진행한다고 해석하는 견해가 있다. 현재 우리 나라 일부 학설(양승규, 보험법 제 2 판, 삼지원, 1992, 143쪽; 정찬형, 상법강의(하) 제 7 판, 박 영사, 2005, 564쪽; 김성태, 보험법강론, 법문사, 2001, 258쪽)에서는 이 입장과 保險事故了知時說을 가미하여 주장하고 있다.

　　C. 保險事故了知時說　　　　권리 위에 잠자는 자는 보호받지 못한다는 소멸시효제도의 취지에 따르면, 권리의 발생과 그 행사가 가능함을 알지 못하 는 자는 권리 위에 잠자는 자라 할 수 없다. 이러한 사상에 기인하여 보험가 입자가 보험사고를 알 수 있었을 때까지는 소멸시효가 진행하지 않는다는 견 해가 있다(村上隆吉, 保險法論(一卷), 516面; 野崎隆幸, 保險契約法論, 131面). 이 입장은 보험가입자는 보험사고의 발생 에 의해 보험금청구권이 발생 또는 구체화되는 것을 알지 못하는 경우가 있 고, 이와 같은 경우에는 보험금청구권을 행사하지 않아도 불이익을 받지 않아 야 한다고 한다.

　　(2) 判　　　例　　　　대법원판례의 일관된 입장은 원칙적으로 보험사고발생 시설을 취하고 있으나, 예외적으로 보험사고의 발생 여부가 객관적으로 분명 하지 아니한 경우에는 보험가입자가 보험사고의 발생을 알았거나 알 수 있었 던 때로부터 진행한다고 한다. 즉 대법원판례는 보험사고발생시점 이외에도 보험가입자의 객관적 인식가능성이라는 기준을 병행하여 보험금청구권의 소 멸시효기산점을 정하고 있다.

　　〈대판 1993. 7. 13, 92 다 39822〉
　　「우리 상법은 보험금액의 청구권은 2년간 행사하지 아니하면 소멸시효가 완성한 다는 취지를 규정하고 있을 뿐(제662 조) 보험금액청구권의 소멸시효의 기산점에 관 하여는 아무것도 규정하지 않고 있으므로, '소멸시효는 권리를 행사할 수 있는 때 로부터 진행한다'고 소멸시효의 기산점에 관하여 규정한 민법 제166조 제 1 항에 따를 수밖에 없는바, 보험금액청구권은 보험사고가 발생하기 전에는 추상적인 권리에 지나지 아니할 뿐 보험사고의 발생으로 인하여 구체적인 권리로 확정되어 그 때부터 그 권리를 행사할 수 있게 되는 것이므로, 특별한 다른 사정이 없는 한 원칙적으로 보험금액청구권의 소멸시효는 보험사고가 발생한 때로부터 진행한다고 해석하는 것이 상당하다. 그렇지만 보험사고가 발생한 것인지의 여부가 객관적으로 분명하지 아니하여 보험금액청구권자가 과실 없이 보험사고의 발생을 알 수 없었던 경우에도 보험사고가 발생한 때로부터 보험금액청구권의 소멸시효가 진행한다고 해석하는 것은 보험금액청구권자에게 너무 가혹하여 사회정의와 형평의 이념에 반할 뿐만 아니라 소멸시효제도의 존재이유에 부합된다고 볼 수도 없으므로, 이와 같이 객관적으로 보아 보험사고가 발생한 사실을 확인할 수 없는 사정이 있는 경우에는 보험금액청구권자가 보험사고의 발생을 알았거나 알 수 있었던 때로부터 보험금액청구권의 소멸시효가 진행한다고 해석하는 것이 타당하다.」

〈대판 2002. 9. 6, 2002 다 30206〉

「책임보험의 성질에 비추어 피보험자가 보험자에게 보험금청구권을 행사하려면 적어도 피보험자가 제 3 자에게 손해배상금을 지급하였거나 상법 또는 보험약관이 정하는 방법으로 피보험자의 제 3 자에 대한 채무가 확정되어야 할 것이고, 상법 제662조가 보험금의 청구권은 2년간 행사하지 아니하면 소멸시효가 완성한다는 취지를 규정하고 있을 뿐 책임보험의 보험금액청구권의 소멸시효의 기산점에 관하여는 상법상 아무런 규정이 없으므로, '소멸시효는 권리를 행사할 수 있는 때로부터 진행한다'고 소멸시효의 기산점에 관하여 규정한 민법 제166조 제 1 항에 따를 수밖에 없는바, 약관에서 책임보험의 보험금청구권의 발생시기나 발생요건에 관하여 달리 정한 경우 등 특별한 다른 사정이 없는 한 원칙적으로 책임보험의 보험금청구권의 소멸시효는 피보험자의 제 3 자에 대한 법률상의 손해배상책임이 상법 제723조 제 1 항이 정하고 있는 변제, 승인, 화해 또는 재판의 방법 등에 의하여 확정됨으로써 그 보험금청구권을 행사할 수 있는 때로부터 진행된다고 봄이 상당하다.」

〈대판 2008. 11. 13, 2007 다 19624〉

「보험금청구권은 보험사고가 발생하기 전에는 추상적인 권리에 지나지 않고 보험사고의 발생으로 인하여 구체적인 권리로 확정되어 그때부터 권리를 행사할 수 있게 되는 것이므로, 보험금청구권의 소멸시효는 특별한 다른 사정이 없는 한 보험사고가 발생한 때부터 진행하는 것이 원칙이지만, 보험사고가 발생하였는지 여부가 객관적으로 분명하지 아니하여 보험금청구권자가 과실 없이 보험사고의 발

생을 알 수 없었던 경우에도 보험사고가 발생한 때부터 보험금청구권의 소멸시효
가 진행한다고 해석하는 것은 보험금청구권자에게 가혹한 결과를 초래하게 되어
정의와 형평의 이념에 반하고 소멸시효제도의 존재이유에도 부합하지 않는다. 따
라서 객관적으로 보아 보험사고가 발생한 사실을 확인할 수 없는 사정이 있는 경
우에는 보험금청구권자가 보험사고의 발생을 알았거나 알 수 있었던 때부터 보험
금청구권의 소멸시효가 진행한다.」

〈대판 2009. 11. 12, 2009 다 52359〉
「재해장해보장을 받을 수 있는 기간 중에 장해상태가 더 악화된 경우에는 그 악
화된 장해상태를 기준으로 장해등급을 결정한다고 보험약관이 규정한 경우, 보험
사고가 발생하여 그 당시의 장해상태에 따라 산정한 보험금을 지급받은 후 당초
의 장해상태가 악화된 경우 추가로 지급받을 수 있는 보험금청구권의 소멸시효는
그와 같은 장해상태의 악화를 알았거나 알 수 있었을 때부터 진행한다.」

〈대판 2010. 5. 27, 2009 다 44327〉
「교통사고로 심신상실의 상태에 빠진 甲이 乙 보험회사를 상대로 교통사고 발생
일로부터 2년이 경과한 시점에 보험계약에 기한 보험금의 청구를 내용으로 하는
소를 제기한 사안에서, 보험금청구권에 대하여는 2년이라는 매우 짧은 소멸시효기
간이 정해져 있으므로 보험자 스스로 보험금청구권자의 사정에 성실하게 배려할
필요가 있다는 점, 권리를 행사할 수 없게 하는 여러 장애사유 중 권리자의 심신
상실상태에 대하여는 특별한 법적 고려를 베풀 필요가 있다는 점, 甲이 보험사고
로 인하여 의식불명의 상태에 있다는 사실을 그 사고 직후부터 명확하게 알고 있
던 乙 보험회사는 甲의 사실상 대리인에게 보험금 중 일부를 지급하여 법원으로
부터 금치산선고를 받지 아니하고도 보험금을 수령할 수 있다고 믿게 하는 데 일
정한 기여를 한 점 등을 종합하여 보면, 乙 보험회사가 주장하는 소멸시효 완성의
항변을 받아들이는 것은 신의성실의 원칙에 반하여 허용되지 아니한다고 판단하
여 甲의 보험금청구를 인용한 원심의 판단을 수긍할 수 있다.」

〈대판 2012. 5. 9, 2010 다 83434〉
「보험금액청구권의 소멸시효의 기산점은 특별한 사정이 없는 한 보험사고가 발생
한 때라고 할 것이지만, 약관 등에 의하여 보험금액청구권의 행사에 특별한 절차
를 요구하는 때에는 그 절차를 마친 때, 또는 채권자가 그 책임 있는 사유로 그
절차를 마치지 못한 경우에는 그러한 절차를 마치는 데 소요되는 상당한 기간이
경과한 때로부터 진행된다(장애보험특별약관에서 '심신장애등급'의 판정을 '의무조

사위원회'에 맡기고 있는 것은 약관에 의하여 보험금액청구권의 행사에 특별한 절
차를 요구하는 때에 해당하여 그 절차를 마친 때로부터 보험금지급청구권의 소멸
시효가 진행된다고 본 원심의 판단을 수긍한 사안).」

〈대판 2012. 1. 12, 2009 다 8581〉
「약관에서 책임보험의 보험금청구권의 발생시기나 발생요건에 관하여 달리 정한 경
우 등 특별한 다른 사정이 없는 한, 원칙적으로 책임보험의 보험금청구권의 소멸시
효는 피보험자의 제3자에 대한 법률상의 손해배상책임이 상법 제723조 제1항이
정하고 있는 변제, 승인, 화해 또는 재판의 방법 등에 의하여 확정됨으로써 그 보험
금청구권을 행사할 수 있는 때로부터 진행된다고 봄이 상당하다(대판 2002. 9. 6, 2002
다 30206 참조).」

   (3) 私   見   이 문제는 상법 제662조가 "보험금청구권은 3년간 행
사하지 아니하면 소멸시효가 완성된다"라고만 규정한 데서 발생한다. 따라
서 상법 제662조를 개정할 필요성이 있다. 이 때 민법 제766조의 불법행위의
소멸시효와 같은 스타일로 규정하는 것이 바람직하다. 즉 보험계약자측에서
사고발생을 알았거나 알 수 있었던 때로부터 3년, 사고가 발생한 때로부터
5년이라는 식으로 2원적으로 규정하여야 한다. 현재로서는 해석상 보험사고
발생일을 기준으로 하는 것을 원칙으로 하되 그 사고발생을 피보험자측에서
알지 못하였거나, 알 수 없었던 상황의 경우에는 알거나 알 수 있는 때로부터
기산하여 3년의 시효가 적용된다고 해석하는 수밖에 없다고 본다(이 논의에 대한 상
세는 최한준, 신원
보증보험계약상 보험금청구권의 소멸시효의 기산점,
상사판례연구 제18집 제1권, 2005, 35쪽 아래 참조).

〈대판 2000. 3. 23, 99 다 66878〉
「보험금액의 청구권 등의 소멸시효기간에 관하여 규정한 상법 제662조는 달리 특
별한 규정이 없는 한 모든 손해보험과 인보험에 적용되는 규정이고, 이 사건 무보
험자동차에 의한 상해담보특약에 의한 보험이 실질적으로 피보험자가 무보험자동
차에 의한 사고로 사망 또는 상해의 손해를 입게 됨으로써 전보되지 못하는 실손
해를 보상하는 것이라고 하더라도 그 보험금청구권은 상법 제662조에 의한 보험
금액의 청구권에 다름 아니어서 이를 2년간 행사하지 아니하면 소멸시효가 완성
된다고 할 것이고, 보험금청구권은 보험사고의 발생으로 인하여 구체적으로 확정
되어 그 때부터 그 권리를 행사할 수 있게 되는 것이므로, 그 소멸시효는 달리 특
별한 사정이 없는 한 민법 제166조 제1항의 규정에 의하여 보험사고가 발생한
때로부터 진행하는 것이다.」(대판 1997. 11. 11, 97 다 36521; 대
판 1998. 5. 12, 97 다 54222 참조)

Ⅲ. 保險料返還義務

보험자는 일정한 경우에 보험료의 반환의무를 진다. 즉 ① 보험계약을 체결할 때에 보험자가 보험계약자에 대한 보험약관의 교부·설명의무를 이행하지 않았음을 이유로 보험계약자가 보험계약이 성립한 날로부터 1월 내에 보험계약을 취소한 경우, 보험자는 지급받은 보험료를 보험계약자에게 반환하여야 한다($\frac{제638조의 3;}{민법 제141조}$). ② 보험계약의 전부 또는 일부가 무효인 경우에 보험계약자와 피보험자 또는 보험계약자와 보험수익자가 선의이며 중대한 과실이 없는 때는 보험자는 보험료의 전부 또는 일부를 보험계약자에게 반환할 의무를 진다($\frac{제648}{조}$). ③ 상법 제639조의 타인을 위한 보험의 경우를 제외하고 보험계약자는 보험사고의 발생 전에 보험계약의 전부 또는 일부를 해지할 수 있으며, 이 경우에 다른 약정이 없으면 보험자는 미경과보험료를 반환할 의무가 있다($\frac{제649조 제1}{항·제3항}$). 여기서 미경과보험료라 함은 일사업연도에서 받는 보험료 가운데 그 연도 중 남은 보험기간에 대한 보험료에 해당하는 것을 말한다. 생명보험의 경우 보험계약이 해지된 때에는 보험자는 보험료적립금을 보험계약자에게 반환하여야 한다($\frac{제736조 제}{1항 본문}$). 보험자의 보험료반환의무도 3년의 단기시효에 의하여 소멸한다($\frac{제662}{조}$).

〈대판 2007. 9. 28, 2005 다 15598〉

「생명보험계약의 약관에 보험계약자는 보험계약의 해약환급금의 범위 내에서 보험회사가 정한 방법에 따라 대출을 받을 수 있고, 이에 따라 대출이 된 경우에 보험계약자는 그 대출 원리금을 언제든지 상환할 수 있으며, 만약 상환하지 아니한 동안에 보험금이나 해약환급금의 지급사유가 발생한 때에는 위 대출 원리금을 공제하고 나머지 금액만을 지급한다는 취지로 규정되어 있다면, 그와 같은 약관에 따른 대출계약($\frac{이하 '보험약관대출}{계약'이라고 한다}$)은 약관상의 의무의 이행으로 행하여지는 것으로서 보험계약과 별개의 독립된 계약이 아니라 보험계약과 일체를 이루는 하나의 계약이라고 보아야 하고, 보험약관대출금의 경제적 실질은 보험회사가 장차 지급하여야 할 보험금이나 해약환급금을 미리 지급하는 선급금과 같은 성격이라고 보아야 한다. 따라서 위와 같은 약관에서 비록 '대출'이라는 용어를 사용하고 있더라도 이는 일반적인 대출과는 달리 소비대차로서의 법적 성격을 가지는 것은 아니라고 할 것이며, 보험금이나 해약환급금에서 대출 원리금을 공제하고 지급한다는 것은 보험금이나 해약환급금의 선급금의 성격을 가지는 위 대출 원리금을 제외한 나머지 금액만을 지급한다는 의미이므로 민법상의 상계와는 성격이 다르다고 할 것이다 (이와 달리 해약환급금 범위 내에서 대출을 받을 수 있도록 정한 단체보험약관에 따라 이루어진 보험약관대출금을 해약환급금의 선급금으로 보지 아니하고 별도의 대여금으로 보는 전제하에, 그 해약환급금 반환채권과 보험약관대출금 채권은 보험회사의 상계의 의사표시에 의하여 그 상계적상의 시기에 상계되는 것)(다수의견에 대하여, 보험이라고 한 대판 1997. 4. 8, 96 다 51127 등은 이 판결의 견해에 배치되는 범위 내에서 변경함.약관대출은 소비대차이지만 보험약관대출계약과 보험계약은 그 성립·존속·소멸 등의 면에서 강력한 견련관계를 지니고 있으므로, 해약환급금과 보험약관대출금 사이의 상계에 대하여는 법률상의 상계제한 규정이 적용되지 아니한다고 보는 별개의견 있음).」

〈대판 2008. 1. 31, 2005 다 57806〉

「보험약관에 "피보험자가 다른 사업체와 합병함으로 인하여 보험자가 위험에 대한 담보를 계속하기를 거부하여 보험계약이 종료된 경우에는, 연간보험료를 비율에 따라 계산하여 미경과기간의 보험료를 반환한다"고 규정되어 있을 뿐이라고 하더라도, 보험료는 원칙적으로 보험자가 위험인수에 대한 대가로서 보험계약자로부터 지급받는 것으로서, 원래 약정된 보험금액에서 이미 발생한 보험사고에 관하여 지급한 보험금액을 감액한 잔액을 나머지 보험기간에 대한 보험금액으로 하여 보험계약이 존속하는 형태의 보험에서, 보험계약의 해지 전에 보험사고가 발생함으로써 보험금이 일부 지급된 경우에는 이미 발생한 보험사고로 인하여 보험자가 담보하는 위험의 크기가 감소하였으므로, 그 후 보험계약이 해지됨으로써 미경과기간에 대한 보험료를 반환하여야 한다고 하더라도 보험자는 이미 보험금을 지급한 부분에 대하여는 미경과기간의 보험료를 반환할 의무가 없고, 실제로 보험자가 위험의 인수를 면하게 된 부분에 상응하는 보험료를 기준으로 하여 미경과기간의 보험료를 산정·반환할 의무가 있다.」

〈대판 2011. 3. 24, 2010 다 92612〉

「상법은 보험료반환청구권에 대해 2년간 행사하지 아니하면 소멸시효가 완성한다는 취지를 규정할 뿐($\frac{제662}{조}$) 그 소멸시효의 기산점에 관하여는 아무것도 규정하지 아니하므로, 그 소멸시효는 민법 일반 법리에 따라 객관적으로 권리가 발생하고 그 권리를 행사할 수 있는 때로부터 진행한다고 보아야 할 것이다. 그런데 상법 제731조 제 1 항을 위반하여 무효인 보험계약에 따라 납부한 보험료에 대한 반환청구권은 특별한 사정이 없는 한 그 보험료를 납부한 때에 발생하여 행사할 수 있다고 할 것이므로, 위 보험료반환청구권의 소멸시효는 특별한 사정이 없는 한 각 보험료를 납부한 때부터 진행한다고 볼 것이다.」

Ⅳ. 保障性保險의 保險金 등의 押留禁止

과거 대법원은 금융기관 등 채권자가 채무자 명의의 보험계약을 해지하는 경우 발생하는 해약환급금청구권에 대하여 채권압류 및 추심명령을 받은 후 해약환급금을 수령할 수 있다고 판시하였다($^{대판\ 2009.6.23,}_{2007\ 다\ 26165}$). 그런데 보험계약자
의 보장성 보험계약까지 해지하여 채권을 회수하는 것은 채무자인 보험계약
자 측에게 가혹한 면이 있다. 그리하여 사회보장적 기능을 수행하는 보장성보
험의 경우에 보험금을 취득할 수 있는 권리에 대하여는 채권추심의 단계에 이
르기 전에 압류를 금지할 수 있도록 하여 보험이용자를 보호할 필요성이 있었
다. 이에 민사집행법 제246조 제1항에서는 압류금지채권을 규정하고 있다. 그
가운데 생명, 상해, 질병, 사고 등을 원인으로 채무자가 지급받는 보장성보험의
보험금(해약환급 및 만기환급금을 포함한다)을 압류할 수 없도록 하고 있으면서,
다만 압류금지의 범위는 생계유지, 치료 및 장애 회복에 소요될 것으로 예상되
는 비용 등을 고려하여 대통령령으로 정하도록 하고 있다($^{민사집행법\ 제246조}_{제 1 항\ 제 7 호}$). 더
나아가 채무자의 1월간 생계유지에 필요한 예금(적금·부금·예탁금과 우편대체
를 포함한다)을 압류할 수 없도록 하면서, 다만 그 금액은 「국민기초생활 보장
법」에 따른 최저생계비, 민사집행법 제195조 제3호에서 정한 금액 등을 고려
하여 대통령령으로 정하도록 하고 있다($^{민사집행법\ 제246조}_{제 1 항\ 제 8 호}$). 그리고 민사집행법 시
행령 제6조에서는 압류금지 보장성 보험금 등의 범위를 구체적으로 정하고
있다. 즉 민사집행법 제246조 제1항 제7호에 따라 다음에 해당하는 보장성보
험의 보험금, 해약환급금 및 만기환급금에 관한 채권은 압류하지 못하도록 하
고 있다($^{민사집행법\ 시행령}_{제 6 조\ 제 1 항}$): ① 사망보험금 중 1천만원 이하의 보험금 ② 상해·질
병·사고 등을 원인으로 채무자가 지급받는 보장성보험의 보험금 중 다음 각
목에 해당하는 보험금 ⅰ) 진료비, 치료비, 수술비, 입원비, 약제비 등 치료
및 장애 회복을 위하여 실제 지출되는 비용을 보장하기 위한 보험금, ⅱ) 치
료 및 장애 회복을 위한 보험금 중 가목에 해당하는 보험금을 제외한 보험금
의 2분의 1에 해당하는 금액 ③ 보장성보험의 해약환급금 중 다음 각 목에
해당하는 환급금 ⅰ) 「민법」 제404조에 따라 채권자가 채무자의 보험계약 해
지권을 대위행사하거나 추심명령 또는 전부명령(轉付命令)을 받은 채권자가
해지권을 행사하여 발생하는 해약환급금, ⅱ) 가목에서 규정한 해약사유 외의
사유로 발생하는 해약환급금 중 150만원 이하의 금액 ④ 보장성보험의 만기
환급금 중 150만원 이하의 금액.

　　한편 채무자가 보장성보험의 보험금, 해약환급금 또는 만기환급금 채권
을 취득하는 보험계약이 둘 이상인 경우에는 다음의 구분에 따라 민사집행법
시행령 제6조 제1항 각 호의 금액을 계산하도록 하고 있다($^{민사집행법\ 시행령}_{제 6 조\ 제 2 항}$):

① 민사집행법 시행령 제 6 조 제 1 항 제 1 호, 제 3 호 나목 및 제 4 호: 해당하는 보험계약별 사망보험금, 해약환급금, 만기환급금을 각각 합산한 금액에 대하여 해당 압류금지채권의 상한을 계산한다, ② 민사집행법 시행령 제 6 조 제 1 항 제 2 호 나목 및 제 3 호 가목: 보험계약별로 계산한다.

제 2 관 保險契約者 등의 義務

Ⅰ. 保險料支給義務

1. 意 義

보험계약은 유상계약이므로 보험계약자는 보험계약에서 정한 바에 따라 보험자에 대하여 보험료를 지급할 의무가 있다($^{제638}_{조}$). 즉 보험료는 보험자가 위험을 인수하는 대가로 보험계약자가 지급하는 금액이다. 보험에 있어서 보험금액의 총액과 보험료의 총액은 서로 균형을 이루어야 하기 때문에 상법은 보험자를 위하여 보험계약자가 보험계약에서 정한 보험료를 적기에 지급하도록 의무를 부과하는 한편($^{제650}_{조}$), 보험계약자 등을 위하여 보험자가 부당하게 보험료를 수령하지 않도록 하고 있다($^{제647조\sim}_{제649조}$).

2. 保險料支給義務者와 그 相對方

보험료지급의무자는 보험계약자이다. 피보험자나 보험수익자는 원칙적으로 보험료지급의무가 없으나, 타인을 위한 보험의 경우에 보험계약자가 파산선고를 받거나 보험료의 지급을 지체한 때에는 피보험자나 보험수익자도 보험금지급청구권을 포기하지 않는 한 보험료지급의무가 있다($^{제639조}_{제3항}$). 보험계약자가 수인인 때에는 각 보험계약자는 연대하여 그 보험료를 지급할 의무가 있다.

보험료를 수령할 권한이 있는 자는 보험자이다. 보험자의 대리인은 물론 보험료를 수령할 권한이 있지만, 보험대리점이나 보험설계사의 경우에는 이들이 당연히 보험자를 대리하여 보험료를 수령할 권한이 있다고 할 수는 없다. 그러나 이들이 보험자가 발행한 보험료영수증을 소지하고 있을 때에는 보험료를 수령할 권한이 있다고 본다($^{민법}_{제471조}$). 판례는 보험설계사의 제 1 회 보험료 수령권한을 인정한다($^{대판\ 1989.11.28.}_{88\ 다카\ 33367}$).

3. 保險料의 額

보험료의 액은 일반적으로 보험계약을 체결하기 전에 기준요율에 의하여 결정되지만, 보험계약에서 당사자의 합의에 의하여 정할 수도 있다. 보험료의 액은 보험증권의 기재사항이지만($\frac{제666조}{제4호}$), 구체적으로 액수를 기재해야 하는 것은 아니다. 실제로는 보험계약에서 보험료의 산정방법만을 정하는 수도 있고, 보험계약에서 보험료를 정하지 않았지만 상당한 보험료를 지급하기로 약정하였다고 추정되는 수도 있다.

보험계약의 당사자가 특별한 위험을 예기하여 보험료의 액을 정한 경우에 보험기간중 그 예기한 위험이 소멸한 때에는 보험계약자는 그 후의 보험료의 감액을 청구할 수 있다($\frac{제647}{조}$). 특별한 위험을 예상하여 보통보다 고율의 보험료가 책정된 것이므로, 그 특별한 위험이 소멸한 때에는 보통의 보험료를 받는 것이 타당하기 때문이다. 이 보험료감액청구권은 형성권이며, 그 특별한 위험의 소멸에 대한 입증책임은 보험계약자에게 있다. 그리고 단순한 초과보험의 경우에도 보험계약자는 보험료의 감액을 청구할 수 있다($\frac{제669조 \ 제1}{항·제3항}$).

4. 保險料의 支給時期·方法·場所

민법에 의하면 당사자가 채무이행의 시기를 정하지 아니한 경우에는 채권자의 청구가 있는 때에 지급을 하여야 하지만($\frac{민법 \ 제387}{조 \ 제2항}$), 상법은 특약이 없으면 별도의 청구가 없더라도 보험계약자는 보험계약체결 후 지체없이 보험료의 전부($\frac{일시지급}{의 경우}$) 또는 제 1 회 보험료($\frac{분할지급}{의 경우}$)를 지급하도록 하고 있다($\frac{제650조}{제1항}$전단). 따라서 보험료지급의무는 보험계약의 성립과 동시에 발생한다고 본다. 보험료지급청구권은 1년간 행사하지 아니하면 시효로 인하여 소멸한다($\frac{제662}{조}$).

당사자는 보험계약에서 보험료지급방법을 정하고, 이를 보험증권에 기재한다($\frac{제666조}{제4호}$). 보험료는 당사자간의 약정에 따라 일시지급이나 분할지급이 가능하다. 손해보험의 경우 보험자가 보험계약자에게 지급할 보험금이 있다면, 보험자는 지체된 보험료를 공제할 수 있다($\frac{제677}{조}$).

보험료의 지급은 반드시 현금으로 하여야 하는 것은 아니고, 어음이나 수표를 이용할 수도 있다. 그러나 어음이나 수표를 이용하여 보험료를 지급한 경우에는 보험자의 책임개시시기와 관련하여 문제가 있는데, 이에 관해서는 후술한다. 보험료의 지급장소는 다른 약정이 없으면 보험자의 영업소이다($\frac{민법 \ 제467조;}{상법 \ 제56조}$). 즉 보험료지급의무는 원칙적으로 지참채무이다. 그러나 보험료를 분할지급하는 경우 또는 장기보험에 있어서는 보험자의 수금원이 직접 수금하는 수가 있는데, 이 경우에는 당사자간에 추심채무로 한다는 합의가 있는 것으로 보아야 할 것이다.

5. 保險料支給과 保險者의 責任開始

보험자는 다른 약정이 없으면 최초의 보험료의 지급을 받은 때부터 책임을 진다(제656조). 따라서 보험자는 보험계약이 성립하여 계약상의 보험기간이 시작된 후라도 최초의 보험료를 받지 아니한 때에는 보험사고가 발생하여도 그에 대한 책임을 지지 않는다.

따라서 최초의 보험료를 현금으로 지급하는 경우에는 그 지급시에 보험자의 책임이 개시되지만, 어음이나 수표로써 최초의 보험료를 지급한 경우에는 보험자의 책임개시시기와 관련하여 어음이나 수표가 교부된 때와 실제로 지급된 때가 다르므로 여러 가지 견해가 대립하고 있다.

(1) 一般法理에 따르는 說 어음·수표의 교부가 당사자간의 합의로 보험료의 지급에 갈음하여 이루어졌다면 어음·수표의 교부시가 바로 보험료의 지급시가 될 것이지만, 당사자의 의사가 분명하지 않은 때에는 어음·수표법 일반원칙상 보험료의 지급을 위하여 또는 담보를 위하여 지급된 것으로 보기 때문에 어음·수표금이 결제된 때에 비로소 보험료가 지급된 것이 되고, 이 때에 비로소 보험자의 책임이 개시된다고 한다.

(2) 解除條件附代物辨濟說 어음·수표의 교부는 그것의 부도를 해제조건으로 대물변제가 이루어진 것으로 본다. 따라서 이에 의하면 어음·수표의 교부는 지급에 갈음하여 한 것이 되고, 어음·수표의 결제를 기다리지 않고 보험자가 어음·수표를 교부받는 날짜를 보험료의 지급일로 하여 이 때부터 보험자의 책임이 개시된다(수표는 금전지급증권이므로 수표에 한해 이 설을 취하는 견해로는 손주찬, 548쪽; 양승규, 148쪽). 보험자의 책임개시의 시기를 어음·수표의 교부시로 보는 데에는 견해를 같이하지만, 어음·수표가 부도된 경우 보험자가 다시 보험료의 지급을 청구했을 때 지체없이 보험료를 지급하지 않을 것을 해제조건으로 보는 견해도 있다(채이식, 495쪽).

(3) 支給猶豫說 어음·수표의 교부는 지급을 위하여 한 것으로 보는 동시에 보험료채무에 대한 지급을 어음의 만기나 수표의 지급제시시까지 유예한다는 당사자 사이의 합의가 있는 것으로 본다. 따라서 나중에 어음·수표가 결제된 때에는 어음·수표를 교부한 때에 개시된 보험자의 책임이 계속해서 이어지게 된다(수표의 경우에는 해제조건부대물변제설을 취하지만, 어음의 경우에는 지급유예설을 취하는 견해로는 손주찬, 548쪽; 양승규, 148쪽).

어음이나 수표를 보험료 '지급에 갈음하여' 교부한 경우에는 교부를 한 시점에 보험자의 책임이 개시되어 별 문제가 없지만, '지급을 위하여' 어음이나 수표를 교부한 경우에는 어음·수표법의 일반법리를 보험관계에 그대로 적용하게 되면 여러 가지 부당한 결과가 초래된다. 예컨대 수표를 교부받은 보험자가 언제 지급제시를 하느냐에 따라서 보험자의 책임발생시기가 좌우되고, 수표를 제시하여 결제되기 전에 보험사고가 발생한 경우에 보험계약자는 보험보호를 받지 못하게 된다. 이러한 문제점을 해결하기 위하여 제시된 견해가 해제조건부대물변제설과 지급유예설이라고 할 수 있다. 순전히 이론적으로만 보면 어음의 교부는 보험료의 지급 자체는 아니고 어음의 만기일까지 보험료의 지급을 유예하여 어음의 결제가 있을 때에 보험료를 지급한 것으로 보고, 수표의 교부는 그것의 지급거절을 해제조건으로 하는 대물변제로 보는 것이 타당할 것이다(손주찬, 548쪽; 양승규, 148쪽). 그러나 보험자의 책임개시에 관한 한 이 두 견해에는 차이가 없다. 즉 어떠한 견해에 의하든 어음 또는 수표를 교부한 때에 보험자의 책임이 개시된다. 따라서 어음이나 수표를 이용하여 보험료를 지급한 경우 당사자의 의사가 명백하지 않는 한 보험자는 어음이나 수표의 지급이 거절될 때까지에 일어나는 보험사고에 대하여는 책임을 져야 하고, 그것의 지급이 거절된 때에는 그 때부터 보험계약상의 책임을 지지 않는다고 본다(동지: 양승규, 149~150쪽). 선일자수표를 최초의 보험료로 이용한 경우에 대해서 판례는 선일자수표를 받은 날을 보험자의 책임발생시점으로 보아서는 안 된다고 보고 있고, 학설 가운데에서도 실제 거래계에서는 수표에 기재된 일자 이전에는 지급제시를 하지 않는 것이 관행이라 하여 수표의 지급이 있는 때를 보험자의 책임발생시점으로 보는 견해가 있지만(손주찬, 548쪽; 양승규, 148쪽),

〈대판 1989. 11. 28, 88 다카 33367〉

「선일자수표는 대부분의 경우 당해 발행일자 이후의 제시기간 내의 제시에 따라 결제되는 것이라고 보아야 하므로, 선일자수표의 발행·교부된 날에 액면금의 지급효과가 발생된다고 볼 수 없으니 보험약관상 보험자가 제 1 회 보험료를 받은 후 보험청약에 대한 승낙이 있기 전에 보험사고가 발생한 때에는 제 1 회 보험료를 받은 때에 소급하여 그 때부터 보험자의 보험금지급 책임이 생긴다고 되어 있는 경우에 있어서 보험모집인이 청약의 의사표시를 한 보험계약자로부터 제 1 회 보험료로서 선일자수표를 발행받고 보험료가수증을 해주었더라도 그가 선일자수표를 받은 날을 보험자의 책임발생시점이 되는 제 1 회 보험료수령일로 보아서는 안 된다.」

선일자수표라고 다르게 볼 이유는 없다고 생각한다(동지: 최기원, 211쪽).

〈대판 2005. 11. 10, 2005 다 38249, 38256〉

「원고·피고 사이에는 약정기한까지 약속어음이 교부되는 것을 전제로 보험책임
기간을 개시시키기로 하는 약정이 있었다고 봄이 상당하고, 나아가 피고가 약정기
한까지 약속어음을 교부하려 하였으나 원고의 사정으로 이를 교부하지 못한 이상
피고가 약속어음을 교부하지 못하였다는 결과만을 이유로 위 약정의 전제가 충족
되지 않았다고 평가할 수도 없으므로 이 사건 화재는 보험책임기간이 개시된 후
에 발생한 보험사고로서 원고는 이 사건 화재보험계약에 따른 보험금을 지급할
의무가 있다.」

6. 保險料支給懈怠의 效果

보험계약자가 계약성립 후 2 월 안에 보험료의 전부 또는 제 1 회 보험료
를 지급하지 아니한 때에는 다른 약정이 없는 한 그 계약은 해제된 것으로
본다(제650조 제 1항 후단). 구 상법에서는 최초의 보험료와 계속보험료를 구분함이 없이
보험료가 적당한 시기에 지급되지 아니한 때에는 보험자가 상당한 기간을 정
하여 보험계약자에게 최고하고 그 기간 내에 지급하지 아니한 때에 한해 계
약을 해지할 수 있도록 하였으나(구 상법 제650조), 현행상법은 이와 같이 최초의 보험
료의 경우에는 보험자의 최고와 계약해제의 의사표시 없이 계약성립 후 2 월
안에 보험료의 전부 또는 최초의 보험료를 지급하지 않은 때에는 보험계약이
자동적으로 해제되는 것으로 하였다. 그러나 계속보험료의 경우에는 구 상법
과 마찬가지로 보험계약자가 계속보험료를 약정한 시기에 지급하지 아니한
때에는 보험자는 상당한 기간을 정하여 보험계약자에게 최고하고, 그 기간
안에 지급하지 아니한 때에 그 계약을 해지할 수 있도록 하였다(제650조 제 2항). 보험
자가 계속보험료의 불지급을 이유로 보험계약을 해지하면 보험계약은 장래에
대하여 그 효력을 잃게 되고, 그 후에 보험사고가 발생하더라도 보험자는 보
험금을 지급할 책임이 없으며, 이미 지급한 보험금에 대해서는 반환을 청구할
수 있다(제655조). 타인을 위한 보험의 경우에 보험계약자가 보험료의 지급을 지
체한 때에는 보험자는 그 타인에게도 상당한 기간을 정하여 보험료의 지급을
최고한 후가 아니면 그 계약을 해제 또는 해지하지 못한다(제650조 제 3항). 동 조항은
구 상법 제650조에는 없던 조항으로서 타인을 위한 보험의 경우에는 보험의
이익을 받는 피보험자 또는 보험수익자의 이익을 고려해야 한다는 점에서 타
당한 입법으로 보인다. 그런데 문제는 제650조 제 1항과 제 3항의 관계이다.
즉 타인을 위한 보험계약이 체결된 후 2월 안에 보험료의 전부 또는 최초의

보험료를 보험계약자가 지급하지 않은 경우 보험계약이 제 1 항에 따라 자동적으로 해제된 것으로 보아야 하느냐, 아니면 제 1 항이 적용되지 않고 제 3 항에 따라 보험자는 그 타인에게 상당한 기간을 정하여 보험료의 지급을 최고한 후가 아니면 그 계약을 해제 또는 해지하지 못하는 것으로 보아야 하느냐 하는 것이다. 학설은 제 1 항의 적용을 긍정하는 견해(채이식,484쪽)와 부정하는 견해(손주찬, 550쪽; 최기원, 216쪽; 양승규, 151쪽)로 나뉘고 있다.

생각건대 현행상법 제650조는 보험료지급해태의 효과에 대해서 계약성립 후 지급해야 할 보험료의 전부(일시지급의 경우) 또는 제 1 회 보험료(분할지급의 경우)의 지급이 지체된 때에는 제 1 항에서 '해제'를 규정하고 있고, 제 1 회 보험료 이후의 계속보험료의 지급이 지체된 때에는 제 2 항에서 '해지'를 규정하여 그 효과를 법문상 구분하고 있는바, 제 3 항에서 법률효과로 '해제 또는 해지'로 규정한 것은 타인을 위한 보험에 있어서의 보험료가 제 1 항에 해당되는지 제 2 항에 해당되는지에 관계 없이 보험료지급이 지체된 경우 보험자가 그 타인에게 상당한 기간을 정하여 보험료의 지급을 최고한 후가 아니면 계약을 해제 또는 해지할 수 없게 한 것으로 보아야 할 것이다. 따라서 타인을 위한 보험의 경우에는 보험계약자가 계약성립 후 2 월 안에 최초의 보험료를 지급하지 않아도 자동해제되는 것으로 볼 수 없다.

일정기간 보험료지급을 지체하면 최고와 해지의 절차를 거치지 않고 보험계약이 자동적으로 해지되는 것으로 하는 약관이 많이 이용되고 있었는데, 이것을 실효약관이라고 한다. 이 실효약관은 최고와 해지의 절차를 요구하는 상법 제650조 제 2 항을 위반하는 것으로서 상법 제663조에 의하여 무효가 아닌가 하는 다툼이 있다. 구 상법 하에서 대법원은 실무상 널리 이용되고 있는 실효약관의 보험관리상의 효용을 인정하여 그 유효성을 인정하면서도 대판 1992. 11. 24, 92 다 23629에서는 기존의 일관된 실효약관의 유효설의 판결을 수정하였다. 그러다가 비슷한 시기에 대법원은 대판 1992. 11. 27, 92 다 16218에서 이전의 유효설로 회귀하였다.

〈대판 1977. 9. 13, 77 다 329〉

「'보험료의 납입은 그 유예기간을 납입응당일로부터 30일로 하고, 그 유예기간을 도과하여 보험료를 납입하지 아니한 경우에는 보험계약은 별도 해지의사의 표시 없이 유예기간이 만료된 다음 날로부터 그 효력을 상실한다'고 정한 보험약관의 규정은 상법 제650조에 저촉되는 무효의 것이라고 볼 수는 없다.」

〈대판 1987. 6. 23, 86 다카 2995〉

「상법 제650조 제 2 항은 보험료미납을 원인으로 하여 보험자의 일방적인 의사표시로써 보험계약을 해지하는 경우에 있어 그 해지의 요건에 관한 규정으로서, 보험자의 의사표시를 기다릴 필요 없이 보험료납입 유예기간의 경과로 인하여 보험계약이 당연히 실효되는 것으로 약정한 경우에는 그 적용의 여지가 없다.」

〈대판 1992. 11. 24, 92 다 23629〉

「가. 분납보험료가 소정의 시기에 납입되지 아니하였음을 이유로 상법 제650조 소정의 최고 및 해지절차를 거치지 아니하고 막바로 보험계약이 해지되거나 실효됨을 규정하고, 보험자의 보험금지급책임을 면하도록 규정한 보험약관은 상법 제650조·제663조의 규정에 위배되어 무효이다.

　나. 분납보험료 연체기간중 발생한 보험사고에 대하여 보험계약은 존속하나 보험금지급책임이 면책된다는 보험약관은 보험가입자에게는 보험계약의 해지와 실질적으로 동일한 효과가 있으므로, 실질적으로 상법 제650조의 규정에 위배되는 결과를 초래하여 상법 제663조에 의하여 보험가입자에게 불이익한 범위 안에서는 무효이다.」

〈대판 1992. 11. 27, 92 다 16218〉

「상법 제650조는 보험료미납을 원인으로 하여 보험자의 일방적인 의사표시로써 보험계약을 해지하는 경우, 해지의 요건에 관한 규정으로서 보험자의 의사표시를 기다릴 필요 없이 분납보험료의 연체기간 동안에 한하여 보험자의 보험금지급의무를 면책시키기로 하는 내용의 보험료분납 특별약관조항에는 적용이 없다.」

학설은 대부분 실효약관이 유효하다는 견해에 따르고 있었다(정희철, 398쪽; 최기원, 217쪽; 양승규, 154~155쪽2). 한편 실효약관은 상법 제663조 위반이므로 무효라는 견해도 있었다(채이식, 484쪽). 그러나 공정거래위원회가 이른바 실효약관에 대하여 생명보험분야와 자동차보험분야에서 무효라고 의결하여 관계기관에 수정을 요구하였다. 또 대법원도 전원합의체판결(대판 1995. 11. 16, 94 다 56852)을 통하여 종래의 판결을 변경하였다.

〈대판 1995. 11. 16, 94 다 56852〉

「이 사건 실효약관은 제 2 회 분납보험료가 그 지급유예기한까지 납입되지 아니하였음을 이유로 위 상법 제650조 소정의 절차를 거치지 않고 막바로 이 사건 보험계약이 실효됨을 규정하고 있음이 명백하므로, 위 실효약관은 위 상법 제650조의 규정에 위배되어 같은 법 제663조에 의하여 보험계약자에 불이익한 범위 안에서는 무효라고 보아야 할 것이다. 이와 다른 견해를 취한 대법원 1977년 9월 13일 선고, 77 다 329 판결; 대법원 1987년 6월 23일 선고, 86 다카 2995 판결; 대법원 1992년 11월 27일 선고, 92 다 16128 판결을 변경한다.」

〈대판 1996. 12. 10, 96 다 37848〉
「상법 제650조는 '계속보험료가 약정한 시기에 지급되지 아니한 때에는 보험자는 상당한 기간을 정하여 보험계약자에게 최고하고 그 기간 내에 지급하지 아니한 때에는 계약을 해지할 수 있다'고 규정하고 있고, 상법 제663조는 '위 제650조는 보험당사자간의 특약으로 보험계약자 또는 피보험자나 보험수익자의 불이익으로 변경하지 못한다'고 규정하고 있으므로, 분납보험료가 소정의 시기에 납입되지 아니하였음을 이유로 그와 같은 절차를 거치지 아니하고 곧바로 보험계약이 해지되거나 실효되고 보험자의 보험금지급 책임을 면하도록 규정한 보험약관은 위 상법의 규정에 위배되어 무효이다.」

변경된 판례에 의하면 상법 제650조 제 2 항의 절차를 거치지 아니하고 곧바로 보험계약이 해지되거나 실효됨을 규정하는 보험약관은 상법 제650조·제663조에 위배되어 무효라고 한 것이다. 따라서 보험자는 보험계약자가 계속보험료를 연체한 경우 반드시 일정한 기간을 정하여 최고를 하고, 그 기간 내에도 납입을 하지 않을 경우 계약을 해지할 수 있다. 이 경우에 최고와 동시에 실효의 예고를 하는 것이 유효한가가 문제되는데, 제650조·제663조의 해석상으로도 그 효력을 긍정할 수 있다고 본다($^{대판\ 2003.\ 4.\ 11,\ 2002}_{다\ 69419,\ 69426\ 참조}$). 또 최고로 인한 비용은 보험계약자측에서 부담하여야 할 것이다.

Ⅱ. 危險變更·增加의 通知義務

보험기간중에 보험계약자 또는 피보험자가 보험사고발생의 위험이 현저하게 변경 또는 증가된 사실을 안 때에는 지체없이 보험자에게 통지하여야 한다($^{제652조\ 제1}_{항\ 제1문}$). 이 통지의무는 위험이 변경 또는 증가된 사실을 보험자에게 알림으로써 보험자로 하여금 변경 또는 증가된 위험에 대비할 수 있도록 하기 위해서 마련된 것이다. 통지의무자는 보험계약자와 피보험자($^{손해보험·인}_{보험\ 불문}$)이다.

이 통지의무는 보험계약성립 후에 생기는 것이므로 순수한 채무의 성질을 가진다는 견해가 있지만($^{손주찬,}_{362쪽}$), 고지의무와 마찬가지로 책무($^{간접의무\ 또}_{는\ 자기의무}$)라고 보아야 할 것이다($^{정희철,\ 399쪽;\ 최기원,\ 220쪽;}_{양승규,\ 156쪽;\ 채이식,\ 486쪽}$). 즉 보험계약자 등이 의무를 게을리한 경우에는 보험보호를 받을 수 없다는 불이익을 당하기는 하지만, 법원에 의하여 이 통지의무의 이행을 강제할 수는 없다.

보험계약자 또는 피보험자가 그 위험의 변경·증가의 사실을 알면서 지체없이 보험자에게 통지하지 아니한 때에는 보험자는 그 사실을 안 날로부터 1월 내에 한하여 계약을 해지할 수 있다($^{제652조 \; 제1}_{항 \; 제2문}$). 따라서 이에 의하여 보험계약을 해지하면, 그것이 보험사고의 발생 후라도 보험자는 보험금액을 지급할 책임이 없고, 이미 지급한 보험금액에 대하여는 반환을 청구할 수 있다($^{제655}_{조}$).

보험사고발생의 위험이 현저하게 변경 또는 증가된 경우에 보험계약자 등이 보험자에게 그 통지를 하였을 때에는 보험자는 1월 내에 보험료의 증액을 청구하거나 계약을 해지할 수 있다($^{제652조}_{제2항}$). 이 규정은 위험이 감소된 경우에 보험계약자가 보험료의 감액을 청구할 수 있다는 것($^{제647}_{조}$)과 형평을 고려하여 보험법개정시에 신설된 것이다. 그러나 이로 인해 결국 보험계약자 등이 적극적 탐지의무까지 부담하게 되어 옳지 않다는 비판도 있다($^{채이식,}_{488쪽}$).

〈대판 2014. 7. 24, 2013 다 217108〉

「상법 제652조 제1항은 "보험기간 중에 보험계약자 또는 피보험자가 사고발생의 위험이 현저하게 변경 또는 증가된 사실을 안 때에는 지체 없이 보험자에게 통지하여야 한다."고 규정하고 있다. 여기서 '사고발생의 위험이 현저하게 변경 또는 증가된 사실'이란 그 변경 또는 증가된 위험이 보험계약의 체결 당시에 존재하고 있었다면 보험자가 계약을 체결하지 아니하였거나 적어도 그 보험료로는 보험을 인수하지 아니하였을 것으로 인정되는 사실을 말하고($^{대법원 1997. 9. 5, 선고 95다}_{25268 판결; 대법원 2004. 6. 11,}$ $^{대법선고 2003다}_{18494 판결 등 참조}$,), '사고발생의 위험이 현저하게 변경 또는 증가된 사실을 안 때'란 사고발생의 위험과 관련된 특정한 상태의 변경이 있음을 아는 것만으로는 부족하고 그 상태의 변경이 사고발생 위험의 현저한 변경·증가에 해당된다는 것까지 안 때를 의미한다고 할 것이다(이 사건 약관조항에 대한 보험자의 명시·설명의무를 부정하고 보험계약자 또는 피보험자가 피보험자의 직업이 대학생에서 방송장비대여업으로 변경된 사실을 통지하지 아니한 것이 상법 제652조 제1항의 통지의무를 위반한 것이라고 판단한 원심을 파기환송한 사안).」

Ⅲ. 危險變更·增加의 禁止義務

보험계약자·피보험자 및 보험수익자는 보험사고발생의 위험을 변경·증가시키지 아니할 의무가 있다. 이것은 보험계약은 선의계약으로서의 성격을 갖기 때문에 보험단체의 구성원인 보험계약자 등은 보험의 목적을 관리할 의무가 있다는 점에서 인정되는 의무이다. 다수설은 이 의무를 위험유지의무라고 하는데(정희철, 401쪽; 최기원, 229쪽; 양승규, 159쪽), 엄격히 보면 정확한 표현은 아니다. 왜냐하면 이의무는 보험계약자 등이 적극적으로 위험을 변경·증가시키는 것을 금지하는 것이지 일반적으로 보험계약자 등에게 위험 자체를 유지시킬 의무를 부과하는 것은 아니기 때문이다(동지 : 채이식, 489쪽).

　　이 의무의 법적 성질은 위험변경·증가의 통지의무와 마찬가지로 책무라고 본다. 이 의무를 위반할 때, 즉 보험기간중에 보험계약자·피보험자 또는 보험수익자의 고의 또는 중대한 과실로 인하여 사고발생의 위험이 현저하게 변경 또는 증가된 때에는 보험자는 그 사실을 안 날로부터 1월 내에 보험료의 증액을 청구하거나 계약을 해지할 수 있으며(제653조), 이에 의하여 계약을 해지하면 보험사고가 발생한 후에도 보험자는 보험금액을 지급할 책임이 없고, 이미 지급한 보험금액에 대해서는 반환을 청구할 수 있다(제655조).

　　〈대판 2010. 3. 25, 2009 다 91965(본소), 91972(반소)〉

　　「통지의무 해태로 인한 보험금 삭감은 실질적으로 약정된 보험금 중에서 삭감한 부분에 관하여 보험계약을 해지하는 것으로서, 그 해지에 관하여는 상법 제653조에서 규정하고 있는 해지기간 등에 관한 규정이 여전히 적용되어야 한다는 이유로, 이 사건 소제기에 의한 보험자의 보험금 박감통보가 보험계약의 해지권 행사기간인 1개월이 경과한 후에 이루어진 것으로서 효력이 없다.」

Ⅳ. 保險事故發生의 通知義務

　　보험계약자 또는 피보험자나 보험수익자는 보험사고의 발생을 안 때에는 지체없이 보험자에게 그 통지를 발송하여야 한다(제657조). 이것은 보험자로 하여금 보험사고의 원인을 신속히 조사하고 손해의 종류·범위 등을 확정하여 손해방지 등의 조치를 강구할 수 있도록 하려는 데 그 취지가 있다.

　　이 통지의무의 법적 성질에 관하여 다수설은 보험금청구를 위한 전제조건인 동시에 보험자에 대한 진정한 의무라고 보고 있다(정희철, 400쪽; 최기원, 226쪽; 양승규, 162쪽). 그러나 고지의무나 위험변경·증가의 통지의무와 같이 보험계약자 등에게 그 의무이행을 강제할 수 없다는 점에서 책무라고 보아야 할 것이다(동지 : 채이식, 486쪽). 사고발생의 통지의무를 게을리함으로써 손해가 증가된 때에는 보험자는 그 증가된 손해를 보상할 책임이 없다(제657조 제2항). 즉 이로 인하여 손해가 증가된 것만

큼 보험금은 감액된다. 그리고 보험자는 보험사고발생의 통지를 받은 후 지체
없이 지급할 보험금액을 정하고 그 정하여진 날로부터 10일 이내에 보험금액
을 지급하도록 되어 있으므로($^{제658}_{조}$), 보험계약자 등이 보험사고 발생의 통지를
할 때까지는 보험자의 보험금지급채무는 지체에 빠지지 아니한다.

제 5 절 保險契約의 變更 · 消滅

姜渭斗, 보험계약의 단기소멸시효, 商事判例硏究 2(1988)/金善政, 保險會社의 支給不
能 또는 經營破綻과 保險契約者保護, 新世紀 會社法의 展開(雨田李炳泰敎授華甲紀念
論文集), 1996/孫健雄, 保險料未納으로 인한 保險契約의 失效, 判例硏究(서울지방변호
사회) 2(1989.1)/禹洪九, 保險契約의 解約權, 企業環境法의 變化와 商事法(孫珠瓚敎
授古稀紀念論文集), 1993.

　　보험계약은 채권계약 일반의 변경 · 소멸사유에 의하여 변경 · 소멸된다.
그 밖에 보험계약의 특수성을 고려하여 몇 가지 특별한 변경 · 소멸원인이 인
정되고 있다. 여기서는 보험계약의 특별한 변경 · 소멸원인 중에서 모든 보험
계약에 공통된 원인에 관하여 살펴보기로 한다.

Ⅰ. 保險期間의 終了

　　보험자는 보험계약에서 정한 보험기간 안에 보험사고가 발생한 경우에만
보험금지급책임을 지게 된다. 따라서 보험계약에서 정한 보험사고가 발생하지
않고 보험기간이 종료된 때에는 그 보험계약은 소멸한다.

Ⅱ. 危險의 變更 · 消滅

　　위험이란 보험사고의 발생가능성으로서 보험계약에 있어서의 기본적 요
소이다. 따라서 위험이 변경 · 소멸되면 보험계약도 변경 · 소멸된다. 즉 보험
계약 당시에 보험사고가 발생할 수 없는 것인 때에는 그 계약은 무효로 되지
만($^{제644}_{조}$), 그 이후에 위험이 소멸된 경우에는 보험계약이 종료된다. 그리고 보
험계약의 당사자가 특별한 위험 등을 예기하여 보험료의 액을 정한 경우에
보험기간중 그 예기한 위험이 소멸한 때에는 보험계약자는 그 후의 보험료의

감액을 청구할 수 있고($\frac{제647}{조}$), 반대로 그 위험이 보험계약자 등의 고의 또는
중과실로 현저하게 변경 또는 증가된 때에는 보험자는 보험료의 증액을 청구
하거나 계약을 해지할 수 있다($\frac{제653}{조}$).

Ⅲ. 保險者의 破産

보험자가 파산의 선고를 받은 때에는 보험계약자는 계약을 해지할 수
있고, 해지하지 않은 경우에는 파산선고 후 3월을 경과하면 그 계약은 효력
을 잃는다($\frac{제654}{조}$). 이 규정의 취지는 보험계약상의 채권의 평가가 곤란한 점을
고려하여 파산절차의 진행을 지연시키지 않는 데 있다. 그러나 반대로 보험계
약자가 파산의 선고를 받은 때에는 타인을 위한 보험의 경우($\frac{제639조 \, 제}{3항 \, 단서}$)를 제외
하고는 계약의 효력에 아무런 영향이 없다.

Ⅳ. 當事者에 의한 解止

1. 保險契約者에 의한 解止

보험계약자는 보험자가 파산의 선고를 받은 경우 계약을 해지할 수 있는
($\frac{제654}{조}$) 이외에 보험사고발생 전에는 언제든지 계약의 전부 또는 일부를 해지
할 수 있다($\frac{제649조 \, 제}{1항 \, 본문}$). 그러나 타인을 위한 보험의 경우에는 그 타인의 동의를
얻거나 보험증권을 소지하지 아니하면 그 계약을 해지하지 못한다($\frac{동조 \, 동}{항 \, 단서}$). 이
경우에 보험계약자는 당사자 사이에 다른 약정이 없으면 미경과보험료의 반
환을 청구할 수 있다($\frac{동조}{제3항}$). 이것은 계속적 계약인 보험계약에서 보험계약자
의 이익을 보호하기 위해서 마련한 규정이다.

그러나 보험사고의 발생으로 보험자가 보험금액을 지급한 때에도 보험금
액이 감액되지 아니하는 보험의 경우($\frac{예:자동}{차보험}$)에는 보험계약자는 그 사고발생
후에도 보험계약을 해지할 수 있다($\frac{동조}{제2항}$). 이는 새로운 보험사고가 발생하기
전에 계약의 해지를 가능하게 하기 위한 것이다.

〈대판 2009. 6. 23, 2007 다 26165〉
「금전채권을 압류한 채권자는 추심명령을 얻어 압류된 채권을 추심할 수 있고,
또한 그 채권을 추심하기 위한 목적 범위 내에서 채무자의 권리를 대위절차 없이
자기의 이름으로 재판상 또는 재판 외에서 행사할 수 있다($\frac{민사집행법 \, 제229조}{제1항, \, 제2항 \, 참조}$). 따라
서, 보험계약에 관한 해약환급금채권은 보험계약자가 해지권을 행사할 것을 조건

으로서 효력이 발생하는 조건부 권리이기는 하지만 금전 지급을 목적으로 하는
재산적 권리로서 민사집행법 등 법령에서 정한 압류금지재산이 아니어서 압류 및
추심명령의 대상이 되며, 그 채권을 청구하기 위해서는 보험계약의 해지가 필수적
이어서 추심명령을 얻은 채권자가 해지권을 행사하는 것은 그 채권을 추심하기
위한 목적 범위 내의 행위로서 허용된다고 봄이 상당하므로, 당해 보험계약자인
채무자의 해지권 행사가 금지되거나 제한되어 있는 경우 등과 같은 특별한 사정
이 없는 한, 그 채권에 관하여 추심명령을 얻은 채권자는 채무자의 보험계약 해지
권을 자기의 이름으로 행사하여 그 채권의 지급을 청구할 수 있다.」

2. 保險者에 의한 解止

(1) 保險料不支給으로 인한 解止　　　보험계약자가 계약체결 후 지체없
이 보험료의 전부 또는 제1회 보험료를 지급하지 아니하는 경우에 다른 약
정이 없으면 계약성립 후 2월이 경과하면 그 계약은 해제된 것으로 보지만
($\binom{제650조}{제1항}$), 계속보험료가 약정한 시기에 지급되지 아니한 때에는 보험자는 상당
한 기간을 정하여 보험계약자에게 催告를 하고, 그 기간 내에 지급되지 아니
한 때에는 그 계약을 해지할 수 있다($\binom{동조}{제2항}$). 타인을 위한 보험의 경우에는 그
타인에 대해서도 상당한 기간을 정하여 催告를 하여야 해제 또는 해지할 수
있다($\binom{동조}{제3항}$).

(2) 告知義務 등의 違反으로 인한 解止　　　보험계약자 등이 고지의무,
위험변경·증가통지의무, 위험변경·증가금지의무 등의 責務를 위반한 때에는
보험자는 보험계약을 해지할 수 있다. 즉 보험계약 당시에 보험계약자 또는
피보험자가 고의 또는 중대한 과실로 인하여 중요한 사항을 고지하지 아니하
거나 부실의 고지를 한 때에는 보험자는 그 사실을 안 날로부터 1월 안
에, 계약을 체결한 날로부터 3년 안에 한하여 보험계약을 해지할 수 있다
($\binom{제651}{조}$). 그리고 보험기간중에 보험계약자 또는 피보험자가 사고발생의 위험이
현저하게 변경 또는 증가된 사실을 알면서 지체없이 보험자에게 통지하지 아
니한 때에는 보험자는 그 사실을 안 날로부터 1월 안에 한하여 그 계약을
해지할 수 있고($\binom{제652}{조}$), 보험기간중에 보험계약자·피보험자 또는 보험수익자의
고의 또는 중대한 과실로 인하여 사고발생의 위험이 현저하게 변경 또는 증
가된 때에는 보험자는 그 사실을 안 날로부터 1월 안에 한하여 보험료의 증
액을 청구하거나 계약을 해지할 수 있다($\binom{제653}{조}$).

제 6 절 特殊한 保險契約

梁承圭, 타인을 위한 損害保險契約과 保險者代位, 보험학회지 35(1990. 3)/禹洪九, 保險契約者의 破産과 保險受益者의 介入權에 관한 考察, 건국대 사회과학 16(1992. 8).

제 1 관 假保護契約

여행보험이나 자동차보험 등에 있어서 보험계약자는 즉시 보험보호를 받기를 원한다. 반면에 보험자는 위험을 판단하고, 보상범위 등을 정확하게 검토하기 위하여 시간이 필요하다. 이것을 해결하기 위해서 보험계약자와 보험자는 가계약을 체결하여 그 효력기간을 처음부터 제한하는 방법을 이용하는데, 이것을 가보호계약이라고 한다. 이 가보호계약은 본 계약의 체결에 관한 결정이 이루어질 때까지만 효력을 갖는다. 당사자가 본 계약의 체결에 합의하는 경우 —대개의 경우 보험자가 위험 등을 검토한 후에 계약을 체결하기로 결정하고, 보험증권을 교부함으로써 상대방의 청약을 승낙한다— 가보호계약상의 보험자의 책임은 본 계약상의 책임이 개시하는 시점에 종료한다. 그러나 보험자가 상대방의 청약을 거절하면 상대방에게 그에 관한 통지가 도달된 시점에 보호가 끝난다.

가보호계약은 다른 보험계약과 마찬가지로 형식에 구애받지 않고, 즉 구두나 전화로도 체결될 수 있다. 그리고 가보호계약의 내용은 당사자의 의사에 따른다. 대부분 처음에는 가보호에 대한 대가의 지급을 요구하지 않는다. 본 계약이 체결되면 가보호계약과 본 계약에 대하여 하나의 보험료가 적용되는데, 이 때에는 마치 처음부터 하나의 계약만이 있었던 것같이 양 계약이 합하여진 기간에 따라 보험료가 산출된다. 본 계약이 체결되지 않으면 가보호기간을 사후에 정하여(이를 '연기된 보상기간'(deck-ende Stundung)이라 한다) 이 기간 동안의 보험료가 지급된다. 이 보험료는 보통의 경우보다 높은 단기요율에 의한다.

제 2 관 保險契約의 復活

Ⅰ. 意 義

계속보험료의 불지급으로 인하여 보험계약이 해지되고 해지환급금이 지급되지 아니한 경우에 보험계약자는 상당한 기간 내에 지체보험료에 약정이자를 붙여 보험자에게 지급하고 보험계약의 부활을 청구할 수 있고, 이 경우에는 보험계약의 성립에 관한 상법 제638조의 2의 규정이 준용된다(제650조의 2). 즉 보험계약자의 부활청구에 의하여 보험자가 승낙함으로써 보험계약이 부활한다. 이러한 보험계약의 부활은 종래 보험약관에 의하여 인정되고 있던 것을 명문화한 것인데, 예컨대 생명보험의 경우 새로운 보험계약을 체결하는 때에 피보험자의 고령화로 인하여 그 조건이 불리하게 되는 것을 피할 수 있다는 점에서 보험계약자에게 유리한 제도이다.

Ⅱ. 法的 性質

보험계약의 부활을 위한 계약의 법적 성질에 대하여는 ① 실효된 구 계약과 동일한 내용을 가지는 새로운 계약이라는 견해와 ② 실효된 구 계약의 회복을 위한 특수계약이라는 견해가 있는데, 보험계약의 부활은 실효된 종전의 보험계약의 효력을 실효 이전의 상태로 회복시키는 것을 목적으로 한다는 점에서 후자의 견해가 타당하다고 본다(통설). 따라서 종전의 계약에 대하여 무효·실효·해지 등의 원인이 있는 경우에는 부활 후의 계약에 대하여도 그대로 인정되나, 보험계약의 부활에 의하여 그 원인이 제거된 때에는 종전의 계약상의 이유를 들어 이를 다툴 수 없다고 본다(양승규,167쪽).

Ⅲ. 保險契約의 復活과 告知義務

보험계약의 부활과 고지의무이행의 범위가 문제되고 있다. 논리적으로는 보험계약의 부활의 법적 성질을 특수계약으로 보면서 고지의무를 인정하는 것은 매끄럽지 못한 면이 있음은 사실이지만(정호열, 부활과 고지의 범위, 보험학회지 제60집, 91쪽) 보험계약의 부활의 경우에도 고지의무를 인정하여야 할 것이다(통설)(생명보험표준약관 제13조 제 2 항). 물론 질문표 등을 통한 고지의무 이행의 기회가 부여되어야 한다. 고지의 대상 내지 범위는 약관이나 질문표에서 명시적으로 범위를 정하여 질문하고 있으면 그 범위 내에서 사실대로 고지하였으면 불이익을 받지 않는다고 보아야 한다. 그런데 우리 실무상은 부활의 경우에도 신계약에 준하는 청약서를 사용하고 있기에 그러한 명시적인 제한이 있다고 보기는 어렵다. 그 밖에 일반론으로서 다만 "최근 5년 이내"라고 명시적으로 한정하여 묻는 경우에는 5년 이전의 상황을 사실대로 알리지 않았다면 보험계약자측의 고의나 중과실을 인정하기는 어렵다. 부활계약은 구 계약을 부활하는 특수계약이기는 하지만 구 계약 이전의 사항은 고지사항 밖이라고 보는 것이 합리적이다. 실효시점부터 부활청약시까지만의 사항을 고지대상으로 보는 견해도 있지만(^{김성태, 보험법}_{강론, 339쪽}) 구 계약성립 이후의 사항을 알려야 할 것으로 본다. 이미 존재했던 구 계약성립시의 고지의 무위반은 구 계약이 실효되었다가 다시 부활된 경우에 부활시 고지의무를 제대로 이행한 이상 문제삼기 어렵다고 본다(^{동지：정찬형, 상법}_{강의(하), 548쪽}). 따라서 구 계약성립 이후의 사항을 고의·중과실 없이 진실대로 고지하였으면 고지의무위반으로 인한 제재는 가할 수 없다. 그런데 특히 실효 이후 사고발생개연성이 상당히 높아졌거나 사고가 발생하였음을 알고 보험계약의 부활을 하는 것은 역선택의 문제를 야기하고 보험사고의 우연성을 파괴하는 것이기 때문에 소정의 제재를 받게 된다.

〈대판 1987. 6. 23, 86 다카 2995〉
「보험계약이 실효된 후 보험계약자가 보험계약의 부활을 청구하고 미납보험료를 납입한 때에는 보험계약은 유효하게 계속되나, 그 경우 보험계약이 실효된 때로부터 보험료를 영수한 날까지 생긴 사고에 대하여는 보상하지 아니하기로 약정하였다면, 보험자가 납입유예기간경과 후에 보험계약자로부터 미납보험료를 영수하면서 아무런 이의가 없었다 하더라도 그로 인하여 유예기간경과 후 미납보험료의 영수 전에 발생한 사고에 대하여는 보험자는 보험금지급책임이 없다.」

제 3 관   他人을 위한 保險契約

Ⅰ. 槪　　念

1. 意　　義

타인을 위한 보험계약(policy for whom it may concern; Versicherung für fremde Rechnung)이란 보험계약자가 특정 또는 불특정의 타인을 위하여 자기 명의로 체결하는 보험계약을 말한다(^{제639조 제}_{1항 본문}). 즉 보험계약자와 보험계약에 의한 수익자가 다른 보험계약이다. 타인을 위한 보험계약은 손해보험에서는 피보험자가, 인보험에서는 보험수익자가 보험계약자 이외의 다른 사람인 보험계약이다. 이에 반하여 보험계약자가 동시에 피보험자 또는 보험수익자로 되어 있는 보험계약을 자기를 위한 보험계약(Versicherung für eigene Rechnung)이라고 한다.

2. 效　用

타인을 위한 보험계약은 해상보험의 발달 시초부터 대리인 또는 중개인 등이 자신의 이름으로 상품소유자의 이익을 위하여 보험계약을 체결한 관행에서부터 유래하였는데, 오늘날에는 각종 보험에서 널리 이용되고 있다. 예컨대 운송업자·창고업자·매도인이 송하인·임치인·매수인을 위하여 체결하는 운송보험계약, 가장이 그 가족을 위하여 체결하는 생명보험계약 등이 여기에 해당한다. 보험계약자인 채무자가 계약에서 정한 채무를 이행하지 아니함으로써 피보험자인 채권자가 입을 손해를 보험자가 보상하기로 하는 보증보험계약(보험업법 제5조 제1항 참조)도 타인을 위한 보험계약에 속한다.

3. 法的 性質

타인을 위한 보험계약의 법적 성질에 관해서는 다툼이 있다.

(1) 代理說　　　타인을 위한 보험계약을 그 타인을 위한 대리계약으로 보는 견해이다.

(2) 제3자를 위한 契約說　　　보험계약자가 자기명의로 계약을 체결하고 그 효과가 직접 피보험자 또는 보험수익자에 귀속되기 때문에 타인을 위한 보험계약은 민법상 제3자를 위한 계약의 일종이라고 한다(다수설)(정희철, 405쪽; 최기원, 125쪽; 양승규, 178쪽; 채이식, 511쪽).

(3) 特殊契約說　　　타인을 위한 보험계약의 경우에는 민법상 제3자를 위한 계약과 달리 피보험자 또는 보험수익자의 수익의 의사가 없는 경우에도 계약의 효력이 생기기 때문에 타인을 위한 보험계약은 민법상의 제3자를 위한 계약이 아니라 상법상의 특수한 계약이라고 본다(손주찬, 499쪽).

타인을 위한 보험계약은 보험계약자가 피보험자 또는 보험수익자의 대리인으로서 체결하는 것이 아니라, 자기명의로 보험계약의 당사자가 되므로 대리의 법리로는 피보험자 또는 보험수익자의 보험자에 대한 권리취득을 설명할 수 없다는 점에서 대리설은 타당하지 않다. 타인을 위한 보험계약의 경우에는 피보험자 또는 보험수익자의 수익의 의사를 필요로 하지 않는다(제639조 제2항 본문)

는 점에서 제 3 자의 권리가 생기기 위하여는 그 제 3 자의 수익의 의사가 있어야 하는(민법 제539조 제2항) 민법상의 제 3 자를 위한 계약과 다르지만, 이것이 타인을 위한 보험계약이 제 3 자를 위한 계약으로서의 성질을 갖는 데 장애가 되지는 않는다. 왜냐하면 제 3 자 수익의사의 유무라는 차이는 민법상의 제 3 자를 위한 계약에서는 당사자의 개성을 중시하는 데 반하여, 보험계약은 다수계약으로서 특히 수익자의 의사를 문제삼을 필요가 없다는 데서 나오는 것이고, 양자가 본질적으로 다르다는 데서 나오는 것이 아니기 때문이다(동지: 정희철, 405쪽; 양승규, 178쪽).

〈대판 1974. 12. 10, 73 다 1591〉
「이행보증보험은 민법상의 제 3 자를 위한 계약의 법적 성질을 가지고 있다.」

Ⅱ. 成立要件

1. 他人을 위한다는 意思表示

타인을 위한 보험계약을 체결하려면 우선 타인을 위한 것이라는 의사표시, 즉 보험계약상의 권리가 보험계약자가 아니라 피보험자나 보험수익자에게 귀속한다는 의사표시가 있어야 한다. 이 의사표시는 명시적이든 묵시적이든 상관이 없고, 또 피보험자나 보험수익자가 특정되어 있어야 하는 것도 아니다. 그러나 타인을 위한 것이라는 의사가 있었는지 없었는지 분명하지 아니한 때에는 그 보험계약은 보험계약자 자신을 위한 것으로 보아야 한다. 그러나 예외적으로 법률의 규정에 의하여 타인을 위한 보험계약이 체결된 것으로 보는 경우가 있다(예: 제686조, 제721조).

〈대판 2009. 12. 10, 2009 다 56603, 56610〉
「손해보험에 있어서 보험의 목적물과 위험의 종류만이 정해져 있고 피보험자와 피보험이익이 명확하지 않은 경우에 그 보험계약이 보험계약자 자신을 위한 것인지 아니면 타인을 위한 것인지는 보험계약서 및 당사자가 보험계약의 내용으로 삼은 약관의 내용, 당사자가 보험계약을 체결하게 된 경위와 그 과정, 보험회사의 실무처리 관행 등 여러 사정을 참작하여 결정하여야 할 것인바, 임차인이 임차건물과 그 안에 있는 시설 및 집기비품 등에 대하여 피보험자에 대하여는 명확한 언급이 없이 자신을 보험목적의 소유자로 기재하여 화재보험을 체결한 경우, 이러한 화재보험은 다른 특약이 없는 한 피보험자가 그 목적물의 소유자인 타인에게 손해배상의무를 부담하게 됨으로써 입게 되는 손해까지 보상하기로 하는 책임보험의 성격을 갖는다고는 할 수 없다.」

〈대판 2011. 2. 24, 2009 다 43355〉

「보험계약에 편입된 보통약관에 보험회사가 보험에 가입한 물건이 입은 화재에 따른 직접손해, 소방손해, 피난손해 등을 보상하도록 되어 있는 경우에, 보통약관에 의하여 체결된 보험계약은 손해보험의 일종인 화재보험으로서의 성격을 갖는 것임이 분명하고, 이러한 화재보험은 다른 특약이 없는 한 피보험자가 목적물의 소유자인 타인에게 손해배상의무를 부담하게 됨으로써 입게 되는 손해까지 보상하기로 하는 책임보험의 성격을 갖는다고는 할 수 없다. 한편 부동산을 매수한 자가 그 부동산에 관하여 자신을 피보험자로 하여 화재보험계약을 체결하였다면, 특별한 사정이 없는 한 이는 자기를 위한 보험계약이라고 보아야 한다.」

2. 他人의 委任不要

타인을 위한 보험계약에 있어서 보험계약자는 그 타인의 위임이 없어도 그 보험계약을 체결할 수 있다($_{1항 본문}^{제639조 제}$). 따라서 보험계약자와 피보험자 또는 보험수익자의 관계는 당사자의 의사에 따라 위임 또는 사무관리뿐만 아니라 경우에 따라서는 증여도 될 수 있다. 그러나 손해보험계약의 경우에 그 타인의 위임이 없는 때에는 보험계약자는 이를 보험자에게 고지하여야 하고, 그 고지가 없는 때에는 타인이 그 보험계약이 체결된 사실을 알지 못하였다는 사유로 보험자에게 대항하지 못한다($_{항 단서}^{동조 동}$). 이 고지는 보험자로 하여금 피보험자에게 그 자를 위한 보험이 성립하였음을 알리는 기회를 주어 도박보험의 위험을 방지하는 동시에 그 타인으로 하여금 피보험자로서의 적정한 행위($_{방지의무의 이행}^{통지의무·손해}$)를 할 수 있게 하고자 하는 데 그 뜻이 있다($_{406쪽}^{정희철,}$).

Ⅲ. 效 力

1. 被保險者와 保險受益者의 權利·義務

(1) 權 利 타인을 위한 보험계약이 체결되면 피보험자 또는 보험수익자는 보험자에 대한 수익의 의사표시를 함이 없이 보험사고가 발생한 경우에 당연히 보험금청구권을 갖는다($_{2항 본문}^{제639조 제}$). 이 때 피보험자나 보험수익자는 타인을 위한 보험계약의 효력으로서 보험금청구권을 취득하는 것이지 보험계약자의 권리를 승계취득하는 것이 아니다. 그러므로 특별한 사정이 없는 한 보험계약자의 동의가 없어도 임의로 그 권리를 행사하고 처분할 수 있다.

〈대판 1981. 10. 6, 80 다 2699〉

「타인을 위한 보험계약에 있어서 피보험자는 직접 자기 고유의 권리로서 보험자에 대한 보험금지급청구권을 취득하는 것이므로 특별한 사정이 없는 한 피보험자는 보험계약자의 동의가 없어도 임의로 보험계약상의 보험금지급 기한을 연기하는 등 그 권리를 행사하고 처분할 수 있다.」

〈대판 1992. 11. 27, 92 다 20408〉

「타인을 위한 보험계약에 있어서 피보험자는 직접 자기 고유의 권리로서 보험자에 대한 보험금지급청구권을 취득하는 것이므로, 특별한 사정이 없는 한 피보험자는 보험계약자의 동의가 없어도 임의로 권리를 행사하고 처분할 수 있다.」

그러나 이 때에도 보험자는 보험계약자와의 관계에 기한 모든 사유로 피보험자 또는 보험수익자에게 대항할 수 있다(민법 제 542조).

(2) 義   務   제 1 차적인 보험료지급의무는 보험계약자가 부담하지만, 보험계약자가 파산선고를 받거나 보험료의 지급을 지체한 때에는 피보험자 또는 보험수익자가 그 권리를 포기하지 아니하는 한 이들도 보험료를 지급할 의무가 있다(제639조 제 3 항). 이 규정은 보험자의 이익을 보호하기 위한 규정으로서 파산의 경우에 보험료지급의무를 피보험자 또는 보험수익자만이 지도록 하려는 취지는 아닌 것으로 해석되므로 파산의 경우에도 보험계약자에 대한 청구권도 존속하고, 따라서 보험자는 선택권을 갖는다고 본다(최기원, 133쪽). 그러나 다른 한편 타인을 위한 보험계약에서 그 타인도 보험계약에 중대한 이해관계를 갖는다는 점을 고려하여 상법은 제650조 제 3 항을 신설하였다. 즉 특정한 타인을 위한 보험의 경우에 보험계약자가 보험료의 지급을 지체한 때에는 보험자는 피보험자나 보험수익자에게도 상당한 기간을 정하여 보험료의 지급을 최고한 후가 아니면, 그 계약을 해제 또는 해지하지 못한다. 또한 피보험자 또는 보험수익자는 보험계약자와 마찬가지로 고지의무 등의 책무를 부담하는 경우가 있다.

〈대판 2012. 6. 28, 2012 다 25562〉

「만일 보험계약의 주된 내용이 보험계약자 본인을 위한 것이고 그에 부수적, 한정적으로 타인이 보험수익자로서 보험계약상의 이익을 가지는 것에 불과한 경우라면, 그 타인은 자신이 주된 이익을 가지지도 아니하는 보험계약에 대하여 제 2 차적 보험료 납부의무를 부담한다고 보기 어려우므로, 그러한 경우까지 보험자가 타

인에게 보험료 지급을 최고할 필요는 없다고 할 것이다. 따라서 상법 제530조 제
3항은 오로지 또는 주로 타인을 위한 보험으로서 보험계약자가 별다른 보험계약
상의 이익을 가지지 않는 경우에 적용된다고 봄이 상당하다.」

2. 保險契約者의 權利 · 義務

(1) 權 利   보험계약자는 직접 자기를 위한 보험금청구권은 없지
만 보험자에 대하여 피보험자 또는 보험수익자에게 보험금액을 지급하도록
청구할 권리를 갖고(동지 : 최기원, 134쪽), 손해보험계약의 경우에 보험계약자가 그 타인
에게 보험사고의 발생으로 생긴 손해의 배상을 한 때에는 보험계약자는 그
타인의 권리를 해하지 아니하는 범위 안에서 보험자에게 보험금액의 지급을
청구할 수 있다(제639조 제2항 단서). 논리적으로 보면 보험계약자가 보험금지급채무를
변제할 정당한 이익이 있다고 할 수는 없지만, 피보험자가 입은 손해를 보상
해야 할 사회적 · 영업적 지위에 보험계약자가 있는 경우에는 보험계약자에게
이러한 법정대위변제권을 부여하는 것은 타당하다(채이식, 515쪽; 양승규, 181쪽). 그런데 이러한
청구는 보험계약자가 보험증권을 소지한 경우에만 인정되며, 손해가 보험계
약자의 과실로 인하여 생긴 경우는 지급청구를 할 수 없다고 보는 견해
(최기원, 134쪽)가 있다. 그러나 우리 법에는 그러한 뜻을 규정한 독일민법 제76조 제
2항과 같은 규정이 없으므로 타당하지 않다고 생각한다(동지 : 양승규, 181쪽).

그 밖에 보험계약자는 보험증권교부청구권(제640조) · 보험료감액청구권(제647조) ·
보험료반환청구권(제648조) · 보험사고발생 전의 보험계약해지권(제649조 제1항 본문) 등은 그
대로 갖는다. 다만, 계약해지권은 보험계약자가 보험증권을 소지하고 있지 않
는 한 그 타인의 동의를 얻어서만 행사할 수 있다(제649조 제1항 단서). 그런데 상법 제
649조 제1항 단서에 대한 해석으로 타인을 위한 보험계약을 해지하기 위하여
보험계약자가 보험증권을 소지하는 것만으로는 불충분하고, 반드시 피보험자
의 동의를 받아야 해지할 수 있는지 아니면 보험증권만 소지하면 해지가 가
능한지 문제된다. 이에 대하여 반드시 피보험자의 동의까지 받아야 한다는 견
해를 취한 분쟁조정례가 있다(조정례 98-10)(김성태, 「보험법강론」, 2001, 356쪽). 그런데 보험계약자가 보험
증권의 소지만으로도 보험계약해지를 할 수 있다는 입장의 하급심 판례도 있
는 상황이다(서울남부지판 2004. 6. 8, 2003 가단 3703; 서울중앙지판 2005. 5. 17, 2004 가단 190957). 이와 관련하여 독일보험계약법 제
45조 제2항도 유사한 취지의 규정을 두고 있다. 따라서 현재로서는 상법 제
649조 제1항의 규정을 계약자측에게 불리하게 변경하는 경우에는 상법 제663
조에 의하여 무효라고 하여야 한다. 그러나 현행 상법 제649조의 해석상으로

도 보험증권의 소지 및 타인의 동의까지를 요구하는 쪽으로 해석할 소지도 존재하므로 입법론적으로 이 부분을 명확히 하는 방향으로 개선하는 것이 필요하다. 상법 제649조 제 1 항 단서는 타인을 위한 보험계약에서 그 타인도 그 보험계약에 대하여 이해관계를 가지기 때문에 이들의 지위가 침해되는 것을 막기 위한 것이다. 그러나 이것은 어디까지나 보험계약의 해지에 국한된 것으로 보험계약의 변경에 일반적으로 적용되기는 어려울 것이다. 특히 생명보험의 경우에는 보험계약자에게 보험수익자의 지정·변경권이 인정된다($\substack{제733 \\ 조}$).

　　(2) 義　　務　　보험계약자는 보험계약의 당사자로서 1 차적으로 보험료지급의무를 지고, 그 밖에 고지의무 등 각종의 부수적 의무를 진다.

제3장 損害保險 總論

제1절 總 說

제1관 損害保險契約의 意義

손해보험계약이란 당사자의 일방(보험계약자)이 약정한 보험료를 지급하고, 상대방(보험자)이 우연히 야기된 일정한 사고(보험사고)로 인하여 생길 피보험자의 재산상의 손해를 보상할 것을 약정함으로써 효력이 생기는 보험계약이다(제638조.). 이러한 손해보험계약은 보험사고가 발생할 때에 지급하여야 할 금액을 계약의 성립시에는 알 수 없는 불확정보험이라는 점에서 보험사고만 발생하면 손해와 상관없이 일정액을 지급하는 정액보험인 인보험과 다르다(물론 인보험 가운데 상해보험은 불확정). 또한 손해보험계약은 물건 기타 재산상의 손해의 보상을 목적으로 한다는 점에서 사람의 생명이나 신체에 대한 사고를 대상으로 하는 인보험계약과 다르다.

이상에서 알 수 있는 바와 같이 손해보험계약의 가장 큰 특색은 손해보상계약성이라고 할 수 있다. 즉 손해보험계약은 보험자가 보험사고로 인한 피보험자의 재산상의 손해를 보상할 책임을 지는 점에서 손해보상계약의 일종이다. 여기서 손해라 함은 보험사고로 말미암은 실제의 재산상태와 보험사고가 없었을 경우의 가정적인 재산상태의 차이, 다시 말하면 피보험자가 보험사고의 발생 전에 가지고 있던 피보험이익에 대하여 보험사고로 생긴 경제상의 불이익을 말한다.

제2관 損害保險에서 利得禁止原則의 緩和傾向

손해보험에서는 일반적으로 실손보상의 원칙 내지는 이득금지(Bereicherungsverbot)의 원칙이 적용되는 것으로 이해하고 있다(양승규, 보험법, 제5판, 191쪽). 상법 제665조에서는 인보험과는 달리 손해보험에서 보험자는 보험사고로 인한 피보

험자의 재산상의 손해를 보상할 책임이 있다고 규정한다. 이 법률규정의 문언
상에는 이득금지의 원칙이 명시적으로 표현되어 있지는 않다. 즉 우리 보험계
약법인 상법에서는 보험보호로 인하여 보험계약자에게 이득이 되어서는 안
된다고 일반적이고 명시적으로 밝히고 있지는 않다.

　　이와 관련하여 독일의 경우, 2007년 개정 이전 구 보험계약법(VVG) 제55
조에서 보험금액이 사고발생시의 보험가액보다 높다하더라도 보험자는 보험
계약자 내지 피보험자에게 실제손해 이상을 지급할 의무가 없다고 규정하고
있다. 이 규정의 해석으로 독일의 다수 견해는 보험법상 손해보험에서 이득금
지는 강행적이며 임의로 적용을 배제할 수 없다고 보았다($\substack{\text{Bruck/Möller, VVG, vor §§} \\ \text{49-80, Anm. 45, § 55 Anm. 8;}}$
$\substack{\text{Weyers, Versicherungsvertragsrecht, 2.} \\ \text{Aufl., Rdn. 448; Kisch, VersR 1951, 229}}$). 그런데 이에 대해서 반론도 제기되고 있었다. 즉
이득금지의 원칙은 독일 민법 제134조의 의미상 법률상의 금지는 아니라고
본다($\substack{\text{Römer/Langheid, Versicherungsvertra-} \\ \text{gsgesetz, 2. Aufl., 2003, § 55, Rdn. 8}}$). 독일 구 보험계약법 제55조의 법문언은 보험
사고로 인해 직접 발생한 손해보다 보험자가 더 많은 금액을 지급하는 것을
금지하는 것은 아니라는 것이다. 또한 독일연방대법원의 판례($\substack{\text{BGH, U.v.4.4.2001, IV} \\ \text{ZR 138/00=BGHZ 147,}}$
$\substack{\text{212; VersR} \\ \text{2001, 749}}$)도 독일 구 보험계약법 제55조는 보험자로 하여금 보험목적의 시가
이상의 지급약속을 하는 것을 금하지 않는다고 보고 있다. 법에 명문으로 규
정되어 있지도 않은, 신가보험을 제한하는 일반 이득금지원칙은 존재하지 않
는다는 것이다. 개정 독일 보험계약법 제76조($\substack{\text{독일 구 보험} \\ \text{계약법 제57조}}$) 제 2 문에 의해 당사
자가 미리 합의한 가액이 실제 사고의 보험가액을 현저히 초과할 때에는 합
의한 가액이 적용되지 않지만, 가령 합의한 금액이 감정가의 121.89%정도라
면 현저한 차이라고 볼 수 없다고 하였다. 그 배경에는 법률에 강행적인 이
득금지원칙도 명시적으로 규정되어 있지 않을 뿐더러 기평가보험은 보험가액
의 합의를 통해 당사자는 손해액확정을 쉽게 하려는 목적을 가지고 있음을
고려하여야 한다고 보았다. 그런데 2007년 개정 독일 보험계약법에서는 구법
제55조에 해당하는 내용을 두고 있지 않아 이득금지원칙을 인정할 근거가 더
욱 약화되었다.

　　이와 같이 손해보험에서 실손보상성은 일부 완화되고 있음을 주목할 필
요가 있다. 그런데 기본적으로 손해보험에서는 실손보상의 원칙 내지는 이득
금지의 원칙이 적용된다고 보아야 한다. 다만 보험제도의 운용에 해가되지 않
고 도덕적 위험을 초래하지 않는 한도에서 부분적으로 그를 완화하는 것이
허용된다고 보아야 한다.

제 3 관 損害保險의 種類

손해보험의 종류로서 상법에 규정되어 있는 것은 화재보험($\frac{제683조\sim}{제687조}$)·운송보험($\frac{제688조\sim}{제692조}$)·해상보험($\frac{제693조\sim}{제718조}$)·책임보험($\frac{제719조\sim}{제726조}$)·자동차보험($\frac{제726의\ 2조\sim}{제726의\ 4조}$)의 다섯 가지 종류만이다. 이 가운데 화재보험·운송보험·해상보험은 전통적인 손해보험에 속하고, 책임보험은 현대사회의 기계문명의 발달 또는 도로교통의 증대로 급속히 발전하고 있는 새로운 보험이며, 자동차보험은 자동차의 증대와 교통사고의 위험으로 말미암아 오늘날 가장 중요한 보험분야로 나타나고 있다.

상법에서 규정하고 있지 아니한 종류의 손해보험에 대하여도 보험계약법의 통칙규정과 손해보험의 통칙규정이 적용되는 것이고, 개별적인 사항은 각종의 보험약관에 의하여 그 계약내용이 정해지고 있다. 근로자재해보상보험·생산물배상책임보험·도난보험·유리보험·동물보험·원자력보험·조립보험·건설공사보험·보증보험·항공보험 등이 그것이다.

제 2 절 損害保險契約의 效力

제 1 관 總 說

손해보험의 경우도 보험계약 일반에 관한 효력이 적용되지만 이에 관하여는 전술하였으므로, 여기에서는 손해보험계약에 있어 중요한 보험자의 손해보상의무, 보험계약자와 피보험자의 손해방지의무, 보험자의 대위권 등이 논의될 수 있다. 그러나 이 중에서 가장 중요하고 기본적인 것은 물론 보험자의 손해보상의무라고 할 수 있다.

아래에서는 손해보험계약의 가장 기본적인 효력으로서 보험자의 손해보상의무를 살펴보고, 보험계약자와 피보험자의 손해방지의무, 보험자의 대위권에 관한 사항은 비록 그것이 손해보험계약의 효력의 일부분을 이루고 있으나, 손해보험계약에 특유한 제도라는 면이 강하기 때문에 "제 3 절 손해보험계약에 특유한 문제"에서 다루기로 한다.

제 2 관 保險者의 損害補償義務

姜大燮, 승낙 전 사고에 대한 보험자의 책임, 현대상사법논집(김인제박사정년기념논문
집), 1997. 1/李基秀, 보험자의 관여 없이 加害者·被害者 간에 合意한 損害賠償額의
認定與否, 保險法律 9(1996. 6).

I. 序　　說

　　손해보험계약은 일종의 손해보상계약이므로 보험자는 보험사고로 인하
여 생길 피보험자의 재산상의 손해를 보상할 의무를 진다(제665조). 한편 보험계
약자는 보험의 목적에 대하여 보험사고가 생긴 때에 보험보호를 받기 위하여
그 보험계약을 체결하고 보험료를 지급한다. 그러므로 보험자의 손해보상의무
는 보험계약의 성질상 가장 주된 의무이며, 이를 보험금지급의무라고도 하는
데, 이 의무는 보험사고의 발생에 의하여 구체화된다.

II. 損害補償義務의 要件

1. 保險事故와 財産上의 損害發生

　　보험자는 약정한 보험사고의 발생으로 인하여 재산상의 손해가 생긴 때
에 비로소 그 손해에 대한 보상의무를 지게 된다. 즉 보험계약이 체결되었고,
이에 따라 보험계약자가 보험료를 지급하였더라도 보험사고가 발생하지 않는
한 보험자는 보험금지급의무를 지지 않는다. 보험사고는 보험기간 안에 발생
하여야 한다. 따라서 보험자는 보험사고가 법정 또는 약정의 보험기간 전에
발생한 때는 비록 그 손해가 그 기간중에 생겼더라도 그에 대한 보상책임을
지지 않으며, 보험사고가 보험기간중에 발생하였으면 그로 인한 손해가 그 기
간 후에 생겼더라도 그에 대한 보상책임을 부담한다.

〈대판 1992. 9. 22, 92 다 20729〉
「가. 甲이 乙과 가스집진기류를 제작납품하는 도급계약을 체결하면서 보증보험회
사와 이행보증보험계약을 체결하였는데, 甲이 납입기일까지 납품을 하지 못하고
아무런 대책을 수립하지 못하자 乙이 甲과의 합의 하에 甲이 아직 착수하지도 아
니한 전체도급물량의 38퍼센트에 해당하는 물량을 회수하여 갔다면, 乙은 甲의 이

행지체를 이유로 위 도급계약 중 38퍼센트에 해당하는 부분을 해제하였다 할 것이고, 이는 보험사고가 발생한 경우에 해당하는 것이지 이행보증보험약관상의 '주계약의 내용에 중대한 변경이 있었을 때'에 해당한다고 볼 수 없다.

　나. 보험계약에 '피보험자는 보험금을 청구하기 전에 주계약을 해제 또는 해지하여야 한다'고 규정되어 있으나 피보험자가 보험금을 청구한 후에 주계약을 해제하였다 하더라도 피보험자가 보험기간 내에 이행지체를 이유로 주계약을 해제한 이상 보험자는 피보험자에게 보험금을 지급할 의무가 있다.」

한편 피보험자가 보험사고로 말미암아 입은 재산상의 손해란 피보험자의 피보험이익의 전부 또는 일부가 멸실되었거나 감손된 것을 말하며, 보험사고와 상당인과관계가 있어야 한다. 이에 관해서는 다음 항목에서 논한다.

2. 保險事故와 財産上 損害의 因果關係

손해보험계약에서 보험자는 보험계약에 정한 보험사고로 입은 피보험자의 재산상의 손해를 보상할 책임을 진다. 그러나 보험자가 보상할 손해는 보험사고와 인과관계가 있는 모든 손해가 아니라 그 보험사고로 말미암아 필연적으로 생겨난 것에 한정된다. 즉 그 손해는 보험사고와 상당인과관계가 있어야 한다.

어떠한 손해가 보험사고와 상당인과관계에 있는가는 구체적인 사정에 따라 결정할 사실문제로서 이론이나 논리에만 의존할 수 없고, 궁극적으로는 보통사람의 건전한 상식에 의존할 수밖에 없다. 가령 화재보험의 목적에 화재가 발생하여 그 목적물을 대피시켜 안전한 곳에 옮겨 놓았으나 도난당한 경우에 그 손해는 화재와 인과관계는 있지만 상당인과관계에 있는 것은 아니다.

보험사고와 보험사고가 아닌 다른 사고가 경합하여 손해 등이 발생했을 때에는 어느 사고가 주된 원인인가를 가려 보험사고에 의해 손해 등이 발생했는가를 판단한다. 그리고 보험의 목적에 관하여 보험자가 부담할 손해가 생긴 경우에는 그 후 그 목적이 보험자가 부담하지 아니하는 보험사고의 발생으로 멸실된 때에도 보험자는 이미 발생한 손해의 보상책임을 진다($^{제675}_{조}$).

Ⅲ. 損害額의 算定

1. 意　　義

손해보험은 일종의 손해보상계약으로서 보험사고로 피보험자가 손해를 입

은 때에는 보험자의 보상을 위하여 먼저 그 보상액에 대한 정확한 산정이 요
구된다. 손해액의 산정은 매우 어려운 문제 중의 하나이고 산정방법을 모두 논
리적으로 정할 수 있는 것도 아니지만, 분쟁금액이 적기 때문에 법적으로 논의
되지 않는 경우가 많다. 손해액산정은 궁극적으로 상식에 의존할 수밖에 없다.

2. 日時와 場所

보험자가 보상할 손해액은 그 손해가 발생한 때와 곳의 가격에 의하여
산정한다(제676조제1항). 보험사고로 인한 손해의 발생시에 보험금지급의무가 발생하
므로 보상계약의 목적상 당연히 보험사고로 인한 손해가 발생한 때와 곳을
기준으로 손해액을 산정하여야 한다. 다만, 당사자 사이에 다른 약정이 있는
때에는 그 신품가액에 의하여 손해액을 산정할 수 있다(제676조 제1항 단서). 이와 같이
상법은 손해액의 산정기준을 원칙적으로 그 손해가 발생한 때와 장소의 보험
가액에 따르도록 하고 있으나, 보험가액에 대한 합의가 있는 기평가보험의
경우에는 원칙적으로 그 보험가액이 손해액산정의 기준이 되고(제670조), 또 보
험가액불변경주의가 인정되는 운송보험(제689조)·해상보험(제696조~제698조)의 경우에는
그 가액에 따라 손해액을 산정하여야 한다.

보험사고와 손해의 발생이 확정되면 그 때 보험금청구권과 보험금액도
확정된다고 보아야 한다. 따라서 보험금청구권의 발생요건이나 청구금액을 판
단함에 있어 그 이후에 발생한 사실이나 사유는 변론종결 이전에 법원에 제
출되더라도 원칙적으로 이를 참작하지 아니한다. 따라서 보험의 목적에 관하
여 일단 보험자가 부담할 손해가 생긴 경우에는 그 후 그 목적이 보험사고가
아닌 사고로 인하여 멸실됨으로써 변론종결시점에서 보면 어차피 손해가
발생하였다고 판단되는 때에도 보험자는 이미 보험사고로 인하여 생긴 손해
를 보상할 책임을 면하지 못한다(제675조).

3. 算定方法

손해액산정의 방법은 全損과 分損의 경우에 각각 다르다. 全損이란 보험
의 목적이 더 이상 동일성을 유지하면서 존재한다고 볼 수 없는 것을 말하는
데, 이 경우 피보험자는 보험가액을 손해액으로 청구할 수 있다. 그런데 全損
이 되기 위하여는 보험의 목적이 동일성만 상실하면 되고, 보험의 목적이 물
리적으로 완전히 소멸하여야 하는 것은 아니다. 따라서 全損이 발생해도 보
험자가 취득할 잔존물이 있을 수 있다.

한편 分損이라 함은 보험사고에 의하여 전손에 이르지 아니한 손해가 발

생한 것을 말하는데, 이 경우 교환가치의 감소액이나 원상회복에 필요한 비용
이 보상할 손해액이 된다. 이 때에도 보상할 금액은 보험가액을 기준으로 산
정한다.

Ⅳ. 損害補償義務의 履行

1. 履行時期

손해보상의무의 이행시기는 다른 약정이 없으면 보험사고의 통지를 받고
보험자가 지급할 보험금액을 정한 날로부터 10일 내이다($\frac{\text{제658}}{\text{조}}$).

2. 履行場所

이행장소는 보험약관에 정함이 있으면 그에 의하고, 보험약관에도 정함
이 없고 상관습도 없는 때에는 민법의 일반원칙에 따라야 할 것이다($\frac{\text{민법}}{\text{제467조}}$).
즉 의무이행은 채권자인 피보험자의 주소 또는 영업소에서 하여야 한다.

Ⅴ. 保險金請求權의 喪失

1. 保險契約者 또는 被保險者의 각종 義務違反

손해보험계약에서 보험사고로 피보험자가 재산상의 손해를 입었다 하더
라도 보험계약자 또는 피보험자가 다음과 같은 의무, 즉 고지의무($\frac{\text{제651}}{\text{조}}$), 위험
변경·증가의 통지의무($\frac{\text{제652}}{\text{조}}$) 및 위험변경·증가의 금지의무($\frac{\text{제653}}{\text{조}}$) 등을 위반한
경우에 보험자는 그 보험계약을 해지할 수 있고, 따라서 보험자의 보험금지급
책임이 면제된다($\frac{\text{제655}}{\text{조}}$). 따라서 피보험자는 보험금청구권을 행사할 수 없다.

〈서울고판 1989. 4. 12, 89 나 43703, 89 나 12515〉
「보험실권약관을 문자 그대로 엄격히 해석하여 적용할 경우 조금이라도 약관에
위반하기만 하면 보험자는 면책되는 결과가 되어 본래 피해자대중을 보호하고자
하는 보험의 사회적 효용과 경제적 기능에 배치된다는 점에서 이를 합리적으로
제한하여야 할 것이므로, 피보험자의 보험금청구권 상실 여부는 위 약관의 목적,
피보험자의 보험금청구와 관련한 부당행위의 정도 등과 보험의 효용·기능을 비
교·교량하여 결정하여야 할 것이고, 허위로 한 과장금액기재와 허위견적서 2 매
의 제출행위를 문제삼아 과장금액을 보험금에서 공제하거나 거기에 관련되는 손
해금 상당을 보험금에서 공제할 수 있을는지 몰라도 이로 인하여 피보험자가 보
험금청구권 전체를 곧바로 상실하는 것으로 볼 수는 없다.」

2. 保險者의 免責事由

손해보험자는 다음과 같은 보험계약 일반의 면책사유, 즉 보험계약자 또는 피보험자의 고의나 중대한 과실로 인하여 생긴 보험사고($제659조$)와 전쟁 등의 원인으로 생긴 손해($제660조$)에 대하여 책임을 지지 않는다.

이 밖에 손해보험에 특유한 보험자의 면책사유로서 보험의 목적의 성질·하자 또는 자연소모로 인한 손해는 보험자가 이를 보상할 책임이 없다($제678조$). 왜냐하면 보험사고는 그 발생이 우연한 것이어야 하는데, 보험의 목적의 성질·하자 또는 자연소모로 인하여 생긴 손해는 필연적인 현상으로 생겨나는 것이므로 보험사고의 요소인 불확실성을 결하고 있어 이를 보험사고로 다룰 수 없기 때문이다.

보험금청구권의 상실과 관련하여서 보험자의 면책사유는 특히 중요한 의미를 갖는다.

〈대판 1988. 6. 14, 87 다카 2276〉

「자동차종합보험보통약관상의 '배상책임이 있는 피보험자의 피용자로서 근로기준법에 의한 재해보상을 받을 수 있는 사람이 대인사고로 죽거나 다친 경우에는 보상을 하지 아니한다'는 약관조항은 배상책임 있는 피보험자와 피해자 사이의 인적관계와 보상관계를 근거로 보험자의 면책을 규정한 것이라 할 것이므로, 하나의 사고에 대하여 배상책임이 있는 피보험자가 복수인 경우에는 각 피보험자별로 위 면책조항의 적용요건인 인적 관계의 유무를 가려 보험자의 면책 여부를 결정할 것이지 위 조항을 보험대상의 면책사유를 규정한 것으로 보아 배상책임 있는 복수의 피보험자 중 어느 1 인이라도 피해자와의 사이에 동조 소정의 인적 관계가 있기만 하면 보험자가 모든 피보험자에 대한 보상책임을 면하는 것으로 해석할 것이 아니다.」

〈대판 1992. 9. 22, 91 다 28303〉

「1 회의 유상운송만으로는 자동차종합보험계약의 약관 제10조 제 1 항 제 7 호의 '요금이나 대가를 목적으로 계속적으로 또는 반복적으로 피보험자동차를 사용하거나 대용한 때에 생긴 사고로 인한 손해'에 해당하지 아니한다.」

3. 消滅時效

보험자의 손해보상금의 지급의무는 3 년의 소멸시효에 의하여 소멸한다($제662조$). 소멸시효의 기산점은 보험사고의 발생시가 원칙이며, 당사자가 그 발생시기를 알지 못한 경우는 예외적으로 그 사실을 안 때가 기산점이 된다.

〈대판 1993. 7. 13, 92 다 39822〉

「특별한 다른 사정이 없는 한 원칙적으로 보험금청구권의 소멸시효는 보험사고가 발생한 때로부터 진행한다고 해석하는 것이 상당하지만, 보험사고가 발생한 것인지의 여부가 객관적으로 분명하지 아니하여 보험금액청구권자가 과실 없이 보험사고의 발생을 알 수 없었던 경우에도 보험사고가 발생한 때로부터 보험금액청구권의 소멸시효가 진행한다고 해석하는 것은 보험금액청구권자에게 너무 가혹하여 사회정의와 형평의 이념에 반할 뿐만 아니라 소멸시효제도의 존재이유에 부합된다고 볼 수도 없으므로, 이와 같이 객관적으로 보아 보험사고가 발생한 사실을 확인할 수 없는 사정이 있는 경우에는 보험금액청구권자가 보험사고의 발생을 알았거나 알 수 있었던 때로부터 보험금액청구권의 소멸시효가 진행한다고 해석하는 것이 타당하다.」

제 3 절　損害保險契約에 特有한 問題

제 1 관　序　　說

전술한 바와 같이 손해보험은 재산상 손해에 관한 보상계약이라고 할 수 있는데, 손해보험계약의 이러한 특색으로부터 다음과 같은 문제, 즉 피보험이익, 보험가액, 보험자대위, 보험계약자와 피보험자의 손해방지의무, 보험의 목적의 양도, 보험금청구권의 물상대위라는 문제 등이 발생한다. 이 중에서 보험자대위는 보험계약법에서 가장 큰 비중을 갖는 문제이기도 하다.

아래에서는 위와 같은 손해보험에 특유한 문제를 하나하나 살펴봄으로써 재산상 손해의 보상계약으로서의 손해보험을 탐구해 보고자 한다.

제 2 관　被保險利益

고택근, 피보험이익에 관한 연구, 경희대 박사학위논문, 1996/고택근, 피보험이익의 개념확장, 상사법연구 제16권 제 2 호(1997)/金光石, 損害保險契約에 있어서의 被保險利益의 지위, 한국해사법학회 법학연구 3(1991. 10).

Ⅰ. 被保險利益의 槪念

1. 意　　義

'보험의 목적에 대한 보험사고와 관련된 피보험자의 경제적인 이해관계'를 피보험이익이라 한다. 그리하여 물건보험의 경우 '피보험자가 보험사고와 관련하여 보험의 목적인 물건에 대하여 갖는 권리 기타 이해관계'가 곧 피보험이익이다. 피보험자에게 이러한 이해관계가 있기 때문에 보험자가 인수할 위험이 있고, 또 보험자가 보상할 손해가 생기게 되는 것이다. 그리하여 피보험이익이란 손해보험계약의 성립시에 성립요건으로서 주로 문제가 되지만, 성립 후 보상할 손해를 정할 때에도 역시 문제가 된다.

피보험이익은 상법전에서는 '보험계약의 목적'이라고 표현되고 있는데(제668조), 이것은 '보험의 목적'(제666조 제1호, 제675조, 제678조, 제679조 등)과 구별된다. 즉 '보험의 목적'은 보험계약의 대상(예를 들어 자동차보험에서 자동차)을 말하고, '보험계약의 목적', 즉 피보험이익은 그 목적에 대하여 피보험자가 가지고 있는 이해관계를 말한다.

인보험의 경우 定額保險으로서 보험사고가 발생하면 손해발생 여부와 상관없이 무조건 보험수익자에게 약정금액을 지급하고, 또 피보험자의 동의만 있으면 보험수익자와 피보험자 사이에 아무런 경제적·사회적 이해관계가 없다 하더라도 보험계약이 성립될 수 있으므로(제731조, 제739조) 원칙적으로 피보험이익의 문제가 생기지 않는다. 우리 나라에서도 피보험이익의 관념을 주로 손해보험의 중심요소로 삼고 있는 것이 통설이라 할 수 있다(정희철, 410쪽; 서돈각, 376쪽; 손주찬, 565쪽; 최기원, 238쪽. 한편 인보험에 있어서도 인정되어야 한다는 견해 : 양승규, 187~188쪽. 또한 채이식 교수는 인보험에 피보험이익이라는 개념을 전혀 도입할 수 없는 것은 아니라고 함 : 채이식, 537쪽).

2. 本　　質

피보험이익의 본질에 관하여는 종래 논의가 많았는데, 다음과 같이 이익설과 관계설이 대립하고 있다.

(1) 利益說　　이익설에 의하면 보험의 목적에 대하여 피보험자가 갖는 이익이 피보험이익이라고 한다. 다시 말하면 이익설은 보험사고가 발생하면 피보험자에게 재산적 손해를 일으키기 때문에 손해가 발생하지 아니하는 동안에 그 피보험자는 경제적 이익인 피보험이익을 가진다고 할 수 있다. 그러나 이 학설은 침해될 권리나 이익이 있는 보통의 보험에서의 피보험이익의 본질은 쉽게 설명할 수 있지만, 소극보험인 책임보험, 즉 아무런 권리나

이익이 존재하지 않는 데도 불구하고 피보험자에게 새로운 책임이 발생하고, 그로 인하여 손실이 생겼을 때에 그 보상을 목적으로 하는 책임보험에서의 피보험이익을 적절히 설명할 수 없다는 문제점이 있다.

(2) 利害關係說　　이해관계설에 의하면 보험사고에 대한 피보험자의 이해관계가 피보험이익이라고 한다. 이 학설은 책임보험에서의 피보험이익도 함께 설명할 수 있기 때문에 오늘날 대부분의 학자들이 지지하고 있는 견해이다. 즉 이 학설은 이해관계라는 용어를 사용함으로써 일반보험에서의 권리나 이익과 책임보험에서의 책임이 발생하지 않음으로 인하여 피보험자가 갖는 소극적 이익을 통합하고 있으므로 이익설보다 더 타당하다.

Ⅱ. 被保險利益의 要件

1. 金錢上 算定可能한 經濟的 利益

손해보험은 피보험자의 재산상의 경제적 이익에 발생한 손실을 보상하는 것을 목적으로 하는 것이므로 피보험이익은 금전으로 산정할 수 있는 이익이어야 한다(제668조). 즉 경제적인 가치를 가지지 않는 이익, 다시 말하면 도덕적·종교적인 가치 또는 감정적인 이익, 嗜好利益과 같은 것은 피보험이익이 될 수 없다. 이 재산상 이익에는 보험의 목적인 물건에 대한 소유권·채권·물권과 같은 법률상의 관계뿐만 아니라 화재로 인하여 영업불능으로 된 기간 동안에 얻으리라는 희망이익과 같은 사실상의 관계도 포함된다. 그러나 주주는 회사의 재산에 대하여 직접적으로(간접적인 것은 별론으로 하고) 경제적 이익을 갖지 않으므로 이를 피보험이익으로 하여 보험에 붙일 수 없다.

경제적 가치는 주관적으로 존재하면 족하다. 즉 경제적 가치가 있다 함은 객관적 가치의 존재를 의미하는 것이 아니며, 피보험자가 주관적으로 상당한 재산적 가치를 갖는다고 생각한다면 경제적 가치가 있는 것으로 본다.

2. 利益의 適法性

피보험이익은 적법한 것이어야 한다. 즉 적법한 이익이 보험사고로 인하여 손실을 입었을 때에 그 보상을 목적으로 하는 계약이 보험계약이다. 따라서 비합법적으로 얻은 권리, 비윤리적 사업으로 얻은 이익, 반사회적 행위로 인하여 발생하는 책임 등은 이를 피보험이익으로 하지 못한다. 따라서 이러한 이익을 피보험이익으로 하여 보험계약을 체결한 때에는 그 보험계약은 무효

가 되므로 보험자는 보험료를 청구할 수 없으나, 일단 수령한 보험료는
가령 반대의 약정이 있는 경우라 하더라도 보험자는 이를 반환할 필요가 없
다(민법
제746조). 그러나 단속법규나 질서법규의 위반행위 또는 과실로 인한 위법행
위 등과 관련하여 발생하는 책임의 경우, 그것이 비록 위법행위와 관련하여
발생하는 책임이지만 그로 인한 손실의 보상을 목적으로 하는 보험계약이 반
드시 모두 무효인 것은 아니다.

3. 確定可能性

피보험이익이 확정되지 않으면 손해도 확정할 수 없어 보험사고가 발생
하여도 보험자는 손해를 보상할 수 없기 때문에 피보험이익은 보험계약체결
시에 존재 및 소속이 확정되어 있거나 적어도 사고발생시까지 확정할 수 있
는 것이어야 한다(대판 1989.8.7,
87 다카 929). 따라서 보험의 목적이 장래에 특정될 포괄보험
의 경우에도 손해발생시에 피보험이익이 특정될 수만 있다면 피보험이익은
확정된 것으로 본다. 또한 피보험이익은 보험계약에서 구체적으로 적시될 필
요는 없지만, 보험계약의 목적인 피보험이익이 확정되어 있지 않거나 적어도
장래에 구체화될 수 있다는 것이 현재 객관적으로 인정되지 않는다면 보험계
약이 유효하게 성립될 수 없음은 물론이다.

Ⅲ. 被保險利益의 機能

1. 保險契約成立上의 機能

손해보험에서 피보험이익이 없다면 침해될 이익이 없는 것이 되고, 따라
서 보험사고로 인하여 손해가 생길 수 없게 되며, 그 결과로 보험계약은 그
목적을 잃고 효력을 상실한다(서울민지판 1984. 1.
19, 83 가합 3629). 그리고 보험계약의 존속중이라도
피보험자가 피보험이익을 상실하였을 때에는 보험계약은 목적을 잃고 무효가
된다.

한편 피보험이익이 전혀 없는 경우는 물론 보험금액이나 약정보험가액보
다 현저히 적을 때에 그 보험계약은 사행계약으로서 반사회적 법률행위로 되
어 무효가 된다. 사행계약으로서 무효인지 아닌지는 피보험이익의 대소는 물
론 사고발생의 가능성, 계약체결의 동기, 부당이득의 가능성 등을 종합적으로
고려하여 판단한다. 인보험계약은 손해보상을 목적으로 하지 않는 定額保險
契約이므로 계약의 목적으로서 피보험이익이 있을 필요는 없지만, 경제적 수
요나 도덕적 의무와 전혀 무관하게 보험에 가입했을 때에는 손해보험계약과

마찬가지로 射倖契約으로서 무효가 될 수도 있다.

2. 保險者의 補償金額算定의 基準

보험자는 보험사고가 발생한 경우에 이것으로 인하여 피보험자에게 생긴 손해를 보상하여 줄 책임을 지는데($^{제665}_{조}$), 보험자가 보상할 금액은 피보험이익의 가격을 기준으로 산정한다. 즉 피보험이익은 보험자의 책임범위를 정하는 표준이 된다. 보험의 목적이 멸실된 경우 손해가 발생한 때와 곳에서($^{제676}_{조}$) 피보험이익을 평가하여 보상할 금액을 정한다. 따라서 보험사고발생시에 피보험이익이 없으면 보상할 손해도 없게 된다.

한편 피보험자가 갖는 현실적 피보험이익을 평가하여 보험금액을 정하여야 하지만 당사자는 사고발생시의 피보험이익의 가액을 미리 정할 수 있고, 이러한 정함이 있으면 원칙적으로 이 협정가액을 기준으로 보상을 한다($^{제670}_{조}$). 상법은 보험사업상 편의를 위하여 피보험이익의 기능을 부분적으로 제한하면서까지 당사자로 하여금 협정가액을 정할 수 있게 허용하고 있다.

3. 保險契約의 同一性을 區別하는 標準

보험계약의 동일성을 구별하는 표준은 보험에 붙인 재화가 아니라 피보험이익이다. 따라서 동일한 목적물에 대하여도 동일인 또는 다수인이 그 경제적 이해관계를 달리한다면, 각각 독립한 수개의 보험계약을 체결할 수 있다. 가령 특정한 물건에 대하여 소유권자와 저당권자는 각각 별개의 피보험이익을 가지므로 독립하여 별개의 보험계약을 체결할 수 있다.

제 3 관 保險價額과 保險金額

高澤根, 實損補償原則, 企業과 法(度岩金敎昌辯護士華甲紀念論文集), 1997/玉武錫, 變額保險, 한양대 박사학위논문, 1990/張敬煥, 보험료납입유예기간중 보험자의 변경과 중복보험의 성립, 현대상사법논집(김인제박사정년기념논문집), 1997.

I. 保險價額

1. 保險價額의 意義

보험사고가 발생하면 보험가액을 기준으로 보상할 보험금을 계산하는데, 이러한 보험가액은 곧 피보험이익의 가액이다. 상법은 보험가액을 '보험계약의 목적의 가액'이라고 한다($^{제669조}_{제1항}$). 손해보험에는 당사자가 보험계약에서 미리 보험가액을 정하고 있는 기평가보험과 그렇지 아니한 미평가보험이 있다. 책임보험에서는 피보험이익이 비한정적이고 산정불가능하므로 성질상 보험가액이라는 것이 없다.

2. 保險價額의 評價

(1) 未評價保險　　　미평가보험이라 함은 보험계약의 체결 당시 당사자 사이에 피보험이익의 가액에 대하여 아무런 평가를 하지 아니한 보험을 말한다. 이 때 상법은 원칙으로써 사고발생시의 가액을 보험가액으로 한다($\frac{제671}{조}$)고 정하여 보험가액의 산정은 보험사고발생시의 가액을 표준으로 하도록 하고 있다. 그러나 목적물이 항상 이동하는 때에는 약간의 예외를 두고 있다. 즉 상법은 운송보험의 경우 운송물을 발송한 때와 장소의 가액과 도착지까지의 비용을 보험가액으로 하고 있으며($\frac{제689}{조}$), 또 해상보험의 경우 선박보험에 있어서는 보험자의 책임이 개시될 때 선박가액($\frac{제696}{조}$)을, 적하보험에 있어서는 선적한 때와 곳의 적하의 가액과 선적 및 보험에 관한 비용($\frac{제667}{조}$)을 각각 보험가액으로 한다는 특칙을 두고 있다. 이를 '보험가액불변경주의'라고 한다.

〈대판 1991. 10. 25, 91 다 17429〉

「보험가액은 보험목적물에 대한 피보험이익의 평가로서 보험사고발생시 보험회사가 지급하여야 할 보험가액을 정한 기평가보험이 아닌 이상 손해발생의 때와 장소의 객관적 가격에 의하여 산정되는 것이므로, 보험계약체결시 보험금액을 보험가액으로 할 것을 합의한 사실이 없으면 보험금액이 바로 보험가액이라고 인정되지 아니한다.」

(2) 旣評價保險　　　기평가보험이라 함은 보험계약을 체결함에 있어서 당사자 사이에 미리 피보험이익의 가액에 대하여 합의가 이루어진 보험을 말하며, 여기에서 당사자가 합의한 금액이 '협정(보험) 가액'이 된다. 그리고 희망이익을 보험의 목적으로 한 해상보험의 경우, 즉 희망이익보험($\frac{제698}{조}$)은 피보험이익의 평가의 어려움을 고려하여 당사자가 보험금액을 정한 때에는 이 금액을 당사자가 약정한 보험가액으로 추정한다. 당사자로 하여금 보험금액을 정할 수 있도록 하는 것은 손해보험계약의 보상계약성에 대한 중대한 예외이지만, 피보험이익의 평가는 쉬운 것이 아니어서 당사자 사이에 분쟁을 일으킬 우려가 많아 분쟁을 방지하고 보험가액의 입증을 쉽게 하기 위하여 상법은 당사자 사이의 협정에 의하여 미리 피보험이익을 평가하는 기평가보험제도를

인정하고 있다.

협정가액이 있는 때에는 그 가액을 사고발생시의 가액으로 정한 것으로 추정한다(제670조 본문). 따라서 보험자는 보험사고가 발생하면 무조건 이 협정가액을 기준으로 보험금을 정한다. 그러므로 이 경우에는 별도의 손해액산정비용도 발생하지 아니한다(제676조 제 2항 참조).

〈서울민지판 1984. 11. 13, 84 가합 1820〉

「손해보험계약을 체결함에 있어 당사자간에 특약으로 보험사고발생시 보험목적물을 수량 및 단가에 관하여 그 기준을 정한 경우에 그러한 보험가액의 평가에 관한 특약은 그 가액이 사고발생시의 가액을 현저하게 초과하지 아니하는 한 유효하다.」

그러나 협정가액이 사고발생시의 가액을 '현저하게' 초과한 때에는 협정가액을 무시하고 미평가보험과 같이 사고발생의 가액을 보험가액으로 한다(제670조 단서). 여기서 '현저하게'라 함은 객관적인 표준에 의한 거래의 통념에 따라 결정할 문제이나, 보험자도 협정가액의 결정에 협조했고 나아가 협정가액을 기초로 보험료를 받았을 것이므로, 이러한 초과에 대해 보험계약자와 공동으로 책임을 질 지위에 있기 때문에 여기에서 '현저하게'라는 말은 엄격히 해석할 필요가 있다. 그러나 협정가액을 정하는 과정에서 보험계약자가 부실한 시가액을 보험자에게 고지하여 고지의무위반이 성립되면, 그로 인하여 보험계약이 해지되기도 한다(제651 조).

〈대판 1988. 2. 9, 86 다카 2933 · 2934 · 2935〉

「손해보험에 있어서 보험사고의 발생에 의하여 피보험자가 불이익을 받게 될 이해관계의 평가액인 보험가액은 보험목적의 객관적인 기준에 따라 평가되어야 하나, 보험사고가 발생한 후 그 평가를 둘러싸고 보험자와 피보험자 사이에 분쟁이 발생하는 것을 미리 예방하고 신속한 보상을 할 수 있도록 하기 위하여 본조에서 기평가보험에 있어 보험가액에 관한 규정을 두고 있는바, 이러한 기평가보험계약에 있어서도 당사자는 추가보험계약으로 평가액을 감액 또는 증액할 수 있다.」

〈대판 2003. 4. 25, 2002 다 64520〉

「기평가보험으로 인정되기 위한 당사자 사이의 보험가액에 대한 합의는 명시적인 것이어야 하나, 반드시 보험증권에 협정보험가액 혹은 약정보험가액이라는 용어를 사용하여야만 하는 것은 아니고 당사자 사이에 보험계약을 체결하게 된 제반사정

과 보험증권의 기재내용 등을 통하여 당사자의 의사가 보험가액을 미리 합의하고
있는 것이라고 인정할 수 있으면 충분하다.

　그런데 그 보험계약에 관한 보험증권이나 보험청약서에 보험가입금액의 기재만
있을 뿐 보험가액 또는 이에 해당하는 다른 유사한 가액의 기재가 없고, 약관에
협정보험가액 특별약관이 첨부되어 있지 아니한 사실 등을 종합하여 보면 당사자
사이에서 보험가액을 협정하였다고 보기 어려울 것이다.」

〈대판 2002. 3. 26, 2001 다 6312〉
「기평가보험으로 인정되기 위한 당사자 사이의 보험가액에 대한 합의는 명시적인
것이어야 하기는 하지만, 반드시 협정보험가액 또는 약정보험가액이라는 용어 등
을 사용하여야 하는 것은 아니고 당사자 사이에 보험계약을 체결하게 된 제반사
정과 보험증권의 기재내용 등을 통하여 당사자의 의사가 보험가액을 미리 합의하
고 있는 것이라고 인정할 수 있으면 충분하다. 상법 제670조 단서에서는 기평가보
험에 있어서 협정보험가액이 사고발생시의 가액을 현저하게 초과할 때에는 사고
발생시의 가액을 보험가액으로 하도록 규정하고 있는바, 양자 사이에 현저한 차이
가 있는지의 여부는 거래의 통념이나 사회의 통념에 따라 판단하여야 하고, 보험
자는 협정보험가액의 사고발생시의 가액을 현저하게 초과한다는 점에 대한 입증
책임을 부담한다.」

Ⅱ. 保險金額

　보험금액이란 보험자가 발생한 손해의 보상을 위하여 지급하기로 한 금
액의 최고한도를 말하는데, 이는 보험계약을 체결할 때에 당사자간의 약정에
의하여 정한다. 정액보험의 성질을 갖는 생명보험에서는 보통 이 보험금액이
보험자가 지급할 보험금이 된다. 손해보험의 경우 그 보상계약적 성격 때문에
보험금액이 반드시 있어야 하는 것은 아니지만, 보험금액이 있음으로 인하여
보험자는 자기가 부담할 책임의 최고액을 알 수 있게 되고, 이 보험금액을
기준으로 보험료를 산출할 수 있게 된다. 보험금액을 약정함에 있어 미평가보
험에서는 아무런 기준금액이 없고, 기평가보험에서는 보통 보험가액이
보험금액이다. 그런데 상법전에서는 보험자가 손해발생시에 실제로 지급할
보험금의 액수를 보험금액이라고도 한다(제682조
본문).

　손해보험은 일종의 손해보상계약으로서 보험사고로 인하여 적극적으로
피보험자에게 어떤 이득을 주려는 것이 아니므로 보험자는 보험가액 이상으

로 손해보상을 하는 것이 아니다. 그러므로 보험사고로 피보험자가 보상받을 수 있는 손해액은 보험가액에 의하여 최고의 한도가 정해지고, 보험자의 손해보상액은 보험금액에 의하여 그 범위가 제한된다. 그러므로 만약 보상할 손해액이 보험금액을 초과하더라도 보험자는 약정한 바에 따라 보험금만 지급하면 된다.

　　그리고 해상보험에서 희망이익을 보험의 목적으로 한 경우에 계약으로 보험가액을 정하지 않으면 보험금액을 보험가액으로 추정한다($\frac{제698}{조}$).

Ⅲ. 保險金額과 保險價額의 關係

1. 序　說

　　위에서 본 바와 같이 보험금액과 보험가액은 서로 다른 효력을 가지며, 다른 기능을 수행한다. 보험금액과 보험가액은 일반적으로 일치하는 것이 기대되지만(전부보험), 양자가 일치하지 않는 경우가 생긴다. 이것은 다음과 같은 세 가지 유형으로 나타나는데, 보험가액의 일부가 보험금액으로 된 '일부보험'과 반대로 보험금액이 보험가액을 초과하는 '초과보험', 그리고 보험자가 수인인 중복보험이 체결된 경우 원칙적으로 보험가액과 보험금액의 관계라는 문제와 상관이 없지만 중복보험의 보험금액의 총액이 보험가액을 초과하는 '초과중복보험'($\frac{협의의}{복보험} \frac{중}{}$)인 경우에 보험가액과 보험금액의 관계가 문제된다.

2. 一部保險

　　(1) 意　義　　　일부보험이라 함은 보험금액이 보험가액에 미달한 경우, 즉 보험가액의 일부만을 付保한 보험을 말한다. 보험계약에서 보험가액을 정한 다음 보험계약자가 보험료를 절약하기를 원한다든가, 보험계약자나 피보험자가 계속하여 일부위험을 안고 있기를 원할 때에 보통 일부보험계약이 체결된다. 그리고 보험계약성립 후 물가가 오름으로써 자연적으로 발생하는 수도 있다. 일부보험의 문제는 주로 기평가보험에서 나타난다. 일부보험에 있어서 보험에 들지 아니한 부분은 보험계약자 스스로가 책임을 부담한다.

〈朝高判 1932. 4. 19, 民集 19·90〉

「소위 일부보험의 경우에 있어서 일부손해시 보험자가 부담할 액은 보험금액의 보험가액에 대한 비율에 의하여 산정하여야 할 것으로서, 수개의 보험계약에 있어서는 보험금액과 보험가액의 비교는 각 목적에 대하여 정한 보험금액을 표준으로 하여야 한다.」

(2) 效 力			일부보험의 경우 보험자는 보험금액의 보험가액에 대한 비율에 따라 보상할 책임이 있다(제674조본문). 이것을 '비례부담의 원칙' 또는 '비례보상주의'라고 한다. 그리하여 일부보험의 경우에는 보험사고로 보험의 목적이 全損으로 된 때에는 보험금액의 전액을 지급하여야 하나, 分損이 된 때에는 보험가액에 대한 보험금액의 비율에 따라 손해액의 일부분이 보험자의 보상액으로 되고, 그 나머지는 피보험자의 자기 부담으로 된다. 그러나 분손의 경우에도 당사자는 보험금액의 범위 내에서 피보험자에게 발생한 모든 손해를 보상하기로 하는 특약을 하지 못할 이유가 없다(제674조단서). 이러한 특약을 '실손해보상특약'이라고 하며, 그러한 특약이 있는 일부보험계약을 제1차 위험보험이라 한다.

일부보험의 경우에도 보험금을 지급한 후에 보험자는 당연히 付保比率에 따라 일부의 보험자대위권을 갖는다(제681조단서).

3. 超過保險

(1) 意 義			초과보험이란 당사자가 임의로 정한 보험금액이 피보험이익의 평가액, 즉 보험가액을 초과하는 보험을 말한다. 이것은 계약체결 당시부터 초과하는 경우뿐만 아니라, 경기의 변동으로 피보험이익의 가치가 떨어진 경우에도 생긴다. 기평가보험에서 당사자가 보험가액을 초과한 보험금액을 정한다는 것은 다음에 볼 중복보험이 아닌 한 좀처럼 볼 수 없을 것이므로 주로 미평가보험에서 초과보험이 발생한다.

이러한 초과보험은 당사자의 의도와는 관계 없이 생겨나는 단순한 초과보험과 보험계약자의 사기에 의해서 이루어지는 사기적 초과보험이 있는데, 각각 그 효력에 차이가 있다. 상법은 이러한 여러 가능성을 고려하여 여러 가지 시정조치를 강구하고 있다.

(2) 效   力

A. 단순한 **超過保險**의 경우

(ⅰ) 保險金請求에 관한 效力			초과보험이 체결되었더라도 피보험자는 보험가액을 기준으로 한 손해의 보상밖에 청구하지 못한다. 손해보험이 피보험자에게 발생한 손해의 보상을 목적으로 한다는 점에서는 이는 당연한 것이다.

(ⅱ) 保險料·保險金額減額請求			보험금액이 보험가액을 '현저하게 초

과'한 때에는 보험자 또는 보험계약자는 보험료와 보험금액의 감액을 청구할
수 있다($\substack{\text{제669조 제}\\\text{1항 본문}}$). 미평가보험에서 보험가액은 시세에 따라 수시로 변동하는
것이므로 상법은 보험금액이 보험가액을 현저하게 초과하는 때에 한하여 보
험료 및 보험금액감액청구권을 인정하고 있다. 초과보험에 관하여는 보험자와
보험계약자가 모두 이해관계를 가진다. 즉 보험금액은 보험료산출의 기준이
됨과 동시에 보험자의 보상범위를 나타내기 때문에 양자가 각각 보험금액과
보험료의 감액을 청구할 수 있도록 하고 있다. 여기서 '현저하게 초과'하였느
냐의 여부는 거래의 관념에 따라 결정하여야 할 사실문제이나, 보험금액이
'보험가액을 상당금액 이상 초과'하는 때에만 보험가액을 '현저하게 초
과'한다고 보아야 할 것이다. 보험계약 당시에 보험금액이 보험가액을 현저하
게 초과한 때($\substack{\text{제669조}\\\text{제2항}}$)에는 물론, 보험기간중에 보험가액이 현저하게 감소하여
($\substack{\text{제669조}\\\text{제3항}}$) 보험금액이 보험가액을 현저하게 초과하게 된 때에도 이러한 권리가
있다. 그러나 보험료의 감액청구가 있다고 하더라도 그 감액은 장래에 대하
여서만 효력이 있다($\substack{\text{제669조 제}\\\text{1항 단서}}$).

　　B. **詐欺的 超過保險의 경우**　　초과보험계약이 보험계약자의 사기로
인하여 체결된 때에는 그 계약은 무효로 한다($\substack{\text{제669조 제}\\\text{4항 본문}}$). 여기서 사기라 함은
재산상의 이익을 얻기 위해서 실제 정당한 보험가액 이상의 보상을 받을 목
적을 말한다. 사기를 목적으로 초과보험을 체결한 보험계약자는 법적으로 전
혀 보호할 가치가 없으므로 상법은 그 계약에 기한 피보험자의 권리를 완전히
박탈하였다. 이 경우 사기초과보험이라는 사실은 보험자가 입증하여야 한다.

〈대판 1988. 2. 9, 86 다카 2933 · 2934 · 2935〉
「상법 제669조 소정의 초과보험계약이라는 사유를 들어 보험가액의 제한 또는 보
　험계약의 무효를 주장하는 경우, 그 입증책임은 무효를 주장하는 당사자가 부담
　한다.」

　　그러나 사기를 목적으로 초과보험계약을 체결한 보험계약자를 특별히
보호할 이유가 없으므로 보험자는 사기사실을 알 때까지의 보험료를 청구할
수 있다($\substack{\text{제669조 제}\\\text{4항 단서}}$).

　　4. 重複保險

　　(1) 意　　義　　보험계약자가 동일한 피보험이익에 대해서 수인의 보
험자와 보험계약을 체결하였을 때를 중복보험이라 한다. 따라서 피보험이익

이 다르면 중복보험이 아니다(서울민지판 1989.5. 22, 88 가합 55853). 따라서 수개의 보험계약이 보험의 목적·보험사고·보험기간·피보험자·피보험이익 등의 전부가 동일한 경우뿐만 아니라, 피보험이익을 제외하고 이들이 서로 다르지만 공통되는 부분이 있어서 보험사고가 발생했을 때 수개의 보험계약상 보험금청구가 가능한 경우에도 중복보험이 있게 된다. 중복보험은 고가물에 대한 보험, 그 밖에 1인의 보험자와의 보험계약만으로는 보험자의 자력에서 판단하여 불안한 경우에 수인의 보험자와 보험계약을 체결하는 경우 또는 보험계약자가 자기를 위한 보험계약을 체결하였을 때 제 3 자가 그 보험계약자를 위한 이른바 타인을 위한 보험계약을 체결한 경우에 생겨날 수 있는 것이다. 수개의 보험계약이 동시에 또는 차례차례로 체결됨에 따라 동시중복보험과 이시중복보험의 구별이 있다. 이 밖에 중복보험은 수인의 보험자와 보험계약을 체결한 '복수중복보험'과 하나의 보험자와 다수의 보험계약을 체결한 '단수중복보험'으로 구분될 수 있다.

　한편 중복보험이 있을 때에는 어떻게 하면 책임을 각 보험자에게 공평하게 분배할 것인가가 주로 문제되는데, 이러한 법적 문제는 중복보험의 보험금액총액이 보험가액을 초과했을 때, 즉 초과중복보험인 경우에 주로 발생한다. 그리하여 협의로는 이 초과중복보험만을 중복보험이라고 한다. 이와 반대되는 경우를 '병존보험' 혹은 '비초과중복보험'이라고 부른다.

〈대판 1989. 11. 14, 88 다카 29177〉
「산업재해보상보험과 자동차종합보험(대인배상보험)은 보험의 목적과 보험사고가 동일하다고 볼 수 없는 것이어서 사용자가 위 보험들과 함께 가입하였다고 하여도 동일한 목적과 동일한 사고에 관하여 수개의 보험계약이 체결된 경우를 말하는 상법 제672조 소정의 중복보험에 해당한다고 할 수 없다.」

〈대판 1996. 5. 28, 96 다 6998〉
「상법 제679조의 추정은 보험목적의 양수인에게 보험승계가 없다는 것이 증명된 경우에는 번복된다고 할 것인데, 보험목적의 양수인이 그 보험목적에 대한 1 차 보험계약과 피보험이익이 동일한 보험계약을 체결한 사안에서, 제 1 차 보험계약에 따른 보험금청구권에 질권이 설정되어 있어 보험사고가 발생할 경우에도 보험금이 그 질권자에게 귀속될 가능성이 많아 1 차 보험을 승계할 이익이 거의 없고, 또한 그 양수인이 그 보험목적에 관하여 손해의 전부를 지급받을 수 있는 필요충분한 보험계약을 체결한 경우 양수인에게는 보험승계의 의사가 없었다고 봄이 상당하고, 따라서 1차 보험은 양수인에게 승계되지 아니하였으므로 양수인이 체결한 보험이 중복보험에 해당하지 않는다.」

(2) 超過重複保險(狹義의 重複保險)

A. 意 義   '중복보험금액의 총액이 보험가액을 초과한 때'를 초과중복보험이라 한다. 초과중복보험도 초과보험과 마찬가지로 피보험자가 부당한 이익을 얻기 위해 인위적인 사고를 일으킬 우려가 있으므로 상법은 이에 대해 시정조치를 마련하고 있다.

B. 立法主義   초과중복보험계약이 체결된 경우, 수인의 보험자에게 어떻게 책임을 분배할 것인가에 관한 입법주의로는 선보험우선주의와 비례책임주의 그리고 연대책임주의가 있다. '선보험우선주의'는 각 보험계약이 동시에 이루어졌느냐 아니냐를 구별하여 동시중복보험의 경우에는 각 보험자의 부담은 각 보험금액의 총보험금액에 대한 비율에 따르고, 이시중복보험의 경우에는 먼저 보험계약을 맺은 보험자가 우선적으로 손해를 보상하고, 뒤에 체결한 보험자는 부족분에 대하여만 부담하기로 하는 것이다. '비례책임주의'는 각 보험자는 동시ㆍ이시중복보험을 묻지 아니하고 그 보험금액의 비율에 따라 피보험자에 손해보상책임을 지기로 하는 것이다. 마지막으로 '연대책임주의'는 각 보험자는 각자의 보험금액의 한도에서 피보험자의 손해에 대하여 연대책임을 지기로 하는 것이다.

우리 상법은 동시ㆍ이시중복보험을 묻지 않고 각 보험자는 각자의 보험금액의 한도에서 연대책임을 지고, 각 보험자의 보상책임은 각자의 보험금액의 비율에 따라 정하고 있으므로($\frac{제672조}{제1항}$) 비례책임주의와 연대책임주의를 혼합한 '연대비례보상책임주의'를 취하고 있다.

〈대판 2006. 11. 10, 2005 다 35516〉

「1. 피보험자가 무보험자동차에 의한 교통사고로 인하여 상해를 입었을 때에 그 손해에 대하여 배상할 의무자가 있는 경우 보험자가 약관에 정한 바에 따라 피보험자에게 그 손해를 보상하는 것을 내용으로 하는 무보험자동차에 의한 상해담보특약(이하 '무보험자동차특약보험'이라 한다)은 상해보험으로서의 성질과 함께 손해보험으로서의 성질도 갖고 있는 손해보험형 상해보험이라고 할 것이므로, 이 사건에서와 같이 하나의 사고에 관하여 여러 개의 무보험자동차특약보험계약이 체결되고 그 보험금액의 총액이 피보험자가 입은 손해액을 초과하는 때에는 손해보험에 관한 상법 제672조 제 1 항이 준용되어 보험자는 각자의 보험금액의 한도에서 연대책임을 지고, 이 경우 각 보험자 사이에서는 각자의 보험금액의 비율에 따른 보상책임을 진다고 할 것이다.

　2. 원고와 피고의 각 무보험자동차특약보험이 상법 제672조 제 1 항이 준용되는 중복보험에 해당함을 전제로 하여 원고가 피고에 대해 그 부담비율에 따른 구상권을 행사하는 경우, 각각의 보험계약은 상행위에 속하는 점, 원고와 피고는 상인이므로 중복보험에 따른 구상관계는 가급적 신속하게 해결할 필요가 있다고 보여지는 점 등에 비추어, 그 구상금 청구권은 상법 제64조가 적용되어 5 년의 소멸시효에 걸리는 것으로 보아야 할 것이다.」

〈대판 2009. 12. 24, 2009 다 42819〉
「제 1 책임보험계약과 제 2 책임보험계약의 피보험자인 甲과 제 2 책임보험계약의 피보험자인 乙의 공동불법행위로 피해자 丙이 사망하는 보험사고가 발생한 사안에서, 제 1 책임보험계약의 보험자가 丙에 대한 보험금의 지급으로 甲의 부담부분 이상을 변제하여 공동의 면책을 얻게 하였다면, 제 1 책임보험계약의 보험자는 지급한 보험금 중 보험약관 및 상법 제672조 제 1 항에 따라 각 보험금액의 비율에 따라 산정한 제 2 책임보험계약의 보험자의 보상책임 부분에 대하여도 구상권을 행사할 수 있고, 다만 한쪽 구상권으로부터 만족을 얻을 경우 다른 구상권의 범위는 위와 같이 만족을 얻은 부분을 제외한 나머지 출재액 중 다른 구상권에 의한 구상채무자의 부담 부분으로 축소되는 관계에 있을 뿐이다.」

C. 效　　力　　초과중복보험계약의 효력을 살펴봄에 있어 다음과 같이 보험계약자의 사기적 의사로 행해진 경우와 그렇지 않고 단순히 초과중복보험계약이 체결된 경우로 나눌 수 있다. 수개의 책임보험이 초과중복보험의 형태로 체결된 경우에도 동일한 효력이 생긴다($\frac{제725조}{의 2}$).

〈대판 2009. 12. 24, 2009 다 42819〉
「두 개의 책임보험계약이 보험의 목적, 즉 피보험이익과 보험사고의 내용 및 범위가 전부 공통되지는 않으나 상당 부분 중복되고, 발생한 사고가 그 중복되는 피보험이익에 관련된 보험사고에 해당된다면, 이와 같은 두 개의 책임보험계약에 가입한 것은 피보험자, 피보험이익과 보험사고 및 보험기간이 중복되는 범위 내에서 상법 제725조의2에 정한 중복보험에 해당한다($\frac{대판 2005. 4. 29, 2004}{다 57687 등 참조}$). 이 경우 각 보험자는 각자의 보험금액의 비율에 따른 보상책임을 연대하여 진다(상법 제752조의2,제672조 제 1 항)(중복보험에 의한 부담 부분과 함께 공동불법행위자들의 과실비율 등에 대해서도 심리한 다음 각 구상권의 성립 여부 및 그 범위를 확정하였어야 할 것이라는 이유로 원심을 파기한 사례).」

(ⅰ) 단순한 超過重複保險契約의 경우   각 보험자는 자기와의 보험계약상 보상할 최고한도액인 보험금액의 범위 내에서 다른 보험자와 연대하여 보험금을 지급할 책임을 진다(제672조 제1항 제1문). 이는 동시중복보험이든, 이시중복보험이든 마찬가지이다. 그리하여 피보험자는 각자의 책임범위 내에서 어느 보험자에게나 보험금의 지급을 청구할 수 있다. 그리고 피보험자가 어느 보험자로부터 보험가액의 일부를 지급받았더라도 다른 보험자들은 자기의 책임범위 내에서 나머지 금액에 관해 모든 책임을 진다(제672조 제1항 제1문).

중복보험의 경우에 보험자의 책임을 연대책임으로 정하고 있기 때문에 피보험자가 한 보험자와 통모하여 그 보험자에 대한 보험금청구권을 포기함으로써 다른 보험자를 해칠 수가 있다. 이를 방지하기 위하여 상법은 중복보험의 경우에 보험자 1 인에 대한 권리의 포기는 다른 보험자의 권리·의무에 영향을 미치지 않는다고 규정하고 있다(제673조, 제673조가 피보험자의 권리를 강화시키기 위한 것으로 이해하는 견해가 있다. 채이식, 554~555쪽). 따라서 피보험자가 어느 보험자에 대해 권리를 포기했을 때에는 그 보험자의 분담부분에 대하여 다른 보험자도 책임을 면하고(민법 제419조), 다른 보험자는 그 보험자가 지급의무를 부담한 경우에 산정되는 자신의 분담부분만을 지급하면 된다.

한편 내부적으로 각 보험자는 동시중복보험이든, 이시중복보험이든 가리지 않고 보험금액의 비율에 따라 책임을 분담한다(제672조 제1항 제2문). 즉 우리 상법은 보험자 사이에서 책임의 내부적 분담에 관하여 '연대비례보상책임주의'를 채택하고 있다. 따라서 비례분담책임 이상을 부담한 보험자는 다른 보험자들에 대해 구상권이 있다. 이 권리의 행사를 돕기 위하여 보험계약자는 각 보험자에 대하여 각 보험계약의 내용을 통지하여야 한다(제672조 제2항).

(ⅱ) 保險契約者의 詐欺로 인한 超過重複保險契約의 경우   초과중복보험계약이 보험계약자의 사기로 인한 경우에는 그 계약은 모두 무효이지만, 보험계약자는 보험자가 그 사실을 안 때까지의 보험료를 지급하여야 한다(제672조 제3항,제669조 제4항). 따라서 사기로 인하여 초과중복보험이 체결된 경우 피보험자는 전혀 보상을 받을 수 없다. 사기로 인하여 체결된 보험계약이란 보험가액을

넘는 보상을 받을 목적으로 체결된 보험계약을 말한다. 또한 보험계약자가 수 개의 보험계약을 체결하면서 각 보험자에 대하여 다른 보험에 대한 고지 또는 통지를 하지 아니한 때에는 사기의 뜻이 있는 것으로 추정할 수 있다고 하는 견해(양승규 206쪽)도 있으나 이는 부당하며, 입증책임의 일반원칙에 따라서 해결될 문제이다.

(3) 重複保險의 告知義務·通知義務   보험계약자가 동일한 보험계약의 목적과 동일한 사고에 대하여 수 개의 보험계약을 체결할 경우, 여러 분야에 걸쳐서 문제가 된다. 타보험가입사실의 고지의무·통지의무, 위험변경증가의 통지의무, 위험증가금지의무, 사기로 인한 중복보험 등이 그것이다. 우리 법은 손해보험에서 수 개의 보험계약을 체결할 경우, 통지의무를 부과하고 있으면서도 그 위반의 효과에 대해서는 규정하지 않고 있다.

중복보험의 고지의무·통지의무의 문제는 입법의 미비로 인하여 야기되는 것이다. 약관에서 손해보험·중복보험 통지의무위반의 경우 위험의 현저한 변경·증가 또는 보험계약자측의 고의·중과실 등과 관계 없이 보험계약을 해지할 수 있다고 한다면 적어도 이는 상법 제663조, 약관규제법 제9조에 의거하여 효력이 없다고 하여야 한다. 즉 해지권을 행사하기 위해서는 통지의무위반이 실제 위험의 현저한 변경증가에 해당하거나 보험계약자측의 고의·중과실을 요건으로 하여야 한다.

고지의무는 해당 약관의 설명 여부에 관계 없이 적용되며, 명시적으로 타보험가입사실에 대하여 질문하고 있는 경우에 이는 고지의무의 대상이 된다. 청약서 등에서 그를 묻고 있지 않은 경우에도 타보험가입사실은 상법 제651조의 중요한 사항에 해당하나, 이 때에는 보험계약자에 대한 중과실이나 인과관계를 인정하기가 어려울 것이다.

수 개의 보험계약을 체결한 것만으로는 상법 제652조·제653조의 위험의 현저한 변경·증가에 해당하지 않는다고 보아야 하며, 다만 보험계약자의 수입 등에 비추어 현저히 고액의 보험료를 납부하게 되는 보험에 단기간에 가입하면서 통지의무를 위반한 경우에는 '위험의 현저한 변경·증가'에 해당한다고 보아야 한다(동지 : 정경영, 다른 생명보험계약 체결사실에 대한 보험계약자의 통지의무, 보험법연구 5, 삼지원, 2003, 41쪽).

손해보험에서 타보험가입사실에 대한 통지의무 자체에 대해서는 법에 규정이 있으나 그 위반의 효과에 대해서는 규정이 없으므로, 이는 보험자의 약관설명의무의 대상이 된다고 하여야 한다. 설명을 받았음에도 불구하고 다수

보험계약체결을 통지하지 않은 경우에는 보험계약자에게 중과실을 인정하기
가 용이할 것이고, 그러한 경우의 보험자의 해지권은 인정된다. 중복보험통지
의무에 대한 상법 제672조 제 2 항은 손해보험에 대해서만 적용되고 정액보험
(인보험)에는 적용되지 않는다. 그럼에도 정액보험에 대해서도 약관에서 통지
를 요구하는 것과 관련하여서는 보험제도를 사기적으로 남용하는 것을 방지
하기 위한 판단을 위하여 보험자가 타보험가입사실을 알 필요가 있으므로,
그러한 약관내용도 고의 · 중과실 등 일정요건 하에 효력을 갖는다고 보아야
한다.

　　현행법은 손해보험에서 중복보험통지의무만 규정하고, 그 위반의 효과를
규정하지 않음으로 인해 많은 해석문제를 야기하고 있다. 그 위반의 효과에
대해 법에서 규정을 두는 것이 바람직하며, 그 내용은 보험계약자가 고의 또
는 중대한 과실로 인하여 중복보험통지의무에 위반한 경우는 보험자는 보험
계약을 해지할 수 있다고 하여야 한다. 이 때 통지의무위반과 사고발생 사이
에 인과관계는 묻지 않는다고 보는 것이 합당하다. 해지권은 위반사실을 안
날로부터 1월 내에 행사하여야 한다. 고의 · 중과실 인정을 위해서는 해당 약관
설명 여부, 중복보험의 보험금총액 및 납입보험료합계와 보험계약자의 소득을
비교 · 판단하여야 한다. 중복보험으로 인한 보험사기에 대처하기 위하여는 보
험가입정보를 개인정보보호에 반하지 않는 한도에서 적절히 활용하고, 고지의
무관련 질문표에서 다른 보험가입사실 및 보험사기의 전력이 있는지 여부를
명시적으로 질문하는 방법을 구사할 필요가 있다.

〈대판 2001. 11. 27, 99 다 33311〉
「이 사건 보험계약은 그 계약기간이 장기간(3년 내지 20년)이며 보험사고가 발생
하지 아니한 경우에도 계약기간 내지 상당기간이 경과하면 보험수익자가 상당한
금액을 지급받기로 하는 내용의 저축적 성격을 가진 보험계약도 다수 있음을 알
수 있는바, 이러한 사정에 비추어 볼 때 이 사건 보험계약의 숫자가 많고 보험료
와 보험금이 다액이며, 이 사건 교통사고의 발생경위에 석연치 않은 점이 있다는
사유만으로 이 사건 보험계약체결의 동기가 자살에 의하여 보험금의 부정취득을
노린 반사회질서적인 것이었다고 단정하기 어렵다.」

〈대판 2001. 11. 27, 99 다 33311〉
「보험자가 생명보험계약을 체결함에 있어 다른 보험계약의 존재 여부를 청약서에

기재하여 질문하였다면 이는 그러한 사정을 보험계약을 체결할 것인지의 여부에
관한 판단자료로 삼겠다는 의사를 명백히 한 것으로 볼 수 있고, 그러한 경우에는
다른 보험계약의 존재 여부가 고지의무의 대상이 된다고 할 것이다.

　　그러나 그러한 경우에도 보험자가 다른 보험계약의 존재 여부에 관한 고지의무
위반을 이유로 보험계약을 해지하기 위하여는 보험계약자 또는 피보험자가 그러
한 사항에 관한 고지의무의 존재와 다른 보험계약의 존재에 관하여 이를 알고도
고의로, 또는 중대한 과실로 인하여 이를 알지 못하여 고지의무를 다하지 않은 사
실이 입증되어야 할 것이다.」

〈대판 2001. 11. 27, 99 다 33311〉
「피고 H해상의 통지의무위반 주장에 대하여 보험계약체결 당시 다른 보험계약의
존재 여부에 관하여 고지의무가 인정될 수 있는 것과 마찬가지로 보험계약체결 후
동일한 위험을 담보하는 보험계약을 체결할 경우 이를 통지하도록 하고, 그와 같
은 통지의무의 위반이 있으면 보험계약을 해지할 수 있다는 내용의 약관은 유효
하다고 할 것이다.

　　그러나 그와 같은 경우에도 보험자가 통지의무위반을 이유로 보험계약을 해지
하기 위하여는 고지의무위반의 경우와 마찬가지로 보험계약자 또는 피보험자가
그러한 사항에 관한 통지의무의 존재와 다른 보험계약의 체결사실에 관하여 이를
알고도 고의로, 또는 중대한 과실로 인하여 이를 알지 못하여 통지를 하지 않은
사실이 우선 입증되어야 할 것이다.」

〈대판 2001. 11. 27, 99 다 33311〉
「생명보험계약체결 후 다른 생명보험에 다수 가입하였다는 사정만으로 상법 제
652조 소정의 사고발생의 위험이 현저하게 변경 또는 증가된 경우에 해당한다고
할 수도 없으므로, 피고 H해상으로서는 상법 제652조를 들어 해지를 주장할 수도
없는 것이다.」

〈대판 2003. 11. 13, 2001 다 49623〉
「보험계약자나 피보험자가 보험계약 당시에 보험자에게 고지할 의무를 지는 상법
제651조에서 정한 '중요한 사항'이란 보험자가 보험사고의 발생과 그로 인한 책임
부담의 개연율을 측정하여 보험계약의 체결 여부 또는 보험료나 특별한 면책조항
의 부가와 같은 보험계약의 내용을 결정하기 위한 표준이 되는 사항으로서 객관적
으로 보험자가 그 사실을 안다면 그 계약을 체결하지 않든가 적어도 동일한 조건
으로는 계약을 체결하지 않으리라고 생각되는 사항을 말하고, 어떠한 사실이 이에

해당하는가는 보험의 종류에 따라 달라질 수밖에 없는 사실인정의 문제로서 보험의 기술에 비추어 객관적으로 관찰하여 판단하여야 할 것이다(대판 1996. 12. 23,).
96 다 27971

　손해보험에 있어서 보험계약자에게 다수의 보험계약의 체결사실에 관하여 고지 및 통지하도록 규정하는 취지는 부당한 이득을 얻기 위한 사기에 의한 보험계약의 체결을 사전에 방지하고 보험자로 하여금 보험사고발생시 손해의 조사 또는 책임이 범위의 결정을 다른 보험자와 공동으로 할 수 있도록 하기 위한 것일 뿐 보험사고발생의 위험을 측정하여 계약을 체결할 것인지 또는 어떤 조건으로 체결할 것인지 판단할 수 있는 자료를 제공하기 위한 것이라고 볼 수는 없으므로, 손해보험에서 중복보험을 체결한 사실은 상법 제651조의 고지의무의 대상이 되는 중요한 사항에 해당되지 아니한다.」

〈대판 2003. 11. 13, 2001 다 49623〉
「피고가 이 사건 보험계약체결 당시 같은 보험의 목적에 대하여 체결한 다른 보험계약의 유무 또는 가입금액에 따라 보험료율을 달리 산정하였을 것이라거나, 이 사건 보험계약의 체결을 거절하였을 것이라는 사정도 전혀 보이지 않으므로 손해보험의 일종인 이 사건 보험에서 중복보험을 체결한 사실은 상법 제651조의 고지의무의 대상이 되는 중요한 사항에 해당되지 아니하고, 따라서 보험계약자가 고의나 중대한 과실로 보험계약청약서의 기재사항에 관하여 사실 그대로 알리지 아니하였을 때 보험계약을 해지할 수 있다는 이 사건 보험약관 제11조는 중복보험의 체결사실에 관하여 고지하지 않은 경우에는 적용되지 않는다고 보아야 할 것이다.」

〈대판 2004. 6. 11, 2003 다 18494〉
「'사고발생의 위험이 현저하게 변경 또는 증가된 사실'이라 함은 그 변경 또는 증가된 위험이 보험계약의 체결 당시에 존재하고 있었다면 보험자가 보험계약을 체결하지 아니하였거나 적어도 그 보험료로는 보험을 인수하지 아니하였을 것으로 인정되는 사실을 말하는 것으로서, 상해보험계약체결 후 다른 상해보험에 다수 가입하였다는 사정만으로 사고발생의 위험이 현저하게 변경 또는 증가된 경우에 해당한다고 할 수 없다.」

〈대판 2004. 6. 11, 2003 다 18494〉
「[X가] 부정한 보험금취득을 목적으로 다수의 보험계약을 체결하였다고 단정하기 어렵고, [X가] 체결한 … 보험계약들 중 이 사건 보험계약들 외에는 보험청약서에서 다른 보험계약의 존재 여부를 묻고 있지 아니할 뿐만 아니라, 기록상 일반적으로 상해보험계약의 체결에 있어서 다른 보험계약들이 존재하는 경우에는 보험계약의 체결이 거절되거나 보험료에 차이가 있다는 사실을 인정할 별다른 자료도 없는 점 등에 비추어 원심이 들고 있는 바와 같이 [X가] 단기간에 다수의 보험계약을 체결하였다거나, 일반적인 고지의무의 내용과 그 위반효과 등에 대하여 알고 있었다는 사유만으로는 [X가 다른 보험계약의 체결사실이 중요한 사항임을] 알았거나 중대한 과실로 이를 알지 못한 것으로 인정하기도 어렵다.」

〈대판 2000. 1. 28, 99 다 50712〉
「상법 제672조 제2항은 중복보험을 체결하는 경우에 보험계약자는 각 보험자에 대하여 각 보험계약의 내용을 통지하여야 한다고 규정하고, 제672조 제3항·제669조 제4항은 보험계약자의 사기로 인하여 중복보험계약이 체결된 때에는 그 계약은 무효로 한다고 규정하고 있는바, 사기로 인하여 체결된 중복보험계약이란 보험계약자가 보험가액을 넘어 위법하게 재산적 이익을 얻을 목적으로 중복보험계약을 체결한 경우를 말하는 것이므로, 통지의무의 해태로 인한 사기의 중복보험을 인정하기 위하여는 보험자가 통지의무가 있는 보험계약자 등이 통지의무를 이행하였다면 보험자가 그 청약을 거절하였거나 다른 조건으로 승낙할 것이라는 것을 알면서도 정당한 사유 없이 위법하게 재산상의 이익을 얻을 의사로 통지의무를 이행하지 않았음을 입증하여야 할 것이고, 단지 통지의무를 게을리하였다는 사유만으로 사기로 인한 중복보험계약이 체결되었다고 추정할 수는 없다.」

〈대판 2003. 11. 13, 2001 다 49630〉
「상법 제672조 제2항에서 손해보험에 있어서 동일한 보험계약의 목적과 동일한 사고에 관하여 수 개의 보험계약을 체결하는 경우에는 보험계약자는 각 보험자에 대하여 각 보험계약의 내용을 통지하도록 규정하고 있으므로, 이미 보험계약을 체결한 보험계약자가 동일한 보험목적 및 보험사고에 관하여 다른 보험계약을 체결하는 경우 기존의 보험계약의 보험자에게 새로이 체결한 보험계약에 관하여 통지할 의무가 있다고 할 것이나, 손해보험에 있어서 위와 같이 보험계약자에게 다수의 보험계약의 체결사실에 관하여 통지하도록 규정하는 취지는 부당한 이득을 얻기 위한 사기에 의한 보험계약의 체결을 사전에 방지하고 보험자로 하여금 보험사고발생시 손해의 조사 또는 책임의 범위의 결정을 다른 보험자와 공동으로 할 수 있도록 하기 위한 것일 뿐 보험사고발생의 위험을 측정하여 계약을 체결할 것인지, 또는 어떤 조건으로 체결할 것인지 판단할 수 있는 자료를 제공하기 위한 것이라고는 볼 수 없으므로, 손해보험에 있어서 다른 보험계약을 체결한 것은 상

법 제652조 및 제653조의 통지의무의 대상이 되는 사고발생의 위험이 현저하게
변경 또는 증가된 때에 해당되지 않는다.」

이와 같이 대법원 판례는 타보험가입사실은 그에 대해 보험청약서에서
명시적으로 질문하는 한 상법 제651조 고지의무의 대상이 되는 중요한 사항
이라고 보았으며, 기타 일반적으로는 손해보험에서 타보험가입사실이 고지를
요하는 중요한 사항이 아니라고 하였다. 또한 대법원은 손해보험에 있어서 다
른 보험계약을 체결한 것은 상법 제652조 및 제653조의 통지의무 대상이 되
는 사고발생의 위험이 현저하게 변경 또는 증대된 때에 해당하지 않는다고
한다. 이 점은 일응 타당하다. 그러나 그로 인하여 인위적인 보험사고 유발가
능성, 계약위험의 증가 내지 도덕적 위험이 존재하기에 보험자는 이를 알 필
요가 있고, 또 그를 뒷받침하기 위하여 법과 약관에서 통지의무를 부과한다면
이는 설득력이 있는 것이다. 그러나 그 위반의 효과로 해지권을 부과할 때에
적어도 고지의무위반에 상응하는 제척기간, 고의·중과실요건을 부과하는 것
이 형평에 맞다. 한편 보험계약자가 단기간에 수 개의 보험에 가입하고 또
그 보험료 총액이 보험계약자의 수입과 비교하여 현저하게 높은 경우에는 예
외적으로 위험의 현저한 변경·증가에 해당한다고 하여야 한다. 손해보험의
경우 고의·중과실의 요건 판단 및 해지가 허용되는지 여부를 판단함에 있어
보험가액과 보험금액의 관계를 고려하여야 한다. 수 개 보험계약의 보험금액
합계가 보험가액을 상당한 정도로 초과할 경우에는 보험계약자의 고의·중과
실이나 보험자 해지의 정당성을 인정하기가 용이하여 진다. 상법 제672조 제
2항 중복보험의 통지의무는 손해보험에 대해서만 적용되는 것이다. 그런데
인보험의 정액보험계약을 체결할 때에도 보험자가 중복보험에 대하여 통지의
무를 부과할 수 있으며, 이 약관을 설명해 주었고 또 그 요건으로서 보험계
약자의 고의·중과실 등을 요구한다면 약관대로의 효력을 인정해주어야 할
것이다.

제 4 관   保險者代位

姜大燮, 保險委付의 效果, 現代商事法의 諸問題(李允榮先生停年紀念論文集), 1988/金教昌, 保險者의 請求權代位에 대한 法理上의 근거, 企業環境法의 變化와 商事法(孫珠瓚教授古稀紀念論文集), 1993/孟守錫, 제 3 자에 대한 보험자대위에 관한 연구, 상사법연구 제15권 제 2 호(1996)/孫健雄, 보험자대위에 대하여 취소할 수 있는 권리의 범위, 인권과 정의 195(1992. 11)/梁承圭, 保險者代位에 관한 硏究, 서울대 박사학위논문, 1975/梁厚烈, 保險者의 請求權代位의 根據에 관한 考察, 목포대 사회과학연구 4(1990. 1)/劉榮一, 제 3 자에 대한 보험자대위, 보험학회지 34(1989. 10)/李基秀, 西獨保險契約法 제67조에 의한 私保險者의 求償權, 保險學의 現代的 課題(宋基澈博士華甲紀念論文集), 1985.

Ⅰ. 序   說

1. 保險者代位의 意義

보험자대위라 함은 보험자가 보험사고로 인한 손실을 피보험자에게 보상하여 주고, 그 피보험자 또는 보험계약자가 보험의 목적이나 제 3 자에 대하여 가지는 권리를 법률상 당연히 취득하는 것을 말한다($^{제681조,}_{제682조}$). 보험자대위제도는 손해를 배상한 채무자가 채권자의 물건에 관한 권리를 취득하는 배상자대위제도($^{민법}_{제399조}$)와 유사한 제도이다. 보험자가 대위할 피보험자의 권리는 피보험자의 보험의 목적물에 대한 것일 수도 있고(잔존물대위)($^{제681}_{조}$), 보험의 목적과 관련된 피보험자의 제 3 자에 대한 권리일 수도 있다(청구권대위)($^{제682}_{조}$). 보험자대위는 손해보험의 경우에 인정되고 인보험에서는 이를 금지하는 것이 원칙이나($^{제729조}_{본문}$), 당사자의 약정에 의하여 인보험 가운데 상해보험에서는 이것이 가능하다($^{제729조}_{단서}$).

2. 保險者代位의 法的 性質

보험자대위에 있어서는 보험자가 피보험자에게 보험금액을 지급함으로써 권리의 이전이 법률상 당연히 발생하여 당사자 사이의 의사표시를 요하지 않는다. 따라서 보험자대위에 따르는 잔존물에 관한 권리의 이전의 경우에는 인도 또는 등기를 요하는 물권변동($^{민법 제186}_{조, 제188조}$)의 절차를 밟지 않고도 보험자는 당연히 제 3 자에게 그 권리를 주장할 수 있고, 또 제 3 자에 대한 권리의 이

전의 경우에도 지명채권양도의 대항요건($\frac{민법}{제450조}$)의 절차를 거치지 아니하고 채무자와 그 밖의 제3자에게 대항할 수 있다. 그러므로 이의 법적 성질은 민법상의 손해배상자대위($\frac{민법}{제399조}$)와 같다($\frac{최기원, 270쪽;}{양승규, 299쪽}$).

3. 保險者代位의 認定根據

보험자에게 보험자대위권을 인정하는 근거에 관하여는 정책설과 보상계약설로 견해가 갈린다.

(1) 政策說   '정책설'은 보험자는 보험료를 대가로 받고 보험금을 지급하였으므로 잔존물이나 제3자에 대한 권리에 이해관계를 가질 수 없는 것이지만, 피보험자가 보험금을 받고 또 잔존물이나 제3자에 대한 권리를 계속 갖는다는 것은 손해보험계약의 성질이나 정의관념에 비추어 허용할 수 없는 것이고, 피보험자가 위험을 부보하였다는 이유 때문에 가해자인 제3자가 저절로 책임을 면하게 된다는 것은 더욱 부당하므로, 다수인으로 구성된 위험공동체를 관리하는 공익적 지위에 있는 보험자에게 정책적으로 그 권리 기타 이익을 귀속시키는 것이라고 한다. 따라서 보험계약이 피보험자에 의한 보험사고의 유발이나 도박 등의 부정행위에 이용될 위험을 방지하기 위한 수단으로서 보험자대위제도가 기능할 수 있다고 한다($\frac{양승규}{229쪽}$).

(2) 補償契約說   '보상계약설'은 손해보험계약은 일종의 손해보상계약으로서 보험사고로 인하여 피보험자에게 어떤 이득을 주려는 것이 아니라 단순히 손해의 보상만을 목적으로 한다는 점에서, 잔존물의 가치 또는 피보험자의 제3자에 대한 권리의 취득을 고려하지 않고 손해를 보상한 보험자는 손해보험계약의 성질상 당연히 그 잔존물이나 제3자에 대한 권리를 취득한다고 한다.

(3) 結論   보상계약설이 통설($\frac{손주찬, 590쪽; 서돈각, 389쪽; 최기원, 270}{쪽; 정회철, 426쪽; 이범찬·최준선, 531쪽}$)이고 타당하다. 그런데 통설의 입장은 보험자대위는 손해보험계약의 성질상 보험사고로 피보험자에게 이중의 이득을 주지 않으려는 데 그 근거를 두고 있다는 입장인바, 여기에 대해서는 오히려 보험자대위제도로 인해 보험자가 보험료를 받고 다시 보험자대위권을 취득하는 것은 보험자가 이중으로 이득을 보는 것이 아닌가 하는 의문을 갖게 되나, 보험자대위권까지 고려해서 보험료가 산정되므로 이 의문은 오해에서 비롯된 것이다.

Ⅱ. 殘存物代位(保險의 目的에 대한 保險者代位)

1. 殘存物代位의 意義

보험의 목적의 전부가 멸실한 경우에 보험금액의 전부를 지급한 보험자는 그 목적에 대한 피보험자의 권리를 취득한다(^{제681조}본문). 물건보험에 있어서 보험의 목적이 훼손되어 그 본래의 경제적 기능을 전부 잃은 경우에 그 잔존물의 가액을 평가하지 아니하고 全損으로 취급하여 보험금액의 전부를 지급한 보험자에게 그 잔존물에 대한 피보험자의 권리를 이전시키는 제도가 바로 잔존물대위제도이다. 해상보험에서 보험금지급 이전에 피보험자의 일방적 의사표시에 의하여 보험의 목적물을 보험자에게 귀속시키는 제도인 보험위부(^{제710}조)와 여기서 말하는 잔존물대위는 구별하여야 한다. 여기에 대해서는 '보험자대위와 보험위부의 비교'(^{아래 V.}부분)에서 후술한다.

2. 殘存物代位의 要件

(1) 保險目的의 全部滅失   보험사고로 인한 보험의 목적의 전부가 멸실하여야 한다. 따라서 일부가 멸실한 경우에는 잔존물대위권이 생기지 않는다. 논리상은 목적물이 전부멸실되면 보험자가 대위할 목적물도 없어야 옳지만, 여기서 전부멸실된 경우라 함은 목적물이 물리적으로 완전히 소멸한 것을 의미하는 것이 아니라 목적물이 동일성을 상실하여 보험자가 보험가액을 기준으로 全損으로 보상한 경우를 의미한다.

(2) 保險金額의 全部支給   보험자가 全損으로 약정한 보험금액 전부를 지급하여야 한다. 여기서 보험금액의 전부지급이라 함은 보험의 목적에 발생한 손해뿐 아니라, 보험자가 부담하는 손해방지비용(^{제680}조)까지 지급한 것을 이른다. 보험자대위권은 보험계약체결과 동시에 잠재적 권리로서 발생하나 보험금지급과 동시에 행사할 수 있는 완전한 권리로 발전하며, 보험금이 지급되면 피보험자는 보험계약의 무효나 보험금지급의무의 부재를 이유로 보험자에 대항하지 못한다.

(3) 反對特約의 不在   당사자는 특약으로 보험자가 잔존물대위권을 포기한다는 뜻을 정할 수 있다. 대위권행사에 의한 잔존물의 취득이 보험자에게 公法·私法上의 의무(^{開港秩序法 제28조에 의한 잔존물제}거의무와 그에 따른 손해배상책임)만을 부담시킬 수 있기 때문이다. 따라서 보험자가 이러한 경우에 대위권을 포기하면 잔존물은 피보험자의 소유로 남게 된다(^{화재보험보통약}관 제21조 참조).

3. 殘存物代位의 效果

(1) 保險의 目的에 관한 權利의 移轉　　　　보험의 목적의 전부가 멸실한 경우에 보험금액의 전부를 지급한 보험자는 보험의 목적에 대한 피보험자의 권리를 취득하게 된다(제681조 본문). 상법은 '그 목적에 대한 피보험자의 권리'라고 정하고 있으므로, 보험자대위에 의하여 보험자에게 이전하는 권리는 피보험자가 보험의 목적에 대하여 가지는 피보험이익에 관한 모든 권리라고 할 수 있다. 따라서 보험의 목적에 대한 피보험자의 소유권뿐만 아니라, 저당권도 경제적인 이익이 있는 이상 이에 해당한다고 할 수 있다(양승규, 232~233쪽). 권리이전의 시기에 관해서는 보험자대위권은 보험금액 전액의 지급을 전제로 하고 있으므로, 보험자는 보험사고의 발생시가 아니고 보험금액을 전부 지급한 때로부터 그 권리를 취득한다(대판 1981.7. 7, 80 다 1643).

(2) 一部保險의 경우　　　　일부보험은 보험가액의 일부를 보험에 붙인 경우로서 보험자는 보험금액의 보험가액에 대한 비율에 따라 보상할 책임을 지므로(제674조), 보험자가 보험금액의 전부를 지급하면 보험금액의 보험가액에 대한 비율에 따라 피보험자가 보험의 목적에 대하여 가지는 권리를 취득하게 된다(제681조 단서). 일부보험에서 피보험자는 일부위험에 관해 스스로 위험을 지고 보험자와 동일한 지위에 있으므로 당연히 보험자와 함께 일부(잔존물부분)에 관해 계속해서 권리를 보유한다.

Ⅲ. 請求權代位(제 3 자에 대한 保險者代位)

1. 請求權代位의 意義

피보험자의 손해가 제 3 자의 행위로 인하여 생긴 경우에 보험금액을 지급한 보험자는 그 지급한 금액의 한도에서 그 제 3 자에 대한 보험계약자 또는 는 피보험자의 권리를 취득한다(제682조 본문). 이것이 이른바 청구권대위 또는 제 3 자에 대한 보험자대위이다.

〈대판 1981. 7. 7, 80 다 1643〉

「상법 제682조에 의하여 손해가 제 3 자의 행위로 인하여 생긴 경우에 보험금액을 지급한 보험자는 그 지급한 금액의 한도에서 제 3 자에 대한 보험계약자 또는 피보험자의 권리를 취득한다고 규정하고 있으나, 이는 피보험자 등의 제 3 자에 대한 손해배상청구권이 있음을 전제로 하여 지급한 금액의 한도에서 그 청구권을 대위한다는 취지에 불과한 것이고 피보험자 등의 제 3 자에 대한 손해배상청구권은 통상의 채무불이행이나 불법행위상의 채권이므로 보험자가 보험금을 지급함으로써 대위의 효과가 생기기 전까지는 피보험자 등은 제 3 자에 대한 권리를 행사하거나 처분할 수 있는 것이고, 그 부분에 대하여는 보험자가 이를 대위할 수 없는 이치라 할 것이다.」

보험사고의 발생이 가령 제 3 자의 불법행위로 말미암은 때에는 피보험자는 불법행위를 원인으로 하여 불법행위자인 제 3 자에게 손해배상을 청구할 수 있고 또 보험계약에 기하여 보험자에게 보험금액을 청구할 수 있는데, 이 경우 만일 피보험자가 먼저 그 제 3 자로부터 손해를 배상받으면 피보험자의 손해도 그만큼 감소되고, 따라서 보험자가 보상할 손해, 즉 보험금도 그만큼 감소된다. 그리고 피보험자가 아직 손해를 변상받지 못하였더라도 보험사고로 인하여 새로이 취득한 권리의 가액에 상당하는 이득을 얻었다고 볼 수 있지만, 보험자는 그러한 이득을 무시하고 손익상계를 함이 없이 피보험자가 입은 손해를 모두 배상한다. 그 대신 보험금을 지급하면 청구권대위제도에 기해 보험자가 피보험자가 가지고 있던 제 3 자에 대한 권리를 취득한다.

왜냐하면 피보험자가 보험자와 제 3 자에 대하여 그 청구권을 중첩적으로 행사하게 되면 보험사고의 발생으로 이중의 이득을 취하게 되어 보험을 악용할 염려가 있고, 또 보험자의 보험금지급으로 제 3 자의 채무를 면하게 하는 것은 형평의 관념상 부당하기 때문이다.

〈대판 2010. 8. 26, 2010 다 32153〉
「업무수탁자인 피고가 OO실버센터와 업무위탁계약(실질적인 근로자 파견계약)을 체결하고 간병인을 파견해 온 사안에서, 보험사고가 피보험자인 파견간병인의 행위로 인하여 발생한 경우로서 보험자인 원고가 보험자대위의 법리에 따라 피보험자인 실버센터가 또 다른 피보험자인 파견간병인 본인에 대하여 가지는 권리를 취득할 수는 없다고 하더라도, 업무수탁자인 피고가 피보험자인 실버센터에 대하여 파견간병인의 사용자로서 별도로 손해배상책임을 지는 이상, 보험자인 원고는 보험자대위의 법리에 따라 피보험자인 실버센터가 파견간병인의 사용자에 대하여 가지는 권리를 취득할 수 있으며, 가사 업무수탁자인 피고가 파견간병인에 대하여 구상권을 행사할 수 있다고 하더라도 제반 사정에 따라 구상권의 행사가 부인되거나 제한될 수도 있으며, 보험사고에 대하여 과실이 큰 파견간병인에게 일정한 정도의 손해를 분담시키는 것이 반드시 부당하다고 할 수도 없을 것이므로, 업무위탁자가 보험사고를 유발한 파견간병인의 사용자인 업무수탁자에 대하여 가지는 사용자책임에 기한 손해배상청구권 등에 대하여 보험자대위를 인정하는 것이 반드시 불합리하다고 볼 수 없다.」

2. 請求權代位의 要件

(1) 제 3 자의 行爲로 인한 損害의 發生 제 3 자의 행위로 인하여 손해가 발생하여야 한다. 손해는 보험사고로 인하여 피보험이익에 발생한 손해이어야 한다.

〈대판 1988. 12. 13, 87 다카 311〉

「상법 제682조의 보험자대위에 대하여 보험자가 취득하는 권리는 당해 사고발생 자체로 인하여 피보험자가 제 3 자에 대하여 가지는 불법행위로 인한 손해배상청구권이나 채무불이행으로 인한 손해배상청구권에 한한다.」

〈대판 2009. 10. 15, 2009 다 48602〉

「상법 제682조에서 정한 제 3 자에 대한 보험자대위가 인정되기 위하여는 보험자가 피보험자에게 보험금을 지급할 책임이 있는 경우여야 하므로, 보험자가 보험약관에 따라 면책되거나 피보험자에게 보험사고에 대한 과실이 없어 보험자가 피보험자에게 보험금을 지급할 책임이 없는 경우에는 보험자대위를 할 수 없다(甲차량이 乙차량을 들이받아 그 충격으로 乙차량이 밀려나가 발생한 丙의 손해를 乙차량의 보험자가 대물보상보험금을 지급하여 배상한 사안에서, 위 사고에 대하여 乙차량의 운전자에게 아무런 과실도 인정되지 않는다면 보험자가 피보험자에게 보험금을 지급할 책임이 없으므로 보험자대위를 할 수 없다고 한 사례).」

여기에서 행위란 광범위한 개념으로 보험사고의 발생요인이 되는 모든 사건을 말한다. 따라서 불법행위뿐만 아니라 채무불이행 그리고 선장의 공동해손으로 인한 경우(제832조)와 같은 적법행위도 포함된다.

‘제 3 자’라 함은 일반적으로 피보험자 이외의 사람을 말한다. 따라서 보험사고에 의해 배상책임을 지는 자가 보험계약의 내용에 따라 피보험자의 개념에 포함되는 경우에는 보험자는 그 자에 대하여 대위권을 행사할 수 없다(자동차보험표준약관 제12조 참조). 또한 피보험자와 공동생활을 하는 가족도 고의에 의한 보험사고가 아닌 경우에는 제 3 자에 포함되지 않는다고 해석된다.

타인을 위한 손해보험의 경우 보험계약자도 제 3 자에 포함되는가에 대해서는 이 경우 보험계약자는 보험계약상 보험료지급의무를 비롯한 각종의 의무를 지고, 또한 그의 고의 또는 중대한 과실로 보험사고가 발생한 때에는

보험자는 보험금지급책임을 지지 않는다는 점과 실제에 있어서 보험자대위의
요건이 성립되는 경우는 드물다는 이유를 들어 보험계약자는 제 3 자의 범위
에서 제외된다는 견해(양승규, 238쪽;)도 있으나, 보험자대위의 입법취지가 보험사
고로 인하여 이중이득을 보는 자나 보험사고에 대한 책임을 면하는 자가 없
도록 하는 데 있다는 점과 타인을 위한 손해보험은 오로지 피보험자의 보호
를 목적으로 한 보험으로서 피보험자의 보험계약자에 대한 권리도 이전될 수
있으므로 제 3 자의 범위에 보험계약자도 포함된다는 견해가 다수설이며 판례
의 입장이다(채이식, 564쪽; 최기원, 275~276쪽; 이범찬·최준선, 534쪽; 대판 1989. 4. 25, 87 다카 1669; 대판 1990. 2. 9, 89 다카 21965).

   그런데 개정 전에는 상법에 보험자가 대위권을 행사할 수 있는 제 3 자의
범위가 제한되어 있지 아니하여, 보험사고 발생에 책임이 있는 보험계약자 또
는 피보험자의 가족에 대하여도 대위권 행사가 가능하다고 할 여지도 있었다.
그렇게 되면 결과적으로 보험계약자 또는 피보험자가 보험계약에 따른 보호
를 받지 못하는 것이 될 수 있다. 이에 2014년 3월 상법 개정 시에 손해를
야기한 제 3 자가 보험계약자 또는 피보험자와 생계를 같이 하는 가족인 경우
에는 그 가족의 고의로 인한 사고인 경우를 제외하고(이전에 학자들도 고의의 경우는 대위
금지에서 제외하여야 함에 동의하고
있었다. 최준선, 「보험·해상·항공
운송법」 제 7 판, 삼영사, 2013, 198쪽) 보험자가 대위권을 행사할 수 없도록 제도를 개선하
였다(개정 상법
제682조 제 2 항). 이 개정은 종래 우리 대법원 판례(대판 2002. 9. 6,
2002 다 32547 등)가 가족 간에
는 대위가 금지된다고 인정하였던 것(대다수의 학자들은 법개정 이전에도 판례처럼 가족 간 대위는
금지되는 쪽에 찬성하고 있었다. 김성태, 「보험법강론」, 법문사,
2001, 449쪽; 장덕조, 「보험법」,
법문사, 2011, 243쪽 참조)을 법에서 수용한 것이다.

   〈대판 1991. 11. 26, 90 다 10063〉

   「가. 상법 제682조의 보험자대위는 보험사고로 인한 손해가 보험계약자 또는 피보
   험자 아닌 제 3 자의 행위로 인하여 생긴 경우에 보험금을 지급한 보험자가 보험
   계약자 또는 피보험자의 그 제 3 자의 권리를 취득하는 제도이므로, 보험계약해석
   상 보험사고를 일으킨 자가 본법 소정의 '제 3 자'가 아닌 '피보험자'에 해당할 경
   우에는 보험자는 보험사고자에 대하여 보험자대위권을 행사할 수 없는 것이다.

      나. 자동차보험보통약관에서 보험증권에 기재된 피보험자 이외에 그 '피보험자
   를 위하여 자동차를 운전중인 자'도 위의 피보험자의 개념에 포함시키고 있으므
   로 자동차종합보험에 가입한 차주의 피용운전사는 '피보험자'일 뿐 본조에서 말하
   는 '제 3 자'에 포함되는 자가 아니다.」(동지 : 대판 1993. 1. 12, 91 다 7828; 대판 1993. 6. 29, 93 다 1770)

   〈대판 1995. 11. 28, 95 다 31195〉

   「보험약관상 배상책임의무가 있는 피보험자의 피용자로서 근로기준법에 의하여

재해보상을 받을 수 있는 사람이 죽거나 다친 경우에는 보상하지 아니한다고 규정되어 있고, 보험사고의 피해자가 승낙피보험자의 피용자이어서 보험자가 그 근로재해면책조항을 들어 승낙피보험자가 보험금의 지급청구를 하여 오는 경우, 이를 거절할 수 있다고 하더라도 그 사실만으로 승낙피보험자의 지위마저 상실되는 것은 아니라 할 것이므로, 보험자는 승낙피보험자에 대하여 구상권을 행사할 수 없다.」

(2) 제3자에 대한 被保險者의 權利의 存在　　보험자는 보험사고가 발생한 때에 피보험자의 권리를 전제로 손해보상책임을 이행한 때에 그 대위권을 취득하게 된다. 그러므로 제3자의 행위에 의하여 보험사고가 발생한 때에 피보험자는 그 제3자에 대한 권리를 가지고 있고, 또한 보험자는 보험금액을 지급할 때까지는 비록 그 대위권을 확정적으로 취득하지는 못한다 하더라도 보험금의 지급을 조건으로 하는 조건부권리는 가지게 된다. 이에 따라 피보험자가 보험자의 동의 없이 그 제3자에 대한 권리를 행사 또는 처분함으로써 보험자의 권리를 침해한 때에는 피보험자는 그 한도에서 보험자에 대한 청구권을 잃게 되고, 보험자의 대위권도 존재하지 않는다.

〈대판 1981. 7. 7, 80 다 1643〉
「상법 제682조에 의하여 손해가 제3자의 행위로 인하여 생긴 경우에 보험금액을 지급한 보험자는 그 지급한 금액의 한도에서 그 제3자에 대한 보험계약자 또는 피보험자의 권리를 취득하나, 보험자가 보험금액을 지급하기 위하여 위 대위의 효과가 발생하기 전에 피보험자 등이 제3자에 대한 권리를 행사하거나 처분한 경우에는 그 부분에 대하여는 보험자가 이를 대위할 수 없다.」

공동불법행위의 구상권도 보험자대위의 대상이 된다. 판례는 보험자대위에 의해 취득하는 구상권의 소멸시효는 보험자가 현실로 보험금을 지급한 날로부터 진행하며, 그 기간은 원칙적으로 일반채권과 같이 10년으로 하고 있다.

〈대판 1990. 12. 11, 90 다 5634〉
「피해자가 입은 손해를 연대하여 배상할 의무가 있는 공동불법행위자들이 그 손해배상책임의 분담부분을 각 2분의 1씩으로 약정하였고, 보험회사가 위 공동불법행위자 중 1인과의 보험계약에 따라 그를 대위하여 피해자가 입은 손해액 전액을 지급함으로써 공동불법행위자들이 공동면책을 얻는 것이라면, 이는 보험에 가입한 그 공동불법행위자의 변제 기타 자기의 출재로 공동면책을 얻은 것으로 보아야 할 것이므로, 그 공동불법행위자는 다른 공동불법행위자의 부담부분에 대하여 구상권을 행사할 수 있다.」 (동지 : 대판 1988. 3. 8, 85 다카 2285; 대판 1989. 11. 28, 89 다카 9194; 대판 1993. 1. 26, 92 다 4871)

〈대판 1994. 1. 11, 93 다 32958〉
「구상권의 소멸시효의 기산점과 그 기간은 대위에 의하여 이전되는 권리 자체를 기준으로 판단하여야 하며, 위와 같은 구상권은 그 소멸시효에 관하여 법률에 따로 정한 바가 없으므로 일반원칙으로 돌아가 일반채권과 그 소멸시효는 10년으로 완성된다고 해석함이 상당하고, 그 기산점은 구상권이 발생한 시점, 즉 구상권자가 현실로 피해자에게 지급한 때이다.」

〈대판 1999. 6. 11, 99 다 3143〉
「공동불법행위자의 보험자들 상호간에는 그 중 하나가 피해자에게 보험금으로 손해배상금을 지급함으로써 공동면책되었다면, 그 보험자는 상법 제682조의 보험자대위의 법리에 따라 피보험자가 다른 공동불법행위자의 부담부분에 대한 구상권을 취득하여 그의 보험자에 대하여 행사할 수 있고, 이 구상권에는 상법 제724조 제2항에 의한 피해자가 보험자에 대하여 가지는 직접청구권도 포함된다.

그리고 보험금을 지급한 보험자가 보험자대위에 의하여 다른 공동불법행위자 및 그의 보험자에 대하여 가지는 구상권의 소멸시효기간은 일반채권과 같이 10년이고, 그 기산점은 구상권이 발생한 시점, 즉 구상권자가 현실로 피해자에게 손해배상금을 지급한 때이지만, 한편 상법 제682조에 의하면 손해가 제3자의 행위로 인하여 생긴 경우에 보험금액을 지급한 보험자는 그 지급한 금액의 한도에서 제3자에 대한 보험계약 또는 피보험자의 권리를 취득한다고 규정하고 있는바, 이러한 보험자대위에 의하여 피보험자 등의 제3자에 대한 권리는 동일성을 잃지 않고 그대로 보험자에게 이전되는 것이므로, 이 때에 보험자가 취득하는 채권의 소멸시효기간과 그 기산점 또는 피보험자 등이 제3자에 대하여 가지는 채권 자체를 기준으로 판단하여야 한다.」

〈대판 2009. 12. 24, 2009 다 53499〉
「공동불법행위자의 1인을 피보험자로 하는 보험계약의 보험자가 보험금을 지급하고 상법 제682조에 의하여 취득하는 피보험자의 다른 공동불법행위자에 대한 구상권은 피보험자의 부담 부분 이상을 변제하여 공동의 면책을 얻게 하였을 때에 다른 공동불법행위자의 부담 부분의 비율에 따른 범위에서 성립하는 것이고 (대판 2006. 2. 9, 2005 다 28426 등 참조), 공동불법행위자들과 각각 보험계약을 체결한 보험자들은 각자 그 공동불법행위의 피해자에 대한 관계에서 상법 제724조 제2항에 의한 손해배상채무를 직접 부담하는 것이므로, 이러한 관계에 있는 보험자가 그 부담 부분을 넘어 피해자에게 손해배상금을 보험금으로 지급함으로써 공동불법행위자들의 보험자들이 공동면책되었다면 그 손해배상금을 지급한 보험자는 다른 공동불법행위자들의 보험자들이 부담하여야 할 부분에 대하여 직접 구상권을 행사할 수 있다.」

피보험자는 물론 보험계약자의 제 3 자에 대한 권리도 이전된다. 그리고 타인을 위한 손해보험은 오로지 피보험자의 보호를 목적으로 한 보험이므로 피보험자의 보험계약자에 대한 권리도 이전한다.

〈대판 1990. 2. 9, 89 다카 21965〉

「가. 보험자대위에 관한 상법 제682조의 규정을 둔 이유는 피보험자가 보험자로부터 보험금액을 지급받은 후에도 제 3 자에 대한 청구권을 보유·행사하게 하는 것은 피보험자에게 손해의 전보를 넘어서 오히려 이득을 주는 결과가 되어 손해보험제도의 원칙에 반하고, 배상의무자인 제 3 자가 피보험자의 보험금수령으로 인하여 그 책임을 면하는 것도 불합리하므로 이를 제거하여 보험자에게 그 이익을 귀속시키려는 데 있고, 이와 같은 보험자대위의 규정은 타인을 위한 보험계약에도 그 적용이 있다.

　나. 타인을 위한 손해보험계약은 타인의 이익을 위한 보험계약으로서 그 타인의 이익이 보험의 목적이지 여기에 당연히(특약 없이) 보험계약자의 보험이익이 포함되거나 예정되어 있는 것은 아니므로 피보험이익의 주체가 아닌 보험계약자는 비록 보험자와의 사이에서는 계약당사자이고 계약된 보험료를 지급할 의무자이지만, 그 지위의 성격과 보험자대위규정의 취지에 비추어 보면 보험자대위에 있어서 보험계약자와 제 3 자를 구별하여 취급할 법률상의 이유는 없는 것이며, 따라서 타인을 위한 보험계약자가 당연히 제 3 자의 범주에서 제외되는 것은 아니다.」(동지 : 대판 1989. 4. 25, 87 다카 1669)

그러나 제 3 자가 동시에 피보험자인 경우에는 대위할 실익이 없으므로 대위권의 대상이 되지 않는다.

〈대판 1988. 4. 27, 87 다카 1012〉

「보험자대위에 의하여 보험자가 취득하는 권리는 당해 사고의 발생 자체로 인하여 피보험자가 제 3 자에 대하여 가지는 불법행위 또는 채무불이행으로 인한 손해배상청구권에만 한한다.」

〈대판 1989. 7. 11, 88 다카 24936〉

「자동차대여회사가 피보험자가 되어 가입한 종합보험계약에 있어서 임차인으로
기명한 자는 가사 그 후에 실제 운전을 한 바 없더라도 이른바 승낙피보험자에
해당하지 않는다고 할 수 없고, 또 그 자 대신 차를 인수하여 3박 4일간 운전한
자는 임차인을 위한 운전자 또는 실질적으로 대여회사의 승낙을 얻은 승낙피보험
자라 할 것이므로 어느 쪽도 제3자라고 할 수 없으며, 따라서 보험자의 대위권행
사의 상대방이 되지 않는다.」

〈대판 2013. 10. 24, 2011 다 13838〉

「상법 제676조 제2항은 '손해액의 산정에 관한 비용은 보험자의 부담으로 한다'
고 규정하고 있는바, 보험자가 보험금의 지급 범위를 확인하기 위하여 지출한 비
용은 보험자의 이익을 위한 것일 뿐 보험계약자 또는 피보험자가 입은 손해라고
할 수 없으므로, 그 비용을 지출한 보험자가 보험계약자 또는 피보험자를 대위하
여 가해자를 상대로 그 비용 상당의 손해배상을 구할 수는 없다(보험자인 원고가
선박사고장소 검정 및 선박 상태 검사를 위한 검정비용과 손해감정 및 손해사정
을 위한 정산비용을 지출한 경우, 이 검정·정산비용은 보험자가 부담하여야 할
것이라는 이유로, 보험자가 보험자대위의 법리에 의하여 선박사고에 책임있는 피
고에 대하여 그 비용 상당의 손해배상을 청구할 수 있다고 판단한 원심을 파기한
사례).」

(3) 保險金의 支給   비록 피보험자의 손해가 제3자의 행위로 말미암아
발생하였다 하더라도 보험자는 보험계약에 따라 피보험자에게 그 손해를 보
상하여야 청구권대위가 이루어진다. 일단 보험금이 지급되면 피보험자는 보험
계약의 무효나 보험금지급의무의 부재를 이유로 보험자의 청구권대위에 대항
할 수 없음은 잔존물대위에서와 마찬가지이다.

보험자가 피보험자에게 지급한 보험금은 보험계약에 의해 정당하게 보상
해야 할 손해에 대한 것이어야 한다. 따라서 보험자가 면책되는 보험사고에
있어서 보험금의 지급은 적법한 것이 아니므로 보험자는 피보험자의 권리를
대위할 수 없다.

〈대판 1994. 4. 12, 94 다 200〉

「보험약관상 보험자가 면책되는 무면허운전시에 생긴 사고에 대한 보험회사의 보
험금지급은 보험약관을 위배하여 이루어진 것으로 적법하지 아니하므로, 보험자

대위의 법리상 보험회사는 피보험자의 가해자에 대한 구상권을 대위행사할 수 없다.」

3. 請求權代位의 效果

(1) 權利의 移轉　　　이상의 요건이 갖추어지면 보험계약자 또는 피보험자의 제 3 자에 대한 권리가 보험자에게로 이전된다. 보험자대위권은 보험자가 피보험자에게 손해보상을 함으로써 법률상 당연히 생기는 것이므로 대항요건, 즉 그 권리이전의 통지 또는 승낙을 필요로 하지 아니한다. 그러나 제 3 자가 보험자의 권리를 알지 못하고 선의이고 과실 없이 피보험자에게 그 채무를 이행한 때에는 민법 제470조의 '채권의 준점유자에 대한 변제'에 준하여 그 채무가 소멸한다(양승규, 244쪽; 채이식, 565쪽).

한편 보험계약자 혹은 피보험자의 권리는 동일성을 유지하면서 보험자에게 이전되는 것이므로, 제 3 자는 이전시까지 보험계약자 또는 피보험자에게 행사할 수 있었던 모든 사유로 보험자에게 대항할 수 있다. 따라서 시효기간도 보험계약자 또는 피보험자가 제 3 자에 대해 취득하는 청구권의 발생시부터 진행한다.

〈대판 1993. 6. 29, 93 다 1770〉

「상법 제682조 규정은 피보험자 등의 제 3 자에 대해 손해배상청구권이 있음을 전제로 하여 지급한 보험금액의 한도에서 그 청구권을 취득한다는 취지에 불과한 것이므로, 피보험자 등의 제 3 자에 대한 손해배상청구권이 시효로 인하여 소멸하였다면 보험자가 이를 대위할 여지가 없다고 할 것이고, 이 때에 보험자가 취득할 손해배상청구권의 소멸시효의 기산점과 기간은 그 청구권 자체를 기준으로 판단하여야 할 것이다.」

〈서울고판 1976. 2. 25, 75 나 1274〉

「보험금을 지급한 보험자가 피보험자의 제 3 자에 대한 권리를 취득한 경우에도 피보험자가 제 3 자에 대하여 가지고 있는 손해배상청구권을 기준으로 소멸시효의 기산일 및 기간을 정하여야 할 것이다.」

〈대판 2008. 4. 10, 2007 다 78517〉

「자동차종합보험계약에 관한 보험약관상 보험자대위권을 인정하고 있는 제19조 제 2 항 제 2 호 제 2 목 단서 소정의 "자동차정비업, 주차장업, 급유업, 세차업, 자동차판매업, 자동차탁송업, 대리운전업(대리운전자를 포함합니다) 등 자동차를 취

급하는 것을 업으로 하는 자(이들의 피용자 및 이들이 법인인 경우에는 그 이사
와 감사를 포함합니다)가 업무로서 위탁받은 피보험자동차를 사용 또는 관리하는
동안에 사고를 낸 경우"라는 규정을 해석함에 있어, 그 사업자는 영업형태가 자동
차의 정비, 보관, 주유, 가공, 판매와 같이 자동차를 매체로 하는 유상 쌍무계약에
바탕하여 타인의 자동차를 수탁하는 것 자체를 업무로 하고 있는 자를 의미한다
고 볼 것이고, 따라서 자동차를 매체로 하는 유상 쌍무계약에 바탕하여 타인의 자
동차를 수탁하는 것을 그 업무의 내용으로 하는 것이 아니라, 그 영업행위에 부수
하여 자동차를 수탁하는 자는 "자동차를 취급하는 것을 업으로 하는 자"에 해당
하지 않는다고 보아야 할 것이고, 이 경우 그 영업행위에 부수하여 하고 있는가
아닌가는 자동차 수탁의 방법·태양 등에 비추어 자동차의 수탁이 영업활동의 본
체에 해당하는가 아닌가에 따라 구체적, 개별적으로 판단되어야 한다(식당 주인인
피고가 식사 중인 손님의 편의를 위하여 손님 대신 자동차를 다른 곳으로 이동하
려다 사고가 발생한 경우 피고의 차량 수탁이 식당 영업활동의 본체에 해당한다
고 볼 수 없고 피고는 식당 영업행위에 부수하여 자동차를 수탁하는 자에 불과하
다는 이유로 피고를 보험약관 소정의 '자동차를 취급하는 것을 업으로 하는 자'로
볼 수 없다고 한 사례).」

〈대판 2011. 1. 13, 2010 다 67500〉
「무면허 운전자가 음주 상태로 가해차량을 운전하다가 진행방향 맞은 편 도로에
정차해 있던 피해차량을 들이받아 피해차량을 운전하던 피해자를 다치게 하고 피
해차량을 손괴하자, 피해차량에 관하여 피해자와 자동차종합보험계약을 체결한 보
험회사가 피보험자인 피해자에게 제 3 자의 불법행위로 인한 손해의 배상으로 보
험금을 지급한 사안에서, 이 경우 공동불법행위자 상호간의 구상권 문제는 생길
여지가 없고, 보험회사는 보험금을 지급한 보험자로서 보험자대위의 법리에 따라
피보험자의 가해차량 소유자 및 보험자에 대한 손해배상채권 자체를 취득하는 것
이므로, 보험회사가 취득한 가해차량 소유자 및 보험자에 대한 손해배상채권은 피
보험자가 그 손해 및 가해자를 안 때부터 민법 제766조 제 1 항에서 정한 3년의
소멸시효가 진행한다.」

　　(2) 移轉의 範圍　　　　이전할 권리에는 위에서 보았듯이 보험계약자와
피보험자의 권리가 모두 포함되고, 채무자인 제 3 자에는 보험계약자가 포함된
다고 보아야 할 것이므로 피보험자의 보험계약자에 대한 권리까지도 포함된
다(채이식·565쪽). 그러나 2014년 법 개정 이전에도 보험계약의 성질상 적어도 피보험

자와 공동생활을 하는 가족이나 사용인은 제 3 자에 포함되지 않는다고 풀이
하고 있었다(손돈각, 392쪽; 정희철, 428쪽). 왜냐하면 대부분 이 경우에 있어서 피보험
자는 실질적으로 민사책임을 지는 위치에 있기 때문에 보험자가 대위권을 행
사할 경우 결국 피보험자에게 그 책임이 돌아갈 것이고, 따라서 피보험자는
보험계약에서 아무런 효용도 얻을 수 없기 때문이다.

　　그런데 2014년 3월 상법 개정 시에 손해를 야기한 제 3 자가 보험계약자
또는 피보험자와 생계를 같이 하는 가족인 경우에는 그 가족의 고의로 인한
사고인 경우를 제외하고 보험자가 대위권을 행사할 수 없도록 명시적으로 규
정을 하였다(개정 상법 제682조 제2항). 이 개정은 종래 우리 대법원 판례(대판 2002. 9. 6, 2002 다 32547 등) 가족
간에는 대위가 금지된다고 인정하였던 점 및 대다수의 학자들이 법개정 이전
에도 판례처럼 가족 간 대위는 금지되는 쪽에 찬성하고 있었던 점을 법에서
명시적으로 수용한 것으로서 타당한 입법이다.

　　그리고 권리는 보험자가 지급한 보험금을 한도로 이전한다. 따라서 나머
지 권리는 계속해서 보험계약자나 피보험자가 행사한다. 그렇지 않으면 보험
자가 보험금 이상의 수입을 갖는 부당한 이득을 할 가능성이 있기 때문이다.
따라서 만약 보험자가 대위권의 행사에 의하여 피보험자에게 지급한 보험금
이상을 얻었다면, 보험금 이상의 부분은 피보험자에게 반환해야 한다.

〈대판 1988. 4. 27, 87 다카 1012〉
「보험금을 지급한 보험자는 상법 제682조 소정의 보험자대위제도에 따라 그 지급
한 보험금의 한도 내에서 피보험자가 제 3 자에게 갖는 손해배상청구권을 취득하
는 결과 피보험자는 보험자로부터 지급을 받은 보험금의 한도 내에서 제 3 자에
대한 손해배상청구권을 잃고, 그 제 3 자에 대하여 청구할 수 있는 배상액이 지급
된 보험금액만큼 감소된다.」

〈대판 1995. 9. 29, 95 다 23521〉
「보험자가 피보험자에게 보험금을 지급하기 전에 이미 피보험자의 제 3 자에 대한
손해배상채권은 그 제 3 자의 변제 등으로 인하여 일부 소멸한 후 보험자가 피보
험자의 나머지 손해액을 초과하는 금액을 보험금으로 지급하였다면, 피보험자의
손해는 모두 전보되었다고 할 것이므로 보험자는 피보험자의 제 3 자에 대한 나머
지 금액에 관한 손해배상청구권을 대위행사할 수 있다.」

〈대판 2002. 9. 6, 2002 다 32547〉

「피보험자의 동거친족에 대해 피보험자가 배상청구권을 취득한 경우, 통상 피보험
자는 그 청구권을 포기하거나 용서의 의사로 권리를 행사하지 않은 상태로 방치
할 것으로 예상된다. 따라서 이 경우 피보험자에 의해 행사되지 않는 권리를 보험
자가 대위취득하여 행사하는 것을 허용한다면, 사실상 피보험자는 보험금을 지급
받지 못한 것과 동일한 결과가 초래돼 보험제도의 효용이 현저히 해하여진다 할
것이고, 무면허운전면책약관은 보험약관에 있어서의 담보위험을 축소하고 보험료
의 할인을 가능하게 하는 데 그 취지가 있는 것이기는 하나, 그 경우에도 피보험
자의 명시적이거나 묵시적인 의사에 기하지 아니한 채 무면허운전자가 피보험자
동차를 운전한 경우에는 면책조항의 예외로서 보험자가 책임을 지는 점에 미루어
무면허운전자가 동거가족인 경우에도 보험자의 대위권행사의 대상이 되는 것으로
해석한다면, 무면허운전자가 가족이라는 우연한 사정에 의하여 면책약관에 위배되
지 않은 보험계약자에게 사실상 보험혜택을 포기시키는 것이어서 균형이 맞지 않
는 점 등에 비추어 무면허운전면책약관부 보험계약에서 운전자가 동거가족
인 경우 특별한 사정이 없는 한 상법 제682조 소정의 제 3 자의 범위에 포함되지
않는다.」($\binom{대판\ 2000.\ 6.\ 23,}{2000\ 다\ 9116\ 참조}$)

〈대판 2000. 6. 23, 2000 다 9116〉

「운전자연령한정운전특별약관은 보험약관에 있어서의 담보위험을 축소하고 보험
료의 할인을 가능하게 하는 데 그 취지가 있는 것이므로 보험계약자의 의사는 보
험료를 할인받는 대신 특약위반시 보험혜택을 포기하는 것이라고 할 것이나, 그
경우에도 피보험자의 명시적이거나 묵시적인 의사에 기하지 아니한 채 연령
미달자가 피보험자동차를 운전한 경우에는 면책조항의 예외로서 보험자가 책임을
지는 점($\binom{대판\ 1998.\ 7.\ 10,\ 98\ 다\ 1072;\ 대판}{2000.\ 2.\ 25,\ 99\ 다\ 40548\ 등\ 참조}$)에 미루어 연령미달의 임의운전자가 동거가족인
경우에도 보험자의 대위권행사의 대상이 되는 것으로 해석한다면, 임의운전자가
가족이라는 우연한 사정에 의하여 특약에 위배되지 않은 보험계약자에게 사실상
보험혜택을 포기시키는 것이어서 균형이 맞지 않는 점 등에 비추어 운전자연령한
정운전특별약관부 보험계약에서 연령미달의 동거가족의 경우 특별한 사정이 없는
한 상법 제682조 소정의 제 3 자의 범위에 포함되지 않는다고 봄이 타당하다.」

〈대판 2008. 12. 11, 2006 다 82793〉

「구 자동차손해배상보장법 시행령($\binom{2004.\ 2.\ 21.\ 대통령령\ 제18286호로\ 개정되기}{전의\ 것,\ 이하\ '구\ 시행령'이라고\ 한다}$) 제 3 조 제 1
항은 "법 제 5 조 제 1 항의 규정에 의하여 자동차를 운행하고자 하는 자가 가입하

여야 하는 책임보험 또는 책임공제의 보험금 또는 공제금은 피해자 1인당 다음 각 호의 금액과 같다"고 규정하면서 같은 항 제 2 호에서 "부상한 경우에는 별표 1에서 정하는 금액의 범위 안에서 피해자에게 발생한 손해액. 다만, 그 손해액이 법 제13조 제 1 항의 규정에 의한 자동차보험 진료수가에 관한 기준에 의하여 산출한 진료비 해당액에 미달하는 경우에는 별표 1에서 정하는 금액의 범위 안에서 그 진료비 해당액으로 한다"라고 규정하고 있는바, 위 제 2 호 단서의 규정취지는 교통사고 피해자가 입은 손해 중 그의 과실비율에 해당하는 금액을 공제한 손해액이 위 규정의 진료비 해당액에 미달하는 경우에도 교통사고로 인한 피해자의 치료 보장을 위해 그 진료비 해당액을 손해액으로 보아 이를 책임보험금으로 지급하라는 취지라고 해석되므로, 교통사고 피해자로서는 위 교통사고의 발생에 기여한 자신의 과실의 유무나 다과에 불구하고 위 제 2 호 단서 규정에 의한 진료비 해당액을 자동차손해배상보장법에 의한 책임보험금으로 청구할 수 있다.

이 경우 보험회사의 교통사고 피해자에 대한 책임보험금 지급채무는 가해자의 교통사고 피해자에 대한 손해배상채무를 병존적으로 인수한 것이되, 그 중 손해액만이 위와 같이 법령에 의하여 의제되어 가해자가 부담하여야 할 손해배상액보다 증가된 것이라고 할 것인 점, 교통사고 피해자 겸 피재 근로자(이하 '피해자'라고 한다)가 보험회사로부터 구 시행령 제 3 조 제 1 항 제 2 호 단서에 의하여 책임보험금을 지급받은 경우 공단은 이를 구 산업재해보상보험법(2007. 4. 11. 법률 제8373호로 전부 개정되기 전의 것, 이하 같다) 제54조 제 2 항 소정의 '이 법의 보험급여에 상당하는 손해배상을 받은 경우'로 보아 요양금액으로 환산한 금액 범위 안에서 피해자에 대한 보험급여 지급의무를 면할 수 있는데, 이와 달리 공단이 먼저 피해자의 치료비를 요양급여로 지급한 경우 구 자동차손해배상보장법에 따라 피해자의 과실 유무나 다과에 관계없이 소정의 진료비를 책임보험금으로 지급할 책임이 있는 보험회사가 피해자의 과실에 상당하는 금액에 대해서 구상책임을 면할 수 있게 된다면, 구 자동차손해배상보장법에 의한 책임보험금 지급 가능성을 미리 반영하여 보험료를 책정·납부받은 보험회사에게 부당한 이득을 주게 되고 제 3 자의 면책 방지와 보험재정의 확보 등을 목적으로 마련된 구 산업재해보상보험법 제54조 제 1 항 및 제 2 항의 규정취지에 반하는 결과를 초래하는 점 등 여러 사정을 종합하여 볼 때, 피해자가 구 시행령 제 3 조 제 1 항 제 2 호 단서 규정에 의하여 보험회사에 대하여 갖는 책임보험금 청구권은 구 산업재해보상보험법 제54조 제 1 항 본문 소정의 '급여를 받은 자의 제3자에 대한 손해배상청구권'에 해당한다고 봄이 상당하므로, 피해자에게 요양급여를 지급한 공단은 그 급여액의 한도 안에서 피해자가 위 제 2 호 단서 규정에 의하여 보험회사에 대하여 갖는 책임보험금 청구권을 대위할 수 있다.」

〈대판 2009. 8. 20, 2009 다 27452〉

「구 자동차손해배상 보장법(2008. 2. 29. 법률 제8852호로 개정되기 전의 것) 제37조 제 1 항에 의하여 같은 법 제26조 제 1 항에 따른 보장사업에 관한 업무를 건설교통부장관으로부터 위탁받은 보장사업자가 피해자에게 보상금을 지급한 경우 그 보장사업자는 같은 법 제31조 제 1 항에 따라 같은 법 제 3 조에 의하여 손해배상책임이 있는 자에 대하여 가지는 피해자의 손해배상청구권을 대위행사할 수 있다. 그렇지만, 손해배상채무자가 피해자의 동거친족인 경우에는 피해자가 그 청구권을 포기하거나 용서의 의사로 권리를 행사하지 아니할 것으로 예상되고, 이와 같이 피해자에 의하여 행사되지 아니할 것으로 예상되는 권리를 보장사업자가 대위취득하여 행사하는 것을 허용한다면 사실상 피해자는 보험금을 지급받지 못하는 것과 동일한 결과가 초래될 것이며, 이는 자동차 보유자가 납부하는 책임보험료 중 일정액을 정부가 분담금으로 징수하여 교통사고를 당하고도 보상받지 못하는 피해자에 대하여 법에서 정한 일정한 한도 안에서 손해를 보상하는 사회보장제도의 일종인 보장사업의 취지와 효용을 현저히 해하는 것이 되어 허용될 수 없다.」

〈대판 2010. 7. 8, 2010 다 13732〉

「국민건강보험법에 따라 보험급여를 받은 피해자가 제 3 자에 대하여 손해배상청구를 할 경우 그 손해발생에 피해자의 과실이 경합된 때에는 먼저 산정된 손해액에서 과실상계를 한 다음 거기에서 보험급여를 공제하여야 하고, 그 공제되는 보험급여에 대하여는 다시 과실상계를 할 수 없으며, 보험자가 불법행위로 인한 피해자에게 보험급여를 한 후 피해자의 가해자에 대한 손해배상채권을 대위하는 경우 그 대위의 범위는 손해배상채권의 범위 내에서 보험급여를 한 전액이다.」

〈대판 2012. 5. 24, 2010 다 7843〉

「구 산재보험법 제54조 제 1 항 본문과 같은 조 제2항에 규정된 제 3 자라 함은 보험자, 보험가입자(사업주) 및 해당 수급권자를 제외한 자로서 피해 근로자와 산업재해보상보험관계가 없는 자로 피해 근로자에 대하여 불법행위책임 내지 자동차손해배상보장법이나 민법 또는 국가배상법의 규정에 의한 손해배상책임을 지는 자를 말하고, 교통사고의 가해자에 대하여 자동차손해배상보장법 제 3 조에 의한 손해배상책임이 발생한 경우 자동차손해배상보장법 제 9 조 및 상법 제724조 제 2 항에 의하여 피해자에게 인정되는 책임보험자에 대한 직접청구권은 피해자가 책임보험자에 대하여 가지는 손해배상청구권으로서 가해자에 대한 손해배상청구권과는 별개의 권리라 할 것이어서, 자동차손해배상보장법 제 9 조 제 1 항 및 상법 제724조 제 2 항에 의하여 피해자에 대하여 직접 손해배상책임을 지는 책임보험자는 교통사고의 가해자가 산업재해보상보험법상 제 3 자에 해당하는지 여부와 상관 없이 제 3 자에 포함된다. 그렇다면 산재보험법에 따른 보험급여를 지급한 근로복지공단은 자동차손해배상보장법에 따른 책임보험금을 지급할 의무가 있는 책임보험자에 대하여 그 책임보험금의 지급 한도 내에서 구상권을 행사할 수 있다고 할 것이지만, 자동차보험의 책임보험자가 산재보험으로 지급될 보험급여보다 많은 액수의 책임보험금을 수급권자에게 지급하였다고 하더라도 책임보험자는 근로복지공단에 대하여 수급자 또는 보험가입자 등의 권리를 대위행사하거나 구상권을 행사할 수 없다고 봄이 상당하다.」

(3) 一部保險　일부보험의 경우에 보험자는 보험금액의 지급한도에서 먼저 우선적으로 배정을 받고 나머지가 있을 때에만 피보험자에게 돌려 주어야 한다는 '절대설', 보험자와 피보험자가 付保比率에 따라 분배해야 한다는 '상대설'(책임식, 566쪽), 피보험자가 제 3 자로부터 우선적으로 손해를 배상받고 나머지 권리가 있으면 보험자가 이를 대위할 수 있다고 해석하여야 한다는 '차액설'(양승규, 247쪽; 최 기원, 278쪽 아래)의 세 가지 학설이 대립하고 있다. 절대설은 보험자에게 매우 유리한 입장이고, 상대설은 보험자와 피보험자 양자에 공평한 입장이며, 差額說은 피보험자를 보호하는 입장이다. 부당이득금지의 원칙을 위반하지 않는 범위 내에서 피해자의 보상을 우선적으로 보호하기 위한 보험제도의 목적에서나 보험사고발생시에 보험금지급은 보험자의 의무이기에 피보험자를 보호하는 차액설이 타당하다(이기수 역, 서독보험계약법 제67조에 의한 사보험자의 구상권, 보험학회지 제25집, 353쪽 아래 참조).

〈대판 2012. 8. 30, 2011 다 100312〉

「손해보험계약의 약관에서 "보험자가 보험금을 지급한 때에는 그 지급한 보험금의 한도 내에서 보험계약자 또는 피보험자가 제 3 자에 대하여 가지는 손해배상청구권을 취득하되, 보험자가 보상한 금액이 피보험자가 입은 손해의 일부인 경우에는 피보험자의 권리를 침해하지 아니하는 범위 내에서 보험자가 그 권리를 취득한다"고 규정하고 있다면 보험자대위에 의하여 보험자가 행사할 수 있는 권리의 범위는 그 약관 규정에 따라 제한된다. 따라서 보험사고가 피보험자와 제3자의 과실이 경합되어 발생한 경우 피보험자가 제 3 자에 대하여 그 과실분에 상응하여 청구할 수 있는 손해배상청구권 중 피보험자의 전체손해액에서 보험자로부터 지급받은 보험금을 공제한 금액만큼은 여전히 피보험자의 권리로 남는 것이고, 그것

을 초과하는 부분의 청구권만이 보험자가 보험자대위에 의하여 제3자에게 직접
청구할 수 있게 된다고 할 것이다.」

(4) 行使의 制限   보험자가 보상할 보험금액의 일부를 지급한 때에는
피보험자의 권리를 해하지 아니하는 범위 내에서 그 권리를 행사할 수 있다
(제682조). 즉 보험금의 지급은 보험계약상의 의무로서 지급하는 것으로 반드시
보험계약에서 정한 한도의 모든 금액을 지급하여야 청구권대위가 발생하는
것이 아니라, 일부를 지급하여도 그 지급한 범위 안에서 청구권대위권을 행사
할 수 있다는 의미이다. 그러나 보험금의 일부지급에 의하여 보험자와 피보
험자가 함께 제3자에 대한 채권을 행사하는 경우에도 피보험자의 권리가 우
선하여 보호되어야 할 것이다(동지:양승, 245쪽).

상법 제682조 단서는 '보험자가 보상할 보험금액의 일부'를 지급한 때에
관하여서만 규정을 두고 있으나, 보험자가 전부를 지급한 때에도 피보험자의
제3자에 대한 권리가 아직 남아 있는 한 동일하게 해석하여야 할 것이다(이범찬:
최준선, 536쪽; 손주찬, 596
쪽; 정희철, 428~429쪽).

〈대판 1992. 12. 8, 92 다 23360〉
「甲·乙 회사가 사용자책임에 의해 공동불법행위책임을 지는 관계에 있어 국가가
甲소속 피해근로자에게 산업재해보상급여를 한 후 乙에게 구상권을 행사하여 乙
의 상법상 보험자 丙이 대위변제한 경우, 사업주가 산업재해보상보험에 가입되어
있다고 하여 소속 피해근로자에 대한 사업주의 공동불법행위자로서의 손해배상책
임이 발생하지 아니한다고 할 수 없으므로, 甲은 산업재해보상법 제11조 소정의
보험가입자에 해당하는 여부와 관계 없이 乙의 공동불법행위에 따른 손해배상책
임의 공동면책에 의한 구상권을 대위취득한 丙에게 그의 부담부분 중 면책받은
금액을 지급할 의무가 있다.」

Ⅳ. 再保險者의 代位

재보험자도 이론상은 보험금을 지급하면 원보험자의 권리를 승계한다.
그러나 재보험회사가 수많은 보험사고와 관련하여 보험자대위권을 행사한다
는 것은 현실적으로 어렵기 때문에 원보험자로 하여금 권리를 행사시키고, 추
후에 재보험자와 정산을 하도록 한다. 이것은 결국 재보험자가 스스로 그 대
위권을 행사하지 아니하고, 원보험자에게 그 권리를 위임한다는 것을 뜻한다.

즉 재보험자에게 이전한 대위권을 재보험자 자신이 행사하지 아니하고, 재보
험자의 위임에 따라 원보험자가 자기의 이름으로 제 3 자에 대하여 이를 행사
하고, 그 회수한 액을 재보험자에게 교부하는 상관습이 인정되고 있다. 그러
므로 재보험계약에서는 원칙적으로 재보험자가 보험자대위권을 포기하고 대
신 원보험자가 권리를 행사하여 재보험자에게 정산하기로 하는 특약이 있는
것으로 추정된다고 본다.

〈서울민지판 1981. 12. 16, 80 가합 5524〉
「재보험자의 대위의 경우에는 보험자대위에 의한 권리의 귀속과 권리의 행사를
분리하여 재보험자는 스스로 이를 행사하지 않고 원수보험자가 자기명의로 재보
험자의 수탁자로서의 지위에서 제 3 자에 대한 권리를 행사하여 회수한 금액을 재
보험자에게 교부하는 상관습이 있는바, 원수보험자는 재보험자가 취득한 지분에
관하여서도 그 수탁자의 지위에서 권리를 행사할 수 있다.」

Ⅴ. 保險者代位와 保險委付의 比較

1. 兩者의 意義

(1) 保險者代位의 意義   보험금을 지급한 보험자는 피보험자를 대신
(대위)하여 피보험이익과 관련된 피보험자의 권리 기타 이익을 향유할 수 있
는데, 이를 보험자대위라 하며, 이에는 잔존물대위($^{제681}_{조}$)와 청구권대위($^{제682}_{조}$)가
있다.

(2) 保險委付의 意義   보험사고로 인한 손해가 아직 全損에 이르지는
못했지만, 성질상 全損과 거의 동일시할 만한 일정한 조건이 갖추어졌을 때
에 피보험자로 하여금 일방적 의사표시에 의하여 보험의 목적을 보험자에게
귀속시키고, 全損과 마찬가지로 보험금액 전부를 청구할 수 있게 하는 제도가
보험위부($^{제710}_{조}$)이다.

2. 兩者 比較의 範圍

보험자대위 중에서 잔존물대위가 주로 비교되는 대상이고, 보험위부의
내용 속에 피보험자의 제 3 자에 대한 청구권까지 포함되는가에 대해서는 학
설상 다툼이 있다.

3. 兩者의 類似點

보험자대위와 보험위부는 잔존물에 관한 권리의 이전과 보험금액의 전액

의 지급이라는 점에서 유사점이 있다.

4. 殘存物代位와 保險委付의 差異

(1) 利用範圍上의 差異   잔존물대위는 손해보험 일반에 다 이용될 수 있는 제도이지만, 보험위부는 상법전의 해상보험에 관한 규정들 중에 규율되어 있고, 다른 곳에서는 규정되어 있지 않기 때문에 해상보험에서 이용될 수 있는 제도이다. 그러나 해상보험 이외의 손해보험의 경우에도 보험위부의 특약은 가능하다고 본다.

(2) 要件上의 差異   잔존물대위는 현실전손과 보험금지급을 그 요건으로 하고 있음에 반하여, 보험위부는 추정전손과 위부통지(제713조)를 그 요건으로 하고 있다.

(3) 效果上의 差異   잔존물대위는 권리이전의 효과만 있지만, 보험위부는 권리이전과 더불어 피보험자의 보험금액 전액의 지급청구권을 발생시키는 효과를 가지고 있다.

(4) 保險金支給과 權利移轉의 先後에 있어서 差異   잔존물대위에 있어서는 보험자의 보험금지급이 있은 다음 보험의 목적에 대한 권리의 이전이 일어나게 되지만, 보험위부에 있어서는 권리의 이전이 일어나고 그 다음에 보험금이 지급된다.

(5) 기   타   잔존물대위의 경우에 보험자는 피보험자에게 지급한 보험금액 이상으로 회복할 수 없지만, 보험위부의 경우에는 위부된 목적물이 피보험자에게 지급된 보험금보다 큰 것이 입증되어도 보험자는 여전히 그 전부의 果實, 즉 위부된 목적물 전부를 소유할 수 있다.

《保險者代位와 損害의 配分》

「보험자대위를 규정하는 상법 제681조·제682조에서 우리의 全私法體系에서 가장 중요한 법적 결단 가운데 하나를 찾아볼 수 있다. 이 결단은 우선적으로 원래의 보험계약법, 즉 보험자와 보험계약자 사이의 관계에 관한 것이 아니다. 이는 고도 기술사회에서 생활이 밀집되어 영위되는 과정에서 일상 도처에서 일어나는 많은 사고에 대한 경제적 부담을 누가 질 것인가에 대한 결단이다. 즉 도로교통·경제 생활의 모든 분야·가계·놀이 및 스포츠활동 등에서 발생하는 사고가 그에 해당한다. 그 관계가 어떠한지는 다음과 같은 일상적인 예에서 찾아볼 수 있다. 즉 어떤 자동차운전자가 우회전 커브길에서 너무 빨리 달려 반대편 차선으로 진입하여 다른 자동차와 충돌하였다. 이 때 자동차에 타고 있던 운전자가 상해를 입었고 자동차도 파손되었다. 우선 반대편 자동차에 발생한 손해에 한정해서 보자. 동 자동차의 소유자가 사고가 발생하여도 자신이 부담해야 할 부분이 없는 내용의 차량보험을 체결하고 있다고 하자. 차량이 이제 수리되었다. 이 소유자는 그의 자동차보험자에 대하여 보험금청구권을 갖고, 보험자는 이에 대해 수리비용을 지급함으로써 이행하였다. 그러나 그 밖에 소유자는 민법 제750조와 자동차손해배상보장법 제 3 조에 의하여 사고를 야기한 상대방에 대하여 배상청구권을 갖는다. 이러한 상황에서 상법 제682조는 손해를 입은 피보험자의 책임을 부담하는 사고상대방에 대한 청구권은 보험자가 손해를 전보한 때에는 보험자에게 이전한다고 한다. 즉 이 청구권은 이 시점으로부터 보험자에게 속한다. 책임을 지는 자(및 그의 책임보험자)는 피해자가 아니라 보험자에게 급부하여야 한다.

　위에서 설명한 사례에서 특별한 것을 발견하지 못할 것이다. 이는 우리의 민사손해배상법의 제 원리에서 당연히 도출되어 나오는 결론이기 때문이다. 그리고 이러한 이해가 옳다. 그러나 이 경우에 여기서 구체적으로 문제되는 범위를 넘어 서서 보거나 혹은 우리 자신의 역사에 눈을 돌려 보면 법에서 자명하지 않은 것이 얼마나 많은가, 또 다르게 결정되어질 수도 있는 많은 결과들이 다소 무의식 하에 행하여진 판단인가를 다시 확인할 수 있다. 이미 밝힌 바와 같이 문제의 의의가 보험계약법의 범주를 훨씬 벗어났기 때문에 여기에서는 문제점을 비교적 짧게 고찰하고자 한다. 이 문제점을 아주 무시할 수는 없다. 법률의 해결방식에 대한 원칙적 대안을 이해한다는 것은 한 법역에서 판단력의 발달에만 달려 있는 것이 아니다.

　보험이 우리 사법에서 차지하는 가치도 상법 제681조·제682조에 의하여 마찬가지로 결정지어진다.

　누군가가 타인에게 손해를 야기하면 누가 이를 부담할 것인가 하는 물음이 항상 제기된다. 즉 완전히 적합하지는 않지만, 그러나 간단히 '가해자'라고 일컫게 되는 사람이 부담하는가, 아니면 피해자가 부담하는가? 입법자와 법원은 이에 대한 판단을 책임법의 많은 규정의 도움을 받아 결정한다. 이 책임법분야는 주지하는 바와 같이 오래 되었고, 그에 대한 특수자료만으로도 곧장 중간 크기의 도서실을 채울 수 있다. 역사적으로 고찰하여 볼 때 더 새로운 현상은 피해자와 가해자에서 끝나지 않는다는 점이다. 최소한 손해의 일부분에 대해서는 피해자가 사보험자와 계약을 체결하고 있거나 혹은 법률에 의한 사회보험에 의하여 전보되게 된다. 사보험과 회사보험의 기능은 피해자의 손해를 경제적으로 제거하는 데에 있다. 이로 인하여 피해자와 책임을 지는 가해자 사이의 손해배분의 모델이 어떻게 달라지는가? 이하에서는 가능한 해결방법을 모색해 보기로 한다.

　사후에 보험자가 그 사이에 개입한다고 하는 것이 손해분배에 전혀 영향을 끼치지 않는다. 피해자에게는 보험자개입으로 인하여 원칙으로 영향이 없고 또 그에게 유리하게 되어서도 안 된다. 피해자가 바로 손해정산보다 더 많이 받아서는 안 되는 것이다. 이 결과는 기술적으로 여러 가지 방법으로 도달되어진다. 그 가운데 하나가 상법 제681조·제682조가 제안하는 것이며 또 그 밖에 일련의 유사한 규정, 특히 사회법의 규정들이 있다.

　그러나 또한 달리 판단할 수도 있다. 아주 쉽게 근거를 제시할 수는 없지만 세계적으로 실현된 것은 피해자에게 양 청구권, 즉 보험자에 대한 청구권 및 책임을 질 자에 대한 청구권을 부여하는 방법이다. 이는 미국에서뿐만 아니라 상법 제681조·제682조가 적용되지 않는 정액보험(생명보험·일부 상해보험 및 질병보험)서는 우리 나라에서도 찾아볼 수 있다($\frac{제729}{조}$).

　그러나 또한 집단적인 손해보험자가 들어섬으로써 정당성의 문제에 영향을 미친다고도 말할 수 있다. 여기에서는 더 이상 어쨌든 '책임 없는' 피해자와 경과실에 의하여 또는 위험책임으로 인하더라도 책임을 부담하기 때문에 전혀 책임이 없지는 않은 가해자 사이의 손해의 배분이 문제되지 않는다. 오히려 이 경우에는 모든 손해의 경우에 손해가 어떻게 야기되었는가와는 관계 없이 부담을 인수하는 데 대하여 보험료를 최종적으로 수령·보유하는 제3자가 존재한다. 물론 보험자가 피해자를 통해서만 금원을 제공받았고, 또 이 기여금이 가해자에게 도움이 될 수는 없다고 주장할 수 있다. 그러나 이는 다양한 국가의 또는 半國家的인 배분 메커니즘(이전급부)으로 인한 경제적 상호견련성이 증가하는 시대에는 더 이상 사안의 핵심이 되지 못한다. 피해자의 보험자 및 (책임보험을 통하여) 가해자의 손해배상급부를 동시에 재정지원하는 기업·가계 등등이 넓게 존재한다. 보험자의 가해자에 대한 구상을 위하여, 가령 예방이라는 다른 목적이 고려된다. 그러나 사안을 냉철히 관찰하면 그를 위하여 구상이 가장 적합한 수단인지에 대하여는 상당히 의문스럽다.

　사안을 이와 같이 본다면 손해에 대하여 보험자가 개입하여야 하는 곳에서는 부담도 최종적으로 그에게 머물러야 한다는 결론에 쉽게 이르게 된다. 기술적으로 이는 손해배상청구액을 계산할 때 보험자의 급부를 청구액에서 고려함으로써, 즉 그에서 그만큼 공제함으로써 도달될 수 있다. 그러면 그 한도에서 가해자는 부담을 덜게 된다. 이러한 경향은 유럽에서는, 특히 북구의 스칸디나비아국가에서 최소한 가해자에게 중대한 책임이 없는 사안에 대해서 찾아볼 수 있다. 즉 그러한 나라에서는 보험자는 가해자가 중과실이나 고의에 의하여 행위한 때 혹은 단지 고의에 의하여 행위한 때에만 구상할 수 있다. 이는 독일법에서도 찾아볼 수 있는데, 보험자의 구상이 근로재해에 대해서 제한되는 것이 그것이다.」

제 5 관 保險契約者·被保險者의 損害防止義務

姜熙甲, 상법 제680조의 손해방지의무, 商事法硏究 5(1987)/吳世旭, 無責事故인 경우 損害防止費用의 負擔에 관하여〈判例〉, 判例月報 282(1994. 3).

Ⅰ. 序   說

1. 損害防止義務의 意義

손해방지의무는 손해보험계약에서 보험사고가 발생하였을 때에 보험계약자와 피보험자가 손해의 방지와 경감을 위하여 노력하여야 할 의무를 말한다(제680조). 보험에 가입하여 보험자가 위험을 인수한 다음에는 보험사고로 인한 손실은 보험자의 부담으로 돌아가고, 보험사고로 인한 손해를 가장 효율적으로 방지할 수 있는 보험계약자나 피보험자는 손실을 부담하지 아니함이 원칙이다. 그러나 보험계약이 일종의 射倖契約으로서 사실상 보험이 도덕상의 위험을 일으키기 쉬운 폐단이 있으므로 보험자에 대한 신의성실의 원칙이 요구되고, 또 손해의 발생과 확대는 가능한 한 막아야 한다는 공익적 이유가 있기 때문에 상법은 보험계약자와 피보험자에게 이같은 손해방지의무를 부과한다. 즉 보험계약자 또는 피보험자는 보험사고가 생기기 전에는 위험변경·증가의 통지의무(제652조)와 위험변경·증가금지의무(제653조)를 지고 있으나, 일단 보험사고가 발생하였을 때에는 그 손해의 방지 또는 감소를 위하여 합리적인 조치를 강구할 의무가 있다고 할 수 있다.

2. 損害防止義務의 法的 性質

손해방지의무는 보험계약에 의하여 지워진 의무가 아니라 보험계약의 射倖契約的 성질에 비추어 보험의 목적에 대한 관리자이며 보험계약상의 이익을 받는 보험계약자 또는 피보험자에게 법이 특히 인정한 의무이다. 즉 상법이 인정하는 특별한 '법정의무'라 할 수 있다(정희철, 424쪽; 양승규, 221쪽; 채이식, 557쪽). 동시에 이 의무는 보험금청구를 위하여 보험계약자나 피보험자가 이행해야 하는 '부수적 의무'에 해당한다.

3. 損害防止義務者

손해방지의무자는 보험계약자와 피보험자이다. 피보험자는 보험의 목적에 피보험이익을 갖고 이를 관리·보관하는 지위에 있기 때문에 당연히 손해방지의무가 있다. 그리고 타인을 위한 보험계약에 있어서 보험계약자는 보험의 목적에 직접적 이해관계가 있는 것은 아니지만, 가령 창고업자나 운송업자가 물건의 소유자를 위하여 보험계약을 체결한 경우와 같이 보험의 목적에 용이하게 접근할 수 있는 지위에 있으므로, 이 경우에도 손해방지의무가 있는 것으로 본다.

Ⅱ. 損害防止義務의 發生要件

1. 保險事故의 發生

보험사고가 발생하기 이전이라도 보험사고가 발생하려 할 때에는 손해의 발생을 방지하기 위한 손해방지의무가 있다고 보는 견해도 있으나(채이식, 557쪽), 보험계약자와 피보험자의 손해방지의무는 보험사고의 발생을 전제로 하는 것이므로 보험사고가 생긴 때부터 그 의무를 지는 것이다. 따라서 보험사고의 발생의 위험이 있을 때에 그것을 방지하는 것은 이 의무의 내용이 되지 않는다(손주찬, 586쪽; 양승규, 222쪽).

2. 損害發生可能性의 認識

손해의 발생가능성에 대한 인식이 있어야 한다. 즉 보험계약자나 피보험자가 보험사고발생 후에 그로 인한 손해가 생길 것을 인식하여야 한다. 여기에서의 손해는 매우 넓은 개념으로서 보험사고로 인한 직접적 재산상 손실뿐만 아니라 그로부터 발생하는 제 2 차적 간접적으로 발생하는 비용의 지출 등도 포함한다.

3. 反對의 特約 許容與否

과거에는 보험자가 손해방지비용을 부담하지 않는다고 특약을 할 수 있는지의 여부에 관하여 견해가 갈렸다. 즉 '무효설'(다수설)(서돈각, 388쪽; 손주찬, 587쪽; 양승규, 225~226쪽; 최기원, 267쪽)은 그러한 특약은 공익을 위한 강행규정인 상법 제680조의 규정에 반하여 무효라고 새겼고, 이에 대해 '제한적 유효설'은 보험금액의 한도 내에서만 손해방지비용을 부담한다는 특약은 유효하다고 새겼다(임병찬, 척 · 순선, 530쪽). 그러나 현행 개정상법은 보험계약법의 규정(상법제4편보험)을 모두 상대적 강행규정으로 하고 있으므로, 상법 제680조에 반하여 손해방지비용을 보험자가 부담하지 않는다든

가 제한하는 약관의 규정은 개정상법 제663조에 의하여 무효라고 풀이해야
할 것이다.

Ⅲ. 損害防止義務의 內容

1. 措置方法

보험계약자 등은 구체적 사정에 따라 손해방지에 필요한 모든 조치를 취
해야 한다. 보험사고발생의 원인을 제거하고, 보험사고로 인하여 손해가 발생
하지 않도록 인과관계를 절단하여야 한다. 가령 화재사고가 생긴 경우에 보험
의 목적을 안전한 곳으로 대피시켜 손해의 발생을 방지한다든가, 불을 꺼서
손해의 확대를 막는 등의 조치를 취해야 한다.

만약 보험자가 보험사고발생의 통지를 받았거나 보험사고가 발생한 것
을 알았을 경우에는 보험계약자에 대하여 지시를 할 수 있으며, 보험계약자
는 이에 따라야 한다(양승규, 224쪽; 최기원, 263쪽; 이범찬·최준선, 529~530쪽).

2. 注意의 程度

보험계약자 등은 '자기의 재산과 동일한 주의'로써 손해를 방지할 의무가
있다. 즉 손해방지의무의 이행은 보험계약자 또는 피보험자가 신의칙에 따라
자신의 일을 처리하는 정도의 주의를 기울이면 되는 것이다. 다시 말하면 피
보험자는 보험에 들지 아니한 때에 자신의 이익을 위하여 요구되는 정도의
주의를 다하여 손해방지의 노력을 기울이면 된다.

Ⅳ. 損害防止義務의 履行과 違反의 效果

1. 履行의 效果

보험계약자나 피보험자가 손해의 방지를 위하여 지출하였던 필요 또는
유익비용, 즉 손해방지비용은 이를 보험자가 부담한다(제680조 단서).

〈대판 1971. 1. 11, 71 다 2116〉
「해상보험증권상의 담보조건이 영국 해상보험법상의 분손담보약관 및 손해방지약
관에 의한 것일 때에는 이른바 현실전손·추정전손의 경우뿐만 아니라 추정전손
이 성립하지 아니하여 위부가 부적합한 경우에도 소정비율로 정한 단독해손과 담
보위험에 기인한 손해를 방지하기 위한 비용은 보험자가 부담한다.」

〈대판 1994. 9. 9, 94 다 16663〉

「가. 손해보험에서 피보험자가 손해의 확대를 방지하기 위하여 지출한 필요·유익한 비용을 보험자가 부담하게 되어 있는 경우, 이는 원칙적으로 보험사고의 발생을 전제로 하는 것이므로 보험자가 보상책임을 지지 아니하는 사고에 대하여는 손해방지의무가 없고, 따라서 이로 인한 보험자의 비용부담 등의 문제도 발생할 수 없는 것이 원칙이지만, 다만 사고발생시 피보험자의 법률상 책임 여부가 판명되지 아니한 상태에서 피보험자가 손해확대방지를 위한 긴급한 행위를 했다면 이로 인하여 발생한 필요·유익한 비용도 손해확대방지를 위한 비용으로서 보험자가 부담하는 것으로 해석해야 한다.

나. 자동차소유자인 피보험자가 사고 직후 자신에게 손해배상책임이 있는지 여부를 판단하기 어려운 가운데 중상을 입어 의식을 잃은 피해자를 신속하게 치료를 받게 함으로써 더 이상의 피해상태의 악화를 방지하기 위하여 치료비 채무의 연대보증을 하였다면, 피보험자의 책임 유무가 가려지지 아니한 상태에서 그가 손해배상책임을 져야 할 경우에 대비하여 한 최소한도의 손해확대방지행위라고 보아야 하므로, 이로 인하여 보험회사의 면책통보 이전까지의 치료비로서 피보험자가 지출한 금원은 보험회사가 보상하여야 할 손해확대방지비용에 해당한다.」

(동지 : 대판 1993.
1. 12, 91 다 42777)

〈대판 1995. 12. 8, 94 다 27076〉

「상법 제680조가 규정한 손해방지비용이라 함은 보험자가 담보하고 있는 보험사고가 발생한 경우에 보험사고로 인한 손해의 발생을 방지하거나 손해의 확대를 방지함은 물론 손해를 경감할 목적으로 행하는 행위에 필요하거나 유익하였던 비용을 말하는 것으로, 위 제680조는 손해방지의무자인 보험계약자 또는 피보험자가 손해방지 및 그 경감을 위하여 지출한 필요하고 유익한 비용은 보험금액을 초과한 경우라도 보험자가 이를 부담하도록 규정하고 있다.」

〈대판 2007. 3. 15, 2004 다 64272〉

「상법 제680조 제 1 항은 "보험계약자와 피보험자는 손해의 방지와 경감을 위하여 노력하여야 한다. 그러나 이를 위하여 필요 또는 유익하였던 비용과 보상액이 보험금액을 초과하는 경우라도 보험자가 이를 부담한다"고 규정하고 있다. 이 규정에서 말하는 손해방지비용이라 함은 보험자가 담보하고 있는 보험사고가 발생한 경우에 보험사고로 인한 손해의 발생을 방지하거나 손해의 확대를 방지함은 물론 손해를 경감할 목적으로 행하는 행위에 필요하거나 유익하였던 비용으로서, 원칙적으로 보험계약자나 피보험자가 손해의 방지와 경감을 위하여 지출한 비용을 자신의 보험자에게 청구하여야 할 것이다. 그러나 공동불법행위로 말미암아 공동불법행위자 중 1인이 손해의 방지와 경감을 위하여 비용을 지출한 경우에 위와 같은 손해방지비용은 자신의 보험자뿐만 아니라 다른 공동불법행위자의 보험자에 대하여도 손해방지비용에 해당한다고 보아야 할 것이므로, 공동불법행위자들과 사이에 각각 보험계약을 체결한 보험자들은 각자 그 피보험자 또는 보험계약자에 대한 관계에서뿐만 아니라, 그와 보험계약관계가 없는 다른 공동불법행위자에 대한 관계에서도 그들이 지출한 손해방지비용의 상환의무를 부담한다고 할 것이다. 또한 이러한 관계에 있는 보험자들 상호간에는 손해방지비용의 상환의무에 대하여 공동불법행위에 기한 손해배상채무와 마찬가지로 부진정연대채무의 관계에 있다고 볼 수 있으므로, 공동불법행위자 중의 1인과 사이에 보험계약을 체결한 보험자가 그 피보험자에게 손해방지비용을 모두 상환하였다면, 그 손해방지비용을 상환한 보험자는 다른 공동불법행위자의 보험자가 부담하여야 할 부분에 대하여 직접 구상권을 행사할 수 있다고 할 것이다(공동불법행위자 중 1인의 사고로 유출된 다량의 유류가 인근 저수지 및 하천으로 유입되어 방제작업을 지체할 경우 오염이 확산되어 그로 인한 제3자의 손해가 크게 확대될 수 있는 상황에서 손해의 경감 및 확산 방지를 위하여 방제작업을 실시하고, 그 비용에 관하여 방제업자와 사이에 제기된 소송에서 변호사를 선임하여 응소함으로써 방제작업비용과 변호사 선임비용을 지출한 경우, 위와 같은 비용을 상환한 보험자인 원고는 다른 공동불법행위자의 보험자인 피고가 부담하여야 할 부분에 대하여 직접 구상권을 행사할 수 있다고 한 사례).」

보험계약자 등의 노력으로 인하여 실제로 손해가 방지되거나 이익이 발생했을 필요는 없다. 즉 손해의 방지와 경감의 노력은 손해방지의 목적만 있으면 되고, 그 효과가 반드시 생겨야 하는 것은 아니다. 손해방지방법을 선택함에 있어 보험계약자 등에게 중대한 과실이 없는 한 손해방지를 위한 비용은 모두 손해방지의무의 이행비용이 된다.

필요 또는 유익비용과 보상총액이 보험금액을 초과하더라도 보험자는 이를 보상하여야 한다(제680조 단서). 이는 보험계약자나 피보험자로 하여금 안심하고 손해방지의무를 다할 수 있도록 하기 위한 것이다.

2. 違反의 效果

보험계약자 또는 피보험자가 손해방지의무를 게을리한 경우의 효과에 관하여 상법은 규정한 바가 없다. 의무위반의 효과에 대하여는 의무자의 경과실로 인한 의무위반의 경우와 고의·중과실로 인한 의무위반의 경우를 구분하여 전자의 경우에는 채무불이행에 관한 일반원칙에 따라 보험자는 그로 인한 손해의 배상을 청구하거나 보험금에서 손해를 공제하고 지급하면 되고, 후자의 경우에는 보험자는 보상책임을 면한다는 견해(최기원·265쪽·)도 있으나, 경과실의 경우는 제외하고 고의·중과실로 인한 의무위반의 경우에만 보험자는 지급할 보험금에서 보험계약자 또는 피보험자가 손해방지의무를 이행했을 때 방지 또는 경감할 수 있었다고 인정되는 보험자의 손해액을 공제 또는 상계하여 지급할 수 있다는 견해가 다수설이며(손주찬, 588쪽; 정희철, 425쪽; 양승규, 224쪽; 이범찬·최준선, 530쪽) 타당하다.

제 6 관 保險의 目的의 讓渡

沈相武, 보험목적의 양도에 관한 연구, 연세법학 5(1983. 4)/沈相武, 보험목적의 양도에 관한 입법론적 고찰, 商事判例研究 2(1988)/李基秀, 保險의 目的의 讓渡人과 讓受人의 同一人格體與否, 法律新聞 2165(1992. 10. 26)/이용석, 보험목적의 양도에 관한 고찰, 상사법연구 제15권 제 2 호(1996)/張敬煥, 보험목적의 양도, 司法行政 381(1992. 9)/張敬煥, 보험목적의 양도의 통지, 충북대 법학연구 4(1992. 12)/鄭雄泰, 保險目的의 讓渡에 관한 法的 研究, 전남대 박사학위논문, 1992/鄭浩烈, 보험목적의 양도, 法曹 430(1992. 7).

I. 意   義

보험의 목적인 물건은 독립한 재화로서 보험계약과는 무관하게 양도의 대상이 될 수 있다. 그러나 보험의 목적은 동일하더라도 보험계약자 또는 피보험자의 변경이 있으면 보험자가 종래 인수한 위험의 변동이 발생하게 된다. 또한 보험계약자 또는 피보험자가 일방적으로 보험의 목적과 보험계약상의 지위를 제 3 자에게 양도할 수 있다고 하는 것은 계약자유의 원칙의 허용범위를 넘는 것으로 본다. 만약 피보험자가 보험의 목적만을 제 3 자에게 양도하면 양도인이 그 목적에 관하여 소유자로서 가졌던 피보험이익을 상실하게 되므로 보험관계는 소멸한다. 게다가 양수인은 보험자와 아무런 관계도 없기 때문에 피보험자로서의 양도인의 권리를 당연히 승계하는 것도 아니다.

그러므로 양수인으로서는 장래 발생할 위험이 있는 손해에 대해 보험자와 새로운 보험계약을 체결하여야 한다. 이것은 양수인에게 불편할 뿐 아니라 새로운 보험계약이 체결되기 전에 보험사고가 발생한 경우에는 그 물건은 무

보험상태에 있었기 때문에 양수인은 손해의 보상을 받지 못한다. 보험자로서
도 양수인과 다시 보험계약을 체결하는 것이 불편할 뿐 아니라 이 때문에 고
객을 잃을 염려도 있으며, 양도인으로서도 이미 지급한 보험료를 낭비하는 경
제적 손실을 입게 된다. 따라서 보험계약자 또는 피보험자의 개성이 별로 중
요시되지 않는 손해보험에서 보험자의 이익을 크게 해치지 않는 한도 내에서
보험의 목적과 보험계약상의 지위가 함께 양도될 수 있게 하는 방법이 강구
되어야 한다. 그래서 상법은 양도인·양수인 및 보험자의 이해관계와 통상의
의사를 고려하여 피보험자가 보험의 목적을 양도하더라도 보험계약관계가
당연히 소멸하지 않고, 그 양수인이 보험계약상의 권리와 의무를 승계한 것
으로 추정하고 있다($\frac{제679조}{제1항}$). 이에 따라 양도인과 보험자 사이의 보험계약관계
가 당사자를 변경하여 양수인에 대해 그대로 존속하게 된다.

〈대판 1991. 8. 9, 91 다 1158〉

「상법 제679조의 취지는 보험의 목적이 양도된 경우 양수인의 양도인에 대한 관
계에서 보험계약상의 권리도 함께 양도된 것으로 당사자의 통상의 의사를 추정하
고, 이것을 사회경제적 관점에서 긍정한 것이고 본조를 위반한 법률행위를 공서양
속에 반한 법률행위로서 무효로 보아야 할 것으로는 해석되지 아니하므로 위 규
정은 임의규정이라 할 것이고, 따라서 당사자간의 계약에 의해 위 규정의 적용을
배제할 수 있다.」($\frac{동지 : 대판 1993. 4. 13, 92 다 8552;}{서울고판 1990. 4. 13, 90 나 1306}$)

Ⅱ. 承繼推定의 要件

1. 讓渡時 保險契約의 存續

양수인이 보험계약상의 권리와 의무를 승계한 것으로 추정되기 위해서는
보험의 목적의 양도시에 양도인과 보험자 사이에 유효한 보험계약이 존속하
고 있어야 한다. 양도 당시에 보험계약이 해지·실효 등의 사유로 인하여 소
멸한 경우에는 권리·의무의 승계가 추정되지 아니한다. 당해 보험계약에 관
하여 면책사유 또는 계약해지사유가 발생하고 있는 때에도 보험계약이 유효
하게 존속하고 있는 한 양도인의 권리·의무는 양수인에게 이전하는 것으로
추정되고, 다만 보험자는 그 사유를 양수인에 대해서도 주장할 수 있음에 지
나지 않는다.

2. 保險의 目的의 讓渡

(1) 保險의 目的인 物件　　　　보험의 목적의 양도에 따른 보험계약상의 권리·의무의 이전은 보험의 목적이 물건인 경우에 한한다. 물건인 한 동산·부동산·유가증권뿐 아니라 채권 기타 지적재산권을 포함한다. 또한 물건은 특정되거나 개별화되어 있어야 한다. 따라서 집합물을 일괄하여 보험에 붙인 집합보험에서는 그 물건의 일부를 양도하더라도 보험계약상의 권리·의무는 이전하지 않는다.

　　　　이와 같이 보험의 목적의 양도는 물건보험을 예정하고 있으므로 특별한 보험의 목적물을 대상으로 하지 않는 재산보험의 경우에는 적용되지 않는다. 그러므로 변호사·의사 등이 그 지위에서 생기는 책임에 관하여 보험계약을 체결한 전문직업인책임보험의 경우에는 설령 그 지위를 양도하더라도 보험계약의 이전문제는 발생하지 않는다. 그러나 특정한 영업 또는 물건과 관련하여 제 3 자에게 가한 손해를 보상하는 영업책임보험 또는 자동차책임보험의 경우에는 영업 또는 자동차의 양도에 대해서는 보험의 목적의 양도에 관한 상법의 규정을 유추적용할 수 있을 것이다. 이 경우에는 피보험자의 인적 요소가 중요하지 않고 물건이 보험사고의 발생객체로서 보험의 목적에 준하는 것으로 볼 수 있기 때문이다. 이에 대해 보험의 목적이란 엄격히 말하면 피보험이익을 의미하기 때문에 물건보험에서 목적물뿐만 아니라 물건과 관련되는 희망이익이라든가, 물건 혹은 영업과 관련되는 책임도 양도의 대상이 될 수 있는 것으로 보기도 한다($\binom{채이식,}{521\sim522쪽}$). 그런데 상법은 자동차보험에서 자동차를 양도한 때에는 양수인이 보험자의 승낙을 얻은 경우에 한하여 보험계약으로 인하여 생긴 권리·의무를 승계하도록 하고($\binom{제726조의 4}{제 1 항}$), 선박보험에서 선박을 양도한 때에는 보험자의 동의가 없는 한 보험계약이 종료하도록 하는($\binom{제703조의 2}{제 1 호}$) 특별규정을 두고 있어 이 범위에서 보험의 목적에 관한 상법 제679조는 적용되지 않는다. 인보험에서는 보험의 목적의 양도는 문제되지 않는다.

(2) 讓渡行爲의 內容　　　　보험의 목적의 양도란 당사자의 의사에 기한 물권적 이전행위를 의미하는 것으로 본다. 왜냐하면 채권행위만으로는 보험의 목적에 대한 보험계약자 또는 피보험자의 지배가 변화하지도 않으며, 더욱이 위험상태 또는 보험의 목적의 현실적 내용이 변화하는 것은 아니기 때문에 보험계약의 이전에는 물권적 이전행위가 필요하고 채권행위만으로는 충분하지 못하다고 할 것이다. 그러므로 목적물의 소유자가 단순히 그 목적물을 임

대하거나 담보권을 설정하는 것은 보험의 목적의 양도에 포함되지 않는다. 그런데 보험의 목적의 양도는 반드시 소유권의 이전을 가져올 필요는 없고, 임차인이 轉貸한 경우도 이에 포함된다는 견해도 있다(양승규, 254쪽).

　여기서 양도행위는 그 원인과 유·무상을 불문하고 당사자의 의사표시에 의한 양도를 의미한다. 따라서 영업의 양도는 이에 포함되지만, 상속·합병 등 포괄적 승계의 경우에는 보험의 목적의 이전과 함께 보험계약상의 권리·의무도 법률상 당연히 이전하므로 상법 제679조가 적용될 여지가 없다. 강제집행의 결과 보험의 목적이 경락되어 제 3 자에게 귀속된 경우에는 보험의 목적의 양도에 관한 규정을 준용할 수 있는 것으로 본다(최기원, 285쪽; 양승규, 254쪽; 손주찬, 599~600쪽). 통상의 경우에는 보험의 목적뿐 아니라 보험계약상의 지위도 양도한다는 합의가 있어야 하고, 반드시 보험의 목적의 양도와 동시에 하여야 한다. 양도의 방법에는 제한이 없으므로 지시식 또는 무기명식 보험증권을 배서·교부하는 것도 그 한 예이다.

Ⅲ. 讓渡의 效果

1. 權利와 義務의 承繼推定

(1) 承繼의 推定　　피보험자가 보험의 목적을 양도한 경우에 이와 함께 보험계약에서 생긴 피보험자로서의 권리와 의무도 양도하였는가의 여부는 구체적인 사정에서 당사자의 합의에 의하여 결정할 문제이다. 당사자의 명시적 의사나 법률의 규정에 의하여 보험의 목적과 함께 보험계약상의 지위가 양수인에게 이전된 때에는 양수인이 당연히 보험계약상의 지위를 승계하게 된다. 그런데 상법은 피보험자가 보험의 목적을 양도한 때에는 그 양수인이 보험계약상의 권리와 의무를 승계한 것으로 추정하고 있다(제679조 제 1 항). 이 규정은 보험계약상의 지위양도에 관한 명시적인 합의가 없음을 이유로 보험자가 위험을 인수하지 않은 가운데 부당하게 보험료상당액을 이득하는 것을 방지하고, 보험계약의 존재사실을 알지 못하거나 명시적인 양도합의를 하지 아니한 양수인을 보호하기 위한 정책적 규정이다(채이식, 522쪽).

　보험의 목적을 양도한 때에는 보험계약상의 권리와 의무를 승계한 것으로 추정되고 있는데, 이 추정의 의미에 관해서는 다툼이 있다. 우리 상법이 추정주의를 택하고 있는 이상 문언 그대로 보험계약상의 권리와 의무의 승계가 추정될 뿐이므로, 반대의 의사가 증명되는 때에는 권리와 의무는 이전하지 않는 것으로 보아야 한다는 견해가 있다(최기원, 287~288쪽). 이에 대해 승계의 추정은 반대의 특약이 없는 한 보험계약상의 지위도 동시에 양도한 것으로 의제하는 것으로 해석해야 한다는 견해도 있다(채이식, 524쪽).

생각건대 양수인을 위한 보호규정인 상법 제679조의 취지를 살리기 위해서는 반증의 요건을 엄격히 할 필요가 있으며, 이 규정은 당사자의 의사표시가 불명확한 경우에 일반적인 거래관행을 고려하여 당사자의 의사에 가장 적합한 것으로 판단되는 효과를 정한 해석규정으로 볼 수 있으므로 보험의 목적의 양도에 보험관계의 이전을 수반시키지 않는다는 당사자의 명확한 반대의사를 증명한 경우에만 추정의 효과를 부인할 수 있다고 할 것이다. 또한 보험계약의 이전을 부인하더라도 양도인은 보험의 목적을 양도함으로써 그 목적물에 대한 피보험이익을 상실하게 되므로 보험계약은 당연히 그 효력을 잃고 소멸하는 것으로 보아야 한다면, 반증을 제한하는 해석론이 오히려 바람직하다고 본다. 이러한 해결은 상법 제679조의 적용이 제한되는 것을 피할수 있고, 보험의 목적을 양도한 때에는 당연히 보험계약관계의 이전을 인정하자는 입법론과도 조화될 수 있다.

(2) 權利와 義務의 同時移轉　　개정 전 상법은 보험계약으로 인하여 생긴 권리를 동시에 양도한 것으로 추정하고 있었기 때문에 의무도 동시에 양도한 것으로 추정되는가에 관하여 다툼이 있었으나, 개정상법은 권리뿐 아니라 의무도 함께 승계하는 것으로 추정하고 있다.

양수인이 보험계약상의 권리와 의무를 승계하여 피보험자의 지위에 서는 때에는 보험사고의 발생을 조건으로 하는 보험금청구권을 가지며, 위험의 변경 · 증가의 통지의무(제653조), 보험사고발생의 통지의무(제657조), 손해방지의무(제680조) 등을 부담한다. 타인을 위한 보험계약의 경우에는 보험의 목적이 양도되더라도 계약의 성질에는 변함이 없고, 여전히 타인을 위한 보험계약으로 남는다는 데 대해서는 의문이 없다.

그러나 자기를 위한 보험계약의 경우에 보험목적의 양도로 인하여 보험계약이 타인을 위한 것으로 되는가에 관하여 다툼이 있다. 타인을 위한 보험계약이 된다는 견해는 양수인은 피보험자의 지위만을 가질 뿐이고, 양도인이 보험계약자로서의 권리와 의무를 가진다고 보고 있다(정희철, 431쪽). 이에 비해 양도인은 피보험자의 지위뿐 아니라 보험계약자의 지위에서 이탈하고 양수인이 명실공히 계약의 주체가 되는 자기를 위한 보험계약이 성립한다고 보는 견해

$\binom{최기원, 286쪽; 양승규, 255쪽;}{채이식, 525쪽; 손주찬, 603쪽}$가 있다. 후자가 타당하다. 양도인이 보험의 목적을 양도한 후에도 보험계약자로서 보험료지급의무($\frac{제650}{조}$), 보험사고발생의 통지의무 등을 지는 것은 양도인에게 가혹한 반면 보험료반환청구권($\frac{제648}{조}$)·계약해지권 ($\frac{제649}{조}$) 등은 여전히 양도인에게 있다고 보는 것은 양수인의 지위를 불안정하게 하고, 보험사고가 양도인의 고의 또는 중과실로 인하여 생긴 때에는 보험자가 면책되는 결과($\frac{제659}{조}$) 양수인에게 가혹하여 당사자의 의사에서 보더라도 양수인이 보험계약자와 피보험자의 지위를 전면적으로 승계한다고 보는 것이 합리적이라고 할 것이다. 이 점에서 본다면 자기를 위한 보험계약의 경우에는 양수인은 피보험자의 지위뿐 아니라 보험계약자의 지위를 승계하여 여전히 자기를 위한 보험계약이 된다고 보는 견해가 타당하다.

2. 通知義務

보험의 목적을 양도한 때에는 양도인 또는 양수인은 보험자에 대하여 지체없이 그 사실을 통지하여야 한다($\frac{제679조}{제2항}$). 보험의 목적의 양도를 보험자에게 통지하도록 하고 있는 이유는 보험자의 이익을 보호하여 양도당사자와의 이해관계를 조화시키는 데 있다. 이 통지의무는 민법상의 대항요건이 아니라 보험법상의 책무(간접의무)에 지나지 않는다($\binom{최기원, 289~290쪽; 손주}{찬, 601쪽; 양승규, 257쪽}$). 이와 같이 양도의 통지의무를 부과하고, 이에 위반한 때에는 양수인에게 불이익을 귀속시키는 것이 신의칙이나 형평의 원칙에 합치된다고 본다.

그러나 상법은 양도인 또는 양수인에게 통지의무만을 지우고 있을 뿐 이를 해태한 때의 효과, 즉 양수인에게 주어질 불이익을 정하고 있지는 않다. 이에 관해서는 위험의 변경·증가의 통지의무에 관한 규정($\frac{제652}{조}$)을 유추할 수 있다는 입장이 있고($\binom{정희철,}{431쪽}$), 보험계약 내지 위험이 변경된 것이라고 보아 양도인 또는 양수인이 통지의무를 게을리한 때에는 보험약관이 정하는 바에 따라 그 양도일로부터 일정한 기간이 경과한 후에 생긴 사고에 대해서는 보험자는 보상책임을 지지 않도록 할 수 있다는 입장도 있다($\binom{양승규,}{256쪽}$). 이 문제는 입법에 의하여 해결할 문제라고 보지만, 보험의 목적의 양도로 인하여 위험이 현저하게 변경·증가된 때에는 통지의무의 해태에 관해 상법 제652조의 적용을 고려할 수 있을 뿐 아니라, 상법 제653조를 적용하여 보험자가 보험료의 증액을 청구하거나 계약을 해지할 수 있다고 본다.

〈대판 1996. 7. 26, 95 다 52505〉

「보험목적물의 양도를 보험계약자의 통지의무 사유로 들고 있는 화재보험보통약

관 제 9 조와 '현저한 위험의 변경 또는 증가와 관련된 제 9 조에 정한 계약 후 알
릴 의무를 이행하지 아니하였을 때'를 보험계약의 해지사유로 들고 있는 같은 약
관 제11조 제 2 항의 규정을 종합하여 보면, 화재보험의 목적물이 양도된 경우 그
양도로 인하여 현저한 위험의 변경 또는 증가가 있고, 동시에 보험계약자 또는 피
보험자가 양도의 통지를 하지 않는 경우에는 보험자는 통지의무위반을 이유로 당
해 보험계약을 해지할 수 있으나, 보험목적의 양도로 인하여 현저한 위험의 변경
또는 증가가 없는 경우에는 양도의 통지를 하지 않더라도 통지의무위반을 이유로
당해 보험계약을 해지할 수 없다고 봄이 상당하다.」

3. 제 3 자에 대한 對抗要件의 問題

  승계추정의 효과는 당사자 사이뿐 아니라 보험자 기타 제 3 자에 대한 관
계에서도 이를 주장할 수 있다고 본다. 다만, 보험자 기타 제 3 자에 대해서는
통지 이외에 다른 대항요건을 갖추어야 하는가 하는 문제가 있다. 이에 관해
서는 통지의무를 인정하지 아니한 개정 전 상법 하에서 대항요건불요설 · 대항
요건필요설 및 통지설의 대립이 있었다. 대항요건불요설은 대항요건을 갖출
필요 없이 보험자 기타 제 3 자에 대항할 수 있을 때에만 양수인의 지위를 강
화하고자 하는 동규정의 취지를 살릴 수 있으며, 보험금이중지급의 위험은
채권의 준점유자에 대한 변제에 관한 규정($\frac{민법}{제470조}$)에 의하여 피할 수 있다는
점을 논거로 들고 있다. 대항요건필요설은 보험자로서는 피보험자의 교체를
알아야 할 실익이 있고, 보험금의 이중지급을 방지하기 위해서도 지명채권양
도에 준한 대항요건($\frac{민법}{제450조}$)을 갖추어야만 보험자 기타 제 3 자에게 대항할 수
있다는 입장이다. 이에 비해 통지설은 민법 제450조에 정한 대항요건을 갖출
필요는 없으나, 목적물의 양도에 관한 통지를 하여야만 보험자에게 대항할 수
있다는 입장이다.

  현재 이에 관해서는 개정상법이 통지설의 입장을 입법화한 것이라고 하
면서도 통지의무는 대항요건과 다르기 때문에 대항요건에 관한 논의가 불필
요하지는 않다는 입장이 있다($\frac{최기원,}{291쪽}$). 이에 대해 권리 · 의무의 승계추정은 단
순히 당사자 사이의 관계에서만이 아니라 모든 관계자에게 그 효력이 있다고
할 것이므로 권리 · 의무의 승계에 다른 대항요건을 갖출 필요가 없다는 입장
도 있다($\frac{양승규, 257쪽;}{채이식, 526쪽}$). 후자의 입장에서는 목적물의 양도 후에 보험사고가 생긴
때에는 양수인이 보험자에게 양수사실을 통지하지 아니한 때에도 그 양수사
실을 증명하여 보험금을 청구할 수 있는 것으로 된다. 다만, 피보험자가 보험

자에게 양도의 통지를 하기 전에 보험사고가 생기고 보험자가 양도인의 보험금청구에 대해 선의로 지급한 때에는 양수인은 보험자에게 이의를 제기하지 못하며, 더욱이 이로 인하여 보험자에게 손해가 있으면 이를 배상하여야 한다고 한다. 이에 찬성한다.

4. 危險의 變更·增加와 契約解止 등

보험목적의 양도로 보험사고발생의 가능성이 현저하게 변경하거나 증가한 때에는 이를 피보험자의 고의로 인한 것으로 보고, 보험자는 보험료의 증액을 청구하거나 계약을 해지할 수 있다고 볼 것이다. 자동차보험의 경우에는 보험료가 운전자를 중심으로 산정되는 현실을 반영하여 자동차의 양도에는 양수인이 보험자의 승낙을 얻는 경우에 한하여 보험계약으로 인하여 생긴 권리와 의무를 승계하는 것으로 정하고 있고(제726조의 4/제1항), 선박보험의 경우에는 보험자의 동의가 없는 한 선박의 양도로 보험계약은 종료하는 것으로 정하고 있다(제703조의 2/제1호).

보험의 목적의 양도로 인한 권리·의무의 승계추정에 대해서는 보험의 목적을 양도한 때에는 보험계약관계가 당연히 이전하는 것으로 하고, 보험계약자 또는 양수인에게 통지의무를 부과하는 동시에 보험자와 양수인은 일정한 기간 내에 보험계약을 해지할 수 있게 하는 것이 합리적이라는 입법론이 있다.

〈대판 1996. 7. 26, 95 다 52505〉
「화재보험보통약관상 위험이라고 함은 보험사고발생의 가능성을 가리키는 것이고, '위험의 현저한 변경 또는 증가'라 함은 그 정도의 위험이 계약체결 당시에 존재하였다고 한다면 보험자가 계약을 체결하지 아니하였거나 또는 적어도 동일한 조건으로는 그 계약을 체결하지 아니하였으리라고 생각되는 정도의 위험의 변경 또는 증가를 말하므로, 화재보험의 목적물의 양도로 인하여 이러한 정도의 위험의 변경 또는 증가가 있었는지 여부는 보험목적물의 사용·수익방법의 변경 등 양도 전후의 구체적인 여러 사정을 종합하여 인정·판단하여야 할 것이지(이에 관한 입증책임은 그 존재사실을 들어 보험계약의 해지를 주장하는 자가 부담한다), 화재보험의 목적물의 양도로 인하여 소유자가 바뀌었다고 하여 당연히 위험의 현저한 변경 또는 증가가 있었다고 볼 수는 없다.」

제 7 관 保險金과 物上代位

물상대위란 담보물권자가 담보물의 멸실·훼손 또는 공용징수로 인하여 담보권설정자가 받을 금전 기타 물건에 대하여도 그 권리를 행사할 수 있는 제도이다(민법 제342조, 제355조, 제370조). 이에 따라 보험의 목적에 대하여 질권 또는 저당권이 설정되어 있고, 채무자가 자기를 위한 손해보험계약을 체결한 경우에 담보물권자가 보험사고로 그 목적물이 멸실·훼손된 때에 피보험자가 받을 보험금에 물상대위의 효력이 미치느냐에 관하여는 상법상 명문의 규정이 없어 다툼이 생길 수 있다.

이에 대해서 보험금은 경제적으로는 목적물의 대물 또는 변형물이므로 물상대위를 긍정하는 긍정설(양승규, 219쪽; 채이식, 508쪽)과 보험금청구권은 목적물의 멸실 또는 훼손에 의해 당연히 생기는 것이 아니라 별도로 존재하는 유상계약으로서 보험계약에 기인하고, 또 보험료지급의 대가로서 생기는 것이므로 이론상 당연히 물상대위가 긍정되는 것은 아니지만, 만약 이것을 긍정한다면 담보권설정계약당사자의 의사추정과 담보권보호의 강화라는 목적론적 해석의 결과로서 긍정해야 한다고 하는 견해가 있다(大森忠夫, 保險法, 187쪽). 한편 보험금과 담보목적물의 경제적·법적 관련성을 철저히 부정하는 견지에서 물상대위를 부정하는 견해가 있다. 그 이유로서 보험계약이 없다면 목적물이 멸실해도 보험금이 지급되지 않는다는 것, 담보권설정자의 보험료불지급·고지의무·각종 통지의무의 위반 등에 의해서 보험금지급이 거절되는 일이 있다는 것 등을 들고 있다(西島梅治, 保險法, 第2版, 262~263쪽). 생각건대 담보물권은 목적물의 실체를 목적으로 하는 권리가 아니라 주로 그의 교환가치를 취득하는 것을 목적으로 하는 권리이므로, 물상대위가 보험금에도 그 효력을 가진다고 해야 할 것이다. 이 경우에도 보험금의 지급 전에 이를 압류해야 함은 물론이다(민법 제342조 제2문, 제355조, 제370조).

〈대판 2009. 11. 26, 2006 다 37106〉

「동산에 대하여 양도담보를 설정한 경우 채무자는 담보의 목적으로 그 소유의 동산을 채권자에게 양도해 주되 점유개정에 의하여 이를 계속 점유하지만, 채무자가 위 채무를 불이행하면 채권자는 담보목적물인 동산을 사적으로 타에 처분하거나 스스로 취득한 후 정산하는 방법으로 이를 환가하여 우선변제받음으로써 위 양도담보권을 실행하게 되는데, 채무자가 채권자에게 위 동산의 소유권을 이전하는 이유는 채권자가 양도담보권을 실행할 때까지 스스로 담보물의 가치를 보존할 수 있도록 함으로써 만약 채무자가 채무를 이행하지 않더라도 채권자가 양도받았던 담보물을 환가하여 우선변제받는 데에 지장이 없도록 하기 위한 것인바, 이와 같이 담보물의 교환가치를 취득하는 것을 목적으로 하는 양도담보권의 성격에 비추어 보면, 양도담보로 제공된 목적물이 멸실, 훼손됨에 따라 양도담보 설정자와 제3자 사이에 교환가치에 대한 배상 또는 보상 등의 법률관계가 발생되는 경우에도 그로 인하여 양도담보 설정자가 받을 금전 기타 물건에 대하여 담보적 효력이 미친다. 따라서 양도담보권자는 양도담보 목적물이 소실되어 양도담보 설정자가 보험회사에 대하여 화재보험계약에 따른 보험금청구권을 취득한 경우에도 담보물 가치의 변형물인 위 화재보험금청구권에 대하여 양도담보권에 기한 물상대위권을 행사할 수 있다.」

제4장 損害保險 各論

제1절 總 說

상법은 손해보험 전반에 적용되는 통칙 이외에 화재보험·운송보험·해상보험·책임보험 및 자동차보험에 관하여 특별규정을 두고 있다. 현행 상법은 구법과 달리 자동차보험을 추가하여 규정하고 있지만, 여전히 손해보험 가운데 대표적인 것만을 다루고 있을 뿐이다.

그런데 현재의 경제상황은 상법의 제정시에 비하면 크게 변모하게 되었고, 이에 따라 각종의 신종보험이 등장하여 보험이론에 관해서도 재검토가 필요하게 되었다.

대부분의 신종보험에 관해서는 상법전에 규정이 없으므로 이러한 불비를 보완할 필요가 있고, 보험가입자를 보호할 수 있는 규정을 신설해야 할 것이다. 현재 이들 보험은 각종의 보통보험약관이 정하는 바에 따라 처리되고 있는 실정이다. 그러나 약관규정 중에 불합리한 부분이 있으면 이를 손해보험의 일반원칙 내지 공서양속 및 보험가입자의 합리적 기대의 보호측면에서 이를 무효로 하거나 적용범위를 한정함으로써 원활한 처리를 도모해야 할 것이다. 화재보험·운송보험·자동차보험에 관해 상법이 정한 특칙은 매우 제한된 범위에 관하여 규정하고 있을 뿐이고 기타 문제에 관해서는 보통보험약관에 위임하고 있으나, 기본적인 부분에 관해서는 약관에 위임하기보다 법률로 규정하는 것이 바람직스럽다.

이하에서는 각종의 손해보험계약에 관하여 상법이 정한 특별규정을 중심으로 설명하고, 이론상·실제상 중요한 재보험·보증보험에 관해서는 법률상의 문제점을 중심으로 논의하기로 한다.

제 2 절 火災保險

韓鐵, 英美 保險法에 있어서 火災保險契約上의 "간접적 손해"의 법적 효과, 경영법률 5(故 李允榮博士追慕論文集), 1992/黃亨模, 火災保險에 있어서 爆發損害도 擔保되는지 여부 및 爆發免責條項이 있는 경우 면책되는 손해의 범위, 司法行政 395(1993. 11).

Ⅰ. 火災保險契約의 意義

상법상 화재보험계약이란 화재로 인하여 생길 손해의 보상을 목적으로 하는 손해보험계약이다(제683조). 즉 화재보험은 화재를 보험사고로 하며, 보험의 목적인 물건에 생길 손해를 보상하는 손해보험의 일종이다. 이에 따르면 원칙적으로 화재로 인한 손해인 한 화재원인을 불문하고 전보된다. 이에 반해 화재가 발생하지 않으면 지진 기타 재해에 의한 손해라도 보험의 범위에 들지 않는다. 이와 같이 화재위험만을 담보하는 보험을 일반적으로 화재보험계약이라고 한다.

그런데 실제로는 단일한 보험증권으로 화재 기타 다양한 원인에 의한 손해 또는 비용을 보험담보의 대상으로 하는 종합보험이 보급되고 있다. 이처럼 화재를 주된 보험사고로 하여 다른 종류의 사고에 의한 손해도 전보하는 보험을 넓은 의미에서 화재보험계약이라고도 하지만, 엄밀한 의미에서 이러한 보험은 상법상의 화재보험이라고 할 수 없다. 화재보험은 보험제도가 생기기 시작한 초기부터 해상보험과 함께 발전하여 온 대표적인 손해보험이다.

Ⅱ. 火災保險契約의 內容

1. 保險事故

화재보험에서 보험사고는 화재이다. 화재의 의의에 관해서는 상법상 규정이 없고, 이를 정의하는 일도 간단하지 않다. 그러나 화재는 손해의 원인으로서 보험자의 책임 유무의 기준이 되므로, 이를 엄밀하게 정의할 필요가 있다.

이에 관해서는 화재란 일반사회통념에 따라 화재라고 인정할 수 있는 성질과 규모를 가진 화력의 연소작용을 의미한다고 보는 견해가 일반적이지만

(정희철, 432쪽; 최기원,
295쪽; 양승규, 230쪽), 자력으로 진행되는 급격한 산화작용이라고 보는 견해도 있
다(채이식,
568쪽). 화재라고 하면 사람이 이용하는 통상의 방법에 의하지 않고 진행되
는 독립한 화력의 연소작용이라고 할 것이므로, 단순한 열의 작용 또는 백열
물질과의 접촉은 화재라고 볼 수 없다. 또한 통상적인 화력이용시설에 불타거
나 그 열기에 의해 서서히 진행되는 연소작용은 보험사고로서의 화재에 해당
하지 않는다.

　　화재는 폭발·지진·낙뢰 등의 결과로서 발생하는 일이 흔히 있다. 그런
데 일단 화재에 의해서 보험의 목적에 손해가 발생하면, 그 화재의 원인을 불
문하고 보험자는 보험금지급의무를 진다. 이를 위험보편의 원칙이라고 하며,
일반적으로 채택하고 있는 원칙이다(화보약관
제3조). 그러나 실무에서는 보험약관에서
각종의 화재원인에 관해 약정면책조항을 두고 있으므로, 이러한 한에서는 이
원칙은 제한되어 있다고 할 수 있다(화보약관
제6조).

〈대판 2003. 10. 23, 2001 다 18285〉
「원심이 그 채용증거를 종합하여 판시 각 사실을 인정한 다음, 이 사건 가스사고
배상책임보험에서 화재를 가스사고의 하나로 규정하면서 화재에 관하여 특별한
정의를 하고 있지 않지만, 일반적으로 화재는 불로 인한 재앙을 의미하고 불은 열
또는 빛을 수반하는 연소현상을 말한다는 전제 아래 냉매제로 사용되는 액화질소
가스가 주입되어야 할 진공열처리로에 액화산소가스가 주입되는 바람에 진공열처
리로의 내부에 있던 금형과 진공열처리로의 내벽을 구성하는 그라파이트·몰리브
덴 등의 물질이 고온의 상태에서 산소와 결합함으로써 진공열처리로 자체를 용융
시키는 결과에 이르게 된 이 사건 사고를 화재에 의한 가스사고에 해당한다고 판
단한 것은 정당하고, 거기에 상고이유에서 주장하는 채증법칙위배에 의한 사실오
인 등의 위법은 없다.」

2. 保險의 目的

　　상법은 화재보험의 목적으로 건물과 동산을 들고 있으나(제685
조), 화재보험
에서 사고발생의 객체인 목적물에 관해서는 특별한 제한이 없다고 본다. 따라
서 건물과 건물 안의 동산에 한정되지 않고, 건물 이외의 구조물(예컨대
목조교량), 立
木, 건물 밖에 있는 물품도 화재보험의 대상이 될 수 있다. 건물은 완성된 것
뿐만 아니라 건축중에 있거나 등기되지 아니한 것도 포함된다. 보험의 목적이
될 수 있는 것은 개별적인 물건이든, 집합된 물건이든 상관이 없다. 전기제품·

기계·가구·의류 등은 집합보험의 목적이 될 수 있다.

그런데 보험계약에 따라서는 보험의 목적의 범위가 불명확한 경우가 많다. 그래서 실무상 건물의 부속물·고가품 등에 관해서는 이를 보험증권에 기재하도록 요구하고 있다(화재보험보통약관 제5조). 이는 화재에 의하여 손해를 입은 물건이 보험의 목적에 포함되어 있느냐의 여부를 둘러싸고 발생할 수 있는 당사자 사이의 분쟁을 사전에 예방하기 위한 것이다.

건물을 화재보험에 붙인 경우에는 피보험자의 소유인 간막이 및 건물의 종물인 전기·가스·난방·냉방 그 밖의 부속설비는 다른 약정이 없는 한 보험의 목적에 포함되고(화보약관 제5조 제3항 제1호 다), 대문·담·곳간·간판·네온사인·안테나·선전탑 및 이와 비슷한 건물의 부착물은 구 약관에서는 보험증권에 기재하여야만 보험의 목적이 되었으나(구 화보약관 제3조 제1항 제1호·제2호), 새로운 약관에서는 다른 약정이 없으면 보험의 목적에 포함된다(화보약관 제5조 제3항 제1호 가·나). 또 건물을 보험의 목적으로 한 때에는 그 소재지·구조와 용도를 보험증권에 명시하도록 하고 있는데(제685조 제1호), 이 밖에 그 건물의 면적도 피보험자가 아울러 밝혀 둘 필요가 있다.

동산을 화재보험에 붙인 경우에는 피보험자와 같은 세대에 속하는 사람의 소유물은 보험의 목적에 포함되나(화보약관 제5조 제3항 제2호), 通貨·유가증권·인지·우표·귀금속·귀중품·보옥·보석·서화·골동품·조각물·원고·설계서·도안·물건의 원본·모형·증서·장부 및 이와 비슷한 것은 보험증권에 기재하여야만 보험의 목적으로 된다(화보약관 제5조 제2항). 또 동산보험에 있어서는 그것을 둔 장소의 상태와 용도를 보험증권에 기재하여야 한다(제685조 제2호).

3. 被保險利益

화재보험에서 대표적인 피보험이익은 피보험자가 보험의 목적에 대하여 갖는 소유자로서의 이익이지만, 이 외에도 담보권자로서의 이익, 보관자로서의 이익 등으로 나눌 수 있다.

〈대판 1961. 10. 26, 60 민상 288〉
「은행융자를 얻기 위한 화재보험에 있어서는 보험계약은 융자액의 한도에서 하는 것이 상례이고 융자담보물의 시가 전액을 보험대상으로 하는 것은 아니며, 또 담보물의 시가 전액을 은행으로부터 융자받는 것이라고도 할 수 없다.」

물건보험에 관해서는 의심스러운 경우에도 특별한 사정이 없는 한 그 물건의 소유자로서의 이익을 보험에 붙인 것으로 풀이하는 것이 당사자의 의사에 합치한다고 본다. 다만, 이 경우 소유자라 함은 법적인 의미에서 소유권자에 한정되지 않고 사실상 보험의 목적의 멸실·훼손으로 인하여 소유권자와 동일한 손해를 입는 관계에 있는 자를 포함한다. 예컨대 소유권유보부매매계약에서의 매수인이 이에 해당하는데, 이 매수인은 대금의 완제 등에 의하여 소유권을 취득하기까지는 목적물의 멸실·훼손이 있더라도 여전히 대금지급의무를 면하지 못하므로 소유권자와 동일한 이익을 갖기 때문이다.

담보권자는 담보권의 목적물이 멸실·훼손됨으로써 피담보채권의 변제수령의 가능성이 사실상 감소하게 되는 지위에 있다. 그러나 이론적으로는 목적물의 멸실·훼손에 의하여 피담보채권을 상실하지는 않고 실제상으로도 채무자(피담보권자)로부터 변제를 받을 수 있으므로, 담보권자로서의 이익을 피보험이익으로 하는 화재보험에 있어서 보험사고가 발생하였다고 하여 무조건 보험금이 지급되는 것은 아니다. 엄밀히 말하면 담보권자의 이익은 채권이익이라고 할 수 있다.

타인의 물건의 보관자는 보관중인 물건이 멸실·훼손된 경우에 면책사유에 해당하지 않는 한 소유자에 대하여 손해배상책임을 지게 되는 손해를 입는다. 이러한 경우를 위해 보관물이 화재로 인하여 멸실·훼손된 경우의 손해를 보상하는 보험으로서 보관자의 책임보험이 있고, 이에 관해서는 특칙이 있다($^{제725}_{조}$). 이와 같이 화재보험계약에서 동일한 보험의 목적에 대하여 피보험자가 다를 때에는 그 피보험이익도 달라지게 된다.

Ⅲ. 火災保險契約의 效果

1. 火災保險證券交付義務

보험자는 보험계약이 성립한 때에는 지체없이 보험증권을 작성하여 보험계약자에게 교부하여야 한다($^{제640}_{조}$). 화재보험증권에는 상법 제666조에 게기한 사항 이외에 ① 건물을 보험의 목적으로 한 때에는(건물보험) 그 소재지·구조와 용도, ② 동산을 보험의 목적으로 한 때에는(동산보험) 그 존치한 장소의 상태와 용도, ③ 보험가액을 정한 때에는 그 가액을 기재하여야 한다($^{제685}_{조}$). 이 외에도 화재보험증권에는 보험계약상의 보험의 목적의 범위를 정할 수 있도록 보험의 대상이 되는 목적물의 범위를 기재하여야 한다. 이러한 기재가 사실과 다른 때에는 고지의무위반 또는 사기보험의 문제가 발생한다.

2. 損害補償責任

(1) 危險普遍의 原則   화재보험자는 화재로 인하여 보험의 목적에 생긴 손해를 보상할 책임이 있다. 상법은 화재로 인하여 생긴 손해인 한 화재의 원인을 묻지 않는 위험보편의 원칙을 채택하고 있기 때문에 가스폭발·지진 또는 벼락 등에 의하여 화재가 발생한 때에는 폭발 등을 원인으로 하는 직접손해를 제외하고 화재로 인한 모든 손해를 보험자가 보상할 책임을 진다.

〈대판 1993. 4. 13, 92 다 45261·45278〉

「폭발은 화재와 구별되는 개념이므로 폭발이 있고 이로 인해 화재가 야기된 경우에는 폭발 자체에 의한 손해는 화재보험에 의하여 담보되지 않지만, 화재가 발생하고 이로 인하여 폭발이 야기된 경우에는 특약이 없는 한 폭발 자체에 의한 손해도 화재와 상당인과관계가 있는 것이어서 화재보험에 의하여 담보된다.」

(2) 火災保險者의 免責   상법 제659조·제660조 및 제678조가 정한 보험자의 면책사유가 화재보험에 적용되는 것은 물론이다. 따라서 보험계약자 또는 피보험자의 방화와 중대한 과실에 의한 실화로 인한 손해,

〈대판 1991. 4. 9, 90 다 11509〉

「실화책임에관한법률에서 말하는 중대한 과실이라 함은 약간의 주의를 한다면 손쉽게 위법·유해한 결과를 예견할 수가 있는 경우임에도 만연히 이를 간과함과 같이 거의 고의에 가깝게 현저히 주의를 결여한 상태를 말하는 것인바, 피고공장 작업장에 있던 휴지통에서 화재가 발생하였다는 것 외에 그 화재가 누구의 어떤 행위로 발생한 것인지 전혀 밝혀지지 아니한 이 사건에 있어서는 피고의 과실책임을 물을 수 없다.」

전쟁 기타 변란으로 생긴 화재로 인한 손해 및 보험목적의 성질·하자로 생긴 자연발화로 인한 손해에 대해서는 화재보험자는 보상책임을 지지 않는다. 화재보험보통약관 제6조에서는 각종의 면책사유를 들고 있는데, 이 중에는 법정면책사유를 재확인하거나 화재보험의 내용에 맞게 이를 수정하고 있는 것도 있다.

〈대판 1984. 1. 17, 83 다카 1940〉

「보험계약의 보통약관 중 '피보험자에게 보험금을 받도록 하기 위하여 피보험자와 세대를 같이하는 친족 또는 고용인이 고의로 사고를 일으킨 손해에 대해서는 보

험자가 보상하지 아니한다'는 내용의 면책조항은 그것이 제 3 자가 일으킨 보험사
고에 피보험자의 고의 또는 중대한 과실이 개재되지 않은 경우에도 면책하고자
한 취지라면 상법 제659조·제663조에 저촉되어 무효라고 볼 수밖에 없으나, 동
조항은 피보험자와 밀접한 생활관계를 가진 친족이나 고용인이 피보험자를 위하
여 보험사고를 일으킨 때에는 피보험자가 이를 교사 또는 공모하거나 감독상 과
실이 큰 경우가 허다하므로 일단 그 보험사고발생에 피보험자의 고의 또는 중대
한 과실이 개재된 것으로 추정하여 보험자를 면책하고자 한 취지에 불과하다고
해석함이 타당하며, 이러한 추정규정으로 보는 이상 피보험자가 보험사고의 발생
에 자신의 고의 또는 중대한 과실이 개재되지 아니하였음을 입증하여 위 추정을
번복할 때에는 위 면책조항의 적용은 당연히 배제될 것이므로 위 면책조항은 상
법 제663조의 강행규정에 저촉된다고 볼 수 없다.

　　위 면책조항을 추정규정이라고 본 이상 그에 열거된 친족 또는 고용인이라 함
은 그들의 행위가 피보험자의 고의 또는 중대한 과실에 기인한 것이라고 추정케
할 만큼 피보험자와 밀접한 생활관계를 가진 자에 국한된다고 보아야 하므로 고
용인도 세대를 같이하는 자임을 요한다고 해석함이 타당하다.」

〈대판 2005. 3. 10, 2003 다 61580〉
「보험계약자 또는 피보험자 등이 법인인 경우에는 '법인의 이사 또는 그 업무를
집행하는 기타의 기관'의 고의 또는 중과실에 의한 손해에 대하여 보험자가 면책
되도록 한 면책약관에서 '법인의 이사 또는 그 업무를 집행하는 기타의 기관'은
원칙적으로 법인의 대표권 및 업무집행권을 가지는 대표기관을 의미한다고 보아
야 할 것이고, 주식회사의 대표권이 없는 이사의 경우에는 그 회사의 규모나 구
성, 보험사고의 발생시에 해당 이사의 회사에 있어서의 업무내용이나 지위 및 영
향력, 해당 이사와 회사와의 경제적 이해의 공통성 내지 해당 이사가 보험금을 관
리 또는 처분할 권한이 있는지 등의 여러 가지 사정을 종합하여 해당 이사가 회사
를 실질적으로 지배하고 있거나 또는 해당 이사가 보험금의 수령에 의한 이익을
직접 받을 수 있는 지위에 있는 등 해당 이사의 고의나 중과실에 의한 보험사고의
유발이 회사의 행위와 동일한 것이라고 평가할 수 있는 경우에 비로소 여기의 '이
사'에 해당한다고 보아야 할 것이다.」

〈대판 2007. 12. 27, 2006 다 29105〉
「피고의 화재보험보통약관 제20조 제 1 호가 '계약자 또는 피보험자가 손해통지 또
는 보험금청구에 관한 서류에 고의로 사실과 다른 것을 기재하였거나 그 서류 또

는 증거를 위조 또는 변조한 경우에는 피보험자는 손해에 대한 보험금청구권을 잃게 된다'고 규정하고 있음은 원심이 인정한 바와 같다. 피고의 화재보험보통약관에서 이와 같은 조항을 둔 취지는 보험자가 보험계약상의 보상책임 유무의 판정, 보상액의 확정 등을 위하여 보험사고의 원인, 상황, 손해의 정도 등을 알 필요가 있으나 이에 관한 자료들은 계약자 또는 피보험자의 지배·관리영역 안에 있는 것이 대부분이므로 피보험자로 하여금 이에 관한 정확한 정보를 제공하도록 할 필요성이 크고, 이와 같은 요청에 따라 피보험자가 이에 반하여 서류를 위조하거나 증거를 조작하는 등으로 신의성실의 원칙에 반하는 사기적인 방법으로 과다한 보험금을 청구하는 경우에는 그에 대한 제재로서 보험금청구권을 상실하도록 하려는 데 있는 것으로 보아야 할 것이다(대판 2006. 11. 23, 2004 다 20227, 20234 참조). 다만, 이 사건 약관조항을 문자 그대로 엄격하게 해석하여 조금이라도 약관에 위배하기만 하면 보험자가 면책되는 것으로 보는 것은 본래 피해자 다중을 보호하고자 하는 보험의 사회적 효용과 경제적 기능에 배치될 뿐만 아니라 고객에 대하여 부당하게 불리한 조항이 된다는 점에서 이를 합리적으로 제한하여 해석할 필요가 있으므로, 이 사건 약관조항에 의한 보험금청구권의 상실 여부는 이 사건 약관조항을 둔 취지를 감안하여 보험금 청구권자의 청구와 관련한 부당행위의 정도 등과 보험의 사회적 효용 내지 경제적 기능을 종합적으로 비교·교량하여 결정하여야 할 것이다. 따라서 피보험자가 보험금을 청구하면서 실손해액에 관한 증빙서류 구비의 어려움 때문에 구체적인 내용이 일부 사실과 다른 서류를 제출하거나 보험목적물의 가치에 대한 견해 차이 등으로 보험목적물의 가치를 다소 높게 신고한 경우 등까지 이 사건 약관조항에 의하여 보험금청구권이 상실되는 것은 아니라고 해석함이 상당하다 할 것이다(대판 2007. 6. 14, 2007 다 10290 참조).

(3) 損害補償의 範圍   화재보험자가 보상하여야 할 손해는 보험의 목적에 대하여 피보험자가 가지는 피보험이익의 감손으로 생긴 손해로서 화재와 상당인과관계가 있어야 한다. 화재와의 상당인과관계의 여부는 구체적인 사정을 고려하여 판단할 사실문제이다. 예컨대 화재가 발생하여 안전한 곳에 대피시킨 물건을 도난당한 경우 물건의 도난과 화재는 상당인과관계에 있다고 볼 수 없고, 따라서 화재보험자는 그에 대한 보상책임을 지지 않는다.

상법은 화재의 消防 또는 손해의 감소에 필요한 조치로 인하여 생긴 손해에 대해서도 화재보험자에게 보상책임을 인정하고 있다(제684조). 이 보상책임의 인정근거로서는 화재손해의 범위의 문제로서 현실로 화재가 발생하고 있다는 것을 전제로 消防을 위한 파괴, 소화수에 의한 손해 또는 피난반출중에 발생한 손해는 화재로 인하여 통상 발생하는 손해로서 보험자가 보상책임을 지는 화재와 상당인과관계 있는 손해라고 볼 수 있다는 데 있다($^{양승규}_{269쪽}$). 또한 보험계약자 또는 피보험자는 손해의 방지와 경감을 위하여 노력하여야 할 의무로서 손해방지의무를 지는데($^{제680조}_{제1문}$), 화재의 消防 또는 손해의 감소에 필요한 조치로 인한 손해에는 손해방지의무자인 보험계약자 또는 피보험자의 행위로 인한 것뿐만 아니라 소방서원 기타 다른 자의 조치로 인한 경우도 포함된다고 본다. 따라서 消防 등의 조치를 위하여 필요하고 유익하였던 비용은 손해방지비용으로서 보험자가 이를 부담하여야 한다($^{제680조}_{제2문}$).

Ⅳ. 集合保險

1. 意義와 內容

경제적으로 독립한 여러 물건의 집합물을 보험의 목적으로 한 보험을 집합보험이라고 하며, 단일물이 보험의 객체인 보험을 개별보험이라 한다. 상법은 화재보험과 관련하여 집합된 물건을 일괄하여 보험의 목적으로 한 집합보험에 관한 규정을 두고 있다($^{제686조,}_{제687조}$). 화재보험의 경우에도 건물보험은 개별보험이 일반적이지만, 동산보험에서는 개개의 물건을 보험에 붙이기보다 다수의 물건을 일괄하여 보험에 붙이는 일이 흔하다.

집합보험은 운송중의 화물, 집 안의 가재도구와 같이 보험의 목적이 특정되어 있는 것을 담보하는 특정보험과 창고 내의 물건, 점포 안의 상품과 같이 보험의 목적이 수시로 교체되는 것을 예정하고 있는 총괄보험으로 나누어진다. 총괄보험에서는 보험의 목적을 특정하는 방법·범위와 단위 등 그 표준이 정해지고, 그 한도 안에서 보험계약이 유지된다. 이러한 집합보험은 가재도구·상품·원자재 등을 개별적으로 보험의 목적으로 하는 것이 번잡하고, 같은 위험에 놓여 있는 이들 물건을 일괄하여 하나의 보험계약에 의하여 처리하는 것이 보다 편리하다는 점에서 인정된다.

집합보험계약은 집합된 물건 전체에 대하여 단일의 보험금액으로써 계약을 체결하는 경우와 집합된 물건을 집단별로 나누어 각각 보험금액을 정하는 방법으로 행하여지고 있다.

그런데 집합보험의 목적이 되고 있는 수 개의 물건 가운데 일부에 대해서만 고지의무위반($^{제651}_{조}$)이 있는 경우에 이를 어떻게 처리할 것이냐에 대해서는 명문의 규정이 없다. 이러한 경우에는 보험자는 나머지 부분에 대하여도 동일한 조건이었다면, 보험계약을 체결하지 아니하였으리라는 사정이 없는 한 그 고지의무위반이 있는 물건에 대해서만 보험계약을 해지할 수 있고, 나머지 부분에 대해서는 효력이 있다고 본다. 마찬가지로 보험의 목적에 대한 위험의 변경·증가(제652조)가 일부에 대하여 생길 때에는 보험자는 그에 대한 추가보험료의 지급을 청구하거나 그 부분에 대한 보험계약을 해지할 수 있다고 본다.

이와 같은 집합보험은 화재보험 이외에도 운송보험·적하해상보험 등 다른 물건보험에도 있을 수 있고 인보험에도 단체보험과 같은 것이 있지만, 동산화재보험에서 가장 많이 이용된다는 점에서 상법은 화재보험의 경우에 집합물의 범위에 관한 규정을 두고 있다(제686조).

2. 他人을 위한 保險契約의 成立

집합된 물건을 일괄하여 보험의 목적으로 한 때에는 피보험자의 가족과 사용인의 물건도 보험의 목적에 포함된 것으로 하고, 그 보험은 그 가족 또는 사용인을 위해서도 체결한 것으로 본다(제686조). 이것은 보험의 목적을 일괄하여 표시한 경우, 가령 보험계약자가 자기의 집에 있는 가구·습기 등 모든 물건에 대하여 일괄하여 화재보험계약을 체결한 경우, 그 가족 또는 사용인의 물건도 보험의 목적에 포함된 것으로 하여 그 가족이나 사용인을 위한 이른바 타인을 위한 보험계약도 체결된 것으로 간주하고 있다. 그리하여 집합보험의 경우에 피보험자의 가족이나 피보험자와의 관계로 그 보험의 효력이 미치는 장소에서 일에 종사하고 있는 사용인은 그들의 소유에 속하는 물건이 화재로 말미암아 손상된 때에는 당연히 보험자에게 그 손해의 보상을 청구할 수 있다(제639조 제1항).

3. 總括保險

집합된 물건을 일괄하여 보험의 목적으로 한 때에는 그 목적에 속한 물건이 보험기간중에 수시로 교체된 경우에도 사고발생시에 현존하는 물건은 보험의 목적에 포함된 것으로 한다(제687조).

총괄보험에서는 보험의 목적이 특정되어 있지 아니하고, 가령 가구·상품 또는 공장의 제품·반제품·원료 등과 같이 그 범위와 표준을 보험계약에서 정해 두고, 그 범위 안에서 수시로 교체되는 것이 전제되어 있다. 그리하여 총괄보험은 예정보험의 형태로 이루어지고, 그 물건이 비록 피보험자의 소유에 속한다 하더라도 집합된 물건에서 완전히 분리되었을 때 또는 제 3 자에게 양도된 때에는 보험의 목적에서 제외된다. 따라서 그 물건이 개별적으로 제 3 자에게 양도된 경우, 가령 보험의 목적인 상품이 개별적으로 팔린 경우에 그 것은 보험의 목적의 양도가 아니다. 왜냐하면 집합보험에서는 보험의 목적을 개별적으로 보험에 붙인 것이 아니라, 집합된 물건을 일괄하여 보험에 붙이기 때문이다.

이와 같이 총괄보험에서는 집합된 물건이 수시로 교체되는 것이 예정되어 있으므로 보험의 목적은 보험계약에서 정한 범위 안에 드는 것이면 보험사고발생시에 현존한 물건은 모두 이에 포함되고, 보험자는 보험사고로 인해 그 물건에 생긴 손해를 보상할 책임을 지게 된다.

제 3 절 運送保險

孫珠瓚, 항공보험계약의 법률관계, 보험학회지 35(1990. 3).

I. 運送保險契約의 意義

운송보험계약이란 운송물에 관하여 생긴 손해를 보상할 것을 목적으로 하는 손해보험계약이다(제688조).

운송물에 관한 손해배상을 목적으로 하는 보험에는 크게 해상운송보험·항공운송보험·육상운송보험이 포함되나, 상법상 물건운송은 육상 또는 호천·항만에서의 운송에 국한된다(제125조). 다만, 항만에서의 사고는 해상운송에서의 사고로 취급하는 관행이 있다. 즉 항만에서의 사고를 포함한 해상보험은 상법 제693조 아래에서 규정하고 있으며, 운송보험약관 제 2 조는 육상에 호수와 하천만을 포함시키고 있다. 그러므로 운송보험에서의 운송은 육상 등에서의 물건운송으로 한정하기로 한다. 한편 항공운송보험에 관해서는 상법상의 규정은 없으므로 약관에 의해서 규율되고 있는 실정이다.

현행 상법은 해상보험자의 책임범위를 해상사업에 부수하는 육상위험까지 담보하도록 하고 있으므로(제693조), 운송보험에 관한 규정이 흠결되었을 때에는 해상보험에 관한 규정을 유추적용할 수 있다. 오늘날 국제물건운송의 경우에 육상운송위험은 운송보험에 의하지 않고 화물해상보험의 특약에 의해서

담보되는 것이 통례로 되어 있다(최기원,
317쪽).

한 가지 더 주의할 점은 해상보험의 경우에는 해상운송물 이외에도 선박에 발생하는 손해의 보상도 그 목적으로 하지만, 운송보험은 오로지 운송물에 그 목적이 제한되고 기타 운송용구 등에는 미치지 아니한다는 것이다.

Ⅱ. 運送保險契約의 內容

1. 保險의 目的

운송보험의 목적은 운송물이다. 따라서 여객의 생명·신체에 대한 보험은 인보험에 속하며, 운송용구 자체는 운송보험의 목적이 아니라 차량보험의 목적이 된다. 다만, 이러한 생명보험·상해보험·차량보험 따위는 처음부터 운송인이 스스로 책임보험의 방식으로 처리하면 간편할 것이다.

2. 保險事故

운송보험의 보험사고는 손해발생 그 자체이므로 그 태양을 묻지 아니한다. 그러므로 운송물에 대해 운송도중에 생길 수 있는 모든 사고, 예컨대 충돌·추락·전복·탈선 등의 운송에 관하여 특유한 것 외에도 화재·파손·도난·수해 등 운송물에 손해를 미치는 것도 포함한다. 그 이유는 운송중의 운송물은 운송인의 지배 하에 있고, 피보험자의 감독이 불가능하기 때문이다.

다만, 실제로는 운송보험약관 제 5 조에서와 같이 특정사고를 보험사고에서 제한하거나 제외하는 것이 보통이다.

3. 被保險利益

운송보험에 있어서 피보험이익은 운송물에 대하여 가지는 운송물소유자이익과 운송물의 도착에 의하여 얻게 될 희망이익 그리고 운송인의 운임에 대한 이익 등이 있다. 즉 보험계약자가 상인이고 운송물이 상품인 경우에는 희망이익을 피보험이익으로 할 수 있으며, 또한 운송인이 사고로 운임을 받지 못하게 될 경우에는 소극적 이익으로서 운임도 피보험이익이 될 수 있다.

4. 保險價額

운송보험의 보험가액은 운송물이 장소적으로 이동하는 특수성 때문에 일반손해보험과 같이 손해발생지의 가액으로 하기가 곤란하다. 그러므로 운송보험에서는 보험계약 당사자간에 그 가액에 대한 다른 합의가 있으면 그에 따르나(제679
조), 합의가 없으면 운송물을 발송한 때와 곳의 가액과 도착지까지의 운임 기타의 비용을 보험가액으로 한다(제689조). 즉 운송보험에서는 발송지주의와 보험가액불변경주의를 취하고 있다.

그리고 운송보험에서 운송물의 도착으로 얻을 희망이익은 특약이 있는 때에 한하여 보험가액에 산입한다(제689조). 이러한 희망이익은 운송물이 목적지에 도착하여 매각됨으로써 얻을 수 있는 것이므로, 그 보험가액은 도착지의 예정가격에서 그 운송물의 발송지가액과 운임 기타 비용을 공제하여 계산한다.

5. 保險期間

운송보험에 있어서 보험기간은 운송인이 운송물을 수령한 때로부터 수하인에게 인도할 때까지이다(제688조). 따라서 특약이 없으면 단순히 운송도중에 발생하는 손해만이 아니라 운송인의 운송이 종료하더라도 그것을 인도할 때까지 생긴 손해에 대해서는 보험자가 보상책임을 진다. 그렇지만 또한 운송물을 운송인이 적법하게 공탁 또는 경매하거나 상당기간이 지나도 수하인에게 인도할 수 없을 때에는 보험기간이 종료된다고 해석해야 할 것이다.

운송물이 운송인에게 인도된 후에 보험계약이 체결된 경우에는 보험기간소급의 특약이 없는 한 보험계약 성립시부터 보험기간이 개시된다고 해석함이 타당하다. 이는 법 흠결시에 해상보험의 규정을 유추적용한 결과이다(제699조 제3항 참조).

Ⅲ. 運送保險契約의 效果

1. 運送保險證券의 交付

보험자는 보험계약이 성립한 때에는 지체없이 보험증권을 작성하여 보험계약자에게 교부하여야 한다(제640조).

운송보험증권에는 상법 제666조에 게기한 사항 이외에 ① 운송의 노순과 방법, ② 운송인의 주소와 성명 또는 상호, ③ 운송물의 수령과 인도의 장소, ④ 운송기간을 정한 때에는 그 기간, ⑤ 보험가액을 정한 때에는 그 가액을 기재하여야 한다(제690조).

2. 運送保險者의 損害補償責任

(1) 損害補償責任　　　운송보험자는 다른 특약이 없으면 운송인이 운송물을 수령한 때로부터 수하인에게 인도할 때까지 생길 손해를 피보험자에게

보상할 책임을 진다($\substack{제688 \\ 조}$). 이것은 보험기간중에 운송물에 보험사고가 발생한 경우에 운송보험자가 지게 되는 보험금지급의무를 말한다.

(2) **免責事由**   보험자는 보험계약자 또는 피보험자의 고의 또는 중대한 과실로 생긴 사고($\substack{제659 \\ 조}$) 등 일반면책사유($\substack{제660조 \cdot \\ 제678조}$) 이외에도 보험사고가 송하인 또는 수하인의 고의 또는 중대한 과실로 인하여 발생한 때에는 이로 인한 손해를 보상할 책임이 없다($\substack{제692 \\ 조}$).

운송보험약관은 법정면책사유 이외에 ① 운송지연, ② 핵연료물질 또는 핵연료물질에 의해서 오염된 물질·방사성·폭발성 그 밖의 해로운 특성 또는 이들의 특성에 의한 사고, ③ 방사선조사 또는 방사능오염으로 인한 손해, ④ 동맹파업·태업·작업장폐쇄·쟁의행위·폭동·소요 또는 이와 비슷한 사건, ⑤ 억류·압류 또는 이와 비슷한 행위, ⑥ 지진·분화 또는 이와 비슷한 사고, ⑦ 보험의 목적이 無蓋貨車, 즉 완전히 덮여지지 아니한 운송용구에 적재되거나 야적된 경우에는 보험자는 보상책임을 지지 않는다고 규정하고 있다. 다만, 有蓋貨車, 즉 완전히 덮여진 운송용구에 적재하였더라도 발생되었을 손해에 대해서는 보험자의 보상책임을 인정하고 있다($\substack{운보약관 제 \\ 5조 참조}$). 다만, 운송지연, 有蓋貨車에 운송물이 적재된 경우에 운송인의 귀책사유로 말미암아 손해가 발생한 경우에 대해서까지 면책되도록 하는 것은 부당하며, 오히려 보험자는 피보험자에 대하여 손해보상책임을 지게 하고, 운송인에게 보험자대위권을 행사하도록 하자는 견해가 있는데($\substack{양승규, \\ 278쪽}$), 귀책사유의 일반원칙과 구체적 타당성의 견지에서 참고할 만한 견해라 할 수 있다.

(3) **損害補償額의 算定**   일반적으로 물건보험에서 보험자가 보상할 손해액은 그 손해가 발생한 때와 곳의 가액에 따라 산정하는데($\substack{제676 \\ 조}$), 운송물의 보험가액은 당사자의 합의에 의하여 보험증권에 기재($\substack{제690조 \\ 제5호}$)하지 않으면 보험가액불변경주의에 따르므로 보험사고가 발생한 때와 곳에 관계 없이 발송한 때와 곳의 보험가액을 기준으로 손해액을 산정하여야 한다. 그러나 운송물의 멸실·훼손으로 말미암아 지급을 요하지 아니하는 운임 그 밖의 비용은 그 보험가액에서 공제하여야 한다($\substack{제137조 제 \\ 4항 참조}$).

3. 運送의 變更과 保險契約의 效力

상법 제691조에 의하면 운송보험계약은 다른 약정이 없으면 운송의 필요에 의하여 일시 운송을 중지하거나 운송의 노순 또는 방법을 변경한 경우에도 효력을 잃지 아니한다고 규정한다. 이는 육상운송보험의 경우 보험자는 운

송에 관한 한 모든 위험에 책임을 지기 때문에 필요에 따라서 운송에 관한
조치, 예컨대 운송의 일시적 중지, 路順의 변경을 할 수 있어야 하므로, 그런
뜻에서 상법은 운송의 중지 등이 있더라도 보험계약의 효력을 소멸시키지 아
니하고 유지시킨 것이다. 그렇지만 운송의 중지나 노순 또는 운송방법의 변경
이 보험계약자나 피보험자의 고의 또는 중대한 과실로 말미암은 때에는 보
험자는 그로 말미암아 위험이 현저하게 변경·증가되었음을 입증하여 보험계
약을 해지할 수 있다고 본다(제653조
참조).

제 4 절 海上保險

姜大燮, 保險委付의 效果, 現代商事法의 諸問題(李允榮先生停年紀念論文集), 1988/慶
益秀, 해상보험사기에 관한 연구, 한국해법회지 19, 1(1997.3)/金光石, 해상피보험이익
에 관한 고찰, 한국해사법학회 법학연구 4(1992.12)/金性旭·許宰暢, 해상보험에 있어
서 보험기간에 관한 연구, 부산상대논집 59(1990.6)/金仁顯, 국제안전관리규약(ISM
Code)이 해상법과 해상보험에 미칠 영향, 한국해법회지 20, 1(1998.3)/金濟聖, 해상보
험자의 손해보상책임, 司法行政 376(1992.4)/金炫, 해상보험계약상의 명시적 담보, 法
曹 421(1991.10)/朴容燮, 해상보험계약상 고지의무의 해석론적 고찰——법적 성질과
인정이유를 중심으로, 한국해사법학회 법학연구 4(1992.12)/朴容燮, 海上保險契約에
있어서 告知事項에 관한 고찰, 企業環境法의 變化와 商事法(孫珠瓚教授古稀紀念論文
集), 1993/朴容燮, 영국 해상보험증권상 보험자의 면책사유의 해석론적 고찰——일반
면책약관을 중심으로, 韓國海法會誌 15, 1(1993.12)/朴容燮, 해상보험위험과 인과관계
(상), 海洋韓國 247(1994.4), (하), 248(1994.5)/徐圭錫, 海上保險에서 被保險者의 告
知義務, 국제상학 5(1991.9)/徐英華, 海上保險法에서의 擔保(warranty)에 관하여, 변
호사 23(1993.1)/徐憲濟, 堪航能力에 관한 일고찰——保險者의 免責事由를 중심으로,
商事法의 現代的 課題(孫珠瓚博士華甲紀念論文集), 1984/徐憲濟, 積荷保險에 있어서
의 保險期間의 終了, 商事判例研究 1(1986)/石光鉉, 海上積荷保險契約에 있어 英國法
準據約款과 관련한 法的인 問題點, 損害保險 302(1993.12)/宋民浩, 離路와 保險者의
免責, 安岩法學 1(1993)/沈載斗, 英國海上保險法 1-15, 損害保險 294-308(1993.4 –
1994.6)/梁承圭, 함부르크規則에서의 航海過失免責主義의 폐지가 積荷保險關係에 미
치는 영향, 保險法學과 保險學(徐燉珏博士華甲紀念論文集), 1980/梁承圭, 동일사고에
서 생기는 일련의 손해와 추정전손, 한국해법회지 11, 1(1990.3)/李鎭三·徐昌鉉, 海
上保險에 있어서 告知義務에 관한 研究, 慶南大 새마을·地域開發研究 15(1994.1)/張

漢珏, 英國 海商保險法上의 擔保(WARRANTY), 企業과 法(度岩金敎昌辯護士華甲紀念論文集), 1997/全永遇, 해상보험법상 숨은 결함의 법적 해석에 관한 연구, 한국해사법학회 법학연구 4(1992. 12)/韓昌熙, 海上保險契約에 있어서의 推定全損, 企業法의 行方(鄭熙喆敎授古稀紀念論文集), 1991/韓昌熙, 영국해상보험법상의 추정전손에 관한 연구, 서울대 박사학위논문, 1993/韓鐵, 積荷保險契約上 航海遲延과 保險者의 責任에 관한 比較硏究, 企業環境法의 變化와 商事法(孫珠瓚敎授古稀紀念論文集), 1993.

Ⅰ. 海上保險契約의 意義

해상보험계약이란 해상사업에 관한 사고로 인하여 생길 손해의 보상을 목적으로 하는 손해보험계약이다(제693조). 즉 해상보험은 해상사업과 관련된 사고를 보험사고로 하여 보험의 목적인 선박·적하 또는 운임에 생긴 손해를 보상하는 손해보험의 일종이다.

해상보험은 해상기업에 수반되는 각종의 위험에 대한 보험으로서 해상위험과 밀접한 관련을 맺고 있다. 구 상법에서는 항해에 관한 사고로 인하여 생길 손해를 보상하는 것으로 하였으나, 현행상법은 해상보험자의 책임범위를 확장하여 해상사업에 부수하는 육상위험도 담보하도록 하기 위해서 해상사업에 관련된 사고로 인하여 생길 손해까지 보상하는 것으로 하였다. 해상보험을 운송보험과 구별하는 이유는 항해와 관련된 위험이 육상위험에 비하여 특수성이 있기 때문이다. 그런 연유로 상법은 해상보험에 관하여는 비교적 다수의 규정을 두고 있으나, 이것으로는 충분하지 않기 때문에 이를 보완하는 약관이 발달하고 있다. 해상보험실무에서는 영국의 Lloyd's Form의 보험약관에 의하여 보험계약이 체결되고 있는 것이 보통이다. 이 약관에는 "이 보험계약에서 생기는 책임문제는 영국의 법과 관습에 따른다"는 준거법조항을 두고 있는데, 우리 법원도 이 준거법조항의 효력을 인정하고 있다.

〈대판 1971. 1. 11, 71 다 2116〉
「해상보험에서 야기되는 일체의 책임문제는 영국의 법률 및 관습에 의거하여야 한다는 영국법준거약관은 당사자 사이에 유효하다.」

〈대판 1991. 5. 14, 90 다카 25314〉
「해상보험증권 아래에서 야기되는 일체의 책임문제는 영국의 법률 및 관습에 의하여야 한다는 영국법 준거약관은 오랜 기간 동안에 걸쳐 해상보험업계의 중심이 되어 온 영국의 법률과 관습에 따라 당사자간의 거래관계를 명확하게 하려는 것으로서, 우리 나라의 공익규정 또는 공서양속에 반하는 것이라거나 보험계약자의 이익을 부당하게 침해하는 것이라고 볼 수 없으므로 유효하다.

영국법 준거약관의 적하보험계약을 체결함에 있어 화물을 적재하고 출항한 선박으로부터 사고의 발생이 예상되는 전문을 수령한 사실을 감춘 경우, 위 전문수령사실은 영국 해상보험법 제18조 제2항 소정의 고지의무의 대상에 해당하므로 보험자가 같은 법 제17조·제18조에 의해 고지의무위반을 이유로 위 보험계약을 해지한 것은 적법하고, 거기에 우리 상법 제651조 소정의 제소기간이나 상법 제655조의 인과관계에 관한 규정은 적용될 여지가 없다.」

현행상법도 이러한 실질을 인정하여 1906년 영국 해상보험법을 상당부분 수용하였다.

해상보험은 해상위험의 특성에 따라 일찍이 지중해연안의 상업도시에서 발달하여 근대보험의 효시를 이루고 있으며, 오늘날 해운에서는 해상보험이 불가분의 일체를 이루고 있다. 이 때문에 해상보험을 일반 해상법의 일부로서 규정하고 있는 입법례도 있으나, 우리 상법은 보험편에서 손해보험의 하나로 규정하고 있다. 해상보험계약에 관한 상법의 규정은 비교적 상세하기는 하나, 해상보험이 항해사고로 인한 선박이나 적하의 손해를 담보하는 이른바 기업보험의 일종이므로 계약당사자 사이에 특약이 맺어지는 일이 많다. 이러한 점에서 해상보험계약에 있어서는 다른 보험계약에서보다는 사적 자치의 원칙이 적용될 여지가 많은 편이다.

〈대판 2005. 1. 28, 2002 다 12052〉
「영국 해상보험법 제17조에 규정된 최대선의의 의무는 제18조 및 제20조에 규정된 의무보다 넓은 개념의 것으로서 보험계약이 체결된 이후 또는 사고발생 이후라 할지라도 적용되는 것이며, 따라서 피보험자가 사고발생 이후 사기적인 방법으로 보험금을 청구하는 경우에도 보험자는 최대선의의 의무위반을 이유로 보험계약을 취소할 수 있다.」

Ⅱ. 海上保險의 種類

1. 被保險利益에 의한 분류

(1) 船舶保險　　선박보험은 보험의 목적인 선박에 대해 소유자로서 그가 가지는 피보험이익에 관한 보험이다. 선박보험의 대상은 해상법상의 선박

에 한정되지 않는다. 선박보험에서는 선박 자체 이외에 선박의 속구·연료·양식 기타 항해에 필요한 모든 물건이 보험의 목적에 포함된 것으로 한다($\binom{제696조}{제2항}$).

(2) 積荷保險　적하보험은 해상물건운송의 대상인 운송물을 보험의 목적으로 하여 그 적하에 대한 이익을 피보험이익으로 하는 보험이다($\binom{제697조}{참조}$). 적하보험의 대상이 되는 적하(화물)는 해상운송의 객체로서 경제적 가치가 있는 모든 물건이며, 살아 있는 동물도 이에 포함된다.

(3) 運賃保險　운송인이 운송의 대가로서 받는 운임은 운송물이 해상위험으로 멸실한 때에는 이를 청구할 수 없다($\binom{제815조}{제134조}$). 이러한 경우 해상위험으로 인하여 해상운송인이 받을 수 없는 운임을 피보험이익으로 한 보험이 운임보험이다($\binom{제706조 제}{1호 참조}$).

(4) 希望利益保險　무역거래에 있어서 매수인은 그 물건을 수입하여 매각함으로써 이익을 얻을 것을 기대하고 있다. 희망이익은 바로 적하가 목적지에 무사히 도착하면 수하인이 얻으리라고 기대되는 이익을 말하고, 이러한 희망이익에 관한 보험이 희망이익보험이다($\binom{제698}{조}$). 그러나 이 보험은 선적지의 적하의 가액에 일정률($\binom{예컨대}{10\% 정도}$)의 가액을 더하여 적하보험과 함께 붙이고 있는 것이 일반적이다.

(5) 船費保險　선비보험은 선박의 艤裝 기타 선박의 운항에 요하는 모든 비용에 대하여 가지는 피보험이익에 관한 보험이다. 일반적으로 선비는 운임의 취득에 의하여 회수되는 것이 보통이고, 따라서 보통은 선비에 대한 피보험이익은 운임보험에 포함되어 있으나 선비만을 따로 보험에 붙일 수도 있다.

2. 保險期間에 의한 분류

(1) 航海保險　항해보험은 보험기간이 일정한 항해를 기준으로 정하여지는 보험으로서 적하보험에서 많이 이용된다. 항해보험은 가령 선적항에서 출항하여 양륙항에 도착할 때까지의 기간에 생긴 위험을 담보하는 것이나, 실제로는 적하보험에서의 항해보험은 하물의 운송을 시작하여 목적지에서 하물을 인도할 때까지를 보험기간으로 하고 있다.

(2) 期間保險　기간보험은 일정한 기간을 표준으로 보험자의 책임이 정하여지는 보험이다. 선박보험에서 많이 이용되는 것으로 ○년 ○월 ○일부터 ○년 ○월 ○일까지, 또는 ○년 ○월 ○일부터 1년 또는 6개월로 기간을

정하는 것이 보통이다.

(3) 混合保險 혼합보험은 항해와 기간의 양자를 표준으로 하여 보험기간을 정하는 보험으로서 선박보험에서 많이 이용된다.

3. 豫定保險

(1) 豫定保險의 意義와 性質 예정보험이란 보험계약의 체결 당시에 보험증권에 기재할 보험계약의 요건의 일부, 예컨대 선박 또는 적하의 종류·보험금액 등이 확정되어 있지 않거나 당사자에게 알려져 있지 않는 보험계약 또는 보험계약의 내용의 일부 또는 전부가 보험계약을 맺을 때에 확정되어 있지 아니한 보험계약을 말한다.

상법은 예정보험에 관한 일반규정을 두고 있지 않다. 다만 "선박미확정의 적하예정보험"이라는 표제 하에 하물을 적재할 선박을 지정하지 아니하고 적하보험계약을 체결할 수 있도록 하고, 보험계약자 또는 피보험자에게 그 후 확정된 선박의 명칭·국적과 하물의 종류·수량과 가액의 통지를 발송할 의무를 인정하고 있다(제704조 제1항).

이를 근거로 선박미확정의 적하예정보험과 예정보험을 동일한 범주에 속하는 것으로 본다면, 상법 제704조를 예정보험 일반에 적용할 수 있다고 할 것이다. 그러나 예정보험과 선박미확정의 적하예정보험은 동일한 것이 아니다. 선박미확정의 적하예정보험에 관한 상법 제704조는 적하보험에 있어서 적재선박을 지정하지 아니하는 경우(예컨대 환적선 박불명 포함)에도 적하보험계약이 유효하게 성립하는 것을 인정한다고 규정한 것이다. 적재선박의 종류와 등급만을 정하고 구체적으로 어느 선박임을 지정하지 않은 채 하물운송의 위험을 담보한다는 것은 이미 危險條件(계약내용)을 확정한 것이므로, 이에 대한 보험료(계약내용)도 확정된다. 따라서 선박미확정의 적하예정보험계약은 계약내용이 모두가 확정되어 있으므로 보통의 보험계약에 속한다.

이와는 달리 예정보험은 계약내용(보험계약의목적)이 확정되지 아니한 상태로 그 손해전보를 포괄적으로 약정하고 그 내용의 확정에 의하여 당연히 그리고 자동적으로 개별보험계약의 효력이 발생하는 것이므로, 계약내용이 확정되기 전에는 개별적 보험계약이 성립하지 아니한다. 따라서 예정보험계약은 손해보험계약이 아니라 불확정한 계약내용의 확정에 의하여 당연히 개별적 손해보험계약을 성립시키는 일종의 무명계약, 즉 예정보험은 보험계약의 체결시에는 불확정한 장래의 계약내용이 확정된 때에 개별적인 보험관계가 당연히 발생하는 독립된 보험계약이라고 할 수 있다.

예정보험계약에서 계약내용의 확정은 보험관계를 자동적으로 발생시키는 하나의 기준이 되는 것이므로, 손해보험계약에서와 같이 구체적으로 확정하지 않고 계약내용을 확정시키는 기준을 예시(확정)하는 것으로 충분하다. 따라서 계약내용을 특정하기 위한 기준의 확정은 당사자가 이를 자유롭게 선택할 수 있으며, 확정통지의 효과도 당사자가 자유로이 정할 수 있다.

(2) 豫定保險의 效用   예정보험은 보험계약자에게 개별보험계약의 체결에 따른 수수료와 비용을 절약해 주고, 무보험상태의 위험을 제거해 준다. 다수의 불특정인과 수종의 하물을 빈번하게 거래·선적하는 무역업자가 수시로 해상보험을 체결하는 것은 불편하고, 간혹 하물에 대한 보험계약의 체결을 누락할 위험이 있다. 또한 개별보험에서는 하물의 종류·수량·가격, 적재선박의 명칭 등을 확정할 필요가 있으나, 수많은 물량의 하물을 수출입하는 상인은 선적시까지 그 수량·가격·적재선박 등을 확인할 수 없는 경우가 많다. 여기서 보험계약의 내용을 확정하지 아니하고 개괄적인 범위 내에 들어오는 내용을 당연히 담보하는 독립된 보험을 필요로 하게 된다.

한편 예정보험은 보험자에게도 이익을 준다. 예컨대 예정보험은 일반적으로 보험기간이 장기이기 때문에 그 기간 내의 피보험자의 운송물은 모두 그 보험자에게 付保하게 되며, 이러한 보험을 세계 각지에서 수집하므로 보험자는 보험료수입을 많이 확보할 수가 있다.

그러나 예정보험계약은 불확정한 계약내용이 확정되면 이를 보험자에게 통지하여 예정된 개별적 손해보험계약을 성립시키는 특수한 계약이므로, 확정통지가 최대선의로 성실하게 이행되지 않으면 안 된다. 왜냐하면 계약내용의 확정에 의하여 생기는 개별보험관계는 예정보험계약의 효과로서 성립하는 것이므로 하물이 무사하게 도착하였는 데도 보험료를 내지 않으려고 이를 숨기고 통지하지 아니하든가, 피해하물만을 확정통지하여 보험금만 받아내려고 한다면 예정보험의 기능이 충분히 발휘되지 않을 것이기 때문이다.

(3) 契約內容의 確定

A. 確定通知義務의 根據와 性質   불확정한 계약내용이 장래에 확정되면 당연히 보험관계가 발생하는 예정보험에서는 장래의 불확정한 내용이 확정되어야 비로소 보험자의 책임이 개시되고, 보험자는 책임개시의 기초내용을 신속히 알고 위험을 측정하여 보험료를 산정하며, 이를 재보험에 가입시켜

위험분산을 도모할 수 있다. 따라서 보험계약자 또는 피보험자는 도덕적 위험을 방지하고 보험자에게 불이익을 주지 않도록 계약내용의 확정을 보험자에게 통지할 필요가 있으며, 확정내용을 통지하여 보험자의 합리적인 보험경영에 협조할 의무가 있다고 할 것이다. 한편 선박미확정의 적하예정보험에서는 보험계약자 또는 피보험자가 그 하물이 선적되었음을 안 때에는 지체없이 보험자에 대하여 그 선박의 명칭·국적과 하물의 종류·수량과 가액의 통지를 발송하여야 한다(제704조 제1항).

  이와 같은 확정통지의무는 법률상의 진정한 의무가 아니라 책무(간접의무)에 지나지 않는다고 본다. 확정통지는 일정한 법률효과를 의욕하는 의사표시가 아니라 사실의 설명이므로, 이를 보험자에게 전달할 목적으로 제3자에게 교부하면 된다. 예컨대 우편함에 넣거나 상당한 시기에 도달할 수 있도록 필요한 조치를 취하여 사용인에게 건네 주면 충분하다. 선박미확정의 적하예정보험에서의 확정통지의무도 발신주의를 채용하고 있다.

  B. 確定通知의 時期와 內容   확정통지는 보험계약자 또는 피보험자가 그 사실을 안 때에 지체없이 하면 된다. 지체없는 통지기간의 기산점은 장래의 불확정한 계약내용이 확정되어 개별보험에 付保할 시점이다. 하물수량·선명·보험가액 등이 미상인 보험에서 하물에 대한 확정만의 통지를 발송하고, 나머지는 그 뒤에 신속하게 발송한 경우에도 그 통지를 유효한 것이라고 보아야 한다. 통지 후의 오기·탈루의 수정은 그것이 선의로 이루어진 경우에는 손해의 발생 또는 도착 후에도 할 수 있다.

  확정통지에는 일정한 형식을 요하지 않으며, 그 내용은 보험계약자 또는 피보험자가 확정통지한 사항이다. 예정보험계약은 개별보험계약을 자동적으로 성립시키는 계약이므로 개별보험계약을 성립시키는 예정보험계약상의 기준은 당사자들이 자유롭게 선택할 수 있는 것이다. 예컨대 피보험이익은 손해보험계약에서와는 달리 개별적으로 확정하지 아니하고 종류만으로 표시하거나 집합물 전체의 특징만을 표시하여도 충분하다. 그리고 위험측정이나 보험료의 결정에 중요한 영향을 미치는 사항, 예컨대 선적선박명·환적선박명·보험가액·항해구역 등은 확정통지의 내용에 포함된다.

  (4) 確定通知義務違反의 效果   현행상법 제704조 제2항은 선박미확정의 적하예정보험계약에서 확정통지의무를 게을리한 때에는 그 보험계약의 효력을 상실시키고 있다.

〈대판 1966. 1. 25, 64 다 53〉

「선박미확정의 적하해상보험계약에 있어서 화물을 철선에 실을 것을 전제로 하여 이를 기준으로 한 보험료율에 의하여 보험료를 지급한 경우에 그 화물을 목선에 적재할 때에는 선적 전에 보험자에게 통고하고, 목선에 해당되는 추가보험료를 지급하여야만 그 보험계약이 유효하게 존속되는 것이다.」

예정보험계약에서도 확정통지의무를 위반한 자에 대하여 어떠한 제재를 과할 것인가는 매우 중요하다. 확정통지의무의 성실한 이행은 예정보험계약의 원활한 운용을 도모하는 데 매우 중요한 기능을 수행하고 있기 때문이다. 보험자의 이익을 도모하기 위하여 예정보험계약에 의하여 발생하는 개별보험계약의 이익을 보험계약자 또는 피보험자에게서 전면적으로 박탈하고자 할 때에는 그 계약의 효력을 잃게 할 수 있다. 이 경우에 해지의 고지는 필요하지 않다. 그러나 확정통지의무의 위반내용에 의하여 보험자는 그 계약을 해지할 수도 있고, 상대방에 대하여 손해배상청구를 할 수 있는 정도의 효과를 부과할 수도 있다. 생각건대 예정보험계약에 있어서 확정통지는 개별보험계약을 성립시키는 요건이므로 확정통지가 있는 이상 개별보험계약은 자동적으로 성립하는 것이다. 그러므로 그 확정통지를 게을리한 경우에는 개별계약을 분석하여 그 보험계약을 ① 실효시킬 것인가, 또는 ② 그 동기의 선악이나 과실의 경중을 구별하여 서로 다른 효과를 인정할 것인가를 검토하는 것이 타당하다. 예컨대 확정통지를 정당한 시기에 고의로 하지 아니하면 예정보험계약을 종료시키고, 중대한 과실이 있을 때에는 보험자가 확정통지가 해태된 개별보험계약을 해지할 수 있게 하고, 경과실인 때에는 보험자에게 단순한 손해배상청구권만을 인정하는 것 등이다. 따라서 통지의무의 해태가 있으면 사유 여하를 불문하고 예정보험계약을 실효시키는 입법이나 해석은 타당하지 않다.

여기서 예정보험계약의 유효성을 입법적으로 해결하고자 한다면 개별보험계약은 확정통지에 의하여 효력이 발생할 것이며, 이 통지의무의 위반에 대한 효과는 그 계약내용에 관한 보험자의 책임을 면제시키는 정도로 규정하는 것이 적당하다고 본다.

Ⅲ. 海上保險契約의 內容

1. 保險의 目的

해상보험의 목적은 해상사업에 관한 위험으로 손해를 입게 될 모든 재산이다. 운송물만을 보험의 목적으로 하는 (육상) 운송보험과는 달리 해상보험에서는 운송물인 적하, 운송용구인 선박 및 속구 기타 항해에 필요한 물건이 보험의 목적이 된다.

〈대판 1978. 12. 26, 78 다 2028〉
「의장품이 선체의 종물이라 할지라도 특히 당사자가 공제계약의 목적물로 삼지 아니하기로 합의한 것이라면, 그 법적 운명에 있어서 반드시 선체와 함께 하여야 할 이유는 없다.」

또한 희망이익·운임 및 선비도 보험의 목적으로 할 수 있다. 선박보험의 경우, 선박이라 함은 상행위 기타 영리를 목적으로 항해에 사용하는 선박(제740조)뿐만 아니라 국·공유선이나 건조중인 선박도 보험의 목적이 될 수 있다.

2. 保險事故

해상보험에서 보험사고는 해상사업에 관한 사고이다(제693조). 해상사업이라 함은 바다를 주무대로 선박에 의하여 이루어지는 사업을 말하므로, 그 사고는 항해의 결과 또는 항해에 부수하여 발생하는 모든 위험으로서 해상에서 예측하지 못한 우연한 사고를 의미한다. 이것은 침몰·충돌·좌초·폭풍 등 해상 고유의 위험뿐만 아니라 화재, 폭발, 낙뢰, 해적, 포획·관청의 처분, 선원의 악항 등을 포함하며, 나아가 해상사업에 부수하는 육상이나 내수항행에 관한 사고도 포함되기도 한다. 따라서 선박이 항구에 정박중 또는 하물이 선적·양륙중에 생긴 사고도 이에 포함된다. 상법은 포괄책임주의에 입각하여 해상사업에 관한 모든 사고를 보험사고로 하고 있으나, 해상보험실무에서 사용하는 협회약관은 보험자의 담보위험을 구체적으로 열거하는 개별책임주의 또는 열거책임주의를 채택하고 있다. 그러나 실제상 그 차이는 거의 없다.

적하보험에서 하물의 선적 전 또는 양륙이 끝난 후에 생긴 사고는 해상 보험자가 담보할 위험이 아니다. 그러나 무역거래의 실정에서는 운송물은 육상의 일정한 지점에서 집하되어 다른 운송수단으로 선적항까지 운송되어 선적된 뒤 양륙항에서 양륙한 후 다시 수하인의 창고까지 운송하는 것이 일반적이다. 그리하여 적하보험약관에서는 보험계약자의 편의를 위하여 창고간 약관 또는 운송약관에 의하여 선적지의 일정한 지점(창고)으로부터 수하인에게 운송물이 인도되는 최종의 목적지까지의 도중에 발생할 육상위험을 담보하기도 한다. 이러한 경우에는 해상보험자의 담보위험이 육상위험에까지 확장된다.

3. 保險期間

해상보험자의 담보책임이 개시하여 종료할 때까지의 기간인 보험기간은 기간보험의 경우에는 쉽게 파악할 수 있으나 항해를 단위로 보험기간을 정한 항해보험의 경우에는 그 기간의 개시와 종료시를 결정하는 데 어려움이 있다. 따라서 상법은 이에 관해 특별규정을 두고 있다.

(1) 船舶保險   항해단위로 선박을 보험에 붙인 경우 보험기간은 하물 또는 저하의 선적에 착수한 때에 개시하고, 하물 또는 저하의 선적에 착수한 후에 보험계약을 체결한 때에는 그 계약이 성립한 때에 개시한다($^{제699조}_{제1항·}$ $^{제3}_{항}$). 그리고 이 경우 보험기간은 도착항에서 하물 또는 저하를 양륙한 때에 종료한다. 그러나 불가항력으로 인하지 아니하고 양륙이 지연된 때에는 그 양륙이 보통 종료될 때에 종료된 것으로 한다($^{제700}_{조}$).

(2) 積荷保險   적하를 보험에 붙인 경우에는 보험기간은 하물의 선적에 착수한 때에 이미 하물이 선적에 착수한 후에 보험계약을 체결한 때에는 계약이 성립한 때에 개시되고($^{제699조 제2}_{항·제3항}$), 도착항에서 하물을 양륙한 때에 종료한다. 그러나 불가항력으로 인하지 아니하고 양륙이 지연된 때에는 그 양륙이 보통 종료될 때에 보험기간이 종료된 것으로 한다($^{제700}_{조}$). 그러나 출하지와 도착지를 정한 경우에는 보험기간은 출하지에서 하물의 운송에 착수한 때에 개시하고, 도착지에서 하물을 인도한 때에 종료한다($^{제699조 제2항 제2}_{문, 제700조 제1문}$).

〈대판 1988. 9. 27, 84 다카 1639·1640〉

「관세법의 규정에 따라 설정한 자가보세장치장은 보세구역으로서 세관장의 엄격한 관리·감독을 받는 것이나, 자가보세장치장에 반입된 물품은 화주의 지배 하에 있는 것으로서 그 보관책임은 화주에게 있고, 다만 관세확보라는 관세행정의 목적의 범위 내에서 세관장의 감독을 받는 데 지나지 않으므로 적하보험약관의 운송약관과 양하 후 위험담보약관에 규정된 최종창고는 반드시 자가보세장치장을 제외하는 개념은 아니라 할 것이다.」($^{동지 판례평석 : 서헌제, 보험증권(보험약관)상 최종창고의 의미, 법률}_{신문 제1821호(1989. 2), 11쪽. 반대 판례평석 : 양승규, 해상적하보험약}$)

$^{관의 운송조항에 규정된 최종창고의 범}_{위, 인권과 정의 제151호(1989. 3), 75쪽}$)

4. 保險價額

해상보험에서도 당사자 사이에 보험가액을 합의한 기평가보험의 경우에는 그 가액에 따른다($^{제670조}_{제1문}$). 그러나 보험가액에 관한 합의가 없는 미평가보험의 경우에는 사고발생시의 가액이 보험가액으로 되기 때문에 그 가액을 결정하는 데 어려움이 있다. 그런데 해상보험의 목적인 선박과 적하는 항해의 진행에 따라 그 장소가 변하고, 공해상에서와 같이 보험사고발생의 장소와 시기에 보험가액을 평가하는 것이 사실상 불가능한 경우가 있다.

그래서 상법은 이에 관한 다툼을 방지하고, 보험기간이 비교적 단기이고 보험가액의 변동이 심하지 않다는 점을 고려하여 미평가보험의 경우에도 일정한 시점의 가액 또는 보험금액을 보험가액으로 정하고 있다. 선박 및 적하보험에서 일정한 시점의 가액을 보험가액으로 정하고, 보험기간중에 그 변동을 인정하지 않는 것을 보험가액불변경주의라고 한다.

(1) 船舶保險과 積荷保險		선박보험에서는 보험자의 책임이 개시될 때의 선박가액을 보험가액으로 한다($\binom{제696조}{제1항}$). 따라서 선박소유자의 피보험이익을 평가함에 있어서 기간보험의 경우에는 보험계약에서 정한 보험기간의 始期를, 항해보험의 경우에는 하물 또는 저하의 선적에 착수한 때를 기준으로 한다($\binom{제699조}{제1항}$). 선박보험의 목적에는 선박의 속구·연료·양식 기타 항해에 필요한 물건이 포함된 것으로 하기 때문에($\binom{제696조}{제2항}$) 이들의 가액을 선박의 가액에 더한 것이 선박보험의 보험가액으로 된다.

적하보험에서는 선적한 때와 곳의 적하의 가액과 선적 및 보험에 관한 비용을 보험가액으로 한다($\binom{제697}{조}$). 적하의 가액이란 선적한 때와 곳의 거래가액을 말하는데, 일반적으로 송장에 기재한 가액 또는 매입가액과 일치하지만, 물건의 매입시와 선적시의 시간적 차이로 인한 가격변경으로 반드시 일치하는 것은 아니다. 선적에 관한 비용이란 선적비용과 포장비·통관수수료·관세 등과 같은 선적부수비용을 포함한다. 그리고 보험에 관한 비용은 적하보험료와 보험계약체결중개료 등의 비용을 말한다. 그러나 상법은 (육상) 운송보험의 경우와는 달리 운임을 적하보험의 보험가액에 포함시키지 않고 있다($\binom{제689조\ 제}{1항과\ 비교}$).

선박보험의 보험가액과 관련하여 상법은 적하보험의 경우와 달리 선박의 보험가액의 평가장소를 규정하고 있지 않다. 따라서 보험자의 책임이 개시될 때에 선박이 공해상에 있는 경우와 같이 선박의 현재지에서는 선박가액을 평가할 수 없는 경우가 발생할 수 있다. 이러한 사정과 아울러 선박이 해상사업의 용구로 사용된다는 점을 고려하여 특별한 사정이 없는 한 시장가액, 즉 거래가액을 기준으로 할 것이 아니라 영업용 고정자산의 평가방법($\binom{제31조}{제2호}$)에 따라야 한다는 견해가 있다($\binom{양승규}{291쪽}$).

(2) 希望利益保險과 運賃保險   희망이익은 적하의 도착으로 얻을 이익 또는 보수이고, 이 이익은 적하의 가액에 대한 일정비율에 따라 정하여 적하보험과 함께 이에 부수하여 보험에 붙이는 것이 일반적이다. 그리하여 희망이익보험은 적하보험과 분리하여 다루지 아니하고 있으며, 그 보험가액은 당사자가 정하는 것이 보통이나, 이를 정하지 아니한 때에는 보험금액을 보험가액으로 한 것으로 추정한다(제698조).

운임보험의 보험가액에 관해서는 상법상 규정이 없다. 따라서 운임보험의 보험가액은 운임의 선급·착급 여부를 불문하고 피보험자가 그 운송에서 취득할 수 있는 총운임에 보험에 관한 비용을 더한 금액이 된다고 할 것이다.

Ⅳ. 海上保險契約의 效果

1. 海上保險證券의 交付義務

상법상 해상보험증권도 다른 보험증권과 마찬가지로 보험계약이 성립된 후 지체없이 보험자가 작성하여 보험계약자에게 교부하여야 한다(제640조). 해상보험증권에는 상법 제666조에 게기한 사항 이외에 ① 선박보험에서는 선박의 명칭·국적과 종류 및 항해의 범위, ② 적하보험에서는 선박의 명칭·국적과 종류·선적항·양륙항 및 출하지와 도착지를 정한 때에는 그 지명, ③ 보험가액을 정한 때에는 그 가액을 기재하여야 한다(제695조).

2. 損害補償責任

(1) 補償損害의 範圍

A. 原 則   해상보험자는 보험기간중 해상사업에 관한 사고로 보험의 목적에 발생한 피보험자의 손해를 보상할 책임이 있다(제693조). 해상보험자가 담보하는 위험은 해상사업에 관한 것이지만, 보험계약자와의 합의에 의하여 그 범위를 확장하거나 제한할 수 있다. 따라서 해상보험자는 해상위험 중에서 특정한 위험으로 인한 손해에 대해서는 보상하지 않는 것으로 약정하여 책임을 제한하거나, 반대로 창고간 약관 또는 운송약관 등의 약정에 의하여 육상위험으로 인한 손해까지도 보상하는 경우가 있다.

B. 商法上의 特則   해상보험자가 보상할 손해는 보험사고와 상당인과관계가 있어야 하고, 피보험이익에 직접적으로 생긴 직접손해이어야 한다. 상법은 해상보험자가 보상하여야 할 손해의 범위에 관하여 특칙을 두고 있다.

(ⅰ) 共同海損으로 인한 損害   공동해손이란 선장이 선박과 적하의 공동위험을 면하기 위하여 선박이나 적하에 대한 처분으로 인하여 생긴 손해와 비용 또는 이를 이해관계인에게 분담시키는 제도를 말한다(제865조). 선박과 적하의 공동위험을 면하기 위한 선장의 공동해손처분은 일종의 해상위험으로 인한 사고이므로 그 처분으로 인하여 피보험자가 보험의 목적에 대해 직접적으로 입은 손해에 대해서는 당연히 보험자가 보상해야 하며, 보험자는 이를 보상한 후 피보험자가 공동해손분담의무자에 대하여 갖는 공동해손분담청구권을 대위행사할 수 있다(제682조). 이처럼 공동해손으로 인한 직접손해는 해상보험자가 당연히 보상할 책임이 있다.

공동해손은 그 위험을 면한 선박 또는 적하의 가액과 운임의 반액과 공동해손액의 비율에 따라 각 이해관계인이 분담하게 되는데(제866조), 이 분담액을 공동해손분담액이라 한다. 피보험자가 공동해손제도에 의하여 부담하는 공동해손분담액은 보험의 목적에 대한 직접손해가 아니라 간접손해에 해당하고, 따라서 책임보험이 아닌 선박·적하보험의 보험자가 공동해손분담으로 인한 손해를 담보하는가 하는 점이 문제된다.

이에 관해 상법은 피보험자가 지급할 공동해손분담액에 대하여 보험자의 보상책임을 인정하고 있다(제694조 본문). 그러나 보험의 목적의 공동해손분담가액이 보험가액을 초과할 때에는 그 초과액에 대한 분담액은 보상하지 않도록 책임제한을 인정하고 있다(제694조 단서). 보험자는 분담의무 있는 보험의 목적이 그 분담가액 전액에 대하여 보험에 붙여진 때에는 공동해손분담액 전액을 보상하여야 한다. 그러나 보험의 목적이 분담가액의 전액에 대하여 付保되지 아니하였거나 일부보험인 경우에는 보험자는 보험금액의 보험가액에 대한 비율에 따라 보상책임을 진다(제674조).

그런데 해상보험에서의 보험가액과 해상운송상의 공동해손분담가액(제867조)의 산정시기가 서로 차이가 있으므로, 양자 사이에 차이가 발생하는 경우에는 공동해손분담으로 인한 보험자의 보상책임은 그 분담가액과 보험가액의 비율에 따른다.

(ⅱ) 救 助 料   선박 또는 적하가 해양사고에 조우한 경우, 제 3 자가 의무 없이 이를 구조한 때에는 그 결과에 대하여 상당한 보수를 청구할 수 있다(제882조). 이처럼 해양사고구조자가 구조된 선박 또는 적하의 이해관계인에게 청구하는 보수가 (해양사고) 구조료이다.

　　보험의 목적인 선박과 적하가 해양사고에 당하여 제 3 자에 의하여 구조되었을 때에 지급하는 구조료는 손해방지비용과는 다르지만, 그 해양사고가 보험사고인 해상위험으로 인한 것인 때에는 보험자는 공동해손분담액의 경우와 같이 피보험자의 구조료지급으로 발생한 손해를 보상하도록 하는 것이 당연하다. 현행상법도 이러한 사정을 감안하여 보험자는 피보험자가 지급할 구조료를 보상할 책임이 있고, 다만 보험의 목적물의 구조료분담가액이 보험가액을 초과할 경우 그 초과액에 대한 분담액에 대해서는 보상할 책임이 없는 것($\frac{제694조}{의2}$)으로 하고 있다.

　　(iii) 特別費用　　　　보험의 목적의 안전이나 보존을 위하여 지급할 특별비용도 보험사고와 관련하여 발생한 비용이라고 할 수 있으므로, 보험자는 보험금액의 한도 내에서 그 특별비용을 보상할 책임이 있다($\frac{제694조}{의3}$). 특별비용이란 사고로 파손된 선박을 수선함으로 회항시키거나 예인하는 데 드는 비용 또는 하물적재선박이 항해불능인 경우 하물을 목적지까지 수송하는 데 드는 양륙 · 보관 · 환적비용 등을 말한다. 이러한 특별비용은 보험의 목적의 안전· 보존을 위하여 피보험자에 의하여 또는 피보험자를 위하여 지출되는 비용이기 때문에 보험금액의 한도 내에서 보험자에게 보상책임을 인정하고 있다.

　　(iv) 船舶衝突로 인한 損害　　　　2 척 이상의 선박이 해상 또는 내수에서 충돌한 경우, 피보험선박에 발생한 직접손해는 당연히 보험자가 보상할 책임이 있다. 그러나 선박충돌에 피보험자의 과실이 있어 다른 선박에 발생한 손해를 배상할 책임이 있는 경우, 이에 대해 보험자가 보상책임을 지는가 하는 것이 문제된다. 이에 관해서는 상법에 명문규정이 없으므로 특약이 없는 한 보험자는 보상책임이 없다고 할 것이다. 왜냐하면 피보험자의 제 3 자에 대한 손해배상책임은 해상보험에서 당연히 보상될 성질의 손해가 아니고, 별개의 책임보험에 의해서 보상받아야 할 손해이기 때문이다. 실무에서는 보험약관에 충돌조항(Running Down Clause)을 삽입하여 이에 대한 보험자의 보상책임을 인정하고 있다. 이렇게 일반적인 해상보험에서는 담보되지 않는 책임을 보상하기 위하여 선주책임상호보험(Protection & Indemnity Insurance : P&I)이라는 것이 있다. 선주책임상호보험조합(P&I Club)은 전통적인 선박보험이 付保하지 않는 위험을 보상할 목적으로 설립된 선주들의 자주적이며 비영리적인 단체로서 책임보험의 일종이다. 최초의 선주책임상호보험회사(P&I Club)는 1855년 영국에서 Shipowner's Mutual Protection Society로서 현재 영국의 Britannia

를 비롯하여 노르웨이의 Guard, 일본의 Japan P&I가 있고, 우리 나라도 한국 P&I가 있다. 일반 해상보험은 재산에 발생한 손해를 보상해 주는 물보험인 데 비해, 선주책임상호보험은 피보험자, 즉 선주들의 제 3 자에 대한 책임손해를 취급한다. 따라서 선주책임상호보험에 의해 담보되는 책임은 해상보험과는 차이가 있으며, 대체로 선원에 대한 책임, 충돌배상책임, 적하손해에 대한 책임(불감항성에 의한 것도 포함), 예선사용계약에 따른 책임, 공동해손·유탁오염 등에 의한 책임을 담보하고 있다.

(2) 保險者의 免責

A. **法定免責事由**   해상보험자가 일반적인 법정면책사유(제659조, 제660조, 제678조)로 면책되는 점은 다른 보험의 경우와 같다. 그러나 해상사업에는 특수성이 있고, 보험사고도 다른 손해보험에 비하여 광범위하며, 그 책임범위도 넓다. 이를 고려하여 상법은 해상보험에만 적용되는 몇 가지의 특별법정면책사유를 정하고 있다.

(i) 不堪航으로 인한 損害   선박·운임보험의 경우에는 발항 당시 안전하게 항해를 하기에 필요한 준비를 하지 아니하거나 필요한 서류를 비치하지 아니하여 생긴 손해에 대하여 해상보험자는 면책된다(제706조 제1호). 해상사업의 중심은 선박이며, 해상위험으로부터 선박과 적하를 안전하게 보존·운송하기 위해서는 선박의 감항능력이 필수적으로 요구된다. 따라서 해상기업의 주체로 하여금 적어도 선박의 발항 당시에 감항능력을 갖추도록 하기 위하여 발항 당시 감항능력의 흠결로 인한 손해에 대해서는 보험자를 면책시키고 있다.

선박의 발항 당시 감항능력이 구비되어 있었다면, 그 후 불감항으로 인하여 손해가 발생하더라도 보험자는 보상책임을 면하지 못한다. 그러나 적하보험에는 선박의 불감항으로 인한 보험자의 면책이 인정되지 않는다.

〈대판 1986. 11. 25, 85 다카 2578〉

「상법 제706조 제 1 호는 선박 또는 운임을 보험에 붙인 경우, 보험자의 면책에 관한 규정으로서 적하를 보험에 붙인 경우에는 적용되지 않는다.」

〈대판 1995. 9. 29, 93 다 53078〉

「어선보통공제약관에서 '공제목적인 어선이 발항 당시 통상의 해상위험계약의 청약을 승낙하여 보상책임을 부담합니다'라고 규정하고 있는 경우, '공제의 목적인 어선이 발항 당시 통상의 해상위험을 사실상 감내할 수 있을 정도로 적합한 상태'

란 공제의 목적물인 선박이 발항 당시 통상의 해상위험을 사실상 감내할 수 있는 정도의 감항능력을 갖추고 있는 상태를 뜻하고, 이러한 감항능력은 언제나 선체나 기관 등 선박시설이 당해 항해에 있어서 통상의 해상위험을 감내할 수 있는 능력 (물적 감항능력)을 구비함과 동시에 그 선박에 승선하고 있는 선원의 기량과 수에 있어서도 그 항해에 있어서 통상의 해상위험을 감내할 수 있을 정도의 상태(인적 감항능력)에 있어야만 완전히 갖추어진다고 보는 것이 위 약관의 문언과 상법 제 706조 제 1 항의 규정 등에 비추어 정당하다.」

(ii) 傭船者・送荷人 또는 受荷人의 故意 또는 중대한 過失로 인한 損害   적하보험의 경우에는 용선자・송하인 또는 수하인의 고의 또는 중대한 과실로 인하여 생긴 손해에 대하여 해상보험자는 면책된다($^{제706조}_{제2호}$). 적하보험에서 용선자와 송하인 또는 수하인은 비록 보험계약자 또는 피보험자가 아니라 하더라도 용선자와 송하인은 해상물건운송계약의 당사자이고, 수하인은 운송물을 수령할 권리를 가지는 자이다. 그러므로 이들의 고의 또는 중대한 과실로 생긴 손해는 보험계약자 등의 고의 또는 중대한 과실로 생긴 보험사고와 같이 볼 수 있고, 따라서 상법은 그러한 사유에 대해서는 보험자의 면책사유로 하고 있다.

(iii) 航海中의 通常費用   도선료・입항료・등대료・검역료 기타 선박 또는 적하에 관한 항해중의 통상비용에 대해서도 해상보험자는 면책된다 ($^{제706조}_{제3호}$). 이러한 비용은 선박과 적하의 항해에 부수하여 당연히 발생할 수 있는 통상의 비용($^{이를 소해손(average)}_{accustomed)이라 한다}$)으로서 우연한 사고로 인한 손해가 아니다. 항해중의 통상비용에 대한 보험자의 면책은 보험의 목적의 자연소모로 생긴 손해를 면책사유로 하고 있는 점($^{제678}_{조}$)과 비교할 수 있다.

B. 約定免責事由   해상보험계약의 당사자는 특약에 의해 면책사유를 정할 수 있다. 실무에서 사용되는 해상보험약관에는 면책사유를 규정하여 보험자가 담보하지 않는 위험의 범위를 정하고 있다. 해상보험은 이른바 기업보험의 일종이므로 보험계약자 등의 불이익변경금지규정이 적용되지 않는다($^{제663조}_{단서}$).

(3) 補償額의 算定

A. 損害補償의 範圍   해상보험자는 보험기간중에 생긴 보험사고와 상당인과관계가 있는 피보험자의 손해를 보상할 책임이 있다. 이 때의 손해보상은 보험계약에서 정하는 바에 따라 보험가액을 한도로 보험금액의 범위

에서 이루어진다. 그리고 보험자는 피보험자에게 발생한 손해 외에 손해방지비용과 손해액산정비용도 추가로 부담하여야 한다(제680조 단서, 제676조 제2항).

　　보험자의 손해보상책임은 손해의 유형에 따라 차이가 있지만, 일반적으로 손해를 피보험이익의 멸실·훼손의 정도에 따라 全損과 分損으로 나누어 그 책임의 정도를 유형화하고 있다. 全損은 보험의 목적이 전부 멸실·훼손되거나 그 성질을 상실할 정도로 심하게 손상된 경우를 말하고, 分損은 全損에 이르지 아니한 일부의 손해를 말한다. 상법은 分損의 경우 보상액의 산정에 관하여 특별규정을 두고 있다.

　　B. 全損의 경우　　피보험이익의 全損이 발생한 경우에는 보험가액의 전액이 손해액이 된다. 따라서 해상보험자는 보험가액을 한도로 보험금액의 범위에서 손해를 보상하여야 한다. 개정상법에 의하면 선박의 존부가 2월간 분명하지 아니한 때에는 선박의 행방불명으로 하고 이를 全損으로 추정하고 있으므로(제711조 제2항), 보험자는 피보험자에게 全損으로 인한 손해를 보상하여야 한다. 선박과 함께 행방불명된 적하는 이를 全損으로 하고, 付保危險인 해상위험으로 인한 것으로 추정하여 보험자가 그 보상책임을 진다.

　　〈대판 1991. 5. 14, 90 다카 25314〉

　　「화물이 선박과 함께 행방불명된 경우에는 현실전손으로 추정되고(영국해상보험법 제58조), 그 현실전손은 일응 부보위험인 해상보험으로 인한 것으로 추정되어 보험자는 전보책임을 면할 수 없는 것이며, 부보위험으로 인한 손해라는 추정은 보험자가 부보위험이 아닌 다른 위험 내지 면책위험으로 인한 것일 가능성이 있음을 주장하고, 그 가능성이 보다 우월하거나 동일함을 입증하는 경우에 한하여 깨어지는 것이라고 할 것이다.」

　　C. 分損의 경우

　　(i) 船舶의 分損　　선박의 일부가 훼손되어 그 훼손부분의 전부를 수선한 경우에는 보험자는 수선에 따른 비용을 1회의 사고에 대하여 보험금액을 한도로 보상할 책임이 있고(제707조의2 제1항), 그 일부를 수선한 경우에는 보험자는 수선에 따른 비용과 수선하지 아니함으로써 생긴 감가액을 보상할 책임이 있다(동조 제2항). 선박의 일부가 훼손되었으나 이를 수선하지 아니한 경우에는 보험자는 그로 인한 감가액을 보상할 책임이 있다(동조 제3항).

　　보험자가 보상책임을 지는 감가액은 그 훼손부분을 수리하는 데 드는 합리적인 비용을 초과하지 않는 범위에 한정된다고 본다. 선박의 수선에 대해서는 매 사고에 대하여 부담하지만, 선박의 수선 전에 全損이 발생한 때에는 보험자는 그 全損에 대해서만 보상책임을 지면 된다.

　(ii) 積荷의 分損　　보험의 목적인 적하가 훼손되어 양륙항에 도착한 때에는 보험자는 그 훼손된 상태의 가액과 훼손되지 아니한 상태의 가액의 비율(손해율)에 따라 보험가액의 일부에 대한 손해를 보상할 책임이 있다(제708조). 상법이 적하의 分損에 대해서는 양륙항을 기준으로 훼손율을 결정하는 이유는 적하의 전부 또는 일부가 훼손되어 分損이 발생한 경우, 그 훼손가액은 양륙항에서 이를 산정하기가 용이하고, 피보험자의 실손해는 양륙항에서의 손해라고 보아야 한다는 데 있다.

　일부보험의 경우에는 손해율에 따른 보험가액의 일부에 대한 손해액에 보험금액의 보험가액에 대한 비율을 곱하여 나온 금액을 보상하게 된다(제674조). 전부보험인 때에는 그 손해액이 바로 보험자의 보상액으로 된다. 상법은 적하가 훼손된 경우만을 규정하고 있으나, 적하의 일부가 멸실되어 수량·중량이 감소된 경우에도 동일한 원칙에 의하여 보험자의 손해보상액을 산정하면 된다.

　(iii) 積荷의 賣却　　항해도중에 불가항력으로 보험의 목적인 적하를 매각한 때에는 보험자는 그 대금에서 운임 기타 필요한 비용을 공제한 금액과 보험가액의 차액을 보상하여야 한다(제709조 제1항). 적하의 매각으로 인한 손해는 적하 자체의 손해는 아니지만, 불가항력으로 적하를 매각하는 때에는 대부분 통상의 가액보다 저가로 매각되는 점을 고려하여 적하의 훼손에 따른 손해에 준하여 그 차액을 보상하도록 한 것이다. 불가항력으로 적하를 매각한 때라 함은 선장의 적하처분권이 인정되는 경우, 즉 선박수선료·해양사고구조료 기타 항해의 계속에 필요한 비용의 지급을 위하여 적하를 매각한 경우(제750조 제1항 제3호)가 이에 해당한다. 이 경우에는 적하이해관계인이 지급할 운임(제813조) 기타 필요한 운송물의 처분비용 등을 그 매각대금에서 공제하도록 하고 있다.

　피보험자의 적하가 매각된 경우에 보험자는 전부보험의 경우에는 그 차액의 전부를 보상하고, 일부보험의 경우에는 그 차액에 보험금액의 보험가액에 대한 비율을 곱한 금액을 보상하여야 한다(제674조).

　불가항력으로 적하를 매각한 경우에 적하의 매수인이 대금을 지급하지 아니한 때에는 보험자가 그 금액을 지급하여야 하며, 보험자가 그 금액을 지급한 때에는 피보험자가 매수인에 대해 갖는 권리를 취득한다(제709조 제2항). 이에 따라 피보험자는 보험에 의해 보호를 받고, 보험자는 대위권을 갖게 된다.

(iv) 運賃의 分損   운임의 分損에 관해서는 상법에 규정이 없다. 운송
물의 전부 또는 일부가 송하인의 책임 없는 사유로 멸실한 때에는 해상운송
인은 운임을 청구하지 못하고($\frac{제815조}{제134조}$), 또한 선박의 침몰 또는 법정사유로 운
송계약이 종료·해지된 때에는 운송의 비율에 따라 현존하는 운송물의 가액
의 한도에서 운임을 청구할 수 있다($\frac{제810조\ 제2항}{제811조\ 제2항}$). 따라서 운임보험의 경우 피
보험자인 해상운송인은 운임의 전부 또는 일부를 상실하는 경우가 있다. 운임
의 일부 상실로 운임의 分損이 생긴 때에도 보험자는 피보험자가 상실한 운
임의 운임총액에 대한 비율에 따라 보상한다.

V. 危險의 變更

1. 序   說

보험자는 보험계약체결시에 보험계약자가 고지한 위험사정에 기하여 위
험의 인수를 결정한다. 따라서 계약체결 후부터 보험기간의 개시시까지 또는
위험의 개시 후에 그 위험사정이 변화한 때는 보험자의 위험인수의 전제조건
에 변화가 생긴 것이므로, 보험기간중에는 보험계약자 또는 피보험자는 고의
또는 중대한 과실로 사고발생의 위험을 현저하게 변경 또는 증가시켜서는 안
되며, 계약체결시의 위험사정을 그대로 유지하여야 하는 위험변경·증가금지
의무를 부담하고 있다. 이 의무의 위반에 대해서는 보험자가 그 사실을 안
날로부터 1월내에 보험료의 증액을 청구하거나 계약을 해지할 수 있다
($\frac{제653}{조}$).

그러나 보험계약체결시에 고지된 위험사정은 여러 가지 원인에 의하여
변하게 되는데, 특히 선박 또는 적하와 같이 해상에서 이동하는 물건을 보험
의 목적으로 하는 해상보험에서는 보험계약자 또는 피보험자의 귀책사유로
위험이 변경되는 경우가 많다. 상법은 해상보험의 경우에 항해의 변경, 선박
의 변경과 같이 보험에 붙여진 위험과는 내용적으로 전혀 다른 위험으로 변
하는 경우($\frac{위험의\ 질}{적\ 변경}$)와 離路 또는 발항이나 항해의 지연과 같이 사고발생의 가
능성이 증가하는 경우($\frac{위험의\ 양}{적\ 변경}$)로 나누어 보험계약의 효력을 규정한 특칙을
두고 있다. 이러한 특칙은 해상보험에서 위험의 변경 또는 증가를 증명하는
것이 곤란하다는 점을 반영하고 있다.

2. 航海의 變更

(1) 航海變更의 意義   항해보험에서 항해는 보험계약에서 정한 발항

항에서 도착항까지의 항해를 의미하기 때문에 항해의 변경이란 그 발항항 또는 도착항의 일방 또는 쌍방을 변경하는 것이다. 선박보험이든 적하보험이든 항해보험에서 보험자는 그 항해에 관한 사고로 인한 손해를 담보할 뿐이므로, 보험계약에서 정한 발항항 또는 도착항의 변경은 보험계약에서 정한 위험의 내용에 대한 중대한 변경을 초래한다.

(2) 航海變更의 效果

A. 發航港 또는 到着港의 變更   선박이 보험계약에서 정하여진 발항항이 아닌 다른 항에서 또는 도착항이 아닌 다른 항을 향하여 출항한 때에는 보험자는 책임을 지지 않는다(제701조 제1항·제2항). 항해의 변경에 대한 보험자의 면책은 선박보험이든 적하보험이든 그 변경에 대한 보험계약자 또는 피보험자의 귀책사유 여부를 불문하고 인정된다. 보험자의 면책은 당연히 인정되기 때문에 보험계약의 해지를 요하지 않는다.

B. 責任開始 後의 變更   보험자의 책임이 개시된 후에 보험계약에서 정하여진 도착항이 변경된 경우에는 보험자는 그 항해의 변경이 결정된 때부터 책임을 지지 않는다(제701조 제3항). 보험자의 면책은 보험계약자 또는 피보험자가 항해를 변경하기로 결정한 때부터 인정되기 때문에 발항 후 일단 도착항의 변경을 결정하였다면, 결정 후 아직 원래의 항로를 벗어나지 아니한 상태에서 사고가 발생한 경우에도 보험자는 보상책임을 지지 않는다.

보험자의 책임개시 후의 항해변경에 대하여 보험계약자 또는 피보험자의 귀책사유를 불문하는가에 관해서는 그 변경이 전쟁이나 항구의 폐쇄 등과 같이 보험계약자 또는 피보험자의 책임 없는 사유로 인한 때에는 보험자는 항해변경 후의 사고에 대하여도 보상책임을 진다고 본다(동지; 양승규, 315쪽). 그리고 항해의 변경이 피보험자의 관여 없이 선장의 단독행위에 의하여 결정된 때에는 비록 선장에게 선적항 외에서 항해에 필요한 재판상 또는 재판 외의 모든 행위를 할 포괄적 대리권이 있다고 해도 보험계약자 또는 피보험자의 지시나 관여가 없는 이상 보험자는 보험계약상의 책임을 져야 할 것이다. 왜냐하면 해상보험자는 다른 약정이 없는 한 해상사업에 관한 사고로 인하여 발생한 모든 손해를 보상할 책임이 있기 때문이다.

C. 航海變更의 合意와 立證責任   보험자와 보험계약자가 항해의 변경에 관하여 합의를 한 경우에는 그 합의에 따라 항해변경 후의 사고에 대하여 보험자는 보상책임을 져야 한다.

항해변경에 대해서는 보험자에게 입증책임이 있다. 항해변경이 발생한 경우에도 피보험자는 항해의 변경에 대하여 보험계약자 또는 자신에게 귀책사유가 없음을 증명함으로써 보험자의 보상책임을 물을 수 있다.

3. 船舶의 變更

(1) 船舶變更의 意義　　선박의 변경이란 보험계약에서 정한 선박을 다른 선박으로 변경하는 것을 말한다. 선박보험에서는 선박이 바로 보험의 목적이 되므로 피보험자가 그 선박을 다른 선박으로 대체한 때에는 보험자의 동의가 없는 한 보험계약은 종료한다. 그러나 적하보험에서는 선박은 적하의 운송용구에 지나지 않고 그 자체가 보험의 목적이 되는 것은 아니기 때문에 선박이 변경된 경우 보험계약의 효력 또는 보험자의 책임이 문제된다. 이것은 희망이익보험과 운임보험의 경우에도 마찬가지이다.

(2) 船舶變更의 效果　　적하보험의 경우에 보험계약자 또는 피보험자의 책임 있는 사유로 인하여 선박을 변경한 때에는 보험자는 그 변경 후의 사고에 대하여 책임을 지지 않는다($_{조}^{제703}$). 왜냐하면 해상보험에서 보험사고는 선박과 밀접한 관련을 갖기 때문이다. 즉 비록 적하보험에서 선박은 적하의 운송용구에 지나지 않지만, 위험률의 측정에 있어서 중요한 기준으로서 그 개성이 중시되기 때문에 정당한 사유 없이 선박을 변경한 때에는 보험자는 그 변경 후의 사고로 인해 손해에 대하여 보상책임을 지지 않는 것이다. 그런데 이 원칙의 적용범위를 확장하여 보험증권에 기재된 선박보다 튼튼하고 안전한 선박으로 변경한 때에도 적용된다는 견해가 있으나($_{316쪽}^{양승규,}$), 동 원칙이 인정된 취지를 감안할 때 받아들이기 어렵다. 한편 선박의 변경이 보험계약자 또는 피보험자의 책임 없는 사유로 인한 경우, 예컨대 항해중의 사고로 선박이 항해불능이 되어 적하를 다른 선박에 환적하여 운송한 경우에는 선박의 변경 후에 발생한 사고에 대해서도 보험자는 보상책임을 지게 된다.

선박변경의 입증책임은 보험자에게 있다. 선박변경이 인정되는 경우에도 피보험자는 선박의 변경에 대해 보험계약자 또는 자신에게 귀책사유가 없음을 증명하여 보험자의 보상책임을 물을 수 있다. 그러나 해상운송계약에서 사용되는 代船約款 또는 換積約款은 운송계약의 당사자가 아닌 보험자를 구속하지 못한다. 따라서 해상운송인이 용선자 또는 송하인과 약정한 대선약관 또는 환적약관에 따라 지정선박 이외의 다른 선박으로 적하를 운송한 경우에 보험자는 선박변경 후의 사고에 대하여 보상책임을 지지 않는다. 물론 보험계

약에서 대선약관 또는 환적약관에 대한 고지를 받고 그 위험을 인수하거나
담보한 때에는 선박변경 후의 사고에 대해서도 보험자가 책임을 져야 한다.

4. 離　　路

선박이 정당한 사유 없이 보험계약에서 정하여진 항로를 이탈한 경우에
는 보험자는 그 때부터 책임을 지지 않는다($^{제701조의\ 2}_{제1문}$). 통상적인 항해는 거의
특정지점간의 가장 안전한 최단의 거리를 항로로 하고 있다. 이와 같은 항로
를 이탈한 것을 離路라고 한다. 다수의 기항을 예정하고 있는 경우에 보험계
약에서 정한 기항순서 또는 지리적인 순서에 따르지 아니한 항해도 離路가
된다. 離路가 행해진 경우에도 발항항이나 도착항은 변경되지 않아 원래의
항해는 유지되고 있기는 하지만, 보험계약에서 정한 항로 또는 관행에 따른
항로를 벗어나 항해하는 것은 선박의 항해를 지연시킬 뿐만 아니라 항해에
관한 위험을 현저하게 변경시키기 때문에 보험자의 면책을 인정한 것이다.

따라서 상법은 離路 후의 사고에 대해서 보험자가 보상책임을 지지 않도
록 하고 있다. 일단 離路가 있는 때에는 선박이 손해발생 전에 원항로로 돌아
온 경우에도 보험자는 보상책임을 지지 않는다($^{제701조의\ 2}_{제2문}$). 그러나 離路가 정당
한 사유로 인한 때에는 보험자는 보상책임을 면하지 못한다. 여기서 정당한
사유란 구체적인 사정에서 판단할 사실문제이지만, 예컨대 불가항력이나 인명
의 구조 등을 위하여 離路한 경우가 이에 해당한다. 정당한 사유로 離路한
경우에도 그 사유가 없어진 때에는 지체 없이 원항로로 돌아와야 하고, 따라
서 원항로의 복귀를 지체한 후의 사고에 대해서는 보험자는 책임이 없다고
할 것이다.

5. 發航 또는 航海의 遲延

피보험자가 정당한 사유 없이 발항 또는 항해를 지연한 때에는 보험자는
발항 또는 항해를 지체한 이후의 사고에 대하여 책임을 지지 않는다($^{제702}_{조}$). 해
상보험에서 위험은 선박의 상태·항해·항로 등에 따라 달라지게 될 뿐만 아
니라, 동일한 항해이더라도 그 시기와 기간에 의해서도 영향을 받게 된다. 그
러므로 피보험자가 항해보험에서 예정하고 있는 항해기간을 준수하지 않고
부당하게 발항 또는 항해를 지체하는 경우에는 보험계약체결 당시 보험료산
출의 기준이었던 위험률에 변동이 있는 것이므로, 그 지체 후의 사고에 대하
여 보험자가 책임을 지지 않는다. 여기서 발항이란 선박보험의 경우에는 始
發港, 적하보험의 경우에는 선적항에서의 발항을 의미하고, 항해의 지연이란

기항항에서의 지체 또는 저속운항으로 항해기간이 늘어나는 것을 의미한다. 그러나 피보험자가 불가항력, 항구의 폐쇄, 인명구조의 필요 등 정당한 사유로 발항 또는 항해를 지연한 경우에는 보험자는 보상책임을 면하지 못한다.

6. 船舶의 讓渡 등의 效果

선박보험의 경우에 선박은 보험의 목적이므로, 선박의 소유자나 관리자 또는 선박의 상태가 변경되면 사고위험은 현저하게 변동하게 된다. 따라서 선박보험에서는 피보험자와 선박의 관계가 중시되고 있다. 이 점을 고려하여 상법은 보험의 목적의 양도에 관한 제679조에 대한 특칙으로서 선박보험에서 선박을 양도한 때, 선박의 선급을 변경한 때 및 선박을 새로운 관리로 옮긴 때에는 보험계약을 종료시키고 있다(제703조의 2). 그러나 이에 관하여 보험자의 동의를 얻은 때에는 보험계약은 종료되지 않고, 선박의 양수인이 보험계약상의 권리와 의무를 승계하거나 동의시의 조건에 따라 보험계약은 변경된다고 할 것이다(제703조의 2). 보험자의 동의는 특별한 약정이 없는 한 구두 또는 서면으로도 족하다.

〈대판 2004. 11. 11, 2003 다 30807〉

「선박의 양도를 보험계약의 자동종료사유의 하나로 규정하는 것은 선박보험계약을 체결함에 있어서 선박소유자가 누구인가 하는 점은 인수 여부의 결정 및 보험료율의 산정에 있어서 매우 중요한 요소이고, 따라서 소유자의 변경은 보험계약에 있어서 중대한 위험의 변경에 해당하기 때문이라고 할 수 있는데, 특별한 사정이 없는 한 조업허가를 얻기 위한 목적으로 허위의 매매계약서를 작성하였다는 점만으로는 보험계약상 중대한 위험의 변경이 발생한다고 보기는 어렵다는 점에 비추어 그와 같은 경우를 상법 제703조의 2 제 1 호의 '선박을 양도할 때'에 해당한다고 새길 수는 없다.」

Ⅵ. 保險委付

1. 槪   念

(1) 意   義   보험위부라 함은 일반적으로 보험의 목적이 전부 멸실한 것과 동일시할 수 있는 일정한 사유가 발생한 경우에 피보험자가 보험의 목적을 보험자에게 위부하고, 보험자에 대하여 보험금의 전액을 청구할 수 있는 해상보험에 특유한 제도를 말한다.

손해보험은 보험자가 피보험자에게 보험사고로 인하여 현실적으로 발생한 재산상의 손해를 보상하는 것을 목적으로 하므로, 피보험자가 보험금의 지급을 청구하기 위해서는 보험사고로 인한 손해를 증명하여야 한다. 이 원칙에 따르면 피보험자는 피보험이익의 전부 또는 일부의 멸실이나 훼손을 증명하지 못하는 한 손해보상을 받을 수 없게 된다. 해상보험에서는 보험의 목적이 보험계약자나 피보험자의 관리·지배를 벗어나 광범위한 해역을 이동하므로 손해의 발생 여부가 불분명하거나 그 증명이 용이하지 아니한 경우가 많고, 손해의 산정 등에 막대한 비용과 시간이 필요하다. 또한 세계적 연락망과 거대한 자금을 가진 보험자가 피보험자보다는 위험을 더 잘 파악할 수 있는 지위에 있기 때문에 보험의 목적에 대한 관리를 가능한 한 신속히 보험자에게 이전시키는 것이 바람직할 수도 있다. 이러한 이유에서 보험의 목적이 전손된 것으로 보아야 할 경우에는 비록 全損이 확정되지는 아니하였더라도 그 개연성이 충분하다면 법률상 이를 전손으로 보아 피보험자가 보험금액의 전액을 청구할 수 있게 하고, 동시에 피보험자가 보험의 목적에 대하여 가지는 권리를 보험자에게 이전시킬 필요가 있다. 이러한 취지에서 인정된 제도가 바로 보험위부이다.

(2) 沿　革　　보험위부제도는 해상보험의 역사만큼 오래 되었다. 14세기 말에서 15세기 초에 지중해지방에서 사용된 보험증권에는 선박 또는 적하가 행방불명이 된 때에는 보험자는 보험금을 지급하고 후에 그것이 발견되면 피보험자가 보험금을 반환하여야 한다는 조항이 있었는데, 여기서 보험위부제도의 기원을 구하고 있다. 이러한 형태의 제도를 추정주의라고 한다. 이 추정주의 하에서는 보험의 목적은 이전되지 않고 여전히 피보험자가 그 소유자로 된다. 따라서 사후에 전손이 없었다는 증명이 있는 때에는 피보험자는 지급받은 보험금을 반환하여야 하기 때문에 피보험자로서는 지급받은 보험금으로 선박을 건조하는 등의 투자를 주저할 수밖에 없는 불편이 있었다.

이러한 불편을 제거하기 위해 15세기 중반에 오늘날과 같이 보험의 목적의 소유권이 확정적으로 이전하는 위부주의가 등장하였으며, 해사칙령을 통해 각국의 입법에 계수되어 오늘날의 보험위부제도에 이르고 있다.

(3) 法的 性質　　보험위부의 성질에 관해서는 이것이 단독행위냐, 아니면 계약이냐 하는 문제가 있다. 상법상으로는 보험위부의 원인이 있으면 피보험자는 보험의 목적을 보험자에게 위부하고 보험금액의 전액을 청구할 수

있기 때문에 보험위부는 피보험자의 일방적 의사표시에 의하여 행해지는 단독행위이고, 법이 정한 요건과 절차를 갖추면 보험자의 승낙을 요하지 않고도 그 법적 효과가 발생하는 형성권의 일종이라는 점에 의견이 일치하고 있다. 과거 보험위부를 계약으로 보는 견해는 위부의 통지에 대한 보험자의 승인 또는 불승인에 의하여 그 효과가 달라진다는 것을 근거로 하였으나, 이는 다음과 같은 이유에서 타당하지 않다. 즉 보험위부가 성립하는가의 여부는 그 원인이 존재하는가의 여부에 달려 있으며, 보험자가 보험위부를 승인하는 때에는 보험위부가 확정적으로 되지만, 이 경우 승인이란 보험위부의 원인이 존재한다는 확인에 지나지 않는다. 그리고 보험자가 승인하지 않는 때에는 소송을 제기할 수 있으나, 이 경우에도 법원의 판결은 보험위부의 조건이 충분함을 확인하는 권리의 선언에 지나지 않는다. 따라서 보험위부는 그 원인이 존재하는 한 피보험자가 현실전손에 준하여 보험처리를 한다는 선택권의 행사로서 유효하게 성립할 수 있으므로 보험위부는 피보험자의 단독행위이다.

피보험자의 위부권은 형성권이므로 위부의 원인이 있더라도 피보험자는 위부를 하지 않고 실제의 손해를 증명하여 分損으로 보상받을 수 있다.

2. 保險委付의 原因

피보험자가 위부할 수 있는 경우, 즉 보험위부의 원인은 입법례에 따라 차이가 있다. 구 상법은 선박이 침몰한 때, 행방불명인 때, 수선할 수 없게 된 때, 선박 또는 적하가 포획된 때 및 선박 또는 적하가 관공서에 압수되어 6월 이상 환부되지 아니한 때 등 다섯 가지 사유를 규정하고 있었다. 이 가운데 선박의 침몰은 그 자체가 보험사고의 발생으로 보아야 하는 것이고, 또 선박의 행방불명은 그 선박의 존부가 2월간 분명하지 아니한 때에는 이를 전손으로 추정하고($\frac{제711}{조}$) 보험사고로 다루어 피보험자의 보험금청구권을 인정하고 있으므로, 현행상법은 선박의 행방불명을 보험위부의 원인에서 제외하였다. 따라서 이 경우에는 일단 보험사고로 인한 全損으로 추정하여 보험자가 보험금을 지급한 후에 그 선박이 다시 나타난 때에는 보험자는 잔존물대위($\frac{제681}{조}$)에 의하여 그 선박에 대한 권리를 취득하게 된다.

현행상법 제710조는 영국 해상보험법 제60조의 규정과 마찬가지로 보험위부의 원인으로 다음 세 가지를 들고 있다.

(1) 船舶 · 積荷의 占有喪失($\frac{제1}{호}$)   피보험자가 보험사고로 인하여 자기의 선박 또는 적하의 점유를 상실하여 이를 회복할 가능성이 없거나, 회복

에 필요한 비용이 회복하였을 때의 가액을 초과하리라고 예상될 경우에는 이를 위부할 수 있다. 구 상법은 선박 또는 적하가 포획된 때($^{구상법 제710}_{조 제 4 호}$)와 관공서에 압수되어 6월 이상 환부되지 아니한 때($^{제 5}_{호}$)를 보험위부의 원인으로 하고 있었다. 그러나 개정상법은 선박 또는 적하의 점유상실의 경우 그 회복가능성이 없거나, 회복은 가능하여도 그 회복비용이 회복하였을 때의 가액을 초과하리라고 예상되는 경우에 한하여 위부할 수 있도록 하고 있다. 여기서 피보험자가 선박이나 적하의 점유를 상실한 원인은 묻지 않으며, 포획이나 압수 등의 경우도 포함된다고 풀이한다.

포획이라 함은 나포를 의미하고, 교전국 또는 교전단체가 전쟁의 목적을 위하여 선박 등의 점유를 빼앗는 것을 뜻한다. 포획이 적법한가의 여부는 묻지 않는다.

선박 또는 적하가 나포된 경우에 있어서도 피보험자가 위부권행사 전에 그 목적물이 풀려난 때에는 위부권이 소멸하는 것은 물론이고, 나포는 전쟁위험의 일종이므로 보험계약에서 전쟁면책약관(War Exclusion Clause) 또는 포획·나포 면책약관(Free of Capture and Seizure Clause)이 있는 때에는 선박 또는 적하가 나포되어도 위부를 할 수 없다. 또 나포가 선박만을 목적으로 하여 적하는 다른 방법으로 운송이 가능한 때에는 그 적하에 대하여는 위부를 할 수 없다. 그리고 그 나포의 원인이 선박서류를 비치하지 아니하거나 항행금지구역을 항행하는 것과 같이 피보험자의 고의 또는 중대한 과실에 기인한 경우에도 위부를 할 수 없다고 본다($^{제659조}_{참조}$).

국내외의 관공서가 전시 또는 범죄수사·검역상의 필요 등에 따라 선박 또는 적하를 압수함으로써 피보험자가 그 회복가능성이 없거나 회복비용이 그 가액을 초과하리라고 예상되는 경우에도 이를 위부할 수 있다. 그러나 그 압수의 원인이 포획에서 본 바와 같이 피보험자의 고의 또는 중대한 과실에 말미암은 때에는 위부를 할 수 없다고 풀이한다.

(2) 船舶의 修繕費用이 過多한 때($^{제 2}_{호}$)   선박이 보험사고로 인하여 심하게 훼손되어 이를 수선하기 위한 비용이 수선하였을 때의 가격을 초과하리라고 예상될 경우에 피보험자는 그 선박을 위부할 수 있다. 구 상법은 선박이 수선할 수 없게 된 때($^{구상법 제710}_{조 제 3 호}$)를 위부의 원인으로 하고, 상법 제778조 제 1 항에 따라 ① 선박이 그 현재지에서 수선을 받을 수 없으며 또 수선을 할 수 있는 곳에 도달하기 불능한 때, ② 수선비가 선박의 가액의 4분의 3을 초과

할 때에 선박이 수선불능하게 된 것으로 보았다. 그러나 개정상법은 그 수선비용이 수선하였을 때의 가액을 초과하리라고 예상되는 경우에만 위부권을 인정하고 있으므로, 가령 수선비용이 선박가액보다 적게 드는 경우에는 피보험자는 그 선박을 위부할 수 없다.

⟨서울고판 1976. 1. 12, 74 다 1939⟩
「선박이 좌초되어 구조되지 못하고 선원이 離船한 경우에 그 좌초의 사실만으로 그 선박의 현실전손이 발생하였다고는 볼 수 없고, 다만 선박이 좌초로 입은 손상으로 말미암아 이를 구조하여 수선하더라도 그 비용이 보험금액 또는 보험가액을 초과하는 등의 사정이 인정될 경우에는 그 선박에 대한 위부절차를 취하고 추정전손을 구할 수 있다 할 것이다.」

이와 같이 선박이 보험사고로 손상된 경우에 피보험자가 위부권을 행사하기 위하여는 그 선박의 수선비용이 수선 후의 선박가액을 초과하여야 한다. 여기서 수선비용은 선박이 보험사고로 손상을 입었을 때에 그 위험한 상태로부터 구조를 통해 감항능력을 갖춘 선박으로 회복하는 데 드는 합리적인 모든 비용을 포함한다고 풀이한다. 그리고 그 수선비용의 계산에 있어서는 단일 사고 또는 동일한 사고에서 생긴 일련의 손해에 관한 비용을 기준으로 하는 것이고, 여러 번의 보험사고로 인한 分損에 대한 수선비용을 합칠 수는 없다. 다만, 동일한 사고를 원인으로 뒤이어 계속해서 일어난 사고는 동일한 사고에서 생긴 일련의 손해와 비용으로 풀이하여야 할 것이다.

⟨대판 1989. 9. 12, 87 다카 3070⟩
「선박좌초 후 선원의 이선으로 인해 원주민이 선박을 약탈한 경우, 원주민의 약탈은 선행의 주된 보험사고라 할 수 있는 좌초의 기회에 좌초에 기인하여 발생한 것이라는 점에서 좌초와 약탈을 단일사고, 특히 이 사건 보험약관 제12.2조 후단의 동일한 사고로부터 생기는 일련의 손해(sequence of damages arising from the same accident)에 해당한다.」(동지 판례평석 : 양승규, 추정전손과 동일사고에서 생긴 일련의 손해, 법률신문 제1898호(1989. 12), 11면)

선박이 수선불능으로 된 때에는 원칙으로 이에 적재한 적하를 위부할 수 있다. 그러나 이 경우 선장이 지체없이 다른 선박으로 적하의 운송을 계속한 때에는 피보험자는 그 적하를 위부할 수 없다(제712조).

(3) 積荷의 修繕費用 · 運送費用이 과다한 때(제3호)   적하가 보험사고로 인하여 심하게 훼손되어서 이를 수선하기 위한 비용과 그 적하를 목적지까지

운송하기 위한 비용과의 합계액이 도착하는 때의 적하의 가액을 초과하리라
고 예상될 경우에는 피보험자는 그 적하를 위부할 수 있다. 적하보험은 적하
를 보험의 목적으로 하고 있으나, 해상보험의 특성상 선박의 항해상의 위험을
담보하고 있다. 그러므로 적하의 운송중에 발생한 해상사업과 관련된 사고,
가령 선박의 충돌이나 좌초 등의 사고로 적하가 훼손된 경우에 이를 다른 선
박에 옮겨 실어 운송하기 위한 비용이나 수선비용이 들게 되는데, 이러한 비
용의 합계액이 도착한 때의 적하가액을 초과하리라고 예상되는 경우에는 피
보험자는 보험자가 이를 위부할 수 있도록 한 것이다.

3. 保險委付의 節次

(1) 委付의 通知

A. 意 義   피보험자가 위부를 하고자 할 때에는 상당한 기간 내
에 보험자에 대하여 그 통지를 하여야 한다($^{제713}_{조}$). 위부권은 피보험자의 이익
을 위한 것이므로 그 행사의 여부는 피보험자의 자유에 맡겨져 있다. 즉 위
부의 원인이 있는 경우 피보험자로서는 보험의 목적을 보험자에게 위부하고,
보험금액의 전부를 청구하거나 발생한 손해를 分損으로 처리할 수도 있다.
따라서 피보험자가 위부권을 행사하기 위해서는 보험의 목적을 위부하고 보
험금액의 전부를 청구한다는 의사표시를 할 필요가 있는데, 이를 위부의 통지
라고 한다.

앞에서 논의했듯이 위부권은 형성권이므로 피보험자는 위부의 통지를 한
후에는 일방적인 의사표시에 의하여 그 위부를 철회할 수 없다($^{손주찬}_{627쪽}$).

B. 通知期間   피보험자가 위부를 하고자 할 때에는 상당한 기간 내
에 보험자에 대하여 그 통지를 발송하여야 한다($^{제713}_{조}$). 상당한 기간이란 피보
험자가 위부의 원인이 있음을 안 때로부터 위부의 원인을 증명하고, 위부권을
행사할 수 있는 합리적인 기간을 말한다.

C. 通知의 方法과 內容   위부의 통지방법에 대해서는 상법에 정함이
없다. 따라서 구두에 의하든, 서면에 의하든 상관이 없다. 단지 피보험자가 보
험의 목적에 대하여 가지는 이익을 위부하고, 보험자에게 보험금의 지급을 청
구하는 의사표시로 족하다.

피보험자가 위부를 함에 있어서는 보험자에 대하여 보험의 목적에 관한
다른 보험계약과 그 부담에 속한 채무의 유무와 그 종류 및 내용을 통지하여
야 한다($^{제715조}_{제1항}$). 다른 보험계약 등에 관한 통지는 보험자에게 중복보험의 유

무를 알리고, 담보물권자의 권리행사에 대비하기 위하여 요구되고 있다. 따라서 이 통지는 위부의 통지와는 다르고, 반드시 위부의 통지기간 내에 하여야 하는 것도 아니다. 보험자는 위부의 통지를 받을 때까지 보험금액의 지급을 거부할 수 있으며, 보험금액의 지급에 관한 약정이 있는 때에는 그 지급기간은 보험자가 위 통지를 받은 날로부터 기산된다($^{제715조 제 2}_{항ㆍ제 3 항}$).

　　D. 通知懈怠의 效果　　　피보험자가 위부의 원인이 있는 때로부터 상당한 기간 내에 이를 통지하지 아니한 때에는 위부권을 상실한다. 그러나 피보험자는 통상의 방법으로 현실의 손해를 증명하여 보험금의 지급을 받을 수 있다.

(2) 保險委付의 無條件性과 範圍

　　A. 委付의 無條件性　　　위부는 무조건이어야 한다($^{제714조}_{제 1 항}$). 보험위부는 피보험자가 보험의 목적에 관하여 가지는 모든 이익을 보험자에게 이전하는 것이기 때문에 피보험자는 보험위부에 있어서 조건이나 기한을 붙여서는 안 된다. 왜냐하면 위부에 조건이나 제한을 붙이는 것을 허용하는 것은 신속ㆍ간명하게 당사자 사이의 법률관계를 종료시키고자 하는 위부제도의 취지에 어긋나기 때문이다.

　　B. 委付의 範圍　　　위부는 보험의 목적의 전부에 대하여 하여야 한다($^{제714조 제}_{2 항 본문}$). 위부는 全損과 동일시할 손해가 있는 경우에 인정되므로 원칙으로 不可分이기 때문이다. 그러나 위부의 원인이 보험의 목적의 일부에 대하여 생긴 때에는 그 부분에 대하여만 위부할 수 있다($^{제714조 제}_{2 항 단서}$). 예컨대 선박과 적하를 함께 보험의 목적으로 한 경우에 하물이 실제로 선적되지 않아서 위험이 선박에만 일어났을 때에는 선박에 대해서만 위부할 수 있다.

　　보험가액의 일부를 보험에 붙인 경우에는 위부는 보험금액의 보험가액에 대한 비율에 따라서만 할 수 있다($^{제714조}_{제 3 항}$). 그러므로 일부보험의 경우에는 위부의 대상이 되고 있는 보험의 목적에 대하여 피보험자가 위부권을 행사하면, 그 목적물에 대하여 보험자와 피보험자는 공유자가 된다($^{양승규, 329쪽;}_{최기원, 347쪽}$).

(3) 保險委付의 承認과 不承認

　　A. 委付의 承認ㆍ不承認의 意義　　　상법은 위부의 승인($^{제716}_{조}$), 위부의 불승인($^{제717}_{조}$)에 관하여 규정하고 있다. 이 규정에 의해 보험위부가 피보험자의 위부의 통지에 대하여 보험자의 승인이 있어야 효력이 생겨나는 것이라고 오해할 여지가 있다. 그러나 이미 살펴본 바와 같이 상법상 보험위부는 피보험자의 일방적 의사표시에 의하여 효력이 발생하는 단독행위에 속하므로 보

험자의 승인은 위부의 요건이 아니다. 다만, 위부의 원인에 대한 증명을 더 요구하지 않는다는 뜻으로 새겨야 한다.

〈대판 2013. 9. 13, 2011 다 81190, 81206〉
「甲 보험회사와 乙 주식회사가 乙 회사 소유의 선박에 관하여 영국 해상보험법의 법리와 관습이 반영된 협회선박기간보험약관(Institute Time Clauses-Hulls, 1983)을 적용하는 선박보험계약을 체결하였는데, 선박이 침몰하는 사고가 발생하여 甲 회사가 乙 회사의 위부통지를 거절하고 乙 회사에 추정전손 보험금을 지급한 후 乙 회사를 대위하여 선박에 관한 구조작업을 진행한 사안에서, 甲 회사의 구조작업 진행이 영국 해상보험법상 위부의 묵시적 승인으로 간주될 수 없다고 본 원심판단을 정당하다고 한 사례」

B. **承認과 不承認의 效果**　　보험자가 위부를 승인한 후에는 그 위부에 대하여 이의를 하지 못한다(제716조). 그러므로 보험자가 위부를 승인하면 피보험자는 위부원인을 구체적으로 증명할 필요 없이 보험금을 청구할 수 있게 된다.

위부의 승인 여부는 사실문제에 속하는 것으로, 이것은 명시적으로 또는 보험자의 행위에 의하여 이를 하여야 한다(영해보 제62조 제5항). 즉 보험위부의 승인 여부는 보험자의 명시적인 의사표시에 의하여, 또는 보험금을 지급하는 것과 같은 행위에 의하여 결정되는 것이다.

보험자가 위부를 승인하지 아니한 때에는 피보험자는 위부의 원인을 증명하지 아니하면 보험금액의 지급을 청구하지 못한다(제717조). 그러므로 보험자가 위부를 승인하지 아니하면 피보험자는 구체적인 증거를 제시하여 그 위부의 원인을 증명하지 아니하면 위부권을 행사할 수 없다.

4. 保險委付의 效果

(1) 序　　說　　보험위부는 위부원인이 있을 때 보험의 목적에 대하여 전손이 있는 것으로 추정하여 피보험자의 보험금청구권을 인정하고, 그 대신 보험의 목적에 관한 권리를 보험자에게 이전시키는 제도이다. 따라서 보험위부에 의하여 피보험자는 보험금청구권을 행사할 수 있고, 보험자는 보험의 목적에 관한 피보험자의 모든 권리를 취득하게 된다.

여기서 피보험자가 보험의 목적에 관하여 가지는 모든 권리를 보험자가 취득하는 것은 피보험자의 의사표시상의 직접적인 효과이고, 보험금청구권의 발생은 법이 인정하는 직접적인 효과라고 보는 입장이 있다($\frac{최기원\colon}{347쪽}$). 그러나 피
보험자의 보험금청구권의 발생이 의사표시상의 효과라고 보아야 한다. 왜냐하
면 보험위부를 함에 있어서 피보험자가 위부의 의사표시를 하는 것은 무엇
보다도 보험금을 청구할 목적에서 하는 것이라고 보아야 하기 때문이다
($\frac{동지\colon 양승}{규, 331쪽}$).

(2) 被保險者의 權利와 義務

A. 被保險者의 保險金請求權   피보험자는 보험의 목적을 위부한 때
에는 보험금액의 전부를 청구할 수 있다($\frac{제710}{조}$). 위부의 원인이 보험의 목적의
일부에 대하여 생긴 경우, 이를 위부한 때($\frac{제714조 제}{2 항 단서}$)에는 그 부분에 대한 보험
금액의 전부를 청구할 수 있다. 보험위부는 일정한 사유가 있을 때에 이를
현실전손에 준하여 당사자 사이의 보험계약관계를 결제하고자 하는 제도이므
로, 보험자는 위부에 의하여 현실전손의 경우와 같이 구체적으로 손해액에 대
한 입증이 없어도 보험금액의 전액을 지급할 의무를 진다. 따라서 이 때의
보험금액의 지급한도는 보험계약상의 보험금액과 보험가액에 의하여 결정되
는데, 기평가보험에 있어서는 그 협정보험가액($\frac{제670조}{참조}$), 미평가보험의 경우에
는 상법 제696조 내지 제698조의 규정에 따라 산정한 보험가액을 한도로 보
험금액의 범위에서 보험자는 보상하여야 한다. 물론 일부보험의 경우에는 보
험자는 보험금액의 보험가액에 대한 비율에 따라 보상할 책임을 진다($\frac{제714조}{제 3 항}$).

보험자는 위부의 경우에도 다른 특약이 없는 한 피보험자가 위부를 함에
있어서 보험자에게 보험의 목적에 관한 다른 보험계약의 유무 등을 통지한
때로부터 기산하여($\frac{제715조}{참조}$) 10일 안에 피보험자에게 보험금액을 지급하여야 한
다($\frac{제658}{조}$).

B. 被保險者의 義務   피보험자는 보험금액의 수령 여부에 관계 없이
보험위부를 한 때에는 보험의 목적에 관한 모든 서류를 보험자에게 교부하여
야 한다($\frac{제718조}{제 2 항}$). 이것은 일단 위부가 성립하면 보험의 목적에 관한 권리가 보
험자에게 이전하므로 보험자의 권리행사를 용이하게 하기 위한 것이다. 그리
고 피보험자는 보험계약상 손해방지의무를 지는데, 위부의 경우에 있어서도
역시 손해방지의무를 지며, 이로 인하여 든 비용은 보험자에게 청구할 수 있
다($\frac{제680}{조}$).

(3) 保險者의 權利

보험자는 위부로 인하여 피보험자가 보험의 목
적에 관하여 가지고 있는 모든 권리를 취득한다($\frac{제718조}{제 1 항}$). 그러나 일부보험의

경우에는 보험금액의 보험가액에 대한 비율에 의하여 그 권리를 취득한다 (제714조 제3항).

   A. 權利移轉의 範圍   상법상 위부에 의하여 보험자에게 이전하는 권리는 보험의 목적에 관한 피보험자의 '모든 권리'이다. 여기서 '모든 권리'에는 당연히 보험의 목적물이 현존하거나 또는 그 잔존물이 있을 때, 이에 관한 소유권 그 밖에 보험의 목적에 관하여 피보험자가 가지고 있는 직접의 권리가 포함된다. 그러나 위부의 원인인 손해가 제3자의 행위에 의하여 생긴 경우에 피보험자가 제3자에 대하여 취득하는 권리, 예컨대 선박의 충돌에 의한 손해배상청구권 또는 공동해손분담청구권이 이에 포함되느냐에 관하여는 설이 나뉘고 있다. 즉 위의 제3자에 대한 채권도 '모든 권리' 가운데 포함된다는 적극설(최기원, 346쪽; 양승규, 333쪽; 손주찬, 631쪽)과 피보험자가 제3자에 대하여 가지는 권리는 위부에 의하여 이전하는 것이 아니라 보험자가 보험금을 지급한 때에 보험자대위에 관한 일반규정(제682조)에 의하여 이전하는 것이라고 주장하는 소극설(채이식, 592쪽; 서돈각, 420쪽)이 있다. 보험위부는 보험의 목적물에 관한 완전한 손해의 보상을 손해의 증명 없이 받고자 하는 특유한 제도이므로, 보험자는 위부된 물건에 관하여 피보험자와 동일한 지위에 서서 피보험자가 제3자에 대하여 가지는 권리도 취득한다고 풀이하는 것이 옳다고 본다. 다만, 선박보험에서 피보험자의 운임청구권은 그 권리에 포함되지 않는다. 왜냐하면 운임은 독립하여 보험의 목적이 되고, 선박보험의 목적이 아니기 때문이다.

   B. 權利移轉의 時期   위부에 있어서 보험의 목적에 관한 피보험자의 권리가 보험자에게 언제 이전하느냐에 관하여는 상법에 특별한 규정이 없다. 위부의 의사표시가 보험자에게 도달한 때에 그 권리가 이전한다고 풀이하는 것이 통설이다. 따라서 위부에 있어서는 보험자대위의 경우와 같이 보험금의 지급이 요건으로 되어 있지 않으므로, 보험자가 보험금을 지급하기 이전에 보험자가 피보험자의 권리를 취득한다.

   C. 保險의 目的에 부수하는 負擔과 保險者의 地位   위부가 이루어지면 보험의 목적에 부수하는 공법·사법상의 부담도 함께 보험자에게 이전한다. 따라서 파손된 선박을 제거할 의무 또는 보험의 목적에 부착된 담보물권 등도 위부가 이루어지면, 보험의 목적의 소유권과 함께 보험자에게 이전하게 된다. 그러나 보험자가 피보험자의 보험위부에 의하여 보험금을 지급하고, 보험의 목적에 대한 권리를 취득함으로써 공법상 또는 사법상의 의무를 지는

것이 오히려 커다란 부담이 될 수 있다. 따라서 피보험자가 위부권을 행사하더라도 보험자가 보험의 목적에 대한 권리를 포기하면, 그에 따르는 의무도 면하는 것으로 해야 할 것이다(통지 : 양승, 334쪽). 실무에서 사용하는 선박보험약관은 위부된 선박에 존재하는 우선특권, 질권, 저당권 그 밖의 물권 및 임차권을 소멸시키기 위한 금액 및 그 보험의 목적에 따르는 공법상 또는 사법상의 채무를 이행하기 위한 금액은 보험수익자의 부담으로 돌리고 있으며(선박보험약관 제21조 제 1 항), 회사가 위 제 1 항의 금액을 지급하였거나 지급이 필요하다고 인정한 때에는 보상할 금액에서 이를 공제할 수 있다고 규정하여(동 약관 제21 조 제 2 항) 그 부담을 피보험자에게 돌리고 있다.

제 5 절　責任保險

慶益秀, 會社任員賠償責任保險, 保險調査月報 194(1994. 4)/高平錫, 책임보험계약의 본질론적 검토, 財産法研究 3, 1(1986.1)/高平錫, 責任保險契約의 法的 構造에 관한 研究, 성균관대 박사학위논문, 1988/高平錫, 미국에 있어서 책임보험의 발전, 經濟法·商事法論集(孫珠瓚敎授停年紀念論文集), 1989/高平錫, 책임보험자와 피해자의 법률관계의 구성원칙, 경남대 법정 8(1990. 3)/高平錫, 책임보험의 기능과 그 본질론적 검토, 경남법학 6(1990. 12)/高平錫, 책임보험의 기능상의 한계와 그 극복, 경남법학 7(1991. 12)/金光石, 産災保險法上의 業務上 災害의 認定範圍에 관한 考察, 慶南大 勞動福祉研究 11(1992. 11)/金敎昌, 責任保險에 있어서의 保險者의 제 3 자에 대한 代位, 判例研究(서울지방변호사회) 6(1993. 1)/金星泰, 민사책임의 책임보험에 의한 처리, 충북대 법학연구 3(1991. 12)/金星泰, 영국 책임보험계약상의 피해자의 직접청구권, 現代商法의 課題와 展望(梁承圭敎授華甲紀念論文集), 1994/金容九, 책임보험에 있어서 피해자의 법적 지위에 관한 연구——직접청구권을 중심으로, 원광대 박사학위논문, 1988/金宗允, 변호사 과실책임과 책임보험, 경희대 박사학위논문, 1992/盧一錫, 環境汚染賠償責任保險, 企業과 法(度岩金敎昌辯護士華甲紀念論文集), 1997/박진태, 責任保險의 保險者와 제 3 자와의 관계, 商事判例研究 2(1988)/孫珠瓚, 生産物責任保險, 現代商事法의 諸問題(李允榮先生停年記念論文集), 1988/宋興燮, 責任保險에 있어서 ‘損害防止行爲’와 ‘防禦費用’의 개념, 法曹 439(1993. 4)/梁承圭, 責任保險契約에서의 被保險者의 協助義務, 서울대 법학 53(1983. 3)/李基秀, 不法行爲와 責任保險, 月刊考試 141(1985. 10)/李基秀, 醫師賠償責任保險의 法的 義務化에 대한 小考, 損害保險 251(1989. 9)/李尙勳, 책임보험의 담보책임, 現代商法의 課題와 展望(梁承圭敎授華甲紀念論文集), 1994/朱榮殷, 책임보험에 있어서 피해자보호에 관한 비교법적 연구, 연세대 박사학위논문, 1987.

제 1 관 總 說

I. 責任保險契約의 意義

책임보험계약이란 피보험자가 보험기간중의 사고로 인하여 제 3 자에게 배상책임을 질 경우에 그로 인한 손해의 보상을 목적으로 하는 보험계약을 말한다(제719조). 그러나 이 규정은 책임보험계약을 직접 정의한 것이 아니라 동 보험계약의 효과의 주된 내용을 정한 데 불과하다. 좀더 분명하게 정의를 내린다면 책임보험이라 함은 보험자인 당사자 일방이 피보험자가 보험기간중의 약정사고로 인해 제 3 자에게 손해배상책임을 진 경우 이를 보상할 것을 약정하고, 그 상대방인 보험계약자는 보험료를 지급하기로 하는 계약이라고 할 수 있다.

II. 責任保險과 유사한 制度

1. 免責約款과의 區別

면책약관은 가해자의 책임을 면하도록 하는 점에서 책임보험과 유사한 측면이 있지만, 전자는 가해자가 면하게 되는 책임부담을 피해자에게 전가하는 반면, 후자는 가해자의 책임을 피해자에게 전가하지 않는다는 점에서 커다란 차이가 있다.

2. 權利保護保險과의 區別

권리보호보험(Rechtsschutzversicherung)은 보험계약자가 타인에 대해 배상청구권을 가지는 경우, 그의 권리행사를 용이하게 하는 데 수반되는 필요한 비용을 지급하는 보험을 말한다. 그런 점에서 볼 때 권리보호보험은 피해를 입은 보험계약자의 권리회복을 적극적으로 도모하는 기능을 하는 반면, 책임보험은 보험계약자인 가해자가 타인에게 입힌 손해를 보상하도록 하는 점에서 기능상 커다란 차이가 있다.

III. 不法行爲와 責任保險

사회생활이 단순했던 시대에는 과실책임주의에 의하여도 사회생활이 자유롭게 영위될 수 있었으나, 산업혁명 이후 산업조직의 대규모화 · 복잡화에 이은 사회위험의 증대는 개인의 과실책임원칙만으로는 사회의 변화에 효율적으로 대응할 수 없게 되어 무과실책임의 법리가 대두되기에 이르렀다.

그러나 만일 상인이 유발한 불가피한 손해를 상인 스스로 배상하도록 방기한다면, 비록 자력이 있는 상인이라 하더라도 영업경영의 기초를 상실하게 될 위험이 초래되는바, 이것은 곧 불법행위제도의 이상인 손해의 공평배분을 실현할 수 없게 만든다. 이러한 잘못을 피하기 위해 무과실책임에 의해 발생하는 손해를 다수인에게 분산하여 개인적 책임을 사회화하도록 한 제도가 바로 책임보험이다. 무과실책임원칙은 바로 이 책임보험의 기초 위에서 확실한 자리매김을 할 수 있었다.

그런데 책임보험은 위험범위가 좁고 해악의 정도가 경미한 때에는 무과실책임에 따른 손해보상제도로서 족하였으나, 사회생활이 복잡해지고 사회위험이 다양해지면서 위험정도가 심각해져 피해자인 제3자의 이익을 보호하는 것이 개인적으로나 사회적으로 큰 부담이 되기에 이르렀다. 즉 피보험자의 제3자에 대한 과실책임이 문제되기에 이르렀다. 과실로 인한 손해는 과실을 유발한 자의 개인적 문제이므로 그의 개인책임에서 배상하여야 하고, 자기과실의 결과를 타인에게 전가할 수 없다고 하는 개인책임원리가 종래 지배하였었다. 그런데 이 원리에 수정을 가할 필요성이 대두되어 위험을 분산시키는 방안을 강구하게 되었다. 이와 같이 위험을 분산하여 합리적으로 해결할 필요성이 대두되어 이를 제도화한 것이 바로 책임보험제도이다. 더 나아가 종래에는 과실로 인정되지 않았던 행위도 과실의 범위에 해당하는 것으로 보아 과실개념이 확대되기에 이르렀다.

또한 책임보험에서 이와 같은 보상대상으로 하는 과실에 경과실뿐만 아니라 중과실까지 포함하는 입법례도 증가하고 있으며, 보험계약자의 고의에 의한 손해에도 보험기술이 허용되고 선량한 풍속이나 사회질서에 반하지 아니하면 그 보상도 가능하도록 하고 있다. 이러한 현상은 책임보험의 중점이 피보험자의 보호에서 피해자의 보호로 전환되고 있으며, 민사책임의 중점도 징계·예방적 기능으로부터 배상적 기능으로 전환되어 가고 있음을 의미한다(민사책임의 객관화).

그리고 책임보험의 발달로 형식적으로는 개인책임인 것이 실질적으로는 사회책임으로 전화되며, 이 책임은 보험료의 형식으로 모든 보험계약자에게 분산된다.

Ⅳ. 責任保險의 機能

책임보험은 우선 피보험자의 재산상의 손해를 담보하는 점과 피해자의 보호라는 점에서 기능상의 효용을 찾을 수 있다. 즉 책임보험은 오늘날 민사책임에 있어서 무과실책임이 확대되고 있는 경향에 비추어 장래 타인에 대해 손해를 유발할 수 있는 잠재적 가해자의 부담을 면하게 하고, 타인의 손해를 보험금의 지급에 의하여 구제하는 기능을 한다. 그러나 이것은 책임보험의 순기능만을 나타낸 것이고, 그 역기능의 측면도 간과해서는 안 될 것이다. 역기능적인 측면이란 우선 가해자의 책임의식을 희박하게 함으로써 비인간적인 관행을 조장하는 한편, 사고를 유발하는 계기가 되기도 한다는 점이다.

그러므로 책임보험제도의 건전한 발전을 위해서는 이와 같은 역기능을 최소화할 수 있는 방안을 모색함과 동시에 책임보험계약법을 합리적으로 해석해야 한다는 문제가 뒤따른다. 특히 후자와 관련하여 피해자의 구제기능에 상응하여 피해자와 보험자 사이의 간접관계에 비중을 둠으로써 보험계약의 당사자인 보험자와 가해자 사이의 보험관계를 상대적으로 소홀히 할 우려도 없지 않다는 점을 지적할 수 있다.

제 2 관 責任保險의 分類

책임보험은 여러 가지 기준에 의해 분류할 수 있다. 우선 보험가입의 강제 유무에 따라 강제책임보험과 임의책임보험으로, 보상책임의 객체에 따라 대인책임보험 · 대물책임보험 · 포괄책임보험으로, 피보험자의 지위를 기준으로 하여 개인책임보험 · 기업 또는 영업책임보험 · 전문직업인책임보험 등으로 분류할 수 있다.

Ⅰ. 補償責任의 客體에 따른 分類

1. 對人責任保險

대인책임보험은 피보험자가 타인의 인적 손해, 즉 사망 또는 신체의 손상에 대하여 손해배상책임을 짐으로써 입은 손해를 보상하는 책임보험이다. 우리 나라의 자동차손해배상책임보험과 근로자재해보상책임보험이 여기에 속한다.

2. 對物責任保險

대물책임보험은 피보험자가 타인의 물건 또는 그 밖의 재산상의 손해에 대한 배상책임을 짐으로써 입은 손해를 보상하는 책임보험이다. 선박보험에서 충돌약관에 의하여 담보하는 충돌책임이 여기에 속한다.

3. 包括責任保險

이 보험은 피보험자가 타인의 재산뿐만 아니라 생명·신체에 가한 손해에 대하여 배상책임을 짐으로써 입은 손해까지 보상하는 보험으로서 자동차보험·항공보험·해상보험 등이 여기에 해당한다.

Ⅱ. 被保險者의 地位에 따른 分類

1. 個人責任保險

이 보험은 피보험자가 개인적으로 타인에 가한 손해에 대하여 배상책임을 짐으로써 입은 손해를 보상하는 것으로서, 여기에는 개인종합책임보험과 자가용 자동차의 운전자책임보험이 포함된다.

2. 企業 또는 營業責任保險

이 보험은 피보험자의 영업으로 인해 타인에 가한 손해에 대하여 배상책임을 짐으로써 입은 손해를 보상하는 보험으로서, 영업용 자동차책임보험·제조물책임보험·항공책임보험 등이 여기에 해당한다.

3. 專門職業人責任保險

이 보험은 일정한 전문직에 종사하는 자가 피보험자로서 그의 직무수행과 관련하여 타인에게 손해배상책임을 짐으로써 입는 손해를 보상하는 보험으로서, 의사·변호사책임보험 및 이사책임보험 등이 여기에 해당한다.

Ⅲ. 保險金額限度額에 따른 分類

1. 有限賠償責任保險

피해자 1인 또는 사고를 기준으로 보험자의 보상책임의 한도액이 정하여진 보험으로서, 보험자는 그 보험금액의 한도에서 제 3 자에 대하여 배상책임을 짐으로써 입은 손해를 보상한다.

2. 無限賠償責任保險

이는 피보험자가 일정한 사고로 제 3 자에게 배상책임을 짐으로써 입은 모든 손해를 보험자가 보상하는 보험으로서, 자동차종합보험에서 대인배상책임보험이 이에 해당한다.

Ⅳ. 保險加入의 强制性 여부에 따른 分類

1. 任意責任保險

보험계약자가 책임보험에의 가입여부를 자신이 결정할 수 있는 보험으로서, 법률상 보험가입이 강제되지 않는 책임보험은 모두 여기에 속한다.

2. 强制責任保險

법률상 그 가입을 강제하고 있는 보험으로서 자동차손해배상책임보험·산업재해보상보험·신체손해배상특약부화재보험 등이 이에 속한다.

제 3 관 責任保險의 內容

Ⅰ. 責任保險契約의 要素

1. 保險의 目的

책임보험은 보험사고로 인해 타인에게 발생한 손해에 대한 배상책임을 피보험자가 부담함으로써 초래되는 재산상의 손해를 보상하는 보험이므로, 우선 책임보험에 있어 보험의 목적이 무엇인가가 문제로 된다. 이에 대해서는 피보험자의 全財産이라고 보는 견해와 배상책임으로 보는 견해가 대립하고 있다.

全財産說은 책임보험이 일반손해보험과는 달리 피보험자의 불특정한 전재산에 대한 간접손해를 보상하는 것이므로, 동 보험의 목적은 피보험자의 전재산으로 보아야 한다는 입장이다(최기원, 354쪽; 손주찬, 419쪽; 서돈각, 357쪽). 이 견해가 현재의 다수설이다.

한편 배상책임설은 책임보험이 성질상 피보험자의 배상책임으로 인한 손해를 보상하는 소극보험이라는 점에서 동 보험의 목적은 피보험자가 제 3 자에 대해 부담하는 배상책임이라고 풀이한다(정희철, 453쪽; 양승규, 343쪽).

생각건대 책임보험은 보험사고로 말미암아 제 3 자에 대해 부담하는 손해배상책임으로 인한 간접손해를 보상하는 것으로서, 이 때 손해는 피보험자의 전체재산을 감소하는 결과를 가져온다고 본다면 다수설이 타당하다고 보아야 할 것이다.

〈대판 2011. 9. 8, 2009 다 73295〉

「정형외과 전문의가 체결한 손해배상책임보험계약 중 주된 계약에 적용되는 피보험자 지정 특별약관 조항에서, "『피보험자』라 함은 보험가입증서(보험증권)에 피보험자로 기재된 기명피보험자 외에 관계법령에 의하여 면허 또는 자격을 취득한 자로서 기명피보험자의 지시·감독에 따라 상시적 또는 일시적으로 기명피보험자의 의료행위를 보조하는 자를 포함합니다. 단, 기명피보험자와 동일한 면허 또는 자격을 취득한 의사로서 기명피보험자에 의해 고용된 자는 제외합니다."라고 정하고 있을 경우, 정형외과의원에서 근무하는 마취과 전문의도 주된 계약의 피보험자에 포함된다.」

2. 被保險利益과 保險價額

책임보험은 재산보험에 속하므로 피보험이익이란 피보험자가 제 3 자에 대한 재산적 급여책임의 불발생에 대해 가지는 경제적 이익을 의미한다(책임보험의 특수성에서 피보험이익을 부정하는 견해도 있다. 손주찬, 419~420쪽). 그러므로 이를 객관적으로 평가하기가 쉽지 않다.

따라서 책임보험약관은 보통 보험료의 산정기준이라 할 수 있는 보험금액을 정하여 각 개인과 단일사고에 대하여 적용할 책임한도액을 정하지만, 보험기간 동안 보험자가 책임질 사고의 수는 제한하지 않는다. 그러므로 책임보험에서는 원칙적으로 보험가액은 존재하지 않으며, 따라서 초과보험·중복보험·일부보험의 문제가 발생하지 않는다. 따라서 손해보험액은 단순히 보험금액과 손해액의 범위 안에서 결정된다.

다만, 예외적으로 타인의 물건을 보관하는 자의 책임, 재보험에서의 원보험자의 책임의 경우에는 보험가액을 측정할 수 있으므로 초과보험·일부보험이 인정될 수 있으며, 수 개의 책임보험계약이 있는 경우(제725조의 2)에는 중복보험에 준하여 보험자의 보상책임이 발생한다고 하겠다.

〈대판 2012. 12. 13, 2012 다 1177〉

「손해배상책임보험에서 동일한 사고로 피해자에 대하여 배상책임을 지는 피보험자가 복수로 존재하는 경우에는 피보험이익도 피보험자마다 개별로 독립하여 존재하는 것이므로 각각의 피보험자마다 손해배상책임의 발생요건이나 면책조항의 적용 여부 등을 개별적으로 가려서 보상책임의 유무를 결정하는 것이 원칙이다.

따라서 손해배상책임보험약관에 정한 보험사고 해당 여부나 보험자 면책조항의
적용 여부를 판단하는 경우에 특별한 사정이 없는 한 약관에 피보험자 개별적용
조항을 별도로 규정하고 있지 않더라도 각 피보험자별로 손해배상책임의 발생요
건이나 보험자 면책조항의 적용 여부를 가려 보험사고 해당 여부 또는 면책 여부
를 결정하여야 하고, 약관의 규정 형식만으로 복수의 피보험자 중 어느 한 사람에
대하여 보험사고에 해당하지 아니하거나 면책조항에 해당한다고 하여 보험자의
모든 피보험자에 대한 보상책임이 성립하지 아니하거나 모든 피보험자에 대한 보
상책임을 면하는 것으로 해석할 것은 아니다. 그리고 이와 같은 법리는 특별한 사
정이 없는 한 손해배상책임보험약관에서 보상하는 손해로 우연한 사고로 타인의
신체의 장해 또는 재물의 손해에 대한 법률상의 배상책임을 부담함으로써 입은
손해를 규정하고 있거나 보상하지 아니하는 손해로 피보험자의 고의를 원인으로
하여 생긴 손해를 규정하고 있는 경우에도 마찬가지로 적용된다(甲 보험회사와
乙이 피보험자를 乙, 丙, 丁으로 하여 손해배상책임보험을 체결하였는데, 피보험자
인 乙과 丙이 방화를 저지른 자녀 丁에 대한 감독의무를 소홀히 하였음을 이유로
민법 제750조의 책임을 부담하게 된 사안에서, 甲 회사의 보험금지급의무를 인정
한 원심판단을 수긍한 사례).」

3. 保險事故

책임보험의 보험사고에 대해서는 책임보험의 간접손해배상성과 상법규
정의 혼란으로 여러 가지 학설이 대립되고 있다. 제3자가 손해를 입은 사고
가 발생한 것을 보험사고라고 보는 손해사고설(서돈각, 425쪽; 정희철, 455쪽; 양승규, 348쪽.), 피보험자가
제3자로부터 그 책임에 관하여 현실적으로 배상청구를 받은 경우를 보험사
고로 보는 손해배상청구설(최기원, 357~358쪽.), 사고로 인하여 피보험자에게 책임이 발
생하여 배상책임을 지게 된 것을 보험사고로 보는 책임부담설(손주찬, 637쪽; 채이식, 599쪽; 이법찬, 507쪽.), 피보험자가 제3자에 대하여 부담할 채무가 확정된 때를 보험사고로
보는 채무확정설, 피보험자가 제3자에 대하여 손해배상의무를 이행할 것을
보험사고로 보는 배상의무이행설 등이 있다.

이 가운데 현재 우리 나라에서 강력히 지지를 받고 있는 학설은 손해사
고설이며, 뒤의 학설은 크게 지지를 받지 못하고 있는 형편이다. 여기에서는
앞의 두 학설의 논거만 살펴보기로 한다. 손해사고설을 지지하는 학자들은 손
해배상청구설에 대해 "청구설은 피해자의 청구 이후의 보험자에 의한 방어급
부를 책임보험의 급여 중에 포함시킬 수 있는 장점이 있기는 하나, 사기계약

을 배제하기 위한 이론구성이 어렵고, 또 객관적으로 결정하여야 할 보험사고의 성부가 제 3 자의 청구의견에 좌우되기 때문에 보험사고가 보험기간 내의 사고인가의 여부를 판단하는 데 객관성을 잃는 결점이 있다"고 지적하고 있다.

그런데 손해사고설은 청구설이 가지는 이와 같은 결점이 없기 때문에 피보험자에게 손해배상청구를 할 수 있는 사고가 발생한 것을 보험사고로 보아야 하며, 그렇게 해야만 피해자인 제 3 자에게 보험금의 직접청구권을 인정하는 상법 제724조 제 2 항과 동조상의 보험기간중의 '사고'의 뜻에도 맞기 때문이라고 한다.

이에 반하여 손해배상청구설을 주장하는 논거는 "손해사고설은 보험사고와 손해사고를 구별하지 않으며, 피보험자는 가해자이고, 피해자에게 손해가 발생하더라도 가해자에게 청구하지 않으면 가해자의 의무는 잠재하고, 배상청구권이 시효에 의해 소멸하면 가해자는 재산상의 손해를 입지 않는다는 점에서 문제가 있다"고 하면서 손해배상청구설의 입장에서 볼 때만 피보험자가 지출한 방어비용의 부담에 관한 상법 제720조 및 제 3 자로부터 배상청구를 받은 때에 피보험자는 피청구통지의무가 있다는 상법 제722조에도 합치된다고 하면서 피해자에게도 유리하다고 한다.

이상의 경우를 종합하여 볼 때 오늘날 책임보험의 기능이 피해자를 위한 보험으로 전환하여 가고 있다는 점에서 굳이 손해사고와 보험사고를 구별할 필요가 없다고 보기 때문에 손해사고설이 타당하다고 본다.

4. 損害賠償責任

책임보험은 간접손해보상을 목적으로 하므로 피보험자의 제 3 자에 대한 배상책임이 전제된다. 이러한 책임에는 법률상의 책임뿐만 아니라 채무불이행·불법행위 등으로 인한 모든 책임이 포함되지만 형사책임은 포함되지 아니한다(형사책임으로 인한 손해도 포함될 수 있다는 견해: 양승규, 348쪽). 또한 책임보험의 경우에도 보험자가 피보험자의 제 3 자에 대한 모든 책임을 부담하는 것은 아니고, 피보험자의 고의로 인한 손해에 대해서는 면책된다고 본다. 연혁적으로 보면 책임보험은 과실책임주의를 원칙으로 하다가 과실책임의 범위가 확대되어 중과실에 대하여도 보험자의 책임을 인정하기에 이르렀으며, 마침내는 제 3 자의 보험자에 대한 직접청구권을 인정함으로써 책임보험의 기능이 피보험자의 보호에서 피해자보호로 이행하고 있다고 볼 수 있다.

5. 被害者인 제 3 자

책임보험의 관계자도 다른 손해보험에서와 같이 보험자·보험계약자 및 피보험자이며 책임보험의 성질상 피해자인 제 3 자가 존재하는데, 여기에서 제 3 자란 피보험자 이외의 자를 말하는바, 피보험자의 동거가족은 포함되지 않는다. 그러나 피보험자와 보험계약자가 다른 경우에는 보험계약자도 제 3 자에 포함된다고 본다.

Ⅱ. 責任保險契約의 效果

1. 保險者의 補償義務

책임보험계약의 보험자는 피보험자가 보험기간중의 사고로 인하여 제 3 자에 대한 배상책임을 지는 경우에 이를 보상할 책임을 진다($\frac{제719}{조}$). 이와 관련하여 상법은 특히 보상할 손해의 범위와 손해보상의 지급시기에 관한 규정을 두고 있다.

(1) 損害補償의 범위   책임보험자의 책임범위는 당사자 사이의 특약에 의해 정해지나 피보험자가 제 3 자에 대하여 변제·승인·화해 또는 재판으로 인하여 확정된 채무($\frac{제723조}{제1항}$)는 물론이고, 피보험자가 지출한 방어비용·담보의 제공 또는 공탁비용도 부담한다($\frac{제720}{조}$).

〈대판 1993. 1. 12, 91 다 42777〉

「손해배상책임이 없는 피보험자가 가해자로서 교통사고 직후 자신의 책임 유무를 판단하기 어려운 가운데 의식을 잃은 피해자를 신속하게 치료받게 함으로써 피해 상태의 악화를 방지하고자 치료비채무를 연대보증하였다면, 이로 인하여 지출한 치료비 중 보험자의 면책통보시까지 발생한 부분은 보험자가 보상하여야 한다.」

〈대판 1993. 6. 22, 93 다 18945〉

「보험가입자를 위한 포괄적 대리권이 있는 보험회사가 입원비와 수술비, 통원치료비 등을 피해자에게 지급하고 또 보험가입자에게 손해배상책임이 있음을 전제로 하여 손해배상금으로 일정금원을 제시하는 등 합의를 시도하였다면, 보험회사는 그 때마다 손해배상채무를 승인하였다 할 것이므로 그 승인의 효과는 보험가입자에게 미친다.」

〈대판 1995. 12. 8, 94 다 27076〉

「상법 제720조 제 1 항에서 규정한 '방어비용'은 피해자가 보험사고로 인적·물적 손해를 입고 피보험자를 상대로 손해배상청구를 한 경우에 그 방어를 위하여 지출한 재판상 또는 재판 외의 필요비용을 말하는 것이므로, 피해자로부터 아직 손해배상청구가 없는 경우 방어비용이 인정될 여지가 없지만, 피해자가 반드시 재판상 청구한 경우에 한하여 방어비용이 인정된다고 볼 것은 아니다. 그러나 피해자가 피보험자에게 재판상 청구는 물론 재판 외의 청구조차 하지 않은 이상 제 3 자를 상대로 제소하였다 하여 그 소송의 변호사비용이 상법 제720조 소정의 방어비용에 포함된다고 볼 수 없다.」

〈대판 2002. 6. 28, 2002 다 22106〉

「상법 제720조 제 1 항에서 규정한 '방어비용'은 피해자가 보험사고로 인적·물적 손해를 입고 피보험자를 상대로 손해배상청구를 한 경우에 그 방어를 위하여 지출한 재판상 또는 재판 외의 필요비용을 말하는 것으로서, 방어비용 역시 원칙적으로는 보험사고의 발생을 전제로 하는 것이므로, 보험사고의 범위에서 제외되어 있어 보험자에게 보상책임이 없는 사고에 대하여는 보험자로서는 자신의 책임제외 또는 면책주장만으로 피해자로부터의 보상책임에서 벗어날 수 있기 때문에 피보험자가 지출한 방어비용은 보험자와는 무관한 자기 자신의 방어를 위한 것에 불과하여 이러한 비용까지 보험급여의 범위에 속하는 것이라고 하여 피보험자가 보험자의 법률상 책임 여부가 판명되지 아니한 상태에서 피해자라고 주장하는 자의 청구를 방어하기 위하여 피보험자가 재판상 또는 재판 외의 필요비용을 지출하였다면 이로 인하여 발생한 방어비용은 바로 보험자의 보상책임도 아울러 면할 목적의 방어활동의 일환으로 지출한 방어비용과 동일한 성격을 가지는 것으로서, 이러한 경우의 방어비용은 당연히 위 법조항에 따라 보험자가 부담하여야 하고, 또한 이 때의 방어비용은 현실적으로 이를 지출한 경우뿐만 아니라 지출할 것이 명백히 예상되는 경우에는 상법 제720조 제 1 항 후단에 의하여 피보험자는 보험자에게 그 비용의 선급을 청구할 수도 있다.

  영업배상특약보험계약에 관한 보통약관 제 4 조 제 2 항 ③은 피보험자가 지급한 소송비용, 변호사비용, 중재·화해 또는 조정에 관한 비용 중에서 피보험자가 미리 보험자의 동의를 받아 지급한 경우에만 보험금을 지급하도록 규정하고 있는데, 이러한 제한규정을 보험자의 '사전동의'가 없으면 어떤 경우에나 피보험자의 방어비용을 전면적으로 부정하는 것으로 해석하는 한에서는 이러한 약관조항으로 인하여 피보험자의 방어비용을 보험의 목적에 포함된 것으로 일반적으로 인정하고 있는 상법 제720조 제 1 항의 규정을 피보험자에게 불이익하게 변경하는 것에 해당하고, 따라서 이러한 제한규정을 둔 위 약관조항은 상법 제663조에 반하여 무효라고 볼 것이다.」

〈대판 2006. 6. 30, 2005 다 21531〉

「상법 제680조 제 1 항에 규정된 '손해방지비용'은 보험자가 담보하고 있는 보험사고가 발생한 경우에 보험사고로 인한 손해의 발생을 방지하거나 손해의 확대를 방지함은 물론 손해를 경감할 목적으로 행하는 행위에 필요하거나 유익하였던 비용을 말하는 것이고, 같은 법 제720조 제 1 항에 규정된 '방어비용'은 피해자가 보험사고로 인적·물적 손해를 입고 피보험자를 상대로 손해배상청구를 한 경우에 그 방어를 위하여 지출한 재판상 또는 재판 외의 필요비용을 말하는 것으로서, 위 두 비용은 서로 구별되는 것이므로, 보험계약에 적용되는 보통약관에 손해방지비용과 관련한 별도의 규정을 두고 있다고 하더라도, 그 규정이 당연히 방어비용에 대하여도 적용된다고 할 수는 없다.」

일반손해보험에 있어서의 손해방지비용($\substack{제680 \\ 조}$)에 해당하는 이들 비용은 보험자의 지시에 의한 것인 때에는 그 비용과 손해액을 가산한 금액이 보험금액을 초과하는 때에도 보험자는 이를 부담하여야 한다($\substack{제720조 \\ 제 3 항}$). 영업책임보험의 경우에는 피보험자의 대리인 또는 그 사업감독자의 제 3 자에 대한 책임으로 인한 손해도 보상하여야 한다($\substack{제721 \\ 조}$)고 규정함으로써 보험자의 책임을 확장하고 있는데, 이는 책임보험의 성질상 당연하다고 하겠다.

〈대판 1971. 1. 26, 70 다 2535〉

「보험자와 보험계약자가 체결한 책임보험계약서에 표시한 책임한도액은 보험자의 최고책임한도액인 보험금액의 약정이고, 보험요건이 발생하여 인명피해가 나게 되면 그 손해액의 다과를 따질 필요 없이 약정최고액을 무조건 지급하여야 한다는 약정이 아니다.」

〈대판 1988. 6. 14, 87 다카 2276〉

「자동차종합보험과 같은 이른바 손해배상책임보험은 피보험자가 보험사고로 인하여 제 3 자에게 지급하는 법률상의 손해배상금을 보상하는 것이므로, 보험자의 보상범위는 피보험자의 제 3 자에 대한 법률상의 손해배상책임액을 그 한도로 한다.」

〈대판 1992. 11. 27, 92 다 12681〉

「보험약관의 보험금지급기준에 피해자에게 배상할 총손해액이 치료비에 미달하는 경우, 치료비상당액을 보험금으로 지급한다고 되어 있다면, 과실상계로 피해자에게 배상하여야 할 총손해액이 치료비에 미달함에도 보험자가 피보험자를 위하여 피해자의 치료비상당 보험금을 지급하였다 하여 어떤 손실이 생겼다고 볼 수 없다.」

〈대판 1994. 4. 12, 93 다 11807〉
「판결에 의하지 아니하고 가해자인 피보험자와 피해자 사이의 서면에 의한 합의로 배상액이 결정된 경우, 보험회사는 보험약관에서 정한 보험금지급기준에 의하여 산출된 금액의 한도 내에서 보험금을 지급할 의무가 있다.」

(2) 損害補償期間   보험자는 특약이 없으면 피보험자로부터 제 3 자에 대한 변제 · 승인 · 화해 또는 재판으로 인하여 채무가 확정되었다는 통지를 받은 날로부터 10일 안에 보험금액을 지급하여야 한다($^{제723조}_{제2항}$).

그러나 보험자는 피보험자가 제 3 자에 대하여 배상을 하기 전에는 피보험자에게 보험금액을 지급하지 못한다($^{제724조}_{제1항}$)고 규정하고 있는데, 이는 피해자를 보호하기 위한 법적 조치이다.

〈대판 1988. 6. 14, 87 다카 2276〉
「책임보험은 피보험자가 보험사고로 인하여 제 3 자에게 지급하는 법률상의 손해배상금을 보상하는 것이므로 보험자의 보상범위는 피보험자의 제 3 자에 대한 법률상의 손해배상책임을 그 한도로 하는 것이고, 책임보험의 피보험자가 보험자에게 보험금청구권을 행사하려면 적어도 피보험자가 제 3 자에게 손해배상금을 지급하였거나 상법 또는 보험약관이 정하는 방법으로 피보험자의 제 3 자에 대한 채무가 확정되어야 할 것이다.」

〈대판 2007. 1. 12, 2006 다 43330〉
「상법 제724조 제 1 항은 "보험자는 피보험자가 책임을 질 사고로 인하여 생긴 손해에 대하여 제 3 자가 그 배상을 받기 전에는 보험금액의 전부 또는 일부를 피보험자에게 지급하지 못한다"고 규정하고 있는바, 보험회사의 자동차보험약관상 위 규정의 내용과 같이 피보험자가 제 3 자에게 손해배상을 하기 전에는 피보험자에게 보험금을 지급하지 않는다는 내용의 조항('지급거절조항')을 두고 있지 않다면 보험자는 그 약관에 의하여 상법 제724조 제 1 항 소정의 지급거절권을 포기한 것으로 봄이 상당하다 할 것이지만($^{대판\ 1995.\ 9.\ 15,\ 94\ 다\ 17888,\ 대판}_{1995.\ 9.\ 29,\ 95\ 다\ 24807\ 등\ 참조}$), 만약 약관에 명시적으로 지급거절조항을 두고 있다면 달리 지급거절권을 포기하거나 이를 행사하지 않았다고 볼 만한 특별한 사정이 없는 한 보험자는 상법 제724조 제 1 항 및 지급거절조항에 의하여 피보험자의 보험금지급청구를 거절할 권리가 있다.」

〈대판 2014. 9. 25, 2014 다 207672〉

「상법 제724조 제 1 항은, 피보험자가 상법 제723조 제 1, 2 항의 규정에 의하여 보험자에 대하여 갖는 보험금청구권과 제 3 자가 상법 제724조 제 2 항의 규정에 의하여 보험자에 대하여 갖는 직접청구권의 관계에 관하여, 제 3 자의 직접청구권이 피보험자의 보험금청구권에 우선한다는 것을 선언하는 규정이라고 할 것이므로, 보험자로서는 제 3 자가 피보험자로부터 배상을 받기 전에는 피보험자에 대한 보험금 지급으로 직접청구권을 갖는 피해자에게 대항할 수 없다 할 것이다 (대판 1995. 9. 26, 94 다 28093 참조). 그런데 피보험자가 보험계약에 따라 보험자에 대하여 가지는 보험금청구권에 관한 가압류 등의 경합을 이유로 한 집행공탁은 피보험자에 대한 변제공탁의 성질을 가질 뿐이므로, 이러한 집행공탁에 의하여 상법 제724조 제 2 항에 따른 제 3 자의 보험자에 대한 직접청구권이 소멸된다고 볼 수는 없으며, 따라서 그 집행공탁으로써 상법 제724조 제 1 항에 의하여 직접청구권을 가지는 제 3 자에게 대항할 수 없다.」

2. 被保險者의 義務

(1) 通知義務　　　피보험자가 제 3 자로부터 배상의 청구를 받은 때와 제 3 자에 대한 변제·승인·화해 또는 재판으로 인하여 채무가 확정된 때에는 지체없이 보험자에게 통지를 발송하여야 한다(제722조, 제723조 제 1 항). 이는 일반보험계약에 있어서의 보험사고발생의 통지의무(제657조)와 성질이 같은 것이고, 따라서 피보험자가 배상책임을 지게 될 원인이 있는 사고의 발생에 대하여도 통지의무를 짐은 당연하다. 왜냐하면 이런 사실을 보험자가 알게 됨으로써 손해의 방지 또는 감소에 관한 적당한 조치를 할 수 있고, 손해의 조사도 쉽게 되어 보험금지급의 준비를 할 수 있기 때문이다.

　그런데 구 상법 제722조와 관련하여 책임보험의 피보험자가 피해자로부터 배상의 청구를 받은 때에는 지체 없이 보험자에게 그 통지를 발송하도록 되어 있을 뿐 통지를 하지 아니한 경우의 효과에 관하여는 규정되어 있지 않았기 때문에 해석상 논란이 있었다. 이에 2014년 3월 상법 개정 시에 책임보험의 피보험자가 피청구 통지를 게을리 하여 증가된 손해에 대하여는 보험자가 책임을 지지 아니하되, 책임보험의 피보험자가 이미 상법에 따른 보험사고발생 통지를 한 때(상법 제657조)에는 그 통지를 하지 아니하여도 되도록 하였다 (개정 상법 제722조 제 2 항). 그런데 이 개정에 대하여는 사고발생을 통지한 피보험자는 배상청구사실을 따로 통지하지 아니하여도 불이익이 없는 결과로 된 것은 배상청구통지의무를 부과한 의의를 반감시킬 수 있어 문제라는 입장(^{김선정, "2014년 보험법}_{개정에 대한 판견,"}
「경제환경 변화에 대응한 상사법제의 개선방안」, 2014년
4개 학회 공동 하계학술대회 자료집, 2014.7.4.~7.5., 985쪽)도 존재한다. 그런데 책임보험의 피보험
자로서는 2중의 통지를 하지 않아도 되도록 하여 피보험자의 의무를 간소화
한 점에서는 개정법을 수긍할 수 있다.

　　(2) 保險者에 대한 協議義務　　피보험자의 사고로 인한 제 3 자에 대한
손해배상은 결국 보험자의 부담이기 때문에 피보험자가 제 3 자에 대한 변제·
승인·화해 등으로 채무를 확정함에는 보험자와 협의하여야 한다. 현재 협의의
무에 대한 명문의 규정은 없으나, 신의칙에 비추어 일반적으로 인정되고 있다.

　　그러므로 피보험자가 협의의무를 위반하여 제 3 자의 청구에 대해 일방적
으로 변제 또는 승인함으로써 부당하게 보험자의 책임을 가중시킨 경우에 보
험자는 그에 대한 보상을 청구할 수 있다(^{이에 대해 피보험자는 보험자에 대하여 보험계약에 따른}_{보상을 청구할 수 없다는 견해도 있다. 양승규, 359쪽}).
다만, 피보험자가 보험자의 동의 없이 채무를 확정한 경우에 보험자가 그 책
임을 면한다는 약정이 있는 때에도 그 행위가 현저하게 부당한 것이 아니면
보험자는 그 보상책임을 면하지 못한다(^{제723조}_{제 3 항}). 이는 피해자인 제 3 자를 보호
하고 또 피보험자와 제 3 자와의 법률관계를 가능한 한 원활하게 해결하기 위
함이다.

3. 保險者와 제 3 자의 關係

　　책임보험에 있어서 피해자인 제 3 자는 보험자에 대해서는 직접 아무런
권리의무도 갖지 않는 것이 원칙이다. 이는 연혁적으로 책임보험제도가 피보
험자의 제 3 자에 대한 재산적 급여에 의한 손해의 보상을 목적으로 한 것이
라는 점에서도 당연히 도출되는 원칙이지만, 오늘날에는 책임보험제도의 중점
이 피해자의 보호라는 면으로 전환되었기 때문에 상법은 보험자에 대한 피해
자의 직접청구권을 규정하고 있다. 즉 제 3 자는 피보험자가 책임을 질 사
고로 입은 손해에 대하여 보험금액의 한도 내에서 보험자에게 직접 보상을
청구할 수 있다(^{제724조 제}_{2 항 본문}).

4. 被害者의 保險金直接請求權

　　(1) 直接請求權의 意義　　책임보험계약의 이익은 궁극적으로는 피해자에
게 돌아가게 되므로 보험사고로 인해 피보험자의 손해배상책임이 생겼을 때
에는 직접청구권을 인정하는 것이 피해자보호를 위해 필요하다. 상법 제724
조 제 2 항 본문이 있음으로 인해 종래 제725조에서 임의책임보험으로서는 보
관자의 책임보험에서만 직접청구권을 법정했던 것이 모든 임의책임보험으로

직접청구권인정이 확대되었다.

그런데 강제책임보험에서는 직접청구권을 줄곧 인정하여 왔다(_{자배법 제 9 조, 산재보험법 제12조,} _{화재로인한재해보상과보험가입에관한법률 제 9 조, 원자력손해배상법 제 8 조}).

(2) 直接請求權의 認定根據　　이에 대하여는 견해가 나뉘어진다.

A. 責任保險의 본래의 性格에서 구하는 설　　이 견해는 책임보험의 기능이 피해자보호로 변천되어 간 사정을 중시하여 피해자는 책임보험에서 제 1 차적 피보험자라고 한다. 그리고 가해자보호는 피해자보호의 일종의 반사적 효과라고 한다.

B. 法定效果說　　이 설은 직접청구권을 인정함은 법의 규정에 근거한다고 하는 입장이다. 이 견해가 우리의 다수설이다.

C. 契約當事者의 意思表示의 效果로 보는 설　　이 설은 피보험자에게 생긴 계약상의 효과로서 보험자는 보험금을 피해자에게 지급할 의무가 있다고 한다.

D. 私　　見　　원래 보험관계와 책임관계는 논리적으로는 분리하여야 하므로 위의 두 번째인 법정효과설이 타당하다. 과거에 법률규정에서는 인정하지 않고 약관에 의해서만 인정될 때에는 계약상의 의사표시의 효과로 이해하였어야 한다.

이와 관련하여 직접청구권의 강행법규성이 문제된다. 약관이나 당사자의 합의로 직접청구권을 인정하지 않을 수 있는가라는 점이 문제되는 것이다. 오늘날 책임보험의 기능이 피해자보호라는 측면으로 이월되어 있고, 자동차손해배상보장법과 상법에서 명문으로 이를 규정하고 있는 점 등에 비추어 보면 동 규정은 강행규정이라고 보아야 한다(_{동지: 김성태, 보} _{험법강론, 619쪽}). 구체적으로는 가해자가 미리 손해배상을 한 후이면 보험자는 나머지 손해액을 보험금의 한도에서 지급하면 되고, 처음부터 직접청구권을 행사한 경우 보험자는 그에 응하여야 한다. 그리고 직접청구권규정을 강행규정으로 본다면, 무조건 가해자인 피보험자가 먼저 손해배상을 한 후에 보험금을 지급한다는 규정도 효력을 유지할 수 없다고 본다.

(3) 直接請求權의 法的 性質　　피해자의 직접청구권에 대해서는 소멸시효 기간과 관련된 분쟁이 많이 발생하고 있으며, 직접청구권의 법적 성질을 어떻게 보느냐에 따라 소멸시효 기간에 대한 차이가 발생한다.

A. 學   說

(i) 損害賠償請求權說   이 견해는 보험자는 손해배상채무를 중첩적으로 인수한 것으로 보고, 보험자와 피보험자는 연대채무관계에 있으며 직접청구권의 본질을 손해배상청구권으로 보는 견해로 우리나라의 다수설이다(정찬형, 상법강의(하), 제 8 판, 682쪽; 김성태, 보험법강론, 2001, 623쪽; 이광범, 책임보험에서의 제 3 자의 직접청구권, 보험법의 쟁점, 법문사, 2000, 179쪽).

(ii) 保險金請求權說   이 입장은 책임보험계약의 구조를 제 3 자를 위한 보험계약으로 보아 피해자를 피보험자로, 가해자는 보험계약자로 규정하여 피해자가 보험자에 대하여 가지는 직접청구권을 피보험자로서 가지는 보험금청구권으로 파악하는 견해(양승규, 보험법, 제 5 판, 2005, 377쪽; 이주흥, 실무손해배상책임론, 박영사, 1996, 497쪽)이다.

(iii) 折衷說   절충설의 견해로는 의무책임보험에서는 손해배상청구권설을 취하고 임의책임보험에서는 보험금청구권설을 취하는 입장(장경환, 자동차손해배상책임보험에서의 직접청구권의 성질과 손해배상청구권의 혼)동, 상법학의 전망[임홍근 교수 정년기념], 2003, 364쪽)도 있고 피해자의 직접청구권은 손해배상청구권에 해당되지만 보험금청구권의 성질도 일부 내포하고 있다고 보는 견해도 있다(김광국, 자동차보험론, 전주대학교출판부, 2000, 116쪽).

B. 判例의 입장   판례는 초기에는 보험금청구권설(대판 1993. 2. 13, 96 다 3622)을 취하다가, 그 후 전원합의체 판결을 거치지 아니하고 판례를 변경하여 현재는 손해배상청구권(대판 1993. 5. 11, 92 다 2530; 대판 1994. 5. 27, 96 다 6819; 대판 1998. 7. 10, 99 다 34499; 대판 2000. 12. 8, 99 다 37856)으로 보고 있다. 최근에는 자동차손해배상보장법상의 손해배상청구권은 개정전에는 2 년간(현재는 3 년) 행사하지 아니하면 소멸하였는바, 상법 제724조 제 2 항에 의하여 피해자의 직접청구권에 대해서도 2 년의 소멸시효기간이 적용되는지에 대한 문제가 되었다. 이에 대해 대법원 판결(대판 2005. 10. 7, 2003 다 6774)은 "자동차손해배상보장법상 피해자가 보험자 등에 대하여 가지는 보험금 직접청구권은 강제(의무)보험의 피보험자에게 손해배상책임이 발생한 경우에 같은 법 제 5 조 제 1 항에 의하여 강제되는 강제(의무)보험금의 범위에 한하는 반면, 상법 제724조 제 2 항에 의하여 피해자가 보험자에게 갖는 직접청구권의 법적 성질은 손해배상채무의 병존적 인수이므로 자배법 제 9 조에 의한 손해배상청구권과 그 범위를 달리하므로, 두 청구권은 별개의 청구라 할 것이어서 상법 제724조 제 2 항에 의한 피해자의 보험자에 대한 직접청구권은 민법 제766조 제 1 항에 따라 피해자 또는 그 법정대리인이 그 손해 및 가해자를 안 날로부터 3 년간 이를 행사하지 아니하면 시효로 인하여 소멸한다"고 판시하였다(보험금청구권의 소멸시효 기산점에 대한 상세는 최환준, 보험금청구권의 소멸시효의 기산점, 안암법학 제 13호, 2001, 367쪽 아래 참조).

C. 私　　見　　책임보험은 피보험자가 보험기간중의 사고로 인하여 제3자에게 배상책임을 질 경우에 그로 인한 손해의 보상을 목적으로 하는 보험계약이다. 그리고 법률은 법정책적으로 피해자인 제3자의 보험자에 대한 직접청구권을 인정하고 있는 상황이다. 이러한 경우에 제3자의 직접청구권을 보험금청구권으로 구성하기는 어렵다. 보험금청구권은 어디까지나 피보험자가 갖는 것이고 제3자의 청구권은 보험자가 피보험자의 제3자에 대한 손해배상채무를 병존적으로 인수한 것의 결과로 파악하여야 할 것이다. 다만 이 경우 보험자는 피보험자가 해당 사고에 대하여 가지는 항변으로 제3자에게 대항할 수 있으며, 직접적인 보험계약의 당사자(보험자와 피보험자) 사이의 계약내용에 의하여 영향을 받는 것이라고 보아야 한다.

〈대판 2010. 10. 28, 2010 다 53754〉
「상법 제724조 제2항에 의하여 피해자에게 인정되는 직접청구권의 법적 성질은 보험자가 피보험자의 피해자에 대한 손해배상채무를 중첩적으로 인수한 결과 피해자가 보험자에 대하여 가지게 된 손해배상청구권이고, 중첩적 채무인수에서 인수인이 채무자의 부탁으로 인수한 경우 채무자와 인수인은 주관적 공동관계가 있는 연대채무관계에 있는바, 보험자의 채무인수는 피보험자의 부탁(보험계약이나 공제계약)에 따라 이루어지는 것이므로 보험자의 손해배상채무와 피보험자의 손해배상채무는 연대채무관계에 있다(원심법원의 화해권고결정에 대하여 원고 甲만 적법한 이의신청을 하고 나머지 원고들과 피고들은 이의신청을 하지 아니한 사안에서, 원고 甲과 피고들 사이의 화해권고결정은 적법한 이의신청으로 말미암아 화해권고결정 이전의 상태로 돌아가지만, 나머지 원고들과 피고들 사이의 화해권고결정은 이의신청 제기기한을 도과함으로써 확정되어 그 소송이 종료되었음에도 불구하고, 나머지 원고들에 대한 부분까지 심리·판단한 원심판결을 파기하고 그 부분에 대한 소송종료선언을 한 사례).」

〈대판 2011. 9. 8, 2009 다 73295〉
「상법 제724조 제2항에 의하여 피해자에게 인정되는 직접청구권의 법적 성질은 보험자가 피보험자의 피해자에 대한 손해배상채무를 병존적으로 인수한 것으로서 피해자가 보험자에 대하여 가지는 손해배상청구권이고, 책임보험 보험자의 보상한도는 책임보험금 원본의 한도일 뿐 지연손해금은 보상한도액과는 무관하다는 이유로 보험자인 피고에 대하여 보상한도액 및 이에 대한 불법행위일부터의 지연손해금의 지급을 명한 원심판결에는 보험금 지급한도에 관한 법리를 오해한 위법 등이 없다.」

(4) 直接請求權의 行使   직접청구권을 행사하기 위해서는 피해자에게
손해가 발생하여야 한다. 이는 보험기간중에 피보험자가 책임질 사고로 손해
를 입은 것이어야 한다. 즉 보험자가 담보하고 있는 위험에서 생긴 사고에
한정된다. 가령 가스배상책임보험에서는 가스의 폭발 등으로 제 3 자가 손해를
입어야 한다. 보험금의 한도로서 무한배상책임이 인정된 경우 모든 손해에 대
하여 직접청구권을 행사할 수 있으며, 유한배상책임보험의 경우에는 소정의
보험금한도로만 직접청구권을 행사할 수 있다.

    A. **被保險者에 대한 通知**   직접청구권에 의거하여 청구를 받은 때에
는 보험자는 지체없이 이를 피보험자에게 통지해야 한다($\binom{제724조}{제 3 항}$). 이는 그 사
정을 알릴 필요가 있고, 경우에 따라서는 그의 협조를 받아야 하기 때문이다.
그리고 피보험자는 협조의무가 있다.

    B. **保險者의 抗辯權**   직접청구권은 책임보험계약에서 피보험자의 권
리에 바탕을 두고 있다. 따라서 보험자는 보험계약자 또는 피보험자에 대한
보험계약상의 항변사유로써 피해자에게 대항할 수 있다고 하여야 한다. 피해
자에 대한 책임이 피보험자에 대한 것보다 클 수 없기 때문이다. 이에 상법
은 피보험자가 그 사고에 대해 가지는 항변을 보험자가 원용하여 제 3 자에게
대항할 수 있다고 규정하고 있다($\binom{제724조 제}{2 항 단서}$).

〈대판 2009. 11. 26, 2009 다 58470〉

「구 상법($\substack{2007.\ 8.\ 3.\ 법률\ 제8581호로 \\ 개정되기\ 전의\ 것}$) 제750조 제 1 항에 선박소유자의 경우와 동일하게
책임을 제한할 수 있는 자로 선박소유자의 책임보험자가 규정되어 있지는 않으나,
같은 법 제724조 제 2 항에서 "제 3 자는 피보험자가 책임을 질 사고로 입은 손해
에 대하여 보험금액의 한도 내에서 보험자에게 직접 보상을 청구할 수 있다. 그러
나 보험자는 피보험자가 그 사고에 관하여 가지는 항변으로써 제 3 자에게 대항할
수 있다"고 규정하고 있을 뿐 아니라, 책임보험자는 피보험자의 책임범위 내에서
만 책임을 부담하는 것이 보험법의 일반원리에도 충실하고, 같은 피해자라도 상대
방이 보험에 가입하였느냐 여부 및 선박소유자 또는 보험자 어느 쪽에 대하여 청
구권을 행사하느냐에 따라 그 손해전보의 범위가 달라지는 것은 합리적이지 못하
며, 해상사고의 대규모성에 비추어 해상보험자에 대하여만 그 보호를 포기할 이유
가 없다는 점 등을 고려하여 보면, 책임보험자도 피보험자인 선박소유자 등의 책

임제한의 항변을 원용하여 책임제한을 주장할 수 있다. 책임보험자가 선박소유자
등의 책임제한절차에 관한 법률에서 규정한 책임제한절차 외에서 선박소유자의
책임제한 항변을 원용하는 경우 법원으로서는 책임제한절차의 폐지 또는 책임제
한절차 개시결정의 취소를 조건으로 제한채권자의 청구를 인용할 수 있다.」

의무보험인 자동차책임보험에서 피보험자가 고의로 행위한 경우에 면책
되지만, 제 3 자가 직접청구권을 행사하면 보험자는 일단 보상을 하고 피보험
자에게 그 금액의 지급을 청구할 수 있다(자동차보험약관 제
14조 제1항 (1)).

(5) 直接請求權의 消滅時效

A. 消滅時效期間   다수설과 판례는 직접청구권의 성질을 손해배상청
구권으로 보고 있으나, 소멸시효기간에 대해서는 i) 상법 제662조 적용설(피
보험자와 피해자인 제 3 자 사이에 채무가 확정된 때로부터 3 년)(양승규, 보험법, 제5판,
삼지원, 2005, 380쪽),
ii) 민법 제766조 적용설(손해를 안 때로부터 3 년, 불법행위일로부터 10년)
(김성태, 보험법강론, 634쪽; 김성태, 직접청
구권의 성질과 시효, 상사판례연구II, 193쪽), iii) 상법 제662조 유추적용설(피해자가 보험자
에게 배상을 청구한 때로부터 3 년)(최기원, 보험법, 박영사, 1996, 372쪽; 정
찬형, 상법강의(하), 제8판, 2006, 684쪽)이 대립하고 있
으며, 이 외에 보험계약을 상행위로 보아 상사채무의 단기소멸시효기간(5 년)
으로 보려는 견해(이광범, 책임보험에서의 제3자의 직접청
구권, 보험법의 쟁점, 법문사, 2000, 191쪽)도 있다. 판례는 직접청구권의
소멸시효기간에 대해 판결선고 당시 적용되던 개정전 상법 제662조에 의해 2
년으로 보고 있었으나(대판 1993. 4. 13, 93 다 3622;
대판 1993. 7. 13, 92 다 3982), 그 이후에는 민법 제766조에 의한
소멸시효를 적용하여 상법 제724조 제 2 항에 의한 피해자의 직접청구권은 피
해자 또는 그 법정대리인이 그 손해 및 가해자를 안 날로부터 3 년간 행사하
지 않으면 시효로 인하여 소멸한다고 보고 있다(대판 2005. 10. 7,
2003 다 6774).

그런데 직접청구권의 소멸시효기간으로는 손해배상청구권설에 의거하여
민법 제766조를 적용하여 안 날로부터 3 년(사고발생일로부터 10년)의 기간을
적용하는 것이 타당하다고 본다.

대인배상 I (자동차보험법상의 책임보험)의 경우 자동차손해배상보장법에 의
한 의무보험이므로 직접청구권의 소멸시효기간이 3 년이고(자동차손해배상보장
법 제33조), 대인배상 II (책임보험의 보상한도를 초과하는 범위를 보상하는 담보)의
경우 임의보험이므로 일반 손해배상청구권의 소멸시효기간인 3 년(민법 제766
조 제1항)이
적용된다. 앞으로 상법 제724조에 직접청구권의 소멸시효기간에 대하여 명확
하게 규정할 필요가 있다. 현재로서는 책임보험에서 피해자의 직접청구권에
대해서는 상법 제662조의 규정이 아닌 불법행위 소멸시효기간에 관한 조항인

민법 제766조가 적용되어야 한다고 본다.

   B. **被害者의 直接請求權의 消滅時效 起算點**   우리 대법원 판례 ($\begin{smallmatrix}\text{대판 1988. 6. 14,}\\\text{87 다카 2276}\end{smallmatrix}$)는 자동차손해배상책임보험금청구권의 소멸시효와 관련하여 "상법 제723조 제 1 항, 제 2 항에 의하면 책임보험에 있어서 피보험자가 제 3 자에 대하여 변제, 승인, 화해 또는 재판으로 인하여 채무가 확정된 때에는 보험자는 특별한 기간의 정함이 없으면 그 확정의 통지를 받은 날로부터 10일내에 지급하도록 규정하고 있고, 피고회사의 자동차종합보험 보통약관 제 9 조 제 1 항에서도 피보험자는 판결의 확정, 재판상 화해, 중재 또는 서면에 의한 합의로 배상액이 확정되었을 때 보험금의 지급을 청구할 수 있다고 규정하고 있으므로 위 각 규정들의 해석과 책임보험의 성질에 비추어 피보험자가 보험자에게 보험금청구권을 행사하려면 적어도 피보험자가 제 3 자에게 손해배상금을 지급하였거나 상법 또는 보험약관이 정하는 방법으로 피보험자의 제 3 자에 대한 채무가 확정되어야 할 것이다"라고 판시하고 있다.

   소멸시효의 기산점과 관련하여 피보험자의 보험금청구의 경우와 피해자의 직접청구권의 경우를 나누어 볼 필요가 있다. 책임보험의 영역에서의 상법 제723조 제 1 항이 "피보험자가 제 3 자에 대하여 변제·승인·화해 또는 재판으로 인하여 채무가 확정된 때에는 지체 없이 보험자에게 그 통지를 발송하여야 한다"라고 하면서, 동 제 2 항에서 "보험자는 특별한 기간의 약정이 없으면 전항의 통지를 받은 날로부터 10일내에 보험금액을 지급하여야 한다"고 규정하고 있는 것을 볼 때, 상법 제723조 제 1 항은 피보험자의 변제 또는 채무확정시가 책임보험에서의 보험금청구권이 행사가능시기임을 전제로 하여 피보험자의 통지의무를 규정한 조항이고, 제 2 항은 피보험자가 보험금청구권을 행사하여 보험자가 통지를 받으면 보험자는 적시에 보험금을 지급해야 한다는 취지로 파악하여야 한다. 따라서 상법 제723조 제 1 항에 따라 보험약관에 특별한 구체적 규정이 없는 한 책임보험에 있어서 피보험자의 보험금청구권의 소멸시효의 기산점은 피보험자의 변제 또는 채무확정시가 된다.

   한편 피해자의 직접청구권의 소멸시효에 대한 규정이 없기 때문에 현재로서는 그 성질론과 연결하여 시효기간을 정하여야 한다. 피보험자가 보험자에게 보험금의 지급을 청구하는 경우로서 대한민국 법원에 의한 판결의 확정, 재판상의 화해, 중재 또는 서면에 의한 합의로 손해액이 확정된 경우 피보험자의 보험자에의 통지의무를 부과하고 그 통지를 받은 날로부터 10일 내에 보험금을 지급하여야 하는 것으로 규정하고 있다(상법 제723조 제2항). 직접청구권의 시효기간 기산과 관련하여서는 가·피해자간에 손해액의 확정이 있는 경우에는 그 확정된 때로부터 피해자의 직접청구권의 소멸시효가 진행된다고 보아야 할 것이며, 가·피해자간에 아무런 합의 등이 없는 경우에는 소멸시효는 피해자가 청구권의 존재를 안 날과 객관적인 사고발생일을 기준으로 하여야 할 것이다.

　제 3 자는 피보험자에 대한 손해배상청구권을 전제로 하여 직접청구권을 가지므로 배상청구권 자체가 시효로 소멸하면 직접청구권도 소멸한다. 가령 임치물의 멸실·훼손으로 생긴 창고업자의 책임은 그 물건을 출고한 날 또는 그 멸실의 통지를 발송한 날로부터 1년이 경과하면 시효로 인하여 소멸한다(상법 제166조).

　창고업자(보험계약자·피보험자)가 보관자의 책임보험계약을 체결하면 물건소유자가 임치물의 멸실 후 1년이 지나도 권리를 행사하지 않으면 그의 보험자에 대한 직접청구권도 소멸한다. 이 경우는 물론 창고업자(피보험자)가 보험금을 청구할 이유도 없다.

〈대판 1992. 4. 28, 92 다 3328〉

「사고발생 후 보험회사가 가해자인 보험가입자를 대리하여 피해자에게 치료비 등 손해배상의 일부를 지급하다가 그 후 채권자에게 손해배상을 지급하여야 하니 1차 연락해 주기 바라고, 연락이 없으면 치료비를 먼저 지급하고 손해배상금을 추가로 처리할 예정이라는 통지문을 보냄으로써 그 소멸시효가 완성되기 전에 위 보험회사가 손해배상채무를 승인하였다면, 보험가입자를 위한 포괄대리권이 있다고 해석되는 보험회사의 승인의 효과는 보험가입자에게도 미친다.」

〈대판 1993. 4. 13, 93 다 3622〉

「가. 자동차종합보험보통약관에 피보험자가 피해자에게 지는 손해배상액이 판결에 의하여 확정되는 등의 일정한 경우에는 피해자가 보험회사에 대하여 직접 보험금의 지급을 청구할 수 있도록 규정되어 있다 하더라도 위 약관에 의하여 피해자에게 부여된 보험회사에 대한 보험금액청구권은 상법 제662조 소정의 보험금액청구권에 다름 아니므로, 이를 2년간 행사하지 아니하면 소멸시효가 완성된다.

　나. 피보험자가 피해자에게 지는 손해배상액이 판결에 의하여 확정되는 등의 경우에 피해자가 보험회사에 대하여 직접 보험금의 지급을 청구할 수 있다는 자동차종합보험보통약관의 규정에 따라 피해자가 보험회사에 대하여 판결금액상당의

보험금액을 직접 청구하는 소송을 제기한 경우, 이 직접청구권의 소멸시효는 확정
판결이 있은 때로부터 기산된다.

다. 대법원전원합의체판결에서 무면허운전에 관한 종전의 견해를 변경한 바 있
다 하여 이로써 피해자가 보험회사에 대하여 보험금액직접청구권을 행사함에 있
어 법률상 장애가 있었다 할 수 없으므로, 그 소멸시효가 위 대법원판결이 있은
때로부터 기산된다 할 수 없다.」

⟨대판 2005. 10. 7, 2003 다 6774⟩

「상법 제724조 제 2 항은 책임보험에 있어서 피보험자가 책임을 질 사고로 입은
손해에 대하여 피해자인 제 3 자는 보험금액의 범위 내에서 보험자에게 직접 보상
을 청구할 수 있도록 규정하고 있는 바, 상법 제724조 제 2 항에 의하여 피해자가
보험자에게 갖는 직접청구권은 보험자가 피보험자의 피해자에 대한 손해배상채무
를 병존적으로 인수한 것으로서 피해자가 보험자에 대하여 가지는 손해배상청구
권이므로 민법 제766조 제 1 항에 따라 피해자 또는 그 법정대리인이 그 손해 및
가해자를 안 날로부터 3 년간 이를 행사하지 아니하면 시효로 인하여 소멸한다고
할 것이다.

자동차종합보험(대인배상 I 및 대인배상 II 포함)의 피보험자가 자동차의 사고로
인하여 손해배상책임을 지는 경우에 있어서, 피해자가 상법 제724조 제 2 항에 의
하여 보험자에 대하여 행사할 수 있는 손해배상청구권은 자동차손해배상보장법
제 9 조에 의하여 행사할 수 있는 손해배상청구권과 그 범위를 달리하므로 두 청
구권은 별개의 것이어서 자동차손해배상보장법 제 9 조에 적용되는 같은 법 제33
조의 소멸시효의 규정이 상법 제724조 제 2 항에 의한 손해배상청구에 대하여 적
용될 수는 없다고 할 것이다.」

⟨대판 1995. 7. 14, 94 다 36698⟩

「자동차운행중 교통사고가 일어나 자동차의 운행자나 동승한 그의 친족의 일방
또는 쌍방이 사망하여 자동차손해배상보장법 제 3 조에 의한 손해배상채권과 채무
가 상속으로 동일인에게 귀속하게 되는 사안에서, 교통사고를 일으킨 차량의 운행
자가 자동차손해배상책임보험에 가입하고 있는 경우에는 가해자가 피해자의 상속
인이 되는 등의 특별한 경우를 제외하고는 생존한 교통사고피해자나 사망한 피해
자의 상속인에게 책임보험에 의한 보험의 혜택을 부여하여 이들을 보호할 사회적
필요성이 있는 점은 다른 교통사고와 다를 바 없고, 다른 한편 원래 자동차손해배
상책임보험의 보험자는 상속에 의한 채권·채무의 혼동 그 자체와는 무관한 제 3

자일 뿐 아니라 이미 자신의 보상의무에 대한 대가인 보험료까지 받고 있는 처지
여서 교통사고의 가해자와 피해자 사이에 상속에 의한 혼동이 생긴다는 우연한
사정에 의하여 자기의 보상책임을 면할 만한 합리적인 이유가 없으므로, 자동차책
임보험의 약관에 의하여 피해자가 보험회사에 대하여 직접 보험금의 지급청구를
할 수 있는 이른바 직접청구권이 수반되는 경우에는 그 직접청구권의 전제가 되
는 자동차손해배상보장법 제 3 조에 의한 피해자의 운행자에 대한 손해배상청구권
은 상속에 의한 혼동에 의하여는 소멸되지 않는다고 보아야 한다.」

〈대판 2001. 9. 14, 99 다 42797〉
「피해자의 보험자에 대한 손해배상채권과 피해자의 피보험자에 대한 손해배상채
권은 별개독립의 것으로서 병존하고, 피해자와 피보험자 사이에 손해배상책임의
존부 내지 범위에 관한 판결이 선고되고 그 판결이 확정되었다고 하여도 그 판결
의 당사자가 아닌 보험자에 대하여서까지 판결의 효력이 미치는 것은 아니므로,
피해자가 보험자를 상대로 하여 손해배상금을 직접 청구하는 사건의 경우에 있어
서는 특별한 사정이 없는 한 피해자와 피보험자 사이의 前訴判決과 관계 없이 피
해자의 보험자에 대한 손해배상청구권의 존부 내지 범위를 다시 따져 보아야 한다
(대판 2000. 6. 9, 98
다 54397 등 참조).

〈대판 2005. 1. 14, 2003 다 38573, 38580〉
「상속포기는 자기를 위하여 개시된 상속의 효력을 상속개시시로 소급하여 확정적
으로 소멸시키는 제도로서(민법 제1019조 제
1 항, 제1042조 등) 피해자의 사망으로 상속이 개시되어 가
해자가 피해자의 자신에 대한 손해배상청구권을 상속함으로써 위의 법리에 따라
그 손해배상청구권과 이를 전제로 하는 직접청구권이 소멸하였다고 할지라도 가
해자가 적법하게 상속을 포기하면 그 소급효로 인하여 위 손해배상청구권과 직접
청구권은 소급하여 소멸하지 않았던 것으로 되어 다른 상속인에게 귀속되고, 그
결과 위에서 본 '가해자가 피해자의 상속인이 되는 등 특별한 경우'에 해당하지
않게 되므로 위 손해배상청구권과 이를 전제로 하는 직접청구권은 소멸하지 않
는다.」

Ⅲ. 保管者의 責任保險

임차인 기타 타인의 물건을 보관하는 자가 그 지급할 손해배상을 위하여
그 물건을 보험에 붙인 경우에 그 물건의 소유자는 보험자에 대하여 직접 그
손해의 보상을 청구할 수 있는데(제725
조), 이것이 바로 보관자의 책임보험이다.

이 보험이 갖는 기능은 타인의 물건을 보관하는 자의 사업상 야기되는 배상
책임을 보험자에게 돌림으로써 사업의 유지발전을 꾀하고, 피해자의 이익을
보호하는 데 있다. 하지만 이 때의 보험계약은 소유자인 타인을 피보험자로
하는 타인을 위한 보험계약은 아니고, 보관자 자신이 손해배상책임을 부담함
으로 말미암아 받을 손해의 보상을 목적으로 하는 자기를 위한 보험계약이다.
다만, 상법은 보관자의 무자력 기타의 원인에 의하여 소유자가 배상받지 못할
경우를 고려하여 직접 보험자에 대하여 보상청구를 할 수 있는 직접청구권을
인정할 뿐이다. 따라서 소유자의 직접청구권이 피보험자인 보관자의 보험금청
구권보다 우선한다. 그러므로 소유자는 보험회사에 대해 직접 보험금의 지급
을 청구할 수 있으나, 보관자는 소유자에게 손해를 배상한 후가 아니면 보험
금을 지급받지 못한다.

제 6 절 自動車保險

高永德, 자동차책임보험에 있어서 피해자의 직접청구권에 관한 연구, 원광대 대학원
논문집 5(1990. 2)/金汶在, 自動車損害賠償責任保險에서의 피해자의 직접청구권, 商事
判例研究 1(1986)/金星泰, 自動車事故로 인한 人的 損害補償制度研究, 서울대 박사학
위논문, 1986/金正皓, 무면허운전 면책조항의 적용범위, 판례연구(고려대학교 법학연
구소) 6(1994. 6)/金鍾寶, 交通事故 被害者의 私法的 救濟制度 —— 대인배상 자동차책
임보험을 중심으로, 한양대 박사학위논문, 1991/盧一錫, 자동차종합보험의 피보험자,
現代商法의 課題와 展望(梁承圭敎授華甲紀念論文集), 1994/孟守錫, 자동차보험약관상
의 면책사유에 관한 연구, 충남대 박사학위논문, 1996/朴憲穆, 자동차보험과 그 개선
방안에 관한 고찰, 경성법학 2(1992. 12)/徐燉珏, 자동차손해배상보장법상의 피해자의
직접청구권에 관한 약간의 문제, 法學의 諸問題(洪璡基先生華甲紀念論文集), 1977/安
慶峰, 등록이전을 하지 아니한 자동차매수인의 보험보호, 嶺南法學 1(1994. 1)/梁承圭,
自動車 對人賠償責任保險에 관한 고찰, 商法論集(鄭熙喆先生華甲紀念論文集), 1979/
梁承圭, 자동차책임보험의 문제와 개선방안, 서울대 법학 81 · 82(1990. 8)/梁承圭, 업
무상 재해사고를 면책사유로 한 자동차보험약관의 효력, 서울대 법학 83 · 84(1990.
12)/梁承圭, 無免許運轉免責 保險約款의 效力과 그 適用限界, 商事法의 基本問題(李
範燦敎授華甲紀念論文集), 1993/梁承圭, 自動車保險契約의 復活과 保險者의 責任, 損
害保險 301(1993. 11)/李基秀, 自動車綜合保險普通約款의 無免許運轉免責條項에 대하
여 修正解釋할 必要가 있는지의 與否, 判例月報 260(1992. 5)/李基秀, 飮酒運轉免責約

款, 判例硏究 8(1996. 9)/任忠熙, 자동차 대인배상책임보험법리에 관한 연구, 성균관대 박사학위논문, 1991/任忠熙, 자동차책임보험에서의 피해자의 직접청구권에 관한 고찰, 보험학회지 37(1991. 3)/任忠熙, 자동차보험자의 면책사유, 商事法의 基本問題(李範燦 教授華甲紀念論文集), 1993/張敬煥, 업무상 재해사고와 자동차보험, 企業法의 行方(鄭熙喆教授古稀紀念論文集), 1991/崔完鎭, 自動車責任保險制度의 問題點과 改善方案, 商去來法의 理論과 實際(石影安東燮教授華甲紀念論文集), 1995/洪復基, 保險者의 免責事由——無免許運轉條項을 中心으로, 保險調査月報 189(1993. 11).

I. 總　說

1. 意　義

자동차보험계약이란 피보험자가 자동차를 소유·사용·관리하는 동안에 발생한 사고로 인하여 생길 손해의 보상을 목적으로 하는 손해보험계약이다(제726조의2). 즉 이것은 보험자가 자동차 자체에 생긴 물적 손해나 피보험자 자신이 자동차사고로 인해 입은 인적 손해 또는 자동차사고로 타인의 생명이나 신체에 대하여 손상을 입히거나 타인의 재물을 멸실·훼손하여 법률상 손해배상책임을 짐으로써 입은 손해의 보상을 목적으로 하는 손해보험계약을 말한다.

이러한 자동차보험은 1924년 일본의 三井物産京城支店의 영업을 시초로 하고 있으나, 본격적인 자동차보험사업은 1957년의 한국자동차보험주식회사가 최초이다. 현재에는 일반보험회사도 자동차보험을 취급하고 있다.

2. 自動車保險의 效用

자동차는 육상운송의 중추적 용구일 뿐 아니라 최근에는 자가용승용차가 생활수단이 되어 그 이용범위가 크게 확대되고 있다. 따라서 자동차운행으로 생기는 사고의 증가로 인해 사람의 사망이나 부상은 물론 재산적 피해도 많아져서 그 피해자보호가 중요한 사회적 문제로 등장하고 있다. 이에 따라 자동차보험을 책임보험으로 하여 강제하거나 임의보험의 종류를 확대·개발하여 피해자를 법적으로 보호할 필요성이 강조되고 있다.

자동차보험에 관하여는 1984. 12. 31, 법률 제3774호로 자동차손해배상보장법(이하·자배법)이 제정되어 강제적 대인배상책임보험·대물배상책임보험이 운영되고 있으며, 임의적 대인배상책임보험·차량보험·임의적 대물배상보험·자손사고보험 등은 개인용 자동차종합보험보통약관에 의하여 운영되고 있다.

1991년의 개정상법도 자동차보험의 중요성을 감안하여 3 개의 조문을 신설하였다.

3. 自動車保險의 種類

(1) 自動車對人賠償責任保險　　대인배상책임보험은 자동차의 운행 또는 소유·사용·관리중에 제 3 자에게 사망 또는 상해를 입힌 사고로 말미암아 피보험자가 제 3 자에게 배상책임을 짐으로써 입은 손해를 보험자가 보상하는 책임보험이다. 대인배상책임보험은 강제보험인 자동차손해배상책임보험과 임의책임보험으로 이원화되어 있다.

(2) 自動車對物賠償責任保險　　대물배상책임보험은 피보험자가 자동차의 사고로 타인의 재화에 손해를 일으켜 제 3 자에게 배상책임을 짐으로써 입은 손해를 보험자가 보상하는 책임보험이다. 그러나 자동차에 싣고 있는 물건 또는 운송중인 물건에 생긴 손해에 대한 배상책임은 자동차책임보험에 포함되지 아니한다(보험업감독규정 시행세칙 제17조 제 1 항에 의한 자동차). 왜냐하면 운송물에 생긴 손해에 대한 보상을 담보하는 것은 운송보험에 속하기 때문이다.

(3) 車輛保險　　차량보험은 보험자가 우연한 사고로 피보험자의 자동차에 생긴 손해를 보상하는 보험이다. 보험의 목적은 자동차와 그 부속품·부속기계장치를 포함한다(자보약관 제13조).

(4) 自損事故保險　　자손사고보험은 자동차의 보유자·그 가족·운전자 등 피보험자가 자동차의 사고로 상해를 입었을 때의 보험금을 지급하기로 하는 인보험이다(자보약관 제11조). 즉 이 보험은 피보험자의 상해의 원인을 자동차사고로 한정하는 상해보험이라 할 수 있다.

(5) 無保險車傷害保險　　무보험자동차 상해보험(uninsured motorist insurance)이라 함은 자동차보험의 대인배상Ⅱ에 들지 아니한 경우 등에 있어서 자동차와의 사고로 손해를 입은 피보험자를 보호하기 위한 보험이다. 자동차보험계약의 무보험차보유자담보(uninsured motorist coverage)는 혼합보험인데, 그것은 과실에 근거한 책임보험과 같은 것이나, 피보험자를 보호하는 상해보험과도 같은 성질을 띠고 있다. 즉 무보험자동차 상해보험은 무보험차보유자의 책임 있는 사유로 손해를 입은 피보험자가 그 보유자를 상대로 효율적으로 손해배상청구권을 행사할 수 없게 됨으로써 입은 손해를 보상하기로 하는 보험이다. 우리 나라에서도 1992년 12월에 이 보험이 도입되었다(자보약관 제12조). 이 보험은 대인배상Ⅰ, 대인배상Ⅱ, 대물배상, 자기신체사고에 모두 가입하는

경우에 한하여 가입할 수 있다(자동차보험표 준약관 제12조).

〈대판 2003. 12. 26, 2002 다 61958〉
「교통사고를 일으킨 가해차량을 피보험자동차로 하여 자동차보험대인배상 Ⅱ 계약을 체결한 보험회사(이하 '가해차량보험회사'라 한다)가 피해자에 대하여 예컨대 그 사고가 무면허운전중에 일어난 사고라는 이유 등으로 면책약관을 내세워 보험금의 지급을 거절한 관계로 당해 교통사고에 대한 가해차량보험회사의 면책 여부가 문제로 되어 결과적으로 가해차량보험회사의 보상책임 유무가 객관적으로 명확히 밝혀지지 않은 경우에 있어서의 가해차량 역시 위 약관에서 말하는 무보험차에 해당한다고 보아 피해자가 자신의 보험회사(이하 '피해자보험회사'라 한다)에 대하여 위 특약에 따른 보험금의 지급을 청구할 수 있다고 보는 것이 피해자에 대한 신속한 피해보상을 목적으로 하는 자동차보험정책은 물론이고, 약관의 뜻이 명백하지 아니한 경우에는 고객에게 유리하게 해석되어야 한다는 약관의규제에관한법률 제5조 제2항 소정의 약관해석원칙에도 부합한다고 할 것이다. 따라서 이 경우 피해자보험회사로서는 피해자가 입은 손해에 대하여 가해차량보험회사가 궁극적으로 보상의무를 질 것인지 여부가 법률상 객관적으로 명확히 밝혀지지 아니한 이상 단지 가해차량보험회사가 무면허운전을 이유로 면책처리한 것이 부당하다고 하여 그 보험금청구를 거절할 수는 없고 우선 피보험자인 피해자에게 무보험차상해담보특약에 따른 보험금을 지급하여야 할 것이고, 그 이후 보험자대위 등에 터잡아 가해차량보험회사를 상대로 구상권을 행사하여 무면허운전에 의한 가해차량보험회사의 면책 여부에 따라 쌍방 보험회사들 사이의 종국적 책임귀속 여부를 가려내면 족하다고 할 것이다.」

〈대판 2006. 10. 13, 2004 다 16280〉
「피고들이 교통사고환자 후유장해 정도에 대한 증거자료를 수집하기 위하여 의도적, 계속적으로 주시가호 미행하면서 사진을 촬영함으로써 원고에 대한 정보를 임의로 수집한 것은 비록 그것이 공개된 장소에서 민사소송의 증거를 수집할 목적으로 이루어졌다 하더라도 초상권 및 사생활의 비밀과 자유의 보호영역을 침범한 것으로서 불법행위를 구성한다 할 것이다.」

〈대판 2008. 10. 9, 2007 다 55491〉
「개인용자동차보험 중 무보험자동차에 의한 상해보험에 가입한 경우에 자동으로 적용되는 '다른 자동차 운전담보 특약'의 취지는, 피보험자동차를 운전하는 피보험자가 임시로 다른 자동차를 운전하는 경우 그 사용을 피보험자동차의 사용과 동일시할 수 있어 사고 발생의 위험성이 피보험자동차에 관하여 상정될 수 있는 위험의 범위 내에 있다고 평가될 수 있는 때에는 피보험자동차에 관한 보험료에 소정의 보험료를 증액하여 그 다른 자동차에 관한 사고 발생의 위험도 담보할 합리성이 인정되므로, 그 한도에서는 다른 자동차의 사용에 의한 위험도 담보하려는 것이라고 해석된다.

다른 자동차 운전담보 특약의 취지를 고려하여 보면, 위 특약에 의하여 부보 대상이 되는 '다른 자동차'에서 제외되는 '통상적으로 사용하는 자동차'는 피보험자동차와는 별개로 부보되어야 할 대상이기 때문에 위 특약에 의한 담보 범위에서 제외한 것으로서, 여기에 해당되는지 여부는, 당해 자동차의 사용기간 이외에도 피보험자가 당해 자동차를 상시 자유로이 사용할 수 있는 상태에 있는지 여부(사용재량권의 유무), 피보험자가 간헐적으로 사용하는 이상으로 당해 자동차를 자주 사용하는지 여부(사용빈도), 피보험자가 사용할 때마다 당해 자동차 소유자의 허가를 받을 필요가 있는지 아니면 포괄적 사용허가를 받고 있는지 여부(사용허가의 포괄성 유무), 당해 자동차의 사용목적이 특정되어 있는지 여부(사용목적의 제한 유무) 등을 종합적으로 고려하여 당해 자동차의 사용이 피보험자동차의 사용에 관하여 예측될 수 있는 위험의 범위를 일탈한 것이라고 평가될 수 있는지 여부에 의하여 판단하여야 한다. 한편, '다른 자동차 운전담보 특약'에서 그 특약에 의하여 부보되는 '다른 자동차' 중의 하나로, "기명피보험자가 자동차를 대체한 경우 그 사실이 생긴 때로부터 회사가 승인을 한 때까지의 대체자동차"를 규정하면서 관련 보험약관에서 기명피보험자가 보험기간 중에 피보험자동차를 폐차하고 그 자동차와 동일한 차종의 다른 자동차로 교체(대체)한 때에 그 다른 자동차를 대체자동차 중의 하나로 규정하고 있는 경우, 그 취지는 위와 같은 대체자동차는 일반적으로 위 특약의 부보대상에서 제외되는 '통상적으로 사용하는 자동차'에 해당될 것이지만 피보험자동차의 대체에 의하여 그 피보험자동차에 관한 보험사고의 발생 위험이 소멸된 이상 새로 취득한 동종의 자동차에 관하여 기존의 보험으로 부보한다고 하더라도 다른 자동차 운전담보 특약의 취지를 벗어난다고 볼 수 없기 때문에 이를 부보 대상에 포함시키려는 것이라고 해석된다.」

Ⅱ. 自動車對人賠償責任保險

자동차사고로 인한 대인배상책임보험은 강제보험(자동차손해배상책임보험)과 임의보험(자가용 자동차보험·일반자동차보험·자동차운전자보험)으로 나누고 있다. 강제보험 이외에 임의보험이 필요한 것은 ① 손해액이 강제보험의 보험금액을 초과하는 경우에 그 초과액을 지급하기 위하여, 또는 ② 손해액이 강제보험의 실제상의 지급액을 초과하는 경우에 그 초과액을 지급하기 위해서이다.

1. 自動車損害賠償責任保險(强制的 對人賠償責任保險)

(1) 意 義   자동차손해배상책임보험이란 자배법에 의해 그 가입이 강제되는 것으로서, 피보험자가 보험기간중 자동차의 운행에 의해서 사람이 사망 또는 부상당함으로써 피해자에게 배상책임을 지게 될 경우에 보험자가 일정한 보험금을 지급하기로 하는 보험이다.

그런데 자배법은 자동차손해배상책임보험에서 피해자에 대한 보험금지급의 한도액을 정하고($\frac{자배법 제5조 제1항;}{동법 시행령 제3조}$), 보험자의 보험계약자에 대한 보험가입증명서교부의무($\frac{동법}{제8조}$)와 피해자의 보험자에 대한 보험금직접청구권($\frac{동법}{제9조}$) 등을 규정하고 있을 뿐이다. 따라서 자동차손해배상책임보험은 책임보험의 일종이므로 동법 이외에도 보험계약법의 일반규정과 책임보험에 관한 규정이 적용됨은 물론 세부적인 사항은 보통보험약관에 의하여 정해지고 있다. 그러나 자동차손해배상책임보험은 자동차의 운행과 관련하여 일어나는 사고에 대비하여 피해자를 보호하기 위해 마련된 것이므로, 피해자에 대한 손해보상의 문제가 그 중심을 이루고 있다고 할 수 있다.

〈대판 2010. 2. 11, 2009 다 71558〉
「보험자가 대리운전업자와 자동차보험계약을 체결하면서 대리운전차량이 자동차손해배상 보장법상 책임보험(대인배상 Ⅰ) 대상인 경우에는 그 초과액만을 보상하는 약관규정을 두고도 책임보험금을 지급한 사안에서, 책임보험금을 지급할 당시에 책임보험금을 지급하여야 할 보험자를 위하여 사무를 처리하는 의사가 있었다고 충분히 인정되고, 그 보험자의 의사에 반한다는 것이 명백하다고 보기 어려워, 책임보험금의 지급이 사무관리에 해당한다.」

(2) 加入의 强制   자배법에 의하면 자동차의 등록을 한 자와 이륜소형자동차의 사용신고를 한 자는 자동차의 운행으로 다른 사람이 사망하거나 부상할 경우에 피해자에게 일정한 금액의 지급책임을 지는 자동차손해배상책임보험에 가입하도록 하고 있고($\frac{자배법 제5}{조 제1항}$), 그러하지 아니할 경우 자동차의 운행을 할 수 없도록 하고 있어($\frac{동법}{제8조}$) 자동차손해배상책임보험은 강제책임보험에 속한다.

또한 자배법 제24조는 "보험사업자 등은 자동차보유자가 책임보험 등에 가입하고자 하는 때에는 대통령령이 정하는 사유가 있는 경우 외에는 계약의 체결을 거부하지 못한다"라고 규정하고 있는데, 보험자가 보험인수를 거절할 수 있는 정당한 사유는 다음과 같다(^{자배법 시행} _{령 제14조}).

1. 자동차관리법 또는 건설기계관리법에 의한 검사를 받지 아니한 자동차에 대한 청약이 있는 경우

2. 여객자동차운수사업법 · 화물자동차운수사업법 및 건설기계관리법 기타 법령에 의하여 운행이 정지되거나 금지된 자동차에 대한 청약이 있는 경우

3. 청약자가 청약 당시 사고발생의 위험에 관하여 중요한 사항을 고지하지 아니하거나 부실한 고지를 한 것이 명백한 경우

이와 같이 자배법은 보험자의 계약강제를 뒷받침하고 있으므로, 자동차손해배상책임보험에 있어서는 보험자는 그 보험가입의무자로부터 보험계약의 청약이 있을 때에는 정당한 거절사유가 없는 한 당연히 그 청약을 승낙하여 보험계약을 체결하여야 한다. 즉 강제적 책임보험에서는 자동차보유자의 보험가입이 강제되어 있는 것과 마찬가지로 보험자의 계약강제도 함께 인정된다.

(3) 自動車保險者의 損害賠償責任

A. 補償責任의 要件   자기를 위하여 자동차를 운행하는 자는 그 운행으로 인하여 다른 사람을 사망하게 하거나 부상하게 한 때에는 그 손해를 배상할 책임을 진다(^{자배법} _{제 3 조}).

(i) 자기를 위하여   자기를 위하여라 함은 자기의 이익을 위하여라는 뜻이다.

〈대판 1991. 7. 12, 91 다 8418〉

「손수운전자동차 대여약정에 임차인이 자동차운전면허증을 소지한 자라야 하고, 사용기간 등을 밝혀서 임료를 선불시키고 임대인은 자동차대여 전에 정비를 하여 인도해야 하고, 임차인은 계약기간을 준수해야 하며, 제 3 자에게 운전을 시킬 수 없도록 되어 있고, 특히 그 사용기간이 1일밖에 되지 않는다면 대여업자는 임차인에 대한 인적 관리와 대여차량에 대한 물적 관리를 하고 있음을 부정할 수 없어 대여업자와 임차인 사이에는 그 차량에 대하여 대여업자의 운행지배가 직접적이고 현재적으로 존재한다.」

〈대판 1991. 8. 9, 91 다 7118〉

「평소 소유자의 심부름을 위해 오토바이를 보관·운전해 오던 자의 무단운행에 대하여 오토바이소유자의 위 법조($^{자배법}_{제3조}$) 소정의 운행자성이 인정된다.」

〈대판 1992. 6. 23, 91 다 28177〉

「자동차손해배상보장법 제 3 조에 정한 '자기를 위하여 자동차를 운행하는 자'는 자동차에 대한 운행을 지배하여 그 이익을 향수하는 책임주체로서의 지위에 있는 자를 의미하고, 한편 자동차의 소유자 또는 보유자는 통상 그러한 지위에 있는 것으로 추정된다 할 것이므로 사고를 일으킨 구체적 운행이 보유자의 의사에 기인하지 아니한 경우에도 그 운행에 있어 보유자의 운행지배와 운행이익이 완전히 상실되었다고 볼 특별한 사정이 없는 한 보유자는 당해 사고에 대하여 위 법조에 정한 운행자로서의 책임을 부담하게 된다 할 것이며, 자동차소유자의 운행지배와 운행이익의 상실 여부는 평소의 차량관리상태, 소유자의 의사와 관계 없이 운행이 가능하게 된 경위, 소유자와 운전자의 관계, 운전자의 차량반환의사의 유무와 무단운행 후의 보유자의 승낙가능성, 무단운전에 대한 피해자의 주관적 인식 유무 등 여러 사정을 사회통념에 따라 종합적으로 평가하여 이를 판단하여야 할 것이다.

비번인 회사택시운전사가 동거녀의 언니를 집에 데려다 주기 위하여 회사로부터 비번인 택시를 가사사유로 출고받아 운전하여 가던 중 충돌사고로 언니를 사망케 한 경우에 있어 택시회사의 평소의 비번차량 관리상태, 사고택시의 출고 및 운행경위, 피해자로서는 비번차량인 점을 알기 어려웠던 점 등에 비추어 사고 당시 그 구체적 운행지배나 운행이익을 완전히 상실한 상태에 있었다고 볼 수 없다 할 것이므로 택시회사에게 운행자로서의 책임이 있다.」

〈대판 1993. 8. 13, 93 다 10675〉

「A회사는 자동차대여업을 영위하는 업체로서 차량임차인에 대한 인적 관리와 임대차량에 대한 물적 관리를 통하여 임대차량에 대한 운행이익과 운행지배를 가지고 있는바, 사고 당시의 운전자인 甲이 임차인 아닌 제 3 자이고 운전면허도 없는 자였다는 사실만으로는 사고 승용차에 대한 A의 운행지배가 단절되었다고 볼 수 없고, 오히려 A는 갑을 통하여 위 승용차의 운행을 간접적·잠재적으로 계속 지배함으로써 사고 당시에도 위 승용차에 대한 운행지배와 운행이익을 가지고 있었다 할 것이다.」

〈대판 1994. 4. 29, 93 다 17591〉

「이른바 지입차량의 소유명의자는 그 지입차량의 운전자를 직접 고용하여 지휘·감독한 바 없었더라도 명의대여자로서뿐만 아니라 객관적으로 지입차량의 운전자를 지휘·감독할 관계에 있는 사용자의 지위에 있다.」 (동지 : 대판 1993. 4. 23, 93 다 1879; 대판 1994. 3. 8, 93 다 52662)

〈대판 1996. 5. 14, 96 다 4305〉

「자동차종합보험약관상 보험증권상의 기명피보험자인 병원과 함께 복수의 피보험자인 구급차운전자가 출산을 위하여 그의 딸과 처를 태우고 가던 중 사고를 낸 경우, 피해자들은 그 운전자에 대한 관계에서는 그 약관의 면책조항인 제10조 제2항 제3호 소정의 배상책임 있는 피보험자의 배우자 및 자녀에 해당하고, 그 병원과의 관계에서는 같은 약관 제10조 제2항 제2호 소정의 피보험자동차를 운전중인 자의 배우자 및 자녀에 해당하므로, 병원 및 운전자 모두와의 관계에서 보험자에게 면책사유가 존재한다.」

〈대판 1997. 4. 8, 96 다 52724〉

「자동차손해배상보장법 제3조 소정의 '자기를 위하여 자동차를 운행하는 자'는 자동차에 대한 운행을 지배하여 그 이익을 향수하는 책임주체로서의 지위를 가진 자를 의미하며, 자동차의 임대차의 경우에는 특단의 사정이 없는 한 임차인이 임차한 자동차에 대하여 현실적으로 운행을 지배하여 그 운행이익을 향수하는 자라고 할 것이다.」 (동지 : 대판 1993. 6. 3, 92 다 27782)

〈대판 1997. 5. 16, 97 다 7431〉

「자동차손해보상보장법 제3조 소정의 자기를 위하여 자동차를 운행하는 자는 자동차에 대한 운행을 지배하여 그 이익을 향수하는 책임주체로서의 지위에 있는 자를 의미한다 할 것인바, 운송의뢰인과 운송인 간의 제품운송 용역계약의 내용에다가 화물차가 운송의뢰인의 용도에 맞게 개조되었고, 적재함외부에 운송의뢰인의 명칭이 도색되어 있으며, 운송의뢰인의 배차지시에 따라 전적으로 운송의뢰인의 제품만을 운반하고 있었다고 보이는 점 및 사고 당시 화물차를 운전한 운전자는 운송의뢰인의 배차지시에 따라 운송의뢰인의 공장으로 오던 중이었던 점 등을 고려해 보면, 운송의뢰인은 사고 당시 화물차의 운행을 지배하는 책임주체로서의 지위에 있었으므로 운송의뢰인과 운송인은 공동으로 그 화물차에 대한 운행지배 및 운행이익을 누리고 있다고 볼 수 있다.」

〈대판 1997. 6. 10, 96 다 48558〉

「父와 생계를 같이 하면서 그 보호·감독을 받아 왔으며 경제적으로도 전적으로 부에게 의존하는 관계에 있었던 미성년인 자가 부가 통학용으로 사준 오토바이를 운전하다가 사고를 낸 경우, 사회통념상 부가 그 오토바이의 운행에 대하여 지배력을 행사할 수 있는 지위에 있고 또한 지배·관리할 책무가 있는 것으로 평가하기에 충분하므로 부도자와 함께 자동차손해배상법 제 3 조 소정의 자기를 위하여 그 사고 오토바이를 운행하는 자에 해당한다.」

〈대판 1997. 7. 8, 97 다 15685〉

「가. 자동차소유자의 운행지배와 운행이익의 상실 여부는 평소의 자동차나 그 열쇠의 보관 및 관리상태, 소유자의 의사와 관계 없이 운행이 가능하게 된 경위, 소유자와 운전자의 인적 관계, 운전자의 차량반환의사의 유무, 무단운행 후 소유자의 사후승낙가능성, 무단운전에 대한 피해자의 인식 여부 등 객관적이고 외형적인 여러 사정을 사회통념에 따라 종합적으로 평가하여 이를 판단하여야 하며, 특히 피해자가 무단운전자의 차량에 동승한 자인 경우에는 그가 무단운행의 정을 알았는지의 여부가 자동차소유자의 운행지배 내지 운행이익의 상실 여부를 판단하는 중요한 요소가 된다.

  나. 피해자인 동승자가 무단운행에 가담하였다거나 무단운행의 정을 알고 있었다고 하더라도 그 운행의 경위나 운행목적에 비추어 당해 무단운행이 사회통념상 있을 수 있는 일이라고 선해할 만한 사정이 있거나, 그 무단운행이 운전자의 평소 업무와 사실상 밀접하게 관련된 것이어서 소유자의 사후승낙가능성을 전적으로 배제할 수 없는 사정이 있는 경우에는 소유자가 운행지배와 운행이익을 완전히 상실하였다고 볼 수 없다.」

〈대판 2008. 2. 28, 2006 다 18303〉

「자동차손해배상보장법 제 3 조 단서 제 2 호 소정의 승객이란 자동차 운행자의 명시적·묵시적 동의하에 승차한 사람을 의미하는데, 위 법률 조항은 자동차운행을 지배하고 그 운행이익을 받으면서 승객의 동승에 명시적·묵시적으로 동의하여 승객을 자동차의 직접적인 위험범위 안에 받아들인 운행자로 하여금 그 과실 유무를 묻지 않고 무상·호의동승자를 포함한 모든 승객의 손해를 배상하도록 하는 것이 그 취지이므로, 반드시 자동차에 탑승하여 차량 내부에 있는 자만을 승객이라고 할 수 없고, 운행 중인 자동차에서 잠시 하차하였으나 운행 중인 자동차의 직접적인 위험범위에서 벗어나지 않은 자도 승객의 지위를 유지할 수 있으며, 그 해당 여부를 판단함에는 운행자와 승객의 의사, 승객이 하차한 경위, 하차 후 경과한 시간, 자동차가 주·정차한 장소의 성격, 그 장소와 사고 위치의 관계 등의 제반 사정을 종합하여 사회통념에 비추어 결정하여야 한다(1차 사고 후 승객 일부가 버스에서 하차하여 사고상황을 살피고 사고수습 후에는 다시 승차하기로 예정되어 있었으며, 대부분의 승객이 승차 중이었고 망인이 하차하여 고속도로 갓길에 서 있다가 얼마 지나지 않아 2차 사고를 당한 점에 비추어 망인이 승객의 지위를 유지하고 있었다고 본 사례)」.

〈대판 2007. 1. 25, 2006 다 60793〉

「산업재해보상보험법 제54조 제 1 항 본문에 규정된 제 3 자라 함은 보험자, 보험가입자(사업주) 및 해당 수급권자를 제외한 자로서 피해 근로자와 산업재해보상보험 관계가 없는 자로 피해 근로자에 대하여 불법행위책임 내지 자동차손해배상 보장법이나 민법 또는 국가배상법의 규정에 의한 손해배상책임을 지는 자를 말한다. 나아가 교통사고의 가해자에 대하여 자동차손해배상보장법 제 3 조에 의한 손해배상책임이 발생한 경우, 자동차손해배상보장법 제 9 조 및 상법 제724조 제 2 항에 의하여 피해자에게 인정되는 책임보험자에 대한 직접청구권은 피해자가 책임보험자에 대하여 가지는 손해배상청구권으로서 가해자에 대한 손해배상청구권과는 별개의 권리라 할 것이므로, 자동차손해배상보장법 제 9 조 제 1 항 및 상법 제724조 제 2 항에 의하여 피해자에 대하여 직접 손해배상책임을 지는 책임보험자는 교통사고의 가해자가 산업재해보상보험법상 제 3 자에 해당되는지 여부와 상관없이 제 3 자에 포함된다.」

〈대판 2009. 10. 15, 2009 다 42703, 42710〉

「여관이나 음식점 등의 공중접객업소에서 주차 대행 및 관리를 위한 주차요원을 일상적으로 배치하여 이용객으로 하여금 주차요원에게 자동차와 시동열쇠를 맡기도록 한 경우에 위 자동차는 공중접객업자가 보관하는 것으로 보아야 하고 위 자동차에 대한 자동차 보유자의 운행지배는 떠난 것으로 볼 수 있다. 그러나 자동차 보유자가 공중접객업소의 일반적 이용객이 아니라 공중접객업자와의 사업·친교 등 다른 목적으로 공중접객업소를 방문하였음에도 호의적으로 주차의 대행 및 관리가 이루어진 경우, 일상적으로는 주차대행이 행하여지지 않는 공중접객업소에서 자동차 보유자의 요구에 의하여 우발적으로 주차의 대행 및 관리가 이루어진 경우 등 자동차 보유자가 자동차의 운행에 대한 운행지배와 운행이익을 완전히 상실하지 아니하였다고 볼 만한 특별한 사정이 있는 경우에는 달리 보아야 한다.」

예컨대 자동차를 운행하는 행위가 자기의 계산으로 한 것이면, 그 이익의 귀속주체는 자기가 되는 것을 말한다.

운행이익은 단시간에 물건과 사람을 대량으로 장거리운송함으로써 얻게 되는 직접 또는 간접의 경제적 이익이나 정신적 만족감 등을 말한다. 한편 운행지배란 자동차의 사용에 관한 지배를 뜻한다. 따라서 자기를 위하여 자동차를 운행하는 자는 운행이익과 운행지배를 동시에 갖는다.

(ii) 自 動 車   자동차라 함은 자동차관리법의 적용을 받는 자동차($\substack{\text{자동}\\\text{차관}}$리법 제 2 조 제 1 호, 제 3 조)와 건설기계관리법($\substack{\text{중기관리법이 1993. 6. 11, 법률}\\\text{제4561호로 전문개정되었음}}$)의 적용을 받는 건설기계($\substack{\text{건설기계관리법}\\\text{제 2 조 제 1 호}}$)를 말한다.

〈대판 2009. 8. 20, 2008 도 8034〉

「자동차관리법은 '자동차라 함은 원동기에 의하여 육상에서 이동할 목적으로 제작한 용구 또는 이에 견인되어 육상을 이동할 목적으로 제작한 용구를 말한다. 다만, 대통령령이 정하는 것을 제외한다.'고 규정하고 있고($\substack{\text{제 2 조}\\\text{제 1 호}}$), 같은 법 시행령 제2조는 법 제 2 조 제 1 호 단서의 '대통령령이 정하는 것'으로 '건설기계관리법에 의한 건설기계($\substack{\text{제}\\\text{호}}$1)', '농업기계화 촉진법에 의한 농업기계($\substack{\text{제}\\\text{호}}$2)', '군수품 관리법에 의한 차량($\substack{\text{제}\\\text{호}}$3)', '궤도 또는 공중선에 의하여 운행되는 차량($\substack{\text{제}\\\text{호}}$4)'만을 규정하고 있을뿐, 자동차에 사용되는 원동기의 동력원에 대하여는 특별한 제한을 두고 있지 않다. 따라서 특별한 사정이 없는 한, 전기공급원으로부터 충전받은 전기에너지를 동력원으로 사용하는 전기자동차도 '원동기에 의하여 육상에서 이동할 목적으로 제작한 용구'로서 자동차관리법이 정한 자동차에 해당한다.」

〈대판 2009. 8. 20, 2009 다 39585〉

「건설기계는 일반자동차와는 달리 본래 목적이 교통기능의 수행에 있는 것이 아니라 작업기능의 수행에 있고, 건설기계의 교통기능은 작업수행을 보조하기 위한 부수적인 기능에 불과한 것으로서 건설기계가 그 본래 용도인 작업기능과는 달리 교통기능만을 수행하고 있는 경우에는 이를 일반자동차와 같게 취급하여도 무방하나, 그렇지 않고 전적으로 작업기능만을 수행하거나 혹은 작업기능과 함께 교통기능을 수행하더라도 그것이 작업기능에 필수적으로 수반되거나 작업기능의 보조 역할에 그치는 경우에는 이를 작업기계로 사용하는 것으로 보아야 한다.」

(iii) 運   行   운행이라고 하면 사람 또는 물건의 운송 여부에 관계없이 자동차를 당해 장치의 용법에 따라 사용하는 것을 말한다. 이 운행의 의

미는 운전의 개시(시)로부터 그것의 종결까지를 포함하는 개념이다. 그러므로 운전의 일시적인 중단은 운행의 종료라 할 수 없다.

〈대판 1991. 7. 9, 91 다 14291〉
「야간에 편도 2차선 직접도로의 2차선에 주차시켜 놓은 15톤 덤프트럭을 오토바이가 추돌한 사고에 대하여 트럭소유자의 자동차손해배상보장법 소정의 자기를 위하여 자동차를 운행하는 자로서의 손해배상책임을 인정한다.」

〈대판 1996. 5. 28, 96 다 7359〉
「자동차손해배상보장법 제 2 조 제 2 호에 자동차의 '운행'이라 함은 사람 또는 물건의 운송 여부에 관계 없이 자동차를 당해 장치의 용법에 따라 사용하는 것을 말한다고 규정하고 있고, 여기서 당해 장치란 운전자나 동승자 및 화물과는 구별되는 당해 자동차에 계속적으로 고정되어 있는 장치로서 자동차의 구조상 설비되어 있는 당해 자동차고유의 장치를 말하므로, 이와 같은 각종 장치의 전부 또는 일부를 각각의 사용목적에 따라 사용하는 경우에는 운행중에 있는 것이다.」

〈대판 2000. 1. 21, 99 다 41824〉
「보험약관상 '운행'이라 함은 자동차를 당해 장치의 용법에 따라 사용하고 있는 것을 말하고, '당해 장치'라 함은 자동차에 계속적으로 고정되어 있는 장치로서 자동차의 구조상 설비되어 있는 자동차고유의 장치를 뜻하는 것인데, 그와 같은 각종 장치의 전부 또는 일부를 각각의 사용목적에 따라 사용하는 경우에는 운행중에 있다고 할 것이나, 자동차에 타고 있다가 사망하였다고 하더라도 그 사고가 자동차의 운송수단으로서의 본질이나 위험과는 전혀 무관하게 사용되었을 경우까지 자동차의 운행중의 사고라고 보기는 어렵다.
    망인이 승용차를 운행하기 위하여 시동 및 히터를 켜놓고 대기하고 있었던 것이 아니라 승용차를 잠을 자기 위한 공간으로 이용하면서, 다만 추위에 대비하여 방한 목적으로 시동과 히터를 이용하다가 산소결핍으로 질식사한 것이라면 이를 가지고 승용차의 각종 장치의 전부 또는 일부를 사용목적에 따라 사용하는 경우에 해당하거나 망인의 사망이 위 승용차의 운송수단으로서의 본질이나 위험과 관련하여 일어난 것으로서 자동차의 운행중의 사고라고 보기는 어렵다.」

    (iv) 運行으로   운행으로의 해석은 운행을 사고의 원인으로 보고 운행과 사람의 사망·부상 간에 상당인과관계를 요구한다고 본다. 상당인과관계란 그러한 종류의 행위가 있으면 경험칙상으로 일정한 결과가 생길 것이라고

인정되는 경우를 말하고, 주장자가 입증하여야 한다. 상당성이 없다고 주장하는 자는 일반적으로 인과관계의 존재를 의심할 사유를 반증하여야 한다.

〈대판 1996. 5. 28, 96 다 7359〉
「사고가 트레일러로 견인되는 적재함에 부착되어 있는 쇠파이프를 그 사용목적에 따라 사용하다가 발생한 것이 아니고 그 철구조물을 철거하는 수리작업과정에서 발생한 경우, 자동차의 운행중 일어난 사고로 볼 수 없다.」

〈대판 1997. 4. 8, 95 다 26995〉
「지게차라고 하는 것은 화물을 운반하거나 적재 또는 하역작업을 하는 특수기능을 하는 건설기계이므로 지게차가 그 당해 장치인 지게발을 이용하여 화물을 화물차에 적재하는 것은 지게차의 고유장치를 그 목적에 따라 사용하는 것으로서 운행에 해당하고, 그 적재된 화물이 떨어진 사고가 지게차의 운행으로 말미암은 사고인지의 여부라서 결정될 문제라고 할 것인바, 사고가 지게차운전자가 다른 각재다발을 적재하기 위하여 계속 작업을 하던 중에 일어난 것이어서 시간적·장소적으로 서로 근접되어 있을 뿐만 아니라 적재된 각재다발에 다른 외부의 힘이 작용하여 떨어졌다고는 보이지 않는 경우에는 그 사고는 지게차의 운행으로 인하여 발생하였다고 봄이 상당하고, 각재다발이 적재과정에서 바로 떨어지지 않았다고 하여 이를 달리 볼 것은 아니다.」

〈대판 1997. 7. 11, 96 다 39837〉
「승용차가 앞서 가던 화물차를 추월하기 위하여 급차선변경하여 진행하는 사이에 앞에서 날아온 철판을 미처 피하지 못하여 동승자가 사망한 경우, 이는 승용차의 운행으로 말미암아 발생한 사고이므로 운행자는 자동차손해배상보장법 제 3 조에 따라, 보험자는 상법 제724조 제 2 항에 따라 피해자에 대하여 그 사고로 인한 손해를 각자 배상할 책임이 있다.」

〈대판 2006. 10. 13, 2006 다 35896〉
「보험계약의 약관에서 피보험자가 교통재해를 직접적 원인으로 사망한 경우와 교통재해 이외의 재해로 인하여 사망한 경우의 보험금액을 각각 달리 정하고 있고, '재해'에 관해서는 우발적인 외래의 사고로서 운수사고 일체, 추락, 무생물성 기계적 힘에 노출, 가해 등을 의미한다고 규정하는 한편, 교통재해에 관해서는 ① 운행 중의 교통기관의 충돌, 접촉, 화재, 폭발, 도주 등으로 인하여 그 운행 중의 교통기관에 탑승하고 있지 아니한 피보험자가 입은 불의의 사고, ② 운행 중인 교통기관에 탑승하고 있는 동안 또는 승객으로서 개찰구를 갖는 교통기관의 승강장 구내에 있는 동안 피보험자가 입은 불의의 사고, ③ 도로 통행 중 건조물, 공작물 등의 도괴 또는 건조물, 공작물 등으로부터의 낙하물로 인하여 피보험자가 입은 불의의 사고를 의미하는 것으로 규정하고 있는 경우, 위 교통재해의 유형 중 ②의 전단 부분은 피보험자가 운행 중인 교통기관에 탑승하고 있는 동안, 즉 공간적으로 운행 중인 교통기관 안에 있는 동안에 불의의 사고를 입은 경우를 가리키고, 이 때 교통기관의 '운행'은 자동차손해배상보장법 제2조 제2호에 규정된 바와 같이 교통기관을 그 용법에 따라 사용 또는 관리하는 것을 의미하는 것으로 보아야 한다(택시기사가 밤 늦은 시간에 승객을 태우고 가던 중 한적한 도로에서 강도로 돌변한 승객이 휘두른 흉기에 찔려 사망한 경우 이러한 사고는 위 보험약관의 교통재해 유형 중 ②의 전단부분의 교통재해에 해당한다고 한 사례).」

〈대판 2008. 11. 27, 2008 다 55788〉
「피보험자의 지시에 따라 도로 갓길에 주차된 피보험자동차에서의 하역작업을 하던 사람이 교통사고를 당한 사안에서, 위 사고는 자동차의 운행중의 사고에 해당할 뿐만 아니라 피보험자동차의 소유, 사용, 관리중에 피보험자의 책임 있는 사유로 발생한 사고로서 자동차종합보험약관이 정하는 보험사고에 해당한다.」

〈대판 2009. 2. 26, 2008 다 86454〉
「피보험자인 운전자가 화물자동차를 일시 정차한 후, 캐비닛을 화물자동차 적재함에 적재하던 중 입고 있던 바지가 위 적재함 문짝 고리에 걸려 중심을 잃고 땅바닥으로 떨어져 상해를 입은 것은 화물자동차의 고유한 목적을 달성하기 위해 일시 정차하여 그 적재함의 용법에 따라 적재함에서 화물을 적재하던 중 피보험자의 과실이 경합하여 부상을 당한 경우로서 전체적으로 위 용법에 따른 사용이 사고발생의 원인이 된 것으로 자동차를 소유, 사용, 관리하는 동안에 그로 인하여 발생한 이 사건 자동차보험계약이 정한 보험사고에 해당한다.」

〈대판 2009. 2. 26, 2008 다 59834, 59841〉
「자동차보험계약상 자기신체사고로 규정된 "피보험자가 피보험자동차를 소유, 사용, 관리하는 동안에 생긴 피보험자동차의 사고로 인하여 상해를 입었을 때"라고 함은, 피보험자가 피보험자동차를 그 용법에 따라 소유, 사용, 관리하던 중 그 자동차에 기인하여 피보험자가 상해를 입은 경우를 의미하고, 이때 자동차를 그 용법에 따라 사용한다는 것은 자동차의 용도에 따라 그 구조상 설비되어 있는 각종의 장치를 각각의 장치목적에 따라 사용하는 것을 말하는 것으로서 자동차가 반

드시 주행상태에 있지 않더라도 주행의 전후단계인 주·정차 상태에서 문을 여닫
는 등 각종 부수적인 장치를 사용하는 것도 포함한다. 그러므로 자동차를 주·정
차한 상태에서 하차할 때 주·정차하는 곳에 내재된 위험요인이 하차에 따른 사
고 발생의 한 원인으로 경합되어 사람이 부상한 경우에는 자동차의 운행으로 인
하여 발생한 사고에 해당한다고 볼 수 있을 뿐만 아니라, 이는 피보험자가 피보험
자동차를 소유, 사용, 관리하는 중에 그로 인하여 생긴 사고로서 자동차보험계약
이 정하는 보험사고에 해당한다고 볼 수도 있다(피보험자인 운전자가 차량을 정
차한 후 시동과 전조등이 켜진 상태에서 운전석 문을 열고 내리던 중 무언가에
걸려 균형을 잃고 빙판길 노면에 넘어지면서 머리를 강하게 부딪쳐 상해를 입은
사안에서, 자동차를 소유, 사용, 관리하는 동안에 그로 인하여 발생한, 자동차보험
계약이 정한 보험사고에 해당한다고 본 사례).」

〈대판 2009. 4. 9, 2008 다 93629〉
「피고 차량 운전자 소외인은 도로 위에 피고 차량을 주차하고 피고 차량 적재함
에 실려 있던 그레이더를 하차하기 위하여, 피고 차량의 엔진을 켠 상태에서 피고
차량에 장착된 리프트로 피고 차량 앞부분을 지상으로부터 약 3m 정도 들어 올
려 적재함을 비스듬하게 하고, 적재함 뒷부분에 있는 발판을 내려 지면에 고정시
킨 후, 그레이더의 뒷부분에 설치된 고리에 연결되어 있는 피고 차량의 와이어 인
지를 풀기 위하여 원고가 그레이더 뒤쪽에서 와이어 인지를 잡고 있는 상태에서
와이어 인지를 푸는 작업을 용이하게 하기 위하여 소외인이 그레이더를 약간 이
동시키려고 이를 운전하다가 조작 실수로 원고를 건드려 피고 차량에서 추락하게
하였다는 것인바, 이에 의하면 이 사건 사고는 소외인의 피고 차량 운전·사용과
시간적·공간적으로 밀접한 관계에 있을 뿐만 아니라 실제로 피고 차량의 엔진을
켠 상태에서 리프트를 사용하여 적재함을 들어 올리고 뒷 발판을 내려 고정시킨
후 피고 차량에 부착된 기계적 장치인 와이어 인지를 푸는 작업 중이었으므로 피
고 차량을 그 용법에 따라 사용한 것으로 볼 수 있고, 결국 이는 자동차손해배상
보장법 제 2 조 제 2 호 소정의 운행에 해당한다.」

〈대판 2009. 5. 28, 2009 다 9294, 9300〉
「이 사건 보험 특약에서 6종 건설기계의 경우 작업기계로 사용되는 동안은 자동
차로 보지 아니하고 그로 인한 손해는 보상손해에서 제외함을 명시한 것은 작업
과 운전이 동시에 이루어질 것으로 예상되는 6종 건설기계의 특성을 감안하여 운
전과 유관하거나 그에 수반되는 사고라 해도 운전 이외의 다른 직접적인 사고원

인이 존재하는 경우에는 보험사고에서 배제함으로써 운전에 직접 기인한 사고만이 이 사건 보험에 의한 보상대상임을 분명히 한 것으로 볼 수 있다는 점, 이 사건 운전자상해보험의 해석상 준거로 삼은 현행 법령상 자동차운전의 개념에 관해 규정하고 있는 「도로교통법」의 해석에 의하더라도 이 사건처럼 아파트단지 내 이삿짐 운반을 위해 장시간 주차한 화물차 사다리를 이용한 이삿짐 운반작업 도중에 발생한 사고는 운전중 사고에 해당하지 않는다는 점 등의 사정에 비추어 보면, 이 사건 차량의 운전과 관계없이 그 부착 장치를 이용한 작업중 발생한 이 사건 사고는 보험약관의 객관적 해석상 이 사건 운전자상해보험에 의한 보상대상이 되는 보험사고의 범위에 들어간다고 해석하기는 어렵다 할 것이고, 이 사건 보험요율의 산정 및 예상되는 통상적인 보험사고의 유형 등을 감안할 때 이와 같은 해석론이 고객에게 부당하게 불리하거나 예상치 못한 불이익을 강요하는 것이라고 할 수 없고, 달리 이 사건 보험약관의 내용에 명백하지 못하거나 의심스러운 사정이 있다고 할 수도 없어 위 보험약관의 내용을 「약관의 규제에 관한 법률」 제 5 조 제 2 항에 따라 고객에게 유리하게 제한 해석하여야 할 여지도 없다 할 것이다.」

(v) 다른 사람의 死亡 또는 負傷　　다른 사람은 운행이익과 운행지배를 가지고 있는 자(자배법 제2조 제3호의 보유자)와 운전자(동법 제2조 제4호 운전보조자를 포함)를 제외한 자를 말한다.

〈대판 1971. 6. 8, 71 다 710 · 711〉
「원고의 운전자인 이재영이 그 과실로 말미암아 사고가 생긴 경우에 있어서는 이재영은 자동차손해배상보장법 제 3 조 제 1 항 본문의 규정에서 말하는 '타인' 속에 포함되지 아니한다.」

〈대판 1991. 7. 9, 91 다 5358〉
「피해자가 계원들의 여행을 위하여 피고소유차량을 무상으로 빌린 다음 운행비용은 계원들의 공동부담으로 하고 운전은 계원 중 한 사람에게 맡겨 그 차를 타고 놀러 갔다가 돌아 오던 중 운전부주의로 발생한 사고로 사망한 경우, 피해자는 사고 당시 위 차량의 운행지배와 운행이익을 가지고 있는 자동차손해배상보장법 제 3 조 소정의 자기를 위하여 자동차를 운행하는 자의 지위에 있었고, 자동차보유자인 피고에 비하여 그 운행지배와 운행이익이 보다 구체적이고도 직접적으로 나타나 있어 용이하게 사고의 발생을 방지할 수 있었다고 보여지므로 피고에 대하여 같은 법조 소정의 타인임을 주장할 수 없다.」

〈대판 1992. 3. 13, 91 다 33285〉

「자동차일반종합보험계약의 기명피보험자와 동거중인 형이 다른 사람들과 함께 기명피보험자로부터 자동차를 빌려 여행목적에 사용하다가 사고로 사망하였다면… 사고자동차에 대하여 직접적이고 구체적으로 운행지배를 하고 있었다 할 것이므로, 기명피보험자의 형은 자동차소유자인 기명피보험자에 대하여는 타인성이 결여되어 위 자동차의 사고로 인한 자동차손해배상보장법 제3조 소정의 손해배상을 청구할 수 없고, 따라서 보험자도 대인배상책임이 없다.」

〈대판 2009. 5. 28, 2007 다 87221〉

「자동차손해배상 보장법 제3조에 정한 '다른 사람'은 자기를 위하여 자동차를 운행하는 자 및 당해 자동차의 운전자를 제외한 그 외의 자를 지칭하는 것이므로, 동일한 자동차에 대하여 복수로 존재하는 운행자 중 1인이 당해 자동차의 사고로 피해를 입은 경우에도 사고를 당한 그 운행자는 다른 운행자에 대하여 자신이 같은 법 제3조에 정한 '다른 사람'임을 주장할 수 없는 것이 원칙이다. 다만, 사고를 당한 운행자의 운행지배 및 운행이익에 비하여 상대방의 그것이 보다 주도적이거나 직접적이고 구체적으로 나타나 있어 상대방이 용이하게 사고의 발생을 방지할 수 있었다고 보이는 경우에 한하여 비로소 자신이 '다른 사람'임을 주장할 수 있을 뿐이다(자동차책임보험계약의 기명피보험자로부터 피보험차량을 빌려 운행하던 자가 대리운전자에게 차량을 운전하게 하고 자신은 동승하였다가 교통사고가 발생하여 상해를 입은 사안에서, 그 운행자는 공동운행자인 대리운전자와의 내부관계에서는 단순한 동승자에 불과하여 자동차손해배상 보장법 제3조에 정한 '다른 사람'에 해당하지만, 기명피보험자와의 관계에서는 '다른 사람'에 해당한다고 볼 수 없어, 피보험차량의 책임보험자가 그 운행자에 대하여 책임보험금 지급의무를 부담하지 않는다고 한 사례).」

〈대판 2010. 5. 27, 2010 다 5175〉

「구 자동차손해배상 보장법(2008. 3. 28. 법률 제9065호로 전부 개정되기 전의 것) 제3조에서 말하는 다른 사람이란 '자기를 위하여 자동차를 운행하는 자 및 당해 자동차의 운전자를 제외한 그 이외의 자'를 지칭하므로, 당해 자동차를 현실로 운전하거나 그 운전의 보조에 종사한 자는 위 법 제3조에 규정된 다른 사람에 해당하지 아니한다. 이와 관련하여 운전의 보조에 종사한 자에 해당하는지를 판단함에 있어서는, 업무로서 운전자의 운전행위에 참여한 것인지 여부, 운전자와의 관계, 운전행위에 대한 구체적인 참여 내용, 정도 및 시간, 사고 당시의 상황, 운전자의 권유 또는 자발적 의사에 따

른 참여인지 여부, 참여에 따른 대가의 지급 여부 등 여러 사정을 종합적으로 고
려하여야 한다.

　　甲이 크레인 차량 소유자인 乙의 부탁으로 크레인의 와이어를 수리하여 준 후
크레인 차량 적재함에서 크레인 작동방법을 지도하던 중 크레인 차량이 기울어지
면서 적재함 위에서 추락하여 상해를 입은 사안에서, 甲이 업무로서 운전행위에
참여하여 사고방지의무를 부담하려고 하였다거나 그와 같은 지위에 있었다고 보
기는 어렵다는 이유 등으로, 甲이 구 자동차손해배상 보장법(^{2008. 3. 28. 법률 제9065호로}
_{전부 개정되기 전의 것})
상 '운전의 보조에 종사하는 자'에 해당한다고 볼 수 없다.」

　　운전보조자라 함은 운전이라는 위험한 행위를 지배하거나 이에 관여하는
자로서, 운전보조석에서 사각지대를 감시하거나 발차·정차·건너기·후퇴유
도 등 운전자의 수족으로 운전행위의 일부를 분담하고 있는 동승자를 말한다.
따라서 단순한 호의동승자는 다른 사람에 속하지만, 피보험자의 동거가족은
책임보험 일반에서와 같이 다른 사람에 속하지 아니한다. 현행 상법전과 자동
차손해배상보장법에서는 이에 관한 명문의 규정이 없으므로 논란의 여지가
있지만, 가족구성원 사이에 손해배상청구권을 전제로 한 보험자의 보상책임
은 윤리적인 면에서 인정하기 어렵다(^{동지 : 양승}
_{규, 389쪽}). 이에 반해 피보험자와 근친관
계에 있다 하여 타인성을 부정할 이유가 없다는 견해도 있다(^{최기원, 387~388쪽. 최}
_{기원 교수는 책임보험에}
_{서는 동거가족은 제 3 자에 포함되}
_{지 않는 것으로 하고 있다. 360쪽.}).
　　사람의 사망은 사람이 사체로 변하는 것이며, 사람의 부상은 신체의 상
해와 후유장해를 포함한다.

　　신체의 의미와 관련하여 학설은 ① 의안·의치·衣服 등 신체에 밀착하
여 그 일부의 기능을 갈음하는 것도 포함한다는 설과, ② 사고 당시 신체의
연장으로 보거나 신체의 기능보조·건강유지, 신체의 방어 등으로 신체와 일
체를 이루고 있는 것을 포함한다는 설이 있다. ②를 채택하면 안경·보청기·
지팡이·양복·셔츠·오버코트·양말·넥타이·구두·시계 등이 포함된다.

　　후유장해는 상해의 계속성 내지 발전성을 나타내는 것이므로, 그 입증은
엄격한 증명을 요구한다. 상해와 후유장해는 14등급으로 분류하고 있다.

　　B. 保 險 金　　　　보험자는 피보험자가 보험사고발생 후 일정한 요건
에 따라 보험금을 청구하면 피해자에 대한 손해배상금의 지급을 확인한 후에
피보험자에게 보험금을 지급하여야 하고(^{제724조 제 1 항; 자보}
_{약관 제15조 1 (2)④}), 피해자가 자배법 제 9
조의 규정에 따라 자배법 시행령 제 6 조 소정의 청구서를 제출하여 보험금을

청구하면 보험계약자의 의견을 들어 손해배상금을 지급하여야 하며, 또 보험
계약자에게 그 사실을 통지하여야 한다(자배법 시행령 제7조, 제8조 참조). 그리고 자동차의 운행으
로 사상을 입은 피해자는 그 손해배상금이 확정되지 아니한 때에도 보험자에
대하여 가불금을 청구할 수 있는데, 이것의 청구가 있으면 보험자는 지체없
이 그 청구한 금액을 지급하도록 하고 있다(자배법 제10조; 동 법 시행령 제9조).

　　보험자가 지급할 보험금은 자배법 시행령 제3조에 규정되어 있는데, 이
는 그 지급의 한도를 말한다. 즉 사망보험금은 1억 원, 상해보험금은 1급은 2
천만 원이고 그 급수에 따라 차등을 두고 있다. 후유장해보험금은 1급 1억
원이며, 역시 급수에 따라 차등을 두고 있다.

〈대판 2008. 10. 23, 2008 다 41574(본소), 41581(반소)〉

「구 자동차손해배상 보장법(2008. 3. 28. 법률 제9065호로 전문 개정되기 전의 것) 제17조 제2항은 심의회의 심사
결정은 그 심사결정을 통지받은 당사자가 심의회의 결정내용을 수락한 경우 또는
그 통지를 받은 날부터 30일 이내에 소를 제기하지 아니한 경우에 당사자 사이에
결정내용과 동일한 내용의 합의가 성립된 것으로 본다고 규정하고 있을 뿐 소를
제기하는 절차나 방법 등에 관하여는 따로 규정을 두고 있지 않은바, 이 법이 정
하고 있는 심의회의 구성, 심사절차, 심사결정의 효력 등에 관한 관련규정들을 종
합하여 볼 때 심의회의 심사결정을 행정처분으로 볼 수는 없으므로, 심의회의 심
사결정을 통지받은 당사자로서는 이 법이 정한 기간 내에 상대방에 대하여 직접
진료비의 지급을 구하거나 이미 지급된 진료비에 대한 부당이득반환을 구하는 등
심사결정의 내용과 양립할 수 없는 취지의 소를 제기함으로써 심사결정에 불복할
수 있으며, 그와 같은 소가 제기되면 심사결정은 아무런 법적 구속력을 발생하지
않는다고 해석된다.」

〈대판 2009. 11. 26, 2009 다 57651〉

「구 자동차손해배상 보장법 시행령(2008. 9. 25. 대통령령 제21036 호로 전부 개정되기 전의 것) 제3조 제1항 제2호 단
서는 피해자에게 발생한 손해액이 구 자동차손해배상 보장법(2008. 2. 29. 법률 제8852호로 개정되기 전의 것)
제13조 제1항의 규정에 의한 자동차보험 진료수가기준에 의하여 산출한 진료비
해당액에 미달하는 경우에는 [별표 1]에서 정하는 금액의 범위 안에서 그 진료비
해당액을 책임보험금으로 지급하도록 규정하고 있는바, 위 제2호 단서의 규정 취
지는 교통사고 피해자가 입은 손해 중 그의 과실비율에 해당하는 금액을 공제한
손해액이 위 규정의 진료비 해당액에 미달하는 경우에도 교통사고로 인한 피해자
의 치료 보장을 위해 그 진료비 해당액을 손해액으로 보아 이를 책임보험금으로

지급하라는 것으로 해석되므로, 교통사고 피해자로서는 위 교통사고의 발생에 기여한 자신의 과실의 유무나 다과에 불구하고 위 제2호 단서 규정에 의한 진료비 해당액을 구 자동차손해배상 보장법(2008. 2. 29. 법률 제8852호로 개정되기 전의 것)에 의한 책임보험금으로 청구할 수 있다.」

C. **免責事由**   보험자는 보험계약자·피보험자 또는 자동차에 관계되는 피용자의 고의로 인한 손해에 대하여는 보상책임을 지지 않는다(자보약관 제14조 제1항 제1호). 그러나 피보험자의 중대한 과실로 인하여 발생한 사고, 무면허·음주운전중에 생긴 사고에 대하여는 보험금을 지급한다. 보험계약자 등의 고의로 인하여 손해가 생긴 경우라도 보험자가 자배법 제9조의 규정에 따라 피해자에게 손해배상액을 지급한 때에는 피보험자에게 그 금액의 지급을 청구할 수 있다(자보약관 동조, 동항 동호 단서). 즉 보험계약자 등의 고의로 인하여 손해가 발생한 때에는 보험자는 면책되나, 피해자의 구제를 위하여 피해자가 직접청구를 할 경우 자배책보험의 보험금한도 내에서 손해배상액을 지급하고, 피보험자에게 그 금액을 구상하는 것이다. 이는 피보험자에 대한 구상이므로 보험자의 대위가 아니다.

여기서 중과실이라 함은 자기의 행위가 보험사고를 발생시키리라는 사실은 알지 못하였으나 조금만 주의하였더라면 이를 알 수 있었을 경우와 같이 주의를 현저하게 흠결하고 있는 것을 말하며, 미필적 고의와 인식 있는 과실 등은 그 증명이 곤란하기 때문에 고의와 과실의 범주에서 제외시킴이 타당할 것이다.

〈대판 2009. 7. 9, 2008 다 91180〉
「고속도로나 자동차전용도로 이외의 도로를 운행하는 승합자동차의 뒷좌석에 탑승한 승객에 대하여는 안전띠의 착용이 법규상 강제되는 것은 아니지만, 무릇 안전띠의 착용은 불의의 사고발생시 자신의 안전을 위하여 필요한 것이며 위 고속도로 등의 외에서 운행하는 차량이라 하여 불의의 사고가 발생하지 않는다는 보장이 없으므로, 안전띠가 설치되어 있음에도 이를 착용하지 않고 있다가 사고가 발생하게 되었고 안전띠를 착용하였더라면 그로 인한 피해를 줄일 수 있었던 것으로 인정되는 경우에는 안전띠 미착용의 점은 그 사고장소가 시내인지 또는 시외인지 등을 가릴 것 없이 과실상계의 사유가 된다.」

〈好意同乘의 경우 運行者의 責任에 관한 判例〉
1. 운행자의 책임경감을 부정한 판례

〈대판 1987. 1. 20, 86 다카 251〉

「자동차교통사고에 있어서 피해자가 사고차량에 무상으로 동승하여 그 운행으로 인한 이익을 누리는 지위를 갖게 된다고 하여 특별한 사정이 없는 한 피해자에게 과실이 있다고 할 수 없다.」

〈대판 1988. 9. 27, 86 다카 481〉

「자동차교통사고에 있어서 피해자가 사고차량에 무상으로 동승하여 그 운행으로 인한 이익을 누리는 지위에 있었다 하더라도 특별한 사정이 없는 한 그 점만으로 피해자에게도 잘못이 있었다 하여 가해자의 책임을 감경하는 사유로 삼을 수는 없다.」($\binom{\text{동지판례 : 대판 1991.}}{\text{7. 12, 91 다 8418}}$)

2. 일정한 상황 하에서 책임경감을 인정한 판례

〈대판 1991. 4. 23, 90 다 12205〉

「운전사가 술에 취한 사실을 알고 정원초과차량에 동승한 피해자에게 40퍼센트의 과실상계를 인정한 원심의 조치는 타당하다.」

〈대판 1991. 9. 24, 91 다 17788〉

「망인을 위 사고차량의 운전석 옆자리에 태우고 화성방면으로 가던 중 망인과 이야기를 나누다가 전방주시를 태만히 하여 이 사건 사고를 당한 사실을 각 인정한 후 이종사촌을 동승시켜 같이 그 형집에 가다가 동승자를 사망케 한 가해자에게 일반의 교통사고와 같은 책임을 지우는 것이 신의칙이나 공평의 원칙에 비추어 불합리하다고 하여 그 배상할 손해액을 20% 감액한 원심의 조치는 이를 수긍할 수 있고, 거기에 소론이 주장하는 심리미진·채증법칙위반·과실상계에 관한 법리오해의 위법이 없으므로 논지는 이유 없다.」

〈대판 2008. 6. 12, 2008 다 8430〉

「차량의 운행자가 아무런 대가를 받지 아니하고 동승자의 편의와 이익을 위하여 동승을 허락하고, 동승자도 그 자신의 편의와 이익을 위하여 그 제공을 받은 경우, 운행의 목적, 동승자와 운행자의 인적 관계, 그가 차에 동승한 경위, 특히 동승을 요구한 목적과 적극성 등 제반 사정에 비추어 가해자에게 일반의 교통사고와 같은 책임을 지우는 것이 신의칙이나 형평의 원칙에 비추어 매우 불합리한 것으로 인정되는 경우에는 그 배상액을 감경할 수 있고, 위와 같이 동승자에 대한 배상액을 감경하는 경우 그 사유에 관한 사실인정이나 비율을 정하는 것은 형평의 원칙상 현저하게 불합리하지 아니하는 한 사실심의 전권에 속하는 사항이다.」

2. 自動車任意責任保險

(1) 意　義　　자동차임의책임보험이란 전술한 강제책임보험, 즉 자동차손해배상책임보험과는 달리 피보험자가 자동차의 사고로 다른 사람을 사망케 하거나 부상케 하여 법률상의 손해배상책임을 진 경우에 그 손해를 보상받기 위하여 체결하는 임의의 보험계약에 의한 책임보험을 말한다. 이것은 자동차손해배상책임보험만으로는 대인사고로 인한 전손해를 담보할 수 없는 경우를 위해 인정된 임의책임보험이다. 이와 같이 우리 나라의 대인배상책임보험은 그 강제성 유무에 따라 이원적 구조를 띠고 있음을 알 수 있다.

(2) 被保險者의 範圍　　피보험자는 ① 자동차의 소유자 또는 자동차를 사용할 권리가 있는 자로서 자기를 위하여 자동차를 운행하는 자,

〈대판 1991.9.24, 91 다 19906〉
「자가운전자동차종합보험의 피보험자가 자동차를 정차시킨 후 자동차 열쇠를 그대로 꽂아 둔 채 잠시 부근 약국에 수금을 하러 간 사이에 뒷좌석에 타고 있던 친구가 정지상태를 바로잡기 위하여 운전하다가 일으킨 교통사고에 대하여 피보험자에게 자동차관리상의 과실이 있는 것으로 평가되는 것은 별론으로 하고, 위 교통사고가 일어날 당시 피보험자가 위 보험약관상의 자동차운전자로서의 지위를 여전히 갖고 있었다고 볼 수 없다.」

〈대판 1993.7.13, 92 다 41733〉
「가. 자동차의 소유자가 자동차에 대한 운행지배와 운행이익을 상실하였는지 여부는 평소의 자동차나 그 열쇠의 보관 및 관리상태, 소유자의 의사와 관계 없이 운행이 가능하게 된 경위, 소유자와 운전자의 인적 관계, 운전자의 차량반환의사 유무, 무단운행 후 보유자의 승낙가능성, 무단운전에 대한 피해자의 주관적 인식 유무 등 객관적이고 외형적인 여러 사정을 사회통념에 따라 종합적으로 평가하여 이를 판단하여야 한다.
　나. 갑이 무단운전을 할 수 있었던 것은 회사가 자동차와 열쇠의 관리를 맡긴 을이 열쇠의 관리를 잘못하였기 때문이었고, 사고를 일으킨 갑은 을의 고향후배로 평소 을의 자취방에 자주 와서 잠을 자고 갔으며, 또한 갑과 을의 관계 및 갑이 위 자동차를 운전하고 나간 경위 등에 비추어 갑은 사고가 없었다면 운행 후 위 자동차를 을에게 반환하였으리라고 보이고, 피해자는 길가에 서 있던 사람으로 무단운전이라는 점을 전혀 인식할 수 없었다고 인정되므로, 위 무단운전에 대한 회사나 을의 사후승낙가능성이 없었다는 점을 참작하더라도 회사는 위 자동차에 대

한 운행지배나 운행이익을 상실하였다고 보기 어렵고, 따라서 자동차손해배상보장법 제3조 소정의 운행자로서의 책임을 면할 수 없다.」

② ①의 피보험자를 위하여 자동차를 운전중인 자(운전보조자 포함)이다.

그러나 자동차의 소유자·사용자·운전자의 범위를 한정하기가 곤란하기 때문에 약관은 피보험자를 구체적으로 ① 기명피보험자(보험증권의 배상피보험자란에 기재된 자), ② 기명피보험자와 같이 살거나 살림을 같이하는 친족으로서 자동차를 사용 또는 관리중인 자, ③ 기명피보험자의 승낙을 얻어 자동차를 사용 또는 관리중인 자, 그러나 자동차정비업·주차장업·급유업·세차업·자동차판매업 등 자동차를 취급하는 것을 업으로 하는 자(이들의 피용자 및 이 법인의 이사와 감사 포함)가 업무로서 위탁받은 피보험자동차를 사용 또는 관리하는 경우에는 피보험자로 보지 않는다.

〈대판 1989. 6. 13, 88 다카 13851〉
「자동차종합보험약관상 '자동차를 취급하는 것을 업으로 하는 자'에 대한 보험자 대위권을 인정하고 있는 경우, 그 당사자는 영업형태가 자동차의 정비·보관·주유·가공·판매와 같이 자동차를 매체로 하는 유상·쌍무계약에 바탕하여 타인의 자동차를 수탁하는 것 자체를 업으로 하고 있는 자를 의미하고, 이러한 당사자들은 그 영업행위에 따른 자동차의 사용·관리에 기인하여 배상책임을 부담하는 경우의 위험대책비가 당연히 영업비용으로서 그 대가에 포함되어 있는 것에 비추어 기명피보험자들과는 별도의 책임주체로 보고 피보험자로부터 배제하려는 데 보험약관의 취지가 있으므로, 자동차의 육상운송업은 비록 약관규정에 명시되어 있지 않더라도 '자동차를 취급하는 것을 업으로 하는 자'에 포함된다고 해석함이 타당하다.」

〈대판 1989. 11. 28, 88 다카 26758〉
「자동차종합보험약관 제3조에 의하면 보험증권에 기재된 피보험자(기명피보험자)의 승낙을 얻어 자동차를 사용 또는 관리중인 자도 피보험자에 포함되어 있는데, 이 경우 기명피보험자의 승낙은 반드시 명시적이거나 개별적일 필요는 없고 묵시적 또는 포괄적인 승낙도 가능하지만, 특단의 사정이 없는 한 피보험자로부터의 직접적인 승낙임을 요하므로 승낙받은 자로부터 다시 승낙을 받은 사용자는 피보험자에 해당한다고 볼 수 없다.」

〈대판 1990. 12. 11, 90 다 7708〉
「차량매수인이 잔대금을 지급하지 아니하여 아직 그 소유권이전등록을 마치지 아니한 채 차량을 인수받아 운행하면서 매도인과의 합의 아래 그를 피보험자로 하여 자동차종합보험계약을 체결하였다면, 그 이래 매수인은 보험회사의 자동차종합보험보통약관에 정한 피보험자로서 '기명피보험자의 승낙을 얻어 자동차를 사용하는 자'에 해당한다 할 것이므로, 그 후 잔대금을 지급하여 그 명의로 차량소유권이전등록을 마치고서도 보험약관에 따라 그 보험계약의 승계절차를 거치지 아니하였더라도 그와 같은 피보험자로서의 지위가 상실되는 것은 아니므로 매수인은 그 약관에 따라 위 차량의 사고로 인한 보험금지급청구권을 취득한다.」

〈대판 1991. 7. 26, 91 다카 14796〉
「보험차량의 매수인이 매매대금을 모두 지급하고 차량을 인도받았을 뿐 아니라 그 명의로 소유권이전등록까지 마침으로써 매도인이 차량에 대한 운행지배관계 및 피보험이익을 상실한 것으로 인정되는 경우에 있어서는 매수인을 자동차종합보험약관에 규정된 '기명피보험자의 승낙을 얻어 자동차를 사용 또는 관리중인 자'에 해당한다고 볼 수 없다.」

〈대판 1992. 2. 25, 91 다 12356〉
「자동차종합보험계약상 기명피보험자의 승낙을 얻어 자동차를 사용 또는 관리중인 자도 피보험자로 하고 있는 경우에 있어 경찰서 경비과장으로서 경찰서장의 승낙을 받아 자동차를 운전하다가 사고가 일어난 것이라면, 위 운전자는 기명피보험자인 국가의 승낙을 얻어 자동차를 사용 또는 관리중인 자에 해당하거나 국가를 위하여 자동차를 운전중인 자에 해당하여 위 보험계약에 있어서의 피보험자의 범주에 속한다고 할 것이고, 그가 피보험자인 이상 위 자동차의 운행으로 인한 사고로 말미암아 자신이 법률상 손해배상책임을 지게 되는 경우, 즉 보험사고가 발생한 경우에는 기명피보험자가 아니더라도 보험자에 대하여 보험금액지급청구권을 가지게 된다고 보아야 한다.」

〈대판 1993. 1. 19, 92 다 32111〉
「자동차를 빌려 주면서 포괄적인 권리를 위임한 경우 轉貸까지 승낙한 것으로 보아야 하고, 그 전대의 승낙은 명시적·개별적일 필요는 없고 묵시적·포괄적이어도 무방하며, 자동차를 빌린 사람만이 사용하도록 승낙이 한정되어 있지 아니하고 자동차의 전대가능성이 예상되며, 기명피보험자와 자동차를 빌리는 사람과의 사이에 밀접한 인간관계나 특별한 거래관계가 있어 전대를 제한하지 아니하였을 것이라고 추인할 수 있는 등 특별한 사정이 있는 경우에는 전대의 추정적 승낙도 인정할 수 있다.」

〈대판 1993. 2. 9, 92 다 40167〉

「가. 자동차의 수리를 위하여 차를 수리업자에게 인도한 경우에 수리하는 동안의 자동차에 대한 운행지배권은 특단의 사정이 없는 한 자동차보유자(수리의뢰자)에게 있는 것이 아니라 수리업자에게 있다 할 것이나, 보유자의 의뢰를 받고 수리를 위하여 수리업자측에서 의뢰자로부터 차를 인도받아 수리장소까지 운행하는 도중이나 수리를 마친 후 의뢰자에게 돌려 주기 위하여 운행하는 도중에 있어서의 운행지배권이 누구에게 있는지에 관하여는 이를 일률적으로 단정할 수 없고 구체적인 경우에 따라 당해 수리의뢰계약의 내용, 특히 의뢰자의 자동차의 운반까지도 의뢰하였는지 여부, 의뢰자와 수리업소와의 종래부터의 거래관계 및 관행 등을 종합하여 결정하여야 한다.

　나. 자동차정비업체의 직원이 자동차보유자로부터 차를 인도받아 직접 운전하여 가져가 수리를 마친 다음 이를 반환하기 위하여 운반하는 도중에 일어난 사고에 대하여 자동차보유자에게 운행지배권이 있다고 보아 운행공용자로서의 책임을 인정한 사례.」

〈대판 1997. 3. 14, 95 다 48728〉

「업무용 자동차종합보험보통약관 제11조는 약관 소정의 배상책임에서 피보험자라 함은 보험증권에 기재된 피보험자, 즉 기명피보험자 외에 기명피보험자의 승낙을 얻어 피보험자동차를 사용 또는 관리중인 자 등을 피보험자로 명시하고 있는데, 여기서 말하는 기명피보험자의 승낙이라 함은 반드시 명시적이거나 개별적일 필요는 없고 묵시적 또는 포괄적 승낙도 가능하지만 특별한 사정이 없는 한 피보험자의 직접적인 승낙임을 요하고, 승낙받은 자로부터 다시 승낙받은 자는 제11조 소정의 피보험자에 해당하지 않는다.」

〈대판 1997. 6. 24, 96 다 52120〉

「자동차종합보험보통약관에 기명피보험자의 승낙을 얻어 자동차를 사용 또는 관리중인 자를 피보험자로 규정하고 있는 경우의 기명피보험자라 함은 피보험자동차에 대한 통행지배나 운행이익을 향유하는 피보험자를 말한다고 보아야 할 것인바, 보험차량을 양수받아 양수인명의로 차량이전등록을 마친 후 양수인이 고용한 운전사가 그 차량을 운전하던 중 사고를 냈다면 기명피보험자인 양도인은 그 차량에 대한 소유권을 양수인에게 양도함으로써 자동차의 운행이익이나 운행지배권을 이미 상실하였으므로, 양수인을 위 약관에 정한 기명피보험자의 승낙을 얻어 자동차를 사용 또는 관리중인 자에 해당한다고 할 수 없다.」(동지 : 대판 1992. 12. 22, 92 다 30221;
대판 1992. 4. 10, 91 다 44803)

〈대판 2009. 12. 24, 2009 다 64161〉

「사실혼은 당사자 사이에 주관적으로 혼인의 의사가 있고, 객관적으로도 사회관념
상 가족질서적인 면에서 부부공동생활을 인정할 만한 혼인생활의 실체가 있으면
일단 성립하는 것이고, 비록 우리 법제가 일부일처주의를 채택하여 중혼을 금
지하는 규정을 두고 있다 하더라도 이를 위반한 때를 혼인 무효의 사유로 규정하
지 않고 단지 혼인 취소의 사유로만 규정하고 있는 까닭에($^{민법}_{제816조}$) 중혼에 해당하
는 혼인이라도 취소되기 전까지는 유효하게 존속하는 것이고, 이는 중혼적 사실혼
이라 하여 달리 볼 것이 아니다. 또한 비록 중혼적 사실혼관계일지라도 법률혼인
전 혼인이 사실상 이혼상태에 있다는 등의 특별한 사정이 있다면 법률혼에 준하
는 보호를 할 필요가 있을 수 있다. 법률상 배우자와의 혼인이 아직 해소되지 않
은 상태에서 갑과 혼인의 의사로 실질적인 혼인생활을 하고 있는 을을, 갑이 가입
한 부부운전자한정운전 특별약관부 자동차 보험계약상의 '사실혼관계에 있는 배우
자'에 해당한다.」

〈대판 2010. 12. 9, 2010 다 70773〉

「자동차종합보험과 같은 이른바 손해배상책임보험은 피보험자가 보험사고로 인하
여 제 3 자에게 손해배상책임을 지는 경우에 이를 보상하는 것이므로, 보험자의 보
상의무는 피보험자의 제3자에 대한 손해배상책임의 발생을 그 전제로 하는 것이
고, 한편 자동차보험에서 동일 자동차사고로 인하여 피해자에 대하여 배상책임을
지는 피보험자가 복수로 존재하는 경우에는 그 피보험이익도 피보험자마다 개별
로 독립하여 존재하는 것이니만큼 각각의 피보험자마다 손해배상책임의 발생요건
이나 면책약관의 적용 여부 등을 개별적으로 가려 그 보상책임의 유무를 결정하
여야 한다.」

〈대판 2011. 3. 24, 2010 다 94021〉

「전국화물자동차공제조합의 자동차공제약관 제13조에 의하면, 기명조합원으로부터
허락을 얻어 공제계약 자동차를 운행하는 자가 죽거나 다친 경우 대인배상Ⅱ에서
정한 공제조합의 보상금 지급의무가 면책되는 것으로 규정되어 있으므로, 공제조
합으로서는 죽거나 다친 피해자가 위 면책조항에서 정한 승낙조합원에 해당한다
는 사유만으로 대인배상Ⅱ에서 정한 보상금 지급의무의 면책을 주장할 수 있다
(이와 달리 승낙조합원이 공제계약 자동차를 관리·사용하다가 다른 사람을 죽거
나 다치게 하여 법률상 손해배상책임을 지는 경우에 한하여 위 면책조항이 적용
된다고 해석할 수는 없다고 한 사례).」

④ 기명피보험자의 사용자(자동차를 사용자의 업
무에 사용하고 있는 때), ⑤ 피보험자를 위하여 자동차를 운전중인 자(운전보조
자 포함)로 정하고 있다(자보약관 제
10조 제2항).

〈대판 2013. 9. 26, 2012 다 116123〉

「일반적인 자동차종합보험약관에서 보험회사는 피보험자가 피보험자동차를 소유, 사용, 관리하는 동안에 생긴 피보험자동차의 사고로 인한 손해에 대하여 보상책임을 지도록 하면서, 그 피보험자의 범위에 관하여는 ① 보험증권에 기재된 '기명피보험자', ② 기명피보험자의 친족 등 '친족피보험자', ③ 기명피보험자의 승낙을 얻어 운행한 '승낙피보험자', ④ 기명피보험자의 사용자 등 '사용피보험자', ⑤ 위 ① 내지 ④에서 규정한 피보험자를 위하여 피보험자동자를 운전한 '운전피보험자'를 규정하고 있다. 여기에서 말하는 '운전피보험자'는 통상 기명피보험자 등에 고용되어 피보험자동차를 운전하는 자를 의미하지만, 운전업무를 위하여 고용된 자가 아니라고 하더라도 기명피보험자 등으로부터 구체적·개별적인 승낙을 받고 그 기명피보험자 등을 위하여 운전을 하였다면 운전피보험자가 될 수 있다. 그러나 설령 승낙피보험자로부터 구체적·개별적인 승낙을 받고 그 승낙피보험자를 위하여 자동차 운전을 하였다고 하더라도, 그것이 기명피보험자의 의사에 명백히 반하는 것으로 볼 수 있는 경우에는 그 운전자를 운전피보험자에 해당한다고 볼 수는 없다. 따라서 그러한 운전자가 피보험자동차를 운전하던 중 일으킨 사고로 인한 손해에 대해서 보험금을 지급한 보험자는 상법 제682조에 따라 기명피보험자를 대위하여 운전자를 상대로 손해배상청구를 할 수 있다.」

(3) 被保險自動車   자동차보험증권에는 손해보험증권에 기재하는 사항(제666
조) 이외에 ① 자동차소유자 그 밖의 보유자의 성명·생년월일 또는 상호, ② 피보험자동차의 등록번호·차대번호·차형년식·기계장치, ③ 차량가액을 기재하여야 하므로(제726조
의 3) 이는 보험증권에 등록번호(차량번호
표시번호)와 차대번호가 기재된 자동차를 말한다. 피보험자동차가 보험기간중에 양도되었을 때에는 양수인이 보험자의 승낙을 얻은 경우에 보험계약으로 인하여 생긴 권리와 의무를 승계한다(제726조
의 4).

〈대판 2010. 4. 15, 2009 다 90269〉

「자동차종합보험계약의 '다른 자동차 운전담보 특별약관'은 기명피보험자가 보험기간 중에 피보험자동차를 양도하고 대체자동차를 취득한 경우 반드시 보통약관의 보험승계 규정에 따라 보험승계 절차를 거쳐야 함을 전제로 임시적으로 대체자동차에 의한 보험사고를 담보하려는 것이 아니라, 그와 같은 보험승계 절차와 관계없이 별도로 피보험자동차의 대체자동차가 위 특별약관에서 규정하는 '다른 자동차'에 해당하는 경우 특별약관 자체의 효력에 의하여 그 대체자동차에 의한 보험사고를 담보하려는 취지에서 마련된 것이고, 따라서 기명피보험자가 보험기간 중에 피보험자동차를 양도함으로써 그에 대한 운행지배와 운행이익을 상실하고 대체자동차를 취득한 경우 보통약관상의 보험계약 승계 규정에 따른 요건과 절차를 구비하여 보험회사의 승인을 얻었는지 여부와 관계없이 대체자동차는 특별약관의 요건을 구비하는 한 특별약관의 효력에 의하여 그 운행에 따른 위험이 그대로 담보된다(자동차종합보험계약의 '다른 자동차 운전담보 특별약관'에 가입한 기명피보험자가 보험기간 중 피보험자동차를 양도하고 대체자동차를 매수하여 보통약관상의 보험승계 절차를 거치지 않은 채 운전하다 교통사고를 일으킨 사안에서, 대체자동차가 위 특별약관이 적용되는 다른 자동차에 해당하기 위해서는 특별약관이 정하는 동일 차종 요건을 구비하면 충분하고, 더 나아가 보통약관의 보험승계 규정에서 요구하는 동일 차종 요건을 갖출 필요는 없다고 한 사례).」

(4) 被害者의 範圍   피해자라 함은 자동차에 의한 사고로 사망 또는 부상에 이른 자 또는 그의 상속인으로서 피보험자에게 손해배상을 청구할 수 있는 자를 가리킨다. 그런데 자보약관은 ① 기명피보험자 또는 그 부모·배우자 및 자녀, ② 피보험자동차를 운전중인 자 또는 그 부모·배우자 및 자녀,

〈대판 1998. 2. 27, 96 다 41144〉

「특별한 사정이 없는 한 약관에 피보험자 개별적용조항을 별도로 규정하고 있지 않더라도 각 피보험자별로 위 면책약관의 적용 여부를 가려 보험자의 면책 여부를 결정하여야 하고, 그 약관의 규정형식만으로 배상책임이 있는 복수의 피보험자 중 어느 한 사람이라도 피해자와의 사이에 면책조항 소정의 인적 관계가 있기만 하면 모든 피보험자에 대한 보상책임을 면하는 것으로 해석할 것은 아니라고 할 것이다(대판 1988. 5. 14, 87 다카 2276; 대판 1996. 5. 14, 96 다 4305 등 참조). 위 서○○이 기명피보험자인 원고(자동차대여업자)를 위하여 위 사고차량을 운전하였다고 볼 증거가 없고, 오히려 위 서○○이 자기를 위하여 위 사고차량을 운전한 자에 해당하는 이 사건에 있어서, 위 서○○이 위 약관 제10조 제 2 항 제 2 호 소정의 피보험자동차를 운전중인 자에 해당하지 아니함이 분명하고, 따라서 위 망인들은 위 약관 제10조 제 2 항 제 2 호가 적용될 여지가 없으므로 역시 보험자인 피고에게 면책사유가 존재하지 아니한다고 할 것이므로 피고의 이 사건 보험금지급책임이 면책되는 것은 아니라고 할 것이다.」

③ 기명피보험자로부터 허락을 얻어 피보험자동차를 운행하는 자 또는 그 부모, 배우자 및 자녀(②와 ③의 '그 부모, 배우자 및 자녀'에 대해서는 이들에 대한 기명피보험자의 법률상 손해배상책임이 성립하는 경우에는 그 손해를 보상한다), ④ 배상책임의무가 있는 피보험자의 피용자로서 산업재해보상보험법에 의한 재해보상을 받을 수 있는 사람,

〈대판 1990. 4. 24, 89 다카 24070〉

「대인배상에 관한 보험회사의 면책사유의 하나로 피해자가 배상책임 있는 피보험자의 피용자로서 근로기준법에 의한 재해배상을 받을 수 있는 사람인 경우를 들고 있는 자동차종합보험약관의 규정은 노사관계에서 발생하는 재해배상에 대하여는 산업재해배상보험에 의하여 전보받도록 하고, 제 3 자에 대한 배상책임을 전보하는 것을 목적으로 한 자동차보험의 대인배상범위에서는 이를 제외한 취지라고 보는 것이 타당하며, 위와 같은 면책조항이 상법 제659조 소정의 보험자의 면책사유보다 보험계약자 또는 피보험자에게 불이익하게 면책사유를 변경함으로써 같은 법 제663조에 위반된다고 볼 수 없다.」(동지 : 대판 1989. 11. 14, 88 다카 29177)

〈대판 1992. 3. 13, 91 다 33285〉

「자동차종합보험계약의 기명피보험자와 동거중인 형이 다른 사람과 공동으로 기명피보험자로부터 승용차를 빌려 여행목적에 사용하여 다른 사람이 운전하다가 생긴 사고로 사망한 경우에 그는 기명피보험자의 승낙을 얻어 자동차를 사용 또는 관리중인 자에 해당할 뿐 아니라 사고승용차에 대하여 직접적이고 구체적으로 운행지배를 하고 있었다 할 것이므로, 그 자동차의 소유자인 기명피보험자에 대하여는 타인성이 결여되어 그 승용차의 사고로 인한 자배법 제 3 조 소정의 손해배상을 청구할 수 없다 할 것이다.」

⑤ 피보험자가 피보험자동차를 사용자의 업무에 사용하는 경우 그 사용자의 업무에 종사중인 다른 피용자로서 산업재해보상보험법에 의한 재해보상을 받을 수 있는 사람이 사망하거나 손해를 입은 때에는 보험자의 보상책임이 없음을 밝히고 있다(③·④의 규정은 각각의 피보험자 모두에게 개별적으로 적용한다. 다만, 이로 인하여 약관에서 정한 보험금의 한도액이 증액되지는 아니한다)(자보약관 제14조 제1 항 제 2 호 제 9 목). 왜냐하면 이들은 피보험자인 가해자에 대하여 손해배상을 청구할 수 있는 지위에 있다고 할 수 없고, 피해자로서의 타인성이 희박하다고밖에 할 수 없기 때문이다.

〈대판 1991. 5. 14, 91 다 6634〉

「자동차종합보험보통약관에서 피해자가 배상책임 있는 피보험자의 피용자로서 근

로기준법에 의한 재해보상을 받을 수 있는 사람인 경우를 보험자의 면책사유로
규정한 것은 사용자와 근로자의 노사관계에서 발생한 업무상 재해로 인한 손해에
대하여는 노사관계를 규율하는 근로기준법에서 사용자의 각종 보상책임을 규정하
는 한편, 이러한 보상책임을 담보하기 위하여 산업재해보상보험법으로 산업재해
상보험제도를 설정하고 있음에 비추어 노사관계에서 발생하는 재해보상에 대하여
는 원칙적으로 산업재해보상보험에 의하여 전보받도록 하려는 데에 그 취지가 있
는 것이므로, 근로기준법상의 업무상 재해라고 할지라도 산업재해보상보험법에 의
하여 보상을 받을 수 없는 경우는 위 면책사유의 적용대상에서 제외하여야 한다.」
(동지 : 대판 1994. 3. 11, 93 다 58622;)
 (　　대판 1993. 11. 9, 93 다 23107　)

(5) 自動車保險者의 損害補償責任

A. 補償責任의 要件

(i) 保險期間중에 보험에 든 자동차의 事故로 타인의 死亡 또는 傷害가
발생할 것　　　여기서 피보험자는 반드시 자동차를 소유해야 할 필요는 없
고 賃借한 것과 같이 일시적으로 사용 또는 관리하는 것으로 족하다고 본다.

(ii) 被保險者의 제 3 자에 대한 법률상의 賠償責任일 것　　　여기서의
피보험자의 범위와 피해자의 범위는 앞서 살펴본 바이다.

다만, 법률상의 손해배상책임에 관하여 보면, 피보험자의 제 3 자에 대한
법률상의 손해배상책임은 민법 제750조 아래의 불법행위에 관한 규정이 적용
된다. 자배법 제 3 조는 자동차의 운행자에게 자동차의 운행으로 인한 타인의
사상에 대하여 무과실책임에 가까운 엄격책임을 인정하고 있으나, 이것은
책임의 주체와 책임한도액이 규정되어 있고, 그 밖의 사항에 대하여는 민법
의 규정에 의하도록 되어 있으므로(자배법) 자동차종합보험에 의하여 담보하고
있는 피보험자의 제 3 자에 대한 손해배상책임은 민법의 일반규정에 따르는
것이다. 왜냐하면 이 보험은 자동차손해배상책임보험에 의하여 지급되는 금액
을 넘는 금액에 대해서만 담보하기 때문이다.

B. 保 險 金　　　피보험자는 보험기간중에 생긴 자동차사고로 타인을 사
상하여 피해자와의 사이에 판결의 확정, 재판상의 화해, 중재 또는 서면에
의한 합의로 배상액이 확정되었을 때에는 보험금청구서, 손해액을 증명하는
서류 등을 첨부하여 보험자에 대하여 보험금의 지급을 청구할 수 있다(자보약관 제).
 (　　　　　　　　　　　　　　　　　　　　　　　　　　　　15조 제 1 항).
보험자는 피보험자의 보험금청구가 있는 때에는 피해자에게 손해배상금
을 지급하였음을 확인한 후에 보험금을 지급하여야 하고(제724조), 피해자가 직
 (　　　　　　　　　　　　　　　　　　　　　　　제 1 항)

접 보험금을 청구한 때($^{제724조}_{제2항}$)에도 보험자는 그 손해를 조사하고, 피보험자가 손해배상채무를 이행하지 아니하였음을 확인하고 보험금을 지급하여야 할 것이다.

그리고 피보험자가 자동차사고로 피해자에게 손해배상책임을 지는 경우에 그 손해배상액이 확정되지 아니한 때에는 피보험자 또는 피해자에게 가지급보험금을 지급할 수도 있다($^{자보약관 제}_{15조 제3항}$).

C. **被害者의 直接請求權**   피보험자가 피해자에게 법률상의 손해배상책임을 지는 사고가 생긴 때에는 피해자는 보험자에 대하여 직접 보험금의 지급을 청구할 수 있다($^{제724조 제2항; 자배법 제9조 제1}_{항; 자보약관 제15조 제2항 제1호}$). 이 경우 보험자는 피보험자가 보험사고에 관하여 가지는 항변으로 청구자에게 대항할 수 있다($^{제724조 제2항 제2}_{문; 자보약관 제15조}$ $^{제2항 제}_{1호 단서}$).

〈대판 1993. 5. 11, 92 다 2530〉

「가. 자동차임의보험의 약관에 의하여 피해자에게 인정되는 직접청구권의 법적 성질은 보험금이 아니라 보험자가 피보험자의 피해자에 대한 손해배상채무를 병존적으로 인수한 것이다.

나. 보험회사가 대인사고로 지급책임을 지는 금액의 한도에 관하여 자동차종합보험약관 제15조는 원칙적으로 약관의 보험금지급기준에 의하여 산출한 금액을 기준으로 하되, 다만 소송이 제기되었을 경우에는 확정판결에 의하여 피보험자가 피해자에게 배상하여야 할 금액(지연배상금 포함)을 기준으로 하도록 규정하고 있는바, 약관규정의 단서는 피해자가 피보험자를 상대로 소송을 제기하는 경우뿐만 아니라 직접청구권을 행사하여 보험회사를 상대로 소송을 제기하는 경우에도 적용된다.」

〈대판 1994. 5. 27, 94 다 6819〉

「상법 제724조 제2항에 의하여 피해자에게 인정되는 직접청구권의 법적 성질은 보험자가 피보험자의 피해자에 대한 손해배상채무를 병존적으로 인수한 것으로서 피해자가 보험자에 대하여 가지는 손해배상청구권이고 피보험자의 보험자에 대한 보험금청구권의 변형 내지는 이에 준하는 권리가 아니다.」

〈대판 1995. 9. 26, 94 다 28093〉

「가. 상법 제724조 제1항은 피보험자가 상법 제723조 제1·2항의 규정에 의하여 보험자에 대하여 갖는 보험금청구권과 제3자가 상법 제724조 제2항의 규정에

의하여 보험자에 대하여 갖는 직접청구권의 관계에 관하여, 제 3 자의 직접청구권
이 피보험자의 보험금청구권에 우선한다는 것을 선언하는 규정이라고 할 것이므
로, 보험자로서는 제 3 자가 피보험자로부터 배상을 받기 전에는 피보험자에 대한
보험금지급으로 직접청구권을 갖는 피해자에게 대항할 수 없고, 따라서 보험자는
제 3 자가 피보험자로부터 배상을 받기 전에는 상법 제724조 제 1 항의 규정을 들
어 피보험자의 보험금지급청구를 거절할 권리를 갖게 된다.

　　나. 업무용 자동차종합보험보통약관이 '피보험자는 판결의 확정, 재판상의 화해,
중재 또는 서면에 의한 합의로 손해액이 확정되었을 때에 회사에 대하여 보험금
의 지급을 청구할 수 있으며, 회사는 피보험자로부터 보험금청구에 관한 서류를
받은 때에는 지체없이 필요한 조사를 마치고 곧 보험금을 지급한다'는 취지로 규
정되어 있고, 피보험자가 제 3 자에게 손해배상을 하기 전에는 피보험자에게 보험
금을 지급하지 않는다는 내용의 조항을 두지 않고 있다면, 보험자는 그 약관에 의
하여 상법 제724조 제 1 항 소정의 지급거절권을 포기하였다고 봄이 상당하고, 따
라서 피보험자로서는 그 약관 소정의 요건을 충족하기만 하면 보험자에 대하여
보험금청구권을 행사할 수 있으며, 이 경우 피보험자로부터 보험금지급청구를 받
은 보험자로서는 상법 제724조 제 2 항에 의하여 직접청구권을 갖는 피해자에게
직접 보험금을 지급함으로써 보험금의 이중지급의 위험을 회피하는 방법을 선택
하여야 할 것이다.

　　다. 보험자는 피해자와 피보험자 사이에 판결에 의하여 확정된 손해액은 그것이
피보험자에게 법률상 책임이 없는 부당한 손해라는 등의 특별한 사정이 없는 한
원본이든 지연손해금이든 모두 피해자에게 지급할 의무가 있다.」

　　보험자가 피해자에게 직접 보험금을 지급하였을 때에는 그 금액의 한도
내에서 피보험자의 손해를 보상한 것으로 본다$\binom{\text{자보약관 제15조 제}}{\text{2항 제2호 제3목}}$. 그리고 보험자
가 피해자에게 지급하는 보험금은 공제한 것이 아니라 자동차종합보험보통약
관에서 정하는 자동차종합보험금 지급기준에 의하여 보험자가 피보험자에게
지급책임을 지는 금액(보험가입금액)을 한도로 한다.

　　보험자는 자동차종합보험보통약관에 의하여 보상할 금액의 한도 안에서
피보험자 또는 피해자에게 가지급보험금을 지급할 수 있다$\binom{\text{자보약관 제15조}}{\text{제2항 제3호}}$. 이
경우에 청구자가 보험금청구시와 동일한 서류를 제출하여야 한다.

　　D. **免責事由**　　　자동차보험표준약관은 제11조 제 1 항에 다음과 같은
면책사유를 두고 있다.

① 보험계약자 · 피보험자의 고의로 인한 손해

② 전쟁 · 혁명 · 내란 · 사변 · 폭동 · 소요 기타 이들과 유사한 사태로 인한 손해

③ 지진 · 분화 · 태풍 · 홍수 · 해일 또는 이들과 유사한 천재지변으로 인한 손해

④ 핵연료물질의 직접 또는 간접적인 영향으로 인한 손해

⑤ 요금이나 대가를 목적으로 반복적으로 피보험자동차를 사용하거나 대여한 때
   에 생긴 손해. 다만, 1개월 이상의 기간을 정한 임대차계약에 의하여 임차인이
   피보험자동차를 전속적으로 사용하는 경우에는 보상합니다. 그러나 임차인이
   피보험자동차를 요금이나 대가를 목적으로 반복적으로 사용하는 경우에는 보
   상하지 아니합니다.

⑥ 피보험자가 손해배상에 관하여 제3자와의 사이에 다른 계약을 맺고 있을 때,
   그 계약으로 말미암아 늘어난 손해

⑦ 피보험자 본인이 무면허운전을 하였거나 기명피보험자의 명시적 · 묵시적 승인
   하에서 피보험자동차의 운전자가 무면허운전을 하였을 때에 생긴 사고로 인한
   손해

이와 관련하여 종래 대법원은 그 운전의 주체가 누구이든 보험자가 면책
된다는 입장이었으나, 그 후 변경을 보아(^{대판 1991. 12. 24,}
_{90 다카 23899}) 무면허운전이 보험계약
자나 피보험자의 지배 또는 관리가능한 상황, 즉 보험계약자나 피보험자 등의
명시적 또는 묵시적 승인 하에 이루어진 경우로 한정하고 있는데, 이는 타당
한 판례변경으로 보인다(이기수, 자동차종합보험보통약관의 무면허운전조항에 대하여 수정해석할 필요가 있
는지 여부, 판례월보 제260호(1992. 5), 38쪽; 이기수, 음주운전면책약관, 판례연구 8
(1996. 9), 283쪽).

〈대판 1990. 6. 22, 89 다카 32965〉

「자동차종합보험보통약관에 '무면허운전을 하였을 때 생긴 손해'에 관하여는 면책
된다고 규정한 경우, 면책사유에 관하여 '무면허운전으로 인하여 생긴 손해'라고
되어 있지 않으므로 무면허운전과 사고 사이에 인과관계의 존재를 요구하고 있지
않으며, 위 약관조항의 취지는 무면허운전의 경우 사고의 위험성이 통상의 경우
보다 극히 증대하는 것이어서, 그러한 위험은 보험의 대상으로 삼을 수 없다는
취지 외에도 보험자로서는 무면허운전과 사고 사이의 인과관계의 존재 여부를 입
증하기가 곤란한 경우에 대비하여 사고가 무면허운전중에 발생한 경우 인과관계
의 존부에 상관없이 면책되어야 한다는 취지도 포함되었다고 할 것이고, 도로교
통법과 중기관리법은 무면허운전이나 조종을 금지하면서 그 위반에 대하여는 형
벌을 과하고 있고, 또 국민은 누구나 무면허운전이나 조종이 매우 위험한 행위로

서 범죄가 된다는 것을 인식하고 있는 터이므로, 그와 같은 범죄행위중의 사고에 대하여 보상을 하지 아니한다는 약관의 규정이 결코 불합리하다고 할 수 없으므로 위 면책조항이 무면허운전과 보험사고 사이에 인과관계가 있는 경우에 한하여 적용되는 것으로 제한적으로 해석할 수 없다.」(반대평석:심상무, 자동차보험에 있어서 무면허운전면책조항의 보험계약법적 의미, 상사판례연구 제4집 (1991), 74쪽)

〈대판 1990. 6. 26, 89 다카 28287〉

「자동차종합보험보통약관의 배상책임조항에서 무면허운전중에 발생한 사고를 면책사유로 규정한 취지는 무면허운전이 위험발생의 개연성이 큰 행위로 그 운전 자체를 금지한 법규의 중대한 위반행위에 해당하므로, 이와 같은 법규위반의 상황하에서 발생한 사고에 관하여는 그 운전의 주체가 누구이든 보험의 보상대상에서 제외하려는 데에 있고, 본조 제1항은 손해의 발생원인에 의한 면책사유를 규정한 것이므로 약관의 규정과 불이익변경금지에 관한 본법 제663조의 규정을 근거로 손해발생의 원인에 의한 면책사유가 아니고 손해발생시의 상황에 의한 면책사유에 해당하는 무면허운전시의 사고에 관한 면책사유의 효력을 무면허운전의 주체가 보험계약자 또는 피보험자나 그들에 의하여 고용된 운전자인 경우에 한하여 적용되는 면책조항이라고 제한해석하려는 것은 위 각 면책사유의 취지와 성질을 무시한 것이어서 부당하다.」

〈대판 1991. 12. 24, 90 다카 23899〉

「위 '1'항의 약관 소정의 무면허운전면책조항을 문언 그대로 무면허운전의 모든 경우를 아무런 제한 없이 보험의 보상대상에서 제외한 것으로 해석하게 되면 절취운전이나 무단운전의 경우와 같이 자동차보유자는 피해자에게 손해배상책임을 부담하면서도 자기의 지배관리가 미치지 못하는 무단운전자의 운전면허소지 여부에 따라 보험의 보호를 전혀 받지 못하는 불합리한 결과가 생기는바, 이러한 경우는 보험계약자의 정당한 이익과 합리적인 기대에 어긋나는 것으로서 고객에게 부당하게 불리하고 보험자가 부담하여야 할 담보책임을 상당한 이유 없이 배제하는 것이어서 현저하게 형평을 잃은 것이라 하지 않을 수 없으며, 이는 보험단체의 공동이익과 보험의 등가성 등을 고려하더라도 마찬가지라고 할 것이므로, 결국 위 무면허운전면책조항이 보험계약자나 피보험자의 지배 또는 관리가능성이 없는 무면허운전의 경우에까지 적용된다고 보는 경우에는 그 조항은 신의성실의 원칙에 반하는 공정을 잃은 조항으로서 약관의규제에관한법률 제6조 제1항·제2항, 제7조 제2호·제3호의 각 규정에 비추어 무효라고 볼 수밖에 없기 때문에 위 무면허운전면책조항은 위와 같은 무효의 경우를 제외하고 무면허운전이 보험계약자나 피보험자의 지배 또는 관리가능한 상황에서 이루어진 경우에 한하여 적용되는 조항으로 수정해석을 할 필요가 있으며, 무면허운전이 보험계약자나 피보험자의 지배 또는 관리가능한 상황에서 이루어진 경우라고 함은 구체적으로는 무면허운전이 보험계약자나 피보험자 등의 명시적 또는 묵시적 승인 하에 이루어진 경우를 말한다.」(동지평석 : 이기수, 자동차종합보험보통약관의 무면허운전조항에 대하여 수정해석할 필요가 있는지 여부, 판례월보 제260호(1992. 5), 38쪽)

〈대판 1993. 12. 21, 91 다 36420〉

「보험계약에 있어서의 무면허운전면책조항은 당해 무면허운전이 기명피보험자의 명시적 또는 묵시적 승인 하에 이루어진 경우에는 적용된다 할 것이나 기명피보험자의 승낙을 받아 자동차를 사용하거나 운전하는 자로서 보험계약상 피보험자로 취급되는 이른바 승낙피보험자의 승인만이 있는 경우에는 위 조항이 적용되지 않는다.」

〈대판 1997. 6. 10, 97 다 6827〉

「가. 자동차공제약관의 무면허면책조항은 무면허운전이 조합원이 지배 또는 관리가능한 상황에서 이루어진 경우에 한하여 적용되는 조항이라 할 것이고, 여기에서 무면허운전이 조합원의 지배 또는 관리가능한 상황에서 이루어진 경우라 함은 조합원의 명시적 또는 묵시적 승인 아래 이루어진 경우를 말하는 것인바, 조합원의 승낙을 얻어 공제체약자동차를 사용 또는 관리중인 자의 승인만 있는 경우에는 조합원의 묵시적인 승인이 있다고 할 수 없어 무면허운전면책조항이 적용되지 아니한다.

    나. 화물트럭에 관하여 지입회사를 조합원으로 하여 공제조합에 가입한 경우, 다른 특별한 사정이 없는 한 공제사업자와의 관계에서는 지입회사만이 조합원이고 지입차주는 조합원의 승낙을 얻어 공제체약자동차를 사용 또는 관리하는 자에 불과하므로, 지입차주의 승낙 아래 무면허로 화물자동차를 운전하다가 사고를 낸 경우에는 무면허면책조항이 적용되지 아니한다.」

〈대판 1997. 6. 27, 97 다 10512〉

「개인용 자동차종합보험약관 제10조 제6항은 '피보험운전자가 무면허운전을 하였을 때에 생긴 사고로 인한 손해에 대하여는 보상하지 아니한다'고 규정하고 있는데, 그 규정은 무면허운전이 보험계약자나 피보험자의 지배 또는 관리가능한 상황에서 이루어진 경우, 즉 보험계약자나 피보험자의 명시적 또는 묵시적 승인 하에 이루어진 경우에 한하여 적용되는 조항이라고 해석되는바, 하나의 사고에 대하여 배상책임이 있는 피보험자가 복수인 경우에는 각 피보험자별로 보험자의 손해배상책임발생 여부를 결정하여야 하는 것과 마찬가지로 위와 같은 면책조항의 적용 여부도 각 피보험자별로 결정하여야 할 것이니, 기명피보험자가 그와 동거하는 아들의 무면허운전으로 인한 피해자들의 손해를 배상하고 그 배상액에 대하여 보험

자에게 보험금의 지급을 구하는 경우에 있어서는 기명피보험자에 대하여 그 면책
조항이 적용되는지 여부를 결정하여야 할 것이고, 그 아들이 위 약관 제11조 제2
항 소정의 친족피보험자에 해당한다 하더라도 그 이유만으로 기명피보험자에 대하
여 위 면책조항이 적용된다고 할 수는 없고, 아들의 무면허운전이 기명피보험자의
명시적 또는 묵시적 승인 하에 이루어진 경우에 한하여 위 면책조항이 적용된다.」

〈대판 1997. 7. 8, 97 다 15685〉
「피보험자동차의 운전자가 무면허운전을 하였을 때 생긴 사고로 인한 손해에 대
하여는 보상하지 않는다는 취지의 무면허운전면책약관은 무면허운전이 보험계약
자나 피보험자의 지배 또는 관리가능한 상황에서 이루어진 경우에 한하여 적용되
고, 여기에서 무면허운전이 보험계약자나 피보험자의 지배 또는 관리가능한 상황
에서 이루어진 경우라 함은 보험계약자 또는 피보험자의 명시적 또는 묵시적인
승인 아래 이루어진 경우를 말하며, 이 경우에 있어서의 묵시적인 승인은 무면허
운전에 대한 승인의도가 명시적으로 표현되는 경우와 동일시할 수 있는 정도로
그 승인의도를 추단할 만한 사정이 있는 경우로 한정되어야 한다.」

〈대판 2002. 9. 24, 2002 다 27620〉
「무면허운전면책약관 또는 26세 이상 한정운전특별약관 소정의 '피보험자동차를 도
난당하였을 경우에 있어서 피보험자의 묵시적 승인은 명시적 승인의 경우와 동일하
게 면책약관이 적용되므로 무면허 또는 도난운전에 대한 승인의도가 명시적으로 표
현되는 경우와 동일시할 수 있을 정도로 그 승인의도를 추단할 만한 사정이 있는
경우에 한정되어야 한다. … 피보험자가 자신만이 운전하던 차량 열쇠를 외출하면서
방안에 넣어 둔 것을 만 15세의 아들이 몰래 들고 나와 무면허로 승용차를 운전하
다가 사고를 발생시킨 경우에 평소 그 아들이 승용차를 주차장 내에서 운전하는 것
을 볼 때마다 주차장 내에서는 운전연습을 하더라도 주차장 밖으로는 나가서는 안
된다고 주의를 주어 그 사고 전에는 승용차를 운전하여 주차장 밖으로 나간 사실
이 없었던 사실 등에 비추어 피보험자가 그 아들이 승용차를 무면허로 운전하는
데 대하여 묵시적으로 승인하였다고 보기 어렵다고 하여 면책약관의 적용을 배척한
것은 위법이 없다.」

〈대판 2000. 5. 30, 99 다 66236〉
「화물자동차의 소유자가 회사명의로 등록하고 회사의 업무수행을 위한 차량으로
제공하되 운전사의 고용 및 급여의 지급, 보험계약의 체결, 차량관리 등의 책임을
지고, 회사는 그 소유자에게 그 차량의 운송물량에 따른 운송비를 지급하기로 하

는 차량운용계약을 체결하고 회사를 기명피보험자로 하는 업무용 자동차종합보험계약을 체결한 경우에 차량소유자의 승낙 아래 피용자가 무면허로 운전하다가 사고를 낸 경우에 무면허운전면책조항이 적용되지 않는다고 봄이 상당하다.」

〈대판 2000. 2. 25, 99 다 40548〉

「기명피보험자인 ○○렌터카의 영업소장인 K는 자동차종합보험약관상 피보험자동차를 운행할 자격이 없는 만 21세 미만자인 S 또는 자동차운전면허가 없는 C를 임차인으로 하여 이 사건 자동차를 대여하고 21세 미만자인 S에게 이 사건 차량을 현실적으로 인도해 주었다는 것이므로, 이는 K가 그 대여 당시 21세 미만의 자가 S 또는 C로부터 지시 또는 승낙을 받아 이 사건 자동차를 운전하는 것을 승인할 의도가 있었음을 추단할 수 있는 직접적 또는 간접적 표현이 있는 때에 해당한다고 봄이 상당하고, 따라서 W의 이 사건 자동차의 운전은 승낙피보험자의 승인만이 아니라 기명피보험자의 묵시적인 승인도 있는 때에 해당한다 할 것이므로, 같은 취지의 원심의 판단은 정당하고 거기에 보험계약자 또는 기명피보험자의 묵시적 승인에 관한 판례위반이나 법리오해 등의 위법은 없다.」

⑧ 피보험자동차를 시험용, 경기용 또는 경기를 위해 연습용으로 사용하던 중 생긴 손해. 다만, 운전면허시험을 위한 도로주행시험용으로 사용하던 중 생긴 손해는 보상합니다.

⑨ 다음에 해당하는 사람이 죽거나 다친 경우

　가. 기명피보험자 또는 그 부모, 배우자 및 자녀

　나. 피보험자동차를 운전중인 자(운전보조자를 포함합니다) 또는 그 부모, 배우자 및 자녀

　다. 기명피보험자로부터 허락을 얻어 피보험자동차를 운행하는 자 또는 그 부모, 배우자 및 자녀

　라. 위 '나.' 및 '다.'의 '그 부모, 배우자 및 자녀'에 대해서는 이들에 대한 기명피보험자의 법률상 손해배상책임이 성립하는 경우에는 그 손해를 보상합니다.

　마. 배상책임이 있는 피보험자의 피용자로서 산업재해보상보험법에 의한 재해보상을 받을 수 있는 사람. 이 경우 동법에 의한 보상범위를 넘어서는 손해가 발생한 경우에도 보상하지 아니합니다.

　바. 피보험자가 피보험자동차를 사용자의 업무에 사용하는 경우, 그 사용자의 업무에 종사중인 다른 피용자로서 산업재해보상보험법에 의한 재해보상을

받을 수 있는 사람. 이 경우 동법에 의한 보상범위를 넘어서는 손해가 발생한 경우에도 보상하지 아니합니다. 다만, 피용자인 기명피보험자가 개인으로서 법률상 손해배상책임을 지는 경우에는 그 손해를 보상합니다.

사. 위 '마.' 및 '바.'의 규정은 각각의 피보험자 모두에게 개별적으로 적용합니다. 다만, 이로 인하여 약관에서 정한 보험금의 한도액이 증액되지는 아니합니다.

〈대판 2013. 3. 14, 2012 다 90603〉

「자동차종합보험의 약관 중 '피보험자가 음주운전 또는 무면허운전을 하는 동안의 사고로 인하여 보험회사가 보험금을 지급하게 되는 경우 피보험자는 약관에 정한 금액을 자기부담금으로 부담하여야 한다'는 내용의 자기부담금 조항에서 정한 '피보험자'가 기명피보험자에 한정되는지가 문제된 사안에서, 위 약관조항에서 말하는 '피보험자'는 기명피보험자에 한정되지 않는다.」

3. 無保險自動車의 被害者保護

보유자를 알 수 없는 자동차 또는 무보험자동차의 운행으로 인하여 사망 또는 부상한 자를 보호하기 위하여 정부가 그 손해를 보상하는 제도가 있는데, 이를 자동차손해배상보장사업이라 한다(자배법 제30조 이하).

자동차손해배상보장사업은 아무런 배상도 받을 수 없는 피해자를 보호하기 위한 제도라고 할 수 있으므로, 피해자가 국가배상법·산업재해보상보험법 기타 법률에 의하여 손해에 대한 보상 또는 배상을 받을 경우, 그 금액의 범위 내에서 정부는 보상책임을 면한다(자배법 제36조 제1항). 또 피해자가 자배법 제3조의 규정에 의한 손해배상책임이 있는 자로부터 손해에 대하여 배상을 받은 때에는 정부가 그 배상받은 금액의 범위 내에서 보상책임을 면한다(동조 제2항).

〈대판 2007. 12. 27, 2007 다 54450〉

「자동차손해배상보장법(이하 '자배법'이라고 한다) 제26조 제1항 제2호는 보험가입자 등(의무보험에 가입한 자와 당해 의무보험 계약의 피보험자)이 아닌 자가 자배법 제3조의 규정에 의한 손해배상의 책임을 지게 되는 경우에 정부가 피해자의 청구에 따라 책임보험금의 한도 안에서 그가 입은 피해를 보상한다고 규정하고 있을 뿐이고, 자배법 제26조 이하에서 규정하고 있는 자동차손해배상보장사업은 정부가 자동차의 보유자를 알 수 없거나 무보험 자동차의 운행으로 인한 사고로 인하여 사망하거나 부상을 입은 피해자의 손해를 책임보험의 보험금의 한도 안에서 보상하는 것을 주된 내용으로 하는 것으로서, 뺑소니 자동차 또는 무보험자동차에 의한 교통사고의 피해자 보호를 목적으로 하면서 법률상 강제되는 자동차책임보험제도를 보완하려는 것이지 피해자에 대한 신속한 보상을 주목적으로 하고 있는 것이 아니므로, 자동차보험계약을 체결한 보험회사가 면책약관을 내세워 보험금의 지급을 거절하여 보험가입자 등이 아닌 자가 자배법 제3조의 규정에 의한 손해배상의 책임을 지게 되는 경우인지 여부가 명확히 밝혀지지 않았다고 하여 정부가 자배법 제26조 제1항 제2호에 따른 보상금지급의무를 부담하는 것은 아니라고 할 것이다(이 사건 사고에 따른 법률상의 보험금지급의무를 부담하고 있는 피고 보험회사가 그 의무를 다투며 보험금 지급을 거절한다는 이유만으로 원고가 피해자들에게 보상금을 지급하였다면, 위에서 본 법리에 따라 원고에게는 자배법 제26조 제1항 제2호에 따른 보상금을 지급할 의무가 없는데도 피해자들에게 이를 지급한 것이라 할 것이므로, 원고의 피해자들에 대한 보상금 지급은 법률상 원인 없이 제공된 것으로서 피해자들이 이를 부당이득으로 반환하여야 할 대상이 될 것이나, 반면 피고들로서는 위 보상금 지급으로 인하여 피해자들에 대한 손해배상채무나 보험금의 직접지급의무가 소멸하는 것은 아니므로, 위 보상금 지급으로 인하여 피고들이 곧바로 그 보상금 상당의 부당이득을 취득하였다고 할 수는 없다고 판단한 사례).」

〈대판 2007. 12. 28, 2007 다 54351〉
「자배법 제26조 이하에서 규정하고 있는 자동차손해배상보장사업(이하 '보장사업'이라 한다)은 정부가 자동차의 보유자를 알 수 없거나 무보험 자동차의 운행으로 인한 사고에 의하여 사망하거나 부상을 입은 피해자의 손해를 책임보험의 한도 안에서 보상하는 것을 주된 내용으로 하는 것으로서, 뺑소니 자동차 또는 무보험 자동차에 의한 교통사고의 피해자 보호를 목적으로 하면서 법률상 강제되는 자동차책임보험제도를 보완하려는 것이므로(대판 2005. 4. 15, 2004 다 35113 참조), 공동불법행위로 인한 사고의 경우에 복수의 가해자 모두에게 자배법 제3조에 따른 운행자책임이 있으나 일방의 가해자가 도주한 경우라고 하더라도 다른 일방의 가해자가 명확한 경우에 그가 가입한 책임보험으로부터 피해자가 손해배상을 받을 수 있다면 피해자의 보장사업자에 대한 청구는 인정되지 않으며, 이는 설령 이 사건 제1차량을 피보험차량으로 하여 책임보험계약을 체결한 보험자인 피고가 피해자 A의 손해배상청구에 대하여 A가 이 사건 제1차량의 실질적 운행자에 해당한다는 등의 이유로 손해배상금의 지급을 거절하였던 경우라도 결국 피고에게 배상책임이 있는 것으로 밝혀진 이상 마찬가지라고 할 것이다.

그리고 원고는 이 사건 사고가 보장사업의 대상에 해당하지 않음에도 이를 알지 못하고 보장사업자로서 피해자에게 보상금을 지급하였으므로 피해자에게 그 반환을 구할 수 있고, 이 사건 피해자가 원고에 대하여 부당이득반환의무가 있는 이상 피고에 대한 보험금지급청구채권은 여전히 존속한다 할 것이므로(위 보험금지급청구권이 시효로 인하여 소멸하는 것은 별개의 문제이다), 원고의 위 지급으로 피고가 이득을 본 것은 없고, 따라서 원고의 피고에 대한 부당이득반환청구는 그 이유가 없다(대판 1995. 3. 3, 93 다 36332 참조).」

〈대판 2010. 10. 14, 2010 다 32276〉

「구 자동차손해배상 보장법(1999. 2. 5. 법률 제5793호로 전부 개정되기 전의 것) 제14조 제2항은 보험가입자 등(의무보험에 가입한 자와 당해 의무보험 계약의 피보험자)이 아닌 자가 같은 법 제3조의 규정에 의한 손해배상의 책임을 지게 되는 경우에 정부가 피해자의 청구에 따라 책임보험금의 한도 안에서 그가 입은 피해를 보상한다고 규정하고 있을 뿐이고, 같은 법 제14조 이하에서 규정하고 있는 자동차손해배상 보장사업은 정부가 자동차의 보유자를 알 수 없거나 무보험 자동차의 운행으로 인한 사고로 인하여 사망하거나 부상을 입은 피해자의 손해를 책임보험의 보험금의 한도 안에서 보상하는 것을 주된 내용으로 하는 것으로서, 뺑소니 자동차 또는 무보험 자동차에 의한 교통사고의 피해자 보호를 목적으로 하면서 법률상 가입이 강제되는 자동차책임보험제도를 보완하려는 것이지 피해자에 대한 신속한 보상을 주목적으로 하고 있는 것이 아니다.

교통사고 피해자가 가해차량이 가입한 책임보험의 보험자로부터 사고로 인한 보험금을 수령하였음에도 자동차손해배상 보장사업을 위탁받은 보험사업자로부터 또다시 피해보상금을 수령한 것을 원인으로 한 위 보험사업자의 피해자에 대한 부당이득반환청구권에 관하여는 상법 제64조가 적용되지 아니하고, 그 소멸시효기간은 민법 제162조 제1항에 따라 10년이라고 봄이 상당하다.」

〈대판 2012. 1. 27, 2011 다 77795〉

「정부의 자동차손해배상 보장사업에 관한 업무를 위탁받은 보험사업자인 甲 주식회사가 교통사고 피해자의 유족인 乙 등에게 구 자동차손해배상 보장법(2008. 2. 29. 법률 제8852호로 개정되기 전의 것) 제26조 제1항 제1호에 따라 보상금을 지급한 후 가해차량 보유자가 밝혀진 사안에서, 甲 회사가 乙 등에게 보상금을 지급할 당시 가해차량 운전자가 경찰 조사를 받고 있었던 사실을 인식하지 못하였고, 甲 회사에 현출된 자료 및 확인 가능한 자료에 의하여 그러한 사정을 확인할 수 있는 상태였다고 보기도 어려워, 보상금 지급시를 기준으로 할 때 위 교통사고는 자동차보유자를 알 수 없는 자동차의 운행으로 인한 사고로 보아야 하므로, 甲 회사는 乙 등에게 보상금을 지급할 의무가 있는데도, 이와 달리 甲 회사가 가해차량의 보험자에 대한 乙 등의 손해배상청구권을 대위행사할 수 없다고 본 원심판결에 법리오해의 위법이 있다.」

〈대판 2012. 12. 13, 2012 다 200394〉

「국민건강보험공단이 뺑소니 자동차 또는 무보험 자동차에 의한 교통사고의 피해자에게 구 국민건강보험법($\binom{2011.\ 12.\ 31,\ 법률\ 제11141호로}{전부\ 개정되기\ 전의\ 것,\ 이하\ 같다}$)에 따른 보험급여를 하였다고 하더라도 이는 자신의 보험급여의무를 이행한 것으로서, 이로 인하여 정부 또는 자동차손해배상 보장법 제45조 제 1 항에 의하여 보장사업에 관한 업무를 국토해양부장관으로부터 위탁받은 보장사업자가 법률상 원인 없이 피해자가 구 국민건강보험법에 따른 보험급여를 통하여 보상받은 금액의 범위에서 보장사업에 의한 보상 책임을 면하는 이익을 얻었다고 볼 수 없다.」

Ⅲ. 自動車對物賠償責任保險

자동차대물배상책임보험이란 자동차사고로 타인의 재물을 멸실·파손하여 법률상의 손해배상책임을 부담함으로써 입을 손해를 보상하는 보험이다($\binom{자보약관}{제10조}$).

여기서 피보험자의 범위와 면책사유는 자동차임의대인배상책임보험의 경우와 같으나, 다만 보험자가 보상하지 아니하는 손해를 자보약관 제14조 제 1 항 제 3 호에 추가하고 있는데, 그것은 다음과 같다.

① 피보험자 또는 그 부모, 배우자 및 자녀가 소유, 사용 또는 관리하는 재물에 생긴 손해

② 피보험자가 사용자의 업무에 종사하고 있을 때 피보험자의 사용자가 소유, 사용 또는 관리하는 재물에 생긴 손해

③ 피보험자동차에 싣고 있거나 운송중인 물품에 생긴 손해

④ 남의 서화, 골동품, 조각물 기타 미술품과 탑승자와 통행인의 의류나 휴대품에 생긴 손해

⑤ 탑승자와 통행인의 분실 또는 도난으로 인한 소지품에 생긴 손해. 그러나 훼손된 소지품에 대하여는 피해자 1인당 200만 원의 한도 내에서 실손보상합니다.

〈대판 2009. 12. 24, 2007 다 5076〉

「자동차정비업자가 보험가입차량 등을 정비하고 차주들로부터 보험사업자 등에 대한 보험금청구권 내지 손해배상청구권을 양도받아 보험사업자 등에게 정비요금을 청구하는 경우, 당해 정비작업이 필요한 것이어야 함은 물론 나아가 그 정비요금의 액수 또한 상당한 것이어야 그 청구를 인용할 수 있고, 정비작업의 필요성과 정비요금 액수의 상당성에 관하여 당사자 사이에 다툼이 있다면 그 주장·증명책임은 자동차정비업자에게 있다.

구 자동차손해배상 보장법(2008. 2. 29. 법률 제8852호로 개정되기 전의 것) 제13조의 2 제 1 항은 "건설교통부장관은 보험사업자 등과 자동차정비업자간 정비요금에 대한 분쟁을 예방하기 위하여 적정 정비요금(표준작업시간과 공임 등을 포함한다)에 대한 조사·연구를 하여 그 결과를 공표한다."고 규정하고 있는바, 주무장관이 위 법률 조항에 근거하여 공표한 자료는 그 자체로 정비공임의 상당성 유무에 관하여 보험사업자 등과 자동차정비업자 사이의 실체적인 법률관계를 구속하는 효력을 갖고 있지는 아니하지만, 이는 주무장관이 법률에 근거하여 시행한 조사·연구를 기초로 하여 자동차보험 적정 정비요금을 발표한 것인 만큼 다른 반증이 없는 한 객관성과 합리성을 지닌 자료라고 보아야 한다. 따라서 보험가입차량 등을 수리하고 차주들로부터 보험사업자 등에 대한 보험금청구권 내지 손해배상청구권을 양도받은 자동차정비업자가 보험사업자 등과 별도의 보험수가계약 없이 보험사업자 등에게 청구하는 정비요금의 액수가 상당한 것인지 여부에 관하여 다툼이 있는 경우, 위 공표자료는 그 조사·공표 무렵 및 그와 인접한 시기의 정비요금의 상당성에 관하여 유력한 증거자료가 된다.」

Ⅳ. 車輛保險

1. 意   義

차량보험이란 보험증권에 기재된 피보험자의 자동차와 그 부속품 및 부속기계장치에 대하여 생길 손해를 보상하는 보험이다(자보약관 제13조). 즉 차량보험은 보험자가 보험계약자로부터 보험료를 받고 보험기간중에 충돌·접촉·추락·전복·도난·화재·폭발·낙뢰 기타 유사한 사고로 인하여 자동차에 생긴 직접손해를 보상하기로 하는 물건보험을 말한다.

2. 保險의 目的

차량보험의 목적은 자동차와 그 부속품과 부속기계장치이다. 이 때의 부속품과 부속기계장치란 자동차에 통상적으로 붙어 있거나 장치되어 있는 것(라디오·시계·히터·브라인드 등)과 그 밖에 보험증권에 기재한 것(전화·TV·마이크·특수기계장치 등)을 말한다.

3. 車輛保險者의 損害補償責任

(1) 補償責任의 要件

A. 保險事故의 發生　　앞서 언급한 충돌·접촉 등의 각종 사고가 보험기간중에 발생하여야 한다.

B. 自動車의 滅失·毁損　　보험사고로 보험의 목적인 자동차와 그 부속품 또는 부속기계장치가 멸실·훼손되어 피보험자가 손해를 입어야 한다. 물론 이 손해는 보험사고와 상당인과관계가 있는 것이어야 한다. 그러므로 가령 자동차가 다리에서 추락하여 훼손되었으나, 이를 방치하여 그 후 홍수로 유실되었을 경우에는 추락사고로 인한 손해에 대해서만 보험자는 보상책임을 진다(제675조 참조).

(2) 保 險 金

A. 保險金決定方法　　보험자는 1회의 사고에 의하여 생긴 손해액에 대하여 보험가입금액을 한도로 보상한다(자보약관 제13조 제1항 (2)①).

전손(매몰·도난·멸실 등)의 경우에는 손해가 생긴 때와 곳에 있어서의 시가(보험가액) 또는 보험금액 중에서 낮은 쪽의 전액을 지급한다.

分損(사고차량이 보험가액 미만으로 수선가능한 경우)은 수리비(운반비 용 포함)를 손해액으로 한다(자보약관 제13조 제1항 (2)①). 수리는 일반적인 수준에 의한 방법·정도에 의하여 외관상·기능상 원상으로 회복시키는 것이므로, 완전한 시장가격의 회복이나 모든 경제적 손실을 보상하는 것은 아니다. 분손보험금의 산출은 (부품대금+공임－신구품대금차액+운반비+임시수선비+손해방지비용－차량면책금액)×(보험금액÷보험가액)의 방법으로 정한다. 보험기간중에 1회의 사고로 인한 보험금의 지급이 보험가액의 5분의 4 이하인 경우에는 미경과기간에 대한 보험금은 자동적으로 약정금액으로 복원된다.

B. 保險金의 支給　　피보험자는 사고가 발생한 때, 회사에 대하여 보험금의 지급을 청구할 수 있다(자보약관 제15조). 보험금을 청구할 때에는 보험금청구서, 손해액을 증명하는 서류 기타 회사가 필요로 하는 서류와 증거를 제출하여야 한다. 회사가 보험금을 지급하였을 때는 피해물을 인수한다(자보약관 제13조 제1항 (5)). 보험금의 지급은 수리 또는 대용품의 교부로 갈음할 수 있고(자보약관 제13조 제1항 (3)) 보상할 금액의 50% 해당액을 가지급보험금으로 지급할 수 있다(자보약관 제15조 제3항). 피보험자

동차를 도난당한 경우에는 도난사실을 경찰관서에 신고한 후 30일이 지난 때에 보험금의 지급을 청구할 수 있다. 다만, 경찰관서에 신고한 후 30일이 지나 보험금을 청구하였으나 피보험차량이 회수된 경우, 보험금지급 또는 피보험차량반환 여부는 피보험자의 의사에 따른다(자보약관 제15조 제 1 항 (1)).

(3) 免責事由　　자동차종합보험보통약관에 의하면 차량보험의 경우에 ① 보험계약자·피보험자·이들의 법정대리인이나 자동차에 관계되는 피용자 또는 피보험자와 같이 살거나 살림을 같이하는 친족의 고의로 인한 손해, ② 소유권이 유보된 매매계약이나 대차계약에 따라 자동차를 산 사람 또는 빌어 쓴 사람의 고의로 인한 손해, ③ 사기 또는 횡령으로 인한 손해, ④ 전쟁·혁명·내란·사변·폭동·소요 기타 이들과 유사한 사태로 인한 손해 등 16가지의 면책사유를 규정하고 있다(자보약관 제14조 제 1 항 (6)).

V. 自損事故保險

1. 意　　義

자손사고보험이란 피보험자가 자동차의 사고로 상해를 입을 경우에 보험자가 일정한 보험금을 지급하는 보험을 말한다(자보약관 제11조). 즉 이는 인보험인 상해보험의 성격을 갖는다. 인보험의 일종이므로 고의만 면책이 되기 때문에 안전띠 미착용시 10% 내지 20%를 감액하는 약관조항은 효력을 가질 수 없다는 것이 대법원 판례의 태도이다.

〈대판 2014. 9. 4, 2012 다 204808〉
「자기신체사고특약은 인보험의 일종이고, 이 사건 감액약관은 공제라는 표현을 사용하고 있으나 그 실질은 보험금의 일부를 지급하지 않겠다는 것이어서 일부 면책약관이라고 할 것인바, 원고가 안전띠를 착용하지 않은 것이 보험사고의 발생원인으로서 고의에 의한 것이라고 할 수 없으므로 이 사건 감액약관은 위 상법 규정들에 반하여 무효라는 이유로, 이 사건 감액약관을 유효라고 판단한 원심을 파기한 사안.」

2. 被保險者의 擴大

자손사고보험에서는 임의대인배상책임보험·대물배상책임보험의 피보험자 외에도 그 피보험자의 가족이나 산업재해보상보험법에 의하여 재해보상을 받을 수 있는 그 피보험자의 피용자까지도 피보험자로서 포함한다(자보약관 제11조 제 2 항).

3. 保 險 金

자동차종합보험보통약관에 의하여 매 사고에 대하여 지급되는 보험금의 종류와 한도는 다음과 같다($\frac{\text{자보약관 제}}{\text{11조 제 2 항}}$).

(1) 死亡保險金 피보험자가 상해를 입은 직접적인 결과로 사망하였을 때에는 보험증권에 기재된 사망보험가입금액을 피보험자의 상속인에게 지급한다($\frac{\text{제 1}}{\text{호}}$).

〈대판 2014. 6. 26, 2013 다 211223〉

「자동차종합보험 자기신체사고 약관상 어머니와 딸이 기명피보험자의 배우자 및 자녀로서 모두 피보험자에 해당하는데, 어머니가 차량을 출발하려던 중 급발진으로 인해 전방에서 차량 탑승을 위해 대기 중이던 딸을 충격하여 사망에 이르게 한 사건에서, 피해자인 딸이 차량 운행 등에 관여하지 않았더라도 약관에서 정한 자기신체사고에 해당한다.」

(2) 負傷保險金 피보험자가 상해를 입은 직접적인 결과로 의사의 치료를 요하는 때에는 치료비가 1 만 원을 넘는 경우에 상해구분 및 급별 보험가입금액표에 따라 보험증권에 기재된 부상보험가입금액에 해당하는 각 상해급별 보험가입금액 한도 내에서 실제치료비($\frac{\text{성형수술}}{\text{비 포함}}$)를 지급한다($\frac{\text{제 2}}{\text{호}}$).

(3) 後遺障害保險金 피보험자가 상해를 입은 직접적인 결과로 치료를 받은 후에도 신체에 장해가 남는 경우에는 후유장해구분 및 급별 보험가입금액표에 따라 보험증권에 기재된 후유장해보험가입금액에 해당하는 각 장해급별 보험가입금액을 후유장해보험금으로 피보험자에게 지급한다($\frac{\text{제 3}}{\text{호}}$).

(4) 負傷死亡과 後遺障害保險金 피보험자가 상해를 입은 직접적인 결과로 의사의 치료를 받던 중 사망하였을 때에는 각 상해급별 보험가입금액 한도 내에서 사망에 이르기까지의 실제치료비와 사망보험금을 합산한 금액을 지급하고, 치료 후 신체에 장해가 남게 된 때에는 각 상해급별 보험가입금액 한도 내에서 장해에 이르기까지의 실제치료비와 후유장해보험금을 합산한 금액을 지급한다($\frac{\text{자보약관 제11}}{\text{조 제 1 항 (4)}}$).

(5) 對人賠償과의 관계 등 타차량과의 사고로 상대차량이 가입한 자동차보험($\frac{\text{공제계}}{\text{약 포함}}$)의 대인배상 I 및 대인배상 II에 의하여 보상을 받을 수 있는 경우에는 자기신체사고보상액에서 대인배상 I 및 대인배상 II로 보상받을 수 있는 금액을 공제한 액수만을 보험금으로 지급한다($\frac{\text{자보약관 제11}}{\text{조 제 1 항 (5)}}$).

　　피보험자가 보험자에 대하여 보험금을 청구할 수 있는 경우는 ① 사망보험금은 피보험자가 사망한 때, ② 부상보험은 피보험자의 상해등급 및 치료비가 확정된 때, ③ 후유장해보험금은 피보험자에게 후유장해가 생긴 때이다(자보약관 제15조 제1항 (1)). 피보험자가 보험금의 지급을 청구할 때에는 보험금청구서와 진단서 그 밖의 회사가 꼭 필요하다고 인정하는 서류 또는 증거를 제출하여야 한다(자보약관 제15조 제1항 (3)). 그리고 보험회사는 보상할 금액의 50 % 해당액을 가지급보험금으로 지급할 수 있다(자보약관 제15조 제3항).

　(6) 免責事由　　　자기신체사고보험의 면책사유는 다음과 같다.

① 피보험자의 고의로 그 본인이 상해를 입은 때. 이 경우 당해 피보험자에 대한 보험금만 지급하지 아니합니다.

② 피보험자가 범죄를 목적으로 피보험자동차를 사용하던 중 또는 싸움, 자살행위로 그 본인이 상해를 입은 때. 이 경우 당해 피보험자에 대한 보험금만 지급하지 아니합니다.

③ 상해가 보험금을 받을 자의 고의로 생긴 때에는 그 사람이 받을 수 있는 금액

④ 피보험자가 마약 또는 약물 등의 영향에 의하여 정상적인 운전을 하지 못하는 상태에서 운전하던 중 생긴 사고로 그 본인이 상해를 입은 때. 이 경우 당해 피보험자에 대한 보험금만 지급하지 아니합니다.

⑤ 피보험자동차 또는 피보험자동차 이외의 자동차를 시험용, 경기용 또는 경기를 위해 연습용으로 사용하던 중 생긴 손해. 다만, 운전면허시험을 위한 도로주행시험용으로 사용하던 중 생긴 손해는 보상합니다.

⑥ 전쟁·혁명·내란·사변·폭동·소요 및 이와 유사한 사태에 기인한 손해

⑦ 지진·분화 등 천재·지변에 의한 손해

⑧ 핵연료물질의 직접 또는 간접적인 영향에 기인한 손해

⑨ 요금이나 대가를 목적으로 반복적으로 피보험자동차를 사용하거나 대여한 때에 생긴 손해. 다만, 1개월 이상의 기간을 정한 임대차계약에 의하여 임차인이 피보험자동차를 전속적으로 사용하는 경우는 보상합니다. 그러나 임차인이 피보험자동차를 요금이나 대가를 목적으로 반복적으로 사용하는 경우는 보상하지 아니합니다(자보약관 제14조 제1항 (4)).

〈대판 2009. 12. 24, 2009 다 46811〉

「자동차종합보험의 '피보험자가 자기신체사고로 인하여 사망한 경우로서 사고가 주말에 발생한 때에는 그 사망보험금을 사망보험가입금액의 2배로 한다'는 주말사

고 추가보상 특약은, 자기신체사고인 사망사고가 주말에 발생한 경우 실제 손해액과 상관없이 무조건 사망보험가입금액의 2배액을 지급한다는 취지가 아니라, 사망보험가입금액을 2배로 하여 그 보상범위를 확대하는 취지이다.

자동차종합보험의 '무보험차사고 특약에 의해 보상받을 수 있는 때에는 피보험자로 보지 않는다는 규정을 둔 자기신체사고 특약'과 '무보험차사고 보험금에서 자기신체사고에 의해 지급될 수 있는 금액을 공제한다는 규정을 둔 무보험차사고 특약'에 가입한 경우, 피보험자는 무보험차사고보험에 의하여 보상을 받을 수 있는 때라도 자기신체사고의 보험금을 청구할 수 있을 뿐만 아니라, 무보험자동차사고의 보험금도 자기신체사고보험으로 지급받을 수 있는 금액 등을 공제한 잔액이 있는 경우에는 이를 청구할 수 있다.」

Ⅵ. 自動車의 讓渡

1. 被保險自動車의 讓渡

보험기간중에 피보험자동차가 양도된 때에 보험계약으로 인하여 생긴 보험계약자 및 피보험자의 권리의무가 당연히 양수인에게 승계되는 것은 아니다. 따라서 피보험자동차만 양도된 때에는 보험계약은 목적을 잃고 실효가 되며, 그 이후에는 보험사고가 발생하여도 보험자는 보험금을 지급할 의무가 없다.

〈대판 1991. 7. 26, 91 다 14796〉

「보험차량의 매수인이 매매대금을 모두 지급하고 차량을 인도받았을 뿐 아니라 그 명의로 소유권이전등록까지 마침으로써 매도인이 차량에 대한 운행지배관계 및 피보험이익을 상실한 것으로 인정되는 경우에 있어서는 매수인을 자동차종합보험약관에 규정된 '기명피보험자의 승낙을 얻어 자동차를 사용 또는 관리중인 자'에 해당한다고 볼 수 없고, 따라서 매수인은 위 차량운행중 발생한 교통사고로 인한 보험금지급청구권이 없다.」

〈대판 1992. 4. 10, 91 다 44803〉

「자동차종합보험보통약관에 기명피보험자의 승낙을 얻어 자동차를 사용 또는 관리중인 자를 피보험자로 규정하고 있는 경우의 기명피보험자라 함은 피보험자동차에 대한 운행지배나 운행이익을 향유하는 피보험자를 말한다고 보아야 할 것인바, 보험차량을 양수받아 양수인명의로 차량이전등록을 마친 후 양수인이 고용한 운전사가 그 차량을 운전하던 중 사고를 냈다면, 기명피보험자인 양도인은 그 차량에 대한 소유권을 양수인에게 양도함으로써 자동차의 운행이익이나 운행지배권을 이미 상실하였으므로 양수인을 위 약관에 정한 기명피보험자의 승낙을 얻어 자동차를 사용 또는 관리중인 자에 해당한다고 할 수 없다.」(동지 : 대판 1992. 12. 22, 92 다 30221)

〈대판 1993. 1. 26, 92 다 50690〉

「갑이 을에게 차량을 매도하면서 계약금을 지급받고 차량을 인도하고 이전등록서류를 교부한 후 보험계약해지신청을 하였는데 을이 잔금지급기일 전날 교통사고를 일으킨 경우, 갑은 운행의 지배나 이익을 상실하였으므로, 을을 자동차종합보험약관에 정한 '기명피보험자의 승낙을 얻어 자동차를 사용 또는 관리하는 자'로 볼 수 없다.」

그러나 피보험자동차를 양도할 때 보험계약상 권리·의무도 함께 양도할 수 있다. 피보험자동차가 양도된 때에는 그 자동차로 인한 책임보험의 목적도 함께 양도한 것으로 볼 수 있고, 따라서 양수인이 보험계약으로 인하여 생긴 권리·의무도 동시에 승계한 것으로 추정되는 것이지만(제679조), 자동차보험에서는 피보험자나 운전자의 개성이 중시되므로 보통 보험계약에서 자유롭게 보험계약상 권리를 양도하는 데 일정한 제한을 가한다. 이에 따라 현행상법은 양수인이 보험자의 승낙을 얻은 경우에 한하여 보험계약으로 인하여 생긴 권리와 의무를 승계한다(제726조의 4 제 1 항)고 규정하고 있다.

이와 더불어 현행상법은 양수인을 보호하기 위하여 한 걸음 더 나아가 보험자가 양수인으로부터 양수사실을 통지받은 때에는 지체없이 낙부를 통지하여야 하고, 이 통지를 받은 날로부터 10일 내에 낙부의 통지가 없을 때에는 승낙한 것으로 간주하고 있다(제726조의 4 제 2 항).

이를 위하여 개인용 자동차종합보험보통약관에서는 피보험자동차의 양도시 보험계약에 의하여 생긴 권리와 의무를 양수인에게 양도한다는 뜻을 서면으로써 보험회사에 통지하고, 보험증권에 승인의 배서를 청구하도록 하고 있고, 회사가 서면으로 통지받은 때로부터 승인 여부를 양수인에게 통지하지 아니하고 10일이 경과한 때에는 그 통지를 받은 때로부터 이를 승인한 것으로 본다(자보약관 제18 조 제 1 항 (1)).

〈대판 1996. 5. 31, 96 다 10454〉

「피보험자가 보험기간중 자동차를 양도한 때에는 보험계약으로 인하여 생긴 보험계약자 및 피보험자의 권리와 의무는 양수인에게 승계되지 아니하나 보험계약으

로 인하여 생긴 권리와 의무를 승계한다는 것을 약정하고 피보험자 또는 양수인
이 그 뜻을 회사에 서면으로 통지하여 회사의 승인을 받은 때에는 그 때로부터
양수인에 대하여 보험계약을 적용한다고 규정한 자동차종합보험보통약관 제42조
가 상법 제663조의 보험계약자 등의 불이익변경금지조항에 위배된다거나 약관의
규제에 관한 법률 제 6 조에 정한 신의칙에 반한 불공정한 약관조항 또는 같은 법
제12조 제 2 호에 정한 고객의 의사표시의 형식이나 요건에 대하여 부당하게 엄격
한 제한을 가하는 조항으로서 무효라고 할 수는 없다.」

자동차보험의 보험료산출은 운전자에 따라 달라지므로 자동차의 양도로
보험계약이 당연히 양수인에게 승계된다고 할 수 없고, 보험자의 승낙을 얻은
경우에만 승계될 수 있게 한 것이다. 즉 상법 제679조 제 1 항은 보험목적의
양도에 대해 보험계약의 승계를 추정함으로써 보험자의 특별한 의사표시를
요구하고 있지 않으나, 제726조의 4는 이와는 달리 보험자의 승낙을 요구하
고 있다.

〈대판 1993. 4. 13, 92 다 6693〉
「차량을 매수하였으나 수리비정리 등의 사유로 이전등록을 하지 않고 있는 사이
에 보험기간이 만료되어 매수인이 보험회사와 자동차종합보험계약을 체결하면서
피보험자명의를 보험회사의 승낙을 얻어 공부상 소유명의인으로 하였다면, 보험계
약상 기명피보험자가 공부상 소유명의자로 되어 있다 하더라도 실질적인 피보험
자는 매수인이다.」

2. 被保險自動車의 代替

피보험자가 보험기간중에 피보험자동차를 동일한 차종의 다른 자동차로
대체하였을 경우, 기존 보험계약을 대체된 자동차에 승계시키고자 한다는 뜻
을 서면으로 보험자에 통보하여 회사의 승인을 얻으면 그 때부터 당사자 사
이에 대체된 자동차에 관해 보험계약이 승계된 것으로 본다(자보약관 제18조 제 2 항).

제 7 절 再 保 險

金汶在, 재보험계약의 법리, 경북대 박사학위논문, 1990/朴恩會, 재보험의 위기와 그 해결책, 保險法學과 保險學(徐燉珏博士華甲紀念論文集), 1980/李鴻旭, 再保險契約과 商法 제726조, 商事判例研究 2(1988)/李鴻旭, 재보험 2——재보험관계의 법률적 성질, 효성여대 연구논문집 37(1988.8)/李鴻旭, 재보험 3——재보험의 입법론, 효성여대 연구논문집 40(1990.2)/李鴻旭, 재보험에 관한 법적 연구, 성균관대 박사학위논문, 1990/李鴻旭, 재보험 4, 효성여대 연구논문집 44(1992.2).

Ⅰ. 總　說

1. 意　義

재보험이란 어떤 보험자가 보험계약에 의하여 인수한 보험금지급의무의 전부 또는 일부를 다른 보험자에게 인수시키는 것을 말한다. 이러한 재보험에 대하여 그 계약의 원인이라 할 수 있는 최초로 체결된 보험을 원보험 또는 주보험·원수보험이라 한다.

재보험은 원보험이 손해보험이거나 인보험임을 불문하게 되므로 원보험과는 별개의 제도이다(제661조).

2. 效　用

재보험은 보험자가 인수한 위험의 일부를 다른 보험자에게 전가시킴으로써 자기가 부담한 위험을 분산시킬 수 있고, 자기가 받은 보험료와 재보험자에게 지급하는 재보험료의 차액을 얻을 수 있는 제도로서 다음의 기능을 수행한다.

첫째로 재보험은 원보험자가 인수한 위험의 전부 또는 일부를 분산시킴으로써 한 보험자로서는 부담할 수 없는 커다란 위험을 인수할 수 있도록 하는 위험의 양적 분산기능을 한다.

둘째로 원보험자가 특히 위험률이 높은 보험종목의 위험을 인수한 경우, 이를 재보험으로 분산시켜 원보험자의 재정적 곤란을 구제할 수 있도록 하는 위험의 질적 분산기능을 한다.

셋째로 원보험자가 장소적으로 편재한 다수의 위험을 인수한 경우, 이를 공간적으로 분산시킬 수 있도록 하는 위험의 장소적 분산기능을 한다.

이와 같이 원보험자는 위험을 재보험자에게 전가함으로써 자신이 부담한 위험을 분산하여 보험경영의 합리화를 꾀하는 동시에 원보험료와 재보험료의 차액을 이득으로 할 수 있고, 보다 대규모적이고 조직적인 재보험자로부터 보험기술과 정보를 제공받을 수 있다. 이 밖에도 재보험제도에 의하여 위험측정이 어려운 신종보험에도 원보험자로 하여금 과감하게 뛰어들게 함으로써 신종보험의 개발을 촉진시킬 수 있다.

3. 法的 性質

재보험계약은 원보험자와 재보험자 간의 특약에 의해서 이루어지는데, 그 법적 성질에 대해서는 여러 가지 견해가 주장되고 있다.

(1) 組合契約說　　조합계약설은 재보험계약의 당사자는 위험의 분산과 이익의 분배를 공동의 목적으로 하는 조합계약을 맺는 것이라고 한다.

(2) 保險契約說　　보험계약설은 다시 보험사고에 관한 계산의 기초를 같이한다는 점에서 원보험계약과 동종의 것이라는 원보험동종설과 책임보험계약의 일종으로서 손해보험에 속하는 것이라는 책임보험계약설 등으로 나뉜다. 그러나 재보험은 원보험이 손해보험이든 생명보험이든 손해보험의 성질을 가지는 것이고, 또한 재보험자는 원보험자가 피보험자 또는 보험수익자에게 보험금지급책임을 진 경우에 그 손해를 보상한다는 점에서 책임보험계약설이 통설이다. 그리고 상법 제726조에 의한 준용에 비추어 볼 때 통설이 타당하다.

(3) 倂 存 說　　병존설은 재보험계약은 조합계약의 성질과 보험계약의 성질을 동시에 가지고 양자는 서로 병존한다고 보는 설이다. 그러나 재보험계약이 원보험과 경제적 이해를 같이한다는 것만으로 조합계약이라고 볼 수 없고, 위험분산이라는 보험의 기능을 가지고 있는 점에서 재보험계약이 보험계약이라고 보는 데는 이론이 없다.

(4) 기타 學說　　재보험을 손해보험이라고 하는 손해보험설, 재보험계약을 고유의 계약이라고 하는 原始契約說, 재보험은 원보험의 존재를 전제로 하고 전보책임도 일반의 책임보험과는 다르다는 특수책임보험설, 재보험은 원보험자가 책임을 지는 경우에 증권소지인에게 그 책임을 보증하는 것이라고 보는 보증설, 재보험은 원보험자가 보험료청구권을 재보험자에게 양도하는 것

이라는 양도설, 재보험은 원보험자에게 재보험자를 대신하여 영업을 할 것을 위임하는 것이라는 위임설 등이 있다.

4. 再保險의 種類

(1) 全部再保險과 一部再保險　　　전부재보험은 원보험자가 인수한 위험의 전부를 재보험에 붙이는 경우이고, 일부재보험은 인수한 위험의 일부만을 재보험에 붙이는 경우를 말한다.

(2) 比例的 再保險과 非比例的 再保險　　　이것은 원보험계약과 재보험계약의 관계와 재보험자가 인수하는 위험의 양을 정하는 방법에 의한 분류이다. 비례적 재보험은 원보험자와 재보험자 사이에 각각의 비율을 정하여 원보험계약자로부터 수령한 보험료와 그에게 지급할 보험금을 그에 따라 비례하여 나누는 방법이다. 이에 대하여 비비례적 재보험은 원보험자가 인수한 위험에 대한 재보험자의 인수비율을 정하지 아니하고 원보험계약과는 다른 조건에 따르는 재보험방식이다.

(3) 特別再保險과 一般再保險　　　특별재보험은 원보험자가 인수한 개개의 위험에 대하여 재보험에 붙이는 것으로 임의적 재보험이라고도 한다. 그러나 이 재보험은 원보험자가 인수한 위험에 대하여 개별적으로 재보험에 붙여야 한다는 점에서 그 절차가 번잡하여 잘 이용되지 않는다.

일반재보험은 원보험자가 일정기간 안에 인수한 모든 원보험에 관하여 재보험관계를 성립시키기 위하여 1개의 재보험계약을 체결하고, 그 특약에 해당하는 원보험계약이 체결되면 자동적으로 재보험된다는 점에서 의무적 재보험이라고도 한다. 이것이 오늘날 주로 이용되고 있는 재보험으로서 예정보험계약의 방법에 의하여 행하여진다.

Ⅱ. 再保險의 法律關係

재보험계약은 원보험자와 재보험자가 보험의 목적·보험사고·보험기간·재보험료·재보험금액 등에 관하여 합의하면 성립한다($\frac{제661}{조}$).

합의의 방식은 특별히 요구하는 것이 없으므로 재보험계약은 구두로 체결할 수 있다. 그러나 계약의 조건이나 국적을 달리하는 중개자의 권한에 관한 분쟁 등을 쉽게 증명하기 위하여는 계약을 서면으로 작성하고, 당사자가 기명날인 또는 서명을 하는 것이 바람직하다.

당사자는 원칙적으로 자유로이 재보험계약을 체결할 수 있다. 그러나 구

상법 하에서는 재보험계약의 경우에도 상법 제 4 편 제 1 장 통칙에 규정된 것보다 원보험자에게 불리하게 약정할 수 없었다(구상법). 그러나 재보험계약의 경우 재보험계약자와 재보험자가 경제적으로 동렬의 지위에 있는 상인이므로 법적으로 특히 재보험계약자를 보호할 필요가 없기 때문에 현행상법은 이 편익적 강행규정이 재보험계약에 대하여는 적용되지 않는 것으로 정하였다(제663조 단서).

1. 責任保險에 관한 原則의 準用

상법 제726조에서는 재보험계약에 책임보험에 관한 규정을 준용하고 있다. 그런데 재보험계약은 보험회사간의 보험계약이라는 특수성과 당사자간에 실무상 체결되고 있는 다양한 특약의 방식에 의하여 각각의 재보험거래에 따르는 고유한 특성을 가진다(김문재, "재보험자의 대위권에 관한 최근 판례의 동향," 상사판례연구, 제15집, 2003, 399쪽). 재보험은 법률상 독립된 계약이며(제661조 단서)(정찬형, 상법강의(하), 제10판, 2008, 689쪽), 원보험계약이 손해보험이든 생명보험이든 재보험은 손해보험이다(Prölss, Versicherungsvertragsgesetz, 14. Aufl., München und Berlin, S. 854). 다만 재보험계약에서 보면 원보험계약은 재보험자에 대한 책임발생의 기초가 되는 보험의 목적에 해당한다(채이식, 상법강의(하), 개정판, 2003, 607쪽). 그 결과 재보험료의 지급이 없는 경우에 재보험자는 직접 원보험계약자에 대하여 지급을 청구하지 못한다. 원보험의 피보험자는 원보험자의 채무불이행을 이유로 직접 재보험자에게 보험금을 청구하지 못한다(최기원, 보험법, 1996, 376쪽). 한편 재보험은 국제적 성격을 강하게 내포하고 있기 때문에 재보험거래에 적용되는 각국의 재보험관계 법규는 최소화되고 당사자간의 특약에 의한 거래가 주류를 이루게 된다. 그리고 재보험자는 원보험계약상의 위험에 직접 관여하는 것이 아니다. 따라서 재보험계약의 당사자인 원보험자는 일반보험에서보다도 더욱 강도높은 선의로 재보험자와의 거래에 임하고, 재보험자도 원보험자의 선의를 신뢰하지 않으면 안 되는 상호신뢰관계를 구축하고 있다.

구체적으로 책임보험과 재보험의 차이점은 다음과 같다.

① 책임보험의 제도적 목적은 피보험자의 책임의 면탈에 있고, 재보험에서는 책임의 분산에 의한 원보험자의 영리추구에 있다. 그 결과 책임보험계약에서는 피해자인 제 3 자의 보호를 위한 제도적 장치가 반드시 요구되지만, 재보험계약은 원보험계약과는 별개의 독립된 계약이기 때문에 제 3 자의 지위는 원칙적으로 고려대상이 아니다.

② 보험사고가 발생하면 책임보험의 보험자는 원칙으로 발생된 손해의

전액을 보상하여야 하지만 재보험에서의 재보험자는 계약상 인정된 범위에서
만 보상이 가능하고 경우에 따라서는 보상책임을 부담하지 않는 경우가 있다
는 차이가 있다(김문재, "재보험계약의 책임보험계약성 비판," 상).
(사법논총(하), 강위두 교수 화갑기념, 1996, 114쪽)

    ③ 책임보험계약에서는 책임부담대상인 보상책임은 피보험자의 배상책임
을 원인으로 하기 때문에 손해를 발생시킨 사고의 종류 및 범위, 그 객체, 손
해의 태양 등은 상당인과관계가 있는 한 한정적일 수 없으며 사전에 예측할
수 없는 것이 원칙이다. 이에 비하여 재보험자의 보상책임의 원인인 원보험자
의 보상책임은 계약상의 책임이기 때문에 보상하여야 할 손해를 발생시킨 사
고가 한정적이고 사전에 예측할 수 있는 것이 원칙이다. 그리하여 재보험계약
에서는 보험가액이라는 개념이 존재하고 책임보험과는 달리 중복보험, 초과보
험, 일부보험 등의 문제가 발생한다.

    그리고 책임보험에서는 피보험자의 피해자보호기능이 강조되고 보험자는
피보험자의 책임관계에 개입하여 그 채무를 확정하기도 한다(양승규, 보험법,).
(제5판, 2005, 388쪽)
그런데 재보험의 경우에 재보험자는 원보험자에게 보험사고의 처리를 위임하
는 것이 일반적이다. 결국 재보험에 대해서는 기존의 보험계약 종류에 무리하
게 연결하기 보다는 재보험계약의 특수성에 따른 해결이 합리적이다. 상법 제
726조를 삭제하여 재보험의 법률관계에 관하여는 당사자의 특약이나 재보험
시장의 관행 그리고 보험계약법의 통칙과 손해보험 통칙의 해석에 맡겨 두는
것이 바람직하다.

    이러한 점을 고려하여 2014년 3월 상법 개정 시에 책임보험에 대한 규정
들 가운데에서도 그 성질에 반하지 아니하는 범위에서만 재보험계약에 준용
하도록 수정하였다(개정 상법).
(제726조)

2. 再保險者의 權利 · 義務

    (1) 再保險者의 權利   재보험자는 원보험자로부터 재보험료를 지급받
을 권리가 있다. 그리고 재보험자는 원보험자의 재보험관계에 관한 장부 기타
서류를 열람 또는 검사할 권리가 있다(실제로는 이 권리를 행사할 필).
(요가 있으면 해약권을 행사한다)

    또 재보험자는 원보험자의 제 3 자에 대한 손해배상청구권을 대위취득한
다. 원보험자의 제 3 자에 대한 손해배상청구권은 보험사고가 제 3 자의 불법행
위로 생긴 경우에 보험금의 지급으로 대위취득한 피보험자의 제 3 자에 대한
손해배상청구권이다. 이 권리는 원보험자가 재보험금을 지급받으면 재보험자
에게 이전되는 것이다. 왜냐하면 원보험자가 재보험금을 수령하였음에도 불구

하고 제 3 자에 대한 청구권을 행사하게 하면 이중이득을 취하게 할 염려가
있고, 재보험금지급이 제 3 자의 채무를 면하게 하는 것은 형평에 어긋나므로
원보험자에게 그 손해를 보상하여 준 재보험자가 원보험자의 제 3 자에 대한
손해배상권을 대위취득하도록 하는 것이 타당하기 때문이다.

그러나 재보험자의 대위권행사는 원보험자가 행사하는 것이 편리하므로
재보험금의 지급으로 재보험자에게 이전한 권리는 원보험자가 행사하는 방법
을 취하고 있다. 이것은 재보험당사자 사이의 특수한 신뢰관계를 기초로 한
이론구성이다. 즉 재보험자는 위험의 선택, 피보험물건의 처리, 손해액의 결
정, 재보험계산서기재 등을 원보험자에게 모두 의존하고 있고, 원보험자와 그
피보험자 사이에 이루어진 승인·중재·화해·소송 등의 행위에 대하여 아무
런 이의를 하지 않고 이에 따르고 있으므로, 제 3 자에 대한 청구권의 행사도
원보험자가 행사하도록 위임하고 있는 것이라고 보는 것이다.

(2) 再保險者의 義務

A. **再保險引受義務**   재보험의 방법이 임의인 경우(임의재보험)에는
재보험에의 참가가 당사자의 자유의사에 달려 있다. 그러나 재보험의 방법이
의무적인 경우(의무재보험)에는 당사자의 일방 또는 쌍방은 좋든 싫든 재보험
에 참가할 계약상의 의무를 부담하는 것이다. 따라서 쌍무방식의 예정재보험
에서는 미리 설정된 조건에 따라 원보험자의 책임개시와 동시에 원보험계약
의 일부가 자동적으로 재보험되고, 원보험자가 무보험상태에 방치될 여지가
없게 된다.

원보험자의 1 차 재보험한도액은 원보험자가 정한 보유금액의 최고액에 일
정한 배수를 곱한 금액이다. 1 차 재보험한도액을 초과하는 것을 2 차 초과액이
라 하는데, 이것도 보유금액의 일정배수까지 재보험하는 것으로 정할 수 있다.

B. **再保險手數料支給義務**   재보험은 원보험자의 보험료수입을 감소
시키는 것이므로, 재보험을 함으로써 감소하는 원보험자의 영업비를 보충하기
위해서 재보험자는 재보험수수료를 원보험자에게 지급할 의무를 부담하고 있
다. 이 수수료는 원보험자가 지급하는 재보험료의 일정한 비율로 정한다.

그 외에 재보험계약에 의한 이익의 일정비율을 이익수수료로 원보험자에
게 지급할 것을 약정할 수도 있다.

C. **再保險金支給義務**   재보험자가 재보험계약에 의하여 원보험자에
게 당연히 부담하는 것은 재보험금지급의무이다.

재보험자의 책임개시와 그 범위는 원보험자의 책임발생과 동시에 발생하고, 원보험자의 책임의 범위와 동일한 것으로 본다. 이로써 원보험자가 위험을 인수한 후에 재보험계약을 체결하지 아니한 시간 동안의 무보험상태를 극복하고, 원보험자가 가지는 승인·추인·화해·은혜적 지급·소송비용지급 등이 재보험자의 동의 없이 당연히 재보험자를 구속할 수 있다.

그런데 재보험자에게 재보험금을 지급하는 채무가 언제 발생하느냐에 관해서는 원보험사고발생시설·원보험자책임부담설·원보험자의 현실적 지급설 등이 있으나, 책임보험의 일반론에서와 같이 원보험사고발생시설이 타당하다고 생각한다.

3. 原保險者의 權利·義務

(1) 原保險者의 權利　　　원보험자는 재보험계약상의 재보험금을 청구하거나 재보험수수료 또는 이익수수료를 지급받을 권리가 있다. 그리고 재보험자의 대위권을 행사할 권한이 있다.

(2) 原保險者의 義務　　　원보험자의 의무는 그 권리와 마찬가지로 재보험자의 권리에 상응하는 것이다. 그 의무에는 재보험료지급의무·帳簿開示義務·고지의무 등이 있다.

특히 재보험에 의한 사무집행의무가 있는데, 이는 원보험자는 재보험에 의한 사무를 최대한의 선의를 가지고 집행해야 한다는 것이다. 재보험자는 원보험계약상의 피보험자에게 보험사고가 발생하지 아니하여야 이익이 생긴다. 따라서 원보험자로서는 원보험계약의 체결에서 그 종료에 이르기까지 모든 법률관계의 처리가 재보험의 목적에 합치되도록 행동할 필요가 있다.

4. 原保險契約者 등의 權利·義務

(1) 原保險契約과 再保險契約의 獨立性　　　원보험계약과 재보험계약은 법률상 완전히 독립된 별개의 계약이므로 한 쪽의 관계가 다른 쪽의 관계에 영향을 미치지 아니한다(제661조 제2문). 즉 재보험계약은 원보험계약의 보험계약자 등에 대하여는 타인 사이의 계약에 지나지 않으므로 원보험계약의 해지나 무효의 원인이 당연히 재보험계약에 영향을 미치는 것은 아니다. 따라서 원보험자는 원보험계약자의 보험료불지급을 이유로 재보험료의 지급을 거절할 수 없고, 또 재보험자의 재보험금의 지급불이행을 이유로 보험금의 지급을 거절할 수 없다. 다만, 원보험과 재보험은 위험의 동질성을 가지므로 원보험계약의 실질이 재보험에 반영되는 것이 일반적이다.

(2) **原保險契約者 등의 權利·義務** 재보험관계는 위험의 분산을 목적으로 하므로 피해자에게 직접으로 塡補請求權을 가지게 할 수는 없다. 그러나 원보험자가 보험금의 지급을 게을리할 경우, 원보험계약의 피보험자는 원보험자가 재보험자에 대하여 가지고 있는 재보험금청구권을 압류하여 대위행사할 수 있다(민법 제404조. 이에 대하여 재보험이 책임보험의 규정을 준용하고 있으므로, 원보험의 피보험자에게 재보험자에 대한 직접청구권이 인정된다는 견해 : 채이식, 613쪽; 양승규, 378쪽). 이때에도 보험금청구권에 우선특권이 인정되는 것은 아니므로 원보험자의 파산재단에 납입되는 재보험금에 대하여 別除權을 주장할 수는 없다(채무자 회생 및 파산에 관한 법률 제411조). 그리고 재보험자는 원보험자에 대항할 수 있는 사유를 가지고 청구권자에게 대항할 수 있다.

제 8 절 保證保險

高平錫, 보증보험계약의 법적 구조, 현대상사법논집(김인제박사정년기념논문집), 1997/ 韓昌熙, 보증보험의 법적 고찰, 보험학회지 33(1989. 3).

I. 概 念

1. 意 義

보증보험이란 기존의 채권관계에 있어서 보험계약자인 채무자가 피보험자인 채권자에게 계약상의 채무불이행이나 법령상의 의무불이행으로 인해 손해가 발생할 때, 그 손해의 보상을 목적으로 하는 보험이다.

이러한 보증보험은 상법상의 보험이 아니라 보험업법(제5조제1항)에 명시된 특수한 형태의 보험으로서 보험과 보증의 양면성을 가진다.

그동안 상법에는 보증보험에 대한 명문의 규정이 없었다. 그런데 2014년 3월 상법 개정 시에 보증보험에 대한 규정을 신설하였다. 먼저 보증보험자의 책임과 관련하여 보증보험계약의 보험자는 보험계약자가 피보험자에게 계약상의 채무불이행 또는 법령상의 의무불이행으로 입힌 손해를 보상할 책임이 있다고 규정하고 있다(제726조의5). 그리고 보험보험에서는 그 성격상 피보험자를 보호할 필요가 있다. 이에 보증보험계약에 관하여는 상법 제639조 제 2 항 단서를 적용하지 아니하도록 하였다(제726조의6 제1항). 또한 피보험자 보호 차원에서 보증보험계약에 관하여는 보험계약자의 사기, 고의 또는 중대한 과실이 있는 경우에도 이에 대하여 피보험자에게 책임이 있는 사유가 없으면 상법 제651조, 제652조, 제653조 및 제659조 제 1 항을 적용하지 않도록 하였다($^{제726조의}_{6 \; 제 2 항}$). 그리고 준용규정과 관련하여 보증보험계약에 관하여는 그 성질에 반하지 아니하는 범위에서 보증채무에 관한 「민법」의 규정을 준용하도록 하고 있다($^{제726}_{조의7}$).

〈대판 1992. 5. 12, 92 다 4345〉

「보증보험은 계약상의 채무불이행 또는 법령상의 의무불이행으로 인한 손해를 보상할 것을 목적으로 하는 보험으로서 손해보상성과 더불어 보증성을 갖는 것이므로 보증성에 터잡은 보험자의 보험계약자 및 그 연대보증인에 대한 구상권약정이 보험의 본질에 반하거나 불공정한 법률행위로서 무효라고 볼 수 없다.」

한편 보증보험은 그와 유사한 형태의 신용보험(credit insurance)과 구별하여야 한다. 양자는 채무불이행으로 인한 채권자이익의 회복을 도모하는 점에서는 동일하지만, 전자는 타인을 위한 보험이고 후자는 자기를 위한 보험이라는 점에서 본질적인 차이가 있다. 즉 신용보험에서는 채권자 자신이 보험계약자와 피보험자가 되고, 보험료도 자신이 부담한다.

2. 機　能

보증보험은 기존의 계약관계상의 당사자인 채권자와 채무자 모두에 유리하다. 우선 채권자는 채무자의 채무이행을 보장하는 데 일차적 관심을 둔다. 이를 위해 보증인을 두게 하거나 보증금을 제공케 할 수 있지만, 앞의 방법은 보증인이 무자력자일 수도 있고, 뒤의 방법은 그 금액이 과중한 경우에 채무자의 부담이 되어 계약체결을 어렵게 한다.

여기에서 보증보험은 채무자에게는 보증인을 모색하거나 과도한 보증금을 부담하는 것에서 벗어나게 해주고, 채권자에게는 공신력 있는 보증인을 확보해 줌으로써 채권자와 채무자 모두를 만족시키는 기능을 한다.

Ⅱ. 種　類

보증보험은 보험자가 어떤 위험을 담보하는가에 따라 여러 가지로 분류할 수 있다. 즉 보험계약자가 자신의 부정행위, 채무불이행, 작위 또는 부작위 등으로 인해 피보험자에 대하여 부담하게 되는 손해의 종류에 따라 여러 가지로 분류할 수 있지만, 보험업법 제 5 조에 따라 계약상의 채무이행을 보증하는 보험, 법령에 의한 의무이행을 보증하는 보험 및 기타의 보험으로 분류할 수 있으며, 후자 가운데 가장 중요한 것은 신원보증보험이다.

1. 契約上의 債務履行을 보증하는 保險

이 보험은 보험계약자인 채무자가 피보험자인 채권자에게 계약에서 정한 채무를 이행하지 아니함으로써 발생한 손해를 보험자가 보상하도록 하는 보험으로서, 채무내용에 따라 지급일에 채무자의 금전지급채무의 불이행으로 인한 손해를 보상하는 지급계약보증보험, 할부판매계약에서 정한 할부금지급채무의 불이행으로 인한 손해를 보상하는 할부판매보증보험, 채무자인 응찰자가 낙찰되었음에도 불구하고 주계약을 체결하지 않음으로써 발생한 손해를 보상하는 입찰보증보험, 발행회사가 사채의 원금이나 이자를 지급하지 않음으로써 사채권자가 입은 손해를 보상하는 사채보증보험 등이 있다.

⟨대판 2007. 2. 9, 2006 다 28553⟩

「보험사고란 보험계약에서 보험자의 보험금 지급책임을 구체화하는 불확정한 사고를 의미하는 것으로서, 이행보증보험에 있어서 보험사고가 구체적으로 무엇인지는 당사자 사이의 약정으로 계약내용에 편입된 보험약관과 보험약관이 인용하고 있는 보험증권 및 주계약의 구체적인 내용 등을 종합하여 결정하여야 한다(임대보증금 반환채무의 담보를 위한 이행보증보험계약에 있어 주계약인 임대차계약상의 임대기간과 보험기간이 서로 동일한 점 등에 비추어, 임대차계약이 종료되어 임대보증금반환채무가 발생하였음에도 불구하고 임대인(보험계약자)이 이를 이행하지 아니하였다면 이미 보험사고는 발생한 것으로 보아야 하고, 이행지체에 의한 채무불이행 상태에 이르러야만 비로소 보험사고가 발생한 것으로 볼 수는 없다고 한 사례).」

⟨대판 2010. 12. 23, 2010 다 45753⟩

「원고는, 소외 회사와 2006. 10. 19. 피고 사이에 체결된 피보험자를 원고로 하고, 보험가입금액 1억 원, 보험기간은 2006. 10. 19.부터 2007. 10. 18.까지로 하여 소외 회사가 원고로부터 전기통신서비스를 제공받고 그 채무를 이행하지 아니함으로 인한 손해를 보상하기로 하는 내용의 이행보증보험계약에서의 추가위험부담특약에 따라 그 보험기간 종료일(2007. 10. 18.) 다음날부터 90일 내에 보험계약자인 소외 회사의 채무불이행이 발생할 경우 그 보증보험금을 청구할 권리를 이미 취득하였고, 실제로 그 보증보험증권을 수령한 후 이에 터잡아 소외 회사와 새로운 계약을 체결하고 그 계약에 따른 의무를 이행하는 등 보증보험계약의 채권담보적 기능을 신뢰하여 새로운 이해관계를 가지게 되었다 할 것인데, 위 보증보험계약에 적용되는 추가위험부담특별약관 제 2 조 제 1 항은, 보통약관 제1조의 규정에 의한 손해 외에 채무자인 보험계약자가 보험증권에 기재된 보험기간 안에 발생시킨 채무 중 지급기일이 보험기간 종료일 익일부터 90일 이내에 도래하는 채무를 이행하지 아니함으로써 채권자인 피보험자가 입은 손해도 보상대상이 되는 것으로 하되, 같은 조 제 2 항은 '보험계약의 보험기간 안에 연이어 갱신보험계약이 체결된 경우에는 갱신보험계약 직전 보험계약에 대한 회사의 보험책임은 종료하며, 갱신보험계약의 보험기간 개시 전에 발생한 채무에 대하여는 갱신보험계약의 보험가입금액을 한도로 보상한다'고 규정하고 있는바(이하 위 추가위험담보특별약관 제2조 제2항을 '이 사건 갱신특약'이라 한다), 이 사건 갱신특약은 보험계약자와 보험회사와의 갱신계약이 체결되었다는 이유만으로 피보험자의 동의 없이 곧바로 이행보증보험계약이 해지되도록 하여 종전 이행보증보험계약에 의한 보험자의 보험금지급 책임을 면하도록 함과 아울러 피보험자가 기존의 이행보증보험계약에 의해 보상받을 수 있었던 보험금청구권을 모두 소멸시키는 것이어서 상법 및 민법의 규정에 위배되어 무효라고 하겠고, 이와 같이 위 갱신특약이 무효인 이상 이 사건 이행보증계약 체결 당시부터 위 특약이 계약내용에 편입되어 있었다거나 갱신보험계약에서 피보험자의 동의 없이 임의로 위와 같은 취지의 약정을 하였다고 하여 달리 볼 수도 없다.」

2. 法令에 의한 義務履行을 보증하는 保險

이 보험은 특정법령에 따라 일정한 의무를 이행해야 하는 경우 그 불이행으로 인한 손해의 보상을 목적으로 하는 보험으로서, 이러한 보험에는 세법상 일정한 납세의무를 부담하는 자가 동 의무를 이행하지 않음으로써 조세채권자인 국가 등에 발생한 손해의 보상을 목적으로 하는 납세보증보험, 민사소송 등에서 원고 또는 신청인의 부당신청에 의해 발생한 손해 또는 비용의 지급을 담보하는 공탁보증보험 및 인·허가조건의 불이행으로 인해 인·허가자 또는 제 3 자가 입은 손해의 보상을 목적으로 하는 인·허가보증보험 등이 있다.

〈대판 2008. 11. 13, 2007 다 19624〉

「구 화물유통촉진법(1999. 2. 5. 법률 제5801호로 개정되기 전의 것) 제8조 제3항, 같은 법 시행령 제11조 제2항 및 [별표 1]에 의하여 복합운송주선업자로서의 등록기준을 갖추기 위하여 건설교통부 장관이나 시·도지사를 피보험자로 하여 체결한 인·허가보증보험의 보통약관 제 1 조는 "회사는 출원자인 보험계약자가 인가, 허가, 특허, 면허, 승인, 등록 기타 명칭 여하를 불문하고 특정한 영업설비 또는 행위에 대하여 권리의 설정, 금지의 해제 기타 행위에 따른 조건을 이행하지 아니함으로써 피보험자 또는 제3자가 입은 재산상의 손해를 보험증권에 기재된 사항과 이 약관에 따라 보상하여 드립니다"고 규정하고 있는바, 이에 의하면 위 보증보험은 복합운송주선업자가 복합운송주선업 영업보증금 및 보증보험가입금 운영규정(1994.5.26. 제정 / 교통부 고시 제94-34호)에 열거된 일정 채무의 변제가 불가능하게 됨으로써 채권자들에게 손해를 입게 한 경우 그 손해를 보상하기 위하여 체결된 이른바 타인을 위한 손해보험계약이라고 할 수 있으므로, 복합운송주선업자의 영업행위로 인하여 재산상 손해를 입은 채권자들은 당연히 그 계약의 이익을 받아 보험자에게 보험금을 청구할 수 있다. 다만, 위 보험은 채권자단이 위 운영규정에 따라 2회의 신문 공고를 하고 그 공고기간이 만료하여 채권신고가 마감됨으로써 보험금을 지급받을 채권자들 및 그 보험금액이 확정된다는 것이므로 보험금청구권을 행사하려면 위와 같은 보험금액 확정절차를 마쳐야 할 것이나, 보험금을 청구하고 있는 채권자 외에 위 운영규정 제5조에서 정한 다른 채권자가 없음이 확정된 경우에는 위와 같은 절차를 밟지 않더라도 보험금액이 확정되어 있는 것이어서 보험자에게 보험금을 청구할 수 있다.」

3. 身元保證保險

신원보증보험은 피용자가 그의 사무를 처리함에 있어서 보험기간 동안 민·형사상의 위법행위로 인해 피보험자인 사용자가 입은 재산상의 손해를 보험자가 보상하도록 한 보험으로서 타인을 위한 보험에 해당한다. 그러므로 고용관계 하에서 피용자의 행위로 인해 사용자가 입은 손해를 보상하더라도 사용자 자신이 보험계약자로 되는 일종의 자기를 위한 보험인 신원신용보험과는 구별하여야 한다.

〈대판 1991. 12. 10, 91 다 17573〉
「신원보증보험의 해외취업자 특별약관에 의하면 해외취업을 위한 근로계약서에서 정한 피보증인의 귀책사유로 피보험자가 부담한 여비에 대하여 보상한다고 규정하고 있을 뿐 보상하는 여비를 귀국여비에 한하고 있지 아니함에도 불구하고, 피보증인인 선원들의 출국여비는 피보험자인 신원송출대리점이 부담할 여지가 없다고 가볍게 단정하여 그 부분의 청구를 배척한 원심판결은 신원보증보험계약의 내용을 잘못 이해하거나 필요한 심리를 다하지 아니한 위법이 있다.」

Ⅲ. 法的 性質

1. 損害保險的 性質

보증보험은 보험계약자의 행위로 인한 피보험자의 손해를 보험자가 보상하는 것이므로 손해보험적 성질을 가진다고 할 수 있다. 그러나 보험계약이 일반적으로 우발적인 보험사고로 인한 손해를 담보하고 있으므로 보험계약자가 일으킨 사고를 담보위험으로 하는 보증보험을 엄밀한 의미에서 보험으로 볼 수 있는가에 대해서는 의문이 있다.

그러나 보증보험이 고의·과실로 인한 손해를 담보하고 있더라도 보험사고를 유발한 보험계약자와 피보험자가 동일인이 아니므로 윤리성에 반한다 할 수 없고, 또한 비록 보험계약자가 유발한 사고위험을 담보한다 하더라도 그것이 보험계약성립시에 불확정한 이상 보험사고의 우연성은 갖추었다고 보아도 무방할 것이다.

〈대판 2007. 10. 25, 2005 다 15949〉

「1. 증권회사가 고객과 포괄적 일임매매 약정을 하였음을 기화로, 그 직원이 충실의무를 위반하여 고객의 이익을 등한시하고 무리하게 빈번한 회전매매를 함으로써 고객에게 손해를 입혔고, 그에 대하여 증권회사가 직원의 과당매매행위에 대한 손해배상책임을 부담함으로써 추가위험부담특별약관(I)에서 정한 보험사고가 발생한 경우, 보험회사는 피보험자인 증권회사에게 '증권회사가 위 보험사고로 인하여 입은 손해'에 대하여 보험가입금액의 범위 내에서 보험금을 지급할 의무가 있다.

2. 한편, 증권회사의 직원이 위와 같이 과당매매를 하지 않았더라도 증권회사의 직원에 의한 정상적인 일임매매가 이루어졌을 것이라고 보아야 하고, 정상적인 일임거래가 이루어졌을 경우에 발생하였을 것으로 예상되는 거래수수료는 증권회사가 주식의 위탁매매 사무를 처리하여 준 것에 대한 비용으로서 주식거래를 함에 따라 당연히 얻게 된 것이라고 할 것이므로, 이를 보험회사가 피보험자에게 지급할 보험금에서 공제할 것은 아니다.

3. 또한, 증권회사가 직원의 과당매매행위로 인하여 정상적인 일임거래에 의하지 않은 과당 수수료 수입을 얻은 경우에는 과당매매로 인하여 피해를 입은 고객에게 과당 수수료 상당의 손해배상책임을 부담하므로, 보험회사가 피보험자인 증권회사와 사이에 그 직원인 피보증인이 피보험자를 위하여 그 사무를 처리함에 있어 중대한 과실이나 선량한 관리자로서의 책임을 다하지 못하여 피보험자가 제

3자에게 법률상의 손해배상책임을 부담함으로써 입은 손해에 대하여 보상하기로 약정하면서, 과당 수수료 상당의 손해배상책임을 보상대상에서 제외하거나 보험약관 등에서 면책사유로 삼지 않은 이상, 보험회사는 원칙적으로 그 과당 수수료 상당을 피보험자에게 지급할 보험금에서 공제할 수는 없다고 할 것이다.

2. 保證的 性質

보증보험은 성질상 보증계약과 유사하다. 즉 보증보험은 보증과 같이 채무 또는 의무이행을 담보하는 기능을 하는 점에서는 동일하다. 다만, 보증과 다른 점은 보증인에 해당하는 보험자가 대가를 받고 보험인수로 인한 보증이 상행위에 해당하는 경우에 보증인과 주채무자는 연대책임을 지므로($^{제57조}_{제2항}$), 민법상의 보증에서와 같은 催告·檢索의 항변권을 행사할 수 없다.

이러한 보증성의 입장에서 볼 때 책임보험도 보증보험과 유사하다. 그러나 양자는 상대방에 대한 책임을 담보하는 점에서는 동일하지만 책임보험은 이를 위해 자신을 피보험자로 하는 자기를 위한 보험인 반면, 보증보험은 타인을 피보험자로 하는 타인을 위한 보험인 점에서 본질적인 차이가 있다.

이러한 점을 고려하여 2014년 3월 상법 개정 시에 준용규정과 관련하여 보증보험계약에 관하여는 그 성질에 반하지 아니하는 범위에서만 보증채무에 관한 「민법」의 규정을 준용하도록 하였다($^{제726}_{조의7}$).

⟨대판 2004. 12. 24, 2004 다 20265⟩
「보증보험이란 피보험자와 어떠한 법률관계를 가진 보험계약자(주계약상의 채무자)의 채무불이행으로 인하여 피보험자(주계약상의 채권자)가 입게 될 손해의 전보를 보험자가 인수하는 것을 내용으로 하는 손해보험으로서, 형식적으로는 채무자의 채무불이행을 보험사고로 하는 보험계약이나 실질적으로는 보증의 성격을 가지고 보증계약과 같은 효과를 목적으로 하는 것이므로, 보증보험계약은 주계약 등의 법률관계를 전제로 하고 보험계약자가 주계약에 따른 채무를 이행하지 아니함으로써 피보험자가 입게 되는 손해를 약관의 정하는 바에 따라 그리고 그 보험계약금액의 범위 내에서 보상하는 것이고($^{대판 2000. 12. 8, 99}_{다53483 등 참조}$), 그 성질에 반하지 않는 한 민법의 보증에 관한 규정이 보증보험계약에도 적용된다($^{대판 2002. 5. 10, 2000}_{다70156 등 참조}$).

그리고 보증채무는 주채무와 동일한 내용의 급부를 목적으로 함이 원칙이지만 주채무와는 별개독립의 채무이고($^{대판 2002. 8. 27, 2000}_{다9734 등 참조}$), 한편 보증채무가 주채무를 소멸시키는 행위는 주채무의 존재를 전제로 하므로, 보증인의 출연행위 당시에는 주채무가 유효하게 존속하고 있었다 하더라도 그 후 주계약이 해제되어 소급적으로 소멸하는 경우에는 보증인은 변제를 수령한 채권자를 상대로 이미 이행한 급부를 부당이득으로 반환청구할 수 있다 할 것이다.」

〈대판 2008. 6. 19, 2005 다 37154[전원합의체]〉

「구 건설공제조합법($\binom{1996. 12. 30.~법률~제5230호로~제정된}{건설산업기본법~부칙~제2조~제1호로~폐지}$)에 따라 건설공제조합이 조합원으로부터 보증수수료를 받고 그 조합원이 다른 조합원 또는 제3자와의 도급계약에 따라 부담하는 하자보수의무를 보증하기로 하는 내용의 보증계약은, 무엇보다 채무자의 신용을 보완함으로써 일반적인 보증계약과 같은 효과를 얻기 위하여 이루어지는 것으로서, 그 계약의 구조와 목적, 기능 등에 비추어 볼 때 그 실질은 의연 보증의 성격을 가진다 할 것이므로, 민법의 보증에 관한 규정, 특히 보증인의 구상권에 관한 민법 제441조 이하의 규정이 준용된다. 따라서 건설공제조합과 주계약상 보증인은 채권자에 대한 관계에서 채무자의 채무이행에 관하여 공동보증인의 관계에 있다고 보아야 할 것이므로, 그들 중 어느 일방이 변제 기타 자기의 출재로 채무를 소멸하게 하였다면 그들 사이에 구상에 관한 특별한 약정이 없다 하더라도 민법 제448조에 의하여 상대방에 대하여 구상권을 행사할 수 있다. 조합과 주계약상 보증인이 공동보증인의 관계에 있다고 보기 어렵고 따라서 그들 사이에 민법 제448조가 준용될 수 없으므로 주계약상 보증인이 조합을 상대로 구상권을 행사할 수 없다고 판시한 대판 2001. 7. 27, 2001 다 25887은, 이 판결의 견해와 배치되는 범위 내에서 이를 변경하기로 한다.」

〈대판 2009. 2. 26, 2005 다 32418〉

「납세보증보험은 보험금액의 한도 안에서 보험계약자가 보증대상 납세의무를 납기 내에 이행하지 아니함으로써 피보험자가 입게 되는 손해를 담보하는 보증보험으로서 보증에 갈음하는 기능을 가지고 있어, 보험자의 보상책임을 보증책임과 동일하게 볼 수 있으므로, 납세보증보험의 보험자가 그 보증성에 터잡아 보험금을 지급한 경우에는 변제자대위에 관한 민법 제481조를 유추적용하여 피보험자인 세무서가 보험계약자인 납세의무자에 대하여 가지는 채권을 대위 행사할 수 있다.」

Ⅳ. 法律關係

1. 保險契約關係者

보증보험은 본질적으로 타인을 위한 보험이므로 보험계약자와 피보험자는 동일인이 아니다. 즉 이들은 주계약의 채무자와 채권자로서, 채무자가 보험계약자로서 보험자에게 보험료를 납입하고 보험증권을 교부받아 이를 채권 자에게 다시 교부한 후 보험사고가 발생한 때 피보험자인 채권자가 보험자에 게 보험금을 청구하여 손해를 보상받는 관계에 있다. 그러므로 보증보험에서 보험자는 보험계약자인 채무자가 피보험자인 채권자에 대해 부담하는 의무이 행을 보증하는 보증인의 역할을 한다.

〈대판 2001. 2. 13, 99 다 13737〉
「보증보험계약의 경우 보험자가 이미 보증보험증권을 교부하여 피보험자가 그 보 증보험증권을 수령한 후 이에 터잡아 새로운 계약을 체결하거나 이미 체결한 계 약에 따른 의무를 이행하는 등으로 보증보험계약의 채권담보적 기능을 신뢰하여 새로운 이해관계를 가지게 되었다면 그와 같은 피보험자의 신뢰를 보호할 필요가 있으므로, 주채무자에 해당하는 보험계약자가 보증보험계약을 체결함에 있어서 보 험자를 기망하였다는 이유로 보험자가 보증보험계약체결의 의사표시를 취소하였 다 하더라도 이미 그 보증보험계약의 피보험자인 채권자가 보증보험계약의 채권 담보적 기능을 신뢰하여 새로운 이해관계를 가지게 되었다면, 피보험자가 그와 같 은 기망행위가 있었음을 알았거나 알 수 있었던 경우이거나 혹은 피보험자와 보 험자 사이에 피보험자가 보험자를 위하여 보험계약자가 제출하는 보증보험계약 체결 소요서류들이 진정한 것인지 등을 심사할 책임을 지고, 보험자는 그와 같은 심사를 거친 서류만을 확인하고 보증보험계약을 체결하도록 미리 약정이 되어 있 는데, 피보험자가 그와 같은 서류심사에 있어서 필요한 주의의무를 다하지 아니한 과실이 있었던 탓으로 보험자가 보증책임을 이행한 후 구상권을 확보할 수 없게 되었다는 등의 특별한 사정이 없는 한 그 취소를 가지고 피보험자에게 대항할 수 없다. … 보증보험에서는 고지의무의 대상이 되는 중요한 사항으로서 주계약상의 거래조건, 금액, 기간, 보험계약자의 신용이나 자력 등에 관한 사항을 들 수 있을 것이며, 보증인이 누구인가는 보험사고발생의 가능성 등과는 관계없이 보험사고가 이미 발생한 후에 보험자가 구상권을 행사하기 위한 대비를 해 두기 위한 것이므 로, 보증인에 관한 사항은 일반적으로는 고지의무의 대상이 되지 않는다.」

〈대판 2014. 9. 4, 2012 다 67559〉
「물류회사인 甲 주식회사 등이 자동차 제조·판매회사인 乙 주식회사와 자동차 매매계약을 체결하면서 丙 보증보험회사와 할부판매보증보험계약을 체결한 다음 보험증권을 담보로 할부금융사인 丁 주식회사와 할부금융대출약정을 체결한 사안 에서, 보증보험계약 체결 당시 제출되거나 발급된 할부판매보증보험 청약서와 보험증권에는 피보험자가 乙 회사로, 보증내용이 할부판매대금 지급보증으로 각각 기재되어 있지만, 甲 회사 등과 丙 회사의 약정에 따라 할부금융특별약관이 적용됨으로써 丙 회사는 보험계약자인 甲 회사 등이 금융기관인 丁 회사와 체결한 금전소비대차계약에서 정한 할부금융채무를 이행하지 아니할 경우 丁 회사가 입게 될 손해를 보상하도록 되어 있는 점 등 제반 사정에 비추어 위 보증보험계약은 할부금융대출약정을 보증대상인 주계약으로 하고 할부금융사인 丁 회사를 피보험자로 하여 체결된 것이다.」

2. 保險의 目的

보험의 목적은 보험의 대상이 되는 객체이다. 이와 관련한 개념으로서 보험계약의 목적은 피보험자 또는 보험수익자가 보험의 목적에 대하여 가지는 권리·이익 기타의 이해관계로서 통상 피보험이익이라고도 한다. 그러므로 양자는 명확히 구분되어야 할 개념이다. 그러나 예컨대 희망이익보험이나 책임보험에서는 양자가 일치하는데, 법적 성질에 있어서 이와 유사한 보증보험도 보험의 목적과 보험계약의 목적은 일치한다.

보증보험은 일반적인 물건보험과 같이 재산상의 이익에 발생한 손실의 보상을 목적으로 하며, 이러한 재산상의 이익에는 권리도 포함되므로 손해보험적 성질을 가진다. 다만, 보험의 목적이 물건보험에서와 같은 물건이 아니라 무형의 채권이라는 점에서 차이가 날 뿐이다.

3. 保險金請求節次上의 문제

상법에서는 다른 약정이 없는 한 보험자는 보험계약자·피보험자 또는 보험수익자로부터 보험사고발생의 통지를 받은 후 지체없이 지급할 보험금액을 정하고, 그 정하여진 날로부터 10일 이내에 보험금을 피보험자 또는 보험수익자에게 지급하도록 함으로써($\binom{제657조}{제658조}$) 보험금청구에 있어서 별도로 복잡한 절차를 요구하고 있지 않다.

그러나 보증보험계약에 의하면 보험금청구에는 일정한 절차가 요구되고 있다. 즉 피보험자가 보험금을 청구할 때에는 보험금청구서·보험증권·손해금액을 증명하는 서류 등을 보험자에게 제출하도록 하고, 그 밖에도 공무원이 발행한 납세고지서(납세보증보험)·리스물건수령증서사본·리스물건처분계획서(리스보증보험)·사채권(사채보증보험)을 제출하도록 하고 있다. 뿐만 아니라 이행보증보험과 리스보증보험의 약관에서는 피보험자가 보험금을 청구할 때에는 먼저 주계약을 해지 또는 해제할 것을 요구하고 있다.

〈대판 1991. 4. 9, 90 다카 26515〉
「리스이용자의 계약상 채무불이행으로 인한 손해의 보상을 목적으로 한 보증보험은 보험금액의 한도 내에서 리스이용자의 채무불이행으로 인한 손해를 담보하는 것으로서 보증에 갈음하는 기능을 가지고 있고 보험자의 보상책임은 본질적으로 보증책임과 같은 것인바, 리스계약당사자 사이의 거래에 있어서는 리스의 금융적 성격으로 말미암아 리스물건의 현실적 인도보다도 리스물건수령증서 발급에 보다 큰 의미가 부여되고, 리스기간의 개시나 리스채무의 이행시기가 리스물건수령증서 발급을 기준으로 정해지며, 일단 리스물건수령증서가 발급된 뒤에는 리스이용자는 특단의 사정이 없는 한 물건인도가 없다는 이유로 채무이행을 거부할 수 없게 되어 있다고 하더라도 보증보험의 당사자 사이에서는 주된 채무자인 리스이용자의 채무불이행으로 인한 손해 중 리스물건인도 전에 발생한 손해(이른바 공리스의 경우에 발생한 손해)에 대하여는 이를 보증대상에서 제외하는 뜻의 특약을 둘 수 있다.」

〈대판 1991. 12. 10, 90 다 19114〉
「리스이용자의 계약상 채무불이행으로 인한 손해의 보상을 목적으로 한 보증보험계약에서 ‘리스물건인도 전에 피보험자가 입은 손해에 대하여는 담보책임을 부담하지 않는다’는 내용의 특약을 한 경우 리스물건수령증서가 발급되었다고 하여도 아직 리스물건이 인도되지 않는 동안에 발생한 손해에 대하여 보험자는 보증보험금을 지급할 책임이 없다고 보아야 할 것이며, 위 보증보험의 당사자 사이에서는 위 특약의 ‘리스물건인도’를 ‘리스물품수령증발급’과 같은 뜻으로 볼 수는 없다.」

이와 같은 약관규정은 보험금을 청구할 때에는 보험사고발생의 통지만 하면 되고, 그 밖에 아무런 절차도 필요하지 않다는 상법 제657조와 제658조 및 보험계약자에 대한 불이익변경의 금지를 규정하고 있는 상법 제663조에 비추어 볼 때 그 효력 유무가 문제될 수도 있다.

그러나 보험금청구시 계약관계의 종료를 확인할 수 있는 서면을 요구한다고 하여 바로 보험계약의 낙성계약성을 해치는 것으로 풀이할 필요는 없으며, 더욱이 피보험자측의 불이익이 된다고 보기도 어렵다.

4. 保險者代位와 求償權

보증보험에서도 보험자대위($\frac{제682}{조}$)를 인정할 것인가에 대해서는 다툼이 있다. 여기에서 문제는 보증보험이 보험계약자의 채무불이행이라는 사실에 의해 발생하는 손해를 담보한다는 데 있다.

한편 원래는 타인을 위한 보험계약에 있어서 손해보험계약의 경우에 보험계약자가 그 타인에게 보험사고의 발생으로 생긴 손해의 배상을 한 때에는 보험계약자는 그 타인의 권리를 해하지 않는 범위 안에서 보험자에게 보험금의 지급을 청구할 수 있다($\frac{제639조}{제2항 단서}$). 그렇지만 보증보험계약의 경우에는 자신의 채권자인 피보험자에게 스스로의 채무를 이행한 것에 불과하므로 보증보험계약자는 보험자에게 보험금의 지급을 청구할 수 없다고 하여야 한다. 이에 2014년 3월 상법 개정 시에 상법 제639조 제 2 항 단서를 보증보험계약에 대하여는 적용하지 않도록 하였다($\frac{개정법 제726}{조의6 제1항}$). 그리고 보증보험계약에 관하여는 보험계약자의 사기, 고의 또는 중대한 과실이 있는 경우에도 이에 대하여 피보험자에게 책임이 있는 사유가 없으면 고지의무위반으로 인한 계약해지($\frac{제65}{1조}$), 위험변경증가의 통지와 계약해지($\frac{제652조,}{제653조}$) 및 보험자의 면책사유($\frac{제659조}{제1항}$)를 적용하지 않도록 하였다($\frac{제726조의}{6 제2항}$). 피보험자에게 귀책사유가 없음에도 불구하고 단지 보증보험계약자가 고지의무 등을 이행하지 않은 것에 대해 계약해지 등을 하게 되면, 보증보험계약이 타인을 위한 보험계약으로서의 기능을 제대로 발휘할 수 없다는 점이 고려된 것이다($\frac{맹수석, \text{"상법 보험편 개정안에 있어서 새로운}}{유형의 보험계약," 법조 2007년 10월호, 102쪽}$).

보험자대위를 긍정하는 입장에서는 ① 타인을 위한 보험계약인 보증보험계약의 보험계약자는 자기를 위한 보험계약인 일반손해보험계약의 보험계약자와는 다르므로 상법 제682조의 제 3 자에 포함되며, ② 보험약관에서도 피보험자의 이익을 해치지 않는 범위 안에서 피보험자의 보험계약자에 대한 권리를 대위하여 가진다($\frac{입찰보증보험약관}{제10조 제1항}$)라는 명시규정을 두고 있다는 사실 등을 논거로 하고 있다($\frac{최기원,}{452쪽}$).

그와는 달리 동 제도를 부정하는 입장에서는 ① 보증보험계약에서 보험계약자는 보험료를 지급한 보험계약의 당사자이므로 상법 제682조의 제 3 자에 해당하지 않으며, ② 보증보험에서 보증인이라고 할 수 있는 보험자가 보험금을 지급하면 주계약상의 채무는 소멸하게 되므로($\frac{민법}{제441조}$) 이에 근거하여 피보험자의 권리를 대위할 수는 없다고 한다($\frac{정희철, 469쪽;}{양승규, 374쪽}$).

생각건대 보증보험을 채무자인 보험계약자가 채권자인 피보험자에 대해

채무불이행이라는 위법행위로 인한 손해의 보상을 목적으로 하는 보험의 일종이라고 본다면 보험의 선의계약성보다는 가치맹목적으로 보험의 기술적 측면만을 염두에 두어야 할 것이며, 그런 취지에서 일반손해보험에서 정한 개념을 다소 달리하여 이해하지 않으면 안 된다. 우선 보증보험의 보증성에 의해 구상권이 인정되는 점에 비추어

〈대판 1978. 3. 14, 77 다 1758〉
「이행보증보험계약에서 보험자가 구상할 수 있는 사유의 발생은 보험자가 피보험자에게 보험기간 안에 현실적으로 보험금을 지급한 경우를 말하는 것이고, 그렇지 아니하더라도 약정보험기간 안에 보험계약자와 피보험자 사이의 공사도급계약이 해제되어 계약보증금이 위약금으로서 沒取되는 경우도 구상권이 발생하는 것으로 보아야 할 것이다.」

〈대판 2012. 2. 23, 2011 다 62144〉
「보증보험이란 피보험자와 어떠한 법률관계를 가진 보험계약자(주계약상의 채무자)의 채무불이행으로 인하여 피보험자(주계약상의 채권자)가 입게 될 손해의 전보를 보험자가 인수하는 것을 내용으로 하는 손해보험으로서, 형식적으로는 채무자의 채무불이행을 보험사고로 하는 보험계약이나 실질적으로는 보증의 성격을 가지고 보증계약과 같은 효과를 목적으로 하는 것이므로, 민법의 보증에 관한 규정, 특히 보증인의 구상권에 관한 민법 제441조 이하의 규정이 준용되고, 보증채무자가 주채무를 소멸시키는 행위는 주채무의 존재를 전제로 하므로, 보증인의 출연행위 당시 주채무가 성립되지 아니하였거나 타인의 면책행위로 이미 소멸되었거나 유효하게 존속하고 있다가 그 후 소급적으로 소멸한 경우에는 보증채무자의 주채무 변제는 비채변제가 되어 채권자와 사이에 부당이득반환의 문제를 남길 뿐이고 주채무자에 대한 구상권을 발생시키지 않는다.」

이중이익의 취득을 부인하는 입장에서 보험자대위를 긍정하는 견해는 타당하지 않다. 그리고 고의로 채무를 불이행한 보험계약자를 제재하는 수단으로 풀이하는 견해도 위법행위로 인한 손해의 담보기능을 하는 보증보험을 보험제도화한 것은 이를 법률적으로 용인한 것이라 할 수 있는데, 그로 인한 결과에 대해 다시 제재를 가한다는 것은 모순이다.

결국 대위제도를 인정할 것인가의 문제는 부정설이 논거로 하고 있는 제3자 개념의 제한해석과 보험금의 지급으로 인해 주채무가 소멸하였으므로

더 이상 권리행사를 할 수 없다는 논리적 설명에서가 아니라 보험자대위를
인정할 만한 실익이 있는가의 여부에서 해답을 찾아야 할 것이다. 구상권이
인정되는 점을 감안한다면 이를 부인하여야 할 것이다.

〈대판 1992. 5. 12, 92 다 4345〉

「가. 일반적으로 보증보험계약에서 보험계약자를 위하여 그 상환채무의 보증인이
된 자는 보험사고인 지급계약의 불이행사실이나 보험자의 보험금 지급사실을 바
로 알 수 있는 위치에 있지 않으므로, 보험자가 피보험자에게 보험금을 지급함으
로써 보험계약자에 대한 구상권을 취득한 때에는 보증인에게 이를 지체없이 통지
하여 상환의무의 발생을 알려 줌으로써 지연손해의 확대를 방지할 신의칙상 의무
가 있다고 할 것이고, 이러한 통지를 게을리함으로써 지연손해가 확대된 경우에는
그 손해의 확대에 대하여 보험자의 과실이 경합되었다고 볼 것이어서 과실상계사
유가 된다.

나. 보증보험계약에서 보증계약자의 연대보증인이 보증인으로서의 의무이행을
거부하고 있다면 보험자의 보험금 지급사실의 통지나태는 지연손해의 확대에 아
무런 영향이 없다고 볼 여지가 없지 않으나, 연대보증인이 뒤늦게 보험자의 보험
금 지급사실을 알았기 때문에 그 사이에 지연손해금이 감당키 어려운 정도로 불
어나서 선뜻 상환에 응하지 못하는 경우도 있을 수 있으므로 연대보증인이 의무
이행을 거부하고 있다는 사실만으로 보험자의 통지나태가 지연손해의 확대에 아
무런 관련이 없다고 단정하기는 어렵다.」

V. 保險契約의 解止

보험계약자는 보험사고가 발생하기 전이면 언제든지 계약의 전부 또는
일부를 해지할 수 있다(제649조 제1항). 이것은 계속계약의 성질상 일정기간 동안 계
약관계가 유지되어야 할 보험계약에서 위험을 담보할 필요가 없는 경우에는
임의로 계약을 해지할 수 있도록 함으로써 보험계약자의 이익을 도모하기 위
해서 인정한 것이다. 그러나 타인을 위한 보험계약에서는 당해 보험계약의 성
립과 더불어 타인의 권리도 성립하게 되므로 보험계약당사자가 이를 임의로
해지할 수 있는가에 대해 논란이 있어 왔다.

즉 구법에서는 타인을 위한 보험계약에 있어서 계약의 해지에 관한 규정
이 없었기 때문에 구 상법 제649조와 민법 제541조의 적용 여부를 둘러싸고
긍정설과 부정설이 대립했었다.

　　그러나 이러한 논의는 상법 제649조 제 1 항의 단서가 신설됨으로써 해소
되었다. 즉 제639조의 보험계약의 경우에 보험계약자는 그 타인의 동의를 얻
지 아니하거나 보험증권을 소지하지 아니하면 계약을 해지하지 못한다고 규
정함으로써 입법으로 문제를 해결하고 있다.

　　한편 원래는 타인을 위한 보험계약에 있어서 손해보험계약의 경우에 보
험계약자가 그 타인에게 보험사고의 발생으로 생긴 손해의 배상을 한 때에는
보험계약자는 그 타인의 권리를 해하지 않는 범위 안에서 보험자에게 보험금
의 지급을 청구할 수 있다($^{제639조}_{제2항\ 단서}$). 그렇지만 보증보험계약의 경우에는 자신
의 채권자인 피보험자에게 스스로의 채무를 이행한 것에 불과하므로 보증보
험계약자는 보험자에게 보험금의 지급을 청구할 수 없다고 하여야 한다. 이에
2014년 3월 상법 개정 시에 상법 제639조 제 2 항 단서를 보증보험계약에 대
하여는 적용하지 않도록 하였다($^{개정법\ 제726}_{조의6\ 제1항}$). 그리고 보증보험계약에 관하여는
보험계약자의 사기, 고의 또는 중대한 과실이 있는 경우에도 이에 대하여 피
보험자에게 책임이 있는 사유가 없으면 고지의무위반으로 인한 계약해지($^{제65}_{1조}$),
위험변경증가의 통지와 계약해지($^{제652조,}_{제653조}$) 및 보험자의 면책사유($^{제659조}_{제1항}$)를 적용
하지 않도록 하였다($^{제726조의}_{6\ 제2항}$). 피보험자에게 귀책사유가 없음에도 불구하고 단
지 보증보험계약자가 고지의무 등을 이행하지 않은 것에 대해 계약해지 등을
하게 되면, 보증보험계약이 타인을 위한 보험계약으로서의 기능을 제대로 발
휘할 수 없다는 점이 고려된 것이다($^{맹수석,\ \text{"상법 보험편 개정안에 있어서 새로운}}_{유형의\ 보험계약,"\ 법조\ 2007년\ 10월호,\ 102쪽}$).

　〈대판 1974. 12. 10, 73 다 1591〉
　「이행보증보험계약에 있어서 보험사고가 발생하기 전에 보험계약자에 의하여 계
　약의 전부 또는 일부가 임의해지된 경우에는 그 해지의 효과로서 그 범위에서 민
　법 제541조의 적용이 배제되는 것이다.」(이는 보증보험의 효용성을 무시한 판결이
　라 할 수 있다)($^{양승규,\ 417쪽;}_{최기원,\ 656쪽}$)

제5장 人保險

제1절 總 論

제1관 定額保險과 人保險

Ⅰ. 定額保險

1. 定額保險契約의 意義

정액보험계약이란 보험자가 보험사고가 발생한 경우에 그에 따른 가입자의 손해 유무 또는 금액에 관계 없이 계약에서 정한 일정금액을 일시에 또는 연금으로 지급할 것을 약속하는 보험계약을 말한다.

정액보험계약이란 개념은 상법의 규정 가운데서는 찾아볼 수 없으나, 보험계약을 보험자의 급부내용을 표준으로 하여 분류하면 손해보험계약과 정액보험계약으로 2분할 수 있다. 상법은 손해보험계약과 인보험계약으로 분류하고 있지만, 손해보험이란 보험자가 지급할 보험금액의 결정방법을 기준으로 하는 개념임에 반해, 인보험이란 보험사고의 대상을 기준으로 하는 보험으로서 서로 분류의 기준이 다르므로 이러한 대립방식이 논리적인 것은 아니다. 논리적으로는 지급할 보험금액의 결정방법의 차이에 착안하여 손해보험과 정액보험을 대립시켜야 할 것이다.

이러한 의미에서 아래에서는 인보험에 대해 고찰하기에 앞서 정액보험일반을 개관하기로 한다.

2. 定額保險契約의 種類

정액보험계약 가운데 대표적인 것은 사람의 생존 또는 사망을 보험사고로 하여 약정된 보험금액을 지급하는 생명보험계약이며, 그 밖에 급격한 외부의 사고에 의한 피보험자의 사망·후유장해 또는 요치료상태가 발생한 경우에 약정보험금액의 전부 또는 일정비율을 지급하는 상해보험계약이 있다. 또한 상해·질병으로 인해 취업이 불가능하게 된 경우를 위한 것으로 소득보상보험이 있는데, 이는 취업불능기간 1개월에 대해 보험증권상에 기재된 보험금액을 지급할 것을 원칙으로 하기 때문에 실질적으로는 정액보험에 속한다고 해도 좋다.

3. 定額保險契約의 特色

손해보험계약이 실손보상을 원칙으로 하고 보험자가 보험사고발생시에 지급할 금액은 원칙으로 피보험자가 그 사고에 의해 입은 손해액을 초과할 수 없음에 비해, 정액보험계약에서는 사고의 결과로서 구체적인 손해의 유무 또는 손해액과는 무관하게 약정한 금액이 지급된다. 그 본질은 조건부금전급부계약이다.

그러나 정액보험계약도 단순한 射倖契約과 달리 그 본래의 목적은 피보험자측의 불이익을 구제하는 데 있으므로 보험금의 수령을 정당화할 만한 사정이 발생할 필요가 있다. 그런데 사람의 사망이나 후유장해가 발생한 경우에 그에 대한 손해액을 산정하는 것이 어렵고, 만약 산정하더라도 그것은 일시적인 위안에 지나지 않는다. 그러므로 손해액을 기준으로 하여 보험금을 지급하는 것은 불가능하거나 부적당하므로 약정금액의 급부가 행해지는 것이다.

정액보험계약에서는 피보험이익의 존재는 계약의 유효요건이 아니며, 그에 대한 평가액으로서의 보험가액도 특별한 법적 의미를 갖지 않는다. 또한 보험가액과 보험금액의 상호관계로부터 파생하는 초과보험·중복보험·일부보험의 문제도 생기지 않으며, 보험자대위제도도 원칙적으로 적용되지 않는다.

4. 定額保險契約의 內容

정액보험계약은 보험금의 결정방법을 표준으로 하는 개념이지만, 실제로는 인보험의 개념과 거의 일치한다. 결국 정액보험계약의 보험사고는 사람에 대해 발생하는 우연한 사고이다. 사고발생의 객체는 사람이며, 이 자를 피보험자라 한다. 손해보험계약에서는 피보험이익의 주체를 피보험자라고 한다는 점에서 생명보험계약상의 그것과 다르다. 정액보험계약에서는 보험계약상의 수익자를 보험수익자라고 한다. 손해보험계약에서는 피보험자가 손해를 받는 입장에 있으므로 이 자가 당연히 보험계약의 수익자가 되며, 이와는 따로 보험수익자가 존재할 여지가 없다. 그러나 손해보험 가운데에도 담보적 기능에 중점을 두는 보험계약에서는 금융기관이 사실상의 보험금수령권자이며, 책임보험과 같이 피해자보호를 중시하는 손해보험에서는 피보험자가 아닌 자의 수익자적 지위가 인정되는 경우가 있고, 이 경우에는 손해보험금의 피보험자

귀속성이 상대적으로 약하게 드러난다.

나아가 인보험계약은 대개 정액보험으로 행해지지만, 치료비를 지급하는 상해보험과 같이 실손보상방식이 채택되는 경우도 있다. 이에 반해 손해보험에서는 실손보상방식만이 인정되며, 정액급부방식은 채택할 수 없다고 보아왔다. 그러나 손해액의 평가방법과 비용을 생략하기 위해 급부액의 정형화를 도모하는 경우가 늘고 있어 이 경우 실손보상방식은 엄격하게 관철되지 않는다. 이러한 보험금지급방법도 적법하다고 본다. 이제는 그러한 예외가 증가할 것으로 예상되기 때문에 정액보험과 손해보험의 준별원칙은 시간이 갈수록 의미를 상실할 것으로 보인다.

Ⅱ. 人 保 險

1. 意   義

인보험계약은 보험자가 보험계약자로부터 보험료를 받고 피보험자의 생명이나 신체에 관하여 우연한 사고가 발생할 경우에 계약에서 정하는 바에 따라 보험금액 그 밖의 급여를 하기로 하는 보험계약이다($\frac{제727}{조}$).

상법은 보험계약($\frac{제638}{조}$)을 손해보험계약($\frac{제665}{조}$)과 인보험계약($\frac{제727}{조}$)으로 나누고, 인보험계약은 생명보험계약($\frac{제730}{조}$)과 상해보험계약($\frac{제737}{조}$)으로 구별하고 있으나, 보험업법은 보험사업을 생명보험업과 손해보험업으로 나누고($\frac{보험업법}{제10조}$) 보험사업자가 양 사업을 兼營하지 못하지만, 상해보험, 질병보험 및 개호보험은 양쪽회사가 영업을 할 수 있으며($\frac{보험업법}{제4조 제2항}$), 생명보험의 재보험 및 제3보험의 재보험, 조세특례제한법 제86조의 2의 규정에 의한 보험 등의 경우에는 兼營을 인정하고 있다($\frac{보험업법 제10조 단서 및}{동 시행령 제15조의 제1항}$).

인보험계약은 앞서의 손해보험계약과 마찬가지로 유상·雙務·불요식의 낙성계약이며, 사람의 생명 및 신체에 관한 것이면 제한이 없으므로 일정시기까지의 생존·출산·유산·질병 등을 보험사고로 하고 있다.

2. 特 性(손해보험과 관련하여)

상법이 보험을 손해보험과 인보험으로 구별하여 규정하고 있기 때문에 손해보험과 관련하여 인보험의 특성을 살펴볼 때에 특히 상해보험과 손해보험의 구분이 명확하지 않은 경우가 있다. 따라서 손해보험과 분명하게 다른 모습을 보이는 인보험은 정액보험의 전형인 생명보험이라고 할 수 있다.

대체적으로 인보험의 특성과 관련해서 논의가 되는 것에는 보험의 목적과 보험사고상의 특성, 정액보험과의 관계, 피보험이익의 인정 여부, 보험자대위의 허용 여부 등이라고 할 수 있다.

(1) 保險의 目的과 保險事故　　인보험의 목적이 사람이라는 점에서, 그리고 사람의 생명·신체에 관한 사고를 보험사고로 하고 있다는 점에서 손해보험과 다르다. 특히 생명보험의 경우 사망이라는 보험사고는 그 발생시기만 불확정되어 있을 뿐이라는 점에서 손해보험의 보험사고와는 완전히 다르다.

(2) 定額保險과 不定額保險　　정액보험의 대표적인 것이 인보험이고, 특히 생명보험이 그 전형이라는 점에서 기본적으로 손해보험과 다르지만, 그 구분이 상해보험의 경우에서처럼 모호해져 간다.

(3) 被保險利益　　손해보험에 있어서 피보험이익은 보험의 목적에 대하여 보험사고와 관련하여 피보험자가 갖는 경제적 이해관계이다. 그러나 인보험의 경우에는 피보험이익을 인정할 수 없다는 것이 일반적이다(선동각, 434쪽; 손주찬, 434쪽). 사람의 생명 또는 신체에 관한 보험이라는 점에서 이에 대한 금전적 평가나 초과보험, 중복보험 또는 일부보험은 부정된다. 그러나 영미법에서는 피보험이익을 생명보험 등 인보험에도 인정하고 있는바, 뉴욕주보험법 제146조 제2항은 피보험이익이란 ① 혈족 또는 법률에 의하여 근친관계에 있는 사람의 경우에는 애정에 의해 생긴 실제적 이익을, ② 타인의 경우에는 피보험자의 사망·불구 또는 상해에 의해서만 발생할 이익 또는 경우에 따라 그 가치를 올리게 될 이익과는 별개로 피보험자의 생명·건강 또는 신체의 안전유지에 대해 지속적으로 갖는 정당하고 실제적인 경제적 이익을 말한다고 한다. 이렇듯 인보험에서도 영미법에서 피보험이익이라는 관념을 받아들이고 있는 이유는 인보험의 도박화나 이른바 도덕적 위험(moral risk)을 방지하고자 하는데 있다고 할 수 있다. 이러한 취지에서 우리 나라에서도 생명보험의 경우에 피보험이익의 개념을 도입하자는 주장이 있다(김문환, 생명보험계약에 있어서의 피보험이익, 상사법의 현대적 과제, 1984, 343쪽 아래 참조; 양승규, 421쪽).

제 2 관　人保險證券

인보험자는 보험계약이 성립한 때에는 지체없이 보험증권을 작성하여 보험계약자에게 교부하여야 한다(제640조).

인보험증권에 특유한 기재사항에는 보험증권 일반에서 요구되는 사항

($\frac{제666}{조}$) 이외에 ① 보험계약의 종류, ② 피보험자의 주소·성명 및 생년월일, ③ 보험수익자를 정한 때에는 그 주소·성명 및 생년월일을 기재하여야 한다($\frac{제728}{조}$).

개정상법에서 인보험증권에 피보험자와 보험수익자의 생년월일을 기재하도록 한 이유는 피보험자 또는 보험수익자의 동일성을 증명하기 위해서이며, 피보험자의 생년월일은 생명보험계약인 경우 보험료산정시에 특히 중요하다.

제 3 관 保險者代位

Ⅰ. 保險者代位의 禁止

보험자는 보험사고로 인하여 생긴 보험계약자 또는 보험수익자의 제 3 자에 대한 권리를 대위하여 행사하지 못한다($\frac{제729조}{본문}$)($\frac{프랑스보험법 L. 131-2조, 스위스}{보험법 제96조도 마찬가지이다}$). 제 3 자에 대한 보험자대위는 이론적으로는 보험사고가 제 3 자의 행위에 의해 발생한 경우 모든 보험에서 인정될 수 있으나, 손해보험의 경우에는 손해보험계약의 손해보상계약성이라는 연혁적 이유와 피보험자가 실손해액의 보상 이외의 이득을 얻는 것을 방지하기 위한 정책적 이유에서 인정되는 반면에, 인보험의 경우에는 정액보험이고 보험수익자를 보호해야 한다는 이유에서 보험자대위를 금지한다.

Ⅱ. 例 外

그러나 개정상법은 상해보험계약의 경우 당사자 사이에 다른 약정이 있는 때에는 보험자는 피보험자의 권리를 해하지 아니하는 범위 안에서 그 권리를 대위하여 행사할 수 있다($\frac{제729조}{단서}$)($\frac{국민건강보험법 제53조는 보험자의 제}{3 자에 대한 구상권을 인정하고 있다}$)고 하여 생명보험에서와는 달리 상해보험의 경우 보험자대위가 보험약관 등을 통해 인정될 수 있도록 하였다. 결국 상법의 이러한 태도는 상해보험계약의 손해보험적 성격을 반영한 것이다.

보험자대위의 근거가 손해보험계약의 손해보상계약성에 있다면, 인보험 중에서 손해보험의 성격을 가지고 있는 상해보험의 경우($\frac{예컨대 보험자가 의료비와}{약품비를 지급하는 경우}$)에 인보험이라고 하여 보험자의 대위권을 부정할 필연적 이유는 없다고 할 것이므로 타당한 입법이라고 생각한다. 독일에서도 보험계약상의 이득금지는 손해보험에만 적용되는 것이 원칙이지만 운용방식이 손해보험적 성격이 짙은 보

험, 즉 의료보험이나 상해보험 가운데 치료비보상을 목적으로 하는 보험에도
적용된다고 이해하여 학설상 독일 보험계약법 제86조의 적용을 긍정하고 있
으며($\begin{smallmatrix} \text{Bruck-Möller, Kommentar zum} \\ \text{VVG, Bd. Ⅶ, 1978, S. 39 참조} \end{smallmatrix}$), 의료보험의 경우 보험계약자에게 필요한 치료
비의 전액 또는 일부를 보상하는 때에는 손해보험에 관한 보험계약법의 모든
규정이 적용된다는 판례가 나옴으로써 기존의 판례입장도 변경되었다($\begin{smallmatrix} \text{BGHZ 52,} \\ \text{354, 355} \end{smallmatrix}$).

〈대판 2000. 2. 11, 99 다 50699〉
「피보험자가 무보험자동차에 의한 교통사고로 인하여 상해를 입었을 때에 그 손
해에 대하여 배상할 의무자가 있는 경우, 보험자가 약관의 정함에 따라 피보험자
에게 그 손해를 보상하는 것을 내용으로 하는 무보험자동차에 의한 상해담보특약
은 손해보험으로서의 성질과 함께 상해보험으로서의 성질도 갖고 있는 손해보험
형 상해보험으로서 상법 제729조 단서의 규정에 의하여 당사자 사이에 다른 약정
이 있는 때에는 보험자는 피보험자의 권리를 해하지 않는 범위 안에서 피보험자의
배상의무자에 대한 손해배상청구권을 대위행사할 수 있다.」

〈대판 2007. 4. 26, 2006 다 54781〉
「상법 제729조 전문이나 보험약관에서 보험자대위를 금지하거나 포기하는 규정을
두고 있는 것은, 손해보험의 성질을 갖고 있지 아니한 인보험에 관하여 보험자대
위를 허용하게 되면 보험자가 보험사고 발생시 보험금을 피보험자나 보험수익자
(이하 '피보험자 등'이라고 한다)에게 지급함으로써 피보험자 등의 의사와 무관하
게 법률상 당연히 피보험자 등의 제3자에 대한 권리가 보험자에게 이전하게 되어
피보험자 등의 보호에 소홀해질 우려가 있다는 점 등을 고려한 것이라고 해석되
므로, 피보험자 등의 제3자에 대한 권리의 양도가 법률상 금지되어 있다거나 상법
제729조 전문 등의 취지를 잠탈하여 피보험자 등의 권리를 부당히 침해하는 경우
에 해당한다는 등의 특별한 사정이 없는 한, 상법 제729조 전문이나 보험약관에서
보험자대위를 금지하거나 포기하는 규정을 두고 있다는 사정만으로 피보험자 등
이 보험자와의 다른 원인관계나 대가관계 등에 기하여 자신의 제3자에 대한 권리
를 보험자에게 자유롭게 양도하는 것까지 금지된다고 볼 수는 없다.」

〈대판 2008. 6. 12, 2008 다 8430〉
「자기신체사고 자동차보험은 인보험의 일종인 상해보험으로서 상법 제729조 단서
에 의하여 보험자는 당사자 사이에 다른 약정이 있는 때에는 피보험자의 권리를
해하지 아니하는 범위 안에서 그 권리를 대위하여 행사할 수 있는바, 여기서 상법
제729조의 취지가 피보험자의 권리를 보호하기 위하여 인보험에서의 보험자대위를

일반적으로 금지하면서 상해보험에서 별도의 약정이 있는 경우에만 예외적으로 이를 허용하는 것인 이상, 이러한 약정의 존재 및 그 적용범위는 보험약관이 정한 바에 따라 엄격히 해석하여야 하는 것이 원칙이라 할 것이므로, 보험자는 특별한 사정이 없는 한 보험약관이 예정하지 아니하는 피보험자의 손해배상청구권을 대위할 수 없다.」

〈대판 2014. 10. 15, 2012 다 88716〉

「상법 제682조 제1항에서 정한 보험자의 제3자에 대한 보험자대위가 인정되기 위하여는 보험자가 피보험자에게 보험금을 지급할 책임이 있는 경우라야 하고 (대법원 2009. 10. 15. 선고 / 2009다48602 판결 참조), 보험계약에서 담보하지 아니하는 손해에 해당하여 보험금지급의무가 없음에도 보험자가 피보험자에게 보험금을 지급한 경우에는 보험자대위의 법리에 따라 피보험자의 손해배상청구권을 대위행사할 수 없는바(대판 2007. 10. 12, / 2006 다 80667 참조), 이러한 이치는 상법 제729조 단서에 따른 보험자대위의 경우에도 마찬가지로 적용된다. 한편, 무보험자동차에 의한 상해담보특약의 보험자는 피보험자의 실제 손해액을 기준으로 위험을 인수한 것이 아니라 보통약관에서 정한 보험금 지급기준에 따라 산정된 금액만을 제한적으로 인수한 것이므로(대판 2004. 4. 27, / 2003 다 7302 참조), 무보험자동차에 의한 상해담보특약을 맺은 보험자가 피보험자에게 보험금을 지급한 경우 상법 제729조 단서에 따라 피보험자의 배상의무자에 대한 손해배상청구권을 대위행사할 수 있는 범위는 피보험자가 그 배상의무자에 대하여 가지는 손해배상청구권의 한도 내에서 보통약관에서 정한 보험금 지급기준에 따라 정당하게 산정되어 피보험자에게 지급된 보험금액에 한정된다.」

〈대판 2014. 10. 27, 2013 다 27343〉

「손해가 제3자의 행위로 인하여 생긴 경우에 손해보험계약에 따라 보험금을 지급한 보험자는 지급한 금액의 한도에서 당연히 제3자에 대한 보험계약자 또는 피보험자의 권리를 취득하지만(상법 제682조 / 제1항), 피보험자가 무보험자동차에 의한 교통사고로 인하여 상해를 입었을 때에 그 손해에 대하여 배상할 의무자가 있는 경우 보험자가 약관에 정한 바에 따라 피보험자에게 손해를 보상하는 것을 내용으로 하는 무보험자동차에 의한 상해담보특약에 따라 보험금을 지급한 보험자는 상법 제729조 단서에 따라 당사자 사이에 보험자 대위에 관한 약정이 있는 때에 한하여 피보험자의 권리를 해하지 아니하는 범위 안에서 피보험자의 배상의무자에 대한 손해배상청구권을 대위행사할 수 있다.」

제 2 절   生命保險

慶益秀, 保險受益者의 指定・變更에 있어서의 問題點, 企業環境法의 變化와 商事法
(孫珠瓚教授古稀紀念論文集), 1993/金文煥, 生命保險契約에 있어서의 被保險利益——
미국의 判例를 중심으로, 商事法의 現代的 課題(孫珠瓚博士華甲紀念論文集), 1984/金
善政, 生命保險契約上 吸煙事實의 默秘, 商去來法의 理論과 實際(石影安東燮教授華
甲紀念論文集), 1995/金善政, 생명보험계약상 사망보험금의 생전지급, 기업과 법(김교
창변호사화갑기념논문집), 1997/尙鴻圭, 계약관계에 있는 상대방의 생명보험에 대한
피보험이익, 企業環境法의 變化와 商事法(孫珠瓚教授古稀紀念論文集), 1993/尙鴻圭,
생명보험에 있어서의 피보험이익에 관한 연구, 연세대 박사학위논문, 1993/李基秀, 他
人의 生命保險契約, 저스티스 제30권 제 1 호(1997. 3)/李相勳, 生命保險契約의 成立,
保險法學과 保險學(徐燉珏博士華甲紀念論文集), 1980/鄭鎭玉, 타인을 위한 생명보험
계약상의 권리귀속관계, 상사법논총(강위두박사화갑기념논문집), 1997.

제 1 관   生命保險契約의 意義 및 機能

생명보험이란 당사자 일방(보험자)이 상대방 또는 제 3 자의 사망, 생존,
사망과 생존에 관해 일정한 금액을 지급할 것을 약정하고, 상대방이 이에 대
해 보수(보험료)를 지급할 것을 약정함으로써 그 효력이 발생하는 계약을 말
한다($^{제730}_{조}$).

손해보험에서는 보험사고의 발생에 의한 실손해의 보상을 목적으로 하지
만, 생명보험에서는 보험사고가 사람의 생사로서 보험사고의 발생에 의해 보
험수익자에게 손해가 현실로 발생하였는가에 관계없이 일정한 금액이 지급된
다. 즉 정액보험계약에 속한다.

일반적으로 현대국가가 복지정책의 일환으로 행하고 있는 공무원연금($^{공무}_{원연}$
$^{금법 1962. 8. 31,}_{법 제1133호}$)・국민연금($^{국민연금법 1986.}_{12. 31, 법 제3902호}$) 또는 실업보험 등의 사회보장제도는 국민
생활 전반의 안정 및 보장을 꾀하는 것인 반면, 보험은 보험계약을 통해 개
개인의 경제생활상의 불안정을 제거하고 경감하는 기능을 수행한다. 생명보험
역시 가령 피보험자가 사망할 경우 유족의 생활보장을 꾀하고, 일정시기까지
생존할 경우 만기보험금을 지급받아 노후생활을 보장받거나 실업에 대처할
수 있도록 한다.

이와 같이 생명보험은 보장적 기능 및 저축적 기능을 수행한다($^{양승규,\ 426~}_{427쪽\ 참조}$). 최근에는 생명보험의 보험상품으로서 보장성보험이 선호되어 우연한 사고로 말미암은 경제적 수요를 충족시키는 보장적 기능이 그 중심이 되고 있다. 생명보험의 저축적 기능은 보험단체가 개인적으로는 우연한 피보험자의 사망을 大數의 法則에 따라 산정한 사고율을 토대로 국민생명표나 경험생명표를 작성하고, 생명표상의 연령별 사망률을 근거로 계산한 보험료율에 따라 보험계약을 체결함으로써 보험계약자는 정기적으로 보험료를 지급하고, 보험자는 각 보험계약자가 정기적으로 지급하는 보험료에 의해 축적된 자산을 운용하여 금융기관 내지 기관투자가로서의 기능을 수행한다는 점에서 두드러진다.

제 2 관　生命保險轉賣制度

최근에 생명보험 전매제도가 논의되고 있다. 가난한 사람들이 치명적 질병에 걸렸을 경우, 그 치료 등을 위하여 절박한 금전적 수요가 있는 경우 생명보험전매제도를 통해 해약에 의한 환급금상의 금액보다 많은 금액을 받을 수 있음으로 인하여 그 수요에 부응할 수 있다는 등의 논거가 이 제도의 도입 근거로 제시되고 있다. 보험계약자가 현금유통성을 높이고 노후소득을 보전하려는 동기가 보험계약 해지사유의 대다수를 차지하는 것으로 분석되고 있다. 그런데 일부 계약에서는 피보험자가 건강하지 못할수록 해약환급금이 보험계약의 가치를 제대로 반영하지 못하는 경우가 발생한다. 그리하여 미국 등에서 행하여지고 있는 것으로서 건강하지 못한 보험계약자가 보험회사가 아닌 제 3 자에게 보험계약을 매도하고 해약환급금보다 많은 돈을 지급받는 제도가 생명보험 전매제도이다.

Ⅰ. 生命保險轉賣制度의 槪念

생명보험계약 전매제도는 보험계약상 권리와 의무를 매매하는 제도로서 미국, 캐나다, 영국 등을 중심으로 활용되고 있는 제도이다. 생명보험계약 전매제도는 계약을 해약하려는 보험계약자에게 보험회사가 제시하는 해약환급금보다 많은 금액을 받고 보험증권을 매도할 수 있는 기회를 제공하고 보험증권을 구매하는 투자자에게는 주식이나 채권 등 기존의 투자수단과 상관관계가 낮으면서도 높은 수익률을 제공하고 있어 당사자에게 일부 유리한 면이 존재한다고 평가되고 있다. 생명보험계약 전매제도와 관련된 구조를 살펴보면 전매업자를 중심으로 보험계약자와 투자자가 기본 틀을 이루고 있으며, 그 밖에 브로커와 전문 언더라이팅회사, 신탁회사 등이 유기적으로 결합하여 시장을 형성하고 있다. 생명보험계약의 전매는 경제적인 이유로 인해 더 이상 보험의 유지가 어렵거나 말기환자의 의료비충당, 보험상품에 대한 효용의 변화 등의 이유로 이용되게 된다. 생명보험계약을 매수한 보험전매회사는 이를 기반으로 하여 사망채권을 발행하여 투자자들에게 판매한다. 계약자 측면에서는 매매과정에서 발생할 수 있는 개인정보 유출에 대한 불안감에도 불구하고 생명보험 유통시장을 통해 보험상품에 대한 활용도롤 높이고 해약으로 인한 금전적인 손해를 줄일 수 있는 이점이 있다. 보험회사 측면에서는 지속적으로 보험료를 납부받을 수 있는 장점이 있다. 그렇지만 보험가격산정에 반영된 적정수준의 실효·해약의 감소로 보험회사의 수익성에 부정적인 영향을 끼칠 수도 있다. 생명보험 전매제도의 도입에 찬성하는 입장에서는 이 제도의 도입으로 인하여 새로운 제도와 시장의 출현으로 보험시장과 유통시장 그리고 자본시장이 융합함으로써 금융산업 내 생명보험의 역할을 더욱 확대시키는 계기가 될 수 있다고 판단하고 있다.

Ⅱ. 轉賣制度의 進行 節次

미국의 경우를 통하여 살펴보면 전매제도의 진행 절차는 다음과 같다: 생명보험계약을 팔고자 하는 자는 생명보험매수회사나 중개회사에 매도청구를 한다. 생명보험매수회사나 중개회사는 신청을 받은 후에 피보험자에 대한 의료정보, 가입보험에 대한 정보를 수집한다. 그리고 나서 당해 정보의 공개에 대하여 피보험자의 승낙을 얻는다. 이때 보험회사에 대하여는 생명보험계약의 보장내용의 확인을 구하는 문서를 송부하고 매수대상인 생명보험계약의 정보를 수집한다. 매수회사는 보험계약자의 청구서류와 자신이 수집한 정보를 기초로 해당 회사에 소속된 보험·의료전문가로 하여금 피보험자의 남아있는 생존기간을 판단하도록 한다. 매수가 적합하다고 판정한 때에는 당해 보험계약의 적절한 매수가액을 산출하여 보험계약자에게 제시한다. 중개회사가 여러 매수회사에 매수의사를 타진한 때에는 보험계약자와 면담하여 최고가격을 제시한 매수회사와 계약을 체결하도록 한다. 그리고 당해 보험계약의 보험계약자 및 보험수익자를 매수회사로 변경하는 절차를 종료한 후 매수금액을 본래

의 보험계약자에게 지급한다. 이후부터는 매수회사가 보험계약자로서 보험료
지급책임을 부담한다. 이러한 제반 절차를 경료하는 데에는 통상 1 내지 2개
월이 소요되는 것으로 파악되고 있다(김선정, "보험계약자변경,"「상사판례
연구」제21집 제 4 권, 2008, 271쪽).

Ⅲ. 契約者立場에서의 長短點

생명보험전매제도를 통하여 보험계약 유지와 해약 내지는 실효라는 전통
적인 이분적 관리방법에서 전매라는 보험상품의 유통기능이 새롭게 추가됨으
로써 보험상품을 대상으로 한 일반인 내지는 보험계약자의 선택권이 넓어지
게 되는 이점이 있다. 그리고 보험계약 자체의 효용성이 떨어지거나 금전적인
이유로 실효나 해약이 불가피할 경우 생명보험전매제도를 통하여 현금화함으
로써 금전적인 손해를 조금이라도 줄일 수 있다는 점에서 유리한 면이 존재
한다. 한편 급속한 고령화로 인하여 사후에 받을 수 있는 생명보험제도의 효
용성 보다는 길어진 노후를 보내고, 이에 동반되는 의료비를 비롯한 각종 비
용을 충당하기 위한 현금의 필요성이 커지면서 생명보험전매제도는 노후자금
마련을 위한 수단으로 사용될 수 있다.

다른 한편 생명보험전매제도를 통한 상대적인 이득은 보험을 유지하여
얻을 수 있는 보험계약자의 실제적인 효용가치와는 비교할 수 없는 것이다.
그리고 유통시장의 발전이 오히려 보험산업의 본질을 흐리고 보험계약자의
이익을 감소시킬 수 있다. 보험상품 전매와 관련하여 보험계약자들이 느끼는
가장 큰 우려는 보험상품의 매매과정에서 발생할 수 있는 개인정보의 유출이
다. 적정한 가격산정를 위하여 개인정보의 제공은 필수적이며, 특히 지극히
개인적인 의료정보의 유출가능성과 관련하여 정보의 보안성문제가 심각하게
대두될 것이다. 더 나아가 자신의 조기사망이 자신과 직접 관계가 없는 제3
자의 이익으로 전환되는 구조에서 살해 등 범죄행위가 발생할 소지도 없지
아니하다.

Ⅳ. 制度導入 與否

생명보험전매제도의 도입과 관련하여 법적으로 검토할 사항은 많이 있다.
우선 보험계약자 변경에 대하여 보험자의 동의권 존부 여부가 문제된다. 생명
보험전매사업에 있어서는 매입한 보험계약의 보험금청구권을 확실히 하기 위
해 보험계약자 변경을 필수적으로 요구할 것이다. 그런데 이 경우에 보험자에

게는 계약자지위의 양도의 일반원리에 따라 그 변경에 대한 동의권이 있다고
보아야 한다. 특히 전매를 목적으로 한 보험계약자변경의 유형에 대해서는 생
명보험전매사업의 내재적 속성상 그 변경을 거부할 수 있다고 하여야 한다.
원래 보험계약자는 보험수익자를 지정하거나 변경할 수 있다. 이에 대하여는
보험회사에 연락을 하여야 한다. 그런데 보험수익자의 지위변경과 보험계약자
의 지위변경은 달리 보아야 한다. 우리 상법상 고지의무를 부담하는 자는 보
험계약자와 피보험자로 되어 있으며(제651조), 보험수익자는 제외되어 있다. 그
밖에 위험변경증가의 통지의무나 금지의무를 부담하는 자도 보험계약자와 피
보험자로 되어 있다(제652조). 따라서 보험계약자 내지 피보험자의 지위는 보험
계약법상 상당히 중요하고 비중있는 위치를 차지하고 있으므로 보험수익자의
지위와는 구별하여 보아야 한다. 생명보험전매제도와 관련하여 보면 보험계약
자의 지위의 중요성에 비추어 보험계약자의 지위변경에 대하여 보험회사가
그 위험판단 등을 위하여 동의권을 보유하여야 한다고 보아야 한다. 독일의
경우에도 계약상의 합의에 의하여 보험계약자를 변경하기 위하여는 채권법상
의 채무자 변경에 해당하기 때문에 민법의 원칙에 의하여 보험자의 동의가
필요한 것으로 보고 있다. 이 경우 동의를 해줄 것을 청구할 권리는 존재하
지 않는 것으로 파악하고 있다. 또한 피보험이익과의 관계가 문제된다. 생명
보험계약체결의 실무상으로 피보험자와 보험계약자 내지 보험수익자 간에는
일정범위의 친족관계에 있을 것을 원칙으로 하고, 이러한 관계가 없는 경우
위험구별 과정에서 해당 보험계약의 가입의 목적, 가입상품의 성격, 가입금액
등을 판단하여 도덕적 위험여부를 판단하게 된다. 상법의 경우 명문으로 인보
험에서 피보험이익을 규정하고 있지는 않지만 실무상으로는 보험회사의 계약
언더라이팅, 보험계약자 변경 심사과정에서 그와 유사한 개념의 판단기준을
적용하게 된다. 이것은 보험회사의 위험선택을 위한 과정으로서 보험계약의
일방당사자인 보험자의 승낙 또는 동의의 재량권 범위내로 속한다고 판단하
여야 한다. 생명보험전매사업과 관련하여 검토하며 보면 피보험자의 사망에
직면한 유가족의 생활보장이라는 생명보험제도의 근본취지를 고려하여야 한
다. 생명보험사업을 수익률에 근거한 투자대상으로 삼는 것은 적절하지 않다
고 생각한다. 그렇기 때문에 급하게 생명보험 전매제도를 도입하기 보다는 원
래의 보험제도의 고안취지에 맞게 생명보험의 위험보장기능을 확보한 채, 그
를 현금화 할 수 있는 대체제도에 우선적인 관심을 기울이는 것이 필요하다.

비교법적으로 일본의 판례(^{동경고재 2006. 3. 22. 最高裁判所}
^{2006. 10. 12. 第1小法廷})에서도 생명보험 전매사업을 인용할 경우 사회일반이 생명보험제도에 대하여 지니고 있는 신뢰를 훼손하게 된다는 점을 이유로 전매사업자로의 계약자변경을 거부한 보험회사의 행위가 권리남용 또는 신의칙에 위반되지 않는다고 판결한바 있다. 이 판결에서는 보험계약자의 지위가 매매거래의 대상이 된다면 인명이 거래대상이 되는 것이고, 사회일반이 생명보험제도에 대하여 지니고 있는 신뢰를 훼손하게 된다는 점을 적시하여 전매사업자로의 계약자변경을 거부한 보험회사의 행위가 권리남용 또는 신의칙에 위배되지 않는다고 보았다.

종합적으로 보면 인격권침해가능성, 개인정보유출가능성, 사기의 염려, 기존도입법안과의 상충 등의 문제가 있으므로 생명보험 전매제도를 무리하게 도입하기 보다는 보험수익자개입권제도 등 보완적 제도도입에 집중하는 것이 현재로서는 타당하다.

제 3 관 生命保險契約의 要素

Ⅰ. 總   說

상법에 따르면 생명보험계약이란 당사자 일방(보험자)이 상대방 또는 제3자의 생사에 관해 일정한 금액을 지급할 것을 약정하고 상대방이 이에 대해 보수(보험료)를 지급할 것을 약정함으로써 그 효력이 발생하는 계약이므로, 생명보험계약의 성립에 대해 살펴보기 위해서는 다음의 요소들에 대한 고찰이 필요하다.

Ⅱ. 生命保險契約의 要素

1. 契約當事者

생명보험계약의 당사자는 보험자와 보험료의 지급의무가 있는 보험계약자이다. 계약당사자는 아니지만 보험사고가 발생한 때 보험금을 수령할 권리가 있는 자를 보험수익자라 한다. 보험수익자는 보험계약자와 동일인일 수도 있으나 보험계약자가 아닌 자를 보험수익자로 할 수도 있다. 전자의 경우를 자기를 위한 보험계약이라 하고, 후자를 타인을 위한 보험계약이라 한다. 보험계약자의 자격에는 제한이 없으므로 법인도 자연인과 마찬가지로 보험계약자가 될 수 있다.

2. 被保險者

생명보험계약에서의 피보험자란 계약에 의해 지정된 보험사고(생사)의 대상인 자로서 성질상 법인은 피보험자가 될 수 없다. 결국 생명보험에 있어 피보험자란 손해보험상의 보험의 목적에 해당하며, 손해보험상의 피보험자는 생명보험상의 보험수익자에 해당한다. 보험계약자와 동일인인가를 묻지 않는다. 동일인인 경우를 자기의 생명보험이라 하고, 제 3 자인 경우를 타인의 생명보험이라 한다.

피보험자가 보험수익자와 동일인인가도 묻지 않는다. 또한 피보험자는 數人일 수도 있으며, 한 기업의 사원을 피보험자로 하는 경우처럼 일정범위의 불특정다수인을 포괄적으로 피보험자로 할 수도 있다.

피보험자와 관련해서 개정상법은 15세 미만자·심신상실자 또는 심신박약자를 피보험자로 할 수 없도록 하고 있다($\stackrel{제732}{조}$).

다만 2014년 3월 상법 개정 시에 심신박약자 본인이 직접 보험계약을 체결할 때 또는 단체보험의 피보험자가 될 때에 의사능력이 있다고 인정되면 생명보험계약의 피보험자가 될 수 있도록 하였다($\stackrel{제732조의}{단서 신설}$). 이는 경제활동을 통하여 가족을 부양하거나 생계를 보조하는 심신박약자로 하여금 부분적으로 생명보험계약에 가입할 수 있게 함으로써 그 유족의 생활 안정에 이바지할 수 있도록 하기 위한 것이다.

3. 保險事故

생명보험에서 보험사고는 사람의 生死이다. 생사란 일정한 시기의 생존과 사망을 말하며 출생은 포함되지 않는다. 인보험이라도 질병이나 상해 등은 생명보험상의 보험사고가 아니다.

보험사고인 사람의 생사 역시 우연한 것이어야 하므로,

〈대판 1991. 6. 25, 90 다 12373〉

「망인이 더운 날씨에 술에 만취하여 여인숙의 좁은 방안에서 선풍기를 가까운 곳에 틀어 놓고 런닝과 팬티만을 입은 채 잠을 자다가 사망한 것이라면 주취상태에서 선풍기 바람 때문에 체열의 방산이 급격히 진행된 끝에 저체온에 의한 쇼크로 심장마비를 일으키거나 호흡중추신경 등의 마비를 일으켜 사망에 이르렀을 가능성이 높았던 것으로 보지 않을 수 없고, 또 피고회사의 보험약관에 특약보험금의 지급사유인 재해를 '우발적인 외래의 사고'라고 정의하고 질병 또는 체질적 요인이 있는 자로서 경미한 외인에 의하여 발병하거나 악화되었을 때에는 그 경미한 외인은 우발적인 외래의 사고로 보지 아니한다고 규정하고 있는바, 여기서 말하는 외인이란 피보험자의 질병이나 체질적 요인이 아닌 사유를 의미한다고 볼 것이어서 이와 같이 술에 만취된 것과 선풍기를 틀고 잔 사유는 모두 외인에 해당한다 할 것임에도 불구하고 원심이 질식사의 가능성만을 부정한 채 망인의 술취한 상황을 외인이 아니라 질병 또는 체질적 요인이라고 보아 위 망인의 사망을 우발적인 외래의 사고로 볼 수 없다고 판단하였음은 위법이다.」

〈대판 1992. 2. 25, 91 다 30088〉
「농작업중 사망하였다고 하더라도 그것이 평소 지병인 고혈압이 악화되어 뇌졸증으로 사망한 것이라면, 이는 재해사고인 외부의 급격하고도 우발적인 사고에 해당한다고 볼 수 없다.」

〈광주지판 1988. 4. 13, 87 가합 719〉
「피보험자가 밤중에 술을 많이 마시고 귀가하다가 동네 참깨밭에서 쓰러져 자던 중 비를 많이 맞고 이로 인한 체온강하로 심장마비를 일으켜 사망한 경우라면, 이는 보험약관상 보험사고로 규정되어 있는 '불의의 사고로 인한 사망'에 해당한다.」

계약성립시에 확정되어서는 안 된다. 일정한 시기의 피보험자의 생사와 같이 그 자체가 불확정되어 있는 것뿐만 아니라 피보험자의 사망과 같이 발생시기만 확정되지 않은 경우도 보험사고가 될 수 있다. 나아가 보험사고는 계약성립시에 주관적으로 불확정이면 족하다. 생명보험계약상의 보험사고는 손해보험계약상의 보험사고와 달리 보험사고발생으로 보험수익자가 경제적 손해를 입을 것을 요구하지 않는다.

4. 保險金額

생명보험계약은 보험사고발생시 일정금액의 지급, 즉 보험금액지급을 내용으로 하는 정액보험계약이다. 생명보험의 경우 보험가액의 관념이 없으므로 보험금액은 보험자와 보험계약자의 개별적 합의에 따라 약정된다. 따라서 생명보험계약에는 초과보험이 있을 수 없다. 또한 상법상 보험금액의 약정과 관련된 제한은 없다.

생명보험과 관련된 보험사기를 예방하기 위해서는 보험금액의 한도에 법

정제한을 두거나 정액지급을 금지하는 것은 이론상 불가능하므로, 보험계약
모집단계에서 계약자와 피보험자 내지 보험수익자의 관계나 계약자·피보험
자 및 보험수익자의 경제상태 등을 신중히 고려하고, 동시에 보험회사간의 경
쟁에 대한 자기규제가 효과적으로 이루어져야 한다. 실무에서는 보험사기를
미리 예방하기 위해 보험금액의 최고한도를 설정하여 그 한도에서만 보험인
수를 하도록 하고 있다.

보험자는 보험사고가 발생한 경우, 보험수익자가 경제적 손실을 입었는
가에 관계없이 약정한 보험금액을 지급할 의무가 있다. 약정된 일정금액이 지
급된다는 점에서 생명보험은 대표적인 정액보험이므로, 보험사고로 인해 실제
로 손실이 발생했는지 여부와 관계없이 보험자는 약정된 보험금액을 지급해
야 한다. 근래에는 변액보험으로 불리는 생명보험이 등장하기에 이르렀으나,
보험금액의 기본적 부분은 약정되어 있으므로 정액보험으로서의 성질을 유지
하고 있다고 본다.

5. 被保險利益

생명보험계약에서는 손해보험계약의 경우와 같은 피보험이익의 유무 및
그 평가액은 계약성립 및 그 효력에 관해 문제가 되지 않는다. 생명보험도
피보험자의 생사에 의한 경제생활의 보장을 위한 제도이지만, 현실로 손해의
정도에 대한 사전예측이 거의 불가능하고 사후평가 역시 객관적 기준을 찾을
수 없기 때문이다. 여기서 상법은 누구를 피보험자로 하고 누구를 보험수익자
로 하며 또한 보험금액을 어느 정도로 할 것인가를 당사자의 자유에 맡기고
있으며, 도박적 행위로 악용되거나 사람의 생명에 대한 위해를 유발시키지 않
도록 하기 위해 생명보험의 요소로서의 피보험이익의 존재를 적극적으로 요
구하지 않고 있다.

그러나 생존보험과 사망보험은 성질상 차이가 있으므로 상법은 악용방지
의 차원에서 양자를 차별하고 있다. 즉 생존보험의 경우 지급보험료의 총액과
지급보험금액의 차가 적기 때문에 악용의 소지가 없어 생존보험계약의 체결
에 대해 제한하고 있지 않으나, 사망보험의 경우 보험료와 보험금의 차액이
현격하게 크기 때문에 사망이 보험계약자나 피보험자 또는 보험수익자의 고
의로 인하여 생긴 경우에 보험자가 면책되도록 하고 있으며($\frac{제732조}{의 2}$), 타인의
사망을 보험사고로 하는 보험계약, 즉 타인의 생명보험의 경우에는 계약체결
시에 타인의 동의를 서면으로 얻도록 하고 있다($\frac{제731조}{제 1 항}$).

〈대판 1989. 11. 28, 88 다카 33367〉

「타인의 사망을 보험사고로 하는 보험계약에는 피보험자의 동의를 얻어야 한다는 상법 제731조 제 1 항의 규정은 강행법규로 보아야 하므로 피보험자의 동의는 방식이야 어떻든 당해 보험계약의 효력발생요건이 되는 것이고, 그 입법취지에는 도박보험의 위험성과 피보험자 살해의 위험성 외에도 피해자의 동의를 얻지 아니하고 타인의 사망을 이른바 射倖契約上의 조건으로 삼는다는 데서 오는 공서양속침해의 위험성을 배제하기 위한 것도 들어 있다 ….」

6. 保 險 料

보험계약자는 보험자에 대해 그 위험부담에 대한 대가로서 보험료를 지급할 의무가 있다. 보험료지급의무의 법적 성질, 보험료기간, 보험료불가분의 원칙은 생명보험의 경우에도 보험계약 일반에 대한 설명과 마찬가지이다. 단, 보험기간의 경우에는 수십년에 걸치는 장기인 경우가 많고, 보험료기간은 통상 1년인 경우가 많다.

제 4 관 生命保險契約의 種類

생명보험계약은 관점에 따라 여러 가지로 분류할 수 있다.

Ⅰ. 保險事故에 따른 分類

피보험자의 사망을 보험사고로 하는 것을 사망보험계약이라 하고, 보험기간만료까지의 피보험자생존을 보험사고로 하는 것을 생존보험계약이라 한다. 생사혼합보험(예컨대 양로보험)은 양자가 조합된 것이다. 사망보험계약은 다시 일정 기간을 정해 그 기간 내의 사망을 보험사고로 하는 정기사망보험과 그렇지 않은 종신보험으로 나뉜다.

생명보험은 사망, 생존, 생존과 사망을 보험사고로 할 수 있는 것이다. 그럼에도 불구하고 개정 전 상법에서는 생사혼합보험 및 생존보험의 근거 조항으로 양로보험 및 연금보험 규정을 별도로 두고 있었다. 그런데 보험금의 분할지급은 인보험(人保險)의 공통적인 특질이므로 2014년 3월 상법 개정 시에 인보험 통칙에 보험금 분할지급의 근거 조항을 신설하고(제727조 제2항), 생명보험은 사망, 생존, 사망과 생존을 보험사고로 할 수 있도록 명백히 규정하였다(제730조). 그러면서 구법 상의 양로보험 및 연금보험 조항(구법 제735조, 제735조의2)은 삭제하였다.

Ⅱ. 保險金額의 支給方式에 따른 分類

보험금액의 전액을 일시에 지급하는 것을 자금보험계약이라 하고, 연금의 형태로 순차적으로 행해지는 것을 연금보험계약($\frac{제735조}{의 2}$)이라 한다. 연금보험에는 양로보험과 같이 일정한 나이부터 사망할 때까지 매년 연금을 지급하는 종신연금보험과 특정기간 동안 연금을 지급하는 정기연금보험이 있다. 그리고 1970년대 중반에 미국에서 고안된 것으로 인플레이션의 비율에 따라 보험금액의 증액이 예정되는 변액생명보험계약이 있다.

최근에 국내에서도 변액보험이 인기를 끌고 있다. 판매되고 있는 변액보험은 변액연금보험(연금상품 중 변액연금은 투자형 금융상품으로 자금의 운용이 투자신탁과 거의 동일하다. 미국 등 선진국에서는 최근 변액연금의 수요가 증가하여 금융시장에서 투자신탁과 치열한 경쟁을 하고 있다) · 변액종신보험 · 변액유니버셜보험(변액상품은 매기마다 내는 보험료는 고정적이지만 보험금은 변하는 것이 일반적이다. 그러나 변액유니버셜보험은 보험료의 납입일도 신축적이다. 변액유니버셜보험은 투자성과를 보험급여에 반영시키는 변액보험의 특징과 보험료의 지급시기와 지급금액에 대해 융통성을 갖고 있는 유니버셜보험의 특징을 겸비하고 있는 보험으로서 두 종류의 보험이 결합된 구조이다) · 변액CI 등 4개 상품을 들 수 있다. 그 가운데 변액연금 및 변액종신이 대부분을 차지하고 있다. 변액유니버셜보험은 2003년 7월 도입된 이후 근래에 신규설정이 크게 증가하고 있다. 그런데 변액보험에서는 투자원금을 잃을 수도 있으며, 그러한 점에서 보험자의 설명의무와 책임문제가 중요한 쟁점으로 되어 있다.

Ⅲ. 被保險者의 數에 따른 分類

피보험자가 한 명인 것을 單生保險契約이라 하고, 피보험자가 복수인 것($\frac{예컨대\ 부부·}{형제·동업자}$)을 연생보험계약이라 한다. 특정의 회사 · 공장 · 상점 · 관공서 등의 일정기준 이상의 단체소속자를 포괄적으로 피보험자로 하는 것을 단체보험계약이라 한다($\frac{제735조}{의 3}$). 단체보험인 경우에는 단체계약체결을 효과적으로 수행하기 위해 사망보험인 경우라도 피보험자의 동의가 불필요하며($\frac{제735조의\ 3}{제1항}$), 보험증권교부는 보험계약자(단체대표자)에게만 하면 된다($\frac{제735조의\ 3}{제2항}$).

그런데 단체보험은 타인의 생명보험계약임에도 불구하고 상법 개정 전에는 그 타인의 서면 동의를 받도록 하는 규정의 적용이 배제되어 있어, 단체가 자신을 보험수익자로 지정하는 경우에 피보험자인 구성원의 동의가 필요한지에 관하여 해석상 논란이 있었다. 이에 2014년 3월 상법 개정 시에 단체보험에서 보험계약자가 피보험자(그 상속인을 포함한다)가 아닌 자를 보험수익자로 지정하는 경우에는 단체의 규약에 명시적으로 정하지 아니하는 한 피보험자 본인의 서면에 의한 동의를 받도록 하였다($\begin{smallmatrix}제735조의3\\제3항 신설\end{smallmatrix}$).

Ⅳ. 身體檢査의 有無에 따른 分類

계약체결시 피보험자의 신체검사를 요하는 것을 有診査保險契約이라 하고, 그렇지 않은 것을 無診査保險契約이라 한다. 생명보험에서는 피보험자에 대한 개별적인 위험률의 측정이 필요하기 때문에 유진사보험이 원칙이지만, 예외적으로 보험금액이 낮은 경우 무진사보험이 행해진다.

Ⅴ. 配當의 有無에 따른 分類

생명보험상품은 배당의 유무에 따라 유배당상품과 무배당상품으로 구분된다. 보험상품을 판매하여 수익이 나게 되면, 그 수익의 일정부분을 보험계약자에게 '배당'이라는 형식으로 지급하게 되는데, 이것이 유배당상품이다. 유배당상품의 경우 보험사입장에서는 그 상품에서 발생하는 수익분을 가입자에게 일부분이라도 돌려 주어야 하기 때문에 수익배당분을 고려하여 보험료를 높이 책정하게 된다. 과거 배당상품은 회계연도 말이 되면 보험사로부터 배당금을 지급했었다. 그런데 그 배당금액은 소액에 불과하여 실질적인 혜택이 되지 못하는 경우가 많았다. 이에 실질적으로 도움도 되지 못하는 배당을 예정하여 보험료를 비싸게 하기보다는 배당분을 없애고 보험료를 저렴하게 책정하는 무배당상품을 판매하게 되었다. 현재에는 대부분 무배당상품을 판매하고 있다. 보험계약자에의 배당은 다음의 세 가지의 이익을 근원으로 지급이 된다 : ① 사차배당 : 예정된 보험금보다 실제 지급된 보험금이 적을 때(사차익), ② 이자배당 : 상품에서 정한 예정이율보다 실제이율이 높아서 이익이 났을 경우(이차배당), ③ 비차배당 : 예정사업비보다 실제사업비지출이 줄어서 이익이 생긴 경우(비차익). 이익이 없는 경우는 배당을 하지 않는다.

〈대판 2005. 12. 9, 2003 다 9742〉
「주식회사인 보험회사가 판매한 배당부생명보험의 계약자배당금은 보험회사가 이자율과 사망률 등 각종 예정기초율에 기반한 대수의 법칙에 의하여 보험료를 산정함에 있어 예정기초율을 보수적으로 개산한 결과 실제와의 차이에 의하여 발생하는 잉여금을 보험계약자에게 정산·환원하는 것으로서 이익잉여금을 재원으로 주주에 대하여 이루어지는 이익배당과 구별되는 것이므로, 계약자배당 전 잉여금의 규모가 부족한 경우에도 이원(利源)의 분석결과에 따라 계약자배당준비금을 적립하는 것이 그 성질상 당연히 금지된다고는 할 수 없는 것이나, 사차익(死差益)이나 이차익(利差益) 등 이원(利源)별로 발생한 이익이 있다 하여 보험계약자들에게 구체적인 계약자배당금청구권이 당연히 발생하는 것이라고는 볼 수 없고, 보험회사가 약관에서 정한 바에 따라 그 지급률을 결정하여 계약자배당준비금으로 적립한 경우에 한하여 인정되는 것이며, 계약자배당 전 잉여금의 규모와 적립된 각종 준비금 및 잉여금의 규모 및 증감추세를 종합하여 현재 및 장래의 계약자들의 장기적 이익유지에 적합한 범위 내에서 계약자배당이 적절하게 이루어지도록 하기 위한 감독관청의 규제나 지침이 있는 경우, 보험회사로서는 위 규제나 지침을 넘어서면서까지 계약자배당을 실시할 의무는 없는 것이다.」

그 밖에도 피보험자가 표준체인가에 따라 표준체보험계약과 표준하체보험계약으로 구분할 수 있으며, 또한 생명보험계약에서 질병이나 상해사고를 담보하는 특약을 붙인 추가담보보험(Zusatzversicherung)이 있다(양승규·431쪽).

최근에는 보험수요자의 복잡하고 다양한 보험수요에 따라 지급조건이나 범위를 확대한 생명보험계약이 증가하는 추세에 있다.

제 5 관 他人의 生命保險契約

Ⅰ. 意 義

보험계약자는 자기를 피보험자로 하거나 타인을 피보험자로 하여 그 생사를 보험사고로 하는 계약을 체결할 수 있다.

〈대판 1984. 5. 29, 83 누 374〉

「원고회사가 그 대표이사와 주주들을 피보험자로 하여 소외 보험회사와 체결한 보험계약이 원고회사의 운영자금을 대출받기 위한 것이고, 다만 법인은 피보험자가 될 수 없어 대표이사 등을 피보험자로 한 것뿐이며, 더욱이 피고(강릉세무서장)가 이 사건 과세처분을 하기 전에 만기 또는 보험사고발생시의 수익자가 원고회사로 변경되었고, 또 그 동안 피보험자들이 위 보험계약에 따른 이익을 받은 바 없다면 원고가 그 동안 납부한 보험료를 법인세법 시행령 제46조 제 1 항 소정의 '특수관계 있는 자'에 대한 무상대여라 할 수 없다.」

전자를 자기의 생명보험계약이라 하고, 후자를 타인의 생명보험계약이라 한다($^{제731조}_{제1항}$). 타인의 생명보험계약은 妻가 夫를 피보험자로 하여 계약을 체결하는 경우와 같이 그 실익이 크다. 그런데 타인의 생존을 보험사고로 하는 경우에는 피해가 거의 없으나, 타인의 사망을 보험사고로 하는 경우에는 이를 무제한으로 인정하면 피보험자의 사망을 적극적·소극적으로 기대하여 폐해($^{예컨대}_{살인}$)를 초래할 위험이 있다. 따라서 상법은 타인의 사망보험계약의 경우, 보험계약체결시에 그 타인의 서면에 의한 동의를 얻도록 하고 있다($^{제731조}_{제1항}$).

Ⅱ. 立 法 例

타인의 사망을 보험사고로 하는 생명보험계약을 도박적으로 악용할 가능성을 배제하기 위해 국가마다 여러 가지의 제한을 두고 있으나 다음의 두 가지가 대표적이다.

1. 利益主義(영국·미국 등)

보험계약자가 피보험자의 생사에 대해 어떠한 이해관계(이익)를 갖는 경우에만 계약을 체결할 수 있다. 따라서 피보험이익의 관념을 생명보험에서도 인정하는 영미에서 채택하는 입법태도이며, 이해관계가 계약체결시 없으면 그 계약은 무효가 된다. 그러나 이 이해관계의 존재는 계약성립요건이지 계약의 존속요건이 아니다. 피보험이익의 입증이 필요 없는 경우로는 가령 부부 사이나 채권자와 채무자의 관계로서 처는 남편의 생명에, 채권자는 자기가 가진 채권의 정도에 따라 채무자의 생명에 피보험이익을 갖는다고 한다.

2. 同意主義(독일·스위스·프랑스·일본 등)

피보험자가 될 타인의 동의를 필요로 한다. 생명보험의 이용가능성이 확대될 수 있고, 형식적인 보험계약자·보험수익자의 자격부여의 폐해를 회피할 수 있다.

그 밖에 일본의 구 상법이 채택했던 보험수익자를 일정범위 내의 친족에 한정하는 친족주의가 있으나, 보험수익자의 자격부여가 너무 형식적이어서 보험의 이용가능성을 극도로 제한하므로 타당하다고 할 수 없다.

3. 商法의 태도

상법은 동의주의를 취하여 타인의 사망을 보험사고로 하는 보험에는 계약체결시에 피보험자의 동의를 얻도록 하고 있으며, 보험계약으로 인하여 생길 권리를 피보험자가 아닌 자에게 양도하는 경우에도 동의를 얻도록 하고 있다($^{제731조 제 1}_{항 \cdot 제 2 항}$). 그 밖에 상법은 15세 미만자·심신상실자 또는 심신박약자의 사망을 보험사고로 한 보험계약을 인정하지 않고 있다($^{제732}_{조}$). 도덕적 위험을 방지하기 위해 입법론으로서 이익주의의 병용을 주장하는 견해도 있다($^{양승규}_{433쪽}$).

〈대판 2013. 4. 26, 2011 다 9068〉

「상법 제732조는 15세 미만자 등의 사망을 보험사고로 한 보험계약은 무효로 하도록 정하고 있다. 위 법규정은, 통상 정신능력이 불완전한 15세 미만자 등을 피보험자로 하는 경우 그들의 자유롭고 성숙한 의사에 기한 동의를 기대할 수 없고, 그렇다고 해서 15세 미만자 등의 법정대리인이 이들을 대리하여 동의할 수 있는 것으로 하면 보험금의 취득을 위하여 이들이 희생될 위험성이 있으므로, 위와 같은 사망보험의 악용에 따른 도덕적 위험으로부터 15세 미만자 등을 보호하기 위하여 둔 효력규정이라고 할 것이다. 따라서 15세 미만자 등의 사망을 보험사고로 한 보험계약은 피보험자의 동의가 있었는지 또는 보험수익자가 누구인지와 관계없이 무효가 된다.

민법 제137조는 임의규정으로서 법률행위 자치의 원칙이 지배하는 영역에서 그 적용이 있다. 그리하여 법률행위의 일부가 강행법규인 효력규정에 위반되어 무효가 되는 경우 그 부분의 무효가 나머지 부분의 유효·무효에 영향을 미치는가의 여부를 판단함에 있어서는, 개별 법령이 일부 무효의 효력에 관한 규정을 두고 있는 경우에는 그에 따르고, 그러한 규정이 없다면 민법 제137조 본문에서 정한 바에 따라서 원칙적으로 법률행위의 전부가 무효가 된다. 그러나 같은 조 단서는 당사자가 위와 같은 무효를 알았더라면 그 무효의 부분이 없더라도 법률행위를 하였을 것이라고 인정되는 경우에는, 그 무효 부분을 제외한 나머지 부분이 여전히 효력을 가진다고 정한다. 이 때 당사자의 의사는 법률행위의 일부가 무효임을 법률행위 당시에 알았다면 의욕하였을 가정적 효과의사를 가리키는 것으로서, 당해 효력규정을 둔 입법취지 등을 고려할 때 법률행위 전부가 무효로 된다면 그 입법취지에 반하는 결과가 되는 등의 경우에는 여기서 당사자의 가정적 의사는 다른 특별한 사정이 없는 한 무효의 부분이 없더라도 그 법률행위를 하였을 것으로 인정되어야 할 것이다(원고가 15세 미만자인 자녀를 피보험자로 하여 이 사건 보험계약을 체결하였고, 이 사건 보험계약에 의하면 보험회사인 피고가 (i) 피보험자가 교통재해로 사망하였을 때에는 교통재해사망보험금을, (ii) 피보험자가 재해로 장해분류표 중 제 1 급 내지 제 6 급의 장해상태가 되었을 때에는 소득상실보조금을, (iii) 교통재해로 4일 이상 계속하여 입원하였을 때에는 1회당 응급치료비 등을 각 지급하기로 약정하였는데, 그 후 15세 미만자인 피보험자가 교통재해로 이 사건

보험계약 약관의 장해등급분류표 제2급 제1호에 해당하는 후유장해진단을 받은
경우, 원고가 피고와 사이에 15세 미만자인 자녀를 피보험자로 하여 이 사건 보험
계약을 체결한 주요한 목적의 하나는 그 자녀가 교통재해 등으로 일정 기간 이상
계속하여 입원하거나 이 사건 보험계약 약관에 정하는 일정한 장해상태가 되었을
때 지게 되는 각종 치료비·개호비 등의 부담과 장래의 소득상실에 따르는 경제
적 어려움을 사전에 대비함으로써 자녀를 적절하게 치료하고 보호·양육하려는
데 있다는 점, 그리고 피고 역시 원고의 이러한 목적을 알면서 양해하여 원고와의
사이에 이 사건 보험계약을 체결한 것으로 보이는 점 등을 앞서 본 법리에 비추
어 살펴보면, 원고와 피고가 이 사건 보험계약을 체결할 당시 15세 미만자를 피보
험자로 함으로써 이 사건 보험계약 중 재해로 인한 사망을 보험금지급사유로 하
는 부분이 상법 제732조에 의하여 무효라는 사실을 알았다고 하더라도 이를 제외
한 나머지 보험금지급사유 부분에 관한 보험계약을 체결하였을 것으로 봄이 상당
하므로, 이 사건 보험계약은 그 부분에 관하여는 여전히 유효하다는 이유에서, 같
은 취지로 원고의 교통재해 소득상실보조금 청구 등을 인용한 원심 판단은 정당
하다고 한 사안).」

Ⅲ. 同意를 요하는 경우

1. 他人의 死亡保險

타인의 사망을 보험사고로 하는 보험에는 계약체결시에 피보험자의 동의
를 얻어야 한다(제731조 제1항). 피보험자의 일정기간까지의 생존을 보험사고로 하는
순수한 생존보험에서는 피보험자의 동의는 필요하지 않다.

그러나 단체보험의 경우에는 단체의 대표자인 보험계약자가 취업규칙이
나 단체협약에 의해 일괄적으로 구성원의 전부 또는 일부를 피보험자로 하는
보험계약을 체결하게 되므로, 이 때에는 피보험자인 구성원 각자의 개별적 동
의는 필요하지 않다(제735조의 3 제1항). 단체보험의 경우 개정상법이 예외를 인정한 이
유는 다른 개별적 보험과 달리 그 폐해의 위험이 적기 때문이다.

타인의 사망보험에서 타인이 보험수익자인 경우에도 동의가 있어야 한다
고 본다(손주찬, 668쪽; 최기원, 465쪽).

〈대판 2007. 10. 12, 2007 다 42877(본소), 42884(반소)〉

「1. 단체가 구성원의 전부 또는 일부를 피보험자로 하고 보험계약자 자신을 보험
수익자로하여 체결하는 생명보험계약 내지 상해보험계약은 단체의 구성원에 대하

여 보험사고가 발생한 경우를 부보 함으로써 단체 구성원에 대한 단체의 재해보상금이나 후생복리비용의 재원을 마련하기 위한 것이므로 피보험자가 보험사고 이외의 사고로 사망하거나 퇴직 등으로 단체의 구성원으로서의 자격을 상실하면 그에 대한 단체보험계약에 의한 보호는 종료되고, 구성원으로서의 자격을 상실한 종전 피보험자는 보험약관이 정하는 바에 따라 자신에 대한 개별계약으로 전환하여 보험보호를 계속 받을 수 있을 뿐이다.

2. 또한, 위와 같은 단체보험약관에서 보험회사의 승낙 및 피보험자의 동의를 조건으로 보험계약자가 구성원으로서의 자격을 상실한 종전 피보험자를 새로운 피보험자로 변경하는 것을 허용하면서 종전 피보험자의 자격상실 시기를 피보험자변경신청서 접수시로 정하고 있다고 하여도 이는 보험회사의 승낙과 피보험자의 동의가 있어 피보험자가 변경되는 경우 단체보험의 동일성을 유지하기 위하여 피보험자변경신청서 접수시까지 종전 피보험자의 자격이 유지되는 것으로 의제하는 것이므로 위 약관조항이 피보험자변경이 없는 경우에까지 적용되는 것으로 볼 수는 없다.」

〈대판 2013. 11. 14, 2013 도 7494〉

「타인의 사망을 보험사고로 하는 생명보험계약을 체결함에 있어 제 3 자가 피보험자인 것처럼 가장하여 체결하는 등으로 그 유효 요건이 갖추어지지 못한 경우에도, 그 보험계약 체결 당시에 이미 보험사고가 발생하였음에도 이를 숨겼다거나 보험사고의 구체적 발생 가능성을 예견할 만한 사정을 인식하고 있었던 경우 또는 고의로 보험사고를 일으키려는 의도를 가지고 보험계약을 체결한 경우와 같이 보험사고의 우연성과 같은 보험의 본질을 해칠 정도라고 볼 수 있는 특별한 사정이 없는 한, 그와 같이 하자 있는 보험계약을 체결한 행위만으로는 미필적으로라도 보험금을 편취하려는 의사에 의한 기망행위의 실행에 착수한 것으로 볼 것은 아니다(대법원 2012. 11. 15, 선고 2010도6910 판결 참조). 그러므로 그와 같이 기망행위의 실행의 착수로 인정할 수 없는 경우에 피보험자 본인임을 가장하는 등으로 보험계약을 체결한 행위는 단지 장차의 보험금 편취를 위한 예비행위에 지나지 않는다 할 것이다.」

2. 保險契約에 의해 발생한 權利의 讓渡

피보험자의 동의를 얻어 성립된 보험계약상의 권리(보험사고발생 전의 보험수익자의 권리)를 보험수익자가 피보험자가 아닌 자에게 양도하는 경우에도 피보험자의 동의가 필요하다(제731조 제 2 항). 이것은 보험수익자와 피보험자가 동일인인 타인의 생명보험계약에서 그 보험수익자 · 피보험자로부터 권리를 양수한 자가 그 밖의 타인에게 권리를 양도할 경우에도 피보험자의 동의를 요한다고 할 것이다. 또한 자기의 생명보험계약에서도 보험수익자가 권리를 양도할 경우에는 피보험자의 동의를 요한다.

〈대판 1992. 11. 24, 91 다 47109〉

「피보험자의 동의가 없는 타인의 생명보험계약은 무효이고, 보험계약이 피보험자에게 지급할 퇴직금의 적립을 위하여 체결된 것이라 하여 사정이 달라지지 아니한다.」(이에 대한 판례평석 : 권순일, 타인의 생명보험, 상사판례연구 제 2 권(최기원 교수 화갑기념논문집), 1996, 268쪽 아래 참조)

3. 保險受益者의 指定·變更

타인의 사망보험계약이 성립한 후 보험수익자를 새로이 지정·변경할 때에도 피보험자의 동의가 필요하다(제734조 제2항·제731조 제1항). 단, 피보험자가 보험수익자로 지정·변경될 때에는 피보험자의 동의가 필요 없다.

Ⅳ. 同意의 法的 性質

동의는 자신의 사망을 보험사고로 하는 생명보험계약에 대해 이의가 없다는 의사표시이다. 그럼으로써 그 계약에 반공서양속성이 없음이 추정된다. 즉 동의는 계약의 효력발생요건이지 성립요건은 아니다(정희철, 480쪽; 서돈각, 443쪽; 손주찬, 668쪽; 최기원, 466쪽; 양승규, 434쪽)(대판 1989. 11. 28, 88 다카 33367). 보험계약 일반이 낙성계약이라는 점에서 볼 때 당연하다. 동의에 관한 상법의 규정은 강행규정으로 보아야 한다. 단, 단체보험에는 상법상 특칙의 적용을 받는다. 동의의 법적 성질은 준법률행위이다. 따라서 법률행위에 관한 일반원칙이 유추적용된다.

Ⅴ. 同意의 方式·時期·撤回

1. 方   式

동의방식에 대해 구 상법은 아무런 제한도 하지 않았지만, 실무에서는 피보험자가 계약체결시 계약신청서에 서명 또는 기명날인하여 동의하는 것이 통례였다. 개정상법은 서면에 의한 동의를 요구하여 실무의 관행을 입법화하였다(제731조 제1항).

〈대판 1996. 11. 22, 96 다 37084〉

「타인의 사망을 보험사고로 하는 보험계약에는 보험계약체결시에 그 타인의 서면에 의한 동의를 얻어야 한다는 상법 제731조 제1항의 규정은 강행법규로서, 이에 위반하여 체결된 보험계약은 무효이다.」

따라서 구두 또는 묵시적인 동의는 인정되지 않는다. 또한 동의는 각 보험계약에 대해 개별적으로 해야 하며, 장래에 체결될 모든 사망보험에 대해 미리 동의하는 포괄적 동의는 동의주의의 空洞化를 낳기 때문에 인정되지 않는다고 본다.

〈대판 2001. 11. 9, 2001 다 55499, 55505〉
「인보험계약에 의하여 담보되는 보험사고의 요건 중 '우연한 사고'라 함은 사고가 피보험자가 예측할 수 없는 원인에 의하여 발생하는 것으로서, 고의에 의한 것이 아니고 예견치 않았는데 우연히 발생하고 통상적인 과정으로는 기대할 수 없는 결과를 가져오는 사고를 의미하는 것이며, 이러한 사고의 우연성에 관해서는 보험금 청구자에게 그 입증책임이 있다(피보험자가 술에 취한 상태에서 출입이 금지된 지하철역 승강장의 선로로 내려가 지하철역을 통과하는 전동열차에 부딪혀 사망한 경우, 피보험자에게 판단능력을 상실 내지 미약하게 할 정도로 과음을 한 중과실이 있더라도 보험약관상의 보험사고인 우발적인 사고에 해당한다고 한 사례).」

〈대판 2004. 4. 23, 2003 다 62125〉
「보험모집인 또는 보험대리점 등이 타인의 생명보험계약을 모집함에 있어서는 보험계약자에 대하여 타인의 생명보험은 다른 보험과는 달리 피보험자의 서면동의가 없으면 보험사고가 발생하더라도 보험금을 지급받을 수 없다는 내용을 설명하거나 정보를 제공하여야 할 법적 의무가 신의칙상 요구된다고 할 것이고, 객관적으로 보아 그와 같은 내용을 이해시킬 수 있도록 충분히 설명하거나 정보를 제공하지 아니하였다면 타인의 생명보험계약을 모집함에 있어서 요청되는 설명의무 내지 정보제공의무를 다하지 아니하였다고 할 것인바, 그로 인하여 체결된 생명보험계약이 무효가 되어 보험계약자인 원고가 보험약관에 정하여진 재해사망보험금을 지급받지 못하는 손해가 발생하였으므로, 피고는 보험사업자로서 구 보험업법 (2003. 5. 29, 법률 제6891호로 전문개정되기 전의 것) 제158조 제1항에 따라서 보험계약자인 원고가 입은 손해를 배상할 책임이 있다. 나아가 원고와 피고 사이의 재해보상특약이 붙은 타인의 생명보험계약이 모두 무효가 됨으로 인하여 보험계약자인 원고가 입은 손해는 원고가 지급받지 못하게 된 휴일교통재해사망보험금 2억 1,000만 원과 휴일차량탑승외 교통재해사망보험금 1억 원을 합한 3억 1,000만 원이고, 한편 원고도 타인의 생명보험계약을 체결함에 있어서 보험계약이 유효하기 위한 조건 등에 관하여 미

리 알아보고 피보험자의 서면동의를 받아야 할 주의의무가 있음에도 이를 게을리
한 잘못이 있으며, 그 보험계약의 체결경위 등에 비추어 원고의 과실비율을 30%
정도로 평가하여 결국 피고의 손해배상범위는 원고의 과실을 참작하여 2 억 1,700
만 원(＝310,000,000×70%)이 된다.」

2. 時   期

피보험자의 동의의 시기는 상법상 보험계약체결시이다($^{제731조}_{제1항}$). 따라서 타
인의 생명보험의 경우에는 피보험자가 계약이 성립하기 전 또는 성립할 때까
지 동의하여야 하고, 보험기간중의 권리의 양도($^{제731조}_{제2항}$)와 보험수익자의 지정·
변경($^{제734조}_{제2항}$)의 경우에는 그 행위가 있을 때 동의하여야 한다. 타인의 생명보험
계약에서 피보험자의 동의는 그 계약의 효력발생요건이지 성립요건이 아니기
에 피보험자가 보험계약의 성립 또는 권리의 양도 등을 추인하고 서면에 의
한 동의를 한 때에는 그 효력을 인정하여야 할 것인지가 문제된다($^{민법 제139조}_{단서 참조}$).
동의는 상대방의 수령을 요하므로 보험계약당사자 중 일방에 도달하여야 한
다. 동의의 철회 역시 마찬가지이다.

한편 타인의 생명보험에서 피보험자의 동의는 그 계약의 성립요건이 아
니라 효력발생요건으로 보아야 하기 때문에 계약성립 후 또는 권리의 양도
등이 이루어진 후에 피보험자의 동의가 있을 경우, 그 효력이 인정되는가가
문제된다. 그런데 이 경우에 피보험자가 보험계약의 성립 또는 권리의 양도
등을 추인하고 서면에 의한 동의를 한 때에는 그 효력을 인정할 수 있다고
보는 견해도 있다($^{최기원,}_{467쪽}$). 그러나 그렇게 되면 상법 제731조의 규정을 쉽게
면탈할 수 있으므로, 현재로서는 계약성립시까지 서면동의가 있어야 한다고
본다. 그리고 추인시점 이후부터 새로운 계약으로서 인정하여야 할 것이다.

입법론적으로는 계약 후 일정기간 내에는 피보험자의 사후적인 추인을
가능하게 하도록 명시적으로 법에서 규정하는 방안을 강구하여 법규정의 엄
격성을 완화하여야 할 것이다. 그러나 그 경우에도 도덕적 위험을 방지하기
위하여 사고발생 전까지만 추인이 가능하도록 하여야 할 것이다.

〈대판 1996. 11. 22, 96 다 37084〉
「상법 제731조 제 1 항의 규정에 의하면 타인의 사망을 보험사고로 하는 보험계약
에 있어서 피보험자가 서면으로 동의의 의사표시를 하여야 하는 시점은 보험계약
체결시까지이다.」

〈대판 2006. 4. 27, 2003 다 60259〉

「타인의 사망을 보험사고로 하는 보험계약에 피보험자의 서면동의를 얻도록 되어
있는 상법 제731조 제 1 항이나 단체가 구성원의 전부 또는 일부를 피보험자로 하
는 생명보험계약을 체결하는 경우 피보험자의 개별적 동의에 갈음하여 집단적 동
의에 해당하는 단체보험에 관한 단체협약이나 취업규칙 등 규약의 존재를 요구하
는 상법 제735조의 3 의 입법 취지에는 이른바 도박보험이나 피보험자에 대한 위
해의 우려 이외에도 피해자의 동의 없이 타인의 사망을 사행계약상의 조건으로
삼는 데서 오는 공서양속의 침해의 위험성을 배제하고자 하는 고려도 들어 있다
할 것인데, 이를 위반하여 위 법조 소정의 규약이나 서면동의가 없는 상태에서 단
체보험계약을 체결한 자가 위 요건의 흠결을 이유로 그 무효를 주장하는 것이 신
의성실의 원칙 또는 금반언의 원칙에 위배되는 권리행사라는 이유로 이를 배척한
다면 위 입법 취지를 몰각시키는 결과를 초래하므로 특단의 사정이 없는 한 그러
한 주장이 신의성실 등의 원칙에 반한다고 볼 수는 없다.」

〈대판 2006. 6. 29, 2005 다 11602, 11619〉

「원심은, 상법 제731조 제 1 항은 강행규정으로서 이를 위반하고 체결한 계약은 보
험자, 피보험자, 기타 이해관계인 등 모든 사람들에 대한 관계에서 무효로 보아야
한다는 이유로, 이와는 달리 위 조항이 피보험자를 위한 편면적 강행규정이므로
피보험자측에서만 그 무효를 주장할 수 있을 뿐 상대방인 보험자는 위 조항의 위
반을 이유로 보험계약의 무효를 주장할 수 없다는 피고의 주장을 배척하였는바,
이러한 원심의 조치 역시 옳은 것으로 수긍이 가고, 거기에 위 조항의 효력 내지
편면적 강행규정에 관한 법리오해의 위법이 있다고 할 수 없다.」

〈대판 2006. 9. 22. 2004 다 56677〉

「상법 제731조 제 1 항에 의하면 타인의 생명보험에서 피보험자가 서면으로 동의
의 의사표시를 하여야 하는 시점은 '보험계약 체결시까지'이고, 이는 강행규정으로
서 이에 위반한 보험계약은 무효이므로, 타인의 생명보험계약 성립 당시 피보험자
의 서면 동의가 없다면 그 보험계약은 확정적으로 무효가 되고, 보험계약의 당사
자도 아닌 피보험자가 이미 무효가 된 보험계약을 추인하였다고 하더라도 그 보
험계약이 유효로 될 수는 없다.」

〈대판 2006. 12. 21, 2006 다 69141〉

「타인의 사망을 보험사고로 하는 보험계약에 있어서, 피보험자인 타인의 동의는
각 보험계약에 대해 개별적으로 서면에 의해 이루어져야 하고 포괄적인 동의 또

는 묵시적이거나 추정적 동의만으로는 부족하지만 여기서 말하는 피보험자인 타인의 서면동의가 그 타인이 보험청약서에 자필 서명하는 것만을 의미하는 것은 아니다.

피보험자인 타인이 참석한 자리에서 보험계약을 체결하며 보험계약자나 보험모집인이 그 타인에게 보험계약의 내용을 설명한 후 그 타인으로부터 명시적으로 권한을 수여받아 보험청약서에 그 타인의 서명을 대행하는 경우에도, 그 타인의 서면동의는 적법한 대리인에 의해 유효하게 이루어진 것으로 보아야 한다.」

〈대판 2010. 2. 11, 2009 다 74007〉

「앞서 본 법리에 원심이 인정한 사실관계를 비추어 보면, 원고 1이 소외 1의 동의 없이 그녀를 보험계약자 및 피보험자로 하여 체결한 생명보험계약은 상법 제731조 제 1 항 소정의 타인의 생명보험계약에 해당한다고 할 것이므로, 보험계약 성립 당시 소외 1의 서면동의가 없었다면 그 보험계약은 확정적으로 무효가 되고, 소외 1이 무효인 위 보험계약을 추인하였다고 하더라도 그 보험계약이 유효로 될 수는 없다고 할 것이다.」

3. 撤　　回

피보험자는 계약성립 전이라면 일단 행한 동의를 임의로 철회할 수 있으나 계약성립 후에는 이를 임의로 철회할 수 없으며, 보험계약자 및 보험수익자의 동의가 있어야 철회할 수 있다고 본다(동지 : 정희철, 481쪽; 손주찬, 668쪽; 최기원, 468쪽; 양승규, 435쪽).

〈대판 2013. 11. 14, 2011 다 101520〉

「상법 제731조, 제734조 제 2 항의 취지에 비추어 보면, 보험계약자가 피보험자의 서면동의를 얻어 타인의 사망을 보험사고로 하는 보험계약을 체결함으로써 보험계약의 효력이 생긴 경우, 피보험자의 동의 철회에 관하여 보험약관에 아무런 규정이 없고 계약당사자 사이에 별도의 합의가 없었다고 하더라도, 피보험자가 서면동의를 할 때 기초로 한 사정에 중대한 변경이 있는 경우에는 보험계약자 또는 보험수익자의 동의나 승낙 여부에 관계없이 피보험자는 그 동의를 철회할 수 있다. 그리고 피보험자가 서면동의를 할 때 기초로 한 사정에 중대한 변경이 있는지는 보험계약자 또는 피보험자가 보험계약을 체결하거나 서면동의를 하게 된 동기나 경위, 보험계약이나 서면동의를 통하여 달성하려는 목적, 보험계약 체결을 전후로 한 보험계약자 또는 보험수익자와 피보험자 사이의 관계, 보험계약자 또는 보험수익자가 고의로 피보험자를 해치려고 하는 등으로 피보험자의 보험계약자

또는 보험수익자에 대한 신뢰가 깨졌는지 등의 제반 사정을 종합하여 사회통념에
비추어 개별적·구체적으로 판단하여야 한다(甲 주식회사가 임직원으로 재직하던
乙 등이 재직 중 보험사고를 당할 경우 유가족에게 지급할 위로금 등을 마련하기
위하여 乙 등을 피보험자로 한 보험계약을 체결하고 乙 등이 보험계약 체결에 동
의한 사안에서, 乙 등이 甲 회사에 계속 재직한다는 점은 보험계약에 대한 동의의
전제가 되는 사정이므로 乙 등이 甲 회사에서 퇴직함으로써 보험계약의 전제가
되는 사정에 중대한 변경이 생긴 이상 乙 등은 보험계약에 대한 동의를 철회할
수 있다고 본 원심판단을 수긍한 사례).」

Ⅵ. 被保險者의 同意와 能力

15세 미만자·심신상실자 또는 심신박약자는 死亡을 보험사고로 한 보험
계약의 피보험자가 될 수 없으므로($^{제732}_{조}$), 이들이 동의하여 사망보험계약이 체
결되더라도 이 계약은 당연히 무효이다. 15세 이상의 정상인인 미성년자가
유효한 동의를 하기 위해서는 법정대리인의 동의가 있어야 하며($^{민법 제5조; 프}_{랑스 보험법 L.}$
$^{132-4조}_{참조}$), 또 법정대리인이 보험수익자 또는 보험계약자인 경우에는 법원이 선
임한 특별대리인의 동의가 있어야 한다($^{민법 제921}_{조 제1항}$). 독일보험계약법은 피보험자
가 행위무능력자이거나 행위능력이 제한되어 있고 그 일신에 관한 사항의
대리권이 보험계약자에게 속할 경우, 보험계약자는 동의를 대리할 수 없다고
규정하고 있다($^{독일보험계약법 제}_{150조 제2항 후단}$).

그렇지만 2014년 3월 상법 개정 시에 심신박약자 본인이 직접 보험계약
을 체결할 때 또는 단체보험의 피보험자가 될 때에 의사능력이 있다고 인정
되면 생명보험계약의 피보험자가 될 수 있도록 하였다($^{제735조의}_{단서 신설}$). 이는 장애인
의 보험가입을 일부 허용하여야 한다는 주장을 반영하고, 경제활동을 통하여
가족을 부양하거나 생계를 보조하는 심신박약자로 하여금 부분적으로 생명보
험계약에 가입할 수 있게 함으로써 그 유족의 생활 안정에 이바지할 수 있도
록 하기 위한 것이다.

개정상법이 제외되는 피보험자의 범위를 15세 미만자로 낮춘 것은 실제
로 미성년자로서 취업하고 있는 많은 공장근로자들을 보호하기 위한 것이라
는 점에서 타당한 입법이었다고 본다. 개정 전의 판례로서 다음의 것이 있다.

〈대구지판 1987. 2. 27, 86 가단 3308〉
「18세 미만자의 사망을 보험사고로 한 보험계약은 무효라고 할 것이나 이 사건

단체보장보험계약은 생명보험으로서의 성질 외에도 저축의 기능을 겸한 보험이고, 보험모집사원이 18세 미만자를 피보험자로 하는 보험계약인 것을 알고도 보험모집실적을 올리기 위해 연령을 고쳐 기재하여 보험계약이 체결되었다면 보험회사가 보험계약의 무효를 주장함은 신의칙에 반한다.」

제 6 관 他人을 위한 生命保險契約

Ⅰ. 意   義

보험계약자는 타인을 보험수익자로 하여 생명보험계약을 체결할 수 있다 (제733조 제1항). 이러한 보험계약을 타인을 위한 생명보험계약이라 한다. 타인을 위한 보험계약은 특히 피보험자의 사망 후에 유족의 생활을 보장할 목적으로 행해진다는 점에서 그 실익이 크다. 여기에는 ① 보험계약자와 피보험자가 동일인이고 보험수익자가 다른 사람인 경우, ② 피보험자와 보험수익자가 동일인이고 보험계약자가 다른 사람인 경우, ③ 보험계약자·피보험자·보험수익자가 각기 다른 사람인 경우가 있을 수 있다. ②와 ③은 동시에 타인의 생명보험계약이기도 하다. 타인을 위한 보험계약에서 보험수익자는 보험계약자가 지정한다.

Ⅱ. 保險受益者의 指定

타인을 위한 생명보험계약이 성립하기 위해서는 보험계약자에 의해 제 3 자가 보험수익자로서 지정되어야 한다. 지정이 없는 한 보험계약자 자신을 보험수익자로 하는 계약으로 보아야 한다. 이 때 보험계약자가 사망한 때에는 그 상속인이 보험수익자로서의 지위를 승계한다.

이에 반해 제 3 자가 보험수익자로 지정된 경우에는 보험수익자가 보험계약자의 권리를 승계취득하는 것이 아니라 자기 고유의 권리로서 보험금청구권을 취득한다. 따라서 보험계약자나 피보험자의 상속인이 보험수익자로 지정된 경우에도 보험수익자는 보험계약자나 피보험자의 권리를 상속을 통해 취득하는 것이 아니라 原始的으로 취득하는 것이며, 보험금청구권은 보험수익자의 고유재산에 속하게 되므로 보험수익자(상속인)가 한정승인한 경우에도 보험계약자나 피보험자(피상속인)의 채권자는 보험금채권을 강제집행의 대상으로 할 수 없다.

보험수익자를 지정하는 방식은 명칭을 밝혀 특정인을 지정하는 것이 보통이지만, '상속인' 또는 '피보험자의 상속인'과 같이 추상적으로도 할 수 있다. 이와 같이 보험수익자를 추상적으로, 예컨대 '피보험자의 상속인'으로 지정한 경우에는 보험사고의 발생시, 즉 피보험자사망시의 피보험자의 상속인을 보험수익자로 하는 타인을 위한 생명보험계약이라고 보아야 할 것이다.

　　보험수익자의 수나 자격에는 제한이 없다. 따라서 법인도 보험수익자가 될 수 있다. 보험수익자가 수인일 때 각 보험수익자의 몫을 지정하는 것이 보통이지만, 그렇지 않은 경우에는 독일보험계약법 제160조 제 1 항과 같이 각자가 균등한 비율로 보험금청구권을 행사할 수 있다고 할 것이다. 그러나 피보험자의 상속인들을 보험수익자로 하고 그 몫을 정하지 않은 경우에는 상속포기 여부와 관계 없이 상속분의 비율에 따라 보험금청구권을 행사할 수 있다고 할 것이다(독일보험계약법 제160조 제 2 항; 프
랑스 보험법 L. 138-8조 제 5 항 참조).

　　실무상으로는 이러한 경우를 대비하여 보험수익자가 2 인 이상인 때에는 대표자 1 인을 지정하도록 하고 있고, 지정된 수익자의 소재가 확실하지 않은 경우에는 당해 보험계약에 관해 회사가 보험수익자 1 인에 대해 한 행위가 다른 보험수익자에 대해서도 효력이 미치도록 하고 있다(생명보험표준약관 제
12조 제 1 항 참조).

〈대판 2006. 11. 09, 2005 다 55817〉

「타인을 위한 상해보험에서 보험수익자는 그 지정행위 시점에 반드시 특정되어 있어야 하는 것은 아니고 보험사고 발생시에 특정될 수 있으면 충분하므로, 보험계약자는 이름 등을 통하여 특정인을 보험수익자로 지정할 수도 있음은 물론 '배우자' 또는 '상속인'과 같이 보험금을 수익할 자의 지위나 자격 등을 통하여 불특정인을 보험수익자로 지정할 수도 있고, 후자와 같이 보험수익자를 추상적 또는 유동적으로 지정한 경우에 보험계약자의 의사를 합리적으로 추측하여 보험사고 발생시 보험수익자를 특정할 수 있다면 그러한 지정행위는 유효하다(보험계약자가 상해시 수익자란에 '상속인'이라고 기재한 것은, 자신이 상해를 입은 경우 만약 그 상해의 결과로 자신이 사망하였다면 그 상속인이 되었을 자들인 피고 및 선정자들을 상해시 수익자로 지정할 의사였다고 봄이 상당하다는 이유로 위 수익자 지정행위가 무효라는 원고의 주장을 배척한 사례).」

Ⅲ. 保險受益者의 權利

1. 權利의 取得

보험수익자는 수익의 의사표시를 할 필요가 없이 당연히 고유한 권리로서 原始的으로 보험계약상의 권리를 취득한다($\substack{제639조 \\ 제 2 항}$). 보험수익자가 자신의
권리를 포기한 경우에는 보험계약자 자신을 위한 생명보험계약이 된다고 할
것이다. 또한 보험수익자는 보험사고발생시에 권리를 취득하는 것이 아니라
지정이 계약체결시에 행해졌다면 계약성립시부터, 지정이 계약성립 후에 행해
졌다면 그 때부터 권리를 취득한다고 보아야 한다.

2. 權利의 內容

　　보험수익자가 취득할 권리는 보험금지급청구권뿐이다. 계약해지권, 보험
료증액 · 반환청구권, 보험증권교부청구권 등은 보험계약자에 속한다. 해지환
급금청구권이나 적립금반환청구권도 보험계약자에 속하지만, 계약당사자의 합
의에 의해 보험수익자에 귀속시킬 수도 있다고 본다.

3. 保險受益者의 介入權

　　일반적으로 보험수익자의 개입권제도라 함은 보험수익자가 보험계약자의
압류채권자나 파산재단에 대하여 해지환급금을 지급하고 스스로 보험계약자
의 지위를 차지함으로써 자기가 보험수익자로 되어 있는 계약의 소멸을 피할
수 있는 제도를 가리킨다($\substack{김선정, \text{"보험수익자의 개입권에 관한} \\ \text{연구,"} \text{「보험학회지」, 제81집, 2008, 115쪽}}$). 보험수익자의 개입권제도
는 보험계약자의 채권자의 이익보호와 보험수익자의 보호라는 두 가지 요청을
조화하기 위한 제도이다. 지금까지는 보험사고 발생 전에는 보험계약자의 채권
자의 이익을 보호하는 데 중점이 있어왔다($\substack{\text{우리 대법원(대판 2009. 6. 23, 2007 다 26165)도} \\ \text{채권자가 보험계약을 해지할 수 있음을 인정하고 있다}}$).
보험계약자가 보험자에게 갖고 있는 권리를 보험계약자의 채권자가 압류하여
이를 실행하기 위하여 보험계약을 해지하는 경우 또는 보험계약자에 대한 파
산절차가 개시되어 파산관재인이 보험계약을 해지할 경우 보험계약자의 채권
자나 파산관재인이 확보할 수 있는 재산은 해지환급금이다. 그런데 보험수익
자를 보호하기 위하여는 보험사고가 발생한 후 뿐만 아니라 사고발생 전에
보험계약자에 대한 파산절차가 개시되거나 보험계약자의 채권자가 해지환급
금을 압류한 때에도 보험계약이 해지되지 않도록 하여 후에 보험사고가 발생
한 경우에 보험수익자가 보험금을 취득할 수 있어야 한다($\substack{김선정, \text{"보험수익자의 개입권} \\ \text{에 관한 연구,"} \text{「보험학회지」,} \\ \text{제81집, 2008,} \\ \text{117쪽}}$). 보험계약자가 경제적으로 파탄하여 해약환급금을 압류당하거나 보
험계약자에 대하여 파산절차의 개시결정이 있는 경우 압류채권자 또는 파산
관재인이 해약환급금을 확보하기 위하여 보험계약을 해지하는 때에 보험금청
구권이 가까운 장래에 실현될 것으로 예견하는 수익자로서는 기대에 반하는
결과가 된다. 해지환급금은 보험금액보다 적은 경우가 대부분이다. 그를 취득

하기 위한 보험계약자의 계약해지는 생명보험과 의료보험에서 수익자의 생활
보장기능을 현저히 훼손하는 결과가 된다. 일본의 경우는 2008년 독립된 새
로운 보험법에서 보험수익자의 개입권제도를 신설하였다(2008년 일본 신보험법
제60~62조, 제89조~91조).
우리의 경우에도 이러한 보험수익자의 개입권제도를 도입하는 것을 긍정적으
로 검토할 필요가 있다.

Ⅳ. 保險受益者의 義務

　　보험수익자로 지정된 자는 계약당사자가 아니므로 당연히 보험료지급의
무를 지지 않는다. 보험계약자가 파산선고를 받은 경우에 보험수익자는 보험
자의 보험료지급청구에 대해 보험료를 지급할 것인지, 권리를 포기하여 보험
료지급을 면할 것인지를 선택할 수 있다(제639조 제3
항 제2문). 그러나 보험수익자가 보험
료를 지급함으로써 계약의 존속을 꾀하더라도 파산관재인이 해약권을 행사하
면 이에 따라야 한다.

　　또한 보험수익자가 피보험자의 사망사실을 알았을 때는 지체없이 보험자
에게 통지하여야 한다(제657
조). 그러나 이 통지의무가 보험금청구권의 발생요건
은 아니다. 다만, 통지를 받지 않는 한 보험자는 이행지체에 빠지지 않는다.

Ⅴ. 保險受益者의 指定·變更

　　생명보험계약의 보험기간은 長期인 경우가 많아서 보험계약자가 보험수
익자 지정의 철회·변경을 원하는 경우가 있을 수 있다. 민법 제541조에 따르
면 일단 확정된 수익자의 권리는 그의 동의 없이 계약당사자가 그 권리를 변
경하거나 소멸시킬 수 없으나 상법은 생명보험계약의 특수성에 비추어 민법
의 원칙을 수정하여 보험계약자가 보험수익자를 지정 또는 변경할 수 있는
권리를 인정하였다(제733
조). 즉 보험계약자의 보험수익자 지정·변경권은 형성권
의 일종으로서 보험자의 동의가 없더라도 유효하게 행사할 수 있다.

1. 指定·變更權이 留保되어 있는 경우

　　보험계약자가 지정·변경권을 유보한 경우 보험수익자의 권리는 미확정
된 상태에 있게 되며, 보험계약자의 변경권의 행사에 의해 소멸한다.

　　먼저 보험계약자가 지정·변경권을 행사하지 않은 채 사망한 경우에 지
정권이 행사되지 않은 경우에는 피보험자를 보험수익자로 보고, 변경권을 행
사하지 않은 경우에는 보험수익자의 권리가 그대로 확정된다(제733조 제
2항 본문). 그러나

보험계약자가 사망할 경우, 그 승계인이 지정·변경권을 행사할 수 있다는 약정이 있을 때에는 그가 지정·변경권자가 된다($\frac{\text{제733조 제}}{\text{2항 단서}}$). 이러한 특약을 인정하는 이유는 지정·변경권의 일신전속성을 인정할 합리적 이유가 없고, 보험계약자가 사망한 후 그 지위를 승계하여 보험료지급의무를 지는 상속인이 보험계약자의 권리도 승계하는 것이 정당하기 때문이며, 당사자 사이의 분쟁을 방지하는 데에도 기여하기 때문이다.

다음으로 보험계약자가 지정·변경권을 행사하기 전에 보험사고가 생긴 경우에는 피보험자 또는 보험수익자의 지위가 그대로 확정되므로, 이 경우 지정권을 행사하지 않은 경우에는 피보험자의 상속인이 보험수익자가 되고($\frac{\text{제733조}}{\text{제4항}}$), 변경권을 행사하지 않은 경우에는 보험수익자의 지위가 확정된다.

2. 指定·變更의 對抗要件

지정·변경권은 형성권으로서 보험자 및 신구의 보험수익자의 동의 없이 행사할 수 있다. 그러나 상법은 보험계약자가 계약성립 후에 보험수익자의 지정·변경을 한 경우에는 보험자의 이중지급을 방지하기 위해 보험자에 대하여 그 지정·변경을 통지하지 않으면, 이를 가지고 보험자에 대항할 수 없도록 하고 있다($\frac{\text{제734조}}{\text{제1항}}$). 그러나 보험자에 대한 통지는 보험수익자의 지정·변경의 효력발생요건이 아니라 보험자에 대한 대항요건에 지나지 않으므로, 대항요건을 갖추지 않은 경우에도 변경 후의 보험수익자는 변경 전의 보험수익자에 대해 변경의 사실을 입증하여 그가 수령한 보험금의 반환을 청구할 수 있다.

3. 指定·變更權이 留保되지 않은 경우

보험계약자가 보험수익자의 지정·변경권을 유보하지 않은 경우에는 보험수익자의 권리는 확정되며, 보험계약자는 보험수익자의 지정·변경을 할 수 없다. 그러나 피보험자와 보험수익자가 다른 사람인 경우, 보험수익자가 사망하면 보험계약자는 새로이 보험수익자를 지정할 수 있다($\frac{\text{제733조 제}}{\text{3항 제1문}}$). 보험수익자의 지정은 피지정자의 개성을 중시하여 행해지는 수가 많기 때문이다. 그러나 보험계약자가 재지정권을 행사하지 않고 사망한 경우에는 보험수익자였던 자의 상속인이 보험수익자가 된다($\frac{\text{제733조 제}}{\text{3항 제2문}}$). 그러나 특약으로 보험계약자의 승계인이 지정·변경권을 행사하도록 한 경우에는 그에 따른다.

보험수익자가 사망한 후 보험계약자가 보험수익자를 새로 지정하기 전에 보험사고가 발생한 경우에는 보험수익자의 상속인을 보험수익자로 한다

($\binom{\text{제733조}}{\text{제4항}}$). 이 경우 보험금청구권은 보험수익자의 채권으로서 상속재산을 구성하는 것이므로 상속인의 권리는 보험사고의 발생으로 확정되지만, 보험수익자의 지위는 그가 사망한 때의 상속인이 승계한다고 할 것이다($\binom{\text{동지}:\text{양승}}{\text{규, 441쪽}}$).

〈대판 2004. 7. 9, 2003 다 29463〉

「보험계약자가 피보험자의 상속인을 보험수익자로 하여 맺은 생명보험계약에 있어서 피보험자의 상속인은 피보험자의 사망이라는 보험사고가 발생한 때에는 보험수익자의 지위에서 보험자에 대하여 보험금지급을 청구할 수 있고, 이 권리는 보험계약의 효력으로 당연히 생기는 것으로서 상속재산이 아니라 상속인의 고유재산이라고 할 것인데($\binom{\text{대판 2001. 12. 24, 2001 다 65755; 대판 2001. 12. 28,}}{\text{2000 다 31502; 대판 2002. 2. 8, 2000 다 64502 등 참조}}$), 이는 상해의 결과로 사망한 때에 사망보험금이 지급되는 상해보험에 있어서 피보험자의 상속인을 보험수익자로 미리 지정해 놓은 경우는 물론, 생명보험의 보험계약자가 보험수익자의 지정권을 행사하기 전에 보험사고가 발생하여 상법 제733조에 의하여 피보험자의 상속인이 보험수익자가 되는 경우에도 마찬가지라고 보아야 할 것이며, 나아가 보험수익자의 지정에 관한 상법 제733조는 상법 제739조에 의하여 상해보험에도 준용되므로, 결국 이 사건과 같이 상해의 결과로 사망한 때에 사망보험금이 지급되는 상해보험에 있어서 보험수익자가 지정되어 있지 않아 위 법률규정에 의하여 피보험자의 상속인이 보험수익자가 되는 경우에도 보험수익자인 상속인의 보험금청구권은 상속재산이 아니라 상속인의 고유재산이라고 보아야 할 것이다.」

〈대판 2007. 11. 30, 2005 두 5529〉

「보험계약자가 자기 이외의 제3자를 피보험자로 하고 자기 자신을 보험수익자로 하여 맺은 생명보험계약에 있어서 보험존속 중에 보험수익자가 사망한 경우에는 상법 제733조 제3항 후단 소정의 보험계약자가 다시 보험수익자를 지정하지 아니하고 사망한 경우에 준하여 보험수익자의 상속인이 보험수익자가 되고, 이는 보험수익자와 피보험자가 동시에 사망한 것으로 추정되는 경우에도 달리 볼 것은 아니며, 이러한 경우 보험수익자의 상속인이 피보험자의 사망이라는 보험사고가 발생한 때에 보험수익자의 지위에서 보험자에 대하여 가지는 보험금지급청구권은 상속재산이 아니라 상속인의 고유재산이라 할 것이다($\binom{\text{대판 2004. 7. 9, 2003}}{\text{다 29463 참조}}$).」

제 7 관　生命保險契約의 成立

I. 序　　說

　　생명보험계약도 손해보험계약과 마찬가지로 낙성·불요식계약이다. 그러나 많은 경우 그 체결에 앞서 제 1 회 보험료상당액의 지급과 피보험자의 건강진단이 행해지고 있다. 생명보험계약의 성립과 관련되는 문제의 대부분은 앞서 항목별로 자세히 설명하였기 때문에(앞의 제 2 관 생명보험계약의 요소에 대한 설명 참조) 이하에서는 주로 고지의무를 중심으로 살펴보고자 한다.

II. 告知義務

1. 總　　說

　　생명보험계약의 체결시 보험계약자 또는 피보험자가 고의 또는 중대한 과실로 인하여 중요한 사실을 고지하지 않거나 중요 사항에 대해 부실하게 고지한 때에 보험자는 계약을 해지할 수 있다(제651조 본문). 생명보험계약에 관한 분쟁은 이 고지의무를 둘러싸고 자주 발생한다. 이미 계약체결 전 또는 계약체결시 보험계약자 등의 고지의무에 대해서는 설명된 바 있으므로, 여기에서는 생명보험계약에서 특유한 점만을 다루기로 한다.

2. 告知義務者

　　생명보험계약에서 고지의무자는 보험계약자 및 피보험자이다(제651조 본문). 피보험자도 의무자인 까닭은 그 건강상태·병력에 대해 가장 잘 알고 있는 자는 자신이기 때문이다. 보험수익자는 의무자가 아니다.

3. 告知의 相對方

　　고지해야 할 상대방은 보험자 또는 고지수령의 대리권이 있는 자이다. 실제로는 診査醫와 보험설계사의 대리권 유무를 둘러싸고 분쟁이 자주 발생한다.

　　(1) 身體檢査와 診査醫　　생명보험계약에서는 유진사보험이 원칙이어서 진찰의가 보험자의 위탁을 받아 피보험자가 될 자(피보험자)를 검진하게 된다. 그러나 피보험자가 신체검사를 받았다고 해서 고지의무가 면제되는 것은 아니므로, 피보험자가 자신의 기왕병력이나 현재병 등에 대해 고의 또는 중대한 과실로 중요한 사항을 고지하지 않거나 부실한 고지를 한 때에 진사

의가 신체검사시 통상적인 주의를 기울여도 알 수 없었거나 진정한 건강상태를 이미 알고 있지 않는 한 보험자는 보험계약을 해지할 수 있다($\frac{제651}{조}$).

　　그리고 유진사보험계약에서는 보험자가 보험계약자로부터 계약청약과 함께 보험료상당액의 일부 또는 전부를 받았고, 그 청약을 승낙하기 전에 보험사고가 생겨 보험자가 책임을 지는 경우에도 피보험자가 신체검사를 받지 않은 때에는 책임을 지지 않는다($\frac{제638조의\ 2}{제3항}$).

　　일반적으로 신체검사와 관련해서 진사의의 고지수령권한은 인정되고 있으며, 이와 관련하여 진사의가 중요한 사항에 대해 알고 있었거나 과실에 의해 알지 못한 경우 이를 보험자의 지·부지와 동일시할 것인가에 대해서 학설·판례는 긍정하는 점에서 일치되어 있으나 그 이론구성에는 차이가 있다. 기관설은 진사의가 보험자의 기관으로서 피보험자가 될 자(피보험자)의 건강상태를 진사하고 보험자의 전문적 지식의 부족을 보충함을 임무로 한다는 점을 근거로 하지만, 진사의는 단순히 보험자를 위해 기계적으로 행위하는 기관이 아니라는 점에서 타당하지 않다. 형평설은 진사의에게 진사를 위탁한 것은 보험자이기 때문에 피보험자가 될 자(피보험자)와 보험자의 관계로 볼 때 진사의가 중요한 사실을 알았다거나 과실로 몰랐다는 것을 보험자의 지·부지와 동일시하는 것이 공평하다고 한다. 그러나 이 견해는 일면 타당하나 보험자와 진사의의 관계가 무시되거나 경시되는 난점이 있다. 추정설은 진사의는 그 직무의 성질상 피보험자가 될 자(피보험자)를 진사하고, 위험의 측정에 관해 중요한 사실에 대한 고지를 수령할 권한을 부여받고 있다고 추정해야 한다는 데 근거를 두고 있다. 추정설이 반증의 여지를 부여하므로 형평설보다 타당하다고 본다.

　　(2) 保險設計士　　　보험설계사는 원칙으로 고지수령권한이 없으며, 특히 그 권한을 부여받은 경우 또는 표현대리의 법리가 적용되는 사정이 있는 경우를 제외하고 보험설계사에 대한 고지는 보험자에 대한 고지가 되지 않으며, 보험설계사가 중요 사실에 대해 알았거나 과실로 몰랐을 경우 이를 보험자의 지·부지로 돌릴 수는 없다.

　　보험설계사의 고지수령권한이 문제가 되는 이유는 보험자는 보험설계사를 신용하지 않고 그 권한을 좁게 한정하려고 함에 반해, 일반 보험수요자는 보험설계사를 보험회사의 대리인으로 보고 그 권한이 넓다고 생각하는 데에 있다. 보험설계사가 모집성적을 올리기 위해 보험에 관해 무지하고 경험이 없

는 가입자에 대해 중요 사실을 고지하지 않도록 유도하거나 부실고지를 요구
하거나 시사하고 보험계약청약서의 고지란에의 기입을 방해하는 경우에는 가
입자의 과실도 고려하여야 하나 보험설계사의 선임·감독에 대한 보험자의
과실 여부도 고려하여야 한다고 본다.

Ⅲ. 告知事項

상법상 고지해야 할 사항은 보험계약성립시에 존재하는 중요한 사항이지
만(제651조) 약관을 통해 보험계약신청시뿐만 아니라 그 신청 후 제 1 회 보험료
또는 제 1 회 보험료상당액의 지급시까지 피보험자의 건강에 현저한 이상이
있고, 기타 중요 사항에 대해 변동이 있을 때에도 고지해야 하는 것으로 약정
하는 것이 통례이다.

먼저 생명보험계약상의 중요 사항의 중요성판단기준과 관련해서는 보험실
무상 보험자가 작성한 계약신청서에 고지란(질문표)이 마련되어 있어 보험계
약자·피보험자가 해당란에 기입한 기재사항은 모두 중요한 사항으로 추정받
는다(제651조의 2). 반면 질문표상의 기재사항이 아닌 것은 중요하지 않은 사항으로
추정해야 할 것이다.

Ⅳ. 告知의 時期

계약성립시까지 고지하면 된다. 신청시에 고지의무위반이 있더라도 계약
성립까지 정확하게 고지를 다시 하면 고지의무위반의 사실을 보정할 수 있다.

Ⅴ. 告知義務違反에 의한 解止

생명보험계약에서의 고지의무위반에 의한 해지에 관해서 문제되는 바는
다음과 같다.

1. 解止通知의 相對方

보험자는 해지의 통지를 보험계약자 또는 그 상속인에 대하여 해야 한
다. 타인을 위한 생명보험계약의 경우라도 보험수익자에 대한 통지는 당연히
그 효력이 생기지 않는다.

2. 解止權의 消滅

해지권은 보험자가 해지의 원인을 알았던 때부터 1 월 내에 이를 행사하

지 않은 때 또는 계약이 성립한 후 3년이 경과하면(제척기간) 행사할 수 없다 ($^{제651}_{조}$). 많은 생명보험계약약관은 보험자의 책임개시일로부터 2년이 지나면 해지권이 소멸한다고 규정하고 있다(불가쟁약관). 이 경우에는 피보험자가 사망하지 않고 2년의 기간이 경과한 때는 자동적으로 해지권이 소멸하므로 해지권 행사기간의 단축의 효과가 생기지만, 2년 내에 피보험자가 사망하여 계약일로부터 2년 이상 보험계약이 계속되지 않은 때에는 2년의 기간이 경과해도 해지권은 소멸하지 않으며, 상법의 기간과 같이 3년의 제척기간에 따라야 한다.

〈대판 2003. 6. 10, 2002 다 63312〉

「피보험자의 직업이나 직종에 따라 보험금가입한도에 차등이 있는 생명보험계약에서 피보험자의 직업이나 직종을 변경하는 경우에 그 사실을 통지하도록 하면서 그 통지의무를 해태한 경우에 직업 또는 직종이 변경되기 전에 적용된 보험료율의 직업 또는 직종이 변경된 후에 적용해야 할 보험료율에 대한 비율에 따라 보험금을 삭감하여 지급하는 것은 실질적으로 약정된 보험금 중에서 삭감한 부분에 관하여 보험계약을 해지하는 것이라 할 것이므로, 그 해지에 관하여는 상법 제653조에서 규정하고 있는 해지기간 등에 관한 규정이 여전히 적용되어야 한다.」

Ⅵ. 保險期間 및 承諾前 死亡

보험기간은 보험계약이 성립하여 보험자가 최초의 보험료를 지급받은 때로부터 개시되는 것이 원칙이며($^{제656}_{조}$),

〈대판 1989. 11. 28, 88 다카 33367〉

「선일자수표는 그 발행자와 수취인 사이에 특별한 합의가 없었더라도 일반적으로 수취인이 그 수표상의 발행일 이전에는 자기나 양수인이 지급을 위한 제시를 하지 않을 것이라는 약속이 이루어져 발행된 것이라고 의사해석함이 합리적이며, 따라서 대부분의 경우 당해 발행일자 이후의 제시기간 내의 제시에 따라 결제되는 것이라고 보아야 하므로 선일자수표가 발행교부된 날에 액면금의 지급효과가 발행된다고 볼 수 없으니, 보험약관상 보험자가 제 1 회 보험료를 받은 때에 소급하여 그 때부터 보험자의 보험금지급책임이 생긴다고 되어 있는 경우에 있어서 보험모집인이 청약의 의사표시를 한 보험계약자로부터 제 1 회 보험료로서 선일자수표를 발행받고 보험료가수증을 해주었더라도 그가 선일자수표를 받은 날을 보험자의 책임발생시점이 되는 제 1 회 보험료의 수령일로 보아서는 안 된다.」($^{판례}_{평석:}$

정동윤, 선일자수표에 의한 보험료지급과 승낙전 사고에 대한 보험자의 책임, 판례연구 제 5 집, 서울지방변호사회 (1992년 1월), 297~300쪽. 판례의 취지에 반대하여 '선일자수표의 교부시'를 책임개시의 시기로 보아야 한다는

견해를)
취함)

생명보험계약에서는 보험자가 제 1 회의 보험료를 받은 때부터 보험자의 책임
이 개시되는 것이 통례이다(생명보험표준약관). 이 경우는 일종의 소급보험이 된다
(제643조).

　　그런데 앞서의 소급보험은 계약의 성립을 전제로 하고 있으나, 보험계약
자가 신청시에 요구되는 행위(제1회의 보험료지급, 중요사실의 고지, 피보험자의 검진)를 한 후 정상적이라면 보험
자가 승낙하였을 것으로 볼 수 있는 경우에 피보험자가 사망할 경우에는 계
약이 성립하지 않으므로 문제가 된다. 이러한 경우 아직 보험자의 승낙은 이
루어지지 않았으므로 엄밀하게는 계약이 성립하였다고 할 수 없으나 보험계
약자의 이익을 보호하는 조치(소급조항)가 필요하다. 따라서 개정상법은 보험
자가 보험계약자로부터 보험계약의 청약과 함께 보험료상당액의 전부 또는
일부를 받은 경우에는 특별히 그 청약을 거절할 사유가 없는 한 승낙 전에
보험사고가 발생하더라도 보험계약상의 책임을 지도록 하면서(제638조의 2 제 3항 제 1문), 인
보험계약의 피보험자가 신체검사를 받아야 하는 경우에 그 검사를 받지 않은
경우에는 그렇지 않다고 규정하고 있다(동조 동항 제2문). 일반 보험수요자를 보호한다
는 측면에서 타당한 입법이었다고 본다. 보험약관의 경우에도 상법의 입장과
유사한 취지로 규정하고 있다(생명보험표준약관 제23조 제 2 항).

제 8 관 生命保險契約의 效力

Ⅰ. 保險者의 義務

1. 保險證券交付義務

　　보험자는 보험계약자의 청구에 의해 상법 제728조에 규정된 사항을 기재
한 보험증권을 작성하여 보험계약자에게 교부하여야 한다.

2. 保險金支給義務

　　생명보험계약에서 보험자의 보험금지급의무에 대해 특히 고찰이 필요한
것은 면책사유이다.

　　(1) 被保險者의 自殺　　피보험자의 자살이 면책사유가 되는 이유는 射
倖契約인 생명보험계약에서 요청되는 당사자간의 신의칙에 반하고, 생명보험
계약이 부당한 목적에 이용될 것을 방지하기 위해서이다. 여기서 말하는 자살

이란 자기의 생명을 끊을 것을 의식하고 이를 목적으로 하여 죽음의 결과를 초래하는 행위를 말하며, 심신상실상태에서 생명을 끊는 경우와 같이 의식 없이 자기의 생명을 끊는 경우는 해당하지 않는다. 그런데 생명보험약관은 보험자의 책임개시 후 일정기간(2년)이 경과한 후의 피보험자의 자살에 대해서 보험금을 지급한다고 규정하고 있다(생명보험표준약관 제17조 제1호). 한편 독일 생명보험약관(ALB) 제10조에서는 보험료납입개시 후 3년이 지난 때부터는 자살의 경우에도 보험금을 지급한다는 취지를 규정한다.

이와 같이 2년이나 3년이 지나면 자살의 경우에도 보험금을 지급하여야 한다(상세는 김선정, 생명보험약관상 자살면책기간경과 후의 자살, 보험학회지 제69집, 2004, 197쪽 아래 참조). 그런데 문제가 되는 것은 약관에서 보험자의 책임의 범위나 내용에 대하여 규정하지 아니하거나 서로 모순되는 규정을 두고 있는 경우에 면책기간경과 후의 자살사고에 대하여 보험자의 보험금지급책임을 인정할 수 있는지, 그리고 어떠한 보험금을 지급할 것인지 여부이다. 그런데 면책기간경과 후에는 보험자의 책임을 인정한 취지에 맞추어 재해사망보상금이 아닌 일반사망보험금을 지급하여야 할 것이다.

독일의 경우에는 동 보험계약법(VVG) 제161조 제1항에서 사망을 대상으로 하는 보험에서 피보험자가 보험계약 체결 이후 3년 이내에 고의로 자살한 경우에는 보험자는 급부의무를 면하도록 하면서, 이는 그 행위가 자유로운 의사결정을 배제하는 상황하에서 정신적인 장애로 이루어진 경우에는 적용하지 아니하도록 하고 있다. 그런데 이 규정은 상해보험이나 상해추가보험의 경우에는 적용되지 않는 것으로 평가되고 있어서(Motive, S. 213) 자살의 경우 보험금을 지급하는 경우에도 일반사망보험금을 지급하는 것으로 이해되고 있다.

〈대판 2001. 10. 23, 2001 다 2372〉

「보험약관에서 '피보험자가 고의로 자신을 해친 경우'를 보험자의 면책사유로 규정하고 있는 경우 보험자가 보험금지급책임을 면하기 위하여서는 위 면책사유에 해당하는 사실을 입증할 책임이 있고, 일반적으로 자살을 결심하는 자는 그 순간의 결정이 아무리 충동적이고 그 동기가 착잡한 것이라 할지라도 일시적으로나마 자살에 관한 명확한 징표를 남기게 된다는 점에서 보험자가 피보험자의 자살을 입증하기 위해서는 자살의 의사를 분명히 밝힌 유서의 존재나 일반인의 상식에서 자살이 아닐 가능성에 대한 합리적인 의심이 들지 않을 만큼 명백한 주위정황사실을 입증하여야만 할 것이다.」

〈대판 2002. 3. 29, 2001 다 49234〉

「보험계약의 보통보험약관에서 '피보험자가 고의로 자신을 해친 경우'를 보험자의
면책사유로 규정하고 있는 경우 보험자가 보험금 지급책임을 면하기 위하여는 위
면책사유에 해당하는 사실을 입증할 책임이 있는바, 이 경우 자살의 의사를 밝힌
유서 등 객관적인 물증의 존재나, 일반인의 상식에서 자살이 아닐 가능성에 대한
합리적인 의심이 들지 않을 만큼 명백한 주위 정황사실을 입증하여야 한다(피보
험자가 달리는 기차에 부딪쳐서 사망하였으나 그가 자살하였다고 추단할 만한 물
증이나, 자살할 만한 동기가 있었다는 점에 관한 자료가 없으므로, 일반인의 상식
에서 자살이 아닐 가능성에 대한 합리적인 의심이 들지 않을 만큼 명백한 주위
정황사실이 입증되었다거나, 피보험자가 달리는 기차에 쉽게 치어 죽을 수도 있다
는 가능성을 인식하고서도 그 결과를 스스로 용인함으로써 사고가 발생하였다고
단정하여 '피보험자가 고의로 자신을 해친 경우'에 해당한다고 할 수 없다고 본
사례).」

〈대판 2006. 3. 10, 2005 다 49713〉

「상법 제659조 제 1 항 및 제732조의 2의 입법취지에 비추어 볼 때, 사망을 보험사
고로 하는 보험계약에 있어서 자살을 보험자의 면책사유로 규정하고 있는 경우 그
자살은 사망자가 자기의 생명을 끊는다는 것을 의식하고 그것을 목적으로 의도적으
로 자기의 생명을 절단하여 사망의 결과를 발생케 한 행위를 의미하고, 피보험자가
정신질환 등으로 자유로운 의사결정을 할 수 없는 상태에서 사망의 결과를 발생케
한 경우까지 포함하는 것이라고 할 수 없을 뿐만 아니라, 그러한 경우 사망의 결과
를 발생케 한 직접적인 원인행위가 외래의 요인에 의한 것이라면 그 보험사고는
피보험자의 고의에 의하지 않은 우발적인 사고로서 재해에 해당한다(부부싸움중 극
도로 흥분한 정신적 공황상태에서 베란다 밖으로 몸을 던져 사망한 경우, 보험자가
면책되지 아니한다고 한 사례).」

〈대판 2007. 1. 11, 2005 다 44015〉

「망인이 이 사건 사고로 일용노동능력의 60%를 상실하였을 뿐 아니라 자발적인
배뇨가 불가능하여 매일 타인의 도움을 받아야만 배뇨를 할 수 있는 등 신체에
중대한 기질적 상해를 수반하는 후유증이 남은 상태에서 이와 같은 자신의 처지
와 후유장해로 인한 고통을 이기지 못하고 비관하여 자살하였다면, 그 후유장해는
망인이 자살에 이르게 된 주된 원인으로 작용하였다 할 것이어서 이 사건 사고와
자살 사이에는 상당인과관계가 있다고 봄이 상당하고, 비록 망인이 이 사건 사고

이전부터 정신분열증을 앓고 있었고, 그러한 정신분열증이 망인의 자살에 심인적
요인으로 작용하였다 하더라도, 망인의 자살이 오로지 그와 같은 정신분열증의 발
현에 의한 것이라고 볼 수 없는 이상 위와 같은 심인적 요인은 손해배상액을 산
정함에 있어서 참작할 사유가 될 뿐이지 이 사건 사고와 자살 사이의 상당인과관
계를 부정하는 사유가 될 수는 없다.」

〈대판 2008. 8. 21, 2007 다 76696〉
「상법 제659조 제 1 항 및 제732조의 2의 입법 취지에 비추어 볼 때, 사망을 보험
사고로 하는 보험계약에 있어서 자살을 보험자의 면책사유로 규정하고 있는 경우,
그 자살은 자기의 생명을 끊는다는 것을 의식하고 그것을 목적으로 의도적으로
자기의 생명을 절단하여 사망의 결과를 발생케 한 행위를 의미하고, 피보험자가
정신질환 등으로 자유로운 의사결정을 할 수 없는 상태에서 사망의 결과를 발생
케 한 경우까지 포함하는 것은 아닐 뿐만 아니라, 그러한 경우 사망의 결과를 발
생케 한 직접적인 원인행위가 외래의 요인에 의한 것이라면 그 보험사고는 피보
험자의 고의에 의하지 않은 우발적인 사고로서 재해에 해당한다(보험계약의 피보
험자가 술에 취한 나머지 판단능력이 극히 저하된 상태에서 신병을 비관하는 넋
두리를 하고 베란다에서 뛰어내린다는 등의 객기를 부리다가 마침내 음주로 인한
병적인 명정으로 인하여 심신을 상실한 나머지 자유로운 의사결정을 할 수 없는
상태에서 충동적으로 베란다에서 뛰어내려 사망한 사안에서, 이는 우발적인 외래
의 사고로서 보험약관에서 재해의 하나로 규정한 '추락'에 해당하여 사망보험금의
지급대상이 된다고 판단한 원심을 수긍한 사례).」

〈대판 2010. 11. 25, 2010 다 45777〉
「공제계약의 피공제자가 자살을 시도하다가 그로 인한 후유증으로 1급의 신체장
해 상태가 된 사안에서, 공제약관에서 재해로 인한 사망 또는 1급장해의 경우에는
유족위로금(사망) 또는 장해연금(1급장해)을 지급하고, 재해 외의 원인으로 인한
사망 또는 1급장해의 경우에는 유족위로금을 공제금으로 지급하도록 규정하고 있
고, 위 공제약관의 재해분류표에 의하면 고의적인 자살이나 자해로 인한 사망 또
는 1급장해의 경우는 원칙적으로 재해 외의 원인으로 인한 공제사고에 해당하여
유족위로금의 지급사유가 될 수 있을 뿐이며, 다만 위 공제약관의 면책조항에서
고의적인 자살이나 자해로 인한 사망 또는 1급장해의 경우를 공제사고에서 제외
하는 한편, 그러한 자살이나 자해로 인한 사망 또는 1급장해가 계약의 책임개시일
로부터 1년이 경과한 후 발생한 때에는 다시 그 면책을 제한하고 있으나, 그 면책

제한조항은 자살 또는 자해가 계약의 책임개시일로부터 상당기간이 경과한 후 이루어진 경우에는 그 자살 또는 자해에 공제금을 취득하려는 부정한 동기나 목적이 있는지 여부를 판정하기 어렵다는 점을 고려하여 그 면책의 예외를 인정한 것으로서, 위 면책조항에 의하여 줄어든 '재해 외의 원인으로 인한 공제사고의 객관적 범위'를 다시 일부 확장시키는 규정이라고 해석될 뿐 '재해로 인한 공제사고의 객관적 범위'까지 확장하기 위하여 둔 규정이라고는 볼 수 없다.」

(2) 保險受益者에 의한 被保險者의 故殺   이 경우에 보험금지급을 인정하는 것은 명백히 공익에 반한다(생명보험표준약관 제30조 제1항 제1호).

그런데 상법 개정 전에는 생명보험에서 둘 이상의 보험수익자 중 일부가 고의로 피보험자를 사망하게 한 경우 다른 보험수익자에 대한 보험자의 책임 문제에 관하여는 법률에 규정이 되어 있지 아니하였다. 이에 2014년 3월 상법 개정 시에 둘 이상의 보험수익자 중 일부가 피보험자를 사망하게 한 경우 보험자는 다른 보험수익자에 대하여 책임을 지도록 하여(제732조의2 제2항 신설), 나쁜 행동에 가담하지 않은 보험수익자의 보호를 강화하였다.

〈대구지판 1991. 5. 24, 90 가합 14489〉
「가. 혼인신고가 호적상 경료되어 있는 이상 일응 그 기재사항은 진실에 부합하는 것으로 추정된다.

나. 따라서 피보험자의 사망시의 보험금수익자는 상속인으로 지정되어 있으니, 피보험자를 살해한 목적이나 동기가 보험금수취의사와는 무관한 격심한 배신감에서 오는 살해의사로 피보험자를 살해한 경우라도 결국 동거중이면서 사실상 호적상 혼인신고가 되어 있었던 배우자가 피보험자를 살해한 경우에는 수익자가 고의로 피보험자를 살해한 경우에 해당되어 보험자의 약관상 면책사유에 해당된다 할 것이다.」

여기서 말하는 보험수익자 가운데에는 보험수익자로서 특정된 자 외에 그 자로부터 권리를 양수한 자도 포함된다.

(3) 保險契約者에 의한 被保險者의 故殺   이것은 (2)의 경우와 같은 이유에서 면책사유가 되며, 이 때 보험자는 적립금반환의무도 지지 않는다(제736조, 제659조).

(4) 戰爭 기타 變亂에 의한 死亡   이 경우 보험자는 특약이 없는 한 면책된다(제736조, 제660조). 평상시의 경우와 보험료산정의 기초가 다르다는 기술적 이유 때문이다. 이와 관련하여 생명보험표준약관 제17조에서 전쟁 기타 변란시 보

험료산정의 기초에 중대한 영향을 미칠 우려가 있다고 인정될 때는 보험회사는 금융위원회의 인가를 얻어 보험금을 감액하여 지급한다고 규정하고 있다.

(5) 犯罪 또는 死刑執行에 의한 死亡   구법에서는 이들 경우를 면책사유로 하였었다(구상법 제659조 제2항 단서 참조). 이러한 경우는 범죄행위에 관련된 사망이기 때문에 보험금을 지급하는 것이 공익에 반한다고 보았기 때문이다. 그러나 범죄행위를 한 자에 대한 제재는 본인에 대해서만 하면 족하다고 보면, 이들 경우에도 보험자의 보험금지급의무를 인정해도 좋을 것이라는 주장이 있었는데, 이러한 주장이 수용되어 1991년 상법개정시 이러한 경우가 면책사유가 되지 않도록 해당 내용이 삭제되었다.

3. 保險料返還義務

생명보험계약의 전부 또는 일부가 무효인 경우, 보험계약자와 피보험자가 선의이며 중과실이 없는 경우에는 보험료의 전부 또는 일부를 반환하여야 한다고 본다(제648조 제2문).

4. 積立金返還義務

보험자는 손해보험의 경우 보험계약자의 보험료불지급·고지의무위반시 보험료반환의무가 없으나(제650조~ 제655조), 생명보험의 경우에는 생명보험의 저축적 성격으로 인해 계약이 해지된 때에 보험계약자에게 보험수익자를 위해 적립한 금액을 지급하도록 하고 있다(제736조 제 1항 본문). 이와 관련하여 보험업법은 보험자에게 결산기마다 책임준비금을 계상할 의무를 부과하고 있다(보험업법 제 120조 제1항). 이때의 책임준비금에는 보험료적립금과 미경과보험료가 있으며, 여기서 말하는 '보험수익자를 위해 적립한 금액'이란 전자를 뜻한다.

상법 제736조 제1항이 규정하고 있는 적립금반환의 경우는 다음과 같다. ① 사고발생 전의 보험계약자에 의한 임의해지(제649), ② 보험료불지급으로 인한 계약해지(제650조 제2항), ③ 고지의무위반으로 인한 계약해지(제651조), ④ 위험의 변경·증가로 인한 보험자의 계약해지(제652조 제1항), 보험계약자 등의 고의·중과실로 인한 위험증가의 경우의 계약해지(제653조), ⑤ 보험자의 파산으로 인한 보험계약자의 계약해지(제654조), ⑥ 보험자의 면책사유(제659조 제660조)로 보험자가 면책되는 경우 등이다. 이 의무는 3년의 시효로 소멸한다(제662조).

5. 解止還給金返還義務

보험계약자는 보험사고의 발생 전에는 언제라도 임의로 계약을 해지할 수 있으며, 이 때 보험수익자를 위해 적립된 책임준비금의 일부(해지환급금)가

반환된다는 뜻의 합의가 이루어지는 경우가 많다(생명보험표준약관 제14조, 제32조).

6. 保險契約者에 대한 貸付義務

보험계약자는 해지환급금의 범위 내의 일정한도에서 보험자로부터 대부를 받을 수 있다는 합의를 하는 것이 통례이다. 그에 따라 생명보험표준약관은 보험계약자가 해지환급금의 범위 안에서 보험자가 정한 방법에 따라 보험증권을 제출하고 대부를 받을 수 있음을 규정하고 있다(생명보험표준 약관 제33조). 그러나 그 법적 성질에 대해서는 다툼이 있어 보험금·해지환급금의 일부선급으로 보는 설(정희철, 485쪽)과 보험계약자 또는 보험수익자가 보험자에 대해 갖는 청구권과 상계하여 변제할 것을 예정하고 있는 특수한 금전소비대차로 보는 설(서돈각, 441쪽; 손주찬, 674쪽; 최기원, 476쪽; 양승규, 454쪽)이 대립하고 있다. 보험계약자가 보험기간중에 대부금에 대해 이자를 지급하고 있는 점으로 볼 때, 특수한 금전소비대차라고 보는 것이 타당하다.

〈대판 2007. 9. 28, 2005 다 15598(전원합의체)〉

「[다수의견] (가) 생명보험계약의 약관에 보험계약자는 보험계약의 해약환급금의 범위 내에서 보험회사가 정한 방법에 따라 대출을 받을 수 있고, 이에 따라 대출이 된 경우에 보험계약자는 그 대출 원리금을 언제든지 상환할 수 있으며, 만약 상환하지 아니한 동안에 보험금이나 해약환급금의 지급사유가 발생한 때에는 위 대출 원리금을 공제하고 나머지 금액만을 지급한다는 취지로 규정되어 있다면, 그와 같은 약관에 따른 대출계약은 약관상의 의무의 이행으로 행하여지는 것으로서 보험계약과 별개의 독립된 계약이 아니라 보험계약과 일체를 이루는 하나의 계약이라고 보아야 하고, 보험약관대출금의 경제적 실질은 보험회사가 장차 지급하여야 할 보험금이나 해약환급금을 미리 지급하는 선급금과 같은 성격이라고 보아야 한다. 따라서 위와 같은 약관에서 비록 '대출'이라는 용어를 사용하고 있더라도 이는 일반적인 대출과는 달리 소비대차로서의 법적 성격을 가지는 것은 아니며, 보험금이나 해약환급금에서 대출 원리금을 공제하고 지급한다는 것은 보험금이나 해약환급금의 선급금의 성격을 가지는 위 대출 원리금을 제외한 나머지 금액만을 지급한다는 의미이므로 민법상의 상계와는 성격이 다르다.

(나) 결국, 생명보험계약의 해지로 인한 해약환급금과 보험약관대출금 사이에서는 상계의 법리가 적용되지 아니하고, 생명보험회사는 생명보험계약 해지 당시의 보험약관대출 원리금 상당의 선급금을 뺀 나머지 금액에 한하여 해약환급금으로서 반환할 의무가 있다고 할 것이므로, 생명보험계약이 해지되기 전에 보험회사에 관하여 구 회사정리법(2005. 3. 31. 법률 제7428호 채무자 회생 및 파산에 관한 법률 부칙 제2조로 폐지)에 의한 회사정리절차가 개시

되어 정리채권신고기간이 만료하였다고 하더라도 같은 법 제162조 제 1 항의 상계 제한 규정은 적용될 여지가 없다.」

7. 利益配當義務

생명보험계약이 영리보험의 형태로 행해지는 경우에도 약관에 의해 보험 자가 그 이익을 보험계약자에게 배당해야 한다고 약정할 수 있다. 이러한 약 정이 있는 보험을 이익배당부생명보험이라고 한다. 이 때 보험자는 이익배당 의무를 지며, 필요한 준비금을 적립해야 한다. 그러나 원래 생명보험계약의 보험료는 예정사망률과 예정이율을 기초로 산정되므로 보험경영의 결과 그 실적이 있는 경우에 한해 死差益·利差益·費差益 등으로 이익금이 생길 수 있는 것이므로, 보험업법은 보험모집단계에서부터 보험안내자료에 보험사업 자의 장래 이익배당 또는 잉여금분배에 대한 예상관련사항을 기재하지는 못 하도록 하고 있다(보험업법 제95조 제 3 항 본문). 다만, 보험계약자의 이해를 돕기 위하여 필요하 다고 인정하여 금융위원회가 정하는 경우는 예외이다(통법 동조 단서).

Ⅱ. 保險契約者 및 保險受益者의 義務

보험계약자는 보험자에 대해 위험부담의 보수로서 보험료를 지급해야 하 고(제638조), 보험계약자 또는 보험수익자는 위험의 변경·증가에 대해 통지해야 하며(제652조), 보험계약자 또는 보험수익자는 피보험자의 사망을 알았을 때 지 체없이 이를 보험자에게 통지해야 한다(제657조). 손해보험계약상의 손해발생통 지의무에 대응하는 것이다.

제 9 관 生命保險契約의 變更 및 復活

Ⅰ. 生命保險契約의 變更

생명보험계약의 보험기간은 통상 장기에 걸치기 때문에 계약 당초의 사 정이 변하게 될 경우, 보험계약자에게 생명보험계약의 내용을 변경할 수 있게 할 필요가 있다. 따라서 상법은 피보험자의 특별위험을 고려하여 보험료를 높게 정한 경우에 보험기간중에 그 위험이 소멸한 때는 보험계약자가 감액을 청구할 수 있도록 하였다(제647조). 이 때의 보험계약자의 보험료감액청구권은 일종의 형성권이므로 보험자의 승낙은 필요하지 않다. 나아가 생명보험표준약 관에서는 보험기간중에 보험계약자가 보험자의 승낙을 얻어 ① 보험종목, ②

보험기간, ③ 보험료의 납입주기, 수금방법 및 납입기간, ④ 보험가입금액, ⑤ 보험계약자 또는 보험수익자, ⑥ 기타 계약의 내용을 변경할 수 있도록 하고 있다(동 약관 제20조).

Ⅱ. 生命保險契約의 復活

1. 意   義

생명보험계약의 부활이란 보험계약이 일정한 사유에 의해 실효된 후에 종전의 계약이 실효하지 않은 것과 같은 효과를 주는 제도이다. 가령 종전의 계약이 실효한 후 종전의 계약과 같은 계약을 체결하려고 해도 피보험자의 연령이 높아져 보험료가 종전보다 훨씬 많아서 종전의 계약과 같은 조건으로 새로이 계약을 체결할 수 없을 경우와 같이 보험계약자가 불이익을 받을 경우, 이를 구제하기 위해 인정하는 제도이다.

2. 法的 性質

부활의 법적 성질에 대해서는 보험계약자가 일방적 의사표시에 의해 실효한 종전의 계약의 효력을 부활시키는 행위라고 볼 수도 있지만, 현재 학설은 종전의 계약을 실효 전의 상태로 회복시키는 특수한 계약이라고 보는 데 일치하고 있다.

3. 節   次

생명보험계약의 부활에도 보험계약자의 신청과 보험자의 승낙이 필요하다. 개정상법에 따르면 부활계약의 청약은 계속보험료의 지급해태로 보험계약이 해지된 후 해지환급금이 지급되지 않은 경우에 일정한 기간 내에 연체보험료에 약정이자를 붙여 보험자에게 지급한 뒤 하여야 한다(제650조의 2). 보험자가 승낙한 경우 실효하였던 보험계약은 부활한다. 생명보험표준약관 제13조에서는 보험계약자가 계약이 실효한 날로부터 2년 이내에 회사가 정한 절차에 따라 부활을 청약할 수 있고, 회사가 이를 승낙한 때에는 부활을 청약한 날까지의 연체보험료에 정기예금이율범위 내에서 각 보험상품별로 회사가 정하는 이율로 계산한 금액을 가산하여 납입하도록 하고 있다(동 약관 제13조 제1항).

보험자는 그 보험료를 수취한 때부터 책임을 진다. 부활계약의 체결에도 계약승낙의 의제에 관한 상법 제638조의 2 규정이 준용된다(제650조의 2).

4. 效   力

부활이 이루어지면 종전의 계약이 실효 전의 상태를 회복한다. 따라서 새로 계약이 성립하는 것이 아니다. 종전의 계약에 존재한 무효·취소·해지 등의 원인은 부활 후의 계약에서도 주장할 수 있다. 따라서 계약의 부활 후에도 부활 전의 고지의무위반에 관한 사항은 존재하게 된다. 그러나 부활신청 시 보험자가 피보험자에 대해 고지서제출을 요구하는 경우에는 종전의 계약체결시에 고지의무위반이 있어도 이를 묻지 않는다는 취지이며, 따라서 부활시의 고지를 중심으로 법률관계가 결정된다(양승규, 415쪽; 최기원, 481쪽). 이 때 고지의 범위는 구 계약체결시점 이후의 내용을 고지하면 족하다고 본다.

제 3 절 傷害保險

金星泰, 人身損害補償에 관한 法理論의 發展方向, 보험학회지 38(1991. 10)/金英仙, 상해보험사고에 관한 고찰── 판례를 중심으로, 現代商法의 課題와 展望(梁承圭教授華甲紀念論文集), 1994/金坪佑, 상해보험의 특수성, 法律學의 諸問題(劉基天博士古稀紀念論文集), 1988.

제 1 관 傷害保險의 概念

Ⅰ. 意   義

상해보험계약은 피보험자가 급격하고 우연한 외래사고에 의해 신체에 상해를 입었을 때에 보험금액 기타의 급여를 할 것을 약정하는 보험계약이다(제737조). 약관에서는 일정한 기준에 따라 신체상해의 직접적 결과로 사망한 경우에는 사망보험금을, 후유장해(신체의 일부를 잃거나 그 기능이 상실된 것)가 있는 경우에는 후유장해보험금을, 그리고 생활기능·업무능력의 멸실·감소로 의사의 치료가 필요한 경우에는 의료비보험금을 지급하도록 하는 것이 보통이다(상해보험보통약관 제13조, 제14조, 제15조). 상해보험은 여러 보험 가운데 비교적 늦게 등장한 것으로 19세기의 철도교통의 보급에 따른 철도사고의 피해자에 대한 손해보상을 위해 영국에서 발생한 것이 그 시작이었다고 할 수 있으며, 그 후 유럽 각지로 광범위하게 전파되었다.

Ⅱ. 法的 性質

이미 여러 번 밝혔듯이 상해보험에서 문제가 되는 것은 그 법적 성질이다. 그 이유는 상해보험이 한편으로는 일정한 보험금액 내지 상해의 정도에 따라 일정비율 또는 약정에 기초하여 정해진 금액을 지급할 것을 내용으로 하는 定額保險이지만, 다른 한편으로는 상해에 의해 발생한 실손해를 보상하는 손해보상으로서의 성질도 갖추고 있어서 손해보험의 성격도 갖는다는 이중성에 있다. 이러한 상해보험 고유의 속성에서 유래하는 논의는 각국에서도 충분히 이루어져서 해석이나 입법에서 커다란 진전이 있었다. 상해보험의 법적 성질을 둘러싼 종래의 논의는 다음과 같다.

1. 損害保險說

보험계약을 이분법(dicotomia)으로 파악하는 종래의 입장을 전제로 하여 현행 상해보험의 보험사고가 어디까지나 상해라는 특수한 사고인 점에 유의한다면, 손해보험성은 부정할 수 없다는 입장이다. 일원적으로 보험을 파악하는 입장에서 이런 설을 취하는 견해도 있다(이탈리아의 유력설로 현재에도 로마대학의 Volpe-Putzolu 교수 등에 의해 주장되고 있다).

2. 定額保險說

이분법을 원칙으로 하는 점에서는 손해보험설과 같으나 상해보험의 대부분이 보험금의 급부형태가 정액급부라는 점, 보험의 실질이 생명보험과 같이 인보험이라는 점, 손해의 유무에 관계 없이 보험급부가 행해지는 점 등 정액보험성을 부정할 수 없다는 견해이다. 그런데 이 견해는 손해보상형의 상해보험도 인정하여 이 경우에는 손해보험으로 분류하기도 한다. 따라서 상해보험의 통일적 이해가 불가능하다.

3. 第三種說

상해보험은 그 성질상 인보험이지만 사람의 생사가 보험사고가 아니라는 점, 위험률의 측정 기타 수리적 기초의 측면에서 볼 때 오히려 손해보험에 가깝다는 점, 급부의 형태는 정액 내지 준정액방식이 취해지고 구체적인 손해에 대응하지 않고 보상적 급부가 행해진다는 점에서도 정액보험적 성질 역시 부정할 수 없다는 등의 이유를 들어 종래의 이분법주의를 포기하고 상해보험을 중간적인 제 3 종(tertium genus)의 보험으로 파악하는 입장이다.

4. 混合保險說

사망상해보험은 정액보험으로 이해하고, 질병상해보험은 손해보험이라고 보는 입장이다. 이탈리아의 학계에서 일부 유력하게 주장되고 있다.

5. 結 論

그런데 이러한 학설대립은 우리 나라의 사정과 관련해 볼 때 해석상 별로 중대한 문제를 낳지는 않는다. 다만, 유럽 각국의 보험계약법이나 상법과 같이 편면적 강행규정과 관련하여 상해보험의 고유한 규정이 없는 경우, 상해보험에 어떤 보험의 규정을 적용할 것인가가 중요한 문제가 된다. 독일보험계약법이 상해보험규정을 따로 두고 있는 이유가 이러한 논의를 미리 회피하기 위해서임은 말할 것도 없다. 그러나 우리의 경우에 이 모든 것을 약관에 맡긴다는 것은 문제가 있다. 계약당사자간에 다툼이 있다면 적용법규를 둘러싸고 해석할 여지가 있어야 한다. 상해보험에서 각각의 성질을 인정하여 손해보험·생명보험 중 어디에 속하는가에 대해 제3종설처럼 경직된 분류를 하지 않는 이유는 역시 그 때문일 것이다.

〈대판 2007. 4. 13, 2006 다 49703〉

「상해보험은 피보험자가 보험기간 중에 급격하고도 우연한 외래의 사고로 인하여 신체에 손상을 입는 것을 보험사고로 하는 인보험으로서, 상해사고가 발생하기 전에 피보험자가 고지의무에 위배하여 중대한 병력을 숨기고 보험계약을 체결하여 이를 이유로 보험자가 상법의 규정에 의하여 보험계약을 해지하거나, 상해보험약관에서 계약체결 전에 이미 존재한 신체장해 또는 질병의 영향에 따라 상해가 중하게 된 때에는 보험자가 그 영향이 없을 때에 상당하는 금액을 결정하여 지급하기로 하는 내용의 약관이 따로 있는 경우를 제외하고는 보험자는 피보험자의 체질 또는 소인 등이 보험사고로 인한 후유장해에 기여하였다는 사유를 들어 보험금의 지급을 감액할 수 없다(손해보험사의 기왕증 공제약관에 해당하는 약관조항을 기여도 감액에 관한 규정으로 볼 수 없다는 이유로 후유장해 공제금 산정에서 추락사고의 기여도에 상응하는 공제금을 공제하여야 한다는 피고의 주장을 배척한 원심을 수긍한 사례).」

〈대판 2013. 5. 23, 2011 다 45736〉

「하나의 보험계약에서 장해보험금과 사망보험금을 함께 규정하고 있는 경우, 사망보험금은 사망을 지급사유로 하는 반면 장해보험금은 생존을 전제로 한 장해를 지급사유로 하는 것이므로, 동일한 재해로 인한 보험금은 당해 보험계약에서 중복지급을 인정하는 별도의 규정을 두고 있는 등 특별한 사정이 없는 한, 그중 하나만을 지급받을 수 있을 뿐이라고 보아야 한다. 따라서 재해로 인한 장해상태가 회복 또는 호전을 기대하기 어렵거나 또는 호전가능성을 전혀 배제할 수는 없지만 기간이 매우 불확정적인 상태에 있어 증상이 고정되었다면 장해보험금의 지급을 청구할 수 있고, 그 증상이 고정되지 아니하여 사망으로의 진행단계에서 거치게 되는 일시적 장해상태에서 치료를 받던 중 재해와 인과관계가 있는 원인으로 사망한 경우에는 그 사이에 장해진단을 받았더라도 장해보험금이 아닌 사망보험금을 지급받을 수 있을 뿐이다. 이 때 재해 이후 사망에 이르기까지의 상태가 증상이 고정된 장해상태인지 사망으로의 진행단계에서 거치게 되는 일시적 상태인지는 장해진단으로부터 사망에 이르기까지의 기간, 재해로 인한 상해의 종류와 정도, 장해부위와 장해율, 직접사인과 장해의 연관성 등 관련 사정을 종합적으로 고려하여 판단하여야 한다.」

Ⅲ. 保險金支給方式

상해보험의 보험금지급방식에는 상해로 인해 사망한 이른바 상해사망의 경우에 약정한 보험금액을 지급하는 순정액보험(Reine Summen-Leistung), 상해의 정도와 부위에 따라 차등보험금을 지급하는 준정액보험(Verunreinigte Summen-Leistung), 그리고 상해로 인해 소요되는 의료비와 약품대 등을 지급하는 손해보상 및 비용보상보험(Schadenersatz u. Aufwandersatz-Leistung) 등이 있다.

Ⅳ. 傷害保險 既往症減額 有 · 無效

상해보험은 인보험 및 정액보험이라는 점에서 생명보험과 유사성이 있으나 상해의 결과에 따라 보험금액에 차이가 있다는 점에서 손해보험적인 속성도 가지고 있으므로 상해보험은 생명보험과 손해보험의 중간에 속한다고 볼 것이다(박세민, 「보험법」, (2013), 852쪽). 그 결과 상해보험의 성질과 관련하여 기왕증기여도의 감액과 관련하여 여러 논란이 되고 있다. 기왕증기여도 감액약관의 효력에 대하여 유효설, 무효설의 대립이 있었다. 판례는 약관상 명시적으로 기왕증기여도 감액약관이 있는 경우에만 감액할 수 있다는 입장이었다(大判 2002. 10. 11., 2002 다 564). 이에 대하여 상해사망보험에서 기왕증의 기여도에 따라 보험금액을 감액한다면 이는 손해액을 구체적으로 산정하는 것이어서 결국은 손해보험화하는 것으로서 정액보험의 본질과 부합하지 않을 수 있다는 주장(장덕조, 「보험법」)이 있다. 상해보험이 정액보험적 성격을 갖는 한도에서는 기왕증감액약관은 효력을 가질 수 없다고 보아야 한다.

제 2 관 傷害保險의 種類

I. 總 說

상해보험을 어떤 보험유형으로 분류할 것인가라는 논의가 우리 나라의 경우 별로 실익이 없다는 점에 관해서는 이미 언급하였지만 보험업법상으로는 문제가 있다. 즉 보험업법 제10조에서는 손해보험과 생명보험의 兼營이 금지되어 있다. 따라서 보험회사로서는 상해보험이 어느 보험으로 분류되는가는 중요한 문제이다. 상해보험을 제 3 종의 보험으로 보면 상해보험에 관해 생명보험회사나 손해보험회사 어느 쪽도 이를 판매할 수 있으며, 定額保險으로 보면 생명보험회사가, 손해보험으로 보면 손해보험회사가 각각 상해보험의 영업권을 주장하게 된다. 금융자유화의 입장에서 보험업법에 의한 영업분야의 규제가 완화되고 있다는 점, 보험회사의 사업행동 자체가 광범위해지고 있다는 점 등의 이유로 볼 때 상해보험은 생명보험회사 · 손해보험회사 모두 영위할 수 있으며, 실제로도 그렇게 운용되고 있다.

상해보험계약도 보험금의 지급방법, 계약의 형식, 담보위험의 종류, 피보험자의 수, 보험기간의 장단 등에 따라 여러 가지로 나눌 수 있으나, 이하에서는 통상 분류되는 몇 가지만을 설명하기로 한다.

II. 交通事故傷害保險

교통사고상해보험은 현재의 사회현실을 반영하여 상해보험 가운데 중심적인 것이 되고 있다. 통상의 경우 도로통행중 또는 교통용구에 탑승중에 입은 교통사고상해를 담보하는 보험계약이다. 자동차보험에서 자손보험은 교통사고상해보험의 일종이다.

피보험자가 운행중인 교통용구(및 이에 적재되어 있는 것)와의 충돌 · 접촉으로부터 발생한 교통사고, 운행중인 교통용구의 충돌 · 접촉 · 화재 · 폭발 등과 같은 교통사고에 의해 또는 교통용구에 탑승중인 피보험자가 상해의 요건인 급격하고 우연

한 외래의 사고에 의해 각각 상해를 입은 경우, 보험자는 사망보험금·후유장
해보험금·입원보험금·통원보험금 등을 지급할 의무를 진다. 나아가 개찰구
가 있는 교통기관의 개찰구 내의 승강장구내에서 피보험자가 상해의 요건인
상해를 입은 경우에도 보험자는 보험금지급의무가 있다. 즉 공항탑승구 내에
서의 폭발사고, 철도의 홈플래트에서의 전락사고 등으로부터 생긴 상해에 대
해서도 보험자는 보험금지급의무를 지게 된다. 더욱이 도로통행중인 피보험자
에 대해서는 건물 등에서의 낙하물이나 건물 등의 붕괴, 그리고 화재·폭발에
의해 발생한 상해도 마찬가지로 담보된다. 피보험자가 건물의 화재에 의해 상
해를 입은 경우에도 마찬가지이다.

　　교통용구의 범위는 항공기로부터 엘리베이터, 리프트 또는 에스컬레이터
그리고 마차·荷車·휠체어 등에 이르는 광범위한 개념이다. 단, 지방의 스키
장 등에서 볼 수 있는 리프트 등은 포함되지 않는다. 또한 소아용 자전거는
포함되지만, 세발자전거·유모차 등은 교통용구가 아니다.

　　크레인·파워 쇼벨·호크 리프트·쇼벨 로더·콘크리트 믹서 및 불도저
등의 이른바 공작용 자동차에 의해서 도로통행중의 피보험자가 상해를 입은
경우, 보험자에게 보험금지급의무가 있다. 결국 이들 자동차와 교통공간에서
피보험자가 교통사고를 당한 경우, 이들 자동차의 사고에 의해 교통공간을 통
행중인 피보험자가 사고를 당한 경우 피보험자는 보험금을 받을 수 있다. 크
레인이 작업중 선단의 후크가 도로주행중인 피보험자에게 충돌하여 상해를
입힌 경우가 여기에 해당된다. 단, 작업기계의 조작만으로 생긴 비교통상해는
보험보호의 대상이 아니다. 그 이유는 작업기계로서만 사용되는 공작용 자동
차는 교통용구로 간주되지 않기 때문이다.

　　보험금지급에 있어 보험자는 鞭打症·腰痛과 他覺症狀 등의 경우에는 보
험금을 지급할 필요가 없다. (교통사고) 상해보험이 생명보험과 같이 사람의
생사를 보험사고로 하지 않기 때문에 자주 앓게 되는 증상 내지 병으로 인한
도덕적 위험(moral risk)을 배제할 목적으로 이러한 규정이 마련되었다.

　　마지막으로 교통사고상해보험과 관련하여 교통사고피해자 구제수단으로
서 상해보험을 적극적으로 도입하려는 입법정책안이 각국에서 제안되고 있다.
즉 책임보험에서는 가해자의 과실책임의 유무에 따라 교통사고피해자가 받은
손해가 보상되는지 여부가 결정되는 결과 사회적 비용을 집중적으로 이들 피
해자에게 부담시키는 부당한 경우를 초래할 여지가 있다. 사회적 공정의 견지

에서 이러한 문제상황을 회피할 방안이 고려되고 있다. 미국의 이른바 키톤 오코너의 기본보장안에서 나타나는 제 1 당사자보험(first-party insurance)이나 칼라브레지의 사고법에서 나타나는 피해자구제제도, 또는 독일의 폰 히벨안에서의 재해보험 등이 그것이다.

〈대판 2005. 4. 15, 2004 다 65138, 65145〉

「보험약관 제 4 조 제 3 항에서 보험사고로 규정하고 있는 '탑승'이라는 용어가 반드시 '승·하차'라는 개념을 배제하고 있는 것으로 보기는 어렵고, 오히려 원고 주장과 같이 '탑승'이라는 개념을 좁게 해석하는 경우 약관내용이 명백하지 못하거나 의심스러움에도 불구하고 고객에게 불리하게 해석하는 것이 되어 앞서 본 보통거래약관 해석상의 원칙에 반한다. … 탑승 목적으로 교통승용구에 승차·승선하거나 탑승하였던 사람이 하차·하선하는 것은 탑승의 전후에 걸쳐 탑승과 불가분의 관계로 이어지는 일련의 과정으로서 이 사건 보험약관 제 4 조 제 3 항의 '탑승'의 개념에 포섭된다고 봄이 상당하다고 한 판단은 정당하고, 거기에 상고이유에서 주장하는 바와 같이 판결 결과에 영향을 미친 약관의 해석에 관한 법리오해, 이유모순 등의 위법이 있다고 할 수 없다.」

Ⅲ. 기타 傷害保險

기타 상해보험에는 가정·직장·통근도중·여행중 등 일상생활의 모든 상황에서 마주치게 될 상해를 담보하려는 기본적인 보통상해보험, 학생·스포츠 등을 포함하는 각종 단체상해보험, 스키·산악여행·해외여행 등을 포함하는 여행상해보험, 항공기의 이용으로부터 발생하는 상해를 담보하는 항공상해보험 등이 있다.

생명보험회사가 취급하는 상해보험은 독립된 계약으로서의 해외여행상해보험 외에 생명보험에 부가되는 재해증가특약·장해특약 및 재해입원특약이 있다. 이들은 각각 피보험자의 상해에 따라 생명보험금과는 별도로 재해사망보험금·상해폐질보험금·장해보험금·재해입원 내지 수술보험금을 급부한다는 특약이 있게 된다.

Ⅳ. 傷害保險과 道德的 危險(moral risk)

상해보험은 대개 인보험으로서의 성질상 정액보험으로 이용되는 경우가 많다. 그러나 생명보험과 달리 보험사고가 단순히 상해이기 때문에 부당하게 높은 상해보험금을 약정해 두고, 자신이 사고를 초래하는 이른바 도덕적 위험을 발생시킬 가능성이 적지 않다. 실무상으로는 보험금액에 상한을 두는 등의 대책이 강구되고 있으나 복수상해보험이 체결된 경우에는 문제가 있다. 상해보험약관에서는 다수의 보험계약을 체결하는 것(중복보험계약체결)에 관해 보험계약자·피보험자에게 통지의무를 과하고, 의무를 게을리한 때는 보험자에게 해지권을 인정하고 있다(상해보험보통약관 제6조, 제7조 제1항 제2호, 제10조 제2항 제3호).

〈서울민지판 1990. 10. 31, 90 가단 15905〉
「보험계약자가 보험자와의 사이에 상해보험의 성격을 지닌 독립상해보험 및 장기운전자복지보험계약을 동시에 체결한 후 새로이 상해보험계약을 체결하면서 보험자에 대하여 그 보험계약의 내용을 통지하지 아니하였고, 아울러 다른 수인의 보험자와의 사이에 동일한 상해보험의 성격을 지닌 보험에 가입하고, 그러한 보험의 중복가입사실을 보험자에게 알리지 아니한 것은 각 보험계약상의 고지의무를 위반하였다 할 것이고, 보험자가 이를 이유로 한 보험계약의 해지는 적법하다 할 것이므로 그러한 보험계약에 기한 보험금지급채무는 발생하지 아니한다 할 것이다.」

상해특약부생명보험계약에서는 고액인 보험료를 지급하지 않아도 통상의 사망에 비해 상해사망의 경우에는 현저하게 고액인 보험금의 지급을 받을 수 있다. 따라서 이러한 특약부생명보험에 있어서 타인의 생명보험을 보험회사가 쉽게 판매하는 데에는 문제가 있을 수 있다. 생각건대 타인의 사망에 어떤 이익을 갖는 보험계약자가 존재한다고 해도 그 이익은 사망의 태양과는 무관하며, 이러한 보험을 판매하는 장점을 찾아볼 수 없다. 따라서 상해보험에서 보험회사가 이러한 상품을 판매하는 것이 오히려 도덕적 위험을 조장하는 것이 될 것이다. 폐질상해보험에 대해서도 경미한 상해에 대해 단순히 사망상해보험금의 비례지급을 택하는 데에는 문제가 있다. 이러한 상황을 방치하여 선의의 보험계약자에게 손해를 입힌 경우, 그 책임은 오히려 보험자가 져야 한다.

〈대판 2002. 10. 11, 2002 다 564〉
「상해보험약관에서 계약체결 전에 이미 존재한 신체장애 또는 질병의 영향으로 상해가 중하게 된 때에 보험자가 그 영향이 없었을 때에 상당하는 금액을 결정하여 지급하기로 하는 내용의 약관이 있는 경우에는 그 약관에 따라 보험금을 감액하여 지급할 수 있다. 이 사건 상해보험이 정액보험인지의 여부는 위 약관규정의 적용 여부와는 무관하다.」

제 3 관 傷害保險의 保險關係者

I. 總   說

상해보험계약에서도 당사자는 다른 보험계약과 마찬가지로 보험자와 보
험계약자이다. 그 밖의 보험관계자에 피보험자 및 보험수익자가 있다. 보험계
약자는 보험자와 상해보험계약을 체결하는 자이다. 피보험자는 생명보험의 경
우와 마찬가지로 그 신체에 발생한 장해에 대해 보험에 가입하는 자를 말한
다. 보험수익자도 마찬가지로 상해보험금을 수령할 수 있는 지위에 있는 자를
말한다. 타인의 사망보장을 포함하는 상해보험계약도 생명보험의 경우와 같이
피보험자의 동의를 요한다.

II. 被保險者

상해보험계약의 피보험자는 보험사고의 객체가 되는 자로서 비록 보험사
고인 상해에 상해사망이 포함된다고 하더라도 피보험자의 연령에는 제한이
없으며, 심신상실자 또는 심신미약자 등도 피보험자가 될 수 있다(제739조,). 다
만, 상해보험의 종류에 따라서는 자격제한이 있을 수 있다(상해보험약관 제).

타인의 상해보험인 경우에는 타인의 동의가 있어야 보험계약자 또는 제
3자가 보험수익자가 될 수 있다고 볼 것이다(독일 보험계약법).

III. 保險受益者의 指定

상해보험계약 가운데 정액지급형의 경우에는 생명보험과 같이 피보험이
익이 문제가 되지 않는다고 보기 때문에 보험수익자의 지정은 자유이다. 다
만, 보험계약자가 보험수익자를 지정하지 않은 경우, 보험금을 수령할 권한이
있는 자는 피보험자라고 볼 것이다. 상해보험에서는 사망이 보험금지급의 조
건이 되지 않고, 특히 의료보험인 경우에는 치료비 및 약품대를 지급해야 하
므로 손해보상적 성격도 부정할 수 없다.

실무상으로는 사망보험금을 제외하고 원칙적으로 피보험자에게 지급하며,
상해특약부생명보험에서도 이들 상해보험금은 따로 지정된 보험수익자가 아
니라 피보험자 자신에게 지급된다.

제 4 관 傷害保險契約의 內容

I. 保險事故

상해보험은 인보험으로서 생명보험과 유사한 구조를 가지고 있지만, 일반의 생명보험처럼 단순히 보험사고의 발생시기만이 불확실하고 사고로부터 급부가 직선적이고 단순하게 행해지는 성질을 전혀 가지고 있지 않다는 점에서 크게 다르다. 즉 보험사고는 급격하고 우연한 외래의 사고에 의한 신체의 상해이다(상해보험약관 제3조 제1항; 독일 상해보험보통약관 제2조 제1항 참조).

〈대판 1980. 11. 25, 80 다 1109〉

「가. 상해보험은 피보험자가 급격한 외부적인 우연의 사고로 인하여 신체에 손상을 입는 것을 보험사고로 하므로, 외과적 수술로 인한 상해나 사망의 경우에는 보험사고에 해당하지 아니한다.

나. 상해보험약관에 외과적 수술 기타의 의료처치의 경우는 보험금지급의 책임을 지지 아니한다는 취지의 특약조항은 상해보험의 성질상 당연한 경우를 규정한데 지나지 아니하므로, 위 특약조항을 가리켜 상법 제663조의 불이익변경금지규정을 위반한 것이라 할 수 없다(판례평석 : 양승규, 상해보험사고와 외과적 수술, 법학 제22권 제1호, 135~143쪽에서 "외과적 수술은 기구를 사용하여 환부를 도려내거나 째는 의료행위로서 그 자체는 급격하고도 우연한 외래의 사고를 원인으로 하는 상해사고는 아니다"라고 하여 판례의 취지에 찬동하고 있다).

다. 상해보험은 피보험자가 급격한 외부적인 우연의 사고로 인하여 신체에 손상을 입는 것을 보험사고로 하는 것인바, 위 원판시와 같이 소외 유일수가 겨드랑 밑의 악취방지를 위한 수술중에 급성심부전증에 인하여 사망한 경우는 갑자기 신체의 외부에서 생긴 사고로 뜻하지 않게 신체상의 손상을 입었다는 상해보험사고의 범주에 속한다고 할 수 없으며, 본건 보험약관에 외과적 수술 기타의 의료처치의 경우는 보험금지급의 책임을 지지 아니한다(단, 보험증권에서 담보된 상해의 치료는 제외)는 특약조항은 상해보험의 성질상 당연한 경우를 규정한 데 지나지 아니한 것으로 해석되므로, 이 조항을 가리켜 보험당사자의 불이익으로 상법의 규정을 변경한 것으로는 볼 수 없다고 할 것이다.」

〈대판 2000. 10. 10, 2000 다 32352〉

「원심이 이 사건 각 보험계약에서 말하는 '교통승용구' 또는 '교통기관'이라 함은 본래 사람이나 물건을 운반하기 위한 것이어야 하는데, 윈드서핑은 레저스포츠의 일종으로 판(서핑보드) 위에 돛(세일)을 달아 바람의 힘으로 물위를 달리는 기술이나 결승점에 닿는 차례 따위로 승부를 겨루는 수상경기를 의미하는 것으로서 부수적으로라도 사람이나 물건을 운반하기 위한 목적이 없으므로 윈드서핑용 서핑보드를 '교통승용구' 또는 '교통기관'인 선박으로 볼 수 없고, 따라서 피보험자가 윈드서핑중 익사한 이 사건 사고는 '교통승용구' 또는 '교통기관'의 운행과 관련된 사고를 담보하는 이 사건 각 보험계약상의 보험사고가 아니라는 취지로 판단한 것은 정당하다.」

〈대판 2007. 12. 13, 2007 다 67920〉
「보험계약의 재해보장특약 약관에 "피보험자가 보험기간 중 발생한 교통재해로 인하여 사망하였을 때에는 교통재해사망보험금을 지급한다"고 규정하고 있고, 교통재해의 일종으로 "운행 중인 교통기관에 탑승하고 있는 동안 또는 승객으로서 개찰구를 갖는 교통기관의 승강장 구내(개찰구의 안쪽)에 있는 동안 피보험자가 입은 재해"를 들고 있으며, 한편 "재해라 함은 우발적인 외래의 사고(다만, 질병 또는 체질적 요인이 있는 자로서 경미한 외부요인에 의하여 발병하거나 또는 그 증상이 더욱 악화되었을 때에는 그 경미한 외부요인은 우발적인 외래의 사고로 보지 아니함)로서 약관상 별표인 재해분류표에 열거되어 있는 재해를 의미한다"라고 규정하고 있다면, 망인이 승용차를 운전하고 가다가 급성 심근경색증을 원인으로 사망한 것은 망인의 질병이 갑자기 발현된 것이므로 위 약관상의 '재해'인 우발적인 외래의 사고에는 해당하지 아니한다고 할 것이다.」

〈대판 2010. 8. 19, 2008 다 78491, 78507〉
「이 사건 상해보험약관은 "외과적 수술, 그 밖의 의료처치로 인한 손해를 보상하지 아니한다. 그러나 회사가 부담하는 상해로 인한 경우에는 보상한다"는 취지의 면책조항을 포함하고 있다(제7조 제1항 제6호). 위 면책조항의 취지는 피보험자에 대하여 보험회사가 보상하지 아니하는 질병 등을 치료하기 위한 외과적 수술 기타 의료처치가 행하여지는 경우, 피보험자는 일상생활에서 노출된 위험에 비하여 상해가 발생할 위험이 현저히 증가하므로 그러한 위험을 처음부터 보험보호의 대상으로부터 배제하고, 다만 보험회사가 보상하는 보험사고인 상해를 치료하기 위한 외과적 수술 등으로 인한 위험에 대해서만 보험보호를 부여하려는 데 있다고 할 것이다. 위와 같은 면책조항의 취지에 비추어 볼 때, 특정 질병 등을 치료하기 위한 외과적 수술 등으로 인하여 증가된 위험이 현실화된 결과 상해가 발생한 경우에는 위 면책조항 본문이 적용되어 보험금 지급대상이 되지 아니하고, 외과적 수술 등의 과정에서 의료과실에 의하여 상해가 발생하였는지 여부는 특별한 사정이 없는 한 위 면책조항의 적용 여부를 결정하는 데에 있어서 고려할 요소가 되지 아니한다.」

1. 事故의 急激性

급격이란 사고가 돌발적으로 일어나 그로부터 상해라는 결과가 초래되기까지의 시간적으로 간격이 없는 상태로 피보험자가 예견하지 아니하였거나 예견할 수 없는 순간에 사고가 발생하는 것을 말한다. 예컨대 피보험자가 거리에서 넘어지거나, 동물에 물리거나, 가시에 찔리거나, 다른 사람에게 구타당하는 경우 등을 말한다.

2. 偶 然 性

우연성이란 피보험자에게 발생한 상해의 원인인 사고가 피보험자가 예측할 수 없게끔 뜻하지 않게 발생하는 것을 말한다. 이 때의 우연성은 보험사고의 불확정성($^{제638}_{조}$)과는 구별하여야 한다. 따라서 가령 유독가스나 물질을 우연히 흡입·흡수 또는 섭취함으로써 중독된 경우에는 우연성이 되지만, 세균성 식물중독과 상습적으로 흡입·흡수 또는 섭취함으로써 생긴 중독증상은 피보험자가 이를 예측할 수 있으므로 우연성이 인정되지 않는다($^{상해보험약관}_{제3조 제2항}$). 또한 신체적으로 심각한 질환이 있을 경우, 가령 심장병·고혈압증세 등과 과격한 운동을 하여 사망하는 경우라도 사고를 예측하고 결과회피가 가능하면 우연성이 없다고 판단된다.

〈대판 2001. 11. 9, 2001 다 55499, 55505〉

「보험회사의 보험모집인은 보험전문가로서 타인의 사망을 보험사고로 하는 보험계약에는 피보험자의 서면에 의한 동의를 얻어야 하는 사실을 보험계약자에게 설명하고 그 서면동의를 받아 보험계약을 체결하도록 조치를 취할 주의의무가 있음에도 불구하고, 보험계약 체결시 위 사실을 모르고 보험계약자에게 설명하여 주지 않아 보험계약자로 하여금 피보험자 동의란에 피보험자의 서명을 대신하게 하여, 보험계약이 피보험자의 서면동의를 얻지 못하였다는 이유로 무효가 되어 보험계약자가 보험금을 받지 못하게 되는 손해를 입게 되었다면, 보험회사는 보험사업자로서 보험업법 제158조 제 1 항에 의하여 보험모집인이 보험모집을 하면서 보험계약자에게 가한 손해를 배상할 책임이 있다.」

3. 外 來 性

상해의 원인이 신체의 내부에서 기인하는 것이 아님을 뜻한다. 외래적 원

인에 의한 것이면, 그 전에 내부신체질환이 있더라도 그 자체는 문제가 되지
않는다. 따라서 피보험자가 무거운 짐을 들어 올리다가 허리를 삔 경우와 같
이 피보험자가 스스로 힘을 주다가 일어난 사고도 외래적인 것이 될 수 있다.
　　그 밖에 사고에 의해 신체에 상해를 입어야 하며, 질병이나 자연발생적
인 것 및 정신적 충동에 기인한 것이 아니어야 한다.

〈대판 2010. 9. 30, 2010 다 12241, 12258〉
「보험약관에서 정한 보험사고의 요건인 '급격하고도 우연한 외래의 사고' 중 '외래
의 사고'라는 것은 상해 또는 사망의 원인이 피보험자의 신체적 결함 즉 질병이나
체질적 요인 등에 기인한 것이 아닌 외부적 요인에 의해 초래된 모든 것을 의미
하고, 이러한 사고의 외래성 및 상해 또는 사망이라는 결과와 사이의 인과관계에
관하여는 보험금 청구자에게 그 증명책임이 있다(피보험자가 원룸에서 에어컨을
켜고 자다 사망한 사안에서, 사고의 외래성 및 인과관계에 관한 법리와 한국배상
의학회에 대한 사실조회 결과에서 알 수 있는 최근의 의학적 연구와 실험 결과에
비추어 볼 때, 문과 창문이 닫힌 채 방안에 에어컨이 켜져 있었고 실내온도가 차
가웠다는 사정만으로 망인의 사망 종류 및 사인을 알 수 없다는 검안 의사의 의
견과 달리 망인의 사망 원인이 '에어컨에 의한 저체온증'이라거나 '망인이 에어컨
을 켜 둔 채 잠이 든 것'과 망인의 '사망' 사이에 상당한 인과관계가 있다고 볼 수
없다고 한 사례).」

〈대판 2013. 10. 11, 2012 다 25890〉
「상해보험은 피보험자가 보험기간 중에 급격하고 우연한 외래의 사고로 인하여
신체에 손상을 입는 것을 보험사고로 하는 인보험으로서, 보험금의 지급범위와 보
험료율 등 보험상품의 내용을 어떻게 구성할 것인가는 보험상품을 판매하는 보험
자의 정책에 따라 결정되는 것이므로, 피보험자에게 보험기간 개시 전의 원인에
의하거나 그 이전에 발생한 신체장해가 있는 경우에 그로 인한 보험금 지급의 위
험을 인수할 것인지 등도 당사자 사이의 약정에 의하여야 한다.」

Ⅱ. 保險期間

　　상해보험의 보험기간은 생명보험의 특약으로 체결될 경우에는 주계약인
생명보험의 보험기간에 따르는 것을 원칙으로 한다. 독립된 상해보험계약에서
는 1 년인 경우가 많지만, 최근 적립형의 상해보험(가령 적립가족상해보험)을 중심으로 장기
형의 상해보험도 증가하고 있다. 이러한 상해보험에서는 상해위험담보보험료

와 적립보험료 가운데 후자가 압도적으로 높아 보험업전념의무($^{보험업법}_{제11조}$)를 위반할 우려가 있다. 그런데 이는 금융 전반에 걸친 규제완화와 자본시장통합의 세계적 흐름 속에서 논의하여야 할 문제라고 할 것이다.

Ⅲ. 保險金支給과 請求權代位

상해보험에서 청구권대위를 인정할 것인가는 중요한 논의대상이다. 즉 제 3 자가 피보험자에게 입힌 상해에 대해 보험자는 당해 보험금을 지급한 후 피보험자가 갖는 손해배상청구권을 이전받아 가해자인 제 3 자에게 지급보험금의 범위 내에서 손해배상청구를 할 수 있는가를 둘러싸고 이탈리아에서는 상해보험의 법적 성질에 관한 논쟁이 일어났고($^{현행\ 민법전에서는\ 손해보험의\ 성질에\ 대해\ 언}_{급하지\ 않은\ 채\ 대위만을\ 인정하고\ 있다.\ 이탈}$ $^{리아민법\ 제1916}_{조\ 제4항}$), 프랑스에서도 1980년경까지 자세한 검토가 행해져 극히 정치한 代位案이 형성되었다는 사실에 비추어 보아도 이 문제에 대한 검토의 여지는 있을 것이다.

이에 대해 상대설의 입장에서 보험자의 청구권대위를 보험정책상의 문제로 하는 입장과 실손보상형인 상해보험의 경우 피해자의 신속한 구제와 평가의 정밀을 기하고자 하는 보험자의 합리적 의사에서 근거를 찾을 수 있다는 입장이 있다. 실손방식을 택하는 취지는 손해의 주관적 보상을 피보험자 등에 인정하지 않는다는 데에 있으므로 후자가 타당하다고 본다.

정액방식에 대해 보험자의 청구권대위를 언급할 여지는 없다. 그러나 정액인가 아닌가가 대위의 조건을 구성하는 것은 아니라는 점, 상해보험에서 주관적 보상약속을 유효로 하고 오히려 별도의 객관적 보상부분에 대해 대위를 용인하는 것이 도덕적 위험의 회피에 효과적임에 비추어 대위를 인정할 여지가 있는바, 개정상법 제729조 단서에서 당사자의 약정으로 대위를 인정할 수 있도록 했다.

Ⅳ. 免責事由로서 飮酒運轉과 無免許運轉

인보험에서 고의만을 면책으로 하고 있는 규정($^{제732조의\ 2,}_{제739조}$)과 관련하여 상해보험에서 무면허운전·음주운전 면책이 논란이 되고 있다.

우선 대법원($^{대판\ 1996.\ 4.\ 26,}_{96\ 다\ 4909}$)은 무면허운전에 대하여는 과실로 인한 사고까지 보험자가 면책되는 것으로 규정하는 한 그 약관은 무효라고 하였다. 즉 무면허 운전이 고의적인 범죄행위이긴 하나 그 고의는 특별한 사정이 없는 한 무면허운전 자체에 관한 것이고 직접적으로 사망이나 상해에 관한 것이 아니어서, 그 정도가 결코 그로 인한 손해보상을 가지고 보험계약에 있어서의 당사자의 선의성·윤리성에 반한다고는 할 수 없을 것($\binom{대판\ 1990.\ 9.\ 25,\ 89}{다카\ 17591\ 참조}$)이라 한다. 따라서 보험계약약관 중 피보험자의 무면허운전이라는 사유로 생긴 손해는 보상하지 아니한다고 규정한 면책약관이 보험사고가 전체적으로 보아 고의로 평가되는 행위로 인한 경우뿐만 아니라 과실($\binom{중과실}{포함}$)로 평가되는 행위로 인한 경우까지 보상하지 아니한다는 취지라면, 과실로 평가되는 행위로 인한 사고에 관한 한 무효라고 한다($\binom{대판\ 1996.\ 4.\ 26,}{96\ 다\ 4909}$). 상해보험약관상의 음주운전면책약관에 관하여 대법원은 이전에는($\binom{대판\ 1995.\ 7.\ 26,}{95\ 다\ 21693}$) 음주운전면책 규정이 상법 제732조의 2·제739조 및 제663조에 저촉되지 않아 유효하다고 하였었다. 그러나 그 이후 대법원($\binom{대판\ 1998.\ 3.\ 27,}{97\ 다\ 48753}$)은 "상법 제732조의 2는 '사망을 보험사고로 한 보험계약에는 사고가 보험계약자 또는 피보험자나 보험수익자의 중대한 과실로 인하여 생긴 경우에도 보험자는 보험금액을 지급할 책임을 면치 못한다'고 규정하고 있고, 위 규정은 상법 제739조에 의하여 상해보험계약에도 준용되며, 한편 상법 제663조는 당사자간의 특약으로 보험계약자 또는 피보험자나 보험수익자에게 불이익하게 위 각 규정을 변경하지 못하도록 규정하고 있고, 이 사건 보험계약은 상해를 보험사고로 한 보험계약에 해당하므로 위 각 규정들이 적용된다고 할 것이어서 피고는 보험사고가 고의로 인하여 발생한 것이 아니라 비록 중대한 과실에 의하여 생긴 것이라 하더라도 이 사건 보험계약에 의한 보험금을 지급할 의무가 있다고 할 것인데, 음주운전에 관하여 보면 음주운전의 경우는 술을 먹지 않고 운전하는 자의 경우에 비하여 보험사고발생의 가능성이 많음은 부인할 수 없는 일이나 그 정도의 사고발생가능성에 관한 개인차는 보험에 있어서 구성원간의 위험의 동질성을 해칠 정도는 아니라고 할 것이고, 또한 음주운전이 고의적인 범죄행위이기는 하나 그 고의는 특별한 사정이 없는 한 음주운전 자체에 관한 것이고 직접적으로 사망이나 상해에 관한 것이 아니어서 그 정도가 결코 그로 인한 손해보상을 가지고 보험계약에 있어서의 당사자의 신의성·윤리성에 반한다고는 할 수 없을 것이어서, 이 사건 보험계약약관 중 '피보험자가 음주운전을 하던 중 그 운전자가 상해를 입은 때에 생긴 손해는 보상하지 아니한다'고 규정한 이 사건 음주운전면책약관이 보험사고가 전체적으로 보아 고의로 평가되는 행위로 인한 경우뿐만 아니라 과실($^{중과실}_{포함}$)로 평가되는 행위로 인한 경우까지 보상하지 아니한다는 취지라면 과실로 평가되는 행위로 인한 사고에 관한 한 무효"라고 하여 음주운전면책약관에 대해서도 무면허운전면책약관과 동일한 이유로 한정적 무효해석을 하였다.

　　상법 제732조의 2에 대해 합헌이라고 판단한 헌법재판소결정($^{1999. 12. 23,}_{98 \, 헌가 \, 12}$)은 상해보험의 음주운전면책약관과 무면허운전면책약관에 대해 동일한 논리로 한정적 무효해석을 하였다. 그리고 법원에서 음주운전과 무면허운전이 복합($^{차량절도}_{도포함}$)된 사건에서도 같은 취지의 판례가 이어졌다. 즉 대법원($^{대판 1998. 10.}_{20, 98 \, 다 34887}$)은 피보험자인 甲이 상해보험을 가입하고 보험기간중에 운전면허 없이 혈중알콜농도 0.13%의 주취상태에서 시동열쇠가 꽂혀 있는 채로 골목길에 주차되어 있던 타인의 차량을 훔쳐 무단운행을 하던 중 신호대기로 정차중이던 차량을 추돌하여 사망한 사안에 대하여 "… 상법 제732조의 2는 '사망을 보험사고로 한 보험계약에는 사고가 보험계약자 또는 피보험자나 보험수익자의 중대한 과실로 인하여 생긴 경우에도 보험자는 보험금액을 지급할 책임을 면치 못한다'라고 규정하고 있고, 위 규정은 상법 제739조에 의해 상해보험계약에도 준용되며, 한편 상법 제663조는 당사자간의 특약으로 보험계약자 또는 피보험자나 보험수익자에게 불이익하게 위 각 규정을 변경하지 못하도록 규정하고 있는바, 상해 또는 사망을 보험사고로 하는 보험계약상의 무면허·음주 등 면책약관이 만일 보험사고가 전체적으로 보아 고의로 평가되는 행위로 인한 경우뿐만 아니라 과실($^{중과실}_{포함}$)로 평가되는 행위로 인한 경우까지 보상하지 아니한다는 취지라면 과실로 평가되는 행위로 인한 사고에 관한 한 위 각 규정들에 위배되어 무효 …"라고 판시하였다. 이 사건의 원심판결에서는 피보험자의 무면허·음주운전행위가 미필적 고의에 의한 것이라고 보아서 보험회사의 면책을 인정했었는데, 이에 대해 대법원($^{대판 1998. 10. 20,}_{98 \, 다 34887}$)은 "… 위 사고가 비록 피보험자가 타인의 차량을 절취하여 무면허·음주상태로 운전을 하던 중에 발생한 것이라고 하더라도 그 고의는 특별한 사정이 없는 한 차량의 절취와 무면허·음주운전 자체에 관한 것이고 직접적으로 사망이나 상해에 관한 것으로 볼 것은 아니며, 피보험자가 무면허라고 하여도 그가 차량을 절취한 장소로부터 사고지점까지 약 10km를 운전한 점 등에 비추어 보더라도 다른 특별한 사정이 없는 한 위 사고는 피보험자가 사고발생가능성을 인식하면서도 이를 용인하고 감행한 미필적 고의에 의한 사고라기보다 피보험자의 과실로 평가

되는 행위로 인하여 발생하였다고 보는 것이 타당하다 …"고 판시하였다.

무면허·음주운전면책사유의 효력에 관한 문제는 보험제도의 여러 가지 특성에 관련된 문제이면서, 다른 한편으로는 약관에 의한 계약체결자의 권익 보호의 면과 자동차사고피해자의 구제의 면이 동시에 관련된 문제이다. 대법 원판례도 음주운전·무면허운전은 불법이라는 점과 또 그에 의해 면책사유를 인정하는 경우, 구체적 사례에서 피보험자의 보호가 소홀해질 수 있는 것 등 을 감안하여 이익의 균형을 위해 위와 같은 판결을 내린 것으로 보인다. 그 러나 상법 제732조의 2와 관련하여 인보험에서 고의만의 면책에 대하여는 아 직도 입법론적·해석론적 검토를 요한다.

제5관 傷害保險契約의 效果

Ⅰ. 保險者의 義務

상해보험계약에서 보험자는 계약성립 후 지체없이 보험증권을 교부할 의 무가 있다. 상해보험의 보험자는 또한 피보험자가 상해의 결과로서 사망·후 유장해 또는 상해의 치료를 위해 입원 내지 통원한 경우, 보험금을 지급할 의무가 있다. 상해보험계약에서 정하는 보험금의 종류에는 사망보험금·후유 장해보험금·의료비보험금이 있다.

사망보험금은 생명보험의 경우와 달리 상해를 직접원인으로 하여 피해일 로부터 180일(항공기 또는 선박이 조난 또는 행방 불명된 경우에는 그 날로부터 90일) 내에 피보험자가 사망한 경우에만 지급 된다. 지급되는 금액은 약정된 보험금액으로 보험수익자 또는 그 지정이 없을 때는 피보험자의 상속인에게 지급된다는 점에서 생명보험과 유사하다(상해보험 보통약관 제13조 제1 항·제2항).

후유장해보험금은 피보험자가 상해의 직접결과로서 피해일로부터 180일 이내에 후유장해가 생긴 경우에 지급된다(동 약관 제14조). 가령 상해보험보통보험약관 에서는 두 눈의 실명, 언어기능의 상실 기타 신체의 현저한 장해에 의해 終 身自用을 할 수 없을 때는 각각 보험금액 전액이 지급되며, 두 귀의 청력을 완 전히 상실하였을 때는 보험금액의 80%가, 한 쪽 눈의 실명 또는 한 쪽 팔의 손목 이상이나 한 다리의 발목 이상을 잃은 경우에는 60%가 지급된다고 한 다. 최저지급비율은 3%로 외모에 손상(가령 얼굴에 직경 2cm의 흉터, 길 이 3cm의 선형 흉터가 난 경우)을 남길 때 또는 한 다리의 첫째 발가락 이외의 발가락에 발가락 뼈의 일부를 잃었거나 현저한 장해를 남길 때에 해당한다. 후유장해보험금이 지급된 후, 사고 후 180일 이내에 상해를 직접의 원인으로 하여 피보험자가 사망한 경우에는 약정보험액에서 이미 지급된 보험금을 공제한 금액이 지급될 보험금이 된다.

　　의료비보험금은 피보험자가 상해를 직접의 원인으로 하여 생활기능 또는 업무기능을 상실 내지 감소하게 하고, 동시에 의사의 치료가 필요한 때에 지급되는 보험금이다. 보험회사는 이러한 상태에 있는 기간에 사고일부터 180일을 한도로 하여 미리 정한 의료비보험가입금액의 범위에서 의료실비를 보험금으로 지급한다. 이 경우 의료비에 대해 보험금을 지급할 다수의 보험계약이 체결되어 있는 때에는 각각의 보험계약에 대하여 다른 계약이 없는 것으로 하여 산출한 보상책임액의 합계액이 당해 의료비용을 초과했을 때 보험회사는 이 보험계약에 따른 보상책임액의 위 합계액에 대한 비율에 따라 의료보험금을 지급한다(상해보험보통약관 제15조 제1항·제2항). 해외여행상해보험 등 치료비를 지급할 상해보험에서는 치료를 위해 필요했던 비용 전부가 포함된다. 즉 진찰·조치 또는 수술비·제약비는 물론 이송비나 치료를 위한 호텔객실료 등도 보험자가 부담한다.

Ⅱ. 保險契約者 또는 被保險者의 義務

1. 保險料支給義務

상해보험계약에 기초하여 보험계약자는 보험료를 지급할 의무를 진다.

2. 傷害의 惡化를 防止할 義務

　　손해보험에서 말하는 손해방지의무이다. 대체로 정액급부형의 상해보험에서도 보험금은 사고의 결과인 상해의 정도에 의해 크게 변화하여 이 점에서 생명보험과 완전히 성질을 달리하지만, 이 의무를 상해보험에도 인정할 근거가 되고 있다. 따라서 고의로 상해를 악화하는 데 대해 보험자는 악화된 결과에 대해 보험금지급의무를 면한다. 한편 이러한 성질로부터 손해방지비용을 보험자에게 부담시켜야 한다고 주장하는 학설도 존재한다. 그러나 이 점에 대해서는 상해의 악화방지야말로 신체의 보유자인 피보험자 자신의 이익이라고 하여 인정하지 않는 것이 통설이다.

〈대판 2002. 10. 11, 2000 다 564〉

「민사분쟁에서 인과관계는 의학적·자연과학적 인과관계가 아니라 사회적·법적

인과관계이고, 그 인과관계는 반드시 의학적·자연과학적으로 명백히 입증되어야
하는 것은 아닌바, 보험약관상에 '상해의 직접적인 결과로 사망하였을 때'의 의미
도 같은 견지에서 이해되어야 한다.

　상해보험약관에서 '피보험자가 약관소정의 상해를 입고 이미 존재한 신체장해
또는 질병의 영향으로 그 상해가 중하게 된 경우 보험자는 그 영향이 없었던 때
에 상당하는 금액을 결정하여 지급한다'고 규정한 취지는 보험사고인 상해가 발생
하였더라도 보험사고 외의 원인이 부가됨에 따라 본래의 보험사고에 상당하는 상
해 이상으로 그 정도가 증가한 경우 보험사고 외의 원인에 의하여 생긴 부분을
공제하려는 것이고, 따라서 여기의 '약관소정의 상해가 이미 존재한 신체장해 또
는 질병의 영향으로 중하게 된 경우'에서 '중하게 된 경우'에는 피보험자가 사망에
이른 경우가 포함되지 않는다고 볼 수 없다.」

〈대판 2010. 3. 25, 2009 다 95714〉
「교통사고 피해자의 기왕증이 그 사고와 경합하여 악화됨으로써 피해자에게 특정
상해의 발현 또는 치료기간의 장기화, 나아가 치료종결 후 후유장애 정도의 확대
라는 결과 발생에 기여한 경우에는, 기왕증이 그 특정 상해를 포함한 상해 전체의
결과 발생에 대하여 기여하였다고 인정되는 정도에 따라 피해자의 전 손해 중 그
에 상응한 배상액을 부담케 하는 것이 손해의 공평한 부담이라는 견지에서 타당
하고, 법원이 기왕증의 상해 전체에 대한 기여도를 정함에 있어서는 반드시 의학
상으로 정확히 판정하여야 하는 것은 아니며, 변론에 나타난 기왕증의 원인과 정
도, 상해의 부위 및 정도, 기왕증과 전체 상해와의 상관관계, 치료경과, 피해자의
연령과 직업 및 건강상태 등 제반 사정을 고려하여 합리적으로 판단할 수 있다.」

3. 기타 義務

　상해보험에 있어 그 밖의 의무로서 중복보험계약에 관한 통지의무 및 직
업·직무의 변경에 관한 통지의무가 있다. 단, 이것들은 손해보험회사에 의해
판매되는 상해보험에 한정된다. 생각건대 이는 생명보험회사의 그것은 생명보
험의 특약부분으로 원칙적으로 생명보험계약의 성질에 준해 취급되기 때문에
장기보험이라는 점, 중복·초과보험이 문제가 되지 않는다는 점(상해보험에서도 초과
보험의 경우는 생명
보험과 같다고 할 수 있으나 현재는 손해보험회사가 판매하는 상해보험에 대해 도덕적 위험회피의 견지에서 보험금액에 제
한이 가해지고 있다. 나아가 생명보험에도 이러한 제한이 있으나 이는 주계약인 생명보험에 대한 제한으로 그 보험금액의 몇
배를 지급할 것을 약정하는 상해)
보험의 특약 자체에 제한은 없다 등의 이유에서 이러한 의무가 과해지지 않는다는 데에
기인하는 것 같다.

　사고가 발생한 때는 보험계약자·피보험자·보험수익자는 사고의 발생상

황, 상해의 정도를 지체없이 보험자에게 서면으로 통지할 의무가 있다. 상해
보험보통약관에서는 통지시 제출할 서류로 ① 사고증명서, ② 진단서 또는
사망진단서, ③ 기타 필요한 증거자료를 열거하고 있다(동 약관). 피보험자가
탑승한 항공기 또는 선박이 행방불명되거나 조난된 경우에도 보험계약자 또
는 보험수익자는 마찬가지의 통지를 해야 하며, 이 경우 피보험자의 생사가
불명할 때도 행방불명 또는 조난시부터 90일이 경과하면 상해에 의해 사망한
것으로 추정한다(동 약관 제13조/제2항 제1문).

제 4 절 疾病保險

2014년 3월 상법 개정시 질병보험에 대한 규정을 신설하였다. 질병보험
계약이란 피보험자의 질병의 결과 입원·수술 등 사람의 신체에 발생하는 사
고를 보험사고로 하는 보험계약을 말한다(김성태/880쪽). 이는 건강의 손상에 따른 경
제적 손실을 보상하는 보험인 건강보험의 일부를 구성하는 것이다. 그런데 건
강보험에 의해 주로 담보되는 내용은 질병과 관련한 비용이기 때문에 건강보
험의 대표적인 예는 질병보험이라 할 수 있다. 그런데 질병의 발생은 상해의
발생 이상으로 그 발생 유무나 발생 시기를 특정하는 것이 매우 곤란하다.
그리고 순수하게 질병의 발생만을 보험사고로 하는 질병보험이 일반적이지도
않기 때문에 질병보험에 대하여 일의적으로 정의내리기는 어려운 면도 있다
(맹수석, 상법 보험편 개정안에 있어서 새로운/유형의 보험계약, 「법조」, 제613호, 2007, 104쪽). 그런데 개정 전의 법에서는 질병보험에 관한
규정을 두고 있지 아니하고 단지 해석과 약관에 의해서 규율되고 있어 그 법
적 규율에 구체성이 부족한 측면이 있었다. 이에 2014년 3월 상법 개정시에
질병보험자의 책임과 준용규정 등 질병보험에 관한 법률관계를 상법에서 직
접 규정하였다.

먼저 질병보험자의 책임과 관련하여 질병보험계약의 보험자는 피보험자
의 질병에 관한 보험사고가 발생할 경우 보험금이나 그 밖의 급여를 지급할
책임이 있다고 규정을 하였다(제739조의2). 그리고 질병보험에 대한 준용규정을 신설
하여 질병보험에 관하여는 그 성질에 반하지 아니하는 범위에서 생명보험 및
상해보험에 관한 규정을 준용하도록 하였다(제739조의3). 이 두 개의 조문만 가지고는
질병보험에 대한 문제를 규율하기에는 부족하다. 질병보험의 성질과 관련하여

중복보험 통지의무, 보험자대위 허용여부, 상해보험과의 관계 등 보다 더 면밀한 규정을 두는 것이 장기적으로 요구되고 있다(동지: 장덕조, 2014년 개정 상법 보험편의 해설 및 연구, 「금융법연구」 제11권 제2호, 2014, 20쪽). 그런데 현재로서는 일단 질병보험에 관하여는 그 성질에 반하지 아니하는 한도에서 생명보험이나 상해보험규정을 준용하도록 함으로써 해석에 의하여 문제를 처리하여야 한다.

　외국의 경우 독일을 살펴보면 우리의 경우 질병보험이라고 통칭하는 보험에 대하여 독일의 경우는 법정 의료보험과 비교하여 사적 의료보험(private Krankenversicherung) 또는 개인 의료보험이라고 하고 있다. 독일 보험계약법 제 2 편 각론의 생명보험, 직업능력상실보험, 상해보험 다음에 제 8 장으로서 의료보험(Krankenversicherung)에 대하여 동법 제192조 내지 208조에서 규정을 하고 있다(이필규 · 최병규 · 김은경, 2009년 독일 보험계약법(VVG), 2009, 152쪽). 먼저 의료비용보험에서 보험자는 부보된 범위 내에서 임신, 출산, 법률에 규정된 프로그램에 따른 질병의 조기인식을 위한 검사를 포함한 질병이나 사고결과로 인하여 의학적으로 필요한 치료비용을 합의된 범위 내에서 보상할 의무를 지도록 하고 있다(독일 보험계약법 제192조 제 1 항). 그리고 치료나 그 밖의 급부비용이 납입한 급부에 비하여 현저한 불균형에 있을 때에는 보험자는 제192조 제 1 항에 의한 급부의무가 없다고 규정을 한다 (독일 보험계약법 제192조 제 2 항). 준용과 관련하여 일부 손해보험 규정도 준용하고 있다. 즉 보험상의 보호가 손해보험원칙에 의하여 부여되는 경우에는 독일 보험계약법 제 74조 내지 제80조 및 제82조 내지 제87조를 적용하도록 하고, 동법 제23조 내지 제27조 및 제29조는 의료보험에는 적용하지 아니하도록 한다. 그리고 동법 제19조 제 3 항 제 2 문 및 제 4 항은 보험계약자가 고지의무위반에 책임이 없을 경우에는 의료보험에는 적용하지 아니하도록 하고 있다(독일 보험계약법 제194조 제 1 항). 그 밖에 이득의 금지와 관련하여 피보험자가 동일한 보험사고로 다수의 보상의무자에 대하여 청구권이 있는 경우 총보상금은 총비용을 초과할 수 없도록 하고 있다(독일 보험계약법 제200조). 그리고 보험사고의 초래와 관련하여 보험계약자나 피보험자가 고의로 질병이나 사고를 초래한 경우에는 보험자는 면책되도록 하고 있다(독일 보험계약법 제201조).

제 2 편
해 상 법

제1장 總 論

金仁顯, 2005년 법무부 상법 해상편 개정안에 대한 고찰, 한국경영법률 16. 2(2006. 4)/金仁顯, 해상사건 관련 법인격부인론에 대한 한국과 미국간 비교법적 연구, 한국해법학회지, 29. 2(2007. 11)/김인현, 2007년 개정상법 해상편의 내용과 의의, 한국해법학회지 제31권 제1호(2009. 4)/김인현, 해상법 판례 50년의 회고와 전망, 상사판례연구 제23집(2010. 3)/김인현, 로스쿨에서의 해상법을 포함한 운송법 강의와 연구, 상사법연구 제30권 제 3 호(2011. 11)/金炫, 해상법원의 탄생을 환영함, 海洋韓國 249(1994. 6)/徐燉珏, 1976년 해상채권책임제한조약과 해상법 개정, 학술원논문집(인문·사회과학) 30(1991. 12)/석광현, 해사국제사법의 몇 가지 문제점 -준거법을 중심으로, 한국해법학회지 제31권 제2호(2009. 11)/孫珠瓚, 海事關係條約의 改正(制定)과 제 2 차 海商法改正에 關한 問題, 現代商事法論集(芝石金麟濟博士定年紀念論文集), 1997/李均成, 해상법개정의 문제점, 現代法學의 諸問題(朴元錫博士華甲紀念論文集), 1992/李均成, 改正海商法의 問題點에 관한 硏究, 韓國海法會誌 15(1993. 12)/蔡利植, 해상법의 발전과 과제, 商事法硏究 10(상사법의 과제와 전망), 1992/蔡利植, 2005년 상법 제 5 편 해상편 개정안에 대한 소고, 한국해법학회지 27. 2(2005. 11).

제1절 總 說

제 1 관 海商法의 意義

존재형식 여하를 불문하고 실질적으로 해상사업에 특유한 私法의 총체를 실질적 의의의 해상법이라 한다. 이 때 그 대상이 되는 해상사업은 바다를 무대로 선박에 의하여 영위되는 영업을 말하는데, 보통 해상운송업과 용선업이 중심이 되며, 해양사고구조업·해상예선업·어업 등도 이에 속한다. 그 밖에 해상보험업·해상매매업·해상금융업 등도 해상사업과 관련을 맺지만 이들 영업은 직접 선박에 의하여 바다를 무대로 전개되는 것이 아니고, 다만 해상사업을 전제로 또는 그에 부수해서 이루어지는 것이므로 해상사업의 성격을 그대로 지니는 것은 아니고 단지 그 속에 해상사업의 특성이 반영되고

있을 뿐이다. 이러한 실질적 의의의 해상법에는 선박법·선박안전법·선원법·
선박직원법·도선법·해양사고의조사및심판에관한법률(구 해난심판법)·해운법·
해사안전법·수난구호법·선박소유자등의책임제한절차에관한법률 등과 같은
특별법령, 국제조약, 관습법이 있다(이러한 실질적 의의의 해상법과 함께 해상기업과 관련한 행정
법·국제법·국제사법 등을 통틀어 海法이라 부르기도 한다).

　　한편 해상법이란 명칭이 붙은 특별한 법전 혹은 법전의 일부를 형식적
의의의 해상법이라 한다. 형식적 의의의 해상법으로는 상법의 제 5 편(海商)이
있다. 상법 제 5 편은 1962년 1 월 20일 제정·공포(법률 제 1000호)된 후 30여 년이 지난
1991년 12월 31일에야 법률 제4470호로 비로소 대개정이 이루어졌다. 2006년
1월 법무부의 상법 해상편 개정안이 국회에 제출되어 2007년 7월 3일 국회를
통과하고 2007년 8월 3일 공포되어 2008년 8월 4일부터 발효되었다.

제 2 관　海商法의 適用對象

　　해상법의 적용대상이 되는 것은 해상사업적 생활관계이다. 따라서 해상
사업의 조직과 활동이 중요한 내용이나, 그 밖에 해상사업적 생활관계에 존재
하는 특유한 위험들도 그 대상으로 하게 된다.

　　초기의 해상사업은 무역업과 해운업이 분리됨이 없이 自營船으로 항해하
여 물품을 매매하였으나, 그 후 해상운송업은 차츰 독립된 영업형태로 발전하
였는바, 오늘날 가장 전형적인 해상사업활동이 되었다. 초기 해상사업의 영업
은 주로 부정기선에 의해 이루어졌으나 근래에 정기선이 생겨 많은 해상운송
이 이에 의하게 되었다. 그리고 이러한 전형적인 해상운송업 외에도 해난구조
업·어업·예선업·해상운송주선업·항만운송업·창고업·해상보험업·해사검
정법 등 관련해상사업들이 생겨났다. 최근에는 해상사업과 관련된 유류오염
손해에 관한 규제도 해상법의 규율대상으로 하고 있다(이에 대한 중요한 법률로는 1992년
12월 8일 법률 제4543호로 제정된 유류오염손해배상보장법이 있다).

제 3 관　海商法의 法源

Ⅰ. 序　言

　　해상법의 법원이란 실질적 의의의 해상법의 존재형식을 말한다. 이 때
가장 중요한 법원은 물론 상법전 제 5 편(海商)이다.

해상법의 영역에서는 상법의 다른 분야에 비해 해상기업의 특수성으로 관습법 또는 자족적인 법률의 생성 여지가 많아 성문법에 영향을 미치고, 또 성문법은 새로운 해상법발전에 도움을 주게 된다. 예컨대 정기용선계약의 New York Produce Form이 해상법에 반영된 것(상법제843조) 또는 해사관습에서 나타난 수령선하증권을 성문화한 것(제852조제1항), 공동해손에 관한 York Antwerp Rule이 그것이다. 해양과 항해기술의 공통성에서 해상법의 국제적 통일화가 촉진되고 있으며, 선하증권통일조약, 선박소유자의 책임제한에 관한 통일조약 등 많은 국제조약이 성립되어 국내법에 영향을 주고 있다.

Ⅱ. 成 文 法

1. 商法 제5편 '海商'

商法 제5편 해상에 관한 2007년 개정법률이 2007년 8월 3일 공포되어 2008년 8월 4일부터 시행되고 있다.

2. 特 別 法

해상 또는 해사에 관한 특별법령은 그 수가 매우 많으며 대부분이 행정법규정이다. 그 중 중요한 것을 보면 해사안전법·선박법·국제선박등록법·선박안전법·선원법·선원보험법·선박직원법·도선법·항로표지법·항만법·항만운송사업법·해양사고의조사및심판에관한법률·개항질서법·해운법·수난구호법·선박소유자등의책임제한절차에관한법률·유류오염손해배상보장법 등과 그 시행령이 있다. 그리고 상법 제125조의 호천·항만의 범위와 상법 제872조 제2항 단서의 연안항행의 범위에 관하여는 "상법의 일부규정의 시행에 관한 규정"에서 정하고 있다.

3. 條 約

해상 또는 해사에 관한 조약은 그 수가 적지 않으나, 우리 나라가 가입한 것(1992년 유류오염손해민사책임조약, 1992년 유류오염손해보상을 위한 국제기금설치에 관한 협약 등)은 많지 않다. 하지만 1976년 선박소유자책임제약조약 등 중요한 조약 가운데 많은 규정이 상법의 제정에 있어서 대폭 도입되어 국내법화되었다.

Ⅲ. 慣 習 法

법원으로서 관습법이 중요함은 상법 일반에 인정되고 있는 것이지만, 해상법에서 특히 중요한 까닭은 해상법의 특수성의 하나로 관습법적 기원성을 들 수 있기 때문이다. 오늘날에도 해상운송에 관하여는 관습법의 발달이 현저하며, 정박료의 계산기간·본선수취증(mate's receipt)·하도지시서(delivery order) 등에 관한 것이 그것이다. 그리고 해상 또는 해사에 관한 관습법은 상관습법의 일종으로서 상법 제 1 조에 따라 민법 및 민사법령에 우선하여 적용된다.

제 4 관 海商法의 地位

1. 해상법은 해상사업에 관한 법으로서 형식적으로 상법의 일부(제5편)가 되어 있을 뿐만 아니라, 실질적으로도 상법의 일부를 이루고 있다. 따라서 해상사업의 조직에는 당연히 상법 중 총칙의 규정이 적용되고, 해상사업활동으로서 운송을 인수하는 것은 상행위가 되어 상법 중 상행위에 관한 규정이 적용된다(제46조 제13호).

하지만 역사적으로 해상법은 일반상법의 내부로부터 발생한 것이 아니라 일반상법제정 이전부터 존재한 것으로 일반상법을 지도하는 지위에 있었다. 따라서 해상법은 그 특수성으로 인해 상법의 다른 부분에 대해 특별법적 지위에 있다고 할 것이다. 이것을 法律事實의 면에서 보면 ① 선장·해상운송에 관한 규정처럼 해상사업의 특수성 때문에 상법상의 법률사실을 변경한 부분, ② 해난구조·공동해손과 같이 해상사업의 특별한 수요에서 발전한 기술적 제도로 구별할 수 있다.

2. 해상사업에 관한 법률관계도 사적 법률관계에 속하므로 상법에 특별한 규정이 없는 한 당연히 민법이 적용된다(제1조). 해상법상의 법률사실에는 보충적으로 혹은 일반적 전제로서 민법의 적용이 예정되는데, 해상법에 있어서의 특수한 법규는 해상사업의 요청에 따른 것으로서 상법 중에 상대적 의미에서 특수성을 보유하면서 민법에 대해서는 상법의 다른 분야에 대한 것과 같이 영업에 관한 법적 규제로서 보다 강한 특수성을 나타낸다.

따라서 해상법에는 선박·선박소유자·선박공유·선박임대차(선체용선)·선박우선특권·선박저당권에 관한 규정처럼 해상사업에 관한 특이성 때문에 민법상의 법률사실을 특수화하거나 기술화한 부분이 있다.

3. 각국의 입법례 중에는 지금도 선원에 대한 노동법적 규정을 해법 내지 상선조례 등에 규정하고 있는 것이 있다. 이것은 해상노동관계법규가 육상

노동자에 관한 노동법규보다 일찍 발달하였다는 선구자적 성격과 해상법이 일반상법보다 먼저 자족적인 것으로서 발달하였다는 연혁적인 이유가 있다. 또 노동법이 충분히 발달하지 못했던, 따라서 노동법이 노동법으로서 독자의 법역을 이룰 수 없었던 당시로서는 불가피한 일이었다.

하지만 노동자의 생존확보를 이념으로 하는 노동법이 발달한 오늘날에 해상법은 그 법적 규제의 대상 및 이념에서 노동법과는 성격을 전혀 달리하는 것이므로 해상법과 노동법이 각기 다른 법역을 이루는 것은 당연한 것이다.

4. 해상법과 비교적 밀접한 관계를 갖고 있는 것이 바로 행정법이다. 해상사업의 전개는 해양에서 선박의 항행을 통하여 실현되기 때문에 항해나 항만의 항행에 있어서의 안전확보, 항행에 대한 행정적 감독, 수출입무역에 대한 관세상의 규제, 선박의 독립성과 선박을 중심으로 하는 생활공동체에 있어서의 인명 기타 관계자의 보호를 위한 법규나 기타 행정법규가 많다. 따라서 현실의 해상사업의 운영은 해상법의 규정만이 아니라 이러한 공법적 제 규정의 총합적인 적용 하에서 전개되고 있다. 그러므로 현실의 해상사업의 운영에 대하여는 해사관계법규를 종합적으로 고찰할 필요가 있다. 그러나 이러한 행정감독적 법규는 해상법에는 속하지 않는다. 또한 해상법 중에 약간의 공법적 규정이 포함되어 있다고 하여 법체계상의 문제로서 해상법과 행정법의 관계를 특히 문제삼을 필요는 없다.

제 5 관   海商法의 特殊性과 獨自性

I. 序   言

해상법이 독자적인 법영역(독자성)을 이루기 위해서는 해상법의 적용대상이 되는 생활관계가 다른 법역과 비교되는 특수한 성질을 가져야 한다(특수성). 이같은 법적 특성을 '海의 色彩'라고도 한다.

II. 海商法의 特殊性

해상법의 특수성에 대한 학설은 여러 가지이나 일반적으로 해상사업의 기술적 성격 및 물리적·경제적·사회적 성질에서 찾을 수 있다. 즉 해상사업이 선박이라는 특수용구를 수단으로 한다는 기술적 성격, 해상사업의 대규모성, 해양을 무대로 하는 데서 비롯되는 해상위험이라는 특이성·국제성 등을 해상법의 특수성으로 들 수 있다. 해상사업을 영위하기 위해서는 거액의 자본이 필요하고, 또 고도의 기술과 정교한 영업조직이 필요하며, 위탁의 대상인 운송의 목적물도 고가의 상품인 경우가 많다. 따라서 해상사업자나 거래상대방은 모두 전문지식을 가진 상인으로서 합리주의에 기초하여 이해관계의 정확한 조정에 의해 당사자 사이의 권리의무를 정한 다음에 거래에 참가한다.

그리하여 해상법도 육상운송법이나 민법·상법보다 내용에 있어서는 진보적이고 합리적이며, 형식에 있어서도 매우 정교하다. 그리고 해상사업활동에는 고도의 위험이 수반되므로, 이 위험에 대비하기 위하여 해상법은 공동해손이나 해난구조와 같은 법률제도를 마련하고 있다. 또 해상사업활동은 그 성질상 대부분이 국제적 영업활동이므로 해상법의 국제적 통일성이 절실히 요청되며, 선박 외에는 자국 내에 달리 책임재산이 없는 경우가 많기 때문에 거래상대방의 보호라는 문제도 제기된다.

그러나 해상법의 이러한 특수성은 오늘날 해상사업의 특성이 차츰 사라짐과 동시에 그 색채도 점점 엷어져 가고 있다. 즉 영업이나 거래의 규모면에서 해상사업보다 더 큰 영업과 더 큰 규모의 거래가 생겨났고, 조선·통신기술의 발달로 인하여 항해의 위험은 감소되었으며, 또 오늘날은 다른 상거래도 대부분 국제적 요소를 빼고는 생각할 수 없게 되었다. 그럼에도 불구하고 역사적으로 보아 국제적인 대규모 영리활동이 대부분 해상사업활동을 통하여 이루어졌고, 그 결과 고도로 발전되고 체계화된 해상법이 발전되기에 이르렀고, 위에서 말한 특수성이 여전히 상존하고 있기 때문에 해상법은 항상 해양과 선박으로부터 생기는 특수법규는 물론이고, 해상위험과 이에 대한 영업위험의 극복과 사업보호를 위해 특수한 법적 규제를 필요로 한다. 이 점에서 해상법은 민법 및 일반상법에 대해 독자성을 갖게 된다.

Ⅲ. 海商法의 獨自性

해상법의 독자성이란 이른바 자주성 또는 독립성이라고도 표현되고 있다. 해상법은 인접한 민법과 일반상법에 대하여 다른 법역을 형성하고 있는데, 이로 인해 민법과 상법이 해상사업관계에 당연히 그대로 적용되기보다는 해상법 자체에서 문제가 해결되는 경향이 있다. 이와 같이 다른 법역과는 비교되는 특수성으로 인해 해상법이 갖는 성질을 해상법의 독자성이라 한다.

이는 주로 해상법의 역사적 발전과정 때문에 생긴 것이다. 역사상 해상영업은 연혁적으로 육상영업보다도 앞서서 발달하였기 때문에 이에 따른 법적 규제가 당연히 요구되었다. 따라서 해상법은 독자적으로 생성·발전되었으며, 그 후에 비로소 민법과 상법의 일반원칙들이 나타나게 되었다. 해상법의 獨自性의 문제도 그 특수성의 경우와 같이 '빠르드슈'에서 비롯하여 많은 학설이 전개되고 있다. 본느까즈(Bonnecage)는 해상법은 그 법원과 내용에 있어서 절대적 특이성을 가지지 않고, 대체로 민법과 육상법에 종속하는 것이라 하고, 베랑(Berrend)은 해상법의 상법에 대한 관계는 바로 상법의 민법에 대한 것과 같은 것으로 상법 가운데 자족적인 특수부문을 이룬다고 주장하였다. 또 리뻬르(Ripert)는 "해상법은 바다를 무대로 하여 해상영업을 대상으로 하는 법률관계의 법으로서 독자적인 한 부문을 이루는 것"이라고 주장하고 있다. 이 같이 해상법의 독자성을 인정하는 학설도 일치하지 않는다. 최근의 경향으로서는 상대적인 의미, 즉 양적인 의미에서 해상법이 민법 또는 일반상법에 대하여 특수한 법역을 형성하는 것으로 인정한다.

따라서 형식상 상법의 일부인 해상법에 규정이 없는 한 해상영업활동에는 당연히 상법총칙 및 상행위에 관한 규정이나 민법의 규정이 보충적으로 적용되어야 할 것이나, 해상법은 해상을 무대로 한 영리활동을 대상으로 하여 독특한 법률관계를 구성하고 있기 때문에 이러한 보충규정의 적용에 앞서 가능한 한 해상법 자체에서 문제를 해결하여야 한다.

제 2 절 海商法의 發達

제 1 관 海商法의 歷史

선사시대부터 해운활동은 있었으며, 특히 페르시아만과 아라비아해에서 발전하였다. 그리하여 기원 전 1800년경에 제정된 함무라비법전에 이미 선박충돌, 선박임대차(용선), 감항담보, 수상운송인의 책임, 구조료의 액, 선장의 급료, 모험대차 등에 관한 해사법규정이 포함되어 있었는데, 이는 수메르인의 관습법을 성문화한 것이라고 한다. 또 기원 전 8세기경 인도에서 제정된 마누법전에도 해사에 관한 법제도가 이미 포함되어 있었다고 한다.

기원 전 3000년경에는 이집트의 선박이 레바논으로부터 원목 기타 산물을 수입하기 위하여 동부 지중해의 여러 항구를 출입하며, 지중해연안의 여러 도시와 섬들을 근거로 활발한 상업적·정치적 활동을 하였음에도 불구하고 당시의 해사법으로 오늘날까지 전해지는 것은 거의 없다. 다만, 기원 전 900년경 로드섬에서 공포된 로드해법전이 있었다고 전할 뿐이다.

로마에서의 해사법에 관한 규정은 유스티니아누스의 學說彙纂(Digest)과 유스티니아누스법전 등에 산재해 있는데, 부분적으로는 그리스법에서 유래한 것으로 보이며, 항해의 개시 전에 금전대여자가 해상위험을 예상하여 이루어지는 해상소비대차, 선주는 화물의 멸실 또는 손상에 대하여 수령한 바에 따라서 책임을 지고 불가항력의 경우에만 면책될 수 있다는 선주의 수령책임(receptum nautarum) 및 선박·화물의 공동의 위험을 면하기 위한 희생은 참가자에 의하여 공동으로 분담되어야 한다는 투하에 관한 로드법 등에 관한 내용이 그것이다. 한편 서로마제국이 멸망한 후 동로마제국은 10세기 초에 유스티니아누스법전의 부활이라고 볼 수 있는 바실리카법전을 편찬한 바 있다.

로마제국에 의하여 이룩된 대자본적 해상영업경영은 게르만족 등의 침입으로 모두 파괴되어 중세의 해운업은 소자본적·모험적인 조합형식으로 출발하여 중세의 중기까지 이어졌다. 이러한 상황 아래서 해상법의 분야에도 중세적인 특성이 나타났는데, 그것은 지중해·대서양·북해 등 유럽 각지에 항구도시가 등장하고, 이들 항구도시에서 해사재판소의 판결, 항구도시의 자치입법권, 해상기업자의 동업조합 내에서 발달한 관습 등을 통하여 해상법이 크게 발전한 데에서 찾아볼 수 있다. 이 때 비로소 체계적이고 종합적인 해상법이 각 도시의 독자적인 재판권에 기해 판례법의 형태로 확립되었다. 이른바 중세의 3대 해법으로는 콘솔라토 델 마아레(Consolato del mare)·올레옹해법(Rôles d'Oléron)·비스비해법(Wisbysches Seerecht)이 있고, 이들 3대 해법 외에도 11세기경 이탈리아의 항구도시 아말피를 중심으로 아말피해법, 15세기경 한자동맹의 협약해법, 16세기경 프랑스 루앙에서 편찬되어 해사법학상 학문적 가치가 매우 커서 앞에서 본 '콘솔라토 델 마아레'에 견줄 만 하다는 '기동 드 라 메르'(guidon de la mer) 등이 유명하며, 그 밖에도 피사·마르세이유·함부르크·뤼벡 등의 각 도시법이나 동업조합의 규약 또는 판례 등에서도 해법규정을 볼 수 있다.

한편 영국의 경우 앞에서 본 올레옹해법 외에 과거 영국의 해사법·판례·칙령 및 절차법, 왕 또는 해사재판소의 명령 등을 모아 기록한 海法黑書(The

Black Book of the Admiralty)를 고전적 법원으로 볼 수 있다.

　이상 중세의 해사법은 주로 당시 조합적인 공유조직에 의한 해운영업에 관한 법률관계를 규율하기 위하여 성립한 것으로 일반적인 중세 상사법의 경우와 같이 상인법적 성격을 지니고 있었다고 한다. 따라서 당시의 상사법은 일반법과는 분리된 독립된 성격과 체계를 형성하고, 공법과 사법을 합친 통일적인 법체계를 이루었다고 할 수 있다.

　근세 해사법의 역사는 1681년 프랑스 루이 14세의 해사조례(ordonnance de la marine)의 공포로 시작되었다. 중세의 해사법이 국가와는 독립된 도시상인단체의 법 또는 관습법을 집성한 것에 불과하였지만, 근세 중앙집권국가가 성립함에 따라 해사법도 국가법의 체계 안에 들어가게 되었으며, 해사조례는 이러한 배경 아래서 창조된 통일적·자족적인 해사법전이다. 해사조례는 종래에 있었던 해사에 관한 여러 법제를 통일화하여 왕 아래의 국가법으로 체계화하고, 재판관할권까지도 집중화하고자 한 것으로 지중해법계 및 북유럽법계의 해사법을 집대성한 것이다. 이 해사조례는 모두 5편 713개 조로 이루어진 대법전으로 그 규율대상은 해사사법뿐만 아니라 해사공법적 규제와 재판관할의 문제 등을 포함하고 있으며, 제 1 편 해사재판관 및 관할권, 제 2 편 선원 및 선박, 제 3 편 해사계약, 제 4 편 항만·해안·정박장소와 경찰 및 제 5 편 해상어법 등으로 구성되어 있다. 해사조례는 매우 높은 명성을 떨쳤으며 유럽전체에 걸쳐 해사법의 입법과 해석에 커다란 영향을 미쳤다(임동철, 海商法·國際運送法研究, 진성사, 1990, 174쪽 아래 참조).

　이후 유럽 각국에서는 다투어 상법을 중심으로 한 해상법의 법전화가 이루어졌는데, 프랑스의 현행법인 1807년의 상법전 제 2 편 '해상'은 1681년의 해사조례 중에서 사법규정을 따로 떼어 편찬한 것이다(여기에 대하여는 채이식, 프랑스 해사칙령과 나폴레옹상법전 해상편, 고려대학교 출판부, 2005를 참조 바람). 그 뒤 1874년에 선박저당법이 제정되었다(1915년 개정). 상법전 가운데 '해상'은 1885년에 선주유한책임과 보험 등에 관한 규정이 개정되었고, 1915년 및 1949년에는 1910년에 성립된 선박충돌 및 해난구조에 관한 통일협약에 의거하여 개정되었다. 특별법으로는 1926년에 해상노동법, 1928년에 해사금융에관한법이 제정되었다. 또한 1936년에는 선하증권통일협약에 따라 해상물건운송법이 제정됨으로써 해상법 가운데 이 법에 반하는 규정이 폐지되었으며, 1966년에 일부개정이 있었다. 이후 1967년에는 선박의 법률관계와 해상기업인의 유한책임에관한법률이 제정되었으며, 또한 선박충돌·공동해손·해난구조에 관한 규정이 개정되었다.

한편 독일의 해사관련입법으로는 1861년의 구상법을 계승한 1897년 상법전 제 4 편 '해상'이 중요하고, 그 후 선박충돌통일협약·해난구조통일협약·선하증권통일협약에 의한 개정이 있었으며, 1937년 상법 중 해상운송에 관한 규정의 개정법률, 1941년 등기선및제조중의선박상의권리에관한법률, 1943년 선박저당증권은행법, 1957년 선원법 등의 부속법령이 있다. 그 밖에도 1972년 상법을 개정하면서 선주책임제한을 위한 책임액의 납입 및 배당절차에 관한 법률이 제정되었고, 1986년에는 1976년의 선박소유자의 유한책임에 관한 통일협약에 따른 개정이 있었다.

불문법국가인 영국에서는 대륙제국에서와 같이 일찍부터 해상법을 법전화하지는 않았으나, 해운이 점점 발달됨에 따라 법전화의 필요를 느끼게 되어 1854년에는 상선법을 제정하게 되었다. 이것은 그 후 수차의 개정을 거쳐 1894년 공법과 사법에 걸쳐서 정리·통합되어 상선법(The Merchant Shipping Act)으로 개정되었는데, 올레옹해법과 비스비해법의 영향을 받았다. 그 밖에 성문법으로는 1885년의 선하증권법, 1906년의 해상보험법, 1911년의 해상조약법(선박충돌 및 해난구조에 관한 통일협약을 국내법화한 것), 1913년의 도선법(1987년 개정), 1914년의 상선(조약)법, 1924년의 해상물건운송법(1992년 개정), 1925년의 상선(국제노동조약)법, 1933년의 상선(안전과 적하유치권조약)법, 1949년의 상선(안전조약)법, 선박가압류조약과 충돌민사재판관할조약을 국내법화한 1956년의 법원법 등이 있다.

끝으로 미국의 해상법은 영국의 관습법을 계수하여 발달한 관습법이 중심이 되는 한편, 연방성문법으로 중요한 것은 1893년의 해상운송법(Harter Act), 1851년의 선주유한책임법, 1910년의 해사우선특권법, 1912년의 해난구조법, 1915년의 해원법, 1916년의 선하증권법, 1920년의 상선법 및 이 법을 수용한 1936년의 해상물건운송법(현재 개정작업이 진행중임), 1946년의 상선매매법 및 1952년의외국선박저당법 등이 있다.

이렇게 해서 해상법은 근대 이후 프랑스법계·독일법계·영미법계의 3 가지 法系로 나뉘게 되었다.

第 2 관　海商法의 統一

해상법은 그 발생당초부터 세계적 관습, 즉 보편적 해법으로 발생하여 연혁적으로는 그 자체 통일적 내용의 것이었다. 뿐만 아니라 해상법은 이론적으로도 통일법의 성립을 가능하게 하는 성질을 가지고 있다. 이것은 해상기업에 관한 법으로서 해상기업의 기술성, 즉 해양이라는 공통의 무대에서 또 비슷한 선박이라는 기술적 용구에 의하여 전개되는 기업에 관한 법적 규제로서 그 성질상 다분히 공통된 내용의 규율을 필요로 하기 때문이다. 또 해상기업이 세계거래·세계경제의 담당자이므로, 해상법의 통일화·일원화를 가능케 하는 것이다.

　이처럼 해상법은 연혁적으로나 이론적으로 통일성을 가지며, 18세기 이후 각국이 법전편찬에 착수하여 각각 민법전 등을 정비하게 된 시대에 있어서는 각국 해상법의 내용에 통일성이 있었다. 그런데 그 후 각국법제는 각각의 경제사정에 따라 그 차이를 나타내기도 하였다. 그러나 19세기 이후 근대적인 국제경제의 진전과 더불어 해상사업의 국제적 성격이 두드러지게 되어 해상법통일의 요청이 다시 여러 나라에서 강력히 인정되기에 이르렀다. 선박은 대체로 국제항해에 종사하므로 각국의 해상법이 서로 그 내용을 달리하게 되면 각 이해관계인에게 적지 않은 불편을 주고, 이 불편은 오늘과 같이 세계경제가 조직적으로 발전하고 항해기술이 진보함에 따라 더욱 커지게 된다. 그런데 해상법은 주로 해상운송에 관한 법률이고 운송도구인 선박과 그 조종방법, 선원의 조직 같은 것은 대개 각국이 동일하고 선박은 다같이 공통된 해상위험에 놓여 있으므로, 해상법은 한 국가·민족의 풍속·전통 기타의 사정과 밀접한 관계를 가지는 민법에 비하여 통일이 용이하다고 할 수 있으며, 이러한 사정으로 인해 해상법의 통일화는 경제사정의 변화에 따른 필연적인 요구라고 할 수 있다. 그리고 해상법의 통일경향은 상법의 다른 부분보다도 더 적극적이라는 점에서 다른 상법영역과 구분되는데, 이것은 진보적인 법률관계가 가장 빈번히 일어나는 영업이기 때문이다. 섭외적 관계의 처리에 대해서는 국제사법의 통일도 요청되어야 할 것이나 오히려 해상법 그 자체에 대한 통일법, 즉 세계법의 가능성과 필요성이 특히 큰 것은 당연한 것이다. 이미 해상법의 영역에 성립된 많은 통일조약이나 국제적인 보통계약조항이나 오늘날 통일법운동이 활발하게 전개되고 있는 사실이 이를 뒷받침해 주고 있다.

　이와 같이 각국의 해상법이 서로 다른 데서 오는 불편을 줄이기 위해 19세기 영국을 중심으로 해상법의 세계화운동이 일어났다. 1860년 영국의 사회과학진흥회에 의해 소집된 글래스고우회의에서 공동해손에 관한 통일규칙을 정한 것을 비롯하여 국제법협회와 국제해법회를 중심으로 한 꾸준한 노력으로 여러 통일조약이 성립하였다. 그 가운데 중요한 것으로는 공동해손에 관한 요크-앤트워프규칙(1890) · 선박충돌조약 및 해난구조조약(1910) · 선박소유자책임제한조약($^{1924,\ 1957,}_{1976,\ 1996년\ 개정}$) · 선하증권통일조약($^{1924,\ 1968,}_{1978년\ 개정}$) · 해상우선특권 및 해상저당권에 관한 통일조약($^{1926,\ 1967,}_{1993년\ 개정}$) · 해상매매에 관한 바르샤바 - 옥스퍼드규칙(1932), 그 외에 국유상선면책조약(1926) · 해상여객운송조약(1974) 등이 있다.

　　그리고 20세기에 들어와 국제거래가 더욱 발달하게 되자 해상법의 국제적 통일의 노력이 더욱 활발하게 되었는데, 특히 1970년대 이후 국제 해사기구(IMO)의 법률위원회, 유엔무역개발회의(UNCTAD)와 유엔상거래법위원회(UNCITRAL)가 중심이 되어 여러 가지 국제조약안이 만들어졌다. 그 중 1969년 유류오염손해민사책임조약(CLC)($^{1984,\ 1992}_{년\ 개정}$)과 이를 보충하는 1971년 유류오염피해보상을 위한 국제기금설치에 관한 협약(IOPC FUND)($^{유탁손해보상기금조약 :}_{1984,\ 1992년\ 개정}$), 1974년 해상여객 및 수하물운송에 관한 아테네조약($^{1990,\ 2002}_{년\ 개정}$), 1976년 해사채권책임제한조약($^{1996년}_{개정}$), 1978년 유엔해상물건운송조약, 컨테이너복합운송에 따른 1980년 유엔국제물건복합운송조약 등이 해상법상 중요하다.

제 2 장   海上運送業의 組織

제 1 절   海上運送業의 物的 組織

해상영업을 경영하기 위해서는 선박 외에 업무를 취급할 주된 사무소와 각 항구에서 업무를 보조할 선박대리점 또는 선박을 유지·관리하는 시설 등 여러 가지 物的 設備가 필요하다. 그 중 해상영업에 특유한 것으로 상법상 문제가 되는 것은 선박의 이용에 관한 것이다. 선박을 이용하는 가장 간단한 방법은 선박을 구입하여 소유자로서 이용하는 것이다. 그러나 해상영업이 선박을 직접 소유하지 않고, 타인의 선박을 이용하여 이루어지는 경우도 빈번하다. 타인의 선박을 이용하는 것에는 타인의 선박을 임차하는 방법과 타인의 선박을 용선하는 방법이 있다. 이 절에서는 선박과 선박의 임차 및 용선에 대해서 살펴본다. 선박 이외에도 정기선영업에서 컨테이너 박스도 물적 설비가 되지만, 상법은 아직 여기에 대하여는 규율하고 있지 않다.

제 1 관   船   舶

김인현, 선박건조 표준계약서(SAJ)에 대한 연구, 한국해법학회지 제34권 제2호(2012. 11)/朴慶鉉, 선박의 정의와 법적 성질, 海洋韓國 245(1994. 2)/林東喆, 船舶의 定義에 관한 약간의 考察, 한국해법회지 18. 2(1996. 10).

Ⅰ. 意   義

해상영업은 그 물적 설비로서 반드시 선박을 필요로 한다. 그리고 선박의 航行에 따라 각종의 법률관계가 발생하므로, 선박은 해상법상 모든 문제와 관계되고 해상법의 적용범위도 우선 이에 따라 한계지어진다(제740조,제741조). 따라서 해상법의 적용기초가 되는 선박의 개념을 정하는 것이 중요하다. 우리 상법은 선박의 개념은 규정하지 않고, 다만 상법의 적용대상이 되는 선박의 범위만을 정하고 있다. 상법의 적용대상이 되는 선박은 상행위나 그 밖의 영리를 목적으로 항해에 사용하는 선박을 말한다($\frac{제740}{조}$). 이를 나누어 고찰하면 다음과 같다.

1. 船　　舶

상법은 선박의 의의를 규정하고 있지 않다. 따라서 상법상의 선박이 되기 위해서는 먼저 사회통념상 선박으로 인정되어야 하지만, 일반적으로 수중이나 수상에서 사람 또는 물건의 이동에 제공되는 기구면 충분하다. 그리고 반드시 스스로의 동력에 의하여 이동될 수 있는 것이어야만 선박이 되는 것은 아니고, 예컨대 曳引을 하여야만 이동할 수 있는 浮船(barge)도 상법상 선박이다($\frac{통기}{가능}$). 하지만 전혀 운송에 사용되지 않고 항상 水上에 있는 선상호텔·해상작업대 등과 구성물(목재) 자체의 운반을 목적으로 하는 뗏목은 상법상 선박이 아니다.

〈대판 1973. 5. 30, 73 다 142·143〉

「그 자체로서 항해능력이 없는 것이어서 다른 선박에 의하여 예인되는 데 불과한 선박은 그 톤수 여하에 불구하고 독립된 선박으로서 등기될 선박이 아니다.」($\frac{동지 \colon}{대판}$ 1975. 11. 11, 74 다 112·113)

선박은 건조의 완료시부터 해체의 종료시까지 계속해서 선박으로서의 법적 성격을 가진다. 따라서 건조중의 선박은 예외적으로 필요한 경우에만 상법상 선박으로 인정되며($\frac{제790}{조}$), 인양불능의 침몰선·난파선도 이미 선박이 아니다.

2. 航海船

상법상 선박은 항해에 사용되는 항해선만을 의미한다. 항해란 海上의 航行을 말하며($\frac{동지 \colon 서돈각, 473}{쪽 ; 채이식, 653쪽}$), 해상이란 호천·항만을 제외한 해양으로 호천·항만의 범위는 평수구역에 따라 정해진다($\frac{제125조 및 부칙 제2조 ; 상법의 일}{부 규정의 시행에 관한 규정 제3조}$).

〈대판 1991. 1. 15, 90 다 5641〉

「선박임차인에 관한 상법 제766조의 규정은 항해에 사용하는 선박, 즉 해수를 항해하는 항해선에 한하여 적용되고 호천이나 항만을 항행하는 내수선에는 적용되지 않는바, 기록에 의하면 위 조상균소유의 기선 제2동호는 충무항 내만을 운항할 수 있는 항행구역이 평수구역인 내수선인 사실이 명백하므로 위 논지는 이유 없다.」

따라서 호천·항만 등 내수면만을 항행하는 선박은 해상법의 적용을 받지 않는다. 부산항만에서만 운항되는 급수선, 통선 및 충주호의 유람선 등이

그 예이다. 하지만 예외적으로 해상법 중 선박충돌과 해양사고구조에 관한
규정은 내수선에도 적용된다(제876조,제882조). 또한 항해선의 경우에도 공동해손의 분
담가액과 손해액의 산정에 관한 원칙규정은 연안항행의 경우에는 적용되지
않는다(제872조 제2항 단서). 항해선이 일시 내수면에 머물러 있다 하더라도 그 선박이 곧
바로 항해선으로서의 성격을 잃지는 않는다.

3. 營利船

상법상 선박이란 상행위 그 밖의 영리를 목적으로 하는 영리선만을 말한
다. 영리를 목적으로 한다는 뜻은 선박의 사용 그 자체가 영업의 목적이 되
어야 한다는 것이 아니라, 상인이 선박을 그 영업상의 항해활동의 설비로서
사용하는 것을 말한다. 이 때 상행위는 주로 運送의 引受(제46조,제13호)일 것이지만
보조적 상행위도 포함한다. 따라서 영업을 위한 것이라면 자기화물운반선 · 광
물탐사선 · 어선처럼, 타인의 물건에 관한 운송을 인수하고, 그 이행을 위하여
운항하는 선박이 아니더라도 모두 상법상 선박이 된다. 그리고 국공유선박이
더라도 영리에 종사하는 경우에는 상법상 선박이 된다(제2조; 선박법 제29조 단서).

한편 선박법은 군함 · 경비정 · 소방정 등 공용선을 제외한 모든 해상항행
선에 대해 영리선이 아니더라도 상법 제 5 편 해상에 관한 규정이 준용되는
것으로 하였다(선박법 제29조 본문). 2007년 개정상법은 제741조 제 1 항에 이를 추가하였
다. 국 · 공유선박도 일정한 경우에는 제 5 편의 규정이 대통령령에 따라 적용
된다(제1항 단서). 이는 해상법에 관한 규정은 합리성이 있어서 일반항행선에도 적
용할 수 있기 때문이다. 따라서, 2007년 개정상법은 적용범위가 확대되었다고
할 수 있다(동지, 정찬형 15판, 802쪽).

4. 短艇 또는 櫓櫂船이 아닐 것

상법 제 5 편 해상에 관한 규정은 원칙적으로 근대적 의미의 영리선에만
적용되고, 단정이나 주로 노도로 운전하는 선박에는 적용되지 않는다(제741조 제2항).
이는 이러한 소형선에 대해 기술적이고 복잡한 해상법을 일률적으로 적용하
는 것이 불합리하기 때문이다.

또한 상법은 개별규정의 적용범위를 정함에 있어서 다시 선박의 범위를
확장 또는 축소하고 있다. 예컨대 총톤수 20톤 미만의 선박에 대해서는 선박
에 관한 권리이전(제743조), 선박의 압류 · 가압류제한(제744조) 등에 관한 규정이 적
용되지 않는 반면에, 항해선과 내수항행선 사이의 충돌인 경우에도 상법상 선
박의 충돌로 보아 상법상 선박충돌에 관한 규정을 적용한다(제876조).

Ⅱ. 法的 性質

1. 선박은 법적으로 하나의 동산이다. 따라서 상법에 다른 규정이 없는 한 선박에 관한 권리의무는 민법 혹은 상법상 동산의 권리의무에 관한 규정에 의해 정해진다. 이는 중세의 선박에 담보설정권의 편의상 선박을 부동산으로 본 게르만법에 대해 선박을 동산으로 본 로마법의 입장을 따른 것이다 $\left(\substack{\text{일본 구 상법 제834조; 프랑스 구 상법}\\\text{제190조; 이탈리아 항행법 제245조}}\right)$.

그러나 선박은 일반 동산에 비해 가격이 훨씬 높고, 빈번하게 거래의 대상이 되는 것이 아니므로 부동산과 같은 법적 취급을 받는 경우가 있다. 즉 선박에 대한 강제집행이나 경매, 선박등기$\left(\substack{\text{선박법 제8}\\\text{조 제1항}}\right)$, 선박저당권$\left(\substack{\text{제787}\\\text{조}}\right)$, 선박에의 침입을 주거침입과 동시하는 것$\left(\substack{\text{형법 제}\\\text{319조}}\right)$ 등의 경우가 그렇다. 그러나 총톤수 20톤 미만의 소형선박, 단정과 노도만으로 운전하는 선박은 원래의 성질대로 이를 동산으로 취급한다.

2. 또한 선박은 다른 동산에서는 찾아볼 수 없는 여러 가지 특질이 있다. 선박은 여러 가지 물건이 결합된 하나의 물건으로 취급되는 合成物이다. 선박을 구성하고 있는 물건 중에는 선체나 기관처럼 선박에 부착되어 분리가 불가능한 물건도 있지만, 유류·해도·각종 공구·구명정 등 기능적으로는 선박과 일체를 이루고 있는 부품이지만 물리적으로는 선박과 분리·독립된 물건인 경우도 있다$\left(\substack{\text{이들을 屬}\\\text{具라 한다}}\right)$. 따라서 이들 물건에 대해서는 선박에 관한 권리의무가 불분명해질 우려가 있으므로 이를 분명히 하기 위하여 선박에 부속된 물건의 내역을 기재한 문서인 '屬具目錄'을 선박 내에 비치하도록 하고 있다$\left(\substack{\text{상법부칙 제9조: 선박}\\\text{의속구목록에 관한 규정}}\right)$.

이 속구목록에 기재된 것은 선박의 從物로 추정되어$\left(\substack{\text{제742}\\\text{조}}\right)$ 선박에 대한 소유권의 이전, 저당권의 설정, 우선특권의 발생 등의 경우에 그 효력이 속구목록에 기재된 물건에도 미친다$\left(\substack{\text{민법 제100조; 상법 제}\\\text{777조, 제787조 제2항}}\right)$. 그리고 속구목록에 기재되지 않은 물건은 공동해손행위로 인하여 손실을 입더라도 선박소유자는 공동해손 분담금을 청구하지 못한다$\left(\substack{\text{제872}\\\text{조}}\right)$.

3. 합성물인 선박은 항해사·선원 등 인적 설비와 선박연료유·식료품 등 물적 설비를 갖추고서 선장의 지휘와 감독 하에 하나의 유기체와 같이 활동한다. 그리하여 선박은 법적으로 인격체와 유사한 취급을 받기도 하는데, 예컨대 20톤 이상의 선박은 명칭 및 국적이 있고, 또 주소에 해당하는 선적

항이 있다. 일찍이 선박이 유기체로서 독자적으로 의사결정과 그 집행을 할 수 있다는 이유로 선박을 법인시하는 '선박법인설'이 19세기까지 상당한 지지를 받았으나 20세기에 들어와서는 교통·통신의 발달로 선박을 다른 운송수단과 구별할 실익이 적어지자 선박법인설은 사라지게 되었다.

그러나 선박법인설의 영향으로 오늘날에도 민사소송법상 선박 또는 항해에 관하여 선박소유자 기타 선박을 이용하는 자에 대한 訴는 선적소재지 법원에 제기할 수 있고($^{민사소송}_{법 제11조}$), 선박채권 기타 선박으로 담보한 채무에 기한 소는 선박소재지 법원에 제기할 수 있다($^{민사소송}_{법 제12조}$). 영미법에서는 선박을 피고로 하는 對物訴訟(action in rem)을 제기할 수도 있다.

Ⅲ. 船舶에 대한 權利

1. 所 有 權

선박소유권의 취득사유는 일반 동산과 마찬가지로 건조계약·양도·합병·상속 등과 해상법에 특유한 보험위부($^{제710}_{조}$), 선박공유자지분의 강제매수($^{제761조}_{제 1 항}$), 국적상실로 인한 지분의 매수나 경매처분($^{제760조}_{제 1 항}$), 매수청구($^{제762조}_{제 1 항}$), 선장의 경매처분($^{제753}_{조}$) 등이 있고, 공법상 포획·몰수($^{선박법 제25}_{조, 제26조}$)·수용이 있다. 한편 등기선박은 부동산과 마찬가지로 취급하므로 선의취득이 인정되지 않는다. 선박소유권의 상실사유는 위 취득사유와 상대성을 가지는 사유 외에 구조불능의 침몰·파선·포획·몰수 등이 있다.

물건에 대한 소유권의 내용은 민법에 따라 정해지기 때문에 상법에서 문제될 것은 없으나, 그 소유권의 이전에 대해서는 여러 가지 문제가 있다.

먼저 선박의 소유자에 관해서 국가나 공공단체, 대한민국국민, 우리 법에 의해 설립된 상사법인, 그리고 대한민국에 주된 사무소를 둔 법인으로서 그 대표자가 대한민국국민인 법인 등만이 한국국적의 선박을 소유할 수 있다($^{개정 선박}_{법 제 2 조}$).

2 인 이상의 사람이 선박을 공동소유할 수도 있다. 그러나 상법은 이를 물권적 의미의 공동소유로 파악하지 않고 공유자 사이의 공동영업으로 파악한다($^{동지 : 채이}_{식, 657쪽}$). 중요한 것은 선박의 양도에 관한 것이다. 선박에 대한 소유권은 재산권의 하나로 소유자는 이를 제 3 자에게 자유로이 양도할 수 있다. 그러나 국토해양부장관은 적정한 선복량의 유지·해상안전 및 항로질서를 위하여 필요하다고 인정할 때에 대한민국선박을 소유할 수 없는 자와의 매매를

제한할 수 있다(해운법 제49조 제1항). 선박공유자가 지분의 이전 또는 국적상실로 인하여 선박이 대한민국의 국적을 상실한 때에는 다른 공유자가 상당한 대가로 그 지분을 매수하거나 그 경매를 법원에 청구할 수 있다(제760조).

등기선박에 대한 권리의 이전은 당사자간의 합의만으로써 효력이 생긴다(제743조 본문). 즉 상법은 민법상 물권변동의 형식주의원칙에 대한 유일한 예외로서 선박에 대한 권리의 이전은 의사주의를 채택하여 다른 공시방법을 갖출 것 없이 당사자의 양도합의만 있으면 바로 이전의 효력이 발생하도록 하였다. 등기선박에 대하여 이러한 예외를 인정한 이유는 항해중이거나 외국에 정박 중인 선박의 양도를 용이하게 하기 위해서이다(정희철·정찬형, 766쪽; 최기원, 43쪽). 또한 상법은 불요식주의를 취하고 있으므로 양도합의에 아무런 방식을 요하지 않는다.

하지만 선박양도는 이를 등기하고 선박국적증서에 기재하지 않으면 제3자에게 대항하지 못한다(제743조 단서). 여기서 제3자란 선박에 관해 원래의 소유자로부터 이중으로 권리를 취득한 자만을 말한다. 따라서 양수인은 원칙적으로 등기나 등록이 없이도 누구에 대해서도 얼마든지 권리의 이전을 주장할 수 있고, 또 소유자로서의 책임도 진다. 다만, 제743조 단서에서 말하는 이중으로 양수한 제3자라든지, 양도인에 대한 채권으로 선박을 압류한 자 등에 대하여는 먼저 등기 및 등록을 하지 않으면, 이들에 대하여 권리의 이전을 주장할 수 없다(채이식, IV, 236쪽). 그리고 등기선에는 선박등기부가 있는 외에 국적증서가 선내에 비치되어 그 소유자를 공시하는 방법이 있으므로 일반 동산과 같이 점유만으로써 소유권의 유무를 결정할 필요가 없기 때문에 민법의 일반 동산의 선의취득에 관한 규정은 등기선박에는 적용되지 않는다(通說)(서돈각, 478쪽; 손주찬, 468쪽; 최기원, 43쪽; 채이식, 659쪽). 선박이 이전되면 선박에 비치된 속구목록에 기재된 물건도 원칙적으로 이전한다(제741조; 민법 제100조 제2항). 항해중에 선박이 양도된 경우 상법은 당사자간에 다른 약정이 없으면 양수인이 단독으로 그 항해로 인한 이익을 얻고 손실을 부담하도록 하여 운임의 분할에 관한 분쟁을 제거하고 있다(제763조). 단, 이 규정은 순전히 내부적인 손익계산에 관한 것이고, 운송과 관련된 양도인과 제3자 간의 운송계약상의 권리의무와는 아무런 관계가 없다. 임의규정이므로 다른 약정이 가능하다.

등기대상이 아닌 20톤 미만의 소형선박, 단정 또는 주로 노도로 운전하는 선박에 대해서는 의사주의 내지 대항요건주의가 적용되지 않고 일반 동산과 같이 취급된다(민법 제188조). 따라서 양도의 합의 외에 선박에 대한 점유의 이전이 있어야 물권변동이 일어난다. 선의취득도 가능하다($^{채이식_{,}Ⅳ.}_{236쪽}$). 총톤수 20톤 미만의 선박에는 권리이전에 대한 규정을 적용하지 않는다는 제745조를 삭제하여 2007년 개정상법에는 제743조를 소형선박에도 준용하는 규정을 두고 있지 않지만, 이는 선박법($^{제26조,}_{제8조}$)에 따른다는 취지이다. 선박법 제 8 조 제 4 항에 따른 선박등기법은 총톤수 20톤 이상의 선박 등에만 적용하므로, 그 이하의 선박에 대하여는 일반 동산과 같이 취급된다.

〈대판 1969. 7. 29, 68 다 2236〉
「… 본건 어선은 기록상 6 톤의 소형선박임이 뚜렷한바, 이러한 20톤 미만의 소형 선박에 관한 권리취득의 대항요건은 상법 제745조의 규정에 따라 등기나 선박증 서의 교부가 있어야 되는 것이 아니고 민법원칙에 따라 인도가 있어야 된다 할 것이므로, 원심이 원고가 위 어선을 위와 같이 매수한 후 선적증서의 교부를 받았 다 하더라도 그 선주인 소외 망 김선홍의 공동상속인들인 위 모자를 포함한 7 명 이 원고에게 그 어선을 인도한 흔적이 없다고 적법하게 확정하고 있는 이상 원고 는 이 어선소유권의 취득을 가지고 피고들에게 대항할 수 없다.」($^{동지 : 대판 1967. 12.}_{19, 67 다 1591; 대판}$ $^{1966. 12. 20,}_{66 다 1554}$)

건조중인 선박의 소유권이전은 저당권의 등기가 있는 경우($^{제790}_{조}$)에도 引渡하여야 효력이 발생한다($^{동지 : 최기}_{원, 43쪽}$).

2. 使 用 權

선박은 부동산과 마찬가지로 등기를 하지만. 부동산에서 볼 수 있는 지상권·전세권과 같은 물권적 사용권제도는 없다. 다만, 제 3 자가 선박소유자와의 계약으로 선박을 사용할 수 있는 채권적 권리를 가질 수 있을 뿐이다. 이러한 사용권으로는 해상사업자(선체용선자)가 선박임대차계약에 따라 선박을 이용하는 임차권과 기타용선자가 용선계약에 따라 선박을 이용할 수 있는 이용권이 있다.

3. 擔 保 權

선박의 건조·구입에는 거대한 자금이 소요되므로 예외 없이 선박은 담보권(통상, 저당권)의 목적이 된다. 또한 채권자는 보통 선박의 운항위험을 고려하여 선박에 대한 담보권 외에 보험증권에 채권자를 위한 제 3 자 지급약관을 삽입하거나 용선료나 운임 등에 대한 질권을 설정하고 선박소유자에게 대금을 빌려주는 것이 보통이다. 또한 해운법 제49조에 의하면 일정한 사업을 위

하여 선박을 수입하거나 용선 또는 건조하는 경우, 당해 선박에 관한 소유권
취득에 관한 등기를 하기 전이라도 그 선박의 소유권을 취득한 후 지체없이
선박을 담보로 제공할 것을 조건으로 융자받을 수 있다(後取擔保라 고 부른다). 선박에 대한
담보권으로는 선박의 부동산유사성으로 인해서 인정되는 저당권·질권·선박
우선특권·유치권 등이 있다.

  먼저 등기한 선박은 저당권의 목적으로 할 수 있고(제787조 제1항), 이는 건조중
인 선박에도 인정된다(제790조). 저당권성립에 특별한 방식은 요구되지 않으며, 저당
권설정합의와 저당권설정등기가 있으면 된다(제787조 제3항). 설정된 저당권의 효력이
나 순위는 민법상 저당권에 대한 규정에 따른다(제787조 제3항). 선박저당권은 속구에
도 미친다(제787조 제2항). 외국국적선박의 경우에도 선적국법에 의하여 저당권 또는
이와 유사한 권리가 인정되는 때에는 우리 나라에서도 저당권에 준하여 그
권리를 행사할 수 있다.

  등기한 선박은 원칙적으로 저당권의 목적이 되므로 예외적으로만 질권의
대상이 된다. 20톤 미만의 소형선박, 단정·노도만으로 운전하는 선박, 즉 등
기할 수 없는 선박과 등기를 할 수 있지만 아직 등기를 하지 않은 선박은 그
선박이 건조중이든 건조를 마친 후이든 질권의 목적이 될 수 있다. 이 때 선
박에 대한 질권설정의 방법은 일반 동산질권설정과 마찬가지로 질권설정의
합의와 질물인 선박의 인도가 있어야 한다. 선박질권자도 경매권과 우선변제
권이 있다(민법 제392조).

  한편 선박의 운항과 관련하여 발생한 일정한 종류의 채권에 관하여 채권
자는 법률의 규정에 따라 저당권에 우선하는 선박우선특권을 갖는다(제777조).
그 밖에 상법에 규정은 없지만 채권자가 민사 혹은 상사유치권에 기해 선박
을 유치할 수 있음은 물론이다. 선박수리비채권을 갖는 조선소가 선박을 유치
하는 것이 그 예이다.

4. 船舶에 대한 權利의 行使

  動産인 선박에 대한 권리도 다른 재산권과 마찬가지로 당연히 채권자의
권리행사의 대상이 된다. 따라서 선박이 질권·저당권의 대상이 된 때에는 담
보권의 실행 등을 위한 경매의 대상이 되고, 채권자가 집행권원을 얻은 때
에는 선박은 강제집행의 대상이 된다. 선박에 대한 권리행사절차기간중에는
선박을 압류항에 정박하게 하여야 한다.

  하지만 항해준비를 완료한 선박과 그 속구는 압류 또는 가압류하지 못

한다($^{제744조}_{본문}$). 선박과 관련한 여러 당사자를 보호하기 위함이다. 항해준비를 위해서 생긴 채무에 대해서는 이러한 제한이 적용되지 않는다($^{제744조}_{단서}$). 또한 20톤 미만의 소형선박에 대해서도 압류·가압류에 대한 제한규정이 적용되지 않는다($^{제744조}_{제2항}$).

Ⅳ. 船舶國籍

金仁顯, 선박국적부여조건으로서의 진정한 연계와 국제사회의 대응, 해사법연구 18, 1(2006. 3)/朴容燮, 外國의 國際船舶登錄制度의 導入背景과 發展方向, 海洋韓國 214(1991. 7)/蔡利植, 船舶의 國籍制度에 관한 硏究, 한국해법학회지 19, 1(1997. 3)/崔洛正, 우리 나라 國際船舶登錄法에 관한 考察, 한국해법학회지 20, 1(1998. 3).

1. 公法的 問題

선박의 국적은 준거법과 공권력행사국을 결정하는 데 기준이 된다. 오늘날 우리 나라를 포함한 대부분의 국가는 자국민에 의한 소유를 국적취득요건으로 정하고 있으며, 1982년 해양법 제91조에도 국가와 선박 간에는 진정한 連繫(Genuine Link)가 있어야 하며, 선박은 1개국만의 국기를 게양하고 항해하여야 한다고 정하고 있다. 그럼에도 절세, 저임금국선원의 고용이나 공법적 규제를 면할 목적으로 선진해운국들의 선주들이 위의 진정한 연계도 없는 파나마·라이베리아·키프로스·싱가포르 등지에 선박을 등록하여 便宜置籍(Flag of Convenience : FOC)하게 되어 편의치적선은 全世界對比(%) 1950년에 4.9%이던 것이 2012년 77%가 되어 편의치적선제도는 商慣行의 하나로 되기에 이르렀다.

한편 운수관련노동자들의 세계기구인 국제운수노동자연맹(International Transportation Worker's Federation : ITF)에서는 편의치적선에 승선하는 선원들에 대한 최저임금을 설정하고 검사활동을 강화하였다. 검선결과 위반사항이 발견되면 차액임금지급요구(Backpay Claim)나 하역거부 등으로 선주들에게 타격을 가했다. 또한 편의치적선에는 안전항행의 국제적 기준에 미달하는 基準未達船(Substandard Vessel)이 많아 이를 규제하기 위한 港灣國統制(Port State Control) 등이 시작되었다. 따라서 이러한 입항거부·하역거부 등의 제재조치 때문에 편의치적의 효용이 떨어지게 되어 선주들은 경비절감과 경쟁력향상을 위한 새로운 방안을 찾게 되었다. 이렇게 하여 1980년대 말에 등장한 것이 제 2 선적제도와 선박관리회사(Ship management Company) 제도이다.

　　제 2 선적제도를 처음으로 시도한 나라는 노르웨이이다. 선원비 · 제 세금 등 비싼 선비를 부담하면서 운항해야 했던 노르웨이 국적상선대는 1980년대를 전후하여 크게 쇠퇴하였다. 이에 노르웨이정부는 1987년 NIS등록법 (Norwegian International Ship Register Act)을 제정하여 선박관리인만을 노르웨이에 둠으로써 등록요건을 충족하는 것으로 하였으며, 안전과 기타 규칙들의 대부분에 대하여 엄격한 통제를 유지하면서 선원들은 외국선원들의 승선이 가능하도록 하고 세제의 혜택도 주었다. 이리하여 많은 선박들이 NIS에 등록하여 자국경제와 국방상에 도움이 되게 되었다. 이 외에 영국의 Man섬, Kerguelen에 이어 덴마크의 DIS, 독일의 GIS, 포르투칼, 스페인 등이 제 2 선적제도를 제도화했다.

　　우리 나라도 國際船舶登錄法($^{1997년\ 8월\ 22일,}_{법률\ 제5365호}$)을 만들어 국제선박으로 등록되는 선박에는 외국인선원의 승선과 세제상의 혜택을 주고 있다. 우리 나라의 국제선박등록제도는 기존의 우리 나라 국적의 선박이나 대한민국국적을 취득하는 조건의 國籍取得條件附 裸傭船에게 부가적으로 국제선박으로 등록할 수 있도록 하는 제도로서($^{통법}_{제3조}$) 새로운 국적이 창설되지 않는다. 이 점에서 국제선박의 등록요건을 별도로 정하고, 이에 등록된 경우 바로 국적이 취득되는 노르웨이의 NIS제도와는 다르고 독일의 부가등록제와 가깝다.

　　편의치적이나 제 2 선적제도로서 가장 중요한 외국선원고용을 위하여 자국 내의 외국선원고용창구로서 선박관리회사의 한 분야인 선원관리회사가 필요하게 되었고, 각국의 선주들은 비용절감효과를 위해 선박관리회사의 제도화에 노력하였다. Barber · Wallem · V-ship 같은 회사가 대표적인 것으로, 이들은 과거 선주들이 행하던 선원관리 · 선박수리 · 보험업무 등을 인수하여 관리하는 독립된 전문선박관리회사이다.

2. 私法的 問題

　　편의치적을 하고 있는 선박의 등록상의 소유자는 종이회사(paper company)에 지나지 않고, 그 선박을 포기함으로써 책임을 회피하려고 한다. 선박에 저당권 등 우선변제권이 붙어 있다면 선박우선특권을 가지지 못하는 선박채권자는 채무의 완전한 변제를 받지 못하게 된다.

　　이러한 경우에 사고를 야기한 선박의 실제소유자를 찾아서 그 소유자에게 최종적인 책임을 부과하게 되면 채권자는 보호될 것이다. 주식회사의 경우에 주식회사의 법인만이 유한책임을 지게 되나, 법인은 종이회사에 지나지 않고 그 법인의 실체는 배후에 있다. 형해화된 법인의 법인격을 깨트린 다음 법인격 뒤에 있는 실제소유자를 책임의 주체로 하는 것을 法人格否認論 (theory of piercing corporate veil)이라고 한다. 우리 나라 대법원도 1988년 11월 22일 이 이론을 채택하였다(김인현, 94쪽.).

〈대판 1988. 11. 22, 선고 87 다카 1671〉

어떤 선박이 등기부상 원고 甲의 소유로 되어있고, 현대미포(피고)가 丙과 수리계약을 체결하고 수리를 한 후 丙이 수리비를 지급하지 않자, 수리비채권을 행사하기 위하여 이 선박의 소유자가 丙이라고 주장하면서 이 건 선박을 가압류하였다. 甲은 자신이 위 선박의 소유자라고 주장하면서 제 3 자 이의의 소를 제기하고 가압류취소를 구하였다. 현대미포와 수리계약의 당사자는 丙(채무자)인데 현대미포가 甲이 소유자로 되어있는 이 건 선박을 가압류할 수 있는가가 쟁점이 되었다. 甲은 乙과 선박관리계약을 체결하고 乙은 다시 丙과 선박관리 복대리계약을 체결하고 있었다. 이러한 쟁점이 가능하기 위하여는 법인격부인이 인정되어 甲과 丙이 동일한 회사로 취급되어야 한다.

대법원은 「원심이 확정한 원고 甲 및 乙과 丙은 외형상 별개의 회사로 되어있으나 원고 및 乙은 이 건 선박의 실제상 소유자인 丙이 편의치적을 위하여 설립한 회사들로서 실제로는 사무실과 경영진 등이 동일하므로 이러한 지위에 있는 원고가 법률의 적용을 회피하기 위하여 별개의 법인격을 가지는 회사라는 주장을 내세우는 것은 신의성실의 원칙에 위반하거나 법인격을 남용한 것으로서 허용되어서는 아니된다 할 것이다. 원심이 이와 같은 취지에서 편의치적을 위하여 설립된 회사에 불과한 원고가 이 건 선박의 소유자라고 주장하면서 이 건 가압류집행의 불허를 구하는 것은 선박의 편의치적이라는 일종의 편법행위가 용인되는 한계를 넘어서 채무면탈이라는 불법목적을 달성하려고 함에 지나지 아니하여 신의칙상 허용될 수 없다고 판단한 것은 정당하다」고 판시하였다.

대법원은 원고 甲과 乙은 이 건 선박의 실질소유자인 丙이 편의치적으로 설립한 회사라는 점을 인정하고 수리계약은 피고와 丙사이에 체결되었고, 선박의 등기부상 소유자는 비록 甲이지만, 甲과 丙은 상호혼융되어 있고 법인격을 남용하고 있으므로, 甲이 가압류집행의 취소를 구할 수 없다고 판시하였다.

제 2 관   船舶賃貸借(船體傭船)

정영석, 선체용선계약에서 선박의 인도, 한국해법학회지 제34권 제2호(2012. 11)/정영석, 선체용선계약에서 반선, 한국해법학회지 제36권 제1호(2014. 4)/朴容燮, 선박임차인의 법률상의 책임에 관한 고찰, 한국해법회지 11. 1(1990. 3)/蔡利植, 선박소유자 및 해상운송인(의장자)의 개념, 한국해법학회지 24. 1(2000. 4).

Ⅰ. 總   說

1. 意   義

선박은 임대차(선체용선)의 목적이 될 수 있다. 따라서 선박소유자는 이를 타인에게 임대할 수 있고, 제 3 자는 소유자로부터 선박을 임차하여 해상기업을 영위할 수 있다. 타인에게 선박을 임대해 주는 사람을 선박소유자, 타인의 선박을 임차하여 사용하는 사람을 선박임차인이라고 한다. 해상법에서 특히 선박임차인이라고 하면 타인의 선박을 임차하여 상행위 기타 영리를 목적으로 항해에 사용하는 자를 말한다. 실무적으로는 이를 裸傭船(bareboat charter party)이라고 한다. 2006년 법무부 상법 개정안은 이러한 입장을 취하여 선박임대차라는 용어는 나용선으로 변경하고자 하였지만, 2007년 개정상법은 선체용선으로 용어를 선택하게 되었다(제847조이하). 개정상법은 선체용선계약은 용선자의 관리·지배하에 선박을 운항할 목적으로 선박소유자가 용선자에게 선박을 제공할 것을 약정하고 용선자가 이에 따른 용선료를 지급하기로 약정함으로써 그 효력이 생긴다고 정한다(제847조제 1 항). 이러한 선박의 임대차는 그 목적에 따라 자기 화물의 운송을 위한 '운송형 선박임대차'와 자기의 해상기업시설의 일부로서 타인의 선박을 이용하기 위한 '기업형 선박임대차'가 있고, 선원의 공급을 임대차의 내용으로 하는지 여부에 따라 船舶만의 임대차와 선원부 선박임대차로도 나뉜다. 일반적인 선박임대차는 기업형이며 선박만의 임대차이다. 2007년 개정상법은 선박소유자가 선장 등 해원을 공급할 의무를 지는 경우에도 용선자의 관리·지배하에서 해원이 선박을 운항하는 것을 목적으로 하면 이것도 선체용선계약으로 본다고 한다.

선박임대차는 갑자기 선박을 새로 사거나 건조하는 비용과 어려움을 피하여 일정한 기간 동안 선주처럼 경영을 할 필요가 있는 사람에게 적합한 영업형태이다. 용선자가 한국 국적을 취득할 것을 조건으로 체결한 선체용선을 국적취득조건부 나용선(BBCHP)이라고 한다. 이 경우 용선기간만료와 함께 선박은 한국 국적을 취득하게 된다. 이 경우 용선된 선박은 임대인인 선박소유자에게 반환할 필요가 없다.

선박임대차의 대표적인 표준계약서양식으로는 Barecon A form과 Barecon B form이 있다.

2. 法的 性質

선박임대차의 법적 성질은 민법상의 임대차이며, 상법에 다른 규정이나 당사자 사이에 반대의 특약이 없으면 민법상 임대차에 관한 규정($^{민법 제618}_{조~제654조}$)이 그대로 적용된다. 2007년 개정상법은 그 성질에 반하지 아니하는 한 민법상 임대차규정을 준용한다고 한다($^{제848}_{조}$). 선박임대차는 선장 이하 선원을 임차인 자신이 선임하여 선박을 직접 점유한다는 점에서 그렇지 않은 정기용선(time charter)이나 항해용선(voyage charter)과 다르다. 선박임대차와 정기용선은 모두 사실상 선박을 점유하고 있어서 외양상 확연히 구별되지 않으며, 계약형식도 매우 유사하므로 양자의 구별이 쉽지는 않다. 선박임대차에서는 선원의 공급을 용선자가 하고, 용선기간이 보통 2년 이상 장기라는 점이 정기용선과 다른 점이다.

〈대판 1999. 2. 5, 97 다 19090〉

「선박의 이용계약이 선박임대차계약인지, 항해용선계약인지, 아니면 이와 유사한 성격을 가진 제 3 의 특수한 계약인지 여부 및 그 선박의 선장·선원에 대한 실질적인 지휘·감독권이 이용권자에게 부여되어 있는지 여부는 그 계약의 취지·내용, 특히 이용기간의 장단(長短), 사용료의 고하(高下), 점유관계의 유무 기타 임대차조건 등을 구체적으로 검토하여 결정하여야 한다.」

〈대판 2000. 5. 28, 2001 다 12621〉

「선박의 운행중 사고로 인한 손해배상에 대하여 그 선박의 이용자가 손해배상을 부담하기 위하여는 그 이용자가 사고선박의 선장·선원에 대한 실질적인 지휘·감독권이 있어야 하고, 그와 같은 권한이 있는지 여부는 그 선박의 이용계약이 선박임대차계약인지, 정기용선계약인지 아니면 이와 유사한 성격을 가진 제 3 의 특수한 계약인지 여부 및 그 계약의 취지·내용에 선박의 선장·선원에 대한 실질적인 지휘·감독권이 이용권자에게 부여되어 있는지 여부 등을 구체적으로 검토하여 결정하여야 한다.」

Ⅱ. 內部關係

내부관계란 선박소유자와 선체용선자 사이의 법률관계를 말한다. 내부관계는 원칙적으로 당사자가 선체용선계약에서 정한 바에 따라 결정된다. 선박소유자는 일정한 구조·성능을 가진 특정한 선박을 선체용선자에게 인도하여야 하고, 선체용선자는 스스로 식량·연료 등을 구입하고 선장·선원 등을 고용하여 임차기간 동안 그 선박을 이용할 권리가 있으며, 임차기간이 끝나면 인도시와 동일한 상태의 선박을 선박소유자에게 반환하여야 한다. 또한 선체용선자는 선박소유자에게 선체용선계약에서 정한 임대료를 지급하여야 한다.

그런데 당사자 사이에 약정이 없는 경우에는 민법상 임대차에 관한 규정이 준용된다(서돈각, 516쪽; 정희철·정찬형, 773쪽). 또한 많은 선체용선계약은 용선계약과 매우 흡사하고 용선계약에 특유한 용어를 빌려서 사용하고 있는 경우가 많은데, 이러한 때에는 반대의 특약이 없는 한 용선계약의 정신을 살려서 그 관행과 관습을 기준으로 선체용선계약을 해석하여야 한다. 그러나 계약당사자관계는 약관에서 상세하게 정하고 있기 때문에 실제로 민법이 적용될 여지는 적다. 특히 선박의 부동산유사성에서 상법은 선체용선자는 언제든지 선박소유자에 대해 선체용선의 등기에 협력할 것을 청구할 수 있도록 하고 있고, 이 선체용선의 등기는 제 3 자에 대해 대항력이 있다(제849조).

2007년 개정상법은 선체용선계약에 관하여 발생한 당사자 사이의 채권은 선박이 선박소유자에게 반환된 날로부터 2년 이내에 재판상 청구가 없으면 소멸한다고 정하였다(제851조 제 1 항).

Ⅲ. 外部關係

외부관계란 선체용선계약이 제 3 자에게 미치는 법률관계를 말한다. 이는 다시 권리관계와 거래 기타 제 3 자와의 관계로 나누어 살펴볼 수 있다.

(1) 먼저 권리관계란 선박의 이용과 관련한 선체용선자와 제 3 자 사이의 관계를 말한다. 선체용선자는 선체용선계약에 근거해 선박소유자에 대한 채권을 가질 뿐 선박 자체에 대해 직접적인 권리를 갖지 않는다. 따라서 선체용선자는 임차권으로 선박소유자로부터 소유권·저당권 기타의 물권을 취득한 제 3 자에 대항하지 못한다(채인식, 241쪽 Ⅳ.). 제 3 자는 선체용선자에 대한 집행권원(채무명의)으로 임차선박을 압류할 수 없고, 선박소유자에 대한 債務名義로만 임

차선박을 압류할 수 있다($^{채인식, Ⅳ,}_{243쪽}$).

선체용선을 등기한 때에는 그 선체용선은 제 3 자에 대하여도 효력이 있다($^{제849}_{조}$). 여기서 제 3 자는 선체용선자의 임차권과 배치되는 권리를 취득한 모든 사람을 가리킨다. 그러나 등기 유무가 선체용선 여부에 영향을 미치지는 않고, 등기를 하지 않으면 선박의 양수인 · 경락인에게 대항할 수 없을 뿐이다($^{정희철·정}_{찬형, 774쪽}$). 일반공중에 대해 선체용선자로서 권리를 행사할 수 없다는 것을 의미하지는 않는다($^{하지만 실무에선 등기절차가 복잡하고 비용이 많이 들므로 선체용선의 등기를 잘 이용하지 않}_{고, 대신 선박소유자는 선체용선자의 동의 없이 선박을 양도 또는 저당권설정을 하지 못한다는}$ $^{약정을 하는}_{것이 보통이다}$).

(2) 다음으로 거래 기타 제 3 자와의 관계는 선체용선자가 선박을 임차하여 해상운송기업을 운영할 때 거래의 상대방 및 제 3 자와의 사이에 발생하는 권리의무관계를 말한다. 따라서 주로 기업형 선체용선계약에서 발생한다.

선체용선자가 상행위 기타 영리를 목적으로 선박을 항해에 사용하는 경우에는 그 이용에 관한 사항에 있어서 제 3 자에 대해 선박소유자와 동일한 권리의무가 있다($^{제850조}_{제 1 항}$). 선박을 저당권에 붙이는 것은 그 이용에 관한 사항이 아니다.

〈대판 1975. 3. 31, 74 다 847〉
「소론과 같이 임대차등기를 하지 아니한 경우에는 선박에 대한 물권을 취득한 제 3 자에게 대하여 임대차를 주장하지 못할 뿐 선박소유자가 어떠한 경우에 선박사용인이 제 3 자에게 가한 손해를 배상할 책임이 있느냐의 문제는 임대차의 등기 유무와는 관계 없이 논의되어야 할 문제로서 상법 제746조의 정한 바에 따라 선박사용인이 제 3 자에 가한 손해를 배상할 책임을 지는 선박소유자는 그 선박을 소유할 뿐만 아니라 상행위 기타 영리를 목적으로 항해에 사용한 자를 말하며, 단지 선박을 소유하는 데 그치고 그 소유선박을 임대 등 사유에 의하여 항해에 사용하지 아니하는 자는 그 임대차등기의 유무에 불구하고 위 제 3 자에게 대한 손해를 배상할 책임을 지지 아니하며, 선박임차인이 상행위 기타 영리를 목적으로 그 선박을 항해에 사용한 때에는 그가 위 제 3 자에게 대한 손해를 배상할 책임이 있다 함이 상법 제766조가 정한 바로서 …」

〈대판 2004. 10. 27, 2004 다 7040〉
「이 사건 선박의 소유자를 L로 본 원심의 사실인정은 정당하다. 그러나 선박의 소유자가 선박임대차계약에 의하여 선박을 임대하여 주고, 선박임차인은 다른 자와 항해용선계약을 체결하여 그 항해용선자가 재용선계약에 의하여 선복을 제 3

자인 재용선자에게 항해용선하여 준 경우에 선장과 선원에 대한 임면지휘권을 가지고 선박을 점유·관리하는 자는 선박의 소유자가 아니라 선박임차인이라 할 것인바, '선박임차인이 상행위 기타 영리를 목적으로 선박을 항해에 사용하게 하는 경우에는 그 이용에 관한 사항에는 제3자에 대하여 선박소유자와 동일한 권리의무가 있다'고 규정한 상법 제766조 제1항의 취지에 따라 선박임차인은 재용선자인 제3자에 대하여 상법 제806조에 의한 책임, 즉 자신의 지휘·감독 아래에 있는 선장의 직무에 속한 범위 내에서 발생한 손해에 관하여 상법 제787조 및 제788조의 규정에 의한 책임을 진다 할 것이고, 이는 재용선자가 전부 혹은 일부 선복을 제3자에게 재재용선하여 줌으로써 순차로 재재재용선계약에 이른 이 사건의 경우에도 마찬가지라 할 것이다. 그럼에도 불구하고 원심이 피고가 이 사건 선박의 소유자가 아니라는 이유만으로 상법 제806조의 책임이 없다고 판단한 것은 상법 제766조 제1항 및 제806조의 해석을 그르쳐 판결에 영향을 미친 위법을 저지른 것이라 할 것이고, 이를 지적하는 원고의 상고이유는 이유 있다(이에 대한 판례평석으로는 김인현, 상법 제806조 및 제789의 2조에 대한 대법원판례평석, 상사판례연구 제18집 제3권, 2005, 319~329쪽을 참고 바람).」

이 때 선체용선등기의 여부는 문제가 되지 않는다. 따라서 선체용선자는 해상기업의 주체로서 운송을 위탁한 제3자와의 관계에서 당연히 권리의무의 주체가 되고 선박소유자와 동일한 권리의무가 있으며, 선박소유자는 책임을 지지 않는다. 이 때 선체용선자는 선박소유자와 마찬가지로 선박소유자책임제한도 주장할 수 있다(정희철·정찬형, 774쪽; 서돈각, 516쪽; 채이식, 671쪽). 선체용선자는 선박소유자와 동일하게 제3자에 대해 그 선박의 운항과 관련된 불법행위책임도 진다. 선박소유자는 원칙적으로 본인의 고의·과실이 없는 한 제3자에 대해 불법행위로 인한 책임을 지지 않는다(정찬형, 제15판, 813쪽).

선체용선자는 선박을 이용하여 영업을 하고 있는 데도 불구하고 법률상으로는 선박소유자만이 선박에 대한 권리를 갖고, 선체용선자는 다만 선박소유자에 대한 채권만을 갖게 되는 결과 선체용선자에게 따로 재산이 없는 경우 거래상대방은 아무런 책임재산을 가질 수 없게 되어 선체용선자와 거래한 상대방의 지위가 불안해진다. 따라서 상법은 선박의 이용과 관련한 일정한 종류의 채권에 관하여 상대방으로 하여금 선박우선특권을 갖게 하고(제777조 이하), 선박소유자와 제3자는 법률상 직접의 관계에 서는 것은 아니지만 이 우선특권은 선박소유자에게도 효력이 있는 것으로 하였다(제850조 제2항 본문). 그러나 우선특권자가 선체용선자가 선박이용이 선체용선계약에 위반하였음을 안 때에는 특별히 보

호할 이유가 없으므로 선박소유자에 대해 우선특권의 효력을 주장하지 못한
다(제850조 제
2항 단서). 선박자체가 피고라는 관념의 대물소송에서는 채무자와 무관하게
선박은 선박우선특권의 대상이 된다.

제 3 관　船舶의 傭船

房熙錫, 航海傭船契約의 主要事例考察(상), 仲裁 266(1994. 4), (하), 267(1994. 5)/裵炳
泰, 영미법에 있어서의 용선계약의 이행불능, 商法論叢(鄭熙喆先生停年紀念論文集),
1985/이원정, 항해용선계약상 중재조항의 용선계약 선하증권에의 편입, 한국해법학회
지 제36권 제1호(2014. 4)/최준선, 매매계약조건이 용선계약의 일부로 편입되기 위한
조건, 한국해법학회지 제34권 제2호(2012. 11).

Ⅰ. 序　說

1. 意　義

　용선계약이란 당사자 일방이 상대방에게 船腹을 제공하기로 하는 계약의
총체를 말한다. 여기서 船腹이라 함은 선장·선원 등 인적 설비와 연료·식량
등의 물적 장비를 갖춘 이용가능한 선박내부의 공간을 말한다. 이 때 선복의
제공자를 선박소유자, 선복이용자를 용선자라 한다. 이러한 용선계약 하에서
용선자는 선장에 대한 지시를 통하여 선상의 공간을 자유롭게 사용할 수 있
는 권리인 이용권을 갖고, 선박소유자는 선장과 선원을 지휘·감독하고 선박
을 점유·관리하는 점유권을 갖게 된다. 좁은 개념으로 용선계약은 운송계약
의 성질을 갖는 항해용선을 말한다.

2. 法的 性質

　용선계약은 선박소유자가 자기의 책임 하에 특정한 장소에서 다른 장소
로 화물이나 여객을 이동한다는 점에서는 도급계약적 성격을 띤 운송계약이
라고 할 수 있다. 특히 항해용선계약이 운송계약이란 것에 대하여는 이론이
없다. 그러나 한편으로는 선박이 소유자의 직접적인 지배·관리 하에 있지만
용선자가 사실상 일정한 공간을 자유롭게 이용할 수 있고, 따라서 제한적이지
만 상당한 지배권을 갖고 있기 때문에 도급성이 극히 희박한 용선계약이 과
연 운송계약인지 의문이 제기되며, 특히 정기용선계약에서는 용선자의 지배권

이 극도로 강화되기 때문에 이를 임대차계약으로 보아야 한다는 것이 다수의 견해이다. 용선계약은 낙성·불요식의 계약이다.

용선계약을 통하여 용선자는 타인이 소유하는 선박을 자신의 기업활동의 물적 설비로 이용할 수 있게 됨으로써 해상기업이 될 수 있다는 점에 의의가 있다. 적어도 항해용선계약은 도급으로서의 운송계약이므로 임대차의 성격이 전혀 없는 개품운송과 이 점에서 차이가 있다. 甲 해상기업은 乙 선박소유자로부터 선박을 용선한 다음 항해용선자의 지위에서 동선박을 丙 화주의 운송에 투입할 수 있다.

Ⅱ. 種   類

용선계약의 종류는 용선자가 갖는 권리의 내용, 용선자의 선박사용목적 또는 용선부분에 따라 나눌 수 있다.

먼저 용선자의 권리내용에 따르면 용선자가 일정기간 선박을 이용할 권리를 갖는 정기용선계약(time charter party)과 용선자가 특정한 항해에 관하여 선박을 이용할 권리를 갖는 항해용선계약(voyage charter party)으로 구분할 수 있다. 전자는 대개 선박사용기간에 따라 일정한 용선료(1일당)를 지급하여야 하는 기간지급용선계약이고, 후자는 항해의 완성에 대해 일정한 운임(무게당)을 지급하여야 하는 항해지급용선계약이다.

다음으로 용선자의 선박사용목적에 따라 용선자가 자기의 운송물을 운송하기 위하여 선박소유자와 체결하는 운송형 용선계약과 해상기업의 주체가 물적 설비의 일부로서 타인의 선박을 이용할 목적으로 체결하는 기업형 용선계약 및 재용선을 통하여 용선료와 재용선료의 차액을 챙기기 위하여 체결하는 투기형 용선계약이 있다. 정기용선자는 선박소유자로부터 용선한 선박을 운송에 투입함으로써 그 선박을 물적 설비로 이용함이 보통이다. 항해용선자는 보통 자신이 화주로서 선박을 용선하는 경우가 대부분이고, 이 자가 다시 다른 화주와 운송계약을 체결하여 운송인이 되는 것(재운송인
이 된다)은 예외적이다. 이런 의미에서 용선계약 중에서 항해용선의 경우에는 해상기업의 물적 설비로서의 기능이 가장 약하다고 말할 수 있다.

끝으로 용선부분에 따라 일부용선과 전부용선계약으로 나뉘며, 주로 항해용선계약에서 발생한다. 전부용선인가, 일부용선계약인가에 따라 계약해지권의 존부와 범위가 달라지는 경우가 있다(제832조·
제833조).

Ⅲ. 內部關係

내부관계란 선박소유자와 용선자 사이의 권리의무관계를 말한다. 원칙적으로 당사자들이 용선계약에서 자유로이 권리의무를 정할 수 있는데, 대개의 경우 업계에서 사용하는 전형적 용선계약이 있어서 당사자는 이를 기초로 추가·변경을 가하여 용선계약을 체결한다. 가장 널리 이용되는 일반적인 용선계약양식으로 GENCON(The Baltic and International Maritime Conference Uniform General Charter)(항해용선), NYPE(Time Charter Government Form Approved by New York Produce Exchange)(정기용선), BALTIME(The Baltic and International Maritime Conference Uniform Time Charter)(정기용선)이 있고, 또 곡물이나 유류의 경우 그 종류마다 독특한 별도의 용선계약양식이 존재한다. 이러한 전형적 용선계약은 당사자가 합의하여 작성되는 것이기 때문에 약관이 아니다.

2007년 개정상법은 1991년 상법 제780조에 존치되었던 항해용선계약과 개품운송계약을 분리하여 서로 별개의 절에 배치하였다. 그렇다고 하여도 항해용선계약도 운송계약의 일종이기 때문에($^{제827조}_{이하}$) 개품운송계약의 규정이 준용된다($^{제841}_{조}$). 정기용선에 대하여도 별도의 절을 두게 되었다($^{제842조}_{이하}$). 상법에 달리 규정이 없을 때에는 상관습법이 적용되고, 상관습법도 없을 때에는 용선계약과 가장 유사한 민법 중의 임대차에 관한 규정을 유추적용하여야 한다($^{정희철·정찬형, 776쪽; 손}_{주찬, 497쪽; 채이식, 676쪽}$). 용선계약과 관련된 당사자 사이에 적용되는 상법규정은 대부분 임의규정으로 당사자의 다른 약정이 우선 적용된다.

Ⅳ. 外部關係

외부관계란 선박과 관련하여 권리를 취득한 제3자와 용선자의 관계인 권리관계와 용선한 선박과 거래한 제3자와 선박소유자나 용선자의 관계인 거래관계로 나누어 볼 수 있다. 거래관계는 기업형 용선계약에서만 발생하고 주로 정기용선계약에서 문제가 되므로 정기용선계약에서 보기로 하고, 여기에서는 권리관계에 대해서만 본다.

선박소유자(A)로부터 정기용선자(B)가 용선한 경우를 본다. 용선중인 선박은 선박소유자(A)의 점유 하에 있고, 용선자(B)는 선박소유자에 대한 개인적인 채권인 이용권만을 가진 것에 불과하므로 선박소유자가 선박을 제3자에게 양도하였을 때에 용선자(B)는 선박에 관한 모든 권리를 잃는다. 양수인이 아직 등기와 국적증서의 기재를 하지 아니하여 제 3 자에게 대항하지 못하는 경우($\overset{제743}{조}$)에도 용선자(B)에 대하여는 소유권을 주장할 수 있다. 이전등기나 국적증서기재 이전이더라도 선박소유자(A)가 양수인에게 선박을 인도하면, 용선자(B)는 달리 이들에 대하여 주장할 권리가 없다.

제 4 관　定期傭船契約

姜熙甲, 정기용선자의 운송계약상의 책임에 관련한 미국법의 동향, 한국해법회지 20. 1(1998. 3)/金東勳, 정기용선기간과 최종항해, 한국해법회지 10. 1(1988. 10)/金東勳, 定期傭船契約下에서 발행된 船荷證券에 대한 契約責任의 歸屬主體, 관동대 논문집 18(1990. 2)/金東勳, 약관분석을 통해 본 정기용선계약의 법적 성질, 경영법률 4(1991)/金東勳, 정기용선계약의 법리에 관한 연구, 한국외국어대 박사학위논문(1991)/金仁顯, 정기용선중인 선박의 책임주체에 대한 대법원판례분석, 고려대학교 법과대학 100주년 기념논문집(2005. 12)/金仁顯, 정기용선자의 책임이 부인된 도쿄 세나트르호 사건, 한국해법학회지 24. 1(2002. 4)/金仁顯, 선박운항과 관련한 책임주체확립에 대한 연구, 고려대학교 박사학위논문(1998)/金仁顯, 정기용선중인 선박의 충돌사고에 대한 책임주체, 한국해법학회지 19. 1(1997. 3)/金仁顯, 정기용선 하에서 발행된 선하증권상의 책임주체 —— 일본의 자스민호 판결을 중심으로 ——, 해양한국 104(1997. 11)/김찬영, 회생절차 하에서 정기용선계약상 조기반선에 관한 연구, 한국해법학회지 제36권 제1호(2014. 4)/閔洪基, 정기용선계약의 의의와 법률적 성질, 국제법률경영 8(1991. 7)/朴容燮, 定期傭船契約上 不法行爲責任에 관한 硏究, 한국해사법학회 법학연구 1(1989. 2)/서양수, Measure of damages ——Focused on the Chain Time-charter, 한국해법학회지 제34권 제1호(2012. 4)/沈載斗, 정기용선계약; 영국 해상물건운송법, 海洋韓國 242(1993. 11), 정기용선자의 제 3 자에 대한 책임, 판례연구 294(1995. 3), 295(1995. 4)/염정호, 정기용선계약하에서의 재운임 또는 재용선료에 대한 선박소유자리언에 관한 연구, 한국해법학회지 제31권 제1호(2009. 4)/염정호, 영국법상 용선계약의 해제약관에 관한 연구, 한국해법학회지 제32권 제1호(2010. 4)/이승호, 정기용선 선장의 불법행위에 대한 선주의 책임(대법원 2003. 8. 22, 선고 2001 다 65977 판결), 한국해법학회지 26. 1, 한국해법학회(2004. 4)/이원정, 반선지연으로 인한 손해배상액의 산정, 한국해법학회지 제32권 제1호(2010. 4)/이창희, 정기용선계약에 관한 입법론적 고찰 —— UNCITRAL/CMI 운송법초안과 관련하여 ——, 한국해법학회지 26. 1, 한국해법학회(2004. 4)/임동철, 정기용선계약에서 선주 및 용선자의 제 3 자에 대한 책임문제에 관한 약간의 고찰, 한국해법학회지 26. 2(2004. 11)/崔鎔春, 정기용선계약에 관한 소고, 한국해법회지 11. 1 (1990. 3).

I. 意 義

정기용선계약이란 선박소유자 또는 선박임차인이 용선자에게 선원이 승무하고 항해장비를 갖춘 선박을 일정기간 동안 항해에 사용하게 할 것을 약정하고, 이에 대해 용선자가 기간으로 정한 용선료를 지급하기로 하는 계약을 말한다($\frac{제842}{조}$). 건화물(Dry Cargo)의 경우에는 1905년에 제정되어 1950년 개정된 BALTIME과 1921년 제정되어 1946년과 1993년에 개정된 미국의 NYPE를, 액체화물(Liquid Cargo)의 경우에는 SHELLTIME 3가 정기용선계약의 체결양식으로 널리 사용되고 있다.

이들 약관의 공통된 항목을 들어보면 ① 총괄약관으로서의 선박의 임차약관(let and hire clause), ② 선박을 용선자의 사용에 위임하는 선박사용약관(employment clause), ③ 선원이 용선자의 지휘에 따라야 한다는 사용약관(disposal clause), ④ 선원의 행위에 불만이 있을 때에는 용선자가 선박소유자에게 그 교체를 요구할 수 있는 불만약관(misconduct clause), ⑤ 운항경비를 용선자가 부담한다는 것을 정한 순용선약관(net charter clause), ⑥ 선박소유자 측의 귀책사유로 선박의 사용이 중단되는 경우에 용선자가 용선료를 지급하지 않는다는 내용의 용선료지급중단약관(off hire clause) 등이 있다.

해상기업은 정기용선을 통하여 소규모의 자본을 가지고도 거대한 선단을 거느릴 수 있고, 부분적으로 해상기업상의 위험($\frac{해원의 임면,}{항해상의 위험}$)도 선박소유자에게 전가할 수 있으며, 선박수요의 정도에 따라서 조직과 경영을 확대하지 않고 해상기업을 자유로이 경영할 수 있다. 뿐만 아니라 선박소유자로서도 자기가 임용한 선장 기타 선원이 있는 그대로의 선박을 정기용선자에게 이용하게 하는 점에서 선박의 관리·보존에 안심을 할 수 있고, 동시에 종래의 기업경영이나 노동조직을 해체하지 않고 후일의 자기의 경영에 대비할 수 있으면서 용선료를 얻을 수 있으므로, 결국 정기용선제도는 선박소유자와 정기용선자 쌍방을 위하여 유리한 것이 된다. 그러나 정기용선중인 선박과 거래하는 상대방의 입장에서 보면 운송에 관한 책임의 주체가 불분명하고, 책임의 주체가 재판권의 범위 내에 책임재산을 보유하지 않는 경우가 많기 때문에 법적 지위가 매우 불안정하게 된다. 따라서 정기용선계약법에서는 거래상대방의 보호가 핵심문제가 된다.

2007년 개정상법은 정기용선계약을 운송계약의 절에서 분리하여 별도의 절에 편제하게 되었다($\overset{제842조}{이하}$).

Ⅱ. 法的 性質

정기용선계약의 법적 성질이 무엇이냐에 대해서 학설은 다음과 같이 여러 가지 견해로 나뉘고 있으며, 대부분의 학설은 대체로 정기용선계약을 선박임대차계약과 유사한 것으로 파악하고 있다.

(1) **混合契約說**   다수설인 혼합계약설은 1901년 독일제국법원이 전기용선을 선박의 임대차와 선원의 노무공급계약의 혼합계약이라고 판결한 것을 받아들인 것이다. 이 학설은 선박소유자는 정기용선자에게 선박의 사용을 위임하고 선장과 해원의 노무를 공급하므로, 정기용선계약의 내용은 법률상 아주 다른 성질을 가진 두 가지 급부를 제공할 의무가 있기 때문에 혼합계약으로 해석한다. 혼합계약설에서는 선박은 정기용선자의 점유 하에 있고, 정기용선자는 해상영업의 주체로서 선박임차인과 마찬가지로 제3자에 대하여 권리의무의 주체가 되고, 선박소유자의 책임제한도 주장할 수 있으며($\overset{제850조}{제1항}$), 선박의 이용에 관하여 생긴 우선특권은 당연히 선박소유자에 대해서도 효력이 있다($\overset{제850조}{제2항}$)($\overset{서돈각, 519쪽; 손주찬, 497쪽;}{정동윤, 735쪽; 최기원, 60쪽}$). 그러나 혼합계약설에 대해서는 선박의 임대차계약과 선원의 노무공급계약이 어떻게 혼합되어 작용하는지 분명치 않고, 선장을 선임한 선박소유자의 점유 하에 있는 용선중인 선박을 용선자의 점유 하에 있다고 보게 되는 오류까지 낳게 되었다는 비판이 있다. 오늘날 국제해운시장에서 널리 쓰이고 있는 정기용선계약의 표준서식인 NYPE식 제25조 및 일본 해운집회소의 정기용선계약서 제31조에서는 정기용선계약이 선박임대차계약이 아님을 규정하고 있다($\overset{박용섭,}{332쪽.}$).

(2) **特殊契約說**   특수계약설은 정기용선계약은 선박의 점유이전은 없으나 용선자는 용선기간 동안 자유롭게 사용·수익할 권리를 가지는 점에서 선박임대차계약과 매우 유사하고, 여기에 선장과 해원의 노무공급을 받게 되는 특수한 계약이라는 학설이다($\overset{정동윤,}{735쪽.}$). 따라서 반대의 특약이 없는 한 임대차에 관한 규정을 이에 유추적용하는 것으로 한다. 그러나 이 설은 특수성의 내용에 대한 설명이 없다는 비판이 있다.

(3) **運送契約說**   운송계약설은 정기용선계약을 운송계약인 용선계약의 한 형태로 본다($\overset{傭船契約과 船舶賃貸借의 구별기준을}{선박의 점유와 지배의 이전 유무에 둔다}$). 즉 정기용선계약 하에서도 선박소유자는 용선자로부터 운송물을 인수받아 자기의 관리·점유 하에 운송을

완료하고 그에 대하여 일정한 대가를 받는 것이므로, 정기용선계약도 일반용선계약으로서 운송계약의 한 종류라고 본다(정찬형, 제15판, 816쪽; 박용섭, 237쪽; 채이식, 246쪽). 이 견해에 따르면 정기용선자의 해상기업주체성은 부인되고 선박소유자가 해상기업의 주체로서 대외적 책임을 지게 된다. 그러나 정기용선계약은 화물의 운송을 약정하는 것이 아니라 선박의 공간을 이용하도록 하여 주는 것이라는 점에서 운송계약에서 볼 수 있는 도급성이 극히 박약하고, 특히 기업형 정기용선계약의 경우 용선자가 임차인처럼 선박을 장기간 자유롭게 이용하므로 오히려 선박임대차에 더 가깝다는 비판이 가해진다(김인현, 159쪽).

(4) 海技·商事區別說　　선박임대차유사설의 하나로서 해기·상사구별설은 선박이용의 내용을 해기사항과 상사사항으로 구분하여 해기사항은 선박소유자의 부담으로 남기고 상사사항에 관하여는 이를 정기용선자가 관리하는 것으로 보는 견해로서, 정기용선자는 상사사항에 관하여만 제 3 자에 대하여 선박소유자와 동일한 책임을 지고 해기사항에 관하여는 선박소유자가 책임을 진다고 한다. 프랑스의 1966년 해상물건운송계약법이 취하고 있는 태도이다(김정호, 597쪽)(대판 2003. 8. 22, 2001 다 65977).

상법 정기용선계약에서 개품운송계약의 운송인의 의무에 대한 규정을 준용하지 않고 있다는 점, 실무적으로 정기용선자는 다시 운송인과 운송계약을 체결하는 점에 비추어 운송계약으로 보기는 어렵다. 정기용선자는 선박을 선박소유자로부터 인도받아 사용하는 점, 비록 선박소유자가 선임한 선장이 선박을 점유하기는 하지만, 상법이나 용선계약에 따르면 선장은 정기용선자의 선박이용에 대한 지시에 따라야 할 의무를 부담하는 점에 비추어 보면 정기용선계약은 선박임대차(선체용선계약)에 유사하다고 할 수 있다. 따라서, 경우에 따라서는 상법 제850조를 준용할 수 있다(대판 1992. 2. 25, 91 다 14215).

Ⅲ. 內部關係

내부관계란 선박소유자와 정기용선자 사이의 내부적 법률관계를 말한다. 원칙으로 당사자의 계약내용에 따라 결정되나, 실제로 대부분이 전형적인 정기용선계약표준양식(NYPE 또는 BALTIME)을 기초로 추가·변경하여 그 내용을 정한다. 상법은 Baltime Charter를 기초로 약간의 규정을 두고 있는데, 상법과 약관에 정함이 없는 때에는 상관습(해상관습)에 따르고, 상관습도 없으면 민법의 임대차에 관한 규정이 적용된다.

1. 定期傭船者의 權利 · 義務

정기용선자는 약정한 범위 내에서 선박을 사용할 권리, 즉 이용권이 있다. 이를 위해서 선장에 대한 지휘권을 갖는다($\frac{제843조}{제1항}$). 이 때 용선자는 선박의 영업상의 이용에 관해 선장에게 지시를 할 수 있을 뿐이고, 선박의 운항 등 항해에 관한 사항은 선장 자신이 결정한다. 그리고 선장 · 해원 기타 선박사용인이 용선자의 정당한 지시에 위반하여 손해를 입힌 경우에는 선박소유자에게 그 배상을 청구할 수 있다($\frac{제843조}{제2항}$). 지시의 부당성에 관한 입증책임은 선박소유자에게 있다.

한편 정기용선자는 선박이용의 대가로 약정기간에 약정용선료를 지급할 의무가 있다. 용선자가 용선료를 지급하지 않는 때에는 선박소유자는 용선계약을 해제 또는 해지할 수 있다($\frac{제845조}{제1항}$). 그리고 용선자는 운항비용을 부담하여야 한다($\frac{연료비 · 항비 · 동}{선료 · 대리점료 등}$). 용선기간이 종료하면 용선자는 선박을 선박소유자에게 반환하여야 한다. 이 때에 선박은 원칙으로 자연적 소모를 제외하고는 인도한 때와 동일한 상태에 있어야 한다. 정기용선자의 용선계약상 권리는 당사자간의 합의가 없으면 선박을 반환한 때로부터 2년 이내에 재판상 청구가 없으면 소멸한다($\frac{제846조}{제1항}$)($\frac{2007년 개정상법은 이를 1}{년에서 2년으로 증가시킴}$). 이는 제척기간이다.

2. 船舶所有者 등의 權利 · 義務

선박소유자는 우선 약정일에 선박을 정기용선자에게 인도하여야 한다. 그리고 용선기간을 통하여 선박을 안전하고 상당한 성능을 가진 상태로 관리 · 유지하여야 하며, 선원의 관리유지비, 선박 자체의 관리유지비 및 보험료 기타 이와 관련된 비용 등의 선박비용을 부담하여야 한다.

선박소유자는 정기용선자가 용선료를 약정기일에 지급하지 않는 때에는 계약을 해제 또는 해지할 수 있다($\frac{제845조}{제1항}$). 선박소유자는 선박을 점유하고 있으므로 해제나 해지 후 얼마든지 계약상 항해를 중지하고 선박을 철수시킬 수 있다(回收權). 그러나 정기용선자가 제 3 자와 운송계약을 체결하여 운송물을 선적한 후 선박의 항해중에 선박소유자가 계약을 해지한 때에는 하주의 권리가 부당하게 침해될 염려가 있으므로 상법은 이 경우 용선계약의 해제 후에도 선박소유자는 적하이해관계인에 대해 정기용선자와 동일한 운송의무를 지도록 하였다($\frac{제845조}{제2항}$). 단, 선박소유자 등이 계약을 해제 또는 해지하고 운송의 계속을 적하이해관계인에게 서면으로 통지한 때에는 선박소유자의 정기용선자에 대한 용선료, 체당금 기타 이와 유사한 정기용선계약상의 채권을 담보하기 위하여 정기용선자가 적하이해관계인에 대하여 가지는 용선료 또는 운임의 채권을 목적으로 하는 질권을 설정한 것으로 본다($\frac{제845조}{제3항}$). 선박소유자가 정기용선계약을 해지하고 계속 운송을 하는 경우에도 선박소유자 또는 적하이해관계인은 정기용선자에 대해 손해배상청구를 할 수 있다($\frac{제845조}{제4항}$).

　　선박소유자는 운임후급과 같은 반대약정이 없는 한 정기용선자가 선박소유자에게 용선료, 체당금 기타 이와 유사한 정기용선계약상의 채무를 이행하지 않는 경우에는 그 금액의 지급과 상환하지 않으면 운송물을 인도할 의무가 없다. 또한 선박소유자는 위의 금액의 지급을 받기 위하여 법원의 허가를 얻어 운송물을 경매할 수 있다($\frac{제844조}{제1항}$). 수하인에게 운송물을 인도한 후에도 인도한 날로부터 30일을 경과하거나 제 3 자가 그 운송물의 점유를 취득하지 않는 한 선박소유자는 경매권을 행사할 수 있다. 그러나 선박소유자는 정기용선자가 발행한 선하증권을 선의로 취득한 제 3 자에 대항하지 못한다($\frac{제844조}{제1항\ 단서}$). 선박소유자의 경매권은 정기용선자가 운송물에 관하여 약정한 용선료 또는 운임의 범위를 넘어서 이를 행사하지 못한다($\frac{제844조}{제2항}$). 이상 선박소유자의 정기용선계약상의 권리에는 반환일로부터 2 년의 권리행사기간이 있다($\frac{제846}{조}$).

Ⅳ. 外部關係

1. 權利關係

　　위에서 보았듯이 용선자는 선박소유자에 대한 채권자에 지나지 않으므로 제 3 자가 선박을 매수한다거나 임차한 후 등기(등록)하면 이들에게 대항하지 못한다. 또 용선자는 선박에 대한 점유권도 갖지 않으므로 매수인이나 임차인이 등기하기 전이라도 소유자로부터 선박을 인도받으면 또한 이들에게도 대항할 수 없다. 그러나 위에서 보았듯이 다수설은 정기용선계약의 법적 성질을 선박임대차계약으로 보기 때문에 정기용선자는 선박에 대한 점유권을 가지며, 정기용선은 등기할 수 있고 등기하면 선박임차인과 마찬가지로 제 3 자에게 대항할 수 있다고 한다. 그리고 예외적으로 정기용선자가 실제 자신의 소유의 선박을 편의치적을 하여 명목상으로만 제 3 자의 소유로 한 경우에는 법인격부인론에 기해 정기용선자에 대한 채무명의로 바로 선박에 대해 압류 및 경매를 할 수 있다고 한다.

2. 去來關係

정기용선계약의 법적 성질에 대해서는 많은 견해가 대립되어 있다. 그런데 여기에서 논하고 있는 정기용선계약의 법적 성질에 관한 논의의 실질적 의의는 정기용선계약에 있어서의 외부관계, 즉 대외적인 제3자에 대한 불법행위책임의 처리와 관련하여 선박임차인의 외부적 책임에 대해 규정하고 있는 상법 제850조를 정기용선계약에 적용 또는 유추적용할 수 있는가라는 점이라 할 수 있다. 이에 관해 정기용선계약을 운송계약으로 보는 입장에 의하면, 불법행위책임에 대해서는 선박에 대한 점유 및 지배를 정기용선자가 하고 있지 않으므로 정기용선자에게 상법 제850조를 적용 또는 유추적용하는 것이 부정된다고 한다. 반면에 정기용선계약을 임대차(선체용선)와 유사하다고 보는 입장에서는 선주 아닌 정기용선자도 해상기업주체로서 일체의 책임을 부담하여야 하며, 契約責任뿐만 아니라 불법행위책임에 대해서도 정기용선자가 제3자에 대해 손해배상책임을 부담하여야 하기 때문에 정기용선자에게 상법 제850조를 적용 또는 유추적용하는 것을 긍정하고 있다($\frac{정동윤}{735쪽}$).

〈대판 1992. 2. 25, 91 다 14215〉
「가. 당사자간에 체결된 정기용선계약이 그 계약내용에 비추어 선박에 대한 점유권이 용선자에게 이전되는 것은 아니지만 선박임대차와 유사하게 용선자가 선박의 자유사용권을 취득하고 그에 선원의 노무공급계약적인 요소가 수반되는 것이라면, 이는 해상기업활동에서 관행적으로 형성·발전된 특수계약관계라고 할 것으로서 이 경우 정기용선자는 그 대외적인 책임관계에 있어서 선박임차인에 관한 상법 제766조($\frac{개정상법}{제850조}$)의 유추적용에 의하여 선박소유자와 동일한 책임을 지는 것이라 할 것이므로 정기용선자는 선장이 발행한 선하증권상의 운송인으로서의 책임을 부담한다 할 것이다.

나. 위 용선계약에 있어 그 계약이 선박임대차로 해석되지 않는다는 내용의 기재가 있어도 이는 용선계약의 표준약관의 일부로 포함되어 있는 것으로서 그 규정만으로 용선계약의 성질이 확정되는 것이 아니며, 이는 선박소유자와 용선자 사이의 계약내용을 규율함에 있어 해석의 기준이 될 수 있을 뿐 제3자의 보호를 주안으로 하는 정기용선계약의 해석론에는 별다른 영향을 미치는 것이 아니다.」

〈대판 1994. 1. 28, 93 다 18167〉
「선박의 소유자 아닌 정기용선자라 하여도 다른 특별한 사정이 없는 한 대외적인 책임관계에 있어서는 선박임차인에 관한 상법 제766조($\frac{개정상법}{제850조}$)가 유추적용되어 선박소유자와 동일한 책임을 지는 것이므로^{(대판 1992.2.25,}, 가사 피고가 위 로스토치
호의 소유자가 아니라 정기용선자에 불과하다 하더라도 원심이 적법하게 확정한
바와 같이 위 삼경어업이 피고와 화물운송계약을 맺었는데, 위 로스토치호의 선원
및 선박사용인의 과실로 인하여 그 화물에 손상이 있었다면 피고는 위 삼경어업
내지 그를 대위하는 원고에 대하여 불법행위책임을 부담하여야 할 것이다.」

〈서울민지판 1990. 8. 23, 89 가합 48654〉
「가. 피고가 위 선박에 대한 점유권을 취득하고 있지 않지만 선장 및 선원들에 대
한 지휘명령권 및 변경요청권을 가지고 피고의 선박대리점이 선장을 대리하여 선
하증권을 발행하는 등 해상기업으로서 자신의 이름으로 위 선박을 영리에 이용하
는 점에 비추어 해상기업주체인 선박임차인에 유사하다고 할 것이다.
　선장이 그 법정권한 내에서 제 3 자와의 사이에 한 법률행위 및 선장 그 밖의 선
원이 그 직무를 행함에 있어서 제 3 자에게 가한 손해와 같은 대외적 책임관계에
관하여는 외관을 신뢰한 제 3 자 보호를 위하여 선박임차인에 관한 상법 제766조
를 유추적용하여 정기용선자가 상행위 기타 영리를 목적으로 선박을 항해에 사용
하는 경우에는 선박의 이용에 관한 사항에는 제 3 자에 대하여 선박소유자와 동일
한 권리의무가 있다고 보는 것이 타당하다.
　나. 상법 제806조(^{개정상법})는 선박의 전부 또는 일부에 대하여 운송계약인 용선
계약을 체결하여 선장 및 선원에 대하여 지휘·감독권을 가지고 있지 않은 용선
자가 선복의 전부 또는 일부를 이용하여 제 3 자와 재용선계약을 체결한 경우에
구상관계를 간이화하기 위한 것으로 위 규정상 용선자에는 피고와 같은 정기용선
자는 포함되지 않고 오히려 해상기업의 주체로서의 선박임차인 및 정기용선자는
선박소유자에 포함된다고 보여지므로, 앞서 본 바와 같이 정기용선자인 피고가 선
박소유자에 포함되지 않는다는 전제 하의 피고의 주장은 이유 없다.」

정기용선계약의 경우 선장은 선주의 선임 및 감독하에 있고 완전한 임대
차계약이 아니므로 대외적인 제 3 자와의 사이의 법률문제처리에 있어서는 무
조건 제850조의 규정에 따를 것이 아니라 개개의 문제마다 계약내용의 실체
와 실정법의 규정을 대비하여 검토하여야 한다.
　따라서 정기용선자가 제 3 자인 하주와 운송계약을 직접 체결한 경우에
선장·해원의 과실로 적하가 멸실·훼손한 때에는 정기용선자가 운송인으로서
채무불이행책임을 부담한다. 이 경우 선장·해원은 정기용선자의 이행보조자로
해석되기 때문이다. 하역업자 등 독립계약자에 의한 적하의 선적·적부, 짐부

리기 등의 작업중 과실로 적하가 멸실·훼손한 경우에는 하역업자가 운송인인 정기용선자에 의해 선임되고, 그 지휘·감독 하에 작업에 종사하고 있는 점에서 볼 때 정기용선자의 책임을 긍정할 것이다. 그리고 정기용선자가 선박에 적재된 적하에 대해 선하증권을 발행한 경우에는 선박소유자가 아니라 정기용선자가 운송인으로서 선하증권상의 책임을 부담하는 것으로 하여도 무방하다.

한편 정기용선된 선박이 충돌사고를 야기한 경우에, 정기용선의 임대차적인 성격을 강조하는 혼합계약설이나 특수계약설, 그리고 앞에서 본 대판 1992. 2. 25, 91 다 14215의 입장에서는 상법 제850조의 규정이 유추적용되어 정기용선자가 책임을 지게 된다. 그러나 운송계약설에 따르면 선박충돌을 야기한 선장 이하 선원은 선박소유자에 의하여 임명되고 그의 지휘·감독 하에 있으므로, 선박소유자가 사용자로서 책임을 부담하게 된다. 한편 海技·商事 區別說에 의하면 선박충돌은 전형적인 해기사항이므로, 이는 당연히 선박소유자가 부담하게 된다(여기에 대하여는 김인현, 정기용선중인 선박의 책임주체에 대한 대법원판례분석, 고려대학교 법과대학 100주년 기념논문집, 2005, 345면 이하를 참고 바람).

그러나 대법원은 2003년 8월 22일 선박충돌로 인한 불법행위의 경우 선장의 사용자인 선박소유자에게 책임을 물었다.

〈대판 2003. 8. 22, 2001 다 65977〉

「가. 타인의 선박을 빌려 쓰는 용선계약에는 기본적으로 선박임대차계약·정기용선계약 및 항해용선계약이 있는데, 이 중 정기용선계약은 선박소유자 또는 임차인(이하 통칭하여 '선주'라 한다)이 용선자에게 선원이 승무하고 항해장비를 갖춘 선박을 일정한 기간 동안 항해에 사용하게 할 것을 약정하고 용선자가 이에 대하여 기간으로 정한 용선료를 지급할 것을 약정하는 계약으로서, 용선자가 선주에 의해 선임된 선장 및 선원의 행위를 통하여 선주가 제공하는 목적이 되어 선주로부터 인도받은 선박에 자기의 선장 및 선원을 탑승시켜 마치 그 선박을 자기 소유의 선박과 마찬가지로 이용할 수 있는 지배관리권을 가진 채 운항하는 선박임대차계약과는 본질적으로 차이가 있으며, 정기용선계약에 있어서 선박의 점유, 선장 및 선원에 대한 임면권, 그리고 선박에 대한 전반적인 지배관리권은 모두 선주에게 있고, 특히 화물의 선적·보관 및 양하 등에 관련된 상사적인 사항과 달리 선박의 항행 및 관리에 관련된 해기적인 사항에 관한 한 선장 및 선원들에 대한 객관적인 지휘·감독권은 달리 특별한 사정이 없는 한 오로지 선주에게 있다고 할 것이다.

나. 원심의 위 인정사실과 그 밖에 기록상 나타난 여러 사정을 보태어 보면, 예

인선에 대한 위 용선계약은 선박임대차계약과 구별되는 정기용선계약으로서의 기본요건을 모두 갖추었다고 봄이 상당하고, 이처럼 정기용선된 선박의 선장이 항행상의 과실로 충돌사고를 일으켜 제3자에게 손해를 가한 경우 용선자가 아니라 선주가 선장의 사용자로서 상법 제845조(개정상법 제878조) 또는 제846조(개정상법 제879조)에 의한 배상책임을 부담하는 것이고, 따라서 상법 제766조(개정상법 제850조) 제1항이 유추적용될 여지는 없으며, 다만 정기용선자에게 민법상의 일반불법행위책임 내지는 사용자책임을 부담시킬 만한 귀책사유가 인정되는 때에는 정기용선자도 그에 따른 배상책임을 별도로 부담할 수 있다 할 것이다.」

거래관계에 관한 대법원의 판례를 보면, 1992년 2월 25일 판결은 선하증권을 발행한 경우 정기용선자가 정기용선의 법적 성질에 따라 운송인으로서 책임을 부담한다는 것이고, 1994년 1월 28일 판결은 화물손상에 대한 불법행위책임은 정기용선자가 부담한다는 것이다. 한편 2003년 8월 22일 판결은 불법행위인 선박충돌사고로 제3자에 끼친 손해를 사용자인 선박소유자에게 부담시킨 것이다.

이렇게 개별화되어 거래관계의 책임을 선박소유자 혹은 정기용선자가 부담하게 되지만, 여전히 선박임대차유사설에 따라 법률관계가 적용되는 경우도 여전히 있다. 상법 제850조 제2항에 따라 도선료채권을 발생시킨 정기용선자가 운항하던 선박은 우선특권의 대상이 된다.

제 2 절 海上運送業의 人的 組織

金仁顯, 도선사와 도선기구의 손해배상책임, 한국해법학회지 19. 2 (1997. 10)/김인현·박선일, 한국과 미국의 선원재해배상 및 보상법에 대한 비교법적 연구, 한국해법학회지 26. 1 (2004. 4)/김현, 도선사의 책임, 인권과 정의 321(2003. 5)/李洙哲, 선장의 지위와 책임, 재판자료 52(1991)/李院錫, 도선사의 과실과 대외책임의 귀속, 법학논총(한양대) 6(1989. 2).

제 1 관 序   說

해상운송 기타 해상기업을 영업으로 하기 위해서는 반드시 선박이 필요하다. 따라서 해상기업의 인적 조직이라 하면 해상기업경영의 수단인 선박을 소유 또는 이용하는 해상기업의 주체와 이들의 기업활동을 보조하는 해상기업의 보조자로 나눌 수 있다.

해상기업은 자기소유의 선박에 의한 경영이 일반적이다. 그러나 선박의 소유와 이용은 분리될 수 있으므로, 해상기업경영의 수단인 선박의 소유가 해상기업의 절대적인 요건은 아니다. 따라서 해상기업의 주체는 자기소유의 선박을 이용하여 해상기업을 경영하는 자와 타인소유의 선박을 이용하여 해상기업을 경영하는 자로 나누어 볼 수 있다. 전자를 自船艤裝者라고 하는데 선박소유자와 선박공유자가 이에 속하고, 他船艤裝者로 불리는 후자에는 선체용선자의 정기용선자가 이에 속한다. 선체용선과 정기용선에 관해서는 전술하였으므로, 여기에서는 해상기업의 주체 중 선박소유자와 선박공유자 및 해상기업의 보조자에 대해서 설명하기로 한다.

본서와 같이 선박을 해상기업의 물적설비로서, 선박소유자와 선장 등을 인적설비로서 설명하는 것이 대체적인 학설의 입장이다(정동윤, 상법(하) 2008년 개정판, 746~843쪽; 정찬형 15판, 799쪽). 그러나 해상기업주체를 인적설비에서 분리하여 해상기업 주체, 물적설비, 인적설비로 설명하는 학자도 있었다(김인현, 37쪽). 2007년 개정상법은 이와 같은 편제를 취하게 되었다(자세한 내용은 김인현, 2007년 개정상법 해상편의 편제, 한국해법학회지 제30권 제1호, 2008. 4, 7쪽 이하).

제 2 관 船舶所有者

상법 제5편에서 말하는 선박소유자는 두 가지 의미로 사용된다. 넓은 의미로는 단순히 소유의 목적 또는 임대료를 취득할 목적으로 선박을 소유하는 자를 말하며, 상행위 기타 영업활동의 여부를 불문한다. 단순히 선박을 소유하는 자에 대해서는 상법은 등기·등록의무를 지우거나 선박임차인의 선박이용에 의해서 발생한 선박우선특권에 대해 책임을 지우고 있을 뿐이다(제850조).

좁은 의미에서 선박소유자란 자기소유의 선박을 이용하여 상행위 기타 영업활동을 하는 자를 말한다. 즉 자기소유의 선박을 영리목적으로 해상영업의 항해에 이용하는 자이다. 해상법상 선박소유자라 함은 특별한 규정이 있는 경우를 제외하고는 단순한 선박소유자 또는 선박을 임대한 소유자는 포함하지 않는다. 선박소유에는 단독소유와 공유가 있고, 자연인(개인) 소유와 법인소유가 있다. 상법은 선박공유와 관련하여 선박공유자의 공유관계에 기초한 다수의 특별규정을 마련하고 있다.

제 3 관   船舶共有者

Ⅰ. 序   言

1. 船舶共有者의 意義

선박공유자도 넓게는 선박을 공동으로 소유하는 복수인을 말하지만, 상
법에서 일반적으로 사용되는 선박공유자란 복수인이 선박을 공동소유하여 상
행위 기타 영리의 목적으로 운항에 사용하는 자를 말한다. 후자에 대해 상법
제753조 이하의 규정이 적용되는데, 이것은 물권적 의미에서 공유를 의미하
는 것이 아니라 두 사람 이상이 공동으로 해상기업을 경영하는 데에 주안점
이 있다(최기원,)._{47쪽} 선박공유자는 자연인뿐만 아니라 법인도 될 수 있다.

2. 船舶共有의 法的 性質

선박공유는 복수인이 선박을 공동으로 소유하여 상행위 기타 영리를 목
적으로 항해사업에 이용하는 영업형태의 하나이다. 선박공유의 법적 성질에
관해서는 선박공유는 영리를 목적으로 한 공동사업으로 민법상의 조합이고,
따라서 반대의 규정이 없는 한 민법상의 조합에 관한 규정이 적용되지만, 상
법에 여러 가지 특칙이 있어서 자본단체적 색채가 상당히 가미된 조합형태라
고 한다(채이식, 688쪽, / 서돈각, 511쪽).

이에 반하여 선박공유는 민법상의 조합관계에 비해 자본단체적 성격이
훨씬 강할 뿐 아니라(지분가격에 의한 다수결, 지분가격에 / 따른 비용·채무의 부담과 손익분배)(제756조~ / 제759조) 해상기업의 특수성에
따라 민법상의 조합과는 별도로 해상법에 특별규정을 두고 있는 점, 상법 제
756조에서 조합관계가 있는 경우에도 지분양도가 가능하다고 하여 조합관계
를 예외적인 경우로 규정하고 있는 점 등에서 볼 때 선박공유를 조합관계로
보기에는 무리가 있으므로 오히려 해상법상의 특별한 영업형태로서 법인격
없는 사단으로 보아야 한다는 견해도 있다(이원석, / 58쪽). 이 외에도 선박공유를 아예
사단으로 파악하거나(정희철·정 / 찬형, 769쪽) 물적 회사인 주식회사에 유사한 단체로 인식
하는 견해도 있지만(최기원, 48쪽, / 박용섭, 139쪽), 극히 지엽적인 상법의 일부 규정만을 가지고
선박공유가 하나의 사단을 구성한다고 보는 것은 무리라고 할 것이다. 그러므
로 상법은 선박공유를 민법상의 조합으로 보면서 조합에 관한 규정 이외에
특별히 이를 수정·보완하는 규정을 두었다고 본다. 이처럼 선박공유를 조합
으로 보는 한 공유선박은 법적으로는 선박공유자의 합유가 된다.

3. 制度의 沿革

선박공유는 중세부터 근세에 이르기까지 대자본의 필요와 해상위험의 위협에 대응하여 해상기업의 경영을 용이하게 하는 제도로서 폭넓게 이용되었다. 그러나 근대산업사회로 들어오면서 자본의 집중과 위험의 분산을 도모할 수 있는 회사제도, 특히 책임을 일정한 재산으로 한정할 수 있는 자본회사(Kapitalgesellschaft)인 주식회사의 발달·보급에 의해 선박공유는 급격히 쇠퇴하게 되었다. 오늘날에도 선박공유제도가 소규모 어선이나 연근해항해선에 겨우 이용되고 있을 뿐으로 그 필요성이 많이 약화되었다.

II. 船舶共有의 法律關係

1. 內部關係

선박공유자의 내부관계란 선박소유자 상호간의 법률관계이며 원칙적으로 계약에 의해 정해진다. 따라서 내부관계에 관한 상법의 규정은 원칙적으로 任意規定이며, 선박공유계약에서 정하지 않은 경우에 한하여 적용된다.

(1) 業務執行　　선박의 이용에 관한 사항은 각 공유자의 지분가격에 따라 그 과반수로 결정한다(지분다수결)(제756조 제1항). 지분의 가격에 의한 다수결은 조합원과반수로 업무집행에 관한 의사를 결정하는 일반조합의 경우(두수다수결)와 다르다. 이것이 바로 선박공유가 갖는 자본단체적 특색의 한 표현이다. 여기서 선박이용에 관한 사항이란 상행위 기타 영리를 목적으로 당해 공유선박을 항해에 사용하는 것을 말한다. 지분이란 당해 공유선박뿐 아니라 당해 공유선박으로 해상기업을 수행하기 위한 총재산에 대한 지분을 말한다. 이렇게 본다면 종류가 다른 재산에 의해 공유선박재산이 형성되므로, 이에 따라 持分의 가격·비율은 변동하게 된다. 공유자 1인이 지분가격의 과반수를 가지는 경우에는 단독으로 업무집행을 할 수 있다.

그러나 조합의 존립근거가 되는 조합계약 자체를 변경하는 사항은 공유자의 전원일치로 결정하여야 한다(제756조 제2항). 마찬가지로 선박양도 등 선박이용에 관계되지 않는 사항에 대해서는 공유자 전원의 동의를 요한다.

(2) 費用負擔·損益分配　　선박공유자는 그 지분의 가격에 따라 선박의 이용에 관한 비용과 이용에 관하여 생긴 채무를 부담하며(제757조), 매 항해의 종료 후에 있어서 그 지분가격에 따라서 손익의 분배를 한다(제758조). 민법상의 조합에서는 변동하지 않는 출자가격을 기준(민법 제711조)으로 하는 데 비해, 변동하

는 지분의 비율에 따라 공유자가 비용 등을 부담하는 것은 선박공유제도의 자본단체적 성격을 반영하는 것이다. 또한 손익의 분배시기를 매 항해의 종료 후에 한 것은 연혁적으로 부정기항해에서의 일항해일기업주의에 기인하고 있다.

2. 外部關係

선박공유제도는 공유선박을 이용하여 상행위 기타 영리를 목적으로 하는 것이므로 제 3 자와 거래관계가 발생한다. 여기서 공유선박과 거래한 상대방과의 관계를 외부관계라 한다. 외부관계에서는 상대방에 대해 누가 어떠한 권리의무를 가지고, 어떠한 책임을 지는가에 관한 권리의무관계와 누가 공유선박을 대표하여 상대방과 거래할 권한을 갖는가에 관한 대표관계가 주로 문제된다. 외부관계에 대해서는 거래상대방의 이익을 보호해야 하므로, 상법규정은 强行規定의 성질을 띤다.

(1) 權利·義務關係   선박공유 자체는 법인격이 없으므로 선박공유자가 공동으로 상대방에 대하여 권리의무의 주체가 된다. 대외관계에 대해 상법은, 선박공유자는 그 지분의 가격에 따라 선박의 이용에 관하여 발생한 채무를 부담하도록 하고 있다($^{제757}_{조}$).

이에 관해서는 각 선박공유자는 지분의 가격에 따른 분할채무를 부담한다는 견해가 있다(지분비례분할책임주의)($^{최기원, 54쪽; 정희}_{철·정찬형, 771쪽}$). 이것은 민법상 조합에 있어서 공동채무의 일반원칙인 균일분할주의($^{민법}_{제712조}$)도 아니며, 상행위로 인한 일반상사채무의 연대책임주의($^{제57}_{조}$)와도 다른 책임원칙이다. 이렇게 보는 이유는 선박공유의 자본단체적 특성에 기인하는 것으로 해상기업의 특수성을 고려하여 각 공유자의 책임을 제한함으로써 해상사업을 보호·육성하기 위한 것에 있다고 한다.

이와 달리 선박공유로 인한 채무는 수인이 그 전원에게 상행위가 되는 행위로 인하여 부담한 채무가 분명하므로 선박공유자는 상대방에 대하여 연대하여 변제할 책임이 있고, 다만 내부적으로 지분의 가격에 따라 선박의 이용에 관하여 생긴 채무를 이행할 책임이 있다고 새기는 것이 타당하다는 견해가 있다(연대책임주의)($^{채이식·}_{690쪽}$). 만약 전자와 같이 분할채무로 본다면 선박공유자의 내부적 지분비율을 전혀 알 길이 없는 상대방이 불측의 손해를 입게 되고, 또 상법 제754조도 선박공유자 사이에서 내부적으로 비용의 부담과 채무의 이행책임을 정한 것이라고 해석하는 것이 더 자연스럽다는 점에서 연대책임주의가 옳다고 본다.

선박공유자는 그 부담채무에 대해서는 선박소유자의 책임제한에 관한 규정에 따라 자신의 책임을 제한할 수 있다.

(2) 代表關係   선박공유계약에서 업무집행자를 정하거나 선박공유자가 업무집행자를 정한 경우, 그 업무집행자가 공유선박을 대표하고, 기타의 경우에는 각 선박공유자가 공유선박을 대표한다. 또한 선박공유자는 공유선박을 대리할 사람으로 지배인, 부분적 포괄대리권을 가진 상업사용인을 선임할 수 있을 뿐 아니라 선박관리인을 선임할 수 있다. 개정상법은 거래관계의 간명성을 위하여 선박공유자는 반드시 선박관리인을 선임하도록 하였다($^{제764조}_{제1항}$).

Ⅲ. 船舶管理人

1. 意   義

선박관리인이란 선박공유자를 대리하여 공유선박의 이용에 관한 재판상 또는 재판 외의 모든 행위를 할 권한을 갖는 특별한 상업사용인을 말한다. 즉 공유선박의 업무집행기관으로서 선박공유자를 위하여 선박의 이용에 관한 업무를 단독으로 집행하는 자라고 할 수 있다. 선박관리인의 대리권이 포괄적이라는 점에서 지배인과 유사하지만, 선박관리인은 선박공유자만이 선임할 수 있고 그 대리권도 영업 전반에 미치지 않고 특정한 공유선박의 이용에 제한되고 있다는 점에서 支配人과는 다르다.

2. 選任 · 終任

선박공유자는 선박관리인을 선임하여야 한다($^{제764조 제}_{1항 제1문}$). 각 선박마다 별도의 선박관리인을 둘 수도 있고, 수척의 선박을 관리할 선박관리인을 선임할 수도 있다. 선박관리인의 선임은 선박의 이용에 관한 사항에 속하기 때문에 원칙적으로 업무결정방식인 지분가격의 과반수의 찬성으로 한다. 그러나 공유자 이외의 자를 선박관리인으로 선임하는 경우에는 공유자 전원의 동의를 얻어야 한다($^{제764조 제}_{1항 제2문}$). 왜냐하면 선박관리인은 선박이용에 관한 사항에 대해 포괄적 권한을 가지며 선박공유자에 갈음하여 해상기업을 경영하는 자이므로, 선박공유자 전원의 신뢰를 얻는 자가 선박관리인으로 선임되는 것이 바람직스럽기 때문이다. 그러나 공유자 전원의 동의로 선임된 선박관리인의 해임에 공유자 전원의 동의가 있어야 하는 것은 아니다. 선박관리인의 선임과 그 대리권의 소멸은 이를 등기하여야 한다($\substack{\text{제764조}\\\text{제 2 항}}$).

3. 權　　限

선박관리인은 선박이용에 관한 재판상 또는 재판 외의 모든 행위를 할 권한이 있다($\substack{\text{제765조}\\\text{제 1 항}}$). 선박의 이용에 관한 사항이란 매우 넓기 때문에 선박 자체의 유지·관리·운항에 필요한 사항 및 선박의 이용을 위한 모든 사항이 포함된다. 선박관리인의 대리권에 대한 제한은 선의의 제 3 자에 대항하지 못한다($\substack{\text{제765조}\\\text{제 2 항}}$).

그러나 선박관리인은 선박공유자의 서면에 의한 위임이 없으면 선박의 양도·임대 또는 담보에 제공하는 일, 신항해를 개시하는 일, 선박을 보험에 붙이는 일, 선박을 대수선하는 일 및 借財하는 일을 하지 못한다($\substack{\text{제766}\\\text{조}}$). 이와 같은 사항은 선박공유자의 이해에 중대한 관계가 있는 사항이기 때문에 선박관리인이 선박공유자의 서면에 의한 위임을 받지 않고 이러한 일을 한 때에는 상대방이 선의인 경우에도 선박공유자에 대하여 권리를 주장하지 못하도록 한 것이다.

4. 船舶共有者와의 關係

선박공유자와 선박관리인의 내부적 법률관계는 위임일 수 있고, 고용일 수도 있다. 따라서 특별한 약정이 없는 한 민법상의 위임이나 고용에 관한 규정이 적용된다.

그 외 상법이 정한 선박관리인의 특별한 의무로서 선박관리인은 업무집행에 관한 장부를 비치하고, 그 선박의 이용에 관한 모든 사항을 기재하여야 한다($\substack{\text{제767}\\\text{조}}$). 이것은 선박관리인의 광범위한 대리권이 미치고 선박공유자에게는 중대한 이해관계가 있는 사항을 명확히 하기 위해 인정되는 의무이다. 그리고 선박관리인은 매 항해의 종료 후에 지체없이 그 항해의 경과사항과 計算에 관한 서면을 작성하여 선박공유자에게 보고하고 승인을 얻어야 한다($\substack{\text{제768}\\\text{조}}$). 여기서 승인은 각 공유자의 인적 승인을 말하며, 보고시기가 결정되어 있는 점이 민법상 위임자의 요청에 의한 수임자의 보고의무와 다르다($\substack{\text{민법}\\\text{제683조}}$).

Ⅳ. 持分의 讓渡와 共有關係의 消滅

1. 持分의 讓渡

선박공유자가 갖는 조합관계상의 지분은 재산권으로서 일반원칙에 따라 당연히 포괄승계 및 특정승계의 대상이 된다. 그리고 상법은 선박공유제도의 자본단체적 성격을 강조하여 각 선박공유자는 다른 공유자의 승낙 없이 그 持分을 타인에게 양도할 수 있게 하였다(제759조 본문). 이와 같은 지분양도의 자유는 조합관계의 내용 여하에 불구하고 인정된다. 그리고 지분양도의 자유는 공유자의 보호에 그 취지가 있으므로 다수결에 의해서도 박탈되지 않는다.

지분의 양도는 당사자 사이에서는 양도합의만으로 성립하고, 성립과 동시에 효력이 발생한다. 그러나 다른 공유자에 대해서는 양도의 통지를 한 때로부터, 일반 제3자에 대해서는 지분의 이전을 등기하고 선박국적증서에 기재하여야만 대항할 수 있다. 지분양도자유의 원칙에 대한 예외로 선박관리인인 선박공유자는 선박의 이용에 관한 광범위한 권한을 가지고 있으며, 자유로운 지분양도는 그 신뢰를 해치기 때문에 다른 공유자 전원의 동의가 있어야만 지분을 양도할 수 있다(제759조 단서).

2. 持分의 買受 · 賣渡 · 競賣請求權

선박의 이용에 관한 사항에 대해서는 지분가격의 다수결에 의해 결정되기 때문에 소수지분자의 이익보호를 위해 지분매수청구권이 인정되는 경우가 있다. 즉 신항해를 개시하거나 선박을 대수선할 것을 결의한 경우에 그 결의에 이의가 있는 공유자는 다른 공유자에 대하여 상당한 가액으로 자기의 지분을 매수할 것을 청구할 수 있다(제761조 제1항). 이와 같은 지분매수청구권은 새로운 위험이나 불이익을 바라지 않는 공유자에게 이를 피할 수 있는 길을 열어주는 데 그 목적이 있다. 왜냐하면 하나의 항해를 영업단위로 하는 선박공유에서는 새로운 항해는 당해 공유선박을 새로운 해상위험에 처하게 하며, 또한 선박의 대수선도 거액의 비용을 요하므로 반대자는 이에 대하여 중대한 이해관계를 갖기 때문이다.

지분매수청구권은 전기한 사항의 결의에 대해 이의가 있는 한 그 결의에 참가하였는가를 불문하고 이를 행사할 수 있다. 지분의 매수청구를 하고자 하는 자는 그 결의가 있는 날로부터 3일 이내에, 결의에 참가하지 않은 자는 결의통지를 받은 날로부터 3일 이내에 다른 공유자 또는 선박관리인에 대하여 지분매수청구의 통지를 발송하여야 한다(발신주의)(제761조 제2항). 소수지분자의 지분매수청구가 있는 경우, 다른 공유자 전원이 당연히 상당한 대가를 지급하고 그 지분을 매수하여야 한다. 즉 지분매수청구권은 일종의 形成權이며, 매수가격은 그 결의일을 기준으로 하여 산정한다.

또한 선박공유자의 지분의 이전 또는 그 국적의 상실로 인하여 당해 공유선박이 대한민국의 국적을 상실할 때에는 다른 공유자는 상당한 대가로 그 지분을 매수하거나 경매를 법원에 청구할 수 있다($\frac{제760}{조}$). 그리고 사원의 지분이전으로 회사의 소유에 속하는 선박이 대한민국의 국적을 상실할 때에는 합명회사에서는 다른 사원, 합자회사에 있어서는 다른 무한책임사원이 상당한 대가로 그 지분을 매수할 수 있다($\frac{제760}{조}$).

3. 解散·淸算

선박공유관계는 공유선박이 침몰·파손 등으로 절대적으로 멸실하거나 조합관계의 소멸로 인하여 자동적으로 소멸한다. 선박공유의 해산·청산에 대해 상법은 아무런 규정을 두고 있지 않다. 통설에 따르면 민법상의 조합에 관한 규정($\frac{민법 \ 제721}{조 \ 이하}$)을 적용하게 되지만, 선박공유의 성질을 권리능력 없는 사단으로 보는 견해에 따르면 자본회사의 해산·청산에 관한 규정을 적용하게 된다.

제 4 관   海上企業의 補助者

I. 總 說

해상기업의 경영에는 실제로 선박에 승선하여 운항에 종사하는 해상보조자 외에도 육상에서 해상기업자의 경영을 보조하는 자인 육상보조자가 필요하다. 해상보조자에는 선박소유자와 고용관계가 있는 선원 외에 독립한 영업자인 예선업자·도선사 및 적하감독인이 있다. 육상보조자로서는 선박소유자와 고용관계자가 있는 자 외에 중개인·대리상·운송주선인 등이 있다. 육상보조자는 근대적 해상기업경영에 필수불가결한 존재이지만, 이들에 대해서는 상업사용인·중개인·대리상 등에 관한 상법 및 민법의 일반규정이 적용되므로 여기서는 다루지 않는다.

선원은 해상기업주체와의 고용관계($\frac{통시선장}{제외}$)에 기초하여 특정한 선박에 승선하여 계속적으로 항해상의 업무에 종사하는 자이다. 선원에는 선장과 해원이 있다. 상법은 선장에 관한 규정을 상세히 두고 있고, 해원에 관해서는 노동법적 측면을 중시하여 선원법에서 규정하고 있다. 이하에서는 선장·해원·도선사 및 예선업자에 대해서 설명한다.

II. 船   長

1. 序   說

(1) 船長의 意義   상법은 해상편 제 5 장에서 선장에 관해 규정하고 있으나, 그 의의에 대해서는 분명히 하고 있지 않다. 선원법·선박직원법 등 선원에 관한 다수의 해사행정법이 존재하지만, 이들 법은 그 고유한 입법목적으로 말미암아 동법상의 선장이 곧바로 해상법상의 선장에 해당하지 않는 경우가 있다. 해상법에서 선장이란 광의로는 선박소유자 또는 선박공유자가 동시에 선장인 동시선장을 포함하지만, 협의로는 선박소유자 또는 선박임차인의 피용자로서 특정선박의 항해를 지휘하며, 그 대리인으로서 항해에 관한 일정한 행위를 할 수 있는 법정권한이 있는 자를 말한다. 해상법상 선장이라고 할 때에는 협의의 선장을 의미한다.

반면 선원법상 선장은 광의의 선장이어서 선박소유자의 피용자로서 대리권을 가지는 것이 요건이 아니므로 선박지휘자는 모두 선장이다. 상법 제748조상의 대선장은 상법상의 선장이나, 구 선원법 제22조상의 대행선장은 선원법상의 선장이고 상법상 선장은 아니므로 선박소유자의 대리인으로서의 권한을 갖지 않는다. 선장은 선박소유자의 피용자로서 선상에서 해원을 지휘·감독하여 목적항까지 안전하게 항해를 수행하고 운송물을 운송할 책임을 지고 있다.

(2) 船長의 地位   선장은 포괄적인 法定代理權이 있고(제749조), 대리권에 대한 制限은 선의의 제 3 자에게 대항할 수 없다(제751조)는 점에서 支配人 및 대표이사와 유사하다. 선장은 선박소유자에 의하여 임명되고, 선박소유자로부터 항해를 위임받은 수임인이다. 하지만 선박이 위난에 처하여 수임사무의 범위를 벗어나 일정상황 하에서는 모든 이해관계인을 위하여 선박과 적하를 보관하는 보관자로서 지위를 갖는다. 또한 선박에 대한 국가공권력의 행사가 실질적으로 불가능한 경우가 많으므로 선장은 선내질서를 유지하고 해원을 징계하는 등 부분적으로 권력자로서의 권능을 갖는다.

이와 같이 선장은 특정선박의 항해지휘자이므로 대리권은 영업소가 아니라 항해단위로 정해지고, 항해에 필요한 행위에 국한되며, 그 범위는 선적항의 내외에 따라 다르고, 적하이해관계인의 대리인이며, 항해지휘자로서 선박권력이 있고, 선장의 선임과 해임은 등기사항이 아니며, 공동선장은 인정되지 않고, 선장의 행위에 대해서는 선박소유자의 책임제한이 인정된다는 점 등에서 지배인 또는 대표이사와 다르다.

2. 船長의 選任과 終任

(1) 選 任   선장은 선박소유자 또는 선박임차인이 선임한다(제745조, 제850조 제1항). 선박공유에 있어서는 선박소유자의 대리인인 선박관리인이 선장을 선임한다(제765조 제1항). 이와 같이 선장은 원칙적으로 해상기업의 주체가 선임하지만, 만일 선장이 질병 등 불가항력으로 인하여 그 직무를 집행하기가 불가능한 때에는 법령에 다른 규정이 있는 경우를 제외하고는 자기의 책임으로 타인을 선정하여 선장의 직무를 집행하게 할 수 있다(제748조). 이렇게 하여 선임된 선장을 대선장이라고 한다. 대선장은 대리인인 선장이 선임한 복대리인으로서 선박소유자 등과 제 3 자에 대하여 선장과 동일한 권리의무가 있다(민법 제123조 제2항). 선장은 대선장의 선임에 대해 선박소유자 등에게 책임을 진다.

선장의 자격은 일정한 해기사면허가 있는 자에 제한된다. 물론 무자격 선장이 한 거래라도 사법상의 효력이 부정되지는 않는다. 대선장도 선장이기 때문에 이에 따라야 하지만, 불가피한 경우에는 무자격자를 대선장으로 선임할 수 있다. "법령에 다른 규정이 있는 경우를 제외하고"란 이러한 취지로 해석할 수 있다.

(2) 終 任   선장은 고용계약기간의 만료·사임·사망·파산·금치산 등의 사유에 의하여 종임한다. 그러나 선장의 선임행위는 상행위이므로 선박소유자 등의 사망에 의하여 종임하지 않는다(제50조).

그 밖에도 선박소유자 등은 언제든지 선장을 해임할 수 있다(제745조). 그러나 정당한 사유 없이 선장을 해임한 때에는 선장은 해임으로 인한 손해의 배상을 청구할 수 있다(제746조 제1항). 또한 선장이 선박공유자인 경우에 그 의사에 반하여 해임된 때에는 다른 공유자에 대하여 상당한 가액으로 그 지분의 매수를 청구할 수 있다(제746조 제2항). 위의 청구를 하는 때에는 선장은 지체없이 다른 공유자 또는 선박관리인에 대하여 그 통지를 발송하여야 한다(제746조 제3항).

선장이 항해중에 해임 또는 임기가 만료된 경우에는 선장은 다른 선장이 그 업무를 처리할 수 있는 때, 또는 그 선박이 선적항에 도착할 때까지 그 직무를 집행할 책임이 있다(제747조). 그리고 선장이 사망하였을 때, 선박을 떠났을 때, 또는 이를 지휘할 수 없게 되었을 경우에 미리 타인을 지정하지 않았을 때에는 운항에 종사하는 선원은 그 직무의 순위에 따라 선장의 직무를 대행하여야 하는데(구선원법), 이를 代行船長이라고 한다. 대선장은 선장이 선임하지만, 대행선장은 법률의 규정에 의하여 선장의 직무를 수행하는 자이기 때문에 상법상의 선장은 아니다(김인현·).

3. 船長의 權限

선장은 선박소유자 등 해상기업의 주체와 멀리 떨어져 항해를 해야 하는 사정상 원활하고 신속한 항해사업의 수행을 위해 선박소유자를 위한 광범위한 대리권을 가질 뿐 아니라 기타 이해관계인을 위해서도 일정한 행위를 할 수 있는 대리권을 갖고 있다. 또한 필요한 경우에는 상법이 인정하는 처분권을 행사할 수 있고, 항해와 해원의 지휘·감독자로서 선원법이 인정하는 선박권력을 갖는다.

(1) 船舶所有者를 위한 代理權

A. 意　　義　　선장은 선박소유자의 수권에 의하여 대리권을 갖는다. 그런데 선장은 선박소유자 기타 이해관계인의 지배를 벗어나 어느 정도 독립한 지위에서 행동하고, 또한 선박과 거래하는 상대방을 보호하여야 하기 때문에 선장의 대리권의 범위는 법정되고 유형화되어 있다. 그러나 선장의 대리권은 법정된 범위보다 더 확장될 수는 있으나 임의로 제한될 수는 없다고 본다.

B. 船長의 代理權에 관한 立法主義　　선장의 법정대리권의 범위를 정하는 입법례로서는 다음과 같은 것이 있다. ① 선박소유자소재지주의는 선박이 선박소유자 또는 그 대리인의 소재지에 있는가의 여부에 따라 선장의 대리권이 달라지는 입장이다. 프랑스상법이 이를 채용하고 있다. ② 선장행위주의는 선박소유자의 소재지와 상관없이 행위의 종류나 성질에 따라 대리권의 범위를 정하는 입장이다. 영미법이 이 입법주의를 채용하고 있다. ③ 선적항주의는 선박이 소재하는 장소가 선적항 내인가, 아니면 선적항 외인가의 여부에 따라 대리권의 범위를 달리하는 입장이다. 이 선적항주의는 독일법이 채택하고 있다. 우리 나라의 상법은 선적항주의를 채택하여 선박이 선적항에 있을 때에는 제한된 대리권을 인정하고, 선적항 외에 있을 때에는 광범위한 대리권을 인정하고 있다.

C. 代理權의 範圍

(i) 船籍港 내에서의 代理權　　선박이 선적항 내에 있을 때에는 선장은 특히 위임을 받은 경우 외에는 해원의 고용과 해고를 할 권한만을 갖는다(제749조 제 2 항).

〈대판 1968. 5. 28, 67 다 2422〉

「선박에 승무하는 해원의 고용은 선장고유의 대리권에 속하는 것이므로 선원이 선장과 승선계약을 한 날짜에 피고 공사에 입사한 것으로 볼 것이지, 그 후 총재에 의하여 정식으로 발령된 날에 입사한 것으로 볼 것은 아니다.」

선적항 내에서 선장의 대리권이 제한되는 이유는 선박이 선적항에 있을 때에는 선박소유자가 직접 법률행위를 할 수 있으며, 필요한 경우 선장은 언제든지 선박소유자의 허락을 얻을 수 있다는 데에 있다. 그리고 해원의 적부는 선장이 더 잘 판단할 수 있고, 항해시의 선장의 권위를 확립할 필요도 있기 때문에 선적항에 있어서도 선장이 해원의 고용과 해고를 할 수 있게 하였다. 이러한 권한은 선박이 선적항 내에 있으면 인정되고, 반드시 선박소유자가 선적항 내에 있어야 하는 것은 아니며, 후자의 경우에 선장의 권한이 확대되지는 않는다. 여기서 대리권의 범위에 관한 결정적인 기준이 되는 선적항이란 선박법의 규정에 의해 선박을 등록하고 선박국적증서를 교부받는 곳을 뜻한다. 이와 달리 상법 제773조의 입법취지를 살려 당해 선박에 의한 기업경영의 중심지인 영업본거항, 당해 선박이 통상 항해기점으로 하고 있는 항 또는 당해 항해에 대해 총괄적 지휘를 하는 영업소의 주소지라는 견해도 있다(김인현, 117쪽).

기타의 사항에 대해서는 특별한 수권이 있어야만 선장이 선박소유자를 대리할 수 있다. 그러나 선적항에서의 통상의 업무인 선하증권의 발행(제852조 제3항), 운송물의 수령·인도, 운임 기타 체당금의 청구 및 이를 위한 유치권의 행사(제807조), 수령해태시의 운송물의 공탁(제803조) 등은 반대의 의사표시가 없는 한 선장이 이를 할 수 있다.

 (ii) 船籍港 외에서의 代理權   선박이 선적항 외에 있을 때에는 선장은 항해에 필요한 재판상 또는 재판 외의 모든 행위를 할 권한이 있다(제749조 제1항).

〈대판 1975. 12. 23, 75 다 83〉

「선적항 외에서 선장은 개품운송계약을 체결할 수 있는 법률상의 대리권이 있다.」

선적항 외에서는 선박소유자로부터 신속한 지시를 받는 것이 어려우므로 선장에게 광범위한 대리권을 부여하고 있다. 이 권한은 선박소유자 등과의 연락가능성 여부를 불문하고 인정된다.

여기서 항해라 함은 특정한 항구간의 항해를 의미한다기보다 선박이 선적항에서 출항하여 다시 선적항으로 귀항하기까지의 전항해를 말한다고 본다.

항해에 필요한 행위의 범위에 관해서는 다툼이 있다. 이를 좁게 해석하여 목적항까지의 운항기술상 필요·불가결한 사항으로서 선원과 도선사 등의 고용, 필요품의 구입, 선박수리계약의 체결 등만을 의미하고 항해계속 또는 선박의 안전유지를 위해서만 운송계약을 체결할 수 있다고 하는 견해와($\binom{최기원}{111쪽}$) 이보다 넓게 해석하여 경제적·상업적으로 필요한 사항으로서 운송계약·보험계약의 체결 등 영리활동행위까지 포함한다고 새기는 견해가 있다($\binom{정희철·정찬형,\ 786쪽;}{채이식,\ 698쪽}$). 통신수단이 발달하고 대리점망이 구축되어 있는 오늘날에도 선장에게 이와 같은 광범위한 대리권을 부여하는 것이 타당한가에 대해서는 의문이 없지 않지만, 선장에게 포괄적 권한을 부여하고 있는 상법의 취지와 거래상대방의 보호라는 측면에서 선장의 대리권은 영리활동행위에까지 미친다고 본다. 따라서 선장은 위법선적물을 처분하고 선적과 양륙을 지시하고 운임 등의 지급을 위하여 운송물을 유치하고 경매할 수 있으며, 수하인이 운송물의 수령을 게을리하는 때에는 이를 공탁할 수 있다($\binom{제800조,\ 제792조,}{제807조,\ 제803조\ 등}$).

　　D. **代理權의 制限과 擴張**　　선장의 대리권은 특수한 행위에 대해서는 선박소유자의 이익을 위하여 예외적으로 제한되거나 확장되고 있다. 선장은 선박수선료·해난구조료 기타 항해의 계속에 필요한 비용을 지급하기 위한 경우가 아니면 선박 또는 속구를 담보에 제공하는 일, 차재하는 일, 적하의 전부나 일부를 처분하는 등의 행위를 하지 못한다($\binom{제750조}{제1항}$). 이와 같은 신용행위는 결과적으로 선박소유자의 부담을 야기시키기 때문에 이를 제한하고 있다. 그러나 선박소유자의 특별한 수권을 받은 때에는 신용행위도 할 수 있다. 상법은 항해의 계속을 위하여 필요한 경우에만 예외적으로 신용행위를 허용하고 있으나, 선박의 유지를 위해 필요한 경우에도 신용행위를 할 수 있는 것으로 보아야 한다는 견해도 있다($\binom{최기원}{113쪽}$).

　　항해의 계속에 필요한 비용을 지급하기 위하여 적하를 처분하는 경우, 이것은 선박소유자의 이익보호에 그 목적이 있으므로, 이로 인하여 손해를 입은 적하의 이해관계인은 손해배상을 청구할 수 있다. 이 경우의 손해배상액은 그 적하가 도달할 시기의 양륙항의 가격에 의하여 정하도록 하여 손해배상액을 획일적으로 법정하고 있다($\binom{제750조\ 제}{2항\ 본문}$). 선장이 적하물을 처분하여 얻은 금액이 적하물의 가액을 초과하였을 경우에 그 차액을 선박소유자가 가질 것인가, 아니면 하주에게 반환해야 할 것인가에 대해서는 견해가 대립한다. 이들 차액은 적하물에서 생긴 이익으로 보고서 하주에게 배상해야 한다는 다수설과 선박소유자의 운송채무불이행에서 발생한 손해액만 배상하면 충분하며 또한 법정손해배상이기 때문에 확정손해배상액만 배상하면 충분하다고 보아 선박소유자가 그 차액을 가져야 한다고 보는 소수설이 있다(박용섭, 186~187쪽). 하역료 등 지급을 요하지 아니하는 비용은 그 가격 중에서 공제하여야 한다(제750조 제2항 단서).

그리고 선장은 항해에 필요한 행위만을 할 수 있기 때문에 선박 자체를 처분할 수는 없다. 그러나 선적항 외에서 선박이 수선불능으로 된 때에는 선장은 해무관청의 인가를 얻어 선박을 경매할 수 있다(제753조). 여기서 선박의 수선불능이란 선박이 그 현재지에서 수선을 받을 수 없으며 또 그 수선을 할 수 있는 곳에 도달하기 불능인 때, 수선비가 선박의 가액의 4분의 3을 초과할 때를 말한다(제754조 제1항). 이 때 선박의 가액은 선박이 항해중 훼손된 경우에는 그 발항한 때의 가액으로 하고, 기타의 경우에는 그 훼손시의 가액으로 한다(제754조 제2항). 이와 같이 선박의 긴급매각권을 선장에게 인정한 것은 선박으로서의 기능을 잃어 더 이상 이용할 수 없게 된 선박은 오히려 자본으로 환원하는 것이 선박소유자에게 이익이 된다는 이유에서 선적항 외에서 선장의 일반적 대리권을 확대하고 있다. 그러나 긴급매각이 인정되기 위해서는 수선불능·해무관청의 인가 및 경매의 세 가지 요건이 필요하다.

선장의 대리권은 법정되어 있고 정형화되어 있기 때문에 선박소유자가 선장의 대리권을 제한하더라도 그 제한으로 선의의 제3자에게 대항하지 못한다(제751조). 그렇지만 선박소유자는 특별한 수권에 의하여 선장에게 신용행위를 할 수 있는 권한을 부여할 수 있는 것처럼 선장의 권한을 확대할 수는 있다.

(2) 기타 利害關係人을 위한 代理權

A. 積荷의 利害關係人을 위한 代理權

(i) 積荷의 處分　　선장은 운송인이 운송계약상 부담하는 운송물의 관리·보관의무를 그 피용자의 지위에서 이행할 의무가 있다. 이러한 의무 외에도 항해단체의 관리인으로서 선장은 필요한 경우 적하이해관계인을 위하여 적하를 처분할 권한을 갖는다. 즉 상법은 선박이 위난에 처하거나 적하가 멸실·손상될 위험이 있는 경우에는 운송도중이라 할지라도 적하의 손해방지 또는 경감을 위하여 적하를 처분할 필요가 있고, 선박이 항해중에 있는 때에는 적하이해관계인으로부터 적하의 처분에 관한 지시를 받기 어렵기 때문에 선장이 적하이해관계인의 대리인자격에서 적하를 처분할 수 있게 하고 있

다($^{제752}_{조}$). 이 때의 대리권은 기초적 내부관계를 형성하는 법률행위 없이 상법에 의해 인정된 것이다($^{주석상법, 287쪽; 서돈각, 526쪽;}_{손주찬, 507쪽; 박용섭, 189쪽}$). 또한 항해도중에 운송계약이 종료·해제되는 경우에도 마찬가지이다. 상법 제750조의 적하의 처분은 선장이 선박소유자의 대리인의 자격에서 행한다는 점에서 본조의 적하의 처분에서와 다르다.

　　선장이 항해중에 적하를 처분하는 경우에는 이해관계인의 이익을 위하여 가장 적당한 방법으로 하여야 한다($^{제752조}_{제 1 항}$). 여기서 항해중이란 선박의 발항에서 도착까지를 의미하는 것이 아니라 적하의 선적에서 인도 또는 공탁까지를 의미한다. 또한 항해도중에 운송계약이 종료한 때에도 적하를 처분할 수 있다. 이해관계인이란 송하인·수하인·용선자·선하증권소지인 기타 적하의 실질적인 권리자를 말하며, 적하보험자는 이에 포함되지 않는다. 이익을 위하여 가장 적당한 방법이란 선장의 합리적인 판단에서 가장 적당하다고 생각하는 방법이라고 할 수 있다. 만약 적하이해관계인의 지시를 받을 수 있는 때에는 그 지시를 받아 적하를 처분하는 것이 이해관계인의 이익을 위하여 가장 적당하다고 할 것이다. 적하의 처분은 매각·임치·운송의 위탁 등 법률행위뿐만 아니라 적하의 보존에 필요한 사실행위와 재판상 또는 재판 외의 행위와 같은 조치를 포함한다고 보지만, 해상의 위험으로부터 소극적으로 적하의 손해를 방지하는 데 그쳐야 하고, 적극적으로 이익을 도모하는 행위 또는 선박과 인명의 안전을 해하거나 다른 적하의 이익을 해하는 조치를 하지 못한다. 즉 적하를 처분하지 않고서는 이해관계인의 이익을 보호할 수 없는 한에서만 인정될 뿐이고, 이해관계인에게 적극적인 이익을 가져오는 모든 처분행위를 할 수 있는 것은 아니다.

　　선장이 운송계약상의 관리·보호의무의 범위 내의 상황에서 적하를 처분한 경우에 그 처분 자체가 적법하더라도 선박소유자는 이해관계인에 대하여 운송계약상의 책임을 면하지 못한다.

　　(ⅱ) 利害關係人의 責任　　　　선장의 처분행위는 적하이해관계인의 대리인의 자격에서 이루어진 것이므로, 그 법률효과는 당연히 적하이해관계인에게 귀속된다. 따라서 이해관계인은 그 처분행위에 의해 발생한 채무에 대해 원칙적으로 무한책임을 부담하여야 할 것이다. 그러나 선장의 처분행위는 이해관계인의 이익보호에 그 목적이 있으므로, 이해관계인이 예상하지 못한 거대한 책임을 지는 일은 없어야 한다. 상법은 이해관계인에게 과실이 없는 한 선장

의 처분으로 인하여 생긴 채권자에게 적하의 가액을 한도로 하여 책임을 지도록 하고 있다(제752조 제2항). 그러나 선장이 이해관계인의 지시에 따라 적하를 처분한 경우, 또는 이해관계인에게 과실이 있는 경우에는 적하의 가격을 한도로 하는 책임제한은 인정되지 않는다고 본다.

　　B. 救助料債務者를 위한 代理權　　해난구조가 있는 경우, 선장은 보수를 지급할 채무자(구조료채무자)에 갈음하여 그 지급에 관한 재판상 또는 재판 외의 모든 행위를 할 권한이 있다(제894조 제1항). 또한 선장은 구조료지급에 관한 소송의 당사자가 될 수 있고, 그 확정판결은 구조의 보수액의 채무자에 대하여도 효력이 있다(제894조 제2항). 여기서 구조료채무자란 구조된 선박의 소유자·선박관리인 및 임차인과 적하의 소유자를 말한다. 선장에게 구조료채무자의 대리인으로서의 지위를 인정한 이유는 해양사고구조의 사정을 가장 잘 알고 있고, 구조료채권자는 구조료채무자에게 각별로 권리를 행사할 필요 없이 법정대리권을 가진 선장을 상대로 구조료지급청구권을 행사함으로써 권리행사가 용이할 뿐 아니라, 구조료채무자를 알 수 없는 경우에도 그 권리의 행사가 가능하다는 데 있다. 선장이 구조료지급에 관한 권한을 갖는 것은 선박소유자 또는 해원이 구조료채권자인 경우에도 마찬가지라고 본다.

　　C. 利害關係人을 위한 留置權　　수하인이 운송물을 수령하는 때에 운송물의 가액에 따른 공동해손 또는 해난사고구조로 인한 부담액을 지급하지 아니하는 때에는 운송물을 유치할 수 있다(제807조).

(3) 기타의 處分權과 船舶權力

　　A. 旅客携帶手荷物의 處分　　여객이 사망한 때에는 선장은 그 상속인에게 가장 이익이 되는 방법으로 사망자가 휴대한 수하물을 처분하여야 한다(제824조). 그러므로 선내에 있는 유류품에 대하여 보관 기타 필요한 조치를 취하여야 한다.

　　B. 違法船積物의 處分　　법령 또는 계약에 위반하여 선적한 운송물은 선장이 언제든지 이를 양륙할 수 있고, 그 운송물이 선박 또는 다른 운송물에 위해를 미칠 염려가 있는 때에는 이를 포기할 수 있다(제800조 제1항). 선장에게 이러한 위법선적물에 대한 처분권을 부여한 이유는 위법한 운송물 또는 금제품은 선박 내의 인명과 재산의 안전을 해칠 수 있고, 선박의 억류·포획 등으로 항해를 불가능하게 하거나 지연시킬 염려가 있기 때문이다.

　　C. 危險物의 處分　　인화성·폭발성 기타의 위험성이 있는 운송물은

운송인이 그 성질을 알고 선적한 경우에도 그 운송물이 선박이나 다른 운송물에 위해를 미칠 위험이 있는 때에는 선장은 언제든지 이를 양륙·파괴 또는 무해조치할 수 있다(제801조의 2 제1항).

D. 船舶權力　　선장은 국가권력이 미치지 않는 곳에서 선박공동체를 관리·운영하여야 하는 지위에 있으므로, 선원에 대한 지휘·감독권과 징계권 그리고 재선자에 대한 명령권을 갖는다. 그리고 재선자 중 승객이 선장의 명령을 따르지 않는 때에는 하선 등 강제조치를 취할 수 있다(선원법 제6조, 제24조 등).

4. 船長의 義務와 責任

(1) 船長의 義務　　선장은 선박소유자와의 위임계약 또는 고용계약에 따라 상당한 주의로써 항해를 수행하고 운송물을 보관하여야 한다. 이 외에도 선장은 송하인·수하인·선하증권소지인 등 적하이해관계인뿐 아니라 용선자·저당권자 등 선박이해관계인과의 관계에서 타인의 물건의 보관자로서 선량한 관리자의 주의로써 적하 또는 선박을 관리·보호할 의무가 있으며, 적하를 처분하는 때에는 이해관계인의 이익에 가장 적당한 방법으로 하여야 한다.

A. 船舶所有者에 대한 商法上의 義務　　선장은 선박소유자의 수임자로서 항해에 관한 직무를 수행하기 때문에 항해에 관한 중요한 사항을 지체없이 선박소유자에게 보고할 의무가 있다(제755조 제1항). 여기서 지체없이란 항해종료 후 입항절차를 완료한 때이며, 중요한 사항이란 충돌, 해손, 구조, 포획, 적하의 처분, 여객의 사망 등이다. 또한 매 항해를 종료한 때에는 그 항해에 관한 계산서를 지체없이 선박소유자에게 제출하여 그 승인을 얻어야 한다(제755조 제2항). 그리고 선장은 선박소유자의 청구가 있을 때에는 항해에 관한 사항과 계산의 보고를 하여야 한다(제755조 제3항). 항해에 관한 계산서란 항해비용·운송손익·공동해손·해난구조비 등에 관하여 계산한 서류이다.

B. 船員法上의 義務　　선장은 선박소유자의 수임인이자 공익의 보호자로서 선원법상 여러 가지 의무를 지고 있다. 출항 전 선박의 감항능력 등의 검사의무·항해성취의무·직접지휘의무·재선의무·조치의무·구조의무·서류비치의무·보고의무 등이 그것이다(선원법 제7조~ 제21조 참조).

(2) 船長의 責任　　선장은 선박소유자와의 관계에서는 수임인의 지위에 있으므로 선관주의의무가 있다고 할 것이다(민법 제681 조 참조). 따라서 이를 위반하면 손해배상책임을 지게 된다. 선장이 임기중에 해임 또는 임기가 만료된 경우에는 다른 선장이 그 업무를 처리할 수 있을 때까지 또는 그 선박이 선적

항에 도착할 때까지 그 직무를 집행할 책임이 있다($\substack{제747\\조}$). 이것은 해상기업의 유지를 도모함과 아울러 기타 이해관계인의 이익을 보호하기 위하여 인정한 책임이다. 선장이 직무집행과 관련하여 선박소유자·용선자·송하인 기타 이해관계인에게 불법행위를 한 때에는 선장은 불법행위자로서($\substack{민법\\제750조}$), 선박소유자는 선장의 사용자로서($\substack{민법 제756조; 상법\\제878조 내지 880조}$) 손해배상책임이 있다($\substack{동지: 김인\\현, 122쪽}$).

〈대판 1992. 9. 8, 92 다 23292〉

「비록 경비함의 함장인 서대봉의 결정으로 유성호가 예인당하게 되었고, 그 때 유성호의 선장인 피고 이영욱이 위 서대봉으로부터 구체적으로 지시받은 바 없더라도 예인당하는 동안 피고가 스스로 위 유성호에 남아 있겠다고 자청하여 남아 있었다면 … 감시원을 배치하는 등의 조치를 취하여야 하고, 위 유성호의 기관책임자인 김춘수도 기관실에의 침수 등에 대비한 조치 등을 취하여야 함에도 불구하고, … 조치를 전혀 취하지 아니하여 … 바닷물이 들어차는 것을 뒤늦게 발견하고서도 이를 적절한 방법으로 경비함에 알리지 못한 그들의 과실과 … 선박의 설치관리상의 하자로 인하여 위 유성호에 있던 원고들의 장비가 바다에 가라앉아 유실되는 등의 사고가 발생하였고, 따라서 피고 이영욱은 불법행위자로서, 피고 최수일은 위 유성호의 소유자 겸 피고 이용욱과 소외 김춘수의 사용자로서 각자 이 사건 사고로 인하여 원고들이 입게 된 손해를 배상할 책임이 있다.…」

구 상법에서는 선장은 그 직무집행에 관하여 과실이 없음을 증명하지 아니하면 선박소유자·용선자·수하인 기타 이해관계인에 대하여 손해배상책임을 지고, 해원의 선임·감독에 과실이 없음을 증명하지 아니하면 해원의 직무집행에 관하여 타인에게 가한 손해에 대하여 배상책임을 면하지 못하였으나($\substack{구상법 제770\\조, 제771조}$), 개정상법에서는 이 규정을 삭제하였다. 왜냐하면 선장에게 입증책임을 지우는 것은 증명법상의 일반원칙에 어긋나고, 또한 구 상법의 규정의 유래가 19세기 이전의 고전적 해원고용제도에 근거한 것이고($\substack{현재는 해상기업이 미리\\일반 선원근로계약에 의}$해 고용한 선원을 예비원으로 두고 선$\substack{장의 요구에 따라 승선발명을 내린다}$)($\substack{박용섭,\\196쪽}$), 나아가 단지 선박소유자의 피용자에 불과한 선장에게 과도한 책임을 지우는 것은 부당하기 때문이다.

선장이 선박소유자에 갈음하여 해원의 선임과 사무감독을 하는 때에는 일반원칙에 따라 사용자에 준하는 배상책임을 지게 된다($\substack{민법 제756\\조 제2항}$). 운송계약의 당사자는 특약(히말라야 조항)으로 선장의 책임을 감경할 수 있지만, 이러한 특약이 없는 경우에는 운송계약의 당사자가 아닌 선장이 당연히 운송계약상의 면책약관을 주장하지 못한다. 그러나 선장 등 선박소유자의 피용자가 선

박소유자보다 더 중한 책임을 지는 것은 부당하므로 현행상법은 선장 등 운
송인의 사용인도 원칙적으로 운송인이 주장할 수 있는 항변과 책임제한을 주
장할 수 있도록 하였다($^{제798조의\ 3)}_{제 2 항}$).

Ⅲ. 導 船 士

1. 導船士의 意義

도선사(pilot)란 특정한 항행구역에서 선박에 승선하여 당해 선박을 안전
한 수로로 안내하는 자로서, 일정한 도선구에서 도선업무를 할 수 있는 도선
사면허를 받은 자를 말한다($^{도선법 제}_{2조 참조}$). 즉 도선사는 항해의 안전과 위험방지를
위하여 특정항구에서 선박을 지휘하여 입·출항을 돕는 자이다. 도선사는 선장
이나 항해사로서는 지방수역의 위험지역과 그 지역의 항해법규를 잘 알지 못
하여 안전한 항행을 도모하지 못하기 때문에 이를 보완하기 위해서 승선한다.
도선사는 특정한 도선구에서 선박에 임시로 승선하여 도선업무에 종사하는
자이기 때문에 선박 위에서 계속적으로 노무를 제공하는 선원과는 다르다.

도선사의 고용은 원칙적으로 자유이며, 필요한 경우 선장이 도선사의 도선
을 요청할 수 있다. 도선의 요청을 받은 도선사는 특별한 사유가 없는 한 이에
응하여야 한다($^{동법 제18조 제}_{1 항·제 2 항}$). 이를 임의도선이라고 한다. 임의도선이 행해지는 수
역을 임의도선구라 하는데, 임의도선구란 선장이 선박의 안전을 고려하여 도선
안내를 임의로 결정할 수 있는 수역을 말한다(제주항이 대표적이다). 이에 비해
일정한 도선구에서는 도선사의 업무가 강제되고 있다($^{동법}_{제20조}$). 이를 강제도선이라
한다. 강제도선이 행해지는 강제도선구란 해상교통의 질서와 항로의 안전성을
유지하기 위하여 반드시 도선사의 안내를 받도록 법정한 수역을 말한다. 강제
도선구의 경계는 대통령령으로 정한다($^{현재\ 강제도선구가\ 설치된\ 항으로는\ 동해·포항·울산·}_{부산·마산·삼천포·여수·목포·군산\ 및\ 인천\ 등이\ 있다}$).

2. 導船士의 地位

임의도선이든 강제도선이든 도선사는 선박에 승선하여 도선업무를 담당
함으로써 특정항구에서는 실질상의 선박지휘자라고 할 수 있다. 그러나 도선
사가 선박을 도선하고 있는 경우에도 그 선박의 안전한 운항을 위한 선장의
책임은 면제되지 않으며, 그 권한을 침해받지도 않기 때문에($^{동법 제18}_{조 제 5 항}$) 항해에
관한 최종의 지휘자는 선장이고 도선사는 그 보조자에 지나지 않는다. 선장
은 안전항해의 목적을 달성하기 위하여 도선사에게 선박의 성능을 통지하고
도선사의 업무수행에 협력하여야 하며($^{도선법}_{제20조}$), 도선사는 도선업무를 수행함에

있어서 상당한 주의와 기술로써 선박의 안전운항을 도모할 주의의무가 있다. 선장의 요청에 의한 임의도선사의 과실로 제 3 자에게 손해가 발생한 경우에 그 사용자인 선박소유자가 손해배상책임을 져야 한다. 이 점은 強制導船의 경우에도 마찬가지라고 본다. 그 결과 선박의 충돌이 도선사의 과실로 인하여 발생한 경우에도 선박소유자는 선박충돌로 인한 손해를 배상할 책임이 있다(제880조). 도선사 자신의 불법행위책임은 면제되지 않는다. 그러나 부두와의 접촉사고 등과 같은 충돌 이외의 사고에 대하여는 규정이 없다. 이 경우 민법 제750조의 책임을 도선사가 부담하고 선박소유자는 민법 제756조의 사용자책임을 부담한다. 선박소유자와 도선사의 구상관계는 도선약관에 의하여 규율되고 있다. 도선사의 과실로 선박소유자가 손해를 입은 경우 도선사의 고의 또는 중과실이 아닌 한 선박소유자는 당해 선박 · 선장 · 선원 또는 제 3 자에게 입힌 손해에 대하여는 도선사에게 책임을 묻지 아니하고, 도선사는 당해 도선료 및 도선선료를 선박소유자에게 청구하지 않는 것으로 정하고 있다(도선약관 제16조 제 1 항). 물론 도선사는 자신이 부담하는 배상책임에 대해 선박소유자와 동일하게 책임제한을 주장할 수 있다(제774조 제 1 항 제 3 호 제 참조).

Ⅳ. 曳船業者

1. 曳船契約의 意義와 法的 性質

　예선업은 해상기업활동으로서 해상운송업에 이어 중요한 지위를 차지하고 있다. 동시에 예선업자는 도선사와 같이 선박의 안전한 운항을 보조하는 해상기업의 보조자라고 할 수 있다. 예선계약에 대해서는 상법은 그 의의나 법적 성질에 대해 규정하고 있지 않다. 다만, 예선료채권을 구조료와 마찬가지로 선박우선특권 있는 선박채권으로 정하고 있을 뿐이다(제777조 제 1 항 제 1 호 참조).

　일반적으로 예선계약이란 당사자 일방이 다른 선박을 일정한 지점까지 또는 일정한 기간 예인항해할 것을 약정하고, 상대방이 이에 대해 보수를 지급할 것을 약정하는 계약이라고 할 수 있다. 예선계약은 그 내용에 따라 운송계약 · 도급계약 및 고용계약의 세 가지 유형으로 나눌 수 있다. 피예선의 운항지휘권이 예선에 있는 경우라면 운송계약형, 운항지휘권이 피예선에 있는 경우라면 도급계약형 또는 고용계약형이 된다. 이에 비해 예선이 운항지휘권을 갖는다는 사실만으로 부족하고, 피예선이 예선의 보관 하에 있을 때 운송계약이 있는 것으로 보기도 한다. 원양으로 해상플랜트 등을 끌고 가는 예선

의 경우는 운송계약이 대부분이고, 부두에 접안하는 선박에 사용되는 예선의
경우는 고용계약형(실무에서는 이를 항
만예선이라고 한다)이다. 해상기업의 보조자로서의 예선업자는
도급계약형 혹은 고용계약형의 경우이고, 운송계약형의 경우에서의 예선업자
는 해상기업의 주체로서의 운송인으로 보아야 할 것이다.

2. 曳船契約의 法律關係

(1) 內部關係   예선계약당사자의 내부관계는 예선계약의 내용에 의하
여 결정된다. 만약 예선계약이 운송계약인 경우, 예선업자는 예선의 감항능력
에 관한 주의의무를 부담한다. 예항운송계약에 당연히 상법 운송계약의 내용
이 적용되는 것은 아니다(서울고법 2000.
1. 19, 98나31792). 예선항해에 관한 노무제공의무만을 부
담하는 고용계약이라면, 이 의무는 없다고 본다. 피예선이 운항지휘권을 갖는
경우에도 그 지시가 명백히 부당하거나 항해기술상 받아들일 수 없는 때에는
예선은 이에 따를 의무가 없다.

(2) 外部關係   외부관계에 관해서는 예선 또는 피예선과 다른 선박이
충돌한 경우에 그 책임의 귀속이 주로 문제되고 있다. 이 문제의 해결로서
일정한 목적을 위해서는 예선과 피예선을 법률상 단일선박으로 보는 예선선
박일체의 원칙에 의해 피예선이 모든 책임을 지도록 한 예도 있었으나, 현재
에는 계약유형에 따라 문제를 해결하는 방법을 취하고 있다. 즉 운송계약의
경우에는 운항지휘권을 예선이 가지므로 예선만이 대외적 책임을 지며, 고용
계약의 경우에는 피예선이 운항지휘권을 가지므로 피예선만이 대외적 책임을
진다.

제 3 절   海上企業主體의 責任制限

高光夏, 再運送契約에 있어서의 船舶所有者의 책임, 대한변호사협회지 108(1985. 7)/金
仁顯, 난파물 제거 · 유류오염방제로 인한 구상채권의 책임제한채권 여부, 한국해법학회
지 23. 1(2001. 4)/金東勳, 改正海商法上 船主責任制限權의 喪失事由, 韓國海法學會誌
15. 1(1993. 12)/金永祥, 선박소유자 유한책임제도의 개별화 현상, 전주 우석대논문집(인
문 · 사회) 7(1985. 12)/김용준, 선박소유자 등의 책임제한절차에 관한 법률 제42조 제 3
항 및 제 4 항에 대한 해석 및 적용범위에 대한 고찰, 한국해법학회지 제35권 제 2 호
(2013. 11)/김인현, 1996년 유해독극물협약 및 2010년 의정서에 대한 연구, 경영법률 제

21집 제 1 호(2010. 11)/김인현, 2009년 개정 유류오염손해배상보장법에 대한 연구, 안암법학 제34호(2011. 1)/김인현, 허베이 스피리트호 유류오염사고의 손해배상 및 보상의 쟁점과 개선방향, 경영법률, 제21집 2호(2011. 1)/김인현, 운송물 불법인도로 인한 손해배상채권의 선박소유자책임제한채권 해당 여부, 사법 제29호(2014. 9)/김인현 · 최세련, 캐나다의 유류오염보상기금제도와 그 시사점, 한국해법학회지 제32권 제 2 호(2010. 11)/김창준, 중복적 책임제한절차의 법률관계, 한국해법학회지 제35권 제 1 호(2013. 4)/金炫, 改正商法上 船舶所有者의 責任制限, 인권과 정의 185(1992. 1)/문광명, 유류오염손해배상범위 및 태안사고 특별법에 대한 고찰, 한국해법학회지 제30권 제 2 호(2008. 11)/목진용, 선박연료유 오염손해배상협약에 관한 입법론적 고찰, 한국해법학회지 제30권 제 2호(2008. 11)/朴成日, 船主責任制限의 主體에 대하여, 木浦 海洋大論文集 1(1993. 12)/박세민, 유류오염손해배상에서 국제기금(IOPC 펀드)의 보상절차와 보상지연에 대한 문제점에 대한 분석, 한국해법학회지 제32권 제 1 호(2010. 4)/박세민, 현행 IOPC 국제기금협약 체계하에서 유류오염손해배상에 관한 우리나라 내부의 문제점에 대한 분석, 한국해법학회지 제33권 제 2 호(2011. 11)/서동희, 유류오염 손해배상보장제도와 그 최근 동향, 한국해법학회지 제30권 제 2 호(2008. 11)/孫珠瓚, 난파물 제거에 관한 선박소유자의 책임, 한국해법학회지 24. 1(2002. 4)/孫珠瓚, 船舶所有者責任制限制度의 개정에서 검토할 사항, 한국해법학회지 7. 1(1985. 12)/孫珠瓚, 船舶所有者責任制限節次에 관한 立法上의 問題點, 商事法論集(徐燉珏教授停年紀念論文集), 1986/孫珠瓚, 改正海商法上의 船舶所有者 등의 責任制限 : 비책임제한보상을 중심으로, 司法行政 376(1992. 4)/尹培境, 상법 제726조 본문 단서상의 선박소유자 등의 주관적 책임제한조각사유의 해석에 관한 소고, 한국해법학회지 18. 2(1996. 10)/윤효영, 선주책임제한제도의 비판적 고찰, 한국해법학회지 제35권 제 2 호(2013. 11)/李均成, 선주책임제한제도의 개선방향, 商事法의 現代的 問題(孫珠瓚博士華甲紀念論文集), 1984/李均成, 개정해상법과 해상기업관계자의 총체적 책임제한, 現代商法의 課題와 展望(梁承圭教授華甲紀念論文集), 1994/이정원, 민사적 시각에서 바라 본 유류오염 손해배상청구, 한국해법학회지 제32권 제 2 호(2010. 11)/李宙興, 선박소유자의 유한책임 규정과 불법행위책임, 司法行政 356(1990. 8)/林東喆, 船主責任制限制度의 발전과 1976년 海事債權責任制限條約, 한국해운학회지 10 (1990. 5)/林東喆, 再運送契約과 船舶所有者의 責任 : 운송책임의 주체와 관련하여, 韓國海法學會誌 15. 1(1993. 12)/임석민, 改正海商法下에서의 海上運送人의 責任制限에 관한 考察, 한신대 경영연구 1(1994. 2)/鄭暎錫, 船舶所有者의 責任制限에 있어서 準據法의 決定, 韓國海法學會誌 15. 1(1993. 12)/정영석, 선하증권과 상환하지 아니한 운송물 인도와 선박소유자의 책임제한, 한국해법학회지 제36권 제 2 호(2014. 11)/정완용, 국제해사조약의 국내법상 수용방안에 관한 고찰, 한국해법학회지 제33권 제 2 호(2011. 11)/蔡利植, 有害 · 危險物質(H.N.S.) 海上運送責任協約에 관한 研究, 한국해법학회지 20. 1(1998. 3)/崔基元, 改正商法上의 船舶所有者의 責任制限, 서울대 법학 89(1992. 3)/최진이·조경우, HNS화물의 해상운송에 관한 책임협약의 주요내용 및 가입필요성에 관한 연구, 한국해법학회지 제32권 제 2 호(2010. 11)/한낙현·남택삼, 연료유협약상 일반선박의 유류오염손해보상제도에 관한 고찰, 한국해법학회지 제31권 제 2 호(2009. 11)/洪承仁, 선주책임제한제도의 주체성에 관하여, 한국해법학회지 11. 1(1990. 3)/洪承仁, 해상기업주체의 책임제한에 관한 연구; 입법론을 중심으로, 한국외국어대 박사학위논문, 1991/洪承仁, 선박소유자 등의 책임제한절차법률안에 대한 해석문제, 現代法學의 諸問題(朴元錫博士華甲紀念論文集), 1992.

제 1 관 總   說

Ⅰ. 意   義

해상기업의 주체 또는 그 보조자는 기업활동과 관련하여 다양한 원인으로 제 3 자에게 손해를 가하게 되는데, 이 경우 해상기업의 주체가 그 손해를 배상할 책임이 있다. 상법은 일정한 손해에 관한 채권에 대해서는 해상기업의 주체와 그 보조자 등의 책임을 일정한 한도로 제한하고 있다($\frac{제769}{조}$). 이를 선박소유자 등의 책임제한 또는 유한책임이라고 한다.

선박소유자 등의 책임제한제도는 배상책임액을 포괄적으로 일정한 범위로 제한한다는 점에서 개별적인 운송계약에서 운송물의 단위 또는 포장을 기준으로 운송인의 책임을 일정액으로 제한하는 단위·포장당 책임제한(개별적 책임제한) 제도와는 다르다. 선박소유자 등의 책임제한제도는 세계 각국이 오래 전부터 이를 인정하고 있다. 다만, 그 제한방법과 범위에는 다소의 차이가 있었으나 오늘날에는 거의 통일되어 가고 있다.

Ⅱ. 立法理由

해상기업의 주체도 원칙적으로는 기업활동과정에서 생긴 채무에 대하여 그 전재산으로 인적 무한책임을 져야 한다. 이러한 근대적 법이념에서 벗어나 선박소유자 등의 책임을 일정한도로 제한하는 제도는 거의 모든 나라가 이를 받아들이고 있으나, 그 입법이유 내지 근거에 관해서는 학설이 일치되어 있지 못하다.

이에 관해서는 중세에는 코멘다(commenda), 선박공유의 유한책임 또는 게르만법의 가해물책임부담의 사상에 기한 것으로 이해하였다. 그러나 현대의 학설은 ① 선박은 독립된 유기체이기 때문에 선박의 운항과 관련하여 발생하는 채권에 대하여는 선박이 책임을 져야 하고, 그 결과 법적 책임주체인 선박소유자도 선박을 한도로 책임을 져야 한다고 주장한다(유기체설). 이 외에도 ② 오랜 沿革과 정책적인 배려에 기인하는 것이라는 견해, ③ 선박을 이용하는 해상기업은 사고의 위험성이 크고 그 손해가 대규모로 발생하기 때문에 무한책임을 지게 한다면 기업의 기초가 위태롭게 된다는 견해, ④ 치열한 국제경쟁에서 자국의 해상기업을 보호하기 위한 국민경제상의 요청이라는 견해, ⑤ 선장의 대리권이 광범위하여 선박소유자 등이 선원을 지휘·감독하는 것이 실제상 어렵기 때문에 선박소유자 등에게 무한책임을 지우는 것은 가혹하며 부당하다는 견해, ⑥ 책임제한제도를 폐지하더라도 각 선박으로 주식회사 또는 유한회사를 설립함으로써 책임제한의 효과를 거둘 수 있다는 견해 및 ⑦ 해상기업이 부담하는 손해액은 확정되지 않은 대규모의 것으로서 보험에 가입하기 위하여는 책임제한제도가 필요하다는 견해 등이 있다.

　　대부분의 학설은 대체로 해상기업의 유지·보호를 책임제한제도의 근거로 들고 있음을 알 수 있다. 이를 총괄하여 본다면 국가안보 및 산업정책상 일정한 선박을 보유하는 것이 절대적으로 필요함에도 불구하고 해상기업은 고도의 위험을 수반하는 사업이므로 국가가 이를 정책적으로 특별히 보호하여야 하고, 따라서 선박소유자 등의 책임을 일정한 범위로 제한하고 있다고 할 것이다(정책설). 이에 대하여 수많은 거래상대방의 정당한 권리를 희생시키면서까지 유독 선박소유자 등의 책임을 일정금액으로 제한하여야 할 국가안보상 또는 산업정책상의 필요가 있는지에 대해서 의문을 제기하고, 이 점에서 선박소유자 등의 책임제한제도를 폐지하여야 한다는 주장도 있다. 그러나 선박소유자 등의 책임제한제도는 해상법에서 그 연혁적 뿌리가 깊은 제도이고, 선박의 대형화·자동화·고속화에도 불구하고 복잡한 해상교통에서 생기는 인위적인 위험은 계속 증가하고 있고, 사고가 발생할 경우 손해가 거대할 뿐만 아니라 선박의 고립성에 기인한 사고도 많아 여전히 선박소유자 등의 책임을 제한할 필요성은 존재한다. 이러한 사정에 비추어 해상기업에 수반되는 위험성과 대자본성, 그리고 지금도 여전히 큰 의미를 가지는 해운업의 국가정책적 보호를 도모하기 위해서는 유수한 세계적 해운국이 이 제도를 철폐하지 않는 한 우리 나라만이 이 제도를 폐지하는 것은 기대하기 어렵다.

Ⅲ. 責任制限의 方法

1. 制度의 沿革的 考察

선박소유자의 책임제한제도는 대체로 중세의 코멘다계약을 그 기원으로 보고 있다. 당시의 조합적 기업형태 하에서 선박소유자는 조합재산인 海産의 범위 내에서 책임을 부담하였다. 이 형태는 근세 라틴계해법에까지 이어졌다. 18세기에 들어와 라틴계해법은 1681년 해사조례의 영향을 받아 선박소유자의 책임에 관하여 무한책임과 더불어 위부주의(abandon system)를 인정하였고, 게르만계해법에서는 가해물책임사상의 영향을 받아 물적 유한책임으로서 집행주의가 채택되었다. 반면에 영국에서는 일찍이 보통법상의 무한책임의 원칙이 확립되어 있었으나, 자국의 해운업을 발전시키기 위하여 1734년에 보통법상의 무한책임의 원칙을 변경하여 선박소유자의 책임을 선박의 가액과 운임으로 한정하였다. 그 후 1858년 상선법에서 영국에 특유한 금액주의를 확립하였다. 미국은 1851년에 선가책임주의와 위부주의를 병용하는 책임제한법을 제정하였다.

그러나 20세기에 들어오면서 선박소유자의 책임제한제도에 관한 법제도를 국제적으로 통일시키려는 노력이 본격화되어 1924년에 선박소유자의 책임제한에 관한 조약의 성립을 보았다. 그러나 이 조약은 선가책임주의와 금액책임주의를 병용한 것으로 그 복잡성 때문에 다수의 국가가 이를 채용하지 않게 되어 조약으로서는 성공하지 못하였다. 그 후 1957년에 새롭게 금액책임주의에 입각한 책임제한조약이 성립되었다. 세계 각국은 양 조약을 수용하거나 부분적으로 채택하여 책임제한제도에 관한 국내법을 마련하였다. 1976년 해사채권 책임제한조약의 성립으로 세계 주요 해운국이 이 조약을 국내법으로 받아들이고 있다. 우리 나라도 1991년 개정시에 1976년 조약을 대폭 수용하였다. 1976년 조약의 1996년 의정서가 발효되었다.

2. 責任限度額에 관한 立法主義

선박소유자의 책임제한제도는 각국이 인정하고 있으나, 그 형태와 내용은 각국의 연혁과 특수한 사정에 따라 다르다. 선박소유자의 책임을 일정한 범위로 제한하기 위해서는 책임재산 또는 책임한도액을 정할 필요가 있다. 이에 관한 입법주의로서는 위부주의 · 집행주의 · 선가책임주의 · 금액책임주의가 있고, 경우에 따라 이를 병용하기도 한다.

(1) 委付主義　　　위부주의란 선박소유자의 책임은 원칙적으로 인적 무한책임이지만, 항해의 종료 후 선박·운임 기타 부수채권 등 海産을 채권자에게 위부함으로써 선박의 항해와 관련한 책임을 면할 수 있도록 한 입법주의이다. 여기서 위부라 함은 선박소유자의 일방적 의사표시에 의해 선박에 관한 모든 권리를 채권자에게 이전하는 것을 의미한다. 그러나 위부재산의 가액이 채권액을 초과하더라도 그 초과액이 인정되지 않으므로 채권총액과 책임한도액을 별도로 조사하여야 하는 불편이 있으며, 채권자의 동의를 얻지 못하면 그 선박은 다음의 항해를 하지 못한다. 반면 선박소유자가 위부권을 신중하게 행사함으로써 채권자의 구제가 지연될 수 있고, 해산이 멸실되거나 가액이 현저하게 감소한 때에는 채권자의 보호에 문제가 있다.

　　프랑스 구 상법 제216조에서 위부주의를 채용하였기 때문에 프랑스법주의라고도 한다. 그러나 프랑스는 1967년의 선박및해상건조물의지위에관한법률에서 위부주의를 버리고 1957년 조약에 따라 금액책임주의를 채택하였다.

(2) 執行主義　　　집행주의란 선박소유자의 책임은 원칙적으로 무한책임이지만, 그 책임은 특별한 의사표시를 필요로 하지 않고 당연히 항해종료시의 海産에 제한되어 채권자는 오로지 해산에 대해서만 강제집행을 할 수 있는 입법주의이다. 집행주의는 위부주의와 마찬가지로 물적 유한책임제도이기는 하지만, 선박을 채권자에게 위부할 필요가 없어 선박소유자의 책임이 당연히 해산에 제한된다는 점에서 위부주의와 다르다. 책임이 해산에 제한되기는 하지만, 선박소유자가 여전히 선박을 사용할 수 있다는 점에서 위부주의보다 편리하다. 그러나 선박소유자가 집행의 대상인 선박의 관리를 소홀히 하거나 방치함으로써 선박의 가액이 감소할 가능성이 크고, 해산이 멸실되거나 가액이 감소하는 경우에는 채권자는 채권을 확보할 수 없게 되어 채권발생 후의 해산의 위험을 채권자가 부담하여야 하는 점에서 가혹하다고 할 것이다.

　　독일과 스칸디나비아국가들이 전통적으로 집행주의를 채택하였다. 그런데 독일은 1972년에 1957년 조약에 따라 집행주의에서 금액책임주의로 변경하였고, 1986년에는 다시 1976년 조약에 따른 개정을 하였다.

(3) 船價責任主義　　　선가책임주의란 선박소유자는 항해가 종료한 때의 해산의 가액을 한도로 인적 유한책임을 부담하는 입법주의이다. 이 입법주의 하에서 해산은 책임한도액을 정하는 기준이 될 뿐 앞의 두 입법주의처럼 선박 등의 해산이 책임제한과 직접적인 관련이 있는 것은 아니다. 선가책임주의

에서는 해산의 평가에 관해 다툼이 발생할 수 있고, 선가의 급격한 하락으로
채권자의 이익이 침해될 소지가 크다.

미국법은 선박소유자의 책임을 해산에 제한하면서도 예외적으로 선가에
의한 책임을 면하고자 하는 때에는 해산을 위부할 수 있도록 하였다. 이것은
1935년 이전의 미국법의 입장이며, 일종의 선가책임주의와 위부주의의 병용
주의라고 할 것이다. 그런데 1935년에 인명사상의 경우에는 위임주의의 선택
권을 폐지하고 금액책임주의에 따르도록 함으로써 1924년 조약에 접근하는
결과가 되었다고 할 수 있으나, 미국법은 여전히 위부주의와 선가책임주의
및 금액책임주의가 혼용된 입법이라고 할 수 있다. 현재 미국은 1924년 조약,
1957년 조약, 1976년 조약의 어느 것에도 가입하지 않고 있다고 한다($\frac{손주찬}{713쪽}$).

(4) 金額責任主義   금액책임주의란 선박소유자의 책임을 손해가 발생한
때마다 선박의 적량톤수를 기준으로 물적 손해 및 인적 손해에 대해 일정한
방식에 따라 산정한 금액으로 제한하는 입법주의이다. 금액책임주의 하에서는
책임한도가 해산에서 완전히 분리되어 해산의 멸실 등이 책임액에 영향을 미
치지 않을 뿐 아니라, 책임액이 사고시마다 결정되므로 채권자에게 유리하다.
또한 선박의 톤수만 알면 책임한도액을 산정하기가 쉬운 장점이 있다. 나아가
이른바 사고주의를 취하므로 선박소유자는 사고를 적극적으로 예방하기 위하
여 선원의 선임·감독에 상당한 주의를 기울이게 됨으로써 선박운항의 안정
성을 높일 수 있는 장점도 있다. 현재 국제조약의 입장이며 많은 국가가 취
하고 있다.

1858년 영국 상선법이 금액책임주의를 채택하였으며, 네덜란드도 이에
따르고 있다. 그리고 1957년 책임제한조약이 금액책임주의를 채택하였다.
1976년 책임제한조약은 국제통화기금(IMF)의 특별인출권(SDR) 의정서에 따라
책임금액의 산정방법을 정하고, 1957년 조약의 미비점을 개선·보강하였다.
금액책임주의는 선박 자체와는 무관하게 선박소유자의 인적 책임을 일정한도
로 제한하고 있다는 점에서 선가책임주의와 마찬가지로 인적 유한책임제도라
고 할 수 있다.

(5) 選擇主義   선택주의란 선박소유자의 무한책임을 원칙으로 하지만,
위부주의·선가책임주의·금액책임주의 등을 병용하여 선박소유자가 이 중에
서 하나를 선택할 수 있게 한 입법주의이다. 선택주의 하에서 선박소유자의
책임은 항해를 기준으로 결정된다. 1928년 그리스법이 이를 채택하였다.

3. 船舶所有者의 責任制限에 관한 國際條約

(1) 1924년 "船舶所有者의 責任制限에 관한 統一條約"　　　이 조약에서는 선가책임주의를 원칙으로 하고, 금액책임주의를 병용하고 있다. 즉 물적 손해에 대한 선박소유자의 책임은 선가책임을 원칙으로 하면서, 구조료·공동해손 등을 제외한 다른 채무에 관해서는 선박 매 톤당 8 파운드의 한도 내에서 책임을 부담한다. 또 인적 손해에 관해서는 금액책임주의를 채택하여 매 톤당 8 파운드의 한도 내에서 책임을 지며, 이 금액으로 배상을 다하지 못하는 경우에는 그 잔액에 대하여는 물적 손해를 위한 금액에서 다른 채권자와 경합하여 배상을 받는다.

　　1928년의 벨기에 개정해상법, 1935년의 미국개정법, 1939년의 이탈리아 선주유한책임법에서 이 입법주의를 취하고 있다. 우리 상법도 1991년의 개정 전에는 이에 따르고 있었다(^{구상법 제746}_{조, 제750조}).

　　1924년 조약은 그 청산방법이 아주 어려우며, 제 2 차 대전 후 영국이 금본위제를 폐지함으로써 매 톤당 8 파운드로 정한 책임한도가 국제적 통일을 위한 수단으로서는 부적합하였다. 이에 따라 1957년 새로운 조약이 성립되었다.

(2) 1957년 "航海船舶所有者의 責任制限에 관한 條約"　　　1894년 영국 상선법의 금액책임주의를 바탕으로 하고 있으며, 여기에서는 책임제한의 방법을 금액책임주의로 일원화시키고, 채권의 범위에 관하여는 사고주의를 채용하였다. 그리하여 선박소유자의 책임을 사고마다 정하고, 그 책임액은 당해 선박의 적량톤수에 따라서 산출한 일정한 금액(책임최고한도액)으로 제한하였다. 책임액의 기초단위인 금액을 고정적인 가치를 가진 금프랑(^{poincare franc; 純粉 1,000분}_{의 900인 純金 65.5 mg을} _{1 프랑으로 정}_{한 국제단위})으로 바꾸었다. 또한 이 조약에서는 손해를 인적 손해와 물적 손해로 나누어 물적 손해만에 대해서는 매 톤당 1,000 금프랑의 비율로 산출한 금액으로, 인적 손해에 관하여는 매 톤당 3,100 금프랑의 비율로 산출한 금액으로 책임을 제한하고 있다. 그러나 동일사고에 의하여 인적 손해와 물적 손해가 동시에 발생한 때에는 선박적량톤수에 3,100 프랑을 곱한 총액으로 책임을 제한하되, 인적 손해에 대하여는 매 톤당 2,100 프랑의 비율로 산출한 금액을 우선 배당하고, 물적 손해에 대해서는 매 톤당 1,000 금프랑으로 변제를 위한 배당을 한다. 이렇게 해서도 인적 손해에 따른 채권이 완전히 변제될 수 없는 때에는 그 부족액에 관하여는 물적 손해에 관한 채권과 경합하여 변제를 받을 수 있다(^{同條約 제3조}_{제1항 a·b·c}).

현재 극히 몇 개국을 제외하고는 대부분의 국가가 1976년 책임제한조약으로 옮아갔다.

(3) 1976년 海事債權責任制限條約　　정부간 해사기구(International Maritime Organization : IMO)의 주관 아래 1976년 London에서 개최된 전권외교회의에서 성립된 조약으로서 1957년 조약을 개정한 것이다. 1957년 조약에서 채택된 금액책임주의와 사고주의를 기본으로 하고 있으며, 그 주요내용으로서는 ① 책임한도액을 각국의 물가상승에 맞추어 인상하고(제6조, 제7조), ② 책임한도액의 기준단위로 금프랑(poincare franc) 대신에 국제통화기금(IMF)의 특별인출권(SDR)을 채택하고(제8조), ③ 구조선을 떠나서 구조작업에 종사하는 구조자에게도 책임제한을 인정하는 것 등이 있다.

이 조약은 1986년 12월 1일에 발효되었으며, 1979년에 영국이 이를 수용하고, 1982년에는 일본도 선주책임제한법을 개정하여 이 조약을 받아들였으며, 우리 나라의 경우 이 조약에 가입은 하지 않았으나 1991년 상법개정시에 이 조약의 주요내용을 수용하였다. 이 조약은 다시 책임제한액을 상향조정하면서 1996년에 개정되어 2004년 5월 13일 발효되었다. 일본은 1996년 의정서를 도입하였다.

4. 債權의 範圍에 관한 立法主義

선박소유자가 책임을 제한할 수 있는 채권의 범위에 관해서는 항해주의와 사고(원인)주의가 대립하고 있다. 채권의 시간적 범위는 주로 인적 유한책임제도에서 문제되고 있다.

(1) 航海主義　　항해주의란 선박소유자의 책임을 항해종료시의 해산 또는 그 가액으로 제한함으로써 책임제한절차가 하나의 항해를 기준으로 하여 이루어지는 입법주의를 말한다. 위부주의·집행주의 및 선가책임주의가 이에 해당한다. 이 방식은 항해의 시작과 끝을 결정하기가 어렵고, 또 선적항이나 양륙항이 다른 여러 화물이 혼적되어 있는 경우에는 그 책임한도액을 산정하기가 곤란하다는 비판이 있다.

(2) 事故主義　　사고주의란 사고시마다 책임한도액을 정하여 동일한 사고 또는 원인으로 인하여 발생하는 모든 채권에 대하여 그 책임한도액으로 선박소유자의 책임을 제한하는 입법주의이다. 금액책임주의가 이에 해당한다. 이 방식은 사고 또는 원인의 개념을 확정하기가 어렵고, 사고가 누적될수록 책임한도액도 커져 책임제한을 인정한 취지를 살리지 못한다는 비판이 있다.

5. 商法의 입장

(1) 立法過程   제정시의 상법은 1924년 채택된 선박소유자의 책임제한에 관한 통일조약을 기초로 선가책임주의를 원칙으로 하고 금액책임주의를 병용하였다. 즉 물적 손해에 대해서는 해산의 가액을 한도로 책임을 지고 (구상법 제746조), 이 중에서도 일정한 물적 손해에 대해서는 일정금액 이상의 책임을 지지 않도록 하였다(구상법 제747조).

〈대구고판 1980. 11. 27, 80 나 887〉

「선박소유자는 선장 등 선박사용인의 고의 또는 과실로 인하여 제 3 자에게 가한 손해액 중 원칙으로 가해선박의 선가, 즉 해산의 가액을 한도로 그 배상책임을 부담하지만 그 선박의 적량 매 톤당 15,000원으로 계산한 금액이 선가책임의 한도보다 낮은 경우에는 그 금액책임의 한도 안에서만 배상책임을 진다.」

그리고 인적 손해에 대해서는 이와 별도로 금액책임주의를 적용하고, 이 책임금액으로 배상을 받지 못한 때에는 그 잔액에 관하여는 일정한 물적 손해를 위한 책임금액에 대하여 다른 채권자와 경합하게 하였다(구상법 제750조 제 2 항). 구상법은 해산의 가액의 평가가 어렵고, 책임한도액이 비현실적으로 낮으며, 그 내용마저 불분명하다는 비판을 받았다.

그 후 1957년에 책임한도액과 채권의 범위를 금액책임주의와 사고주의로 일원화하고, 책임한도액의 단위를 금프랑으로 하며, 책임제한의 주체도 피용자·용선자 및 운항자 등으로 확대한 책임제한조약이 성립하였으나 상법은 이를 받아들이지 아니하였다. 그 후 이 조약의 골격을 유지하면서 책임한도액의 단위를 특별인출권으로 변경하고, 그 동안의 물가를 고려하여 책임한도액을 높이고, 인적 손해와 물적 손해로 나누던 종래의 책임제한방법에 추가하여 새로이 여객손해에 대한 책임한도액을 정한 1976년 책임제한조약을 1991년 개정상법은 많은 논란 끝에 약간의 수정을 하여 새롭게 입법하였다.

(2) 1991년 改正의 주요 내용   ① 책임제한에 있어서 금액책임주의와 사고주의를 취하고 있으며, ② 책임제한권자의 범위가 선박사용인 기타에 이르기까지 넓어졌고(1991년 상법 제750조 제 1 항), ③ 해난구조자 및 그 사용인도 책임제한권을 가지며(1991년 상법 제752의 2조), ④ 제한채권의 종류가 개정 전에 비하여 축소되었으며(1991년 상법 제746조), ⑤ 책임한도액의 표시단위는 국제통화기금의 특별인출권(SDR)으로 하고 있으며(1991년 상법 제747조 제 5 항), ⑥ 책임한도액에 있어서는 피해의 종류별로 제한채권

을 (i) 여객의 사상으로 인한 손해, (ii) 여객 이외의 사람의 사상으로 인한 손해, (iii) 물적 손해로 나누어 정하고 있으며, ⑦ 책임제한권자가 2인 이상 인 경우에는 이들이 부담하는 책임한도액은 제747조 제1항에서 정하는 각 호의 한도액을 초과하지 않도록 하였고(총액제한)($\frac{1991년\ 상법}{제750조\ 제2항}$), ⑧ 책임제한절차 에 관하여는 특별법(선박소유자등의책임제한절차에관한법률)에 따르도록 하였다 ($\frac{1991년\ 상법}{제752조\ 제2항}$).

(3) 2007년 改正의 주요 내용   1976년 조약의 입장을 취한 1991년 개 정상법의 태도를 그대로 유지하면서, 다만 여객의 사망 또는 상해로 인한 손 해는 1996년 의정서 제4조의 예에 따라 여객 정원 1인당 17만 5천 SDR(약 2억원)로 증액하였다($\frac{제770조\ 제1}{항\ 제1호}$).

제 2 관 責任制限의 主體

Ⅰ. 序　言

　　구 상법은 1924년 책임제한조약의 선박소유자중심주의에 입각하여 책임 제한의 주체로서 선박소유자($\frac{선박공유}{자\ 포함}$)와 이에 준하는 선박임차인만을 인정하고 있었다.

〈대판 1975. 3. 31, 74 다 84〉
「단지 선박을 소유하는 데 그치고 그 소유선박을 임대 등 사유에 의하여 항해로 사용하지 아니하는 자는 그 임대차등기의 유무에 불구하고 선박사용인이 제3자 에게 가한 손해를 배상할 책임을 지지 아니하며, 선박임차인이 상행위 기타 영리 를 목적으로 그 선박을 사용한 때에는 그가 제3자에 대한 상해보상의 책임을 진 다.」($\frac{동지 : 서울고판\ 1974.}{4.\ 19,\ 73\ 나\ 1709}$)

　　그러나 학설은 선박의 임대인이나 사용대주, 선박의 소유와 관계 없이 직접 해상기업을 경영하는 이용선주로서 정기용선자에게도 책임제한의 주체 성을 인정하고 있었다.

〈대판 1972. 6. 13, 70 다 213〉
「이용선주의 책임도 선박소유자의 책임한도를 규정한 상법 제747조($\frac{개정상법}{제770조}$)의 적 용을 받는다.」

〈대판 1990. 11. 27, 89 다카 21149〉

「해상운송업자가 선박의 일시적인 부족을 보충하기 위하여 선장 및 선원과 함께 선박을 정기용선한 경우, 그는 비록 위 선박에 대한 점유권을 취득하고 있지 아니하나 선장 및 선원들에 대한 지휘명령권과 변경요구권을 가지고, 그 선박대리점이 선장을 대리하여 선하증권을 발행하는 등 해상기업으로서 자신의 이름으로 위 선박을 영리활동에 이용하는 점에 비추어 해상기업주체인 상법상의 선박임차인과 유사하다 할 것이므로, 선장이 그 법정권한 내에서 제3자와의 사이에 한 법률행위와 선장 및 그 밖의 선원들이 그 직무를 행함에 있어 제3자에게 가한 손해와 같은 대외적 책임관계에 관하여는 상법 제766조($\frac{개정상법}{제850조}$)를 유추적용하여 선박소유자와 동일한 권리의무가 있다고 보는 것이 타당하다.」($\frac{동지의 ~판례평석 : 손태우, ~정기용선자}{의 ~제3자에 ~대한 ~책임, ~상사판례연구}$ 제4편, 1991, 226~269쪽)

〈대결 1995. 3. 24, 94 마 2431〉

「상법 제746조($\frac{개정상법}{제770조}$) 단서의 규정에 의하여 책임제한이 배제되기 위하여는 책임제한의 주체가 선박소유자인 경우에는 선박소유자 본인의, 상법 제750조($\frac{개정상법}{제774조}$) 제1항 제1호 소정의 용선자 등인 경우에는 그 용선자 등 본인의, 같은 조항 제3호 소정의 피용자인 경우에는 피용자 본인의 각 고의 또는 손해발생의 염려가 있음을 인식하면서 무모하게 한 작위 또는 부작위가 있어야 하는 것이며, 위 피용자에게 위와 같은 고의 또는 무모한 행위가 있었다고 하더라도 선박소유자 본인에게 그와 같은 고의 또는 무모한 행위가 없는 이상 선박소유자는 상법 제746조 본문에 의하여 책임을 제한할 수 있다.」

1991년 개정상법은 이러한 사정을 감안하여 1976년 조약에 따라 책임제한의 주체를 확장하였다. 그 입법취지는 책임제한제도가 선박소유를 전제하는 것이 아니고 해상사업에 선박을 이용하는 해상기업의 특수성에 그 바탕을 두고 있기 때문에 해상기업 그 자체에 중점을 두어 선박의 운항과 관련하여 책임을 지는 자는 모두 책임제한을 주장할 수 있어야 한다는 데 있다. 그리하여 선박소유자($\frac{선박공유}{자 포함}$)뿐 아니라 선박임차인·선박관리인 및 용선자와 같은 선박이용자·이용관계인 및 기타의 자 등 모든 이해관계인이 책임제한을 주장할 수 있게 되었다.

Ⅱ. 責任制限主體

1. 船舶所有者

선박소유자란 자기소유의 선박을 이용하여 해상기업활동을 하고 있는 자, 즉 자선의장자를 말한다. 선박공유자는 당연히 선박소유자에 포함시킬 수 있다. 선박건조자 또는 선박매도인은 여기서의 선박소유자에 해당하지 않지만, 영리를 목적으로 선박을 임대하는 선박소유자는 책임제한을 주장할 수 있는 선박소유자이다. 국·공유선 이외의 비영리항해선의 소유자도 책임제한을 주장할 수 있다(선박법 제29조).

2. 船舶利用者

선박을 소유하지 않으면서 타인의 선박을 이용하여 해상기업을 운영하는 자, 즉 他船艤裝者도 책임제한을 주장할 수 있다. 선박임차인이 상행위 기타 영리를 목적으로 선박을 항해에 사용하는 경우에는 그 이용에 관한 사항에는 제 3 자에 대하여 선박소유자와 동일한 권리의무가 있으므로(제850조 제1항) 선박임차인은 당연히 선박소유자와 동일한 책임제한을 주장할 수 있다. 구 상법 하에서는 정기용선자에 한하여 선박임차인과 동일하게 책임제한을 주장할 수 있는 것으로 보았다. 그런데 1991년 개정상법은 용선자·선박관리인 및 선박운항자도 선박소유자의 경우와 동일하게 책임을 제한할 수 있게 하였다(제774조 제1항 제1호). 여기에서는 선박관리인은 선박공유에서의 선박관리인뿐만 아니라 선박의 관리를 전문으로 맡는 전문선박관리회사도 포함한다. 용선자인 한 정기용선자뿐 아니라 기간용선·항해용선·전부용선 및 일부용선의 용선자를 모두 포함한다. 선박을 소유하지 않으면서 사실상 이를 해상기업에 이용하는 자이면 책임이 제한될 수 있다고 할 것이므로, 재운송인의 책임도 제한될 수 있다고 본다.

3. 船舶利用關係人

선박소유자 또는 선박이용자가 합명회사나 합자회사인 경우에 그 무한책임사원은 선박소유자의 경우와 동일하게 책임이 제한될 수 있다(제774조 제1항 제2호). 회사의 재산으로 제 3 자의 채무를 전부 변제할 수 없는 때에는 무한책임사원이 직접 무한연대책임을 져야 하기 때문에 무한책임사원이라도 책임이 제한되도록 한 것이다.

그리고 자기의 행위로 인하여 선박소유자 또는 선박이용자에 대하여 책임제한의 대상인 채권이 성립하게 한 선장·해원·도선사 기타 선박소유자 또는 선박이용자의 사용인 또는 대리인도 동일하게 책임이 제한될 수 있다 (제774조 제1항 제3호). 여기서 대리인이란 실제의 운송인을 비롯하여 선박소유자 또는 선박이용자의 모든 履行補助者를 포함한다. 선박소유자 또는 선박이용자의 사용인 또는 대리인은 그 이행보조자이지만, 운송계약의 당사자가 아니라는 점에서 구 상법에서는 책임제한을 주장할 수 없는 것으로 보았다. 그런데 이들이 책임을 제한할 수 없게 된다면, 사회적·윤리적 측면에서 그 손해를 보상해 주어야 할 지위에 있는 선박소유자가 결과적으로 책임제한의 이익을 누릴 수 없게 된다는 비판이 있었다. 개정상법은 이를 수용하여 그 사용인 또는 대리인의 책임도 제한될 수 있게 하였다.

4. 救助者·保險者 기타의 者

선박을 이용하여 구조활동에 종사하는 구조자는 선박소유자 또는 선박이용자의 지위에서 책임이 제한된다고 본다. 구조활동을 장려하는 측면에서도 구조자의 책임은 제한되어야 하기 때문이다. 1991년 개정상법은 선박의 이용 여부를 불문하고 해난구조자의 책임도 제한되도록 하는 특별규정을 두고 있다(제775조의2). 선주책임상호보험조합(P&I Club) 등 책임보험의 보험자도 책임이 제한될 수 있다. 왜냐하면 피해자인 제3자가 운송인의 보험자에 대하여 직접 손해보상을 청구하는 경우, 책임보험자는 피보험자가 가지는 항변으로 제3자에게 대항할 수 있으므로(상법 제724조 제2항) 그 청구에 대해 당연히 책임제한을 주장할 수 있기 때문이다(대판 2009. 11. 26, 2009다58470). 선박을 소유하거나 이용하지 않는 운송인 또는 運送周旋人과 같이 독립된 상인으로서 운송을 보조하는 자는 선박소유자 또는 선박이용자가 아니므로 당연히 책임이 제한되지 않는다.

〈대판 2009. 11. 26, 선고 2009 다 58470 판결〉

「구 상법 제750조 제1항에 선박소유자의 경우와 동일하게 책임을 제한할 수 있는 자로서 선박소유자의 책임보험자가 규정되어 있지는 않으나, 동법 제724조 제2항에서 "제3자는 피보험자가 책임을 질 사고로 입은 손해에 대하여 보험금액의 한도 내에서 보험자에게 직접 보상을 청구할 수 있다. 그러나 보험자는 피보험자가 그 사고에 대하여 가지는 항변으로서 제3자에게 대항할 수 있다"고 규정하고 있을 뿐 아니라, 책임보험자는 피보험자의 책임범위 내에서만 책임을 부담하는 것이 보험법의 일반원리에도 충실하고, (중략) 책임보험자도 피보험자인 선박소유자 등의 책임제한의 항변을 원용하여 책임제한을 주장할 수 있다고 할 것이다.」

제3관   責任制限債權과 責任制限의 排除

I. 序　言

　　책임제한주체의 책임이 제한될 수 있는 채권은 법정되어 있다. 개정상법
은 책임제한이 가능한 채권의 시간적 범위에 관해서는 사고주의를 채택하여
매 사고마다 책임제한이 가능하도록 하고 있다. 그러나 피해자를 보호하기 위
하여 제한채권의 종류는 대폭 제한하고, 책임제한배제채권은 그 종류를 확대
하여 제한채권의 범위를 축소하고 있다. 그러면서도 책임제한의 배제사유인
주관적 요건을 엄격히 하여 해상기업의 주체를 보호하고 있다.

　　책임을 제한할 수 있는 채권에 해당하는 한 청구원인의 여하에 불구하고
선박소유자 등의 책임은 제한될 수 있다($\frac{제769}{조}$). 즉 책임의 발생원인이 계약
또는 불법행위 기타 법률의 규정인가를 묻지 아니한다. 구 상법에는 이와 같
은 규정이 없었으므로 불법행위에 기한 손해배상청구에는 책임제한이 적용되
지 않는 것으로 보았다. 이에 대하여는 비판적인 견해가 많았다($\frac{\text{서헌제, 선박소유의}}{\text{유한책임, 상사판례}}$
연구 제 2편, 1988, 193~194쪽; 이균성, 해상운송인의 채무
불이행책임과 불법행위책임의 경합, 판례월보 제141호, 151쪽).

〈대판 1987. 6. 9, 87 다 34〉

「선박소유자의 유한책임한도에 관한 상법 제746조·제747조($\frac{\text{개정상법 제769}}{\text{조, 제770조}}$)의 규정
등은 운송계약불이행으로 인한 손해배상청구권에 있어서만 적용되고, 선박소유자
에 일반불법행위로 인한 손해배상을 청구하는 경우에 있어서는 적용이 없다.」
($\begin{smallmatrix}\text{동지 : 대판 1977. 12. 13, 75 다 107; 대판 1989. 4. 11, 88 다카 11428; 대판 1989. 11. 24, 87 다카}\\\text{16294; 대판 1990. 5. 8, 88 다카 7641; 대판 1990. 8. 28, 88 다카 30085; 대판 1992. 1. 21, 91 다 14994.}\end{smallmatrix}$)

II. 責任制限債權

1. 種　類

(1) 死亡·身體傷害 또는 물건의 滅失·毁損　　선박에서 또는 선박의
운항에 직접 관련하여 발생한 사람의 사망·신체의 상해 또는 그 선박 이외
의 물건의 멸실 또는 훼손으로 인하여 생긴 손해에 관한 채권($\frac{제769조}{제1호}$)에 대해
책임을 제한할 수 있다.

　　사망이나 상해의 대상으로서 인적 범위에 관해서는 상법은 여객의 손해
와 여객 이외의 사람의 손해로 나누어 책임한도액과 기금설정을 달리하고 있
음을 이유로 단순히 사람이라고 할 때에는 여객을 포함하지 않는 것으로 볼

수도 있으나, 책임제한채권의 발생객체로서 사람에는 이를 구별할 필요가 없다고 본다. 선상에 있는 여객과 비여객, 충돌한 상대선박의 여객과 선원뿐 아니라 육상에서 하역업무에 종사하는 자도 포함된다(채이식, 711쪽; 손주찬, 723쪽; 박용선, 240쪽).

선박을 제외한 물건의 범위와 관련하여 항구의 건조물·정박시설·수로 또는 안전시설이 이에 포함되는가에 관해서는 다툼이 있다. 1976년 조약 제 2 조 제 1 항 a)에서 이러한 시설물들이 선박을 제외한 물건에 포함된다고 구체적으로 명시하고 있다는 점을 들어 이를 긍정하는 견해가 있으며(손주찬, 723쪽), 더 나아가 선박상의 적하뿐 아니라 다른 선박과 그 적하 및 항구의 건조물을 포함하는 것으로 보는 견해도 있다(채이식, 711~712쪽; 송상현·김현, 183쪽). 이에 비해 항구의 건조물 등은 제한채권이 아니지만 입법론으로는 이를 제한채권으로 하여야 한다는 견해가 있다(정희철·정찬형, 798쪽 정희철 견해). 생각건대 1976년 책임제한조약 제 6 조 제 3 항상 항구의 건조물 등에 관한 채권이 다른 물적 손해에 관한 채권에 우선한다는 국내법유보조항을 개정상법이 받아들이지 않았다고 하여 이로부터 항구의 건조물 등은 제한채권에서 배제된다고 할 수는 없다. 그 유보조항의 취지는 선박의 운항안전을 위한 공적 시설에 대해 단지 다른 책임제한채권에 우선하여 책임한도액에서 변제받을 수 있게 하는 것일 뿐이다.

이와 같이 사람과 물건의 범위에 관해서는 제한이 없지만, 그 손해에 대해서는 선박의 운항, 즉 선박의 사용과 직접 관련하여 생긴 것에 한해서 책임제한채권의 대상이 된다. 또한 운항상의 필요에 의해 선박을 수리하거나 검사하던 중에 발생한 손해도 船舶의 運航과 관련하여 발생한 손해로 본다(채이식, 712쪽; 박용섭, 240쪽). 대법원 판결에 따르면 운송물이 창고안에 보관중 불법인도된 경우의 손해에 대하여 선박소유자는 책임제한을 할 수 없다. 이는 "선박운항과 직접"관련이 없기 때문이라는 것이 대법원의 논지이다.

⟨대판 2014. 5. 9, 2014 마 223⟩
「선박소유자의 책임제한대상을 '선박의 운항에 직접 관련하여 발생한' 손해에 관한 채권으로 한정하고 있는 것은 1976년 해사채권에 대한 책임제한조약 제 2 조 제 1 항 a호의 occurring in direct connection with operation of the ship을 수용한 것으로서, 선박소유자책임제한제도의 목적, 연혁 및 취지를 종합하면, 선박의 운항이 종료된 후에 발생한 선박소유자의 단순한 채무불이행은 선박의 운항에 직접 관련된 것이라고 할 수 없다. 화물의 해상운송을 위하여 선박을 운항한 경우 화물이 목적항에 도착하여 양륙되고 보세장치장에 반입되었다면, 그 후 보세창고

에 보관중이던 화물을 보세창고업자가 무단반출하는 행위는 선박의 운항에 속하
거나 이와 직접적 관련이라 볼 수 없다.」

더욱이 인적 또는 물적 손해가 선박에서 발생한 경우에도 선박의 운항과
관련하여 발생한 손해에 관한 채권만이 책임제한채권에 해당한다고 할 것이
다. 또한 손해는 사람의 사망·신체의 상해 또는 선박을 제외한 물건의 멸실
혹은 훼손과 상당인과관계가 있는 한 직접손해뿐 아니라 간접손해도 포함한
다. 예컨대 선박충돌의 경우 피해선박의 소유자가 수산업자에게 해수오염으로
인한 손해를 보상한 후 구상권을 행사하는 경우에도 가해선박소유자는 책임
제한을 주장할 수 있다.

(2) 運送遲延損害債權   운송물·여객 또는 수하물의 운송지연으로 인
하여 생긴 손해에 관한 채권($\frac{제769조}{제2호}$)도 책임제한채권으로 된다. 운송물을 인도
하기 전의 모든 이행지체가 운송의 지연에 해당한다. 구상법은 여객이나 운
송물의 지연으로 인한 손해채권에 대해서는 책임제한을 인정하지 아니하였다.
운송물의 멸실 또는 훼손에 대해서는 유한책임을 지게 하면서, 운송물의 지연
으로 인한 손해에 대해서는 무한책임을 지게 하는 것은 불합리할 뿐 아니라
운송물이 멸실되었을 때보다 운송이 지연된 때에 더 많은 손해를 배상할 가
능성이 생기기 때문에 1991년 개정상법은 1976년 조약과 마찬가지로 지연손
해채권을 책임제한채권으로 하고 있다($\frac{동}{(b)};$ 조약 제2조 제1항, 함부르크규칙 제5조). 물론 운송물의 멸실
또는 훼손으로 인한 손해와 지연손해에 관해서는 운송인이 상법 제797조의
규정에 의한 개별적인 책임제한을 주장할 수 있으므로, 이 규정에 의한 개별
적인 책임한도액이 상법 제770조에 정한 책임한도액을 초과할 경우에 한해
후자에 의한 포괄적인 책임제한을 다시 주장할 수 있다.

운송지연으로 인한 손해도 선박의 운항과 직접 관련하여 발생한 것이어
야 하므로, 복합운송의 경우 운송지연은 선박의 운항구간을 기준으로 판단되
어야 한다.

(3) 기타의 損害債權   위 (1)과 (2)의 채권 이외에 선박의 운항에 직접
관련하여 발생한 계약상의 권리 이외의 타인의 권리의 침해로 인하여 생긴
손해에 관한 채권($\frac{제769조}{제3호}$)에 대해서도 책임을 제한할 수 있다. 사람의 사망·신
체의 상해 또는 선박 이외의 물건의 멸실이나 훼손 또는 운송의 지연으로 인
한 손해가 아니지만, 불법행위 기타 법률의 규정에 의해 손해를 배상하여야
하는 경우가 이에 해당한다. 다른 선박의 입·출항을 방해함으로써 생긴 손해

또는 어업권과 같은 타인의 권리를 침해할 경우가 그 예이다.

계약상의 권리를 침해하거나 계약상의 채무를 이행하지 않음으로써 생긴 계약상의 손해배상채권은 여기에 해당하지 않는다. 따라서 선박보존 또는 항해계속의 현실적 필요에서 선장이 법정권한에 의해 체결한 계약 또는 처분행위로 인한 채권은 책임제한채권이 아니다(구 상법 제746조 제8호 참조). 또한 채권은 선박의 운항과 직접 관련하여 발생하여야 하므로 운송물과 관련 없이 순전히 선하증권 자체로부터 발생하는 채권은 책임발생원인이 계약이든 불법행위이든 책임제한채권이 되지 않는다(구 상법 제746조 제3호 참조).

(4) 損害의 防止·輕減關聯債權 위 (1) 내지 (3)의 채권의 원인이 된 손해를 방지 또는 경감하기 위한 조치로 인한 채권 또는 그 조치의 결과로 인하여 생긴 손해에 관한 채권(제769조 제4호)에 대해서도 책임이 제한될 수 있다. 책임제한채권으로서 (1) 내지 (3)의 채권은 가해행위로 인하여 직·간접으로 생긴 손해임에 비하여, 손해의 방지·경감관련채권이란 위 책임제한채권의 원인인 손해의 방지·경감조치로 인한 채권과 손해방지·경감조치의 결과적 손해에 관한 채권을 말한다. 따라서 이 손해는 직접손해와 상당인과관계가 있어야 한다. 이 때 책임제한이 인정되는 채권은 책임이 제한될 수 있는 손해의 방지와 경감을 위한 비용에 대한 제3자의 청구권만을 의미하는 것이고, 당해 선박소유자나 그 사용인이 갖는 채권이나 선박소유자와의 손해방지조치계약에 따른 보수 또는 비용에 관한 채권은 제외되는 것으로 본다(1976년 책임제한조약 제 2조 제2항 단서 참조).

2. 反對債權額의 控除

선박소유자가 책임의 제한을 받는 채권자에 대하여 동일한 사고로 인하여 생긴 손해에 관한 채권을 가지는 경우에는 그 채권액을 공제한 잔액에 한하여 책임의 제한을 받는 채권으로 한다(제771조). 즉 동일한 사고에서 발생한 반대채권이 있는 경우에는 그 채권을 공제계산하고, 남은 잔액의 채권에 대해 책임이 제한될 수 있다. 예컨대 쌍방과실로 인한 선박충돌의 경우 선박소유자 상호간에 갖는 채권은 서로 상계되고, 그 차액만이 책임제한채권으로 인정된다. 이로 인하여 책임제한주체의 책임이 상법에 의한 책임한도액 이상으로, 즉 채무자의 반대채권만큼 책임이 확대되는 결과를 가져온다. 이러한 공제계산은 당사자의 공평을 도모하고, 동시에 다른 채권자의 배당비율이 저하되는 것을 방지하기 위한 배려에서 마련된 것이다.

Ⅲ. 責任制限의 排除

1. 責任制限阻却事由

(1) 意　　義　　　책임이 제한되는 채권이더라도 특정한 경우에는 책임제한이 인정되지 않는다. 즉 선박소유자 등 책임제한의 주체 자신의 고의로 또는 손해발생의 염려가 있음을 인식하면서 무모하게 한 작위 또는 부작위로 인하여 생긴 손해에 관한 채권인 때에는 책임이 제한되지 않는다(제769조
단서). 이러한 경우까지 선박소유자 등의 책임제한을 인정하는 것은 불합리하기 때문이다.

(2) 內　　容　　　구 상법에서는 선박소유자의 고의 또는 과실로 인한 경우에는 責任을 제한할 수 없는 것으로 하고 있었다(구 상법 제748조
제 1 호 참조).

〈서울민지판 1981. 12. 16, 80 가합 5524〉

「선박소유자가 대리점을 통하여 무리하게 선적할 것을 지시한 결과 운송물의 과적 및 갑판적이 선박침몰의 한 원인이 된 때에는 선박소유자 자신의 과실이 있는 경우에 해당되어 상법 제748조 제 1 호에 의하여 유한책임규정이 배제된다 할 것이다.」

그러나 1991년 개정상법에서는 책임조각사유로서 주관적 요소를 고의 또는 손해발생의 염려가 있음을 인식하면서 무모하게 한 행위로 제한하고 있다. 이에 관한 1991년 개정상법 제746조는 1976년 조약(제4
조)의 "A person shall not be entitled to limit his liability if it is proved that the loss resulted from his personal act or omission committed with the intent to cause such loss, or recklessly and with knowledge that such loss would provably result"를 그대로 수용한 것이다. 여기서 손해발생의 염려가 있음을 인식하면서 무모하게 한 행위란 손해발생을 인용하고 한 행위뿐 아니라 중대한 과실로 손해가 발생하지 않을 것으로 믿거나 중대한 과실로 손해발생가능성에 대한 인식이 미치지 못하고 한 모든 행위를 말한다. 반면에 책임제한조각사유는 고의 또는 손해발생의 개연성이 있음을 인식하고, 따라서 통상인의 판단으로는 기대할 수 없는 그러한 행위를 하는 경우를 뜻하는 것으로 보아 무모하게 한 행위란 고의에 준하는 중과실로 이해하기도 한다(최기원, 84쪽. 준고의라
는 용어를 사용하는 견해로는 박용섭, 260쪽. 형법상의 미필적 고의에 상당하는 소극
적 고의로 보는 견해로는 이균성, 국제해상운송법연구, 245쪽). 이와 같이 주관적 요건을 엄격히 하여 책임제한의 이익이 박탈될 수 있는 경우를 엄격하게 제한하고 있는 이유는 책임제한제도의 절대성과 안정성을 유지함으로써 책임제한제도의 실효성을 확보하려는 데 있다. 2007년 개정상법도 제769조에서 이러한 입장을 취한다.

〈대결 2012. 4. 17, 2010 마 222〉

「책임제한이 배제되는 사유로 정한 '손해발생의 염려가 있음을 인식하면서 무모하게 한 작위 또는 부작위'라 함은, 손해발생의 개연성이 있다는 것을 알면서도 이를 무시하거나 손해가 발생하지 않을 수도 있다고 판단하였지만 그 판단 자체가 무모한 경우를 의미하는 것이므로 단지 그 선박소유자 등의 과실이 무겁다는 정도만으로는 무모한 행위로 평가할 수 없다. 파단된 예인줄은 관련규정에서 정한 최소파단강도 기준을 초과하는 정도의 강도는 지니고 있었던 점, 검찰은 신청인의 해운부직원 등에 대한 고발사건 수사에서 그 직원들이 기상악화에도 불구하고 이 사건 예인선단의 출항을 지시하였다고 볼 증거가 없다고 결론을 내린 바 있는 점, 선원 등은 모두 해기사 면허 등 필요한 자격을 보유하고 있는 점은 책임제한 배제사유의 부존재를 소명하는 자료가 된다고 할 것이다.」

책임제한조각사유는 각 책임제한의 주체마다 살펴보아야 한다. 예컨대 선박사용인에게 이러한 사유가 있어도 선박소유자에게는 없을 경우에 선박소유자의 책임은 제한될 수 있다. 최근 대법원은 선박충돌의 경우 선장 등 피용자의 고의 또는 무모한 행위는 제769조 단서의 책임제한조각사유가 아니라고 판시하였다.

〈대결 1995. 6. 5, 95 마 325〉

「상법 제746조($^{개정상법}_{제769조}$) 본문 단서는 '채권이 선박소유자 자신의 고의 또는 손해발생의 염려가 있음을 인식하면서 무모하게 한 작위 또는 부작위로 인하여 생긴 손해에 관한 것인 때'에는 선박소유자가 책임을 제한할 수 없도록 규정하고 있으므로, 위 규정에 의하여 책임제한이 배제되기 위하여는 책임제한의 주체가 선박소유자인 경우에는 선박소유자 본인의 고의 또는 손해발생의 염려가 있음을 인식하면서 무모하게 한 작위 또는 부작위(이하 '고의 또는 무모한 행위'라고 한다)가 있어야 하는 것이고, 선장 등과 같은 선박소유자의 피용자에게 위와 같은 고의 또는 무모한 행위가 있었다는 이유만으로는 선박소유자가 같은 법 제746조 본문에 의하여 책임을 제한할 수 없다고는 할 수 없으며, 같은 법 제750조($^{개정상법}_{제774조}$) 제 1 항 제 1 호에 의하여 용선자가 책임제한의 주체인 경우에도 용선자 자신에게 고의 또는 무모한 행위가 없는 한 피용자에게 고의 또는 무모한 행위가 있다는 이유만으로 책임을 제한할 수 없다고 볼 것은 아니다.」

책임제한의 주체가 회사인 경우에는 그 주관적 요소는 회사의 업무집행기관이나 대표기관 또는 최고의사결정자에게 있으면 충분하다. 의사결정의 전권이 위임된 경우에는 대표기관이 아니고 차장, 과장이라도 회사 자신에 해당한다(대판 2006. 10. 26,/2004다27082). 책임제한조각사유의 존재는 채권자가 이를 입증하여야 한다. 그러나 대법원은 책임제한개시신청 단계에서 신청자인 선박소유자가 책임제한조각사유의 부존재를 소명하여야 한다고 판시하였다(대결 2012. 4./17, 2010마222).

〈대결 2012. 4. 17, 2010 마 222〉
「선박소유자 책임제한절차와 별도로 선박소유자 등에게 손해배상 등을 청구하는 소송이 제기된 경우, 그 소송에서는 책임제한의 배제를 주장하는 채권자가 상법 제769조 단서에서 정한 책임제한 배제사유의 존재에 대한 증명책임을 부담한다. 그러나 선박소유자 책임제한절차는 신청인이 사고를 특정함에 필요한 신청의 원인사실 및 이로 인하여 발생한 구 상법 제747조 제 1 항 각 호의 구별에 의한 제한채권의 각 총액이 이에 대응하는 각 책임한도액을 초과함을 소명하여야 개시되는데, 선박소유자 책임제한절차가 주로 채무자의 이익을 위하여 채무자의 일방적인 주도 아래 개시되는 집단적 채무처리절차인 점 등에 비추어 보면, 제한채권에 대하여 신청인이 소명할 사항에는 당해 채권에 책임제한 배제사유가 없다는 점도 포함된다고 해석하여야 한다. 즉 선박소유자 책임제한절차에서는 절차개시를 신청하는 신청인이 구 상법 제746조 단서에서 정한 책임제한 배제사유의 부존재에 대해서도 소명하여야 한다.」

2. 責任制限排除債權

(1) 船長 기타 使用人의 船舶所有者에 대한 債權　　선장·해원 기타의 사용인으로서 그 직무가 선박의 업무와 관련된 자 또는 상속인·피부양자 기타의 이해관계인의 선박소유자에 대한 채권에 대해서는 책임이 제한되지 않는다(제773조/제1호).

〈대판 1987. 6. 23, 86 다카 2228〉
「본조(구상법/제750조) 제 1 항·제 2 항의 규정에 의한 선박소유자의 책임한도에 관한 규정은 같은 조 제 3 항의 규정에 따라 피해자가 선장·해원 기타의 선박사용인일 때에는 적용이 없으므로 선주는 피해자인 선원에 대해서는 무제한의 책임을 진다.」

$\binom{\text{동지 : 대판 1971.}}{3.30,\ 70\ 다\ 2294}$

〈대결 1995. 6. 5, 95 마 325〉

선박충돌사고에서 선박소유자가 책임제한을 하려고 하자, 선장의 무모한 행위가 있어서 선박소유자의 책임제한은 배제된다고 채권자가 주장하였다.

대법원은 "책임제한이 배제되기 위하여는 책임제한의 주체가 선박소유자인 경우에는 선박소유자 본인의 고의 또는 손해 발생의 염려가 있음을 인식하면서 무모하게 한 작위 또는 부작위가 있어야 하는 것이고, 선장 등과 같은 선박소유자의 피용자에게 위와 같은 고의 또는 무모한 행위가 있었다는 이유만으로 선박소유자가 같은 법 제746조 본문에 의하여 책임을 제한할 수 없다고는 할 수 없다"고 판시하였다($\binom{\text{같은 취지의 판결로는 대판 1995.}}{\text{3. 24. 선고 94마2431이 있다}}$).

이처럼 사용인의 선박소유자에 대한 채권을 책임제한배제채권으로 하는 이유는 선박의 운항과 관련이 있는 피용자를 보호하려는 데 있다. 이러한 채권은 피용자의 인적 손해로 인한 채권 또는 고용계약으로 인한 채권이고, 사회정책상 노동재해로 인한 채권 또는 임금채권은 보호되어야 하므로, 상법이 이들 사용인의 선박소유자에 대한 채권에 대해서 책임제한을 인정하지 않은 것은 당연하다.

여기서 선장 기타 사용인이란 선박에서 승무하는 자뿐만 아니라 부두에서 선박의 접안이나 출항업무에 종사하는 자로서 선박소유자와 고용관계에 있는 모든 자를 가리키므로 그 범위가 넓다. 사용인인 한 당해 선박의 업무에만 관련된 자에 한하지 않지만 사용인이라도 선박의 업무와 관련이 없는 사항에 관하여, 예컨대 승객이나 전송객으로서 선박 내에서 손해를 입은 경우에 발생한 선박소유자에 대한 채권은 이에 해당하지 않는다. 그리고 선박소유자에 대한 채권에는 고용관계로 인한 계약상의 채권뿐만 아니라 불법행위로 인한 채권도 포함되며, 인적 손해와 물적 손해를 불문한다. 이들 사용인의 상속인·피부양자 기타의 이해관계인의 선박소유자에 대한 채권도 책임제한채권에서 제외된다. 마찬가지로 해양사고구조자의 사용인의 구조활동과 관련하여 상해 기타 손해를 입은 경우, 사용자인 구조자에 대한 채권도 책임제한채권에서 제외되는 것으로 보아야 할 것이다($\binom{\text{1976년 책임제한조약}}{\text{제 3 조 e호 참조}}$).

(2) 海難救助 또는 共同海損分擔에 관한 債權　　해난구조 또는 공동해손분담에 관한 채권은 책임제한채권에서 제외된다($\binom{\text{제773조}}{\text{제 2 호}}$). 해난구조료청구권과

공동해손분담청구권이 이에 해당하는데, 구 상법에서는 선가책임주의에 의한 책임제한채권으로 되어 있었다(구 상법 제746조 제6호·제7호 참조). 개정상법이 이러한 채권을 책임 제한채권에서 제외하고 있는 이유는 구조료액 또는 공동해손분담액에 대해서 는 개별적인 책임제한이 인정되고 있을 뿐 아니라(제884조 제1항, 제868조) 선박소유자의 이 익을 위한 해난구조나 공동해손이 책임제한으로 인하여 소극적으로 행해질 위험이 있고, 공동해손채권은 선박소유자 이외에 적하이해관계인에 대한 것도 있는데, 유독 선박소유자에 대한 채권에만 책임제한을 인정하는 것은 공평하 지 못하다는 데 있다.

(3) 油類汚染損害와 原子力損害에 관한 債權   1969년 11월 29일 성립 한 유류오염손해(유탁손해)에 대한 민사책임에 관한 국제조약 또는 그 조약의 개정조항이 적용되는 유류오염손해에 관한 채권과 원자력손해에 관한 채권도 책임제한채권에서 제외하고 있다(제773조 제3호·제5호). 이와 같은 채권을 제외하는 이유 는 유류오염손해와 원자력손해에 관한 채권에 대해서는 특별법에 의한 책임 제한이 인정되고 있기 때문이다.

유조선 등이 유류를 해상에 유출시킴으로써 막대한 손해를 입히게 되는 유류오염손해에 관해서는 그 책임제한과 손해배상의 확보를 위한 국제조약이 성립되어 있다. 즉 유류오염손해에 관해 선박소유자에게 무과실의 입증책임과 연대책임을 지우고, 동시에 책임제한을 규정하고 있는 1969년 조약이 바로 그것이다. 이 조약(CLC)은 1976년, 1984년과 1992년에 세 차례 개정되었고, 우 리 나라에서는 1979년 3월 18일에 그 효력이 발생하였다. 이 조약의 비준에 따라 1992년 12월에 제정된 특별법인 유류오염손해배상보장법(1992. 12. 8, 법 제4543호)에 의 하여 선박소유자의 책임이 제한되므로 상법에서 이에 관한 규정을 둘 필요는 없는 것이다. 그러나 이 조약 또는 특별법의 적용을 받지 않는 유조선 이외의 일반선박의 유류유출로 인한 손해를 규율하기 위한 조약으로 선박연료유협약 이 발효되었다. 당해 선박소유자는 유류오염손해배상채권에 대해 상법에 의한 책임제한을 주장할 수 있다. 한편 유조선 이외의 유해유독물질의 운송에서 발 생할 수 있는 위험에 대하여 그 책임제한과 손해배상의 확보를 위한 유해 유독물질(Hazardous and Noxious Substances : HNS)의 해상운송에 따른 손해배 상책임에 대한 국제협약이 1996년 4월에 외교회의에서 채택되었다(아직 발효 되지 않음).

CLC와 HNS협약은은 화주도 기금을 마련하여 선박소유자와 함께 책임 을 부담하는 2 층(two-tier) 구조로 되어 있다. 즉 이 두 조약은 선박소유자의 책임제한액 이상으로 보상을 하여 주는 기금(IOPCFUND)이 마련되어 있어서 일반선박의 책임제한제도의 경우보다 피해자가 더 보호받을 수 있는 것이 특징이다.

　원자력손해도 일단 발생하면 그 손해액이 대단히 크므로 원자력선운항자의 책임과 책임한도액을 정한 국제조약이 1962년에 성립되었다. 우리 나라는 아직 이 조약에 가입하지 않고 있지만, 조약의 가입에 대비하여야 할 뿐 아니라 원자력사업자에 대한 책임규정이 원자력손해배상법에 마련되어 있기 때문에 원자력손해를 책임제한채권에서 제외하였다. 단지 이러한 책임규정은 원자력사업자가 원자로를 설치한 선박(원자력선)을 보유·운영하는 경우에 한해 해상법과 관련을 맺게 된다.

(4) 海洋事故船舶 기타 難破物의 인양 등에 관한 債權　　침몰·난파·좌초·유기 기타의 해양사고를 당한 선박 및 그 선박 내에 있거나 있었던 화물 기타 물건의 인양·제거·파괴 또는 무해조치에 관한 채권도 책임제한채권에서 제외되고 있다(제773조 제4호). 개항질서법·해사안전법 등에 의해 선박소유자가 지는 책임이 주로 이러한 채권에 해당한다. 구 상법은 침몰선박의 파손물제거의 의무와 이에 관련한 채무를 책임제한채권으로 하고 있었다. 그리고 1976년 책임제한조약도 이를 책임제한채권으로 하고 있으나, 1991년 개정상법은 이 채권이 해상교통의 안전이라는 공익상의 이익과 직접적으로 관련이 있다는 점을 고려하여 조약의 유보조항에 따라(동 조약 제2조 제1 항 d호와 e호 참조) 이를 책임제한채권에서 제외하였다. 나아가 항만 기타 해상교통의 안전을 위해 필요한 경우에는 행정관청이 침몰선박 등의 제거명령을 내리거나 행정대집행절차를 취하고, 그 비용을 소유자의 부담으로 하거나 이를 구상할 수 있다는 점이 고려되었다. 침몰선박의 인양·제거 등으로 인한 보수채권도 동일하게 책임제한의 대상이 되지 않는다고 본다.

　대법원은 선박충돌사고로 침몰한 선박의 소유자가 난파선제거비용을 제거업자에게 지급하고, 원인을 제공한 상대선박의 소유자에게 과실비율만큼의 구상청구를 하는 경우에 있어서 그 구상채권은 책임제한채권이 된다고 판시하였다.

〈대판 2000. 8. 22, 99 다 9646〉
「상법 제748조(개정상법 제773조) 제 4 호에서 '침몰·난파·좌초·유기 기타의 해양사고를 당한 선박 및 그 선박 안에 있거나 있었던 적하 기타의 물건의 인양·제거·파괴

또는 무해조치에 관한 채권(이하 '난파물제거채권'이라 한다)에 대하여 선박소유
자가 그 책임을 제한하지 못하는 것으로 규정하고 있는바, (중략) 이 규정의 의
미는 선박소유자에게 해상에서의 안전·위생·환경보전 등의 공익적인 목적으로
관계법령에 의하여 그 제거 등의 의무가 부과된 경우에 그러한 법령상의 의무를
부담하는 선박소유자에 한하여 난파물제거채권에 대하여 책임제한을 주장할 수
없는 것으로 봄이 상당하고, 위와 같은 법령상의 의무를 부담하는 선박소유자가
자신에게 부과된 의무나 책임을 이행함으로써 입은 손해에 관하여 그 손해발생
에 원인을 제공한 가해선박소유자에 대하여 그 손해배상을 구하는 채권은 이
조항에 규정된 난파물제거채권에 해당한다고 할 수 없으며, 오히려 이와 같은 구
상채권은 구체적인 사정에 따라 선박소유자의 유한책임을 규정하고 있는 상법 제
746조($\binom{개정상법}{제769조}$) 제 1 호 혹은 제 3 호나 제 4 호에 해당한다고 보는 것이 타당하다.」
(여기에 대한 평석으로는 김인현, 난파물 제거·유류오염방제로 인한 구상채권의 책임제한채권 여부, 한국해법학회지
제23권 제 1 호(2001년 4월), 105쪽 이하; 이태종, 난파물제거로 인한 구상채권의 제한채권성, 저스티스 제59호(2001
년 2월), 242쪽
이하 등이 있다)

제 4 관   責任制限金額

Ⅰ. 序   言

선박소유자 등이 책임제한채권에 대해 책임을 제한할 경우에는 일원화된
금액책임주의에 의하여 일정한 방식에 따라 계산한 금액을 한도로 하여 책임
을 진다. 책임제한금액은 손해의 유형에 따라 법정되어 있는데, 여객의 사상
손해의 경우에는 선박의 여객운송능력, 즉 승선정원을, 기타 손해의 경우에는
선박의 톤수를 기준으로 하고 있다. 후자의 경우에는 선박톤수가 증가함에 따
라 점차 제한금액의 증가비율이 감소하는 체감비례방식이 사용되고 있다. 개
정상법은 매 사고마다 책임제한금액을 산정하는 사고주의를 취하여 각 책
임한도액은 선박마다 동일한 사고에서 생긴 각 책임한도액에 대응하는 선박
소유자에 대한 모든 채권에 미치도록 하고 있다($\binom{제770조}{제2항}$). 또한 동일한 사고에
서 발생한 채권에 대해서는 선박소유자 기타 책임제한주체의 책임제한의 총
액이 선박마다 산정한 책임한도액을 초과하지 못하도록 제한하고 있다($\binom{제774조}{제2항}$).
책임제한금액의 계산단위로는 변동이 적은 국제통화기금(IMF)의 특별인출권
(SDR)을 사용하고 있다. 그리고 해난구조의 경우에는 책임제한금액의 산정에
관한 특별규정을 두고 있다.

Ⅱ. 損害의 類型에 따른 責任限度額

1. 旅客의 死傷損害

1991년 개정상법은 여객의 사망 또는 신체의 상해로 인한 손해에 관한 채권에 대한 책임의 한도액은 그 선박의 선박검사증서에 기재된 여객의 정원에 46,666 계산단위를 곱하여 얻을 금액과 2,500만 계산단위로 상당하는 금액 중 적은 금액으로 하였다(제747조 제 1항 제1호). 그러나 2007년 개정상법은 1996년 의정서의 입장을 받아들여 여객정원 1인당 17만 5천 SDR에 곱하여 얻은 금액으로 인상하게 되었다(제770조 제 1항 제1호)(적용은 부칙에 따라 2011년 8월 4일부터). 개정상법은 포괄적 책임제한금액을 정하고 있을 뿐이고, 아테네협약에서 인정하고 있는 피해여객 1인당 운송인의 책임한도액을 정하는 개별적 책임제한제도는 채택하지 않고 있다. 따라서 2014. 4. 16 세월호 사고에서 운송인인 청해진은 배제사유가 없는 한 여객정원 (921) × 175,000 SDR = 약 22억 달러로 책임제한이 가능하다.

책임한도액을 정하는 기준이 되는 것은 선박검사증서에 기재된 여객의 정원이고 사고가 발생한 경우에 실제로 승선한 여객의 원수가 아니다. 여기서 여객이란 운송계약의 당사자이든 아니든 운송을 목적으로 승선이 허락되는 모든 사람을 말한다. 신체의 사상과 관련이 없는 여객에 대한 손해나 여객이 소지한 수하물에 대한 손해는 여객의 정원을 기준으로 하지 않고, 다음에 볼 선박의 톤수를 기준으로 한다. 선박검사증서는 선박안전법 제 9 조에 의하여 해무관청이 발행한다.

2. 非旅客의 死傷損害

여객 이외의 사람의 사망 또는 신체의 상해로 인한 손해에 관한 채권에 대한 책임한도액은 그 선박의 톤수에 따라서 ① 3 백톤 미만의 선박의 경우에는 16만 7 천 계산단위에 상당하는 금액, ② 5백톤 이하의 경우에는 33만 3 천 계산단위에 상당하는 금액, ③ 5 백톤을 초과하는 선박의 경우에는 위 ② 에 의한 금액에 5 백톤을 초과하여 3 천톤까지의 부분에 대하여는 매 톤당 500 계산단위, 3 천톤을 초과하여 3 만톤까지의 부분에 대하여는 매 톤당 333 계산단위, 3 만톤을 초과하여 7 만톤까지의 부분에 대하여는 매 톤당 250 계산단위 및 7 만톤을 초과하는 부분에 대하여는 167 계산단위를 각 곱하여 얻은 금액을 순차로 가산한 금액을 책임한도액으로 한다(제770조 제 1항 제2호).

이와 같이 선박의 톤수가 증가함에 따라 톤당 책임한도액을 상대적으로

상법상 책임제한액 계산표

	인적손해(1) (상법 제747조 제 1 항 제 2 호)	물적손해(2) (상법 제747조 제 1 항 제 3 호)	총책임제한기금 (1+2)	여객 (제747조 제 1 항 제 1 호)
300톤 미만	167,000SDR	83,000SDR	250,000SDR	선박검사 증서에 기재된 여객정원당 46,666SDR이나 25,000,000SDR 중에서 작은 금액 (2007년 개정상법은 여객정원당 17만 5천SDR로 단일화됨)
300톤~500톤	333,000SDR	167,000SDR	500,000SDR	
500톤 ~3,000톤	333,000 +(T-500) ×500SDR	167,000 +(T-500) ×167SDR	500,000 +(T-500) ×667SDR	
3,000톤 ~30,000톤	1,583,000 +(T-30,000) ×333SDR		2,167,500 +(T-3,000) ×500SDR	
30,000톤 ~70,000톤	10,574,000 +(T-30,000) ×250SDR	5,093,500 +(T-30,000) ×125SDR	15,667,500 +(T-3,000) ×375SDR	
70,000톤 초과	20,574,000 +(T-70,000) ×167SDR	10,093,500 +(T-70,000) ×83SDR	30,667,500 +(T-70,000) ×250SDR	
구조채권 (구조선상이 아닌 경우)	833,000SDR		833,000SDR	

낮춘 이유는 대형선박의 경우에 책임한도액이 거대화되어 보험계약에서의 담보한도액을 초과하게 되는 것을 방지하는 동시에 사실상 책임제한이 없는 것과 같은 결과가 초래되지 않도록 하는 데 있다. 여기서 여객 이외의 사람이란 선상에 있거나 육상에 있는 자를 불문하지만, 전술한 바와 같이 선장 기타 사용인의 채권은 아예 책임제한채권에서 제외되고 있다.

　　비여객의 사상손해에 대한 책임한도액이 채권의 변제에 부족한 때에는 후술하는 기타 손해를 위한 책임한도액을 그 잔액채권의 변제에 충당한다(제770조 제4항 제1문). 이 경우에 동일한 사고에서 기타 손해에 대한 채권도 발생한 때에는 이 채권과 비여객의 사상손해의 잔액채권은 기타 손해를 위한 책임한도액에 대하여 각 채권액의 비율로 경합한다(제770조 제4항 제2문).

3. 기타 損害

　　여객 또는 비여객의 사망 또는 신체의 상해 이외의 모든 손해에 관한 채권에 대한 책임의 한도액은 그 선박의 톤수에 따라서 ① 3 백톤 미만의 선박인 경우에는 8 만 3 천 계산단위에 상당하는 금액, ② 5 백톤 이하의 선박인

경우에는 16만 7천 계산단위에 상당하는 금액, ③ 5백톤을 초과하는 선박인
경우에는 위 ②에 의한 금액에 5백톤을 초과하여 3만톤까지의 부분에 대하
여는 매 톤당 167계산단위, 3만톤을 초과하여 7만톤까지의 부분에
대하여는 매 톤당 125계산단위 및 7만톤을 초과한 부분에 대하여는 매 톤당
83계산단위를 각 곱하여 얻은 금액을 순차로 가산한 금액으로 한다(제770조 제1항 제3호).
   여객 또는 비여객의 사망 또는 신체의 상해로 인한 손해 이외의 모든 손
해란 주로 물적 손해를 말하지만, 반드시 물적 손해에 국한되는 것은 아니다.
비여객의 사상으로 인한 손해에 관한 채권이지만 그 책임한도액이 채권의 변
제를 위하여 부족한 때에는 그 잔액이 여기서 말하는 기타의 손해에 해당하
고, 따라서 이 호에서 정하는 책임한도액의 적용을 받는 손해채권이 된다
(제770조 제4항). 상법이 정한 기타 손해에 대한 책임한도액은 대체로 '비여객의 사상
손해'에 대한 책임한도액의 약 반액에 해당한다.

4. 海難救助의 경우

   위난에 조우한 선박을 구조한 해난구조자는 그 구조활동에 직접 관
련하여 발생한 채권에 대한 책임을 제한할 수 있다(제775조 제1항). 1991년 개정상법
이 해난구조자의 책임제한에 대한 규정을 둔 이유는 해난구조활동이 선박의
운항과 관련된 행위인가 하는 의문이 제기될 수 있고, 선박을 이용하지 아니
한 구조활동도 있을 수 있으므로, 이에 관한 분쟁을 방지하려는 데 있다. 해
난구조자란 넓은 의미로는 선박의 이용여부를 불문하고 구조활동에 직접 관
련된 노무를 제공한 자를 말한다.
   해난구조자는 구조활동에 직접 관련하여 발생한 채권에 대하여 선박소
유자와 동일한 책임제한을 주장할 수 있다. 이 경우 ① 구조활동을 선박으로
부터 행한 구조자에 대해서는 여객의 사상손해, 비여객의 사상손해 및 기타
의 손해로 나누어 책임한도액을 정하는 앞서의 산정방법을 적용한다. 그러나
② 구조활동을 선박으로부터 행하지 아니한 구조자 또는 구조를 받는 선박에
서만 행한 구조자에 대해서는 그 책임한도액에 관하여 1천 5백톤의 선박에
의한 구조자로 본다(제775조 제2항). 선박을 이용하지 않거나 피구조선의 선내에서
구조활동을 한 경우에는 책임한도액의 산정을 위한 선박의 톤수가 존재하지
않기 때문에 이를 획일적으로 1천 5백톤의 선박에 의하여 구조한 경우로 보
고 있다. 이와 같은 기준은 일반적으로 구조선박의 크기를 고려한 결과이다
(최기원, 94쪽 참조).

구조활동에 직접 관련하여 발생하는 손해인 한 피구조선뿐만 아니라 구조선과 관련된 여객 또는 비여객의 사상손해와 기타 손해를 모두 포함한다. 그러나 구조계약상 발생하는 피구조자의 손해는 성질상 여기에 해당하지 않는다. 해난구조의 경우에도 비여객의 사상손해에 대한 책임한도액이 그 채권의 변제에 부족한 때에는 그 잔액채권에 대해서는 기타 손해에 대한 책임한도액으로 충당하고, 여객 또는 비여객의 사상손해와 기타 손해로 인한 채권이 병존하는 때에는 각 채권액의 비율로 경합한다는 점은 동일하다. 그리고 복수의 구조선박이 책임을 지는 경우에는 구조선마다, 구조선을 이용하지 아니한 복수의 구조자가 책임을 지는 경우에는 구조자마다 법정책임한도액을 산정하며, 이 한도액은 동일한 사고로 인하여 생긴 모든 채권에 미친다(제775조 제3항).

Ⅲ. 責任制限金額의 算定基準과 總額制限

1. 事故主義

상법은 선박소유자 등의 책임한도액은 매 사고가 발생한 때마다 이를 정하는 사고주의를 취하고 있다. 여기서 사고란 하나의 원인에 의하여 시간적으로 인접하여 발생하는 사회통념상의 하나의 사건을 말한다(채이식, 721쪽). 법정책임한도액은 선박마다 동일한 사고에서 생긴 각 책임한도액에 대응하는 선박소유자에 대한 모든 채권에 미치며(제770조 제2항, 제776조의 2조 제3항도 참조), 동일한 사고에서 발생한 채권은 각 책임한도액에 대하여 각 채권액의 비율로 경합한다(제770조 제4항). 따라서 선박소유자 등 책임제한주체는 동일사고에서 발생한 손해의 채권자 각자에 대하여 책임한도액의 채권총액에 대한 비율로 감액된 금액만큼 책임을 지는 결과가 된다.

2. 計算單位

선박소유자 등의 책임한도액은 모두 계산단위를 기준으로 하고 있는데, 계산단위란 국제통화기금의 1 특별인출권에 상당하는 금액을 말한다(제770조 제5항). 국제통화기금(IMF)의 특별인출권(Special Drawing Right : SDR)이란 세계 주요 무역국의 통화의 평가가치를 기준으로 하여 그 가치가 정해지는 제도를 말한다. 이와 같이 책임한도액의 계산단위를 특별인출권으로 표시하는 이유는 국내통화로 할 경우에는 통화가치의 변동으로 인하여 책임한도액에 실질적인 변동이 생기고, 경우에 따라서는 책임면제와 같은 결과가 생길 수도 있으며, 금프랑으로 할 경우에는 금가치의 변동이 심하기 때문이다.

선박소유자 등이 책임한도액(제한기금)을 공탁하고자 하는 때에는 공탁시의 환율로 계산한 금액을 공탁하면 된다고 본다($\binom{2015년\ 1월\ 5일\ 현재\ 1}{SDR은\ 미화\ \$1.58881이다}$).

3. 責任限度額의 算定基準

여객의 사상손해에 관하여는 선박검사증서상의 여객의 정원을 기준으로 하기 때문에 별 어려움이 없다. 그러나 비여객의 사상손해와 기타 손해에 관해서는 선박의 톤수를 기준으로 하기 때문에 선박의 톤수를 정하는 문제가 있다. 상법은 이에 관해 선박의 톤수는 국제항해에 종사하는 선박의 경우에는 선박법에서 정하는 국제총톤수로 하고, 기타 선박의 경우에는 선박법에서 규정하는 총톤수로 하도록 하고 있다($\binom{제772}{조}$). 국제총톤수란 선박의 톤수를 측정하는 방법을 국제적으로 통일하기 위하여 제정된 1969년 선박의 톤수측정에 관한 국제조약 및 부속서의 규정에 따른 것으로 주로 국제항해에 종사하는 선박의 크기를 나타내고, 총톤수란 국내항 사이를 운항하는 선박의 크기를 나타내는 지표를 말한다($\binom{선박법\ 제}{3조\ 참조}$). 우리 나라는 1980년 이 조약을 비준하고, 선박법개정공포에 의하여 1982년 12월 31일부터 국내법으로 발효하였다. 현재 톤수의 측정기준은 해양수산부령으로 정하고 있다.

4. 責任制限金額의 總額制限

동일한 사고에서 발생한 모든 채권에 대한 선박소유자·용선자 기타 책임제한주체에 의한 책임제한의 총액은 선박마다 정하는 책임한도액을 초과하지 못한다($\binom{제774조}{제2항}$). 따라서 해사채권자가 각 책임제한주체를 상대로 청구를 하는 경우에도 선박소유자의 책임한도액을 초과하여 배상받을 수 없다.

제 5 관 責任制限의 節次와 效果

I. 責任制限의 節次

종래에도 선박소유자 등이 책임을 제한할 수 있었으나, 그 절차법이 마련되지 않았기 때문에 책임제한은 통상의 소송에서 단순한 항변사유에 지나지 않았다. 따라서 선박소유자가 제한채권의 총액과 책임제한액을 주장·입증하여야 하고, 또 어느 채권자에 대하여 그 책임제한에 성공한다고 해도 기판력이 다른 채권자에까지 미치지는 않았다. 더욱이 동일한 사고에서 발생한 다수의 채권에 대해 각기 다른 법원에 소송이 제기되는 경우에는 법원마다 판결이 다르고, 이에 따른 소송비용과 시간의 낭비를 초래하는 등의 불편이 있었다.

　　1991년 개정상법은 이러한 불편을 제거하고 책임제한제도의 실질적인 운용을 쉽게 하기 위하여 책임제한의 절차에 관한 규정을 신설하였다. 신설된 규정에 따르면 책임을 제한하고자 하는 자는 채권자로부터 책임한도액을 초과하는 청구금액을 명시한 서면에 의한 청구를 받은 날로부터 1년 내에 법원에 책임제한절차개시신청을 하여야 하고(제776조 제1항), 이 경우 책임제한주체 중 어느 1인이 책임제한절차개시의 결정을 받은 때에는 다른 사람도 이를 원용할 수 있다(제774조 제3항). 그러나 책임제한절차개시의 신청, 책임제한기금의 형성, 공고, 참가, 배당 기타 필요한 사항은 따로 법률로 정하도록 하고 있다(제776조 제2항). 이에 따라 상법개정과 동시에 선박소유자 등의 책임제한절차 등에 관한 법률이 제정되었다(1991. 12. 31. 법 제4471호).

　　선박소유자 등의 책임제한절차 등에 관한 법률에 따르면 법원은 책임제한절차개시의 신청을 상당하다고 인정한 때에는 그 신청을 한 자에 대하여 14일을 넘지 아니하는 일정한 기일(공탁지정일)에 책임한도액에 상당한 금전 및 이에 대한 사고발생일 기타 법원이 정하는 기산일로부터 공탁지정일까지 年 6분의 비율에 의한 이자를 가산하여 법원에 공탁할 것을 명하여야 한다(동법 제11 조 제1항). 이에 따라 공탁된 금전과 이에 대한 이자가 책임제한기금으로 되고, 이 기금에서 채권자가 배당을 받을 수 있다. 이와 관련하여 책임제한기금의 형성에 의해서만 책임제한을 주장할 수 있게 한 것은 기금의 형성 없이도 책임제한을 할 수 있게 하려는 시대 흐름에 역행하는 결과가 되었다는 비판이 있다(최기원, 100쪽). 책임제한절차가 개시되면 제한채권자는 이 책임제한기금으로부터 배당을 받게 되고, 제한채권자는 신청인 또는 수익채무자(신청인에 대한 책임제한개시절차 의 결정을 원용할 수 있는 다른 책 임제한 주체 예컨 대, 책임보험자)의 다른 재산에 대하여 권리를 행사할 수 없게 된다(동법 제27 조 제2항).

Ⅱ. 責任制限의 效果

　　선박소유자 등 책임제한의 주체는 동일한 사고에서 발생한 모든 책임제한채권에 대하여 책임한도액으로 책임을 제한할 수 있다. 선박소유자 등의 신청에 의하여 법원이 책임제한절차의 개시 및 법정책임한도액과 이에 대한 이자의 공탁을 명령하게 되면 제한채권자는 책임제한기금에 대해서만 권리를 행사할 수 있게 된다. 동일한 사고에서 발생한 채권은 그 금액의 비율로 경합하기 때문에 각 채권자는 책임제한기금(책임제한절차관 련비용은 공제)의 채권총액에 대한 비율로 감액된 금액의 배당을 받게 된다. 또한 동일사고에서 발생한 모든 채권에 대한 선박소유자·용선자 기타 책임제한주체의 책임제한의 총액은 선박마다 정한 책임한도액을 초과하지 못하기 때문에 제한채권자가 다수의 책임제한주체를 선택하더라도 그 이상으로 변제를 받지는 못한다. 채권자는 물론 먼저 자기 채권의 존재를 증명하여야 한다.

책임제한권이 인정되는 근거는 상법 제769조이다. 종래의 판례($^{대판\ 1970.\ 9.}_{29,\ 70\ 다\ 212}$)는 구 상법상 책임제한규정인 상법 제746조($^{현행\ 상법\ 제}_{769조에\ 해당}$)가 마치 선박소유자에 대한 책임발생의 근거가 될 수 있는 것 같은 입장을 취해 왔으며, 이에 동조하는 견해도 있었다($^{정희철,\ 商法學原論(下),}_{박영사,\ 1980,\ 162쪽}$).

〈대판 1970. 9. 29, 70 다 212〉

「선장 기타 해원이 직무를 행함을 당하여 고의 또는 과실로 제 3 자에게 손해를 끼친 경우, 선박소유자가 지는 책임은 민법 제756조 제 1 항에서 말하는 사용자로서의 책임이 아니고 상법 제746조 제 1 호의 규정에 의한 선주의 책임인만큼 민법 제756조 제 1 항 규정은 적용이 배제된다.」($^{동지 : 朝高判\ 1935.\ 3.\ 5,\ 民集\ 22,}_{25;\ 대판\ 1971.\ 3.\ 30,\ 70\ 다\ 2294}$)($^{반대취지의\ 평석 :}_{李均成,\ 선주의\ 사}$ $^{용자책임,\ 중재(1982.}_{3),\ 38쪽\ 아래\ 참조}$)

그러나 1991년 개정상법에서는 구 상법상의 "선박소유자는 … 다음의 사항의 책임을 진다"라는 문구 대신 "선박소유자는 … 그 책임을 제한할 수 있다"라고 규정함으로써 종전판례와 다른 입장임을 분명히 했다. 2007년 개정상법도 동일하다($^{제769}_{조}$).

책임제한채권에 질권·저당권·선박우선특권 등의 담보권이 있는 경우에도 그 채권액은 위와 마찬가지로 감액된다. 그러나 감액된 범위 내에서 채권자는 동일한 담보권을 갖는다. 그리고 비여객의 사상손해에 대한 채권이 당해 책임한도액을 초과하여 기타 손해에 관한 책임한도액에 경합하는 때에도 채권의 성질은 변하지 않으므로 선박우선특권은 여전히 존속한다($^{채이식,}_{722쪽}$). 선박소유자 등의 책임이 포장당 또는 선적단위당 책임제한에 의하여 개별적으로 제한되는 경우에도($^{제797조}_{제1항~제3항}$) 선박소유자는 자신에게 유리한 경우에 다시 포괄적인 책임제한을 주장할 수 있다($^{제797조}_{제4항}$).

선박소유자 등은 청구원인의 여하에 불구하고 책임을 제한할 수 있기 때문에 채권자가 선박소유자 등에 대해 불법행위에 기한 손해배상을 청구하는 경우에도 책임을 제한할 수 있다($^{제769}_{조}$). 전술한 바와 같이 구 상법상으로는 이에 관해 다툼이 있었고, 판례는 이를 부정하고 있었다. 대부분의 경우 동일한 사안이 계약상의 책임은 물론 선박소유자 등의 불법행위책임을 구성하기 때문에 만일 불법행위로 인한 손해배상채권에 대하여 책임제한이 적용되지 않는다고 한다면 선박소유자의 책임을 제한하려는 상법의 취지는 완전히 몰각되고, 또한 오늘날 세계적 추세가 선박소유자의 불법행위책임에도 책임제한을 인정하는 점 등에 비추어 볼 때, 선박소유자 등의 책임제한을 불법행위책임에도 당연히 적용하는 것으로 정한 1991년 개정상법은 이 점에서 정당하다 ($\substack{채이식, \\ 272쪽}$ IV.). 이는 2007년 개정상법에서도 동일하다.

제3장 海上運送契約

제1절 總 說

金仁顯, 해상운송법에서의 계약자유의 원칙과 그 제한, 기업법연구(2004. 12)/金仁顯, 유엔 운시트랄 운송법회의의 개요, 한국해법학회지, 28. 2(2006. 11)/김인현, 2007년 상법해상편의 편제 및 복합운송제정경위와 그 내용, 한국해법학회지 제30권 제1호 (2008. 4)/金權洙, 美國 新海運法上의 優待運送契約과 韓國海運, 慶南大 産業經營 16(1993. 12).최종현, 개정 해상법 하에서의 해상운송인의 지위, 한국해법학회지 제30권 제1호(2008. 4)/채이식, 해상운송계약의 개념에 대한 소고, 한국해법학회지 제36권 제2호(2014. 11)

해상운송이란 호천 · 항만을 제외한 해상에서 행하는 물건 또는 여객의 운송을 말한다. 해상운송은 운송이라는 점에서는 육상운송과 공통되기 때문에 육상운송에 관한 규정이 많이 준용되지만(제815조, 제861조, 제826조), 선박을 운송수단으로 하여 해양을 항로로 한다는 점에서는 육상운송과 다른 성질을 띠므로 해상운송에 대해서는 해상편 제4장에 특별한 규정을 두고 있다.

제1관 海上運送契約의 意義

해상운송계약이란 해상에서 선박에 의하여 물건 또는 여객을 운송하는 것을 引受하는 계약이다.

1. 해상운송계약은 해상에서 하는 운송계약이다. 여기서 해상이라 함은 호천 · 항만을 제외한 수역이다. 따라서 호천 · 항만에서 이루어지는 내수운송은 상법상 육상운송에 속한다(제125조). 그러나 운송구역의 일부가 호천 · 항만이더라도 그 주된 운송구역이 해상인 때에는 그 전부를 해상운송으로 본다 (동지: 채이식, Ⅳ, 275쪽).

2. 선박이라는 특수한 운송수단에 의하는 운송계약이다. 이것도 역시 육

상운송과 구별되는 점이다. 운송수단은 반드시 선박이어야 하므로 수상비행기에 의한 운송, 해저터널에 의한 운송은 해상운송이 아니다.

   3. 해상운송계약은 해상에서 선박에 의하여 물건 또는 여객을 운송하는 것을 인수하는 계약이므로, 해상운송은 특정항구에서 다른 특정항구로 장소적 이전이 있게 된다. 이 때 항해가 개시되는 항구를 출발항 또는 발항항이라 하고, 중간에 일정한 사유로 경유하는 항구를 기착항, 그리고 장소적 이전이 종료되는 항구를 목적항 또는 도착항이라 한다. 그 밖에 운송물이 선적되는 항구를 선적항, 운송물이 양륙되는 항구를 양륙항이라 한다.

   해상물건운송계약으로는 용선계약과 개품운송계약이 행해지고 있다. 이 때의 용선계약에는 항해용선계약이 포함되지만, 정기용선계약이 포함되는지는 다툼이 있다.

제 2 관   海上運送契約의 性質

   해상운송계약은 육상운송계약과 마찬가지로 당사자의 일방이 상대방에 대하여 물건 또는 여객의 장소적 이전을 약속하고, 상대방이 이에 대해 보수를 지급할 것을 약정하는 것으로서 민법의 도급계약에 속한다. 그러나 운송의 인수는 기본적 상행위(제46조제13호)에 속하며, 더욱이 상법은 해상운송계약에 관하여 상세한 규정을 두고 있으므로 민법의 도급에 관한 규정이 적용될 여지는 거의 없다. 또 해상운송계약은 낙성 · 불요식계약으로서 당사자 사이에 운송인수의 합의가 있으면 다른 절차나 형식 없이 성립하며, 원칙적으로 유상계약이다.

제 2 절   海上物件運送契約

慶益秀, 해상운송인의 손해배상책임에 관한 연구 : 선하증권상의 면책약관을 중심으로, 연세대 박사학위논문, 1992/高大先, 海上運送人의 責任免除에 관한 研究, 장안논총 11(1991. 3)/權琦勳, 海上運送人의 不堪航責任에 관한 연구, 한양대 박사학위논문, 1989/權琦勳, 해상운송인의 책임에 관한 증명 1, 한양법학 1(1990. 2)/權琦勳, 해상운송인의 책임에 관한 증명 2, 경상대논문집 29. 2(1990. 12)/權 五, 해양운송인의 적하에 대한 위험대응조치와 책임에 관한 연구, 한성대 사회과학논집 16(1992. 8)/金敎昌, 해상운송인 화물인도의무, 인권과 정의 167(1990. 7)/金仁顯, 책임중단약관(cesser clause), 해양한국 139(1998. 4)/金仁顯, 國際安全管理規約(ISM Code)이 海商法과 海上保險에 미칠 영향, 한국해법학회지 20. 1(1998. 3)/金仁顯, 본선 선장의 선박전손사고에 따른 국제소송 체험기 ──해도에 대한 선주의 관리의무와 그 입증, 해양한국 1994년 9·10월호/김영주, 國際海上運送과 航海過失免責, 한국해법학회지 제33권 제 1 호(2011. 4)/金仁顯, 상법 제806조의 적용에 대한 법적 검토, 한국해법학회지 24. 1(2002. 4)/金仁顯, 슬로트용선의 법률관계에 대한 고찰, 한국해법학회지 25. 1(2003. 4)/金仁顯, 한국과 미국의 해상물건운송법에 대한 비교법적 연구, 한국해법학회지 26. 2(2004. 11)/金仁顯, Introduction to Korean Law Governing Carriage of Goods by Sea, Journal of Maritime Law and Commerce (Oct. 2005)/金仁顯, UN UNCITRAL 운송회의에서 운송인의 책임제도, 한국해법학회지 27. 2(2005. 11)/김인현, 운송주선인의 다양한 법적 지위에 따른 법률관계, 안암법학회 제26호(2008. 4)/김인현, 로테르담 규칙하의 운송물인도제도에 대한 연구, 한국해법학회지 제31권 제 2 호(2009. 11)/김인현, 복합운송증권상 9개월 제소기간 및 지상약관의 효력, 인권과 정의 제405호(2010. 5)/김인현, 인도지시서(D/O)와 화물선취보증장(L/I)을 이용한 인도에 대한 소고 ──인천항과 부산항의 관행을 중심으로── 한국해법학회지 제33권 제1호(2011. 4)/김인현, 로테르담 규칙상 분쟁해결절차로서의 중재제도, 경영법률 제22집 제 4 호(2012. 7)/김인현, 로테르담규칙하의 송하인의 의무, 한국해법학회지, 제35권 제 1 호(2013. 4)/金炫, 海上運送에서의 保證渡, 辯護士 24(1994. 1)/김현, 해상운송인의 화재면책, 법률신문(2003. 2. 17)/김동석, 해상물건운송인의 면책사유, 법학교육과 법조개혁(이윤영교수추모논문집), 1994/김종엽, 해상운송인의 책임의 경합과 선주의 면책규정의 효력, 商事判例研究 3(1989)/김창준, 복합운송에 관한 상법규정의 신설, 한국해법학회지 26. 2, 한국해법학회(2004. 11)/김천수, Legal Disputes Arising from Mis delivered Cargo in Korea and Korean Judicial Precedents for Import Marine Carriage of Goods, 한국해법학회지 제30권 제 1 호(2008. 4)/김천식, 국제복합운송에 관한 연구 : 법리적 과제를 중심으로, 목포대 사회과학연구 5(1990. 8)/朴明燮, 英國에 있어서 海事클레임에 관한 연구, 仲裁 266(1994. 4)/朴元洙, 갑판적 운송클레임에 관한 고찰 : 영·미판례 중심, 仲裁 261(1993. 11)/徐英華, 개정상법 중 포장당 책임제한에 관하여, 인권과 정의 191(1992. 7)/손주찬, 복합운송계약법시안론, 한국해법학회지 26. 2, 한국해법학회(2004. 11)/孫珠瓚, 해상물건운송인의 책임제한 : 상법상의 문제점, 한국해법학회지 2. 1(1980. 8)/宋相現, 해상운송인과 해상운송계약, 企業法의 行方(鄭熙喆敎授古稀紀念論文集), 1991/沈載斗, 헤이그 비스비규칙 1 : 英國海上物件運送法, 海洋韓國 249(1994. 6)/안채헌, 함부르크규칙 하에서 해상운송인의 책임범위와 입증책임, 전북대 산업경제연구소논문집 19(1989. 2)/양석완, 송하인의 위험물에 관한 고지의무, 한국해법학회지 제30권 제 2 호

(2008. 11)/양석완, 수하인(매수인)에 대한 위험이전의 문제점 검토 -운송을 수반하는 국제물품매매를 중심으로-, 한국해법학회지 제31권 제 2 호(2009. 11)/양석완, FIO 약정에 따른 운송물 손해와 입증책임 분배, 한국해법학회지 제33권 제 2 호(2011. 11)/양석완, 로테르담 규칙상 재판관할합의와 소송의 이송에 관한 해석론적 비교 고찰, 한국해법학회지 제34권 제 1 호(2012. 4)/양석완, 로테르담 규칙상 계속적 감항능력주의의무에 관한 법적 분석, 한국해법학회지 제35권 제 2 호(2013. 11)/양석완, 해상운송인의 정액배상주의에 관한 비교법적 검토, 한국해법학회지 제36권 제 1 호(2014. 4)/양석완, 해상법상 불이익변경금지 원칙의 의의 및 적용범위, 한국해법학회지 제36권 제 2 호(2014. 11)/유석호, 상법개정안에서의 해상물건운송인의 손해배상책임에 관한 소고, 연세대 원우론집 17(1990. 2)/윤기창, 해상화물의 인도시기에 관한 고찰, 한국해법학회지 제32권 제 1 호(2010. 4)/윤배경, 슬로트 차터에 관한 제문제, 해사법연구 15. 1(2003. 6)/윤석희, 갑판적 화물에 대한 운송인의 책임범위, 한국해법학회지 26. 2, 한국해법학회(2004. 11)/윤석희, The Review of Package Limitation, 한국해법학회지 제36권 제 1 호(2014. 4)/尹鍾燮, 海上物件運送人의 損害賠償責任에 관한 연구, 중앙대 박사학위논문, 1975/李均成, 국제연합해상물건운송조약과 해상운송인의 책임제한, 商法論集(鄭熙喆先生華甲紀念論文集), 1979/李均成, 해상운송인의 감항능력주의의무, 한국해법학회지 2. 1(1980. 8)/李均成, 해상운송인의 손해배상책임, 司法行政 376(1992. 4)/李基秀, 海上物品運送, 韓國海法學會誌 11. 1(徐燉珏敎授古稀紀念論文集)(1990. 3)/李性哲, 英國海上物件運送法 1992 (Carriage of Goods By Sea Act, 1992)에 관하여, 韓國海法學會誌 15. 1(1993. 12)/李宙興, 해상운송인 책임의 면제, 法曹 32. 6(1983. 6)/李宙興, 해상운송화물의 인도와 멸실, 判例月報 248 (1991. 5)/이정원·채이식, 운송물처분권에 관한 입법론적 고찰, 한국해법학회지 제35권 제 2 호(2013. 11)/이창재, 화물인도의 관행과 판례상 쟁점에 관한 고찰, 한국해법학회지 제34권 제 1 호(2012. 4)/李鴻旭·鄭暎錫, 영미보통법상 해상물건운송인의 책임과 선하증권의 면책약관에 관한 연혁적 고찰, 효성여대 연구논문집 46(1933. 2)/林東喆, 海上物件運送法에서 離路의 效果에 관한 再檢討, 한국해법학회지 18. 1(1996. 3)/林東喆, 船積·積付過程에서 발생한 운송물의 손상에 대한 책임, 한국해법학회지 20. 1 (1998. 3)/임동철, 해상물건 운송에서 "Door to Door" 운송에 관하여 ── UNCITRAL/ CMI 운송법 초안과 관련하여 ──, 한국해법학회지 25. 2(2003. 11)/장상균, 해상운송인의 포장당 책임제한(대상판결 : 대법원 2004. 7. 22, 선고 2002 다 44267 판결), 한국해법학회지 26. 2, 한국해법학회(2004. 11)/전영우, 해상보험계약에 있어서 감항능력의 법리에 관한 연구, 해양대 박사학위논문, 1997/鄭暎錫, 영미보통법상의 해상물건운송인의 책임과 면책사유의 법적 구조(상), 海洋韓國 241(1993. 11), (하), 242(1993. 12)/鄭暎錫, 해상물건운송계약 당사자의 기본적 의무에 관한 연구 1-5, 해양한국 245(1994. 2), 246(1994. 3), 247(1994. 4), 248(1994. 5), 249(1994. 6)/鄭暎錫, 1999년 미국 해상물건운송법의 개론적 고찰, 한국해법학회지 24.

1(2002. 4)/정영석, 화재면책, 정기용선자의 대외적 책임, 상사판례연구 15(2003)/정영
석, 운송인책임제한의 기준으로서 포장 또는 선적단위의 개념, 해사법연구, 16. 1, 한국
해법학회(2004. 10)/정영석, 운송인책임제한의정영석, 運送人에 대한 請求權의 존속 및
소멸기간에 관한 고찰, 한국해법학회지 제30권 제 2 호(2008. 11)/정영석, 해상운송계약
에서 최고약관의 효력, 한국해법학회지 제32권 제 1 호(2010. 4)/기준으로서 포장의 개
념, 판례실무연구(Ⅷ), 비교법실무연구회편, 박영사(2004. 12)/정완용, 해상화물운송장의
입법방안에 관한 고찰, 한국해법학회지 26. 2, 한국해법학회(2004. 11)/정완용, 행상물건
운송인의 책임제한기준이 되는 포장단위에 관한 법적 고찰, 판례실무연구(Ⅷ), 비교법
실무연구회편, 박영사(2004. 12)/Choon Won Lee, Gold Clause of the Hague Rules：
Why have the Korean Court Rejected the Rosa S?, 한국해법학회지 26. 2, 한국해법
학회(2004. 11)/ Yao-dong Yu · Yeong-seok Cheong, A Study on Incorporation of
Terms of Charter Party into B/L, 해사법연구 16. 1, 한국해사법학회(2004. 10)/趙龍
鎬, 함부르크규칙과 堪航能力注意義務, 인권과 정의 155(1989. 7)/趙龍鎬, 해상물건운
송인의 감항능력주의의무에 관한 연구, 건국대 박사학위논문, 1989/조성극, 판례를 통
해 본 해상복합운송주선업자(Ocean Freight Forwarder)의 법적 지위, 한국해법학회지
26. 2, 한국해법학회(2004. 11)/蔡利植, 해상운송인의 개별적 유한책임제도의 유효성,
判例月報 220(1989. 1)/蔡利植, 해상운송인의 손해액 제한약관의 유효성, 判例研究(서
울지방변호사회)：5(1992. 1)/蔡利植, 해상운송법체제의 재검토, 한국해법학회지 24.
1(2002. 4)/최종현, 헤이그규칙상 해상고유의 위험의 법리 ——The Bunga Seroja 사
건을 중심으로——, 해사법연구 16. 1, 한국해사법학회(2004. 10)/최종현, 해상고유의
위험으로 인한 운송인의 면책(대상판례：서울지방법원 2002 가합 13497 판결), 한국해
법학회지 26. 2, 한국해법학회(2004. 11)/최준선, 해상운송인의 개별적 유한책임제도의
도입, 商事法研究 5(1987)/韓光錫, 海事債權, 순천대 사회과학연구 4(1992. 6)/한낙현,
Hague-Visby 규칙상 숨은 결함조항의 문제점에 관한 고찰, 해사법연구 16. 1, 한국해
사법학회(2004. 10)/한낙현, 항해중의 감항능력유지의무에 관한 문제점 고찰 ——
UNCITRAL 초안 제13조를 중심으로——, 한국해법학회지 26. 2, 한국해법학회(2004.
11)/韓鐵, 英美海商法上의 해상운송인의 책임：Reasonable Deviation을 중심으로, 한
남대 논문집(사회과학) 20(1990. 4)/한철, 해상적하운송분쟁과 중재, 상사판례연구 17,
한국상사판례학회(2004. 12)/허창하, 헤이그규칙상 운송인의 포장당 책임제한, 한국해
법학회지 제36권 제 2 호(2014. 11)/洪承仁, 堪航能力注意義務 小考, 경기대 논문집
23(1988. 12).

제 1 관 海上物件運送契約의 意義

해상물건운송계약이란 해상에서의 선박에 의한 물건의 운송을 인수하는 계약이다. 이것은 해상운송계약의 일종으로서 운송의 대상이 여객이 아니라 물건이라는 점에서 해상여객운송계약과 다르다. 물건의 의의는 육상운송의 경우와 같은데, 상법은 물건운송계약의 목적물을 운송물($^{제800}_{조}$)·적하($^{제697}_{조 등}$)·하물($^{제699}_{조 등}$) 등으로 표현하고 있다. 선박의 안전을 유지하기 위하여 운송물이 부족한 경우에 선박의 무게중심을 잡기 위해 선박의 하단에 투입하는 底荷($^{보통은 해수}_{로 된 Ballast}$)($^{제699조,}_{제700조}$)(평형수로도 불린다)도 운송물이 아니다. 또 육상운송과 마찬가지로 해상운송인은 운송물을 수령하여 자기의 보관 하에 장소적으로 이동시켜야 한다. 따라서 예선계약은 피예선이 예선의 지휘와 보호·감독 아래에 있으면 해상운송계약이 되지만, 피예선이 예선을 지휘·사용한다면 해상운송계약이 아니라 단순한 도급계약 또는 고용계약으로 보아야 할 것이다.

제 2 관 海上物件運送契約의 種類

해상물건운송계약은 운송방법에 따라 용선계약과 개품운송계약으로 구별된다. 그 밖에 재운송계약·복합운송계약 등의 특수한 해상물건운송계약이 있다. 그런데 2007년 개정상법은 제 2 장에서 "운송과 용선"으로 제목을 정한 다음 제 1 절 개품운송, 제 2 절 여객운송, 제 3 절 항해용선, 제 4 절 정기용선, 제 5 절 나용선(선체용선), 그리고 제 6 절 운송증서로 편제를 하고 있다. 제 1 절 개품운송의 절에서 운송인의 각종 권리와 의무를 정한 다음 제 2 절과 제 3 절에서 이들을 준용한다. 반면 제 4 절과 제 5 절에는 준용하지 않는다. 따라서 정기용선계약과 선체용선계약은 운송계약이 아니라고 할 수 있다.

Ⅰ. 傭船契約

1. 意   義

용선계약이란 해상운송인인 선박소유자 등이 선박의 전부 또는 일부의 船腹을 운송을 위하여 제공하여 그 선적된 물건을 운송할 것을 약속하고, 상대방인 용선자는 이에 대하여 보수인 운임(용선료)을 지급할 것을 약속하는

운송계약으로서 선복이용계약이라고도 한다. 이것은 선복의 이용을 목적으로
하므로 선박의 개성을 중요시하지만, 운송물의 개성은 문제삼지 않아서 계약
조건에 위반하지 않는 한 무엇을 선적하여도 상관없다. 이 점에서 운송물의
개성을 중시하는 개품운송계약과 다르다.

　　용선계약은 도급계약의 성질을 가지는 선복이용계약으로서 선박소유자가
그 선장을 점유보조자로 하여 선박을 점유·감독하고 있다는 점에서 선체용
선과 다르며, 선박의 운항지시, 해상기업의 경영을 선박소유자 등이 하는 점
에서 약정한 범위 안에서 선박의 사용을 위해 선장을 지휘할 권리가 있는 정
기용선계약과 다르다. 그러나 용선자는 용선계약의 범위 내에서 선박 및 항해
에 관하여 광범위한 지배권을 가진다.

2. 種　　類

(1) 全部傭船과 一部傭船　　운송에 제공되는 선복이 선박의 전부인가
일부인가에 의한 구별이다. 상법은 전부용선과 일부용선을 구별하는 규정을
두고 있다(제832조,제833조).

(2) 航海傭船과 期間傭船　　용선계약의 존속이 특정한 항해에 한정되
는 것을 항해용선이라 하고, 특정기간에 한정되는 것을 기간용선이라고 한다.

　　항해용선계약은 선박의 제공자가 용선자에 대하여 특정한 일항해(예:부산에서 뉴욕)
를 단위로 하여 선복의 전부 또는 일부를 제공하는 운송계약이다. 일정기간
내의 수차에 걸친 항해(예:부산에서 미국 서해안의 항구간의 2년간 연속항해)가 약정되는 연속항해용선계약도 항
해용선계약의 한 형태이다. 항해용선계약은 법률상으로는 단순한 운송계약의
일종으로서 선박소유자가 선박의 운항·관리권과 선장·해원의 선임·감독권
을 가지며, 선박자본비용 이외에 항비, 연료비, 도선료·예선료·보험료, 수선·
보수비용 등의 비용을 부담하고, 제3자에 대하여 권리·의무를 갖는다. 이
점에서 항해용선계약은 선박의 점유가 선박소유자로부터 선체용선자로 이전
되어 선체용선자가 운송기업의 주체로서 선박의 이용과 관련하여 제3자에
대하여 선박소유자와 동일한 권리·의무를 갖는 선체용선계약과 완전히 구별
된다.

　　기간용선계약이란 일정기간에 걸치는 운송을 약속한 용선계약을 말하는
데, 이것은 현재 거의 이용되지 않고 있으며, 대신에 용선자의 지배권이 극도
로 강화된 정기용선계약의 형태로 이용되고 있다(정기용선계약에 관해서는 제2편 해상법 제2장 제4관 참조).

Ⅱ. 個品運送契約

개품운송계약이란 운송인인 선박소유자 등이 개개의 물건운송을 인수하고, 상대방인 송하인은 이에 대하여 보수(운임)를 지급할 것을 약속하는 운송계약을 말한다. 개품운송계약은 주로 일정한 항해구역에 있는 여러 항구를 계획된 운항표에 따라서 정기적으로 운항되는 컨테이너선과 같은 정기선운송에서 이용된다(박용섭,
349쪽). 또한 개품운송계약은 용선계약과는 달리 화물의 종류·수량·용적·중량 등 운송물의 개성이 중시되는 반면에 선박의 개성은 문제되지 아니한다. 따라서 선하증권에 대선계약·환적약관 등이 기재되는 경우가 많다. 대선약관은 운송물의 적재가 예정되어 있는 선박 대신에 운송인이 소유하거나 용선한 다른 선박에 선적하여 임의로 이를 운송할 수 있음을 약정하는 약관이고, 환적약관은 현재 선적되어 있는 화물을 운송인이 소유하거나 또는 용선한 다른 선박에 선적하여 운송할 수 있는 권리를 유보한 약관이다.

개품운송계약은 다수의 송하인을 상대로 하기 때문에 별도의 용선계약서가 작성되지 않고 보통거래약관인 선하증권에 의하여 획일적으로 체결되고, 이 때 송하인은 경제적으로 약자의 지위에 있기 때문에 운송인이 일방적으로 작성한 약관의 내용을 감수해야 하는 附合契約인 경우가 많다. 따라서 원칙적으로 계약자유의 원칙이 지배되는 용선계약의 경우와는 달리 개품운송계약에서는 송하인의 보호가 특히 문제된다(김인현, 186쪽; 정
찬형 15판, 855쪽).

2006년 법무부는 개품운송에 대한 규정은 운송물의 수령지·선적지·양륙지 그 밖의 어느 한 곳이 대한민국인 경우에 있어서 운송인의 의무 또는 책임을 감경 또는 면제하는 것을 내용으로 하는 특약은 개품운송계약의 준거법에 관계 없이 이 절의 규정에 의하여 허용되지 아니하는 범위 내에서는 무효라는 규정을 국회에 제출하였으나 통과되지 못하였다.

Ⅲ. 再運送契約·通運送契約·複合運送契約

1. 再運送契約

용선계약의 용선자는 빌린 선복에 자신의 화물을 싣지 않고 제 3 자와 용선계약 또는 개품운송계약을 체결할 수 있다. 여기서 용선자가 체결하는 제 2의 운송계약을 재운송계약, 용선자가 선박소유자와 체결한 제 1 의 운송계약을

주운송계약이라고 한다. 재운송계약은 주운송계약의 용선자가 선박소유자에
대하여 지급하는 용선료와 재운송계약의 상대방으로부터 수령하는 용선료 또
는 運賃간의 차액의 취득을 목적으로 하는 경우가 많다.

재운송계약이 체결된 경우 선박소유자와 용선자의 관계는 용선계약서가
정하는 바에 따른다. 널리 사용되는 표준계약서에는 일반적으로 용선자의 재
운송권이 명문화되어 있는 동시에 용선자가 그러한 재운송계약을 선박소유자
에게 통지할 의무가 있고, 최초의 용선자가 선박소유자에 대하여 계약의 본지
에 따른 이행책임이 있다는 취지의 규정이 기재되어 있다.

용선자와 그 상대방인 재용선자·송하인의 관계도 본래 재운송계약이 정
하는 바에 따른다. 재운송계약은 주운송계약과는 별개의 독립된 계약이므로
용선자의 상대방에 대한 운송계약상의 책임은 용선자만이 지며, 주운송계약의
운송인인 선박소유자는 재운송의 상대방인 용선자·송하인에 대하여 직접 계
약책임을 지지 않는 것이 원칙이다. 다만, 재운송계약의 이행이 선장의 직무
에 속하는 범위 내에서는 선박소유자도 제 3 자에 대하여 감항능력주의의무와
운송물에 관한 주의의무규정에 따른 책임을 진다($^{제809}_{조}$). 그러나 이 경우에도
구 상법과는 달리 재운송인(용선자)의 책임이 면제되는 것은 아니다($^{제809조;\ 구}_{상법\ 제806조}$
$^{에서는\ 면제}_{되고\ 있었다}$). 선박소유자는 재운송계약의 상대방에 대하여 운임을 청구할 수 없
다고 보아야 한다. 그러나 선박소유자는 주운송계약에 따른 운임을 지급받을
때까지는 그 제 3 자에 대해서도 운송물에 대해 유치권을 행사할 수 있다.

1991년 개정상법 이래로 정기용선자가 제 3 자와 운송계약을 체결하는 경
우에도 선박소유자가 정기용선자와 함께 연대책임을 부담하는지가 논란이 되
었다. 다수설은 선박소유자 → 항해용선자 → 화주(송화인)인 경우에만 제806
조가 적용된다고 하면서, 선박소유자 → 정기용선자 → 화주의 경우는 정기용선
자는 재운송인이 아니므로($^{선박소유자와\ 정기용선자와의\ 정}_{기용선은\ 운송계약이\ 아니므로}$) 제806조의 적용이 없다고 한
다($^{김인현,\ 176쪽,\ 반대}_{정찬형\ 15판,\ 858쪽}$). 2007년 개정상법은 항해용선자는 물론 정기용선자가 제 3 자
와 운송계약을 체결하는 경우에도 선박소유자는 연대책임을 부담하게 한다
($^{제809}_{조}$)($^{동지,\ 정찬형}_{10판,\ 828쪽}$). 그런데 제 3 자와의 계약은 개품운송계약으로 제한된다. 제
809조가 항해용선계약에서는 준용되지 않기 때문이다($^{정동윤,\ 2008년}_{개정판,\ 871쪽}$). 이는 입법
의 불비이다($^{김인현,\ 177쪽,}_{최종현\ 395쪽}$).

2. 通運送契約

하나의 운송계약에 수인의 운송인이 관여하는 경우에 이 계약을 통운송

계약($\frac{또는 連絡}{運送契約}$)이라고 한다. 통운송은 19세기 중엽 이래 국제거래의 발달과 정
기항해의 발달에 따라 널리 행해졌는데, 통운송에 의하면 송하인은 1인의 운
송인을 상대로 하나의 계약을 체결하면 되므로 환적할 때마다 계약을 체결하
는 수고와 비용을 절약할 수 있고, 발송지로부터 도달지까지의 확정운임을
알 수 있어서 신속한 거래가 가능하게 된다.

　　통운송은 육상운송의 경우와 마찬가지로 하주와의 관계에서 다음과 같은
형태로 구분된다.

　　(1) 部分運送　　부분운송이란 수인의 운송인이 각각 독립하여 특정한
구간의 운송을 인수하는 경우를 말한다. 이 경우에는 각 운송구간에 각각 독
립한 운송계약이 성립하여 각 운송인은 자기가 인수한 구간의 운송에 관해서
만 책임을 지고, 각 운송인 상호간에는 어떠한 관계도 존재하지 않는다.

　　(2) 下受運送　　하수운송은 최초의 운송인이 전운송구간에 걸쳐 운송
을 인수하고, 그 일부 또는 전부를 다른 운송인에게 인수시키는 형태이다. 이
경우에는 다른 운송인(하수운송인)은 최초의 운송인(원수운송인)의 이행보조자
에 지나지 않으며, 송하인과의 사이에서 직접적 법률관계는 발생하지 않는다.
따라서 하수운송인에 의해 운송중에 발생한 운송물의 멸실·훼손 또는 연착
으로 인한 손해에 대해서는 원수운송인이 손해배상책임을 지게 된다. 해상의
통운송에서 전형적으로 이용되는 형태이다. 예컨대 甲해상운송인이 운송계약
의 당사자가 되고, 그 운송을 乙해상운송인에게 인수시키는 것이다. 乙은 甲
의 이행보조자가 된다. 甲해상운송인이 육상운송까지를 인수하면 해상운송과
육상운송이 결합되므로 복합운송이 된다.

　　(3) 同一運送　　동일운송은 수인의 운송인이 공동으로 전구간의 운송
을 인수하고, 내부적으로 각 운송인의 담당구간을 나누는 경우이다. 이 경우
에 각 운송인은 연대채무자로서 송하인 또는 수하인에 대하여 연대하여 책임
을 져야 한다.

　　(4) 連帶運送　　연대운송이란 수인의 운송인이 서로 운송의 연락관계
를 취하면서 통상 전체운송에 대한 한 통의 통운송장 또는 통선하증권에 의
하여 순차로 각 구간에 대해 공동으로 운송을 인수하는 경우를 말한다. 제 1
운송인이 중간운송인을 송하인의 계산으로 선임하는 점에서 자기의 계산으
로 선임하는 하수운송과 구별된다($\frac{석현제,}{201쪽}$). 공동운송이라고도 한다. 상법에서 말
하는 순차운송은 이것을 가리키는 것이며, 이 경우에 각 운송인은 연대하여

손해배상책임을 지고(제815조, 제138조 제1항), 각 운송인은 손해의 원인을 제공한 운송인에게 내부적으로 구상할 수 있으며, 원인을 제공한 운송인을 알 수 없을 때에는 운임액의 비율에 따라 손해를 분담한다. 다만, 손해가 자기의 운송구간에서 발생하지 아니하였음을 증명한 때에는 책임을 면한다(제815조, 제138조 제2항·제3항). 그러나 실제로는 통운송의 선하증권상 각 운송인은 거의 자신의 책임을 자신의 운송구간에 한정시키거나 운송인의 책임이 분할·비연대(severally, not jointly)라는 뜻을 특약하는 것이 보통이다.

3. 複合運送契約

통운송 중에서 다른 운송수단의 결합에 의하여(예:육상의 철도와 해상의 선박) 이루어지는 통운송을 複合運送(multimodal transport; combined transport)이라고 한다. 이에 반하여 수인의 운송인이 담당하는 각 운송구간의 운송이 모두 동일한 운송수단에 의하여 이루어지는 통운송을 단순통운송이라고 한다. 컨테이너와 같은 획기적인 운송용구를 매개로 한 국제복합운송은 가장 전형적이며 동시에 현대적인 복합운송의 방식을 이용한다.

복합운송도 통운송의 한 형태이기 때문에 복합운송계약에 대해서는 원칙상 통운송계약에 관한 법리가 적용된다. 그러나 복합운송에 관여하는 각 운송인(예:육상운송인과 해상운송인)이 각국마다 상이한 법제도 하에 있고, 각 운송인 사이의 책임체계도 현저하게 다르기 때문에 국제통일조약의 제정이 강력히 요구되어 왔다. 이러한 요청에 따라 1980년 국제연합 국제물건복합운송조약(UN Convention on International Multimodal Transport of Goods)이 성립되었지만, 아직 발효되지 못하고 있다.

한편 국제거래에서는 복합운송계약을 표창하는 복합운송증권이 이용되고 있는데, 그 근거가 되는 국제법규가 무엇이냐에 따라 증권의 형태나 복합운송인의 책임이 다르다. 그 중에 대표적인 것이 선하증권에 관한 헤이그규칙에 의한 복합운송증권(combined transport B/L)과 국제상업회의소의 복합운송증권에 관한 통일규칙에 의한 운송증권(Combined Transport Document : CTD)이다.

2007년 개정상법은 해상 이외의 운송구간이 포함된 경우, 손해가 발생된 운송구간에 적용될 법에 따라 운송인은 책임을 부담하고, 그 구간이 불분명한 경우에는 주된 운송인은 운송거리가 가장 긴 구간에 적용되는 법에 따라 책임을 진다(제816조)고 규정한다. 이 규정은 반드시 해상운송이 포함된 경우에만 적용되는 것으로 복합운송이 전부를 아우르지 못하고 있다.

Ⅳ. 기타의 運送契約

1. 繼續運送契約

계속운송계약이란 해상운송인이 송하인에 대하여 일정한 기간 동안 일정한 운임률로써 일정한 종류의 적하의 불특정다수량을 수시로 그리고 부분적으로 계속하여 운송할 것을 약속하고, 그 매회의 적하의 수량, 선적의 때와 장소, 양륙항 등의 결정을 送荷人에게 留保하는 계약을 말한다. 계속운송계약에 의해 송하인으로서는 비교적 낮은 운임으로 편리하게 운송할 수 있고, 운송인으로서는 운송의 기회를 독점할 수 있다는 이점이 있다.

2. 混合船積運送契約

혼합선적운송계약이란 해상운송에서 서로 다른 용선자 또는 송하인이 자기의 적하를 다른 동종·동질의 운송물과 혼합하는 것을 승인하고 체결하는 계약을 말한다. 이것은 산화선적운송계약이라고도 하며, 곡물·원유 등의 운송에 많이 이용된다. 이에 따라서 운송인으로서는 운송물의 보관·관리를 단일화할 수 있고, 용선자 또는 송하인으로서는 낮은 운임으로 운송할 수 있다는 이점이 있다.

제 3 관   海上物件運送契約의 成立

Ⅰ. 契約의 當事者

해상물건운송계약의 당사자에는 운송인수인으로서 선박소유자·선박임차인·정기용선자 등의 해상운송인과 그 상대방인 용선자($^{용선계약}_{의경우}$) 또는 송하인($^{개품운송계}_{약의경우}$) 등의 운송위탁자가 있다.

〈대판 1974. 9. 10, 74 다 457〉

「물건을 실제로 수출하는 업체가 무역등록업자가 아닌 까닭에 무역등록업자에게 수수료를 지급하기로 하고, 무역등록업자 이름으로 해상운송업자와 화물운송계약을 체결한 경우에 무역등록업자는 명의대여자에 불과하고, 위 운송계약의 당사자는 위 물건을 실제로 수출하는 업자라 할 것이므로 해상운송업자의 선하증권발행으로 인한 손해의 배상책임자는 실제로 물건을 수출하는 업자이다.」

그 밖에 계약의 당사자는 아니지만 계약에 관계되는 자로서 운송주선인 ·

선적인·수하인·통지수령인 등이 있다. 운송주선인에 대해서는 상법 제114조 이하의 규정이 적용된다(대판 2003. 2. 14,/2002 다 39326). 명칭은 운송주선인이지만 선하증권을 발행하여 운송인이 되는 경우도 있다(대판 2003. 2. 14,/2001 다 72296). 선적인이란 운송인과 용선 자 또는 송하인 사이의 운송계약에 의하여 자기의 이름으로 물건을 선적하는 자를 말한다. 예컨대, 본선인도조건(FOB)계약에서 운송계약의 당사자인 송하 인은 매수인이 되고 매도인은 선적인이 된다.

〈대판 2003. 2. 14, 2002 다 39326〉

「원심이 그 판시와 같은 이유로 운송주선인인 피고로서는 이 사건 선박의 접안료 가 연체되었다는 점을 미리 확인하거나 예견하여야 할 주의의무까지 부담한다고는 할 수 없고, 따라서 피고가 운송인이나 운송선박의 선택에 있어서 운송주선인으로 서 부담하는 선량한 관리자로서의 주의의무를 게을리하지 아니하였다고 판단한 것 은 수긍이 가고, 거기에 상고이유에서 주장하는 바와 같은 운송주선인의 손해배상 책임에 관한 법리오해 등의 위법이 있다고 할 수 없다.」

수하인은 운송물의 수령인으로 지정된 자 또는 운송물을 수령할 수 있는 자로서 상법은 수하인에 대해서 특별한 법적 지위를 인정하고 있다(제807조,/제803조). 통지수령인이란 운송물이 목적지에 도착했다는 사실의 통지를 받을 자를 말 한다(제853조 제 1 항 제/5 호·제 4 항 참조).

Ⅱ. 契約의 締結

해상물건운송계약은 낙성·불요식계약으로서 원칙상 청약과 승낙만으로 성립한다. 물론 용선계약에서는 상대방의 청구에 의하여 운송계약서(실무상 용선/계약서 라고 함)를 교부하여야 하지만(제828조), 이 계약서는 단순한 증거증권에 불과하다. 항 해용선계약의 표준서식으로는 乾貨物의 경우에는 GENCON(Uniform General Charter), 木材의 경우에는 BEIZAI(American Logs/Lumber) 91, 석탄의 경우에 는 AMWELSH(Americanised Welsh Coal Charter) 93, 유류의 경우에는 ASBA-TANKVOY(Association of Ship Brokers & Agents [U.S.A] Tanker Voyage Charter) 등이 있다. 선박소유자와 용선자는 표준용선계약서의 내용을 서로 상의하면서 수정한다. 또한 용선계약이든 개품운송계약이든 일반적으로 유가증권인 선하증권이 발행되는데(제852조), 개품운송계약의 내용은 오로지 이것 에 의하여 규율되는 경우가 많다. 운송인이 제공하는 선하증권은 수정 없이

송하인이 받아들일 수밖에 없으므로 부합계약의 성질을 갖는다. 실무상 해상
물건운송계약은 대부분 선박대리점 또는 선박중개인을 통하여 체결된다.

제 4 관 海上物件運送契約의 效力

Ⅰ. 海上物件運送人의 義務

　　해상물건운송계약이 성립하면 해상운송인은 운송물을 수령하여 보관하고,
이를 선적한 뒤에 지체없이 발항하여 운송을 실행하고, 목적지에서 운송물을
양륙하여 이를 인도할 의무를 진다. 이러한 해상운송인의 의무이행에 대해서
는 보통거래약관이나 상관습이 상당히 중요한 구실을 하고 있으며, 실제로 법
률관계의 많은 부분이 이것들에 의해 해결되고 있다. 따라서 상법규정은 원칙
적으로 임의규정으로서 당사자의 의사가 불분명한 경우에 보충적으로 적용된
다. 다만, 상법 제787조의 감항능력주의의무와 제788조의 운송물에 관한 주의
의무는 강행규정으로서, 이와 관련된 운송인의 의무 또는 책임을 감경 또는
면제하는 당사자간의 특약은 효력이 없다(상법 제799조 제 1 항).

1. 船積에 관한 義務

　　(1) 船舶回航義務　　용선계약의 경우 선박이 계약 당시에 선적항에 있
지 아니한 때에는 해상운송인은 용선자에 대해 운송계약의 취지에 적합한 선
박을 선적항에 회항시키고, 특약 또는 항구의 관습에 따라 정해지는 계류장에
선박을 정박시킬 의무가 있다. 해상운송인의 회항의무에 위반한 때에는 면책
의 특약이 없는 한 채무불이행에 따른 책임을 진다. 선박의 제공은 정기선의
경우에는 운항계획에 따르지만, 용선계약에서는 용선자가 선적항지정권을 갖
게 되므로 해상운송인으로서는 그 지정항에 지체없이 선박을 회항시킬 의무
를 지게 된다. 이 경우 용선자는 선박이 도착한 때부터 출항할 때까지의 전
기간 동안 자연적·인공적·정치적으로 안전한 항구 및 계류장을 지정하여야
하며, 그렇지 않을 경우 계약위반이 된다.

　　용선계약의 경우 운송선박은 이를 계약상 특정하는('A 또는 代船'이라든가 'A선·B선·C선 중 하나' 등)
것이 일반이지만, 개품운송의 경우에는 선박의 개성이 중요하지 않으므로 선
하증권약관상 일반적으로 선하증권에 기재된 선박 이외에 代船(substituted
vessel) 기타 대체운송수단을 포함한다는 뜻이 특약되어 있으며(代船約款), 운
송인이 운송물을 자유로이 환적할 수 있다는 뜻이 특약되어 있다(換積約款).

(2) 船積準備完了通知義務　　　용선계약의 운송인은 선박이 운송계약상에 정해진 선적항의 계류장에 도착하여 선적준비가 완료된 때에는 지체없이 용선자 또는 지정선적인에 대하여 그 통지를 발송하여야 한다(제829조 제1항, 제830조 제1문). 이를 선적준비완료통지(Notice of Readiness : NOR)라고 하며, 이 통지는 선적기간을 산정할 때 기초가 된다. 이는 양륙에 대해서도 마찬가지라고 할 수 있다(제838조 참조). 선적항(또는 양륙항)이 복수인 경우에는 그 통지는 최초의 항구에서 하는 것으로 족하다. 선적준비완료의 통지를 받은 용선자 또는 지정선적인은 일정한 선적기간 내에 운송물을 선적할 의무가 있다(제829조 제2항, 제830조 제2문).

한편 개품운송에서도 부정기선업자와 운송계약을 체결하는 때에는 당사자가 선적기간을 정하는 경우가 있고, 그러한 경우 원칙적으로 앞서의 설명이 그대로 적용된다. 그러나 오늘날 정기선에 의한 개품운송의 경우에는 운송인이 육상의 특정장소에서 운송물을 수집하여 총괄적으로 선적하는 것(이른바 총선적방법)이 보통이므로 선적준비 완료통지의무는 존재하지 않는다. 상법도 이러한 관행을 존중하여 송하인이 당사자간의 합의 또는 선적항의 관습에 의한 때와 곳에서 운송인에게 운송물을 제공하여야 하는 것으로 규정하였다(제792조 제1항). 이때 송하인이 운송물을 제공하지 아니한 경우에는 계약을 해제한 것으로 보아 船長은 즉시 발항할 수 있고, 이 때에도 송하인은 운임의 전액을 지급하여야 한다(제792조 제2항).

(3) 待泊義務　　　용선계약에서 운송인은 선적준비완료통지를 발송한 때로부터 운송계약에서 약정한 선적기간 동안 선박을 정박시켜 선적을 기다려야 한다.

〈서울고판 1981. 5. 28, 80 다 290〉
「용선자는 허용정박기간 후 체선기간에 따른 체선료와 지체상금을 지급할 의무에 대응하여 상대방은 선적기간만료시까지 선박을 선적항에 정박시킬 의무가 있다.」

이를 대박의무라 하고, 선적기간(제829조 제2항)과 양륙기간(제838조 제2항)을 합쳐서 碇泊期間(laytime; laydays)이라 한다.

해양운행중의 지체로 인하여 발생하는 손실은 오로지 선박소유자의 부담으로 되는 것이 보통이지만, 선박이 선적 내지 양륙을 위해 항구 내에 정박할 때의 지체로 인해 발생하는 위험은 선박소유자와 용선자·하주 사이에서 다양한 방법으로 분담하게 된다. 항해용선에서 정박기간 및 체선료(demurrage)

가 실제상 중요한 문제가 되는 것은 이러한 사정에 따른 것으로 상법도 이에 대해 약간의 규정을 두고 있다(제829조, 제830조, 제792조).

한편 정기선에 의한 개품운송계약의 경우에는 운송계약상 사전에 공표된 출항시간표에 기초하여 선박의 발착이 행해지고, 송하인은 수동적으로 그 정하여진 선박동정에 따르므로 정박기간이나 체선료의 문제는 발생하지 않는다(김인현, 186쪽).

그런데 정박기간(즉 선적기간 및 양륙기간)이나 체선료는 임의규정으로서 운송인과 용선자(하주)의 운송계약 또는 항구의 관습에 의해 결정되는 것이 보통이므로, 상법 규정은 이에 대한 약정 또는 관습이 없는 경우에만 보충적으로 적용되는 데 지나지 않는다. 우선 정박기간을 산정하는 방법에 대해서 보면 ① 어떠한 사유가 있더라도 선적개시 이후 완료할 때까지의 경과일수를 모두 정박기간에 산입하는 방법(running days), ② 기상상태가 양호하고 선적가능한 작업일만을 정박일에 산입하는 방법(Weather Working Days : WWD), ③ 당해 항구의 관습에 따른 선적능력으로 할 수 있는 한 신속히 선적하는 날로써 산정하는 방법(Customary Quick Despatch : CQD 또는 Fast as Can : FAC) 등의 세 가지 방법이 일반적으로 사용되고 있고, 또한 정박기간의 시기와 종기에 대해서도 계약에서 구체적으로 약정하는 것이 보통이다.

상법은 GENCON 제 6 조 c 항을 받아들여 선적기간의 약정이 있는 경우에는 그 기간은 선적준비완료의 통지가 오전에 있은 때에는 그 날의 오후 1시부터 기산하고, 오후에 있은 때에는 다음 날 오전 6시부터 기산하며, 이 기간에는 불가항력으로 인하여 선적할 수 없는 날과 그 항의 관습상 선적작업을 하지 아니하는 날을 산입하지 아니하는 것으로 규정하고 있다(제829조 제 2 항). 선적기간의 경과 후에는 용선자가 운송물의 전부를 선적하지 아니한 경우에도 선장은 즉시 발항할 수 있다(제831조 제 2 항). 이러한 경우 용선자는 운임의 전액과 운송물의 전부를 선적하지 아니함으로써 생긴 비용을 지급하고, 또 운송인의 청구가 있는 때에는 상당한 擔保를 제공하여야 한다(제831조 제 3 항).

용선계약에서 정박기간에 대해서는 특별히 보수를 지급할 필요가 없다. 그러나 약정된 정박기간 내에 선적이 끝나지 않아 그 후 용선자(수하인)가 운송물을 선적(또는 양륙)한 때에는 특약이 없어도 그 초과정박기간에 대해 용선자는 상당한 보수를 지급하여야 한다(제829조 제 3 항). 이 상당한 보수를 滯船料(demurrage)라고 하며, 일반적으로는 용선계약에서 일일당 금액이 약정된다. 체선료의 지급에 관하여 약정이 있는 이상 운송인은 지연된 기간 동안 계속 선박을 정박시킬 의무가 있으나, 무제한적 체선은 운송인의 이익을 해치기 때문에 체선료 지급에 따른 허용정박기간(days on demurrage; demurrage time)이 미리 약정되는 경우가 있다. 그리고 체선료를 지급할 것을 조건으로 허용된 기간까지도 넘어 선박이 여전히 정박할 때에는 운송인은 용선자에 대해 滯船損害金(demurrage for detention)을 청구할 수 있다.

그런데 체선료의 법적 성질에 대해서는 이를 손해배상으로 보는 견해와 법정의 특별보수로 보는 견해가 크게 대립하고 있는 외에 절충설이라고 볼 수 있는 몇몇 소수설도 등장하고 있다.

A. 損害賠償說   운송인은 용선자·송하인(수하인)에 의한 운송물의 선적·양륙을 기다려 운송계약상의 채무를 완전하게 이행할 수 있기 때문에 용선자는 선적·양륙의무를 부담하고, 그 의무의 불이행은 일반의 채무불이행으로 되어 당연히 지체의 책임을 발생시킨다. 따라서 초과정박기간에 대해 지급되는 체선료는 손해배상의 성질을 가지므로 당사자간에 특약한 체선료의 성질은 손해배상액의 예정이라고 한다(채이식, 736쪽; 송상현·김현, 442쪽, 767쪽; 정찬형, 제15판, 921쪽). 그리고 배상액의 범위는 민법 제393조의 '통상 발생하는 모든 손해'에 의해 산정된다.

B. 特別報酬說   용선자의 선적·양륙의무는 진정한 의무가 아니며 그 불이행에 의해 용선자가 법률상의 불이익을 받는 데 지나지 않고(제831조 제2항, 제836조), 초과정박기간중에 운송인이 부담하는 선원의 급료·식비·정박비용의 지출 등은 용선료에 포함되지 않으므로, 이는 법이 형평의 관점에서 인정한 특별보수라고 한다(박용섭, 492쪽). 그리고 정박중에 운송인이 부담할 비용은 일정한 비율에 따라 정형적으로 산정된다. 체선료는 과실상계의 대상이 아니다.

생각건대 용선자의 선적의무는 이른바 진정한 의무가 아니고, 체선료의 지급은 손해의 발생을 조건으로 하지 않으며, 초과정박기간에 대해 당사자간에 특약이 있는 경우에 용선자 등이 갖는 그 기간중 선박을 정박시킬 권리에 대응하여 운송인에게 지급되는 보수를 손해배상이라고 할 수 없다는 점 등의 이유로 손해배상설은 부당하며, 결론적으로는 특별보수설이 타당하다고 본다. 판례도 같은 견해를 취하고 있다.

〈대판 1994. 6. 14, 93 다 58547〉
「선박소유자가 약정양륙기간을 초과한 기간에 대하여 용선자에게 청구할 수 있는 소위 정박료 또는 체선료는 체선기간중 선박소유자가 입는 선원료, 식비, 체선비용, 선박이용을 방해받음으로 인하여 상실한 이익 등의 손실을 전보하기 위한 법정의 특별보수이므로, 선박소유자의 과실을 참작하여 약정 정박료 또는 체선료를 감액하거나 과실상계를 할 수 없다.」($\binom{\text{동지 : 대판 2005.}}{\text{7. 28, 2003 다 2083}}$)

물론 체선료는 특약이 없더라도 당연히 발생하는($\binom{\text{제829조 제 3 항;}}{\text{제838조 제 3 항}}$) 운임(용선료)과는 다른 것이다.

이상에서 밝힌 체선료와 반대로 약정된 허용정박기간의 만료 전에 선적이 종료된 경우에는 보통 운송인이 용선자에 대해 早出料(despatch money)를 지급한다. 조출료에 대해서는 체선료와 달리 상법에 어떠한 규정도 없다. 따라서 조출료는 운송인·용선자 간의 특약이 있을 때 비로소 발생하며, 그 법률 문제도 모두 당사자간의 계약에 기초하여 해결하게 된다. 조출료는 일종의 보수($\binom{\text{확정기간을 절}}{\text{약한 할인액}}$)로 그 산정기준이 다양하지만, 보통 체선료의 반액으로 한다($\binom{\text{김인현,}}{234쪽}$).

(4) 運送物 受領·船積義務   용선계약 및 개품운송 모두에 해당된다. 해상운송인은 계약에 따라 인도된 운송물을 수령하여 선박에 싣고 적당하게 선창에 적부할 의무가 있다. 그러나 법령에 위반된 물건은 선적할 수 없으며, 운송계약에서 정한 운송물 이외의 물건에 대해서도 선적의무는 없다($\binom{\text{제800}}{\text{조}}$). 법령에 위반된 물건에는 마약·무기 등과 같이 소지나 보관 자체가 위법한 물건은 물론, 허가 기타 절차를 밟지 아니하면 운송을 할 수 없는 물건도 포함된다. 법령 또는 계약에 위반하여 선적한 운송물은 선장이 이를 언제든지 양륙할 수 있고, 그 운송물이 선박 또는 다른 운송물에 위해를 미칠 염려가 있는 때에는 이를 포기할 수 있다($\binom{\text{제800조}}{\text{제 1 항}}$). 그럼에도 불구하고 위의 물건을 운송하는 때에는 선장은 선적한 때와 곳에서의 동종운송물의 최고운임의 지급을 청구할 수 있으며($\binom{\text{제800조}}{\text{제 2 항}}$), 운송인 기타 이해관계인은 채무불이행 또는 불법행위를 원인으로 용선자 또는 송하인에 대하여 손해배상을 청구할 수도 있다($\binom{\text{제800조}}{\text{제 3 항}}$). 그 외에 운송인이 위험한 물건을 선적한 경우에는 운송인이 그 성질을 모르고 선적한 경우뿐만 아니라 그 성질을 알고 선적한 경우에도 그 운송물이 선박이나 다른 운송물에 위해를 미칠 위험이 있는 때에는 선장은 언제든지 이를 양륙·파괴 또는 무해조치할 수 있다($\binom{\text{제801조}}{\text{제 1 항}}$). 위험물이란 인화성·폭발성·방사성·유독성과 같은 위험성이 있어 물리적으로 위험한 물건뿐만 아니라 선박과 적하의 압류나 몰수의 원인을 제공할 가능성이 있어 법률적으로 위험한 물건도 포함한다. 운송인은 위험물의 처분으로 인하여 그 운송물에 발생한 손해에 대하여는 공동해손분담책임을 제외하고 그 배상책임도 면한다($\binom{\text{제801조}}{\text{제 2 항}}$).

화물의 선적(양륙의 경우에 대해서도 같다)의 형태에는 일반선적(총적)과 자가선적(직적)의 두 가지가 있다. 전자는 해상운송인이 지정한 선적대리업자(shipping agent)가 운송인이 지정하는 육상의 보세창고 등에서 화물을 수령하여 여기서 화물의 검사·통관 등을 행한 뒤에 일괄하여 선박에 싣는 방법을 말하며, 컨테이너선과 같은 정기선에 의한 개품운송의 경우에는 이러한 선적방법이 관행적으로 행해진다. 개품운송의 경우 상법은 당사자 사이의 합의 또는 선적항의 관습에 의한 때와 곳에서 송하인이 운송인에게 운송물을 제공하여야 한다고 정한다(제792조 제1항). 이에 반하여 후자는 송하인(통상 송하인지정의 선적대리업자)이 자신의 책임으로 화물을 거룻배 또는 화차로 선박의 측면까지 운반하여 이를 선박에 싣는 방법으로 현재 용선계약과 거액의 단일화물·특수화물 등의 개품운송의 경우에 행해진다. 선적작업은 선박 또는 육상의 윈치(winch)·데리크(derrick)·크레인(crane) 등의 설비에 의해 행해진다. 그 외에 선박의 선측까지의 船積費用(shipping charges)은 自家船積의 경우는 물론 一般船積의 경우(이 경우에도 선적대리업자와 송하인 간에 선적에 관한 위탁·수탁의 관계가 있다)에도 모두 송하인의 부담이 되며, 마찬가지로 선측 이후의 양륙비용(landing charges)과 위험은 모두 수하인·용선자의 부담이 된다. 선하증권약관에도 통상 이러한 취지가 명기되어 있다. 반대로 선내하역작업에 대한 비용과 책임은 해상운송인의 부담이 된다. 정기선의 경우에는 특약조건으로서 선내하역비용을 선적 및 양륙비용과 함께 운송인의 부담으로 한다는 뜻이 약정되는(berth term) 수가 많지만, 항로나 화물에 따라서는 용선자측의 숙련된 선내하역업자(stevedore)를 필요로 하는 경우가 있다. 이 경우에는 용선자가 지정한 하역업자(charterers' stevedore)가 사용되며, 용선자가 선적·양륙 모두를 부담하는 F.I.O.(Free in and Out)나 그 변형으로서 선적비만을 용선자가 부담하는 F.I. (Free in), 양륙비만 용선자가 부담하는 F.O.(Free Out) 등이 당사자간에서 약정된다.

〈대판 2004. 10. 15, 2004 다 2137〉

「원심이 적법하게 확정한 바와 같이 이 사건 해상운송계약이 운송물의 인도시기 및 방법과 관련하여 수출자가 운임을 부담하되 운임 이외의 운송과 관련된 비용과 하역비용은 수하인이 부담하는 소위 C&F, FO(Cost and Freight, Free Out) 조건으로 체결된 것이라면 운송물을 하역하는 것은 운송인의 의무가 아니라 수하인의 의무라 할 것이다.」(동 판결의 판례평석은 김인현, F10계약조건과 그 유효성 및 선상도의 법률관계, 상사판례연구 제19집 제1권(2006. 3))

운송물의 수수는 운송인의 책임에 관한 문제와 밀접한 관계가 있다. 종래에는 용선계약의 경우뿐만 아니라 정기선에 의한 개품운송계약의 경우에도 해상운송인은 기본적으로 화물이 선박의 직접지배 하에 있는 동안에만 책임을 진다고 해석하였다. 선하증권약관에서도 화물이 선박의 측면에서 索具(tackle)에 걸린 때(선박의 索具를 사용하지 않는 경우에는 운송물이 갑판 또는 선창 등에 수령된 때)부터 도착항에서 선박의 색구를 이탈할 때까지(tackle to tackle) 책임을 진다고 표현되어 있어 선적 전 또는 양륙 후에 발생하는 운송물의 멸실·훼손·연착 등에 대해서는 일절 책임을 지지 않았다(헤이그 비스비 규칙의 입장). 그러나 현재의 정기선의 실무에서는 종래 船側에서 운송물을 수령하던 것이 육상의 창고에서 운송물을 수령하는 것(door to door)으로 바뀌었기 때문에 해상운송인의 책임을 화물이 선박에 있는 기간으로만 한정하는 견해는 타당하지 않다. 새로운 선적 및 양륙형태를 취하는 컨테이너선의 경우에는 선하증권약관상 일반적으로 해상운송인의 책임기간을 화물을 수령한 때로부터 인도할 때까지로 한다는 뜻을 규정하고 있다. 상법 제795조와 동일하다.

다음으로 해상운송인은 수령한 운송물을 적당한 방법으로 선박에 싣고, 이를 선창 안에 적부할 필요가 있다. 현재 이러한 화물의 하역작업은 전문적 하도급업자인 선내하역업자에 의해 행해지는 것이 보통이다.

화물의 적부는 항해의 안전 및 운임수입과 직접 관련 있는 중요한 작업으로 선박에 화물을 적부할 때에는 화물의 종류·모양, 양륙의 순서, 선박의 안전성 등 제반사정을 고려해야 하며, 또한 신속하고 확실한 하역이 요청된다. 선내하역비용과 책임은 당연히 이를 지정한 자가 부담해야 하지만, 선장은 운송인의 피용자로서 또한 송하인·선하증권소지인 등에 대해서는 타인의 물건의 보관자로서 선량한 관리자의 주의로써 선적·적부에 관하여 항상 지적·감독할 의무가 있다.

그런데 일반적으로 적부란 운송물을 선창(hold) 안으로 계획적으로 배치하는 것을 말하며, 특약이나 관습(예컨대 원목수송이나 연안운송의 경우)이 없는 한 이를 甲板積(on deck)으로 할 수는 없다. 운송인이 이에 위반하여 운송물을 갑판에 적부하는 것은 운송계약의 기본적 위반(미국법에서는 離路(devi-ation)로 보기도 한다)으로 운송인은 면책사유 기타 면책약관의 적용을 주장할 수 없고, 갑판적에 의해 발생한 모든 손해를 배상하여야 한다. 갑판적의 화물은 운송중에 빗물 및 바닷물에 의한 피해, 직사광선에 의한 훼손, 폭풍우 등에 의한 파손·유출 등의 위험에 처하게 되고, 공동해손(제872조 제 2 항)·해상화물보험 및 화환신용장거래(貨換信用狀에 관한 統一規則 및 慣習(Uniform Customs and Practice for Documentary Credits, 1993 Revision) 제20조 참조)와 관련하여 하주가 각종의 불이익을 받기 때문이다. 따라서 해상운송에서 운송인이 갑판적으로 운송할 수 있는 것은 관습에 의하여 갑판적이 인정되는 경우(예: 목재), 法令에 의하여 갑판적이 인정되는 경우(예: 위험물) 또는 갑판적에 관해 사전에 하주와 합의가 있는 경우 등에 한하며, 그 이외의 경우에는 갑판적을 할 수 없다. 이 점은 종래의 일반화물선의 경우이건, 최근의 컨테이너선의 경우이건 기본적으로 다르지 않다. 단, 컨테이너선의 경우 선하증권약관에는 일반적으로 운송인이 컨테이너화물을 갑판적할 수 있다는 뜻이 기재되어 있다(이른바 optional stowage clause, 미국의 판례는 이러한 甲板積自由約款의 효력을 유효하다고 보고 있다).

(5) 船荷證券交付義務　　해상물건운송계약에 기초하여 해상운송인이 운송물을 수령하거나 선적한 때에는 해상운송인·선장 또는 해상운송인의 대리인은 용선자 또는 송하인의 청구에 의하여 1통 또는 수통의 수령선하증권 또는 선적선하증권을 작성·교부하여야 한다(제852조). 그러나 해상운송인은 선적선하증권을 교부하는 대신에 수령선하증권에 선적의 뜻을 표시하여 교부할 수 있다.

2. 航海에 관한 義務

(1) 序　言　　운송물을 신속하고 안전하게 목적항까지 운송할 것을 목적으로 하는 항해에 관한 의무는 해상운송계약에서 운송인의 의무 가운데 가장 주된 의무라고 할 수 있다. 해상운송계약이 성립하면 운송인은 선박의 감항능력을 충분히 갖추고, 선적이 완료되는 대로 지체없이 발항하여 상당한 속도로 목적항까지 직진하여야 하며, 그 동안 운송물을 안전하게 보관할 의무를 진다.

(2) 堪航能力注意義務

A. 意　義　　개품운송과 용선계약에 모두 적용된다(제794조; 제841조). 해상운송은 육상운송과는 달리 고도의 위험성을 수반하므로, 상법에서는 해상운송인에게 특별한 주의의무를 부과하고 있다. 즉 해상운송인은 용선자나 송하인에 대하여 운송에 사용되는 선박을 제공함에 있어 그 선박이 목적항까지 안전하게 항해할 수 있도록 선적항발항 당시에 상당한 주의를 다하여야 한다. 이러한 운송인의 의무를 감항능력주의의무라고 하며, 운송물에 관한 직접적인 주의의무(제795조)와는 달리 운송설비인 선박의 안전운항과 관련된 주의의무인 점에 특색이 있다. 운송인이 이 의무에 위반하여 운송물에 손해가 발생한 경우에도 배상책임을 부담하므로 운송물에 관한 일종의 간접의무라고 할 수 있다.

B. 法的 性質　　구 상법 제738조에서는 "선박소유자는 용선자 또는

운송인에 대하여 발항 당시 선박이 안전하게 항해하는 데 감당할 것을 담보
한다"고 하여 선박소유자의 과실 유무에 관계 없이 결과책임(무과실책임)을 진
다는 것이 통설이었다. 또 종래 영미의 보통법 하에서도 公衆運送人(common
carrier)이 부담하는 선박의 감항능력에 대한 의무는 절대적인 擔保義務(absolute
warranty of seaworthiness)로서, 이를 위반한 운송인은 면책될 수 없었다. 그러
나 점차 선박이 대형화하고 복잡한 장비들이 많아지게 되어 발항 당시 상당
한 주의를 다하여도 여전히 발견할 수 없는 하자가 발생할 가능성이 있으므
로, 미국에서는 불감항에 의한 손해에 대해 무과실책임을 인정하는 것이 운송
인에게 너무 가혹하다는 의견이 대두되었다. 그리하여 1893년 하터법(Harter
Act)에 의하여 운송인의 감항능력에 관한 의무는 주관적 주의의무로 바뀌게
되었다(과실책임주의). 즉 운송인이 선박의 감항능력을 확보하기 위하여 상당
한 주의를 다한 때에는 감항능력주의의무위반에 따른 책임을 면하고 책임제
한의 이익을 갖게 되었다.

1924년 헤이그규칙에서는 절대책임주의를 폐지하고 과실책임주의를 채택
하였다. 즉 해상운송인은 선박의 감항능력에 관하여 상당한 주의를 다하였다
면, 불감항사실로 인해 손해가 발생하였더라도 책임을 지지 않게 되었다. 헤
이그규칙이 성립된 이후 각국이 이를 그대로 채택하여 감항능력에 관한 많은
나라의 입법이 통일되었다. 헤이그 비스비규칙도 동일하다. 현행상법도 헤이
그 비스비규칙을 그대로 받아들였으며, 그 표현도 구 상법 제738조의 감항능
력담보의무 대신에 1991년 상법이래로 감항능력주의의무라고 하여 과실책임
임을 명백히 하고 있다.

C. 堪航能力의 內容   상법은 헤이그규칙의 내용을 그대로 받아들이
고 있다(동규칙제2조 제1항). 즉 선박이 감항능력을 갖추기 위해서는 ① 선박이 안전하
게 항해할 수 있는 상태에 있어야 하고(협의의 堪航能力), ② 선원의 승선·선
박의장과 필요품의 보급이 필요하고(運航能力), ③ 선창·냉장실 기타 운
송물을 적재할 선박의 부분을 운송물의 수령·운송과 보존을 위하여 적합한
상태에 두어야 한다(堪荷能力)(제794조).

(i) 船體能力   해상운송인은 선박이 안전하게 항해할 수 있도록 하
여야 한다(제794조 제1호). 이러한 의미에서의 감항능력은 선박 자체의 양호한 상태, 즉
물리적 감항능력을 뜻한다. 선령·선급·구조 등이 특정항해를 하는 데 적합
하여야 한다. 우선 船體(hull)가 안전·견실하여야 한다. 隔壁(bulkhead)·플레

이트·철판이음못(rivet) 등의 상태가 항해의 위험으로부터 견딜 수 있어야 한다. 그 밖의 선박구성부분인 汽罐·汽機·操舵機 등도 모두 결함 없이 예정항해를 감당할 능력을 갖추어야 한다. 예컨대 艙口(hatch)는 견고하여야 하고, 송수관(water pipe)은 얼지 않도록 하여야 하며, 펌프의 가동에 이상이 없어야 한다. 또 배수시설도 정상적으로 작동하여야 한다.

〈대판 1976. 10. 29, 76 다 1237〉

「선박의 선창 밑에 설치된 유조탱크와 갑판 사이에 직립으로 부착하여 시설한 유류검량관에 생긴 틈과 구멍으로 새어 나온 기름에 운송물이 오염되어 훼손된 경우에 비록 선박이 발항하기 전부터 검량관이 낡아 있었고, 항해중 강풍 등에 의한 선박의 동요로 인하여 위의 틈으로부터 기름이 새어 나왔다 할지라도 선박소유자가 상당한 주의로써 검량관의 오염 여부를 조사하였더라면 이를 발견·예방할 수 있었을 것이므로, 선박소유자는 감항능력담보의무를 다하였다고 할 수 없고, 위와 같은 사고는 항해상의 과실이나 불가항력으로 인한 것이라고 할 수 없다.」 (본 판결에 대하여 堪航能力注意義務違反으로 보는 것이 부당하다는 견해로는 송상현, 堪航能力注意義務와 그 違反의 效果, 민사판례연구회편 民事判例研究(Ⅰ), 박영사, 1992, 202~209쪽이 있고, 본 판결을 지지하는 견해로는 이주흥, 海上物件運送人의 堪航能力注意義務, 사법논집 제11집, 법원행정처, 1980, 90~92쪽이 있다.)

〈대판 1985. 5. 28, 84 다카 966〉

「바다를 예정된 항로를 따라 항해하는 선박은 통상 발견할 수 있는 위험을 견딜 수 있을 만큼 견고한 선체를 유지하여야 하므로 발항 당시 감항능력이 결여된 선박을 해상운송에 제공한 선박소유자는 항해중 그 선박이 통상 예견할 수 있는 파랑이나 해상부유물의 충격을 견디지 못하고 파열되어 침몰하였다면, 불법행위의 책임조건인 선박의 감항능력유지의무를 해태함으로써 운송물을 멸실케 한 과실이 있다 할 것이다.」

선박 자체의 감항능력을 판단함에 있어 주의할 것은 선체의 결함이 항해중에 신속·간편하게 보정될 수 있는가 하는 점이다. 결함의 발견 후에 신속·간편하게 보정되지 않은 선박은 감항능력이 없는 것으로 된다. 반면 운송인이 발항 당시에 선박의 결함·불비를 알았지만, 필요한 경우에는 선내에 준비된 수단으로 신속·간편하게 보정할 수 있다고 인식한 경우에는 감항능력이 있다.

　　(ii) 運航能力　　　해상운송인은 선박이 특정항해를 수행하는 데 필요한 모든 인적·물적 설비를 갖추어야 한다. 즉 필요한 선원이 승선하여야 하고,

선박의 의장 및 필요품의 보급이 요구된다($_{제2호}^{제794조}$).

　　필요한 선원의 승선이란 당해 항해에 필요한 인원수의 선원을 승선시켜야 한다는 것뿐만 아니라, 당해 항로와 선박 및 해상운송에 경험이 있고 적당한 선장 기타의 법정자격을 갖춘 선원을 승선시켜야 한다는 것을 뜻한다. 그러나 해기사면허와 같은 법정자격증을 소지하지 않은 사람이라도 사실상 특정항해를 안전하게 수행할 수 있는 우수한 능력을 갖춘 선원이 승선하였다면 감항능력을 결하였다고 할 수 없다. 부적격한 선원의 승선, 건강불량·음주 기타 惡癖이 있는 선장의 승선은 일반적으로 감항능력주의의무위반으로 보아야 할 것이다.

〈대판 1966. 9. 27, 66 다 1448〉
「선박소유자가 선박을 임대하면서 자기가 천거하는 선장이나 기관원을 계속하여 승선시키기로 약정하였으면서도 그 천거하는 선장 등이 선박임차인이 취항하려는 항로에 익숙하지 못한 사실을 알고 있었다면, 이러한 선장의 실수로 말미암아 일으킨 사고에 대하여는 다른 사정이 없는 한 선박소유자가 전적인 책임을 져야 한다.」

〈대판 1975. 12. 23, 75 다 83〉
「약 2개월의 경험밖에 없는 항해사는 안전항해능력이 부족하므로, 그의 항해상 과실로 인한 사고에 대하여 선박소유자는 감항능력주의의무위반으로 인한 손해배상책임을 면할 수 없다.」

〈대판 1989. 11. 24, 88 다카 16294〉
「선박소유자에게는 자기소유의 선박이 발항할 당시 안전하게 항해를 감당할 수 있도록 필요한 인적·물적 준비를 하여 감항능력을 확보하여야 할 주의의무가 있는 것이고, 이러한 감항능력주의의무의 내용에는 선박이 안전하게 항해를 하는 데 필요한 자격을 갖춘 인원수의 선장과 선원을 승선시켜야 할 주의의무가 포함되어 있는 것이므로 선박의 출항 당시 관할 항만당국으로부터 취직공인을 받은 선장이 승선하지 아니하였고, 이러한 사실을 위 선박의 소유자가 알지 못하였으며, 보수교육을 받지 아니하여 어로장으로서의 취직공인마저 받지 못한 어로장이 위 선박의 항해를 지휘하다가 그 항해사의 과실로 사고를 일으켰다면, 비록 그 어로장이 선장과 동종의 해기면장을 보유하고 있었더라도 위 선박은 출항 당시 인적 감항능력을 충분히 갖추지 못한 상태에 있었다고 할 것이고, 따라서 이러한 사실을 알지 못한 선박의 소유자에게도 특별한 사정이 없는 한 감항능력주의의무를 다하지 아니한 과실이 있다고 할 것이다.」

〈대판 1995. 8. 22, 94 다 61113〉
「원칙적으로 선박직원법에 따른 해기사면허가 없는 선원이 승선한 선박은 소위 인적 감항능력을 결여한 것으로 추정되나, 선원이 위 면허를 소지하였는지 여부만 이 선박의 인적 감항능력의 유무를 결정하는 절대적인 기준이 되는 것은 아니고, 비록 위 면허가 없다고 하더라도 사실상 특정항해를 안전하게 수행할 수 있는 우 수한 능력을 갖춘 선원이 승선하였다면 이러한 경우까지 선박이 인적 감항능력을 결여하였다고 할 수는 없다.」

船舶艤裝(선박의장)이란 특정항해에 필요한 서류와 속구를 비치하고, 기타 장치를 갖추는 것을 말한다. 필요한 서류란 주로 선박국적증서 또는 선적증서 · 승무원명부 · 항해일지 · 여객명부 · 화물에 관한 서류 · 선박검사증서 · 항행하는 해역의 海圖 · 기관일지 · 속구목록 · 선박의 승무정원증서 등을 의미한다(선원법 제20조; 통법 시행규칙 제13조 제2항). 이것은 일반적으로 선박의 출항 · 입항, 화물의 통관 등의 행정목적을 위하여 요구되는 것으로 보이나, 항해하는 해역의 해도와 같이 선박의 안전항 해와 밀접한 관련이 있는 것도 있다. 해도는 당해 해역을 안전하게 항해하기 에 충분한 것이어야 한다. 축척은 필요충분한가, 최신의 정보를 기재하고 있 는가 하는 것 등이 문제된다. 그러나 해도는 반드시 최근에 발행된 것을 비 치하여야 하는 것이 아니고 구판이라도 항로고시에 따라 개정되어 안전항해 에 충분한 것이라면 족하다.

선박의 속구란 선박 자체 또는 선박구성부분과는 별개의 독립된 물건으 로서 선박의 상용에 제공될 목적으로 선박에 계속적으로 부속되는 물건을 말 한다. 예컨대 나침반 · 短艇 · 닻 · 돛 · 無線電信設備 · 航海用具(號鐘 · 시계 · 信號旗 등) · 救命 具 · 海深測定器 · 六分儀 등이 이에 해당한다. 레이더 자동위치측정장치 · 사진 전송장치 · 컴퓨터 · 토시오그래프 등 최신의 과학장비를 구비하였는지의 여부 도 감항능력판단의 기준이 될 수 있다.

필요품이란 선박이 항해를 수행하는 데 필요한 연료 · 식량 · 汽罐用水 · 음 료수 · 의약품 등을 말한다. 필요품은 수량적으로뿐만 아니라 품질에서도 당해 항해를 수행하는 데 충분한 것이어야 한다. 항해가 장기인 경우에 필요품을 전량 구비할 필요는 없고, 다음 보급항까지의 항해에 필요한 양과 약간의 여

유분이 있으면 족하다.

(ⅲ) 堪荷能力　　선박은 효율적인 운송수단인 동시에 안전한 화물창고이어야 한다. 즉 선박은 안전하게 항해할 수 있도록 화물을 적재하여야 하고 일정한 설비를 갖추어야 한다. 특별한 물건을 운송하는 때에는 그에 필요한 시설과 장비도 갖추어야 한다. 예컨대 선창·냉장실 기타 운송물을 적재할 선박의 부분을 운송물의 수령·운송과 보존을 위하여 적합한 상태에 두어야 한다(제794조). 이를 감하능력(cargoworthiness)이라고 한다. 부적절한 적부로 인하여 감하능력이 없게 되는 경우는 크게 두 가지가 있다. ① 부적절한 積付가 선박의 불안정성의 원인이 되는 경우와, ② 부적절한 積付로 인하여 당해 화물 또는 다른 화물에 손해가 발생하는 경우이다. 첫번째 경우의 예로 과일을 싣도록 되어 있는 갑판에 선반을 설치하고, 무거운 가축을 실었기 때문에 선박이 옆으로 기울어져 가축이 갑판에서 떨어진 경우를 들 수 있다. 그러나 감하능력을 결하게 되는 대부분의 경우는 부적절한 적부가 화물에 직접적인 손해를 발생케 하는 것이다. 겨울철 운항에는 선창내부의 송수관에 피복을 하여 동결을 방지한다거나, 선창에 스며든 물을 제거하기 위한 배수관을 미리 점검하는 것이 필요하다. 또 선창 기타 화물을 적재할 장소를 청결히 하며, 화물에 대한 오염을 방지하고, 소독을 하여 세균으로 인한 부패·전염을 방지하여야 한다. 이 밖에 통풍장치·방열시설 등이 갖추어지지 않아 손해가 발생한 경우에도 감항능력주의의무위반의 책임을 면할 수 없다. 요컨대 상법 제787조 제 3 호에서 예시하고 있는 운송물의 수령·운송과 보존을 위하여 운송물을 적재할 선박의 부분은 당해 운송물이 무엇인가에 따라 달라질 수 있다.

D. 堪航能力注意義務의 時期　　해상운송인이 선박의 감항능력에 관하여 상당한 주의를 하여야 할 시기는 발항 당시이다(제794조본문). 이는 헤이그규칙의 "before and at the beginning of the voyage"를 따른 것으로(동규칙 제3 조 제1항) '발항 당시'란 선적항에서 운송물을 선적한 때로부터 선박이 선적항을 발항할 때까지를 말한다. 선박이 발항한 이상 그 선박은 오로지 선장의 지휘 하에 있게 되므로 운송인은 자신이 실행하여야 할 의무로부터 해방되어야 하기 때문이다. 운송물은 선적시부터 해상위험에 놓이게 되므로, 예컨대 선적 후 발항 전에 항내의 파도나 침수 등의 통상의 해상위험으로 인해 운송물에 손해가 생긴 때에는 발항시에 감항능력이 있었다 하더라도 해상운송인은 손해에 대한 책임이 있다. 한편 일정한 기간 동안 연속적인 항해용선계약을 맺은 선박

은 매 항차 선적시마다 감항능력을 유지해야 한다. 그러나 정기용선계약의 경우에는 용선자에게 선박을 인도한 때에 감항능력을 유지한 상태로 인도하면, 전 용선기간 동안 감항능력이 있는 것으로 본다.

　　상법 제794조에서 '발항'의 의미와 관련하여 그것이 선적항을 떠나는 것만을 뜻하는 것인지, 아니면 선박이 항해도중에 기항하는 경우 그 기항항을 떠나는 것까지 포함하는 것인지 분명하지 않다. 종래 영국의 보통법에서는 한 항해가 중간의 기항에 의하여 여러 단계로 구분되는 경우, 각 기항항에서 발항할 때마다 감항능력을 갖추어야 한다는 단계이론(doctrine of stage)이 확립되어 있었다. 그러나 1924년 헤이그규칙에서는 단계이론이 적용될 여지가 없다고 보는 것이 영국판례의 입장이다. 헤이그규칙을 채택한 다른 국가에서도 일반적으로 선적항의 발항 당시에 감항능력이 갖추어져 있는 것으로 족하다고 본다. 그러나 이러한 입장을 취하면 중간기항항에서 새로 선적된 운송물에 대해서 운송인이 감항능력주의의무위반에 대한 책임을 지지 않게 된다는 점에 문제가 있다. 또한 통신기술의 발달과 이행보조자를 통한 기항항에서의 감항능력의 확보도 가능하다는 점을 고려해 볼 때 재검토의 여지가 많다고 본다. 이와 관련하여 1978년의 함부르크규칙은 감항능력주의의무에 관하여 아무런 규정도 두고 있지 않다. 그러나 이것은 운송인의 감항능력주의의무를 폐지한 것이 아니라, 종래 "발항 당시"에 한해서만 인정하던 주의의무를 전항해구간에 걸쳐 부담시키려는 취지로 이해된다(손주찬, 807쪽; 주석상법, 315쪽).

　　E. 堪航能力에 관한 주의의 정도와 船舶使用人의 범위　　　　이에 대하여 상법 제794조는 단순히 '주의'라고 하고 있으나, 헤이그 비스비규칙상의 '상당한 주의'(due diligence)로 해석하여야 한다. 여기서 상당한 주의란 상법 제794조의 각 호에 대한 선량한 관리자로서의 주의를 말한다. 따라서 감항능력을 갖추어야 한다는 것이 어떠한 객관적 위험에도 견딜 수 있어야 한다는 것을 뜻하는 것은 아니다. 다만, 특정선박의 특정항해와 특정운송물에 대해 요구되는 상대적 개념이므로 항로·계절·기간·운송물의 종류 등에 따라 구체적으로 결정하여야 한다. 요컨대 상당한 주의란 '상당히 주의깊고 경험과 숙련도를 갖춘 운송인이 발항 당시의 기술수준을 기초로 하여 알았거나 알 수 있었을 구체적인 사정 하에서 운송인으로서 기울일 것이 기대되는 주의'라고 할 수 있다. 이는 바로 민법상의 선관주의의무와 같은 것으로 이해할 수 있다.

　　한편 해상운송인은 타인을 사용하여 감항능력을 확보하는 경우가 많다.

이 때에도 운송인이 대리인이나 사용인을 고용함에 있어 상당한 주의를 다하였다는 것만으로는 자신의 주의의무를 다한 것으로 볼 수 없다. 따라서 그 대리인 또는 사용인 자신도 상당한 주의를 다하여야 한다. 상법 제794조도 "운송인은 자기 또는 선원 기타의 선박사용인이 발항 당시…"라고 정하고 있다. 그런데 이것을 민법의 일반원칙(_{제390조}^{민법})보다 운송인의 책임을 가중시키는 것으로 보아서는 안 된다. 즉 민법상의 채무불이행의 경우에도 이행보조자의 과실에 대해서 책임을 지고(_{제391조}^{민법}), 채무자가 그 책임을 면하기 위해서는 무과실을 입증하여야 하기 때문에 상법 제794조는 운송인에게 무거운 책임을 과한 것이 아니라 채무불이행에 관한 일반원칙을 운송인에 대하여 구체적으로 명확하게 한 것으로 보아야 한다(_{142쪽 이하}^{이원석,}).

　　특히 문제가 되는 것은 오늘날 선박의 검사와 수선은 독립적인 履行補助者라고 할 수 있는 船級協會(classification society)나 조선회사와 같은 전문기관에 맡겨서 하는 것이 보통인데, 이러한 독립적인 계약자의 과실에 의한 운송인의 책임 여부이다. 이에 대해 독일의 통설·판례는 해상운송인으로서는 선급협회나 조선회사에 간섭할 수 있는 가능성이 없으므로, 이들을 해상운송인의 이행보조자로 보지 않는다. 영국에서는 새로운 선박을 건조하는 경우를 제외하고는 조선소 또는 선박수리업자의 과실에 의한 운송인의 책임을 인정하고 있다. 그러나 영국의 Lloyd's와 같은 선급협회의 과실에 대해서는 그러한 협회가 가지는 공적이고도 준사법적인 지위를 근거로 또는 운송인에게 선급협회의 증명에 대한 재검사를 기대하는 것은 무리라는 이유로 운송인이 책임을 지지 않는다고 해석하고 있다. 생각건대 해상운송인이 선급협회나 조선회사와 같은 전문기관의 고의·과실에 대해서도 책임을 지고, 자기 또는 이행보조자가 상당한 주의를 다하여도 발견할 수 없는 선박의 건조 당시의 숨은 하자에 대해서만 면책될 수 있다면, 이는 해상운송인에게 무과실책임을 지우는 것이나 다름없다. 따라서 선급협회나 조선회사와 같은 독립적인 계약자의 과실로 인하여 선박이 감항능력을 상실한 경우에는 해상운송인이 그 선임이나 감독에 과실이 없으면 면책되도록 하는 것이 타당하다.

　　F. 立證責任　　　해상운송인은 감항능력주의의무위반으로 인한 운송물의 손해에 대하여 자기 또는 그 사용인이 발항 당시 선박의 감항능력을 확보하기 위하여 상당한 주의를 다하였다는 것을 증명하지 않으면 그 책임을 면할 수 없다(_{본문}^{제794조}). 즉 입증책임은 운송인에게 있다. 이는 채무불이행에 관한

입증책임분배의 일반원칙에 비추어 당연한 것이다. 손해발생의 원인이 항해
상의 과실을 비롯한 법정면책사유나 기타 약정면책사유에 해당한다 하더라도
감항능력주의의무위반이 있으면 그 효력이 발생할 수 없다(정찬형, 제15판, 870쪽; 김인현, 192쪽). 이
때 운송인은 선박의 감항능력을 확보하기 위하여 모든 점에서 상당한 주의를
다하였음을 증명할 필요는 없고, 오직 운송물의 손해를 야기한 불감항사실에
대하여만 상당한 주의를 다하였다는 것을 증명하면 족하다. 따라서 감항능력
주의의무위반과 다른 원인, 예컨대 항해상의 과실·화재·해상위험 등 면책사
유(제795조 제 2 항, 제796조 제 2 항)가 경합하여 운송물에 손해가 생긴 경우에는 운송인은 손해의
원인이 불감항사실이 아니라, 다른 원인 즉 면책사유라는 것 또는 불감항사실
이 그 원인이었더라도 그에 대하여 과실이 없었다는 것을 입증하면 된다. 또
한 운송인은 모든 손해에 대하여 책임이 있는 것이 아니라 불감항사실로 인
한 손해에 대하여만 책임이 있고, 다만 그 손해의 범위에 관한 입증책임을
부담하게 되는 것이다.

  손해의 원인인 선박의 불감항사실에 대하여는 입증책임분배의 일반원칙
에 따르면 그러한 사실을 주장하는 자, 즉 하주가 입증하여야 하지만, 이 원
칙을 엄격히 고수하면 감항능력에 관한 증거자료가 거의 모두 해상운송인의
지배 하에 있기 때문에 운송인의 책임을 면제시킬 가능성이 있다. 즉 해상운
송은 출항 이후에는 전적으로 운송인의 지배 하에 있고, 그 과정 자체가 복잡
하여 일반적으로 문외한인 송하인으로서는 운송물이 어떻게 손해를 입었는지
또한 사고원인이 무엇인지를 입증하기 곤란하며, 게다가 사고원인이 여러 가
지로 경합된 경우에는 어떤 원인에 의하여 운송물이 멸실 또는 훼손되었는지
를 입증하기가 쉽지 않다. 따라서 송하인은 운송물을 선적할 때에는 양호한
상태였는데 운송인으로부터 인도받은 때에는 운송물이 멸실·훼손 또는 연착
되었다는 사실, 손해가 발생한 사실 및 그 손해액에 관하여만 입증책임이 있
다. 이에 대하여 운송인은 과실이 있는 것으로 추정되고, 따라서 운송인이 선
박이 발항 당시에 감항능력이 있었다는 사실 또는 감항능력이 없는 상태라
하더라도 상당한 주의를 다하였다는 것 및 불감항사실과 손해 사이에 인과관
계가 존재하지 않는다는 것을 입증하여야 한다.

  G. 義務違反의 效果   해상운송인이 감항능력주의의무에 위반하여 운
송물에 손해가 생긴 때에는 이를 배상할 책임이 있다. 이 때에도 운송인이
배상책임을 지는 것은 운송물의 멸실·훼손 또는 연착으로 인한 손해에 한한

다. 상법 제794조는 강행규정이므로 운송계약당사자간에 그 주의의무나 책임을 경감 또는 면제하는 특약을 하더라도 효력이 없으며, 운송물에 관한 보험의 이익을 운송인에게 양도하는 약정 또는 이와 유사한 약정도 마찬가지이다(제799조 제1항). 해상보험자는 선박 또는 운임을 보험에 붙인 경우에는 감항능력주의의무위반으로 인한 손해에 대하여는 보상책임도 부담하지 않는다(제706조 제1호). 그리고 해상운송인의 감항능력주의의무는 운송계약에 기한 운송물인도채무라는 본래의 급부의무에 따르는 종된 의무 내지 신의칙상의 의무 가운데 가장 중요한 것이라 할 수 있고, 그 의무의 위반은 운송채무의 불완전이행으로 보아야 한다. 따라서 감항능력주의의무의 위반이 있는 경우 용선자나 송하인은 채무불이행책임의 일반원칙에 따라서 운송인에게 상법에 규정된 손해배상책임 이외에 별도의 책임을 물을 수 있다. 즉 하자가 운송계약의 목적을 달성할 수 없을 정도로 중대한 경우에는 용선자나 송하인은 운송계약을 해제할 수 있고(민법 제567조, 제580조, 제575조), 중대한 하자가 아니더라도 운송개시 이전에는 상당한 기간을 정하여 瑕疵의 治癒를 요청하고, 그 기간 내에 치유하지 않을 때에는 운송계약을 해제할 수 있다(민법 제544조).

(3) 發航義務   용선계약과 개품운송에 모두 적용된다. 운송물의 선적이 완료된 후에 운송인은 지체없이 발항하여야 한다. 발항의 시기는 보통 계약에 의하여 정하여지나 정기선의 경우에는 미리 공표된 시간표에 따른다. 해상운송인은 선적기간(약정된 초과정박기간을 포함한다) 내에는 선박을 정박시킬 의무가 있으나, 이 기간이 경과하면 언제라도 선박을 발항시킬 수 있다(제831조 제2항). 해상운송인에게는 거액의 자본을 투하한 선박의 가동률을 향상시키는 것이 극히 중요하다는 점을 고려하면, 이러한 해상운송인의 발항권은 말하자면 자신의 정당한 이익을 보호하기 위한 자위권이라고도 할 수 있다.

그러나 이상의 원칙에 대해서는 다음과 같은 특칙이 있다. 우선 선적기간의 경과 전에도 전부용선의 경우에 용선자가, 일부용선의 경우에 용선자 전원이 운송인에 대해 일부를 적재하지 않은 채로 발항할 것을 청구할 때에는 해상운송인은 선박을 발항시켜야 한다(제831조 제1항, 제833조 제3항). 상인인 용선자로서는 목적지의 시황 기타 사정에 비추어 보아 운송물을 일부 남기고라도 조기에 발항할 필요가 급박한 경우가 있으므로 법이 예외적으로 인정한 권리이다. 이 경우 용선자 또는 송하인은 운임의 금액(不積運賃(dead frei-ght)을 포함한다)과 운송물의 전부를 선적하지 않았기 때문에 발생한 비용을 지급하여야 하고, 해상운송인의 청구가 있으면 상당한 담보도 제공하여야 한다(제831조 제3항, 제833조 제2항). 한편 개품운송에서는 송하인이 일정한 때와 곳에서 운송물을 제공하지 아니한 경우에 선장은 즉시 발항할 수 있으며, 또한 송하인에 대해 운임전액의 지급을 청구할 수 있다 (제792조 제2항).

(4) 直航義務   개품운송과 용선계약에 모두 적용된다. 해상운송인은 발항 후에는 예정된 항로(약정항로 또는 통상의 관습적 항로)의 변경, 즉 離路(deviation)하지 않고 상당한 속력으로 도착항까지 직항하여야 한다(선원법 제8조 참조). 이로는 흔히 운송의 지연이나 해상위험의 증대를 초래하는 원인이 되기 때문이다. 단, 해상에서 인명이나 재산의 구조행위 또는 기타 정당한 이유로 인한 이로는 허용된다 (제796조 제2항 제8호; 선원법 제8조; 헤이그규칙 제4조 제4항). '정당한 이유로 인한 이로'란 일반적으로 관습 · 지리적 조건 · 운송물의 성질 · 운송조건 등의 구체적 사정을 고려하여 사례에 따라 결정할 수밖에 없다(헤이그규칙의 입법 및 영미법에서 볼 수 있는 이론적 발전이다). 학설은 이를 선원법 제8조에서 말하는 '부득이한 경우'와 같은 뜻으로 보아 일반적으로 피난항으로의 피난(공동위험의 회피), 감항성의 회복 등을 그 예로 들고 있다. 운송인이 이로한 경우 운송인은 이로 말미암아 스스로 운송계약을 위반하였으므로 운임을 청구할 수 없다는 견해도 있으나, 이로가 있을 때에도 운송물이 일단 목적항에 도착하면 운임을 청구할 수 있다. 실제로도 해상운송인은 선하증권약관 내지 용선계약에 이로의 자유를 부여한 조항(이른바 이로약관 (deviation clause)) 또는 항해의 범위(기항지 · 경로 · 항해의 형태 등)에 관한 조항을 두어 이로에 의해 초래되는 운송계약의 기본적 위반의 효과를 회피하는 것이 보통이다.

〈대판 1998. 2. 10, 96 다 45054〉
「발항 당시 레이더에 관한 감항능력주의의무의 이행을 다하지 아니한 이 사건 선박이 출항한 지 하루도 지나지 않은 상태에서 레이더의 수리점검 및 선용품공급을 위하여 예정된 항로를 변경한 것은 정당한 이유로 인한 이로에 해당한다고 할 수 없다.」

(5) 保管 · 運送義務   개품운송과 용선계약에 모두 적용된다. 해상운송인은 운송을 인수한 자로서 운송물을 수령한 때부터 인도할 때까지 선량한 관리자의 주의로써 이를 보관할 의무를 진다.

〈대판 1978. 3. 28, 77 다 1401〉
「그 자체 습기와 열이 있는 찹쌀을 열대지방에서 온대지방으로 운송하는 경우, 운송인으로서는 운송도중이거나 정박중이거나를 불문하고 부패·변질되지 아니하도록 환기장치를 세심히 사용하거나 상당한 주의를 하여야 한다.」

운송물의 보관방법에 대해 특별한 약정이 있으면, 물론 그 방법에 따라야 한다. 또한 해상운송인은 송하인 또는 선하증권소지인의 지시에 따라 운송의 중지, 운송물의 반환 기타 처분을 할 의무가 있다(제815조, 제139
조 제1항).

그 외에 법령에 위반하거나 계약에 의하지 않고 선적한 운송물은 선장이 이를 양륙·포기할 수 있으며(제800조
제1항), 위험성이 있는 운송물에 대해서도 해상운송인은 이를 양륙·파괴 또는 무해조치할 수 있다(제800조
제1항). 또한 해상운송인은 운송물을 선적한 이상 원칙적으로 이를 그 선박으로 양륙항까지 운송할 필요가 있으며, 다른 선박에 바꿔 실을 수 없다. 운송물을 바꿔 싣는 것은 자칫 멸실·훼손 또는 연착의 원인이 되기 때문이다. 그러나 실제로는 해상운송인이 운송계약상 이른바 換積約款(transshipment clause)을 삽입하여 운송인이 자유로이 운송물의 전부 또는 일부를 예정선박 이외의 선박 기타 운송수단으로 바꿔 실어 운송할 수 있게 하고 있다.

3. 揚陸에 관한 義務

선박이 목적항에 도착하면 운송인은 운송물을 양륙하여 인도하여야 한다. 운송물의 양륙과 인도는 선적항에서의 운송물의 선적과 수령에 대조되는 행위이며, 그 법률관계도 서로 유사한 점이 많다. 용선계약과 개품운송에 모두 적용된다.

(1) 運送物의 揚陸義務　　　해상운송인은 우선 선박을 운송계약상 예정된 양륙항 또는 용선자가 지정하는 양륙항에 입항시킬 의무가 있다. 선박이 양륙항에 도착하면 운송물을 양륙하고, 수하인(선하증권소지인) 또는 용선자에게 인도하게 된다.

양륙의 방법에는 일반양륙과 자가양륙이 있고, 양륙작업이 보통 전문양륙대리업자(landing agent)에 의해 행해진다는 점은 선적의 경우와 같다. 용선계약의 경우에는 선적시와 마찬가지로 양륙준비의무·대박의무·양륙의무가 인정된다. 즉 운송물양륙에 필요한 준비가 완료된 때에는 선장은 지체없이 수하인에게 그 통지를 발송하여야 한다(제838조
제1항). 이 통지는 양륙기간의 약정이 있는 경우, 그 기산점이 되어 통지가 오전에 있는 때에는 그 날의 오후 1시부터 기산하고, 오후에 있는 때에는 다음 날 오전 6시부터 기산한다. 이 기간에는 불가항력으로 인하여 양륙할 수 없는 날은 산입하지 아니한다(제838조 제2항, 제829조 제2항). 양륙기간을 경과한 후 운송물을 양륙한 때에는 운송인은 용선자에게 상당한 보수를 청구할 수 있는 것도 선적시와 같다(제838조 제3항).

〈대판 1966. 4. 26, 66 다 28〉

「피고는 원고소유선박이 원고와의 약정에 의하여 부두에 입항하여 즉시 선장으로부터 원고에게 운송물의 양륙을 하도록 통지하였음에도 불구하고 원고가 화물양륙작업을 하지 않고 지연하던 중 본건 사고가 발생하였으니, 이를 원고의 본건 손해배상청구금액을 정하는 데 있어서 참작하여야 한다고 주장하였으므로, 원심으로서는 피고의 위 주장이 원고가 운송물의 양륙을 하지 않고 지연함으로써 피고가 원고에 대하여 청구할 수 있는 상당한 보수청구권을 원고에 대한 본건 손해배상청구권과 상계한다는 취지의 주장인지의 여부의 점에 대하여 석명하고, 이에 대한 심리판단이 있어야 한다.」

개품운송계약의 경우에는 운송인이 수하인에게 운송물의 도착통지를 하고 인도할 의무가 있으며, 수하인은 이를 수령하여야 한다(제802조). 다만, 용선계약이든 개품운송계약이든 지시식 또는 무기명식 등의 선하증권이 발행된 경우에는 선하증권소지인이 알려져 있지 않는 한 운송인은 누가 수하인인지 일반적으로 알 수 없기 때문에, 이 경우의 양륙준비의 통지 또는 운송물도착의 통지는 선하증권약관상의 특약(보통 통지첨가 기재되어 있다) 또는 양륙항의 관습에 따라 공고 기타 방법으로 공시하면 충분하다. 실제로 정기선의 경우에는 보통 선하증권약관상의 특약 또는 양륙항의 관습에 따라 선박의 도착 기타 통지를 하지 않고 해상운송인이 일반양륙할 수 있는 권리가 명문화되어 있다.

(2) 運送物의 引渡義務　　해상운송인은 운송행위의 최종단계로서 운송물을 양륙항에서 수하인 또는 선하증권소지인에게 인도할 의무가 있다. 이 운송물인도에 의해 海上運送人의 운송계약상의 채무는 종료한다.

〈대판 1981. 12. 22, 81 다카 665〉

「일반적으로 해상물건운송인의 책임의 시기와 종기에는 운송계약 또는 선하증권에 기재된 운송약관에 의하여 정하여지는 것이나, 선하증권상에 물품인도장소가 컨테이너야적장으로 명기되어 있는 본건과 같은 경우에 있어서 그 인도장소를 컨테이너야적장으로 정한 것이 운송인책임 하에 위 인도장소에서 수하인 또는 선하증권소지인에게 물품을 인도함으로써 책임이 종료되는 것이고, 그 인도를 위하여 법령 또는 약정에 의한 상당기간 운송물품을 인도장소에서 보관하는 일은 위 운송인의 책임 중에 포함된다고 보아야 할 것이다.」

〈대판 1990. 2. 13, 88 다카 23735〉

「해상운송인이 임의로 타인으로 하여금 하역작업을 하게 하여 그 타인이 불법반출하여 감으로써 선하증권의 정당한 소지인에게 화물을 인도하여 줄 수 없게 되었다면, 해상운송인은 이 증권의 정당한 소지인에 대하여 운송계약상의 채무불이행으로 인한 손해를 배상하여야 한다.」(^{동지평석 : 김교창, 海上運送의 貨物引渡義務, 인권과 정의}
(1990. 7), 99~104쪽; 이주흥, 海上運送貨物의 引渡와 滅失,
판례월보 제248
호, 22~27쪽)

개품운송계약의 경우에는 선적시와 마찬가지로 현행 상관행을 존중하여 운송인은 수하인에게 운송물의 도착통지를 한 후 당사자간의 합의 또는 양륙항의 관습에 의한 때와 곳에서 운송물을 인도하여야 하고, 수하인은 지체없이 이를 수령하여야 한다(^{제802}_조).

운송인은 수하인이 운임, 부수비용, 체당금, 정박료, 운송물의 가액에 따른 공동해손 또는 해양사고구조로 인한 부담액 등의 지급(^{제807조}_{제1항})과 상환하지 아니하면 운송물을 인도할 의무가 없고(^{제807조}_{제2항}), 이러한 금액의 지급을 받기 위하여 법원의 허가를 얻어 운송물을 경매할 수도 있다(^{제808}_조).

〈대판 1994. 6. 14, 93 다 58547〉

「선박소유자가 용선자나 송하인에 대하여 운임 등의 청구권을 상실하는 것은 임의로 운송물의 경매를 할 수 있음에도 이를 게을리하여 용선자나 송하인의 이익을 해치는 경우에 한하는 것이고, 선박소유자에게 책임 없는 사유로 인하여 경매가 불가능하거나 혹은 경매가 일단 개시되었지만 역시 선박소유자에게 책임 없는 사유로 경매절차가 지연됨에 따라 운송물 자체의 변질로 인하여 그 상품가치가 저하되어 더 이상 경매절차를 진행하는 것이 선박소유자뿐만 아니라 용선자나 송하인에게도 불이익한 결과를 초래하는 경우에는 해당하지 아니하므로, 이러한 경우 선박소유자가 경매에 의하여 운송물을 처분하지 아니하였다고 하여 용선자나 운송인에 대한 운임 등의 청구권을 상실하는 것은 아니다.」

〈대결 1977. 1. 21, 76 마 37〉

「선박운송물의 수하인이 운임을 지불하였는 데도 운송물에 대한 운임미불을 이유로 하는 경매허가결정이 있었다면, 그 결정은 수하인의 운송물인도청구권을 침해하는 재판이라 할 것이므로 수하인은 본조(^{제804}_조) 제1항의 규정에 의한 항고를 할 수 있다.」

수하인이 운송물의 수령을 게을리한 때에는 선장은 이를 공탁하거나 세관 기타 법령이 정하는 관청의 허가를 받은 곳에 인도할 수 있고, 이 경우에는 지체없이 수하인에게 그 통지를 발송하여야 한다(제803조). 수하인을 확지할 수 없거나 수하인이 운송물의 수령을 거부한 때에는 선장은 이를 공탁하거나 세관 기타 관청의 허가를 받은 곳에 인도하고, 지체없이 용선자 또는 송하인 및 알고 있는 수하인에게 그 통지를 발송하여야 한다(제803조). 공탁이나 이러한 인도를 한 때에는 선하증권소지인 기타 수하인에게 운송물을 인도한 것으로 본다(제803조).

선하증권이 발행되는 경우에는 이와 상환하여 운송물을 인도하여야 한다(제861조). 이에 반하여 선하증권이 발행되지 않은 경우에는 운송계약상 수하인으로 지정된 자에게 인도하면 된다(제815조). 즉 수하인은 운송물이 도착지에 도착하면 운송계약상의 송하인의 권리(운송물인도청구권을 포함한다)를 취득하며, 수하인은 자신의 이름으로 직접 운송인에 대해 운송물의 인도를 청구할 수 있다. 단, 운송물의 도착 후에도 수하인이 인도를 청구하기까지는 송하인에게 운송물처분권이 있으므로(제815조, 제139조 제2항), 그 한도에서 송하인의 처분권이 수하인의 권리에 우선하며, 수하인의 인도청구에 의해 비로소 수하인의 권리가 송하인의 권리에 우선하게 된다(제815조, 제139조 제2항).

〈대판 1999. 4. 23, 98 다 13211〉

「해상운송인 또는 선박대리점이 선하증권과 상환하지 아니하고 운송물을 선하증권소지인 아닌 자에게 인도하는 것은 그로 인한 손해의 배상을 전제로 하는 것이어서, 그 결과 선하증권소지인에게 운송물을 인도하지 못하게 되어 운송물에 대한 그의 권리를 침해하였을 때에는 고의 또는 중대한 과실에 의한 불법행위가 성립된다.」

〈대판 1997. 6. 24, 95 다 40953〉

「해상운송인으로서는 운송물을 선하증권의 소지인에게 선하증권과 상환하여 인도하여야 함이 원칙이라 할 것이나, 해상운송인이 선하증권소지인의 인도지시 내지 승낙에 따라 운송물을 제3자에게 인도한 경우에는 그 제3자가 선하증권을 제시하지 않았다 하더라도 해상운송인이 그와 같은 인도지시 내지 승낙을 한 선하증권소지인에 대하여 운송물인도의무불이행이나 불법행위로 인한 손해배상책임을 진다고 할 수 없다.」

여러 통의 선하증권이 발행된 경우($\substack{제852\\조}$), 운송물인도청구의 법률관계에 대해서 상법은 다음과 같이 규정하고 있다. 즉 운송계약상의 운송물인도예정지인 양륙항에서는 수통 가운데 한 통의 소지인으로부터의 인도청구에 대해서도 응해야만 한다($\substack{제857조\\제1항}$). 이 인도에 의하여 해상운송인은 다른 증권소지인에 대한 운송물인도채무를 면하며, 다른 소지인의 선하증권은 효력을 잃는다($\substack{제857조\\제2항}$). 아직 운송물의 전부 또는 일부가 인도되지 않은 때에 여러 명의 증권소지인으로부터 경합하여 인도청구를 받은 때에는 해상운송인은 운송물을 공탁하고, 동시에 지체없이 인도청구한 각 소지인에 대하여 그 사실의 통지를 발송하여야 한다($\substack{제859\\조}$). 이는 운송인이 누가 정당한 권리자인지를 판단하기 어려울 뿐만 아니라, 권리자를 확정할 때까지 운송물은 운송인에게 보관시키는 것도 운송인과 선하증권소지인의 이익에 반하기 때문이다. 이 경우 수인의 증권소지인에게 공통되는 전자로부터 가장 먼저 발송 또는 인도된 증권을 소지한 자에게 우선권을 주고 있다($\substack{제860\\조}$). 한편 양륙항 외에서의 인도청구에 대해서는 선하증권의 각 통을 반환받지 않으면 운송물을 인도할 필요가 없다($\substack{제858\\조}$).

선하증권이 발행된 경우 상법은 운송물인도절차를 위에서와 같이 항상 선하증권과 직접 결부시켜 규정하고 있지만, 해운실무에서는 이와 다른 관행이 행해지기도 한다.

즉 현재의 실무에서는 우선 운송물의 인도를 직접 선하증권과 상환하는 방법을 취하지 않고(이는 다양한 運送物에 대해 船荷證券과 상환하여 인도하는 것이 어렵기 때문일 것이다), 해상운송인은 선박이 양륙항에 도착하기 전에 수하인으로부터 당해 운송물에 관한 선하증권을 회수하고 이를 대조한다. 이와 동시에 운임(운임착급의 경우) 기타 비용(가령 선적·양륙·보관 등에 필요한 부수비용이나 替當金·共同海損分擔金·海難救助費用 등)을 징수한 후 荷渡指示書(Delivery Order : D/O)를 수하인 또는 그 대리업자에게 교부한다. 그리고 수하인은 하도지시서를 해상운송인이 지정한 양륙대리업자 또는 선박의 선장에게 제시하여 운송물을 인도받는 것이 실무에서의 관행으로 되어 있다. 또한 실무에서는 언제나 선하증권과 상환하는 것이 아니라 먼저 운송물을 인도받고 수하인이 선하증권을 취득하는 대로 즉시 이를 운송인에게 반환할 것을 약정하고, 만약 반환할 수 없을 경우에는 운송인이 받은 모든 손해를 배상할 것을 약정하고 은행이 이를 연대보증한 保證狀(Letter of Guarantee : L/G) 또는 現金供託을 해상운송인 또는 선장에게 제출하고 하도지시서를 받은 뒤에 운송물을 인도받는 이른바 보증도의 방법도 상관

습으로 행해지고 있다. 그 밖에 보증장도 받지 않고 운송물을 인도하는 경우
를 假渡 또는 空渡라고 한다.

  A. 荷渡指示書   운송물의 인도에는 당연히 선하증권의 회수가 조건
이지만, 실제로는 하도지시서가 발행되고 이를 사용하여 직접 운송물인도가
행해지는 것이 일반임은 이미 밝힌 바와 같다. 이 하도지시서는 해상운송인
이 선장 또는 양륙대리업자에 대하여 이 증권과 상환하여 선적운송물을 인도
하라는 뜻을 지시한 것이다(유형적으로는 자기 앞의 荷渡指示書).

    하도지시서에는 선박명·운송물명·갯수·수량·하인(화물의 외장 외의 기호·번호·목적지 기타 표지)·
선하증권번호 등이 기재되며, 운송인측의 책임자가 이에 서명한다. 하도지시
서를 발행할 경우에는 선하증권 기타 선적관계서류와 대조하여 기재사항을
일치시킬 필요가 있다. 하도지시서의 성질은 단순한 지시서이며 유통성도 없
다. 이러한 새로운 하도지시서가 선하증권의 경우에 인정되는 물권적 효력
(제861조,제133조), 즉 증권의 교부가 운송물의 점유를 이전한 것과 동등한 효력을 갖는
가에 대해서는 학설의 다툼이 있다. 실무상 하도지시서가 선하증권의 회수를
전제로 하고 있고 또한 그것을 대조한 뒤에 발행된다는 점을 고려하면, 이를
선하증권을 대신하는 증권으로 보아 상관습상 이에 물권적 효력을 인정해도
좋다고 본다.

  B. 保證渡   선하증권이 발행된 경우 해상운송인에 대해 운송물의
인도를 청구할 수 있는 자는 선하증권의 정당한 소지인으로 운송인은 선하증
권(실제로는 선하증권은 사전에 회수되며, 그것과 상환하여 발급된 하도지시서)과 상환하지 않으면 운송물을 인도하지 않아도 된
다(제861조,제129조). 이를 선하증권의 相換證券性이라 한다. 그러나 해운의 실제에서는
때때로 선박이 양륙항에 도착하여도 아직 수하인이 선하증권을 취득하지 못
하여 해상운송인에게 제출할 수 없는 경우도 적지 않다. 가령 선하증권이 연
착되거나 도난·분실된 경우라든가, 이미 선하증권이 양륙지의 환거래은행에
도착하였으나 수하인의 금융상태가 좋지 않아 은행으로부터 취득할 수 없는
경우 등이 그 예이다. 이러한 경우 운송물의 인도가 쓸데없이 지연될 때에는,
예컨대 운송물에 대한 적기를 잃게 되거나 운송물이 변질 또는 부패할 염려
가 있으며, 운송물의 보관비용도 증가하게 된다. 이는 단지 수하인의 불이익
에 그치지 않고 운송인에게도 손실을 가져온다. 보증도는 바로 이러한 불편을
제거하여 신속한 거래를 도모해야 한다는 필요에서 만들어진 관습적 편법으
로, 최근에는 운송이 고속화되어 선하증권의 도착 전에 선박이 양륙항에 입항

하는 것도 드물지 않기 때문에 보증도가 이용될 기회도 결코 적지 않다. 육상운송 및 창고업에서도 같은 관행이 있다.

현재 보증도는 판례도 그 유효성을 인정하여 대표적인 상관습법으로 여겨지고 있다. 그러나 선하증권소지인과의 관계에 있어서 선하증권과 상환함이 없이 화물을 인도한 운송인은 선하증권소지인에 대하여는 불법행위책임을 부담한다(김인현 290쪽,)(대판 2209. 10 15,)(최종현 260쪽)(2008 다 33818).

〈대판 1989. 3. 14, 87 다카 1791〉

「가. 운송인 또는 운송취급인(운송주선인)이 선하증권과 상환함이 없이 화물을 그 증권의 소지인 아닌 자에게 인도함으로 인하여 그 증권의 소지인에게 인도하지 못하게 된 경우에 그 운송인 또는 운송취급인의 행위는 그 증권의 소지인에 대하여 불법행위가 된다.

나. 보증도의 상관습이 있다고 하여 선하증권과 상환함이 없이 화물을 인도한 운송인 또는 운송취급인의 행위가 정당한 행위로 된다거나 운송인 또는 운송취급인의 주의의무가 감경 또는 면제된다고 할 수 없다.」(동지 : 대판 1991. 12. 10, 91 다 14123; 대판 1992. 1. 21, 91 다 14994; 대판 1992. 2. 25, 91 다)(평석 : 한상호, 운송취급인의 보증도와 불법행위책임," 법조(1989. 7), 111쪽; 金敎昌, 보증도의 관행과 운송인 30026)(등의 책임, 판례월보(1989. 7), 38쪽; 서헌제, 보증도와 해상운송인(대리인)의 책임, 인권과 정의(1989. 12), 82 쪽; 강위두, 보증도와 운송인의 책임,)(법률신문 1989. 6. 10(제1852호), 11쪽)

〈대판 1992. 2. 25, 91 다 30026〉

「운송인 또는 운송취급인이 보증도를 하는 경우에는 그 貨物先取保證狀이 진정하게 성립된 것인지의 여부를 확인할 책임이 있다고 보아야 할 것이고, 이를 게을리하여 화물선취보증장의 위조사실을 제대로 발견하지 못한 채 선하증권과의 상환 없이 운송물을 인도한 경우라면 운송인 등은 보증장 없이 선하증권과 상환하지 아니하고 화물을 인도한 결과가 되어 특별한 사정이 없는 한 고의 또는 중과실에 따른 책임을 진다. 이 때 보증장이 화물선취보증장으로서의 형식과 외관을 갖추고 있었다고 하여 확인을 할 책임이 없다거나 위법성이 조각된다고 할 수 없다.」

〈대판 1993. 10. 8, 92 다 12674〉

「보증도 등의 방법에 의하여 운송물의 회수가 사회통념상 불가능하게 됨으로써 그것이 멸실된 후에 선하증권을 소지하게 된 자가 입은 손해는 그 운송물의 멸실 당시의 가액(운송물의 가액을 한도로 한 신용장대금) 및 이에 대한 지연손해금 상당의 금액이다.」

4. 損害賠償責任

(1) 序　　言　　해상운송인은 운송계약상 용선자 또는 송하인에게 운송물을 안전하고 신속하게 운송할 선박을 제공할 감항능력주의의무($\frac{제794}{조}$)와 운송물의 수령·선적·적부·운송·보관·양륙과 인도에 관한 주의의무($\frac{제795조}{제1항}$)를 부담하고 있다. 운송인은 자기 또는 그의 선박사용인 등이 이러한 주의의무를 게을리하지 않았음을 증명하지 아니하면 운송물의 멸실·훼손 또는 연착으로 인한 손해를 배상할 책임이 있다.

그러나 운송인은 운송물에 관한 손해가 선박사용인 등의 항해과실·화재($\frac{제795조}{제2항}$) 기타 상법 제789조 제 2 항에 규정된 면책사유에 의하여 발생한 경우에는 그 책임을 면하게 된다. 그리고 이러한 면책사유에 해당하지 않는다 하더라도 해상운송인은 손해발생에 대한 고의 또는 이에 준하는 사유가 없는 한 자기의 배상책임을 일정한 한도로 제한할 수 있다($\frac{제797}{조}$). 이러한 면책사유나 책임제한은 운송계약상의 채무불이행책임은 물론 불법행위책임에도 적용되며, 또한 운송인의 사용인 기타 이행보조자에 대하여 손해배상청구가 제기된 경우에도 원용된다($\frac{제798}{조}$).

〈대판 1997. 1. 24, 95 다 25237〉

「1991. 12. 31, 법률 제4470호로 개정된 결과 신설된 현행상법 제789조의 3 제 2 항이 시행되기 전에 운송물에 대한 손해배상청구가 운송인의 이행보조자에 대하여 제기된 경우에 그 이행보조자는 운송인이 주장할 수 있는 항변과 책임제한을 원용할 수 있다는 취지의 조항이 선하증권의 약관에 포함되어 있는 경우, 그 손해가 이행보조자의 고의 또는 운송물의 멸실·훼손 또는 연착이 생길 염려가 있음을 인식하면서 무모하게 한 작위 또는 부작위로 인하여 생긴 것에 해당하지 않는한, 그 이행보조자는 그 약관조항에 따라 운송인이 주장할 수 있는 항변과 책임제한을 원용할 수 있다.」

이러한 운송인의 책임원칙 및 면책사유 기타 책임제한에 관한 상법의 규정에 반하여 운송인의 의무 또는 책임을 경감 또는 면제하는 당사자간의 특약 기타 보험이익의 양도약정은 효력이 없다. 다만, 살아 있는 동물 또는 갑판적화물의 운송이나 용선계약의 경우에는 그러하지 않다($\frac{제799}{조}$).

(2) 責任의 主體

A. 運送人中心主義　　제정상법은 운송계약상의 책임의 주체를 선박소

588 제2편 해 상 법

유자로 규정하고 있었으나, 1991년 개정상법은 이를 운송인으로 개정하여 소
위 선박소유자중심주의에서 운송인중심주의로 전환하였다. 종래에는 해상운송
업의 경영상태가 선박의 소유를 중심으로 하고 있었으나, 오늘날에는 선박의
소유와는 분리된 용선계약·리스 및 재운송계약 등을 통하여 선박을 사용하
는 용선자 등이 운송인이 되고 있으므로, 해상운송업의 주체를 나타낼 경우
선박소유자라는 용어는 적절치 못하다. 따라서 해상운송관계에서 책임의 주
체는 계약책임의 일반원칙대로 해상운송계약의 당사자로서 당해 해상운송을
인수한 운송인이라고 보아야 한다. 헤이그규칙도 해상운송관계의 책임주체로서
송하인과의 운송계약의 당사자인 '운송인'(carrier)의 개념을 내세우고, 그 예로
써 선박소유자와 용선자를 들고 있다(통규칙 제1조(a)). 하역업자는 운송인이 아니므로
상법 제789조 제2항에 의한 면책을 주장할 수 없다(대판 2002.2.8,2001 다 58641).

　　B. **通運送人의 책임**　　해상운송의 경우에도 육상운송과 마찬가지로
수인의 운송인이 동일한 운송물을 구간을 달리하여 운송하는 통운송이 행해
지고 있다. 이 때에는 동일한 운송물에 2인 이상의 운송인이 관여하게 되므
로, 운송물에 손해가 발생할 경우 그 책임관계가 복잡하게 된다. 앞서 설명한
바와 같이 하나의 운송에 여러 운송인이 관여하는 통운송의 종류에는 부분운
송·하수운송·동일운송, 그리고 상법상의 순차운송에 해당되는 연대운송이
있다. 부분운송의 경우 각 운송구간에 한 개의 운송계약이 성립하여 각 운송
인 사이에는 아무런 관계도 발생하지 않고, 하수운송의 경우에는 최초의 운송
인만이 운송계약의 당사자이고, 그 후의 운송인은 원수운송인의 이행보조자에
지나지 않으므로 송하인에 대해서는 원수운송인만이 모든 책임을 부담한다.
동일운송의 경우에는 상법 제57조에 의하여 수인의 운송인이 연대채무를 진
다. 그리고 연대운송의 경우에는 송하인 또는 수하인이 운송물의 손해가 어느
운송인 또는 운송구간에서 발생하였는지를 입증하는 것이 일반적으로 어렵기
때문에, 이러한 입증책임을 면제하여 어느 운송인에 대해서도 그 손해의 배상
을 청구할 수 있는 것으로 하고 있다(제815조,제138조). 그러나 실제의 운송거래에서는
책임분할약관에 의하여 각자 자기의 운송구간을 명확히 하고, 그 구간에서 생
긴 운송물의 손해에 대해서만 책임을 부담한다. 따라서 어느 운송구간에서 손
해가 발생하였는지 밝힐 수 없는 경우에는 아무도 책임을 지지 않게 되어 하
주의 지위는 대단히 불리하게 된다.

　　이에 관하여 함부르크규칙은 해상물건운송계약상의 송하인의 상대방인

운송인($동규칙 제1조 제1항$), 즉 계약운송인(contracting carrier)을 원칙적인 책임주체로 하여 모든 운송구간에 대하여 책임을 지는 것으로 하되, 실제로 운송을 담당한 실제운송인(actual carrier)($동규칙 제1조 제2항$)도 그의 운송실행구간에 대해서는 운송인과 연대책임을 지며, 양 운송인이 부담하는 책임의 총액은 조약상의 한도액을 초과하지 못하도록 하고 있다($동규칙 제10조$). 다만, 통운송의 경우 해상물건운송계약에서 특정운송구간이 실제운송인에 의하여 이행되고, 운송물에 관한 손해가 실제운송인의 관리 하에 있는 동안에 발생한 때에는 계약운송인이 책임을 지지 않는다고 약정할 수 있다. 그러나 이는 실제운송인에 대한 제소가 가능할 것을 전제로 하며, 계약운송인은 운송물에 관한 손해가 실제운송인의 관리중에 생긴 것이라는 사실을 입증하여야 한다($동규칙 제11조$).

C. 複合運送人의 責任   운송구간이 육상·해상·항공 등 2가지 이상의 다른 종류의 운송으로 이루어진 통운송을 복합운송이라 한다. 복합운송도 통운송의 일종이기 때문에 원칙적으로 통운송에 관한 법리가 적용된다. 그런데 순차운송(연대운송)은 동일한 운송수단에 의한 통운송을 말하는 것이고, 복합운송은 해상운송수단과 육상운송수단을 동시에 사용하는 것이므로, 상법 제138조의 규정은 복합운송에 적용되지 않는다. 다만, 해상운송인이 서로 순차운송의 관계가 있을 때에만 제812조 및 제138조의 적용이 있다고 보지만 실무에서는 드물다. 유엔 국제복합운송협약($현재 미발효$) 제16조에 의하면 복합운송인은 복합운송증권의 소지인에게 운송물을 운송하는 과정에서 발생한 운송물의 멸실·훼손·연착 등으로 인한 손해에 대해서는 전구간 단일책임원칙에 의하여 제1차적 책임을 부담할 의무가 있다. 복합운송인은 전구간의 운송을 인수하기 때문이다.

(3) 損害賠償責任의 內容

A. 責任의 原因

(ⅰ) 堪航能力注意義務의 違反   해상운송인은 감항능력주의의무를 위반하였을 경우, 이와 인과관계가 있는 운송물의 손해에 대하여 배상할 책임이 있다($제794조$). 감항능력주의의무는 운송물에 관한 주의의무와는 독립된 별개의 의무이므로, 그 의무위반에 대한 책임은 선박사용인의 항해과실 기타 운송인의 면책사유의 존재에 의하여 영향을 받지 않는다. 또한 감항능력주의의무위반에 대해서는 당사자간의 면책특약이 금지된다($제799조 제1항$). 그러나 감항능력주의의무를 위반하였더라도 운송인 자신의 고의 혹은 무모한 행위가 없는 한

운송인은 책임제한의 이익을 주장할 수 있다(제797조
제1항).

〈대판 1971. 4. 30, 71 다 70〉

「운송계약서에 '항해중 선체 및 화물의 사고에 대하여 선주가 책임을 진다'고 되어 있다면, 이는 선박소유자의 항해상 과실사고의 법정면책규정인 본조(제788
조) 제 2 항의 규정을 배제한 것으로 보여지고 같은 조항이 강행법규라고 볼 만한 이유가 없으므로, 이 사건 좌초사고가 도선사의 수로향도수행상의 과실로 인하여 발생한 항해상 과실사고라 하더라도 선주는 이 사고로 인한 손해에 대하여 책임이 있다.」

(동지 : 대판 1975.
12. 23, 75 다 83)

〈서울민지판 1984. 2. 23, 82 가합 6826〉

「해상물품운송계약에 있어서의 운송인은 선박이 당해 항해에 있어서 통상의 위험을 감당하여 목적지까지 안전하게 항행할 수 있는 능력(협의의 감항능력)뿐만 아니라 특정의 화물을 그 목적지까지 안전하게 운송할 능력(감화능력)에 관하여 주의를 다하여야 할 의무가 있다 할 것인바, 이러한 주의의무를 게을리하여 선박에 화재가 발생하고 이로 인하여 운송품에 손해가 생겼다면 운송인은 상법 제788조 제 2 항에 의한 면책주장을 할 수 없다.」

(ii) 運送物에 관한 注意義務의 違反

㈎ 意　　義　　운송인은 자기 또는 선원 기타의 선박사용인이 운송물의 수령·선적·적부·운송·보관·양륙과 인도에 관하여 주의를 게을리하지 아니하였음을 증명하지 아니하면 운송물의 멸실·훼손 또는 연착으로 인한 손해를 배상할 책임이 있다(제795조
제1항). 감항능력주의의무가 운송수단에 대한 주의의무로서 운송물에 관한 간접적인 의무인 데 반하여, 이 의무는 운송물에 관한 직접적인 의무라고 할 수 있다. 운송물에 관한 주의의무위반을 보통 商事過失이라고 하는데, 이는 면책사유로 되어 있는 항해 또는 선박의 관리에 관한 과실인 航海過失(제795조
제2항)과 구별된다. 이 의무는 운송계약상 가장 중요한 의무로서 운송인이 이를 이행하지 아니하였을 때에는 자신의 무과실을 입증하지 못하는 한 당연히 손해배상책임을 진다는 원칙을 선언한 것이다.

㈏ 內　　容　　운송인 자신 또는 그 이행보조자가 운송물에 관하여 주의를 다하여야 하는 구체적인 사항은 운송물의 수령·선적·적부·운송·보관·양륙 및 인도이다. 상법에서는 운송물의 수령과 인도가 주의의무의 내용으로 되어 있으나, 헤이그규칙에서는 운송물을 선적한 때로부터 양륙한 때까

지의 기간에 한정되어 있기 때문에 수령과 인도는 주의의무의 내용에 포함되어 있지 않다(동규칙 제1조 (e)호, 제2조, 제3조 제2항). 여기서 적부란 선박의 안전 및 당해 운송물과 다른 운송물의 관계를 고려하여 운송물을 적절히 선박 내에 배치하는 것을 말한다. 예컨대 무거운 물건과 파손되기 쉬운 물건, 물기에 닿아서는 안 되는 물건과 액체류 등은 따로 분리해서 배치하여야 한다. 보관이란 항해중에 적당히 통풍이 되게 한다거나 또는 절도·파괴 등의 염려가 없도록 모든 주의를 다하는 것을 말한다. 운송물에 관한 주의의무와 관련하여 특히 문제가 되는 것이 갑판적이다. 갑판적의 운송물은 손해를 입기 쉽고, 공동해손의 경우 投荷 기타의 공동해손처분으로 인하여 선창에 선적한 운송물보다 불리하게 될 우려가 많다(제872조 제2항). 따라서 운송인이 운송물을 무단으로 갑판에 선적하면 운송물에 관한 주의의무위반이 된다. 이에 대하여 헤이그규칙에서는 특약에 의한 갑판적 운송물에 대하여는 조약이 적용되지 않는다고 하여(동규칙 제1조 (c)호) 운송인은 면책약관으로 갑판적화물의 손해에 대하여 책임을 지지 않을 수 있게 되었다. 개정상법도 선하증권 기타 운송계약을 증명하는 문서의 표면에 갑판적으로 운송할 취지를 기재하여 갑판적으로 행하는 운송에 대해서는 면책특약이 금지되지 않는 것으로 규정하고 있다(제799조 제2항).

(다) 注意義務違反의 效果　운송인은 위와 같이 운송물에 관한 주의의무를 다하였음을 증명하지 못하면, 운송물의 멸실·훼손 또는 연착에 관한 손해배상책임을 면할 수 없다. 운송물의 멸실이란 물리적 멸실 외에 도난·유실·몰수·무권리자에 대한 과오인도 등 운송인이 하주에게 운송물을 인도할 수 없게 된 모든 경우를 말한다. 훼손은 물질적인 변질 또는 부패로 인하여 운송물의 경제적 가치가 감소된 상태를 말한다(다만, 운송물의 가격변동에 의한 價値減少는 제외된다). 연착이란 약정한 일시 또는 통상 도착하여야 할 일시에 도착하지 않는 경우를 말한다. 이 경우 무과실의 입증책임이 운송인에게 있고, 면책특약이 금지되고 책임제한의 이익을 주장할 수 있다는 점 등은 위의 감항능력주의의무의 경우와 같다(제799조 제1항, 제797조 제1항).

B. 損害賠償額　운송물의 멸실·훼손 또는 연착에 대한 운송인의 손해배상책임에 대해서는 대량의 운송물을 신속하게 운송하여야 하는 운송업의 성질상 법률관계를 획일적으로 처리할 필요에서 상법은 그 배상액을 정형화하고 있다. 즉 운송물의 전부멸실 또는 연착의 경우에는 인도할 날의 도착지의 가격에 의해서 정해지며(제815조, 제137조 제1항), 일부멸실 또는 훼손의 경우에는 인도

한 날의 도착지의 가격에 의해 결국 완전한 상태의 가격과 훼손·일부멸실된 상태의 가격의 차액을 배상한다(제815조, 제137조 제 2 항). 그러나 멸실 또는 훼손으로 인하여 지급을 요하지 아니하는 운임(제815조, 제134조 참조) 기타 비용은 앞서의 배상액에서 공제하여야 한다(제815조, 제137조 제 4 항). 왜냐하면 통상 도착지의 가격은 이들 비용을 포함하여 정해지기 때문이며, 송하인 등의 이중이득을 방지하기 위함이다. 또한 앞서의 배상액의 한정은 운송인에게 고의 또는 중대한 과실이 있는 경우에는 적용하지 않으며, 이 때에는 운송인은 일체의 손해를 배상하여야 한다(제815조, 제137조 제 3 항). 운송인의 이행보조자에게 고의 또는 중대한 과실이 있는 경우도 마찬가지이다. 이 때의 고의 또는 중과실의 입증책임은 손해배상청구권자에게 있다.

  C. 高價物의 特則   운송물이 화폐·유가증권 기타의 고가물인 경우에는 송하인이 운송을 위탁할 때에 그 종류와 가액을 명시하지 않으면 운송인은 전혀 손해배상의 책임을 지지 않는다(제815조, 제136조). 고가물은 보통의 물건에 비해 손해, 특히 멸실에 의한 손해발생의 위험이 크고 손해액 역시 거액에 달한다는 점, 다른 한편 운송물이 고가물임을 알았다면 운송인은 운송시 특별한 주의를 다하여 손해발생을 방지하고, 이에 상응하는 할증운임(종가운임)을 청구하고 배상할 책임의 최고한도를 예상하여 보험가입 등의 사전조치를 강구할 수도 있다는 점 등이 그 입법취지이다. 이러한 명시가 없는 한 운송인은 고가물로서는 물론 보통물로서의 가액도 정할 수 없기 때문이며, 또한 고가물의 명시를 촉진하는 데도 그 취지가 있다. 이러한 고가물의 특칙은 각국의 해상법상 전통적으로 인정되어 온 것이다(가령 1894년 영국 상선법 제502조; 1851년 미국 선주책임제한법 제181조).

  여기서 고가물이란 그 용적 및 중량에 비해서 사회통념상 현저하게 고가인 물건을 말한다. 송하인에 의해 명시된 고가물의 가액이 반드시 운송인이 당연히 배상하여야 할 금액이 되는 것은 아니다. 따라서 실손해액이 명시된 가액을 밑돌 때에는 운송인은 그 실손해액을 입증하여 그 범위의 배상을 하면 족하다. 실손해액이 명시된 가액을 초과할 때에는 가액의 명시가 상관습상 개략적인 가액의 신고라는 의미를 갖는 데 지나지 않은 경우를 제외하고 명시가액이 배상한도액이 된다. 다만, 명시제도의 본질적 기능은 운송인에게 운송물이 고가물임을 알리는 데 있다고 하여 명시가액에 손해배상액산정의 결정적 의미를 부여하는 데 의문을 제기하는 견해도 있다.

  그 밖에 고가물의 특정규정이 운송인의 책임한도를 규정한 상법 제797조와 어떤 관계에 있는가가 문제된다. 송하인이 운송물에 대해 그 종류와 가액

을 고지하지 않은 경우에는 운송인은 모든 손해배상책임을 면한다. 즉 상법
제136조가 적용되어 666.67 계산단위 혹은 2 SDR 한도로도 책임을 지지 않는
다. 이에 반하여 송하인이 고가물의 종류와 가액을 고지하고 동시에 그 사실
을 기재한 선하증권이 발행된 때는 운송인은 실손해액의 배상책임을 부담하
게 된다. 이 때에는 상법 제136조도 적용되지 않을 뿐만 아니라 666.67 계산
단위 혹은 2 계산단위의 책임한도액도 적용되지 않는다($^{제797조}_{제 3 항 본문}$). 이를 명시가
액과의 관계에서 되풀이해 보면 송하인이 실제가액보다 현저하게 높은 가액
을 통고한 경우 운송인은 실손해에 대해서 배상책임을 지며, 송하인이 실제가
액보다 현저하게 적은 가액을 통고한 경우 운송인은 자기 또는 그 사용인에게
악의가 있는 경우를 제외하고는 운송물의 손해에 대하여 책임을 면한다
($^{제797조}_{제 3 항 단서}$). 다만, 상법 제136조와 상법 제797조 제 3 항은 균형상 약간 문제가
있다. 즉 송하인이 실제가액보다 현저하게 적은 가액을 고지한 경우 상법 제
136조에 따르면 특별한 경우를 제외하고는 명시가액이 배상한도액이 되는 데
반하여, 상법 제797조 제 3 항에 따르면 운송인은 악의가 없는 한 모든 배상책
임을 면하게 된다. 이는 상법 제797조 제 3 항이 송하인의 사기적인 행위에
대하여 제재를 가하려는 취지로 규정된 헤이그 비스비규칙 제 4 조 제 5 항 (h)
의 규정을 본받은 데 기인한다.

　　그러나 해상운송인이 고의로 운송물을 멸실 또는 훼손케 하고, 그 결과
포장 속의 내용물인 고가물이 파손된 경우에는 비록 송하인의 명시적인 고지
가 없었다 해도 해상운송인은 그 운송물에 대한 불법행위법상의 배상책임을
져야 할 것이다($^{동지：박용}_{섭, 667쪽}$).

　　D. 不法行爲責任과의 關係　　　앞서 밝힌 해상운송인의 손해배상책임은
운송계약상의 채무불이행에 기초하는 책임이다. 그런데 운송인이 자기 또는
그가 사용하는 자의 고의 또는 과실에 의해 운송물을 멸실 또는 훼손한
경우에는 동시에 운송물의 소유권침해로서 불법행위의 요건까지도 구비하는
것이 보통이다($^{민법 제750}_{조, 제756조}$). 이 경우 두 가지의 손해배상청구권의 관계를 어떻게
볼 것인가에 대해 학설이 나뉘어 있다. 請求權競合說은 계약책임과 불법행위
책임은 각각 그 요건과 효과를 달리하는 별개의 권리이므로, 채권자는 어느
것이라도 선택하여 권리를 행사할 수 있는 것으로 하는 것이 채권자의 보호
에 이바지한다고 한다. 판례는 청구권경합설을 취하고 있으며, 국내의 다수설
이다.

〈대판 1980. 11. 11, 80 다 1812〉

「해상운송인이 고의나 과실로 운송화물을 멸실시킨 때에는 그 원인이 상사과실이
거나 항해과실이거나에 관계 없이 운송계약상의 채무불이행책임과 화물소유자
에 대한 불법행위책임이 경합하는 것이므로, 그 중의 어느 쪽의 손해배상청구권도
행사할 수 있다.」_(동지 : 대판 1962. 6. 21, 62 다 102; 대판 1977. 12. 13, 75 다 107;) (반대평석 : 안동섭, 海上運
_{대판 1983. 3. 22, 82 다카 1533; 대판 1989. 4. 11, 88 다카 11428})(送人의 不法行爲責任, 法
律新聞 제1391호, 12쪽; 이균성, 海上運送人의 債務不履行責任과)
不法行爲責任의 競合, 民事判例硏究(Ⅳ), 박영사, 1993, 138쪽)

법조경합설(청구권비경합설)은 계약법과 불법행위법은 특별법과 일반법의
관계에 있으며, 채무불이행책임은 계약관계라는 특별한 관계에서 발생하는 책
임인 데 반하여, 불법행위책임은 일반적 의무위반으로 발생하는 책임이므로
운송물의 이해관계인은 계약법상의 채무불이행에 의한 손해배상청구권만을
주장할 수 있다고 한다. 이 견해에서는 막연히 양 청구권의 선택적 행사를 허
용하는 것은 계약관계에 있는 자의 특별한 인적 결합과 신뢰관계에 의해 무
거운 의무를 지우는 것을 전제로 하여 엄격한 책임을 지우는 손해배상법체계
를 무너뜨리게 되거나, 유상계약관계에서의 책임과 대가의 관계에서 볼 때 청
구권경합설은 그 기초를 잃어버려 불합리한 결과를 초래하게 된다고 한다.

위와 같은 학설의 대립은 특히 해상운송인이 불법행위에 의한 손해배상책
임을 지는 경우에 책임제한규정 및 면책약관을 주장할 수 있느냐와 관련하여
문제된다. 청구권경합설 및 절충설 중 첫번째 견해를 따르면 불법행위에 기한
손해배상청구에는 운송인이 책임제한 및 면책사유를 주장할 수 없게 된다.

〈대판 1980. 11. 11, 80 다 1812〉

「운송계약상의 면책약관이나 상법상의 면책조항은 당사자 사이에 명시적이거나
묵시적인 약정이 없는 이상 불법행위를 원인으로 하는 손해배상의 경우에까지 확
대하여 적용될 수 없다.」_(동지 : 대판 1962. 6. 21, 62 다 102; 대판 1977. 12.)(동지평석 : 이주흥, 船舶所有
_{13, 75 다 107; 대판 1989. 11. 24, 88 다카 16294})(者의 有限責任規定과 不法
行爲責任, 大法院)
判例解說集, 41쪽)

그러나 상대방이 이처럼 청구원인을 달리하는 것만으로 상법상 운송인을
보호하기 위한 여러 규정의 적용이 배제되는 것은 부당하다. 구 상법 하의 판
례도 선하증권상에 기재된 면책약관에 대해서는 운송계약상의 채무불이행뿐
만 아니라 운송물의 소유권침해로 인한 불법행위책임에도 적용된다고 하여
제한적으로나마 종전의 판례를 변경한 바 있다(대판 1983. 3. 22,)(同判例의 자세한 내용에 대
82 다카 1533)(해서는 다음의 ⑷ 損害賠償
責任의 制限 A. 免責約款)_(ⅱ) '效力'에 관한 설명 참조). 또한 선주유한책임에 관한 상법규정에 대해서도 판례는

그러한 규정이 선하증권상에 면책약관이나 책임제한약관을 둔 경우에는 불법행위책임을 묻는 경우에도 적용될 수 있다는 취지의 판시를 한 바 있다($^{대판\ 1992.\ 1.\ 21.,}_{91\ 다\ 14994}$). 개정상법은 운송인의 불법행위책임을 둘러싼 다툼을 입법으로 해결하여 운송인의 책임에 관한 규정이 운송인의 불법행위로 인한 손해배상책임에도 적용된다고 하였다($^{제798조}_{제 1 항}$). 1968년 헤이그 비스비규칙 및 1978년 함부르크규칙도 "同條約에서 정하는 항변사유나 책임제한의 이익은 운송인에 대한 손해배상청구소송이 계약에 기초하는가, 불법행위에 기초하는가를 불문하고 적용된다"고 명시하고 있다($^{헤이그\ 비스비규칙\ 제 4 의\ 2조\ 제}_{1 항;\ 함부르크규칙\ 제 7 조\ 제 1 항}$).

실제로 대부분의 선하증권약관에는 일반적으로 앞서와 같은 취지의 규정이 삽입되어 송하인 등이 불법행위책임을 묻는 경우에도 운송인은 운송계약상 및 법률상의 항변사유 및 책임제한의 이익을 주장할 수 있다는 점을 명백히 하고 있다.

E. 使用人 등의 **抗辯權 · 責任制限**   운송인의 이행보조자는 운송인과 용선자 또는 송하인 간의 운송계약관계와는 직접적으로 아무런 관련이 없다. 그러나 운송물의 이해관계인은 운송인의 이행보조자가 운송물의 손해에 대한 원인을 제공한 경우 그에게 불법행위의 책임을 물을 수 있고, 이 책임의 발생과 범위는 원칙적으로 운송계약과는 아무런 상관이 없다. 따라서 운송인의 이행보조자는 운송계약에 특유한 면책사유 · 책임제한의 이익 등을 주장할 수 없게 된다. 그러나 항변과 책임제한에 있어 이행보조자가 운송인보다 불리한 위치에 있다는 것은 불합리하며, 이행보조자의 부담은 결국 운송인에게 전가되어 상법상 운송인에게 인정된 면책사유 · 책임제한 등은 그 실효를 거두지 못하게 된다.

이에 대하여 헤이그 비스비규칙과 함부르크규칙은 하주가 운송인의 사용인 또는 대리인에 대하여 소송을 제기하는 경우에도 사용인 또는 대리인은 조약상 운송인에게 인정된 항변사유 및 책임제한의 이익을 주장할 수 있다는 히말라야조항($^{1955년\ 英國의\ Himalaya號\ 사건판결[Adler]}_{v.\ Dickson(1955)\ 1\ Q.B]로부터\ 유래한다}$)을 두고 있다($^{헤이그\ 비스비규칙\ 제 4 의\ 2조\ 제 2}_{항 · 제 4 항;\ 함부르크규칙\ 제 7 조}$ $^{제 2 항,\ 제 8}_{조\ 제 2 항}$). 1991년 개정상법은 이를 받아들여 운송인의 이행보조자도 그 손해가 직무집행에 관하여 생긴 것인 때에는 운송인이 주장할 수 있는 항변과 책임제한을 원용할 수 있다고 규정하고 있다. 그러나 그 손해가 이행보조자의 고의 또는 운송물의 멸실 · 훼손 또는 연착이 생길 염려가 있음을 인식하면서 무모하게 한 작위 또는 부작위로 인하여 생긴 때에는 이러한 항변과 책임제한을 원용할 수 없다($\frac{제798조}{제2항}$). 운송인과 그 이행보조자의 책임제한금액의 총액 은 제797조 제 1 항의 책임한도액을 초과하지 못한다($\frac{제798조}{제3항}$). 운송물의 손해 가 실제운송인 또는 그 사용인이나 대리인의 과실로 생긴 경우, 이들도 위의 항변과 책임제한을 원용할 수 있다($\frac{제798조}{제4항}$).

헤이그 비스비규칙과 달리 우리 상법은 독립계약자를 그러한 사용인이나 대리인에 속하지 않음을 명시하지 않고 있지만 대법원은 창고업자나 하역업 자와 같은 독립계약자는 운송인의 항변과 책임제한의 이익을 누릴 수 없다고 여러 차례 판시한 바 있다.

〈대판 2004. 2. 13, 2001 다 75318〉
창고업자는 운송인을 위하여 화물을 보관하고 있다가 선하증권과 상환없이 운송 물을 인도하였다. 선하증권소지인은 창고업자에 대하여 인도받지 못한 운송물에 대한 손해배상청구를 제기하였다. 피고 창고업자는, 원고로부터의 소송은 운송물 의 인도 후 1년이 지난 다음에 제기되었으므로 상법 제811조에 기하여 원고는 더 이상 손해배상청구를 할 수 없다고 항변하였다.

대법원은 「상법 제789조의3 제 2 항 소정의 '사용인 또는 대리인'이란 고용계약 또는 위임계약 등에 따라 운송인의 지휘감독을 받아 그 업무를 수행하는 자를 말 하고 그러한 지휘감독과 관계없이 스스로의 판단에 따라 자기 고유의 사업을 영 위하는 독립적인 계약자는 포함되지 아니한다. 원심이 피고 대호창고는 독립적인 계약자로서 상법 제789조의3 제 2 항의 사용인이나 대리인에 해당하지 아니하므로 상법 제811조에 기한 항변을 원용할 수 없다고 판단한 것은 위 법리에 따른 것으 로서 정당하고, 거기에 채증법칙 위배로 인한 사실오인의 위법 내지는 상법 제789 조의3 제 2 항의 사용인 또는 대리인에 관한 법리를 오해한 위법이 있다고 할 수 없다」고 판시하였다.

〈대판 2007. 4. 27, 2007 다 4943〉
운송인으로부터 운송물의 보관을 위탁받은 터미널운영자가 운송물에 손해를 야기 하게 되어 손해배상청구를 받게 되었다. 터미널운영자는 상법 제789조의3 제 2 항 을 근거로 자신은 운송인의 피용자로서 또한 선하증권상의 히말라야약관의 내용 을 근거로 계약상 책임제한등의 이익을 향유한다고 주장하자, 원고는 터미널운영 자는 독립계약자이므로 제789조의3 제 2 항의 적용이 없고, 상법 제789조의3 제 4 항은 강행규정으로서 독립계약자에게는 허용되지 않아야 한다고 항변하였다.

대법원은 「(1) 상법 제789조의3 제 2 항에서 정한 운송인의 '사용인 또는 대리인'

이란 고용계약 또는 위임계약 등에 따라 운송인의 지휘·감독을 받아 그 업무를 수행하는 자를 말하고 그러한 지휘·감독과 관계없이 스스로의 판단에 따라 자기 고유의 사업을 영위하는 독립적인 계약자는 포함되지 아니하므로, 그러한 독립적인 계약자는 같은 법 제811조에 기한 항변을 원용할 수 없다. (2) 선하증권 뒷면에 '운송물에 대한 손해배상 청구가 운송인 이외의 운송관련자(anyone participating in the performance of the Carriage other than the Carrier)에 대하여 제기된 경우, 그 운송관련자들은 운송인이 주장할 수 있는 책임제한 등의 항변을 원용할 수 있고, 이와 같이 보호받는 운송관련자들에 하수급인(Subcontractors), 하역인부, 터미널 운영업자(terminals), 검수업자, 운송과 관련된 육상·해상·항공 운송인 및 직간접적인 하청업자가 포함되며, 여기에 열거된 자들에 한정되지 아니한다'는 취지의 이른바 '히말라야 약관'(Himalaya Clause)이 기재되어 있다면, 그 손해가 고의 또는 운송물의 멸실, 훼손 또는 연착이 생길 염려가 있음을 인식하면서 무모하게 한 작위 또는 부작위로 인하여 생긴 것인 때에 해당하지 않는 한, 독립적인 계약자인 터미널운영업자도 위 약관조항에 따라 운송인이 주장할 수 있는 책임제한을 원용할 수 있다. (3) 상법 제789조의3 제 2 항은 '운송인이 주장할 수 있는 책임제한'을 원용할 수 있는 자를 '운송인의 사용인 또는 대리인'으로 제한하고 있어 운송인의 사용인 또는 대리인 이외의 운송관련자에 대하여는 적용되지 아니한다고 할 것이므로, 당사자 사이에서 운송인의 사용인 또는 대리인 이외의 운송관련자의 경우에도 운송인이 주장할 수 있는 책임제한을 원용할 수 있다고 약정하더라도 이를 가리켜 상법 제789조의3의 규정에 반하여 운송인의 의무 또는 책임을 경감하는 특약이라고는 할 수 없고, 따라서 상법 제790조 제 1 항에 따라 그 효력이 없다고는 할 수 없다. (4) 이른바 '히말라야 약관'(Himalaya Clause)은 운송인의 항변이나 책임제한을 원용할 수 있는 운송관련자의 범위나 책임제한의 한도 등에 관하여 그 구체적인 내용을 달리 하는 경우가 있으나, 해상운송의 위험이나 특수성과 관련하여 선하증권의 뒷면에 일반적으로 기재되어 국제적으로 통용되고 있을 뿐만 아니라, 간접적으로는 운송의뢰인이 부담할 운임과도 관련이 있는 점에 비추어 볼 때, 약관의 규제에 관한 법률 제 6 조 제 1 항에서 정하는 '신의성실의 원칙에 반하여 공정을 잃은 조항'이라거나 같은 법 제 6 조 제 2 항의 각 호에 해당하는 조항이라고 할 수 없다」고 판시하였다(이에 대한 판례평석으로는 최세련, 운송주선인의 법적지위 및 히말라야 약관의 적용범위, 한국해법학회지, 30. 1(2008. 4)이 있다.)

(4) 損害賠償責任의 制限

A. 免責約款

(i) 意　　義　　위에서 밝힌 해상운송인의 법률상의 책임은 실제로는 운송계약이나 운송약관에 이를 면제 또는 경감한다는 특약(면책약관)이 삽입되는 경우가 많다. 이러한 면책약관에는 ① 운송인은 그 이행보조자의 고의·과실에 의한 손해에 대해 책임을 지지 않는다는 뜻을 정하는 과실약관, ② 운송물의 내용·수량·품질 등의 진실에 대해 모르면 책임이 없다는 뜻을 정하는 부지약관, ③ 운송인이 부담할 손해배상액을 일정금액으로 제한하는 배상액제한약관, ④ 특정한 원인(예컨대 전쟁·내란·폭동·파업 등)으로 발생하는 손해나 특정한 종류의 손해에 대한 책임을 배제하는 특정손해면책약관, ⑤ 하주가 적하보험에 의해 보험자로부터 보상받을 수 있는 적하손해에 대해서는 운송인이 손해배상책임을 지지 않는다고 하는 보험이익향수약관, ⑥ 운송인의 立證責任을 하주측으로 전환하는 입증책임전환약관 등 많은 예가 있다. 이러한 면책약관은 해상운송거래가 점점 복잡하고 신속하게 이루어짐에 따라 운송물이 손해를 입을 가능성이 한층 증대하였다는 점과 가능한 한 저렴한 운임으로 운송서비스를 제공하여 많은 하주를 획득할 필요에서 이용되는 것이라고 할 수 있다. 이러한 면책약관은 당사자가 운송계약에서 명시적으로 정하는 경우도 있지만, 헤이그규칙 등을 운송계약에 편입함으로써 동 규칙상의 면책사유가 자동적으로 삽입되는 경우가 더 많다.

(ii) 效　　力　　일반적으로는 계약자유의 원칙상 특히 공서양속 또는 신의칙에 반하지 않는 한 면책약관은 유효하다고 보고 있다. 이러한 면책약관이 유효하더라도 이는 특약이 없는 한 청구권경합설에 따르면 불법행위책임에 대해서는 적용되지 않는다. 다만, 선하증권에 기재된 면책약관은 운송인의 불법행위의 경우에도 이를 적용하기로 하는 당사자간의 숨은 합의가 있다고 본다. 판례의 입장도 마찬가지임은 이미 밝힌 바 있다.

〈대판 1983. 3. 22, 82 다카 1533〉

「운송계약상의 채무불이행에 관하여 법률상 면책의 특칙이 있거나 또는 운송계약에 그와 같은 면책특약을 하였다고 하여도 일반적으로 이러한 특칙이나 특약은 이를 불법행위책임에도 적용하기로 하는 명시적 또는 묵시적 합의가 없는 한 당연히는 불법행위책임에 적용되지 않는 것이나, 운송물의 권리를 양수하여 선하증권을 교부받아 그 소지인이 된 자는 운송계약상의 권리를 취득함과 동시에 목적

물의 점유를 인수받은 것이 되어 운송물의 소유권을 취득하여 운송인에 대하여
채무불이행책임과 불법행위책임을 아울러 추궁할 수 있게 되는 점에 비추어 볼
때, 운송인이 선하증권에 기재한 면책약관은 채무불이행책임만을 대상으로 한 것
이고 당사자 사이에 불법행위책임은 감수할 의도였다고 볼 수 없으므로 불법행위
책임에 적용키로 하는 별도의 명시적·묵시적 합의가 없더라도 당연히 불법행위책
임에도 그 효력이 미친다.」^(동지:대판 1983.)^{(동지평석:송상현, 船荷證券上의 免責約款의 效力이 不法}
^{10.25, 83 다 258)}^{行爲責任에도 미치는지 여부, 民事判例硏究(Ⅶ), 박영사,}
1993, 121쪽; 이주흥, 船荷證券上 免責約款과 경)
합하는 不法行爲責任, 判例月報 제233호, 34쪽)

그러나 이러한 면책약관이라도 당사자의 의무를 근본적으로 면제하는 것
이라고는 볼 수 없으므로 운송인의 고의나 중대한 과실로 인한 불법행위에
대해서는 적용되지 않는다.

〈대판 1983. 3. 22, 82 다카 1533〉

「선하증권에 기재된 면책약관이라 할지라도 고의 또는 중대한 과실로 인한 재산
권침해에 대한 불법행위책임에는 적용되지 않을 뿐만 아니라, 이 약관이 상법 제
787조 내지 제789조의 규정에 저촉되는 경우에는 채무불이행책임에도 적용되지
않는다.」^(동지:대판 1989. 2. 14, 87 다카 124; 대판 1991. 4.)^{(동지평석:李宙興, 揚荷後 港內陸上區間에서 발생한}
^{26, 90 다카 8098; 대판 1992. 1. 21, 91 다 14994)}^{운송사고에 대한 하역업자의 책임에 선하증권상 면}
책약관이 적용되는가의 문)
제, 判例月報 제228호, 16쪽)

(ⅲ) 免責特約의 禁止　　해상물건운송에서는 면책약관의 내용이 법에
의해 강행적으로 금지·제한되어 계약자유의 원칙이 수정되고 있음에 유의할
필요가 있다. 즉 아래에서 보듯이 상법상 해상운송인은 이른바 航海過失이나
화재로 인하여 발생한 운송물의 손해에 대하여 법정면책이 인정되는 반면, 이
른바 商事過失, 즉 운송물의 수령·선적·적부·운송·보관·양륙과 인도가
적절하고 신중하게 행해지지 않거나 감항능력에 관한 주의의무위반으로 인하
여 발생한 손해에 대해 하주 또는 선하증권소지인에게 불이익한 모든 특약은
무효가 되어 免責되지 않는다. 또한 단위·포장당 책임제한, 비계약적 청구에
대한 적용, 보험약관 등에 면책약관을 두는 것도 금지된다^(제799조)^(제1항). 여기서 보
험약관이란 앞서 설명한 원래의 保險利益享受約款이 아니고, 헤이그규칙 제
3조 제8항 제2문의 규정을 따른 것으로 保險金請求權을 운송인에게 양도
함으로써 실제로 운송인이 배상책임을 지지 않게 되는 약관을 말한다. 그 밖
에 운송물의 일부멸실·훼손에 관한 수하인의 통지의무에 대해서도 수하인에
게 불리한 당사자간의 특약은 효력이 없다^(제807조)^(제5항). 이에 반하여 운송인에게

불이익한 특약은 허용되며, 위의 면책특약의 금지는 살아 있는 동물의 운송 및 갑판적의 운송($\substack{제799조\\제2항}$), 용선계약의 당사자간($\substack{제799조\\제3항}$)에는 적용되지 않는다.

〈대판 1974. 8. 30, 74 다 353〉

「선하증권의 이면에 기재된 약관의 내용이 운송물건이 운송도중 멸실된 경우, 그 배상금액은 원선적지 및 그 당시의 상품가격과 실제 이에 지불된 제 비용의 합계액으로 한정할 것이라고 된 경우에는 상법 제787조 · 제788조 · 제789조들의 규정에 반하여 선박소유자의 손해배상책임을 경감하는 특약이라고는 볼 수 없어 결국 본조($\substack{제790\\조}$)에 해당하는 것은 아니다.」

〈대판 1983. 3. 22, 82 다카 1533〉

「상법 제790조는 면책약관 중 전반적인 책임을 제외하거나 특정손해에 대한 책임을 제외하는 이른바 책임제외약관과 입증책임을 변경하거나 청구에 조건을 붙이는 책임변경약관 등에 적용되고, 책임결과의 일부를 감경하는 배상액제한약관은 이에 저촉되지 않는다.」

〈대판 1987. 10. 13, 83 다카 1046〉

「우리 상법 제790조는 책임제외약관과 책임변경약관 등에 적용되고, 배상액한정약관은 그것이 신의성실의 원칙에 반하고 공서양속에 반하는 정도의 소액이 아닌 한 적용이 안 된다.」

〈대판 1988. 9. 27, 86 다카 2377〉

「해상운송인의 책임결과의 일부를 감경하는 배상액제한약관은 원칙적으로 상법 제790조에 저촉되지 않는다고 할 것이지만, 배상책임을 면제하는 것과 다름없다고 할 정도로 적은 액수를 책임한도액으로 정한 배상액제한약관은 실질적으로는 책임제외약관과 다를 바 없는 것이므로 상법 제790조에 저촉되어 무효라고 할 것이고, 배상액제한약관에서 정한 책임한도액이 배상책임을 면제하는 것과 다름없는 정도의 소액인가의 여부는 그 책임한도액이 해상운송의 거래계에서 관행으로 정하여지고 있는 책임한도액 및 운송인이 받은 운임 등과 비교하여 볼 때 실질적으로 운송인의 배상책임을 면제하는 정도의 명목상의 금액에 불과한 것인가의 여부에 따라 결정하여야 한다.」 (동지평석 : 한상호, 船荷證券에 기재된 賠償額制限約款의 效力과 그 無效與否의 判斷基準, 人權과 正義 제152호(1989. 4), 84쪽; 이주흥, 船荷證券上 1包當 100파운드 賠償額限度約款의 效力, 判例月報 제230호, 32쪽)

〈대판 1990. 11. 27, 89 다카 21149〉

「대한민국과 외국 사이의 물품운송에 관한 사건에 있어서 '해상운송거래계에서 관행으로 정하여지고 있는 책임한도액'이라 함은 국제해상운송의 거래관행상 정하여지고 있는 책임한도액을 의미하는 것이고, … 원심으로서는 의당 헤이그 비스비조약 등 국제조약에는 어떠한 국가가 가입하였는지, 세계 주요 해운국에서 인정되고 있는 책임한도액은 얼마인지 등을 심리하여 국제해상운송의 거래관행상 정하여지고 있는 책임한도액을 확정한 다음 그 책임한도액 및 피고가 받은 운임 등과 이 사건 선하증권약관 제 7 조에 정한 배상한도액을 비교하여 그것이 실질적으로 피고의 배상책임을 면제할 정도의 명목상의 금액에 불과한 것인지의 여부를 가렸어야 할 것이었다.」

B. 法定免責事由

(i) 航海過失　　해상운송인은 선장·해원·도선사 기타의 선박사용인의 항해 또는 선박의 관리에 관한 주의의무의 해태, 즉 이른바 航海過失(errors of navigation and management of ship)에 의해서 발생한 손해에 대해서는 배상책임을 지지 않는다(제795조 제2항). 항해과실의 대표적인 예로서는 선박조종의 잘못으로 인한 선박충돌사고를 들 수 있다(김인현, 197쪽).

과실책임주의에 대한 예외로서 항해과실을 면책사유로 인정한 이유는 다음과 같다. 우선 항해 또는 선박의 조종은 그 특성상 매우 기술적인 분야라는 점이다. 따라서 운송인으로서는 선장 기타 선내에 있는 전문기술자의 고도의 기능을 신뢰하여 이에 대해서는 그들에게 전적으로 의존할 수밖에 없다. 둘째로 해상운송은 위험성이 높고 게다가 경미한 항해상의 과실에 의해서도 거액의 손해가 발생할 수 있는데, 선장 등의 이러한 항해과실에 대해서까지 해상운송인이 책임을 진다는 것은 지나치다는 점이다. 셋째로 항해상의 과실에 의한 손해에 대해 운송인을 면책시키더라도 당해 선장·해원 등에 대해서는 해양사고의 조사 및 심판에 관한 법률에 의한 벌칙·면허정지 기타 처분이 있으므로 손해발생을 조장할 우려가 없다. 그 밖에 운송인의 법정면책을 인정해도 하주는 보통 적하보험을 이용하여 손해를 보상받으므로 실제상 문제가 되지 않는다. 그러나 상사과실을 강행법적으로 운송인의 책임으로 하는 대신에 항해과실에 대해서는 면책을 인정한 입법적 연혁이나 현대 항해기술의 진보에 비추어 볼 때, 단지 항해의 위험성이나 손해액의 크기를 가지고 항해과실면책의 합리적 근거를 설명하는 것은 본래부터 무리가 있다(함부르크규칙에서는 航海過失免責이 폐지되어 있다. 동규칙 제5조 참조).

항해과실 중 항해에 관한 과실과 선박의 관리에 관한 과실은 법적용에 있어서는 똑같이 취급되기 때문에 이를 구별할 실익이 없다. 그러나 선박의 관리에 관한 과실과 운송물에 관한 주의의무에 관한 과실, 즉 상사과실은 그 한계가 명백하지 않아 문제된다. 이에 관하여는 상법 및 헤이그규칙 어디에서도 규정을 두고 있지 않기 때문에 구체적인 경우에 따라 해석할 수밖에 없다. 생각건대 오직 운송물의 이익을 위한 처리에 관한 것인가 아니면 주로 선박설비의 취급에 관한 것인가를 기준으로 판단하여야 하며, 의심스러울 때에는 운송인에게 불리한 쪽으로, 즉 상사과실로 보아야 한다.

(ⅱ) 火   災   해상운송인은 자신의 고의 또는 과실에 기초하는 것이 아닌 한 화재에 의해 발생한 운송물의 손해에 대해서도 배상책임을 지지 않는다(제795조 제2항). 화재는 전형적인 해상위험이고, 선원 등의 경미한 과실로도 막대한 손해를 발생시킨다는 점, 과실에 의한 화재인가, 원인은 선박·화물 중 어느 쪽에 있는가 등 화재의 원인을 파악하기 어렵다는 점 및 적하의 화재손해는 적하보험으로 보상할 수 있다는 점 등의 이유로 운송인의 면책이 인정된 것이다.

상법개정 전에는 선박에서의 화재, 즉 선박 내에서의 火因에 의한 화재만으로 좁게 규정하였으나, 1991년 개정상법은 단순히 화재라고 함으로써 면책될 수 있는 범위를 보다 넓게 규정하였다. 이는 헤이그규칙의 규정을 따른 것이다(동규칙 제4조 제2항 (a)호). 따라서 육상 등 선박외부의 화재가 원인이 되어 선박에 옮겨 붙은 경우에도 운송인은 면책된다(대판 2002. 12. 10, 2002 다 39364). 화재면책을 조각하는 운송인의 고의 또는 과실이란 운송인 자신의 고의 또는 과실을 말하고, 선박승무원 등과 같은 사용인이나 대리인의 그것을 포함하지 않는다. 선박회사의 경우에는 이사뿐만 아니라 선박의 관리 및 운항의 권한을 갖는 고급사용인의 고의·과실을 포함한다고 본다.

〈대판 1973. 8. 31, 73 다 977〉

「원심은 본건 선박에서의 화재는 난방용 난로를 고정시키지 않고 피워 놓은 견습 선원이나 위 난로를 잘못하여 넘어뜨린 승객에게만 과실이 인정되고 선박소유자인 피고회사 자신의 과실로는 볼 수 없다고 판시하였으나, 선박안전법 제 2 조 제 1 항 제 6 호의 규정에 의하면 소방시설을 하게 되어 있고 1962. 4. 3 공포·시행된 閣令 제630호인 선박설비규정 제93조의 규정에 보면 선박에 곤로를 설치할 경우에는 이동하지 아니하도록 고정할 것을 소방시설로서 요구하고 있음에도 불구하고 본건 선박에 따로 고정시켜 놓은 난로 등이 있음에도 이를 이용하지 아니하

고, 따로 난방용 난로를 고정시키지 않고 피워 놓은 것인지의 여부도 조사하지
아니하고 선박소유자인 피고의 과실이 아니라고 판시한 원심판단은 상법 제788조
제 2 항 단서에 규정된 선박소유자의 과실에 관한 법리를 오해하였다 할 것이다.」

〈대판 2002. 12. 10, 2002 다 39364〉
「가. 상법 제788조 제 2 항은 '운송인은 선장·해원·도선사 기타의 선박사용인의
항해 또는 선박의 관리에 관한 행위 또는 화재로 인하여 생긴 운송물에 관한 손
해를 배상할 책임을 면한다. 그러나 운송인의 고의 또는 과실로 인한 화재의 경
우에는 그러하지 아니하다'고 규정하고 있는데, 제 2 항의 본문 및 단서에서의 '화
재'란 운송물의 운송에 사용된 선박 안에 발화원인이 있는 화재 또는 직접 그 선
박 안에서 발생한 화재에만 한정되는 것이 아니고, 육상이나 인접한 다른 선박 등
외부에서 발화하여 당해 선박으로 옮겨 붙은 화재도 포함된다고 해석된다.
　나. 위 제 2 항 단서에 따라 화재로 인한 손해배상책임의 면제에서 제외되는 사
유인 고의 또는 과실의 주체인 운송인이란 상법이 위 제 2 항 본문에서는 운송인
외에 선장·해원·도선사 기타의 선박사용인을 명시하여 규정하고, 같은 조 제 1
항 및 제787조에서도 각 자기 또는 선원 기타의 선박사용인을 명시하여 규정하고
있는 점과 화재로 인한 손해에 관한 면책제도의 존재이유에 비추어 볼 때, 그 문
언대로 운송인 자신 또는 이에 준하는 정도의 직책을 가진 자만을 의미할 뿐이
고, 선원 기타 선박사용인 등의 고의 또는 과실은 여기서의 면책제외사유에 해당
하지 아니한다고 해석하여야 할 것이며, 위 조항이 상법 제789조의 2 제 1 항 단
서처럼 운송인 자신의 고의라는 문언으로 규정되어 있지 않다고 하여 달리 해석
할 것이 아니다.」

운송인 자신의 고의·과실에 대한 입증책임을 누가 지는가는 분명치 않
지만, 입증책임의 일반이론상으로는 송하인 등이 운송인의 고의·과실을 입증
하는 것이 논리적이나, 화재에 대한 면책은 예외적인 것이므로 운송인측이 부
담한다고 해석하여야 한다(반대 : 채이식, 758쪽; 김인현, 201쪽). 다만, 사고의 원인이 된 사항에 대하
여 운송인의 감항능력주의의무위반이 없어야 운송인이 면책된다(김인현, 201쪽). 함부
르크규칙은 전술한 항해과실면책과 함께 화재면책도 폐지하여 모두 운송인의
책임에 관한 일반원칙에 의해 운송인이 책임을 져야 한다고 한다(동규칙 제5 조 제1항).
그러나 화재로 인한 손해배상청구소송에서 운송인 자신의 과실 및 운송인의
사용인 등의 과실에 의하여 화재가 발생하였다는 입증책임은 손해배상청구
권자인 하주측이 부담해야 하는 것으로 규정하고 있다(동규칙 제5조 제4항 참조). 함부르크규

칙에 의한 화재면책의 폐지는 전통적인 해상운송인책임의 원칙에 대한 변혁으로 볼 수 있으나, 화재에 대한 입증책임이 하주에게 있다는 점에서 보면 실질적으로는 지금까지의 운송인면책과 거의 같다고 볼 수 있다(동규칙 제5조, 제4항 참조).

(ⅲ) 그 밖의 免責事由 해상운송인은 상법 제789조 제 2 항에 열거한 사실이 있었다는 것과 운송물에 관한 손해가 그 사실로 인하여 보통 생길 수 있는 것임을 증명한 때에는 배상책임을 면한다. 여기에는 해상고유의 위험인 황천, 해적행위, 송하인의 행위, 동맹파업 등이 해당된다.

〈대판 1983. 3. 22, 82 다카 1533〉
「해상운송에 있어서 운송물의 선박적부시에 고박·고정장치가 풀어져서 운송물이 동요되어 파손되었다면 특단의 사정이 없는 한 불법행위의 책임조건인 선박사용인의 과실을 인정할 수 있고, 불법행위로 인한 손해배상청구에 대하여 운송인이 불가항력에 의한 사고라는 이유로 그 불법행위책임을 면하려면 그 풍랑이 선적 당시 예견불가능한 정도의 천재지변에 속하고, 사전에 이로 인한 손해발생의 예방조치가 불가능하였음이 인정되어야 한다.」

그러나 하주가 감항능력주의의무나 운송물에 관한 주의의무를 다하였더라면, 그 손해를 피할 수 있었음에도 불구하고 그 주의를 다하지 아니하였음을 증명한 때에는 그 손해에 대한 책임을 면하지 못한다. 따라서 운송인은 면책사유의 존재 및 그것과 손해발생의 경험칙상의 연관성을 증명하는 것으로 족하고, 손해가 사실 그 자체를 원인으로 한다는 점이나 자신의 무과실을 증명할 필요는 없다. 이는 면책사유로 인하여 손해가 발생하였을 때에는 입증책임이 하주측으로 전환된다는 점에서 운송인에게 유리하지만, 위에 설명한 바와 같이 책임의 내용을 완전히 면제하는 항해과실면책이나 화재면책과는 다른 것이다(함부르크규칙에서는 위와 같은 면책목록도 모두 폐지되었다(동규칙 제5조 제1항)).

C. 個別的 責任制限

(ⅰ) 意 義 운송인은 운송계약관계에 있는 송하인에 대한 손해배상책임을 일정한 한도로 제한할 수 있다. 이와 같은 단위·포장당 책임제한은 개별적 책임제한제도라는 점에서 전술한 포괄적 책임제한제도인 선주책임제한과 구별된다. 책임제한의 대상이 되는 책임은 운송계약상의 책임뿐만 아니라 불법행위책임도 포함되며, 운송인 자신에 대한 청구뿐만 아니라 운송인의 사용인 또는 대리인에 대하여 제기된 경우에도 적용된다

(ii) 內   容   운송인의 책임한도액은 운송물의 매 포장당 또는 선적
단위당 666.67 계산단위의 금액과 중량 1 kg당 2 계산단위의 금액 중 큰 금
액이다(제797조 제1항 본문). 여기서 계산단위라 함은 국제통화기금의 1 특별인출권(SDR)
에 상당하는 금액을 말한다(제770조 제1항 1호). 1924년 헤이그규칙은 단위·포장당 英
貨 100 파운드를 책임한도액으로 하였고(동규칙 제5조), 1968년 헤이그 비스비규칙은
단위·포장당 10,000 프랑(포앙카레) 및 중량킬로그램당 30프랑(포앙카레)을 책
임한도액으로 하였다(동규칙 제5조 (a)호). 그 후 1979년 개정의정서는 국제통화기금의 특
별인출권을 수용하여 동 조약 제 2 조에서 운송인의 책임한도액을 단위·포장
당 666.67 단위(SDR) 및 중량킬로그램당 2 단위(SDR)로 개정하였다. 이에 대하
여 1978년 함부르크규칙은 단위·포장당 835 단위(SDR)와 중량킬로그램당 2.5
단위(SDR)를 책임한도액으로 정하고 있다(동규칙 제6조 제1항 (a)호). 1991년 개정상법은 기본
적으로 1968년 헤이그 비스비규칙 및 1979년 헤이그의정서를 수용하면서, 우
리 해운현실을 감안할 때 그 책임한도가 너무 과다하다는 이유로 중량킬로그
램당 책임제한제도를 채택하지 않고, 단위·포장당 책임제한액도 다시 축소하
였다. 그러나 2007년 개정상법은 헤이그 비스비규칙과 동일하게 책임제한액
을 인상하였다. 다만, 중량당 책임제한제도는 2010년 8월 4일부터 적용되었다.

   포장이란 해체를 방지하거나 운송에 적합하도록 결집 또는 포장하여 놓
은 개별 물건을 말하고, 선적단위란 포장되지 않은 운송물로서 자체의 성질에
의하여 운송에 적합하도록 분리되어 있는 물건을 말한다. 그런데 요즘 정기선
에 의한 개품운송에서는 컨테이너 내지 팔레트(pallet)의 이용이 증대함에 따
라 컨테이너 또는 팔레트가 하나의 포장 또는 선적단위인가, 아니면 컨테이너
또는 팔레트 안의 각 물건이 각각 하나의 포장 또는 선적단위인가의 문제가
생겼다. 이는 1924년 헤이그규칙작성 당시에 예상하지 못했던 새로운 문제로
서 미국을 중심으로 한 프랑스·캐나다 등에서는 이에 대한 판례의 발전이
있었다. 그 후 1968년의 개정규칙에서는 이른바 컨테이너조항이 신설되
어 컨테이너화 또는 팔레트화된 운송물에 대해서는 선하증권면에 컨테이너의
내용물인 물건의 갯수 또는 단위가 표시되어 있는 한 책임제한의 적용시 이
를 하나의 포장 또는 선적단위로 본다고 명시하였다(동 규칙 제5조 (c)호. 함부르크규칙 제6조 제2항도 같은 취지의 규정을 두곤 있다). 상법도 이를 받아들여 컨테이너 기타 이와 유사한 운송용기가 운송물
을 통합하기 위하여 사용되는 경우에 그러한 운송용기에 내장된 운송물의 포
장 또는 선적단위의 수를 선하증권 기타 운송계약을 증명하는 문서에 기재한

때에는 그 각 포장 또는 선적단위를 하나의 포장 또는 선적단위로 보고, 그 외의 경우에는 이러한 운송용기 내의 운송물 전부를 하나의 포장 또는 선적단위로 본다. 그리고 운송인이 아닌 자가 공급한 운송용기 자체가 멸실 또는 훼손된 경우에는 그 용기를 별개의 포장 또는 선적단위로 본다(제797조제2항).

〈대판 2004. 7. 2, 2002 다 44267〉(포장의 개념)
「가. 상법 제789조의 2에 의한 해상운송인의 손해배상책임 기준이 되는 포장이란 운송물의 보호 내지는 취급을 용이하게 하기 위하여 고안된 것으로서 반드시 운송물을 완전히 감싸고 있어야 하는 것도 아니며, 구체적으로 무엇이 포장에 해당하는지 여부는 운송업계의 관습 내지는 사회통념에 비추어 판단하여야 할 것이다.
　나. 선하증권의 해석상 무엇이 책임제한의 계산단위가 되는 포장인지의 여부를 판단함에 있어서는 선하증권에 표시된 당사자의 의사를 최우선적인 기준으로 삼아야 할 것이며, 그러한 관점에서 선하증권에 대포장과 그 속의 소포장이 모두 기재된 경우에는 달리 특별한 사정이 없는 한 최소포장단위에 해당하는 소포장을 책임제한의 계산단위가 되는 포장으로 보아야 할 것인바, 비록 '포장의 수' 란에 최소포장단위가 기재되어 있지 아니하는 경우라 할지라도 거기에 기재된 숫자를 결정적인 것으로 본다는 명시적인 의사표시가 없는 한 선하증권의 다른 란의 기재까지 모두 살펴 그 중 최소포장단위에 해당하는 것을 당사자가 합의한 책임제한의 계산단위로 봄이 상당하다.
　다. 포장의 수와 관련하여 선하증권에 'said to contain' 또는 'said to be'와 같은 유보문구가 기재되었다는 사정은 포장당 책임제한조항의 해석에 있어서 아무런 영향이 없다.」(이에 대한 판례평석으로는 김인현, 상법 제806조 및 제789조의 2에 대한 대법원 판례평석, 한국상사판례연구, 18. 3(2005. 9)이 있다.)

당사자가 약정에 의하여 책임을 제한할 수 있지만, 제799조 제 1 항을 위반하여 운송인의 책임을 경감 또는 면제하는 경우에는 무효가 된다. 운송인은 이러한 개별적 책임제한의 결과 그 한도액이 선주책임제한액을 상회할 경우에는 이를 다시 상법 제769조 내지 제774조 및 제776조의 규정에 의하여 제한할 수 있다(제797조제4항).

　(ⅲ) 例　外　　운송인의 개별적 책임제한규정은 운송물에 관한 손해가 운송인 자신의 고의 또는 그 손해가 생길 염려가 있음을 인식하면서 무모하게 한 작위 또는 부작위로 인하여 생긴 것인 때에는 적용되지 않는다(제797조단서). 이러한 경우까지 운송인을 보호하여 책임제한의 이익을 부여할 필요가 없기 때문이다. 여기서 '손해가 생길 염려가 있음을 인식하면서 무모하게 한 작위

또는 부작위'란 손해의 발생을 인용하고 한 행위뿐만 아니라 중대한 과실로 손해가 발생하지 않을 것으로 믿거나 또는 중대한 과실로 손해발생가능성에 대해 인식하지 못하고 행한 모든 행위를 말한다.

운송인의 책임제한을 조작하는 고의 혹은 무모한 행위는 운송인 자신에게 있어야 하고 선장이나 창고업자 등 이행보조자의 그것과는 무관하다$\left(\begin{smallmatrix}대판\ 2001.\ 4.\\27,\ 99다71528\end{smallmatrix}\right)$.

〈대판 2001. 4. 27, 99 다 71528〉

운송인이 창고업자에게 운송물을 보관시킨 가운데에 창고업자가 선하증권과 상환하지 아니하고 운송물을 인도하여 버렸다. 운송인이 책임제한을 주장하자 원고는 창고업자의 행위는 고의 혹은 인식 있는 무모한 행위로서 책임제한배제사유에 해당한다고 항변하였다.

대법원은 「상법 제789조의2 제 1 항 단서에 의하여 운송인의 책임제한이 배제되기 위하여는 운송인 본인의 고의 또는 손해발생의 염려가 있음을 인식하면서 무모하게 한 작위 또는 부작위$\left(\begin{smallmatrix}이하\ '고의\ 또는\ 무\\모한\ 행위'라고\ 한다\end{smallmatrix}\right)$가 있어야 하는 것이고, 운송인의 피용자인 선원 기타 선박사용인에게 고의 또는 무모한 행위가 있다 하더라도 운송인 본인에게 그와 같은 고의나 무모한 행위가 없는 이상, 운송인은 상법 제789조도 운송인 본인에게 그와 같은 고의나 무모한 행위가 없는 이상, 운송인은 상법 제789조의2 제 1 항 본문에 의하여 책임을 제한할 수 있으며$\left(\begin{smallmatrix}대판\ 1996.\ 12.\ 6,\ 96\\다\ 31611\ 참조\end{smallmatrix}\right)$, 이는 운송인의 운송이 해상운송의 성질을 가지는 한, 해상에서의 피용자뿐만 아니라 보세창고업자와 같은 육상에서의 피용자에게 고의 또는 무모한 행위가 있었다 하더라도 마찬가지로 보아야 할 것이다」라고 하여, 원심에서 책임제한배제 주장을 배척한 조치는 정당하다고 판시하였다.

대법원은 운송인 자신의 범위가 전권이 위임된 경우에는 이사회의 구성원이 아니어도 업무담당 직원도 포함된다고 판시하였다$\left(\begin{smallmatrix}대판\ 2006.\ 10.\\26,\ 2004다27082\end{smallmatrix}\right)$.

〈대판 2006. 10. 26, 2004 다 27082〉

갑판하에 적재하여 운송되어야 할 박스에 포장된 기계류를 갑판상에 싣고 운송하기로 운송인 회사의 차장과 과장이 결정하였다. 한국에서 대만으로 운송중 화물은 손상을 입게 되었다. 운송인이 포장당책임제한을 주장하자 원고는 이는 책임제한배제사유에 해당한다고 주장하였다.

서울고등법원(2003 나 481765)은 「상법 제789조의2 운송인의 포장당책임제한

적용에 대하여, 운송인이 갑판적을 한 행위는 상법의 책임제한배제사유가 되는 손
해가 생길 염려가 있음을 인식하면서 무모하게 한 행위에 해당한다. 운송인 갑회
사의 대리 및 차장이 갑판적에 대한 결정을 하였고, 비록 차장의 행위라고 하더라
도 그가 실질적으로 결정권을 가지고 있다면 운송인 자신의 행위로 인정할 수 있
다. 따라서 운송인인 갑회사의 행위는 회사자신의 무모한 행위로서 상법 제789조
의2 제 1 항 본문에 따라 운송인은 책임제한을 할 수 없다.」고 판시하였다.

대법원은 「위 조항의 문언 및 입법연혁에 비추어, 단서에서 말하는 운송인 자신
은 운송인 본인을 말하고 운송인의 피용자나 대리인 등의 이행보조자에게 귀책사
유가 있는 경우에는 위 단서가 적용되지 않는다고 하겠으나, 법인 운송인의 경우
에 있어, 그 대표기관의 고의 또는 무모한 행위만을 법인의 고의 또는 무모한 행
위로 한정하게 된다면, 법인의 규모가 클수록 운송에 관한 실질적 권한이 하부의
기관으로 이양된다는 점을 감안할 때 위 단서조항의 배제사유는 사실상 사문화되
고 당해 법인이 책임제한의 이익을 부당하게 향유할 염려가 있다. 따라서 법인의
대표기관뿐 아니라 적어도 법인의 내부적 업무분장에 따라 당해 법원의 관리 업
무의 전부 또는 특정 부분에 관하여 대표기관에 갈음하여 사실상 회사의 의사결
정 등 모든 권한을 행사하는 자가 있다면, 비록 그가 이사회의 구성원 또는 임원
이 아니더라도 그의 행위를 운송인인 회사 자신의 행위로 봄이 상당하다. 같은 취
지에서 원심이 이 사건 수출화물을 원고와의 합의없이 임의로 갑판에 선적하도록
지시한 피고의 관리직 담당직원은 대외적으로 대표권을 갖는 갑의 대표기관은 아
니더라도 이 사건 운송계약의 체결과 그 이행과정에 있어서 갑의 직무분장에 따
라 회사의 의사결정 등 모든 권한을 행사하는 대표기관에 준하는 지위에 있었던
것으로 보아 이 사건 화물을 갑판에 선적한 행위는 운송인 자신의 행위에 해당한
다고 판단한 조치는 기록에 비추어 정당한 것으로 수긍된다. 따라서 상고를 기각
한다.」(이에 대한 판례평석으로, 김인현, 운송인의 포장당책임제한이 배제된 상사사례, 인권과 정
의 2007. 6.; 김창준, 운송인의 책임제한배제사유, 한국해법학회지 29.2(2007.11)이 있다.)

또한 송하인이 운송물을 인도할 때에 그 종류와 가액을 고지하고, 선하
증권 기타 운송계약을 증명하는 문서에 이를 기재한 경우에도 책임제한규정
은 적용되지 않는다. 그러나 송하인이 운송물의 종류 또는 가액에 대해 고의
로 현저하게 부실한 고지를 한 때에는 운송인은 자기 또는 그 사용인이 악의
인 경우를 제외하고 운송물의 손해에 대한 책임을 면한다(제797조 제 3 항).

D. 責任의 消滅　　구 상법은 해상운송인의 책임소멸사유에 대한 규정
을 따로 두지 않고 육상운송에 관한 규정을 그대로 준용하고 있었으나(구 상법 제812

조,제
146조), 현행상법은 해상운송관계의 특성을 고려한 헤이그 비스비규칙을 받아

들여 이에 대한 규정을 신설하였다(동규칙 제3조).
제6항 참조). 즉 수하인이 운송물의 일부멸

실 또는 훼손을 발견한 때에는 수령 후 지체없이 그 개요에 관하여 운송인에

게 서면에 의한 통지를 발송하여야 한다. 그러나 멸실 또는 훼손이 즉시 발

견할 수 없는 것인 때에는 수령한 날로부터 3일 내에 그 통지를 발송하여야

한다(제804조
제1항). 이러한 통지가 없는 경우에는 운송물이 멸실 또는 훼손 없이 수

하인에게 인도된 것으로 추정한다(제804조
제2항).

〈대판 1988. 9. 27, 87 다카 2131〉

「1936년의 미국 해상물건운송법 제1편 제3조 제6항의 규정은 수하인이 화물을

인도받을 때 또는 화물의 멸실·손상이 외부에 나타나지 않은 경우에 화물을 인

도받은 날로부터 3일 이내에 서면으로 화물의 멸실 또는 손상 등을 통지하지 아

니하면 운송인은 선하증권에 기재된 내용대로 화물을 인도한 것으로 추정한다는

것이어서, 그 멸실 또는 손상에 관한 입증책임을 전가시킨 것에 불과하고 수하인

이 위 통지를 게을리하였다 하여 곧 운송인에게 지워질 운송계약상의 책임이 면

제된다고 할 수 없다.」

1991년 상법개정 전에는 통지를 게을리한 경우 운송인의 책임이 완전히

소멸한다고 규정하고 있었기 때문에 이 규정의 타당성에 대하여 비난이 많았다.

다만, 운송인 또는 그 사용인이 악의인 경우에는 위의 추정규정이 적용되지 아

니한다(제804조
제3항). 운송물에 멸실 또는 훼손이 발생하였거나 그 의심이 있는 경

우에는 운송인과 송하인은 서로 운송물의 검사를 위하여 필요한 편의를 제공

하여야 한다(제804조
제4항). 위의 규정은 상대적 강행규정으로서, 이에 위반하여 수하

인에게 불리한 당사자간의 특약은 효력이 없다(제804조
제5항).

또한 해상운송인의 책임은 그 청구원인의 여하에 불구하고 운송인이 수

하인에게 운송물을 인도한 날 또는 인도할 날부터 1년 내에 재판상 청구가

없으면 소멸한다(제814조
제1항 본문). 청구원인을 불문하기 때문에 불법행위책임에 대해

서도 적용되며, 여기의 재판상 청구에는 중재의 제기도 포함된다고 해석된다.

운송인의 악의나 고의 여부 등 그 청구원인의 여하를 가리지 아니하고 적용

된다(대판 1997.9.30,
96 다 54850). 1년의 기간은 제척기간이지만, 이 기간은 당사자의 합의에

의하여 연장할 수 있다(제814조
제1항 단서).

〈대판 1997. 4. 11, 96 다 42246〉

「상법 제789조의 3 제 1 항은 운송인의 책임에 관한 상법의 규정은 운송인의 불법행위로 인한 손해배상의 책임에도 적용하도록 되어 있고, 같은 법 제811조는 '그 청구원인의 여하에 불구하고' 운송인의 수하인 등에 대한 채권 및 채무에 대하여 적용하도록 되어 있으므로 운송인의 악의로 인한 불법행위채무 역시 운송인이 수하인에게 운송물을 인도한 날 또는 인도할 날부터 1년 내에 재판상 청구가 없으면 소멸한다.」

대법원은 구상청구에는 1년의 제척기간은 적용되지 않는다고 한다.

〈대판 2001. 10. 30, 2000 다 62490〉

「원고의 위와 같은 청구원인사실의 주장 속에는 원고가 이 사건 제 2 선하증권을 발행받은 송하인의 자격에서 운송인의 대리인인 피고에게 그 운송물의 멸실을 이유로 불법행위에 의한 손해배상책임을 구하는 취지뿐만 아니라, 원고가 이 사건 제 1 선하증권의 발행인으로서 위 선하증권의 소지인인 운송물에 대한 권리자에게 운송물의 멸실로 인한 손해액을 먼저 배상하여 주고, 위 운송물의 멸실에 실질적으로 책임이 있는 운송인의 대리인인 피고를 상대로 위 배상금액을 구상하는 취지도 포함되어 있다고 보는 것이 상당하다고 할 것이다. 그리고 해상물건운송계약에 있어 계약운송인과 실제운송인과의 관계와 같이 복수의 주체가 운송물의 멸실·훼손으로 인하여 선하증권소지인에 대하여 연대하여 손해배상책임을 부담하는 경우, 어느 일방이 선하증권소지인에 대하여 먼저 손해액을 배상한 후 다른 일방에 대하여 그 배상금액을 구상하는 경우에는 운송인의 채권·채무의 소멸을 규정하고 있는 상법 제811조 소정의 단기제척기간에 관한 규정은 적용되지 않는다고 할 것이다.」

2007년 개정상법은 운송인이 인수한 운송을 다시 제 3 자에게 위탁한 경우에 운송인의 구상청구권을 보장하기 위하여, 제 1 항의 기간 이내에 운송인과 배상합의를 하거나 운송인에게 재판상 청구를 하였다면, 그 합의 또는 청구가 있은 날로부터 3월이 경과하기 이전에는 그 제 3 자에 대한 운송인의 채권·채무는 제 1 항의 규정에도 불구하고 소멸하지 않도록 하였다(제814조 제 2 항). 이것은 계약운송인과 실제운송인이 있는 경우에 계약운송인을 보호하기 위하여 도입되었다. 계약운송인과 실제운송인 사이에서 계약운송인은 송하인의 지위에 있고 제814조 제 1 항이 적용되므로 운송물이 인도된 다음 1년의 제척기간에 걸릴 우려가 있다.

제 2 항의 경우에 재판상 청구를 받은 운송인이 그로부터 3개월 이내에 그 제 3 자에 대하여 소송고지를 하면 3개월의 기간은 그 재판이 확정되거나 그 밖에 종료된 때부터 기산한다(제814조).

한편, 2007년 개정상법은 항해용선계약에서 선박소유자의 용선자 또는 수하인에 대한 채권 및 채무는 그 청구원인의 여하에 불구하고 선박소유자가 운송물을 인도한 날 또는 인도할 날로부터 2년 내에 재판상 청구가 없으면 소멸한다고 정한다(제840조).

Ⅱ. 海上物件運送人의 權利

1. 運賃請求權

(1) 序　　說　　　운임이란 운송의 대가로서 운송인에게 지급하는 보수를 말한다. 운송계약에서 이를 정하고 있지 않더라도 運送人은 상인이므로 당연히 보수청구권을 갖는다(제61조). 협의로는 개품운송계약이나 항해용선계약상 운송인의 보수만을 운임이라고 하고, 광의로는 그 밖에 정기용선계약상 운송인의 보수인 용선료까지도 포함하여 운임이라고 한다. 운송인은 운송을 완료하면 상대방에 대하여 운임을 청구할 권리를 갖는다. 운임청구권은 운송계약상 운송인이 갖는 권리 중 가장 핵심적인 것으로서, 이를 통하여 운송인은 이윤을 얻게 된다.

선적기간 또는 양륙기간을 도과하여 선적이나 양륙을 한 경우, 일정기간의 범위 내에서 지급하기로 하는 특별보수로서의 체선료 또는 정박료와 운임은 구별하여야 한다(滯船料에 대한 자세한 설명은 제2편 제3장 제2절 제4관 Ⅰ. (3) '待泊義務' 참조). 운송계약에서 정한 수량이나 중량의 운송물을 선적하지 못함으로써 운송인에게 지급하여야 하는 空積運賃(dead freight)도 그 명칭은 운임이지만, 그 법적 성질은 법정해약금 또는 손해배상액이지 운임이 아니다.

(2) 發　　生

A. 原　　則　　　운송인의 운임청구권은 현실적으로 운송물을 도착지까지 이전하여야 할 것을 요하므로 성질상 도급계약에 해당하여 후급이 원칙이다. 그러나 특약으로 운임의 전부 또는 일부를 선급으로 할 수도 있다. 따라서 운송인의 과실 없이 사고가 발생했다든지, 사고가 면책사유로 인한 것이어서 운송인의 책임 없는 사유로 운송물이 멸실한 때에도 운송인은 원칙적으

로 운임을 청구하지 못하고, 운임을 선급한 경우에는 이를 반환하여야 한다(제815조, 제134조). 운송을 완료한 때에는 비록 이로가 있었다거나 연착된 경우라도 상대방은 반드시 운임을 지급하여야 한다. 이 경우 운송이 완료되었다고 하기 위해서는 운송물이 동일성을 유지하면서 수하인에게 인도되어야 한다.

B. **例　外**　　운임은 원칙적으로 운송을 완료한 경우에만 청구할 수 있으나, 예외적으로 운송이 완료되지 않았음에도 운임을 청구할 수 있는 경우가 있다.

(ⅰ) **送荷人 등의 責任**　　운송물의 전부 또는 일부가 그 성질이나 하자 또는 송하인이나 용선자의 과실로 인하여 멸실한 때에는 운송인이 운임의 전액을 청구할 수 있다(제815조, 제134조 제 2 항). 이 때에는 송하인이나 용선자에게 운송을 완료하게 하지 못한 원인을 제공한 귀책사유가 있으므로, 마치 운송을 완료한 것처럼 운송인에게 운임청구권을 인정한 것이다. 송하인이나 용선자에게 과실이 있는 경우, 운송인은 그 외에도 손해가 있으면 그 손해의 배상도 청구할 수 있다.

(ⅱ) **積荷의 處分**　　선장이 선박수선료·해양사고구조료 기타 항해의 계속에 필요한 비용을 지급하기 위하여 적하를 처분하거나(제750조), 공동해손행위로서 적하를 처분한 경우 운송인은 운송을 완료하지 못하였지만 운임의 전액을 청구할 수 있다(제813조).

(ⅲ) **船積의 遲滯 등**　　용선자가 선적기간 내에 선적을 하지 아니하여 운송인이 임의로 또는 용선자의 청구에 의하여 발항하거나, 송하인이 선적을 게을리하여 선장이 발항한 경우에 용선자나 송하인은 운임의 전액을 지급하여야 한다(제831조, 제792조). 전부용선자가 발항 전에 용선계약을 해제한 때에는 운임의 반액을 지급하여야 하고(제832조 제 1 항), 왕복항해의 용선계약인 경우에는 전부용선자가 그 회항 전에 계약을 해지한 때 및 선박이 타항에서 선적항에 항해하여야 할 경우에 선적항에서 발항하기 전에 계약을 해지하는 때에는 운임의 3 분의 2 를 지급하여야 한다(제832조 제 2 항·제 3 항). 일부용선자나 송하인이 발항 전에 계약을 해제 또는 해지한 때에도 운임의 전액을 지급하여야 한다(제833조 제 2 항).

(ⅳ) **運送의 不能**　　항해도중에 ① 선박이 침몰 또는 멸실된 때, ② 선박이 수선할 수 없게 된 때, ③ 선박이 포획된 때, 및 ④ 항해 또는 운송이 법령에 위반하게 되거나 기타 불가항력으로 인해 계약의 목적을 달성할 수 없게 되어 운송계약을 해지한 때에는 운송의 비율에 따른 운임을 청구할

수 있다($\substack{제810조, \\ 제811조}$). 선적 전에 운송물의 일부가 불가항력으로 인하여 멸실되거나, 법령위반 기타 불가항력으로 인하여 계약의 목적을 달성할 수 없게 된 때에는 용선자 또는 송하인은 운송인의 책임이 가중되지 아니하는 범위 내에서 다른 운송물을 선적할 수 있고, 용선자 또는 송하인이 이를 게을리한 때에는 운임의 전액을 지급하여야 한다($\substack{제812 \\ 조}$).

(3) 內　容

A. 當事者

(ⅰ) 支給請求權者　　운임지급청구권자는 운송인이다. 항해중에 있는 선박이나 그 持分이 양도된 경우에 당사자간에 다른 약정이 없으면 양수인이 그 항해로부터 생긴 이익을 얻고 손실을 부담하지만($\substack{제763 \\ 조}$), 이는 양도당사자 사이의 내부적인 관계에 지나지 않고 누가 운임지급청구권을 갖는가와는 아무런 상관이 없다. 실제운송인도 운송계약의 당사자가 아니므로 송하인에 대하여 직접적인 운임청구권이 없다.

(ⅱ) 支給義務者　　운임지급의무자는 운송의 의뢰인인 용선자 또는 송하인이다. 선하증권소지인은 선하증권상 기재된 운임의 지급의무가 있으나, 선하증권소지인이 지급의무가 있다 하여 송하인이나 용선자가 운송계약상 운임지급책임을 면하는 것은 아니다. 수하인은 운송계약의 당사자가 아니므로 운임지급의무가 없지만, 운임·부수비용·체당금·정박료·운송물의 가액에 따른 공동해손 또는 해양사고구조로 인한 부담액 등을 지급하지 않으면 운송인은 운송물을 인도할 필요가 없다($\substack{제807 \\ 조}$). 본선인도조건(FOB) 계약에서는 매수인이 용선자 혹은 송하인이 된다. 그러므로 매수인이 운송계약의 당사자로서 운임지급자가 된다($\substack{제대판 \ 2000.8. \\ 18, \ 99 \ 다 \ 48474}$). 운임·보험료포함조건(CIF) 계약에서는 매도인이 운송계약의 당사자로서 용선자 혹은 송하인이 된다.

〈대판 1996. 2. 9, 94 다 27144〉

「구 상법(1991. 12. 31, 법률 제4470호로 개정되기 전의 것) 제799조는 '개개의 물건의 운송을 계약의 목적으로 한 때에는 수하인은 선장의 지시에 따라 지체없이 운송물을 양륙하여야 한다'고 규정하고 있으나, 한편 상법 제800조 제 1 항에는 '수하인은 운송물을 수령하는 때에는 운송계약 또는 선하증권의 취지에 따라 운임·부수비용·체당금·정박료·운송물의 가액에 따른 공동해손 또는 해난구조로 인한 부담액을 지급하여야 한다'고 규정하고 있으므로 수하인 또는 선하증권의 소지인은 운송물을 수령하지 않는 한 운임 등을 지급하여야 할 의무가 없다고 보아야 할 것이고, 따라서 수하인이 운송인으로부터 화물의 도착을 통지받고 이를 수령하지 아니한 것만으로 바로 운송물을 수령한 수하인으로 취급할 수는 없으며, 상법 제800조 제 1 항 소정의 운임 등을 지급할 의무도 없다.」

〈대판 1977. 7. 26, 76 다 2914〉
「상법 제800조 제 1 항 소정의 수하인에는 운송계약상의 수하인, 선하증권에 기재된 수하인뿐 아니라 운송물수입계약의 당사자이고, 그 실수요자로서 송하인과 운송인 사이의 운송계약상 실질적 수하인의 지위에 있는 자도 포함된다.

선하증권상 송하인의 운임전불기재가 있는 경우, 위 기재대로 송하인에 의하여 운임이 지급결제된 것으로 알고 하물을 수령한 선의의 선하증권소지인이면 그 증권의 문언증권성에 의하여 운임지급의무를 면한다 할 것이나, 운임이 결제되지 아니하였음을 알고 하물을 수령한 악의의 선하증권소지인은 상법 제800조 제 1 항 소정의 운임지급의무를 면할 수 없는 것이고, 그 법리는 선하증권과 상환 없는 이른바 공도의 방법으로 하물을 수령한 전단의 실질적 수하인에게도 적용된다 할 것이고, 선하증권소지인의 선의·악의의 판단시기는 선하증권취득 당시이나 위 실질적 수하인의 선의·악의의 판단시기는 하물수령시이다.」

B. 運 賃 額

(i) 金   額   운임은 당사자가 약정하고, 당사자의 약정이 없으면 상당한 금액이 운임이 된다(제61조). 해양수산부령이 정하는 바에 의하여 운임을 정하여 화주 등 이해관계인이 알도록 공표하여야 한다(해운법 제28조, 제 1 항). 운송업자는 공표된 운임 또는 요금보다 저액을 받거나 저액의 금액을 받기 위하여 이미 받은 운임 또는 요금의 일부를 환급하여서는 안 된다(해운법 제32조, 제33조). 그러나 공표된 내용과 다른 운임을 약정한 때에도 형사처벌은 별도로 하고, 그러한 약정이 무효로 되는 것은 아니다.

(ii) 比例運賃   당사자는 운송계약에서 운임액을 확정하는 경우도 있지만, 운송물량이나 운송시간에 따라 운임을 정하는 수도 있다. 운송물의 중량 또는 용적으로 운임을 정한 때에는 운송물을 인도하는 때의 중량 또는 용적에 의하여 그 액을 정한다(제805조). 이는 운임이 완성된 운송의 결과에 대한 보수이고, 운송물은 항해중에 성질상 건조 또는 습기 등으로 인하여 중량·용적이 변할 수 있기 때문이다. 기간으로 운임을 정한 때에는 운송물의 선적을 개시한 날로부터 그 양륙을 종료한 날까지의 기간에 의하여 그 액을 정한다(제806조 제 1 항). 그러나 이 기간에는 불가항력으로 인하여 선박이 선적항이나 항해도

중에서 정박한 기간 또는 항해도중에 선박을 수선한 기간 및 선적기간 또는 양륙기간이 경과한 후의 선적 또는 양륙기간은 산입하지 아니한다($\frac{\text{제806조}}{\text{제 2 항}}$). 불가항력으로 인한 기간의 비용은 대개 공동해손으로서 적하의 이해관계인이 그 손해를 분담하므로, 다시 이 기간의 운임을 부담시키는 것은 송하인에게 너무 가혹하기 때문이고, 선박의 수선기간이 제외되는 것은 실제로 운송을 하지 않았기 때문이며, 정박기간의 경과에 대해서는 따로 정박료가 지급되기 때문이다.

(ⅲ) 比率運賃   앞에서 살펴보았듯이 선적 전에 용선자나 송하인이 운송계약의 전부 또는 일부를 해지하거나, 운송도중 불가항력 등으로 운송이 중지된 때에는 일정한 비율에 따라서 운임을 청구할 수 있다($\frac{\text{제810조}}{\text{제811조}}$). 이 때에 비율은 단순히 거리만에 의하지 아니하고 항해의 난이·비용·기간 등도 참작하여 정하여야 한다. 또한 운송인이 송하인 등의 운송물처분권의 행사에 따른 경우에도 비율운임청구권이 인정된다($\frac{\text{제815조, 제139}}{\text{조 제 1 항}}$).

(4) 權利의 確保   운송인은 일반적인 민사유치권($\frac{\text{민법}}{\text{제320조}}$)과 상사유치권($\frac{\text{제58}}{\text{조}}$) 외에 운송계약 또는 선하증권의 취지에 따른 운임 기타의 비용을 지급할 때까지 운송물을 유치할 수 있고, 따라서 그 지급과 상환하지 아니하면 운송물을 인도할 의무가 없다($\frac{\text{제807}}{\text{조}}$).

운송인은 운임 기타의 부수비용의 지급을 받기 위하여 법원의 허가를 얻어 운송물을 경매할 수 있고, 이로부터 우선변제를 받을 수 있다($\frac{\text{제808조}}{\text{제 1 항}}$). 운송인은 운송물을 유치하고 있는 동안에 경매할 수 있음은 물론 인도 후에도 경매할 수 있다. 그러나 인도일로부터 30일을 경과하거나 제 3 자가 그 운송물의 점유를 취득한 때에는 경매할 수 없다($\frac{\text{제808조}}{\text{제 2 항}}$). 또한 해상운송인과 용선자 사이에서 용선계약에 따른 모든 분쟁을 중재를 통해 해결하기로 하는 합의가 있는 경우에도 경매할 수 없다고 할 것이다. 왜냐하면 당사자 사이에 중재특약이 있는 경우에는 당사자가 특약으로 운송인의 경매권을 배제한 것으로 보아야 하기 때문이다.

〈대결 1983. 8. 1, 82 마카 77〉

「해상물건운송인과 용선자 간에 용선계약으로 인하여 발생할 모든 분쟁을 중재판정에 따라 해결하기로 한 중재계약이 체결된 경우에 수하인이 배상하여야 될 체선정박료채무의 발생 여부에 대해 위 당사자간에 다툼이 있음에도 불구하고 법원이 그와 같이 다툼 있는 체선정박료채권의 존부 및 범위를 확정하여 그 지급을

받기 위한 경매의 허부를 결정하는 것은 결과적으로 위 중재판정에 위배된다고
하겠으므로, 그 존부에 대하여 분쟁 있는 체선정박료채권에 관하여 중재판정을 거
침이 없이 바로 그 지급을 받기 위하여 수하인에게 인도된 운송물에 대한 선박소
유자의 경매허가신청은 허용될 수 없다.」

구 상법에서는 운송인이 운임 등에 대한 경매권을 행사하지 않은 때에는
원래의 운송계약의 당사자인 송하인이나 용선자에 대한 운임 등의 청구권을
상실하였으나(구상법 제805조 참조), 1991년 상법은 제805조를 삭제하였다. 판례는 구 상법 제
805조의 적용 여부가 문제된 사건에 그 적용을 제한하여 운송인이 경매권을
행사하지 않았다고 하여 당연히 용선자나 송하인에 대한 운임 등의 청구권을
상실하는 것은 아니라고 판시한 바 있다.

〈대판 1994. 6. 14, 93 다 58547〉
「선박소유자가 용선자나 송하인에 대하여 운임 등의 청구권을 상실하는 것은 임의
로 운송물의 경매를 할 수 있음에도 불구하고 이를 게을리하여 용선자나 송하인
의 이익을 해치는 경우에 한하는 것이고, 선박소유자에게 책임 없는 사유로 인하
여 경매절차가 지연됨에 따라 운송물 자체의 변질로 인하여 그 상품가치가 저하
되어 더 이상 경매절차를 진행하는 것이 선박소유자뿐만 아니라 용선자나 송하인
에게도 불이익한 결과를 초래하는 경우에는 해당하지 아니하므로, 이러한 경우 선
박소유자가 경매에 의하여 운송물을 처분하지 아니하였다고 하여 용선자나 운송
인에 대한 운임 등의 청구권을 상실하는 것은 아니다.」

(5) 權利의 消滅　　해상운송인의 용선자·송하인 또는 수하인에 대한
채권은 그 청구원인의 여하에 불구하고 운송인이 수하인에게 운송물을 인도
한 날 또는 인도할 날로부터 1년 내에 재판상 청구가 없으면 소멸한다. 그러
나 이 기간은 당사자의 합의에 의하여 연장할 수 있다(제814조).

2. 기타의 權利

운송인은 운임청구권 이외에도 여러 가지 권리를 갖는다. 용선자 또는
송하인이 지급할 채무를 대신 변제한 경우, 당연히 그 체당금과 법정이자를
청구할 수 있다(제55조). 그 외에 운송인이 자기의 의무에 속하지 않는 행위로
인하여 부수비용이 발생한 때에는 원칙적으로 용선자·송하인 등이 그 부수
비용을 부담하여야 한다. 또한 운송인이 해양사고구조를 하거나 공동해손을
당한 때에는 해양사고구조료청구권과 공동해손분담청구권을 갖고, 운송인을

대리한 선장은 다른 이해관계인을 위하여도 이러한 권리를 행사할 권리와 의무가 있다. 운송인은 이러한 채권에 대하여도 유치권 및 경매권을 행사할 수 있고, 그에 대해 제척기간의 제한이 있음은 앞에서 설명한 바와 같다.

제 5 관 海上物件運送契約의 終了

海上物件運送契約은 一般終了原因에 의하여 종료하지만, 상법은 해상운송의 특수성을 고려하여, 특히 해상위험으로부터 기업을 보호하고 급변하는 상황에 대응할 수 있도록 하기 위하여 특별한 규정을 두고 있다.

Ⅰ. 傭船者 또는 送荷人의 任意解除 또는 解止

1. 發航前의 任意解除 또는 解止

발항 전에는 전부용선자는 운임의 반액을 지급하고 계약을 해제할 수 있다(제832조 제1항). 往復航海의 용선계약인 경우, 또는 선박이 타항에서 선적항에 항행하여야 할 경우와 같은 복합항해에서 전부용선자는 그 항해 전에 또는 선적항에서 발항하기 전에 계약을 해지하는 때에는 운임의 3분의 2를 지급하여야 한다(제832조 제2항·제3항).

발항 전에는 일부용선자나 개품운송계약에서의 송하인은 다른 용선자와 송하인 전원과 공동으로 하는 경우에 한하여 계약의 해제 또는 해지를 할 수 있고(제833조 제1항), 공동으로 하지 아니하고 계약을 해제 또는 해지한 때에는 운임의 전액을 지급하여야 한다(제833조 제2항). 또 발항 전이라도 일부용선자나 송하인이 운송물의 전부 또는 일부를 선적한 경우에는 다른 용선자나 송하인의 동의를 얻지 아니하면 계약을 해제 또는 해지하지 못한다(제833조 제3항). 적하를 환적하면 발항이 지연되고 적하가 훼손될 위험이 있기 때문이다.

위와 같은 경우에 운송물의 전부 또는 일부를 선적한 후에 계약을 해제 또는 해지하는 때에는 용선자 또는 송하인이 선적과 양륙의 비용을 부담한다(제835조). 또 용선자나 송하인은 부수비용과 체당금을 지급할 책임을 면하지 못하고(제834조 제1항), 왕복항해 내지 복합항해의 경우에는 운송물의 가액에 따라 공동해손 또는 해양사고구조로 인하여 부담할 금액도 지급하여야 한다(제834조 제2항).

계약의 해제 또는 해지가 효력을 발생하기 위해서는 일반적으로 의사표시가 있어야 하지만, 해상거래의 신속을 도모하기 위하여 용선계약의 경우에는 용선자가 선적기간 내에 운송물의 선적을 하지 아니한 때에는 계약을 해제 또는 해지한 것으로 보고($^{제836}_{조}$), 개품운송계약의 경우에는 송하인이 당사자간 의 합의 또는 선적항의 관습에 의한 때와 곳에서 운송인에게 운송물을 제공 하지 아니한 때에는 계약을 해제한 것으로 본다. 이 때에는 선장은 즉시 발 항할 수 있고, 송하인은 운임의 전액을 지급하여야 한다($^{제792조}_{제2항}$).

2. 發航後의 任意解止

발항 후의 용선자나 송하인이 운송계약을 해지하는 때에는 선박소유자가 불이익을 당하는 경우가 많기 때문에 발항 전의 해제나 해지에 비하여 엄격한 규정이 적용된다. 즉 발항 후에는 용선자나 송하인은 운임의 전액·체당금·정 박료와 공동해손 또는 해양사고구조의 부담액을 지급하고, 그 양륙을 하기 위 하여 생긴 손해를 배상하거나 이에 대한 상당한 담보를 제공하여야만 계약을 해지할 수 있다($^{제837}_{조}$).

3. 解除 또는 解止運賃의 性質

용선자나 송하인이 운송계약을 임의해제 또는 해지하는 경우에 용선자나 송하인이 지급하여야 할 금액을 空積運賃이라고 한다. 그 법적 성질은 손해 배상이나 위약금이 아니라 법정해약금이라고 본다. 따라서 용선자나 송하인 은 해제 또는 해지로 인하여 그 지급의무를 부담할 뿐이지, 그 지급이 해제 또는 해지의 전제요건으로 되는 것은 아니다($^{서돈각·}_{574쪽}$).

II. 不可抗力으로 인한 當事者의 任意解除 또는 解止

1. 發航前의 解除

용선계약에 의한 운송이든, 개품운송계약에 의한 운송이든 항해 또는 운 송이 법령에 위반하게 되거나($^{항해금지·해상봉}_{쇄·수출입금지 등}$) 기타 불가항력으로 인하여 계약의 목적을 달성할 수 없게 된 때에는 각 당사자는 계약을 해제할 수 있다($^{제811조}_{제1항}$). 이러한 해제사유가 운송물의 일부에 대하여 생긴 때에는 용선자 또는 송하인 은 운송인의 책임이 가중되지 아니하는 범위 내에서 다른 운송물을 선적할 수 있다($^{제812조}_{제1항}$). 이 경우에 용선자 또는 송하인은 지체없이 운송물의 양륙 또 는 선적을 하여야 하고, 이것을 게을리한 때에는 운임의 전액을 지급하여야 한다($^{제812조}_{제2항}$).

2. 發航後의 解止

발항 후에 불가항력으로 인하여 계약의 목적을 달성할 수 없는 사유가 생긴 때에는 각 당사자는 계약을 해지할 수 있으나, 용선자 또는 송하인은 운송의 비율에 따른 운임을 지급하여야 한다($\frac{제811조}{제2항}$).

Ⅲ. 不可抗力으로 인한 契約의 當然終了

① 선박이 침몰 또는 멸실할 때, ② 선박이 수선할 수 없게 된 때, ③ 선박이 포획된 때, ④ 운송물이 불가항력으로 인하여 멸실된 때에는 해상물건운송계약이 당연히 종료한다($\frac{제810조}{제1항}$). ① 내지 ③의 사유가 항해 도중에 생긴 때에는 용선자 또는 송하인은 운송의 비율에 따라 현존하는 운송물의 가액의 한도에서 운임을 지급하여야 한다($\frac{동조}{제2항}$). ④의 사유가 운송물의 일부에 대하여 생긴 때에는 운송인의 책임이 가중되지 아니하는 범위 내에서는 다른 운송물을 선적할 수 있으며($\frac{제812조}{제1항}$), 이 경우에는 지체없이 운송물의 양륙 또는 선적을 하여야 하고, 이를 게을리한 때에는 운임의 전액을 지급하여야 한다($\frac{동조}{제2항}$).

제 6 관 船荷證券

金仁顯 외 1, UNCITRAL 운송법회의에서의 운송증권의 문언증권성에 대한 고찰, 기업법연구, 21. 3(2007. 9)/김인현, 로테르담 규칙상 재판관할제도의 성립과정과 내용, 한국해법학회지 제32권 제 1 호(2010. 4)/김인현, 선하증권상 FIO 특약의 개념과 효력, 상사판례연구 제24집 제 3 권(2011)/김인현, 한국해사법정 및 한국 준거법 활용현황과 그 활성화 방안, 한국해법학회지 제34권 제 1 호(2012. 4)/김인현, 실무에서 나타나는 다양한 선하증권과 그 대용물, 국제거래법연구, 22권 제 1 호(2013. 7)/慶益秀, 船荷證券上 裁判管轄約款에 관한 考察, 新世紀 會社法의 展開(雨田李炳泰教授華甲紀念論文集), 1996/慶益秀, 선하증권의 임의적 기재사항, 經濟法·商事法論集(孫珠瓚教授停年紀念論文集), 1989/권재열, 볼레로형 전자선하증권에 관한 법적 연구, 상사법연구 제21권 제 4 호, 한국상사법학회(2003)/김선광, 선하증권소지인에 대한 해상운송인의 책임 : 국내판례를 중심으로, 慶南大 産業經營 16(1993. 12)/김창준, 배서가 금지된 기명식 선하증권의 법적 성질, 한국해법학회지 25. 1, 한국해법학회(2003. 4)/박성호, A Comprarative Study on the Form Requirement of Eletronic Trade Documents under the Existing International and National Regulations:Focused on English, American, and Korean Laws, 한국해법학회지 제31권 제 2 호(2009. 11)/徐敬武, 電子式 船荷證券에 關한 法的

考察, 現代商事法論集(芝石金麟濟博士定年紀念論文集), 1997/손주찬, CMI 해상물건운송에서의 운송서류 등의 전자화 —— 전자시대의 운송계약법 ——, 한국해법학회지 25. 1, 한국해법학회(2003. 4)/沈載斗, 선하증권의 기능: 1. 영수증으로서의 선하증권, 海洋韓國 244(1994. 1), 2. 운송계약의 증거로서의 선하증권, 245(1994. 2), 3. 권원증권으로서의 선하증권, 246(1994. 3), 247(1994. 4), 4. 화물인도를 위한 선하증권의 제출, 248(1994. 5)/沈載斗, 영국 해상물건운송법: 선하증권계약, 그 법적 논점들, 해양한국 243(1993. 12)/嚴潤大, SEA WAYBILL의 활용을 위한 입법방향, 한국해법학회지 23. 2(2001. 11)/양석완, 운송유지권의 효력과 원용 가능성에 관한 법적 쟁점, 한국해법학회지 제32권 제 1 호(2010. 4)/尹錫亨, 선하증권에 관한 국제협약 및 해상법과 선하증권, 銀行界 330(1993. 11)/李均成, 선하증권상의 배상액제한약관의 효력, 判例月報 259(1992. 4)/李基秀, 선하증권에 의한 운송 —— 영국법을 중심으로 ——, 한국해법학회지 10. 1(1988. 10)/이병문, A Study on the Passage of Ownership in the International Sale of Goods and the Bill of Lading, 한국해법학회지 제31권 제 1 호(2009. 4)/이성웅, '라파엘라' 사건과 기명식 선하증권의 유통성, 한국해법학회지 제30권 제 2 호(2008. 11)/李載厚·徐東熙, 船荷證券上의 管轄合意, 企業과 法(度岩金敎昌辯護士華甲紀念論文集), 1997/李鎭洪, 운송물의 인도에 관한 법적 문제 —— 보세구역에서의 불법인도를 중심으로 ——, 한국해법학회지 24. 1(2002. 4)/정경영, 전자선하증권의 도입에 관한 법적 검토, 상사판례연구 제15권, 한국상사판례학회(2003)/鄭完溶, 선하증권의 기재사항에 관한 소고, 民事法과 環境法의 諸問題(安二濬博士華甲紀念論文集), 1986/정완용, 개정 해상법상 전자선하증권 규정에 관한 고찰, 한국해법학회지 제30권 제 1 호(2008. 4)/조영철, 선하증권의 부지약관과 부지문언의 유효성에 대한 연구, 한국해법학회지 25. 2(2003. 11)/蔡利植, 船荷證券 發行人의 責任, 判例研究(고려대 법학연구소) 4(1987. 6)/崔鍾賢, 공선하증권의 효력, 한국해법학회지, 29. 1(2007. 4)/崔鍾賢, 선하증권상의 부지약관의 효력(대상판례: Queen's Bench Division (Commercial Court) 22 May 1998[1998] 2 Lloyd's Rep. 614, Mata K 호 사건), 한국해법학회지 25. 2, 한국해법학회(2003. 11)/崔鍾賢, 선하증권상의 不知約款의 효력, 한국해법학회지 24. 1(2002. 4)/최진이, 선하증권의 전자화에 관한 고찰, 해사법연구 제15권 제 1 호, 한국해사법학회(2003. 6)/최준선, 선하증권의 채권적 효력, 한국해법학회지, 27. 2(2005. 11)/한낙현, 선하증권중의 재판관할조항의 효력에 관한 연구 -미국의 판례·학설을 중심으로-, 한국해법학회지 제31권 제 1 호(2009. 4)/玄德奎, 記命式 船荷證券의 양도에 관련된 법적 문제들, 한국해법학회지 23. 2(2001. 11).

Ⅰ. 總   說

船荷證券(Bill of Lading : B/L)은 해상물건운송계약에 기초하는 운송물의 수령 또는 선적을 증명하고, 동시에 그 인도청구권을 표창하는 유가증권이다.

선하증권은 육상운송에 사용되는 화물상환증이나 최근의 콘테이너에 의한 복합운송에서 사용되는 복합운송증권과 함께 운송증권으로 불린다. 해상운송, 특히 국제간에 이루어지는 무역운송에 있어서는 상품의 장소적·공간적 이동의 거리와 시간이 길고, 경우에 따라서는 물품매매계약의 당사자의 일방인 수하인(매수인)은 송하인(매도인)과 해상운송인 간에 체결되는 운송계약에 참여할 수 없으며, 미리 상품을 확인할 기회도 없다. 이와 같이 장소적·공간적 장애를 극복하여 원격지에 있는 매수인이 물품매매계약에서와 똑같은 상품을 확실히 입수할 수 있게 하기 위하여 확립된 제도가 선하증권제도이다. 실제로는 별로 이용되고 있지 않은 화물상환증에 비하여 선하증권은 운송물의 수령·양도·입질 등에 널리 이용되고 있는데, 이것은 해상운송이 육상운송에 비하여 장기간에 걸친 대량운송이라는 특성과 CIF 등의 국제거래에서 많이 이용되는 화환어음의 결제를 위해서는 선하증권이 반드시 있어야 한다는 현실적 필요성이 반영된 것이다.

그러나 법률적으로는 선하증권과 화물상환증 사이에 큰 차이가 없으므로 상법은 발행자·기재사항·數通發行 등에 관해서만 선하증권에 특유한 규정을 두고, 그 밖의 문제는 화물상환증에 관한 규정을 준용하고 있다(제861조, 제129조, 제130조, 제132조, 제133조). 2007년 개정상법은 실무의 경향을 반영하여 전자선하증권(제779조) 및 해상화물운송장(제780조 및 제781조)에 대한 규정을 추가하였다.

Ⅱ. 法的 性質

(1) 선하증권은 운송물의 인도청구권이라는 채권을 표창하는 채권증권이며, 증권을 교부하면 운송물을 인도한 것과 동일한 효력이 인정되지만 물권 자체를 표창하는 물권증권은 아니다.

(2) 선하증권은 記名式(수하인으로서의 특정인의 성명 또는 상호가 기재된 것)으로 발행된 경우라도 특히 배서금지(지시금지 : non-negotiable)의 문구가 기재되지 않는 한(이 문구가 있는 경우에는 민법의 지명채권양도방법으로 양도할 수 있다) 법률상 당연한 지시증권(증권상에 지정된 자 또는 그렇게 지정한 자가 다시 증권상에 지정하는 자를 권리자로 하는 유가증권)이며, 배서에 의하여 양도할 수 있다(제861조, 제130조). 또한 無記名式(권리자를 기재하지 않거나 단순히 "소지인"으로만 기재하는 경우)의 경우에는 증권의 교부만으로 양도된다(무기명식의 발행이 인정되는가에 대해서는 다툼이 있다).

〈대판 2003. 1. 10, 2000 다 70064〉

「기명식 선하증권의 권리양도방법에 관한 법리오해주장에 대하여 : 선하증권은 해상운송인이 운송물을 수령한 것을 증명하고 양륙항에서 정당한 소지인에게 운송물을 인도할 채무를 부담하는 유가증권으로서, 운송인과 그 증권소지인 사이에는 증권기재에 따라 운송계약상의 채권관계가 성립하는 채권적 효력이 발생하고, 운송물을 처분하는 당사자 사이에는 운송물에 관한 처분은 증권으로서 하여야 하며, 운송물을 받을 수 있는 자에게 증권을 교부한 때에는 운송물 위에 행사하는 권리의 취득에 관하여 운송물을 인도한 것과 동일한 물권적 효력이 발생하므로 운송물의 권리를 양수한 수하인 또는 그 이후의 자는 선하증권을 교부받음으로써 그 채권적 효력으로 운송계약상의 권리를 취득함과 동시에 그 물권적 효력으로 양도목적물의 점유를 인도받은 것이 되어 그 운송물의 소유권을 취득하는데(대판 1998.9.4, 96 다 6240; 대판 1997.7.25, 97 다 19656 각 참조), 이 사건의 경우와 같이 선하증권상에 특정인이 수하인으로 기재된 기명식 선하증권의 경우 그 증권상에 양도불능의 뜻 또는 배서를 금지한다는 취지의 기재가 없는 한 법률상 당연한 지시증권으로서 배서에 의하여 양도가 가능하다고 할 것이고, 그 증권의 소지인이 배서에 의하지 아니하고 권리를 취득한 경우에는 배서의 연속에 의하여 그 자격을 증명할 수 없으므로 다른 증거방법에 의하여 실질적 권리를 취득하였음을 입증하여 그 증권상의 권리를 행사할 수 있다고 할 것이며(위 대판 1998.9.4, 96 다 6240 참조), 이러한 경우 운송물의 멸실이나 훼손 등으로 인하여 발생한 채무불이행으로 인한 손해배상청구권은 물론 불법행위로 인한 손해배상청구권도 선하증권에 화체되어 선하증권이 양도됨에 따라 선하증권소지인에게 이전된다고 할 것이다(대판 1991.4.26, 90 다카 8098 참조). 기록에 의하면 원심이 이와 같은 취지에서 포스트레이드가 선하증권의 소지인으로서 정당한 권리를 취득하였다고 판단한 조치는 수긍이 가고, 거기에 상고이유에서 주장하는 바와 같은 기명식 선하증권의 권리양도방법과 효력에 관한 법리오해의 위법이 있다고 할 수 없다.」

(3) 선하증권은 기재사항이 법정되어 있으므로(제853조) 요식증권성을 갖는다. 그러나 선하증권의 요식성은 엄격하게 볼 것은 아니므로 법정의 기재사항 가운데 일부를 흠결하거나 반대로 법정기재사항 이외의 기재가 있더라도 증권이 무효가 되는 것은 아니다. 즉 증권을 수수할 때 당해 증권상의 기재 자체로부터 운송물을 특정하고, 운송계약의 주된 내용을 알 수 있을 정도의 사항이 증권에 기재되어 있으면 법의 취지에 반하지 않는다고 할 수 있다.

(4) 선하증권은 운송인이 운송물을 수령하였음을 원인으로 하여 발행되는 요인증권이다.

〈대판 1982.9.14, 80 다 1325〉

「선하증권에 의한 운송물의 인도청구권은 운송인이 송하인으로부터 실제로 받은 운송물, 즉 특정물에 대한 것이고, 따라서 운송물을 수령 또는 선적하지 않았음에도 불구하고 선하증권이 발행된 경우에는 그 선하증권은 원인과 요건을 구비하지 못하고 목적물의 흠결이 있는 것으로서, 이는 누구에 대하여도 무효라고 봄이 상당하다.」

(5) 선하증권은 증권의 인도로 운송물 자체의 인도와 동일한 효력을 갖게 되는 인도증권의 성질도 있다.

〈대판 1982. 2. 23, 80 다 2943〉

「매도인이 지시식 선하증권을 매수인에게 인도하지 않고 소지하고 있다면, 그 운송물의 소유권은 매도인에게 유보되어 있는 것이다.」

(6) 선하증권은 증권과 상환하지 않으면 운송물을 인도할 필요가 없는 상환증권이다($^{제861조,}_{제129조}$).

〈대판 1991. 12. 10, 91 다 14123〉

「상법 제820조·제129조의 규정은 운송인에게 선하증권의 제시가 없는 운송물인도청구를 거절할 수 있는 권리와 함께 선하증권의 제시가 없는 경우, 운송물의 인도를 거절하여야 할 의무가 있음을 규정하고 있다고 봄이 상당하다.」($^{동지 : 대판 1992.}_{1. 21, 91 다 14994;}$) 대판 1992. 2. 14, 91 다 4249; 대판 1992. 2. 25, 91 다 30026).

〈대판 1992. 2. 25, 91 다 30026〉

「선하증권의 상환성은 보증인도의 상관습에도 불구하고 인정되며, 증권소지인에게 운송인 등의 운송물을 인도하지 못한 때에는 채무불이행 또는 불법행위상의 손해배상책임을 진다.」($^{동지 : 대판 1983. 12. 27, 83 다카 644; 대판 1989. 3. 14, 87 다카 1791; 대판 1991. 4.}_{26, 90 다카 8098; 대판 1991. 12. 10, 91 다 14123; 대판 1992. 2. 14, 91 다 13571}$)

그러나 실제의 거래계에서 증권과 상환하지 않고, 이른바 假渡 또는 保證渡의 방법으로 운송물을 인도하는 경우가 많다.

〈대판 1974. 12. 10, 74 다 376〉

「해상물건운송인은 선하증권과 상환하여 화물을 인도하여야 하지만, 그 선하증권상에 수하인으로 표시되어 있고, 그 증권을 소지한 보증은행의 인도지시가 있는 경우에는 이 원칙($^{제820조,}_{제129조}$)은 적용될 여지가 없다.」

〈대판 1992. 2. 14, 91 다 4249〉

「보증인도에 의하여 운송물이 멸실된 경우 채무불이행 또는 불법행위로 인한 손

해배상청구권은 그 증권에 화체되어 선하증권이 양도됨에 따라 이전되며, 증권소
지인이 배상채권을 취득하고, 별도의 양도의 통지가 필요한 것이 아니다.」^{(동지 : 대판 1991. 4. 26,}
90 다카 8098; 대판 1991. 12. 10, 91 다 14123; 대판
1992. 1. 21, 91 다 14994; 대판 1992. 2. 25, 91 다 30026)

(7) 선하증권은 증권상에 표시된 운송물을 처분(^{양도·}_{입질 등})할 경우, 그 증권을
가지고 하여야 하는 處分證券이다(^{제861조,}_{제132조}).

Ⅲ. 種　類

1. 船積船荷證券과 受領船荷證券

증권에 '船積'의 기재가 있는가에 따른 구별이다. 船積船荷證券(shipped
B/L; on board B/L)은 운송물의 선적이 있었다는 뜻의 기재가 있는 선하증권
이며, 受領船荷證券(received B/L; received for shipment B/L)은 선적을 위하여
운송물을 수령하였다는 뜻을 기재한 선하증권이다. 수령선하증권도 적법하고
유효한 선하증권이지만(^{제852조 제}_{1항 참조}), 수령선하증권은 실제로 화물이 선적되지 않
을 위험성이 있으므로 신용장(Letter of Credit : L/C) 거래에서는 선적선하증권
을 요구하는 것이 일반적 관행으로 되어 있고, 수령선하증권은 특히 신용장에
명시되지 않는 한 환거래은행에 의하여 매입이 거절된다(^{신용장통일규칙}_{제20조 a항 참조}). 따라서
실제 거래계에서는 수령선하증권에 실제의 선적완료 후 선적한 선박명·항구명
및 선적의 일자를 기재하고 운송인의 서명을 받음으로써(^{이 附記를 on board notation;}_{on board endorsement라고 하}
_{며, 이러한 船積證明이 있는 선하증권을 on board nota-}
_{tion B/L 또는 on board endorsement B/L이라고 한다}) 선적선하증권에 갈음하는 방법이 행해지
고 있다(^{제852조 제}_{2항 참조}).

〈朝高判 1934. 3. 13, 民集 21 · 72〉

「선하증권이 선적 전에 발행되었다 하더라도 운송물의 선적이 있었을 때에는 유효
하다.」

이와 같이 두 선하증권의 법적 효과는 서로 다르지만, 실무상 정기선항
로가 컨테이너선항로인 때에는 운송물을 내륙의 컨테이너집하장 등에서 컨테
이너에 넣고 나서 수령과 선적을 구분하지 않고 선하증권을 발행하는 것이
보통이고, 더구나 해상운송주선인이 송하인으로부터 운송주선을 받고 운송물
을 수령하면서 아울러 복합운송인의 지위에서 선하증권을 발행하는 것이 관
행이라는 점에서 특히 운송이 컨테이너운송인 경우에는 수령 또는 선적선하

증권을 구별하는 것은 실익이 없다(^{박용섭, 566}_{쪽 아래}).

2. 通船荷證券과 中間船荷證券

통운송의 경우에 그 전운송구간에 대해 발행되는 선하증권이 통선하증권 (through B/L)이다. 해상통운송의 경우에는 각각 이른바 하수운송의 형태를 취하는 것이 보통이므로, 통선하증권이란 원수운송인이 발행하는 선하증권이라고도 할 수 있다. 그리고 제 2 이하의 하수운송인이 그 중간운송구간에 대해 원수운송인에게 발행하는 선하증권을 중간선하증권(local B/L)이라고 한다. 그런데 통선하증권은 복합운송증권을 포함하는 넓은 개념으로 사용되는 경우가 있고, 중간선하증권도 외항용 선하증권(ocean B/L)과 구별하는 의미에서 내항용 선하증권이라고 불리는 경우가 있다.

3. 記名式 船荷證券과 指示式 船荷證券

受荷人의 표시방식에 의한 분류이다. 선하증권의 수하인란에 특정인의 성명 또는 상호가 기재되는 것을 기명식 선하증권(straight B/L), 특정의 수하인이 아니라 "to order," "to order of shipper" 등 지시인이 기재되어 있는 선하증권을 지시식 선하증권(order B/L)이라고 한다. 무역거래에서는 유통을 목적으로 하므로 背書의 방법으로 타인에게 양도되는 지시식 선하증권이 원칙이며, 기명식 선하증권은 운송물에 대해 이미 대금이 지급되어 그 소유권이 수하인란의 특정인에게 이전된 경우 이외에는 발행되지 않는다.

4. 無故障船荷證券과 故障船荷證券

통상 선하증권에는 운송인이 '외관상 양호한 상태로'(in apparent good order and condition) 운송물을 수령(^{또는}_{선적})하였다는 뜻이 인쇄되어 있다. 이러한 문언을 부정 내지 수정하는 註記(remark)가 기재된 선하증권이 故障(留保)船荷證券(foul B/L; dirty B/L)이고, 운송물에 대해 註記가 없는 선하증권이 無故障(留保)船荷證券(clean B/L)이다.

선적화물이 정상상태가 아님을 나타낸 고장선하증권은 신용장거래에서는 환거래은행이 매입하지 않기 때문에 이를 유통시킬 수 없다. 따라서 실제거래계에서는 운송물의 외관상태가 양호하지 않음에도 송하인이 운송인에 대해 은행을 연대보증인으로 한 補償狀(Letter of Indemnity : L/I)을 제시하여 장래 운송인이 받을 모든 손해를 보상한다는 뜻을 약정하고, 그와 상환하여 무고장 선하증권의 교부를 받는 것이 국제적 관행이다. 그러나 이러한 해운업이나 무

역금융관계의 편법으로 행해지는 보상장에 의한 무고장선하증권 발행의 관
행은 송하인과 운송인의 공모에 의한 사기행위와 결부될 위험성이 있으며,
이 방법이 남용되는 경우에는 선하증권의 취득자(^{매수인·은행·}_{적하보험자})에게 불측의 손해
를 끼치게 되고, 그 결과 선하증권의 신용이 실추되어 거래의 안정을 기할
수 없게 된다.

 여기서 이러한 보상장의 효력이 문제된다. 해상운송인이 선의의 제 3 자인
선하증권소지인 등에 대하여 대항할 수 없음은 선하증권이 유통증권이라는
성질상 당연하다. 문제는 보상장계약의 당사자간의 효력, 즉 선하증권소지인
또는 적하보험자로부터 화물손해의 주장이 제기되어 이에 대해 손해배상을
한 해상운송인이 보상장에 기초하여 보상장을 발행한 송하인에 대해 그 손실
의 보상을 요구한다는 측면에서의 보상장의 유효성이다. 보상장의 관행이 본
래 상업상의 편법으로 발생하였지만 실제로는 해상거래에서 유익한 역할을
한다는 점에 비추어 볼 때, 이를 무조건 무효로 볼 것이 아니라 사기적인 경
우 또는 공서양속위반의 경우를 제외하고는 원칙으로 유효하다고 보아야 할
것이다.

5. 하우스 船荷證券과 마스터 船荷證券

 운송주선인이 선하증권을 발행하여 스스로 운송인이 되는 경우에 운송주
선인이 발행하는 선하증권을 하우스 선하증권(House B/L)(제 1 선하증권)이라고
한다. 운송주선인(계약운송인)은 자신은 운송수단이 없으므로 선박회사(실제운
송인)를 이행보조자로 하여 자신이 송하인과 수하인이 되는 선하증권을 선박
회사로부터 발급받게 된다. 이를 마스터 선하증권(Master B/L)(제 2 선하증권)이
라고 한다. 유통성이 있는 선하증권은 하우스 선하증권이다(^{김인현 253쪽.}_{최종현 412쪽}). 송하인
과 직접적인 계약관계에 있는 자는 운송주선인이다. 그러므로 송하인은 운송
주선인에게 운송계약상 책임을 물을 수 있지만, 실제운송인에게는 운송계약상
책임을 물을 수는 없다. 다만, 실제운송인에게 불법행위책임을 물을 수는 있
을 것이다. 함부르크 규칙에 따르면 실제운송인 계약운송인은 모두 연대책임을
부담하게 된다(^{함부르크 규칙}_{제10조 제 4 항}).

6. 기 　 타

 보험증권과 결합된 선하증권을 赤船荷證券(red B/L)이라고 한다. 적선하
증권이 발행된 경우 송하인은 별도의 보험계약을 체결하지 않고 운송물에 대
한 항해중의 사고에 대하여 보험보호를 받을 수 있는데, 이 때에는 송하인이

지급하는 운임에 보험료가 포함된다.

그 밖에 장차 운송계약을 체결 또는 운송물을 수령 또는 선적할 것을 예상하고 미리 발행하는 선하증권, 즉 실제발행일보다 먼저 일자를 발행일자로 한 先船荷證券, 운송계약이 없다든가 운송물을 선적하지 아니한 채 발행된 空船荷證券 등의 선하증권도 있다.

Ⅳ. 發   行

선하증권은 용선자 또는 송하인의 청구에 의하여 해상운송인이 발행하는데(제852조 제1항·제2항), 운송인은 이것을 선장 또는 기타의 대리인에게 위임할 수 있다(제852조 제3항). 운송주선인은 선하증권을 발행할 수 없는 것이 원칙이나, 운송주선계약에서 운임이 확정되거나(제119조 제2항), 운송주선인이 介入權을 행사한 때에는(제116조 제1항) 운송인의 지위를 가지므로, 이를 발행할 수 있다고 보아야 할 것이다(동지: 최기원, 182쪽). 처음부터 운송주선인이 계약운송인이 되는 경우도 있다.

〈대판 1987. 10. 13, 85 다카 1080〉
「해상운송주선인이 선적선하증권을 자기의 명의로 발행한 것이 아니고 양륙항의 현지상인이면서 운송주선인과 상호 대리관계에 있는 자의 대리인자격으로 발행한 것이라면, 그것만으로 선하증권이 상법 제116조의 개입권행사의 적법조건이 되는 '운송주선인이 작성한 증권'으로 볼 수는 없다.」

선하증권에는 다음의 사항을 기재하고 운송인이 기명날인 또는 서명하여야 한다(제853조 제1항). 운송인의 기명날인 또는 서명은 운송계약에 기초하는 권리관계나 책임을 확정하는 의미에서 선하증권의 중요하고 불가결한 요소이다.

(1) 船舶의 名稱·國籍과 톤수   선적선하증권의 경우에 요구되는 기재사항으로서 수령선하증권의 경우에는 임의적 기재사항이 된다. 실무상으로는 선적 전에 선적선하증권이 발행되고 이 때 선박의 명칭을 특정하지 않는 경우가 있는데, 이러한 선하증권도 유효하다고 본다.

(2) 送荷人이 書面으로 通知한 運送物의 종류 · 중량 또는 용적 · 포장의 종별 · 갯수와 기호   운송물의 동일성을 확인하는 데 있어서 중요한 기재사항이다. 따라서 송하인은 이 기재사항이 정확함을 운송인에게 담보한 것으로 본다(제853조 제3항). 송하인은 이에 대하여 무과실책임을 부담한다. 그런데 이 기재사항 중 운송물의 중량·용적·갯수 또는 기호가 운송인이 실제로 수령한 운송

물을 정확하게 표시하고 있지 아니하다고 의심할 만한 상당한 이유가 있는
때, 또는 이를 확인할 적당한 방법이 없는 때에는 그 기재를 생략할 수 있다
(제853조 제2항). 이 때에는 많은 경우에 송하인의 통지를 인정하지 않는다는 취지의
내용부지문구를 삽입한다(不知約款).

  (3) 運送物의 外觀狀態   운송물의 외관상태에 관한 표시는 선하증권
의 기재를 신뢰하여 거래한 자에게 극히 중요하기 때문에 반드시 기재하여야
한다. 선하증권에 "외관상 양호한 상태로 선적되었다"는 뜻의 기재가 있는 경
우에 운송물의 양륙시에 외관상 손상이 있는 때에는 특별한 사정이 없는 한
운송물의 손상이 운송인의 운송물취급중에 발생한 것으로 推定된다.

  (4) 傭船者 또는 送荷人의 姓名 또는 商號   선하증권의 제 3 취득자에
대해 증권에 표시된 운송물의 가치판단의 자료를 제공한다는 의미에서 기재
가 요구되는 것이다. 반드시 운송계약의 당사자인 용선자 또는 송하인을 기재
하여야 하는 것은 아니므로, 넓게 물건운송의 중개를 위탁하는 하주를 기재하
여도 된다.

  (5) 受荷人 또는 通知受領人의 姓名 또는 商號   목적지에서 운송물을
수령할 자(수하인) 또는 운송물이 목적지에 도착했다는 사실의 통지를 받을
자(통지수령인)를 기재하여야 하며, 통지수령인이 기재된 경우에 그에게 운송
물에 관한 통지를 한 때에는 용선자 또는 송하인 및 선하증권소지인 기타 수
하인에게 통지한 것으로 본다(제853조 제4항).

  (6) 船積港   선적선하증권에서 요구되는 기재사항이다. 중요한 기
재사항이지만, 그 흠결이 선하증권을 무효로 하는 절대적 기재사항은 아니다.

  (7) 揚陸港   선하증권은 운송물의 인도를 요소로 하는 증권으로서
운송물을 인도할 항구인 양륙항은 선하증권의 불가결한 기재사항이다.

  (8) 運 賃   선하증권의 소지인이 운송물의 수령시 운송인에 대해
부담할 채무의 내용을 명확히 할 만한 기재가 요구되므로 중요한 사항이지만,
이것이 흠결되어도 운송물의 거래자격이나 운임시장에 따라 판단할 수 있으
므로 선하증권 그 자체가 무효가 되는 것은 아니다.

  (9) 發行地와 그 發行年月日   선하증권에 기명날인 또는 서명한 곳
및 그 일자를 기재해야 한다. 선적일자를 기재하지 않는 선적선하증권의 경우
에 통상 선하증권발행일이 운송물의 선적일로 추정되어 중요한 의미를 갖고
있지만 절대적 기재사항은 아니다.

(10) 數通의 船荷證券을 發行한 때에는 그 數   선하증권은 보통 수 통 (대개 3통) 중 두 장을 한 조로 하여 발행되므로, 각 통의 증권면에 그 수를 명시할 필요가 있다. 수 통을 발행하면서 그 수를 기재하지 않은 경우에는 한 통의 제시로써 다른 선하증권소지인에게 대항할 수 있게 된다. 그러나 절대적 기재 사항은 아니다.

선하증권에는 이상의 법정기재사항 이외에 선장의 성명·선하증권번호·본선항해번호·면책약관 등을 기재할 수 있다. 이러한 임의적 기재사항은 강행법규에 반하지 않는 한 유효하다. 2007년 개정상법은 '운송인의 성명 또는 상호'와 '운송인의 주된 영업소소재지'도 기재사항으로 하였다(제853조 제1항).

V. 效   力

1. 序   說

선하증권은 화물상환증 및 창고증권과 더불어 대량의 원격지와의 상거래 에 있어서 육상 및 해상운송인이나 창고업자에게 기탁중인 물건을 간편·신속하게 양도·입질하는 것을 가능하게 하여 금융수단을 얻게 하는 기술적 제도로서 인출된 것이다. 따라서 선하증권은 운송물을 수령한 운송인이 그 수령을 인증하고, 그 도착지에 있어서 증권소지인에게 운송물을 인도할 것을 약속하여 발행되는 유가증권이다. 즉 선하증권은 운송물인도청구권을 표창한 채권적 유가증권이다. 하지만 상법은 다시 제820조에 의하여 준용되는 제132조와 제133조에 의하여 운송물의 처분에 관하여는 별도로 선하증권의 물권적 효력도 인정하고 있다.

〈대판 2003. 10. 24, 2001 다 72296〉

「선하증권이 발행되지 아니한 해상운송에 있어 수하인은 운송물이 목적지에 도착하기 전에는 송하인의 권리가 우선되어 운송물에 대하여 아무런 권리가 없지만 (상법 제815조, 제139조), 운송물이 목적지에 도착한 때에는 송하인과 동일한 권리를 보유하고 (상법 제815조, 제140조 제1항), 운송물이 목적지에 도착한 후 수하인이 그 인도를 청구한 때에는 수하인의 권리가 송하인에 우선하게 되는바(상법 제815조, 제140조 제2항), 그와 같이 이미 수하인 이 도착한 화물에 대하여 운송인에게 인도청구를 한 다음에는 비록 그 운송계약에 기한 선하증권이 뒤늦게 발행되었다고 하더라도 그 선하증권의 소지인이 운송인에 대하여 새로이 운송물에 대한 인도청구에 대한 권리를 갖게 된다고 할 수없다. (중략) 이 사건 선하증권은 이 사건 화물이 목적지에 도착한 후 운송계약상

의 정당한 수하인에 의한 화물의 인도요청과 이에 따른 인도가 있은 후에 발행된
것이어서 원고가 이를 소지하게 되었다고 하더라도 원고로서는 이미 위 화물에
대한 소유권 혹은 인도청구권을 취득할 수 없다 할 것이므로, 원고가 이 사건 상
고이유로 문제삼는 배서금지된 기명식 선하증권의 상환증권성 여부와는 무관하게
원고의 피고에 대한 이 사건 청구는 모두 이유가 없다고 할 것이다.」

2. 債權的 效力

선하증권의 채권적 효력이란 증권발행자인 해상운송인과 증권소지인 사
이의 채권관계를 결정하는 효력을 말한다. 종래에 상법은 이러한 효력을 육
상운송의 화물상환증에 대해 규정하고($\frac{제131}{조}$), 이를 선하증권에 준용하고 있었
다($\frac{구 상법}{제820조}$). 즉 선하증권이 발행된 경우 운송에 관한 사항은 해상운송인과 증
권소지인 사이에서는 선하증권의 기재문언에 따라 결정된다(文言證券性).

〈대판 1972. 2. 22, 71 다 2500〉
「선하증권에 기재된 운임에 관한 특약사항은 당해 증권의 소지인에 대하여도 효력
이 미친다.」

그러나 다른 한편 선하증권은 해상물건운송계약에 기초하는 운송물의 수
령을 원인으로 하여 발행되는 요인증권이다. 여기서 선하증권의 이러한 두
가지 성질을 이론적으로 어떻게 조화시킬 것인가에 대하여 종래 여러 가지
견해가 주장되었다. 구체적으로는 물품의 수령이 없이 증권이 발행된 경우($\frac{소위}{공권의경우}$)와 실제로 수령한 물품 내지 그 수량이 증권기재와 다른 경우에 대해
증권발행자의 책임을 어떻게 이론구성할 것인가에 관한 문제이다. 대법원은
운송인은 불법행위책임을 부담한다고 판시하였다.

〈대판 2005. 3. 24, 2003 다 5535〉
「선하증권은 운송물의 인도청구권을 표창하는 유가증권인 바, 이는 운송계약에 기
하여 작성되는 유인증권으로 상법은 운송인이 송하인으로부터 실제로 운송물을 수
령 또는 선적하고 있는 것을 유효한 선하증권 성립의 전제조건으로 삼고 있으므로
운송물을 수령 또는 선적하지 않고 발행된 선하증권은 원인과 요건을 구비하지 못
하여 목적물의 흠결이 있으므로 무효라고 봄이 상당하고, 이러한 경우 선하증권의
소지인은 운송물을 수령하지 않고 선하증권을 발행한 운송인에 대하여 불법행위로
인한 손해배상청구를 할 수 있다.」($\frac{이에 대한 판례평석으로는 최종현, 공선하증권의 효력, 한}{국해법학회지 제29권 제 1 호(2007. 4), 129쪽 이하가 있다.}$)

그러나 1991년 개정상법은 선하증권의 경우에 화물상환증의 문언증권성에 관한 규정의 준용규정을 삭제하고(제820조), 선하증권이 발행된 경우에는 운송인이 그 증권에 기재된 대로 운송물을 수령 또는 선적한 것으로 추정하지만 운송인은 선하증권을 선의로 취득한 제 3 자에게 대항하지 못하는 것으로 하였다(제814조의 2; 헤이그 비스비규칙 제 3 조 제 4 항). 즉 선하증권의 기재에 대하여 추정적 효력을 인정하면서 증권을 취득한 선의의 제 3 자에 대해서는 운송인이 반대의 증명을 하지 못하도록 하였다. 따라서 운송인은 증권상의 기재가 사실과 다르더라도 선의의 제 3 자에 대해서는 반증을 들어 사실과 다름을 입증하여 선하증권에 기재된 대로 책임을 지지 않음을 주장할 수 없다(간주적 효력 혹은 확정적 효력).

한편, 2007년 개정상법 제854조(선하증권 기재의 효력)는 "i) 제853조 제 1 항의 규정에 따라 선하증권이 발행된 경우 운송인과 송하인 사이에 선하증권에 기재된대로 개품운송계약이 체결되고 운송물을 수령 또는 선적한 것으로 추정한다. ii) 제 1 항의 선하증권을 선의로 취득한 소지인에 대하여 운송인은 선하증권에 기재된대로 운송물을 수령 혹은 선적한 것으로 보고 선하증권에 기재된 바에 따라 운송인으로서 책임을 진다"고 한다.

이것은 선하증권이 운송물의 인도청구권을 화체한 유가증권으로서 운송계약의 당사자 이외의 제 3 자에게 유통될 것을 본래의 사명으로 한다는 점을 중시하여 증권의 기재문언을 신뢰하여 거래한 제 3 자의 권리를 보호하고, 이에 따라 증권의 유통성을 확보하기 위함이다. 그러나 다른 한편 이 규정은 대량의 운송물을 취급하는 운송인이 운송물의 종류·수량 또는 용적·포장의 종별·개수와 기호 등을 정확하게 확인하여 기재한다는 것이 사실상 곤란하다는 점에서 운송인에게는 가혹한 결과를 초래할 수 있다. 따라서 실무계에서는 不知約款에 의하여 그 기재에 의한 책임을 면하고 있다.

〈대판 2001. 2. 9, 98 다 49074〉
「상법 제814조의 2의 규정에 의하면, 운송인은 선하증권에 기재된 대로 운송물을 수령 또는 선적한 것으로 추정되므로, 선하증권에 운송물이 외관상 양호한 상태로 선적되었다는 기재가 있는 무고장선하증권이 발행된 경우에는 특별한 사정이 없는 한 운송인은 그 운송물을 양호한 상태로 수령 또는 선적한 것으로 추정된다할 것이고, 따라서 무고장선하증권의 소지인이 운송물의 훼손으로 인한 손해를 입증함에 있어서는 운송인으로부터 운송물을 수령할 당시의 화물의 손괴사실만 입증하면 되는 것이고, 나아가 이러한 손해가 항해중에 발생한 것임을 입증할 필

요는 없다고 할 것이다. 그러나 선하증권에 기재되어 추정을 받는 '운송물의 외관
상태'는 상당한 주의를 기울여 검사하면 발견할 수 있는 외관상의 하자에 대하여
서만 적용되는 것이지 상당한 주의를 기울이더라도 발견할 수 없는 운송물의 내
부상태에 대하여서는 위 추정규정이 적용될 수 없다 할 것이다. 그리고 송하인측
에서 직접 화물을 컨테이너에 적입하여 봉인한 다음 운송인에게 이를 인도하여
선적하는 형태의 컨테이너운송의 경우에 있어서는 상법 제814조 제 1 항 소정의
선하증권의 법정기재사항을 충족하기 위하여 혹은 그 선하증권의 유통편의를 위
하여 부동문자로 '외관상 양호한 상태로 수령하였다'는 문구가 선하증권상에 기재
되어 있다고 할지라도, 이와 동시에 '송하인이 적입하고 수량을 셈'(Shipper's
Load & Count) 혹은 '… 이 들어 있다고 함'(Said to Contain) 등의 이른바 부지
문구가 선하증권상에 기재되어 있고, 선하증권을 발행할 당시 운송인으로서 그 컨
테이너 안의 내용물상태에 대하여 검사·확인할 수 있는 합리적이고도 적당한 방
법이 없는 경우 등 상법 제814조 제 2 항에서 말하는 특별한 사정이 있는 경우에
는 이러한 부지문구는 유효하고, 위 부지문구의 효력은 운송인이 확인할 수 없는
운송물의 내부상태에 대하여도 미친다고 할 것이다. 따라서 선하증권에 위와 같은
부지문구가 기재되어 있다면, 이와 별도로 외관상 양호한 상태로 선적되었다는 취
지의 기재가 있다 하여 이에 의하여 컨테이너 안의 내용물의 상태에 관하여까지
양호한 상태로 수령 또는 선적된 것으로 추정할 수 없다고 할 것이므로, 이러한
경우 선하증권소지인은 송하인이 운송인에게 운송물을 양호한 상태로 인도하였다
는 점을 입증하여야 할 것이다.」

한편, 상법 제132조는 화물상환증의 문언증권성이라는 표제 하에 「화물상
환증을 작성한 경우에는 운송에 관한 사항은 운송인과 소지인간에 있어서는
화물상환증에 기재된 바에 의한다」고 정한다. 화물상환증은 선하증권 소지인
에 대한 간주적인 효력을 인정하지 않고 있는 점에서 차이가 있다.

2007년 개정상법에는 해상화물운송장제도를 입법화하면서 제864조는 「제
863조 제 1 항의 규정에 따라 해상화물운송장이 발행된 경우 운송인이 그 운송
장에 기재된 대로 운송물을 수령 또는 선적한 것으로 추정한다」고 정하였다. 해
상화물운송장도 간주적인 효력을 갖지 못하는 점에서 선하증권과 차이가 있다.

3. 物權的 效力

(1) 物權的 效力의 의의   선하증권의 물권적 효력이란 선하증권이 운
송물상의 질권의 설정 또는 이전에 대해 갖는 효력을 의미한다. 상법은 화물

상환증에 의하여 운송물을 받을 수 있는 자에게 화물상환증을 교부한 때에는 운송물 위에 행사하는 권리(소유권·질권 등)의 취득에 관하여 운송물을 인도한 것과 동일한 효력이 있다고 규정하고(제133조), 이 규정을 선하증권에 준용하고 있다(제861조).

〈朝高判 1934. 3. 13, 民集 21 · 72〉

「선하증권이 발행되어 있는 경우에는 운송물의 멸실 · 훼손 등에 관한 선박소유자의 책임은 선하증권상의 채무의 불이행으로서 증권상의 권리를 가지는 자에 대하여 부담하며, 손해발생 후의 증권소지인은 손해배상청구권에 관하여 그 양도를 받을 필요가 없다.」

〈대판 1989. 12. 12, 88 다카 8668〉

「해상운송인의 피용자나 대리인이 운송물 전부를 인수하고 수령선하증권에 선적의 뜻을 기재하여 송하인에게 교부한 이상 운송물 중 일부를 선적하지 않았더라도 그 선하증권의 운송물 전부에 대한 수령선하증권으로서의 유효성은 부인할 수 없는 것이며, 수하인은 인도증권인 위 수령선하증권을 적법하게 취득함으로써 운송인측에 보관하고 있는 운송물 전부에 대하여 그 소유권을 취득하였다고 할 것이고, 운송물 가운데 일부가 신용장에 기재된 최종선적기일 이후에 선적되어 지연운송되었다는 사유만으로는 특약이 없는 한 수하인에게 당연히 그 수령을 거부하고 전보배상을 구할 권리가 있다고 볼 수 없는 것이다.」

상법이 선하증권에 이러한 효력을 인정한 결과 송하인(매도인 등)은 운송인의 직접점유 하에 있는 운송중의 물품에 대하여 선하증권의 교부로 양도나 입질을 할 수 있고, 운송이 종료되지 않아도 대금을 회수할 수 있게 된다. 결국 물권적 효력은 운송물을 증권에 의해 처분하는 법기술로 인정된 것으로서 운송물의 양도 · 입질에 편의를 제공하여 선하증권의 효용을 높이는 기능을 한다.

(2) 物權的 效力에 관한 學說 물권적 효력에 관한 이론구성을 둘러싸고 학설이 대립하고 있다. 운송물은 동산이고 동산에 대한 소유권을 취득하기 위해서는 원칙적으로 현실적 점유이전이 있어야 한다. 운송물 대신에 선하증권을 취득하면 왜 점유이전으로 취급되는지 의문이다. 또한 자명채권의 양도가 있게 되는데 대항요건을 여전히 갖추어야 하는지도 문제된다. 학설은 대체로 다음과 같이 나뉜다.

A. 否 認 說 이 설은 물권적 효력이라는 개념의 존재 자체를 부정하고, 물권적 효력이라는 것은 화물상환증의 양도로 인하여 발생하는 채권적

효력이 동산물권변동의 한 방법인 목적물반환청구권의 양도방법으로 이용된 결과에 지나지 않는다고 한다. 이 설에 의하더라도 운송물이 멸실된 경우에는 물권적 효력이 발생하지 아니한다고 한다(채이식, 786쪽).

　　B. **絶 對 說**　　　이 설은 증권의 인도를 민법이 정하는 점유이전원칙 이외에 인정되는 특수한 점유이전원인으로 보고, 운송인이 당해 운송물을 점유하고 있는가 아닌가에 관계 없이 증권의 인도로써 점유가 이전한다고 해석한다(차낙훈, 227쪽; 박원선, 193쪽; 이병태, 328쪽). 자명채권 양도의 대항요건은 필요 없다.

　　근대 거래법에서는 상품의 유통을 보호하기 위하여 필연적으로 증권의 지위를 강화하지 않으면 안 되며, 이러한 요청에 절대설이 가장 적합하다는 것이다. 그러나 이러한 입장을 취하더라도 空券, 운송물의 멸실 또는 제 3 자에 의한 운송물의 선의취득 등의 경우까지 화물상환증에 물권적 효력을 인정하려는 취지는 아니다. 따라서 이 의미에 있어서는 후술하는 대표설의 입장과 그다지 차이가 없다.

　　C. **相 對 說**　　　절대설과 대립하는 것은 상대설이다. 상대설에 의하면 증권소지인은 증권의 취득에 수반하여 운송물을 직접점유하는 운송인에 대하여 운송물인도청구권을 갖기 때문에 운송물에 대한 간접점유를 취득한다는 것이다. 그러므로 증권의 이전에 수반하여 간접점유도 이전하지만, 운송물이 멸실되거나 제 3 자에게 선의취득되어 운송인의 직접점유가 상실되면 증권소지인에 대해서도 물권적 효력이 상실된다고 해석한다. 이러한 상대설에는 아래에서 설명하는 엄정상대설과 대표설의 두 가지 학설이 있다.

　　(ⅰ) 嚴正相對說　　　이 설은 증권에 의해서 점유이전의 효력을 취득하기 위해서는 증권의 이전과는 별도로 민법에서 정하는 점유이전의 요건을 갖출 것(민법 제190조)을 요구한다. 즉 증권의 양도인이 증권의 양도에 수반하여 運送人에 대하여 이후 증권의 양수인을 위하여 점유할 것을 명하고, 양수인도 또 이것을 승인하는 절차를 요한다. 민법 제450조의 지명채권 양도의 대항요건도 갖추어야 한다. 따라서 이 입장에서는 증권에 의한 운송물의 간이·신속한 처분이라는 화물상환증 본래의 기능이 전혀 실현되지 않고, 상법 제133조의 의의를 사실상 부정하는 것이 되기 때문에 현재 우리 나라에서는 이 학설을 지지하는 사람이 없다.

　　(ⅱ) 代 表 說　　　종래부터의 통설이다(정희철·정찬형, 373쪽; 손주찬, 354쪽; 최기원, 430쪽 아래; 서돈각, 234쪽; 강위두, 430쪽). 이 설은 증권만에 의해서 점유이전의 효력이 생긴다고 해석하고, 증권의 양도

가 유효하려면 증권은 간접점유를 의제하기 때문에 이것에 의해서 직접점유
와 마찬가지로 간접점유이전의 원칙에 의할 필요는 없다고 해석한다. 즉 증권
은 운송인의 직접점유 하에 있는 운송물을 대표하고 민법 제450조의 대항요
건을 갖출 필요가 없다. 그러한 한에 있어서 민법의 점유에 관한 일반이론을
수정하는 것이다.

　　D. **折衷說**(有價證券的 效力說)　　　이 설은 상법 제133조는 민법 제190
조의 의미에서의 단순한 목적물반환청구권의 양도가 아니라 화물상환증에 표
창된 운송물반환청구권을 유가증권법적으로 양도하는 특별한 방식을 규정한
것이며, 화물상환증의 교부를 운송물의 인도로 보는 인도의 대용물을 규정한
것이라고 해석한다. 그러므로 이 설은 종래의 상대설을 유가증권법적으로 발
전·수정시킨 견해라고 말할 수 있다. 상법 제133조가 민법 제190조와 다르다
고 하는 점은 절대설과 같으나 절대설이 운송인의 운송물에 대한 직접점유를
요구하지 않는 데 반하여, 절충설은 운송인이 운송물을 직접점유하고 있어서
증권의 소지인이 그 반환청구권을 가지고 있을 것을 요구한다. 이 점에서는
상대설과 같다. 다만, 종래의 대표설이나 엄정상대설이 운송인의 운송물에 대
한 직접점유가 '타주점유'일 것, 즉 운송인에게 증권소지인을 위한 점유매개의
사가 있을 것을 요구함에 반하여, 절충설은 운송인이 운송물을 직접점유하고
있는 이상 그것이 자주점유이든 타주점유이든 이를 불문한다. 따라서 운송인
이 운송물을 '자주점유'하고 있는 경우에도 증권의 소지인이 운송물에 관한
물권을 취득할 수 있으므로 거래의 안전이 한층 더 보호된다.

　　그리고 상법 제133조를 거래의 안전에 이바지하기 위하여 화물상환증에
표창된 운송물반환청구권을 유가증권법적으로 이전하는 방법을 정한 규정으
로 보므로, 민법이 요구하는 목적물반환청구권의 양도절차를 따로 갖출 필요
가 없다.

　　E. **結　　果**　　　운송물의 처분과 유통의 편의를 위한 화물상환증 본래
의 기능을 고려하면, 가능한 한 그 취득자를 강하게 보호하는 절대설이 타당
하다고 할 수 있다. 그러나 그에 의할 경우 운송물 자체가 멸실되거나 제3자
에 의하여 절취된 경우에도 화물상환증의 소지인이 그 소유권을 취득하게 되
어 이론적으로 지나친 면이 없지 않다. 반면에 대표설에 의하면 운송인이 운
송물을 점유하고 있지만, 점유매개의사가 없이 자주점유하고 있는 경우에 증
권의 소지인을 보호하지 않게 되어 실제적으로 부당하다. 또한 엄정상대설은

상법 제133조 자체를 사문화시키므로 받아들일 수 없다. 따라서 운송인이 운송물을 자주점유하고 있는 경우에도 증권의 소지인을 보호하는 折衷說을 취하는 것이 상법 제133조의 존재의의를 살리면서, 요컨대 화물상환증을 통한 운송물거래의 안전이라는 상법의 이념에 가장 부합한다고 생각한다($\substack{Zöllner, \\ \S 25 \ IV \ 4}$).

   (3) 處分證券性   화물상환증이 발행된 경우는 화물상환증의 물권적 효력에 대응해서 운송물의 처분은 그 화물상환증에 의하지 않으면 안 된다고 규정되어 있다($\substack{제132 \\ 조}$). 화물상환증에 처분증권성을 인정한 것은 그러한 한에서 운송물의 처분권을 제한한 것이 된다. 다만, 그러한 경우라도 증권에 의하지 않고 운송물을 취득한 것이 선의·무과실이고 평온·공연하게 운송물을 취득하였다면, 이 취득은 운송물에 관해서 善意取得의 요건을 만족시킨다($\substack{민법 \\ 제249조}$).

Ⅵ. 主要 內容

1. 準據法約款

   해상운송은 각기 다른 국가의 상인들 사이에 체결되는 계약이므로, 각 당사자들은 자신에게 유리한 국가의 해상운송법을 적용하려고 할 것이기 때문에 선하증권에 미리 적용될 법에 대한 약정을 한다. 이를 準據法約款(governing law clause)이라고 한다. 준거법약관은 선하증권 이면에 존재하며, 보통은 헤이그비스비 규칙이 준거법으로 지정되어 있는 경우가 많고, 영국법 혹은 미국법이 준거법이 되어있는 경우도 있다. 준거법이 정하여져 있지 않은 경우에는 법정지의 섭외사법에 따라서 준거법이 정하여질 것이다($\substack{김인현 \\ 271 쪽}$).

2. 專屬的 管轄合意約款

   대법원은 외국 전속관할합의가 유효하기 위한 요건으로, (1) 당해 사건이 대한민국 법원의 전속관할에 속하지 아니할 것, (2) 지정된 외국법원이 그 외국법상 당해사건에 대하여 관할권을 가질 것, (3) 당해 사건이 그 외국법원에 대하여 합리적인 관련성을 가질 것, (4) 전속적인 관할합의가 현저하게 불합리하고 불공정하여 공서양속에 반하지 아니할 것을 요구하고 있다.

   〈대판 2004. 3. 25, 2001 다 53349〉
   「대한민국 법원의 관할을 배제하고 외국의 법원을 관할법원으로 하는 전속적인 국제관할의 합의가 유효하기 위하여는, 당해 사건이 대한민국 법원의 전속관할에 속하지 아니하고, 지정된 외국법원이 그 외국법상 당해 사건에 대하여 관할권을 가져야 하는 외에, 당해 사건이 그 외국법원에 대하여 합리적인 관련성을 가질 것이 요구된다고 할 것이고, 한편 전속적인 관할 합의가 현저하게 불합리하고 불공정한 경우에는 그 관할 합의는 공서양속에 반하는 법률행위에 해당하는 점에서도 무효라고 할 것이다(대판 1997. 9. 9,
96 다 20093). 원심이 설시한 바와, 여기에서 보는 이 사건의 준거법이 일본국법이 아니라 대한민국법이라는 점까지 고려하면, 원심의 판단은 정당하고 전속적 국제관할 합의요건 및 효력에 관한 법리오해 등의 위법이 없다. 원심은 이 사건 선하증권 이면약관에 선하증권에 의하여 입증되는 계약에 적용될 준거법이 규정되어 있더라도 이 규정이 운송계약상의 채무불이행이 아니라 불법행위를 원인으로 한 손해배상청구에 있어서까지 그 준거법을 배타적으로 적용키로 한 취지라고 해석되지 않는다고 하면서, 원고의 이 사건 청구는 피고가 선하증권과 상환함이 화물을 인도함으로 인하여 선하증권 소지인의 이 사건 화물에 대한 소유권 등을 침해한 불법행위를 원인으로 한 손해배상청구이므로, 그 준거법은 구 섭외사법 제13조 제 1 항에 의하여 불법행위지(양륙항인 울산항)인 대한민국법이 된다고 하였는바, 원심의 판단은 정당하다.」(피고인 일본의 선박회사가 발행한
선하증권에는 일본의 도쿄 지방법원
을 전속관할로 하는 합의의 내용이 기재되어 있었다. 운송물의 손해에 대하여 원고가 한국법원에
소송을 제기하자 피고는 위의 합의내용을 근거로 도쿄 지방법원이 관할임을 주장하는 항변을 하였다.)

3 運送人 特定約款

정기용선자가 아닌 선박소유자가 당해 운송에 있어서 운송인이라는 취지의 약관을 운송인 특정약관(identity of carrier clause)이라고 한다. 이 약관은 영국법상 선박소유자만이 선주책임제한의 주체가 되었던 상황에서 정기용선자가 운송인이 된 경우에는 운송인이 책임제한의 이익을 누리지 못하였기 때문에, 선박소유자를 운송인으로 하여 책임제한이 가능하도록 한 것에서 유래한다. 그런데 정기용선자가 자신의 이름으로 선하증권을 발행한 경우에도 다시 선박소유자가 운송인이라는 약관이 존재하므로 과연 누가 운송인인지에 대한 논란이 야기되게 된다(김인현,
272 쪽).

정기용선자가 자신이 운송인이면서 책임을 회피하기 위하여 선박소유자를 운송인으로 한 것이고 이는 헤이그비스비 규칙 제 3 조 제 8 항(상법 제799조
제 1 항) 운송인의 책임경감금지 규정의 위반으로 프랑스·미국과 같이 무효라는 입장을 취하는 국가도 있지만, 영국과 같이 이를 유효한 것으로 그 효력을 인정하는 국가도 있다(김인현,
272 쪽). 우리 나라는 운송인과 제 3 자 사이에는 무효라고 한다.

제 3 절 海上旅客運送契約

金仁顯, 해상여객 및 수하물운송에 관한 2002년 개정 아테네협약, 상사법연구 제22권
제 1 호(2003. 5)/김인현, 세월호 사건에서 예상되는 손해배상책임의 제문제, 인권과 정
의, 제442호(2014. 6)/손주찬, 해상여객운송인의 책임제한에 관한 시론, 한국해법학회지
26. 1(2004. 4)/李均成, 해상여객운송인 책임법규에 대한 입법론적 고찰, 現代商事法의
諸問題(李允榮先生停年紀念論文集),   1988/채이식,   국제여객운송협약(아테네협약)의
2002년 개정의정서에 관한 고찰, 학국해법학회지 25.1(2003. 4)/최재선, 해상여객운송
법제(아테네협약) 수용방안연구, 한국해법학회지 25. 2(2003. 11).

제 1 관 總 說

I. 意 義

해상여객운송계약이란 해상운송계약의 일종으로 운송의 대상이 사람인
것을 말한다. 따라서 해상운송인이 선박에 의한 해상여객운송을 인수하고 상
대방(여객 또는/傭船者)이 이에 대해 보수를 지급할 것을 약정함으로써 성립한다. 물론
상법상 선박으로 인정되지 않는 단정이나 노도로 운전하는 선박을 통한 여객
운송계약은 상법상의 해상여객운송계약이 아니다. 또한 여객운송계약은 영업
으로써 이를 할 때 상행위가 됨은 상법상 의문이 없다(제46/조).

II. 法的 性質

해상여객운송계약의 법적 성질에 대해서는 운송계약 이외에 임대차 및
식사공급계약도 포함하는 일종의 混合契約이라고 보는 견해도 있으나 물건운
송계약과 마찬가지로 도급계약의 성질을 갖는다고 보는 것이 외국 및 우리
나라의 통설이며 타당하다고 본다(채이식, 798쪽; 최기원,/782쪽; 손주찬, 857쪽). 왜냐하면 임대차 또는 식
사제공계약은 여객운송계약에 필연적인 것은 아니기 때문이다. 즉 운송의 대
상인 여객에게는 공간이 주어져야 하지만 반드시 특정한 공간일 것을 요하지
는 않으므로 불특정인 경우에는 임대차의 목적이 되지 않으며, 식사제공은 반
드시 필연적으로 수반하는 것은 아니고 이를 수반하는 경우에는 여객운송계약
이외에 하나의 부수적 계약이 존재하는 것이라고 보아야 할 것이기 때문이다.

　　해상여객운송계약은 낙성·불요식의 계약임이 원칙이지만, 해상운송계약 가운데 특히 이른바 附合契約의 색채가 짙다. 따라서 계약체결시 여객은 해상여객운송인이 정하는 조건에 그대로 따르든가, 여행을 포기하든가 할 수밖에 없다. 운송의 대상이 물건이 아니라 사람이라는 점에서 볼 때, 부합계약의 성격이 짙은 해상여객운송계약에 대해서는 해석을 할 때에도 실질적 공평이 요청되며, 입법상으로도 상당한 규제가 필요하다. 해상여객운송계약 또는 船表상의 면책조항의 제한에 대해서는 해상물건운송의 규정(제799조)의 준용이 있다.

Ⅲ. 沿　革

　　해상물건운송계약은 이미 바빌로니아시대부터 상당한 정도로 행해져 왔다고 하나, 당시에는 아직 영업으로서의 모습을 갖추지는 못하였다. 예외적으로 군대·순찰자·탐험자·망명자·직무상 선박에 승선하는 자 등을 운송하는 데 그쳤다. 당시 行商人이 상품을 휴대하여 항해하는 경우를 여객운송계약이 존재하는 것으로 보아 여객운송계약이 먼저 발생하고 이에 따라 물건운송계약이 분화하였다는 견해도 있으나, 행상인이 휴대하는 상품운송의 경우에는 상품의 운송이 주요한 목적이므로 사람의 운송은 부수적이었다고 해야 할 것이다. 중세시대에는 상권이 대서양보다는 지중해에서 형성되었으므로 콘솔라토 델 마레(consolato del mare)에는 이미 해상여객운송에 관한 어느 정도의 규정이 존재하였다. 십자군원정 이후 해상여객운송은 순례자운송을 위해 다소 행해졌으나 곧 이것도 사라지게 되었다. 그 결과 1681년의 프랑스의 海事勅슈(ordonnance de la marine)은 이에 관해 어떤 규정도 두지 않았다. 그러나 19세기 후반 해사기술의 발전과 함께 경제사정의 변천으로 여객운송은 비상한 발달을 보았다. 즉 기선이 발명되고 이용된 결과 해상운송은 안전성과 신속성을 현저하게 배가하여 여객의 여행에 편의를 도모하게 되었다. 또한 일반 경제사정의 변천으로서 국제무역의 발달, 식민지의 경영, 학문활동의 발흥, 이민의 증가 등은 해상여객운송의 수요를 대단히 증가시켰다. 이렇듯 해상여객운송에 대한 수요의 증가는 해상여객운송을 해상물건운송에서 분리하여 독립된 영업으로 발달하게 하였다. 아울러 여객운송의 특색인 운송의 신속과 운송의 규칙성, 그리고 설비의 쾌적을 위해 여객선으로서의 설비가 대단히 향상된 여객전용선(passenger-boat; Passagierschiff)이 건조되기도 하였다. 이러한 여객선은 '떠다니는 궁전' 또는 '떠다니는 도시'로 불릴 정도의 지위에 오르기도 하

였다. 그런데 이러한 특수선박을 이용하는 것은 여객왕래가 빈번한 항로에 한
정되었으므로 중세시대와는 달리 새로이 상권의 중심이 된 대서양에서 주로
이용되었다. 특히 여객운송의 비상한 발달의 결과, 한때 이 부문은 해상운송
가운데 해상물건운송과 아울러 중요한 지위를 점하기도 하였다. 그러나 제 2
차 대전 이후 항공기에 의한 여객운송이 발달함에 따라 선박에 의한 해상여
객운송은 급격하게 쇠퇴하게 되었다. 최근에는 대형객선의 건조 등 객선부활
의 조짐이 보이기도 하지만, 여전히 해상여객운송은 주로 정기항해에 의한 근
거리의 자동차운송(카페리)·낙도여객수송·화객수송 등을 하고 있는 정도에
그치고 있다. 우리 나라에서는 중국을 중심으로 한 국제여객운송이 발달하고
있다.

Ⅳ. 立法例 및 統一條約

여객운송은 이렇듯 뒤늦게 발달하였으므로, 이에 관한 입법은 충분하지
않다. 1807년의 프랑스상법은 이에 관해 특별한 규정을 두지 않았으며, 판례
및 관습에만 의존하였다. 그러나 1966년 해상운송법은 제 3 편을 여객운송으로
하여 상당수의 규정을 두었다. 그러나 다른 프랑스법계국가들(이탈리안상법·네덜란드상법)은
이전부터 여객운송을 물건운송으로부터 구별하여 따로 규정을 두어 왔다. 독
일은 1861년 구 상법에서 이미 다소의 규정을 두고 있었으나, 신상법에서 여
객운송에 대해 물건운송으로부터 구별하여 따로 절을 두었다. 우리 나라를 비
롯하여 스칸디나비아국가·일본·대만 등은 이에 따르고 있다. 영국은 1894
년의 상선법에서 여객운송에 관한 행정적 규제규정을 두었고, 미국에서도
1882년 법($^{1905년}_{수정}$)에서 같은 방법을 취하고 있다.

여객운송인의 책임제한에 대해서는 각국의 규정에 차이가 크고 불편하여
1951년 萬國海法會에서 통일조약초안이 연구되었고, 1955년의 마드리드회의에
서 통일조약초안이 성립하였으며, 이에 기초하여 1957년 브뤼셀의 외교회의에
서 국제조약을 제정할 것이 의제가 되었다. 그러나 이에 대해서는 영국이 열
의를 보이지 않아 회의에서 채택되지 않았고, 1961년 브뤼셀에서의 해사법외
교회의에서 "海上旅客運送에 관한 規則의 統一을 위한 國際條約"(International
Convention for the Unification of Certain Rules relating to the Carriage of
Passsengers by Sea)이 성립하였다. 그러나 여기에는 영국과 미국의 가입이 기
대될 수 없었고, 개별조항에 대한 반대나 문제제기가 많아 비준이나 이에 기

초한 국내법의 개정이 어려웠다. 그리고 여객수하물운송에 대한 국제조약안은 1963년의 萬國海法會 스톡홀름회의에서 결정되어 이것이 1967년 5월 27일에 "海上旅客手荷物運送에 관한 規則의 統一을 위한 國際條約"(International Convention for the Unification of Certain Rules relating to the Carriage Passenger Luggage by Sea)으로 브뤼셀에서 성립하였다. 그러나 여객운송의 실제에서는 여객과 수하물의 두 가지 운송이 하나의 계약으로 약정되는 것이 보통이므로 두 가지 조약을 하나의 조약으로 하는 것이 바람직하고, 또한 이 두 조약 사이에는 서로 조화되지 않는 부분도 있다는 점에서 1969년 萬國海法會 동경회의에서는 1961년의 여객운송통일조약과 앞서의 1967년의 여객수하물통일조약을 조정하기 위해 "旅客 및 그 手荷物海上運送에 대한 약간의 規定의 統一에 관한 國際條約案"(Draft of an International Convention for the Unification of Certain Rules relating to the Carriage by Sea of Passengers and their Luggage)이 채택되었다. 이를 흔히 동경규칙이라 부른다. 그러나 이것은 1961년 통일조약의 규정에 필요한 최소한의 개정을 가한 것에 그쳐서 그 실질적 개정은 책임한도의 증가표시뿐이었다. 즉 여객의 사망에 대한 운송인의 책임은 50만 금프랑(동조약 제 9 조에 의해 순도 1,000분의 900인 금 56.5밀리그램, 즉 포앙카레 프랑)을 원칙으로 하였으나, 체약국의 국내법이 이보다도 높은 책임한도를 정할 수 있도록 하였다(동조약안 제 7 조).

　　결국 앞서의 두 조약의 통일과 사정의 변화에 따라 수정할 필요성이 대두되어 1974년 12월 정부간 해사협의기구(IMCO; 현 IMO의 전신)의 주관 아래 아테네에서 열린 해사법외교회의에서 결실을 맺게 되었다. 즉 위의 두 조약을 수정·통합한 "旅客과 手荷物의 海上運送에 관한 아테네協約"(Athens Convention relating to the Carriage of Passengers and their Luggage by Sea)이 바로 그것이다. 1974년 조약은 책임한도액의 산정에 관하여 포앙카레 프랑을 단위로 사용하도록 하였으나, 발효가 되고 있지 않다가 1976년의 런던추가의정서에 의해 국제통화기금(IMF)의 특별인출권(SDR)을 단위로 하게 되었다. 이 1974년 조약에 따르면 국제해상여객운송인이 여객의 사상에 대해 지게 되는 책임은 여객 1인당 46,666 SDR을 한도로 하며, 여객의 휴대수하물의 멸실·훼손에 대한 책임은 여객 1인당 833 SDR, 자동차 1대당 3,333 SDR 기타는 1,200 SDR을 한도로 하고 있다(동조약 제 7 조, 제 8 조). 1990년 의정서에서는 여객의 사상에 대하여는 175,000 SDR, 휴대수하물 1,800 SDR, 자동차 1대당 10,000 SDR 기타 2,700 SDR로 인상되었다(1990년 의정서는 미발효). 2002년 11월 운송인에게 강제보험을 가입하게 하고, 여객 1인당 책임제한액이 400,000 SDR로 대폭 인상된 의정서가 채택되었다.

Ⅴ. 海上旅客運送契約의 種類

1. 傭船契約에 의한 海上旅客運送契約·個別的 海上旅客運送契約

해상여객운송계약에는 용선계약에 의한 해상여객운송계약과 개별적 해상여객운송계약의 두 가지가 있다. 그 구별의 표준은 물건운송의 경우의 용선계약과 개품운송계약의 구별의 경우에 준한다. 여객운송에서는 개별적인 쪽이 훨씬 많다. 용선계약에 의한 여객운송계약에서 해상운송인과 용선자의 관계에 대해서는 그 성질에 반하지 아니하는 한 항해용선의 규정을 준용한다(제827조 제2항). 물론 용선계약에서 정한 사항에 대해서는 우선 용선계약에 따라야 한다.

용선자와 여객의 관계는 우선 재운송인 여객운송계약이 정하는 바에 따른다. 그 뒤에 여객운송계약에 관한 상법규정이 적용된다. 이 경우 1991년 개정상법은 선박소유자, 즉 주운송인의 책임에 대해서는 물건운송에 관한 제806조(제809조)를 준용하도록 하였으므로 주운송인과 재운송인이 공동으로 여객에게 책임을 진다(제830조 제1항, 제806조). 2007년 개정상법하에서도 동일하다(제826조 제1항)

2. 通運送契約

물건순차운송에 대해서는 각 운송인의 연대책임이 규정되어 있으나, 이 규정은 여객운송에 대해서는 준용되지 않는다. 이는 여객은 그 자체 운송의 대상이 되므로, 여객의 손상이 어느 운송인에 의한 운송중에 발생하였는가를 입증하기 쉽기 때문이다. 따라서 통운송의 각종 형태에 따라 민·상법의 일반원칙에 의해 결정한다. 즉 통운송 가운데 하수운송의 경우 원수운송인만이 책임을 지며, 동일운송의 경우에는 모든 운송인이 연대책임을 지고, 순차운송에 대해서는 각자의 운송구간을 명시하고 있는 경우를 의미하므로 분할책임이라고 본다.

제 2 관 海上旅客運送契約의 成立

Ⅰ. 當 事 者

해상여객운송계약의 당사자는 해상운송과 함께 여객 자신임을 원칙으로 하지만, 때로는 여객 자신이 당사자가 아니라 타인이 대신하여 계약을 체결할 경우가 있다. 부모가 아이를 데리고 승선하는 경우는 그 일례이다. 보통은 선박소유자가 해상여객운송인으로 되지만, 용선계약이 여객운송을 목적으로 할 경우에는 용선자가 운송인으로 된다. 물론 선박임차인도 운송인이 될 수 있다.

Ⅱ. 契約締結

여객운송계약의 성립에 앞서 보통 해상여객운송인은 선박의 발착시각과 함께 운임 등의 광고게시를 하는 것이 보통이다. 그러나 이는 청약의 유인에 불과하며, 청약은 아니다. 여객운송계약은 여객이 청약을 하고 해상여객운송인이 승낙함으로써 성립한다. 여객운송계약은 물건운송계약과 마찬가지로 낙성·불요식계약으로서 당사자의 의사표시의 합치만으로 성립하며, 특정한 방식에 따른 계약서를 작성할 필요도 없다. 그러나 보통 해상여객운송인은 계약을 확보하기 위해 운임의 선급을 받고, 그 대신에 船票(passage ticket; Überfahrtsbillet)를 상대방에게 교부한다.

선표는 당연지시증권이 아니므로 지시식 및 무기명식 또는 기명식으로 발행될 수 있다. 기명식인 경우에는 단순히 증거증권으로서의 효력만을 가지며, 이를 타인에게 양도하여 승선권을 이전할 수 없다(제818조). 단, 반대의 특약이 있는 경우에는 이에 따른다. 이에 반해 무기명식인 경우에는 당연히 이를 양도할 수 있다. 이 때에는 증권과 그 표창하는 권리 사이에 밀접한 관계가 생기므로 유가증권이 된다. 그러나 무기명식인 선표도 발항 후에는 양도성을 잃는다고 본다. 왜냐하면 해상여객운송인은 한 명의 여객운송을 약속하는 것이기 때문이다. 往復票의 왕행의 운송개시 후에는 復券을 양도할 수 없는 것이 원칙이다.

여객운송계약은 앞서 밝혔듯이 부합계약적 색채가 짙으므로 계약성립에 관해 진정한 합의가 있었는가에 대해서는 종종 문제가 발생한다.

제 3 관 海上旅客運送契約의 效力

Ⅰ. 海上旅客運送人의 義務

해상여객운송계약상 운송인의 기본의무는 운송의무이며, 상대방의 기본의무는 운임지급의무이다. 상법은 개별적 여객운송계약을 전제로 당사자 사이의 권리의무를 정하고 있으나, 여기서는 운송단계에 따라서 해상여객운송인의 의무를 차례로 살펴보고자 한다. 물론 운송계약의 성질상 해상여객운송인이 부담하는 계약상의 의무는 육상여객운송인이나 해상물건운송인의 그것과 거의 같다. 따라서 해상여객운송인의 의무 내지 책임에 대해서는 앞서의 두 운송인에 관한 규정이 준용되고 있다(제827조). 다만, 운송의 대상이 여객이라는 점에서 해상물건운송과는 다른 규정을 두고 있을 뿐이다.

1. 運送準備義務

(1) 契約에 따른 適正한 船舶提供義務   운송계약에서 특정한 선박으로 운송할 뜻을 약정한 때에 여객의 동의가 없이 이를 변경하거나 배를 바꿔 탈 것을 청구할 수 있는가에 대해서는 특별히 규정하고 있지 않으나, 운송계약의 내용으로서 당연히 부정된다고 할 것이다. 물건의 정기개품운송에서는 선박의 특정성이 특별히 중요하지 않은 반면, 여객운송에서는 이와 달리 개별적·정기적 운송에서도 선박의 특정성은 여객에게 특별히 중요한 의미가 있음에 주의해야 한다.

(2) 堪航能力注意義務   해상여객운송인은 여객에 대해 발항 당시 감항능력주의의무를 부담하며, 특약으로 이를 면책할 수 없음은 상법상의 물건운송에서와 같다(제826조). 개정상법은 이것을 강행규정으로 하였다. 그런데 해상여객운송의 경우에는 감항능력의 내용이 여객운송의 성질상 물건운송의 경우와 달라서 여객의 안전 및 보건에 관한 설비를 요한다.

(3) 乘船에 관한 義務   여객의 승선에 관해서는 물건운송에서의 선적에 관한 의무와 같은 규정은 없으나 승선시기를 정하여 그 시기에 승선할 수 있는 상태를 마련하면 족하다. 왜냐하면 여객운송은 정기항해를 주로 하므로 승선시기가 일정하고, 이를 각 승선객에 대해 통지할 필요가 없기 때문이다.

여객이 승선시기까지 선박에 승선하지 않은 때에는 선장은 발항할 수 있다. 항해도중의 정박항에서도 마찬가지이며(제821조 제1항), 이 경우 여객은 운임전액을 지급하여야 한다(제821조 제2항).

2. 運送實行義務

운송의 실행은 여객운송계약의 주된 목적으로서, 이와 관련된 해상여객운송인의 의무는 다음과 같다.

(1) 發航義務   여객이 승선시기까지 승선하지 않은 때에 선장이 바로 발항할 수 있음은 앞서 밝힌 바와 같으나, 여객운송계약의 성질상 정기로 발

항 또는 항해를 계속하는 것은 해상여객운송인의 의무라고 할 것이다.

(2) 運送義務 및 手荷物無賃運送義務　　여객의 신체운송의무에 대해서는 법전의 규정이 존재하지 않으나 여객운송계약채무의 내용으로서 당연히 인정된다. 여객이 계약에 의해 선내에서 휴대할 수 있는 수하물에 대해서 해상여객운송인은 특약이 없는 한 무임으로 운송할 의무가 있다(제820조). 여기서 수하물이란 여행에 필요한 휴대물을 말하며, 운송물(Waren)과는 다르다. 그러나 해상여객운송인에게 인도한 것인가를 불문한다. 즉 탁송수하물이든, 휴대수하물이든 관계 없다. 해상여객운송인에게 인도하지 않는 것, 즉 휴대수하물은 그렇지 않다는 설이 있으나 옳지 않다고 본다. 그러나 실제로는 여객의 등급에 따라 수하물로서 휴대할 수 있는 용적이나 중량을 정해 두어 그 이상의 수하물의 운송에 대해서는 초과운임을 징수하는 것이 보통이므로 크게 문제될 성질의 것은 아니라고 할 것이다. 만약 법령에 위반하거나 계약에 의하지 않고 수하물을 선적한 때는 선장은 언제라도 이를 양륙할 수 있고, 만약 선박 또는 적하에 위해를 줄 염려가 있을 때에는 이를 포기할 수 있다(제821조 제2항, 제800조 제1항). 단, 선장이 이를 운송할 때는 그 선적지 및 선적한 때의 동종운송물의 최고운임을 청구할 수 있고, 그 밖에 이에 따라 손해가 발생한 때는 이해관계인은 그 배상을 청구할 수 있다(제826조 제2항, 제800조). 또한 여객이 사망한 때에는 선장은 그 상속인의 이익에 가장 적합한 방법으로 그 내용에 있는 수하물을 처분해야 한다(제824조). 예컨대 수하물에 대해 재산목록을 작성하여 이를 보관하고 상속인에게 인도한다.

(3) 直航義務　　이것도 여객운송계약으로부터 당연히 발생하는 채무의 하나로서 존재한다. 離路에 대해서는 물건운송에 대해 밝힌 것과 대체로 같으나 신속을 중시해야 할 여객운송의 성질상 이로의 제한은 더욱 엄격히 해석해야 한다.

(4) 食事提供義務　　해상여객운송인은 특약이 없으면 자신의 부담으로 항해중에 여객에게 식사를 제공할 의무가 있다(제819조). 이 의무 속에 물을 공급할 것이 포함됨은 물론이다. 식사의 등급은 해운업자간의 관습에 의해 상당한 것이면 족하다. 단, 이 규정은 임의규정으로 특약에 의해 반대의 약정을 할 수 있고, 甲板客(deck passenger)에 대해서는 식사를 자기 비용으로 하게 하는 경우가 많다.

(5) 船舶修繕중의 住居 및 食事提供義務　　항해도중에 선박을 수선해야

할 때에는 해상여객운송인은 그 수선중 여객에게 상당한 주거 및 식사를 공급하여야 한다(제819조 제2항). 그러나 여객의 권리를 해하지 않는 범위 내에서 상륙항까지의 운송편의를 제공한 때, 예컨대 다른 선박으로 상륙항까지 여객을 운송할 것을 제공한 때는 이 의무를 지지 않는다(제819조 제2항). 이 때 代船은 본선과 선체의 대소·속력·연령 등이 거의 같아야 한다. 이 규정의 기초가 된 독일 상법 제671조는 이 경우에 여객이 운임의 전액을 지급해야 함을 정하고 있으며, 이는 우리의 경우에도 마찬가지라고 본다. 다만, 경우에 따라서는 여객이 운송계약을 해제할 수도 있다.

3. 上陸에 관한 義務

해상여객운송인은 자기의 선박에 승선한 여객을 그 상륙지에서 상륙시키고, 이를 위해 적당한 수단을 택할 의무가 있다. 이것도 여객운송계약의 내용 중에 포함되는 것이지만, 상법상 특별한 규정은 없다.

탁송수하물에 대해서는 그 도착지에 도착한 날로부터 10일 이내에 여객이 그 인도를 청구하지 않은 때에는 운송인은 그 물건을 공탁하거나 상당한 기간을 정해 최고한 후 이를 경매할 수 있으며, 이 경우에는 지체없이 여객에 대해 그 통지를 발송하여야 하지만 주소 또는 거소를 알지 못하는 여객에 대해서는 최고와 통지를 할 필요가 없다(제826조 제2항, 제149조 제2항).

Ⅱ. 海上旅客運送人의 責任

이 점에 대해서는 육상의 여객운송규정이 준용된다.

1. 旅客의 損害에 대한 責任

해상여객운송인은 자기 또는 선원 기타의 사용인이 운송에 관해 주의를 게을리하지 않았음을 입증하지 못하면, 여객이 운송으로 인해 받은 손해를 배상할 책임을 면할 수 없다(제826조 제1항, 제148조 제1항). 즉 물건운송의 경우와 같이 해상여객운송인은 무과실의 입증책임을 진다. 이 책임은 운송계약상의 채무불이행에 기초하는 책임이며, 불법행위상의 책임은 별개의 문제이다.

〈대판 1987. 10. 28, 87 다카 1191〉

「해상여객운송에 있어서 운송인이 승선자의 수와 하선자의 수를 확인하지 아니하였다고 하여 그것이 인명사고의 원인이 될 운송에 관한 주의의무의 범위에 속한다고 할 수 없다. 또 상법 제830조에 의하여 준용되는 동법 제148조의 규정은 여객이 해상운송도중 그 운송으로 인하여 손해를 입었고 또 그 손해가 운송인이나 그 사용인의 운송에 관한 주의의무의 범위에 속하는 사항으로 인하였을 경우에 한하여 운송인은 자기 또는 사용인이 운송에 관한 주의를 게을리하지 아니하였음을 증명하지 아니하는 한 이를 배상할 책임을 면할 수 없다는 것이지 여객이 피해를 입기만 하면 그 원인을 묻지 않고 그 책임을 지우는 취지는 아니라 할 것이므로, 여객이 입은 손해라도 그것이 운송인 또는 그 사용인의 운송에 관한 주의의무의 범위에 속하지 아니하는 한 운송인은 그로 인한 손해를 배상할 책임이 없다.」(동지판례 : 대판 1982. 7. 13, 82 다카 278).

채무불이행에 의한 손해배상범위에 대해서는 통상의 채무불이행의 손해배상원칙(민법 제393조)에 따르며, 받은 손해에 한정되지 않고 逸失利益까지 미치지만 특히 법원은 피해자 및 그 가족의 정상을 참작하여야 한다(제826조 제 1 항, 제148조 제 2 항). 즉 민법 제393조 제 2 항의 예외를 인정하여 채무자가 특별한 사정을 예견하거나 예견할 수 있었는가를 불문하고 법원이 피해자 및 그 가족의 정상을 참작하여야 함을 정한 것이다.

피해자 및 그 가족의 정상을 참작하는 데에는 두 가지의 학설이 있다. 하나는 그 신분 및 부의 정도가 높으면 손실도 크다는 점을 참작하는 설이고, 다른 하나는 사회정책적 견지에서 그 신분 및 부의 정도가 낮으면 낮은 만큼 치료 기타에 대단히 큰 어려움에 처하고 가계에도 큰 어려움을 준다는 점을 참작하는 설이다. 慰藉料算定에 대한 법원의 태도는 전자의 견해에 따른다고 볼 수 있으나, 전자의 입장과 아울러 후자의 입장도 고려할 여지가 있다고 본다. 왜냐하면 제148조 제 2 항은 특별히 한계를 정하고 있지 않으므로 통상의 재산적 손해를 중심으로 하는 견해 이외에 인간으로서의 생활을 本位로 하는 견해를 이 경우에 함께 인정하는 것은 현대의 사회적 수요에 적합한 것으로 헌법 제10조(개인의 존중) 및 제11조(법 앞의 평등)의 취지에도 타당하기 때문이다. 뿐만 아니라 운임이 같은 경우에 피해자의 재산적 손해에만 중점을 두어 손해배상액을 산정하는 것이 인적 손해의 성질상 적당한가에 대해서는 의문이 있기 때문이다.

국제조약의 경우, 즉 1961년의 旅客運送統一條約 및 1969년의 萬國海法會 동경회의에서 결정한 旅客 및 手荷物運送統一條約案, 그리고 1974년 12월 政府間海事協議機構(IMO)의 주관 아래 아테네에서 열린 해사법외교회의에서 채택된 통일법조약에서는 책임한도액의 정산에 관하여 해상여객운송의 경우,

여객의 신체사상에 대한 운송인의 책임액의 한도를 일정액으로 한정하여 각 여객의 개인적 사정에 의한 증액을 인정하지 않는다. 그리하여 1974년 조약은 국제해상여객운송인이 여객의 사상에 대해 지게 되는 책임은 여객 1인당 46,666 SDR을 한도로 하고 있다($\substack{이 \ 조약 \\ 제 7 조}$).

아테네협약 1990년 의정서에 의하면 운송인의 책임은 여객 사망에 대하여 1인당 175,000SDR로 제한될 수 있다. 2014. 4. 23. 발효된 2002년 의정서에 따르면 여객 사망에 대하여 여객 운송인은 400,000SDR로 책임제한이 가능하다. 우리 나라는 여객 사망에 대한 운송인의 인적 책임제한제도는 설정하지 않고 있다. 다만, 총체적 책임제한은 가능하다. 여객정원당 175,000SDR을 곱한 금액으로 운송인은 책임제한을 할 수 있다. 해운조합 산하의 내항여객의 운송약관은 175,000SDR을 책임제한액으로 설정하고 있다. 우리 나라도 2002년 의정서와 같이 운송인의 여객에 대한 책임을 의무보험으로 하는 것이 필요하다.

그리고 재운송계약의 경우, 즉 용선자가 자기의 명의로 제 3 자와 운송계약을 체결한 경우, 그 계약의 이행이 선장의 직무에 속한 범위인 때는 주운송인과 재운송인이 공동으로 여객에게 책임을 진다($\substack{제826조 \ 제 1 \\ 항, \ 제809조}$)는 것은 앞서 밝힌 바와 같다.

2. 手荷物의 損害에 대한 責任

해상여객운송인이 수하물의 운송에 대해 어떠한 책임을 부담하는가에 대해서는 해상여객운송인이 여객으로부터 수하물의 인도를 받은 경우와 그렇지 않은 경우를 구별할 필요가 있다.

(1) 탁송 수하물

구 상법 하에서 전자의 경우, 즉 탁송수하물의 경우에는 여객운송과 동시에 물건운송도 행해지는 것으로 보아 특별히 운임을 청구하지 않은 때라도 물건운송의 경우와 동일한 책임을 지는 것으로 하였으나($\substack{구상법 \ 제830조, \\ 제149조 \ 제 1 항}$), 현행상법은 해상여객운송인의 책임에 대해 적용할 내용을 자세히 하고 있다. 즉 육상운송인의 책임과 관련된 운송물의 멸실과 운임($\substack{제134 \\ 조}$), 고가물에 대한 책임($\substack{제136 \\ 조}$), 수하물에 대한 10일 이내의 인도청구 및 경매·최고($\substack{제149조 \\ 제 2 항}$) 등의 규정과 해상물건운송인의 감항능력주의의무($\substack{제794 \\ 조}$), 운송물에 관한 주의의무($\substack{제795 \\ 조}$), 면책사유($\substack{제796 \\ 조}$), 개별적 책임제한($\substack{제797 \\ 조}$), 비계약적 청구에 대한 적용($\substack{제798 \\ 조}$), 책임경감금지($\substack{제799 \\ 조}$), 위법선적물의 처분($\substack{제800 \\ 조}$), 위험물의 처분($\substack{제801 \\ 조}$), 수하인의 의무

($^{제807조}_{제1항}$), 운송물멸실·훼손통지($^{제804}_{조}$), 재운송계약과 선박소유자의 책임($^{제809}_{조}$), 법정사유로 인한 계약해제($^{제811}_{조}$) 등의 규정을 준용하도록 하고 있다.

(2) 휴대 수하물

그리고 여객으로부터 인도를 받지 않은 수하물, 즉 휴대수하물의 경우에는 해상여객운송인의 보관 하에 있지 않으므로 물건운송으로 볼 수 없으므로 자기 또는 사용인에 과실이 있는 경우를 제외하고 손해배상의 책임을지지 않는다($^{제826조,}_{제130조}$). 이 경우에는 배상청구자(여객)가 운송인의 과실에 대한 입증책임을 진다. 현행상법은 특히 휴대수하물에 대해서는 단위·포장당 책임한도($^{제797조 제1}_{항 및 제4항}$), 비계약적청구, 가령 불법행위로 인한 손해배상의 청구에 대한 적용($^{제798}_{조}$), 운송인의 책임경감금지($^{제799조}_{제1항}$), 재운송계약과 선박소유자의 책임($^{제809}_{조}$) 등의 규정을 준용하도록 하고 있다. 그러나 감항능력주의의무는 부담하지 않는다.

수하물에 대한 해상여객운송인의 이러한 책임이 언제 소멸하는가에 대해서 구 상법에서는 특별히 규정하지 않았으므로 상법상의 일반원칙에 따라 5년간 행사하지 않으면 시효가 완성되는 것으로 볼 수밖에 없었으나, 현행상법 하에서는 그 청구원인이 무엇인가에 관계 없이 운송인이 수하물을 인도한 날 또는 인도할 날로부터 1년 이내에 재판상 청구가 없으면 소멸한다($^{제815조 제2}_{항·제3항,}$ $^{제814조}_{본문}$). 이 기간은 당사자간의 합의에 의하여 연장할 수 있다($^{제814조}_{제1항}$).

Ⅲ. 海上旅客運送人의 權利

해상여객운송인의 권리의 주요한 것은 운송의무에 대립하는 운임청구권이다. 이 권리를 확보하기 위해 유치권을 갖는다. 그 밖에 해상여객운송인에게는 공탁권, 경매권($^{제67}_{조}$), 발항권($^{제821}_{조}$), 위법선적물의 처분권 및 위험물의 처분권($^{제826조 제2항, 제}_{800조, 제801의 2조}$) 등의 권리가 인정되지만, 이들 권리와 그 밖의 권리들은 해상운송인의 운송의무이행을 위해 인정되는 부수적인 것이므로 이하에서는 앞서의 두 가지만을 설명하기로 한다. 해상운송인의 여객에 대한 채권은 여객에 대한 채무와 마찬가지로 1년 내에 이를 재판상 청구하지 않으면 소멸한다($^{제815조 제2항·제3항,}_{제814조 제1항 본문}$). 물론 이 기간 역시 당사자간의 합의에 의하여 연장할 수 있다($^{제814조}_{제1항 단서}$).

1. 運賃請求權

해상여객운송인은 여객에 대해 운송의 보수로서 운임을 청구할 권리가 있다. 운임은 물건운송의 경우와 마찬가지로 후급을 원칙으로 한다. 따라서 운임청구권은 여객의 운송을 완료한 때에 발생하지만, 실제로는 여객이 승선시 선표와 상환으로 선급하는 것이 보통이다.

여객의 식사제공 및 수하물운송에 대한 보수는 특약이 없는 한 당연히 운임 속에 포함된다. 운임의 금액은 당사자의 약정으로 정하는 것이 원칙이지만, 실제로는 여객운송계약의 부합계약적 성질로 인해 해상여객운송인측이 일방적으로 정하는 것이 보통이다. 여객이 승선할 때 운임에 관해 특약이 없는 때에는 승선한 곳과 승선한 때의 통상의 운임을 운임으로 보는 것이 당사자의 의사에 합치한다고 본다. 계약해제의 경우 운임지급의 액 등에 대해서는 해상여객운송계약의 종료에서 설명한다.

여객의 수하물에 대해 특히 운임을 약정한 경우에 선장이 제810조 제 1 호 및 제 2 호의 행위를 한 경우에는 해상여객운송인은 수하물에 대한 운임의 전액을 청구할 수 있다.

2. 留 置 權

현행상법은 해상여객운송인은 운임 등을 지급받을 때까지 탁송수하물을 유치할 수 있도록 하고 있다(제826조 제 2 항, 제807조).

제 4 관 海上旅客運送契約의 終了

해상여객운송계약의 종료에 대해서는 일반의 계약종료원인 이외에 해상여객운송상의 특수한 계약의 종료사유가 있으나 대체로 해상물건운송계약상의 종료사유와 같다.

I. 旅客에 의한 任意解除

발항 전에는 여객은 운임의 반액을 지급하여 임의로 계약을 해제할 수 있다(제822조 전단). 여객이 승선시기까지 선박에 승선하지 않은 때에는 선장은 즉시 발항할 수 있으며, 이 경우에 여객은 운임의 전액을 지급해야 한다(제821조 제 2 항). 이는 항해도중의 정박항에서도 마찬가지다(동조 제 2 항 제 2 문). 발항 후에는 여객은 운임의 전액을 지급하고 계약을 해제할 수 있다(제822조 후단).

이들 경우의 운임지급은 해상물건운송의 경우에서의 空積運賃과 같이 해제시의 법정해약금 또는 손해배상액이어서 당사자는 미리 특약한 경우를 제외하고 그 증감을 청구할 수 없다.

Ⅱ. 法定事由로 인한 解除

1. 客觀的 不可抗力

항해 또는 운송이 법령에 반하게 된 때 기타 불가항력에 의해 계약의 목적을 달성할 수 없을 때 각 당사자는 계약을 해제할 수 있으나($\binom{제826조 제 2}{항, 제811조}$), 그 사유가 발항 후, 즉 운송도중에 발생한 경우에 계약을 해지한 때에는 여객은 운송의 비율에 따라 이른바 비율운임(Distanzüberfahrtsgeld)을 지급해야 한다고 본다($\binom{제811조 제 1 항·}{제 2 항 참조}$). 현행상법은 탁송수하물에 관해서만 이를 규정하고 있으나 여객운송 자체에 이와 같은 사유가 발생할 경우에 대해서는 규정을 두고 있지 않다. 이 경우에도 비율운임청구권이 생긴다고 할 것이다($\binom{동지:채이}{식, 805쪽}$). 이 경우 발항 전의 해제에는 그것이 법정원인에 기초하는 것이기 때문에 전혀 운임을 지급할 필요가 없으나, 발항 후에 해지한 때에는 여객이 이미 얼마간의 운송의 이익을 받았다고 볼 수 있기 때문이다. 비율운임에 대해서는 물건운송에서 설명한 바와 같다.

2. 旅客의 一身上 不可抗力

여객이 발항 전에 사망·질병 기타 일신에 관한 불가항력에 의해 항해를 할 수 없을 때 해상여객운송인은 운임의 10분의 3을 청구할 수 있으나, 그 사유가 발항 후에 발생한 때에는 해상여객운송인은 그 선택에 따라 운임의 10분의 3을 청구하거나 운송의 비율에 따라 비율운임을 청구할 수 있다($\binom{제827}{조}$).

Ⅲ. 當然終了

여객운송계약은 선박이 침몰한 때, 수선불능인 때 또는 포획된 때에는 당연히 종료한다. 만약 그 사유가 항해중에 발생한 때에는 여객은 운송의 비율에 따라 비율운임을 지급해야 한다($\binom{제825}{조}$).

제 5 관 旅客運送目的의 傭船契約

여객운송목적의 용선계약은 물건운송목적의 용선계약과는 운송의 목적이 여객과 여객이 휴대한 수하물이라는 점에서 차이가 있기는 하지만, 실질적으로 양자 사이에 큰 차이가 있는 것은 아니다. 따라서 1991년 상법은 운송인과 용선자의 관계에 대해 물건운송목적의 용선계약을 규율하는 규정들을 준용하도록 하고 있다(상법). 2007년 개정상법은 항해용선에 대한 절을 분리·신설하면서 항해용선의 성질에 반하지 아니하는 한 여객운송을 목적으로 하는 항해용선계약에도 항해용선에 대한 절의 내용을 준용한다고 정하였다(제827조).

제4장 海上危險과 對策

제1절 總 說

金仁顯, 상법해상편 해상위험분야의 개정시안에 대한 고찰, 한국해법학회지 25. 1 (2003. 4)/김인현, 상법 보험법 해상보험규정의 의의와 개선방안, 상사법연구 제28권 제2호(2009. 8)/김인현, 우리나라 해상보험법 판례회고와 시사점, 보험법연구 제4권 제1호(2010. 6)/김인현, Warranty and Pay-to-be-paid Rule in Korea, Journal of Maritime Law and Commerce Vo. 43, No. 4, Oct., 2012./김인현, 해사안전법상 난파물제거 제도와 그 개선방안, 경영법률 제22집 제2호(2012. 1)/김인현, 영국준거법하의 담보특약에 대한 약관규제법 적용여부- 서울고법 2012. 10. 25, 선고 2012나7207판결, 한국해법학회지, 제35권 제2호(2013. 11)/김인현, 보험제도를 이용한 해상기업 상대방 보호, 상사법연구, 제31권 제4호(2013. 2)/문병일, 보험자에 대한 직접청구권의 법적 성질, 한국해법학회지 제32권 제2호(2010. 11)/박세민, 영국 및 한국 해상보험법상 추정전손과 그 형식적 성립요건으로서의 보험위부에 대한 법적 고찰, 한국해법학회지 제31권 제2호(2009. 11)/박세민, 해상보험에 있어서 영국법 준거조항의 유효성 인정문제와 그 적용범위에 대한 비판적 고찰, 한국해법학회지 제33권 제1호(2011. 4)/서영화, 해상보험에서 담보의무 조항과 보험자의 설명의무, 한국해법학회지 제33권 제1호(2011. 4)/지상규, 해상보험적용에 있어 피보험자의 불고지 및 감항성 확보시기에 관한 영국 항소법원의 부선거(Floating Dock) 사건(2011. 7. 6), 한국해법학회지 제35권 제1호(2013. 4)/한낙현, 해상보험계약상 해적사건의 전손취급에 관한 연구, 한국해법학회지 제34권 제2호(2012. 11)/홍성화, 선박공제약관상의 감항성 담보조항의 문제점과 개선방안, 한국해법학회지 제30권 제1호(2008. 4).

제4장 해상위험에서는 해상운송인의 해상운송과 관련하여 발생하는 위험 가운데 통상이 아닌 위험과 그 처분에 관한 법률관계를 설명하고자 한다. 해상운송인이 해상운송의 내용으로서 미리 예측하지 않았던 비상원인(事故)에 의해 발생하는 손해와 그 대책에 관한 법률관계에는 크게 해손과 해양사고구조($^{제882조}_{이하}$)가 있고, 전자는 다시 공동해손($^{제865조}_{이하}$)과 단독해손인 선박충돌($^{제876조}_{이하}$)로 세분할 수 있다.

그런데 이들 해상위험은 각각 민법상의 비계약적 채권발생원인과 비슷한 바, 공동해손은 민법상 부당이득($^{민법 \ 제741}_{조 \ 이하}$), 선박충돌은 민법상 불법행위($^{민법}_{제750조}$), 해양사고구조는 민법상 사무관리($^{민법 \ 제734}_{조 \ 이하}$)와 유사한 제도로서 해상법에 특유한 채권발생원인이라고 할 수 있다($^{채이식,}_{806쪽}$). 다만, 해상법의 법적 특수성 및 역사적인 유래 등으로 미루어 보아 민법과는 별도로 오래 전부터 발전하여 온 제도이므로 각각 독립된 법률요건과 효과로 취급되고 있다.

제 2 절   共同海損

金仁顯, 상법해상편 해상위험분야의 개정시안에 대한 고찰, 한국해법학회지 25. 1 (2003. 4)/金善光·呂聖九, 海上保險에 있어서의 共同海損의 원리에 관한 연구, 慶南大 産業經營 16(1993. 12)/김찬영, 상법상 공동해손 규정에 관한 연구, 한국해법학회지 제 35권 제 1 호(2013. 4)/金炫, 영미해상법상 공동해손분담청구권의 발생, 변호사 20 (1990. 1)/朴盛浩, 共同海損에 있어서 요크앤트워프규칙 적용상 문제점에 관한 연구, 한국해법학회지 22. 2(2000. 11)/李鍾根·李昇勳, 共同海損損害에 대한 保險者의 補償 責任問題, 慶北大 經商論集 21. 4(1993. 12)/林東喆, 공동해손법의 발전과 공동해손제도의 의의, 한국해사법학회 법학연구 3(1990. 10)/崔鎔春, 공동해손에 관한 소고, 대한 부동산학회지 9(1991. 12).

제 1 관   總   說

I. 海   損

선박의 항행에 수반하여 선박이나 적하에 발생하는 모든 손해 및 비용을 넓은 의미의 해손(average; Haverei; avarie)이라 한다. 여기에는 항해상 통상 발생하는 손해($^{가령 \ 선체의 \ 자연소모 \ \cdot}_{연료비 \cdot 입항세 \ 등}$)로서 선박소유자가 운임으로 부담하게 되는 소 해손(통상해손)(petty average; Kleine Haverei; ordinäre Haverei)과 비상원인에 의해 발생하는 손해인 좁은 의미의 해손(비상해손)이 있다. 전자는 운임 속에 산입되어야 하는 성질의 것이므로 손해로서 문제가 생길 여지는 없다. 따라서 본서에서 해상위험이라고 할 때 그것이 뜻하는 바는 좁은 의미의 해손을 말한다. 후자는 다시 선박 또는 적하에 대해서만 발생하는 단독해손(particular average)과 선박 및 적하에 공통된 위험에 의해 발생하는 공동해손(general average; große Haverei; avaries communes)으로 구분된다. 단독해손은 당해 손해의 관여자가 단독으로 이를 부담한다(가령선). 이에 대해 공동해손은 선박·적하·운임을 가지고 공동으로 부담되므로, 각 이해관계인 사이에서 손해의 분담이라는 문제가 발생한다. 따라서 상법은 공동해손의 경우에는 주로 손해의 분담에 관한 규정을 두고 있다. 덧붙여 공동해손에 대해서는 요크 안트워프(York-Antwerp) 규칙(1974, 1994 년 개정)에 따라 처리되고 있다. 여기서는 요크 안트워프규칙(.규칙.)에 대해서도 언급하면서 상법의 규정을 중심으로 하여 기본적 문제들을 설명하기로 한다.

II. 共同海損의 意義

상법 제865조에 따르면 공동해손이란 선박과 적하의 공동위험을 면하기 위한 선장의 선박 또는 적하에 대한 처분으로 인하여 생긴 손해 또는 비용을 말한다. 그리고 이 손해 또는 비용을 공동위험에 처해 있던 이해관계인 사이에서 분담하게 하는 제도가 공동해손제도이다(제866 조). 따라서 공동해손을 둘러싼 법률관계에서는 위험을 면하고 이익을 받은 공동해손분담책임자와 공동해손으로 인해 손해를 입은 공동해손채권자의 손해분담관계가 중요한 문제로 등장한다.

공동해손의 원래의 목적은 일부 적하소유자의 손해를 이용하여 선박소유자와 다른 적하소유자가 부당이득을 얻는 것을 회피하기 위한 것이지만, 공동해손의 현대적 기능은 선박소유자가 해난에 조우했을 때 차후의 공동해손분담에 관하여 염려할 필요 없이 신속히 선박 또는 적하를 처분할 수 있게 함으로써 선박소유자의 위험부담을 줄이는 일종의 보험으로서의 역할을 한다는 데 있다(송상현·김현, 597쪽).

III. 存在理由

그런데 이러한 공동해손제도가 어떤 근거로 인정되는가가 이론상 문제로 된다. 이 점에 대해서는 종래 ① 정의를 바탕으로 하고 있는 형평의 원리에 따라 해상운송의 관습에서 인정되었다는 학설로 주로 영미법에서 주장되는 형평설, ② 관리자가 자신의 의무 없는 행위로 인하여 생긴 이익을 타인에게 귀속시킬 의사로서 지출한 비용을 반환받는 것이라고 보는 사무관리설, ③ 선박 및 적하는 항해중에 하나의 위험공동체(Gefahrengemeinschaft)를 구성한다

고 보는 설로 주로 독일에서 주장되는 위험공동체설, ④ 타인의 손실로 인해
자기가 받는 이익은 반환하는 것이 의무라는 점에 착안하는 설로 주로 프랑
스에서 주장되는 부당이득설, ⑤ 선장의 처분은 선박 또는 적하의 소유자의
행위가 되므로 그 효과는 공동재산소유자 등이 부담하는 것이라는 공동대리
설 등이 존재하였다. 이 가운데 현재 공동해손제도의 존재이유, 즉 공동해손
의 성립 및 분담의무의 근거에 대한 견해로서 여전히 설득력 있는 주장으로
볼 수 있는 것은 형평설과 위험공동체설이지만, 우리 나라의 경우에는 위험공
동체설이 통설이다.

위험공동체설에 따르면 선박 및 적하는 그 자체 독립적인 위험공동체를
구성하며, 해상위험에 처한 경우 육상에서의 경우와는 달리 위험공동체 전체
를 구제하기 위해 선박 또는 적하의 손해(희생)로써 자력적으로 위험을 벗어
날 수밖에 없을 때, 즉 운송계약에 따른 선관의무가 있는 선장이 과실 없이
더 이상 운송계약상의 의무를 이행할 필요가 없게 된 상황에서는 선박소유자와
적하소유자 상호간에 계약상 보호·관리의무가 없게 되고, 선박과 적하는 선
장의 지배·관리 하의 공동위험에 놓이게 되므로 단체의 관리자인 선장이 이
공동위험을 극복하기에 가장 적당한 처분(공동해손행위, 가령 적하
의 포기, 선박의 좌초 등)을 할 수 있으며,
이로 인해 발생한 손해(희생)는 이 단체를 구성하는 각 이해관계인 전체가 분
담하게 된다. 그런데 위험공동체설은 공동해손이 있을 때에 이해관계인은 이
익을 받은 자와 손해를 입은 자로 나타나게 되므로 형평의 이념상 수혜자가
희생자에게 손실을 보상하도록 해야 한다는 형평설의 주장에 위험단체라는 공
동체의 개념을 통해서 그 근거를 더욱 명확히 했다고 볼 수도 있을 것이다
(채이식,
807쪽).

Ⅳ. 法的 性質

공동해손제도(또는 共同海損
分擔請求權)가 해상법상 어떤 법적 성질을 갖는가에 대하여
공동해손제도(또는 공동해손
분담청구권)를 계약적인 것으로 보아(계약설) 사무관리·부당이득·
대리 등 민법상의 기존 법률개념을 가지고 설명하기도 한다. 그러나 공동해손
제도를 해상기업의 특수한 요청으로 인해 '창설된 제도'로 보아 공동해손의
법적 성질은 해상법상의 특수한 법률요건이라고 보는 것이 타당하며 그것이
통설이다. 결국 공동해손분담청구권은 상법의 규정에 의해 발생하는 독립된
법정권리인 것이다(채이식,
808쪽).

제 2 관 沿革 및 國際條約

I. 沿 革

　　해손을 불가항력이라고 보아 이를 선박 또는 적하의 소유자의 부담으로 여겼던 시대의 함무라비법전($^{기원 전}_{2123\sim2080}$)이나 마누법전($^{기원 전}_{1300}$)에는 공동해손에 관한 규정이 없었다. 그러나 소유자부담원칙에 따르면 가령 선박을 구제하기 위해 적하를 포기한 경우와 같이 어느 한 쪽만을 보호하는 불공평한 경우가 발생하게 되므로, 이러한 불공평을 시정하기 위한 제도, 즉 특정 해손에 대해서는 그 이해관계인이 공동으로 그 손해를 분담하게 하는 제도가 필요하게 되었다.

　　이러한 필요에서 인정된 공동해손제도가 기록상 최초로 나타난 것은 바로 유스티니아누스법전($^{523\sim534}_{편찬}$)에 편입되어 있는 서기 3세기경 그리스 로드海法의 投荷法(Lex Rhodia de jaetu)이었다. 투하법을 계수한 로마법은 해손을 부당이득반환원리에 의하여 해결하였으며, 그 후 1244년 스페인의 파르티다스(Partidas) 법전 제 5 편 제 8 조·제 9 조에서 인정한 오레온해법에 공동해손에 관한 법규가 있었고, 바르셀로나의 관습법령집인 콘솔라토 델 마레에는 투하, 錨의 포기, 임의좌초 및 적 또는 해적에 의한 추적 등에 관한 공동해손규정을 두고 있었다. 그 밖에 Rouen 해사법원이 작성한 Guidon de lamer에는 공동해손에 관해 처음으로 정의규정을 마련하였으며, 루이 14세 때의 해사칙령 역시 정의규정을 두었다(안동섭, 共同海損의 法律關係, 考試硏. 究 제17권 제 9 호(1990. 9), 37쪽 참조).

　　그런데 중세에 들어서서는 선박과 적하의 소유자가 위험공동체를 구성한다고 보아 공동해손을 이해하였고, 그 후 게르만법은 위험공동체이론을, 프랑스법은 부당이득이론을, 영국의 법체계에서는 형평이론을, 그리고 미국에서는 대리이론을 가지고 공동해손을 이론구성함으로써 공동해손의 요건·효력에 관해 서로 다른 입장을 전개하여 갔다. 이와 같은 각국의 태도는 당연히 해상운송의 실무에 적지 않은 불편을 가져오게 되어 공동해손법을 통일하려는 노력이 전개될 수밖에 없었다.

II. 國際條約

　　공동해손에 관한 관습에 대한 국제적 통일은 19세기 중엽부터 현재에 이르기까지 전개 · 발전하여 왔다.

먼저 그 작업은 1860년 9월 25일 영국의 글래스고우(Glasgow)에서 社會科學振興協會(National Association for the Promotion of Social Science)가 채택한 11개 조의 결의로 시작하여 1862년 6월 5일에는 이 협회에서 126개 조로된 공동해손법초안이 마련되었다. 그리하여 1864년 9월 26일에는 11개 조로된 요크규칙(York Rule)으로, 1877년 8월 30일에는 드디어 12개 조로 된 요크앤트워프(York-Antwerp) 규칙이 등장하게 되었고, 이 규칙은 그 후 수차례의개정이 있다가 1974년에 이르러 오늘날 일반적으로 사용되는 요크 앤트워프규칙이 자치규범으로서 정착되기에 이르렀고, 거의 대부분의 운송계약에서 약관으로 채택되어 당사자를 구속하고 상법의 임의규정보다도 본 규칙이 먼저적용된다(주석상법, 520쪽; 김인현, 324쪽). 1994년 12월 31일 이후의 공동해손의 정산에는 새로개정된 1994년 요크 · 앤트워프규칙이 적용된다(전문을 부록 참조). 한편 1989년 국제해난협약의 성립과 이를 근거로 개정된 1990년 로이드 구조계약서(LOF 1990)의채택으로 해난구조를 공동해손으로 규정한 1974년 요크 안트워프규칙 제 6 조가 개정되어 해양오염을 방지하거나 최소화하는 데 지출된 비용도 공동해손에 추가되게 되었다. 1995년 1월 1일부터는 개정된 1995년 로이드 구조계약서(LOF 1995)가 사용된다.

제 3 관 共同海損의 成立要件

영국의 1906년 해상보험법 제66조는 공동해손행위에 의한 손해나 공동해손행위의 직접적 결과로 인한 손해와 항해공동체에서 절박한 위험에 처한 재산을 보전할 목적으로 고의적 또는 합리적으로 처리한 특별한 손해를, 프랑스의 1967년 해상사고법 제24조는 해상항해경영에 있어 이해관계인에게 공동 또는 긴급한 안전을 위해 지출한 특별한 희생 또는 비용을 공동해손으로 보았으며, 1974년의 요크 앤트워프규칙 A조는 항해공동체에 속하는 재산을 위험으로부터 보존할 목적으로 공동안전을 위해 고의로 또는 합리적으로 지출한 비용 또는 특별한 희생을 공동해손으로 보고 있다(양동철, 앞의 논문, 각주 5), 38쪽 참조).

상법 제865조는 "선박과 적하의 공동위험을 면하기 위한 선장의 선박 또는 적하에 대한 처분으로 인하여 생긴 손해 또는 비용"을 공동해손으로 하고있고, 제866조에서 이러한 공동해손을 각 이해관계인이 분담하도록 하고 있다. 그러므로 공동해손이 성립하기 위해서는 다음의 요건을 충족하여야 한다.

I. 船舶과 積荷에 共同危險이 있을 것(共同危險)

1. 共同危險

법문상 공동위험일 것을 요하므로 선박과 적하에 공동의 위험이 있어야 하고, 선박이나 적하에만 위험이 있을 때는 공동해손이 성립하지 않으며 각각의 단독해손이 된다. 또한 선박이나 적하에 대해 공동위험이 성립하려면 반드시 소유자가 달라야 하지만, 보험자와의 관계에서는 동일인의 소유일지라도 보험자가 다르면 공동위험이 인정된다고 본다($^{채인식,}_{808쪽}$). 인명에 대한 위험이 있는 경우에는 선박 및 적하에 대하여도 위험이 따르는 경우가 대부분이므로 실제로 별 문제는 되지 않으나, 오로지 인명에 대한 위험만이 존재하는 경우에는 공동의 위험도 존재하지 않기 때문에 공동해손의 성립을 인정할 수 없을 것이다($^{허상수, 共同海損, 보험해상에 관한 제문제(상), 재판자료}_{제52집, 법원행정처, 1991, 608쪽; 송상현·김현, 600쪽}$).

여기서 위험이란 선박과 적하에 대한 손실($^{멸실}_{훼손}$ 등)이 발생할 가능성을 뜻한다. 위험은 현실적인 것임을 요하지만 급박한 것일 필요는 없다. 급박할 것을 요구하면 공동의 위험을 면하기 위해서라는 목적을 달성할 수 없는 경우가 많아지게 되기 때문이다.

위험이 객관적으로 존재할 것임을 요하는가에 대해서는 공동위험이 객관적으로 존재하지 않음에도 불구하고 선장이 착오로 공동위험이 존재한다고 믿고서 처분(共同海損行爲)을 한 경우에는 공동위험이 존재하지 않으므로 공동해손의 성립을 부정하는 견해($^{정희철,}_{찬형, 887쪽}$)가 있으나, 이렇게 되면 아무런 의무나 기대이익 없이 단지 공동의 이익을 위해 처분을 한 경우 그 과정에서 선장의 잘못으로 손해가 발생하였을 때 그 손해를 선장이나 운송인에게만 부담시키게 되므로 부당하다. 더욱이 선장의 공동해손행위를 상법 제865조는 "공동위험을 면하기 위하여"라고만 규정하여 선장의 주관적 판단만을 요건으로 삼고 있으므로 위험이 객관적으로 존재하여야 한다고 볼 수는 없다. 따라서 선장에게 중대한 과실이 없는 한 공동위험을 인정하여야 할 것이다($^{동지 : 서돈각, 593쪽; 채이}_{식, 809쪽; 최기원, 220쪽}$). 규칙 A조도 이를 요건으로 하지 않고 있는 것으로 보인다.

2. 危險의 發生原因

위험의 발생원인은 상법이나 규칙 모두 이를 묻지 않는다. 따라서 위험

이 자연적인 것이거나 제 3 자 또는 이해관계인의 과실에 의한 경우라도 공동
해손은 성립한다. 또한 선박 또는 적하의 하자나 기타 과실 있는 행위로 인
한 경우라도 마찬가지이다(제870조). 따라서 위험한 운송물은 선장이 언제든지 양
류·파괴 또는 무해조치를 할 수 있으나, 그로 인해 손해가 발생한 경우에도
공동해손은 성립한다(제801조제 2 항). 나아가 피해자(공동해손 분담청구권자)에게 과실이
있는 경우에도 공동해손은 성립한다고 보는 독일상법(제702조) 및 견해가 있으나
(주석상법, 524쪽;), 이를 공동해손으로 인정하면 결국 공동해손분담책임자가 분담의무를
이행한 다음 다시 그 귀책자, 즉 과실자에게 구상권을 행사하게 되므로(제870조)
이 경우에는 공동해손을 인정하지 않는 것이 타당하다고 본다(동지 : 채이식, 809쪽; 최종현, 525쪽).
그런데 운송인 등 공동해손자에게 귀책사유는 있으나 해상운송계약 가운데
면책약관(예컨대, 항해과실)이 있을 때에는 앞서와 같이 이론상 청구의 순환이
발생하지 않고 희생된 공동해손자의 이익을 보호하여야 하므로 공동해손을
인정하여야 할 것이다. 오늘날 대부분의 운송계약에서는 뉴 제이슨(New Jason)
조항을 삽입하여 이를 분명히 하고 있다(채이식, 810쪽·).

Ⅱ. 船長이 船舶 또는 積荷에 대해 의도적으로 非常處分(共同海損行爲)을 하였을 것(處分行爲)

1. 의도적인 處分

선장이 공동위험을 면하기 위하여 의도적으로, 즉 자발적으로 처분행위
를 하고, 그로 인하여 손실이나 비용이 발생하여야 한다. 따라서 선장이 자발
적으로 선박을 육지에 얹히게 하는 것(aground)은 공동해손행위가 되나, 불가
항력으로 선박이 육지에 얹히게 된 경우는 이에 해당되지 않는다. 이러한 선
장의 비상처분을 공동해손행위라 한다. 공동해손행위는 선장 자신의 결정으로
하여야 한다고 볼 수도 있으나, 급박한 상황 하에서 선장의 지휘를 받고 있는
자나 대선장(제748조) 등이 정당한 결정으로 한 처분도 선장의 처분행위라고 할
것이다(동지 : 주석상법, 529쪽). 규칙 A조도 선장의 처분으로 제한하고 있지 않다.

2. 共同海損行爲

공동해손행위는 항해에서 이루어지는 정상적인 행위가 아니라 비상적인
행위여야 한다. 따라서 임의적인 좌초, 적하의 투하, 석탄·원유 등의 적하를
선박연료로 사용하는 것 등은 공동해손행위로 인정된다. 따라서 공동해손행

위는 사실행위(예컨대 선박의 경우에는 돛의 절단과 같은 선박의 일부절단·임의좌초·엔진의 특별사용, 적하의 경우에는 투하·적환·사용·매각 등)일 수도 있고, 법률행위(예선계약·구조계약·구호계약 등의 체결)일 수도 있다. 또한 공동해손은 선박과 적하의 공동위험을 면하기 위한 것이어야 하므로, 그 목적은 소극적인 것이어야 하고 적극적으로 공동의 이익을 위한 공동해손은 있을 수 없다(송상현·김현, 603쪽).

Ⅲ. 處分에 의해 損害 또는 費用이 발생하였을 것(損害 또는 費用)

1. 損害·費用

이 때의 손해는 실손해로서 선박에만 생길 수도 있고, 투하의 경우와 같이 적하에만 생길 수도 있으며, 또 선박과 적하 모두에 생길 수도 있다. 그리고 비용에는 해양사고구조료의 지출, 피난항으로의 입항비·도선료·예선료 등이 있다.

2. 損害·費用의 範圍에 관한 立法主義

어느 범위까지의 처분으로 인한 손해를 공동해손으로 볼 것인가에 관해서는 여러 가지 입법주의가 있다.

(1) 共同安全主義   공동안전주의는 영미법상의 입법주의로 공동위험을 방지하기 위한 처분으로 인한 손해만을 공동해손으로 인정한다. 따라서 이 견해에 따르면 선박이 태풍을 만나 피난항에 입항한 경우 더 이상 침몰 기타 공동위험이 없다면 입항비는 공동해손이 되지만, 피난항에서의 양륙·정박·보관·재선적 등의 비용과 출항비용 등은 공동해손이 되지 않는다.

(2) 共同利益主義   공동이익주의는 직접적으로 공동위험을 면하기 위한 처분으로 인한 손해나 비용뿐만 아니라, 항해의 완료를 목적으로 공동이익을 위하여 한 처분으로 인한 손해나 비용을 모두 공동해손으로 인정한다. 따라서 이 견해에 따르면 피난항에서의 양륙·정박·보관·수선·재선적 등의 비용과 출항비용 등이 모두 공동해손으로 된다.

(3) 犧牲主義   희생주의는 앞서의 두 가지 입법주의를 절충하여 공동안전이나 공동이익과 관계 없이 처분행위와 상당인과관계에 있는 손해 또는 비용 모두를 공동해손으로 인정한다. 따라서 이 견해에 따르면 피난항의 입항비나 출항비, 그리고 양륙·정박·보관·수선·재선적 등의 비용은 공동해손이 되지만, 수선비는 처분과 무관하므로 공동해손으로 인정되지 않는다.

3. 商法의 態度

상법은 처분으로 인한 손해나 비용만을 요건으로 하고 있으므로, 처분행위와 손해 또는 비용 사이에는 상당인과관계만 있으면 족하다고 할 것이다. 따라서 상법은 희생주의를 택하고 있는 것이다(통설)(채이식, 811쪽; 정희철·정찬형, 888쪽; 손주찬, 869쪽; 최기원, 225쪽; 서돈각, 594쪽).

이에 대해 규칙 C조는 공동해손행위의 직접적 결과인 손해 또는 비용만을 공동해손으로 인정하여, 가령 휴선손실·商機逸失 등의 간접손해는 포함시키지 않고 있으며, 숫자규정 제 2 조에서 투하의 목적으로 열었던 창구나 만들어진 개구로 들어온 물로 인해 선박 또는 적하에 발생한 손해를 공동해손으로 하고 있어 규칙도 역시 상당인과관계를 취하고 있는 것으로 보인다.

Ⅳ. 船舶 또는 積荷의 危險을 면하고 殘存할 것(船舶 또는 積荷의 殘存)

1. 船舶 또는 積荷의 殘存

공동해손은 위험을 면한 선박 또는 적하의 이해관계인이 그 위험을 면한 선박 또는 적하의 가격과 운임의 반액 그리고 공동해손의 액의 비율에 따라 분담하는 것이므로, 공동해손이 성립하기 위해서는 선박 또는 적하가 위험을 면하고 잔존하여야 한다(제866조). 따라서 항해공동체를 위협하는 공동위험을 면하기 위해 선장이 비상처분을 하여도 선박 또는 적하가 전부 멸실한 때에는 공동해손행위로 인한 어떤 이익도 존재하지 않으므로 공동해손은 성립하지 않는다. 그러나 반드시 공동해손행위로 인하여 선박이나 적하가 위험을 면하고 잔존하여야 하는 것은 아니다.

2. 立法主義 및 商法의 態度

처분과 보존 사이에 인과관계가 필요한가와 관련하여 두 가지 입법주의, 즉 인과주의와 잔존주의가 있다. 공동해손행위로 인하여 선박이나 적하가 위험을 면하고 잔존하여야 한다는 입장이 인과주의이고, 공동해손행위가 있은 다음 공동해손행위와 무관하게 선박이나 적하가 잔존하여도 족하다는 입장이 잔존주의이다. 프랑스법계(프랑스상법 제 423조~제425조)와 일본이 인과주의를 택하고 있고, 독일과 영미법계에서 잔존주의를 택하고 있으며, 규칙 A조·C조도 잔존주의를 택하고 있다. 만약 선장의 처분과 선박 또는 적하의 보존 사이에 인과관계가 요구된다면 이를 증명하는 것이 어렵거나 불가능한 경우가 많을 것이므로, 공동해손이 인정되는 범위가 좁아지게 되므로 잔존주의가 인과주의보다는 타당하다고 본다. 상법은 반드시 공동해손행위로 인하여 선박이나 적하가 위험을 면하고 잔존하여야 한다는 인과주의를 채택하지 않고, 공동해손행위가 있은 다음 선박이나 적하가 잔존하면 족하다는 잔존주의를 채택하고 있다. 여기에서 위험을 면한다 함은 선박이나 적하가 정상의 상태를 회복하는 것을 뜻하므로 반드시 목적항까지 안전하게 도착할 필요는 없다. 그러나 이해관계인은 선박이 도달하거나 적하를 인도할 때에 현존하는 가액의 한도에서 책임을 진다($_{\text{조}}^{\text{제868}}$).

3. 殘存의 對象

잔존의 대상과 관련해서도 서로 다른 세 가지 입법주의가 있는바, 병존주의는 선박과 적하 모두가 잔존하여야 한다는 입장이고($_{\text{제703조}}^{\text{독일상법}}$), 선박잔존주의 또는 선박단존주의는 선박만이 반드시 잔존하여야 한다는 입장이며($_{\text{제423조}}^{\text{프랑스상법}}$), 마지막으로 종류불문주의는 선박이나 적하 중 어느 것이든 잔존하면 된다는 입장으로 우리 상법 및 규칙의 입장이 여기에 속한다.

제 4 관 共同海損의 效果

I. 總 說

공동해손의 효과는 처분(共同海損行爲)에 의해 손해를 입거나 비용을 지출한 자, 즉 공동해손자가 보존된 재산의 이해관계인, 즉 위험을 면한 공동해손 분담책임자에 대해서 일정한 비율에 따른 분담청구권을 취득하는 데 있다($_{\text{규칙 B조}}^{\text{제866조;}}$).

그리고 공동해손인 손해 및 비용과 공동해손을 분담할 재산의 범위와 가액을 확정하여 그 분담비율에 따라 분담액을 산출하는 것이 공동해손의 정산이다.

II. 共同海損額의 算定

공동해손액은 공동해손행위로 인해 선박이나 적하에 발생한 손해나 비용의 금액이다. 이러한 손해를 입은 사람이나 비용을 지출한 사람을 공동해손자 또는 공동해손채권자라 한다. 따라서 선박소유자(해상운송인)나 적하의 이해관계인이 공동해손자가 된다.

공동해손액을 산정함에 있어서 선박의 가액은 도달의 때와 곳의 가액으로 하고, 적하의 가액은 양륙의 때와 곳의 가액으로 한다($^{제869조}_{본문}$). 이 때 도달 또는 양륙의 때와 곳이란 실제로 도달 또는 양륙했거나, 사고가 없었다면 도달 또는 양륙하였을 때와 곳을 말한다. 그러나 적하에 관하여는 그 손실로 인하여 지급을 면하게 된 모든 비용을 공제하여야 한다($^{제869조}_{후단}$). 이 경우 운임은 운송인은 선장이 공동해손행위를 한 경우, 운임의 전액을 荷主에게 청구할 수 있기 때문에 공제되지 않는다($^{제813조}_{제2호}$). 선하증권 기타 적하의 가격에 영향을 미칠 사항에 관하여 기재가 있더라도 실가에 따라 공동해손액을 산정하는 것이 원칙이지만, 실가보다 저액을 기재한 경우나 기재한 가액이 시가보다 저가인 경우에는 그 기재액을 공동해손액으로 하며, 적하의 가격에 영향을 미칠 사항에 관하여 허위기재가 있는 경우에도 마찬가지이다($^{제873조\ 제1}_{항·제2항}$). 이는 대개 저액인 적하에 대해 실가의 주장을 인정하게 되면, 공동해손의 부담을 통해 부당이득을 하는 수가 있기 때문이다.

그러나 다음과 같은 것은 공동해손액의 산정에서 제외된다. 즉 속구목록에 기재하지 않은 속구는 가액의 명확을 기할 수 없다는 이유에서, 그리고 선하증권 기타 적하의 가격을 정할 수 있는 서류 없이 선적한 하물은 손해액의 산정이 곤란할 때가 많을 뿐만 아니라 공동해손의 분담을 면할 염려가 있다는 이유에서, 종류와 가액을 명시하지 않은 화폐나 유가증권 기타의 고가물이 멸실된 경우에는 앞서의 선하증권 등의 예에서 든 이유와 함께 고가물임을 명시하였으면 그 희생을 모면하였을 가능성이 높다는 이유에서, 그리고 갑판에 적재한 화물, 즉 갑판적하물은 해난 기타의 경우에 보통 먼저 투기되는 것이라는 이유에서 그 가액을 공동해손액에 산입하지 않는다($^{제872조\ 제1항 ·}_{제2항\ 본문}$). 단, 연안항행의 경우에는 오히려 갑판적이 보통이므로, 이 경우에는 공동해손액에 산입된다($^{제872조\ 제}_{2항\ 단서}$). 2007년 개정상법은 갑판적이 관습상 허용되는 경우에도 공동해손액에 산입되도록 한다($^{제872조}_{제2항\ 단서}$).

선박에 비치한 무기, 선원의 급료, 선원과 여객의 양식과 의류 등이 손실된 경우에는 그 가액을 공동해손액에 산입한다($^{제871}_{조}$).

Ⅲ. 共同海損의 分擔額

공동해손인 손해의 범위와 그 가액이 확정되면, 다음으로 이를 분담할 재산의 범위와 그 액수 및 분담액을 결정하게 된다.

공동해손은 위험을 면한 선박 또는 적하의 가액과 운임의 반액, 그리고 공동해손액의 비율에 따라 각 이해관계인이 분담한다($^{제866}_{조}$). 공동해손에서 해손액을 분담하게 한 것은 가령 이를 인정하지 않으면 희생된 재산의 소유자만 전액배상을 받게 되는 불공평이 초래되기 때문이다. 그리고 운임을 반액으로 획일화한 것은 정산의 번잡을 피하기 위해서이다. 이 때의 이해관계인을 공동해손분담책임자라 한다. 이들 이해관계인이 분담할 재산의 가액을 공동해손의 분담액, 즉 분담잔존액이라 한다.

　공동해손을 분담할 잔존재산의 산정방법에 관하여는 두 가지 입법주의가 있다. 즉 공동해손의 분담을 공동해손행위 즉시 확정하는 즉시주의와 항해 말에 확정하는 항해주의가 그것이다. 대부분의 나라가 후자의 입장을 따르고 있으며, 상법 역시 항해주의를 따르고 있다. 따라서 분담잔존액을 산정할 기준이 되는 때와 곳 역시 공동해손액을 산정할 때와 마찬가지로 선박의 가액은 도달의 때와 곳의 가액으로 하고, 적하의 가액은 양륙의 때와 곳의 가액으로 한다($^{제869조}_{본문}$). 그리고 적하의 경우 그 손실로 인하여 지급을 면하게 된 모든 비용을 공제하여야 하는 것 역시 같다($^{제869조}_{단서}$).

　또한 적하의 경우 선하증권 기타 서류상의 기재와 관계 없이 실가에 따라 그 가액을 정하는 것이 원칙이지만, 선하증권 기타 서류에 실가보다 고액을 기재한 경우나 고액을 표시하는 사항이 기재된 경우에는 기재액에 따라 분담잔존액을 정한다($^{제873조 \ 제1}_{항·제2항}$).

　그러나 선박에 비치한 무기, 선원의 급료, 선원과 여객의 식량과 의류는 보존된 경우에도 그 가액을 공동해손분담액에 산입하지 않는다($^{제871}_{조}$). 이렇듯 분담에 예외를 둔 것은 이들이 공동위험의 방지에 필요한 것이거나 생활필수품으로서 공익상 또는 사회정책상 요구되기 때문이다.

Ⅳ. 共同海損의 分擔

　공동해손은 공동해손으로 인해 이익을 본 분담책임자와 손해를 본 공동해손채권자가 위험을 면한 선박 또는 적하의 가액과 운임의 반액, 그리고 공동해손액의 비율에 따라 공동으로 분담한다($^{제866}_{조}$). 손해를 본 공동해손채권자도 분담하게 한 것은 이를 인정하지 않으면 희생된 재산의 소유자만 전액배상을 받게 되는 불공평이 초래되기 때문이다.

　이해관계인의 공동해손액에 대한 이해관계란 곧 이해관계인의 공동해손액이나 분담잔존액이므로, 각 공동해손분담책임자는 '공동해손액'의 '공동해손

액과 분담잔존금액을 합한 총액'에 대한 비율에 따른 자신의 분담잔존액의 일
부를 분담할 의무가 있다. 각 분담책임자는 이 책임의 범위 내에서 각 공동
해손채권자에게 그 해손액의 비율에 따라 공동해손분담금을 지급할 의무가
있다. 이해관계인은 적하나 선박의 소유자인 경우가 원칙이지만, 선박임차인
이나 용선자 역시 선박의 이해관계인이 된다(채이식·814쪽).

　　공동해손의 분담책임자가 지게 될 분담한도는 공동해손분담제도의 취지
로 볼 때 당연히 잔존한 재산의 가치를 초과할 수 없다는 점에서 현행상법
은 선박이 도달하거나 적하를 인도한 때에 현존하는 가액의 한도에서 책임을
지도록 하고 있다(제868조).

　　공동해손으로 인해 생긴 채권은 공동해손시에 발생하며, 그 때부터 이자
가 생긴다. 구 상법은 그 계산이 종료한 날로부터 1년의 시효기간을 두고 있
었으나(구상법제875법), 현행상법은 그 계산이 종료한 날로부터 1년 내에 재판상 청
구가 없으면 소멸한다고 하여 短期除斥期間을 두고 있다(제875조 본문). 이 기간은
당사자의 합의로 연장할 수 있다(제875조 단서·제814조 단서·).

Ⅴ. 共同海損의 精算

　　공동해손의 계산을 정산이라 한다. 정산을 할 자, 즉 정산자에 관해서는
상법상 규정이 없으나 이론적으로 볼 때는 각 공동해손채권자가 공동해손을
입증하고 각 분담책임자에게 공동해손분담금을 청구하게 된다고 볼 수 있으
나, 이해관계인은 선장(실제로는전문정산인)에 위임하여 공동해손을 정산하기로 약정하는
것이 보통이고, 위임이 없더라도 그러한 商慣習이 있다고 보아야 한다는 이
유 등으로 정산의무자는 상법상 선장이라고 보는 것이 다수설이다. 그러나 선
주선장의 경우를 제외하고는 해사단체의 중심경영자인 해상운송인을 정산의
무자로 인정하여야 한다는 소수설(박용섬·813쪽)이 있다. 정산사무의 집행은 상당한
시간과 비용을 필요로 하며, 만일 정산에 문제가 생길 때에는 손해배상의무를
져야 하기 때문에 경제적 부담력이 있는 해상운송인을 정산의무자로 해석하
는 것이 합리적이라고 한다. 정산인은 공동해손정산서를 작성한다. 공동해손
의 정산실무에서는 해상운송인이 직접 정산절차를 행하지 않고 보조자로서
전문가인 공동해손정산인(average adjuster)을 사용한다.

　　정산할 곳에 대해서도 상법상 규정이 없으나 반대의 특약이 없는 한 항
해종료지, 즉 선박과 적하가 종국적으로 분리된 최후의 양륙항이고, 항해가

중단된 때는 그 중단지가 정산지가 된다(통설). 정산지의 법을 준거법으로 하는 것이 원칙이지만, 해손의 성질이나 분담재단의 조성에 관한 사항은 선적국법에 따른다($\frac{국제사법}{제60조}$).

수하인이 운송물을 수령하는 때에는 공동해손분담금을 지급하여야 하고, 선장은 이해관계인을 대리하여 분담금을 청구하고, 그 지급을 받을 때까지는 운송물을 인도할 의무가 없다($\frac{제807}{조}$). 실제로는 보험회사나 상호보험회사가 발생한 공동해손분담금채무이행의 보증장을 선장에게 제공한 다음 운송물을 수령한다.

공동해손과 보험의 관계에서 몇 가지 살펴보면 공동해손이 보험사고로 인한 것인 경우 보험자는 당연히 보험금지급의무가 있으며, 보험금을 지급한 보험자는 피보험자를 대위하여($\frac{제682}{조}$) 공동해손분담청구권을 행사할 수 있으며, 보험사고로 인하여 공동해손분담책임이 생긴 때에는 보험자는 분담책임을 진다($\frac{제694}{조}$).

적하소유자는 공동해손분담청구권에 관해 선박우선특권도 갖는다($\frac{제777조}{제 3 호}$).

Ⅵ. 損害의 回復

선박소유자·용선자·송하인 기타의 이해관계인이 공동해손액을 분담한 후($\frac{제866}{조}$), 선박·속구 또는 적하의 전부나 일부가 소유자에게 회복된 때에는 그 소유자가 공동해손의 상금으로 받은 금액에서 구조료와 일부손실로 인한 손해액을 공제하고 그 잔액을 반환하여야 한다($\frac{제874}{조}$). 선박과 적하의 공동위험이 선박 또는 적하의 하자나 기타 과실 있는 행위로 인하여 생긴 경우에는 공동위험의 분담자는 그 책임이 있는 자에 대해 구상권을 행사할 수 있다($\frac{제870}{조}$). 이 구상권은 그 계산이 종료한 날로부터 1 년 내에 재판상 청구가 없으면 소멸한다($\frac{제875}{조}$).

제 3 절   船舶衝突

金仁顯, 골든로즈호 충돌사건에서 예상되는 법적쟁점에 대한 소고, 해사법연구, 19. 2(2007. 9)/金仁顯, 선박충돌에서 과실비율과 해양안전심판재결과의 관련성에 대한 고찰, 법조 통권 562(2003. 7)/金仁顯, 민사적 시각에서 고찰한 海洋安全審判院의 선박충돌과실비율 산정, 한국해법학회지 22. 1(2000. 4)/金仁顯, 선박의 航法에 대한 개관과 사례연구, 해양한국 95(1998. 3)/金仁顯, 정박선의주의의무, 해양한국 120(1997. 6)/김인현, 정박선 관련 항법과 해양안전심판에 대한 취소소송 개선에 대한 소고-대법원 2011. 1. 13, 선고 2009추 220판결을 중심으로, 해사법연구 제23권 제 1 호(2011. 3)/김인현, 선박충돌 과실비율의 의의와 그 산정방안, 한국해법학회지 제33권 제 2 호(2011. 11)/In Hyeon Kim, Korean Collision Avoidance Rules and Apportionment of Liability, ABL Vol. 8 Fall 2011/김인현, 완도지정항로에서 항법적용에 대한 소고, 한국해사법학회, 제25권 제 3 호(2013. 11)/김종천, 선박충돌과 보험보상의 문제, 한국해법학회지 제33권 제 2 호(2011. 11)/박성일, 燈火 및 形狀物의 揭揚義務와 그 法的責任, 한국해법학회지 제33권 제 1 호(2011. 4)/박영선, 선박항해자의 법적 보호에 관한 연구, 한국해법학회지 제31권 제 1 호(2009. 4)/朴容燮, 雙方過失의 船舶衝突에 관한 保險補償의 法理硏究, 商去來法의 理論과 實際(石影安東燮敎授華甲紀念論文集), 1995/李均成, 선박충돌과 총체적 선주유한책임제도, 司法行政 352(1990. 4)/이정원, 선박충돌과 민사상 '과실'개념에 대한 고찰, 한국해법학회지 제35권 제 1 호(2013. 4)/林東喆, 船舶衝突에서의 損害賠償責任法理의 發展, 한국해사법학회 법학연구 4(1992. 12)/지상원, 선박충돌의 손해배상책임법리에 관한 연구, 해양대 박사학위논문, 1996/蔡利植, 우리 商法上 船舶衝突에 관한 規定의 제문제점들, 대한변호사협회지 102(1984. 12)./한낙현·김종훈, 쌍방과실로 인한 충돌 사안의 취급에 관한 판례연구, 한국해법학회지 제35권 제 2 호(2013. 11).

제 1 관 總   說

Ⅰ. 船舶衝突의 意義 및 存在理由

불법행위의 일종인 선박충돌은 항해선 상호간 또는 항해선과 내수항행선 간의 충돌을 말한다(제876조). 선박충돌은 해상사고 가운데 가장 손해가 큰 것 중의 하나이므로, 일단 선박충돌이 일어나면 그로 인한 여러 이해관계가 발생한다. 즉 피해를 입은 선박소유자와 그 이해관계인, 충돌선박의 선상에 있던 적하소유자 기타 이해관계인, 충돌선박의 선상에 있던 사람 등의 보호라는 문제가 생긴다. 그 밖에도 이들 위험을 담보하는 보험회사 또는 선주책임상호보험조합(P&I), 해양오염으로 인해 손해를 입은 수산업자, 피해를 입은 항만이나 수로의 관리당국 등이 선박충돌과 관련하여 이해관계를 갖게 된다. 특히 오늘날에는 선박충돌로 인해 손해가 발생해도 비교적 경미한 손해에 그쳤던 범선시대와는 달리 기선항해가 발달함으로써 선박의 규모도 커지고 속력도 빨라져 충돌사고가 발생하면 손해가 거액에 달하는 수가 많고, 더욱이 동일항로를 항행하는 선박의 수가 증가하여 충돌의 기회 역시 증가하였다. 이리하여 충돌에 관한 규정은 공법상으로나 사법상으로나 매우 중요한 의의를 갖는다.

　따라서 각국은 선박의 항행에 특유한 성격 때문에 선박충돌에 따르는 법률관계를 민법의 불법행위규정에만 맡기지 않고 해상법상 특별규정을 두고 있다. 그러나 상법 역시 제5편 제6장에서 선박충돌에 의해 생긴 손해의 귀속에 대해 규정하고 있지만, 실질적으로 몇 개 조문만을 두고 있을 뿐 불완전한 실정이다. 따라서 많은 문제가 민법의 불법행위의 일반원칙이나 국제조약에 따라 해결되고 있다.

Ⅱ. 法的 性質

　선박충돌은 당연히 이해관계인 사이에 권리의무를 생기게 하며, 상법은 선박충돌을 주로 이러한 측면에서 규율하고 있다. 이 때의 선박충돌은 민법상의 불법행위적 성질을 갖지만, 상법상의 선박충돌에 관한 규정은 민법상의 불법행위에 관한 규정의 특칙으로서 우선적으로 적용된다.

　〈대판 1972. 6. 13, 70 다 213〉
　「상법 제846조는 통일조약 제4조에 따라 명문으로서 제3자의 사상으로 생긴 손해에 한하여 연대책임을 인정하고 재산상 손해에 대해서는 각 선주의 과실 정도에 의한 분할책임을 규정하고 있으므로, 상법 제843조에 의하여 선박충돌로 인하여 생긴 손해에 대해 위 상법규정($^{제846}_{조}$)만이 적용되고 민법상의 공동불법행위에 관한 규정은 그 적용이 배제된다고 할 것이니 원심이 이 사건 손해배상에 관하여 피고들에게 그 과실 정도에 따라 분할지급을 명한 것은 정당하다.」

　구 상법 하에서는 하주가 이러한 불법행위적 책임을 물을 경우 선박소유자는 선주책임제한($^{구상법 제746}_{조, 제747조}$)을 주장하지 못했으나,

　〈대판 1989. 11. 24, 88 다카 16294〉
　「선박소유자의 유한책임한정에 관한 상법규정이 불법행위책임을 묻는 경우에도 적용되는지의 여부는 소극적이다.」

1991년 개정상법 제746조 및 2007년 개정상법 제769조는 당연히 선주책임제한을 주장할 수 있도록 하였다. 그러나 선박충돌로 인해 상법의 규정상 이해관계인이 갖는 권리의무는 그가 계약상 갖게 되는 권리의무에 아무런 영향을

미치지 않는 것이 원칙이다($^{책이식,}_{817쪽}$). 따라서 운송물이 선박충돌로 인해 멸실·훼손되더라도 송하인 등은 운송계약을 체결하여 선적을 한 선박소유자에 대해 운송계약불이행책임도 물을 수 있다. 그리고 선박충돌사고가 해양사고의 조사 및 심판에 관한 법률상 해양안전심판의 대상이라고 해서 해양안전심판절차를 거쳐야 비로소 상법상의 손해배상을 청구할 수 있는 것은 아니며, 해양안전심판절차를 거치지 않고 바로 상법상의 손해배상을 청구할 수 있다. 그러나 실무적으로 해양안전심판재결 결과는 민사상의 과실비율에 커다란 영향을 미치고 있다.

〈대판 1970. 9. 29, 70 다 212〉
「해난사건을 소구함에는 해난심판절차를 거쳐야 하는 것은 아니다. 즉 피고회사 대리인의 상고이유를 보건대, 논지는 선박충돌과 같은 해난사건에 있어서는 먼저 해난심판절차에 따라 그 발생원인과 책임의 소재를 확정한 연후에 일반법원은 이를 전제로 하여 그 책임자와 배상액을 심판하는 것이 해난심판법과 해상법의 규정에 비추어 타당하다고 하는 것이나, 이는 법률상 근거 없는 독자적 견해이므로 채용할 수 없다.」($^{동지 : 대판 1972.}_{6. 13, 70 다 213}$).

제 2 관 沿革 및 國際條約

로마법 가운데에는 선박소유자책임과 관련된 규정이 있었고, 중세에는 1681년의 해사칙령에서 볼 수 있듯이 관습법을 집성한 법전 내에 선박충돌과 관련된 특별한 규정을 두고 있었다.

프랑스에서는 처음에는 상법에 제407조만을 두어 선박충돌을 규율하였을 뿐이었으나, 19세기에 들어와 보충입법을 통해 차츰 자세한 규정을 두게 되어 1915년에는 선박충돌에 관한 통일조약(船舶衝突規則統一條約)을 채용하는 등 애초에 상법 제407조만을 두었던 때와는 달리 면모를 일신하게 되었다. 독일의 경우에는 상법 제734조 내지 제739조를 두어 훨씬 더 자세하게 규정하고 있었다. 그리고 영국에서는 많은 판례를 통해 극히 자세하고 구체적인 판례법이 마련되어 있었다.

그런데 선박충돌에 대해서는 각 국가마다 그 규율에 차이가 커서 다른 국적의 선박간에 충돌사고가 발생하면 법규를 적용하는 데 커다란 어려움이 초래될 수밖에 없었다. 이는 대부분의 선박이 공해를 항행하거나 다른 국가의 영해나 항구에서 항행을 하기 때문에 더욱더 문제가 된다. 따라서 선박충돌에 관한 법규의 국제적 통일화는 19세기 말부터 각종 국제회의에서 절실하게 제기되어 왔던 것이다.

그리하여 만국해법회가 1902년 함부르크회의에서 원안을 작성하고, 그에 기초하여 브뤼셀외교회의가 1905년부터 1910년까지 매년 개최되어 1910년에 선박충돌시 손해배상에 대한 책임관계의 기본적 사항에 대해 정한 "선박충돌에 관한 규칙의 통일에 관한 조약"($_{條約.\ 이하\ '조약'}^{船舶衝突規則統一}$)(convention pour l'unification de certaines règles en matière d'abordage)이 성립하였다.

이 조약에는 대다수국가가 가입하였으나 각국은 자국의 국내법과의 관계에서 세 가지 태도를 보여 주고 있다. 첫째로는 국내법을 조약의 조문대로 개정한 경우에 벨기에($_{14일\ 법}^{1911년\ 8월}$) · 프랑스($_{15일\ 법}^{1915년\ 7월}$) 등이 여기에 속하고, 둘째로는 조약의 정신에 따라 국내법을 개정하기는 하였으나 조문대로 개정하지는 않은 경우로 영국($_{vention\ Act\ 1911}^{Maritime\ Con-}$) · 독일($_{에\ 의한\ 상법개정}^{1913년\ 1월\ 7일\ 법}$) 등이 여기에 속한다. 마지막으로 미국과 같이 국내법을 따르는 경우이다. 우리 나라는 가입하지는 않았으나 근본적으로 이 조약에 기초하여 상법을 개정하였다.

조약은 이 조약의 적용범위에 관해 관련된 모든 선박이 체약국에 속하는 경우에는 조약을 적용하도록 하고 있으나, 모든 이해관계인이 수소법원이 소속된 국가에 속할 때에는 조약의 규정을 적용하지 않고 국내법을 적용하도록 하였다($_{제11조}^{조약}$). 그리고 현재 우리 나라의 경우 이 조약의 적용범위에 관해 특별히 규정한 법령이 없으므로, 충돌이 우리 나라의 국내법상의 문제가 될 때 이에 관여한 선박이 모두 국내선박인 경우에는 상법에 따르고, 충돌한 선박 가운데 하나가 체약국선박이고 다른 하나는 국내선박인 경우나 모두 체약국선박인 때에는 조약에 따르며, 기타의 경우에는 국제사법이 해결하는 바의 준거법에 따르게 된다.

선박충돌의 손해배상에 관한 규정의 국제적 통일은 앞서의 통일조약을 통해 어느 정도 해결되었다고 할 수 있으나, 실제로 해결하는 데에는 선박충돌에 관한 재판관할에 대한 국제적 통일이 필요하다. 그러한 측면에서 1952년에는 "선박충돌에 관한 민사재판관할에 관한 규칙의 통일을 위한 조약"과 "선박충돌 및 항해상의 사고에 관한 형사재판관할에 관한 규칙의 통일을 위한 조약"이 성립하였다. 그 밖에 "항해선박압류에 관한 통일조약"(1952)이 있다. 그러나 앞서의 두 조약은 아직까지도 비준하지 않은 국가가 대부분이며,

우리 나라도 역시 가입하지 않고 있다.

　그리고 선박충돌을 방지하기 위한 국제조약으로서 국제적으로 통일된 항해규칙을 정한 1972년의 국제해상충돌예방규칙협약(COLREG)이 있고, 우리 나라는 1977년에 1972년 국제해상충돌예방규칙협약에 가입하여 1986년 해상교통안전법(법 제3909호 ^{1986. 12. 31,})을 제정한 바 있다.

제 3 관　船舶衝突의 成立要件

Ⅰ. 船舶間의 衝突

　상법상의 선박충돌이란 상법의 적용 내지 준용이 있는 선박 상호간, 즉 항해선 상호간 및 항해선과 내수항해선 간의 충돌(제876조), 그리고 국·공유선을 제외한 비영리항해선의 충돌(선박법 제29조)을 말한다. 따라서 공선과 사선, 상선과 단정 또는 노도선의 충돌, 내수항행선 상호간의 충돌은 상법상의 선박충돌이 아니다. 이 경우에도 선박충돌에 관한 상법의 규정을 유추적용하여야 한다는 견해가 있으나, 그렇게 보아야 할 법률상의 근거가 없다고 생각한다(채이식, 818쪽; 서돈각, 602쪽; 최기원, 232쪽). 선박인가의 여부는 사회통념에 따라 정해진다.

　이와 같이 충돌은 선박과 선박 간의 것이어야 하므로 선박이 氷山·浮橋·浮標·防波堤·埠頭·水門 등과 충돌하더라도 상법상의 선박충돌로 볼 수 없음은 당연하다. 그 밖에 예선과 피예선 사이의 충돌에 대해서는 선박은 2 隻 이상의 독립한 것이어야 하므로 예선과 피예선 간의 충돌은 상법상 선박충돌로 볼 수 없다고 할 것이다(채이식, 818쪽; 서돈각, 602쪽; 최기원, 233쪽. 다른 견해로는 정희철·정찬형, 895쪽 참조).

　사선의 경우에 있어서 충돌한 선박이 모두 동일한 선박소유자에게 속할 때에는 원칙적으로 불법행위에 기한 손해배상관계가 성립하지 않으나 兩船을 독립선주의 소유선박으로 취급하는 것이 관행이다. 이와 관련하여 선박보험에 자매선약관(sister ship clause)을 삽입하여 보험보상을 합리적으로 하고 있다.

Ⅱ. 2 隻 이상의 船舶衝突

　선박충돌은 반드시 2 척 이상의 선박이 서로 접촉하여야 한다는 것이 통설이다(서돈각, 602쪽; 최기원, 232쪽. 반대의 견해로는 채이식, 819쪽). 선박에 고정된 용구는 선박의 일부이므로 가령 다른 선박의 선측에서 내려진 닻(錨)에 접촉한 경우는 선박충돌이지만, 어망에 의한 접촉은 어망의 물리적 성질상 선박충돌이 아니라고 본다. 통설에 따르면 두 선박의 직접적 접촉이 아닌 간접충돌(다른 선박의 접근에 의한 여파로 인해 손해를 입은 경우나 선박간의 충돌을 피하기 위해 좌초된 경우 등)은 여기서 말하는 선박충돌이 아니며(조약 제13조는 이 경우에 선박충돌을 인정한다), 항만시설과의 접촉 역시 선박충돌이 아니므로 민법상의 불법행위의 일반원칙에 맡겨 해결하게 된다. 이에 대해 간접충돌의 경우에도 충돌을 야기한 선박에 과실이 있는 때에는 접촉사고와 다를 바 없고 선박충돌의 목적이 손해의 합리적인 귀속을 정하는 데 있으므로, 간접충돌의 경우에도 상법의 선박충돌에 관한 규정을 적용하여야 한다는 견해가 있다(송상현·김현, 612쪽). 2007년 개정상법은 이를 수용하여, 직접적인 접촉의 유무를 묻지 않는다(제876조 제2항).

충돌의 장소는 해상이건 내수이건 관계 없다(제876조; 조약 제1조 참조). 또한 선박의 일방 또는 쌍방이 항해중이건 정박중이건 관계 없다(조약 제2조 제2항 참조).

Ⅲ. 衝突로 인한 損害發生

"선박 또는 선박 내에 있는 물건이나 사람에 관하여 생긴 손해"만이 상법상의 선박충돌로 인한 손해로 인정된다(제876조). 선박 또는 선박 내에 있는 물건이나 사람에 관하여 생긴 손해에는 물건의 소유자 또는 생명이나 신체의 주체가 선박충돌로 인해 입은 직접손해뿐만 아니라, 선박소유자 등이 충돌과 관련하여 제3자에게 지출한 변호사비용 등의 '부수비용'(대판 1972. 6. 13, 70 다 413)과 적하소유자·여객 등에게 지출할 '간접비용'도 포함된다(채이식, 819쪽). 그러나 파손항구시설복구비, 유탁손해로 인한 비용 등은 선박 또는 선박 내에 있던 물건이나 사람에 관하여 생긴 손해가 아니므로 상법의 규정이 적용되지 않는다.

같은 선박소유자에 속해 있는 선박(姉妹船) 상호간의 충돌은 통상 손해배상을 둘러싼 문제가 발생할 여지가 없으나 하주나 보험자(두 선박의 보험자가 다른 경우) 등과의 관계에서 상법상 선박충돌로 다룰 경우가 있을 수 있다.

제4관 船舶衝突의 效果

Ⅰ. 總 說

선박이 충돌한 경우 그 효과로서는 공법상의 효과와 사법상의 효과로 나눌 수 있다. 공법상의 효과로는 선박이 서로 충돌한 경우 각 선박의 선장은 자기가 지휘하는 선박에 급박한 위험이 없는 한 서로 인명과 선박을 구조하는 데 필요한 조치를 다하여야 하며, 선박의 명칭·소유자·선적항·출항항 및 도착항을 상대방에게 통보하여야 할 의무가 있다(선원법 제12조). 이 의무는 조약 역시 인정하고 있다(조약 제8 조, 제 9 조). 선장이 선박충돌시 조치할 위의 의무를 위반하였다는 것만으로는 선박소유자가 책임을 지지 않는다고 본다(조약 제 8 조 제 3 항 참조). 그러나 이로 인하여 손해가 발생하면 선주는 사용자책임을 부담하게 된다.

공법상의 문제들을 별개로 한다면, 사법상의 효과는 결국 손해배상책임의 귀속에 관한 문제이다. 1910년 선박충돌조약은 선박충돌의 효과를, 즉 선박충돌로 인한 손해부담문제를 충돌의 원인에 따라 불가항력 또는 원인불명으로 인한 경우와 과실에 의한 경우로 나누고, 후자는 또 일방의 과실로 인한 경우와 쌍방의 과실로 인한 경우로 나누어 규정하고 있다. 상법도 선박충돌의 효과를 위와 같이 충돌의 원인에 따라 규정하고 있다.

그런데 이 가운데 불가항력 또는 원인불명으로 인한 경우는 특별히 일반 불법행위원칙과 달리 규율할 것이 없으므로 주로 과실로 인해 충돌이 일어난 경우, 특히 쌍방과실로 인해 충돌이 일어난 경우가 가장 문제가 되며, 이 경우 손해배상관계는 충돌한 선박의 선박소유자 상호간의 손해배상관계와 충돌 선박의 제 3 자에 대한 손해배상관계로 나눠 살펴볼 필요가 있다.

Ⅱ. 不可抗力 또는 原因不明에 의한 船舶衝突

1. 意 義

불가항력에 의한 충돌은 선박의 선원의 과실에 기인한 것이 아니기 때문에 상대방에게 손해를 귀속시킬 수 없으므로 각 선박이 그로 인해 받은 손해를 각자 부담한다("物의 損害는 所有者의 負擔으로 한다" 는 불법행위상의 일반원칙에 따른다). 원인불명일 때도 상대방의 고의·과실을 입증할 수 없으므로 위와 같다(조약 제 2 조 제 1 항 참조). 여기서 불가항력이란 폭풍·벼락 등의 천재, 일반적 의미에서의 불가항력뿐만 아니라 해기상 보통의 주의와 기술로는 예견하거나 예방할 수 없는 것을 뜻하므로 선원 등에게 과실이 없는 경우도 불가항력으로 보게 된다. 또한 원인불명이란 사고의 전후경위가 명백히 밝혀지지 않은 경우를 뜻한다기보다는 불가항력의 경우와 마찬가지로 상대방이 선원의 과실을 입증하지 못한 경우를 말한다고 할 것이다.

결국 소송에서 적어도 당사자 일방의 과실이 밝혀지지 않는 한 그 선박충돌은 원인이 명백하지 않거나 불가항력으로 발생한 것이 된다.

2. 效　果

선박의 충돌이 불가항력으로 인하여 발생하거나 충돌의 원인이 명백하지 않은 때에는 피해자는 충돌로 인한 손해배상을 청구하지 못한다($\frac{제877}{조}$).

민법상 불법행위책임을 물으려면 상대방의 고의 또는 과실 및 위법행위와 그로 인한 손해발생을 입증하여야 하므로($\frac{민법}{제750조}$), 이 규정이 특별한 의미를 갖는 것은 아니지만, 불가항력 또는 원인불명으로 인한 선박충돌의 경우 두 선박소유자가 책임을 균분하여야 한다는 책임균분주의의 주장에 대해 조약이 규정하고 있는 바대로 상법이 과실책임주의를 분명히 천명한 것이라는 점에 의의가 있다.

그러나 앞서 밝혔듯이 이러한 규정이 선박소유자가 운송인으로서 수하인이나 선하증권소지인 등에 대해 부담해야 할 운송계약상의 책임까지 면하게 하는 것은 아니다.

Ⅲ. 一方過失로 인한 船舶衝突(一方過失衝突)

1. 意　義

선박충돌이 일방선박의 선원의 과실로 발생한 때가 여기에 해당한다($\frac{제878}{조}$). 이 때의 선원에는 선박소유자 및 그 피용자가 모두 포함된다. 우리 상법 제880조에서는 도선사의 과실로 인하여 충돌이 발생한 경우에도 선박소유자가 손해를 배상한다고만 되어 있어 이 때의 도선사에는 강제도선사까지도 포함되는지가 의문이나, 조약에서는 강제도선사도 포함된다고 명시하고 있고 피해자의 구제라는 측면에서 상법 제880조의 도선사에는 강제도선사도 포함된다고 본다. 그러나 미국에서는 임의도선사의 과실에 대해서는 선박소유자의 과실로 보지만, 강제도선사의 과실에 대해서는 선박소유자가 책임을 지지 않는다($\frac{송상현·김}{현, 617쪽}$).

그리고 과실은 불법행위론상의 과실과 마찬가지로 고의·과실 모두를 포함한다. 손해배상을 청구하려는 자는 상대선박의 과실만을 입증하면 되고 자기 선박의 무과실까지 입증할 필요는 없다. 물론 책임의 균분을 주장하여 과실상계하려면 상대방이 다른 일방선박의 과실을 입증해야 한다.

〈대판 1984. 1. 17, 83 도 2746〉

「어로작업중 항행유지선과 이를 피항할 의무가 있는 피항선이 서로 충돌한 경우에 피항선의 조선자가 항행유지선의 존재와 위치를 정확히 알고 있으면서 이를 피항하려다가 조선상의 과실로 충돌한 것이라면, 항행유지선의 조선자가 위험신호를 미리 발하여 그 위치를 알리지 아니한 잘못이 있더라도 이것이 사고발생의 원인이 되었다고 보기는 어렵고, 다만 항행유지선으로서도 피항선이 피항하지 아니함으로써 충돌의 위험이 닥친 경우에 스스로 방향변경·감속 또는 정선함으로써 사고를 미리 막을 수 있다면 그와 같은 조치를 취할 주의의무는 있으나, 그러한 조치를 취할 도리도 없는 상황에 있었다면 항행유지선의 조선자가 견시의무를 소홀히 한 과실은 위 사고발생과 상당인과관계가 없다.」(동지 : 대판 1973. 1. 6, 72 다 1468; 대판 1973. 9. 29, 73 도 2037)

상법상 선박충돌의 경우 과실에 대해 법률상 추정을 인정하는 규정은 없으나 국제해상충돌예방규칙이나 해상안전관리 및 교통에 관한 법률·항행규칙 또는 개항질서법을 위반하여 선박충돌이 일어난 경우, 그 선박의 과실은 사실상 추정된다고 본다(채이식, 821쪽)(대판 1970. 9. 22, 70 다 1448).

선박충돌로 인한 손해는 선체나 적하의 손해는 물론이고, 선박을 수리하는 데 소요된 시간 동안 선박이 가동되지 못함으로써 생긴 손실과 선원의 보수·급양비도 포함된다.

선박이 다른 선박소유자에게 속하여야 하는가에 대해서는 선박소유자 이외의 자가 배상청구를 하거나 서로 다른 보험자에게 보험을 든 때에는 선박소유자가 동일하더라도 관계가 없다. 현실적으로는 일방과실로 인한 선박충돌은 잘 나타나지 않는다. 그러나 정박선과 항해선이 충돌하는 경우에는 항해선의 일방과실이 되는 경우도 있다.

2. 效 果

(1) 船舶所有者間의 損害賠償關係 선박충돌이 한쪽 선원의 과실로 인하여 발생한 때에는 그 일방의 선박소유자는 피해자에 대하여 충돌로 인한 손해를 배상할 책임이 있다(제878조; 약 제3조). 선박충돌이 한쪽 선박의 도선사의 과실로 인해 발생한 경우도 마찬가지이다(제880조; 약 제5조). 이 때에 선박소유자는 선원의 선임 및 감독에 상당한 주의를 하였다 하더라도 책임을 면하지 못한다. 즉 민법 제756조 제1항이 적용되지 않는다.

과실 있는 선박소유자는 상대 선박소유자는 물론이고 자기 및 상대 선박의 적하소유자 및 인명피해자 모두에 대해 모든 손해를 배상할 책임을 진다(後述). 다만, 자기의 선박의 적하소유자에 대하여는 선원의 항해과실로 인한 것인 때에는 면책이 가능하다(제795조 제2항). 선박소유자는 물론 선박임차인·용선자 등에 대해서도 손해배상책임이 있다. 선박충돌사고에서 자선선박의 손해에 대해서는 선주 자신이 가입한 선박보험에서 보상될 것이고, 상대선박에 대해서는 자기책임부분의 3/4까지 선박보험에서 衝突約款(Running Down Clause : RDC)에 의거하여, 나머지 1/4은 船主責任相互保險組合(P&I 클럽)에서 보상된다($\substack{204쪽 \\ 참조}$).

  (2) 제 3 자에 대한 損害賠償關係   한쪽 선박의 선원의 과실로 인한 선박충돌의 경우에 과실이 없는 선박의 적하 내지 여객에 손해가 생긴 때는 과실 있는 선박의 선박소유자는 불법행위에 의한 손해배상책임을 진다. 그리고 과실 있는 선박의 적하·여객이 손해를 받은 때에는 과실 있는 선박의 선박소유자가 운송계약상의 채무불이행에 따른 손해배상책임을 진다.

  따라서 적하소유자나 인명피해자는 어느 선박에 있었건 과실 있는 선박소유자에 대해 충돌로 인한 손해배상을 청구할 수 있으며, 과실 없는 자기의 운송인인 선박소유자에 대해서는 그것이 운송인에 대한 면책사유가 되지 않는 한 운송계약불이행을 이유로 한 손해배상을 청구할 수 있다.

Ⅳ. 雙方過失로 인한 衝突

1. 意   義

  쌍방과실로 인한 충돌이란 충돌이 쌍방의 선원이 과실로 인해 발생한 경우를 말한다. 이 때의 과실의 의미는 불법행위론상의 과실과 마찬가지로 고의·과실 모두를 포함하며, 일방과실로 인한 충돌에서와 같이 도선사의 과실로 인한 선박충돌의 경우도 선원의 과실로 인한 선박충돌로 인정된다($\substack{제880 \\ 조}$).

  다만, 쌍방과실로 인한 선박충돌은 양 당사자에게 모두 충돌에 대한 과실이 있는 경우이므로, 당사자 일방이 상대방의 과실을 입증하면 족하고 자신의 무과실을 입증할 필요가 없으며 자신의 과실은 상대방이 입증해야 한다. 일반적으로 선박충돌은 쌍방과실로 인한 경우가 대부분이고, 쌍방과실로 인하여 선박이 충돌하게 되면 보통 두 선박이 모두 피해를 입게 되므로 그로 인한 법률관계도 매우 복잡하게 된다.

  따라서 이하에서는 일방과실로 인한 충돌에서와 같이 선박소유자간의 손해배상관계와 선박소유자의 제 3 자에 대한 손해배상관계로 나눠 설명하기로 한다.

2. 效   果

(1) 船舶所有者間의 損害賠償關係

A. 原   則   양쪽 선박의 선원에게 과실이 있는 경우, 각 선박의 과실의 경중을 판정할 수 있을 때는 각 선박소유자는 과실의 경중에 따라서 손해를 부담한다(제879조 제1항 전단). 과실의 경중을 판정할 수 없는 경우에는 각 선박소유자가 손해를 공평하게 균분하여 부담한다(제879조 제1항 후단; 조약 제4조 제1항 참조).

〈대판 1975. 6. 24, 75 다 356〉
「상법 제846조의 규정에 따라 쌍방과실로 인한 선박충돌로 제3자의 재산에 대한 손해가 가해졌을 경우에는 공동불법행위의 법리에 따른 손해배상의 연대책임이 인정될 여지가 없는 것이다.」

B. 損害分擔請求權   쌍방과실로 인한 충돌에는 보통 두 선박 모두에 손해가 발생하게 되어 각 손해를 그 과실의 경중에 따라 두 선박소유자가 손해를 분담하므로, 우선 각 손해를 그 대소에 따라 정산을 한 뒤 당사자 일방이 상대방에게 손해배상을 청구하게 된다. 실무적으로는 해양안전심판의 재결에 나타난 원인제공정도가 과실비율산정의 기초가 된다(김인현, 347쪽.).

〈대판 1985. 12. 24, 84 추 3〉
「두 선박이 박근상태에 이르러 충돌하기까지의 과정에서 쌍방과실이 비슷하더라도 피항선이 접근상태에서 우변침(필자 주 : 국제충돌예방규칙에 의하면 피항선은 우변침하도록 의무지워져 있다)하지 않고 좌변침한 것이 충돌의 결정적 계기가 되었다면 피항선의 과실이 유지선의 과실보다 크다.」

〈대판 1991. 12. 10, 91 추 10〉
「어선이 유조선의 접근을 보고서도 당연히 피항하리라고 가볍게 믿고 계속 접근한 과실도 선박충돌사고원인의 하나이지만, 기본적으로는 안개가 낀 협수로를 항해하면서도 무중항해방법과 협수로통행방법을 준수하지 아니한 유조선의 항해사의 과실과 위 선박의 안전에 관하여 최종적 책임이 있으면서도 그를 철저히 감독하지 못한 선장의 과실이 더 큰 원인이 되었다.」

과실의 경중은 해양사고의 원인을 규명하는 전문기관인 해양안전심판원의 재결을 참고로 하여 민사법원이 최종적으로 내리게 된다.

그런데 이 때 손해배상의 관계를 어떻게 구성하고, 그 책임이 어떻게 발생하는가에 관해서는 단일책임설과 교차책임설이 대립하고 있다. 각 선박소유자의 손해부담액을 공제하여 계산(精算)한 후에 그 잔액에 대해 일방 선박소유자만이 상대방 선박소유자에게 손해배상을 청구할 수 있다고 보는 설(단일책임설)(single liability)과 실제로는 상계 후 잔액에 대해서 청구를 하는 것이 보통이지만, 각 선박소유자는 서로 상대방에 대해 손해배상을 청구할 수 있는 것이 원칙이라는 설(교차책임설)(cross liability)이 그것이다. 단일책임설은 영미에서 발달한 학설이며, 교차책임설은 우리 나라의 통설이다(채이식, 825쪽; 서돈각, 604쪽; 최기원, 235쪽; 손주찬, 878쪽; 정희철·정찬형, 898쪽).

　단일책임설은 충돌이라는 불법행위는 하나이며 이로부터 생기는 손해 역시 하나로 보아야 한다는 데 입각하고 있으며, 교차책임설은 충돌이라는 사실은 하나이지만 법률상으로는 과실이 있는 쌍방에게 각각 불법행위가 성립한다고 본다.

　선박의 충돌 그 자체는 하나의 사실이라 할지라도 법률상으로는 각 선박소유자가 서로 상대방의 법익을 각자의 과실로써 침해한 것이므로, 각각 불법행위가 성립한다고 보는 것이 불법행위의 일반적 이해로 볼 때 분명하다. 결국 각자에게 손해배상청구권의 성립을 인정하는 교차책임설이 타당하다.

　그러나 대개의 경우 실제로 어느 설을 취해도 결과적으로는 당사자에 미치는 법률효과에 차이가 없다. 다만, 책임만을 담보하거나 대위할 보험자가 따로 있는 경우, 책임액에 대해 책임제한이 적용되는 경우, 파산선고 후에 선박이 충돌하여 상계가 제한되는 경우 등에는 법적으로 다른 결과에 이르게 된다. 개정상법은 선주유한책임을 적용함에 있어서는 단일책임주의를 채택하여 상대방에 대해 동일한 사고로 인하여 채권을 가지는 경우, 그 채권액을 공제한 잔액이 책임제한의 대상채권이 되는 것으로 정했다(제771조).

(2) 제 3 자에 대한 損害賠償關係　　선박이 쌍방의 선원의 과실에 의해 충돌하여 쌍방의 선박에 있는 여객이나 적하에 손해가 생긴 경우, 각 선박소유자는 각자 어떤 범위의 손해배상책임을 지는가라는 문제가 발생한다. 이를 여객에 손해가 생긴 경우와 적하에 손해가 생긴 경우로 나눠 살펴보면 다음과 같다.

　A. **旅客死傷의 경우**　　쌍방의 과실로 인하여 선박이 충돌한 경우, 제3자의 사상에 대한 손해배상은 쌍방의 선박소유자가 연대하여 책임을 진다(제879조 제2항; 조약 제4조 제3항). 이 경우에는 쌍방선박소유자에게 제3자에 대한 공동불법항

위($^{민법}_{제760조}$)를 인정하는 것이다. 쌍방의 내부적 분담관계는 과실의 경중에 따르고, 과실의 경중을 판정할 수 없는 때에는 균분하여 부담하게 된다($^{제879조}_{제 1 항}$).

　B. **積荷損害의 경우**　　쌍방의 선박의 과실로 물적 손해가 생긴 경우에 관해서는 제879조 제 1 항의 분할실책임이 적용되느냐 하는 문제가 생긴다.

　　이 점에 대해 제879조 제 1 항은 선박소유자 상호간의 내부관계만을 규정하는 것으로서, 선박소유자와 제 3 자의 관계에 대해서는 적용되지 않는다고 보는 견해(내부관계규정설)가 있다. 그 근거로는 불법행위자에 의한 손해발생에 어떤 원인도 제공하지 않았던 자가 그가 탔던 선박의 과실의 정도에 따라 불이익을 받을 이유는 없으며, 만약 이러한 예외를 인정할 필요가 있다면 명확한 규정을 필요로 한다고 주장한다.

　　그러나 국내의 통설 및 판례는 선박소유자 상호간 그리고 선박소유자와 제 3 자 사이의 관계까지도 모두 규정한 것이라고 해석한다($^{손주찬, 879쪽; 채이식, 825}_{쪽; 정희철·정찬형, 899쪽;}$ 이균성, 海商法講義, 412쪽; 최기원, 236쪽).

　　〈대판 1972. 6. 13, 70 다 123〉

　　「상법 제846조는 통일조약 제 4 조에 따라 명문으로서 제 3 자의 사상으로 생긴 손해에 한하여 연대책임을 인정하고 재산상 손해에 대해서는 각 선주의 과실 정도에 의한 분할책임을 규정하고 있으므로, 상법 제843조에 의하여 선박충돌로 인하여 생긴 손해에 대해 위 상법규정($^{제846}_{조}$)만이 적용되고 민법상의 공동불법행위에 관한 규정은 그 적용이 배제된다고 할 것이니 원심이 이 사건 손해배상에 관하여 피고들에게 그 과실 정도에 따라 분할지급을 명한 것은 정당하다.」

　　따라서 쌍방선박소유자가 상대방에 대해 선박에 발생한 손해배상을 청구하는 것 이외에 자기의 선박의 적하소유자 및 여객·선원 기타 사람에 대한 운송계약상 책임의 발생으로 인한 손해, 운임의 멸실로 인한 손해, 상대 선박의 적하소유자에 대한 책임, 특히 제 3 국에서의 연대책임의 추궁으로 인한 손해 등에 관해서도 과실의 경중에 따라 상대방에 책임의 분담을 청구할 수 있다.

　　덧붙여 한쪽의 선박소유자(운송선주)와 그 하주 사이에 항해과실면책과 같은 면책약관이 있을 때, 다른 선박소유자(非運送船主)가 이 면책약관을 원용할 수 있는가의 문제가 생긴다. 현재로는 원용긍정설이 다수설이다($^{손주찬, 880쪽;}_{서돈각, 605쪽;}$ 최기원, 236쪽 등). 원용부정설은 선박충돌로 A선박에 적재되었던 적하소유자(a)가 피해를 입은 경우 상대선박소유자(B)는 선박소유자(A)의 운송계약상의 책임경감사유, 즉 면책약관을 가지고 적하소유자(a)에게 대항할 수 없다고 한다($^{채이식,}_{367쪽}$ ^{IV,}).
그리하여 원용부정설을 취하게 되면 적하소유자(a)는 선적한 선박소유자(A)에
대해서는 전혀 책임을 묻지 못하거나 일정한 범위 안에서만 책임을 물을 수
있으나, 상대선박소유자(B)에 대해서는 전액 책임(제 3 자에 대하여 연대책임을
부담하는 일본, 미국 등에서)을 물을 수 있게 되고, 상대선박소유자(B)는 적하소
유자(a)에게 손해의 전액을 배상한 뒤 이를 자신이 입은 손해의 일부로써 과
실의 비율에 따라 선적하였던 선박의 소유자(A)에게 부담부분에 대한 구상을
하게 된다. 따라서 이 때에는 선적한 선박소유자(A)가 운송계약상의 면책조항
을 둔 의미가 없게 되어 애당초 계약상 책임이 없던 부분에 대해 간접적으로
선적하였던 선박소유자가 책임을 지게 된다. 실무에서는 이러한 모순을 해결
하기 위해 대부분의 용선계약서나 선하증권에 雙方過失衝突約款을 두어 적하
소유자(a)가 상대선박소유자(B)에게 청구함으로써 선적하였던 선박소유자(A)
가 책임을 부담하게 된 증가부분만큼 다시 적하소유자(a)에게 구상할 수 있
도록 하고 있다($^{채이식,}_{826쪽}$). 이론적으로 원용긍정설이 법률관계를 간편하게 한다
는 점에서 타당하다고 본다. 그러나 물적손해에 대하여 연대책임이 아닌 분할
책임제도를 취하고 있는 우리 상법 하에서는 이런 문제가 생기지 않는다
($^{정찬형, 제15판, 967쪽; 김정}_{호, 644쪽; 김인현, 345쪽}$). 위의 논의는 일본이나 미국법 하에서는 지금도 타당하다.

제 5 관 時   效

  구 상법에서는 선박충돌과 관련된 법률관계의 신속한 종결을 위해 선박충
돌로 인해 생긴 상법상의 손해배상청구권은 그 충돌이 있는 날로부터 2년간
행사하지 않으면 소멸시효가 완성한다고 하여 민법상의 불법행위시효($^{민법}_{제766조}$)
보다 짧은 단기소멸시효를 마련하였으나($^{구상법}_{제848조}$), 현행상법은 법률관계를 더욱
간명히 하고 또한 국제상관행을 반영하여 충돌이 있는 날로부터 2년 내에
재판상 청구가 없으면 권리가 소멸하고 당사자는 합의에 의해 이 기간을 연
장할 수 있도록 하였다($^{제881조, 제}_{814조 단서}$). 실무상 선박충돌로 인한 책임문제의 해결은
장시간을 요하는 경우가 많으므로 합의에 의한 제척기간연장이 많이 이루어
지고 있다($^{송상현·김}_{현, 634쪽}$).

제 6 관　優先特權

선박의 충돌로 인한 항해시설·항로에 대한 손해, 선원이나 여객의 생명·
신체에 대한 손해, 적하 및 수하물에 대한 손해 등의 배상채권에 관하여 채
권자는 그 충돌선박에 대한 선박우선특권을 갖는다($^{제777조}_{1항 제4호}$ 제).

제 7 관　救助措置와 通報

선박이 충돌한 경우 각 선박의 선장은 서로 인명과 선박을 구조하는 데
필요한 조치를 다하여야 하며, 선박의 명칭·소유자·선적항·출항항·도착항
을 상대방에게 통보하여야 한다. 다만, 자기가 지휘하는 선박에 急迫한 危險
이 있는 경우, 이러한 조치나 통보를 하지 않을 수 있다($^{선원법}_{제14조}$).

제 4 절　海難救助

金權洙, LOF 90과 救助者補償, 慶南大 勞動福祉硏究 1(1993. 12)/金炫, 海難救助에
관한 硏究, 法曹 436(1993. 1)/박성일, 해양사고구조법에 관한 연구, 해양대 박사학위
논문, 1997/朴容燮, 1910년 國際海難救助協約 개정안의 사법적 문제에 관한 연구, 商
事法論集(徐燉珏教授停年紀念論文集), 1986/林東喆, 해상인명구조와 구조료에 관하여,
한국해법학회지 17. 1(1995. 10)/정완용, 개정 상법상의 해난구조규정에 관한 고찰, 한
국해법학회지 제32권 제 2 호(2010. 11).

제 1 관　序　　說

I. 海難救助의 基本概念

海難救助(salvage; Bergung und Hilfsleistung; assistance et sauvetage)는 선
박·적하 기타의 물건 또는 인명이 해난에 조우한 경우에 구조자측에서 의무
없이 이를 구조하는 행위를 말한다. 구 해난심판법을 해난의 조사및심판에관
한법률로 명칭을 변경하면서 부칙(1999. 2. 5) 제 6 조 제 7 항에 의하여 상법의
선박구조는 해난구조로 바뀌었다. 2007년 개정상법은 '해양사고구조'라는 용어

는 '해난구조'로 다시 변경하였다.

　공동해손제도가 해상위험에 대한 적극적 대응책으로서 선박 및 적하가 해난에 조우한 경우에 그 위험을 극복하기 위해 선박 또는 적하에 대해 처분을 행하고 그 처분에 의해 생긴 손해를 분담하는 제도임에 비해서, 해난구조 제도는 마찬가지로 해상위험에 대한 적극적 대응책으로서 제3자가 해상위험의 극복을 위해 기여한 데 대한 보수에 관한 제도이다. 해난구조제도에는 한편으로는 인명구조라는 도덕상의 지상명령과 隣人愛에 기초한 재산구조사상이 합쳐 있고, 다른 한편으로는 구조자에게 보수를 주어 구조를 장려함으로써 해상교통의 안전을 기하려는 정책적 의도가 병존하고 있다.

　그런데 해난구조제도는 연혁적으로 해상보험과 밀접한 관계가 있는 특수한 제도이다. 동시에 이론적으로도 앞서 밝힌 대로 이 제도는 항해위험을 극복하기 위해 구조에 성공한 자에 대한 보수로서 구조료청구권을 부여하여 구조행위를 장려하는 목적을 갖고 있으므로, 민법상의 개념으로는 충분하게 설명할 수 없는 점이 있다. 그러므로 해난구조는 공동해손행위와 마찬가지로 해상법에 독특한 행위라고 할 수밖에 없다.

Ⅱ. 沿革 및 國際條約

　유럽에서는 고대 및 중세를 통해 외국인을 적으로 보는 사상 때문에 연안의 주민이 해난에 편승해 약탈하는 것이 보통이었다. 고대 로마법에 遭難物掠奪禁止規定이 있었으나 구조자에 대한 보수는 인정되지 않았다. 중세에는 로마법의 원칙은 쇠퇴하여 지방적 관습으로 遭難物占取權 내지 沿岸占取權이 나타나 봉건제후는 그 약탈품으로부터 조세를 징수하여 자신의 중요한 수입원으로 삼았다. 그러므로 종교적으로, 또는 국제적으로 또는 법령으로 약탈을 금지하여도 성과가 별로 없었던 것이다. 그러나 근세에 이르러 한편으로는 봉건제후에 대해 遭難物占取權의 엄금을 규정한 루이 14세의 해사칙령에서 볼 수 있듯이 종교적 심성의 향상이나 왕권의 확장에 따르는 권리사상의 발달 나아가 통상항해 및 국제화합의 진전에 따라 이러한 폐습이 제거되었고, 그와 함께 다른 한편에서는 해난구조를 장려하기 위한 제도가 인정되기에 이르렀다. 이렇듯 약탈금지의 소극적 입장에서 해난구조장려의 적극적 입장으로 변화함으로써 지금의 해난구조제도가 확립되었던 것은 19세기 말 이후의 일이다.

　해난구조는 국적을 달리하는 선박 사이에서 자주 일어난다. 게다가 피구

조선에는 다수의 사람과 재산이 있어서 그 이해관계인의 국적이 다른 경우가
대단히 많다. 따라서 해난구조는 무수한 국제사법적 법률관계를 발생시킨다.
그러나 해난구조에 관한 사법은 각국에 따라 규정이 가지각색이었다. 따라서
그 규정을 통일시키는 일은 공동해손 또는 선박충돌에 대해서와 마찬가지로
필요하였다. 그런 이유로 1910년에 해난에 관한 통일조약이 성립하였던 것이다.
이것이 1910년 "海難에 있어 救援 및 救助에 관한 약간의 規定의 統一에 관
한 條約"(Convention pour l'unification decertaines règles en matière d'assistance et
de sauvetage maritime)이다. 이 통일조약은 선박충돌과 마찬가지로 섭외관계
에만 적용되며(조약제15조), 더욱이 각국의 상법규정이 반드시 조약과 일치하는 것
은 아니므로 국내관계와 섭외관계가 법규를 달리하게 되어 불합리하고 불편
하다.

  그리고 1989년 4월 28일 국제해사기구(IMO)의 전권회의에서 1989년 국제
해난구조협약(International Convention on Salvage, 1989)을 채택하였다. 동협약
은 특히 해양오염방지를 촉진·장려하기 위하여 채택되었는바, 해난선박의 소
유자와 선장 및 구조자에게 해양오염을 방지하거나 최소화시킬 의무를 지우
고, 해양오염을 방지하거나 최소화하는 데 기울인 구조자의 기량과 노력을 구
조보수의 증액요소로 하였다. 동 협약은 1996년 7월 14일 발효되었고, 그 입법
취지는 이미 1980년 로이드 오픈서식(Lloyd's Open Form : LOF)의 개정서식인
LOF 1990 및 LOF 1995에 의하여 국제적으로 인정되고 있다(박용섭, 858쪽 아래).
  실제로 오늘날 해난구조의 대부분은 전문적인 구조회사와 해양경찰에
의하여 행해진다. 구조회사는 대개의 경우 피구조자와 사이에 상기의 LOF
(가장 최근의 것으로는 LOF 2000이 있다)를 사용하여 구조계약을 체결한 다음 구조 후에 구조계약
상의 구조료청구권을 행사한다.

Ⅲ. 意 義

  해난구조란 해난에 조우한 선박 또는 적하 기타의 물건을 의무 없이 구
조하는 것을 말한다. 조난당한 선박을 인근의 다른 선박이 구조하는 경우가
그 예이다. 따라서 해난구조에 대한 계약이 체결되어 그 이행으로 한 경우는
해상법상의 해난구조가 아니며, 그 성질은 도급계약이다. 위에서 말한 LOF를
사용하는 구조계약은 상법상의 해난구조가 아닌 것이 된다. 그러나 상법 제
850조의 구조료의 결정에 대한 규정 등은 계약구조에서도 준용이 가능하다는

견해도 있다($^{채인식}_{\text{VI, 380쪽}}$). 2007년 개정상법은 계약구조인 경우에도 그 성질에 반하지 아니하는 한 구조계약에서 정하지 아니한 사항은 해난구조의 절의 규정을 준용할 수 있게 하고자 한다($^{제887조}_{제1항}$).

제 2 관 海難救助의 成立要件

해난구조가 성립하려면 선박이나 적하가 해난에 조우한 경우에 의무 없이 이를 구조한 자가 있고, 선박 또는 적하가 해난을 면해야 한다.

I. 海難의 存在

해난이란 항해에 관련되는 위험으로 선원이 자력으로는 극복할 수 없을 정도의 위험일 것을 요한다. 반드시 항해에 고유한 위험일 필요는 없으므로 선박의 화재도 해난이 될 수 있다. 또한 고립무원의 상태에 있어야 하는 것도 아니다. 해난이 발생한 장소는 문제가 되지 않으며 하천·항만이어도 좋다. 그러나 오로지 육상의 시설이나 조력에 의해서만 벗어날 수 있는 경우에는 해난구조로 인정되지 않는다. 따라서 도크(dock) 내의 선박에 대해서는 해난구조가 있을 수 없다.

다음으로 선박 또는 적하에 멸실 또는 훼손의 위험이 있어야 한다. 이는 구조시에 그러한 위험이 있다고 합리적으로 인정할 수 있는 경우이어야 하며 이것으로 족하다. 따라서 위험이 반드시 급박할 필요는 없으나, 실제로 예견할 수 있어야 한다. 위험은 직접적·절대적·객관적으로 존재할 필요는 없으나, 선장의 자의적 판단에 맡겨서도 안 된다.

〈朝高判 1927.8.19, 民集 14·261〉

「해난이라 함은 해상의 위험으로서 선박 또는 적하가 멸실의 위험에 존재한 것을 말하고, 멸실의 위험이라 함은 반드시 직접 또는 절대적인 것임을 요하지 않고 구조 당시에 있어서 만약 구조가 없었더라면 멸실하였을 것이라는 우려가 있음으로써 족하다. 즉 선박이 침몰하려고 하든가 혹은 파손하려고 하는 경우뿐만 아니라, 현실적으로 그 정도에 도달치 아니하여도 침몰·파손·표류·좌초의 우려가 있는 경우도 또한 멸실의 위험에 있는 것이다. 위험의 원인은 표류·좌초·화재 등과 같이 적극적 원인뿐만 아니라 석탄 또는 식용수의 결여 또는 선원의 부족 등 소극적 원인에 연유하는 일이 있을 것이며, 소극적 원인의 경우라 하여도 그 공급을 받는 선박의 상황 기타 주위의 사정을 참작하여 멸실의 위험이 있느냐 없느냐를 결정하여야 하는 것이고, 반드시 적극적 원인에 한할 것이 아니다.」

Ⅱ. 航海船·積荷 기타의 物件이 海難에 遭遇할 것(제882조)

다음으로 항해선 또는 적하 기타의 물건에 위험이 있어야 한다(제882조). 이 점은 공동해손에 선박과 적하의 공동위험을 요건으로 하는 것과는 다르다. 이는 해난구조는 피구조자가 보수를 지급하는 제도임에 반해, 공동해손은 해난에 의해서 발생한 손해를 평등하게 분담시키는 제도이기 때문이다.

내수항행선은 항해선과 구별되지만 양자가 구조관계에 있을 때는 해난구조의 목적물이 되고(제882조 제2문), 상행위를 목적으로 하지 아니하는 항행선(內水私船)도 상법 제5편 규정이 준용되므로(선박법 제29조) 해난구조의 목적물이 된다. 그러나 국유선과 공유선에는 상법 제5편이 준용되지 않으므로(선박법 제29조 단서), 이들은 해난구조의 목적물이 아니다. 군함도 제외된다고 풀이하여야 할 것이다(양승규, 判例敎材 保險法·海商法, 法文社, 1984, 657쪽; 안동섭, 海難救助의 法律關係, 月刊考試 1990년 9월호, 113쪽. 한편 軍艦이나 公用船도 救助의 目的物이 된다고 하는 견해가 있다 : 배병태, 評釋 海商法, 367쪽).

다음으로 해난구조의 목적물인 적하 기타의 물건은 운송품과 선박의 모든 동산, 예를 들어 선박의 속구, 여객의 수하물, 승무원의 의류 등을 말하는 것이라고 보아야 한다. 선박에서 떠내려 가버린 동산도 선원이 회복시키려는 경우에는 구조의 목적물이 된다. 운임은 해난구조의 목적물이 아니라 구조료 결정에 참작되는 구조의 결과의 일부이다(안동섭, 앞의 논문, 113쪽; 손주찬, 884쪽).

Ⅲ. 救助者에게 救助義務가 없을 것(제882조)

사법상의 의무 없이 구조가 행해져야 한다. 따라서 조난선의 선원이 조난선 또는 그 선박의 적하를 구조하는 경우는 물론 도선사가 그가 도선하는 선박을 구조하는 경우에는 원칙으로 해난구조가 아니다. 생각건대 이들은 당해 선박 및 선박 내의 인명과 재산을 안전하게 지킬 사법상의 의무가 있기 때문일 것이다. 그러나 사법상의 의무가 없는 한 공법상의 구조의무를 부담하는 자, 가령 다른 선박의 선장이 한 구조는 해난구조가 된다. 단, 공용선에는 해상법이 적용되지 않으므로 공용선이 한 구조는 해난구조가 아니다.

〈朝高判 1927. 8. 19〉

「상법(구) 제652의 2조에서 소위 의무 없이라 함은 조난선에 승무한 선원과 같은 자는 고용계약의 당연한 결과로서, 이러한 자를 제외하는 취지의 규정으로서 해난이 생긴 때 구조계약을 체결하여 구조하는 자를 제외하는 취지가 아니다.」

동일소유자에 속한 선박 상호간에 있어서도 구조에 종사한 자는 상당한 보수를 청구할 수 있다(제891조; 조). 즉 자매선(sister ships) 사이에서도 해난 구조가 성립한다. 각 선박은 하나의 단체로서 하나의 인격자처럼 그 사이에 구조관계가 성립할 수 있으며, 게다가 구조의 효과는 선주 사이에 그치지 않고 선원 및 하주도 관련되어 직접 구조료청구의 권리·의무의 주체가 되기 때문이다.

Ⅳ. 航海船 또는 積荷 기타의 物件이 救助되었을 것

구조료청구권을 발생시키기 위해서는 구조가 성공하여야 한다. 이는 제도의 목적 및 규정에서 볼 수 있듯이 명백하다. 그러나 구조를 장려하기 위해 구조행위와 구조의 성공 사이의 인과관계는 구조자에게 유리하게 해석하여야 한다. 따라서 반드시 절대적인 의미의 안전이 아니라, 선박 또는 적하의 상대적 안전을 가져오면 족하다. 그러나 구조의 가장에 의한 폐해를 피하기 위해 구조가 성공하지 않은 경우에는 구조자가 아무리 많은 희생을 지급하여도 구조료청구권이 생기지 않는다. 이것이 바로 "결과 없으면 보수 없다"(no cure, no pay)는 원칙이다. 또한 구조는 그 결과를 내면 족하고, 그 구조행위가 구조의 성공에 직접 원인일 필요는 없다.

〈朝高判 1927. 8. 19〉

「구조의 성공 또는 완성이라 함은 절대적인 의미는 아니고, 선박 또는 客荷 등의 구조의 목적물을 구조행위에 의하여 당면한 구체적 위험으로부터 탈출시켜 상대적으로 안전한 상태에 두는 것으로 족하다고 할 것이므로, 그 시점 이후 피구조물이 별개의 해난에 의하여 손해를 입었다 하더라도 해난구조는 성립한다고 한다.」

그러나 토조마루사고(1968년 페르시안만에서 25,000톤의 유류를 적재한 토조마루호가 피나 이탈리아호와 충돌한 사고이다) 이후에 구조활동중에 조난선에서 유출되는 기름에 의한 해양오염을 방지 또는 최소화하는 노력을 고려하여 구조의 성공 여부에 관계 없이 해양오염방지비용에 대하여 특별보상제도를 인정하고 있다(1989년 국제해난구조협약 제13조 (b), 1990년 LOF 제1조 (a)). 이로 인하여 불성공무보수원칙이 수정되었으며, 개정상법도 이를 고려하여 환경손해방지를 위한 노력을 참작하여 구조료를 결정하도록 하여 불성공무보수원칙을 수정하였다(제883조).

제 3 관 海難救助의 效力

Ⅰ. 救助料請求權

1. 救助料請求權을 인정하는 이유

해난에 조우한 사람 또는 재산을 구조하는 것은 도덕률이 명하는 바이지만, 이러한 도덕상의 의무를 이행하였다고 해서 바로 구조료(salvage; Hilfs-lohn, Berglohn; rémunération d'assistance)를 청구할 수 있게 할 것인가는 입법정책의 문제이다. 그런데 우선 도덕상의 견지에서 보는 입장은 이러한 청구권을 인정하는 것이 그 이상에 반하여 도덕상의 의무를 다한 자의 진의를 해치기 때문에, 이러한 청구권의 발생을 부정할 수밖에 없게 된다. 이에 대해 법률적으로 보면 구조료의 청구는 해난구조라는 제도를 둔 목적에 적합한 것이 된다. 상법상의 해난구조제도는 해난구조를 장려하여 해상교통의 안전을 도모하고, 그럼으로써 공익을 도모하며, 그와 함께 상업의 편익을 증진시킬 것을 목적으로 하는 것이기 때문이다. 즉 육상에서는 각종의 구조시설이 있는 데 반해, 해상에서는 선박이 고립무원의 상태에 있기 때문에 별다른 구조시설이 없고, 해난에 조우한 선박을 구조할 가능성이 있는 것은 다른 선박뿐이라고 해도 과언이 아니다. 그러므로 구조자는 정도의 차이는 있으나 생명 및 재산의 위험을 안게 된다. 따라서 모든 위난을 감수하고 해난에 조우한 선박 또는 적하를 구조한 자에게 상당한 보수를 주는 것은 형평의 관념에도 합치한다. 여기에 구조료청구권을 인정한 입법이유가 존재하는 것이다.

2. 救助料의 意義

구조료는 해난구조의 효과로서 해난구조자에 대해 법률상 당연히 급부될 보수이다($\frac{제882}{조}$). 피구조자의 불법행위에 기초한 손해배상이 아니라 구조를 장려한다는 의미에서 인정되는 것이다. 물론 구조자가 지출한 비용을 포함한다.

3. 救助料請求權者

해난구조자는 해난구조의 결과에 대하여 상당한 보수, 즉 해난구조료를 청구할 수 있다($\frac{제882}{조}$). 구조료를 청구하는 자는 해난구조의 요건의 존재를 입증하여야 하며, 또한 피구조자가 구조료채무를 면하려면 청구권의 불발생 또는 소멸사유를 입증하여야 한다.

〈朝高判 1927. 8. 19〉

「선장·선원도 각자 독립하여 피구조자에 대하여 직접적으로 구조료청구권을 갖는다.」(舞島山丸사건)

〈朝高判 1927. 8. 19〉

「여객이 구조작업에 협력한 경우 피구조자에 대하여 독립한 구조료청구권을 취득할 수 없으며, 단지 구조선의 소유자로부터 상당한 보수를 분배받을 수 있다.」

4. 救助料請求權이 없는 경우

해난구조를 장려하면서도 공정하게 구조에 종사할 것을 요구하기 위하여 다음과 같이 해난구조료청구권을 박탈하는 경우도 있다($^{제892}_{조}$).

(1) 救助받은 船舶에 從事하는 者($^{제892조}_{제1호}$) 구조받은 선박에 종사하는 자($^{선장·해원·기}_{타 상업사용인}$)은 자기가 승무한 선박을 안전하게 운항할 사법상의 의무를 부담하고 있기 때문에 그 선박을 구조한 경우에도 救助料請求權을 인정하지 아니한다.

(2) 故意 또는 過失로 인하여 海難을 惹起한 者($^{제892조}_{제2호}$) 고의 또는 과실로 인하여 해난을 야기한 자에게 구조료를 지급하는 것은 불법행위를 조장할 염려가 있으므로, 이들의 구조료청구권은 인정되지 아니한다. 고의 또는 과실로 인하여 해난을 야기한 경우에 한정되므로 해난 후의 구조에서 과실이 있는 때에는 구조료를 청구할 수 있다.

(3) 正當한 拒否에 불구하고 救助를 강행한 者($^{제892조}_{제3호}$) 정당한 거부에 불구하고 구조를 강행한 자는 구조료를 청구하지 못한다. 선장 또는 선박소유자가 자력으로 조난선의 안전을 회복할 수 있음을 명시적으로 표시하고, 그 의사가 공서양속에 위반되지 않는 경우에도 구조를 강행하는 것은 타인의 해난을 기화로 자기의 이익을 도모하는 자로 보아야 할 것이다. 그러나 예컨대 타인의 구조가 충분히 가능함에도 전손의 보험금을 받기 위하여 구조를 거부하는 것은 공서양속에 위반되는 부당한 거부로 볼 수 있다($^{안동섭, 앞의}_{논문, 116쪽}$).

(4) 救助된 物件을 隱匿하거나 正當한 理由 없이 處分한 者($^{제892조}_{제4호}$) 구조된 물건을 은닉하거나 정당한 사유 없이 처분한 자는 구조료를 청구하지 못한다. 이것은 해난구조가 성립하고 구조료청구권이 발생한 후에 구조물의 횡령을 방지하기 위하여 구조료청구권을 소멸시킨 것이다.

한편 위의 사유 이외에도 예선의 본선 또는 그 적하에 대한 구조에 관하여는 예선계약의 이행으로 볼 수 없는 특수한 노력을 제공한 경우가 아니면 구조료를 청구하지 못한다($^{제890}_{조}$).

5. 救助料債務者

구조료의 채무자는 피구조선의 소유자 및 구조된 적하의 소유자이다. 인명을 구조받은 자는 채무자에서 제외된다($^{조약 제9조}_{제1항 참조}$).

상법은 선장에게 구조료의 채무자에 갈음하여 그 지급에 관한 재판상 또는 재판 외의 모든 행위를 할 권한을 주어($^{제894조}_{제1항}$) 구조료에 관한 소에서는 선장 자신이 소송당사자가 될 수 있게 하고, 그 소에 대해 선고된 판결이 구조료의 채무자에 대해서도 효력이 미치게 하고 있다($^{제894조}_{제2항}$). 그런데 선장의 대리권에 대해서 선주 또는 하주에 대한 광범위한 법정대리권을 상법은 규정하고 있다($^{제749}_{조}$). 그럼에도 불구하고 상법 제894조 제2항이 규정하는 바는 일반적 법정대리권을 명확하게 하는 것뿐만 아니라 선적항 내에서도 선장에게 대리권을 부여한다는 취지로 해석된다. 이 규정은 구조료채무자의 편의를 도모하기 위한 것이다. 나아가 이러한 편의는 단순히 구조료채무자뿐만 아니라 그 채권자에게도 필요하기 때문에 이 규정은 채권자를 위해서도 준용되어야 할 것이다.

〈朝高判 1927. 8. 19〉
「선장은 선원에게 속하는 구조료를 선원을 대표하여 청구할 수 있고, 선장이 선원을 대표하여 한 소송에 있어서 판결의 효력은 선원에게 미친다.」

〈日本大審院 1933. 1. 24 判決〉
「선장은 선주 및 해원을 대리하여 구조료의 청구를 할 수 있고, 또한 스스로 원고가 되어 이에 관한 소를 제기할 수 있다.」

6. 擔 保 權

구조료청구권의 담보로서는 선박우선특권($^{제777조 제}_{1항 제3호}$) 및 유치권($^{민법 제330}_{조 제1항}$)이 있다.

구조료청구권은 선박우선특권으로 담보되고 있다($^{제777조 제}_{1항 제3호}$). 그리고 구조료청구권은 구조된 적하에 대한 우선특권에 의하여도 담보되고 있다($^{제893조}_{제1항}$). 그러나 구조된 적하가 제3취득자에게 인도된 후에는 그 적하에 대하여 이 권리를 행사하지 못한다($^{제893조 제}_{1항 단서}$).

한편 구조료채권자는 선박의 구조자이건 적하의 구조자이건 모두 선박 또는 적하에 대해 발생한 채권을 갖는 자이므로, 그 자가 만약 선박 또는 적하의 점유를 취득하게 되었다면 구조료의 변제를 받을 때까지 이를 유치할 수 있다(민법 제320조 제1항). 인명구조자는 직접 선박 또는 적하에 관해 발생한 채권을 갖는 자가 아닐지라도 재산의 피구조자가 인명구조료까지도 부담한다는 입법취지에 비추어 인명구조자도 역시 선박 또는 적하에 대해 발생한 채권을 갖는 자라고 할 수 있다. 그러므로 인명구조자가 선박 또는 적하의 점유를 취득한 경우에는 이 자도 유치권을 행사할 수 있다.

7. 救助料請求權의 消滅

구조에 대한 보수청구권은 구조가 완료된 날로부터 2년 내에 재판상 청구가 없으면 소멸한다(제895조 본문). 이 기간은 제척기간이다. 그러나 이 기간은 당사자의 합의에 의하여 연장할 수 있다(제895조 단서, 제814조 단서).

8. 人命救助와 救助料請求權

우리 나라 상법은 인명구조에 대해 인명의 구조에 종사한 자도 역시 상법 제853조 제1항의 규정에 따라 구조료의 분배를 받을 수 있다(제888조 제2항)고 규정하고 있는데, 이는 선박 또는 적하의 구조를 전제조건으로 재산구조의 보수액에서 분배받을 수 있는 경우를 인정하고 있다고 풀이된다. 이에 반해 해난구조조약의 규정은 명료하게 "생명의 구조를 받은 자는 보수를 지급할 의무가 없다. 단, 내국법의 규정에 영향을 주지 않는다"(조약 제9조 제1항)고 규정하고, 나아가 "구원구조가 행해지는 사변시 인명을 구조한 자는 선박·적하 및 그 부수물을 구조한 자가 받을 보수에 대해 상당한 분배를 받을 권리가 있다"(조약 제9조 제2항)고 규정하고 있다(英國法은 財産救助 없이 人命救助만이 행해지더라도 救助料를 인정하고 있다).

인명구조자의 보수청구권을 부정하는 견해가 근거로 하는 것은 인명구조는 도덕상의 의무이므로 법률은 이에 간섭하여서는 안 된다는 데 있다. 그러나 법률이 보수청구권을 부여하였다고 하여 그 도덕적 존엄성을 모독하는 것은 아니다. 또한 법률이 도덕적으로 정당한 행위에 대해 구조료청구권을 인정하는 것이 법률적인 입장에서 이 행위를 높이 평가하지 않은 것이라고 할 수는 없다. 더욱이 인명구조는 재산구조보다 훨씬 필요한 것이므로, 이를 부정하여 버리면 재산구조를 앞세워 인명구조를 등한히 한다는 폐해마저 생길 우려가 있다.

그런데 문제는 구조료를 누가 부담할 것인가라는 점으로까지 발전한다. 우리 나라 상법을 비롯해 인명구조에 종사한 자의 구조료청구권을 인정하는 입법은 모두 재산의 피구조자에게 이를 부담시켜 인명을 구조받은 자의 구조료지급의무를 인정하지 않고 있다. 입법론으로서는 인명의 피구조자에게도 구조료를 부담시켜야 하며, 그렇지 않은 경우에는 구조비용을 국가보조로 하든가 영국처럼 국가가 상선기금(merchant marine fund)을 창설하여 선박소유자 및 선원과 여객에게 일정한 출연을 부담시키고, 인명구조자에게 일정률의 구조료를 급부하게 하는 것이 가장 타당한 방법일 것이다. 인명만의 구조에도 구조료청구권을 인정하는 것은 도덕적으로도 피구조자가 고마움의 뜻을 표하는 방법이라는 점과 인명구조를 장려한다는 점에서 보아 당연한 것이다.

Ⅱ. 救助料額

1. 救助料額의 決定

구조료에 관한 약정이 없는 경우에 그 액에 대하여 당사자간에 합의가 성립하지 아니한 때에는 법원에 당사자의 청구에 의하여 위험의 정도, 구조의 노력·비용과 구조의 효과, 환경손해방지를 위한 노력 기타의 제반사정을 참작하여 그 액을 정한다($^{제883}_{조}$). 조약도 같은 뜻을 훨씬 자세하게 열거하고 있다($^{조약 \ 제8}_{조 \ 제1항}$).

해난구조료는 대개 구조자와 피구조자 사이의 특약에 의하여 결정한다. 특약의 방식은 특정의 액수를 정하든가 제3자, 가령 중재인의 결정에 맡기는 것이 보통이다. 해난과 같은 급박한 경우에는 피구조자가 공포 때문에 부당하게 높은 액수를, 구조자는 동정 때문에 부당하게 낮은 액수를 약속할 수 있다. 그러므로 그 액수가 '현저하게 부당한 때에는' 당사자 쌍방이 그 증가 또는 감소를 청구할 수 있으며, 또한 이 경우에는 특약이 없는 경우에 관한 규정이 준용된다($^{제887조 \ 제2항; \ 조약}_{제7조 \ 제1항 \ 참조}$). 이것의 입법취지는 부당한 합의를 수정하기 위한 것이다. 그 요건으로는 해난시 특약이 체결되었으나 구조료의 액수가 현저하게 부당하여야 한다. 이 액수에 대해서는 해난 당시의 객관적 사실에 기초하여 판단하여야 하며, 특약시에 양 당사자가 알 수 있었던 사정을 기준으로 해서는 안 된다. 그러므로 법원은 이러한 모든 사정을 참작하여 결정하여야 한다.

상법은 구조료액의 증가 또는 감소를 청구할 수 있음을 규정하고 있을 뿐 청구권을 인정하지 않아도 좋은가에 대해서는 규정하고 있지 않다($^{제851조}_{참조}$). 그러나 법원은 모든 사정을 참작하여 구조료의 액수를 결정할 수 있으므로 구조료를 전혀 인정하지 않을 수도 있다.

구조자는 구조를 함에 있어 상당한 주의로써 구조를 할 의무가 있으므로 이를 게을리하여 추가비용이 생기거나 피구조자에게 손실이 발생하면 구조료에서 동액상당을 공제하여야 하지만, 의무 없이 구조를 지원한 구조자를 보호하고 가능한 한 해난구조는 장려되어야 한다는 점을 고려하면 구조자에게 중대한 과실이 있는 경우에만 구조자가 피구조자에게 손해배상을 할 책임이 있다고 본다($\genfrac{}{}{0pt}{}{\text{동지:채이}}{\text{식, 835쪽}}$).

2. 救助料額의 制限

피구조자는 구조료에 대해 구조된 목적물의 가액을 한도로 하는 유한책임을 부담한다($\genfrac{}{}{0pt}{}{\text{제884조}}{\text{제1항}}$). 또한 선순위의 우선특권이 있을 때에는 구조료는 그 우선특권자의 채권액을 공제한 잔액을 초과할 수 없다($\genfrac{}{}{0pt}{}{\text{제884조 제2항; 조}}{\text{약 제2조 제3항}}$).

토조마루사건을 계기로 조난선박에서 유출된 기름에 의한 해양오염의 방제비용의 부담이 구조료의 액수를 정함에 있어서 새로운 분쟁의 요소로 작용하게 되자 오염손해의 방지와 경감조치에 대하여 해난구조를 적극적으로 보호해야 할 필요성이 대두되어 1910년 협약에 대신할 1989년 국제해난구조협약이 성립되었음은 앞에서 밝힌 바와 같다. 이 협약에는 보수결정요소에 환경손해를 방지하거나 또는 경감하기 위한 구조자의 기능과 노력($\genfrac{}{}{0pt}{}{\text{1989년 협약 제}}{\text{13조 제1항 (b)}}$)을 을 포함시켰고, 또한 구조자가 실시한 환경손해의 방지에 대하여 위 보수가 충분하지 못하면 지출비용을 보상할 수 있게 지출비용의 30 내지 100퍼센트의 특별보상을 인정하고 있다($\genfrac{}{}{0pt}{}{\text{동 협약, 제}}{\text{14조 제2항}}$). 이러한 구조료체계를 safety net payment라 한다.

이에 따라 로이드 오픈서식도 1990년에 개정되어 구조자에게 조난선의 기름에 의한 해양오염의 방지비용을 인정하였고, 구조료의 산정시 구조자가 지출한 해양오염의 방지 및 최소화비용에 대하여 최고 30퍼센트 내지 100퍼센트의 특별보상을 인정하고 있다($\genfrac{}{}{0pt}{}{\text{1990년 LOF 제}}{\text{1조 (a) (ii)·(b)}}$). 1991년 개정상법 제850조에는 위의 특별보상을 명시적으로 채택하지 않고 있다. 2007년 개정상법은 이를 수용하였다($\genfrac{}{}{0pt}{}{\text{제885}}{\text{조}}$).

Ⅲ. 救助料의 分配

1. 共同救助의 경우

여러 명이 공동으로 구조한 경우의 구조료분배의 비율은 다툼이 있을 때에는 위험의 정도, 구조의 노력·비용과 구조의 효과, 환경손해방지를 위한 노력 기타 모든 사정을 참작하여 법원이 이를 정한다(제883조; 조약 제6조
제2항, 제8조 제1항).

　여러 명이 공동으로 한다고 함은 독립한 구조자가 공동으로 구조에 종사하는 경우를 말한다. 또한 반드시 여러 명이 동시에 구조에 종사할 필요는 없다. 더욱이 각 구조자의 청구권은 독립한 것이므로 공동으로 이를 행사할 필요는 없다.

　선박 및 적하의 구조자와 협력하여 인명구조에 종사한 자도 앞서의 기준에 따라 구조료청구권을 취득한다(제888조
제2항).

2. 船舶所有者·船長·海員 사이의 分配

　救助料 중에서 먼저 선박소유자에게 그 선박이 구조에 종사함으로써 입은 손해액(예컨대 체선료
기타 선체손해)과 소요된 비용(예컨대 연료·식
량·통신비 등)을 지급하고, 잔액은 절반하여 선장과 해원에게 지급한다(제889조
제1항).

　해원에게 지급할 구조료는 선장이 그 항해의 종료 전에 구조료분배안을 작성하여 해원에게 고시하여야 하고, 이 때에 선장은 각 해원의 노력, 그 효과와 기타 사정을 참작하여야 한다(제889조
제2항). 해원의 구조료청구권은 피구조자에게 직접 청구할 수 있는 권리이다.

제 5 장 船舶擔保制度

김인현, 선박운항과 관련한 담보제도 및 개선에 대한 연구(2인 공저), 금융법연구 제 9 권 제 1 호(2012. 8)/김인유, 선박유치권에 관한 연구, 한국해법학회지 제35권 제 1 호 (2013. 4)/최용철, 한국과 중국의 선박담보물권에 관힌 비교연구, 고려대 박사학위논문, 2013. 12/한광석, 선박담보제도에 관한 연구, 전남대 박사학위논문, 1993.

제 1 절 總   說

제 1 관 必 要 性

해상기업의 주체가 해상기업을 경영함에 있어 우선 선박의 운영 및 구입에서부터 막대한 자금이 필요하고, 항해계속을 위해서도 제 3 자로부터 경제적($\frac{金融 \cdot 필수품}{의 調達 등}$) · 노무적($\frac{救助}{曳船 등}$) 원조를 받을 수밖에 없다. 그 반면에 선박은 충돌 · 좌초 · 침몰 등의 사고가 발생할 가능성이 대단히 높다. 따라서 선주에게 경영자금을 제공한 채권자나 선박사고의 피해자가 채권을 담보하기 위한 제도적 장치를 필요로 하게 되었다.

이러한 요청에 따라 해상기업은 코멘다(Commenda)나 선박공유 내지 조합의 형태를 취하게 되었고, 선박담보제도로는 그리스의 해상대차, 로마법상의 선박의 동산저당, 게르만법상의 부동산저당 등이 이용되었다. 그리고 선박금융제도로는 19세기까지 모험대차(botomry) 제도가 이용되었다. 그러나 19세기 후반 이후 해상보험업과 은행업의 발달, 대리점 · 지점제도의 보급, 통신기관의 발달로 모험대차는 불필요하게 되었고, 이에 갈음하여 선박우선특권과 선박저당제도가 나타났다.

제 2 관 船舶擔保權의 種類와 商法의 規定

선박에 성립하는 담보권에는 저당권·질권·유치권 등과 해상법에 특수한 법정담보제도인 선박우선특권이 있다. 그 밖에 선박의 양도담보와 소유권유보부매매·선박리스·P&I 보험 등이 있다.

우리 상법 제 5 편 제 8 장은 선박채권이란 제목 아래 선박채권자의 채권을 담보하는 특수한 담보물권으로서 선박우선특권을 규정하고, 부수적으로 선박저당권을 규정하고 있다.

제 3 관 船舶擔保制度의 國際的 統一化

선박에 관한 담보권은 각국의 법 사이에 현저한 차이가 있었다. 특히 선박우선특권은 선박저당권보다 우선적 효력이 인정되고 있음에도 불구하고 아무런 공시방법도 없어서 중요한 해사금융수단인 선박저당권제도에 심각한 위협이 되기도 하였다. 그리하여 선박담보제도에 관한 국제적 통일을 도모하기 위해서 "船舶優先特權 및 抵當權의 統一條約"이 1926년 브뤼셀외교회의에서 체결되었다. 그런데 이 조약은 프랑스를 제외한 영국·미국 등 유력한 해운국가들이 비준하지 않았기 때문에 그 실효성이 감소된 데다가 선박우선특권의 피담보채권의 범위가 너무 넓어서 선박우선특권자보다 후순위자인 저당권자와 선의·무과실인 선박매수인보호에 소홀하다는 비난이 있었다. 그리고 1927년 선주책임제한조약은 그 개정의 필요성을 더욱 심화시켜 마침내 1967년 5월 브뤼셀해사법외교회의에서 "海上優先特權 및 抵當權의 統一條約"이 체결되었다.

그러나 이 조약도 각국의 고유한 물권법원칙으로부터 벗어나기 어렵고, 결국에는 강제집행제도와 깊이 관련되어 있어서 각국으로부터 외면당하고 있는 실정이다. 따라서 국제해법회(CMI)는 1985년 5월 리스본의회에서 동 조약의 개정초안을 채택한 바 있다. 우리 나라는 이 조약에 가입하지 않았으나 개정상법은 위 조약의 내용을 상당부분 수용하고 있다. 이 CMI의 개정초안은 1993년 5월 제네바회의에서 채택되어 1993년 신선박우선특권·저당권조약이 성립하였다.

제 2 절   船舶優先特權

김진권, 선박우선특권과 선원임금채권의 준거법에 대한 고찰, 한국해법학회지 제30권 제 1 호(2008. 4)/김영주, 선박우선특권의 준거법, 한국해법학회지 제35권 제 2 호(2013. 11)/金炫, 改正商法上의 船舶優先特權에 관한 研究(상), 司法行政 383(1992. 11), (하), 384(1992. 12)/朴瑄圭, 船舶優先特權에 관한 소고, 목포해전 논문집 26. 1(1992. 12)/박성원, 외국선박을 대상으로 하는 선박우선특권 행사의 실행 기간, 한국해법학회지 제35권 제 2 호(2013. 11)/徐憲濟, 船舶優先特權에 관한 고찰——미국법과 우리법의 비교를 중심으로, 부산상대논집 50(1985. 6)/元容洙, 英·美 船舶優先特權에 관한 약간의 고찰, 경남대 법정논집 1(1983. 2)/李均成, 船舶優先特權 法制에 관한 일고찰, 한국외대 무역논총 15(1987. 2)/鄭完溶, 船舶優先特權 法制에 관한 國際的 動向, 한국해운학회지 5(1987. 11)/鄭完溶, 선박우선특권제도에 관한 연구, 경희대 박사학위논문, 1988/鄭完溶, 船舶優先特權의 讓渡와 代位에 관한 고찰, 경희법학 23. 1(1988. 10)/鄭完溶, 1993년 新船舶優先特權·抵當權條約의 성립과 우리 상법상의 선박담보제도, 한국해법회지 15. 1(1993. 12).

제 1 관   序   說

Ⅰ. 意   義

선박우선특권이란 선박에 관하여 생긴 일정한 법정채권에 대하여 채권자가 선박·속구·부속물로부터 다른 채권자보다 우선하여 변제를 받을 수 있는 해상법상의 특수한 담보물권을 말한다.

Ⅱ. 法的 性質

선박우선특권은 구 민법상의 선취특권과 같이 특수한 채권자가 그 채무자의 재산으로부터 우선적 변제를 받는 것을 본체로 하는 권리로서, 계약이나 불법행위로 생긴 채권 중 법이 정한 일정한 해사채권에만 발생하는 법정담보권이다.

또한 우선특권은 당사자가 임의로 창설할 수 없고 상법의 규정에 의하여 당연히 발생하는 실체법상의 권리로서, 상법은 선박우선특권에 대하여 그 성

질에 반하지 않는 한 민법의 저당권에 관한 규정을 준용하도록 하고 있다
($\frac{제777조 제}{2항 제2문}$).

Ⅲ. 認定理由

선박우선특권을 인정하는 이유는 선박소유자의 책임제한에 의해서 불이
익을 받는 채권자를 보호하고, 해난구조료·공동해손분담금·항비·고용계약
으로 인한 채권의 경우처럼 공익적 채권을 가진자를 보호하고자 한다.

제 2 관   船舶優先特權을 發生시키는 債權

선박우선특권을 발생시키는 채권, 즉 피담보채권은 상법 제777조 제 1 항
에서 규정하고 있는 네 가지에 한정된다. 구 상법에서는 그 외에도 선박의 보
존 또는 항해계속의 필요로 인하여 선장이 선적항 밖에서 그 권한에 의해서
체결한 계약 또는 그 이행으로 인한 채권($제조^5$), 최후의 항해준비에 요한 선박
의 장비·양식과 연료에 관한 채권($제조^6$)을 규정하고 있었으나, 오늘날에는 대
부분의 해운회사가 각 항구마다 선박대리점을 두고 있고, 또한 통신수단이 발
달되어 있기 때문에 이 규정이 거의 실효가 없어졌으며, 당사자의 담합으로
다른 채권자들을 해할 우려가 크고 그 범위가 명확하지 않기 때문에 현행상
법에서는 이 규정들을 삭제했다.

우리 나라 법정에서 선박우선특권을 행사할 경우에는 국제사법 제60조
제 1 호에 따르면 대상선박의 선적국법에 따르므로 선적국의 해상법을 찾아
피보호채권이 선박우선특권에 해당하는지, 순위는 어떠한지를 보아야 한다.

〈대결 1994. 6. 28, 93 마 1474〉
「섭외사법 제44조 제 4 호는 해상우선특권에 의하여 담보된 채권의 종류와 선박에
대한 우선특권의 순위는 선적국법에 의한다고 규정하고 있으므로 이러한 선박우
선특권의 성립 여부는 선적국법에 의하여야 할 것이고, 따라서 외국선적의 선박이
화물을 운송하던 중 그 화물의 손상 또는 멸실로 인하여 화물소유자가 선박소유
자에 대하여 손해배상채권을 취득하는 경우에 그 채권이 해상우선특권에 의하여
담보되는지의 여부 및 그 해상우선특권이 미치는 대상은 그 선적국법에 의하여
결정하여야 할 것이다.」

편의치적선의 선박우선특권이 문제된 사안에서 우리 대법원은 국제사법
제 8 조 1항에 따라 가장 밀접한 관련이 있는 대한민국의 법을 선적국법 대신
으로 지정하였다(대법 2014. 7. 24.,
2013 마 34839).

우리 상법은 선박소유자가 발생시킨 피담보채권뿐만 아니라 선체용선자
가 발생시킨 경우에도 선박우선특권을 인정한다.

Ⅰ. 共同利益費債權(제1호)

채권자의 공동이익을 위한 소송비용, 항해에 관하여 선박에 부과된 제 세
금, 도선료와 예선료, 최후입항 후의 선박과 그 속구의 보존비와 검사비 등이
여기에 해당한다. 선박과 속구의 경매비용은 2007년 개정시 삭제되었지만, 이
는 경매절차에서 우선적으로 보호받기 때문이다.

소송비용에는 법정비용 외에 채권자가 정당하게 지출하거나 지출해야 할
모든 비용이 포함되며, 제 세금에는 입출항세 · 톤세 · 등대료 등뿐만 아니라
세금적 성격이 아니더라도 국가공공기관에서 그 선박의 항해에 관하여 부과
하는 공과금이면 모두 여기에 해당된다.

또한 항해를 위해서 선박과 속구의 상태 및 기능을 유지하기 위해 지출
한 선박의 수리공사비와 검사비는 최후입항 후의 선박과 속구의 보존 및 검
사비에 해당한다.

〈대판 1980. 3. 25, 79 다 2032〉
「항해를 위한 선박과 속구의 상태 및 기능을 유지 · 보전하기 위한 선박에 대한
수리공사비와 검사비는 상법 제861조 제 1 항 제 1 호 소정의 최후입항 후의 선박
과 그 속구의 보전비 및 검사비에 해당한다.」

〈대판 1996. 5. 14, 96 다 3609〉
「상법 제861조 제 1 항 제 1 호가 최후입항 후의 선박보존비 등에 대하여 선박우선
특권을 부여하는 것은 이러한 채권이 없으면 다른 채권자들도 선박경매대금으로
부터 변제를 받기가 불가능하게 될 것이라는 점에서 이러한 비용은 경매에 관한
비용에 준하는 성질을 가지기 때문이고, 따라서 최후입항 후라는 의미는 목적하는
항해가 종료되어 돌아온 항뿐만 아니라 선박이 항해도중에 경매 또는 양도처분으
로 항해가 중지되어 경매되는 경우의 선박보존비용도 달리 보아야 할 필요가 없
으므로 항해를 폐지한 시기에 있어서 선박이 존재하는 항도 포함하는 것으로 해

석함이 상당하다고 할 것이다. 피고들의 선박수리채권이 위 선박의 마지막 조업을 위한 출항 전의 선박수리비채권이라면, 이는 위 상법에서 선박우선특권을 가지는 채권으로 규정하고 있는 최후입항 후의 선박과 그 속구의 보존비라고 할 수 없으며, 가사 위 선박이 연안조업어선으로서 항해기간이 단기간이라고 하여 달리 볼 것은 아니라고 할 것이다.」$\binom{\text{동지 : 대결 1998. 2.}}{\text{9, 97 마 2525·2526}}$

Ⅱ. 雇傭債權$\binom{\text{제 2}}{\text{호}}$

선원 기타의 선박사용인의 고용계약으로 인한 채권이 여기에 해당한다. 여기에서 말하는 선원에는 선장도 당연히 포함되고, 고용채권에는 임금청구권·손해배상청구권·퇴직금청구권 등을 포함한 고용계약과 관련된 모든 채권이 포함된다.

이것은 선원 등의 보호를 위한 사회정책적인 이유에 의한 것이다$\binom{\text{제773조}}{\text{제 1 호}}$. 중국법과 국제조약에서는 1순위로 하고 있다.

〈부산민지판 1984. 5. 25, 83 가합 3923〉

「상법 제861조 제 1 항 제 2 호에 정해진 채권은 법령이나 당사자 사이의 계약에 의하여 선원에게 지급하도록 되어 있는 모든 채권을 포함하는 것이므로 선장이나 선원들에게 어획실적을 기준으로 보합금 및 조업독려비를 지급하도록 어로계약이 되어 있다면 보합금 및 조업독려비채권도 위 채권에 포함된다.」

Ⅲ. 海難救助料 및 共同海損分擔金債權$\binom{\text{제 3}}{\text{호}}$

선박의 구조에 대한 보수와 공동해손의 분담에 대한 채권이 여기에 해당한다. 화주는 선박소유자에게 공동해손분담청구권을 가진다. 상법의 규정에 의한 구조료청구권뿐만 아니라 구조계약에 기한 구조료청구권도 여기에서 말하는 해난구조료로 본다. 또한 해난구조시에 구조된 적하에 대하여도 우선특권이 있다$\binom{\text{제893조}}{\text{제 1 항}}$.

Ⅳ. 事故債權 및 旅客損害債權$\binom{\text{제 4}}{\text{호}}$

2007년 개정상법에 의하면 선박충돌 기타 항해사고로 인한 손해, 항해시설·항만시설 및 항로에 대한 손해배상채권이 여기에 해당한다. 여기에서의 항해사고란 항해중에 발생한 돌발적 사고만을 말한다. 1991년 상법은 "선박충돌로 인한 손해 기타의 항해사고로 인한"으로 되어있었지만, 조약원문에 맞추어 이렇게 수정되었다.

1991년 개정 전 상법은 적하 및 수하물에 대한 손해의 배상채권까지 포함시켰으나, 이 규정에 의해서 보호되는 채권의 범위가 너무 넓고, 특히 대부분의 적하소유자가 우선특권을 갖게 되어 우선특권자보다 후순위인 저당권자의 지위가 현저히 불안하게 된다는 점을 고려하여 개정상법에서는 선박충돌로 인한 것이 아닌 한 적하 및 수하물에 대한 손해배상채권을 제외하였다 (채이식, IV, 383쪽). 따라서 항해중 해수가 선창으로 침입하여 적하에 손상이 생긴 경우에는 선박우선특권에 해당되지 아니하여 선박임의경매를 신청하지 못하고, 일반채권과 같이 가압류를 신청할 수밖에 없게 되었다.

반면 선박우선특권이 인정되는 근본적인 이유가 선박소유자의 책임제한에 대응하여 해사채권자의 이익을 보호하기 위하여 인정된 권리이므로 선박소유자의 책임제한의 적용을 받는 채권자에게는 되도록 선박우선특권을 인정해야 형평의 원칙에 합당하다는 이유로 상법이 하주의 채권을 선박우선특권의 대상에서 제외시킨 것은 불합리하다는 견해가 있다(서헌제, 개정상법(보험·해상편), 인권과 정의(1992.7), 62쪽).

선원이나 여객의 생명, 신체에 대한 손해의 배상채권도 제 4 순위채권이다.

제 3 관 船舶優先特權의 目的物

Ⅰ. 船舶과 그 屬具

여기에서의 선박과 속구는 우선특권의 피담보채권이 발생하게 된 원인이 되는 선박과 속구를 말한다. 일단 우선특권이 성립하게 되면 선박이 침몰하거나 기타 훼손으로 인하여 선박으로서의 동일성을 상실한다 하더라도 잔존물에 대하여 계속하여 우선특권이 존재한다(최기원, 250쪽; 채이식, 844쪽).

〈부산민지판 1984.5.25, 83 가합 3923〉

「선박우선특권의 목적이 되는 선박이라 함은 상법 제740조에 정해진 상행위 기타 영리를 목적으로 항해에 사용되는 선박을 일컫는 것이고, 원양어선은 상행위선은 아닐지라도 상행위 이외의 기타 영리선에 포함되므로 선박우선특권의 목적이 되는 선박에 해당된다.」

Ⅱ. 運　賃

　　운임은 피담보채권이 발생한 항해의 운임에 한하는 것이 원칙이고($\frac{제777조}{제1항}$ 본), 다만 고용계약으로 인한 채권의 경우에는 고용계약존속중의 모든 항해로 인한 운임이 전부 우선특권의 목적물이 된다($\frac{제781}{조}$).

　　운임은 총운임을 말하고, 운임에는 공적운임($\frac{제831}{조}$)・비율운임($\frac{제810조}{제2항}$)・법정해약금($\frac{제832조,}{제833조}$)・정박료($\frac{제829조}{제3항}$) 등도 포함된다($\frac{홍광식, 선박채권의 담보와 집행, 해상보험법}{에 관한 제문제(상), 법원행정처, 1991, 765쪽}$). 그러나 선박임대차의 경우에 임차료와 정기용선계약의 용선료는 선박우선특권의 목적물이 되지 않는다($\frac{최기원,}{250쪽}$).

Ⅲ. 附隨債權

　　선박과 운임에 부수한 채권으로는 선박 또는 운임의 손실로 인하여 선박소유자에게 지급할 손해배상채권($\frac{제778조}{제1호}$), 공동해손으로 인한 선박 또는 운임의 손실에 대하여 선박소유자에게 지급할 보상금($\frac{제2}{호}$), 해난구조로 인하여 선박소유자에게 지급할 보수($\frac{제3}{호}$) 등이 있다.

　　그러나 선박의 손실로 인한 손해배상채권의 경우, 선박을 이미 수리한 때에는 아직 변제를 받지 않았다 하더라도 그로 인한 손해배상청구권은 부수채권이 되지 않는다고 본다($\frac{채이식,}{845쪽}$).

　　보험계약에 의하여 선박소유자에게 지급할 보험금과 기타의 장려금이나 보조금에 대하여는 선박우선특권의 효력이 미치지 않는다($\frac{제780}{조}$). 보험금 등에 대하여 선박우선특권을 행사할 수 없도록 한 것은 1962년의 조약 제 4 조 제 3 항의 취지를 따른 것으로서 보험금 등은 선박소유자가 보험료를 지급하였다고 하는 특별한 사실 기타 국가의 일정한 출자행위에 따른 것이고, 이것을 보험의 목적물인 선박의 직접적인 대가라고 할 수 없다는 이유에서 찾을 수 있다($\frac{홍광식, 앞의 논}{문, 763~764쪽}$).

　　그러나 우선특권이 생긴 후에 보험사고가 발생한 때에는 보험금이 지급되기 전에 보험금지급청구권을 압류하여야만, 그 보험금에 대하여 우선특권의 효력이 미친다고 해석하는 견해도 있다($\frac{채이식,}{845쪽}$).

제 4 관   船舶優先特權의 順位

I. 船舶優先特權 相互間의 順位

일반해사법상으로는 나중에 발생한 우선특권일수록 선순위이고, 불법행위로 생긴 채권이 계약으로 인하여 생긴 것보다 우선이며, 선원 등의 임금과 해난구조비용이 다른 것보다 우선한다는 일반원칙이 있다($^{정희철·정찬}_{형, 913쪽}$).

상법도 대체로 이러한 원칙에 따라 규정하고 있다.

1. 同一航海의 경우

동일항해로 인한 채권의 우선특권이 경합하는 때에는 그 우선의 순위는 제861조 제 1 항 각 호의 순서에 의한다($^{제782조}_{제1항}$). 이러한 상법의 입장에 대해 이 규정에 따르면 현대사회에서 가장 중요한 근로자의 고용계약에 의한 채권이 두 번째 순위로 밀려나고, 그 대신 감독의 책임이 있는 국가의 세금 또는 공공의 기능이 더 많은 각종의 비용이 우선하는 불합리성이 있으므로 선원의 고용계약에 의한 채권은 개정된 1967년 우선특권협약과 같이 제 1 순위가 되도록 입법론적으로 해결하는 것이 바람직하다는 견해가 있다($^{박용섭,}_{882쪽}$).

동조 동항 제 3 호의 규정에 의한 채권의 우선특권이 경합하는 때에는 후에 생긴 채권이 전에 생긴 채권에 우선한다($^{제782조 제}_{2항 제1문}$).

이 때에 동일한 사고로 인한 채권은 동시에 생긴 것으로 본다($^{제782조 제}_{2항 제2문}$).

2. 數回航海의 경우

수회의 항해에 관한 채권의 우선특권이 경합하는 때에는 후의 항해에 관한 채권이 전의 항해에 관한 채권에 우선한다($^{제783조}_{제1항}$).

그러나 선원 기타의 선박사용인의 고용계약으로 인한 채권의 우선특권은 그 최후의 항해에 관한 다른 채권과 동일한 순위로 한다($^{제783조}_{제2항}$).

3. 同一順位의 競合

동일순위의 우선특권이 경합하고 채권이 모두 만족을 얻을 수 없게 된 때에는 각 우선특권자는 피담보채권의 비율에 따라 변제를 받는다($^{제784}_{조}$).

Ⅱ. 船舶優先特權과 다른 擔保權의 順位

1. 質權·抵當權과의 關係

선박우선특권은 그 성립시기에 상관없이 언제나 질권과 저당권에 우선한다($\frac{제788}{조}$).

이에 대해서는 공시방법이 전혀 없는 우선특권자에게 이처럼 강력한 권리를 부여하는 것이 타당한지에 대해서 의문을 제기하는 견해도 있다($\frac{채이식·}{846쪽}$).

2. 留置權과의 關係

유치권에는 우선변제권이 없기 때문에 선박우선특권이 우선하지만, 그러나 유치권자는 변제를 받을 때까지 선박을 유치할 수 있으므로 선박우선특권자라도 권리행사를 위해서는 먼저 유치권을 소멸시켜야 하는 까닭에 실제로는 유치권자가 우선하는 결과가 된다($\frac{채이식, 846쪽; 정희철·정}{찬형, 914쪽; 최기원, 252쪽}$).

3. 賃金優先特權과의 關係

선박우선특권보다 선박소유자가 일반근로자에게 부담하는 근로기준법상의 임금우선특권이 우선한다.

〈대판 2005. 10. 13, 2004 다 26799〉

「선박우선특권제도는 원래 해상기업에 수반되는 위험성으로 인하여 해사채권자에게 확실한 담보를 제공할 필요성과 선박소유자에게 책임제한을 인정하는 대신 해사채권자를 두텁게 보호해야 한다는 형평상의 요구에 의하여 생긴 제도임에 반하여, 임금우선특권제도는 근로자의 생활안정, 특히 사용자가 파산하거나 사용자의 재산이 다른 채권자에 의하여 압류되었을 경우에 사회경제적 약자인 근로자의 최저생활보장을 확보하기 위한 사회정책적 고려에서 일반담보물권자 등의 희생 아래 인정되어진 제도로서 그 공익적 성격이 매우 강하므로, 양 우선특권제도의 입법취지를 비교하면 임금우선특권제도를 더 강하게 보호할 수밖에 없다.」

제 5 관 船舶優先特權의 效力

Ⅰ. 優先辨濟權과 競賣權

선박우선특권자는 상법 기타의 법률에 따라 다른 채권자보다 자기 채권의 우선변제를 받을 권리가 있다($\frac{제777조 제}{2항 제 1 문}$). 이 경우에는 그 성질에 반하지 아니하는 한 민법의 저당권에 관한 규정이 준용된다($_{2항 제 2문}^{제777조 제}$).

그리고 선박우선특권자는 채권의 변제를 받기 위하여 경매권을 가진다($_{조, 제734조}^{민소법 제728}$). 이 경우 선박우선특권자는 집행권원 없이 경매청구권을 행사할 수 있으므로 채권보전을 위하여 그 선박에 대한 가압류를 해 둘 필요가 없다.

〈대결 1976. 6. 24, 76 마 195〉

「재항고인들의 소론 임금채권이 상법 제861조 제 1 항 제 2 호에서 말하는 선박사용인의 고용계약으로 인한 우선특권 있는 채권에 해당되는 것이라고 한다면, 재항고인들은 동법 제869조·제861조 제 2 항의 규정에 의하여 선박소유자의 변동에 관계 없이 본건 선박에 대한 경매청구권을 행사하여 그 경매대금에서 위 채권의 우선변제를 받을 수 있을 것이므로 특단의 사정이 없는 한 구태여 본건 선박을 가압류하여 둘 필요성이 없다고 판단하고 있는바, 위와 같은 원심판단취지는 정당하고 거기에 소론과 같이 선박우선특권의 추급권 및 우선변제권과 경매청구권의 법리를 오해한 위법이 있다 할 수 없고, 또 본건 가압류신청을 불허하므로 소론과 같이 단기제척기간 경과로 인한 우선특권의 소멸을 초래하게 되는 경우가 있다고 하더라도 우선특권 있는 선박채권자는 앞에서 본 바와 같이 상법 제861조 제 2 항 및 동법 제869조에 의하여 저당권에 관한 규정을 준용하여 본건 선박을 물적 담보로 하여 특별한 사정이 없는 한 언제든지 경매청구를 할 수 있다 할 것이고, 그 경매청구를 함에 있어서 강제경매에 있어서와 같이 집행력 있는 채무명의를 요하지 아니함은 법리상 당연하다 할 것이므로, 그 경매청구를 방해하는 특별한 사정에 관한 소명이 없는 이상 본건 가압류의 필요는 없다고 할 것이므로 논지는 이유 없다.」

〈대결 1994. 6. 28, 93 다 1474〉

「민사소송법 제733조 제 1 항은 채권 기타 재산권을 목적으로 하는 담보의 실행에 있어서는 채무명의가 없더라도 그 담보권의 존재를 증명하는 서류만 제출하면 집행을 허용하도록 규정하고 있고, 운임채권을 그 대상으로 하는 선박우선특권도 위 조항 소정의 담보권에 해당한다고 해석함이 상당하므로, 이와 같은 경우에는 선박우선특권을 가진 자는 위 조항에 근거하여 채무명의 없이도 운임채권을 압류할 수 있다.」

Ⅱ. 追 及 權

일단 선박우선특권이 성립하면 선박의 소유권이 제 3 자에게 이전되더라도 선박우선특권은 아무런 영향을 받지 않고($^{제785}_{조}$) 당연히 그 제 3 자에 대해서도 행사할 수 있다. 이러한 우선특권의 효력을 추급권이라고 하며, 선박의 양수인이 선의·무과실인 경우에도 선박우선특권자에게 대항하지 못한다.

  그러나 선박우선특권자는 선박을 경매하여 자기의 채권의 변제를 받을 수 있을 뿐이고, 선박양수인에게 직접 채무의 이행을 청구할 수 없다.

  〈대판 1974. 12. 10, 74 다 176〉
  「본조($^{제777}_{조}$) 소정의 선박우선특권을 가진 선박채권자는 선박을 양수한 사람에게 채무의 변제를 청구할 수 없고, 다만 선박우선특권의 추급성에 의하여 선박이 우선특권의 목적물이 될 뿐이다.」

  즉 제 3 자는 채무를 변제할 의무는 없지만, 물상보증인과 매우 유사한 지위에 서게 된다. 이로 말미암아 선의의 제 3 자인 선박양수인의 이익이 침해될 위험이 크다는 점에서, 선박우선특권의 추급권을 무한으로 인정할 것이 아니라 선박우선특권을 소멸시키는 방법으로서 선박양수인이 공시최고절차 등을 이용하도록 하여 선의의 선박양수인을 보호하여야 한다는 견해도 있다($^{박용섭,}_{886쪽}$).

  또한 우선특권의 목적물이 채권인 경우, 제 3 채무자가 선의·무과실로 원래의 채권자에게 변제한 경우에도 그 변제는 원칙적으로 효력이 없고, 다만 채권의 준점유자에 대한 변제자($^{민법}_{제470조}$)로서 보호받을 수 있을 뿐이다.

제 6 관 船舶優先特權의 消滅

  선박채권자의 우선특권은 그 채권이 생긴 날로부터 1년 내에 실행하지 아니하면 소멸한다($^{제786}_{조}$). 구 상법에서는 "1 년간 행사하지 아니하면 소멸시효가 완성된다"고 규정하여 소멸시효라고 보는 것이 일반적이었으나($^{대판 1981. 2.}_{24, 80 다 2029}$), 1991년 개정상법에서는 이를 제척기간으로 하였다.

  선박우선특권에 대하여 1 년의 제척기간을 두는 이유는 선박에 관하여는 항해할 때마다 다수의 우선특권이 발생하므로 그것이 누적되지 않도록 하여 선박의 매매, 저당권의 설정에 지장이 없도록 하기 위한 것이다. 또 선박우선특권자로서도 항해시마다 뒤의 선박우선특권자의 후위에 놓여지기 때문에 오랫동안 이것을 존속시키더라도 실질적인 이익이 적기 때문이다.

구 상법에서는 최후의 항해준비에 관한 채권의 우선특권은 그 선박의 발항으로 인하여 소멸한다는 규정을 두었으나, 개정상법에서는 이를 삭제하였다.

그 밖에 선박이나 운임 등이 멸실하여 목적물이 절대적으로 소멸하거나 피담보채권이 소멸하면 선박우선특권도 자동적으로 소멸한다. 선박우선특권이 소멸하면 우선특권자는 일반채권자의 지위로 변하게 된다.

〈대판 1976. 6. 13, 78 다 314〉

「우선특권 있는 선박채권자의 그 소유자에 대한 재판상 청구로서 그 선박의 근저당권자에 대하여 그 우선특권에 관한 소멸시효의 중단의 효력을 주장할 수 없다.」

제 7 관 其　　他

I. 船舶優先特權의 讓渡

우선특권자는 선박우선특권만을 독립하여 제 3 자에게 양도할 수는 없지만, 피담보채권과 함께는 제 3 자에게 양도할 수 있다.

피담보채권이 양도된 때에는 반대의 특약이 없는 한 선박우선특권도 함께 양도하였다고 추정할 것이다. 피담보채무를 체당지급한 선박대리점도 선박우선특권을 갖는다.

그런데 이와 관련하여 판례는 1978년에는 이를 부정하였으나, 1979년에는 이를 긍정하는 입장을 취하고 있다.

〈대판 1978. 5. 23, 77 다 1679〉

「선박우선특권 있는 채권이라 함은 선주 또는 선박운항자가 선박에 관하여 상법 제861조 제 1 항 각 호에 정한 노력·물품 또는 비용을 제공받고, 그로 인한 채무를 이행하지 아니하는 경우에 그 선박을 담보로 하여 그로부터 다른 채권보다 우선하여 변제받을 수 있도록 하기 위하여 생기는 것이지, 선주 또는 선박운항자가 위에 정한 노력 등의 제공을 받을 경우에는 선박우선특권 있는 채권이 발생할 여지가 없다.」

〈대판 1979. 6. 26, 79 다 407〉

「선박대리상이 선박소유자와 체결한 대리상계약의 이행으로 상법 제861조 제 1 항 제 5 호 소정 비용을 입체함으로써 취득한 선박소유자에 대한 구상금채권에도 위 법조항의 경우와 같이 선박우선특권을 인정함이 상당하다.」

Ⅱ. 建造中의 船舶에 대한 優先特權

건조중의 선박에 대하여도 선박우선특권에 관한 규정을 준용한다(제790조). 이것은 건조중인 선박에 대한 금융의 편의를 도모하고, 그 채권자를 보호하기 위한 것이다.

제 3 절   船舶抵當權

정선철, 英國 海事法上 船舶 모게지(Mortgages)에 관한 一考察, 한국해법학회지 제30권 제 2 호(2008. 11)/정선철, 선박금융상 담보제도와 채권회수에 관한 법적 소고, 한국해법학회지 제34권 제 2 호(2012. 11)/鄭完溶, 선박저당권법제에 관한 고찰, 원광대논문집(인문·사회) 23. 1(1986. 6).

제 1 관   序   言

선박저당권이란 등기선박을 목적으로 당사자간의 합의에 따라 설정한 상법상의 저당권으로서 선박우선특권이 법정담보물권인 반면, 선박저당권은 약정담보물권에 속한다(제787조 제1항).

선박은 선박소유자의 중요한 유형고정자산으로 금융을 받을 때 유력한 담보물이 될 수 있다. 그러나 만약 선박에 질권설정을 인정하면 선박소유자는 선박의 점유를 잃어 그 이용을 할 수 없게 되고, 다른 한편 채권자도 선박이용을 원하지 않는 것이 보통이므로 선박이용을 힘에 겨워 할 뿐이다. 고액인 선박을 헛되게 가동하지 않은 상태에 두는 것은 국민경제상 손해이다. 그러므로 등기선에 대해서는 질권설정을 금하고(제789조), 저당권설정을 인정하게 되었다(제787조 제1항).

선박저당권에는 민법의 저당권에 관한 규정들이 준용된다(제787조 제3항). 등기절차는 선박등기법이 정하는 바에 따른다. 선박저당제도는 동산저당제도이지만 그 목적물인 등기선의 동일성인식이 쉽다는 점과 공시제도가 있다는 점에서 거래안전을 해치지 않는다. 그러나 선박은 많은 위험에 처하게 되고, 급속하게 소모되어 가격변동이 크다는 점에서 선박저당제도가 채권자에게 부동산저당제도만큼 유리하다고 할 수는 없다(^{그러나 이용은 대}
단히 빈번하다).

최근 선박금융이 강조되면서 건조자금을 제공한 은행의 보호수단으로서 건조중인 선박의 저당권이 많이 활용되고 있다. 금융회사들은 자신들이 저당권 실행에 유리하도록 파나마 등 국가에 편의치적 하도록 선주에게 제안하는 경우도 있다.

제 2 관 船舶抵當權의 目的物

선박저당권은 선박 및 그 속구에 미치고 운임에는 미치지 않는다. 운임에 적용되지 않는 이유는 운임과 선박소유권이 반드시 결합하는 것은 아니기 때문이다.

Ⅰ. 登記船

선박저당권의 목적물은 등기된 선박이다(^{제787조}
제1항). 동산인 선박에 대하여 저당권을 인정하는 것은 선박은 등기에 의하여 그 공시가 가능함을 전제로 한 것이다. 그런데 선박등기는 총톤수 20톤 이상의 선박만을 대상으로 한다(^{선박등기법}
제2조). 따라서 등기제도 자체가 없는 비등기선 및 등기가 이루어지지 않은 미등기선은 질권의 목적물밖에 될 수 없다.

선박공유자의 선박에 대한 지분도 선박관리인의 지분이 아닌 한 다른 공유자의 승낙 없이 각기 저당권의 목적물이 될 수 있다(^{제759}
조). 선박관리인은 그 지분에 관하여 저당권설정시 다른 공유자의 승낙을 얻어야 한다.

Ⅱ. 屬 具

선박저당권은 당해 선박의 속구에 미친다(^{제787조}
제2항). 그 범위에 대해 저당권 설정 당시의 속구로 한정하는 입장과 그 이후에 증가한 것도 포함한다는 입장으로 나뉘지만 후자가 타당하다(^{최기원,}
255쪽).

제 3 관 船舶抵當權의 順位

Ⅰ. 船舶抵當權 相互間의 順位

선박저당권에는 민법의 저당권에 관한 규정이 준용되므로, 동일선박 위

에 여러 개의 선박저당권이 경합하는 경우 그 순위는 민법 제370조·제333조
에 의해 등기의 전후에 의해 결정된다.

Ⅱ. 船舶優先特權과의 順位

선박우선특권과 경합하는 때에는 선박우선특권이 우선한다($\overset{\text{제788}}{\text{조}}$).

Ⅲ. 船舶留置權과의 順位

선박유치권과 경합하는 때에는 이론상으로는 선박저당권이 우선한다. 그
러나 실제로는 선박우선특권의 경우와 마찬가지로 유치권이 우선하는 결과가
된다.

Ⅳ. 船舶賃借權과의 順位

선박저당권이 등기한 선박임차권($\overset{\text{제849}}{\text{조}}$)과 경합하는 때에는 등기의 전후에
의하여 결정된다.

제 4 관 船舶抵當權의 效力

선박저당권의 효력에 대해서도 저당권에 관한 민법의 규정이 준용되므로
z($\overset{\text{제787조}}{\text{제3항}}$) 경매권 및 우선변제권이 인정된다. 선박저당권자는 목적물인 선박을
점유하거나 그 항해활동을 금할 권한을 갖지 않지만, 선박소유자가 감항능력
없는 선박을 항해에 사용하거나 위험해역으로 항해하기 위해 출범시키는 경
우 바로 채무변제를 요구할 수 있다고 풀이해야 할 것이다.

선박저당권에 대하여도 물상대위에 관한 민법규정이 준용되므로 선박저
당권자는 선박의 경매 또는 공매대금 위에 물상대위권을 가진다. 선박의 멸실
또는 훼손으로 인해 발생한 채권도 선박의 변형물이라 할 수 있으므로 물상
대위가 인정된다. 물상대위는 통상 선박이 입은 물적 손해에 의하여 선박소유
자가 보유하는 손해배상청구권, 공동해손분담금 중 선박소유자가 받을 금액,
구조료 중 선박소유자가 받을 금액, 선박보험금 또는 그 청구권에 미치지만
선박저당권은 그 설정자의 선박이용권을 박탈하지 않기 때문에 선박이용의
보수인 운임·용선료·체선료 등에 대하여는 선박저당권의 효력이 미치지 않

는다(^{송상현·김현, 570쪽;}_{배병태, 411쪽}).

선박저당권자는 선박저당권이 선박우선특권에 뒤진다는 점, 물상대위권이 선박보험금에 미치더라도(통설) 보험금지급 이전에 보험금의 압류를 요구하는 점(^{민법 제342}_{조 단서}) 등 자신의 채권확보책으로서 선박저당권이 충분히 만족스러운 것은 아니기 때문에 자위책으로 채무자에 대해 잠재적 선박보험금지급청구권 위에 질권을 설정할 것을 요구할 수 있다고 풀이해야 할 것이다.

제 5 관 建造中의 船舶

건조중의 선박은 아직 선박이 아니지만 해상기업의 자금조달을 조장하기 위해 건조중의 선박에 대해서도 상법은 선박저당을 허용하여 선박저당권에 관한 규정을 준용하도록 하였다(^{제790}_조). 덧붙여 1967년에는 "건조중인 선박의 제 권리의 등기에 관한 조약"이 성립되었다.

건조중인 선박의 경우에는 선박이 건조중이므로 선박소유권의 등기가 불가능하지만, 미리 특별등기부에 저당권의 등기를 할 수 있게 하였다(^{부등규 제}_{36조 이하}).

그리하여 선박이 완성되면 선박저당권의 등기의무자가 선박소유권의 보존등기를 하고, 그 등기용지에 선박저당권의 등기를 특별등기부로부터 옮겨야 한다.

제 4 절 船舶에 대한 强制執行

김인현, 선박압류/가압류에 대한 비교법적 연구, 한국해법학회지 제36권 제 2 호(2014. 11)/김인유, 외국에서 실행된 선박경매의 승인에 관한 연구, 한국해법학회지 제35권 제 2 호(2013. 11)/서동희, 외국에서의 선박 공매에 대한 승인, 한국해법학회지 제36권 제 1 호(2014. 4)/윤기창, 외국선박 가압류 채권자의 배당 요구 적법성 – 대법원 2011. 9. 8, 선고 2009다49896호 판결, 한국해법학회지 제34권 제 2 호(2012. 11)/정완용, 선박집행상의 몇 가지 문제점과 개선방안에 관한 고찰, 한국해법학회지 제35권 제 2 호(2013. 11)/정해석, 선박집행에 관한 연구, 경희대학교 법학박사학위논문(2000).

제 1 관 序   說

고액인 선박은 선박채권자에게 유효한 담보가 될 뿐만 아니라, 그에 대한 강제집행은 변제를 강제하는 수단으로서 유효한 것이므로 자주 이용된다. 그러나 그 특성상 선박에 대한 강제집행(특히 등기선에 대한 경우)은 일반의 동산에 대한 강제집행수단에 의하는 것은 적당하지 않다. 따라서 민사강제집행법에서는 등기할 수 있는 선박에 대한 강제집행은 부동산의 강제경매에 관한 규정에 따르도록 하고 있다(제172조). 또한 상법 제744조는 선박의 항해가 일반의 이해에 큰 영향을 준다는 점에서 압류·가압류금지에 관한 특별규정을 하고 있다. 이에 대한 국제조약으로는 1952년 및 1999년 선박어레스트조약이 있다. 우리 나라는 양 조약 모두에 대한 체약국이 아니다.

제 2 관 船舶의 强制執行

선박에 대한 강제집행은 집행권원(채무명의)으로서 하는 일반경매절차(강제경매)와 선박우선특권을 이용하는 임의경매절차가 있다. 강제경매절차는 본안소송을 하여 채권자가 승소한 경우 집행권원을 얻은 다음 이를 집행관에게 제출하고 선박을 압류하여 경매절차를 개시하는 것을 말한다. 임의경매절차는 집행권원을 필요로 하지 않고 우선특권이 있다는 것을 증명하는 서류를 제출하면서 임의경매를 법원에 신청하게 된다(민사집행법 제269조). 화주가 운송인에 대하여 손해배상채권을 가지는 경우 집행권원을 얻어 강제경매절차가 진행되게 된다. 저당권자 혹은 선박우선특권자는 임의경매절차를 활용하게 된다.

선박은 채권자의 채권을 확보하는 좋은 대상이 되는 한편 쉽게 강제집행의 대상이 되면 선박의 운항은 제한된다. 그러므로 채권자와 선박소유자를 동시에 보호할 필요가 있다. 우리 나라는 어떠한 피담보채권에 의하여도 선박은 가압류대상이 되지만 국제조약, 영국, 중국법은 해사채권만 피담보채권으로 인정한다. 우리 나라에서는 회사소유의 차량운행중 발생한 손해배상청구권이 피담보채권이라도 선박은 가압류대상이 되지만, 영국·중국에서는 불가하다. 우리 나라는 엄격히 채무자의 소유선박만 가압류대상이지만, 조약, 영국, 중국은 반드시 채무자가 소유하는 선박만이 가압류대상인 것은 아니다. 그래서 우리 나라에서는 선체용선자가 발생시킨 채권을 가진 채권자는 그 선체용선차

용선한 선박에 대한 가압류가 불가하지만 영국, 중국 등에는 가능하다. 가압류(prejudgment attachment)는 보전처분의 일종으로서 채권자가 집행권을 법원으로부터 얻기 전에 일단 채무자의 재산을 현재 상태로 유지할 것을 명하는 법원의 판결을 구하는 것이다.

제 3 관 押留·假押留의 禁止

압류 및 가압류는 항해준비를 마친 선박(등기선·미등기선 또는 국내선박·외국선박을 불문)과 그 속구에 대해서는 할 수 없는 것이 원칙이다(제744조 본문).

본조가 마련된 이유는 당해 선박의 이해관계인(하주 여객) 등의 이익보호를 위해, 그리고 항해준비완료까지 압류·가압류를 게을리한 채권자의 해태에서 그 근거를 찾기 때문이다. 여기서 말하는 '항해준비의 완료'란 선박이 사실적으로도 법률적으로도 발항을 할 수 있는 상태에 있음을 요하지만, 이 요건을 너무 엄격히 해석해서는 안 된다. 통상 항해준비의 완료란 하역작업을 완료하고, 도선사의 승선을 기다리는 단계라고 할 수 있다. 항해준비가 완료되면 압류·가압류의 금지는 항해종료까지 계속되며, 중간항에 기항한 경우에도 압류·가압류를 할 수 없다. 덧붙여 상법 제744조가 가처분에도 미치는가에 대해 조문의 문언을 중시하여 부정하는 견해와 가처분도 선박의 발항을 방해한다는 점에서는 차이가 없다고 하여 긍정하는 견해로 나뉜다.

제 4 관 押留·假押留禁止의 例外

선박의 발항을 위해 생긴 채무에 대해서는 압류·가압류가 가능하다(제744조 단서). 이는 채권자에게 해태의 잘못이 인정되지 않기 때문이다.

제 5 관 監守保存措置

선박의 감수보존조치란 채권자의 신청에 따라 법원이 압류당한 선박을 감수보존회사로 하여금 감수보존하도록 하는 처분을 말한다(민사집행법 제178조 제1항). 감수보존비용은 채권자가 부담하고, 감수보존에 소요되는 비용은 선박우선특권에 해당하는 채권이다(상법 제777조 제1항 제1호).

부   록

1. 2014년 3월 11일 개정상법(법률 제12397호) 신구 조문 대비표

개 정 전	개 정 후
第638條(意義) 保險契約은 當事者 一方이 約定한 保險料를 支給하고 相對方이 財産 또는 生命이나 身體에 關하여 不確定한 事故가 생길 境遇에 一定한 保險金額 其他의 給與를 支給할 것을 約定함으로써 效力이 생긴다.	제638조(보험계약의 의의) 보험계약은 당사자 일방이 약정한 보험료를 지급하고 재산 또는 생명이나 신체에 불확정한 사고가 발생할 경우에 상대방이 일정한 보험금이나 그 밖의 급여를 지급할 것을 약정함으로써 효력이 생긴다.
第638條의3(保險約款의 교부·명시義務) ① 保險者는 保險契約을 체결할 때에 保險契約者에게 保險約款을 교부하고 그 約款의 중요한 내용을 알려주어야 한다. ② 保險者가 第1項의 規定에 위반한 때에는 保險契約者는 保險契約이 成立한 날부터 1月 내에 그 契約을 取消할 수 있다.	제638조의3(보험약관의 교부·설명 의무) ① 보험자는 보험계약을 체결할 때에 보험계약자에게 보험약관을 교부하고 그 약관의 중요한 내용을 설명하여야 한다. ② 보험자가 제1항을 위반한 경우 보험계약자는 보험계약이 성립한 날부터 3개월 이내에 그 계약을 취소할 수 있다.
<신 설>	제646조의2(보험대리상 등의 권한) ① 보험대리상은 다음 각 호의 권한이 있다. 1. 보험계약자로부터 보험료를 수령할 수 있는 권한 2. 보험자가 작성한 보험증권을 보험계약자에게 교부할 수 있는 권한 3. 보험계약자로부터 청약, 고지, 통지, 해지, 취소 등 보험계약에 관한 의사표시를 수령할 수 있는 권한 4. 보험계약자에게 보험계약의 체결, 변경, 해지 등 보험계약에 관한 의사표시를 할 수 있는 권한 ② 제1항에도 불구하고 보험자는 보험대리상의 제1항 각 호의 권한 중 일부를 제한할 수 있다. 다만, 보험자는 그러한 권한 제한을 이유로 선의의 보험계약자에게 대항하지 못한

	다.
	③ 보험대리상이 아니면서 특정한 보험자를 위하여 계속적으로 보험계약의 체결을 중개하는 자는 제1항제1호(보험자가 작성한 영수증을 보험계약자에게 교부하는 경우만 해당한다) 및 제2호의 권한이 있다.
	④ 피보험자나 보험수익자가 보험료를 지급하거나 보험계약에 관한 의사표시를 할 의무가 있는 경우에는 제1항부터 제3항까지의 규정을 그 피보험자나 보험수익자에게도 적용한다.
第655條(契約解止와 保險金額請求權) 保險事故가 發生한 後에도 保險者가 第650條, 第651條, 第652條와 第653條의 規定에 依하여 契約을 解止한 때에는 保險金額을 支給할 責任이 없고 이미 支給한 保險金額의 返還을 請求할 수 있다. 그러나 告知義務에 違反한 事實 또는 危險의 顯著한 變更이나 增加된 事實이 保險事故의 發生에 影響을 미치지 아니하였음이 證明된 때에는 그러하지 아니하다.	**제655조**(계약해지와 보험금청구권) 보험사고가 발생한 후라도 보험자가 제650조, 제651조, 제652조 및 제653조에 따라 계약을 해지하였을 때에는 보험금을 지급할 책임이 없고 이미 지급한 보험금의 반환을 청구할 수 있다. 다만, 고지의무(告知義務)를 위반한 사실 또는 위험이 현저하게 변경되거나 증가된 사실이 보험사고 발생에 영향을 미치지 아니하였음이 증명된 경우에는 보험금을 지급할 책임이 있다.
第662條(消滅時效) 保險金額의 請求權과 保險料 또는 積立金의 返還請求權은 2年間, 保險料의 請求權은 1年間 行使하지 아니하면 消滅時效가 完成한다.	**제662조**(소멸시효) 보험금청구권은 3년간, 보험료 또는 적립금의 반환청구권은 3년간, 보험료청구권은 2년간 행사하지 아니하면 소멸시효가 완성된다.
第664條(相互保險에의 準用) 이 編의 規定은 그 性質이 相反되지 아니하는 限度에서 相互保險에 準用한다.	**제664조**(상호보험, 공제 등에의 준용) 이 편(編)의 규정은 그 성질에 반하지 아니하는 범위에서 상호보험(相互保險), 공제(共濟), 그 밖에 이에 준하는 계약에 준용한다.
第666條(損害保險證券) 損害保險證券에는 다음의 事項을 記載하고 保險者가 記名捺印 또는 署名하여야 한다.	**제666조**(손해보험증권) --.
1. ~ 7. (생 략)	1. ~ 7. (현행과 같음)

<신 설>	7의2. 피보험자의 주소, 성명 또는 상호
8.·9. (생 략)	8.·9. (현행과 같음)
第682條(第三者에 對한 保險代位) 損害가 第三者의 行爲로 因하여 생긴 境遇에 保險金額을 支給한 保險者는 그 支給한 金額의 限度에서 그 第三者에 對한 保險契約者 또는 被保險者의 權利를 取得한다. 그러나, 保險者가 補償할 保險金額의 一部를 支給한 때에는 被保險者의 權利를 害하지 아니하는 範圍內에서 그 權利를 行使할 수 있다.	제682조(제3자에 대한 보험대위) ① 손해가 제3자의 행위로 인하여 발생한 경우에 보험금을 지급한 보험자는 그 지급한 금액의 한도에서 그 제3자에 대한 보험계약자 또는 피보험자의 권리를 취득한다. 다만, 보험자가 보상할 보험금의 일부를 지급한 경우에는 피보험자의 권리를 침해하지 아니하는 범위에서 그 권리를 행사할 수 있다. ② 보험계약자나 피보험자의 제1항에 따른 권리가 그와 생계를 같이 하는 가족에 대한 것인 경우 보험자는 그 권리를 취득하지 못한다. 다만, 손해가 그 가족의 고의로 인하여 발생한 경우에는 그러하지 아니하다.
第722條(被保險者의 事故通知義務) 被保險者가 第三者로부터 賠償의 請求를 받은 때에는 遲滯없이 保險者에게 그 通知를 發送하여야 한다.	제722조(피보험자의 배상청구 사실 통지의무) ① 피보험자가 제3자로부터 배상청구를 받았을 때에는 지체 없이 보험자에게 그 통지를 발송하여야 한다. ② 피보험자가 제1항의 통지를 게을리하여 손해가 증가된 경우 보험자는 그 증가된 손해를 보상할 책임이 없다. 다만, 피보험자가 제657조제1항의 통지를 발송한 경우에는 그러하지 아니하다.
第726條(再保險에의 適用) 이 節의 規定은 再保險契約에 準用한다.	제726조(재보험에의 준용) 이 절(節)의 규정은 그 성질에 반하지 아니하는 범위에서 재보험계약에 준용한다.
<신 설>	제7절 보증보험
<신 설>	제726조의5(보증보험자의 책임) 보증보험계약의 보험자는 보험계약자가 피보험자에게 계약상의 채무불이행 또는 법령상의 의무불이행으로 입힌 손해를 보상할 책임이 있다.
<신 설>	제726조의6(적용 제외) ① 보증보험계약에 관하여는 제639조제2항 단서를 적용하지 아니

720 　　　　　　　　　부　록

	한다. ② 보증보험계약에 관하여는 보험계약자의 사기, 고의 또는 중대한 과실이 있는 경우에도 이에 대하여 피보험자에게 책임이 있는 사유가 없으면 제651조, 제652조, 제653조 및 제659조제1항을 적용하지 아니한다.
<신　설>	제726조의7(준용규정) 보증보험계약에 관하여는 그 성질에 반하지 아니하는 범위에서 보증채무에 관한 「민법」의 규정을 준용한다.
第727條(人保險者의 責任) 人保險契約의 保險者는 生命 또는 身體에 關하여 保險事故가 생길 境遇에 保險契約의 定하는 바에 따라 保險金額 其他의 給與를 할 責任이 있다.	제727조(인보험자의 책임) ① 인보험계약의 보험자는 피보험자의 생명이나 신체에 관하여 보험사고가 발생할 경우에 보험계약으로 정하는----------보험금이나 그 밖의 급여를 지급할 책임이-----.
<신　설>	② 제1항의 보험금은 당사자 간의 약정에 따라 분할하여 지급할 수 있다.
第730條(生命保險者의 責任) 生命保險契約의 保險者는 被保險者의 生命에 關한 保險事故가 생길 境遇에 約定한 保險金額을 支給할 責任이 있다.	제730조(생명보험자의 책임) 생명보험계약의 보험자는 피보험자의 사망, 생존, 사망과 생존에 관한 보험사고가 발생할 경우에 약정한 보험금을 지급할 책임이-----.
第732條(15歲未滿者等에 對한 契約의 禁止) 15歲未滿者, 心神喪失者 또는 心神薄弱者의 死亡을 保險事故로 한 保險契約은 無效로 한다. <단서 신설>	제732조(15세미만자등에 대한 계약의 금지) ---. 다만, 심신박약자가 보험계약을 체결하거나 제735조의3에 따른 단체보험의 피보험자가 될 때에 의사능력이 있는 경우에는 그러하지 아니하다.
第732條의2(重過失로 인한 保險事故) 死亡을 保險事故로 한 保險契約에는 事故가 保險契約者 또는 被保險者나 保險受益者의 중대한 過失로 인하여 생긴 경우에도 保險者는 保險金額을 支給할 責任을 免하지 못한다.	제732조의2(중과실로 인한 보험사고 등) ① 사망을 보험사고로 한 보험계약에서는 사고가 보험계약자 또는 피보험자나 보험수익자의 중대한 과실로 인하여 발생한 경우에도 보험자는 보험금을 지급할 책임을 면하지 못한다. ② 둘 이상의 보험수익자 중 일부가 고의로 피보험자를 사망하게 한 경우 보험자는 다른

	보험수익자에 대한 보험금 지급 책임을 면하지 못한다.
第735條(養老保險) 被保險者의 死亡을 保險事故로 한 保險契約에는 事故의 發生없이 保險期間이 終了한 때에도 保險金額을 支給할 것을 約定할 수 있다.	<삭　제>
第735條의2(年金保險) 生命保險契約의 保險者는 被保險者의 生命에 관한 保險事故가 생긴 때에 약정에 따라 保險金額을 年金으로 分割하여 支給할 수 있다.	<삭　제>
第735條의3(團體保險) ①·② (생　략)	제735조의3(단체보험) ①·② (현행과 같음)
<신　설>	③ 제1항의 보험계약에서 보험계약자가 피보험자 또는 그상속인이 아닌 자를 보험수익자로 지정할 때에는 단체의 규약에서 명시적으로 정하는 경우 외에는 그 피보험자의 서면 동의를 받아야 한다.
<신　설>	제4절 질병보험
<신　설>	**제739조의2**(질병보험자의 책임) 질병보험계약의 보험자는 피보험자의 질병에 관한 보험사고가 발생할 경우 보험금이나 그 밖의 급여를 지급할 책임이 있다.
<신　설>	**제739조의3**(질병보험에 대한 준용규정) 질병보험에 관하여는 그 성질에 반하지 아니하는 범위에서 생명보험 및 상해보험에 관한 규정을 준용한다.

2. 전자보험거래 표준약관

표준약관 제10054호

제 1 장 총   칙

제 1 조(목   적)

이 약관은 ○○보험회사(이하 "회사"라 한다)와 이용자 사이의 전자거래에 관한 기본적인 사항을 정함으로써 거래를 신속하고 효율적으로 처리하며 거래당사자 상호간의 이해관계를 합리적으로 조정하는 것을 목적으로 합니다.

제 2 조(용어의 정의)

이 약관에서 사용하는 용어의 정의는 다음과 같습니다.

1. "이용자"라 함은 전자거래를 이용하는 고객을 말합니다.
2. "전자거래"라 함은 회사가 전자적 수단을 통하여 제공하는 보험계약의 청약·청약철회·해지·계약변경과 대출 등을 이용자가 직접 이용하는 거래를 말합니다.
3. "전자적 수단"이라 함은 컴퓨터, 정보단말기 등 전자거래를 처리하는데 이용되는 전자적 장치를 말합니다.
4. "접근수단"이라 함은 전자거래를 이용하는데 필요한 카드, 공인인증서, 비밀번호, 고객번호 등을 말합니다.
5. "공인인증서"라 함은 전자서명법 제15조의 규정에 따라 공인인증기관이 발행한 인증서를 말합니다.
6. "영업일"이라 함은 회사가 영업점에서 정상적인 영업을 하는 날을 말합니다.

제 3 조(이용자의 가입 및 접근수단의 관리)

① 이용자가 전자거래를 하고자 하는 경우에는 회사가 정한 방법에 따라 별도의 이용신청을 하여야 합니다.

② 이용자는 전자거래에 필요한 전자우편주소를 회사에 신고하여야 하며, 회사는 이용자가 신고한 전자우편주소가 유효한 지 여부를 확인할 수 있습니다.

③ 이용자는 전자거래에 필요한 접근수단을 제3자에게 대여, 위탁 또는 양도하지 못합니다.

④ 이용자는 접근수단을 본인 이외의 제3자에게 누설해서는 안되며, 접근수단의 도용이나 위조 또는 변조를 방지하기 위하여 충분한 주의를 기울여야 합니다.

제4조(전자거래 이용범위 등)

① 회사는 제3조에 따라 이용신청을 한 자에게 전자거래 이외에 보험계약조회·보험금조회·보상서비스·상담서비스 등 부가서비스도 이용하게 할 수 있습니다.

② 회사는 전자적 수단에 사용되는 기술적 사양을 변경할 사유가 발생한 경우에는 변경될 내용 및 변경일자 등을 전자적 수단을 통하여 변경일기준 7영업일 이전에 게시하여 드립니다.

제5조(이용시간)

① 이용자는 회사가 정한 시간 이내에서 전자거래를 이용할 수 있습니다.

② 이용시간은 회사의 사정에 따라 달라질 수 있으며, 회사가 이용시간을 변경하고자 할 경우에는 변경일 기준 3영업일 이전에 게시 가능한 전자적 수단을 통하여 게시하여 드립니다. 다만 시스템 장애복구, 프로그램의 긴급한 보수, 외부요인 등 사전 게시가 어려운 경우에는 예외로 합니다.

제6조(전자거래의 성립)

① 전자거래는 회사가 이용자의 거래요청을 접수하고 그 내용이 회사의 호스트컴퓨터에 의해 처리되어 저장되는 때에 성립합니다.

② 회사는 제1항의 전자거래요청에 대한 접수사실과 그 처리결과를 즉시 알려드립니다.

제7조(전자거래의 중지 등)

① 회사는 다음 각호의 1에 해당하는 경우에는 당해 전자거래를 중지할 수 있습니다.

　1. 당해 전자적 수단과 연결된 시스템이 통신장애 및 기타의 사유로 오류가 발생한 경우

　2. 당해 전자적 수단의 시스템의 변경, 보수, 보완 등의 사유로 시스템을 중지한 경우

② 회사는 다음 각호의 1에 해당하는 경우에는 해당 전자거래 전부를 제한할 수 있습니다.

　1. 공인인증서 유효기간이 만료되었거나 공인인증서가 취소되었을 때

　2. 이용자가 지정한 은행계좌가 거래정지되거나 이용자가 회사에 알리지 않고 은행계좌를 임의변경하는 등의 사유로 보험료 수납이나 대출금·보험금 등의 지급이 불가능한 경우

③ 회사는 제1항 및 제2항에 의해 전자거래를 중지 또는 제한한 경우에는 이용자에게 전자적 수단을 통하여 그 사유를 알려 드립니다.

④ 이용자는 제2항의 경우에 회사가 정한 공인인증서 재발급, 유효기간 연장 등의 절차를 거쳐 전자거래를 이용할 수 있습니다.

제 2 장   보험계약의 청약 등

제 8 조(보험계약의 청약)

① 이용자는 전자적 수단을 이용하여 회사가 정한 방법에 따라 보험계약의 청약을 할 수 있습니다.

② 회사는 이용자가 청약서 기재사항을 전부 기재한 경우에는 청약서 기재사항을 다시 확인하도록 하여 드립니다.

③ 이용자는 전자적 수단을 이용하여 청약과 함께 제1회 보험료를 회사가 정한 방법에 따라 납입하여야 합니다.

④ 회사는 제3항의 절차가 종료된 경우에는 청약내용과 보험료 납입사실(신용카드 결제의 경우 매출전표 등)을 이용자가 확인할 수 있도록 하여 드립니다.

제 9 조(약관교부 등)

① 회사는 전자적 수단을 이용하여 보험계약을 체결하는 경우 이 약관과 보험상품 약관을 게시하고 이용자에게 이들 약관의 중요한 내용을 확인하도록 하여 드립니다.

② 회사는 전자적 수단을 이용하여 이 약관과 보험상품약관을 교부할 수 있습니다. 다만, 이용자의 요청이 있는 경우에는 이들 약관을 서면으로 교부하여 드립니다.

제 10 조(보험계약의 청약 철회)

① 이용자는 전자적 수단을 이용하여 보험상품약관상 청약철회가 가능한 기일내에 회사가 정한 방법에 따라 보험계약의 청약을 철회할 수 있습니다.

② 회사는 제1항에 의한 청약 철회를 접수한 경우에는 이용자에게 청약철회의 접수 사실을 전자적 수단을 통해 알려드립니다.

제 3 장   보험계약의 내용변경 등

제 11 조(보험계약내용의 변경)

① 이용자는 전자적 수단을 이용하여 회사가 정한 방법에 따라 보험종목·보험기 간·보험가입금액·보장내용·보험계약자 또는 보험수익자·보험료 납입방법 등의 계약내용 변경을 신청할 수 있습니다.

② 회사는 제1항에 의한 보험계약내용의 변경신청을 접수한 경우에는 이용자가 변경내용을 다시 확인할 수 있도록 하여 드립니다.

③ 회사는 보험계약내용이 변경된 경우 이용자에게 그 사실을 전자적 수단을 통해 즉시 알려드립니다.

제 12 조(보험계약의 임의 해지)

① 이용자는 전자적 수단을 이용하여 회사가 정한 방법에 따라 보험계약을 해지할

수 있으며, 이 경우 회사는 보험상품약관에서 정한 해약환급금을 지급합니다.

② 회사는 제1항에 의한 해지신청을 접수한 때에는 이용자에게 해지신청의 접수사실을 전자적 수단을 통해 알려드립니다.

제 4 장 전자거래 내용의 확인 등

제 13 조(신고사항의 변경)

① 이용자는 주소·전화번호·비밀번호·전자우편주소·은행계좌 등 회사에 신고한 사항을 변경하고자 할 경우에는 전자적 수단이나 회사가 정하는 기타의 방법에 의하여 변경신청을 하여야 합니다.

② 제1항에 의한 신고사항의 변경은 회사가 신청을 접수한 즉시 그 효력이 발생합니다.

제 14 조(전자거래 이용계약의 해지)

이용자가 이 약관에 의한 전자거래 이용에 관한 계약을 해지하고자 할 때에는 이용자 본인이 전자적 수단이나 회사가 정하는 기타의 방법에 의하여 회사에 해지신청을 하여야 합니다.

제 15 조(거래내용의 확인)

① 이용자는 회사에 요청한 전자거래와 회사의 처리결과가 일치하는지 여부를 확인하여야 합니다.

② 이용자는 회사에 요청한 전자거래와 회사의 처리결과가 일치하지 않음을 알게 된 때에는 즉시 이를 회사에 알려야 하며, 회사는 사실확인 절차를 거쳐 필요한 조치를 취하여 드립니다.

제 16 조(거래오류의 정정)

회사는 이용자가 요청한 전자거래 내용과 다르게 처리되었음을 확인한 때에는 이용자가 요청한 내용대로 정정하여야 하며, 정정 사실을 이용자에게 알려드립니다.

제 17 조(사고 및 장애시의 처리)

① 이용자는 전자거래에 관한 접근수단이 도난, 분실, 도용, 위조 또는 변조된 사실을 알았거나 기타 거래절차상 비밀을 요하는 사항이 누설되었음을 알았을 때에는 지체없이 이를 회사에 알려야 합니다.

② 제1항의 통지는 회사가 이를 접수한 즉시 그 효력이 발생합니다.

③ 이용자가 제1항의 통지를 철회할 경우에는 이용자 본인이 회사에 서면으로 신청하여야 합니다.

④ 회사는 통신장애 및 기타의 사유로 인하여 이용자가 요청한 전자거래의 처리가 불가능할 경우에는 신고된 이용자의 연락처로 이를 알려드립니다.

⑤ 회사는 이용자의 요청이 있을 때에는 사고 또는 장애의 사유를 지체 없이 조사하여 그 결과를 이용자에게 알려드립니다.

제 18 조(통지의 방법)

① 회사는 제16조, 제17조제4항 및 제5항에 의한 통지를 하는 경우에는 이용자가 신고한 연락처로 전화, 서면 또는 기타 전자적 수단으로 알려드립니다.

② 회사가 서면으로 통지하였을 경우에는 천재지변 등 불가항력적인 경우 이외에는 보통의 우송기간이 지났을 때 도달한 것으로 추정합니다.

③ 이용자가 제13조에 의한 통지를 하지 아니하여 회사가 발송한 서면통지가 이용자에게 연착하거나 도달하지 아니한 때에는 보통의 우송기간이 경과한 때에 도달한 것으로 봅니다.

제 19 조(통화내용의 녹음)

회사는 거래의 정확성을 기하기 위하여 이용자의 동의를 얻어 전화통화내용을 녹음할 수 있습니다. 다만 녹음된 내용은 해당 거래의 분쟁이 발생할 경우의 증거자료로만 사용할 수 있으며, 이 경우 이용자는 회사에 녹음된 내용의 개시를 요구할 수 있습니다.

제 5 장　이용자 보호

제 20 조(거래기록의 보존 및 자료 제공 등)

① 회사는 전자거래의 기록을 보험계약소멸일부터 5년간 보존합니다.

② 회사는 이용자의 요청이 있을 경우 금융실명거래및비밀보장에관한법률 등 관계법률에 저촉되지 않는 범위내에서 회사가 보존·관리하고 있는 전자거래와 관련된 기록 및 자료를 당해 이용자에게 제공하여야 합니다.

제 21 조(손실부담 및 면책)

① 회사는 이용자로부터 제17조제1항에 의한 통지를 접수한 후에 발생하는 금전적 피해에 대하여는 그 금액과 약관대출 이율로 계산한 경과이자를 보상하여 드립니다. 그러나 이용자가 그 통지를 지체하여 발생한 손해에 대하여는 책임을 지지 아니합니다.

② 회사는 접근수단의 위조, 변조 또는 계약체결 및 거래지시의 전송이나 처리과정에서의 사고로 인하여 이용자가 입은 손해에 대하여 책임을 부담합니다. 다만, 이러한 사고발생에 대하여 이용자에게 고의 또는 과실이 있음을 회사가 입증하는 경우에는 그러하지 아니합니다.

③ 회사는 이용자로부터 접수한 전자거래가 천재지변, 회사의 귀책사유가 없는 정전, 화재, 통신장애, 기타의 불가항력적인 사유로 처리 불가능하거나 지연된 경우에 그 사유를 지체없이 이용자에게 알린 때에는 이용자에 대하여 이로 인한 책임을 지지 아니합니다.

④ 회사는 이용자가 제15조의 확인 또는 통지를 하지 않음으로 인하여 발생한 손해에 대하여는 책임을 지지 아니합니다. 다만 이용자가 요청한 내용과 다르게 처리한

경우에는 그러하지 아니합니다.

제 22 조(이용자정보에 대한 비밀보장)

① 회사는 관계법령에서 정한 경우를 제외하고 전자거래를 수행함에 있어서 알게 된 정보를 이용자 본인의 동의 없이는 타인에게 제공하지 못합니다.

② 회사는 이용자의 개인정보가 도난, 분실, 변조 및 유출되지 않도록 전자적 수단 에 대한 보안관리에 주의를 기울여야 하며, 회사의 관리소홀로 인한 이용자 정보의 도난, 분실, 변조 및 유출시에는 회사가 책임을 집니다.

제 23 조(약관의 명시 및 변경 등)

① 회사가 이 약관을 변경하고자 할 때에는 변경사유, 변경내용 및 적용일자 등을 명시하여 변경일 기준 1개월전에 게시가능한 전자적 수단에 게시하고 이용자의 전 자우편주소로 통지하여 드립니다. 다만, 법령의 개정이나 제도의 개선 등으로 인하 여 긴급히 이 약관을 변경할 경우에는 즉시 이를 게시하고 통지합니다.

② 약관변경의 내용이 이용자에게 불리할 경우에는 변경일 기준 1개월전에 제1항에 의한 게시와 통지 외에 2개 이상의 일간신문에 공고합니다.

③ 이용자는 제1항 및 제2항의 고지후 변경약관 시행일 전영업일까지 전자적 수단 이나 기타 방법에 의한 통지로 전자거래 이용계약을 해지할 수 있으며, 이 기간내 에 이용자의 이의가 회사에 도달하지 않으면 이용자가 이를 승인한 것으로 봅니다.

제 24 조(약관적용의 우선순위)

① 회사와 이용자 사이에 개별적으로 합의한 사항이 이 약관에서 정한 사항과 다를 때에는 그 합의사항을 이 약관에 우선하여 적용합니다.

② 전자거래에 관하여 이 약관에서 정하지 않은 사항에 대하여는 당해 보험상품약 관 등을 적용합니다.

제 25 조(분쟁조정)

이용자가 회사의 전자거래의 처리에 관하여 이의가 있을 때에는 회사의 분쟁처리기 구에 그 해결을 요구하거나 금융감독원의 금융분쟁조정위원회, 한국소비자보호원의 소비자분쟁조정위원회 등을 통하여 분쟁조정을 신청할 수 있습니다.

제 26 조(준거법)

이 약관에서 정하지 아니한 사항은 대한민국법령을 적용합니다.

3. 자동차보험 표준약관

[개정 2014. 6. 30]

자동차보험 보험종목 및 가입대상

보험종목	가 입 대 상
개인용 자동차보험	법정 정원 10인승 이하의 개인 소유 자가용 승용차. 다만, 인가된 자동차학원 또는 자동차학원 대표자가 소유하는 자동차로서 운전교습, 도로주행교육 및 시험에 사용되는 승용자동차는 제외
업무용 자동차보험	개인용 자동차를 제외한 모든 비사업용 자동차
영업용 자동차보험	사업용 자동차
이륜자동차보험	이륜자동차 및 원동기장치자전거
농기계보험	동력경운기 · 농용트랙터 및 콤바인 등 농기계

※ 이하의 표준약관은 개인용 자동차보험을 기준으로 작성한 것임.

제 1 편 용어의 정의 및 자동차보험의 구성

제 1 조(용어의 정의) 이 약관에서 사용하는 용어의 뜻은 다음과 같습니다.

1. 가지급금: 자동차사고로 인하여 소요되는 비용을 충당하기 위하여, 보험회사가 피보험자에 대한 보상책임이나 피해자에 대한 손해배상책임을 확정하기 전에 그 비용의 일부를 피보험자 또는 피해자에게 미리 지급하는 것을 말합니다.

2. 단기요율: 보험기간이 1년 미만인 보험계약에 적용되는 보험요율을 말합니다.

3. 마약 또는 약물 등: 「도로교통법」 제45조에서 정한 '마약, 대마, 향정신성의약품 그 밖의 행정안전부령이 정하는 것'을 말합니다.

4. 무면허운전(조종): 「도로교통법」 또는 「건설기계관리법」의 운전(조종)면허에 관한 규정에 위반되는 무면허 또는 무자격운전(조종)을 말하며, 운전(조종)면허의 효력이 정지된 상황이거나 운전(조종)이 금지된 상황에서 운전(조종)하는 것을 포함합니다.

5. 무보험자동차: 피보험자동차가 아니면서 피보험자를 죽게 하거나 다치게 한 자동차로서 다음 중 어느 하나에 해당하는 것을 말합니다. 이 경우 자동차라 함은 「자동차관리법」에 의한

자동차, 「건설기계관리법」에 의한 건설기계, 「군수품관리법」에 의한 차량, 「도로교통법」에 의한 원동기장치자전거 및 「농업기계화촉진법」에 의한 농업기계를 말하며, 피보험자가 소유한 자동차를 제외합니다.

가. 자동차보험 「대인배상Ⅱ」나 공제계약이 없는 자동차

나. 자동차보험 「대인배상Ⅱ」나 공제계약에서 보상하지 않는 경우에 해당하는 자동차

다. 이 약관에서 보상될 수 있는 금액보다 보상한도가 낮은 자동차보험의 「대인배상Ⅱ」나 공제계약이 적용되는 자동차. 다만, 피보험자를 죽게 하거나 다치게 한 자동차가 2대 이상이고 각각의 자동차에 적용되는 자동차보험의 「대인배상Ⅱ」 또는 공제계약에서 보상되는 금액의 합계액이 이 약관에서 보상될 수 있는 금액보다 낮은 경우에 한하는 그 각각의 자동차

라. 피보험자를 죽게 하거나 다치게 한 자동차가 명확히 밝혀지지 않은 경우 그 자동차

6. 부분품, 부속품, 부속기계장치

가. 부분품: 엔진, 변속기(트랜스미션) 등 자동차가 공장에서 출고될 때 원형 그대로 부착되어 자동차의 조성부분이 되는 재료를 말합니다.

나. 부속품: 자동차에 정착(*1) 또는 장비(*2)되어 있는 물품을 말하며, 자동차 실내에서만 사용하는 것을 목적으로 해서 자동차에 고정되어 있는 내비게이션이나 고속도로통행료단말기(*3)를 포함합니다. 다만 다음의 물품을 제외합니다.

(1) 연료, 보디커버, 세차용품

(2) 법령에 의해 자동차에 정착(*1)하거나 장비(*2)하는 것이 금지되어 있는 물건

(3) 통상 장식품으로 보는 물건

(4) 부속기계장치

다. 부속기계장치: 의료방역차, 검사측정차, 전원차, 방송중계차 등 자동차등록증상 그 용도가 특정한 자동차에 정착되거나 장비되어 있는 정밀기계장치를 말합니다.

　(*1) 정착 : 볼트, 너트 등으로 고정되어 있어서 공구 등을 사용하지 않으면 쉽게 분리할 수 없는 상태

　(*2) 장비 : 자동차의 기능을 충분히 발휘하기 위해 갖추어 두고 있는 상태 또는 법령에 따라 자동차에 갖추어 두고 있는 상태

　(*3) 고속도로통행료단말기 : 고속도로 통행료 등의 지급을 위해 고속도로 요금소와 통행료 등에 관한 정보를 주고받는 송수신장치(예: 하이패스 단말기)

7. 운전(조종): 「도로교통법」상 도로{도로교통법 제44조(술에 취한 상태에서의 운전금지)·제45조(과로한 때의 운전 금지)·제54조(사고발생 시 조치) 제1항·제148조(벌칙) 및 제148조의2(벌칙)의 경우에는 도로 외의 곳을 포함}에서 자동차 또는 건설기계를 그 본래의 사용방법에 따라 사용하는 것을 말합니다.

8. 운행: 사람 또는 물건의 운송 여부와 관계없이 자동차를 그 용법에 따라 사용하거나 관리하

는 것을 말합니다(「자동차손해배상보장법」 제2조 제2호)

9. 음주운전(조종): 「도로교통법」에 정한 술에 취한 상태에서 운전(조종)하거나 음주측정에 불
   응하는 행위를 말합니다.

10. 의무보험: 「자동차손해배상보장법」 제5조에 따라 자동차보유자가 의무적으로 가입하는 보험
    을 말합니다.

11. 자동차보유자: 자동차의 소유자나 자동차를 사용할 권리가 있는 자로서 자기를 위하여 자동
    차를 운행하는 자를 말합니다(「자동차손해배상보장법」 제2조 제3호)

12. 자동차 취급업자: 자동차정비업, 주차장업, 급유업, 세차업, 자동차판매업, 자동차탁송업 등
    자동차를 취급하는 일에 종사하는 자를 말하며 이들 또는 이들의 피용자가 법인인 경우에는
    그 법인의 이사와 감사를 포함합니다.

13. 피보험자: 보험회사에 보상을 청구할 수 있는 자로서 다음 중 어느 하나에 해당하는 자를 말
    하며, 구체적인 피보험자의 범위는 각각의 보장종목에서 정하는 바에 따릅니다.

    가. 기명피보험자: 피보험자동차를 소유·사용·관리하는 자 중에서 보험계약자가 지정하
        여 보험증권의 기명피보험자란에 기재되어 있는 피보험자를 말합니다.

    나. 친족피보험자: 기명피보험자와 같이 살거나 살림을 같이 하는 친족으로서 피보험자동차
        를 사용하거나 관리하고 있는 자를 말합니다.

    다. 승낙피보험자: 기명피보험자의 승낙을 얻어 피보험자동차를 사용하거나 관리하고 있는
        자를 말합니다.

    라. 사용피보험자: 기명피보험자의 사용자 또는 계약에 따라 기명피보험자의 사용자에 준하
        는 지위를 얻은 자. 다만, 기명피보험자가 피보험자동차를 사용자의 업무에 사용하고 있
        는 때에 한합니다.

    마. 운전피보험자: 다른 피보험자(기명피보험자, 친족피보험자, 승낙피보험자, 사용피보험자
        를 말함)를 위하여 피보험자동차를 운전 중인 자(운전보조자를 포함)를 말합니다.

14. 피보험자동차: 보험증권에 기재된 자동차를 말합니다.

15. 피보험자의 부모, 배우자, 자녀

    가. 피보험자의 부모: 피보험자의 부모, 양부모를 말합니다.

    나. 피보험자의 배우자: 법률상의 배우자 또는 사실혼관계에 있는 배우자를 말합니다.

    다. 피보험자의 자녀: 법률상의 혼인관계에서 출생한 자녀, 사실혼관계에서 출생한 자녀, 양
        자 또는 양녀를 말합니다.

16. 휴대품 및 소지품

    가. 휴대품: 통상적으로 몸에 지니고 있는 물품으로 현금, 유가증권, 만년필, 소모품, 손목시
        계, 귀금속, 장신구, 그 밖에 이와 유사한 물품을 말합니다.

    나. 소지품: 휴대품을 제외한 물품으로 정착(*1)되어 있지 않고 휴대할 수 있는 물품을 말
        합니다.(*2)

(*1) 정착: 볼트, 너트 등으로 고정되어 있어서 공구 등을 사용하지 않으면 쉽게 분리할 수 없는 상태

(*2) 예: 휴대전화기, 노트북, 캠코더, 카메라, 음성재생기(CD 플레이어, MP3 플레이어, 카세트테이프 플레이어 등), 녹음기, 전자수첩, 전자사전, 휴대용라디오, 핸드백, 서류가방, 골프채 등

제 2 조(자동차보험의 구성) ① 보험회사가 판매하는 자동차보험은 「대인배상Ⅰ」, 「대인배상Ⅱ」, 「대물배상」, 「자기신체사고」, 「무보험자동차에 의한 상해」, 「자기차량손해」의 6가지 보장종목과 특별약관으로 구성되어 있습니다.

② 보험계약자는 다음과 같은 방법에 의해 자동차보험에 가입합니다.

1. 의무보험: 「자동차손해배상보장법」 제5조에 의해 보험에 가입할 의무가 있는 자동차보유자는 「대인배상Ⅰ」과 「대물배상」(「자동차손해배상보장법」에서 정한 보상한도에 한함)을 반드시 가입하여야 합니다.

2. 임의보험: 의무보험에 가입하는 보험계약자는 의무보험에 해당하지 않는 보장종목을 선택하여 가입할 수 있습니다.

③ 각 보장종목별 보상 내용은 다음과 같으며 상세한 내용은 제2편 자동차보험에서 보상하는 내용에 규정되어 있습니다.

1. 배상책임: 자동차사고로 인하여 피보험자가 손해배상책임을 짐으로써 입은 손해를 보상

보장종목	보상하는 내용
가. 「대인배상Ⅰ」	자동차사고로 다른 사람을 죽게 하거나 다치게 한 경우에 「자동차손해배상보장법」에서 정한 한도에서 보상
나. 「대인배상Ⅱ」	자동차사고로 다른 사람을 죽게 하거나 다치게 한 경우, 그 손해가 「대인배상Ⅰ」에서 지급하는 금액을 초과하는 경우에 그 초과손해를 보상
다. 「대물배상」	자동차사고로 다른 사람의 재물을 없애거나 훼손한 경우에 보상

2. 배상책임 이외의 보장종목: 자동차사고로 인하여 피보험자가 입은 손해를 보상

보장종목	보상하는 내용
가. 「자기신체사고」	피보험자가 죽거나 다친 경우에 보상
나. 「무보험자동차에 의한 상해」	무보험자동차에 의해 피보험자가 죽거나 다친 경우에 보상
다. 「자기차량손해」	피보험자동차에 생긴 손해를 보상

제 2 편 자동차보험에서 보상하는 내용

제 1 장 배상책임

제 1 절 대인배상 I

제 3 조(보상하는 손해) 「대인배상 I」에서 보험회사는 피보험자가 피보험자동차의 운행으로 인하여 다른 사람을 죽거나 다치게 하여 「자동차손해배상보장법」 제3조에 의한 손해배상책임을 짐으로써 입은 손해를 보상합니다.

제 4 조(피보험자) 「대인배상 I」에서 피보험자라 함은 다음 중 어느 하나에 해당하는 자를 말하며, 다음에서 정하는 자 외에도 「자동차손해배상보장법」상 자동차보유자에 해당하는 자가 있는 경우에는 그 자를 「대인배상 I」의 피보험자로 봅니다.
  1. 기명피보험자
  2. 친족피보험자
  3. 승낙피보험자
  4. 사용피보험자
  5. 운전피보험자

제 5 조(보상하지 않는 손해) 보험계약자 또는 피보험자의 고의로 인한 손해는 「대인배상 I」에서 보상하지 않습니다. 다만, 「자동차손해배상보장법」 제10조의 규정에 따라 피해자가 보험회사에 직접청구를 한 경우, 보험회사는 자동차손해배상보장법령에서 정한 금액을 한도로 피해자에게 손해배상금을 지급한 다음 지급한 날부터 3년 이내에 고의로 사고를 일으킨 보험계약자나 피보험자에게 그 금액의 지급을 청구합니다.

제 2 절 대인배상 II와 대물배상

제 6 조(보상하는 손해) ① 「대인배상 II」에서 보험회사는 피보험자가 피보험자동차를 소유·사용·관리하는 동안에 생긴 피보험자동차의 사고로 인하여 다른 사람을 죽게 하거나 다치게 하여 법률상 손해배상책임을 짐으로써 입은 손해(「대인배상 I」에서 보상하는 손해를 초과하는 손해에 한함)를 보상합니다.
② 「대물배상」에서 보험회사는 피보험자가 피보험자동차를 소유·사용·관리하는 동안에 생긴 피보험자동차의 사고로 인하여 다른 사람의 재물을 없애거나 훼손하여 법률상 손해배상책임을 짐으로써 입은 손해를 보상합니다.

제 7 조(피보험자) 「대인배상Ⅱ」와 「대물배상」에서 피보험자라 함은 다음 중 어느 하나에 해당하는 자를 말합니다.

  1. 기명피보험자

  2. 친족피보험자

  3. 승낙피보험자. 다만, 자동차 취급업자가 업무상 위탁받은 피보험자동차를 사용하거나 관리하는 경우에는 피보험자로 보지 않습니다.

  4. 사용피보험자

  5. 운전피보험자. 다만, 자동차 취급업자가 업무상 위탁받은 피보험자동차를 사용하거나 관리하는 경우에는 피보험자로 보지 않습니다.

제 8 조(보상하지 않는 손해) ① 다음 중 어느 하나에 해당하는 손해는 「대인배상Ⅱ」와 「대물배상」에서 보상하지 않습니다.

  1. 보험계약자 또는 기명피보험자의 고의로 인한 손해

  2. 기명피보험자 이외의 피보험자의 고의로 인한 손해

  3. 전쟁, 혁명, 내란, 사변, 폭동, 소요 또는 이와 유사한 사태로 인한 손해

  4. 지진, 분화, 태풍, 홍수, 해일 등 천재지변으로 인한 손해

  5. 핵연료물질의 직접 또는 간접적인 영향으로 인한 손해

  6. 영리를 목적으로 요금이나 대가를 받고 피보험자동차를 반복적으로 사용하거나 빌려 준 때에 생긴 손해. 다만, 임대차계약(계약기간이 30일을 초과하는 경우에 한함)에 따라 임차인이 피보험자동차를 전속적으로 사용하는 경우에는 보상합니다. 그러나 임차인이 피보험자동차를 영리를 목적으로 요금이나 대가를 받고 반복적으로 사용하는 경우에는 보상하지 않습니다.

  7. 피보험자가 제 3 자와 손해배상에 관한 계약을 맺고 있을 때 그 계약으로 인하여 늘어난 손해

  8. 피보험자 본인이 무면허운전을 하였거나, 기명피보험자의 명시적·묵시적 승인하에서 피보험자동차의 운전자가 무면허운전을 하였을 때에 생긴 사고로 인한 손해. 다만, 「자동차손해배상보장법」 제 5 조 제 2 항의 규정에 따라 자동차보유자가 의무적으로 가입하여야 하는 「대물배상」 보험가입금액 한도에서는 보상합니다.

  9. 피보험자동차를 시험용, 경기용 또는 경기를 위해 연습용으로 사용하던 중 생긴 손해. 다만, 운전면허시험을 위한 도로주행시험용으로 사용하던 중 생긴 손해는 보상합니다.

② 다음 중 어느 하나에 해당하는 사람이 죽거나 다친 경우에는 「대인배상Ⅱ」에서 보상하지 않습니다.

  1. 피보험자 또는 그 부모, 배우자 및 자녀

  2. 배상책임이 있는 피보험자의 피용자로서 「산업재해보상보험법」에 의한 재해보상을 받을 수 있는 사람. 다만, 그 사람이 입은 손해가 같은 법에 의한 보상범위를 넘어서는 경우 그 초과

손해를 보상합니다.

3. 피보험자동차가 피보험자의 사용자의 업무에 사용되는 경우 그 사용자의 업무에 종사 중인 다른 피용자로서, 「산업재해보상보험법」에 의한 재해보상을 받을 수 있는 사람. 다만, 그 사람이 입은 손해가 같은 법에 의한 보상범위를 넘는 경우 그 초과손해를 보상합니다.

③ 다음 중 어느 하나에 해당하는 손해는 「대물배상」에서 보상하지 않습니다.

1. 피보험자 또는 그 부모, 배우자나 자녀가 소유·사용·관리하는 재물에 생긴 손해

2. 피보험자가 사용자의 업무에 종사하고 있을 때 피보험자의 사용자가 소유·사용·관리하는 재물에 생긴 손해

3. 피보험자동차에 싣고 있거나 운송중인 물품에 생긴 손해

4. 다른 사람의 서화, 골동품, 조각물, 그 밖에 미술품과 탑승자와 통행인의 의류나 휴대품에 생긴 손해

5. 탑승자와 통행인의 분실 또는 도난으로 인한 소지품에 생긴 손해. 그러나 훼손된 소지품에 한하여 피해자 1인당 200만원의 한도에서 실제 손해를 보상합니다.

④ 제1항 제2호와 관련해서 보험회사가 제9조(피보험자 개별적용) 제1항에 따라 피해자에게 손해배상을 하는 경우, 보험회사는 손해배상액을 지급한 날부터 3년 이내에 고의로 사고를 일으킨 피보험자에게 그 금액의 지급을 청구합니다.

제3절 배상책임에서 공통으로 적용할 사항

제9조(피보험자 개별적용) ① 이 장의 규정은 각각의 피보험자마다 개별적으로 적용합니다. 다만 제8조(보상하지 않는 손해) 제1항 제1호, 제6호, 제9호를 제외합니다.

② 제1항에 따라 제10조(지급보험금의 계산)에 정하는 보험금의 한도가 증액되지는 않습니다.

제10조(지급보험금의 계산) ① 「대인배상Ⅰ」, 「대인배상Ⅱ」, 「대물배상」에서 보험회사는 이 약관의 '보험금지급기준에 의해 산출한 금액'과 '비용'을 합한 금액에서 '공제액'을 공제한 후 보험금으로 지급하되 다음의 금액을 한도로 합니다.

1. 「대인배상Ⅰ」: 자동차손해배상보장법령에서 정한 기준에 따라 산출한 금액

2. 「대인배상Ⅱ」, 「대물배상」: 보험증권에 기재된 보험가입금액

지급 보험금	=	'보험금지급기준에 의해 산출한 금액' 또는 '법원의 확정판결 등(*1)에 따라 피보험자가 배상하여야 할 금액'	+	비용	−	공제액

② 소송(민사조정, 중재를 포함)이 제기되었을 경우에는 대한민국 법원의 확정판결 등(*1)에 따라 피보험자가 손해배상청구권자에게 배상하여야 할 금액(지연배상금을 포함)을 제1항의 '보험

금지급기준에 의해 산출한 금액'으로 봅니다.

③ 제1항의 '비용'은 다음 중 어느 하나에 해당하는 금액을 말합니다. 이 비용은 보험가입금액과 관계없이 보상하여 드립니다.

1. 손해의 방지와 경감을 위하여 지출한 비용(긴급조치비용을 포함)
2. 다른 사람으로부터 손해배상을 받을 수 있는 권리의 보전과 행사를 위하여 지출한 필요 비용 또는 유익한 비용
3. 그 밖에 보험회사의 동의를 얻어 지출한 비용

④ 제1항의 '공제액'은 다음의 금액을 말합니다.

1. 「대인배상Ⅱ」: 「대인배상Ⅰ」에서 지급되는 금액 또는 피보험자동차가 「대인배상Ⅰ」에 가입되지 않은 경우에는 「대인배상Ⅰ」에서 지급될 수 있는 금액
2. 「대물배상」: 사고차량을 고칠 때에 엔진, 변속기(트랜스미션) 등 부분품을 교체한 경우 교체된 기존 부분품의 감가상각에 해당하는 금액
   (*1) '법원의 확정판결 등'이라 함은 법원의 확정판결 또는 법원의 확정판결과 동일한 효력을 갖는 조정결정, 중재판정 등을 말합니다.

제11조(음주운전 또는 무면허운전 관련 사고부담금) ① 피보험자 본인이 음주운전이나 무면허운전을 하는 동안에 생긴 사고 또는 기명피보험자의 명시적·묵시적 승인하에서 피보험자동차의 운전자가 음주운전이나 무면허운전을 하는 동안에 생긴 사고로 인하여 보험회사가 「대인배상Ⅰ」, 「대인배상Ⅱ」 또는 「대물배상」에서 보험금을 지급하는 경우, 피보험자는 다음에서 정하는 사고부담금을 보험회사에 납입하여야 합니다.

1. 음주운전 사고부담금: 1 사고당 「대인배상Ⅰ·Ⅱ」는 200만원, 「대물배상」은 50만원
2. 무면허운전 사고부담금: 1 사고당 「대인배상Ⅰ」는 200만원, 「대물배상」은 50만원

② 피보험자는 지체 없이 음주운전 또는 무면허운전 사고부담금을 보험회사에 납입하여야 합니다. 다만, 피보험자가 경제적인 사유 등으로 이 사고부담금을 미납하였을 때 보험회사는 피해자에게 이 사고부담금을 포함하여 손해배상금을 우선 지급하고 피보험자에게 이 사고부담금의 지급을 청구할 수 있습니다.

제 2 장 배상책임 이외의 보장종목

제 1 절 자기신체사고

제12조(보상하는 손해) 「자기신체사고」에서 보험회사는 피보험자가 피보험자동차를 소유·사용·관리하는 동안에 생긴 자동차의 사고로 인하여 죽거나 다친 때 그로 인한 손해를 보상하여 드립니다.

> ※ 「자기신체사고」에서 보장하는 '자동차의 사고'에 관한 구체적인 사항은 개별 보험회사의 약관에서 규정

제13조(피보험자) 「자기신체사고」에서 피보험자는 보험회사에 보상을 청구할 수 있는 사람으로 그 범위는 다음과 같습니다.

> ※ '피보험자'에 관한 구체적인 사항은 개별 보험회사의 약관에서 규정

제14조(보상하지 않는 손해) 다음 중 어느 하나에 해당하는 손해는 「자기신체사고」에서 보상하지 않습니다.

1. 피보험자의 고의로 그 본인이 상해를 입은 때. 이 경우 그 피보험자에 대한 보험금만 지급하지 않습니다.
2. 상해가 보험금을 받을 자의 고의로 생긴 때에는 그 사람이 받을 수 있는 금액
3. 피보험자동차 또는 피보험자동차 이외의 자동차를 시험용, 경기용 또는 경기를 위해 연습용으로 사용하던 중 생긴 손해. 다만, 운전면허시험을 위한 도로주행시험용으로 사용하던 중 생긴 손해는 보상합니다.
4. 전쟁, 혁명, 내란, 사변, 폭동, 소요 및 이와 유사한 사태로 인한 손해
5. 지진, 분화 등 천재지변으로 인한 손해
6. 핵연료물질의 직접 또는 간접적인 영향으로 인한 손해
7. 영리를 목적으로 요금이나 대가를 받고 피보험자동차를 반복적으로 사용하거나 빌려 준 때에 생긴 손해. 다만, 임대차계약(계약기간이 30일을 초과하는 경우에 한함)에 따라 임차인이 피보험자동차를 전속적으로 사용하는 경우는 보상합니다. 그러나 임차인이 피보험자동차를 영리를 목적으로 요금이나 대가를 받고 반복적으로 사용하는 경우는 보상하지 않습니다.

제15조(보험금의 종류와 한도) 보험회사가 「자기신체사고」에서 지급하는 보험금의 종류와 한도는 다음과 같습니다.

> ※ '보험금의 종류와 한도'에 관한 구체적인 사항은 개별 보험회사의 약관에서 규정

제16조(지급보험금의 계산) 「자기신체사고」의 지급보험금은 다음과 같이 계산합니다.

> ※ '지급보험금의 계산'에 관한 구체적인 사항은 개별 보험회사의 약관에서 규정

제 2 절　무보험자동차에 의한 상해

제17조(보상하는 손해) 「무보험자동차에 의한 상해」에서 보험회사는 피보험자가 무보험자동차로 인하여 생긴 사고로 죽거나 다친 때에 그로 인한 손해에 대하여 배상의무자(*1)가 있는 경우에 이 약관에서 정하는 바에 따라 보상하여 드립니다.

　(*1) '배상의무자'라 함은 무보험자동차로 인하여 생긴 사고로 피보험자를 죽게 하거나 다치게 함으로써 피보험자에게 입힌 손해에 대하여 법률상 손해배상책임을 지는 사람을 말합니다.

제18조(피보험자) 「무보험자동차에 의한 상해」에서 피보험자는 보험회사에 보상을 청구할 수 있는 사람으로 그 범위는 다음과 같습니다.

> ※ '피보험자'에 관한 구체적인 사항은 개별 보험회사의 약관에서 규정

제19조(보상하지 않는 손해) 다음 중 어느 하나에 해당하는 손해는 「무보험자동차에 의한 상해」에서 보상하지 않습니다.
  1. 보험계약자의 고의로 인한 손해
  2. 피보험자의 고의로 그 본인이 상해를 입은 때. 이 경우 당해 피보험자에 대한 보험금만 지급하지 않습니다.
  3. 상해가 보험금을 받을 자의 고의로 생긴 때는 그 사람이 받을 수 있는 금액
  4. 전쟁, 혁명, 내란, 사변, 폭동, 소요 및 이와 유사한 사태로 인한 손해
  5. 지진, 분화, 태풍, 홍수, 해일 등 천재지변으로 인한 손해
  6. 핵연료물질의 직접 또는 간접적인 영향으로 인한 손해
  7. 영리를 목적으로 요금이나 대가를 받고 피보험자동차를 반복적으로 사용하거나 빌려 준 때에 생긴 손해. 다만, 임대차계약(계약기간이 30일을 초과하는 경우에 한함)에 따라 임차인이 피보험자동차를 전속적으로 사용하는 경우는 보상합니다. 그러나 임차인이 피보험자동차를 영리를 목적으로 요금이나 대가를 받고 반복적으로 사용하는 경우는 보상하지 않습니다.
  8. 피보험자동차 또는 피보험자동차 이외의 자동차를 시험용, 경기용 또는 경기를 위해 연습용으로 사용하던 중 생긴 손해. 다만, 운전면허시험을 위한 도로주행시험용으로 사용하던 중 생긴 손해는 보상합니다.
  9. 피보험자가 피보험자동차가 아닌 자동차를 영리를 목적으로 요금이나 대가를 받고 운전하던 중 생긴 사고로 인한 손해
  10. 다음 중 어느 하나에 해당하는 사람이 배상의무자(*1)일 경우에는 보상하지 않습니다. 다만, 이들이 무보험자동차를 운전하지 않은 경우로, 이들 이외에 다른 배상의무자(*1)가 있는 경

우에는 보상합니다.

가. 상해를 입은 피보험자의 부모, 배우자, 자녀

나. 피보험자가 사용자의 업무에 종사하고 있을 때 피보험자의 사용자 또는 피보험자의 사용자의 업무에 종사 중인 다른 피용자

　(*1) '배상의무자'라 함은 무보험자동차의 사고로 인하여 피보험자를 죽게 하거나 다치게 함으로써 피보험자에게 입힌 손해에 대하여 법률상 손해배상책임을 지는 사람을 말합니다.

제20조(지급보험금의 계산) 「무보험자동차에 의한 상해」의 지급보험금은 다음과 같이 계산합니다.

> ※ '지급보험금의 계산'에 관한 구체적인 사항은 개별 보험회사의 약관에서 규정

제 3 절 자기차량손해

제21조(보상하는 손해) 「자기차량손해」에서 보험회사는 피보험자가 피보험자동차를 소유·사용·관리하는 동안에 발생한 사고로 인하여 피보험자동차에 직접적으로 생긴 손해를 보험증권에 기재된 보험가입금액을 한도로 보상합니다. 다만, 보험가입금액이 보험가액보다 많은 경우에는 보험가액(*1)을 한도로 보상합니다. 이 경우 피보험자동차에 통상 붙어있거나 장치되어 있는 부속품과 부속기계장치는 피보험자동차의 일부로 봅니다. 그러나 통상 붙어 있거나 장치되어 있는 것이 아닌 것은 보험증권에 기재한 것에 한합니다.

　(*1) '보험가액'이라 함은 보험개발원이 정한 차량기준가액표에 따라 보험계약을 맺었을 때에는 사고발생 당시 보험개발원이 정한 최근의 차량기준가액을 말합니다. 그러나 위 차량기준가액이 없거나 이와 다른 가액으로 보험계약을 맺었을 경우 보험증권에 기재된 가액이 손해가 생긴 곳과 때의 가액을 현저하게 초과할 때에는 그 손해가 생긴 곳과 때의 가액을 보험가액으로 합니다.

> ※ 「자기차량손해」에서 보장하는 '사고'에 관한 구체적인 사항은 개별 보험회사의 약관에서 규정

제22조(피보험자) 「자기차량손해」에서 피보험자는 보험회사에 보상을 청구할 수 있는 사람으로 보험증권에 기재된 기명피보험자입니다.

제23조(보상하지 않는 손해) 다음 중 어느 하나에 해당하는 손해는 「자기차량손해」에서 보상하지 않습니다.

　1. 보험계약자 또는 피보험자의 고의로 인한 손해

2. 전쟁, 혁명, 내란, 사변, 폭동, 소요 및 이와 유사한 사태로 인한 손해

3. 지진, 분화 등 천재지변으로 인한 손해

4. 핵연료물질의 직접 또는 간접적인 영향으로 인한 손해

5. 영리를 목적으로 요금이나 대가를 받고 피보험자동차를 반복적으로 사용하거나 빌려 준 때에 생긴 손해. 다만, 임대차계약(계약기간이 30일을 초과하는 경우에 한함)에 따라 임차인이 피보험자동차를 전속적으로 사용하는 경우는 보상합니다. 그러나 임차인이 피보험자동차를 영리를 목적으로 요금이나 대가를 받고 반복적으로 사용하는 경우는 보상하지 않습니다.

6. 사기 또는 횡령으로 인한 손해

7. 국가나 공공단체의 공권력 행사에 의한 압류, 징발, 몰수, 파괴 등으로 인한 손해. 그러나 소방이나 피난에 필요한 조치로 손해가 발생한 경우에는 그 손해를 보상합니다.

8. 피보험자동차에 생긴 흠, 마멸, 부식, 녹, 그 밖에 자연소모로 인한 손해

9. 피보험자동차의 일부 부분품, 부속품, 부속기계장치만의 도난으로 인한 손해

10. 동파로 인한 손해 또는 우연한 외래의 사고에 직접 관련이 없는 전기적, 기계적 손해

11. 피보험자동차를 시험용, 경기용 또는 경기를 위해 연습용으로 사용하던 중 생긴 손해. 다만, 운전면허시험을 위한 도로주행시험용으로 사용하던 중 생긴 손해는 보상합니다.

12. 피보험자동차를 운송 또는 싣고 내릴 때에 생긴 손해

13. 피보험자동차가 주정차중일 때 피보험자동차의 타이어나 튜브에만 생긴 손해. 다만, 다음 중 어느 하나에 해당하는 손해는 보상합니다(타이어나 튜브의 물리적 변형이 없는 단순 오손의 경우는 제외).

　가. 다른 자동차가 충돌하거나 접촉하여 입은 손해

　나. 화재, 산사태로 입은 손해

　다. 가해자가 확정된 사고(*1)로 인한 손해

　　(*1) '가해자가 확정된 사고'라 함은 피보험자동차에 장착되어 있는 타이어나 튜브를 훼손하거나 파손한 사고로, 경찰관서를 통하여 가해자(기명피보험자 및 기명피보험자의 부모, 배우자, 자녀는 제외)의 신원이 확인된 사고를 말합니다.

14. 다음 각목의 어느 하나에 해당하는 자가 무면허운전, 음주운전 또는 마약·약물운전(*1)을 하였을 때 생긴 손해

　가. 보험계약자, 기명피보험자

　나. 30일을 초과하는 기간을 정한 임대차계약에 의해 피보험자동차를 빌린 임차인(*2).

　다. 기명피보험자와 같이 살거나 생계를 같이 하는 친족

　　(*1) '마약·약물운전'이라 함은 마약 또는 약물 등의 영향으로 인하여 정상적인 운전을 하지 못할 우려가 있는 상태에서 피보험자동차를 운전하는 것을 말합니다.

　　(*2) 임차인이 법인인 경우에는 그 이사, 감사 또는 피고용자(피고용자가 피보험자동차를 법인의 업무에 사용하고 있는 때에 한함)를 포함합니다.

제24조(지급보험금의 계산) 「자기차량손해」의 지급보험금은 다음과 같이 계산합니다.

```
※ '지급보험금의 계산'에 관한 구체적인 사항은 개별 보험회사의 약관에서 규정
```

제 3 편   보험금 또는 손해배상의 청구

제 1 장   피보험자의 보험금 청구

제25조(보험금을 청구할 수 있는 경우) 피보험자는 다음에서 정하는 바에 따라 보험금을 청구할 수 있습니다.

보장종목	보험금을 청구할 수 있는 경우
1. 「대인배상Ⅰ」, 「대인배상Ⅱ」, 「대물배상」	대한민국 법원에 의한 판결의 확정, 재판상의 화해, 중재 또는 서면에 의한 합의로 손해배상액이 확정된 때
2. 「자기신체사고」	피보험자가 피보험자동차를 소유, 사용, 관리하는 동안에 생긴 자동차의 사고로 인하여 죽거나 다친 때
3. 「무보험자동차에 의한 상해」	피보험자가 무보험자동차에 의해 생긴 사고로 죽거나 다친 때
4. 「자기차량손해」	사고가 발생한 때. 다만, 피보험자동차를 도난당한 경우에는 도난 사실을 경찰관서에 신고한 후 30일이 지나야 보험금을 청구할 수 있습니다. 만약, 경찰관서에 신고한 후 30일이 지나 보험금을 청구하였으나 피보험자동차가 회수되었을 경우에는, 보험금의 지급 및 피보험자동차의 반환여부는 피보험자의 의사에 따릅니다.

제26조(청구 절차 및 유의 사항) ① 보험회사는 보험금 청구에 관한 서류를 받았을 때에는 지체 없이 지급할 보험금액을 정하고 그 정하여진 날부터 7일 이내에 지급합니다.

② 보험회사가 정당한 사유 없이 보험금액을 정하는 것을 지연하였거나 제1항에서 정한 지급기일 내에 보험금을 지급하지 않았을 때, 지급할 보험금이 있는 경우에는 그 다음날부터 지급일까지의 기간에 대하여 보험개발원이 공시한 보험계약대출이율에 따라 연 단위 복리로 계산한 금액을 보험금에 더하여 드립니다. 다만, 피보험자의 책임 있는 사유로 지급이 지연될 때에는 그 해당기간에 대한 이자를 더하여 드리지 않습니다.

③ 보험회사가 보험금 청구에 관한 서류를 받은 때부터 30일 이내에 피보험자에게 보험금을 지급하는 것을 거절하는 이유 또는 그 지급을 연기하는 이유(추가 조사가 필요한 때에는 확인이

필요한 사항과 확인이 종료되는 시기를 포함)를 서면(전자우편 등 서면에 갈음할 수 있는 통신수단을 포함)으로 통지하지 않는 경우, 정당한 사유 없이 보험금액을 정하는 것을 지연한 것으로 봅니다.

④ 보험회사는 손해배상청구권자가 손해배상을 받기 전에는 보험금의 전부 또는 일부를 피보험자에게 지급하지 않으며, 피보험자가 손해배상청구권자에게 지급한 손해배상액을 초과하여 피보험자에게 지급하지 않습니다.

⑤ 피보험자의 보험금 청구가 손해배상청구권자의 직접청구와 경합할 때에는 보험회사가 손해배상청구권자에게 우선하여 보험금을 지급합니다.

⑥ 「대인배상Ⅰ」, 「대인배상Ⅱ」, 「자기신체사고」, 「무보험자동차에 의한 상해」에서 보험회사는 피보험자 또는 손해배상청구권자의 청구가 있거나 그 밖의 원인으로 보험사고가 발생한 사실을 알았을 때에는 피해자 또는 손해배상청구권자를 진료하는 의료기관에 그 진료에 따른 자동차보험 진료수가의 지급의사 유무 및 지급한도 등을 통지합니다.

제27조(제출 서류) 피보험자는 보장종목별로 다음의 서류 등을 구비하여 보험금을 청구하여야 합니다.

보험금 청구시 필요 서류 등	대인 배상	대물 배상	자기 차량 손해	자기 신체 사고	무보험 자동차에 의한 상해
1. 보험금 청구서	○	○	○	○	○
2. 손해액을 증명하는 서류(진단서 등)	○	○	○	○	○
3. 손해배상의 이행사실을 증명하는 서류	○	○			
4. 사고가 발생한 때와 장소 및 사고사실이 신고된 관할 경찰관서			○		○
5. 배상의무자의 주소, 성명 또는 명칭, 차량번호					○
6. 배상의무자의 「대인배상Ⅱ」 또는 공제계약의 유무 및 내용					○
7. 피보험자가 입은 손해를 보상할 「대인배상Ⅱ」 또는 공제계약, 배상의무자 또는 제3자로부터 이미 지급받은 손해배상금이 있을 때에는 그 금액					○
8. 도난 및 전손사고 시 폐차증명서 또는 말소사실 증명서			○		
9. 그 밖에 보험회사가 꼭 필요하여 요청하는 서류 등(수리개시 전 자동차점검·정비견적서, 사진 등. 이 경우 수리 개시 전 자동차점검·정비견적서의 발급 등에 관한 사항은 보험회사에 구두 또는 서면으로 위임할 수 있으며, 보험회사는 수리 개시 전 자동차점검·정비견적서를 발급한 자동차 정비업자에게 이에 대한 검토의견서를 수리개시 전에 회신하게 됩니다.)	○	○	○	○	○

제28조(가지급금의 지급) ① 피보험자가 가지급금을 청구한 경우 보험회사는 이 약관에 따라 지급할 금액의 한도에서 가지급금(자동차보험 진료수가는 전액, 진료수가 이외의 보험금은 이 약관에 따라 지급할 금액의 50%)을 지급합니다.

② 보험회사는 가지급금 청구에 관한 서류를 받았을 때에는 지체 없이 지급할 가지급액을 정하고 그 정하여진 날부터 7일 이내에 지급합니다.

③ 보험회사가 정당한 사유 없이 가지급액을 정하는 것을 지연하거나 제2항에서 정하는 지급기일 내에 가지급금을 지급하지 않았을 때, 지급할 가지급금이 있는 경우에는 그 다음날부터 지급일까지의 기간에 대하여 보험개발원이 공시한 보험계약대출이율을 연단위 복리로 계산한 금액을 가지급금에 더하여 드립니다.

④ 보험회사가 가지급금 청구에 관한 서류를 받은 때부터 10일 이내에 피보험자에게 가지급금을 지급하는 것을 거절하는 이유 또는 그 지급을 연기하는 이유(추가 조사가 필요한 때에는 확인이 필요한 사항과 확인이 종료되는 시기를 포함)를 서면(전자우편 등 서면에 갈음할 수 있는 통신수단을 포함)으로 통지하지 않는 경우, 정당한 사유 없이 가지급액을 정하는 것을 지연한 것으로 봅니다.

⑤ 보험회사는 이 약관상 보험회사의 보험금 지급책임이 발생하지 않는 것이 객관적으로 명백할 경우에 가지급금을 지급하지 않을 수 있습니다.

⑥ 피보험자에게 지급한 가지급금은 장래 지급될 보험금에서 공제되나, 최종적인 보험금의 결정에는 영향을 미치지 않습니다.

⑦ 피보험자가 가지급금을 청구할 때는 보험금을 청구하는 경우와 동일하게 제27조(제출 서류)에서 정하는 서류 등을 보험회사에 제출하여야 합니다.

제 2 장 손해배상청구권자의 직접청구

제29조(손해배상을 청구할 수 있는 경우) 피보험자가 법률상의 손해배상책임을 지는 사고가 생긴 경우, 손해배상청구권자는 보험회사에 직접 손해배상금을 청구할 수 있습니다. 다만 보험회사는 피보험자가 그 사고에 관하여 가지는 항변으로 손해배상청구권자에게 대항할 수 있습니다.

제30조(청구 절차 및 유의 사항) ① 보험회사가 손해배상청구권자의 청구를 받았을 때에는 지체 없이 피보험자에게 통지합니다. 이 경우 피보험자는 보험회사의 요청에 따라 증거확보, 권리보전 등에 협력하여야 하며, 만일 피보험자가 정당한 이유 없이 협력하지 않은 경우 그로 인하여 늘어난 손해에 대하여는 보상하지 않습니다.

② 보험회사가 손해배상청구권자에게 지급하는 손해배상금은 이 약관에 의하여 보험회사가 피보험자에게 지급책임을 지는 금액을 한도로 합니다.

③ 보험회사가 손해배상청구권자에게 손해배상금을 직접 지급할 때에는 그 금액의 한도에서 피보험자에게 보험금을 지급하는 것으로 합니다.

④ 보험회사는 손해배상청구에 관한 서류 등을 받았을 때에는 지체 없이 지급할 손해배상액을 정하고 그 정하여진 날부터 7일 이내에 지급합니다.

⑤ 보험회사가 정당한 사유 없이 손해배상액을 정하는 것을 지연하였거나 제4항에서 정하는 지급기일 내에 손해배상금을 지급하지 않았을 때, 지급할 손해배상금이 있는 경우에는 그 다음 날부터 지급일까지의 기간에 대하여 보험개발원이 공시한 보험계약대출이율에 따라 연 단위 복리로 계산한 금액을 손해배상금에 더하여 드립니다. 그러나 손해배상청구권자의 책임 있는 사유로 지급이 지연될 때에는 그 해당기간에 대한 이자를 더하여 드리지 않습니다.

⑥ 보험회사가 손해배상 청구에 관한 서류를 받은 때부터 30일 이내에 손해배상청구권자에게 손해배상금을 지급하는 것을 거절하는 이유 또는 그 지급을 연기하는 이유(추가 조사가 필요한 때에는 확인이 필요한 사항과 확인이 종료되는 시기를 포함)를 서면(전자우편 등 서면에 갈음할 수 있는 통신수단을 포함)으로 통지하지 않는 경우, 정당한 사유 없이 손해배상액을 정하는 것을 지연한 것으로 봅니다.

⑦ 보험회사는 손해배상청구권자의 요청이 있을 때는 손해배상액을 일정기간으로 정하여 정기금으로 지급할 수 있습니다. 이 경우 각 정기금의 지급기일의 다음날부터 다 지급하는 날까지의 기간에 대하여 보험개발원이 공시한 정기예금이율에 따라 연 단위 복리로 계산한 금액을 손해배상금에 더하여 드립니다.

제31조(제출 서류) 손해배상청구권자는 보장종목별로 다음의 서류 등을 구비하여 보험회사에 손해배상을 청구하여야 합니다.

손해배상청구권자가 직접 청구하는 경우 필요 서류 등	대인배상 I·II	대물배상
1. 교통사고 발생사실을 확인할 수 있는 서류	○	○
2. 손해배상청구서	○	○
3. 손해액을 증명하는 서류	○	○
4. 그 밖에 보험회사가 꼭 필요하여 요청하는 서류 등(수리개시 전 자동차점검·정비견적서, 사진 등. 이 경우 수리개시 전 자동차점검·정비견적서의 발급 등에 관한 사항은 보험회사에 구두 또는 서면으로 위임할 수 있으며, 보험회사는 수리개시 전 자동차점검·정비견적서를 발급한 자동차 정비업자에게 이에 대한 검토의견서를 수리개시 전에 회신하게 됩니다.)	○	○

제32조(가지급금의 지급) ① 손해배상청구권자가 가지급금을 청구한 경우 보험회사는 「자동차손해배상보장법」 또는 「교통사고처리특례법」 등에 의해 이 약관에 따라 지급할 금액의 한도에서 가지급금(자동차보험 진료수가는 전액, 진료수가 이외의 손해배상금은 이 약관에 따라 지급할

금액의 50%)을 지급합니다.

② 보험회사는 가지급금 청구에 관한 서류 등을 받았을 때에는 지체 없이 지급할 가지급액을 정하고 그 정하여진 날부터 7일 이내에 지급합니다.

③ 보험회사가 정당한 사유 없이 가지급액을 정하는 것을 지연하거나 제2항에 정한 지급기일 내에 가지급금을 지급하지 않았을 때에는, 지급할 가지급금이 있는 경우 그 다음날부터 지급일까지의 기간에 대하여 보험개발원이 공시한 보험계약대출이율에 따라 연 단위 복리로 계산한 금액을 가지급금에 더하여 드립니다.

④ 보험회사가 가지급금 청구에 관한 서류를 받은 때부터 10일 이내에 손해배상청구권자에게 가지급금을 지급하는 것을 거절하는 이유 또는 그 지급을 연기하는 이유(추가 조사가 필요한 때에는 확인이 필요한 사항과 확인이 종료되는 시기를 포함)를 서면(전자우편 등 서면에 갈음할 수 있는 통신수단을 포함)으로 통지하지 않는 경우, 정당한 사유 없이 가지급액을 정하는 것을 지연한 것으로 봅니다.

⑤ 보험회사는 「자동차손해배상보장법」 등 관련 법령상 피보험자의 손해배상책임이 발생하지 않거나 이 약관상 보험회사의 보험금 지급책임이 발생하지 않는 것이 객관적으로 명백할 경우에는 가지급금을 지급하지 아니할 수 있습니다.

⑥ 손해배상청구권자에게 지급한 가지급금은 장래 지급될 손해배상액에서 공제되나, 최종적인 손해배상액의 결정에는 영향을 미치지 않습니다.

⑦ 손해배상청구권자가 가지급금을 청구할 때는 손해배상을 청구하는 경우와 동일하게 제31조(제출 서류)에 정한 서류 등을 보험회사에 제출하여야 합니다.

제 3 장   보험금의 분담 등

제33조(보험금의 분담) 「대인배상 I · II」, 「대물배상」, 「무보험자동차에 의한 상해」, 「자기신체사고」, 「자기차량손해」에서는 다음과 같이 보험금을 분담합니다.

1. 이 보험계약과 보상책임의 전부 또는 일부가 중복되는 다른 보험계약(공제계약을 포함)이 있는 경우: 다른 보험계약이 없는 것으로 가정하여 각각의 보험회사에 가입된 자동차 보험계약에 의해 산출한 보상책임액의 합계액이 손해액보다 많을 때에는 다음의 산식에 따라 산출한 보험금을 지급합니다.

$$\text{손해액} \times \frac{\text{이 보험계약에 의해 산출한 보상책임액}}{\text{다른 보험계약이 없는 것으로 하여 각 보험계약에 의해 산출한 보상책임액의 합계액}}$$

2. 이 보험계약의 「대인배상Ⅰ」, 「대인배상Ⅱ」, 「대물배상」에서 동일한 사고로 인하여 이 보험 계약에서 배상책임이 있는 피보험자가 둘 이상 있는 경우에는 제10조(지급보험금의 계산)에 의한 보상한도와 범위에 따른 보험금을 각 피보험자의 배상책임의 비율에 따라 분담하여 지급합니다.

3. 제1호 또는 제2호의 규정에도 불구하고 대리운전업자(대리운전자를 포함)가 가입한 보험계약에서 보험금이 지급될 수 있는 경우에는 그 보험금을 초과하는 손해를 보상합니다.

제34조(보험회사의 대위) ① 보험회사가 피보험자 또는 손해배상청구권자에게 보험금 또는 손해배상금을 지급한 경우에는 지급한 보험금 또는 손해배상금의 범위에서 제3자에 대한 피보험자의 권리를 취득합니다. 다만, 보험회사가 보상한 금액이 피보험자의 손해의 일부를 보상한 경우에는 피보험자의 권리를 침해하지 않는 범위에서 그 권리를 취득합니다.

② 보험회사는 다음의 권리는 취득하지 않습니다.

1. 「자기신체사고」의 경우 제3자에 대한 피보험자의 권리. 다만, 보험금을 '별표 1. 대인배상, 무보험자동차에 의한 상해 지급 기준'에 의해 지급할 때는 피보험자의 권리를 취득합니다.

2. 「자기차량손해」의 경우 피보험자동차를 정당한 권리에 따라 사용하거나 관리하던 자에 대한 피보험자의 권리. 다만, 다음의 경우에는 피보험자의 권리를 취득합니다.

  가. 고의로 사고를 낸 경우, 무면허운전이나 음주운전을 하던 중에 사고를 낸 경우, 또는 마약 또는 약물 등의 영향으로 정상적인 운전을 하지 못할 우려가 있는 상태에서 운전을 하던 중에 사고를 낸 경우

  나. 자동차 취급업자가 업무로 위탁받은 피보험자동차를 사용하거나 관리하는 동안에 사고를 낸 경우

③ 피보험자는 보험회사가 제1항 또는 제2항에 따라 취득한 권리의 행사 및 보전에 관하여 필요한 조치를 취하여야 하며, 또한 보험회사가 요구하는 자료를 제출하여야 합니다.

제35조(보험회사의 불성실행위로 인한 손해배상책임) ① 보험회사는 이 보험계약과 관련하여 임직원, 보험설계사, 보험대리점의 책임 있는 사유로 인하여 보험계약자 및 피보험자에게 발생된 손해에 대하여 관계 법률 등에서 정한 바에 따라 손해배상책임을 집니다.

② 보험회사가 보험금의 지급여부나 지급금액에 관하여 보험계약자 또는 피보험자의 곤궁, 경솔 또는 무경험을 이용하여 현저하게 공정을 잃은 합의를 한 경우에도 손해를 배상할 책임을 집니다.

제36조(합의 등의 협조·대행) ① 보험회사는 피보험자의 협조 요청이 있는 경우 피보험자의 법률상 손해배상책임을 확정하기 위하여 피보험자가 손해배상청구권자와 행하는 합의·절충·중재 또는 소송(확인의 소를 포함)에 대하여 협조하거나, 피보험자를 위하여 이러한 절차를 대행합니다.

② 보험회사는 피보험자에 대하여 보상책임을 지는 한도(동일한 사고로 이미 지급한 보험금이

나 가지급금이 있는 경우에는 그 금액을 공제한 금액. 이하 같음) 내에서 제1항의 절차에 협조 하거나 대행합니다.

③ 보험회사가 제1항의 절차에 협조하거나 대행하는 경우에는 피보험자는 보험회사의 요청에 따라 협력해야 합니다. 피보험자가 정당한 이유 없이 협력하지 않는 경우 그로 인하여 늘어난 손해에 대하여는 보상하지 않습니다.

④ 보험회사는 다음의 경우에는 제1항의 절차를 대행하지 않습니다.

  1. 피보험자가 손해배상청구권자에 대하여 부담하는 법률상의 손해배상책임액이 보험증권에 기재된 보험가입금액을 명백하게 초과하는 때

  2. 피보험자가 정당한 이유 없이 협력하지 않는 때

제37조(공탁금의 대출) 보험회사가 제36조(합의 등의 협조·대행) 제1항의 절차를 대행하는 경우에 는, 피보험자에 대하여 보상책임을 지는 한도에서 가압류나 가집행을 면하기 위한 공탁금을 피 보험자에게 대출할 수 있으며 이에 소요되는 비용을 보상합니다. 이 경우 대출금의 이자는 공탁 금에 붙여지는 것과 같은 이율로 정하며, 피보험자는 공탁금(이자를 포함)의 회수청구권을 보험 회사에 양도하여야 합니다.

제 4 편   일반사항

제 1 장   보험계약의 성립

제38조(보험계약의 성립) ① 이 보험계약은 보험계약자가 청약을 하고 보험회사가 승낙을 하면 성립합니다.

② 보험계약자가 청약을 할 때 '제1회 보험료(보험료를 분납하기로 약정한 경우)' 또는 '보험료 전액(보험료를 일시에 지급하기로 약정한 경우)'(이하 '제1회 보험료 등'이라 함)을 지급하였을 때, 보험회사가 이를 받은 날부터 15일 이내에 승낙 또는 거절의 통지를 발송하지 않으면 승낙 한 것으로 봅니다.

③ 보험회사가 청약을 승낙했을 때에는 지체 없이 보험증권을 보험계약자에게 드립니다. 그러나 보험계약자가 제1회 보험료 등을 지급하지 않은 경우에는 그러하지 않습니다.

④ 보험계약이 성립되면 보험회사는 제42조(보험기간)의 규정에 따라 보험기간의 첫 날부터 보 상책임을 집니다. 다만, 보험계약자로부터 제1회 보험료 등을 받은 경우에는, 그 이후 승낙 전 에 발생한 사고에 대해서도 청약을 거절할 사유가 없는 한 보상합니다.

제39조(약관 교부 및 설명의무 등) ① 보험회사는 보험계약자가 청약을 한 경우 보험계약자에게 약관 및 보험계약자 보관용 청약서(청약서 부본)를 드리고 약관의 중요한 내용을 설명하여 드립니다.

② 통신판매 보험계약(*1)에서 보험회사는 보험계약자의 동의를 얻어 다음 중 어느 하나의 방법으로 약관을 교부하고 중요한 내용을 설명하여 드립니다.

  1. 사이버몰(컴퓨터를 이용하여 보험거래를 할 수 있도록 설정된 가상의 영업장)을 이용하여 모집하는 경우: 사이버몰에서 약관 및 그 설명문(약관의 중요한 내용을 알 수 있도록 설명한 문서)을 읽거나 내려 받게 하는 방법. 이 경우 보험계약자가 이를 읽거나 내려 받은 것을 확인한 때에는 약관을 드리고 중요한 내용을 설명한 것으로 봅니다.

  2. 전화를 이용하여 모집하는 경우: 전화를 이용하여 청약내용, 보험료납입, 보험기간, 계약 전 알릴의무, 약관의 중요한 내용 등 계약 체결을 위하여 필요한 사항을 질문하거나 설명하는 방법. 이 경우 보험계약자의 답변과 확인내용을 음성 녹음함으로써 약관의 중요한 내용을 설명한 것으로 봅니다.

③ 제1항에도 불구하고 보험회사는 보험계약자가 동의하는 경우 약관이나 보험계약자 보관용 청약서(청약서 부본)를 광기록매체 또는 전자우편 등의 전자적 방법으로 전해 드릴 수 있으며, 전화를 이용하는 통신판매 보험계약(*1)에서는 확인서를 제공하여 청약서 부본을 드리는 것을 갈음할 수 있습니다.

④ 다음 중 어느 하나에 해당하는 경우 보험계약자는 계약체결일부터 1개월 이내에 계약을 취소할 수 있습니다. 다만, 의무보험은 제외합니다.

  1. 보험계약자가 청약을 했을 때 보험회사가 보험계약자에게 약관 및 보험계약자 보관용 청약서(청약서 부본)를 드리지 않은 경우

  2. 보험계약자가 청약을 했을 때 보험회사가 청약 시 보험계약자에게 약관의 중요한 내용을 설명하지 않은 경우

  3. 보험계약자가 보험계약을 체결할 때 청약서에 자필서명(*2)을 하지 않은 경우

⑤ 제4항에 따라 계약이 취소된 경우 보험회사는 이미 받은 보험료를 보험계약자에게 돌려 드리며, 보험료를 받은 기간에 대하여 보험개발원이 공시한 보험계약대출이율에 따라 연 단위 복리로 계산한 금액을 더하여 지급합니다.

  (*1) '통신판매 보험계약'이라 함은 보험회사가 전화·우편·컴퓨터통신 등 통신수단을 이용하여 모집하는 보험계약을 말합니다.

  (*2) 자필서명에는 날인(도장을 찍음) 또는 「전자서명법」 제2조 제2호, 제3호 및 제10호의 규정에 의한 방식을 포함합니다.

제40조(보험안내자료의 효력) 보험회사가 보험모집과정에서 제작·사용한 보험안내자료(서류·사진·도화 등 모든 안내자료를 포함)의 내용이 보험약관의 내용과 다른 경우에는 보험계약자에

게 유리한 내용으로 보험계약이 성립된 것으로 봅니다.

제41조(청약 철회) ① 보험계약자는 보험증권을 받은 날부터 15일 이내에 보험계약의 청약을 철회할 수 있습니다.

② 제1항에서 보험회사가 보험계약자에게 보험증권을 드린 것에 관해 다툼이 있으면 보험회사가 이를 증명합니다.

③ 제1항에도 불구하고 다음중 어느 하나에 해당하는 경우에는 보험계약의 청약을 철회할 수 없습니다.

 1. 전문보험계약자(*1)가 보험계약의 청약을 한 경우

 2. 청약한 날로부터 30일이 지난 경우

 3. 의무보험에 해당하는 보험계약

 4. 보험기간이 1년 미만인 보험계약

   (*1) '전문보험계약자'라 함은 보험계약에 관한 전문성과 자산규모 등에 비추어 보험계약의 내용을 이해하고 이행할 능력이 있는 자로서 국가, 한국은행, 금융기관, 주권상장법인 등을 말하며, 구체적인 범위는 「보험업법」 제2조 제19호에서 정하는 바에 따릅니다.

④ 보험회사는 보험계약자의 청약 철회를 접수한 날부터 3일 이내에 받은 보험료를 보험계약자에게 돌려 드립니다.

⑤ 청약을 철회할 당시에 이미 보험사고가 발생하였으나 보험계약자가 보험사고가 발생한 사실을 알지 못한 경우에는 청약 철회의 효력은 발생하지 않습니다.

⑥ 보험회사가 제4항의 보험료 반환기일을 지키지 못하는 경우, 반환기일의 다음날부터 반환하는 날까지의 기간은 보험개발원이 공시한 보험계약대출이율에 따라 연 단위 복리로 계산한 금액을 더하여 돌려 드립니다.

제42조(보험기간) 보험회사가 피보험자에 대해 보상책임을 지는 보험기간은 다음과 같습니다.

구 분	보험기간
1. 원 칙	보험증권에 기재된 보험기간의 첫날 24시부터 마지막 날 24시까지. 다만, 의무보험(책임공제를 포함)의 경우 전(前) 계약의 보험기간과 중복되는 경우에는 전 계약의 보험기간이 끝나는 시점부터 시작합니다.
2. 예외: 자동차보험에 처음 가입하는 자동차(*1) 및 의무보험	보험료를 받은 때부터 마지막 날 24시까지. 다만, 보험증권에 기재된 보험기간 이전에 보험료를 받았을 경우에는 그 보험기간의 첫날 0시부터 시작합니다.

   (*1) '자동차보험에 처음 가입하는 자동차'라 함은 자동차 판매업자 또는 그 밖의 양도인 등으로부터 매수인 또는 양수인에게 인도된 날부터 10일 이내에 처음으로 그 매수인 또는 양

수인을 기명피보험자로 하는 자동차보험에 가입하는 신차 또는 중고차를 말합니다. 다만, 피보험자동차의 양도인이 맺은 보험계약을 양수인이 승계한 후 그 보험기간이 종료되어 이 보험계약을 맺은 경우를 제외합니다.

제43조(사고발생지역) 보험회사는 대한민국(북한지역을 포함) 안에서 생긴 사고에 대하여 보험계약자가 가입한 보장종목에 따라 보상해 드립니다.

제 2 장 보험계약자 등의 의무

제44조(계약 전 알릴 의무) ① 보험계약자는 청약을 할 때 다음의 사항에 관해서 알고 있는 사실을 보험회사에 알려야 하며, 제3호의 경우에는 기명피보험자의 동의가 필요합니다.
  1. 피보험자동차의 검사에 관한 사항
  2. 피보험자동차의 용도, 차종, 등록번호(이에 준하는 번호도 포함하며 이하 같음), 차명, 연식, 적재정량, 구조 등 피보험자동차에 관한 사항
  3. 기명피보험자의 성명, 연령 등에 관한 사항
  4. 그 밖에 보험청약서에 기재된 사항 중에서 보험료의 계산에 영향을 미치는 사항
② 보험회사는 이 보험계약을 맺은 후 보험계약자가 계약 전 알릴 의무를 위반한 사실이 확인되었을 때에는 추가보험료를 더 내도록 청구하거나, 제53조(보험회사의 보험계약 해지) 제1항 제1호, 제4호에 따라 해지할 수 있습니다.

제45조(계약 후 알릴 의무) ① 보험계약자는 보험계약을 맺은 후 다음의 사실이 생긴 것을 알았을 때에는 지체 없이 보험회사에 그 사실을 알리고 승인을 받아야 합니다. 이 경우 그 사실에 따라 보험료가 변경되는 경우 보험회사는 보험료를 더 받거나 돌려주고 계약을 승인하거나, 제53조(보험회사의 보험계약 해지) 제1항 제2호, 제4호에 따라 해지할 수 있습니다.
  1. 용도, 차종, 등록번호, 적재정량, 구조 등 피보험자동차에 관한 사항이 변경된 사실
  2. 피보험자동차에 화약류, 고압가스, 폭발물, 인화물 등 위험물을 싣게 된 사실
  3. 그 밖에 위험이 뚜렷이 증가하는 사실이나 적용할 보험료에 차이가 발생한 사실
② 보험계약자는 보험증권에 기재된 주소 또는 연락처가 변경된 때에는 지체 없이 보험회사에 알려야 합니다. 보험계약자가 이를 알리지 않으면 보험회사가 알고 있는 최근의 주소로 알리게 되므로 불이익을 당할 수 있습니다.

제46조(사고발생 시 의무) ① 보험계약자 또는 피보험자는 사고가 생긴 것을 알았을 때에는 다음의 사항을 이행하여야 합니다.

1. 지체 없이 손해의 방지와 경감에 힘쓰고, 다른 사람으로부터 손해배상을 받을 수 있는 권리가 있는 경우에는 그 권리(공동불법행위에서 연대채무자 상호간의 구상권을 포함하며 이하 같음)의 보전과 행사에 필요한 절차를 밟아야 합니다.
2. 다음 사항을 보험회사에 지체 없이 알려야 합니다.
    가. 사고가 발생한 때, 곳, 상황 및 손해의 정도
    나. 피해자 및 가해자의 성명, 주소, 전화번호
    다. 사고에 대한 증인이 있을 때에는 그의 성명, 주소, 전화번호
    라. 손해배상의 청구를 받은 때에는 그 내용
3. 손해배상의 청구를 받은 경우에는 미리 보험회사의 동의 없이 그 전부 또는 일부를 합의하여서는 안 됩니다. 그러나 피해자의 응급치료, 호송 그 밖의 긴급조치는 보험회사의 동의가 필요하지 않습니다.
4. 손해배상청구의 소송을 제기하려고 할 때 또는 제기 당한 때에는 지체 없이 보험회사에 알려야 합니다.
5. 피보험자동차를 도난당하였을 때에는 지체 없이 그 사실을 경찰관서에 신고하여야 합니다.
6. 보험회사가 사고를 증명하는 서류 등 꼭 필요하다고 인정하는 자료를 요구한 경우에는 지체 없이 이를 제출하여야 하며, 또한 보험회사가 사고에 관해 조사하는 데 협력하여야 합니다.
② 보험회사는 보험계약자 또는 피보험자가 정당한 이유 없이 제1항에서 정한 사항을 이행하지 않은 경우 그로 인하여 늘어난 손해액이나 회복할 수 있었을 금액을 보험금에서 공제하거나 지급하지 않습니다.

제 3 장　보험계약의 변동 및 보험료의 환급

제47조(보험계약 내용의 변경) ① 보험계약자는 의무보험을 제외하고는 보험회사의 승낙을 얻어 다음에 정한 사항을 변경할 수 있습니다. 이 경우 승낙을 서면 등으로 알리거나 보험증권의 뒷면에 기재하여 드립니다.
1. 보험계약자. 다만, 보험계약자가 이 보험계약의 권리 · 의무를 피보험자동차의 양수인에게 이전함에 따라 보험계약자가 변경되는 경우에는 제48조(피보험자동차의 양도)에 따릅니다.
2. 보험가입금액, 특별약관 등 그 밖의 계약의 내용
② 보험회사는 제1항에 따라 계약내용의 변경으로 보험료가 변경된 경우 보험계약자에게 보험료를 반환하거나 추가보험료를 청구할 수 있습니다.
③ 보험계약 체결 후 보험계약자가 사망한 경우 이 보험계약에 의한 보험계약자의 권리 · 의무는 사망시점에서의 법정상속인에게 이전합니다.

제48조(피보험자동차의 양도) ① 보험계약자 또는 기명피보험자가 보험기간 중에 피보험자동차를 양도한 경우에는 이 보험계약으로 인하여 생긴 보험계약자 및 피보험자의 권리와 의무는 피보험자동차의 양수인에게 승계되지 않습니다. 그러나 보험계약자가 이 권리와 의무를 양수인에게 이전하고자 한다는 뜻을 서면 등으로 보험회사에 통지하여 보험회사가 승인한 경우에는 그 승인한 때부터 양수인에 대하여 이 보험계약을 적용합니다.

② 보험회사가 제1항에 의한 보험계약자의 통지를 받은 날부터 10일 이내에 승인 여부를 보험계약자에게 통지하지 않으면, 그 10일이 되는 날의 다음날 0시에 승인한 것으로 봅니다.

③ 제1항에서 규정하는 피보험자동차의 양도에는 소유권을 유보한 매매계약에 따라 자동차를 '산 사람' 또는 대차계약에 따라 자동차를 '빌린 사람'이 그 자동차를 피보험자동차로 하고, 자신을 보험계약자 또는 기명피보험자로 하는 보험계약이 존속하는 동안에 그 자동차를 '판 사람' 또는 '빌려준 사람'에게 반환하는 경우도 포함합니다. 이 경우 '판 사람' 또는 '빌려준 사람'은 양수인으로 봅니다.

④ 보험회사가 제1항의 승인을 하는 경우에는 피보험자동차의 양수인에게 적용되는 보험요율에 따라 보험료의 차이가 나는 경우 피보험자동차가 양도되기 전의 보험계약자에게 남는 보험료를 돌려드리거나, 피보험자동차의 양도 후의 보험계약자에게 추가보험료를 청구합니다.

⑤ 보험회사가 제1항의 승인을 거절한 경우 피보험자동차가 양도된 후에 발생한 사고에 대하여는 보험금을 지급하지 않습니다.

⑥ 보험계약자 또는 기명피보험자가 보험기간 중에 사망하여 법정상속인이 피보험자동차를 상속하는 경우 이 보험계약도 승계된 것으로 봅니다. 다만, 보험기간이 종료되거나 자동차의 명의를 변경하는 경우에는 법정상속인을 보험계약자 또는 기명피보험자로 하는 새로운 보험계약을 맺어야 합니다.

제49조(피보험자동차의 교체) ① 보험계약자 또는 기명피보험자가 보험기간 중에 기존의 피보험자동차를 폐차 또는 양도한 다음 그 자동차와 동일한 차종의 다른 자동차로 교체한 경우에는, 보험계약자가 이 보험계약을 교체된 자동차에 승계시키고자 한다는 뜻을 서면 등으로 보험회사에 통지하여 보험회사가 승인한 때부터 이 보험계약이 교체된 자동차에 적용됩니다. 이 경우 기존의 피보험자동차에 대한 보험계약의 효력은 보험회사가 승인할 때에 상실됩니다.

② 보험회사가 서면 등의 방법으로 통지를 받은 날부터 10일 이내에 제1항에 의한 승인 여부를 보험계약자에게 통지하지 않으면, 그 10일이 되는 날의 다음날 0시에 승인한 것으로 봅니다.

③ 제1항에서 규정하는 '동일한 차종의 다른 자동차로 교체한 경우'라 함은 개인소유 자가용승용자동차 간에 교체한 경우를 말합니다.

④ 보험회사가 제1항의 승인을 하는 경우에는 교체된 자동차에 적용하는 보험요율에 따라 보험료의 차이가 나는 경우 보험계약자에게 남는 보험료를 돌려드리거나 추가보험료를 청구할 수 있습니다. 이 경우 기존의 피보험자동차를 말소등록한 날 또는 소유권을 이전등록한 날부터 승

계를 승인한 날의 전날까지의 기간에 해당하는 보험료를 일할로 계산하여 보험계약자에게 반환
하여 드립니다.

⑤ 보험회사가 제1항의 승인을 거절한 경우 교체된 자동차를 사용하다가 발생한 사고에 대해
서는 보험금을 지급하지 않습니다.

〈예시〉 일할계산의 사례

$$\text{기납입보험료 총액} \times \frac{\text{해당기간}}{365(\text{윤년} : 366)}$$

제50조(보험계약의 취소) 보험회사가 보험계약자 또는 피보험자의 사기에 의해 보험계약을 체결
한 점을 증명한 경우, 보험회사는 보험기간이 시작된 날부터 6개월 이내(사기 사실을 안 날부터
는 1개월 이내)에 계약을 취소할 수 있습니다.

제51조(보험계약의 효력 상실) 보험회사가 파산선고를 받은 날부터 보험계약자가 보험계약을 해
지하지 않고 3월이 경과하는 경우에는 보험계약이 효력을 상실합니다.

제52조(보험계약자의 보험계약 해지·해제) ① 보험계약자는 언제든지 임의로 보험계약의 일부
또는 전부를 해지할 수 있습니다. 다만, 의무보험은 다음 중 어느 하나에 해당하는 경우에만 해
지할 수 있습니다.
  1. 피보험자동차가 「자동차손해배상보장법」 제5조 제4항에 정한 자동차(의무보험 가입대상
     에서 제외되거나 도로가 아닌 장소에 한하여 운행하는 자동차)로 변경된 경우
  2. 피보험자동차를 양도한 경우. 다만, 제48조(피보험자동차의 양도) 또는 제49조(피보험자동차
     의 교체)에 따라 보험계약이 양수인 또는 교체된 자동차에 승계된 경우에는 의무보험에 대
     한 보험계약을 해지할 수 없습니다.
  3. 피보험자동차의 말소등록으로 운행을 중지한 경우. 다만, 제49조(피보험자동차의 교체)에 따
     라 보험계약이 교체된 자동차에 승계된 경우에는 의무보험에 대한 보험계약을 해지할 수 없
     습니다.
  4. 천재지변, 교통사고, 화재, 도난 등의 사유로 인하여 피보험자동차를 더 이상 운행할 수 없게
     된 경우. 다만, 제49조(피보험자동차의 교체)에 따라 보험계약이 교체된 자동차에 승계된 경
     우에는 의무보험에 대한 보험계약을 해지할 수 없습니다.
  5. 이 보험계약을 맺은 후에 피보험자동차에 대하여 이 보험계약과 보험기간의 일부 또는 전부
     가 중복되는 의무보험이 포함된 다른 보험계약(공제계약을 포함)을 맺은 경우
  6. 보험회사가 파산선고를 받은 경우
  7. 「자동차손해배상보장법」 제5조의2에서 정하는 '보험 등의 가입의무 면제' 사유에 해당하는
     경우

② 이 보험계약이 의무보험만 체결된 경우로서, 이 보험계약을 맺기 전에 피보험자동차에 대하여 의무보험이 포함된 다른 보험계약(공제계약을 포함하며 이하 같음)이 유효하게 맺어져 있는 경우에는, 보험계약자는 그 다른 보험계약이 종료하기 전에 이 보험계약을 해제할 수 있습니다. 만일, 그 다른 보험계약이 종료된 후에는 그 종료일 다음날부터 보험기간이 개시되는 의무보험이 포함된 새로운 보험계약을 맺은 경우에 한하여 이 보험계약을 해제할 수 있습니다.

③ 타인을 위한 보험계약에서 보험계약자는 기명피보험자의 동의를 얻거나 보험증권을 소지한 경우에 한하여 제1항 또는 제2항의 규정에 따라 보험계약을 해지하거나 또는 해제할 수 있습니다.

제53조(보험회사의 보험계약 해지) ① 보험회사는 다음 중 어느 하나에 해당하는 경우가 발생하였을 때, 그 사실을 안 날부터 1월 이내에 보험계약을 해지할 수 있습니다. 다만, 제1호, 제2호, 제4호, 제5호에 의한 계약해지는 의무보험에 대해 적용하지 않습니다.

1. 보험계약자가 보험계약을 맺을 때 고의 또는 중대한 과실로 제44조(계약 전 알릴 의무) 제1항의 사항에 관하여 알고 있는 사실을 알리지 않거나 사실과 다르게 알린 경우. 다만, 다음 중 어느 하나에 해당하는 경우 보험회사는 보험계약을 해지하지 못합니다.

   가. 보험계약을 맺은 때에 보험회사가 보험계약자가 알려야 할 사실을 알고 있었거나 과실로 알지 못하였을 때

   나. 보험계약자가 보험금을 지급할 사고가 발생하기 전에 보험청약서의 기재사항에 대하여 서면으로 변경을 신청하여 보험회사가 이를 승인하였을 때

   다. 보험회사가 보험계약을 맺은 날부터 보험계약을 해지하지 않고 6개월이 경과한 때

   라. 보험을 모집한 자(이하 "보험설계사 등"이라 합니다)가 보험계약자 또는 피보험자에게 계약전 알릴 의무를 이행할 기회를 부여하지 아니하였거나 보험계약자 또는 피보험자가 사실대로 알리는 것을 방해한 경우, 또는 보험계약자 또는 피보험자에 대해 사실대로 알리지 않게 하였거나 부실하게 알리도록 권유했을 때. 다만, 보험설계사 등의 행위가 없었다 하더라도 보험계약자 또는 피보험자가 사실대로 알리지 않거나 부실하게 알린 것으로 인정되는 경우에는 그러하지 아니합니다.

   마. 보험계약자가 알려야 할 사항이 보험회사가 위험을 측정하는 데 관련이 없을 때 또는 적용할 보험료에 차액이 생기지 않은 때

2. 보험계약자가 보험계약을 맺은 후에 제45조(계약 후 알릴 의무) 제1항에 정한 사실이 생긴 것을 알았음에도 불구하고 지체 없이 알리지 않거나 사실과 다르게 알린 경우. 다만, 보험계약자가 알려야 할 사실이 뚜렷하게 위험을 증가시킨 것이 아닌 때에는 보험회사가 보험계약을 해지하지 못합니다.

3. 보험계약자가 정당한 이유 없이 법령에 정한 자동차검사를 받지 않은 경우

4. 보험회사가 제44조(계약 전 알릴 의무) 제2항, 제45조(계약 후 알릴 의무) 제1항, 제48조(피보험자동차의 양도) 제4항, 제49조(피보험자동차의 교체) 제4항에 따라 추가보험료를 청

구한 날부터 14일 이내에 보험계약자가 그 보험료를 내지 않은 경우. 다만, 다음 중 어느 하나에 해당하는 경우 보험회사는 보험계약을 해지하지 못합니다.

  가. 보험회사가 제44조 제1항에서 규정하는 계약 전 알릴의무 위반 사실을 안 날부터 1월이 지난 경우

  나. 보험회사가 보험계약자로부터 제45조(계약 후 알릴 의무) 제1항에서 정하는 사실을 통지받은 후 1월이 지난 경우

 5. 보험금의 청구에 관하여 보험계약자, 피보험자, 보험금을 수령하는 자 또는 이들의 법정대리인의 사기행위가 발생한 경우.

② 보험회사는 보험계약자가 계약 전 알릴 의무 또는 계약 후 알릴 의무를 이행하지 아니하여 제1항 제1호 또는 제2호에 따라 보험계약을 해지한 때에는 해지 이전에 생긴 사고에 대해서도 보상하지 않으며, 이 경우 보험회사는 지급한 보험금의 반환을 청구할 수 있습니다. 다만, 계약 전 알릴 의무 또는 계약 후 알릴 의무를 위반한 사실이 사고의 발생에 영향을 미치지 않았음이 증명된 때에는 보험회사는 보상합니다.

③ 보험회사는 보험계약자가 다른 보험의 가입내역을 알리지 않거나 사실과 다르게 알렸다는 이유로 계약을 해지하거나 보험금 지급을 거절하지 아니합니다.

제54조(보험료의 환급 등) ① 보험기간이 시작되기 전에 보험료가 변경된 때에는 변경 전 보험료와 변경 후 보험료의 차액을 더 받거나 돌려 드립니다.

② 보험회사의 고의·과실로 보험료가 적정하지 않게 산정되어 보험계약자가 적정보험료를 초과하여 납입한 경우, 보험회사는 이를 안 날 또는 보험계약자가 반환을 청구한 날부터 3일 이내에 적정보험료를 초과하는 금액 및 이에 대한 이자(납입한 날부터 반환하는 날까지의 기간에 대해 보험개발원이 공시한 보험계약대출이율에 따라 연 단위 복리로 계산한 금액)를 돌려드립니다. 다만, 보험회사에게 고의·과실이 없을 경우에는 적정보험료를 초과한 금액만 돌려드립니다.

③ 보험회사는 보험계약이 취소되거나 해지된 때, 또는 그 효력이 상실된 때에는 다음과 같이 보험료를 돌려드립니다.

 1. 보험계약자 또는 피보험자의 책임 없는 사유에 의하는 경우: 제39조 제4항에 의해 계약이 취소된 때에는 보험회사에 납입한 보험료의 전액, 효력 상실되거나 해지된 경우에는 경과하지 않은 기간에 대하여 일단위로 계산한 보험료

 2. 보험계약자 또는 피보험자의 책임 있는 사유에 의하는 경우: 이미 경과한 기간에 대하여 단기요율로 계산한 보험료를 뺀 잔액

 3. 보험계약이 해지된 경우, 계약을 해지하기 전에 보험회사가 보상하여야 하는 사고가 발생한 때에는 보험료를 환급하지 않습니다.

④ 제3항에서 '보험계약자 또는 피보험자에게 책임이 있는 사유'라 함은 다음의 경우를 말합니다.

　1. 보험계약자 또는 피보험자가 임의 해지하는 경우(의무보험의 해지는 제외)

　2. 보험회사가 제50조(보험계약의 취소) 또는 제53조(보험회사의 보험계약 해지)에 따라 보험
　　계약을 취소하거나 해지하는 경우

　3. 보험료 미납으로 인한 보험계약의 효력 상실

⑤ 보험계약이 해제된 경우에는 보험료 전액을 환급합니다.

⑥ 이 약관에 의해 보험회사가 보험계약자가 낸 보험료의 전부 또는 일부를 돌려드리는 경우에
는 보험료를 반환할 의무가 생긴 날부터 3일 이내에 드립니다.

⑦ 보험회사가 제6항의 반환기일이 지난 후 보험료를 반환하는 경우에는 반환기일의 다음 날부
터 반환하는 날까지의 기간은 보험개발원이 공시한 보험계약대출이율에 따라 연 단위 복리로 계
산한 금액을 더하여 돌려드립니다. 다만, 이 약관에서 이자의 계산에 관해 달리 정하는 경우에는
그에 따릅니다.

제 4 장　그 밖의 사항

제55조(약관의 해석) ① 보험회사는 신의성실의 원칙에 따라 공정하게 약관을 해석하여야 하며
보험계약자에 따라 다르게 해석하지 않습니다.

② 보험회사는 약관의 뜻이 명백하지 않은 경우에는 보험계약자에게 유리하게 해석합니다.

③ 보험회사는 보상하지 않는 손해 등 보험계약자나 피보험자에게 불리하거나 부담을 주는 내
용은 확대하여 해석하지 않습니다.

제56조(보험회사의 개인정보이용 및 보험계약 정보의 제공) ①보험회사는 제27조(제출서류) 제5
호, 제 6 호의 배상의무자의 개인정보와 제46조(사고발생 시 의무) 제 2 호 나목, 다목의 피해자,
가해자 및 증인의 개인정보를 보험사고의 처리를 위한 목적으로만 이용할 수 있습니다.

②보험회사는 보험계약에 의한 의무의 이행 및 관리를 위한 판단자료로 활용하기 위하여 「개인
정보보호법」 제15조, 제17조, 제22조 내지 제24조, 「신용정보의 이용 및 보호에 관한 법률」 제
32조, 같은 법 시행령 제28조에서 정하는 절차에 따라 보험계약자와 피보험자의 동의를 받아 다
음의 사항을 다른 보험회사 및 보험관계단체에 제공할 수 있습니다.

　1. 기명피보험자의 성명, 주민등록번호 및 주소와 피보험자동차의 차량번호, 형식, 연식

　2. 계약일시, 보험종목, 보장종목, 보험가입금액, 자기부담금 및 보험료 할인·할증에 관한 사
　　항, 특별약관의 가입사항, 계약해지 시 그 내용 및 사유

　3. 사고일시 또는 일자, 사고내용 및 각종 보험금의 지급내용 및 사유

제57조(피보험자동차 등에 대한 조사) 보험회사는 피보험자동차 등에 관하여 필요한 조사를 하거

나 보험계약자 또는 피보험자에게 필요한 설명 또는 증명을 요구할 수 있습니다. 이 경우 보험계약자, 피보험자 또는 이들의 대리인은 이러한 조사 또는 요구에 협력하여야 합니다.

제58조(예금보험기금에 의한 보험금 등의 지급보장) 보험회사가 파산 등으로 인하여 보험금 등을 지급하지 못할 경우에는 예금자보호법에서 정하는 바에 따라 그 지급을 보장합니다.

제59조(보험사기행위 금지) 보험계약자, 피보험자, 피해자 등이 보험사기행위를 행한 경우 관련 법령에 따라 형사처벌 등을 받을 수 있습니다.

제60조(분쟁의 조정) 이 보험계약의 내용 또는 보험금의 지급 등에 관하여 보험회사와 보험계약자, 피보험자, 손해배상청구권자, 그 밖에 이해관계에 있는 자 사이에 분쟁이 있을 경우에는 금융감독원에 설치된 금융분쟁조정위원회의 조정을 받을 수 있습니다.

제61조(관할법원) 이 보험계약에 관한 소송 및 민사조정은 보험회사의 본점 또는 지점 소재지 중 보험계약자 또는 피보험자가 선택하는 대한민국 내의 법원을 합의에 따른 관할법원으로 합니다.

제62조(준용규정) 이 약관에서 정하지 않은 사항은 대한민국 법령에 따릅니다.

4. 생명보험 표준약관

개정 2005.2.15., 2008.3.26., 2010.1.29. 2011.1.19. 2013.12.17.

제 1 관 목적 및 용어의 정의

제 1 조(목적) 이 보험계약(이하 '계약'이라 합니다)은 보험계약자(이하 '계약자'라 합니다)와 보험회사(이하 '회사'라 합니다) 사이에 피보험자의 생존이나 사망에 대한 위험을 보장하기 위하여 체결됩니다.

제 2 조(용어의 정의) 이 계약에서 사용되는 용어의 정의는, 이 계약의 다른 조항에서 달리 정의되지 않는 한 다음과 같습니다.
1. 계약관계 관련 용어
   가. 계약자: 회사와 계약을 체결하고 보험료를 납입할 의무를 지는 사람을 말합니다.
   나. 보험수익자: 보험금 지급사유가 발생하는 때에 회사에 보험금을 청구하여 받을 수 있는 사람을 말합니다.
   다. 보험증권: 계약의 성립과 그 내용을 증명하기 위하여 회사가 계약자에게 드리는 증서를 말합니다.
   라. 진단계약: 계약을 체결하기 위하여 피보험자가 건강진단을 받아야 하는 계약을 말합니다.
   마. 피보험자: 보험사고의 대상이 되는 사람을 말합니다.
2. 지급사유 관련 용어
   가. 장해: <부표 3> 장해분류표에서 정한 기준에 따른 장해상태를 말합니다.
   나. 재해: <부표 4> 재해분류표에서 정한 재해를 말합니다.
   다. 중요한 사항: 계약 전 알릴 의무와 관련하여 회사가 그 사실을 알았더라면 계약의 청약을 거절하거나 보험가입금액 한도 제한, 일부 보장 제외, 보험금 삭감, 보험료 할증과 같이 조건부로 승낙하는 등 계약 승낙에 영향을 미칠 수 있는 사항을 말합니다.
3. 지급금과 이자율 관련 용어
   가. 연단위 복리: 회사가 지급할 금전에 이자를 줄 때 1년마다 마지막 날에 그 이자를 원금에 더한 금액을 다음 1년의 원금으로 하는 이자 계산방법을 말합니다.
   나. 표준이율: 회사가 최소한 적립해야 할 적립금 등을 계산하기 위해 시장금리를 고려하여 금융감독원장이 정하는 이율로서, 이 계약 체결 시점의 표준이율을 말합니다.

　 다. 해지환급금: 계약이 해지되는 때에 회사가 계약자에게 돌려주는 금액을 말합니다.
　 4. 기간과 날짜 관련 용어
　 가. 보험기간: 계약에 따라 보장을 받는 기간을 말합니다.
　 나. 영업일: 회사가 영업점에서 정상적으로 영업하는 날을 말하며, 토요일, '관공서의 공휴일
　　 에 관한 규정'에 따른 공휴일과 근로자의 날을 제외합니다.

제 2 관　보험금의 지급

제 3 조(보험금의 지급사유) 회사는 피보험자에게 다음 중 어느 하나의 사유가 발생한 경우에는 보
험수익자에게 약정한 보험금을 지급합니다.
　 1. 보험기간 중의 특정시점에 살아 있을 경우: 중도보험금
　 2. 보험기간이 끝날 때까지 살아 있을 경우: 만기보험금
　 3. 보험기간 중 사망한 경우: 사망보험금
　 4. 보험기간 중 진단 확정된 질병 또는 재해로 장해분류표(<부표 3> 참조)에서 정한 각 장해
　　 지급률에 해당하는 장해상태가 되었을 때: 장해보험금
　 5. 보험기간 중 질병이 진단 확정되거나 입원, 통원, 요양, 수술 또는 수발이 필요한 상태가 되
　　 었을 때: 입원보험금 등

제 4 조(보험금 지급에 관한 세부규정) ① 제 3 조(보험금의 지급사유) 제 3 호 '사망'에는 보험기간
에 다음 어느 하나의 사유가 발생한 경우를 포함합니다.
　 1. 실종선고를 받은 경우: 법원에서 인정한 실종기간이 끝나는 때에 사망한 것으로 봅니다.
　 2. 관공서에서 수해, 화재나 그 밖의 재난을 조사하고 사망한 것으로 통보하는 경우: 가족관계
　　 등록부에 기재된 사망연월일을 기준으로 합니다.
② 제 3 조(보험금의 지급사유) 제 4 호에서 장해지급률이 재해일 또는 질병의 진단 확정일부터
180일 이내에 확정되지 않는 경우에는 재해일 또는 진단 확정일부터 180일이 되는 날의 의사
진단에 기초하여 고정될 것으로 인정되는 상태를 장해지급률로 결정합니다. 다만, 장해분류표
(<부표 3> 참조)에 장해판정시기를 별도로 정한 경우에는 그에 따릅니다.
③ 제 2 항에 따라 장해지급률이 결정되었으나 그 이후 보장받을 수 있는 기간(계약의 효력이
없어진 경우에는 보험기간이 10년 이상인 계약은 재해일 또는 진단 확정일부터 2년 이내로 하
고, 보험기간이 10년 미만인 계약은 재해일 또는 진단 확정일부터 1년 이내)에 장해상태가 더
악화된 때에는 그 악화된 장해상태를 기준으로 장해지급률을 결정합니다.
④ 청약서상 계약 전 알릴 의무(중요한 사항에 한합니다)에 해당하는 질병으로 과거(청약서상
해당 질병의 고지대상 기간을 말합니다)에 진단 또는 치료를 받은 경우에는 제 3 조(보험금의 지

급사유)의 보험금 중 해당 질병과 관련한 보험금을 지급하지 않습니다.

⑤ 제4항에도 불구하고 청약일 이전에 진단 확정된 질병이라 하더라도 청약일 이후 5년(갱신형 계약의 경우에는 최초 계약의 청약일 이후 5년)이 지나는 동안 그 질병으로 추가 진단(단순 건강검진 제외) 또는 치료 사실이 없을 경우, 청약일부터 5년이 지난 이후에는 이 약관에 따라 보장합니다.

⑥ 제5항의 '청약일 이후 5년이 지나는 동안'이라 함은 이 약관 제26조(보험료의 납입이 연체 되는 경우 납입최고(독촉)와 계약의 해지)에서 정한 계약의 해지가 발생하지 않은 경우를 말합니다.

⑦ 이 약관 제27조(보험료의 납입연체로 인한 해지계약의 부활(효력회복))에서 정한 계약의 부활이 이루어진 경우 부활을 청약한 날을 제5항의 청약일로 하여 적용합니다.

⑧ 장해분류표에 해당되지 않는 장해는 신체의 장해 정도에 따라 장해분류표의 구분에 준하여 지급액을 결정합니다.

⑨ 보험수익자와 회사가 제3조(보험금의 지급사유) 제3호에서 제5호의 보험금 지급사유에 대해 합의하지 못할 때는 보험수익자와 회사가 함께 제3자를 정하고 그 제3자의 의견에 따를 수 있습니다. 제3자는 의료법 제3조(의료기관)에 규정한 종합병원 소속 전문의 중에서 정하며, 보험금 지급사유 판정에 드는 의료비용은 회사가 전액 부담합니다.

제5조(보험금을 지급하지 않는 사유) 회사는 다음 중 어느 한 가지로 보험금 지급사유가 발생한 때에는 보험금을 지급하지 않습니다.

1. 피보험자가 고의로 자신을 해친 경우

   다만, 다음 중 어느 하나에 해당하면 보험금을 지급합니다.

   가. 피보험자가 심신상실 등으로 자유로운 의사결정을 할 수 없는 상태에서 자신을 해친 경우 특히 그 결과 사망에 이르게 된 경우에는 재해사망보험금(약관에서 정한 재해사망보험금이 없는 경우에는 재해 이외의 원인으로 인한 사망보험금)을 지급합니다.

   나. 계약의 보장개시일(부활(효력회복)계약의 경우는 부활(효력회복)청약일)부터 2년이 지난 후에 자살한 경우에는 재해 이외의 원인에 해당하는 사망보험금을 지급합니다.

2. 보험수익자가 고의로 피보험자를 해친 경우

   그러나 그 보험수익자가 보험금의 일부 보험수익자인 경우에는 그 보험수익자에게 해당하는 보험금을 제외한 나머지 보험금을 다른 보험수익자에게 지급합니다.

3. 계약자가 고의로 피보험자를 해친 경우

제6조(보험금 지급사유의 발생통지) 계약자 또는 피보험자나 보험수익자는 제3조(보험금의 지급사유)에서 정한 보험금 지급사유의 발생을 안 때에는 지체없이 이를 회사에 알려야 합니다.

제7조(보험금의 청구) ① 보험수익자는 다음의 서류를 제출하고 보험금을 청구하여야 합니다.

　1. 청구서(회사양식)

　2. 사고증명서(사망진단서, 장해진단서, 입원치료확인서 등)

　3. 신분증(주민등록증이나 운전면허증 등 사진이 붙은 정부기관 발행 신분증, 본인이 아니면 본인의 인감증명서 포함)

　4. 기타 보험수익자가 보험금 수령에 필요하여 제출하는 서류

　② 제1항 제2호의 사고증명서는 의료법 제3조(의료기관)에서 규정한 국내의 병원이나 의원 또는 국외의 의료관련법에서 정한 의료기관에서 발급한 것이어야 합니다.

제8조(보험금의 지급절차) ① 회사는 제7조(보험금의 청구)에서 정한 서류를 접수한 때에는 접수증을 드리고 휴대전화 문자메세지 또는 전자우편 등으로도 송부하며, 그 서류를 접수한 날부터 3영업일 이내에 보험금을 지급합니다. 다만, 보험금 지급사유의 조사나 확인이 필요한 때에는 접수 후 10영업일 이내에 지급합니다.

　② 회사는 제3조(보험금의 지급사유) 제1호 또는 제2호에 해당하는 보험금의 지급시기가 되면 지급시기 7일 이전에 그 사유와 회사가 지급하여야 할 금액을 계약자 또는 보험수익자에게 알려드리며, 제1항에 따라 보험금을 지급할 때 보험금 지급일까지의 기간에 대한 이자는 <부표 4-1> '보험금을 지급할 때의 적립이율 계산'과 같이 계산합니다.

　③ 회사가 보험금 지급사유를 조사·확인하기 위하여 제1항의 지급기일 이내에 보험금을 지급하지 못할 것으로 예상되는 경우에는 그 구체적인 사유, 지급예정일 및 보험금 가지급제도(회사가 추정하는 보험금의 50% 이내를 지급)에 대하여 피보험자 또는 보험수익자에게 즉시 통지하여 드립니다. 다만, 지급예정일은 다음 각 호의 어느 하나에 해당하는 경우를 제외하고는 제7조(보험금의 청구)에서 정한 서류를 접수한 날부터 30영업일 이내에서 정합니다.

　1. 소송제기

　2. 분쟁조정신청

　3. 수사기관의 조사

　4. 해외에서 발생한 보험사고에 대한 조사

　5. 제5항에 따른 회사의 조사요청에 대한 동의 거부 등 계약자, 피보험자 또는 보험수익자의 책임 있는 사유로 보험금 지급사유의 조사와 확인이 지연되는 경우

　6. 제4조(보험금 지급에 관한 세부규정) 제9항에 따라 보험금 지급사유에 대해 제3자의 의견에 따르기로 한 경우

　④ 제3항에 의하여 장해지급률의 판정 및 지급할 보험금의 결정과 관련하여 확정된 장해지급률에 따른 보험금을 초과한 부분에 대한 분쟁으로 보험금 지급이 늦어지는 경우에는 보험수익자의 청구에 따라 이미 확정된 보험금을 먼저 가지급할 수 있습니다.

　⑤ 계약자, 피보험자 또는 보험수익자는 제14조(계약 전 알릴 의무 위반의 효과)와 제1항 및

제3항의 보험금 지급사유조사와 관련하여 의료기관, 국민건강보험공단, 경찰서 등 관공서에 대한 회사의 서면 조사 요청에 동의하여야 합니다. 다만, 정당한 사유 없이 이에 동의하지 않을 경우에는 사실확인이 끝날 때까지 회사는 보험금 지급지연에 따른 이자를 지급하지 않습니다.

제9조(보험금 받는 방법의 변경) ① 계약자(보험금 지급사유 발생 후에는 보험수익자)는 회사의 사업방법서에서 정한 바에 따라 제3조(보험금의 지급사유) 제3호 및 제4호에 따른 사망보험금이나 장해보험금의 전부 또는 일부에 대하여 나누어 지급받거나 일시에 지급받는 방법으로 변경할 수 있습니다.

② 회사는 제1항에 따라 일시에 지급할 금액을 나누어 지급하는 경우에는 나중에 지급할 금액에 대하여 표준이율을 연단위 복리로 계산한 금액을 더하며, 나누어 지급할 금액을 일시에 지급하는 경우에는 표준이율을 연단위 복리로 할인한 금액을 지급합니다.

제10조(주소변경통지) ① 계약자(보험수익자가 계약자와 다른 경우 보험수익자를 포함합니다)는 주소 또는 연락처가 변경된 경우에는 지체 없이 그 변경 내용을 회사에 알려야 합니다.

② 제1항에서 정한 대로 계약자 또는 보험수익자가 변경 내용을 알리지 않은 경우에는 계약자 또는 보험수익자가 회사에 알린 최종의 주소 또는 연락처로 등기우편 등 우편물에 대한 기록이 남는 방법으로 알린 사항은 일반적으로 도달에 필요한 시일이 지난 때에 계약자 또는 보험수익자에게 도달된 것으로 봅니다.

제11조(보험수익자의 지정) 이 계약에서 계약자가 보험수익자를 지정하지 않은 때에는 보험수익자를 제3조(보험금의 지급사유) 제1호 및 제2호의 경우는 계약자로 하고, 같은 조 제3호는 피보험자의 법정상속인, 제4호 및 제5호는 피보험자로 합니다.

제12조(대표자의 지정) ① 계약자 또는 보험수익자가 2명 이상인 경우에는 각 대표자를 1명 지정하여야 합니다. 이 경우 그 대표자는 각각 다른 계약자 또는 보험수익자를 대리하는 것으로 합니다.

② 지정된 계약자 또는 보험수익자의 소재가 확실하지 않은 경우에는 이 계약에 관하여 회사가 계약자 또는 보험수익자 1명에 대하여 한 행위는 각각 다른 계약자 또는 보험수익자에게도 효력이 미칩니다.

③ 계약자가 2명 이상인 경우에는 그 책임을 연대로 합니다.

제 3 관 계약자의 계약 전 알릴 의무 등

제13조(계약 전 알릴 의무) 계약자 또는 피보험자는 청약할 때(진단계약의 경우에는 건강진단할 때를 말합니다) 청약서에서 질문한 사항에 대하여 알고 있는 사실을 반드시 사실대로 알려야(이하 '계약 전 알릴 의무'라 하며, 상법상 '고지의무'와 같습니다) 합니다. 다만, 진단계약에서 의료법 제 3 조(의료기관)의 규정에 따른 종합병원과 병원에서 직장 또는 개인이 실시한 건강진단서 사본 등 건강상태를 판단할 수 있는 자료로 건강진단을 대신할 수 있습니다.

제14조(계약 전 알릴 의무 위반의 효과) ① 회사는 계약자 또는 피보험자가 제13조(계약 전 알릴 의무)에도 불구하고 고의 또는 중대한 과실로 중요한 사항에 대하여 사실과 다르게 알린 경우에는 회사가 별도로 정하는 방법에 따라 계약을 해지하거나 보장을 제한할 수 있습니다. 그러나 다음 중 한 가지에 해당되는 때에는 계약을 해지하거나 보장을 제한할 수 없습니다.
 1. 회사가 계약 당시에 그 사실을 알았거나 과실로 인하여 알지 못하였을 때
 2. 회사가 그 사실을 안 날부터 1개월 이상 지났거나 또는 보장개시일부터 보험금 지급사유가 발생하지 않고 2년(진단계약의 경우 질병에 대하여는 1년)이 지났을 때
 3. 계약을 체결한 날부터 3년이 지났을 때
 4. 회사가 이 계약을 청약할 때 피보험자의 건강상태를 판단할 수 있는 기초자료(건강진단서 사본 등)에 따라 승낙한 경우에 건강진단서 사본 등에 명기되어 있는 사항으로 보험금 지급 사유가 발생하였을 때(계약자 또는 피보험자가 회사에 제출한 기초자료의 내용 중 중요사항을 고의로 사실과 다르게 작성한 때에는 계약을 해지하거나 보장을 제한할 수 있습니다)
 5. 보험설계사 등이 계약자 또는 피보험자에게 고지할 기회를 주지 않았거나 계약자 또는 피보험자가 사실대로 고지하는 것을 방해한 경우, 계약자 또는 피보험자에게 사실대로 고지하지 않게 하였거나 부실한 고지를 권유했을 때
   다만, 보험설계사 등의 행위가 없었다 하더라도 계약자 또는 피보험자가 사실대로 고지하지 않거나 부실한 고지를 했다고 인정되는 경우에는 계약을 해지하거나 보장을 제한할 수 있습니다.
② 회사는 제 1 항에 따라 계약을 해지하거나 보장을 제한할 경우에는 계약 전 알릴 의무 위반 사실뿐만 아니라 계약 전 알릴 의무 사항이 중요한 사항에 해당되는 사유 및 계약의 처리결과를 "반대증거가 있는 경우 이의를 제기할 수 있습니다"라는 문구와 함께 계약자에게 서면 등으로 알려 드립니다.
③ 제 1 항에 따라 계약을 해지하였을 때에는 제32조(해지환급금) 제 1 항에 따른 해지환급금을 드리며, 보장을 제한하였을 때에는 보험료, 보험가입금액 등이 조정될 수 있습니다.
④ 제13조(계약 전 알릴 의무)의 계약 전 알릴 의무를 위반한 사실이 보험금 지급사유 발생에

영향을 미쳤음을 회사가 증명하지 못한 경우에는 제1항에도 불구하고 계약의 해지 또는 보장을 제한하기 이전까지 발생한 해당 보험금을 지급합니다.

⑤ 회사는 다른 보험가입내역에 대한 계약 전 알릴 의무 위반을 이유로 계약을 해지하거나 보험금 지급을 거절하지 않습니다.

제15조(사기에 의한 계약) 계약자 또는 피보험자가 대리진단, 약물사용을 수단으로 진단절차를 통과하거나 진단서 위·변조 또는 청약일 이전에 암 또는 인간면역결핍바이러스(HIV) 감염의 진단 확정을 받은 후 이를 숨기고 가입하는 등의 뚜렷한 사기의사에 의하여 계약이 성립되었음을 회사가 증명하는 경우에는 보장개시일부터 5년 이내(사기사실을 안 날부터는 1개월 이내)에 계약을 취소할 수 있습니다.

제 4 관   보험계약의 성립과 유지

제16조(보험계약의 성립) ① 계약은 계약자의 청약과 회사의 승낙으로 이루어집니다.

② 회사는 피보험자가 계약에 적합하지 않은 경우에는 승낙을 거절하거나 별도의 조건(보험가입금액 제한, 일부보장 제외, 보험금 삭감, 보험료 할증 등)을 붙여 승낙할 수 있습니다.

③ 회사는 계약의 청약을 받고, 제 1 회 보험료를 받은 경우에 건강진단을 받지 않는 계약은 청약일, 진단계약은 진단일(재진단의 경우에는 최종 진단일)부터 30일 이내에 승낙 또는 거절하여야 하며, 승낙한 때에는 보험증권을 드립니다. 그러나 30일 이내에 승낙 또는 거절의 통지가 없으면 승낙된 것으로 봅니다.

④ 회사가 제 1 회 보험료를 받고 승낙을 거절한 경우에는 거절통지와 함께 받은 금액을 돌려드리며, 보험료를 받은 기간에 대하여 표준이율+1%를 연단위 복리로 계산한 금액을 더하여 지급합니다. 다만, 회사는 계약자가 제 1 회 보험료를 신용카드로 납입한 계약의 승낙을 거절하는 경우에는 신용카드의 매출을 취소하며 이자를 더하여 지급하지 않습니다.

제17조(청약의 철회) ① 계약자는 청약한 날부터 15일(통신판매계약의 경우는 30일) 이내에 그 청약을 철회할 수 있습니다. 다만, 진단계약, 단체(취급)계약 또는 보험기간이 1년 미만인 계약은 청약을 철회할 수 없습니다.

【통신판매계약】전화·우편·인터넷 등 통신수단을 이용하여 체결하는 계약을 말 합니다.

② 계약자가 청약을 철회한 때에는 회사는 청약의 철회를 접수한 날부터 3영업일 이내에 납입한 보험료를 돌려드리며, 보험료 반환이 늦어진 기간에 대하여는 이 계약의 보험계약대출이율을

연단위 복리로 계산한 금액을 더하여 지급합니다. 다만, 계약자가 제1회 보험료를 신용카드로 납입한 계약의 청약을 철회하는 경우에는 회사는 신용카드의 매출을 취소하며 이자를 더하여 지급하지 않습니다.

③ 청약을 철회할 때에 이미 보험금 지급사유가 발생하였으나 계약자가 그 보험금 지급사유가 발생한 사실을 알지 못한 경우에는 청약철회의 효력은 발생하지 않습니다.

제18조(약관교부 및 설명의무 등) ① 회사는 계약자가 청약할 때에 계약자에게 약관의 중요한 내용을 설명하여야 하며, 청약 후에 지체 없이 약관 및 계약자 보관용 청약서를 드립니다. 다만, 계약자가 동의하는 경우 약관 및 계약자 보관용 청약서 등을 광기록매체(CD, DVD 등), 전자우편 등 전자적 방법으로 송부할 수 있으며, 계약자 또는 그 대리인이 약관 및 계약자 보관용 청약서 등을 수신하였을 때에는 해당 문서를 드린 것으로 봅니다. 또한, 통신판매계약의 경우, 회사는 계약자의 동의를 얻어 다음 중 한 가지 방법으로 약관의 중요한 내용을 설명할 수 있습니다.
 1. 인터넷 홈페이지에서 약관 및 그 설명문(약관의 중요한 내용을 알 수 있도록 설명한 문서)을 읽거나 내려받게 하는 방법. 이 경우 계약자가 이를 읽거나 내려받은 것을 확인한 때에 당해 약관을 드리고 그 중요한 내용을 설명한 것으로 봅니다.
 2. 전화를 이용하여 청약내용, 보험료납입, 보험기간, 계약 전 알릴 의무, 약관의 중요한 내용 등 계약을 체결하는 데 필요한 사항을 질문 또는 설명하는 방법. 이 경우 계약자의 답변과 확인내용을 음성 녹음함으로써 약관의 중요한 내용을 설명한 것으로 봅니다.
② 회사가 제1항에 따라 제공될 약관 및 계약자 보관용 청약서를 청약할 때 계약자에게 전달하지 않거나 약관의 중요한 내용을 설명하지 않은 때 또는 계약을 체결할 때 계약자가 청약서에 자필서명(날인(도장을 찍음) 및 전자서명법 제2조 제2호에 따른 전자서명 또는 동법 제2조 제3호에 따른 공인전자서명을 포함합니다)을 하지 않은 때에는 계약자는 청약일부터 3개월 이내에 계약을 취소할 수 있습니다. 다만, 단체(취급)계약은 계약이 성립한 날부터 1개월 이내에 계약을 취소할 수 있습니다.
③ 제2항에도 불구하고 전화를 이용하여 계약을 체결하는 경우 다음의 각 호의 어느 하나를 충족하는 때에는 자필서명을 생략할 수 있으며, 위 제1항의 규정에 따른 음성녹음 내용을 문서화한 확인서를 계약자에게 드림으로써 계약자 보관용 청약서를 전달한 것으로 봅니다.
 1. 계약자, 피보험자 및 보험수익자가 동일한 계약의 경우
 2. 계약자, 피보험자가 동일하고 보험수익자가 계약자의 법정상속인인 계약일 경우
④ 제2항에 따라 계약이 취소된 경우에는 회사는 계약자에게 이미 납입한 보험료를 돌려드리며, 보험료를 받은 기간에 대하여 보험계약대출이율을 연단위 복리로 계산한 금액을 더하여 지급합니다.

제19조(계약의 무효) 다음 중 한 가지에 해당되는 경우에는 계약을 무효로 하며 이미 납입한 보험

료를 돌려드립니다. 다만, 회사의 고의 또는 과실로 계약이 무효로 된 경우와 회사가 승낙 전에 무효임을 알았거나 알 수 있었음에도 보험료를 반환하지 않은 경우에는 보험료를 납입한 날의 다음 날부터 반환일까지의 기간에 대하여 회사는 이 계약의 보험계약대출이율을 연단위 복리로 계산한 금액을 더하여 돌려드립니다.

1. 타인의 사망을 보험금 지급사유로 하는 계약에서 계약을 체결할 때까지 피보험자의 서면에 의한 동의를 얻지 않은 경우. 다만, 단체가 규약에 따라 구성원의 전부 또는 일부를 피보험 자로 하는 계약을 체결하는 경우에는 이를 적용하지 않습니다.

2. 만 15세 미만자, 심신상실자 또는 심신박약자를 피보험자로 하여 사망을 보험금 지급사유로 한 계약의 경우

3. 계약을 체결할 때 계약에서 정한 피보험자의 나이에 미달되었거나 초과되었을 경우. 다만, 회사가 나이의 착오를 발견하였을 때 이미 계약나이에 도달한 경우에는 유효한 계약으로 보 나, 제 2 호의 만 15세 미만자에 관한 예외가 인정되는 것은 아닙니다.

제20조(계약내용의 변경 등) ① 계약자는 회사의 승낙을 얻어 다음의 사항을 변경할 수 있습니다. 이 경우 승낙을 서면으로 알리거나 보험증권의 뒷면에 기재하여 드립니다.

1. 보험종목
2. 보험기간
3. 보험료의 납입주기, 납입방법 및 납입기간
4. 보험가입금액
5. 계약자
6. 기타 계약의 내용

② 계약자는 보험수익자를 변경할 수 있으며 이 경우에는 회사의 승낙이 필요하지 않습니다. 다 만, 변경된 보험수익자가 회사에 권리를 대항하기 위해서는 계약자가 보험수익자가 변경되었음 을 회사에 통지하여야 합니다.

③ 회사는 계약자가 제1회 보험료를 납입한 때부터 1년 이상 지난 유효한 계약으로서 그 보험 종목의 변경을 요청할 때에는 회사의 사업방법서에서 정하는 방법에 따라 이를 변경하여 드립니 다.

④ 회사는 계약자가 제 1 항 제 4 호에 따라 보험가입금액을 감액하고자 할 때에는 그 감액된 부 분은 해지된 것으로 보며, 이로써 회사가 지급하여야 할 해지환급금이 있을 때에는 제32조(해지 환급금) 제 1 항에 따른 해지환급금을 계약자에게 지급합니다.

⑤ 계약자가 제 2 항에 따라 보험수익자를 변경하고자 할 경우에는 보험금의 지급사유가 발생하 기 전에 피보험자가 서면으로 동의하여야 합니다.

⑥ 회사는 제1항에 따라 계약자를 변경한 경우, 변경된 계약자에게 보험증권 및 약관을 교부하 고 변경된 계약자가 요청하는 경우 약관의 중요한 내용을 설명하여 드립니다.

제21조(보험나이 등) ① 이 약관에서의 피보험자의 나이는 보험나이를 기준으로 합니다. 다만, 제 19조(계약의 무효) 제2호의 경우에는 실제 만 나이를 적용합니다.

② 제1항의 보험나이는 계약일 현재 피보험자의 실제 만 나이를 기준으로 6개월 미만의 끝수 는 버리고 6개월 이상의 끝수는 1년으로 하여 계산하며, 이후 매년 계약 해당일에 나이가 증가 하는 것으로 합니다.

③ 피보험자의 나이 또는 성별에 관한 기재사항이 사실과 다른 경우에는 정정된 나이 또는 성별 에 해당하는 보험금 및 보험료로 변경합니다.

```
[보험나이 계산 예시]
생년월일: 1988년 10월 2일, 현재(계약일): 2014년 4월 13일
⇒ 2014년 4월 13일 – 1988년 10월 2일 = 25년 6월 11일 = 26세
```

제22조(계약의 소멸) 피보험자의 사망으로 인하여 이 약관에서 규정하는 보험금 지급사유가 더 이 상 발생할 수 없는 경우에는 이 계약은 그때부터 효력이 없습니다. 이때 사망을 보험금 지급사 유로 하지 않는 경우에는 '보험료 및 책임준비금 산출방법서'에서 정하는 바에 따라 회사가 적립 한 사망 당시의 책임준비금을 지급합니다.

```
[책임준비금]
장래의 보험금, 해지환급금 등을 지급하기 위하여 계약자가 납입한 보험료 중 일정액을 회사 가 적립해 둔 금액을 말합니다.
```

제5관 보험료의 납입

제23조(제1회 보험료 및 회사의 보장개시) ① 회사는 계약의 청약을 승낙하고 제1회 보험료를 받은 때부터 이 약관이 정한 바에 따라 보장을 합니다. 또한, 회사가 청약과 함께 제1회 보험료 를 받은 후 승낙한 경우에도 제1회 보험료를 받은 때부터 보장이 개시됩니다. 자동이체 또는 신용카드로 납입하는 경우에는 자동이체신청 또는 신용카드매출승인에 필요한 정보를 제공한 때를 제1회 보험료를 받은 때로 하며, 계약자의 책임 있는 사유로 자동이체 또는 매출승인이 불가능한 경우에는 보험료가 납입되지 않은 것으로 봅니다.

② 회사가 청약과 함께 제1회 보험료를 받고 청약을 승낙하기 전에 보험금 지급사유가 발생하 였을 때에도 보장개시일부터 이 약관이 정하는 바에 따라 보장을 합니다.

[보장개시일]
회사가 보장을 개시하는 날로서 계약이 성립되고 제1회 보험료를 받은 날을 말하나, 회사가 승낙하기 전이라도 청약과 함께 제1회 보험료를 받은 경우에는 제1회 보험료를 받은 날을 말합니다. 또한, 보장개시일을 계약일로 봅니다.

③ 회사는 제 2 항에도 불구하고 다음 중 한 가지에 해당되는 경우에는 보장을 하지 않습니다.
  1. 제13조(계약 전 알릴 의무)에 따라 계약자 또는 피보험자가 회사에 알린 내용이나 건강진단 내용이 보험금 지급사유의 발생에 영향을 미쳤음을 회사가 증명하는 경우
  2. 제14조(계약 전 알릴 의무 위반의 효과)를 준용하여 회사가 보장을 하지 않을 수 있는 경우
  3. 진단계약에서 보험금 지급사유가 발생할 때까지 진단을 받지 않은 경우. 다만, 진단계약에서 진단을 받지 않은 경우라도 재해로 보험금 지급사유가 발생하는 경우에는 보장을 해드립니다.
④ 청약서에 피보험자의 직업 또는 직종별로 보험가입금액의 한도액이 명시되어 있음에도 그 한도액을 초과하여 청약을 하고 청약을 승낙하기 전에 보험금 지급사유가 발생한 경우에는 그 초과 청약액에 대하여는 보장을 하지 않습니다.

제24조(제 2 회 이후 보험료의 납입) 계약자는 제 2 회 이후의 보험료를 납입기일까지 납입하여야 하며, 회사는 계약자가 보험료를 납입한 경우에는 영수증을 발행하여 드립니다. 다만, 금융회사(우체국 포함)를 통하여 보험료를 납입한 경우에는 그 금융회사 발행 증빙서류를 영수증으로 대신합니다.

[납입기일]
계약자가 제2회 이후의 보험료를 납입하기로 한 날을 말합니다.

제25조(보험료의 자동대출납입) ① 계약자는 제26조(보험료의 납입이 연체되는 경우 납입최고(독촉)와 계약의 해지)에 따른 보험료의 납입최고(독촉)기간이 지나기 전까지 회사가 정한 방법에 따라 보험료의 자동대출납입을 신청할 수 있으며, 이 경우 제33조(보험계약대출) 제 1 항에 따른 보험계약대출금으로 보험료가 자동으로 납입되어 계약은 유효하게 지속됩니다. 다만, 계약자가 서면 이외에 인터넷 또는 전화(음성녹음) 등으로 자동대출납입을 신청할 경우 회사는 자동대출납입 신청내역을 서면 또는 전화(음성녹음) 등으로 계약자에게 알려드립니다.
② 제 1 항에도 불구하고 보험계약대출금과 보험계약대출이자를 더한 금액이 해지환급금(해당 보험료가 납입된 것으로 계산한 금액을 말합니다)을 초과하는 때에는 보험료의 자동대출납입을 더는 할 수 없습니다.
③ 제 1 항 및 제2항에 따른 보험료의 자동대출납입 기간은 최초 자동대출납입일부터 1년을 한도로 하며 그 이후의 기간에 대한 보험료의 자동대출 납입을 위해서는 제 1 항에 따라 재신청을 하여야 합니다.

④ 보험료의 자동대출 납입이 행하여진 경우에도 자동대출 납입 전 납입최고(독촉)기간이 끝나는 날의 다음날부터 1개월 이내에 계약자가 계약의 해지를 청구한 때에는 회사는 보험료의 자동대출 납입이 없었던 것으로 하여 제32조(해지환급금) 제 1 항에 따른 해지환급금을 지급합니다.

제26조(보험료의 납입이 연체되는 경우 납입최고(독촉)와 계약의 해지) ① 계약자가 제 2 회 이후의 보험료를 납입기일까지 납입하지 않아 보험료 납입이 연체 중인 경우에 회사는 14일(보험기간이 1년 미만인 경우에는 7일) 이상의 기간을 납입최고(독촉)기간(납입최고(독촉)기간의 마지막 날이 영업일이 아닌 때에는 최고(독촉)기간은 그 다음 날까지로 합니다)으로 정하여 아래 사항에 대하여 서면(등기우편 등), 전화(음성녹음) 또는 전자문서 등으로 알려드립니다. 다만 해지 전에 발생한 보험금 지급사유에 대하여 회사는 보상하여 드립니다.
  1. 계약자(보험수익자와 계약자가 다른 경우 보험수익자를 포함합니다)에게 납입최고(독촉)기간 내에 연체보험료를 납입하여야 한다는 내용
  2. 납입최고(독촉)기간이 끝나는 날까지 보험료를 납입하지 않을 경우 납입최고(독촉)기간이 끝나는 날의 다음 날에 계약이 해지된다는 내용(이 경우 계약이 해지되는 때에는 즉시 해지환급금에서 보험계약대출원금과 이자가 차감된다는 내용을 포함합니다)
② 회사가 제 1 항에 따른 납입최고(독촉) 등을 전자문서로 안내하고자 할 경우에는 계약자에게 서면, 전자서명법 제 2 조 제 2 호에 따른 전자서명 또는 동법 제 2 조 제 3 호에 따른 공인전자서명으로 동의를 얻어 수신확인을 조건으로 전자문서를 송신하여야 하며, 계약자가 전자문서에 대하여 수신을 확인하기 전까지는 그 전자문서는 송신되지 않은 것으로 봅니다. 회사는 전자문서가 수신되지 않은 것을 확인한 경우에는 제 1 항에서 정한 내용을 서면(등기우편 등) 또는 전화(음성녹음)로 다시 알려드립니다.
③ 제 1 항에 따라 계약이 해지된 경우에는 제32조(해지환급금) 제 1 항에 따른 해지환급금을 계약자에게 지급합니다.

제27조(보험료의 납입연체로 인한 해지계약의 부활(효력회복)) ① 제26조(보험료의 납입이 연체되는 경우 납입최고(독촉)와 계약의 해지)에 따라 계약이 해지되었으나 해지환급금을 받지 않은 경우(보험계약대출 등에 따라 해지환급금이 차감되었으나 받지 않은 경우 또는 해지환급금이 없는 경우를 포함합니다) 계약자는 해지된 날부터 2년 이내에 회사가 정한 절차에 따라 계약의 부활(효력회복)을 청약할 수 있습니다. 회사가 부활(효력회복)을 승낙한 때에 계약자는 부활(효력회복)을 청약한 날까지의 연체된 보험료에 표준이율 + 1% 범위 내에서 각 상품별로 회사가 정하는 이율로 계산한 금액을 더하여 납입하여야 합니다. 다만, 금리연동형보험은 각 보험상품별 사업방법서에서 별도로 정한 이율로 계산합니다.
② 제 1 항에 따라 해지계약을 부활(효력회복)하는 경우에는 제13조(계약 전 알릴 의무), 제14조(계약 전 알릴 의무 위반의 효과), 제15조(사기에 의한 계약), 제16조(보험계약의 성립) 제 2 항

및 제 3 항 및 제23조(제 1 회 보험료 및 회사의 보장개시)를 준용합니다.

제28조(강제집행 등으로 인한 해지계약의 특별부활(효력회복)) ① 회사는 계약자의 해지환급금 청구권에 대한 강제집행, 담보권실행, 국세 및 지방세 체납처분절차에 따라 계약이 해지된 경우 해지 당시의 보험수익자가 계약자의 동의를 얻어 계약 해지로 회사가 채권자에게 지급한 금액을 회사에 지급하고 제20조(계약내용의 변경 등) 제 1 항의 절차에 따라 계약자 명의를 보험수익자로 변경하여 계약의 특별부활(효력회복)을 청약할 수 있음을 보험수익자에게 통지하여야 합니다.
② 회사는 제 1 항에 따른 계약자 명의변경 신청 및 계약의 특별부활(효력회복) 청약을 승낙합니다.
③ 회사는 제 1 항의 통지를 지정된 보험수익자에게 하여야 합니다. 다만, 회사는 법정상속인이 보험수익자로 지정된 경우에는 제 1 항의 통지를 계약자에게 할 수 있습니다.
④ 회사는 제 1 항의 통지를 계약이 해지된 날부터 7일 이내에 하여야 합니다.
⑤ 보험수익자는 통지를 받은 날(제 3 항에 따라 계약자에게 통지된 경우에는 계약자가 통지를 받은 날을 말합니다)부터 15일 이내에 제 1 항의 절차를 이행할 수 있습니다.

제 6 관　계약의 해지 및 해지환급금 등

제29조(계약자의 임의해지 및 피보험자의 서면동의 철회권) ① 계약자는 계약이 소멸하기 전에 언제든지 계약을 해지할 수 있으며(다만, 연금보험의 경우 연금이 지급개시된 이후에는 해지할 수 없습니다), 이 경우 회사는 제32조(해지환급금) 제 1 항에 따른 해지환급금을 계약자에게 지급합니다.
② 제19조(계약의 무효)에 따라 사망을 보험금 지급사유로 하는 계약에서 서면으로 동의를 한 피보험자는 계약의 효력이 유지되는 기간에는 언제든지 서면동의를 장래를 향하여 철회할 수 있으며, 서면동의 철회로 계약이 해지되어 회사가 지급하여야 할 해지환급금이 있을 때에는 제32조(해지환급금) 제 1 항에 따른 해지환급금을 계약자에게 지급합니다.

제30조(중대사유로 인한 해지) ① 회사는 아래와 같은 사실이 있을 경우에는 그 사실을 안 날부터 1개월 이내에 계약을 해지할 수 있습니다.
　1. 계약자, 피보험자 또는 보험수익자가 고의로 보험금 지급사유를 발생시킨 경우
　2. 계약자, 피보험자 또는 보험수익자가 보험금 청구에 관한 서류에 고의로 사실과 다른 것을 기재하였거나 그 서류 또는 증거를 위조 또는 변조한 경우. 다만, 이미 보험금 지급사유가 발생한 경우에는 보험금 지급에 영향을 미치지 않습니다.
② 회사가 제 1 항에 따라 계약을 해지한 경우 회사는 그 취지를 계약자에게 통지하고 제32조(해지환급금) 제 1 항에 따른 해지환급금을 지급합니다.

제31조(회사의 파산선고와 해지) ① 회사가 파산의 선고를 받은 때에는 계약자는 계약을 해지할 수 있습니다.

② 제1항의 규정에 따라 해지하지 않은 계약은 파산선고 후 3개월이 지난 때에는 그 효력을 잃습니다.

③ 제1항의 규정에 따라 계약이 해지되거나 제2항의 규정에 따라 계약이 효력을 잃는 경우에 회사는 제32조(해지환급금) 제1항에 의한 해지환급금을 계약자에게 드립니다.

제32조(해지환급금) ① 이 약관에 따른 해지환급금은 보험료 및 책임준비금 산출방법서에 따라 계산합니다.

② 해지환급금의 지급사유가 발생한 경우 계약자는 회사에 해지환급금을 청구하여야 하며, 회사는 청구를 접수한 날부터 3영업일 이내에 해지환급금을 지급합니다. 해지환급금 지급일까지의 기간에 대한 이자의 계산은 <부표 4-1> '보험금을 지급할 때의 적립이율 계산'에 따릅니다.

③ 회사는 경과기간별 해지환급금에 관한 표를 계약자에게 제공하여 드립니다.

제33조(보험계약대출) ① 계약자는 이 계약의 해지환급금 범위 내에서 회사가 정한 방법에 따라 대출(이하 '보험계약대출'이라 합니다)을 받을 수 있습니다. 그러나 순수보장성보험 등 보험상품의 종류에 따라 보험계약대출이 제한될 수도 있습니다.

② 계약자는 제1항에 따른 보험계약대출금과 보험계약대출이자를 언제든지 상환할 수 있으며 상환하지 않은 때에는 회사는 보험금, 해지환급금 등의 지급사유가 발생한 날에 지급금에서 보험계약대출의 원금과 이자를 차감할 수 있습니다.

③ 회사는 제26조(보험료의 납입이 연체되는 경우 납입최고(독촉)와 계약의 해지)에 따라 계약이 해지되는 때에는 즉시 해지환급금에서 보험계약대출의 원금과 이자를 차감합니다.

④ 회사는 보험수익자에게 보험계약대출 사실을 통지할 수 있습니다.

제34조(배당금의 지급) ① 회사는 금융감독원장이 정하는 방법에 따라 회사가 결정한 배당금을 계약자에게 지급합니다.

② 회사는 배당금 지급이 결정되었을 때에는 그 내역을 계약자에게 알려드립니다.

제7관 분쟁의 조정 등

제35조(분쟁의 조정) 계약에 관하여 분쟁이 있는 경우 분쟁 당사자 또는 기타 이해관계인과 회사는 금융감독원장에게 조정을 신청할 수 있습니다.

제36조(관할법원) 이 계약에 관한 소송 및 민사조정은 계약자의 주소지를 관할하는 법원으로 합니다. 다만, 회사와 계약자가 합의하여 관할법원을 달리 정할 수 있습니다.

제37조(소멸시효) 보험금청구권, 보험료 반환청구권, 해지환급금청구권, 책임준비금 반환청구권 및 배당금청구권은 2년간 행사하지 않으면 소멸시효가 완성됩니다.

제38조(약관의 해석) ① 회사는 신의성실의 원칙에 따라 공정하게 약관을 해석하여야 하며 계약자에 따라 다르게 해석하지 않습니다.
② 회사는 약관의 뜻이 명백하지 않은 경우에는 계약자에게 유리하게 해석합니다.
③ 회사는 보험금을 지급하지 않는 사유 등 계약자나 피보험자에게 불리하거나 부담을 주는 내용은 확대하여 해석하지 않습니다.

제39조(회사가 제작한 보험안내자료 등의 효력) 보험설계사 등이 모집과정에서 사용한 회사 제작의 보험안내자료(계약의 청약을 권유하기 위해 만든 자료 등을 말합니다) 내용이 이 약관의 내용과 다른 경우에는 계약자에게 유리한 내용으로 계약이 성립된 것으로 봅니다.

제40조(회사의 손해배상책임) ① 회사는 계약과 관련하여 임직원, 보험설계사 및 대리점의 책임 있는 사유로 계약자, 피보험자 및 보험수익자에게 발생된 손해에 대하여 관계 법령 등에 따라 손해배상의 책임을 집니다.
② 회사는 보험금 지급거절 및 지연지급의 사유가 없음을 알았거나 알 수 있었는데도 소를 제기하여 계약자, 피보험자 또는 보험수익자에게 손해를 가한 경우에는 그에 따른 손해를 배상할 책임을 집니다.
③ 회사가 보험금 지급 여부 및 지급금액에 관하여 현저하게 공정을 잃은 합의로 보험수익자에게 손해를 가한 경우에도 회사는 제2항에 따라 손해를 배상할 책임을 집니다.

제41조(개인정보보호) ① 회사는 이 계약과 관련된 개인정보를 이 계약의 체결, 유지, 보험금 지급 등을 위하여 「개인정보 보호법」, 「신용정보의 이용 및 보호에 관한 법률」 등 관계 법령에 정한 경우를 제외하고 계약자, 피보험자 또는 보험수익자의 동의없이 수집, 이용, 조회 또는 제공하지 않습니다. 다만, 회사는 이 계약의 체결, 유지, 보험금 지급 등을 위하여 위 관계 법령에 따라 계약자 및 피보험자의 동의를 받아 다른 보험회사 및 보험관련단체 등에 개인정보를 제공할 수 있습니다.
② 회사는 계약과 관련된 개인정보를 안전하게 관리하여야 합니다.

제42조(준거법) 이 계약은 대한민국 법에 따라 규율되고 해석되며, 약관에서 정하지 않은 사항은

상법, 민법 등 관계 법령을 따릅니다.

제43조(예금보험에 의한 지급보장) 회사가 파산 등으로 인하여 보험금 등을 지급하지 못할 경우에는 예금자보호법에서 정하는 바에 따라 그 지급을 보장합니다.

5. 1976년 해사채권에 대한 책임제한조약

이 조약의 당사국은 해상채권에 대한 책임제한에 관한 통일규정을 합의에 의하여 정하는 것이 소망스러움을 인정하고, 이를 위한 하나의 조약을 체결할 것을 결의하여 다음과 같이 합의하였다.

제 1 장 책임제한의 권리

제 1 조(책임제한의 주체)
  (1) 다음에 규정하는 선박소유자 및 구조자는 제 2 조에 정하는 채권에 대하여 이 조약의 규정에 따라 그 책임을 제한할 수 있다.
  (2) 선박소유자라 함은 항해선박의 소유자·용선자·관리자 및 운항자를 말한다.
  (3) 구조자라 함은 구조작업에 직접 관계된 역무를 제공하는 모든 자를 말한다. 구조작업에는 제 2 조 제 1 항 ⓓ호·ⓔ호 및 ⓕ호에 규정하는 작업도 포함한다.
  (4) 그의 작위·부작위 또는 과실에 관하여 선박소유자 또는 구조자가 책임을 지는 자에 대하여 제 2 조에 규정하는 청구가 행해진 경우에 그 자는 본 조약에 규정된 책임제한을 원용할 권리가 있다.
  (5) 이 조약에서 선박소유자의 책임은 선박 자체에 대하여 제기된 소송에 관한 책임도 포함한다.
  (6) 이 조약규정에 따라 제한을 받은 채권에 대한 책임의 보험자는 피보험자 본인과 동일한 범위에서 이 조약의 이익을 받을 권리가 있다.
  (7) 책임제한을 주장하는 것이 그 책임의 승인으로 되는 것은 아니다.
제 2 조(제한을 받는 채권)
  (1) 제 3 조와 제 4 조의 경우를 제외하고, 다음의 채권은 그 책임의 원인 여하를 불문하고 책임의 제한을 받는다.
    ⓐ 선박상에서 또는 선박의 운항이나 구조작업에 직접 관계하여 발생한 사람의 사망·신체상해 또는 재산의 멸실이나 손상(항의 축조물·정박시설·수로 및 선로시설에 대한 손해도 포함한다) 및 이로 인하여 생긴 간접손해에 관한 채권
    ⓑ 화물·여객 또는 여객의 수하물의 해상운송중에 지연으로 인해 발생한 손해에 관한 채권

ⓒ 계약상의 권리 이외의 권리의 침해로 인하여 발생한 것으로서 선박의 운항 또는 구조작업과 직접 관계하여 생긴 손해에 관한 채권

ⓓ 침몰·난파·좌초 또는 방기된 선박 및 당해 선박상에 현존하는 일체의 조건의 인양·제거·파괴 또는 무해처분에 관한 채권

ⓔ 선박의 화물의 제거·파괴 또는 무해처분에 관한 채권

ⓕ 그 손해에 대하여 책임 있는 자가 이 조약에 따라 책임을 제한할 수 있는 손실을 방지하거나 최소화하기 위하여 취한 조치 및 그러한 조치에 의하여 발생한 추가적 손실에 관한 책임 있는 자 이외의 자의 채권

⑵ 제 1 항의 게기된 채권은 계약 기타의 사유에 기한 상환 또는 보상으로 청구된 것인 경우에도 채권의 제한을 받는다. 그러나 제 1 항 ⓓ호·ⓔ호·ⓕ호에 게기된 채권은 책임을 질 자와의 계약에 따른 보수에 관계한 범위 내에서 책임의 제한을 받지 아니한다.

제 3 조(제한에서 제외되는 채권)

이 조약의 규정은 다음의 채권에 대하여는 적용되지 아니한다.

ⓐ 구조 또는 공동해손의 분담에 관한 채권

ⓑ 1969년 11월 29일에 성립한 유탁손해에 대한 민사책임에 관한 국제조약 또는 동 조약에 현행 개정조항이나 동 의정서의 정의에 해당하는 유탁손해에 대한 채권

ⓒ 원자력손해에 대한 책임제한을 규제하거나 금지하는 국제조약 또는 국내법의 적용을 받는 채권

ⓓ 선박소유자나 구조자의 사용인으로서 선박 또는 구조작업에 관계되는 업무를 지고 있는 자의 채권 및 그 상속인·피부양자 기타 이러한 채권을 행사할 권리가 있는 자의 채권. 다만, 선박소유자나 구조자와 그 사용인 간의 노동공급계약에 적용되는 법에 따라 선박소유자나 구조자가 이러한 채권에 대하여 책임을 제한할 권리가 있는 경우, 또는 그러한 법에 따라 이 조약 제 6 조에 규정하는 금액보다 많은 금액으로만 그 책임을 제한할 수 있도록 허용되어 있는 경우이어야 한다.

제 4 조(제한이 금지되는 행위)

책임 있는 자가 고의로 또는 무모하게 또한 결과로서 발생할 것을 알면서 행한 행위 또는 불행위로부터 손해가 발생하였다는 것이 입증되는 경우에는 그 책임 있는 자는 자기의 책임을 제한할 권리가 없다.

제 5 조(반대채권)

이 조약규정에 따라 책임제한의 권리를 갖는 자가 채권자에 대하여 동일한 사고로부터 발생한 채권을 갖고 있는 경우에는 각 채권은 상계되고, 차액이 있는 경우에는 그 차액에 대하여만 이 조약의 규정이 적용된다.

제 2 장　책임의 한도

제 6 조(일반한도)

(1) 특정사고에서 발생한 것으로서 제 7 조에 규정하는 채권 이외의 채권에 대한 책임한도는 다음과 같이 산출한다.

ⓐ 사람의 사망 또는 신체상해에 대한 채권에 관하여는

① 500톤까지의 선박에 대하여 333,000 계산단위

ⓘ 500톤 초과의 선박에 대하여는 ①의 계산단위에 다음의 금액을 가산한다.

501톤에서 3,000톤까지 1톤당 500 계산단위

3,001톤에서 30,000톤까지 1톤당 333 계산단위

30,001톤에서 70,000톤까지 1톤당 250 계산단위

70,000톤을 초과하는 경우 1톤당 167 계산단위

ⓑ 기타의 채권에 관하여는

① 500톤까지의 선박에 대하여 167,000 계산단위

ⓘ 500톤 초과의 선박에 대하여는 ①의 계산단위에 다음의 금액을 가산한다.

501톤에서 30,000톤까지 1톤당 167 계산단위

30,001톤에서 70,000톤까지 1톤당 125 계산단위

70,000톤을 초과하는 경우 1톤당 83 계산단위

(2) 제 1 항 ⓐ호에 따라 산출된 금액이 동호에 규정된 채권의 변제에 부족한 때에는 제 1 항 ⓑ호에 따라 산출된 금액은 변제부족잔액의 변제를 위하여 사용하고, 이러한 변제부족잔액의 변제순위는 제 1 항 ⓑ호의 동일순위로 한다.

(3) 그러나 당사국은 제 2 항 규정에 의한 사람의 사망 또는 신체상해에 대한 청구권을 침해하지 아니하고, 그 국내법에 항의 축조물·정박시설·수로 또는 항로시설에 관한 채권이 제 1 항 ⓑ호에 규정한 채권에 우선한다고 규정할 수 있다.

(4) 선박으로부터 작업을 하지 아니한 구조자가 오로지 선박상에서 작업한 구조자 또는 구조에 관하여 역무를 제공한 자에 대한 책임의 한도는 1,500톤을 기준하고 계산한다.

(5) 이 조약상의 선박톤수는 1969년의 선박톤수측정에 관한 국제조약부속서에 정하는 톤수측정규칙에 따라 계산된 총톤으로 한다.

제 7 조(여객의 채권에 대한 한도)

(1) 특정사고에서 발생하는 선박의 여객의 사망이나 신체상해에 대한 채권에 관하여 그 선박소유자의 책임한도는 46,666 계산단위에 그 선박의 증명서에 따라 운송이 인정되고 있는 여객정원수를 곱한 총액으로 한다. 그러나 25,000,000 계산단위를 한도로 한다.

(2) 이 조에서 「한 선박의 여객의 사망이나 신체상해에 의한 채권」이라 함은 그 선

박으로 운송하는 다음의 자가 또는 그에 갈음하여 청구하는 채권을 말한다.

ⓐ 여객운송계약에 따라 운송되는 자 또는

ⓑ 운송인의 동의를 얻어 물건운송계약에 따라 취급하는 차량 또는 생동물을 호송하는 자

제 8 조(계산단위)

⑴ 제 6 조 및 제 7 조상의 계산단위라 함은 국제통화기금이 정의하는 특별인출권(SDR)을 말한다. 제 6 조 및 제 7 조에 규정한 제한금액이 형성되는 날, 변제되는 날 또는 국내법에 따라 변제에 상당하는 담보가 제공되는 날의 그 통화가치에 따라 제한주장이 있는 국가의 국내통화로 환산된다.

⑵ 그러나 국제통화기금의 가맹국이 아닌 국가와 제 1 항 규정의 적용을 허용하지 아니하는 국내법을 보유하는 국가는 비준·수락·승인에 관하여 유보 없이 서명하는 때에, 또는 비준·수락·승인의 때에, 또는 가입이나 그 후 어느 때이든지 자국의 영토 내에 적용하도록 이 조약에 규정된 책임한도를 다음과 같이 정한다고 선언할 수 있다.

ⓐ 제 6 조 제 1 항 ⓐ호에 관하여는 다음의 가액 :

① 500톤까지의 선박에 대하여는 5,000,000 화폐단위

② 500톤을 초과하는 선박에 대하여는 다음의 화폐단위를 ①의 단위에 가산한다.

501톤부터 3,000톤까지 매 톤당 7,500 화폐단위

3,001톤부터 30,000톤까지 매 톤당 5,000 화폐단위

30,001톤부터 70,000톤까지 매 톤당 3,750 화폐단위

70,000톤을 초과하는 경우 매 톤당 2,500 화폐단위

ⓑ 제 6 조 제 1 항의 ⓑ호에 관하여는 다음의 가액 :

① 500톤까지의 선박에 대하여는 2,500,000 화폐단위

② 500톤을 초과하는 선박에 대하여는 다음의 단위를 ①의 단위에 가산한다.

501톤부터 30,000톤까지의 매 톤당 25,000 화폐단위

30,001톤부터 70,000톤까지의 매 톤당 1,850 화폐단위

70,000톤을 초과하는 경우 매 톤당 1,250 화폐단위

ⓒ 제 7 조 제 1 항에 관하여는 700,000 화폐단위에 그 선박증명서에 따라 운송이 허용된 여객원수를 곱한 가액으로 한다. 그러나 375,000,000 화폐단위를 한도로 한다. 제 6 조 제 2 항 및 제 3 항은 이 항 ⓐ호 및 ⓑ호에 대하여 각각 준용한다.

⑶ 제 2 항의 화폐단위라 함은 순도 1,000분의 900인 금 65.5 밀리그램에 상당한다. 이 금액을 국내통화로 환산하는 것은 그 국내법에 따른다.

⑷ 제 1 조 말문에 표시한 계산과 제 3 항에 표시한 환산은 가능한 한 제 6 조 및 제

7조의 계산단위로 표시한 가액과 동일한 실질가치를 당사국의 국내통화로 표시할 수 있는 방법으로 행한다.

　조약당사국은 제 1 항에 따른 계산방법 또는 경우에 따라서는 제 3 항의 환산결과를 비준·수락 또는 승인에 관하여 유보 없이 승인하는 때에 또는 제16조에 정하는 문서의 기탁의 때에 또한 변경이 있는 때는 어느 때이거나 수탁자에게 통지한다.

제 9 조(채권의 총액)

　⑴ 제 6 조에 따라 결정된 책임의 한도는 특정한 사고에서 발생한 다음 각 호의 모든 채권총액에 적용한다.

　　ⓐ 제 1 조 제 2 항에 규정되어 있는 자 및 작위·부작위 또는 해태의 책임을 지는 모든 자에 대한 채권 또는

　　ⓑ 자선으로부터 구조용역을 제공한 선박소유자 또는 그러한 선박에서 작업하는 구조자 및 작위·부작위 또는 해태의 책임을 지는 모든 자에 대한 채권 또는

　　ⓒ 선박으로부터 작업하지 아니하는 구조자 또는 전적으로 선박상에서 작업하고 있는 구조자 또는 그에 관하여 구조용역을 제공하고 있는 구조자와 자기의 작위·부작위 또는 해태에 대하여 책임을 지는 자에 대한 채권

　⑵ 제 7 조에 따라 결정된 책임한도는 동조의 선박에 관하여 제 1 조 제 2 항의 자 및 작위·부작위 또는 해태의 책임을 지는 자에 대하여 특별사고에서 발생하는 채권총액에 적용한다.

제10조(책임제한기금의 형성이 없는 경우의 책임제한)

　⑴ 책임한도는 제11조의 제한기금이 형성되지 아니한 경우에도 주장할 수 있다. 그러나 당사국은 제한을 받는 채권을 실행하기 위하여 자국법원에 소송이 제기된 경우에는 이 조약규정에 따라 제한기금이 형성되어 있든지, 또는 책임제한의 권리를 주장하는 때에 제한기금을 형성한다는 것을 조건으로 채무자가 책임제한의 권리를 주장할 수 있다는 취지를 국내법에 규정할 수 있다.

　⑵ 제한기금의 형성 없이 책임제한을 주장하는 경우에는 제12조 규정을 적용한다.

　⑶ 이 조의 규정에 따라 발생하는 절차상의 문제는 제기된 당사국의 국내법에 따라 결정된다.

제 3 장　책임제한기금

제11조(기금의 형성)

　⑴ 누구든지 책임이 있다고 주장을 받고 있는 자는 책임제한을 받는 채권에 관한 법적 절차가 제정되어 있는 어느 당사국에서나 법원 기타 권한당국에 기금을 형성할 수 있다. 기금은 제 6 조 및 제 7 조의 규정의 한도금액으로 형성되어야 하고, 이 금액은 책임을 지게 될 채권과 책임이 발생한 날로부터 기금형성일까

지의 이자를 포함한 총액이 되어야 한다. 이와 같이 형성된 기금은 책임제한을
주장할 수 있는 채권의 변제에만 충당할 수 있다.

(2) 기금형성은 총액의 공탁이나 또는 기금이 형성되는 당사국법에 따라 그 법원
기타 권한당국이 합당하다고 인정하는 보증의 제공의 방법에 의한다.

(3) 제 9 조 제 1 항 ⓐ호 · ⓑ호 · ⓒ호 또는 제 2 항에 규정된 자의 1인 또는 그 보험
자가 형성한 기금은 각각 동조 동항에 규정한 전원이 형성한 것으로 본다.

제12조(기금의 분배)

(1) 제 6 조 제 1 항 · 제 3 항 및 제 7 조의 규정에 따라 기금은 채권자간에 그 기금에
대하여 확정된 채권의 비율에 따라 분배한다.

(2) 기금분배에 책임 있는 자 또는 그 보험자가 기금에 대한 채권을 변제한 경우에
는 그 자는 변제액을 한도로 보상받는 자가 이 조약에 따라 향유할 권리를 대
위에 의하여 취득한다.

(3) 제 2 항의 대위권은 동항에 규정된 자 이외의 자도 그들이 지급한 보상금액에
관하여 이를 행사할 수 있다. 그러나 이러한 대위가 그에 적용되는 국내법에
따라 허용되는 범위를 한도로 한다.

(4) 책임 있는 자 또는 기타의 자가 만약 기금분배 이전에 보상이 행해졌다면 제 2
항 및 제 3 항에 따라 자기의 대위권을 향유하였을 보상액의 전부 또는 일부를
지급하도록 후일에 강제당할 염려가 있음을 입증하면, 기금이 형성된 당사국의
법원 기타 권한당국은 후일 그 자가 기금에 대하여 청구권을 행사할 수 있도록
충분한 금액을 잠정적으로 유보할 것을 명령할 수 있다.

제13조(타소송의 금지)

(1) 제11조에 따라 책임제한금액이 형성된 경우에는 기금에 대하여 청구한 자는 누
구나 기금을 형성한 자 또는 그를 위하여 기금이 형성된 자의 다른 재산에 대
하여 동일채권에 관한 여하한 권리도 행사할 수 없다.

(2) 제11조에 따라 책임제한기금이 형성된 후에는 그를 위하여 기금이 형성된 자에
속하는 선박 또는 기타 재산으로서 그 기금 또는 담보에 대한 채권을 위하여
당사국관할구역 내에 압류되거나 압류되어 있는 것은 당사국의 법원 기타 권한
당국의 명령으로 이를 해제할 수 있다. 그러나 제한기금이 다음의 곳에 형성된
경우에만, 그러한 해제를 명할 수 있다.

ⓐ 사고가 발생한 항 또는 사고가 항 외에서 발생한 때에는 그 후의 최초의 기항항

ⓑ 사람의 사망 또는 신체상해에 관한 채권에 대하여 하선항

ⓒ 화물손해에 관하여는 양륙항

ⓓ 선박 또는 재산이 압류된 국가

(3) 제 1 항 및 제 2 항의 규정은 채권자가 책임제한기금을 관리하는 법원에 제한기
금에 대하여 청구할 수 있고, 또한 기금은 그 채권변제를 위하여 실제로 사용
할 수 있고, 또한 그 채권에 관하여 자유로이 양도할 수 있는 경우에 한하여

적용한다.

제14조(준거법)

　책임제한기금의 형성과 분배에 관한 이 장의 규정에 위배되지 아니하는 한 그에 관한 모든 절차규칙은 기금이 형성된 당사국법을 적용한다.

제4장　적용범위

제15조

　(1) 제 1 조에 규정된 자가 어느 체약국관할구역 내에서 선박이나 기타 재산의 해방이나 또는 제공된 담보의 해제를 청구하는 때에는 언제나 이 조약을 적용한다.

　　그러나 각 당사국은 제 1 조에 규정된 자가 이 조약의 규정을 체결국법원에서 주장하는 때에 한 당사국 내에 그 주소나 주된 영업소를 두고 있지 아니하는 경우, 또는 책임제한의 권리를 주장하는 데에 관계된 선박이나 압류해방이 요구되는 선박이 그 당시 어느 당사국의 국적도 보유하고 있지 아니하는 경우에는 이 조약의 적용의 전부 또는 일부를 배제할 수 있다.

　(2) 당사국은 국내법의 특별규정에 의하여 다음의 선박에 책임제한제도를 적용하도록 규정할 수 있다.

　　ⓐ 당사국법에 따라 내수항행을 목적으로 하는 선박

　　ⓑ 300톤 미만의 선박

　　　이 항에 규정된 선택권을 이용하는 당사국은 국내법에 책임제한을 채택하였다는 것, 또한 아무런 채택이 없으면 그 뜻을 기록보관소에 통지하여야 한다.

　(3) 당사국은 타당사국의 국민인 자의 이익이 관계되지 아니한 경우에 발생하고, 채권에 적용할 책임제한제도를 국내법의 특별규정으로 정할 수 있다.

　(4) 당사국법원은 다음의 경우에는 해저굴감을 위하여 건조되거나 개조되고, 또 그 일에 종사하는 선박에 대하여 이 조약을 적용하여서는 아니 된다.

　　ⓐ 그 당사국이 국내법에 의하여 이 조약 제 6 조의 규정보다 더 높은 책임한도를 정하고 있는 경우

　　ⓑ 그 당사국이 그러한 (특수) 선박에 관한 책임제도를 규율하는 국제조약의 당사국이 되어 있는 경우

　　　이 항 ⓐ호를 적용하는 경우에는 그 당사국은 기록보관소에 적절한 통지를 하여야 한다.

　(5) 이 조약은 다음에 대하여는 적용하지 아니한다.

　　ⓐ 공기쿳션선

　　ⓑ 해상이나 해저하층부의 천연자원을 탐사 또는 개발할 목적으로 건조한 부동태

제 5 장　최종조항

제16조 내지 **제23조**는 서명·비준·가입·발효·유보·폐기·개정·회계단위 등의 개정·
기록보관소(UN 사무총장)·용어 등 의정서절차조항으로 생략함.

6. 1968년 선하증권에 대한 일부규정의 통일에 관한 국제협약

제1조

이 협약에서 사용하는 용어는 아래에 명기한 뜻을 가진다.

(a) "운송인"이라 함은 송하인과의 운송계약의 당사자인 선박소유자 또는 용선자를 포함한다.

(b) "운송계약"은 선하증권 또는 해상물건운송에 관하여 권리를 표시하는 선하증권 또는 유사한 모든 증권에 의하여 증명되는 운송계약에만 적용한다. 위의 "운송 계약"은 용선계약에 의하여 발행되는 선하증권 또는 유사한 증권에도 그 증권 이 운송인과 선하증권소지인과의 관계를 정한 때로부터 이를 적용한다.

(c) "화물"이라 함은 생동물과 운송계약에 의하여 갑판에 적부될 것이 표시되고, 또 실제로 갑판에 적부되어 운송되는 적하를 제외한 동산, 제품, 상품과 각종의 물 품을 말한다.

(d) "선박"이라 함은 해상화물운송에 사용되는 모든 선박을 말한다.

(e) "화물운송"은 화물이 선박에 선적되는 때로부터 그 선박에서 양륙될 때까지의 기간을 포함한다.

제2조

제6조에서 정한 경우를 제외하고 운송인은 발항 전과 발항 당시에 있어 해당 물 건의 선적·취급·적부·운송·보관·관리와 양륙에 관하여 다음의 규정에 따라서 책임과 의무를 지고, 또한 권리와 면책을 얻는다.

제3조

1. 운송인은 발항 전과 발항 당시에 다음의 사항에 대하여 상당한 주의를 하여야 한다.

   (a) 선박이 감항능력을 갖추도록 하는 일

   (b) 선박에 대하여 선원의 승선·의장과 선용품의 보급을 적절하게 하는 일

   (c) 선박·냉장실과 냉기실 기타 화물이 적재되는 선박의 모든 부분을 화물의 수 령·운송과 보존을 위하여 적당하고 안전하게 하는 일

2. 제4조의 규정의 경우를 제외하고 운송인은 운송되는 화물의 선적·취급·적부· 운송·보관·관리와 양륙을 적당하고 신중하게 행하여야 한다.

3. 화물을 수령한 후 운송인·선장 또는 운송인의 대리인은 송하인의 청구에 의하 여 특히 다음의 사항을 기재한 선하증권을 송하인에게 교부하여야 한다.

(a) 화물의 동일성을 표시하는 데 필요한 주요 기호로서 화물의 선적을 개시하기 전에 송하인에 의하여 서면으로 통고된 것. 그러나 그 기호는 포장 없는 화물에는 그 위에, 화물이 상자 또는 포장 안에 있을 때에는 그 상자 또는 포장 위에 항해의 종료시까지 통상 판독할 수 있도록 스탬프로 찍거나 기타 모든 방법으로 이를 명료하게 표시하여야 한다.

(b) 포장 또는 개품의 갯수·용적 또는 중량으로서 송하인에 의하여 서면으로 통고된 것

(c) 화물의 외관상태

그러나 송하인, 선장 또는 운송인의 대리인은 기호, 갯수, 용적 또는 중량이 실제로 수령한 물건을 정확히 표시하지 아니한다는 것을 의심할 상당한 이유가 있을 때, 또는 검사할 적당한 방법이 없을 때에는 이를 선하증권에 기재 또는 표시하지 아니할 수 있다.

4. 전 항의 선하증권은 반증이 없는 한 전 항 (a), (b)와 (c)호에 따라 그 증권에 기재된 물건을 운송인이 수령한 것으로 추정한다.

〈추　가〉

> 그러나 선하증권이 선의로 행동하는 제 3 자에게 이전된 경우에는 반증은 허용되지 아니한다.

5. 송하인은 자신이 통지한 기호·갯수·용적과 정확하다는 것을 선적시에 있어서 운송인에 대하여 담보한 것으로 보며, 또한 이 점에 관한 부정확에서 생기는 모든 멸실, 손해와 비용에 관하여 운송인에 대하여 배상하여야 한다. 이 배상에 대한 운송인의 권리는 어떠한 경우에도 운송인이 운송계약에 의하여 송하인 이외의 모든 자에 대하여 부담하는 책임과 의무를 제한하지 아니한다.

6. 화물이 운송계약에 의하여 인도받을 권리가 있는 자에게 인도되기 전 또는 그 당시에 있어 멸실 또는 손해와 그 멸실 또는 손해에 일반적 성질에 관한 통지가 운송인 또는 양륙항에 있는 그 대리인에게 서면으로 행하여지지 않을 때에는 그 인도는 반증 없는 한 운송인이 선하증권에 기재한 화물을 인도한 것으로 추정한다. 멸실 또는 손해가 외부에 나타나지 않을 때에는 그 통지는 화물의 인도일로부터 3일 이내에 이를 하여야 한다. 그 화물의 상태가 수령 당시 합동조사 또는 검사를 받을 때에는 서면에 의한 통지는 필요하지 아니한다.

〈삭　제〉

> 화물을 인도한 날 또는 그 인도를 하여야 했을 날로부터 1년 내에 소송의 제기가 없을 때에는 운송인과 선박은 어떠한 경우에도 멸실 또는 손해에 관한 모든 책임을 면한다.

〈개　정〉

> 제 6 항의 2를 조건으로 하여 어떠한 경우에도 화물을 인도한 때 또는 인도하여야 했을 날로부터 1년 이내에 소가 제기되지 아니하면, 운송인과 선박은 화물에 관한 일체의 책임을 면한다.

현실적 또는 추정적 멸실 또는 손해가 발생한 경우에는 운송인과 수하인은 화물의 검사와 포장의 갯수를 검사하기 위하여 합리적인 모든 편의를 상호 제공하여야 한다.

〈추　가〉

> **제 6 항의 2**
>
> 제 3 자에 대한 배상청구소송은 사건이 계속된 법정지의 법에 의하여 허용된 기간 내에 제기되었을 때에는 전 항에서 규정하는 기간이 만료된 후에 있어서도 제기될 수 있다. 그러나 허용된 기간은 그러한 배상청구소송을 제기한 자가 손해배상금액을 지급한 날 또는 그 자에 대한 소송에 있어서 소장의 송달을 받은 날로부터 기산하여 3 개월 이상이어야 한다.

7. 화물의 선적 후에 운송인, 선장 또는 운송인의 대리인에 의하여 송하인에게 교부될 선하증권은 송하인의 청구가 있는 때에는 "선적" 선하증권이어야 한다. 그러나 송하인이 이미 그 화물에 관한 권리를 표시하는 증서를 수령한 경우에는 송하인은 "선적" 선하증권의 교부와 상환하여 그 증서를 반환하여야 한다. 운송인, 선장 또는 대리인은 먼저 교부된 증서 위에 화물을 선적한 1 척 또는 수척의 선박의 명칭과 1 개 또는 수개의 선적의 일자를 선적항에서 기입할 수 있으며, 이러한 기입 있는 증서로서 본조 제 3 항의 사항을 기재한 것은 본조의 적용에 있어서는 이를 "선적" 선하증권으로 본다.
8. 운송계약의 모든 규정, 조항 또는 합의로서 운송인 또는 선박을 해태, 과실 또는 본조에 규정한 책임과 의무의 위반으로 인한 화물의 멸실 또는 손해에 대한 책임을 면하게 하거나, 이 조약이 규정하는 바와 달리 그 책임을 경감하는 것은 무효로 한다. 보험의 이익을 운송인에게 양도하는 그 규정 또는 이와 유사한 모든 규정은 운송인으로 하여금 그 책임을 면하게 하는 것으로 본다.

제 4 조

1. 운송인 또는 선박은 제 3 조 제 1 항의 규정에 따라 선박으로 하여금 항해를 감당할 수 있도록 하며, 또한 선박에 관하여 적당하게 선원, 의장 또는 선용품을 보급하며, 또한 선박, 냉장실과 냉기실 기타 화물이 선적되는 모든 부분을 화물의 수령·운송과 보존을 위하여 적당하고 안전하게 하는 데 대한 운송인측의 상당한 주의의 흠결로 인한 경우가 아니면 불감항에서 생기는 멸실 또는 손해

에 대하여 책임을 지지 아니한다. 멸실 또는 손해가 불감항에서 생긴 때에는
상당한 주의를 하였다는 거증책임을 항상 이 조에서 규정하고 있는 면책을 주
장하는 운송인 또는 기타의 자가 이를 부담한다.

2. 운송인 또는 선박은 다음의 사유에서 생기는 멸실 또는 손해에 대하여 그 책임
   을 지지 아니한다.
   (a) 항해 또는 선박의 관리에 관한 선장, 해원, 도선사 또는 운송인의 사용인의
       작위·해태 또는 과실
   (b) 화재. 그러나 운송인의 고의 또는 과실로 인한 것은 제외한다.
   (c) 해상 기타 항행할 수 있는 수면으로 고유한 위난, 위험 및 사고
   (d) 불가항력
   (e) 전쟁행위
   (f) 공적의 행위
   (g) 군주, 관헌 또는 인민에 의한 억류·억지 또는 재판상의 압류
   (h) 검역상의 제한
   (i) 하역인 또는 화물소유자, 그 대리인 또는 그 대표자의 행위
   (j) 동맹파업, 선박폐쇄 또는 노무에 대한 정지나 방해. 이 경우 원인의 여하를
       불문하며, 또한 그 일부이거나 전부인 것을 불문한다.
   (k) 폭동 또는 내란
   (l) 해상에서의 인명 또는 재산의 구조 또는 구조의 기도
   (m) 화물의 숨은 하자, 특수한 성질 또는 고유한 하자에서 생기는 용적이나 중량
       의 감소 또는 기타의 멸실손해
   (n) 포장의 불충분
   (o) 기재의 불충분 또는 불완전
   (p) 상당한 주의로써도 발견할 수 없는 숨은 하자
   (q) 송하인의 고의나 과실 또는 운송인의 대리인 또는 사용인의 고의나 과실에서
       생기는 기타 모든 원인. 그러나 이 예외의 이익을 주장하는 자는 거증책임을
       지며, 운송인 자신의 과실이나 고의 혹은 운송의 대리인 또는 사용인의 과실
       이나 고의가 멸실 또는 손해에 관련되지 아니하였음을 증명하여야 한다.

3. 송하인은 운송인 또는 선박이 입은 멸실 또는 손해로서 송하인, 그 대리인 또
   는 사용인의 고의·과실 또는 해태로 인하지 않은 모든 원인에서 생긴 것에 대
   하여 그 책임을 지지 아니한다.

4. 해상에서의 인명이나 재산의 구조 또는 구조의 기도를 위하여 한 이로 또는 상
   당한 이유가 있는 이로는 이 협약이나 운송계약에 대한 위반으로 보지 않으며,
   운송인은 그 결과로서 생기는 멸실 또는 손해에 대하여 그 책임을 지지 아니
   한다.

〈삭　제〉

5. 운송인의 선박은 화물의 성질과 가액이 그 선적 전에 송하인에 의하여 통지되고, 또 그 통지가 선하증권에 기재되지 아니하면 화물에 생기거나 화물에 관한 멸실손해에 대하여 1짐짝 또는 1단위에 대하여 영화 100파운드 또는 다른 통화로 이와 동등한 액을 초과하는 어떠한 경우에도 그 책임을 지지 아니한다.

　선하증권에 기재된 그 통지는 반증이 없는 한 추정증거가 된다. 그러나 그 통지는 이를 다툴 수 있는 운송인을 구속하지 아니한다.

　운송인, 선장 또는 운송인의 대리인과 송하인 간의 협정에 의하여 본 항에 규정한 액과 다른 최고액을 정할 수 있다. 그러나 협정에 의한 최고액은 위의 수액 미만이어서는 아니 된다.

　송하인이 선하증권에서 화물의 성질 또는 가액에 관하여 고의로 허위통지를 한 때에는 운송인 또는 선박은 화물에 생기거나 화물에 관한 멸실 또는 손해에 대하여 어떠한 경우에도 그 책임을 지지 아니한다.

〈개　정〉

5. (a) 화물의 성질 및 가액이 선적하기 전에 송하인에 의하여 신고되지 아니하였고, 또한 선하증권상에 기재되지 않은 한 운송인 또는 선박은 어떠한 경우에도 1짐짝당 또는 1개 단위당 10,000프랑 혹은 멸실 또는 훼손된 화물의 총중량의 1킬로그램당 30프랑 가운데에서 높은 수액에 상당하는 액을 초과하여 화물 또는 화물에 관한 멸실 또는 훼손에 대한 책임을 지지 아니한다.

   (b) 전보한 총액은 화물이 계약에 따라서 선박에서 양하되거나 혹은 양하되었어야 할 장소와 시기에 있어서의 화물의 가액을 고려하여 산정하여야 한다.

　　　화물의 가액은 상품의 거래가격에 의해서, 혹은 거래가격이 없는 경우에는 그 당시의 시장가격에 따라서 결정되어야 한다. 상품의 거래가격이나 그 당시의 시장가격이 없는 경우에는 같은 종류 및 품질의 화물의 통상가격을 고려하여 결정하여야 한다.

   (c) 컨테이너, 펠리트 또는 이와 유사한 운송용구가 여러 개의 물건을 혼재하기 위하여 사용된 경우에는 선하증권상에 그러한 운송용구에 적입된 점으로서 수량표시가 된 포장 또는 단위의 수가 이러한 포장과 단위에 관련하는 이 항의 적용상의 포장 또는 단위의 수로 간주되어야 한다.

(d) 1프랑은 순도 1,000 분의 900의 금 65.5 밀리그램으로 된 단위이다. 국내통화로 산정된 총액의 환산일은 사건이 계속된 법정지의 법에 의하여 규제를 받는다.

(e) 손해를 발생시킬 의도로써 행하여졌거나 혹은 부주의하게 또한 손해가 생길 것임을 알고서 행한 운송인의 작위 또는 부작위의 결과로서 손해가 일어났다는 것이 입증된 경우에는 운송인 혹은 선박은 이 항에 규정하고 있는 책임제한의 이익을 주장하지 못한다.

(f) 이 항의 (a)호에 규정한 신고가 선하증권상에 기재되었을 경우에는 반증이 없는 한 추정력이 있다. 그러나 운송인에 관하여 구속력을 가지거나 또는 확정적인 것은 아니다.

(g) 운송인, 선장 또는 운송인의 대리인과 송하인 사이의 합의에 의하여 이 항 (a)호에 규정한 금액과 다른 최고한도액을 정할 수 있다. 다만, 이러한 최고한도액은 동호에 규정하고 있는 해당 최고한도액보다 작아서는 아니 된다.

(h) 화물의 성질 또는 가액이 송하인에 의하여 고의로 선하증권상에 오기된 경우에는 운송인 또는 선박은 어떠한 경우에도 화물 또는 물건에 관한 멸실 또는 손해에 대하여 책임을 지지 아니한다.

6. 연소성, 폭발성 또는 위험성 있는 화물로서 운송인, 선장 또는 운송인의 대리인이 그 종류 또는 성질을 알았으면 그 선적을 승낙하지 않았을 것은 운송인이 송하인에게 배상하지 아니하고 그 양륙 전 언제든지 이를 임의의 장소에 양륙하거나 파괴 또는 무해하게 할 수 있으며, 그 화물의 송하인은 그 선적에 직접 또는 간접으로 생기는 모든 손해와 비용에 대하여 책임을 진다. 운송인의 확인과 승낙을 얻어 선적한 화물 중에 선박 또는 적하에 대하여 위험하게 된 것이 있으면 송하인은 공동해손으로 인한 책임 외에는 그 책임을 지지 아니하고, 위와 같이 이를 양륙, 파괴 또는 무해하게 할 수 있다.

〈추 가〉

제4조의 2

1. 협약에 규정되어 있는 항변사유 및 책임의 한도는 이 소송이 계약을 기초로 한 것이든지, 또는 불법행위를 기초로 한 것이든지 간에 구별 없이 운송계약에 의하여 포함된 화물의 멸실 또는 훼손에 관하여 운송인에 대한 일체의 소송에 적용된다.

2. 그러한 소송이 운송인의 사용인 또는 대리인(그러한 사용인 또는 대리인은 도급계약자가 아닐 것)에 대하여 제기된 경우에는 그러한 사용인 또는 대리인은 운송인이 이 협약에 기하여 원용을 주장할 수 있는 항

변사유 및 책임한도를 이용할 권리를 가진다.

3. 운송인 및 그의 사용인과 대리인으로부터 전보될 금액의 총계는 어떠한 경우에도 그 협약에서 정하고 있는 한도를 넘을 수 없다.

4. 그럼에도 불구하고 손해를 발생시킬 의도로서 행하여졌거나 혹은 부주의하게 또한 손해가 생길 것임을 알고서 행한 운송인의 작위 또는 부작위의 결과로서 손해가 생겼다는 것이 입증된 경우에는 운송인의 사용인 또는 대리인은 이 조 규정에 따른 이익을 누릴 수 없다.

第 5 조

운송인은 이 협약에 규정된 그의 권리와 면책의 전부나 일부를 포기하거나 그 책임과 의무를 증가할 수 있다. 그러나 그 포기 또는 증가는 송하인에 교부되는 선하증권에 이를 기재하여야 한다.

이 협약의 규정은 이를 용선계약에 적용하지 아니한다. 그러나 선박이 용선된 경우에 선하증권이 발행될 때에는 그 선하증권은 이 협약의 규정에 따른다. 이 협약의 규정은 공동해손에 관한 적법한 규정을 선하증권에 기재함을 방해하지 아니한다.

第 6 조

전 수조의 규정에도 불구하고 운송인, 선장 또는 운송인의 대리인과 송하인은 특정화물에 대하여 어떤 것이든지 이에 대한 운송인의 책임과 의무 및 그 화물에 관한 운송인의 권리와 면책, 공동질서에 반하지 않는 한 선박의 감항능력에 관한 운송인의 의무 또는 해상에서 운송되는 화물의 선적·취급·적부·운송·보관·관리 등 양륙에 관한 사용인 또는 대리인의 주의에 관하여 조건을 붙여 계약할 수 있다. 그러나 이 경우에는 선하증권을 발행하지 아니하였거나 이를 발행할 필요가 없어야 하며, 또한 성립한 협정의 조건은 이를 영수증에 기재하여야 한다. 그 영수증은 비유통증권이어야 하며, 또한 이에 그 뜻을 기재하여야 한다.

전항의 규정에 의하여 체결된 모든 특약은 완전한 법률상의 효력이 있다. 이 조는 통상의 상거래에서 행하여지는 통상의 상업상의 적하에는 이를 적용하지 아니한다. 그러나 기타의 적하로서 그 재화의 특정 또는 상태와 운송을 행할 사정, 조항과 조건이 특약의 체결을 정당한 것으로 하는 경우에 한하여 이를 적용한다.

第 7 조

이 협약의 규정은 해상운송되는 화물이 선박에의 선적 전과 양륙 후에 있어 그 화물에 생기는 멸실 또는 손해에 대하여 또는 그 화물이 보관, 관리와 취급에 대한 운송인 또는 선박의 의무와 책임에 관하여 운송인 혹은 송하인은 합의, 약정, 조건, 유보 또는 면책을 계약 속에 삽입할 수 있다.

第 8 조

이 조약의 규정은 항해선박소유자의 책임제한에 관한 모든 현행법령에 의한 운송인의 권리와 의무를 변경하지 아니한다.

<삭 제>

> ### 제 9 조
>
> 이 조약에서의 화폐단위는 금가치로 한다.
>
> 화폐단위로서 영화 "파운드"를 사용하지 않은 체약국은 이 협약에서 영화 "파운드"로 표시되는 금액을 자국의 화폐제도에 따라 개수로 환산할 권리를 유보한다.
>
> 국내법은 선박이 당해 화물의 양륙항에 도착한 날의 환시세에 따라 내국화폐로 지급할 권리를 채무자에게 유보할 수 있다.

<개 정>

> ### 제 9 조
>
> 이 협약은 원자력손해에 대한 책임을 규율하는 일체의 국제협약 또는 국내법의 규정에 영향을 미치지 아니한다.

<삭 제>

> ### 제10조
>
> 이 협약의 규정은 체약국에서 작성되는 모든 선하증권에 이를 적용한다.

<개 정>

> ### 제10조
>
> 이 협약의 규정은 선박·운송인·송하인·수하인 기타 이해관계인의 국적에 관계 없이 다음의 경우에는 2개의 다른 국가에 있는 항 사이의 화물운송에 관련된 모든 선하증권에 적용한다.
>
> (a) 선하증권이 체약국에서 발행되었을 때, 또는
>
> (d) 운송이 체약국의 항에서 개시되었을 때, 또는
>
> (e) 선하증권 중에 포함된 계약 또는 선하증권에 의하여 증명된 계약이 이 협약에 규칙 또는 협약의 규칙에 효력을 주고 있는 국내입법이 계약을 규제할 것을 정한 때.
>
> 각 체약국은 이 협약의 규정을 위의 선하증권에 적용하여야 한다. 이 조항은 체약국이 전 2항에 포함되어 있지 않은 선하증권에 대하여 이 협약의 원칙에 적용함을 방해하는 것은 아니다.

제11조

이 협약의 서명일로부터 기산하여 늦어도 2년의 기간을 경과한 후 벨기에정부는

이 협약의 실시 여부를 결정하기 위하여 이 협약비준의 준비완료를 선언한 체약국 정부와 협의를 개시하여야 한다. 비준서는 위의 정부간의 합의에 의하여 정하여진 날에 "브뤼셀"에 이를 기탁하여야 한다. 비준서의 제 1 회 기탁은 이에 참가하는 국가의 대표자가 벨기에외무부장관에 의하여 서명되는 조서로서 이를 확인하여야 한다.

그 이후의 기탁은 벨기에정부 앞으로 또는 비준서를 첨부한 통지서에 의하여 이를 행하여야 한다.

비준서의 제 1 회 기탁조서와 전항에 게기한 통지서 및 이에 첨부한 비준서의 인증사본은 벨기에정부가 이를 외교상의 절차를 통하여 이 협약의 서명국 또는 가입국에 곧 송부하여야 한다. 전항에 정한 경우에는 벨기에정부는 동시에 통지서수령의 일자를 통지하여야 한다.

제12조

비서명국은 "브뤼셀"의 국제회의에 대표자를 출석시킨 여부에 관계 없이 이 협약에 가입할 수 있다.

가입을 희망하는 국가는 가입서를 벨기에정부에 송부하고, 서면으로 그 의사를 통지하여야 한다. 이 가입서는 동 정부의 기록국에 기탁되어야 한다. 벨기에정부는 즉시 통지서와 가입서의 인증사본을 모든 서명국 또는 가입국에 송부하고, 동 정부가 그 통지서를 수령한 일자를 통지하여야 한다.

제13조

체약국은 서명비준서의 기탁 또는 가입시에 체약국이 이 협약에 대하여 행한 수락은 그 주권 또는 권력 하에 있는 자치령, 식민지, 속지, 보호령 또는 해외영토의 일부 또는 전부에 적용하지 않음을 선언할 수 있다. 따라서 이후에 체약국은 이상과 같이 그 당초의 선언에서 제외된 자치령, 식민지, 속지, 보호령 또는 해외영토의 어느 것의 이름으로서나 개별적으로 가입할 수 있다. 체약국은 또한 그 주권 또는 권력 하에 있는 자치령, 식민지, 보호령 또는 해외영토의 1개 또는 수개를 위하여 이 규정에 따라 개별적으로 이 협약을 폐기할 수도 있다.

제14조

제 1 회 비준서기탁에 참가한 국가에 관하여는 이 협약은 이 기탁조서의 일로부터 1년 후에 효력을 발생한다. 그 이후에 이 협약을 비준하거나 이에 가입하는 국가에 관하여는 또한 실시가 제13조에 따라 이루어지는 경우에 이 협약은 제11조 제 2 항과 제12조 제 2 항에 규정한 통지서가 벨기에정부에 의하여 수령된 때로부터 6월 후에 그 효력을 발생한다.

제15조

체약국 중의 한 나라가 이 협약을 폐기하고자 할 때에는 서면으로 벨기에정부에 대하여 폐기를 통지하여야 하며, 벨기에정부는 즉시 모든 다른 국가에 대하여 이 통지서의 인증사본을 송부함과 동시에 이 통지를 수령한 일자를 통지하여야 한다.

폐기는 이 통지를 한 국가에 한하며, 또 통지서가 벨기에정부에 도달한 때로부터 1년 후에 그 효력을 발생한다.

제16조

각 체약국은 이 협약에 가할 수 있는 개정을 검토하기 위하여 새로운 회의의 개최를 제의할 권리가 있다. 이 권리를 행사하고자 하는 국가는 벨기에정부를 통하여 다른 국가에 대하여 이 의사를 1년 전에 통지하여야 하며, 벨기에정부는 회의의 소집에 책임을 진다.

7. 1978년 국제연합해상물건운송조약
(함부르크규칙)

전 문

이 조약의 체약국은

해상물건운송에 관한 약간의 규칙을 합의에 의하여 결정하는 것이 바람직하다고 인정하여 이 목적을 위하여 하나의 조약을 체결하고, 이에 다음과 같이 합의하였다.

제 1 장 통 칙

제 1 조(정   의)

이 조약에서

1. "운송인"이라 함은 스스로 또는 자기명의로 송하인과 해상물건운송계약을 체결한 사람을 말한다.

2. "실제운송인"이라 함은 운송인으로부터 물건운송의 전부 또는 일부의 이행의 위탁을 받은 사람을 말하며, 그러한 이행의 위탁을 받는 그 밖의 사람을 포함한다.

3. "송하인"이라 함은 스스로 또는 자기명의로 또는 대리인에 의하여 운송인과 해상물건운송계약을 체결한 사람 및 스스로 자기명의로 또는 대리인에게 의하여 해상운송계약과 관련하여 물건을 운송인에게 실제로 인도하는 사람을 말한다.

4. "수하인"이라 함은 물건의 인도를 받을 권리를 가지는 사람을 말한다.

5. "물건"이라 함은 생동물을 포함한다. 물건이 컨테이너, 팰리트 또는 이와 유사한 운송용구에 통합되어 있는 경우, 또는 물건이 포장되어 있는 경우 그러한 운송용구 또는 포장이 송하인으로부터 공급된 것인 때에는 "물건"은 그 운송용구 또는 포장을 포함한다.

6. "해상운송계약"이라 함은 운송인이 운임의 지급을 대가로 어느 항구에서 다른 항구로 물건을 해상으로 운송할 것을 인수하는 계약을 말한다. 그러나 해상운송과 함께 약간의 다른 수단에 의한 운송도 포함하는 계약은 오로지 해상운송과 관련되는 범위 내에서만 이 조약을 위한 해상운송계약으로 본다.

7. "선하증권"이라 함은 해상운송계약 및 운송인에 의한 물건의 수령 또는 선적을 증명하는 증권으로서, 운송인이 그 증권과 상환으로 물건을 인도할 것을 약정

하는 증권을 말한다. 물건을 지정된 사람의 지시인 또는 피배서인 또는 소지인
에게 인도하여야 한다는 뜻의 증권상의 규정은 그러한 약정에 해당한다.

8. "문서"라 함은 전보 및 텔렉스를 포함한다.

제 2 조(적용범위)

1. 이 조약의 규정은 다음 경우의 2 국간의 모든 해상운송계약에 적용한다.

    (a) 해상운송계약에서 정한 선적항이 체약국에 있는 때

    (b) 해상운송계약에서 정한 양륙항이 체약국에 있는 때

    (c) 해상운송계약에서 정한 선택적 양륙항의 하나가 실제의 양륙항이고, 또 그
    항구가 체약국에 있는 때

    (d) 선하증권 기타의 해상운송계약을 증명하는 증권이 체약국에서 발행된 때

    (e) 선하증권 기타의 해상운송계약을 증명하는 증권이 이 조약의 규정 또는 이
    조약의 규정을 실시하고 있는 국가의 법을 당해 해상운송계약에 적용한다는
    뜻을 규정하고 있는 때

2. 이 조약의 규정은 선박·운송인·실제운송인·송하인·수하인 기타의 모든 이해
    관계인의 국적 여부를 묻지 아니하고 적용한다.

3. 이 조약의 규정은 용선계약에는 적용하지 아니한다. 그러나 선하증권이 용선계
    약에 따라서 발행된 경우에는 이 계약의 규정은 선하증권이 운송인과 용선자
    이외의 선하증권소지인과의 관계를 규율하는 경우에 적용한다.

4. 약정기간중의 일련의 장래의 물건운송에 관하여 정하는 계약이 있는 때에는 이
    조약의 규정은 각 선적마다 적용한다. 그러나 선적이 용선계약 아래 이루어지
    는 경우에는 본조 제 3 항의 규정을 적용한다.

제 3 조(조약의 해석)

이 조약의 규정의 해석 및 적용에 있어서는 이 조약의 국제적 성격 및 통일을 촉
진할 필요성에 유의하여야 한다.

제 2 장   운송인의 책임

제 4 조(책임의 기간)

1. 이 조약에 의한 물건에 관한 운송인의 책임은 물건이 선적항에서 운송중 및 양
    륙항에서 운송인의 관리 아래 있는 기간에 미친다.

2. 본조 제 1 항에 관하여 다음 기간에 물건이 운송인의 관리 아래 있는 것으로
    본다.

    (a) 운송인이 물건을 (i) 송하인 또는 송하인에 갈음하여 행위를 하는 사람 또는
    (ii) 선적항에서 적용되는 법령에 따라서 선적을 위하여 물건을 수령하여야 할
    당국 기타 제 3 자로부터 수령한 때로부터

    (b) 운송인이 (i) 수하인에게 물건을 교부함으로써, (ii) 수하인이 운송인으로부터

물건을 수령하지 아니하는 경우에는 계약 또는 법률이나 당해 거래의 관행에 따라서 물건을 수하인의 처분으로 넘김으로써, 또는 (iii) 양륙항에서 적용되는 법령에 따라서 물건을 교부하여야 할 당국 기타 제3자에게 물건을 교부함으로써 인도할 때까지

3. 본조 제1항 및 제2항에서 말하는 운송인 또는 수하인에는 운송인 또는 수하인 외에 운송인 또는 수하인의 사용인 또는 대리인을 포함한다.

제5조(책임의 원칙)

1. 운송인은 물건의 멸실·훼손 또는 인도지연의 원인으로 된 사고가 제4조에 정의된 운송인의 관리 아래 있는 동안에 일어난 때에는 그 멸실 또는 훼손 또한 지연으로 인하여 생긴 손해에 대하여 책임을 진다. 그러나 운송인이 자기, 그 사용인 및 대리인이 사고 및 그 결과를 배제하기 위하여 합리적으로 요구되는 모든 조치를 취하였다는 것을 증명한 때에는 그러하지 아니하다.

2. 인도지연은 물건이 해상운송계약에 규정된 양륙항에서 명시적으로 합의된 기간 내에, 또는 그러한 합의가 없는 경우에는 당해 사안의 정황을 고려하여 성실한 운송인에게 요구되는 합리적인 기간 내에 인도되지 아니한 때에 생긴다.

3. 물건이 본조 제2항에 의한 인도기간이 도과된 후 60일 이내에 제4조에 의하여 요구되는 대로 인도되지 아니한 때에는 물건의 멸실에 대하여 배상청구를 할 수 있는 사람은 물건이 멸실된 것으로 취급할 수 있다.

4. (a) 운송인은 (i) 화재가 운송인 또는 사용인이나 대리인측의 과실 또는 부주의로 인하여 일어났다는 것을 청구자가 증명한 때에는 그 화재로 인하여 생긴 물건의 멸실이나 훼손 또는 인도지연에 대하여, 그리고 (ii) 화재를 진화하고 그 결과를 방지하거나 경감시키기 위하여 합리적으로 요구되는 모든 조치를 취하는 데에 운송인 또는 그 사용인이나 대리인의 과실 또는 부주의로 인하여 생긴 것이라고 청구자가 증명하는 물건의 멸실·훼손 또는 인도지연에 대하여 책임을 진다.

　(b) 선박에서의 화재가 물건에 영향을 미친 경우 청구자 또는 운송인이 희망하는 때에는 화재의 원인과 상황을 밝히기 위하여 해운관습에 따라서 검사를 실시하여야 하며, 운송인과 청구자의 청구가 있는 때에는 그 검사인의 보고서의 등본을 이용할 수 있도록 하여야 한다.

5. 생동물에 관하여는 운송인은 그러한 종류의 운송에 고유한 특별한 위험으로 인하여 생긴 멸실·훼손 또는 인도지연에 대하여 책임을 지지 아니한다. 운송인이 생동물에 관하여 송하인으로부터 받은 특별한 지시에 따랐다는 것 및 당해 사안의 정황에서 그 멸실·훼손 또는 인도지연은 그러한 위험의 탓으로 돌릴 수 있다는 것을 증명한 때에는 그 멸실·훼손 또는 인도지연은 그러한 인도지연으로 전부 또는 일부가 운송인 또는 그 사용인이나 대리인측의 과실 또는 부주의로 인하여 생긴 것이라는 증거가 없는 한 그 멸실·훼손 또는 인도지연은 그러

한 위험으로 인하여 생긴 것으로 추정한다.

6. 운송인은 공동해손의 경우를 제외하고, 인명구조를 위한 조치 또는 해상에서의 재산의 구조를 위한 합리적인 조치로 인하여 생긴 멸실·훼손 또는 인도지연에 대하여 책임을 지지 아니한다.

7. 운송인 또는 그 사용인이나 대리인측의 과실 또는 부주의가 다른 원인과 경합하여 멸실·훼손 또는 인도지연을 일으킨 경우에는 운송인은 그러한 과실 또는 부주의의 탓으로 돌릴 수 있는 멸실·훼손 또는 인도지연의 범위 내에서만 책임을 진다. 이 경우 운송인은 그러한 과실 또는 부주의의 탓으로 돌릴 수 없는 멸실·훼손 또는 인도지연의 손해액을 증명하여야 한다.

제 6 조(책임의 한도)

1. (a) 제 5 조의 규정에 의한 물건의 멸실 또는 훼손으로 인하여 생긴 손실에 대한 운송인의 책임은 1 짐짝 또는 1 선적단위에 대한 835 계산단위 또는 멸실 또는 훼손된 물건의 총중량 1 킬로그램에 대한 2.5 계산단위에 상당하는 금액 중 높은 금액으로 제한된다.

(b) 제 5 조의 규정에 의한 인도지연에 대한 운송인의 책임은 지연된 물건에 관하여 지급되는 운임의 2 배 반에 상당하는 금액으로 제한된다. 그러나 이는 해상물건운송계약에 의하여 지급되는 총운임을 초과하지 못한다.

(c) 어떠한 경우에도 본항 (a) 및 (b)에 의한 운송인의 책임의 총액은 물건의 전부 멸실에 대한 책임이 생긴 경우, 그 전부멸실에 대하여 본항 (a)에 의하여 확정되는 한도액을 초과하지 못한다.

2. 제 1 항 (a)에 대한 한도액의 산정을 위하여 다음의 원칙을 적용한다.

(a) 컨테이너, 팔레트 기타 이와 유사한 운송용구가 물건을 통합하기 위하여 사용되는 경우, 이러한 운송용구에 포장된 것으로 선하증권 기타 해상운송계약을 증명하는 증권이 발행된 때에는 그 증권에 표시되어 있는 각각의 포장 또는 선적단위를 하나의 포장 또는 선적단위로 본다. 이 경우를 제외하고 이러한 운송용구 내의 물건 전부를 하나의 선적단위로 본다.

(b) 운송용구 자체가 멸실 또는 훼손된 경우, 그 운송용구를 운송인이 소유하거나 공급한 것이 아닌 때에는 이를 하나의 별개의 선적단위로 본다.

3. 계산단위는 제26조에서 말하는 계산단위를 의미한다.

4. 운송인과 송하인 간의 합의에 의하여 제 1 항에 규정된 책임의 한도를 초과하는 한도를 정할 수 있다.

제 7 조(비계약적 청구에 대한 적용)

1. 이 조약에서 정하는 책임에 관한 항변 및 한도는 소송이 계약에 의거한 것이든 불법행위 기타에 의거한 것이든 묻지 아니하고, 해상운송계약이 적용되는 물건의 멸실 또는 훼손 또한 인도지연에 관한 운송인에 대한 모든 소에 적용한다.

2. 이러한 소가 운송인의 사용인 또는 대리인에 대하여 제기된 경우에 그러한 사

용인 또는 대리인이 그 직무의 범위 내에서 행위를 하였다는 것을 증명한 때에는 그 사용인 또는 대리인은 이 계약 아래서 운송인이 원용할 수 있는 책임에 관한 항변 및 한도를 이용할 권리가 있다.

3. 제8조에 규정된 경우를 제외하고 운송인 및 본조 제2항에서 정하는 모든 사람으로부터 배상을 할 총액은 이 조약에 규정한 책임의 한도를 초과하지 못한다.

제8조(책임제한의 권리의 상실)

1. 운송인은 멸실·훼손 또는 인도지연이 그러한 멸실·훼손 또는 지연을 일으킬 의도로써, 또는 무모하게, 또한 그러한 멸실·훼손 또는 지연이 일어나리라는 것을 알면서 한 운송인의 작위 또는 부작위로 인하여 생긴 것이 증명된 때에는 제6조에 규정된 책임제한의 이익에 대한 권리를 가지지 못한다.

2. 제7조 제2항의 규정에도 불구하고 운송인의 사용인 또는 대리인은 멸실·훼손 또는 인도지연이 그러한 멸실·훼손 또는 지연을 일으킬 의도로써, 또는 무모하게, 또한 그러한 멸실·훼손 또는 지연이 일어나리라는 것을 알면서 한 그러한 사용인 또는 대리인의 작위 또는 부작위로 인하여 생긴 것이 증명된 때에는 제6조에 규정된 책임제한의 이익에 대한 권리를 가지지 못한다.

제9조(갑판적화물)

1. 운송인은 갑판적운송이 송하인과의 합의, 특정상거래의 관습 또는 법령에 의하여 이루어지는 경우에 한하여 갑판적으로 물건을 운송할 권리가 있다.

2. 운송인과 송하인이 물건을 갑판적으로 운송하여야 한다는 것, 또는 갑판적으로 운송할 수 있다는 것을 합의한 경우에는 운송인은 선하증권 기타의 해상운송계약을 증명하는 증권에 그 뜻을 기재하여야 한다. 그러한 기재가 없는 때에는 운송인은 갑판적운송에 관한 합의가 되어 있다는 것을 증명할 책임이 있다. 그러한 운송인은 송하인을 포함하여 선의로 선하증권을 취득한 제3자에 대하여는 그러한 합의를 원용할 권리가 없다.

3. 본조 제1항의 규정에 위반하여 물건을 갑판적으로 운송한 때, 또는 운송인이 본조 제2항에 의한 갑판적운송에 관한 합의를 원용할 수 없는 경우에는 운송인은 제5조 제1항의 규정에도 불구하고 오로지 갑판적운송으로부터 생기는 물건의 멸실 또는 훼손 또한 인도지연에 대하여 책임을 지며, 이 경우 운송인의 책임의 범위는 이 조약 제6조 또는 제8조의 규정에 의하여 결정한다.

4. 선내적운송에 관한 명시적 합의에 위반된 물건의 갑판적운송은 제8조의 의미에 해당되는 운송인의 작위 또는 부작위로 본다.

제10조(운송인과 실제운송인의 책임)

1. 운송의 전부 또는 일부의 실행이 실제운송인에게 위탁된 때에는 그것이 해상운송계약에 의한 권리행사에 의거한 것인가 아닌가를 묻지 아니하고, 운송인은 이 조약의 규정에 따라서 전운송에 대하여 역시 책임을 진다. 운송인은 실제운송인에 의하여 이행된 운송에 관하여 실제운송인 및 직무의 범위 내에서 행위

를 하는 실제운송인의 사용인 또는 대리인의 작위 또는 부작위에 대하여 책임을 진다.

2. 운송인의 책임을 규율하는 이 조약의 모든 규정은 실제운송인이 이행한 운송에 대한 실제운송인의 책임에 관하여도 역시 적용한다. 제7조 제2항과 제3항 및 제8조 제2항의 규정은 실제운송인의 사용인 또는 대리인에 대하여 소가 제기된 경우에 적용한다.

3. 운송인이 이 조약에 의하여 지지 아니하는 의무를 인수하고, 또한 이 조약에 의하여 부여된 권리를 포기한다는 특약은 실제운송인이 명시적으로 또한 문서로 합의한 때에 한하여 실제운송인에 대하여도 그 효력이 미친다. 실제운송인이 그러한 합의를 하였는가 하지 아니하였는가를 묻지 아니하고, 운송인은 그러한 특약으로부터 생기는 의무 또는 권리의 포기에 구속된다.

4. 운송인과 실제운송인이 함께 책임을 지는 경우, 또한 그 한도에서 양자의 책임은 연대책임으로 된다.

5. 운송인, 실제운송인 및 그 사용인과 대리인으로부터 배상을 받을 수 있는 총액은 이 조약에 규정된 책임한도액을 초과하지 못한다.

6. 본조의 어떠한 규정도 운송인과 실제운송인 간의 구상권을 방해하지 아니한다.

제11조(통운송)

1. 제10조 제1항의 규정에도 불구하고 해상운송계약에서 그 계약이 적용되는 운송의 특정부분이 운송인 이외의 지명된 사람에 의하여 이행된다는 것이 명시적으로 규정되어 있는 경우에는 물건의 그러한 운송부분에서 실제운송인의 관리 아래 있는 동안에 일어난 사고로 인하여 생긴 멸실·훼손 또는 인도지연에 대하여 운송인이 책임을 지지 않는다는 것을 그 계약에 규정할 수 있다. 그러나 제21조 제1항에 의하여 정당한 관할권을 가지는 법원에 실제운송인에 대하여 소를 제기할 수 없는 경우에는 그러한 책임을 제한하거나 면제하는 조항은 효력이 없다. 멸실·훼손 또는 인도지연이 그러한 사고로 인하여 일어난다는 것을 증명할 책임은 운송인이 진다.

2. 실제운송인은 제10조 제2항의 규정에 따라서 물건이 자기의 관리 아래 있는 동안에 일어난 사고로 인하여 생긴 멸실·훼손 또는 인도지연에 대하여 책임을 진다.

제3장 송하인의 책임

제12조(일반원칙)

송하인은 운송인 또는 실제운송인이 입은 손실 또는 선박이 입은 손상이 송하인 또는 그 사용인이나 대리인의 과실 또는 부주의로 인하여 생긴 것이 아닌 한 그러한 손실 또는 손상에 대하여 책임을 지지 아니한다. 송하인의 사용인 또는 대리인

도 그러한 손실 또는 손상이 자기측의 과실 또는 부주의로 인하여 생긴 것이 아닌
한 그 손실 또는 손상에 대하여 책임을 지지 아니한다.

제13조(위험물에 관한 특칙)

1. 송하인은 위험물에 관하여는 적절한 방법으로 위험성이 있다는 뜻의 마크(양
식) 또는 라벨(부전)을 붙여야 한다.

2. 송하인이 운송인 또는 실제운송인에게 위험물을 교부할 때에는 송하인은 각 경
우에 따라서 물건의 위험성 및 필요하면 취하여야 할 예방조치에 관하여 운송
인 또는 실제운송인에게 통지하여야 한다. 송하인이 그 통지를 게을리하고 운
송인 또는 실제운송인이 물건의 위험성에 관하여 달리 인식하지 아니한 때에는

    (a) 송하인은 그러한 물건의 선적으로부터 생기는 손실에 대하여 운송인 및 실제
    운송인에게 책임을 지고, 또

    (b) 그 물건은 필요한 상황에서는 배상금을 지급하지 아니하고, 언제든지 이를
    양하하고 파괴하고 또는 무해로 할 수 있다.

3. 운송중 물건의 위험성을 인식하고, 그 물건을 자기의 관리 아래 수령한 사람은
본조 제2항의 규정을 원용할 수 없다.

4. 본조 제2항 (b)의 규정이 적용되지 아니하고, 또는 이를 원용할 수 없는 경우에
위험물이 인명 또는 재물에 실제의 위험을 미치게 된 때에는 그 위험물은 필요
한 상황에서는 공동해손분담금을 부담할 의무를 지는 경우, 또는 운송인이 제
5조의 규정에 따라서 책임을 지는 경우를 제외하고 배상금을 지급하지 아니하
고, 이를 양하하고 파괴하고 또는 무해로 할 수 있다.

제4장　운송증권

제14조(선하증권의 발행)

1. 운송인 또는 실제운송인이 물건을 자기의 관리 아래 수령한 때에는 운송인은
송하인의 청구에 따라서 선하증권을 발행하여야 한다.

2. 선하증권은 운송인으로부터 수권을 받은 사람이 서명할 수 있다. 물건을 운송
하는 선박의 선장이 서명한 선하증권은 운송인에 갈음하여 서명된 것으로 본다.

3. 선하증권이 발행되는 국가의 법률에 저촉되지 않는 한 선하증권의 서명은 자
필·복사인쇄·관혈·압인·부호 기타의 기계적 또는 전자적 방법으로 할 수
있다.

제15조(선하증권의 내용)

1. 선하증권에는 무엇보다도 다음 사항을 기재하여야 한다.

    (a) 물건의 일반적인 종류, 물건의 식별에 필요한 주요 기호, 적용이 있는 경우 물
    건의 위험성에 관한 명시적 기재, 짐짝 또는 개품의 수 및 물건의 중량 또는
    그 밖의 표시에 의한 수량, 이러한 모든 사항은 송하인이 제출한 것에 한한다.

(b) 물건의 외관상태

(c) 운송인의 명칭 및 영업소의 소재지

(d) 운송인의 명칭

(e) 송하인이 지정한 때에는 수하인

(f) 해상운송계약상의 선적항 및 운송인이 선적항에서 물건의 교부를 받은 날

(g) 해상운송계약상의 양륙항

(h) 1통 이상의 선하증권이 발행된 때에는 그 원본의 수

(i) 선하증권의 발행지

(j) 운송인 또는 운송인에 갈음하여 행위를 하는 사람의 서명

(k) 수하인이 지급할 범위의 운임 또는 운임은 수하인이 지급한다는 뜻의 표시

(l) 제23조 제3항과 관련된 문서

(m) 적용이 있는 경우 물건을 갑판적으로 운송하여야 한다는 뜻의 문서

(n) 당사자간에 명시적으로 합의된 때에는 양륙항에서 물건을 인도한 날 또는 기간

(o) 제6조 제4항에 따라서 합의된 경우에는 증가시킨 책임한도

2. 물건이 선적된 후 송하인의 청구가 있는 때에는 운송인은 송하인에 대하여 본조 제1항에 의하여 필요로 하는 사항에 추가하여 물건이 지정된 선박에 적재되었다는 것 및 선적의 일자를 기재한 "선적" 선하증권을 발행하여야 한다. 운송인이 이미 수하인에 대하여 그 물건에 관하여 선하증권 기타 권원증권을 발행한 때에는 송하인은 운송인의 요구에 의하여 "선적" 선하증권과 상환으로 그러한 증권을 반환하여야 한다. 운송인은 이미 발행된 증권을 수정함으로써 "선적"선하증권에 기재할 것을 요하는 모든 정보를 포함하는 경우에는 수하인의 "선적" 선하증권의 청구에 응하기 위하여 이미 발행된 증권을 수정할 수 있다.

3. 선하증권에 본조에서 정하는 사항의 하나 이상의 흠결이 있더라도 제1조 제7항에 규정된 요건을 충족하는 한 선하증권으로서의 증권의 법률적 성질에 영향을 미치지 아니한다.

제16조(선하증권 : 유보 및 증거력)

1. 선하증권에 기재된 물건의 일반적 종류·주요 기호·집짝 또는 개품의 수·중량 또는 수량에 관한 사항이 실제의 물건 또는 "선적" 선하증권이 발행되어 있는 때에는 실제로 선적된 물건을 정확하게 표시하고 있지 않다는 것을 운송인 또는 운송인에 갈음하여 선하증권을 발행하는 사람이 알고 있거나 그렇게 의심할 만한 정당한 이유가 있는 때, 또는 그러한 사항을 확인할 적당한 방법이 없는 때에는 운송인 또는 송하인에 갈음하여 선하증권을 발행하는 사람은 이러한 부정확성, 의심할 이유 또는 적당한 확인방법의 결여에 관하여 특기하는 유보를 선하증권에 삽입하여야 한다.

2. 운송인 또는 운송인에 갈음하여 선하증권을 발행하는 사람이 선하증권에 물건

의 외관상태를 기재하지 아니한 때에는 물건이 외관상 양호한 상태에 있었다는 것을 선하증권에 기재한 것으로 본다.

3. 본조 제1항에 의하여 허용되는 유보에 관한 사항 및 그 유보의 범위를 제외하고,

  (a) 선하증권은 운송인이 선하증권에 기재된 대로 물건을 교부받았다는 것, 또는 "선적" 선하증권이 발행된 때에는 그 기재대로 선적하였다는 것에 대한 추정 증거로 본다.

  (b) 선적증권이 수하인을 포함하여 그 물건의 기재를 신뢰하고, 선의로 취득한 제3자에게 양도되어 있는 때에는 반증은 허용되지 아니한다.

4. 제15조 제1항 (k)에 규정된 바에 따라서 운임을 기재하지 아니하거나, 기타의 방법으로 운임을 수하인이 지급한다는 뜻을 표시하지 아니하거나, 또는 수하인이 선적항에서 생긴 체선료를 지급하지 아니한다는 뜻을 기재하지 아니한 선하증권은 수하인이 운임 또는 그러한 체선료를 지급하지 아니한다는 추정증거로 된다. 그러나 선하증권에 그러한 표시가 없는 데 대하여 신뢰하고 선의로 행위를 한 수하인을 포함한 제3자에게 선하증권이 양도된 때에는 운송인에 의한 반증은 허용되지 아니한다.

제17조(송하인에 의한 보증)

1. 송하인은 선하증권의 기재를 위하여 자기가 제출한 물건의 일반적 종류·그 기호·수·중량 및 수량에 관한 사항이 정확하다는 것을 운송인에게 담보한 것으로 본다. 송하인은 그러한 사항의 부정확으로 인하여 생긴 손실에 대하여 운송인에게 보상하여야 한다. 송하인은 선하증권을 양도한 경우에도 그 책임을 면하지 못한다. 그러한 보상에 관한 운송인의 권리는 해상운송계약에 의하여 송하인 이외의 모든 사람에 대한 운송인의 책임을 결코 제한하지 못한다.

2. 선하증권에 기재하기 위해서 송하인이 제출한 사항 또는 물건의 외관상태에 관하여 운송인 또는 운송인에 갈음하여 행위를 하는 사람이 유보를 삽입하지 아니하고 선하증권을 발행함으로써 생긴 손실에 대하여, 송하인이 운송인에게 보상할 의무를 진다는 것을 약정하는 보증장 또는 합의서는 그 어떠한 것도 수하인을 포함한 선하증권의 양도를 받은 제3자에 대한 관계에서는 무효로 한다.

3. 운송인 또는 운송인에 갈음하여 행위를 하는 사람이 본조 제2항에 규정된 유보를 생략함으로써 수하인을 포함하여 선하증권의 물건의 기재를 신뢰하고 행위를 하는 제3자를 기만할 것을 의도한 경우를 제외하고, 그러한 보증장 또는 합의서는 송하인과의 관계에서 효력이 있다. 후자의 경우 그 생략된 유보가 선하증권에 기재하기 위하여 송하인이 제출한 사항에 관한 것인 때에는 운송인은 본조 제1항에 의하여 송하인으로부터 보상을 받을 권리를 가지지 못한다.

4. 본조 제3항에 규정된 기만의 의도가 있는 때에는 운송인은 수하인을 포함하여 선하증권상의 물건의 기재를 신뢰하고, 행위를 한 제3자가 입은 손실에 대하

여 책임을 지며, 이 조약에 규정된 책임제한의 권리를 주장할 수 없다.

제18조(선하증권 외의 증권)

　　운송인이 운송될 물건의 수액을 증명하기 위한 선하증권 이외의 증권을 발행한 때에는 그러한 증권은 해상운송계약의 성립과 운송인이 물건을 그 증권에 기재된 대로 교부받았다는 것의 추정증거로 된다.

제 5 장　청구 및 소

제19조(멸실·훼손 또는 지연의 통지)

1. 물건이 수하인에게 교부된 날의 다음 거래일 중에 수하인이 운송인에 대하여 문서로 멸실 또는 훼손의 개황을 명기하여 통지를 하지 아니한 때에는 그러한 인도는 운송인이 물건을 운송증권에 기재된 대로, 또는 그러한 증권이 발행되지 아니한 때에는 양호한 상태로 인도하였다는 추정증거로 된다.

2. 멸실 또는 훼손이 외부에서 확인되지 아니한 경우, 물건의 수하인에게 교부된 날로부터 15일 이내에 문서에 의한 통지가 되지 아니한 때에는 본조 제 1 항의 규정이 그대로 적용된다.

3. 물건이 수하인에게 교부될 때에 그 상태가 양 당사자의 공동의 조사 또는 검사의 대상이 된 때에는 그 조사 또는 검사중에 확인된 멸실 또는 훼손에 관하여는 문서에 의한 통지를 요하지 아니한다.

4. 멸실 또는 훼손이 실제로 일어났거나 또는 일어났을 것이라는 의심이 있는 때에는 운송인 및 수하인은 물건의 검사 및 갯수의 점검을 위하여 서로 상당한 편의를 제공하여야 한다.

5. 인도지연에 관하여는 물건이 수하인에게 교부된 날로부터 60 연속일 이내에 운송인에 대하여 문서로 통지를 아니한 때에는 인도지연으로부터 생긴 손실에 대한 배상금은 지급하지 아니하는 것으로 본다.

6. 물건을 실제운송인이 인도한 때에는 본조에 의하여 실제운송인에 대하여 한 어떠한 통지로 운송인에 대하여 한 경우와 동일한 효력이 있고, 또 운송인에 대하여 한 어떠한 통지도 실제운송인에게 대하여 한 경우와 동일한 효력이 있다.

7. 멸실 또는 훼손이 생긴 날 또는 물건을 제 4 조 제 2 항에 따라서 인도한 날 중 늦은 날로부터 60 연속일 이내에 운송인 또는 실제운송인이 송하인에 대하여 문서로 멸실 또는 훼손의 개황을 명기하여 통지를 아니한 때에는 그러한 통지를 게을리한 것은 운송인 또는 실제운송인이 송하인 또는 그 사용인이나 대리인의 과실 또는 부주의로 인하여 멸실 또는 훼손을 입지 아니하였다는 추정증거로 된다.

8. 본조의 적용에 있어서 선장 및 선적의 관리를 하는 선박사관을 포함한 운송인 또는 실제운송인에 갈음하여 행위를 하는 사람, 또는 송하인에 갈음하여 행위

를 하는 사람에 대한 통지를 각각 운송인이나 실제운송인 또는 송하인에 대하여 한 것으로 본다.

제20조(제소의 제한)

1. 법적 절차 또는 중재절차가 2년의 기간 내에 개시되지 아니한 때에는 이 조약에 의한 물건운송에 관한 어떠한 소송도 무효로 한다.

2. 제한기간은 운송인이 물건의 전부 또는 일부를 인도한 날, 또는 물건의 인도가 없었던 경우에는 물건을 인도하여야 할 최종일에 개시한다.

3. 제한기간이 개시되는 날은 그 기간에 산입하지 아니한다.

4. 청구를 받은 사람은 제한기간의 진행중에 언제라도 청구자에 대한 문서에 의한 통고로 그 기간을 연장할 수 있다. 이 기간은 그 후의 다른 통고에 의하여 다시 연장할 수 있다.

5. 책임을 질 사람에 대한 구상청구의 소는 전 제항에 규정된 제한기간의 만료 후에 소송절차를 개시하는 국가의 법률에 의하여 허용된 기간 내에는 이를 제기할 수 있다. 그러나 그 허용기간은 그러한 구상청구의 소를 제기하는 사람이 자기에 대한 청구를 해결할 날 또는 자기에 대한 소에 소장의 송달을 받은 날로부터 기산하여 90일 미만이어야 한다.

제21조(재판관할권)

1. 이 조약에 의한 물건운송에 관한 법적 절차에 있어서는 원고는 자기의 선택에 의하여 그 소재국의 법률에 의하여 정당한 재판관할권을 가지고, 또 다음 장소의 하나가 그 관할권 내에 소재하는 법원에 소송을 제기할 수 있다.

   (a) 피고의 주된 영업소의 소재지 또는 그것이 없는 때에는 피고의 평소의 거소

   (b) 계약체결지. 이 경우에는 피고가 그 곳에 사무소, 지점 또는 계약을 체결한 대리점을 가지는 곳이어야 한다.

   (c) 선적항 또는 양륙항

   (d) 해상운송계약에서 그 목적을 위하여 지정하고 있는 추가장소

2. (a) 본조 전항의 규정에 불구하고 운송선박 또는 이와 같은 소유 아래 있는 다른 선박을 체결국의 법률 및 국제법의 적용가능한 규칙에 따라서 압류할 수 있는 체약국에 있는 어떠한 항구 또는 곳의 법원에도 소송을 제기할 수 있다. 그러나 이 경우에는 피고의 신청이 있으면 청구자는 자기의 선택에 의하여 당해 청구의 결정을 위하여 본조 제1항에 규정된 관할법원의 하나에 소를 이송하여야 하며, 그러한 이송 전에 피고는 당해 소에서 후에 청구권자에게 선고될 판결에 대한 지급을 확보하기 위하여 충분한 담보를 제공하여야 한다.

   (b) 확보의 충분 기타의 담보에 관한 문제는 압류가 된 항구 또는 곳의 법원이 결정한다.

3. 이 조약에 의한 물건운송에 관한 법적 절차는 본조 제1항 및 제2항에 특정되

어 있지 아니한 곳에서는 이를 제기할 수 없다. 본항의 규정은 예비적 조치 또
는 보전적 조치를 위한 체약국의 재판관할권에 대한 장애로 해석되지 아니한다.

4. (a) 소가 본조 제1항 및 제2항에 의하여 정당한 재판관할권을 가지는 법원에
　　 제기되어 있는 경우, 또는 그러한 법원이 판결을 선고한 경우에는 처음의
　　 소가 제기된 법원의 판결이 새로운 절차가 제기된 국가에서 집행할 수 없
　　 는 경우가 아닌 한 동일당사자간에 동일사유로 새로운 소송을 개시할 수
　　 없다.
　(b) 본조의 적용에 있어서 판결의 집행을 얻기 위한 수단의 제기는 새로운 소의
　　 개시로 인정하지 아니한다.
　(c) 본조의 적용에 있어서 동일국가 내의 다른 법원으로의 소의 이송 또는 본조
　　 제2항 (a)에 의한 타국의 법원으로의 이송은 새로운 소의 개시로 인정하지
　　 아니한다.

5. 전 제항의 규정에 불구하고 해상운송계약에 의한 청구가 발생한 후에 청구권자
가 소를 제기할 수 있는 곳을 지정하는 당사자에 의하여 성립된 합의는 효력이
있다.

제22조(중　재)

1. 본조의 규정에 따라서 당사자는 이 조약에 의한 물건운송에 관하여 생기는 어
떠한 분쟁도 중재에 부탁하여야 한다는 것을 문서에 의한 합의로 규정할 수
있다.

2. 용선계약서에 그 아래 생기는 분쟁을 중재에 부탁하여야 한다는 규정이 포함되
어 있고, 그 용선계약서에 따라 발행되는 선하증권에는 그러한 규정이 선하증
권소지인을 구속한다는 뜻의 특별한 주기가 포함되어 있지 아니한 경우에는 운
송인은 선의로 선하증권을 취득한 소지인에 대한 관계에서는 그러한 규정을 원
용할 수 없다.

3. 중재절차는 신청인의 선택에 의하여 다음 장소의 하나에서 이를 제기하여야
한다.
　(a) 일국의 영사 내에 소재하는 다음 장소
　　 (ⅰ) 피신청인의 주된 영업소의 소재지 또는 그것이 없는 때에는 피신고인의
　　　 평소의 거소
　　 (ⅱ) 계약체결지. 이 경우에는 피신청인이 그 곳에 사무소, 지점 또는 계약을
　　　 체결한 대리점을 가지는 곳이어야 한다.
　　 (ⅲ) 선적지 또는 양륙항

4. 중재인 또는 중재법원은 이 조약의 규칙을 적용하여야 한다.

5. 본조 제3항의 규정은 모든 중재조항 또는 중재계약의 일부인 것으로 보며, 그
러한 규정에 저촉되는 중재조항 또는 중재계약의 규정은 무효로 한다.

6. 본조의 어떠한 규정도 해상운송계약에 의한 청구가 생긴 후에 당사자에 의하여

성립된 중재에 관한 합의의 효력에 영향을 미치지 아니한다.

제 6 장　보　칙

제23조(계약조항)

1. 해상운송계약 중의 조항 또는 선하증권 기타의 해상운송계약을 증명하는 증권에 포함되어 있는 조항은 이 조약의 규정을 직접 또는 간접으로 해하는 범위에서 이를 무효로 한다. 이러한 조항의 무효는 그것이 일부를 이루고 있는 계약 또는 증권의 효력에 영향을 미치지 아니한다. 물건에 관한 보험의 이익을 운송인을 위하여 양도한다는 조항 기타 이와 유사한 조항은 무효로 한다.

2. 본조 제1항의 규정에도 불구하고 운송인은 이 조약상의 자기의 책임 및 의무를 가중할 수 있다.

3. 선하증권 기타의 해상운송계약을 증명하는 증권이 발행되는 경우에는 당해 운송이 송하인 또는 수하인의 불이익으로 이 조약을 해하는 조항을 무효로 한다는 조약의 규정의 규율을 받는다는 뜻의 기재를 포함하여야 한다.

4. 물건에 관한 청구자가 본조에 의한 무효조항으로 인하여 또는 본조 제3항에서 정하는 기재의 흠결로 인하여 손실을 입는 경우에는 운송인은 청구자에게 물건의 멸실 또는 훼손 또한 인도지연에 대하여 이 조약의 규정에 따라서 배상을 하기 위하여 요구되는 범위 내에서 손해배상을 하여야 한다. 또한 운송인은 청구자가 그 권리의 실현을 위하여 부담한 비용에 대하여도 배상을 하여야 한다. 그러나 그 규정이 원용되는 소에서 부담할 비용은 사안이 계속된 법정지의 법에 따라서 이를 결정한다.

제24조(공동해손)

1. 이 조약의 어떠한 규정도 공동해손의 정산에 관한 해상운송계약 또는 국내법의 규정의 적용을 방해하지 아니한다.

2. 제20조의 적용이 없이 물건의 멸실 또는 훼손에 관한 운송인의 책임에 관한 이 조약의 제 규정은 수하인이 공동해손부담금을 거절할 수 있는가의 여부를 결정하고 부담한 그러한 분담금 또는 지급한 구조료에 관하여 수하인에게 보상할 운송인의 책임을 결정한다.

제25조(타 조 약)

1. 이 조약은 항해선박의 소유자의 책임제한에 관한 국제조약 또는 국내법에 규정된 운송인, 실제운송인 및 국제운송의 사용인과 대리인의 권리 또는 의무를 변경하지 아니한다.

2. 이 조약 제21조 및 제22조의 규정은 동조에서 취급되는 문제에 관하여 이 조약의 성립일에 이미 실시되고 있는 모든 다른 다변조약의 강행규정의 적용을 방해하지 아니한다. 이 경우에는 분쟁이 오로지 그러한 다른 조약의 회원국에 주

된 영업소를 가진 당사자간에서만 생긴 것이어야 한다. 그러나 본항은 이 조약
제22조 제 4 항의 적용에 영향을 미치지 아니한다.

3. 원자력사고로 인하여 생긴 손해에 대하여 원자력시설의 운영자가 다음 조약 또
는 국내법에 의하여 책임을 지는 때에는 이 조약의 규정에 의한 책임은 일체
생기지 아니한다.

   ⒜ 1964년 1월 28일의 추가의정서에 의하여 개정된 원자력분야의 제 3 자에 대한
책임에 관한 1960년 7월 29일의 파리조약 또는 원자력손해에 대한 민사책임
에 관한 1963년 5월 21일의 비엔나조약, 또는

   ⒝ 그러한 손해에 관한 책임을 규율하는 국내법. 이 경우에는 그러한 국내법이
모든 점에서 파리조약 또는 비엔나조약처럼 손해를 입는 사람에게 유리한 것
이어야 한다.

4. 운송인이 해상여객 및 그 수하물의 운송에 관한 국제조약 또는 국내법에 의하
여 책임을 지는 수하물의 멸실·훼손 또는 인도지연에 대하여는 이 조약의 규
정에 의한 책임은 일체 생기지 아니한다.

5. 이 조약에 포함된 어떠한 규정도 체약국이 조약의 성립일에 이미 실시하고 있
고, 또 주로 해상운송 이외의 운송수단에 의하여 이루어지는 물건운송계약에
대하여 강행적으로 적용되는 모든 국제조약을 적용하는 것을 방해하지 아니한
다. 이 규정은 그러한 국제조약의 앞으로의 모든 수정 또는 개정에 관하여도
이를 적용한다.

제26조(계산단위)

1. 이 조약 제 6 조에 규정된 계산단위는 국제통화기금(IMF)에서 정의하는 특별인
출권(S. D. R.)으로 한다. 제 6 조에 의한 금액은 판결의 선고일 또는 당사자가
합의한 날의 국내통화가치에 따라서 그 국가의 국내통화로 이를 환산한다. 국
제통화기금의 회원인 체약국의 특별인출권에 의한 국내통화가치는 그 취급과
거래에 관하여 당해 일자에 실시되고 있는 국제통화기금이 적용하는 가격방법
에 따라서 이를 산출한다. 국제통화기금의 회원이 아닌 체약국의 특별인출권에
의한 국내통화가치는 그 국가에서 결정하는 방법에 따라서 이를 산출한다.

2. 그러나 국제통화기금의 회원이 아닌 국가로서 그 법률에 의하여 본조 제 1 항의
규정의 적용을 허용하지 아니하는 국가는 서명시나 비준·수락·승인 또는 가
입시 또는 그 후 어느 때라도 자국의 영토내에서 이 조약에 규정된 책임한도
를 다음과 같이 결정한다는 것을 선언할 수 있다 : 1짐짝 기타의 선적단위에 대
해 12,500 화폐단위 또는 물건의 총중량 1킬로그램에 대해 37.5 화폐단위

3. 본조 제 2 항에 규정된 화폐단위는 순도 1,000분의 900의 금 65.5 밀리그램에 상
당한다. 제 2 항에 의한 금액의 국내통화의 환산은 관계국의 법률에 따라서 이
를 행한다.

4. 본조 제 1 항 본문에 규정된 산출 및 제 3 항에 규정된 환산은 가능한 한 제 6 조

에 계산단위로 표시되어 있는 금액과 동일한 실질가치를 체약국의 국내통화로 표시할 수 있는 방법으로 이를 행하여야 한다. 체약국은 서명시, 비준서·수락서·승인서 또는 가입서를 기탁할 때 또는 본조 제2항에 규정된 선택권을 이용할 때 및 그러한 산출방법 또는 그러한 환산의 결과에 변경이 있는 때에는 언제든지 본조 제1항에 의한 산출방법 또는 제3항에 규정된 환산의 결과를 수탁자에게 통지하여야 한다.

제 7 장 최종조항

제27조(수 탁 자)

　국제연합의 사무총장을 이에 이 조약의 수탁자로 지정한다.

제28조(서명·비준·수락·승인·가입)

　1. 이 조약은 1979년 4월 30일까지 모든 국가에 의한 서명을 위하여 국제연합본부에 이를 개방한다.

　2. 이 조약은 서명국에 의한 비준, 수락 또는 승인이 있어야 한다.

　3. 1979년 4월 30일 후에는 이 조약은 서명국이 아닌 모든 국가에 의한 가입을 위하여 이를 개방한다.

　4. 비준·수락·승인 및 가입의 문서는 국제연합의 사무총장에게 이를 기탁하여야 한다.

제29조(유　보)

　이 조약에는 어떠한 유보도 붙일 수 없다.

제30조(발　효)

　1. 이 조약은 제20번째의 비준·수락·승인 또는 가입의 문서를 기탁일로부터 1년이 경과된 다음 월의 초일에 효력이 생긴다.

　2. 제20번째의 비준·수락·승인 또는 가입의 문서의 기탁일 후에 이 조약의 체약국이 된 국가에 대하여는 이 조약은 그 국가를 위하여 적절한 문서가 기탁된 후 1년이 경과된 다음 월의 초일에 효력이 생긴다.

　3. 각 체약국은 자국에 관하여 이 조약의 발효일 이후에 체결되는 해상운송계약에 대하여 이 조약의 규정을 적용하여야 한다.

제31조(타조약의 폐기)

　1. 1924년 8월 25일 브뤼셀에서 서명된 선하증권에 관한 약간의 규칙의 통일을 위한 국제조약(1924년 조약)의 당사국은 이 조약의 체약국이 됨과 동시에, 1924년 조약의 수탁국인 벨기에정부에 대하여 이 조약의 자국에 대하여 효력이 생기는 날로부터 폐기의 효력이 생긴다는 것을 선언함으로써 1924년 조약의 폐기를 통고하여야 한다.

　2. 제30조 제1항에 의하여 이 조약이 발효된 때에는 이 조약의 수탁자는 1924년

조약의 수탁국인 벨기에정부에 대하여 그 발효일 및 조약이 발효하게 된 체약
국명을 통고하여야 한다.

3. 본조 제1항 및 제2항의 규정은 1924년 8월 25일 브뤼셀에서 서명된 선하증권
에 관한 약간의 규칙의 통일을 위한 국제조약을 개정하기 위하여 1968년 2월
23일에 서명된 의정서의 당사국에 대하여도 마찬가지로 적용된다.

4. 이 조약 제2조의 규정에도 불구하고 본조 제1항의 적용에 관한 한 체약국은
그것이 바람직하다고 볼 때에는 1924년 조약 및 1968년 의정서에 의하여 개정
된 1924년 조약의 폐기를 이 조약의 발효일로부터 5년을 최장기간으로 하여
연기할 수 있다. 이 경우 그 체약국은 벨기에정부에 그 뜻을 통고하여야 한다.
이 잠정기간에는 체약국에 대하여는 다른 조약을 제외하고 이 조약을 적용하여
야 한다.

제32조(개정 및 수정)

1. 이 조약의 체약국의 3분의 1 이상의 요청이 있으면, 수탁자는 조약을 개정하거
나 수정하기 위하여 체약국의 회의를 소집하여야 한다.

2. 이 조약의 개정의 효력이 생긴 후에 기탁된 비준·수락·승인 또는 가입의 문
서는 개정된 조약에 적용되는 것으로 본다.

제33조(책임한도액 및 계산단위 또는 화폐단위의 개정)

1. 제32조의 규정에도 불구하고 기탁자는 본조 제2항에 따라서 제6조 및 제26조
제2항에 규정된 금액을 변경하거나, 또는 제26조 제1항과 제3항에 정의된 단
위의 일방 또는 쌍방을 다른 단위로 대체할 것만을 목적으로 하는 회의를 소집
한다. 금액의 변경은 그 실질가치의 중요한 변경을 이유로 하는 경우에만 할
수 있다.

2. 수탁자는 체약국의 4분의 1 이상이 요청하는 때에는 개정회의를 소집한다.

3. 회의의 결정은 삼가한 국가의 3분의 2의 다수결에 의하여 이루어진다. 수탁자
는 개정사항을 모든 체약국에 대하여, 그 수락을 위하여 또한 모든 서명국에
대하여 그 정보를 위하여 통지한다.

4. 채택된 모든 개정사항은 체약국 3분의 2에 의한 수락시로부터 1년 후의 다음
월의 초일에 효력이 생긴다. 수락은 그 취지의 공식문서를 수탁자에 기탁함으
로써 이루어진다.

5. 개정의 효력이 생긴 후에는 개정은 수락하나 체약국은 개정의 채택 후 6월 이
내에 수탁자에 대하여 개정에 의하여 구속되지 않는다는 것을 통지하지 아니한
체약국과의 관계에서 개정된 조약을 적용할 권리가 있다.

6. 이 조약의 개정이 효력이 생긴 후에 기탁된 비준·수락·승인 또는 가입의 문
서는 개정된 조약에 대하여 적용되는 것으로 본다.

제34조(폐 기)

1. 체약국은 언제든지 수탁자에게 송부된 문서에 의한 통고를 통하여 이 조약을

폐기할 수 있다.

2. 폐기는 수탁자가 통고를 받은 후 1년이 경과된 다음 월의 초일에 효력이 생긴
 다. 통고에서 이 기간보다 장기간을 정하고 있는 경우에는 폐기는 수탁자가 통
 고를 받은 후 그러한 장기간이 경과된 때에 효력이 있다. 1978년 3월 31일 함
 부르크에서 동등한 정본인 아랍어·중국어·영어·프랑스어·러시아어 및 스페
 인어의 원문을 1통으로 작성하였다.

　위의 증거로서 각자의 정부로부터 정당하게 권한을 부여받은 하기 전권위원이
 이 조약에 서명하였다.

8. 1980년 국제연합국제복합운송조약

전 문

본 조약의 당사국들은 다음을 인지하고,

 (a) 국제복합운송은 세계무역의 질서 있는 확장을 촉진하기 위한 수단인 점

 (b) 관련무역의 요건에 적합한 효율적이고 경제적이며, 순조로운 복합운송서비스의 발전을 고취하여야 할 필요성

 (c) 모든 국가들의 이익을 위한 국제복합운송의 질서 있는 개발을 보장한다는 것은 바람직하다는 점 및 통과국들의 특수문제점들에 대한 검토의 필요성

 (d) 복합운송운영자의 책임에 관한 규정을 포함하여 국제복합운송계약에 의한 화물운송과 관련한 규칙을 제정하여야 할 필요성

 (e) 본 조약이 운송오퍼레이션의 관리 및 규제와 관련한 국내법 또는 국제정부간 협약의 적용에 영향을 미쳐서는 안 된다는 필요성

 (f) 복합운송운영자와 그 오퍼레이션을 국가적 차원에서 관리·규제하여야 할 각국의 권리

 (g) 신기술의 도입, 국내운송인과 운송운영자의 복합운송서비스에의 참여, 국내노동력과 보험이용의 극대화 및 그로 인한 비용상의 영향과 같은 개발도상국들의 특수한 이해와 문제점들에 대한 고려의 필요성

 (h) 복합운송서비스의 이용자들과 제공자들 간의 이해의 균형을 확보하여야 할 필요성

 (i) 통과국들의 문제점을 적의고려하여 통관절차를 촉진하여야 할 필요성

아래의 기본원칙에 합의하며,

 (a) 선진국과 개발도상국 간의 공정한 이해의 균형이 이룩되어야 하며, 이들 국가그룹들간에 국제복합운송에 있어서의 평등한 활동의 안분이 성취되어야 한다.

 (b) 화물의 복합운송에 있어서 새로운 기술이 도입되기 이전 및 이후에 복합운송업자·화주·화주기구 및 유관국가기관들 사이에 서비스의 조건에 관한 협의가 이루어져야 한다.

 (c) 화주는 복합운송과 구간별 운송중 선택할 자유가 있다.

 (d) 본 조약 하에서의 복합운송인의 책임은 과실 또는 태만 추정의 원칙에 의거한다.

이를 위하여 본 조약을 체결하기로 하고, 다음과 같이 합의하였다.

제 1 장 총 칙

제 1 조(정 의)

이 조약의 적용에 있어서

1. "국제복합운송"이라 함은 복합운송인이 물건을 자기의 보관 아래 인수한 한 국
가의 지점에서 다른 국가에 위치하고 있는 인도가 예정된 지점까지, 복합운송
계약에 의거한 적어도 2종류 이상의 운송수단에 의한 물건운송을 의미한다. 어
느 한 운송수단에 의한 운송계약의 이행으로서, 그러한 계약에 정의된 바대로
행한 집하와 인도는 국제복합운송으로 간주하지 아니한다.

2. "복합운송인"이라 함은 스스로 혹은 자신을 대리한 타인을 통하여 복합운송계
약을 체결하고, 송화인이나 복합운송작업에 관여하는 운송인의 대리인으로서
또는 그러한 사람에 갈음하여서가 아니라 주체로서 행위를 하고, 또한 계약의
이행에 관한 채무를 부담하는 사람을 말한다.

3. "복합운송계약"이라 함은 운송인이 운임의 지급을 대가로 국제복합운송을 실행
하거나 또는 그 실행을 확보할 것을 인수하는 계약을 말한다.

4. "복합운송증권"이라 함은 복합운송계약과 복합운송인이 자기의 보관 아래 물건
을 인수하였다는 것 및 그 계약의 내용에 따라서 운송인이 물건을 인도할 의무
를 부담한다는 것을 증명하는 증권을 말한다.

5. "송화인"이라 함은 스스로 또는 자기명의로 또는 대리인을 통하여 복합운송인
과 복합운송계약을 체결한 사람이나 혹은 스스로 자기명의로 또는 대리인을 통
하여 복합운송계약과 관련하여 물건을 운송인에게 실제로 인도하는 사람을 말
한다.

6. "수화인"이라 함은 물건을 인도받을 권리를 가진 자를 말한다.

7. "물건"은 컨테이너, 펠리트 또는 유사한 운송용구나 포장용구가 송화인이 공급
한 것인 경우에는 이를 포함한다.

8. "국제조약"이라 함은 국가들 간에 문서형식으로 체결된 국제적 합의로서 국제법
의 규율을 받는 것을 말한다.

9. "강행적 국내법"이라 함은 물건운송에 관한 법으로서 계약조항으로 그 규정을
송화인에게 불리하도록 변경할 수 없는 제정법을 의미한다.

10. "문서"라 함은 특히 전보 및 텔렉스를 포함한다.

제 2 조(적용범위)

이 체약국 내에 조약의 규정은 다음 경우에 두 국가간의 모든 복합운송조약에 적
용한다.

(a) 복합운송인이 물건을 복합운송계약에 규정된 대로 자기의 보관 아래 인수한
곳이 체결국에 있을 때, 또는

(b) 복합운송인이 물건을 복합운송계약에 규정된 대로 인도한 곳이 체약국 내에 있을 때

제 3 조(강행적 적용)

1. 제 2 조에 따라 본 조약의 적용을 받는 복합운송계약이 체결된 때에는 본 조약의 규정은 그러한 계약에 강행적으로 적용된다.

2. 본 조약의 여하한 규정도 화주가 복합운송과 구간별 운송중 선택할 수 있는 권리를 해하지 아니한다.

제 4 조(복합운송의 규율과 통제)

1. 이 조약은 운송오퍼레이션의 규율과 규제에 관한 국내법이나 국제조약의 적용에 영향을 미치거나 그것과 저촉되지 아니한다.

2. 이 조약은 특히 새로운 기술과 서비스를 도입하기 이전의 복합운송인·화주·화주기구 및 유관국가기관 간의 서비스의 내용과 조건에 관한 협의, 복합운송인의 면허, 운송에의 참여 및 국가경제적·상업적 이해에 대한 그 밖의 모든 조치에 관한 권리를 포함하여 각국이 국가적인 차원에서 복합운송업과 복합운송운영자에 대하여 규율하고 규제할 수 있는 권리를 해하지 않는다.

3. 복합운송인은 자기가 영업을 하고 있는 나라에서 적용되는 법 및 본 조약의 규정을 준수하여야 한다.

제 2 장 증   서

제 5 조(복합운송증권의 발행)

1. 복합운송인은 물건을 자기의 보관 아래 인수한 때에는 송화인의 선택에 따라서 유통성증권형식 혹은 비유통성증권형식의 복합운송증권을 발행하여야 한다.

2. 복합운송증권에는 복합운송인 또는 그로부터 권한을 부여받은 자가 서명되어져야 한다.

3. 복합운송증권이 발행된 국가의 법에 저촉되지 않는 한 복합운송증권의 서명은 자필·복사인쇄·천공·압인·부호 기타의 기계적 또는 전자적 방법으로 할 수 있다.

4. 송화인이 합의하는 경우에는 제 8 조에 규정된 복합운송증권에 포함되어 있어야 할 명세들의 기록을 보존하는 기계적 방법 혹은 기타의 방법을 사용하여 비유통성복합운송증권을 발행할 수 있다. 그러한 경우 복합운송인은 물건을 자신의 보관 아래 인수한 후 그렇게 기록된 모든 명세를 포함하고 있는 판독이 가능한 증권을 송화인에게 교부하여야 하며, 그러한 증권은 본 조약규정의 적용상 복합운송증권으로 간주된다.

제 6 조(유통성복합운송증권)

1. 복합운송증권이 유통성증권형식으로 발행된 경우에는

(a) 지시식 또는 소지인식으로 작성되어야 하며,

(b) 지시식으로 작성된 경우에는 배서에 의하여 증권을 양도할 수 있어야 하며,

(c) 소지인식으로 작성된 경우에는 배서에 의하지 않고 증권을 양도할 수 있어야 하며,

(d) 일통 이상의 원본이 1조로 발행될 때에는 세트를 이루고 있는 원본의 통수를 기재하여야 하고,

(e) 사본을 발행할 때는 매 사본마다 "비유통성사본"이라는 표시를 하여야 한다.

2. 물건의 인도는 필요한 경우 정당하게 배서된 유통성복합운송증권과의 상환으로만 복합운송인 또는 그에 갈음하여 행위를 하는 사람에게 이를 청구할 수 있다.

3. 유통성복합운송증권이 2통 이상의 원본을 1조로 발행된 경우, 복합운송인 또는 그에 갈음하여 행위를 하는 사람이 선의로 그러한 원본 중 1통과 상환으로 물건을 인도한 때에는 복합운송인은 물건을 인도할 그의 의무를 면한다.

제 7 조(비유통성복합운송증권)

1. 복합운송증권이 비유통성증권형식으로 발행될 경우에는 지명된 수화인을 증권에 기재하여야 한다.

2. 복합운송인은 그러한 비유통성복합운송증권에 지명되어 있는 수화인 또는 수화인으로부터 서면으로 정당하게 지시를 받은 그 밖의 사람에게 물건을 인도한 경우에는 그 물건의 인도의무를 면한다.

제 8 조(복합운송계약의 내용)

1. 복합운송증권에는 다음의 사항을 기재하여야 한다.

   (a) 물건의 일반적인 성질, 물건의 식별에 필요한 주요표지, 적용이 있는 경우 화물의 위험성에 관한 명시적 기재, 포 또는 개품의 수, 물건의 중량 또는 그 밖의 표시에 의한 수량 기타 송화인이 제공한 모든 사항

   (b) 물건의 외관상태

   (c) 복합운송인의 성명 및 주된 영업소의 소재지

   (d) 송화인의 성명

   (e) 송화인이 지명한 경우에는 수화인

   (f) 복합운송인이 물건을 자기의 보관 아래 인수한 장소 및 일자

   (g) 물건의 인도지

   (h) 당사자간에 명시적으로 합의된 경우에는 인도지에서 물건을 인도할 날 또는 기간

   (i) 복합운송증권이 유통성 또는 비유통성임을 나타내는 표시

   (j) 복합운송증권의 발행지 및 발행일

   (k) 복합운송인 또는 그로부터 수권한 자의 서명

   (l) 당사자간에 명시적으로 합의된 경우 각 운송수단별 운임, 혹은 수화인이 지

급할 범위의 통화와 운임으로 지급할 통화 또는 운임을 수화인이 지급할 것임을 나타내는 기타 표시

(m) 예정된 운송경로, 운송수단 및 복합운송증권의 발행시에 알려진 경우에는 환적지

(n) 제28조 제3항에 규정한 기재

(o) 그 밖에 당사자간에 복합운송증권에 삽입하기로 합의된 기타의 사항으로서 복합운송증권이 발행된 국가의 법에 저촉되지 아니하는 것

2. 복합운송증권에 본조 제1항에 규정된 사항 중 하나 이상의 결여가 있더라도 제1조 제4항에 규정된 요건을 충족하는 한 복합운송증권으로서의 증권의 법률적 성질에 영향을 미치지 아니한다.

제9조(복합운송증권상의 유보)

1. 복합운송증권에 기재된 물건의 일반적 성질, 주요표지, 포 또는 개품의 수, 중량 또는 수량에 관한 사항이 실제로 자기의 보관 아래 인수한 물건을 정확하게 표시하고 있지 아니하는 것을 복합운송인 또는 복합운송인에 갈음하여 행위를 하는 사람이 알고 있거나 그렇게 의심할 만한 정당한 이유가 있는 때, 또는 그러한 사항을 확인할 적당한 방법이 없는 때에는 복합운송인 또는 복합운송인에 갈음하여 행위를 하는 사람은 그러한 부정확성, 의심할 이유 또는 적당한 확인방법의 결여를 적기한 유보를 복합운송증권에 삽입하여야 한다.

2. 복합운송인 또는 복합운송인에 갈음하여 행위를 하는 사람이 복합운송증권에 물건의 외관상태를 기재하지 아니한 때에는 물건의 외관상 양호한 상태에 있었다는 것을 복합운송증권에 기재한 것으로 본다.

제10조(복합운송증권의 증거력)

제9조에 의하여 허용되는 유보에 관한 사항 및 그 유보의 범위를 제외하고,

(a) 복합운송증권은 복합운송인이 동 증권에 기재된 대로 물건을 자기의 보관 아래 인수하였다는 추정증거로 된다.

(b) 복합운송증권이 유통증권형식으로 발행되어 수화인을 포함하여 동 증권상의 그 물건에 대한 기재를 신뢰하고 선의로 행위를 한 제3자에게 양도된 때에는 복합운송인에 의한 반증은 허용되지 아니한다.

제11조(고의적인 부실기재나 기재의 누락에 대한 책임)

복합운송인이 사기의 목적으로 복합운송증권에 물건에 관한 정보를 허위로 표시하거나 제8조 제1항 (a) 또는 (b) 또는 제9조에 의하여 포함시켜야 할 정보를 기재하지 아니한 경우에는 복합운송인은 수화인을 포함하여 발행된 복합운송증권상의 물건명세를 신뢰하고 행위를 한 제3자가 입은 멸실, 손상 또는 비용에 대하여 이 조약에 규정된 책임 하에서의 이익 없이 이를 배상할 책임이 있다.

제12조(송화인에 의한 보증)

1. 송화인은 복합운송인이 물건을 자기의 보관 아래 인수한 때에 복합운송증권의

기재를 위하여 자기가 제출한 물건의 일반적 성질·그 표지·갯수·중량 및 수량·적용이 있는 경우, 물건의 위험성에 관한 사항이 정확하다는 것을 복합운송인에게 담보한 것으로 본다.
2. 송화인은 본조 제1항에 규정한 사항의 부정확 또는 부적합으로 인하여 생긴 손실에 대하여 복합운송인에게 보상하여야 한다. 송화인은 복합운송증권을 양도한 경우에는 그 책임을 면하지 못한다. 그러한 보상에 관한 복합운송인의 권리는 복합운송계약에 의한 송화인 이외의 모든 사람에 대한 복합운송인의 책임을 제한하지 못한다.

제13조(기타 서류)
복합운송증권의 발행으로 인하여 필요한 경우 적용되는 국제조약 또는 국내법에 따라서 국제복합운송에 관한 운송 기타의 업무에 관한 다른 증권을 발행하는 것이 방해를 받지 아니한다. 그러나 그러한 다른 증권의 발행은 복합운송증권의 법률적 성질에 영향을 미치지 아니한다.

제 3 장   복합운송인의 책임

제14조(책임의 기간)
1. 이 조약에 의한 물건에 관한 복합운송인의 책임은 복합운송인이 물건을 자기의 보관 아래 인수한 때로부터 물건을 인도할 때까지의 기간에 미친다.
2. 본조의 적용에 있어서 다음 기간중 물건이 복합운송인의 보관 아래 있는 것으로 본다.
   (a) 복합운송인이 물건을
      (ⅰ) 송화인 또는 송화인에 갈음하여 행위를 하는 사람으로부터, 또는
      (ⅱ) 인수지에서 적용되는 법령에 따라서 운송을 위하여 물건을 교부하여야 할 당국 기타의 제3자로부터 인수한 때로부터
   (b) 복합운송인이 물건을
      (ⅰ) 수화인에 물건을 교부함으로써, 또는
      (ⅱ) 수화인이 복합운송인으로부터 물건을 수령하지 아니하는 경우에는 복합운송계약 또는 인도지에서 적용되는 법률이나 당해 거래의 관습에 따라서 물건을 수화인의 처분으로 넘김으로써, 또는
      (ⅲ) 인도지에서 적용되는 법령에 따라서 물건을 교부하여야 할 당국 기타의 제3자에게 물건을 교부함으로써 인도할 때까지
3. 본조 제1항 및 제2항에서 정하는 복합운송인에는 복합운송인의 대리인 또는 사용인 기타 복합운송인이 복합운송계약의 이행을 위하여 그 역무를 이용하는 사람을 포함하며, 송화인 또는 수화인 또는 수화인의 사용인 또는 대리인을 포함한다.

제15조(복합운송인의 그 사용인·대리인 기타의 사람에 대한 책임)

제21조를 조건으로 복합운송인은 그 직무의 범위 내에서 행위를 하고 있을 때의 복합운송인의 사용인이나 대리인 또는 복합운송계약의 이행을 위하여 행위를 하는 사람의 작위 또는 부작위에 대하여 그러한 작위 또는 부작위인 것처럼 책임을 진다.

제16조(책임의 원인)

1. 복합운송인은 물건의 멸실·훼손 또는 인도지연의 원인으로 된 사고가 물건이 제14조에 정의된 운송인의 보관 아래 있는 동안에 일어난 때에는 그 멸실 또는 훼손 및 지연으로 인하여 생긴 손실에 대하여 책임을 진다. 그러나 복합운송인이 자기 또는 제15조에서 정하는 그 사용인이나 대리인 또는 그 밖의 사람이 그 사고 및 그 결과를 회피하기 위하여 합리적으로 요구되는 모든 조치를 취하였다는 것을 증명한 때에는 그러하지 아니하다.

2. 인도지연은 물건이 명시적으로 합의된 기간 내에 그러한 합의가 없는 경우에는 당해 사안의 정황을 고려하여 성실한 복합운송인에게 합리적으로 요구되는 기간 내에 인도되지 아니한 때에 생긴다.

3. 물건이 본조 제2항에 따라 결정된 인도일에 이은 연속한 90일 내에 인도되지 아니한 때에는 배상청구자는 물건이 멸실된 것으로 간주할 수 있다.

제17조(원인의 경합)

복합운송인 또는 제15조에서 정하는 그 사용인이나 대리인 또는 그 밖의 사람측의 과실 또는 부주의가 다른 원인과 경합하여 멸실·훼손 또는 인도지연을 일으킨 경우에는 복합운송인은 그러한 과실 또는 부주의의 탓으로 돌릴 수 있는 멸실·훼손 또는 인도지연의 범위 내에서만 책임을 진다. 이 경우 복합운송인은 그러한 과실 또는 부주의의 탓으로 돌릴 수 없는 멸실·훼손 또는 인도지연의 부분을 증명하여야 한다.

제18조(원인의 한도)

1. 복합운송인이 제16조에 의하여 물건의 멸실 또는 훼손으로 인한 손해에 대하여 책임을 지는 경우, 그 책임은 1짐짝 또는 기타의 적재단위당 920계산단위를 초과하지 아니하는 금액과 멸실 또는 훼손된 물건의 총중량 1킬로그램당 2.75계산단위 중 많은 금액으로 제한된다.

2. 본조 제1항에 의한 고액의 산출에 있어서 다음 원칙을 적용한다.

   (a) 컨테이너, 팰리트 기타 이와 유사한 운송용구가 물건을 통합하기 위하여 사용되는 경우, 이러한 운송용구에 포장된 것으로 복합운송증권에 표시되어 있는 포장물 또는 적재단위를 포장물 또는 적재단위로 본다. 이 경우를 제외하고 이러한 운송용구 내의 물건을 하나의 적재단위로 본다.

   (b) 운송용구 자체가 멸실 또는 훼손된 경우, 그 운송용구를 복합운송인이 소유하거나 공급한 것이 아닌 때에는 이를 하나의 별개의 적재단위로 본다.

3. 본조 제1항 및 제2항의 규정에 불구하고 국제복합운송이 계약에 따라 내수 혹은 해상운송을 포함하지 않는 경우, 복합운송인의 책임은 멸실 혹은 손상된 화물의 총중량 1킬로그램당 8.33 계산단위를 초과하지 않는 금액으로 제한한다.

4. 제16조의 규정에 의한 인도지연으로 인한 손해에 대한 복합운송인의 책임은 지연된 화물에 대하여 지급되는 운임의 2.5배에 상당하는 금액으로 제한되어 복합운송계약상 지급되는 운임총액을 초과할 수 없다.

5. 본조 제1항과 제4항 혹은 제3항과 제4항에 의한 복합운송인의 책임의 총액은 본조 제1항 혹은 제3항에 의해 결정되는 화물의 전손에 대한 책임의 한도를 초과하지 못한다.

6. 복합운송인과 송화인 간의 합의에 의해 본조 제1항·제3항 및 제4항에 규정된 한도를 초과하는 책임한도를 복합운송증권에 정할 수 있다.

7. "계산단위"는 제31조에서 정하는 계산단위를 의미한다.

제19조(국지적 손해)

물건의 멸실 또는 손상이 복합운송의 어느 한 특정구간에서 발생하고, 그 구간에 관하여 적용되는 국제조약 또는 강행적 국내법에서 제18조 제1항 내지 제3항의 적용으로 산출되는 한도보다 높은 한도를 규정하고 있는 경우에는 그러한 멸실 또는 손상에 대한 복합운송인의 책임의 한도는 그러한 조약 또는 강행적 국내법의 규정에 따라서 결정한다.

제20조(비계약적 책임)

1. 이 조약에 정하는 책임에 관한 항변 및 한도는 소송이 계약에 의거한 것이든 불법행위 기타에 의거한 것이든 묻지 아니하고, 물건의 멸실 또는 손상 또한 인도지연에 관한 복합운송인의 모든 소송에 적용한다.

2. 물건의 멸실 또는 손상 또한 인도지연에 관한 소송이 복합운송인의 사용인 또는 대리인에 대하여 제기된 경우, 그러한 사용인 또는 대리인이 그 직무의 범위 내에서 행위를 하였다는 것을 증명한 때, 또는 복합운송인이 복합운송계약의 이행을 위하여 그 업무를 이용하는 그 밖의 사람에 제기된 경우에 그러한 사람이 그가 계약이행의 범위 내에서 행위를 하였음을 입증한 때에는 그 사용인이나 대리인 또는 그 밖의 사람은 이 조약 아래서 복합운송인이 주장할 수 있는 책임에 관한 항변 및 한도를 원용할 권리가 있다.

3. 제21조에 규정된 경우를 제외하고 복합운송인 및 사용인이나 대리인 또는 복합운송인이 복합운송계약의 이행을 위하여 그 업무를 이용하는 그 밖의 사람으로부터 배상을 받을 수 있는 총액은 이 조약에 규정된 책임의 한도를 초과하지 못한다.

제21조(책임제한의 권리의 상실)

1. 멸실, 손상 또는 인도지연이 그러한 멸실, 손상 또는 지연을 일으킬 의도로써, 또는 무모하게, 또한 그러한 멸실·손상·지연이 일어나리라는 것을 알면서 한

복합운송인의 작위 또는 부작위로 인하여 생긴 것이 증명된 때에는 복합운송인은 본 조약에 규정된 책임제한의 이익에 대한 권리를 가지지 못한다.

2. 제20조 제 2 항의 규정에도 불구하고 멸실, 손상 또는 지연이 그러한 멸실, 손상 또는 지연을 일으킬 의도로써, 또는 무모하게, 또한 그러한 멸실, 손상 또는 지연이 일어나리라는 것을 알면서 한 사용인이나 대리인 또는 복합운송계약의 이행을 위하여 복합운송인이 그 업무를 이용하는 그 밖의 사람의 작위 또는 부작위로 인하여 생긴 것이 증명된 때에는 그러한 사용인이나 대리인 또는 그 밖의 사람은 본 조약에 규정된 책임제한의 이용에 대한 권리를 가지지 못한다.

제 4 장 송하인의 책임

제22조(일반원칙)

송화인은 복합운송인이 입은 손실이 송하인 또는 그 사용인이나 대리인이 그 직무의 범위 내에서 행위를 하고 있을 때의 과실이나 부주의로 인해 생긴 경우, 그러한 손실에 대하여 책임을 져야 한다. 송화인의 사용인 또는 대리인도 그러한 손실이 그 사용인 또는 대리인측의 과실 또는 부주의에 의해 생긴 경우, 그러한 손실에 대하여 책임을 져야 한다.

제23조(위험물에 관한 특칙)

1. 송화인은 위험물에 관하여 적절한 방법으로 위험성이 있다는 표지를 하거나 또는 라벨을 붙여야 한다.

2. 송화인이 복합운송인 또는 복합운송인에 갈음하여 행위를 하는 사람에게 위험물을 인도한 때에는 송화인은 물건의 위험성 및 필요한 경우 취하여야 할 예방조치에 관하여 복합운송인에게 통지하여야 한다. 송화인이 그 통지를 하지 아니하고 복합운송인이 물건의 위험성에 관하여 달리 알지 못한 경우에는

    (a) 송화인은 그러한 물건의 적재로부터 생기는 모든 손실에 대하여 복합운송인에게 책임을 지고, 또

    (b) 그 물건은 필요한 상황에서도 배상금을 지급하지 아니하고, 언제든지 이를 양하, 파괴 또는 무해처분을 할 수 있다.

3. 복합운송중 물건의 위험성을 알고 그 물건을 자기의 보관 아래 수령한 사람은 본조 제 2 항의 규정을 원용할 수 없다.

4. 본조 제 2 항 (b)의 규정이 적용되지 아니하거나 이를 원용할 수 없는 경우, 위험물이 인명 또는 재산에 실체적 위험을 미치게 된 때에는 그 위험물은 필요한 상황에서는 공동해손분담금을 부담할 의무를 지는 경우, 또는 복합운송인이 제16조의 규정에 따라서 책임을 지는 경우를 제외하고 배상금을 지급하지 아니하고, 이를 양하, 파괴 또는 무해처분할 수 있다.

제5장 청구 및 소송

제24조(멸실·손상 또는 지연의 통지)

1. 물건이 수화인에게 교부된 날의 익일인 거래일 중에 수화인이 복합운송인에 대하여 문서로 멸실 또는 손상의 개황을 명기하여 통지를 하지 아니한 때에는 그러한 교부는 복합운송인이 물건을 복합운송증권에 기재된 대로, 또는 그러한 증권이 발급되지 아니한 때에는 양호한 상태로 인도하였다는 추정증거로 한다.

2. 멸실 또는 손상이 외부에서 확인되지 아니한 경우, 물건이 수화인에게 교부된 날로부터 연속된 6일 이내에 문서에 의한 통지가 되지 아니한 때에는 본조 제1항의 규정이 그대로 적용된다.

3. 물건이 수화인에게 교부된 때에 그 상태가 인도지에서 양 당사자 또는 그로부터 권한이 부여된 대리인에 의한 공동의 조사 또는 검사의 대상이 된 때에는 그 조사 또는 검사중에 확인된 멸실 또는 손상에 관하여는 문서에 의한 통지를 요하지 아니한다.

4. 멸실 또는 손상이 실제로 일어났거나 또는 일어났을 것이라는 의심이 있는 때에는 복합운송인 및 수화인은 물건의 검사 및 갯수의 점검을 위하여 서로 모든 상당한 편의를 제공하여야 한다.

5. 물건이 수화인에게 교부됨으로써 인도된 날 혹은 제14조 제2항 (b) (ii) 혹은 (iii)에 따라 인도되었음이 수화인에게 통지된 날로부터 연속된 60일 이내에 복합운송인에 대하여 문서로 통지를 하지 아니한 때에는 인도지연으로부터 생긴 손실에 대한 배상금은 지급되지 아니한다.

6. 멸실 또는 손상이 생긴 날 또는 물건을 제14조 제2항 (b)호에 따라서 인도한 날 중 늦은 날로부터 연속된 90일 이내에 복합운송인이 송화인에 대하여 문서로 멸실 또는 손상의 개황을 명기하여 통지를 하지 아니한 때에는 그러한 통지의 해태는 복합운송인이 송화인 또는 그 사용인이나 대리인의 과실 또는 부주의로 인하여 멸실 또는 손상을 입지 아니하였다는 추정증거로 된다.

7. 본조 제2항과 제5항 및 제6항에 규정된 통지기간이 인도지의 거래일이 아닌 날로 만료되는 때에는 그러한 기간은 다음 거래일까지 연장된다.

8. 본조의 적용에 있어서 인도지에서 그 업무를 이용하는 사람을 포함하여 복합운송인에 갈음하여 행위를 하는 사람, 또는 송화인에 갈음하여 행위를 하는 사람에게 한 통지는 복합운송인 또는 송화인에게 한 통지로 본다.

제25조(제소의 제한)

1. 사법절차 또는 중재절차가 2년의 기간 이내에 개시되지 아니하는 때에는 본 조약에 의한 국제복합운송에 관한 어떠한 소송도 시효소멸한다. 그러나 배상청구의 종류와 주요사항을 명기한 서면에 의한 통지가 물건이 인도된 날로부터 또

는 물건이 인도되지 않았을 때는 인도되었어야 했을 날로부터 6개월 내에 행하
여지지 아니한 때에는 소송은 그 기간만료시에 시효소멸한다.

2. 제소기간은 복합운송인이 물건의 전부 또는 일부를 인도한 날의 익일 또는 물
건이 인도되지 않았을 때는 물건이 인도되었어야 했을 날의 익일에 개시한다.

3. 배상청구를 받은 자는 제소기간의 진행중에 언제라도 배상청구자에 대한 서면에
의한 통지로 그 기간을 연장할 수 있다. 이 기간은 그 후의 다른 통고에 의하여
다시 연장될 수 있다.

4. 다른 적용되는 국제적인 조약의 규정에 저촉되지 아니하는 한 본 조약에 따라
책임을 질 사람에 대한 배상청구소송은 전 제항에 규정된 제소기간의 만료 후
에도 소송절차를 개시하는 국가의 법률에 의하여 허용된 기간 내에는 이를 제
기할 수 있다. 그러나 그 허용기간은 그러한 배상청구소송을 제기하는 사람이
자기에 대한 청구를 해결할 날 또는 자기에 대한 소송에서 소장의 송달을 받은
날로부터 기산하여 90일 미만이 아니어야 한다.

제26조(재판관할권)

1. 이 조약에 관한 국제복합운송에 관한 법적 절차에서는 원고는 자기의 선택에
따라 그 법원의 소재국의 법률에 의하여 재판관할권을 가지고, 또한 그 관할권
내의 다음 장소 중의 하나가 소재하는 법원에 소송을 제기할 수 있다.

  (a) 피고의 주된 영업소의 소재지 또는 그것이 없는 때에는 피고의 평소의 거소

  (b) 복합운송계약의 체결지. 이 경우에는 피고가 그 곳에 계약체결을 행하였던
영업소, 지점 또는 대리점을 가진 곳이어야 한다.

  (c) 국제복합운송을 위하여 물건을 인수한 곳 또는 인도지, 또는

  (d) 복합운송계약에서 그 목적을 위하여 지정한 장소로서 복합운송증권으로 증명
되는 그 밖의 곳

2. 이 조약에 의한 복합운송에 관한 법적 절차는 본조 제1항에 특정되어 있지 아
니한 곳에서는 이를 제기할 수 없다. 본조의 규정은 예비적 조치 또는 보전적
조치를 위한 체약국이 재판관할권에 대한 장애로 해석되지 아니한다.

3. 본조의 전 제항의 규정에도 불구하고 청구가 발생한 후에 원고가 소송을 제기할
수 있는 곳을 지정하는 당사자에 의하여 성립된 합의는 효력이 있다.

4. (a) 소송이 본조의 제 조항에 의하여 제기되어 있는 경우, 또는 그러한 소송에서
판결이 선고된 경우에는 최초의 소송에서의 판결이 새로운 절차가 제기된
국가에서 이를 집행할 수 없는 것이 아닌 한 동일당사자간에 동일사유로 새
로운 소송을 제기할 수 없다.

  (b) 본조의 적용에 있어서 판결을 집행하기 위한 수단의 실행 또는 동일국가 내
의 다른 법원으로의 소송의 이송은 새로운 소송의 개시로 인정하지 아니한다.

제27조(중   재)

1. 본조의 규정에 따라서 당사자는 이 조약에 의해 복합운송에 관하여 생기는 어

따한 분쟁도 중재에 부탁하여야 한다는 것을 문서로 증명되는 합의로 규정할
수 있다.
2. 중재절차는 신청인의 선택에 따라 처음 장소 중의 하나에서 이를 제기하여야
한다.
　(a) 일국의 영토 내에 소재하는 다음의 장소 :
　　(i) 피신청인의 주된 영업소의 소재지 또는 그것이 없는 때에는 피신청인의
　　　평소의 거소, 또는
　　(ii) 복합운송계약의 체결지. 이 경우에는 피신청인이 그 곳에 계약체결을 행
　　　하였던 사무소, 지점 또는 대리점을 가진 곳이어야 한다. 또는
　　(iii) 국제복합운송을 위하여 물건을 인수한 곳 또는 인도지
　(b) 중재조항 또는 중재계약에 의하여 그 목적을 위하여 지정된 그 밖의 곳
3. 중재인 또는 중재법정은 본 조약의 규정을 적용하여야 한다.
4. 본조 제2항 및 제3항의 규정은 모든 중재조항 또는 합의의 일부인 것으로 보
며, 그러한 규정에 저촉되는 중재조항 또는 합의의 내용은 이를 무효로 한다.
5. 본조의 어떠한 규정도 복합운송에 관한 청구가 생긴 후에 당사자에 의하여 성
립된 중재에 관한 합의의 효력에 영향을 미치지 아니한다.

제 6 장　보　　칙

제28조(계약조항)
1. 복합운송계약 또는 복합운송증권에 있는 조항은 이 조약의 규정을 직접 또는
간접으로 해하는 범위에서 이를 무효로 한다. 이러한 조항의 무효는 그것이 일
부를 이루고 있는 계약 또는 증권의 다른 규정의 효력에 영향을 미치지 아니한
다. 물건에 관한 보험의 이익을 운송인을 위하여 양도한다는 조항 기타 이와
유사한 조항은 무효로 한다.
2. 본조 제1항의 규정에도 불구하고 복합운송인은 송화인의 동의를 얻어 이 조약
상의 자기의 책임 및 의무를 가중할 수 있다.
3. 복합운송증권에는 당해 복합운송이 송화인 또는 수화인에게 불이익하게 이 조약
을 해하는 조항은 무효로 한다는 이 조약의 규정의 규율을 받는다는 뜻의 기재
를 포함하여야 한다.
4. 물건에 관한 배상청구자가 본조에 의한 무효조항으로 인하여 또는 본조 제3항
에서 정하는 기재의 결여로 인하여 손실을 입은 경우에는 복합운송인은 배상청
구자에게 물건의 멸실 또는 훼손 또한 인도지연에 대하여 이 조약의 규정에 따
라서 배상을 하기 위하여 필요한 범위 내에서 손해배상을 하여야 한다. 또한
복합운송인은 청구권자가 그 권리의 행사를 위하여 지출한 비용에 대하여도 배
상을 하여야 한다. 그러나 그 규정이 원용되는 소송에서 발생한 비용은 소송이

계속된 법정지의 법에 따라서 이를 결정한다.

제29조(공동해손)

1. 이 조약의 어떠한 규정도 공동해손의 정산에 관한 복합운송계약 또는 국내법의 규정이 있는 경우, 그 적용이 있는 범위 내에서 그 적용을 방해하지 아니한다.

2. 제25조의 경우 외에는 물건의 멸실 또는 손상에 관한 복합운송인의 책임에 관한 이 조약의 제 규정은 수화인이 공동해손의 분담을 거절할 수 있는가의 여부를 결정하고, 부담한 그러한 분담금 또는 지급한 구조료에 관하여 수화인에게 보상할 복합운송인의 책임을 결정한다.

제30조(타 조 약)

1. 본 조약은 1925년 8월 25일 해상항행선박소유자의 책임제한에 관한 약간의 규칙통일을 위한 브뤼셀국제조약, 1957년 10월 10일의 해상항행선박소유자의 책임제한에 관한 브뤼셀국제조약, 1976년 11월 19일의 해사채권의 책임제한에 관한 런던조약 및 1973년 3월 1일의 내항선박소유자의 책임제한에 관한 제네바조약, 이들 제 조약이 개정 혹은 내항선박과 해상항행선박소유자의 책임제한에 관한 국내법에 규정되어 있는 제 권리와 의무를 변경하지 아니한다.

2. 본 조약의 제26조·제27조의 규정은 동조에 규정된 사항들과 관련한 타국제조약의 강행적 규정들의 적용을 방해하지 아니한다. 다만, 분쟁이 전적으로 그러한 타조약의 당사국 내에 주된 영업소를 가지고 있는 사업자들간에 발생된 것이어야 한다. 그러나 본항은 본 조약 제27조 제3항의 적용에 대해서는 영향을 미치지 아니한다.

3. 원자력시설의 운영자가 원자력사고로 인한 손해에 대하여 다음 법규에 의하여 책임을 지는 경우에는 이 조약에 의거한 책임은 생기지 아니한다.

   (a) 1964년 1월 28일의 추가의정서에 의하여 개정된 "원자력에너지분야의 제3자에 대한 책임에 관한 1960년 7월 29일의 파리조약" 또는 원자력손해에 대한 민사책임에 관한 1963년 5월 21일의 비엔나조약 혹은 그 개정

   (b) 그러한 손해에 대한 책임을 규율하는 국내법. 다만, 그러한 국내법이 모든 점에서 파리조약 또는 비엔나조약과 같이 손해를 입은 자에게 유리한 경우에 한한다.

4. 국제도로물건운송계약에 대한 1956년 5월 19일의 제네바조약의 제2조 혹은 국제철도물건운송에 관한 1970년 2월 7일 베른조약 제2조에 의거한 물건운송과 같은 물건운송은 그러한 운송을 규율하는 조약의 당사국들에 대해, 그러한 당사국들이 동 물건운송에 대한 해당 조약규정의 적용을 받아야 하는 한 본 조약 제1조 제1항의 의미에 속하는 국제복합운송으로 간주하지 아니한다.

제31조(계산단위 또는 통화단위 및 환산)

1. 이 조약 제18조에 규정된 계산단위는 국제통화기금(IMF)에서 정의하는 특별인출권(S. D. R.)으로 한다. 제18조에 정한 금액은 판결이나 중재판정의 날 또는

당사자가 합의한 날의 국내통화가치에 따라서 그 국가의 국내통화로 이를 환산한다. 국제통화기금의 회원인 체약국의 특별인출권에 의한 국내통화가치는 그 취급과 거래에 관하여 당해 일자에 실시되고 있는 국제통화기금이 적용하는 평가방법에 따라서 이를 산출한다. 국제통화기금의 회원이 아닌 체약국의 특별인출권에 의한 국내통화가치는 그 국가에서 결정하는 방법에 따라서 이를 산정한다.

2. 그러나 국제통화기금의 회원국이 아닌 국가로서, 그 법률상 본조 제1항의 규정의 적용이 허용되지 아니하는 국가는 서명시나 비준, 수락승인 또는 가입시 또는 그 후 어느 때라도 자국의 영토 내에서 조약에 규정된 책임한도는 제18조 제1항에 규정되어 있는 책임한도에 대해서는 포 혹은 선적단위당 13,750 화폐단위 또는 화물총중량 킬로당 41.25 화폐단위, 제18조 제3항에 규정된 한도에 대해서는 124 화폐단위로 한다는 것을 선언할 수 있다.

3. 본조 제2항에 규정된 통화단위는 순도 1,000분의 900의 금 65.5 mg에 상당한다. 제2항에 의한 금액의 국내통화의 계산은 당해 국가 법률에 따라서 이를 행한다.

4. 본조 제1항 말문에 규정된 산출 및 본조 제3항에 규정된 환산은 가능한 한 제18조에 계산단위로서 표시되어 있는 금액과 동일한 실질가치를 체약국의 국내통화로 표시할 수 있는 방법으로 이를 행하여야 한다.

5. 체약국은 본조 제1항 말문에 따른 산출방법 또는 본조 제3항에 규정된 환산의 결과에 관하여 각 경우에 따라서 서명시 비준서, 수락서, 승인서 또는 가입서를 기탁할 때, 또는 본조 제2항에 규정된 선택권을 이용할 때 및 그러한 산출방법 또는 그러한 환산의 결과에 변경이 있는 때에는 수탁자에게 이를 통지하여야 한다.

제 7 장　통관문제

제32조(보세운송)

1. 체약국은 국제복합운송을 위한 보세운송절차의 이용을 승인하여야 한다.
2. 국내법령이나 규칙 및 정부간 합의의 규정에 따른 것을 조건으로 국제복합운송에 있어서의 물건의 보세운송은 본 조약부속서 제Ⅰ조 내지 제Ⅵ조에 포함되어 있는 규칙과 원칙에 준하여야 한다.
3. 물건의 복합운송과 관련하여 보세운송절차에 관한 법이나 규칙을 제정할 때에는 체약국은 본 조약부속서 제Ⅰ조 내지 제Ⅵ조를 고려하여야 한다.

제 8 장   최종조항

제33조(수 탁 자)

UN 사무국장을 본 조약의 수탁자로 임명한다.

제34조(서명·비준·수락·승인 및 가입)

1. 모든 국가는 다음의 방법에 의해 본 조약의 당사국이 될 수 있다.

    (a) 비준·수락·승인을 조건으로 하지 않은 서명, 또는

    (b) 비준·수락 또는 승인을 조건으로 서명한 후의 비준·수락 또는 승인, 또는

    (c) 가입

2. 본 조약은 서명을 위해 1980년 9월 1일부터 1981년 8월 31일까지 뉴욕 UN 본부에 개방된다.

3. 1981년 8월 31일 이후 본 조약은 모든 비서명국들의 가입을 위해 개방된다.

4. 비준·수락·승인 및 가입문서는 UN 사무국장에게 기탁되어야 한다.

5. UNCTAD 회원인 주권국가로 구성된 지역적 경제통합기구로서, 이 조약이 적용되는 특정분야의 국제조약들에 대해 협상·체결하고 적용할 권한이 있는 기구는 본조 제1항 내지 제4항의 규정에 따라 동일하게 본 조약의 당사자가 될 수 있으며, 그에 의해서 본 조약 당사국과의 관계 하에서는 전기한 특정분야 내에서 본 조약상의 제 권리와 의무를 갖는다.

제35조(유   보)

본 조약에 대하여는 유보를 할 수 없다.

제36조(발   효)

1. 본 조약은 30개 국의 정부가 비준·수락 혹은 승인을 조건으로 하지 않고 서명을 했거나 비준·수락 혹은 승인 혹은 가입문서를 수탁자에게 기탁한 12개월 후에 발효한다.

2. 본조 제1항의 발효요건이 충족되고 난 후 본 조약에 비준·수락·승인 혹은 가입하는 각국에 대해서는 그러한 국가에 의해 적절한 문서가 기탁된 12개월 후에 본 조약이 발효한다.

제37조(적용일자)

각 체약국은 동국에 대하여 본 조약 이후에 체결된 복합운송계약에 대해 본 조약의 규정을 적용해야 한다.

제38조(기존조약 하에서의 제 권리와 의무)

본 조약에 따른 국제복합운송으로 양 국가 중 한 국가만이 체약국인 경우에 제26조 및 제27조에 의거한 법적 절차나 중재절차가 한 체약국 내에서 제기되었을 시, 그리고 양 국가가 본 조약 발효 당시 똑같이 타국제조약에 구속받을 경우 법원이나 중재법정은 그러한 조약상의 의무에 따라서 그 조약의 규정을 적용할 수 있다.

제39조(개   정)

1. 본 조약 발효 후 수탁자는 본 조약 체결국 3분의 1 이상의 요청에 의해 조약개
   정을 위한 체약국회의를 소집하여야 한다. 사무국장은 적어도 회의개시 3개월
   이전에 개정제안의 내용을 모든 체약국에 회람하여야 한다.

2. 개정회의의 결정은 참가투표국 3분의 2의 다수결에 의한다. 수탁자는 전체약
   국에 대해서는 수탁을 위해, 조약의 전서명국에 대해서는 홍보를 목적으로 회
   의에서 채택된 개정내용들을 통보하여야 한다.

3. 다음 제 4 항을 조건으로 회의에서 채택된 개정사항은 체약국 3분의 2에 의한
   수락 후 1년이 경과한 익월의 제 1 일에 그 개정을 수락한 체약국에 대해서만
   발효한다. 체약국 3분의 2가 개정을 수락한 후에 동 개정을 수락한 국가에 대해
   서는 그 국가나 동 개정을 수락한 후 1년이 경과한 익월의 제 1 일에 발효한다.

4. 제18조 및 제31조 제 2 항에 규정한 액의 변경 또는 제31조 제 1 항 및 제 3 항에
   정의된 단위들의 일방 혹은 쌍방을 다른 단위로 대체하는 의결개정은 그 개정
   을 체약국 3분의 2가 수락한 후 1년이 경과한 익월의 제 1 일에 발효한다. 변
   경된 액이나 대체된 단위들을 수락한 체약국은 전체약국들과의 관계에서 이를
   적용하여야 한다.

5. 개정의 수락은 그 취지에 대한 공식문서를 수탁자에게 기탁함으로써 이를 한다.

6. 회의에 의해 채택된 개정이 효력을 발생한 후에 기탁된 비준서, 수락서, 승인서
   또는 가입서는 개정된 조약에 적용되는 것으로 본다.

제40조(폐   기)

1. 각 체약국은 본 조약이 효력을 발생한 날로부터 2년의 기간이 경과한 후에는
   수탁자에게 발송한 서면통지에 의해서 언제라도 본 조약을 폐기할 수 있다.

2. 그러한 폐기는 수탁자가 그 통지를 수령한 날로부터 1년이 경과한 후 익월의
   제 1 일에 효력을 발생한다. 통지상에 그보다 장기간이 표기되어 있을 때는 수
   탁자가 통지를 수령한 날로부터 그 기간이 경과함으로써 폐기는 효력을 발생
   한다.

　　이상의 증거로써 정확하게 위탁을 받은 서명자는 기재일자에 서명하였다. 1980
년 5월 24일 제네바에서 동일한 전문으로 아랍어 · 중국어 · 영어 · 불어 · 러시아어
및 스페인어로 정본 1 통을 작성하였다.

9. 1994년 요크·앤트워프규칙

㈎ 해석규정

공동해손의 정산에 있어서 다음의 문자규정 및 숫자규정은 이에 반하는 일체의 법률 및 관습을 배제하고 이를 적용한다.

공동해손은 최우선조항과 숫자조항에 정한 경우를 제외하고 문자규정에 따라 정산하여야 한다. <1994 일부 개정>

㈏ 최우선조항

어떠한 경우에도 공동해손의 희생과 비용이 합리적으로 발생하고 지출된 것이 아니면 희생 또는 비용으로 인정하지 아니한다. <1994 신설>

㈐ 문자조항

A조

공동해손행위는 공동의 해사단체에 속하는 재산을 위험으로부터 보존할 목적으로 공동의 안전을 위하여 고의로 또한 정당하게 비정상적인 희생을 일으키거나 또는 비용을 지출한 경우에 한하여 성립한다.

공동해손인 희생과 비용은 다음에 규정하는 기준에 따라서 각 분담이해관계인이 부담한다. <1994 개정 — B조에서 이동>

B조<1994 전면신설>

1척 이상의 선박이 다른 선박을 끌거나 밀 경우에 공동해상사업을 구성한다. 다만, 이들 선박은 모두 상행위에 종사하는 것이지 구조작업에 종사하는 것은 아니다.

만일 공동의 위험으로부터 선박과 적하를 보존하기 위하여 조치를 취한 경우에 이 규칙을 적용한다.

어느 선박이 다른 선박과 단지 분리함으로써 안전한 경우에 그 선박은 다른 선박과 함께 공동의 위험에 있는 것은 아니다. 그러나 공동해상사업 단체가 계속되는 경우에는 분리 그 자체가 공동해손행위이다.

C조

공동해손행위의 직접적인 결과인 멸실·훼손 또는 비용에 한하여 공동해손으로 인정한다.

어떠한 경우에도 환경손해와 관련하여 또는 공동해상사업을 구성하는 재산으로부터 오염물질이 유출 또는 배출된 결과로 인하여 생긴 멸실·훼손 또는 비용을 공동해손으로 인정하지 아니한다. <1994 신설>

항해중에 또는 항해종료 후를 불문하고 체선료, 시가상실 및 항해지연으로 인하여 입은 멸실·훼손 또는 비용과 같은 일체의 간접손해는 이를 공동해손으로 인정하지 아니한다. <1994 일부 개정>

D조

희생 또는 비용을 발생시킨 사고가 해상사업단체에 속하는 당사자 일방의 과실로 인하여 발생한 경우에도 공동해손의 분담청구권은 영향을 받지 아니한다.

그러나 그러한 과실과 관련하여 그 당사자에 대하여 또는 당사자에게 행사할 수 있는 일체의 구상 또는 항변을 침해하는 것은 아니다.

E조(제 2 항 이하 신설)

공동해손을 근거로 하여 청구하는 사람은 청구된 희생과 비용이 정당하게 공동해손으로 인정받기 위하여 입증책임을 져야 한다.

공동해손의 모든 청구권자는 공동해상사업이 종료된 날로부터 12개월 이내에 각자가 주장하는 분담청구권에 관련하여 희생과 비용을 서면으로 해손정산인에게 통지하여야 한다. <1994 신설>

위의 통지를 하지 못하였거나 또는 어느 당사자가 동일하게 요구된 12개월 이내에 통지된 청구를 지원하기 위하여 증거 또는 분담 이해관계와 관련하여 가액의 명세를 제공하지 못한 경우에 해손정산인은 자기가 가진 정보를 근거로 공동해손의 범위 또는 부담액을 자유롭게 추정할 수 있다. 그러한 추정이 틀린 것이 분명한 것을 근거로 하여서만 이의를 제기할 수 있다. <1994 신설>

F조

공동해손으로 인정될 수 있었던 다른 비용을 대신하여 지출한 일체의 추가비용은 공동해손으로 본다. 그리고 다른 이익에 대하여 절약이 생긴 경우에도 이와 관계없이 공동해손으로 인정한다. 그러나 그 액수는 그로 인하여 지출을 면제받은 공동해손비용의 액을 한도로 한다. <1994 일부 개정>

G조(제 3 항 이하 신설)

공동해손은 손해와 분담의 양자에 관하여 그 항해가 종료한 때와 곳의 가액을 기초로 하여 이를 정산한다.

이 규정은 공동해손정산서를 작성할 장소를 결정하는 데 영향을 주지 아니한다. 선박이 제10조와 제11조의 조항에 따라서 공동해손으로 인정할 수 있는 상황에서 어떤 항 또는 장소에 정박하고 있는 경우, 그리고 실행가능하다면 적하이해관계인에게 통지할 것을 조건으로 하여 적하 또는 그 일부가 다른 운송수단에 의하여 목적지에 운송할 경우, 공동해손의 권리와 책임은 마치 해상사업이 운송계약과 적용법률에 따라서 적법한 한 본래의 선박으로써 계속하였던 것처럼 그러한 계속운송이 없었던 것과 똑같이 존속한다. <1994 신설>

이 조항의 제 3 항을 적용하는 것을 이유로 하여 공동해손으로 인정된 적하의 부담비율은 하주가 자기의 비용으로 적하를 계속운송하였다면, 하주는 자기가 부담하였을 비용을 초과하지 아니한다. <1994 신설>

㈜ 숫자규정

제 1 조(적하의 투하)

적하가 인정된 상관습에 따라서 운송되지 아니하는 한 적하의 투하는 공동해손으로 성립하지 아니한다.

제 2 조(희생으로 생긴 멸실 또는 훼손)

공동의 안전을 위하여 실행한 희생으로 말미암아 또는 그 결과로서 공동해상사업단체를 구성하는 재산의 멸실 또는 훼손 그리고 쌍방 또는 일방에 생긴 손해와 공동의 안전을 위하여 투하할 목적으로 개방한 창구 기타의 개구를 통한 침수로 인하여 선박과 적하의 쌍방 또는 일방에 생긴 손해는 공동해손을 구성한다. <1994 일부 개정>

제 3 조(선박 내의 소화)

선박 내의 화재를 소화함에 있어서 물 또는 기타의 원인에 의하여 선박과 적하의 쌍방 또는 일방에 발생한 손해는 불타고 있는 선박을 해안에 얹히거나 또는 선저에 구멍을 내어 발생한 손해는 공동해손을 구성한다. 그러나 원인 여하를 불문하고 화재의 연기 또는 열로 인하여 생긴 모든 손해는 배상에서 제외된다. <1994 일부 개정>

제 4 조(난파물의 절단)

사고로 인하여 이미 유실되었거나 또는 사실상 상실된 난파물이나 또는 선박의 일부를 절단함으로써 입은 멸실 또는 훼손은 공동해손을 구성한다.

제 5 조(고의의 좌초)

공동의 안전을 위하여 선박을 고의로 해안에 얹힌 때에는 그러한 행위가 없었더라도 그 선박이 해안에 얹혔을 것이라는 사정에 관계 없이 그 결과로 공동해상사업단체를 구성하는 재산에 발생한 멸실 또는 훼손은 공동해손을 구성한다. <1994 일부 개정>

제 6 조(구조보수)

  ⒜ 구조의 성질상 구조와 관련하여 계약에 의한 것이든 또는 기타의 사유에 의한 것이든지 묻지 아니하고, 해사단체의 당사자가 지출한 비용은 공동해손으로 인정한다. 다만, 구조행위가 공동해사단체에 속하는 재산을 위험으로부터 보존할 목적으로 실행한 범위 내에서 공동해손을 구성한다.

    공동해손으로 인정된 비용은 1989년 국제해난구조협약 제13조 제 1 항 ⒝호에 규정된 바에 따라서 환경손해를 방지하거나 또는 최소화함에 있어서 구조자의 기술과 노력을 고려한 구조료를 포함한다.

  ⒝ 위 협약 제14조 제 4 항 또는 실질적으로 기타 유사한 규정에 의하여 정해진 범위를 한도로 협약 제14조에 따라서 해상운송인과 구조자에게 지급할 특별보상금은 공동해손으로 인정하지 아니한다.

제 7 조(기관과 보일러의 손해)

해안에 얹혀 있고 위험한 상태에 있는 선박을 다시 뜨게 하려고 노력하는 중에 선박의 기관과 보일러에 생긴 손해는 그러한 위험 속에서 공동의 안전을 위하여 선박을 뜨게 하려는 실질적인 의도에서 생긴 것이 증명될 때에 그 손해는 공동해손을 구성한다.

그러나 선박이 떠 있는 상태에서 추진기와 보일러를 작동시켜 발생한 멸실 또는 훼손은 어떠한 경우에도 공동해손을 구성하지 아니한다.

제8조(얹힌 선박의 무게 경감을 위한 비용 및 그 결과로 생긴 손해)

선박이 해안에 얹혀 있고 그리고 적하와 선박의 연료, 선용품 또는 그 일부를 공동해손행위로서 양륙한 경우에 경감비용, 부선임차료 및 적하의 재선적비용의 특별비용과 그 결과로 말미암아 공동해상사업 단체를 구성하는 재산에 발생한 모든 멸실 또는 훼손은 공동해손을 구성한다. <1994 일부 개정>

제9조(연료로 사용된 적하·선박재료와 선용품)

연료를 충분하게 준비하였을 경우에만 선박이 위험이 있을 때에 공동의 안전을 위하여 불가피하게 연료로 사용된 적하, 선박의 재료와 선용품 또는 그 일부를 공동해손으로 인정한다. 그러나 선박의 재료와 선용품의 비용을 인정할 경우에 공동해손은 별도의 계획항해를 실행할 때에 별도로 소비되었을 연료의 견적비용을 공제하여야 한다. <1994 일부 개정>

제10조(피난항 등에서의 비용)

(a) 선박이 사고, 희생 또는 기타의 비정상적인 상태의 결과로서 필연적으로 공동의 안전을 위하여 피난항 또는 피난지에 입항하거나 또는 선적항 또는 선적지로 회항한 경우에, 그러한 항구 또는 장소에 입항하는 데 사용된 비용은 공동해손으로 인정한다. 그리고 그 선박이 원래의 적하의 전부 또는 일부를 선적하고서 다시 그 곳을 발항한 때에는 그러한 입항 또는 회항의 결과로 사용하게 된 비용도 역시 공동해손으로 인정한다.

선박이 피난항 또는 피난지에 있으나 그 최초의 항 또는 장소에서 수선이 불가능하여 반드시 다른 항구 또는 장소로 이동하여야 할 경우에 제2의 항구 또는 장소에 대하여서도 제1의 피난항 또는 피난지에 대한 것과 같이 이 조항을 적용하며, 또한 그러한 이동비용도 임시수선비 및 예선료와 함께 공동해손으로 인정한다. 제11조의 규정은 이러한 이동에 의하여 발생하는 항해의 연장에 적용한다.

(b) 선적하거나 기항하거나 또는 피난한 항구 또는 장소를 묻지 아니하고, 그 곳에서 적하, 연료 또는 선용품을 선내에서 관리 또는 양륙하는 데 필요한 비용은 그 관리 또는 양륙이 공동의 안전을 위하여 필요하거나 또는 희생이나 사고로 말미암아 선박에 생긴 훼손을 수선할 필요가 있는 경우, 만일 그 수선이 항해를 안전하게 실행하기 위하여 반드시 필요한 경우에 이를 공동해손으로 인정한다. 그러나 항해중에 발생된 선박의 훼손과 관련하여 어떠한 사고 또는 기타의 비정상적인 사정이 없이 선적 또는 기항한 항구 또는 장소에서 선박의 훼손이

발견된 경우에는 제외한다.

　선박 안에서 적하, 연료 또는 선용품의 관리 또는 양륙하는 데 필요한 비용이 항해중에 이들의 이동 때문에 재적부만을 목적으로 발생한 경우에는 공동해손으로 인정하지 아니한다. 그러나 이러한 재적부가 공동의 안전을 위한 것인 경우에는 공동해손으로 인정한다.

(c) 선박 안에서 적하, 연료 또는 선용품의 관리 또는 양륙하는 데 필요한 비용은 공동해손으로 인정될 수 있는 때에는 언제든지 그 적하, 연료 또는 선용품에 관한 보관비용과 합리적으로 지출된 보험료를 포함하여 재선적 및 적부 비용도 이를 공동해손으로 인정한다. 제11조의 조항은 그러한 재선적 또는 재적부에 의하여 발생한 초과지연기간에 적용한다. <1994 일부 개정>

　그러나 선박이 불감항의 선고를 받았거나 또는 본래의 항해를 계속하지 아니한 경우에는 선박의 불감항의 선고일이나 항해의 포기일까지의 보관비용을 공동해손으로 인정하거나, 또는 적하의 양륙완료일 전에 선박의 불감항이나 항해의 포기가 발생한다면 양륙완료일까지만 이를 공동해손으로 인정한다.

제11조(피난항 등으로 항해 중 그리고 피난항 등에 정박중에 있어서 선원의 급료·식량 및 기타의 비용)

(a) 선박이 피난항 또는 피난지에 입항하거나 선적항 또는 선적지에 회항함으로써 발생한 항해의 연장기간 동안에 정당하게 지급한 선장·직원 및 부원의 급료와 식량 및 소비한 연료와 선용품은 위의 항 또는 장소에 입항하는 비용이 제10조 (a)항의 규정에 따라서 공동해손으로 인정되는 경우에 이를 공동해손으로 인정한다.

(b) 선박이 사고, 희생 또는 기타 비정상적인 사정의 결과로서 공동의 안전을 위하여 필요하거나 혹은 희생 또는 사고로 인하여 선박이 입은 훼손을 수선하기 위하여 어떠한 항 또는 장소에 입항하거나 또는 지연된 때에, 만일 그 수선이 안전항해를 위하여 필요한 경우에 그러한 항 또는 장소에서 선박이 항해를 계속할 준비를 완료하거나 또는 완료할 수 있을 때까지 초과된 연장기간 동안에 정당하게 지급된 선장·직원 및 부원의 급료와 식량은 공동해손으로 인정한다.

　초과지연기간중에 소비한 연료나 선용품은 공동해손으로 인정할 수 없는 수선을 하기 위하여 소비한 것이 아닌 한 이를 공동해손으로 인정한다.

　초과지연기간중에 발생한 항비도 공동해손으로 인정할 수 없는 수선으로 인하여 발생한 것이 아닌 한 역시 이를 공동해손으로 인정한다.

　그러나 항해중에 발생된 선박의 훼손과 관련하여 어떠한 사고 또는 기타의 비정상적인 사정이 없이 선적 또는 기항한 항구 또는 장소에서 선박의 훼손이 발견된 경우에는 비록 그 수선이 안전항해의 완성을 위하여 필요한 경우에도 훼손을 수선하기 위하여 초과된 지연기간 동안에 소비한 연료와 선용품 및 선장·직원 및 부원의 급료와 식량 및 발생된 항비는 공동해손으로 인정하지 아

니한다. <1994 일부 개정>

　선박이 불감항의 선고를 받거나 또는 본래의 항해를 계속하지 아니한 경우에 선장·직원과 부원의 급료와 식량 및 소비된 연료와 선용품 및 항비는 선박의 불감항선고일이나 항해포기일까지 또는 적하의 양륙완료일 전에 불감항의 선고나 항해의 포기가 발생하면 양륙완료일까지만 이를 공동해손으로 인정한다. <1994 일부 개정 및 1974 규칙 제11조 (b)의 재배열>

(c) 이 규칙의 적용상 급료는 선장, 직원 및 부원에 대하여 또는 그 이익을 위하여 지급하는 모든 급료를 포함하며, 그러한 지급이 법률에 의하여 해상운송인에게 부과된 것이거나 또는 고용계약의 조건에 따라서 행하여진 것이거나를 묻지 아니한다.

(d) 환경의 손해를 방지하거나 또는 최소화하기 위하여 취한 조치의 비용은 다음의 상황의 일부 또는 전부가 발생한 경우에 공동해손으로 인정한다.

　(i) 공동안전을 위하여 공동해상사업 당사자가 실시할 작업의 일부였으나, 그 작업을 공동해상사업 당사자 이외의 사람이 실시하였다면, 그 사람이 구조료를 청구할 수 있는 바의 작업인 경우<1994 신설>

　(ii) 제10조 (a)에서 명시한 상황에서 어느 항 또는 장소에 입·출항하는 조건으로 한 경우<1994 신설>

　(iii) 제10조 (a)에 규정된 상황에서 어느 항 또는 장소에 정박하는 경우. 다만, 오염물질이 현실적으로 유출 또는 배출될 때에 환경손해를 방지하거나 또는 최소화하기 위하여 필요한 추가조치의 비용은 공동해손으로 인정하지 아니한다. <1994 신설>

　(iv) 적하의 양륙·보관 또는 재선적과 관련하여 필연적으로 이러한 작업의 비용이 공동해손으로 인정할 수 없는 경우 <1994 신설>

제12조(양륙 등에 있어서 적하의 손해)

　화물의 취급·양륙·보관·재선적 및 적부의 결과로서 입은 화물·연료 또는 선용품의 훼손 또는 멸실은 이러한 작업에 소요되는 비용이 각각 공동해손으로 인정되는 경우에 한하여 공동해손을 구성한다. <1994 일부 개정>

제13조(수선비에서 공제)

　선박을 수선하여 선박의 구 재료나 부품이 신품으로 교환된 경우에 그 선령이 15년을 초과하지 아니한 때에는 공동해손으로 인정되는 수선비는 신구교환차익에 관하여 공제하지 아니한다. 그러나 선령이 15년을 초과한 선박일 경우에는 수선비의 3분의 1을 제공한다. 공제는 선박의 건조가 준공된 연도의 12월 31일부터 공동해손행위가 있은 날까지의 선령에 의하여 결정한다. 다만, 절연장치, 구명정과 이와 비슷한 단정, 통신과 항해용구와 장치, 기관과 보일러에 관하여는 별도로 공제적용의 대상이 되는 특정상품의 연령에 따라서 공제한다.

　공제는 신재료 또는 신부품이 완성되어 선박에 장치될 수 있는 상태의 가격으로써만 계산한다.

식량·선용품·닻 및 닻줄은 공제하지 아니한다.

건선거와 경사선대의 입거비와 선박이동비는 이를 전액 인정한다.

선저의 청소·도장 또는 도료의 비용은 공동해손행위가 있은 날로부터 앞의 12
월 이내에 선저의 도장 또는 도료를 한 경우가 아니라면, 이를 공동해손으로 인정
하지 아니한다. 다만, 그러한 기간 안에서 선저의 도장 또는 도료가 있었던 경우에
는 그 비용의 반을 공동해손으로 인정한다.

제14조(임시수선)

선적항, 기항항 또는 피난항에서 공동의 안전을 위하여 또는 공동해손희생에 의하
여 발생한 훼손을 임시수선할 경우, 그 수선비용은 공동해손으로 인정한다.

다만, 항해를 완성시키기 위하여 우발적인 사고로 인한 훼손을 임시수선하는 경
우에 그러한 수선비용은 만일 그 곳에서 임시수선을 하지 아니하였더라면 지출하
게 되어 공동해손으로 인정되었을 비용이 절약된 범위 안에서만 다른 이해관계인
의 절약액의 유무를 묻지 아니하고 이를 공동해손으로 인정한다.

공동해손으로 인정할 수 있는 임시수선의 비용에서는 신구교환이익을 공제하지
아니한다.

제15조(운임손해)

적하의 훼손 또는 멸실로 발생한 운임의 손해가 공동해손으로 인하여 발생하거나
또는 적하의 훼손 또는 멸실이 공동해손을 구성할 때에는 공동해손을 구성한다.

그러한 운임을 취득하기 위하여 지출한 비용으로서 희생의 결과 지출을 면하게
된 비용은 상실된 총운임에서 공제하여야 한다.

이러한 가액에는 이미 포함되지 아니하였다면 희생재산에 대한 공동해손으로 구
성된 금액을 더해야 한다. 선박과 적하가 전부 공동해손의 행위가 있었던 날에 멸
실되었기에 운임을 취득하는 데 지출되지 아니하였고, 또 공동해손으로 인정되지
아니하였던 그러한 비용과 선원의 급료를 운임에서 공제하여야 한다. 공동해손으
로 인정된 그러한 비용을 제외하고서 공동해손행위와 관련하여 그 뒤에 발생된 모
든 초과비용을 재산가액에서 공제하여야 한다.

목적항에 도착하여 즉시 적하를 매각한 경우, 공동해손으로 구성하는 모든 금액
을 순현실매각가액에 더하여 분담하여야 한다.

선하증권에 의하여 선적되지 아니한 여객의 수화물과 휴대품은 공동해손으로 분
담하지 아니한다.

제16조(희생에 의하여 멸실 또는 훼손된 적하에 대한 배상액)

희생된 적하의 훼손 또는 멸실에 대한 공동해손배상액은 수하인에게 발급된 상업
송장에 의하여 또는 상업송장이 없는 때에는 선적가액에 의하여 확인된 양륙시의
가액을 기준으로 하여 산출한 화주가 입은 손해액으로 한다. 양륙 때의 가액은 적
하이해관계인 이외의 사람이 그 운임에 대한 위험을 부담하는 경우를 제외하고 운

임과 보험의 비용을 포함한다.

위의 훼손된 화물이 매각되었으나 그 손해액에 대하여 별도의 합의가 없는 때에는 공동해손으로 배상될 손해액은 이 조의 제1항에 따라서 계산한 순정상가액과 순매각가액의 차액으로 한다.

제17조(분담가액)

공동해손분담액은 항해가 종료한 때의 재산의 순현실가액에 따라서 정산한다. 다만, 적하의 가액은 수하인에게 발급한 상업송장에 의하여 또는 그러한 송장이 없으면 선적가액에서 확인된 양륙시의 가액으로 한다. 적하의 가액은 적하이해관계인 이외의 사람이 그 운임에 대한 위험을 부담하는 경우를 제외하고서 보험과 운임을 포함한다. 그러나 그 금액은 양륙할 때 또는 그 이전에 적하가 입은 모든 멸실 또는 훼손액을 공제한 금액으로 한다.

선박의 가액은 선박이 이미 체결한 선박의 임대차계약이나 정기용선계약으로 인하여 유리하거나 불이익의 효과를 고려하지 않고서 평가하여야 한다.

이 가액에 희생된 재산의 공동해손배상액이 포함되어 있지 않을 때에는 이를 가산한다. 다만, 예정화물운임과 여객운임으로부터는 만약 선박과 적하가 공동해손행위를 실행한 날짜에 전손이 되었다고 한다면 운임가득을 위하여 지출하지 않아도 되고, 따라서 공동해손으로서 인정되지 않을 여러 비용 및 선원의 급료를 공제하여야 한다. 그리고 공동해손행위 이후에 그 재산에 관하여 지출한 비용 가운데 나머지의 모든 특별비용을 재산의 가액에서 공제하여야 한다. 다만, 공동해손으로 인정되거나 또는 1989년 해난구조협약 또는 실질적으로 기타 유사한 조항에 따라서 특별배상판정에 의하여 선박에 부과된 특별비용을 제외한다. <1994 추가>

G조의 제3항에서 본 경우에 적하와 기타 재산은 원목적지에서 인도되는 때의 가액을 근거로 하여 분담한다. 다만, 적하를 목적지에 도착하기 전에 매각하거나 또는 처분한 경우에는 제외한다. 선박은 적하의 양륙을 완료한 때의 현실순가액을 근거로 분담한다. <1994 신설>

적하가 목적지에 도착하기 전에 매각된 경우에 그 적하는 현실순가액에 공동해손배상액을 가산한 금액으로써 분담한다.

우편물, 여객의 수화물, 휴대품 및 개인이 가지고 온 자동차는 공동해손을 분담하지 아니한다. <1994 신설>

제18조(선박의 훼손)

공동해손행위에 의하여 발생한 선박 · 기관 또는 기계의 훼손 또는 멸실이 공동해손으로 인정되는 금액은 다음과 같다.

(a) 수선 또는 교환된 경우, 제13조의 공제조항에 따라서 그러한 훼손 또는 멸실을 수선 또는 교환한 실질적이고 합리적인 비용

(b) 수선 또는 교환되지 아니한 경우,
수선추정비용을 초과하지 아니하는 범위 안에서 그러한 훼손 또는 멸실로 인하

여 발생한 합리적인 감가액으로 한다.

　그러나 선박이 현실전손이 된 경우 또는 선박훼손의 수선비용이 수선 후의 선박가액을 초과한 경우에 공동해손으로 인정되어야 할 금액은 선박이 훼손을 입지 아니한 상태의 견적가액에서 공동해손이 아닌 훼손의 견적수선비를 공제한 가액과 훼손선박의 매각이 있는 경우에 순매각가액을 산정할 수 있는 훼손선박의 가액과의 차액으로 한다.

제19조(불고지 또는 부실고지된 적하물)

해상운송인 또는 대리인에게 고지하지 아니하고 선적한 적하 또는 선적시에 고의로 부실고지한 적하에 발생한 멸실 또는 훼손은 공동해손으로 인정하지 아니한다.

　그러나 이러한 적하도 보존된 때에는 공동해손의 분담의무를 면할 수 없다. 선적시에 허위로 실제가격보다 적은 가액으로 신고한 적하에 발생한 훼손 또는 멸실은 그 신고한 가액에 따라서 분담한다. 그러나 그러한 적하는 그 실질가액에 따라서 공동해손을 분담한다.

제20조(공동해손기금의 조달)

선장·직원과 부원의 급료와 식량 및 항해중에 보급되지 아니한 연료와 선용품 이외의 공동해손비용에 대하여는 2퍼센트의 수수료를 공동해손으로 인정한다.

　공동해손비용을 지급하기 위하여 기금을 마련할 목적으로 매각한 적하의 소유자가 입은 자본손해는 공동해손으로 인정한다. <1994 신설>

　공동해손비용을 지급하기 위하여 선지급된 금액의 보험비용도 공동해손으로 인정한다.

제21조(공동해손손해의 이자)

공동해손에 계상된 비용, 희생 및 손해액에 대해서 공동해손정산서를 발행한 날로부터 3개월까지 연 7퍼센트의 비율로서 이자를 인정하고, 그리고 공동해손으로 인정한다. 이 경우에 분담이익 또는 공동해손공탁금으로부터 계산지급된 것은 그 상당액을 공제한다. <1994 일부 개정>

제22조(공탁금의 취급)

공동해손, 구조료 또는 특별비용을 위한 적하의 책임에 관하여 공탁금을 징수한 경우에 이 공탁금은 지체없이 해상운송인이 지정한 대리인과 공탁자가 지명한 대리인의 공동명의로 쌍방이 합의한 은행에 특별계정으로 예금하여야 한다.

　이와 같이 예탁된 공탁기금에서 이자가 발생하면 그것을 합산하고, 징수한 공탁기금과 관련하여 적하가 지급할 공동해손, 구조료 또는 특별비용에 관계된 채권자를 위한 지급보증으로 보관하여야 한다. 공동해손정산인이 서면으로 증명하면, 공탁금으로써 정산지급 또는 상환할 수 있다. 이러한 공탁, 지급 또는 상환은 관계당사자의 종국적인 책임을 침해하는 것은 아니다.

판례색인

Ⅰ. 우리 나라 判例

〔高等法院判決〕

〔地方法院判決〕

Ⅱ. 日本判例
〔大審院判決〕

〔最高裁判判決〕

사항색인

외국어색인

共著者略歷

李基秀

고려대 법대(법학사), 서울대 대학원(법학석사), 고려대 대학원(박사과정 이수), 독일 Tübingen대학교(법학박사 Dr. iur.), San Diego대학 London Summer School, 일본 와세다대학 명예법학 박사, 연세대 명예교육학 박사, 러시아 쌍 페터스 부르크대학 명예박사

Tübingen대 법대(1986년, 1988년, 1991~1992년, 1995년, 1996년, 1998년, 1999년), Mainz대 법대(1990년), Harvard Law School(1995~1996년), Marburg대 법대(1997년, 1999년), München Max-Planck 연구소(1997년), Wisconsin Madison Law School(1998~2001년), 와세다로스쿨(2005~2006년) 교환교수 · 객원연구원

사법 · 군법무관 · 행정 · 입법 · 공인회계사 · 변리사 · 세무사시험 등 각종 시험위원

대한상사중재원 중재인, 육군사관학교 교수부 법학과 전임강사, 고려대학교 후생복지부장 · 학생처장 · 기획처장, 비교법연구소 소장, 법학연구소 소장, 법학연구원 원장, 체육위원회 체육위원 겸 축구부장, 특수법무대학원 원장, 법과대학 학장, 전국학생처장협의회 회장, 전국사립대학교 기획실(처)장협의회 부회장, 전국법과대학장협의회 회장, 한국경영법률학회 회장, 안암법학회 회장, 국가경쟁력연구원 원장 겸 이사장, 한국지적소유권학회 회장, 한국 Adenauer 학술교류회 회장, 국제거래법학회 회장, 한국상사법학회 회장, 한국도산법학회 회장, 한독법률학회 회장, 한국복사전송권관리센터 이사장, 한국중재학회 회장, 한국독일학회 회장, (사)한국법학교수회 회장, (사)한국저작원법학회 회장, 한국독일동문회(ADeKo) 이사장

현 : 고려대학교 명예교수, Deutsch-Ostasiatisches Wissenschaftsforum e. V. 운영위원, Wisconsin Madison Law School 객원석좌교수

主要著書 · 論文

Gläubigerschutz bei Unterkapitalisierung
　der GmbH(Dissertation, Tübingen)
독점금지법(편역)(박영사)
상법총칙 · 상행위법(제 7 판)(박영사)
회사법(제 9 판)(박영사)
어음 · 수표법(제 7 판)(박영사)
국제거래법(제 4 판)(세창출판사)

지적재산권법(공저)(한빛지적소유권센터)
상법학(상)(제 3 판)(박영사)
상법학(하)(개정판)(박영사)
경제법(제 8 판)(공저)(세창출판사)
증권거래법(공저)(개정판)(세창출판사)
기업법(제3판)(세창출판사)
상법은 기업법인가? 등 논문 다수

崔秉珪

고려대학교 법과대학 졸업, 동 대학원(법학석사, 박사과정 일부 이수), 독일 프랑크푸르트대학교(법학박사), 고려대학교 법학연구원 전임연구원, 변호사시험 · 사법시험 · 변리사 시험위원, 금융감독원 금융분쟁조정 전문위원, 법무부 상법개정위원, 국립한경대학교 법학부 조교수, 부교수

현 : 건국대학교 법학전문대학원 교수

主要著書

보험론(공저)(문영사), 상법연습(문영사), 어음 · 수표법(공저)(박영사)

金仁顯

한국해양대학교 항해학과(공학사), 고려대학교 법학사 · 법학석사 · 법학박사(상법), University of Texas at Austin 법학석사(LLM), 일본 三光汽船(Sanko kisen) 선장, 김&장 법률사무소 해상팀 선장(해사자문역), 국립목포해양대학교 및 부산대학교 법과대학 교수

현 : 고려대학교 법학전문대학원 교수, 한국해법학회 수석부회장, 대법원 전문심리위원

主要著書

해상법(법문사), 해상법연구(삼우사), 해상교통법(삼우사),

제 9 판
보험 · 해상법 〔상법강의 Ⅳ〕

초판 발행	1993년 8월 31일
전정판 발행	1995년 7월 30일
제 2 전정판 발행	1996년 9월 25일
제 4 판 발행	1998년 6월 30일
제 5 판 발행	2000년 2월 28일
제 6 판 발행	2003년 3월 20일
제 7 판 발행	2006년 9월 15일
제 8 판 발행	2008년 8월 30일
제 9 판 인쇄	2015년 3월 15일
제 9 판 발행	2015년 3월 20일

지은이	이기수 · 최병규 · 김인현
펴낸이	안종만

편 집	김선민 · 우석진
기획/마케팅	이영조
표지디자인	최은정
제 작	우인도 · 고철민

펴낸곳	(주) **박영사**
	서울특별시 종로구 새문안로3길 36, 1601
	등록 1959. 3. 11. 제300-1959-1호(倫)
전 화	02)733-6771
f a x	02)736-4818
e-mail	pys@pybook.co.kr
homepage	www.pybook.co.kr
ISBN	979-11-303-2733-4 93360

* 잘못된 책은 바꿔드립니다. 본서의 무단복제행위를 금합니다.

정 가   48,000원